Uxori carissimae indulgenti in omnibus adiutrici

Kündigung bei Krankheit

Handbuch für die betriebliche,
anwaltliche und gerichtliche Praxis

von
Prof. Dr. Achim Lepke
vormals Freie Universität Berlin
Vorsitzender Richter am Landesarbeitsgericht Berlin a.D.

begründet von
Dr. Dirk Neumann
Vizepräsident des Bundesarbeitsgerichts, i.R.
(bearbeitet bis zur 3. Auflage)

11., überarbeitete und erweiterte Auflage

ERICH SCHMIDT VERLAG

Bibliografische Information der Deutschen Bibliothek

Die Deutsche Bibliothek verzeichnet diese Publikation in der Deutschen Nationalbibliografie; detaillierte bibliografische Daten sind im Internet über http://dnb.ddb.de abrufbar.

1.–4. Auflage im Verlag Handelsblatt, Düsseldorf
5.–9. Auflage im Schäffer-Poeschel Verlag, Stuttgart
10. Auflage 2000
11. Auflage 2003

ISBN 3 503 07043 5

Alle Rechte vorbehalten
© Erich Schmidt Verlag GmbH & Co., Berlin 2003
www.erich-schmidt-verlag.de

Dieses Papier erfüllt die Frankfurter Forderungen
der Deutschen Bibliothek und der Gesellschaft für das Buch
bezüglich der Alterungsbeständigkeit und entspricht sowohl den
strengen Bestimmungen der US Norm Ansi/Niso Z 39.48-1992
als auch der ISO Norm 9706.

Gesetzt aus der 9/11 Punkt Stempel Garamond

Satz: multitext, Berlin
Druck: Ott-Druck, Berlin
Buchbinderei: Lüderitz & Bauer, Berlin

Vorwort zur 10. Auflage

Die im Zusammenhang mit einer Kündigung aus krankheitsbedingten Gründen in der Person des Arbeitnehmers stehenden arbeitsrechtlichen Probleme haben seit dem Erscheinen der letzten Auflage meiner Abhandlung im Jahre 1995 nichts an ihrer Aktualität und Bedeutung für die betriebliche und gerichtliche Praxis verloren. Manche neuen Aspekte sind hinzugekommen. Aber auch Gesetzesänderungen sowie eine umfangreiche Literatur und Rechtsprechung, insbesondere der Instanzgerichte mußten ausgewertet und kritisch hinterfragt werden, weshalb eine nicht unerhebliche Erweiterung der Monographie unvermeidlich erschien. Berücksichtigung haben die bis Ende August 1999 veröffentlichte Literatur und Rechtsprechung gefunden.

Berlin, im September 1999 Achim Lepke

Vorwort zur 11. Auflage

Die einschlägige, bis Ende Dezember 2002 veröffentlichte Literatur und Rechtsprechung berücksichtigend, musste bei der Aktualisierung der Schrift eine Vielzahl neuer arbeitsrechtlicher, aber auch anderer gesetzlicher Normen, die zum Teil tiefgreifende Veränderungen in unserem Rechtssystem zur Folge haben, in den Text eingearbeitet werden. Beispielhaft seien nur das Schuldrechtsmodernisierungsgesetz vom 26. 11. 2001 erwähnt, das Betriebsverfassungsgesetz in der Fassung vom 10. 12. 2001, das Bürgerliche Gesetzbuch in der Fassung der Bekanntmachung vom 2. 1. 2002, das Teilzeit- und Befristungsgesetz vom 21. 12. 2000 sowie das Sozialgesetzbuch – Neuntes Buch – in der Fassung vom 10. 12. 2001, durch das das Schwerbehindertengesetz ersetzt worden ist. Auch das Tarifvertragsrecht, insbesondere das des öffentlichen Dienstes, hat teilweise inhaltliche Änderungen erfahren, die nicht unerwähnt bleiben konnten.

Ausführungen zur Glücksspielsucht und Internet-Abhängigkeit sowie zur Auflösung eines Arbeitsverhältnisses gegen Zahlung einer Abfindung sind ebenso hinzugekommen wie die Fragen eines Wiedereinstellungsanspruches nach einer wirksamen krankheitsbedingten Kündigung, die in der betrieblichen und gerichtlichen Praxis mehr und mehr an Bedeutung gewonnen haben.

Berlin, im Januar 2003 Achim Lepke

Inhaltsverzeichnis

	Seite	Rand-nummer
Vorwort zur 10. Auflage	5	
Vorwort zur 11. Auflage	5	
Inhaltsverzeichnis	7	
Abkürzungsverzeichnis	13	
Schrifttumverzeichnis	23	

A. Aufgabenstellung und Abgrenzung

		Seite	Randnummer
I.	Einführung	65	1 – 10
II.	Aufgabe	77	11 – 12
III.	Abgrenzung	79	13 – 50
	1. zum befristeten Arbeitsvertrag	79	13 – 16
	2. zum auflösend bedingten Arbeitsvertrag	85	17 – 22
	3. zur Anfechtung	91	23 – 50
	a) Allgemeines	91	23
	b) Irrtumsanfechtung	92	24 – 27
	c) Anfechtung wegen arglistiger Täuschung	95	28 – 50
	aa) insbesondere Auskunftspflicht	95	28 – 44a
	aaa) Krankheiten	98	31 – 32
	bbb) Rauchen	101	33
	ccc) Schwerbehinderung	102	34 – 38a
	ddd) Schwangerschaft	105	39 – 44a
	bb) insbesondere Mitteilungspflicht	113	45 – 48
	cc) Anfechtung selbst	116	49 – 50

B. Krankheitsbegriff

		Seite	Randnummer
I.	Medizinischer Krankheitsbegriff	119	52 – 54a
II.	Krankheit und Arbeitsunfähigkeit	122	55 – 59
	1. Allgemeines	122	56 – 57
	2. Insbesondere Erwerbsunfähigkeit und verminderte Erwerbsfähigkeit	125	58 – 58a
	3. Weitere Aspekte	127	59
III.	Besondere Fälle krankheitsbedingter Arbeitsunfähigkeit	128	60 – 72
	1. Transsexualität	128	60
	2. Alkohol- und Drogensucht	130	61 – 63
	a) Alkoholismus	130	62
	b) Drogenabhängigkeit	131	63

Inhaltsverzeichnis

	Seite	Rand-nummer

3. Nikotinabhängigkeit 132   64 – 69
   a) Aktivrauchen 133   66
   b) Passivrauchen 134   67 – 69
4. Glücksspielsucht 137   69a
5. Internet-Abhängigkeit 138   69b
6. Sonstiges 138   70 – 72

C. Krankheit als Kündigungsgrund

I. **Kündigung trotz Krankheit** 141   73 – 81
   1. Allgemeines 141   73 – 77
   2. Tarifvertragliche Bestimmungen 145   78 – 81

II. **Fristgemäße Kündigung durch den Arbeitgeber** 149   82 –192
   1. Allgemeines 149   82 – 91
   2. Maßgeblicher Zeitpunkt für die Beurteilung 161   92 – 95
   3. Erkundigungspflicht des Arbeitgebers? 166   96 – 99
   4. Auskunftspflicht des Arbeitnehmers? .... 171 100 –102
   5. Einzelne Gesichtspunkte .... 173 103 –162
      a) Langanhaltende Krankheit .... 174 104 –112a
      b) Häufige Krankheiten und
         Wiederholungsgefahr .... 189 113 –123
      c) Minderung der Leistungsfähigkeit .... 204 124 –131
      d) Sonstige maßgebliche Umstände .... 216 132 –162
         aa) Verschulden des Arbeitgebers oder
             Arbeitnehmers .... 222 138 –141
         bb) Betriebsunfall .... 225 142 –143
         cc) Länge der Betriebszugehörigkeit
             und Lebensalter .... 228 144 –145
         dd) Familiäre Verhältnisse 230 146
         ee) Betriebsgröße und Störung des
             Betriebsablaufes .... 232 147 –151
         ff) Insbesondere Vergütungsfortzahlungskosten ... 241 152 –156
         gg) Ver- oder Umsetzung vor der Kündigung .. 250 157 –162
   6. Zwischenbetrachtung 258 163
   7. Soziale Auswahl bei betriebsbedingter Kündigung? ... 259 164 –173
      a) § 1 Abs. 3 Sätze 1 und 2 KSchG in der bis zum
         30.9.1996 geltenden Fassung .... 260 167 –171
      b) § 1 Abs. 3 Sätze 1 und 2 KSchG in der Fassung
         vom 1.10.1996 .... 263 172
      c) Aktuelle Fassung des § 1 Abs. 3 Sätze 1 und
         2 KSchG 264 173
   8. Darlegungs- und Beweislast .... 265 174 –192

III. **Fristlose Kündigung durch den Arbeitgeber** .... 283 193 –211
   1. Allgemeines .... 283 193 –193b

Inhaltsverzeichnis

		Seite	Randnummer
2. Grundsätze nach bisherigem Recht		285	194 –195
3. Grundsätze nach geltendem Recht		286	196 –201
4. Beispiele aus der Rechtsprechung		291	202 –206a
a) Fristgerecht kündbare Arbeitnehmer		291	202
b) Fristgerecht unkündbare Arbeitnehmer		293	203
c) Stellungnahme zur Fallgruppe b)		295	203a–206a
5. Kündigungserklärungsfrist		301	207 –209
6. Darlegungs- und Beweislast		303	210 –211
IV. Anhörung des Betriebsrates		304	212 –223
V. Insbesondere Kündigung durch den Arbeitgeber bei Suchterkrankungen des Arbeitnehmers		318	224 –259
1. Kündigung wegen Trunksucht		318	224 –244
a) Allgemeines		318	224 –225
b) Statistisches		319	226 –229
c) Rechtsprechungsübersicht		323	230 –231
aa) Instanzgerichte		323	230a
bb) Bundesarbeitsgericht		327	231
d) Ordentliche fristgerechte Entlassung		330	232 –243
aa) Allgemeines		330	232 –233
bb) Personen- und/oder verhaltensbedingte Entlassungsgründe		334	234 –238
cc) Alkoholsucht und Verschulden		340	239 –241
dd) Therapieangebot durch den Arbeitgeber?		346	242
ee) Rückfallgefahr		349	242a–242b
ff) Unkenntnis des Arbeitgebers von der Sucht des Arbeitnehmers		352	243
gg) Geeignete und zulässige Beweismittel		353	243a
e) Außerordentliche fristlose Kündigung		355	244
2. Kündigung wegen Drogensucht		356	245 –257a
a) Allgemeines		356	245 –249
b) Kündigung durch den Arbeitgeber		359	250 –257a
3. Resümee		366	258 –259
VI. AIDS als Beendigungsgrund		370	260 –292
1. Vorbemerkungen		370	260 –270
2. Fristgerechte Kündigung durch den Arbeitgeber		379	271 –283
a) Rechtstatsächliches		379	271 –272
b) Gerechtfertigte oder sozialwidrige Kündigung		381	273 –279
c) Insbesondere Druckkündigung		390	280 –282
d) Kündigung von Arbeitsverhältnissen ohne allgemeinen Bestandsschutz		395	283
3. Fristlose Kündigung		396	284 –286
4. Vertragsanfechtung		397	287 –292

Inhaltsverzeichnis

	Seite	Rand-nummer
VII. Kündigung durch den Arbeitnehmer	400	293 –298
VIII. Besondere Arbeitnehmergruppen	402	299 –327
1. Schwerbehinderte	402	299 –315
a) Ordentliche Kündigung	402	299 –309
b) Außerordentliche und fristlose Kündigung	411	310 –313
c) Kündigung nach erteilter Zustimmung	413	314 –315
2. Mutterschutz und Elternzeit	416	316 –327

D. Kündigung wegen Pflichtverletzungen bei Krankheit

	Seite	Randnummer
I. Krankmeldung	423	329 –336
1. Vorbemerkungen	423	329
2. Einzelheiten	423	330 –336
II. Nachweis der Krankheit	428	337 –404
1. Allgemeines	428	337
2. Einzelheiten	429	338 –359a
a) Art, Umfang und Zeitpunkt der Nachweispflicht	429	338 –345a
b) Frühere Attestvorlage	434	346 –349
c) Folgebescheinigung	440	350 –351
d) Inhalt und Kosten des Attestes	441	352 –355
e) Auszubildende	442	356
f) Kapitäne und Besatzungsmitglieder von Schiffen	443	357
g) Maßnahmen der medizinischen Vorsorge oder Rehabilitation	443	358
h) Unabdingbarkeit	444	359 –359a
3. Bedeutung der ärztlichen Arbeitsunfähigkeitsbescheinigung	445	360 –393
a) Beweiswert	445	360 –376
aa) inländischer Atteste	445	360 –367
bb) ausländischer Atteste	459	368 –375
aaa) aus Staaten, die nicht Mitglieder der Europäischen Union sind	459	368 –369
bbb) aus Mitgliedstaaten der Europäischen Union bzw. EWR-Staaten	461	370 –375
cc) Zwischenbetrachtung	468	376
b) § 31 Bundesmantelvertrag-Ärzte/ Arbeitsunfähigkeitsrichtlinien	468	377 –380
c) Widersprüchliche Atteste	470	381
d) Ärztliches Attest als Parteierklärung im Prozess	471	382
e) Untersuchung durch den Medizinischen Dienst	472	383 –388
f) Arzt als Zeuge im Prozess	478	389 –393
4. Ärztliche Untersuchungen auf Geheiß des Arbeitgebers	482	394 –404

Inhaltsverzeichnis

	Seite	Rand-nummer

III. Anzeige- und Nachweispflichten bei Erkrankungen im Ausland .... 492 405 –409
  1. Gesetzliche Regelung .... 492 405 –407
  2. Vereinfachtes Verfahren .... 494 408 –409

IV. Pflicht des Arbeitnehmers zu gesundheits- und heilungsförderndem Verhalten? .... 496 410 –412

V. Rückmeldepflicht .... 499 413 –415

VI. Kündigung durch den Arbeitgeber .... 502 416 –460
  1. bei Verletzung von Nebenpflichten .... 502 416 –425
  2. bei Verhinderung der Gesundheitsförderung? .... 514 426 –436
    a) Beispiele aus der Rechtsprechung .... 514 426 –428a
    b) Schrifttum 522 429
    c) Stellungnahme und eigene Lösung .... 523 430 –436
      aa) Der Arbeitnehmer verstößt nicht gegen ärztliche Anordnungen 523 430
      bb) Der Arbeitnehmer verhält sich nicht krankheitsgemäß .... 524 431 –436
  3. bei fehlendem Arbeitswillen .... 528 437 –442
  4. beim Verdacht, dass der Arbeitnehmer nicht krank ist .... 534 443 –457
    a) Beispiele .... 535 444 –446
    b) Fristlose Entlassung .... 538 447 –456
    c) Ordentliche Kündigung 546 457
  5. Darlegungs und Beweislast .... 547 458 –460

E. Gerichtliche Auflösung des Arbeitsverhältnisses und Wiedereinstellungsanspruch

I. Auflösungsantrag und Abfindungsanspruch .... 551 461 –467
  1. Auflösungsbegehren des Arbeitgebers .... 551 461 –463
  2. Auflösungsverlangen des Arbeitnehmers .... 552 464 –466
  3. Auflösungsantrag beider Parteien 554 467

II. Wiedereinstellungsanspruch .... 554 468 –503
  1. Vorbemerkungen .... 554 468 –473
  2. Judikatur .... 557 474 –480a
    a) Bundesarbeitsgericht .... 558 475 –477
    b) Instanzgerichte .... 559 478 –480a
  3. Auffassungen im Schrifttum .... 560 481 –482
  4. Materiell-rechtliche Anspruchsvoraussetzungen ...... 561 483 –489
    a) Individual- oder kollektiv-rechtliche Regelungen .... 561 483 –484
    b) Krankheitsbedingte Kündigung .... 562 485 –487
    c) Verdachtskündigung 565 488

Inhaltsverzeichnis

	Seite	Rand-nummer
d) Abfindungsvergleich	565	489
5. Ausgewählte prozessuale Fragen	566	490 –503
a) Allgemeines	566	490 –492
b) Klageart	567	493 –494
c) Klageantrag	568	495
d) Frist zur Geltendmachung?	569	496
e) Darlegungs- und Beweislast	569	497 –499
f) Urteil und Zwangsvollstreckung	571	500 –503

F. Folgen einer Kündigung wegen Krankheit

I.	Fortzahlung der Vergütung	573	504 –511
II.	Krankheit durch Kündigung	580	512 –514
III.	Urlaubsanspruch oder -abgeltung	583	515 –526
	1. Allgemeines	583	515
	2. Rechtsmissbräuchliches Urlaubsverlangen	584	516 –519
	3. Erlöschen des Anspruches	589	520 –526
IV.	Rückzahlung sog. freiwilliger Leistungen des Arbeitgebers	597	527 –532
V.	Weitere Beendigungsfolgen	603	533 –537
	1. Zeugnisanspruch	603	533 –535
	2. Auskunft über den Arbeitnehmer	606	536 –537

Sachverzeichnis 609

Abkürzungsverzeichnis

a. a. O.	am angegebenen Ort
AbgG	Gesetz über die Rechtsverhältnisse der Mitglieder des Deutschen Bundestages vom 18. 2. 1977 in der Fassung vom 16. 2. 2001 (BGBl. I S. 266, 271)
ABl. (Amtsbl.)	Amtsblatt
AcP	Archiv für die civilistische Praxis
ADHGB	Allgemeines Deutsches Handelsgesetzbuch
AFG	Arbeitsförderungsgesetz vom 25. 6. 1969 in der Fassung vom 16. 12. 1997 (BGBl. S. 2970)
AFRG	Arbeitsförderungs-Reformgesetz vom 24. 3. 1997 (BGBl. I S. 594)
AG	Der Arbeitgeber (Zeitschrift)
AGB	Arbeitsgesetzbuch der (ehemaligen) DDR
AiB	Arbeitsrecht im Betrieb (Zeitschrift)
AIFO	AIDS-Forschung (Zeitschrift)
Aktuell	Harenberg, Lexikon der Gegenwart, Jahrgang
Allg.Preuß.BergG	Allgemeines Berggesetz für die Preußischen Staaten vom 24. 6. 1865 (GS, S. 705)
AmtsG	Amtsgericht
anderer Ans.	anderer Ansicht
Anh.	Anhang
Anm.	Anmerkung
AnwBl	Anwaltsblatt (Zeitschrift)
AP	Arbeitsrechtliche Praxis
APS/Bearbeiter	Großkommentar zum Kündigungsrecht, herausgegeben von Reiner Ascheid, Ulrich Preis und Ingrid Schmidt
ArbG	Arbeitsgericht
ArbGG	Arbeitsgerichtsgesetz vom 3. 9. 1953 in der Fassung vom 10. 12. 2001 (BGBl. I S. 3443)
ArbKrankhG	Gesetz zur Verbesserung der wirtschaftlichen Sicherung der Arbeiter im Krankheitsfall vom 26. 6. 1957 (BGBl. I S. 649)
ArbR-Blattei	Arbeitsrecht-Blattei (Forkel)
ArbSchG	Arbeitsschutzgesetz vom 7. 8. 1996 in der Fassung vom 29. 10. 2001 (BGBl. I S. 2785)
ArbstättV	Verordnung über Arbeitsstätten vom 20. 3. 1975 in der Fassung vom 27. 9. 2002 (BGBl. I S. 3777(3815))
ArbVG 92	Arbeitsvertragsgesetzentwurf 1992 des Arbeitskreises Deutsche Rechtseinheit im Arbeitsrecht
ArbZG	Arbeitszeitgesetz vom 6. 6. 1994 in der Fassung vom 21. 12. 2000 (BGBl. I S. 1983)
ARS	Arbeitsrechtssammlung, sog. Bensheimer Sammlung

Abkürzungsverzeichnis

ARSt	Arbeitsrecht in Stichworten (Zeitschrift)
ASiG	Gesetz über Betriebsärzte, Sicherheitsingenieure und andere Fachkräfte für Arbeitssicherheit vom 12. 12. 1973 in der Fassung vom 21. 12. 2000 (BGBl. I S. 1983)
AsM	Arbeits- und sozialstatistische Mitteilungen
ATG	Altersteilzeitgesetz vom 20. 12. 1988, in Kraft gewesen bis zum 31. 12. 1992; Gesetz zur Förderung eines gleitenden Überganges in den Ruhestand vom 23. 7. 1996 in der Fassung vom 19. 6. 2001 (BGBl. I S. 1046)
ATO	Allgemeine Tarifordnung für Arbeitnehmer im öffentlichen Dienst vom 1. 4. 1938
AuA	Arbeit und Arbeitsrecht (Zeitschrift)
Aufl.	Auflage
AuR	Arbeit und Recht (Zeitschrift)
AURL	Arbeitsunfähigkeits-Richtlinien des Bundesausschusses der Ärzte und Krankenkassen vom 3. 9. 1991
AuSozR	Arbeits- und Sozialrecht (Zeitschrift)
AVG	Angestelltenversicherungsgesetz in der Fassung vom 28. 5. 1924 (RGBl. S. 563)
AVR	Richtlinien für Arbeitsverträge in den Einrichtungen des Deutschen Caritasverbandes (Stand: März 2002)
b + p	betrieb + personal (Zeitschrift)
BAG	Bundesarbeitsgericht
BAGE	Entscheidungen des Bundesarbeitsgerichts, Amtliche Sammlung
BAK	Blutalkoholkonzentration
BArbBl	Bundesarbeitsblatt
BAT	Bundes-Angestelltentarifvertrag
Baye.ABl	Amtsblatt des Bayerischen Staatsministeriums für Arbeit und Sozialordnung
Baye.VGH	Bayerischer Verwaltungsgerichtshof
BayObLG	Bayerisches Oberstes Landesgericht
BB	Betriebs-Berater (Zeitschrift)
BBG	Bundesbeamtengesetz vom 14. 7. 1953 in der Fassung vom 16. 2. 2002 (BGBl. I S. 693, 701)
BBilG	Berufsbildungsgesetz vom 14. 8. 1969 in der Fassung vom 10. 11. 2001 (BGBl. IS. 2992)
Bd.	Band
BDA	Bundesvereinigung der Deutschen Arbeitgeberverbände
BDSG	Bundesdatenschutzgesetz vom 20. 12. 1990 in der Fassung vom 3. 12. 2001 (BGBl. I S. 3306)
BErzGG	Gesetz zum Erziehungsgeld und zur Elternzeit vom 6. 12. 1985 in der Fassung vom 7. 12. 2001 (BGBl. I S. 3358)
BeschSchG	Gesetz zum Schutz der Beschäftigten vor sexueller Belästigung am Arbeitsplatz vom 24. 6. 1994 (BGBl. I S. 1406)

Abkürzungsverzeichnis

BetrR	Der Betriebsrat (Zeitschrift)
BetrVG	Betriebsverfassungsgesetz vom 15. 1. 1972 in der Fassung vom 10. 12. 2001 (BGBl. I S. 3443)
BFH	Bundesfinanzhof
BGA	Bundesgesundheitsamt in Berlin
BGB	Bürgerliches Gesetzbuch vom 18. 8. 1896 in der Fassung der Bekanntmachung vom 2. 1. 2002 (BGBl. I S. 42)
BGBl.	Bundesgesetzblatt
BGesBl	Bundesgesundheitsblatt (Zeitschrift)
BGB-RGRK	Das Bürgerliche Gesetzbuch, Kommentar, mit besonderer Berücksichtigung der Rechtsprechung des Reichsgerichts und des Bundesgerichtshofes
BGH	Bundesgerichtshof
BGHZ	Entscheidungen des Bundesgerichtshofes in Zivilsachen, Amtliche Sammlung
BioStoffVO	Verordnung über Sicherheit und Gesundheitsschutz bei Tätigkeiten mit biologischen Arbeitsstoffen vom 27. 1. 1999 in der Fassung vom 18. 10. 1999 (BGBl. I S. 2059)
BKK	Die Betriebskrankenkasse (Zeitschrift)
Bl.	Blatt
BlStSozArbR	Blätter für Steuer-, Sozial- und Arbeitsrecht (Zeitschrift)
BMA	Bundesministerium für Arbeit und Sozialordnung
BMT-G	Bundesmanteltarifvertrag für Arbeiter der Gemeinden
BMV-Ä	Bundesmantelvertrag-Ärzte
BPersVG	Bundespersonalvertretungsgesetz vom 15. 3. 1974 in der Fassung vom 9. 7. 2001 (BGBl. I S. 1510, 1520)
Breith.	Entscheidungen aus dem Sozialrecht
BRG	Betriebsrätegesetz vom 4. 2. 1920 (RGBl. S. 147)
BRRG	Rahmengesetz zur Vereinheitlichung des Beamtenrechts vom 1. 7. 1957 in der Fassung vom 9. 7. 2001 (BGBl. I S. 1510, 1527)
BRTV	Bundes-Rahmentarifvertrag
BSeuchG	Gesetz zur Verhütung und Bekämpfung übertragbarer Krankheiten beim Menschen vom 18. 7. 1961 in der Fassung vom 24. 3. 1997 (BGBl. I S. 594, 705) – außer kraft getreten durch Infektionskrankheitenschutzgesetz
BSG	Bundessozialgericht
BSGE	Entscheidungen des Bundessozialgerichts, Amtliche Sammlung
BtMG	Gesetz über den Verkehr mit Betäubungsmitteln vom 28. 7. 1981 in der Fassung vom 19. 6. 2001 (BGBl. I S. 1180)
BUrlG	Mindesturlaubsgesetz für Arbeitnehmer vom 8. 1. 1963 in der Fassung vom 19. 6. 2001 (BGBl. I S. 1046)
BVerfG	Bundesverfassungsgericht

Abkürzungsverzeichnis

BVerfGE	Entscheidungen des Bundesverfassungsgerichts, Amtliche Sammlung
BVerwG	Bundesverwaltungsgericht
BVerwGE	Entscheidungen des Bundesverwaltungsgerichts, Amtliche Sammlung
CR	Computer und Recht (Zeitschrift)
DB	Der Betrieb (Zeitschrift)
DDR	Deutsche Demokratische Republik
Dem.u.R.	Demokratie und Recht (Zeitschrift)
DHS	Deutsche Hauptstelle gegen die Suchtgefahr e.V., Hamm
Diss.	Dissertation
DMW	Deutsche Medizinische Wochenschrift
DÖD	Der öffentliche Dienst (Zeitschrift)
DOK	Die Ortskrankenkasse (Zeitschrift)
Dok.Ber.B.	Dokumentarische Berichte aus dem Bundesverwaltungsgericht (Teil B)
DRiZ	Deutsche Richterzeitung
Drucks.	Drucksache
DtÄrzteBl	Deutsches Ärzteblatt (Zeitschrift)
DtZ	Deutsch-Deutsche Rechtszeitschrift
EEK	Entscheidungssammlung zur Entgeltfortzahlung im Krankheitsfalle (Sabel)
EFZG	Gesetz über die Zahlung des Arbeitsentgelts an Feiertagen und im Krankheitsfall vom 26.5.1994 in der Fassung vom 19.6.2001 (BGBl. I S. 1046)
EMRK	Konvention zum Schutze der Menschenrechte und Grundfreiheiten vom 4.11.1950, ratifiziert durch die Bundesrepublik Deutschland am 5.12.1952 (BGBl. II S. 686, 953)
ErfK	Erfurter Kommentar zum Arbeitsrecht, herausgegeben von Dieterich, Hanau und Schaub
Erl.	Erläuterungen
ErsK	Die Ersatzkasse (Zeitschrift)
ESC	Europäische Sozialcharta vom 18.10.1961, revidierte Fassung vom 1996 in kraft getreten am 1.7.1999
EU	Europäische Union
EuGH	Gerichtshof der Europäischen Gemeinschaften
EUGHE	Entscheidung des Gerichtshofes der Europäischen Gemeinschaften
EuroAS	Europäisches Arbeits- und Sozialrecht (Informationsdienst)
EuZW	Europäische Zeitschrift für Wirtschaftsrecht
EWGV	Vertrag zur Gründung der Europäischen Wirtschaftsgemeinschaft vom 23.3.1957 (BGBl. II S. 766)
EWiR	Entscheidungen zum Wirtschaftsrecht
EWR	Europäischer Wirtschaftsraum
EzA	Entscheidungssammlung zum Arbeitsrecht (Lipke)

Abkürzungsverzeichnis

EzA-SD	Arbeitsrechtliche Sofortinformation Entscheidungssammlung zum Arbeitsrecht
EzB	Entscheidungssammlung zum Berufsbildungsrecht
EzBAT	Entscheidungssammlung zum BAT
FA	Fachanwalt Arbeitsrecht (Zeitschrift)
FeV	Fahrerlaubnis-Verordnung vom 18. 8. 1998 in der Fassung vom 14. 12. 2001 (BGBl. I S. 3783)
FS	Festschrift
Fußn.	Fußnote
GewO	Gewerbeordnung vom 21. 6. 1869 in der Fassung vom 24. 8. 2002 (BGBl. I S. 3412)
GG	Grundgesetz für die Bundesrepublik Deutschland vom 23. 5. 1949 in der Fassung vom 26. 11. 2001 (BGBl. I S. 3219)
GK	Gemeinschaftskommentar
GK-BetrVG	Gemeinschaftskommentar zum Betriebsverfassungsgesetz
GK-BUrlG	Gemeinschaftskommentar zum Bundesurlaubsgesetz
GK-EFZR	Gemeinschaftskommentar zum Entgeltfortzahlungsrecht
GK-HGB	Gemeinschaftskommentar zum Handelsgesetzbuch
GK-SchwrbG	Gemeinschaftskommentar zum Schwerbehindertengesetz
GK-TzA	Gemeinschaftskommentar zum Teilzeitarbeitsrecht
GmbHR	GmbH Rundschau (Zeitschrift)
GMK	Gesundheitsministerkonferenz
Großkomm.HGB	Handelsgesetzbuch, Kommentar begründet von Staub, weitergeführt von Mitgliedern des Reichsgerichts
Grunds.	Grundsätze
GS	Großer Senat
Hako/Bearb.	Handkommentar Kündigungsschutzgesetz, herausgegeben von Fiebig, Gallner und Pfeiffer
Hess.	Hessisches
HGB	Handelsgesetzbuch vom 10. 5. 1897 in der Fassung vom 10. 12. 2001 (BGBl. I S. 3422)
HK-KSchG	Heidelberger Kommentar zum Kündigungsschutzgesetz
HRR	Höchstrichterliche Rechtsprechung (Zeitschrift)
hrsg	herausgegeben
HzA	Handbuch zum Arbeitsrecht (Loseblattausgabe), herausgegeben von Leinemann
IAO	Internationale Arbeitsorganisation
i.d.F.	in der Fassung
IfSG	Gesetz zur Verhütung und Bekämpfung von Infektionskrankheiten beim Menschen vom 20. 7. 2000 (BGBl. I S. 1045)
ILO	Internationale Arbeitsorganisation
Inf.	Die Information über Steuer und Wirtschaft (Zeitschrift)
InsO	Insolvenzordnung vom 5. 10. 1994 in der Fassung vom 13. 12. 2001 (BGBl. I S. 3674)

Abkürzungsverzeichnis

JA	Juristische Arbeitsblätter (Zeitschrift)
JArbSchG	Gesetz zum Schutz der arbeitenden Jugend vom 12. 4. 1976 in der Fassung vom 21. 12. 2000 (BGBl. I S. 1983)
JR	Juristische Rundschau (Zeitschrift)
JuS	Juristische Schulung (Zeitschrift)
JZ	Juristenzeitung (Zeitschrift)
Kasseler Handbuch	Kasseler Handbuch zum Arbeitsrecht, hrsg. von Leinemann
KJ	Kritische Justiz (Zeitschrift)
KPK-Autor	Kündigungsschutzgesetz, herausgegeben von Sowka
KR	Gemeinschaftskommentar zum KSchG und zu sonstigen kündigungsschutzrechtlichen Vorschriften
KrV	Die Krankenversicherung (Zeitschrift)
KSchG	Kündigungsschutzgesetz vom 10. 8. 1951 in der Fassung vom 23. 7. 2001 (BGBl. I S. 1852)
KSchR	Kündigungsschutzrecht
LAG	Landesarbeitsgericht
LAGE	Entscheidungen der Landesarbeitsgerichte (Lipke)
LFG	Gesetz über die Fortzahlung des Arbeitsentgelts im Krankheitsfall vom 27. 7. 1969 in der Fassung vom 26. 5. 1994 (BGBl. I S. 1014, 1065)
LG	Landgericht
Ls	Leitsatz
LSG	Landessozialgericht
LTV	Lohntarifvertrag
MAK	Maximale Arbeitsplatzkonzentration eines Arbeitsstoffes
MDK	Medizinischer Dienst der Krankenkassen
MDR	Monatsschrift für Deutsches Recht (Zeitschrift)
MedR	Medizinrecht (Zeitschrift)
MEDSACH	Der medizinische Sachverständige (Zeitschrift)
Mio.	Million
Mit Bl.	Mitteilungsblatt des kommunalen Arbeitgeberverbandes Sachsen-Anhalt e. V.
MMW	Münchener Medizinische Wochenschrift
Mrd.	Milliarde
MTArbBund	Manteltarifvertrag für Arbeiterinnen und Arbeiter des Bundes und der Länder, Ausgabe Bund
MT Arb Länder	Manteltarifvertrag für Arbeiterinnen und Arbeiter des Bundes und der Länder, Ausgabe Länder
MTV	Mantel-Tarifvertrag
MuA	Mensch und Arbeit (Zeitschrift)
Müko-BGB	Münchener Kommentar zum BGB
Müko-ZPO	Münchener Kommentar zur ZPO
MünchArbR	Münchener Handbuch zum Arbeitsrecht, herausgegeben von Richardi/Wlotzke

Abkürzungsverzeichnis

MuSchG	Gesetz zum Schutz der erwerbstätigen Mutter vom 24. 2. 1952 in der Fassung vom 16. 6. 2002 (BGBl. I S. 1812)
MuSchRiV	Verordnung zur ergänzenden Umsetzung der EG-Mutterschutzrichtlinie vom 15. 4. 1997 (BGBl. I S. 782)
m. w. N.	mit weiteren Nachweisen
n. F.	neue Fassung
NJ	Neue Justiz (Zeitschrift)
NJW	Neue Juristische Wochenschrift (Zeitschrift)
NRVBl.	Nordrhein-Westfälische Verwaltungsblätter (Zeitschrift)
NRW	Nordrhein-Westfalen
NStZ	Neue Zeitschrift für Strafrecht
NZA	Neue Zeitschrift für Arbeits- und Sozialrecht
NZA-RR	NZA-Rechtsprechungs-Report (Zeitschrift)
NZS	Neue Zeitschrift für Sozialrecht
Öff.Gesundh.-Wes.	Das öffentliche Gesundheitswesen (Zeitschrift)
OLG	Oberlandesgericht
OVG	Oberverwaltungsgericht
PersR	Der Personalrat (Zeitschrift)
PersV	Die Personalvertretung (Zeitschrift)
Pflege VG	Gesetz zur sozialen Absicherung des Risikos der Pflegebedürftigkeit vom 26. 5. 1994 in der Fassung vom 5. 6. 1998 (BGBl. I S. 1229)
PK-BAT	Bundes-Angestelltentarifvertrag, Kommentar für die Praxis, herausgegeben von Bruse und anderen
PrAr	Praktisches Arbeitsrecht, Sammlung Müller/Gröninger
Quelle	Die Quelle (Zeitschrift)
RAG	Reichsarbeitsgericht
RdA	Recht der Arbeit (Zeitschrift)
Rdn.	Randnote
Rdnr.	Randnummer
RDV	Recht der Datenverarbeitung (Zeitschrift)
RG	Reichsgericht
RGBl.	Reichsgesetzblatt
RRG	Rentenreformgesetz 1992
RS.	Rechtssache
RVO	Reichsversicherungsordnung vom 19. 7. 1911 in der Fassung vom 16. 12. 1997 (BGBl. I S. 2942)
Rz	Randziffer
RzK	Rechtsprechung zum Kündigungsrecht (Stand: August 2002), herausgegeben von Etzel
S.	Seite
SAE	Sammlung arbeitsrechtlicher Entscheidungen (Zeitschrift)
SchwerBeschG	Schwerbeschädigtengesetz vom 16. 6. 1953 (BGBl. I S. 389)

Abkürzungsverzeichnis

SchwerbG	Gesetz zur Sicherung der Eingliederung Schwerbehinderter in Arbeit, Beruf und Gesellschaft vom 26. 8. 1986 in der Fassung vom 20. 12. 2000 (BGBl. I S. 1827) – aufgehoben
SeemG	Seemannsgesetz vom 26. 7. 1957 in der Fassung vom 23. 2. 2002 (BGBl. I S. 1163)
SG	Sozialgericht
SGB I	Sozialgesetzbuch – Erstes Buch Allgemeiner Teil vom 11. 12. 1975 in der Fassung vom 5. 11. 2001 (BGBl. I S. 2950, 2959)
SGB III	Sozialgesetzbuch – Drittes Buch – Arbeitsförderung – vom 24. 3. 1997 in der Fassung vom 20. 12. 2001 (BGBl. I S. 4013)
SGB IV	Sozialgesetzbuch – Viertes Buch – Gemeinsame Vorschriften für die Sozialversicherung – vom 23. 12. 1976 in der Fassung vom 10. 12. 2001 (BGBl. I S. 3443, 3461)
SGB V	Sozialgesetzbuch – Fünftes Buch – Gesetzliche Krankenversicherung – vom 20. 12. 1988 in der Fassung vom 17. 8. 2001 (BGBl I S. 2144, 2156)
SGB VI	Sozialgesetzbuch – Sechstes Buch – Gesetzliche Rentenversicherung – vom 18. 12. 1989 in der Fassung vom 19. 2. 2002 (BGBl. I S. 754)
SGB VII	Sozialgesetzbuch – Siebtes Buch – Gesetzliche Unfallversicherung – vom 7. 8. 1996 in der Fassung vom 29. 10. 2001 (BGBl. I S. 2785, 2832)
SGB IX	Sozialgesetzbuch – Neuntes Buch – Rehabilitation und Teilhabe behinderter Menschen – vom 19. 6. 2001 in der Fassung vom 10. 12. 2001 (BGBl. I S. 3448)
SGB X	Sozialgesetzbuch – Zehntes Buch – Sozialverwaltungsverfahren und Sozialdatenschutz – vom 18. 8. 1980 in der Fassung vom 9. 1. 2002 (BGBl. I S. 361, 378)
SGG	Sozialgerichtsgesetz vom 3. 9. 1953 in der Fassung vom 17. 8. 2001 (BGBl. I S. 2144)
Sig G	Signaturgesetz vom 16. 5. 2001 (BGBl. I S. 876)
Slg.	Sammlung von Entscheidungen
SMG	Gesetz zur Modernisierung des Schuldrechts vom 26. 11. 2001 (BGBl. I S. 3138)
SozSich	Soziale Sicherheit (Zeitschrift)
SprAuG	Gesetz über Sprecherausschüsse der leitenden Angestellten vom 20. 12. 1988 in der Fassung vom 21. 12. 2000 (BGBl. I S. 1983)
SpuRt	Zeitschrift für Sport und Recht
StGB	Strafgesetzbuch vom 15. 5. 1871 in der Fassung vom 20. 12. 2001 (BGBl. I S. 3983)

Abkürzungsverzeichnis

StVG	Straßenverkehrsgesetz vom 19. 12. 1952 in der Fassung vom 19. 3. 2001 (BGBl. I S. 386)
TRGS	Technische Regeln für Gefahrstoffe
TSG	Transsexuellengesetz vom 10. 9. 1980 in der Fassung vom 23. 9. 1998 (BGBl. I S. 833, 841)
TV AL II	Tarifvertrag für die Arbeitnehmer bei den Stationierungsstreitkräften im Gebiet der Bundesrepublik Deutschland
TVK	Tarifvertrag für Musiker in Kulturorchestern in der Fassung vom 15. 5. 2000
TzBfG	Gesetz über Teilzeitarbeit und befristete Arbeitsverträge vom 21. 12. 2000 (BGBl. I S. 1966)
u. a.	und andere (et al.)
UFITA	Archiv für Urheber-, Film-, Funk- und Theaterrecht, Band und Jahr
unv.	unveröffentlicht
UVB	Vereinigung der Unternehmensverbände in Berlin und Brandenburg e. V.
UVV	Unfallverhütungsvorschriften
VerfGH	Verfassungsgerichtshof
VerkBl.	Verkehrsblatt, Amtsblatt des Bundesministers für Verkehr der Bundesrepublik Deutschland
VersR	Versicherungsrecht (Zeitschrift)
VerwG	Verwaltungsgericht
VGH	Verwaltungsgerichtshof
vgl.	vergleiche
VOBl.	Verordnungsblatt
Voraufl.	Vorauflage
VVG	Gesetz über den Versicherungsvertrag vom 30. 5. 1908 in der Fassung vom 26. 11. 2001 (BGBl. I S. 3138, 3185)
WA	Westdeutsche Arbeitsrechtsprechung (Zeitschrift)
WHO	Weltgesundheitsorganisation
WiB	Wirtschaftsrechtliche Beratung (Zeitschrift)
WoM	Wohnungswirtschaft und Mietrecht (Zeitschrift)
WPM	Wertpapiermitteilungen (Zeitschrift)
ZAS	Zeitschrift für Arbeitsrecht und Sozialrecht (Wien)
ZBl.Rechtsmed.	Zentralblatt Rechtsmedizin (Zeitschrift)
ZBR	Zeitschrift für Beamtenrecht
ZBVR	Zeitschrift für Betriebsverfassungsrecht
ZFA	Zeitschrift für Allgemeinmedizin
ZfA	Zeitschrift für Arbeitsrecht
ZfS	Zentralblatt für Sozialversicherung, Sozialhilfe und Versorgung
ZGerontol	Zeitschrift für Gerontologie
ZGR	Zeitschrift für Unternehmens- und Gesellschaftsrecht
ZIP	Zeitschrift für Gesellschaftsrecht und Insolvenzpraxis

Abkürzungsverzeichnis

ZPO	Zivilprozeßordnung vom 30. 1. 1877 in der Fassung vom 14. 12. 2001 (BGBl. I S. 3721)
ZRP	Zeitschrift für Rechtspolitik
ZTR	Zeitschrift für Tarifrecht
zust.	zustimmend
ZZP	Zeitschrift für Zivilprozeß

Schrifttumverzeichnis

I. Kommentare, Lehrbücher und Gesamtdarstellungen

AK-BGB (Bearbeiter), Kommentar zum Bürgerlichen Gesetzbuch (Reihe Alternativkommentare), Band 3: Besonderes Schuldrecht, 1979
Anzinger/Bieneck, Arbeitssicherheitsgesetz, 1998
Ascheid/Preis/Schmidt, Großkommentar zum Kündigungsrecht (APS/Bearbeiter), 2000
Auffarth/Müller, Kündigungsschutzgesetz, 1960
Backmeister/Trittin, Kündigungsschutzgesetz mit Nebengesetzen, 2000
Bader/Bram/Dörner/Wenzel, Kommentar zum Kündigungsschutzgesetz und zu den §§ 620 bis 628 BGB (45. Erg. Lfg. Mai 2002)
Bandasch u.a., Gemeinschaftskommentar zum Handelsgesetzbuch (GK-HGB), 4. Aufl. 1989, 6. Ergänzungslieferung Dezember 1992
Baumbach/Hopt, Handelsgesetzbuch, 30. Aufl. 2000
Baumbach/Lauterbach/Albers/Hartmann, Zivilprozeßordnung, 61. Aufl. 2003
Becher, Lohnfortzahlungsgesetz, 1971
Becker/Danne/Lang/Lipke/Mikosch/Steinwedel, Gemeinschaftskommentar zum Teilzeitarbeitsrecht (GK-TzA), 1987
Benda/Maihofer/Vogel, Handbuch des Verfassungsrechts der Bundesrepublik Deutschland, 2. Aufl. 1994
BGB-RGRK, Das Bürgerliche Gesetzbuch, Band I (§§ 1–240), 12. Aufl. 1982; Band II, Teil 3/1 (§§ 611–620), 12. Aufl. 1997; Band II, Teil 3/2 (§§ 621–630), 12. Aufl. 1997
Birk/Prütting/Sprang/Steckhahn, Gemeinschaftskommentar zum Entgeltfortzahlungsrecht (GK-EFZR), 1993
Blanpain/Schmidt/Schweibert, Europäisches Arbeitsrecht, 2. Aufl 1996
Bleistein/Matthes, Einstellung – Urlaub – Krankheit – Kündigung, 1981
Bley, Sozialrecht, 6. Aufl. 1988
Bley/Kreikebohm/Marschner, Sozialrecht, 8. Aufl. 2001
Bobke, Arbeitsrecht für Arbeitnehmer, 5. Aufl. 1993
Bobrowski/Gaul, Das Arbeitsrecht im Betrieb, Band II, 7. Aufl. 1979
Böhm/Spiertz/Sponer/Steinherr, Die Dienstverhältnisse der Angestellten bei öffentlichen Verwaltungen und Betrieben, Bd. 1, 3. Aufl. (Stand: Januar 2002), Bd. 4, 3. Aufl. (Stand: Januar 2002)
Boemke, Studienbuch Arbeitsrecht, 2001
Brecht, Lohnfortzahlungsgesetz, 3. Aufl. 1979
Brecht, Entgeltfortzahlung an Feiertagen und im Krankheitsfall, 2. Aufl. 2000
Brox/Rüthers, Arbeitsrecht, 15. Aufl. 2001
Brox/Walker, Zwangsvollstreckungsrecht, 6. Aufl. 1999
Bruse u.a., Bundes-Angestelltentarifvertrag, Kommentar für die Praxis (PK-BAT), 2. Aufl. 1993

Buchner/Becker, Mutterschutzgesetz und Bundeserziehungsgeldgesetz, 6. Aufl. 1998
Bulla/Buchner, Mutterschutzgesetz, 5. Aufl. 1981 (Erg. 1982)
Buschmann/Dieball/Stevens-Bartol, Das Recht der Teilzeitarbeit (TZA), 1997
Clemens/Scheuring/Steingen/Wiese, Kommentar zum BAT, Bd. 1 (Stand: November 2001), Bd. 4 (Stand: September 2001)
Cramer, Schwerbehindertengesetz, 5. Aufl. 1998
Crisolli/Tiedtke/Ramdohr, Das Tarifrecht der Angestellten im öffentlichen Dienst (Stand: Februar 2002)
Däubler, Das Arbeitsrecht 2 (Band 2), 11. Aufl. 1998
Däubler, Arbeitsrecht Ratgeber für Beruf, Praxis und Studium, 3. Aufl. 2001
Däubler/Kittner/Klebe, Betriebsverfassungsgesetz, 8. Aufl. 2002
Dersch/Neumann, Bundesurlaubsgesetz, 8. Aufl. 1997
Dieterich/Hanau/Schaub, Erfurter Kommentar zum Arbeitsrecht, 3. Aufl. 2003
Dietz/Richardi, Betriebsverfassungsgesetz, Band 2, 6. Aufl. 1982
Doetsch/Schnabel/Paulsdorff, Lohnfortzahlungsgesetz, 6. Aufl. 1983
Dorndorf/Weller/Hauck/Kriebel/Höland/Neef, Heidelberger Kommentar zum Kündigungsschutzgesetz, 4. Aufl. 2001
Dörner/Luczak/Wildschütz, Handbuch Arbeitsrecht, 3. Aufl. 2002
Dreier (Hrsg.), Grundgesetz, Band I, Art. 1–19 (Stand: 1996), Band II, Art. 20-82 (Stand: 1998)
Dütz, Arbeitsrecht, 7. Aufl. 2002
Erman, Bürgerliches Gesetzbuch, 1. Band, 10. Aufl. 2000
Ernsthaler u.a., Gemeinschaftskommentar zum Handelsgesetzbuch (GK-HGB), 6. Aufl. 2000
Esser/Schmidt, Schuldrecht, Band I, Allgemeiner Teil, Teilband 2, 8. Aufl. 2000
Fabricius/Kraft/Wiese/Kreutz/Oetker, Betriebsverfassungsgesetz (GK-BetrVG), Band II, (§§ 74–132) 7. Aufl. 2002
Feldes/Kamm/Peiseler/von Seggern/Unterhinningshofen/Westermann/Witt, Schwerbehindertenrecht, 7. Aufl. 2002
Fiebig/Gallner/Pfeiffer, Kündigungsschutzgesetz, 2000
Fikentscher, Schuldrecht, 9. Aufl. 1997
Fitting/Kaiser/Heither/Engels/Schmidt, Betriebsverfassungsgesetz mit Wahlordnung, 21. Aufl. 2002
Galperin/Löwisch, Kommentar zum Betriebsverfassungsgesetz, Band II, 6. Aufl. 1982
Gamillscheg, Arbeitsrecht, Bd. 1: Arbeitsvertrags- und Arbeitsschutzrecht, 8. Aufl. 2000
Gaul, Das Arbeitsrecht im Betrieb, Band 1 und 2, 8. Aufl. 1986
Germelmann/Matthes/Prütting/Müller-Glöge, Arbeitsgerichtsgesetz, 4. Aufl. 2002
Geyer/Knorr/Krasney, Entgeltfortzahlung – Krankengeld – Mutterschaftsgeld, 7. Aufl. (Stand: März 2002)
Gift/Baur, Das Urteilsverfahren vor den Gerichten für Arbeitssachen, 1993
Gitter/Michalski, Arbeitsrecht, 5. Aufl. 2002

Schrifttumverzeichnis

Gnade/Kehrmann/Schneider/Klebe/Ratayczak, Betriebsverfassungsgesetz, 10. Aufl. 2002
Goebel/Gauweiler, AIDS-AKTUELL (Stand: 20. Ergänzungslieferung Oktober 1995)
Gola, Entgeltfortzahlungsgesetz, Handkommentar, 2. Aufl. 1998
Götz, Grundzüge des Arbeitsrechts, Band I Arbeitsvertragsrecht, 3. Aufl. 1996
Grabitz/Hilf, Kommentar zur Europäischen Union, Bd. II (Stand: 17. Aufl. 2001)
Gröninger/Thomas, Schwerbehindertengesetz (Stand: April 1997)
Gröninger/Thomas, Mutterschutzgesetz (Stand: April 1998)
GroßKomm.HGB, Handelsgesetzbuch, begründet von Staub, weitergeführt von Mitgliedern des Reichsgerichts, 1. Band, 3. Aufl. 1967
Großmann/Schimanski/Dopatka/Spiolek/Steinbrück, Gemeinschaftskommentar zum Schwerbehindertengesetz (GK-SchwerbG), 2. Aufl. 2000
Grunsky, Arbeitsgerichtsgesetz, 7. Aufl. 1995
Haberkorn, Arbeitsrecht, 10. Aufl. 2001
Halbach/Paland/Schwedes/Wlotzke, Übersicht über das Arbeitsrecht, 8. Aufl. 2000
Hanau/Adomeit, Arbeitsrecht, 12. Aufl. 2000
Hauck/Haines, Sozialgesetzbuch V. Gesetzliche Krankenversicherung, 1. und 2. Bd. (Stand: Juni 2002); Sozialgesetzbuch VI, Bd. 1 (Stand: Juli 2000); SGB VII, Bd. 2 (Stand: Juni 1997); SGB IX, (Stand: 2001); SGB X 1.2 (Stand: März 2002)
Heinemann/Liebold/Zalewski, Kassenarztrecht, Band II, 5. Aufl., 30. Lieferung Januar 1994
Helml, Entgeltfortzahlungsgesetz, 1995 mit Nachtrag 1997
Helml, Arbeitsrecht, 7. Aufl. 2000
Herschel/Steinmann, Kündigungsschutzgesetz, 5. Aufl. 1961
Herschel/Löwisch, Kündigungsschutzgesetz, 6. Aufl. 1984
Hess/Schlochauer/Glaubitz, Kommentar zum Betriebsverfassungsgesetz, 5. Aufl. 1997
Hönsch/Natzel, Handbuch des Fachanwaltes – Arbeitsrecht, 2. Aufl. 1994
von Hoyningen-Huene, Betriebsverfassungsrecht, 4. Aufl. 1998
von Hoyningen-Huene/Linck, Kündigungsschutzgesetz, 13. Aufl. 2002
Hromadka/Maschmann, Arbeitsrecht Band 1, 2. Aufl. 2002, Band 2, 2. Aufl. 2001
Hueck/Hueck, Kündigungsschutzgesetz, 10. Aufl. 1980
Hueck/von Hoyningen-Huene, Kündigungsschutzgesetz, 12. Aufl. 1997
Hueck/Nipperdey, Lehrbuch des Arbeitsrechts, Band I, 7. Aufl. 1963
Jung/Cramer, Schwerbehindertengesetz, 3. Aufl. 1987
Junker, Grundkurs Arbeitsrecht, 2001
Kaiser/Dunkl, Die Entgeltfortzahlung im Krankheitsfalle, 2. Aufl. 1984
Kaiser/Dunkl/Hold/Kleinsorge, Entgeltfortzahlungsgesetz, 5. Aufl. 2000
Kammann/Hess/Schlochauer, Kommentar zum Betriebsverfassungsgesetz, 1979
Kasseler Kommentar, Sozialversicherungsrecht, Bände 1 und 2 (Stand: August 2002)
Kehrmann/Pelikan, Lohnfortzahlungsgesetz, 2. Aufl. 1973
Kittner/Däubler/Zwanziger, Kündigungsschutzrecht (KSchR), 5. Aufl. 2001

Kittner/Pieper, Arbeitsschutzrecht (ArbSchR), Kommentar für die Praxis, 2. Aufl. 2002
Kittner/Zwanziger, Arbeitsrecht – Handbuch für die Praxis, 2001
Kittner/Trittin, Kündigungsschutzrecht, 3. Aufl. 1997
Kliesch/Nöthlichs/Wagner, Arbeitssicherheitsgesetz, Kommentar, 1978
KR, *Becker/Etzel/Bader/Fischermeier//Friedrich/Lipke/Pfeiffer/Rost/Spilger/ Vogt/Weigand/Wolff,* Gemeinschaftskommentar zum KSchG und zu sonstigen kündigungsschutzrechtlichen Vorschriften, 6. Aufl. 2002
Kunz/Wedde, Entgeltfortzahlungsrecht (EFZR), 2000
Küttner, Personalbuch 2002, 9. Aufl.
Landmann/Rohmer, Gewerbeordnung, Band I, 13. Aufl. (Stand: Oktober 1997)
Larenz/Wolf, Allgemeiner Teil des deutschen Bürgerlichen Rechts, 8. Aufl. 1997
Leinemann (Hrsg.), Kasseler Handbuch zum Arbeitsrecht, Bände 1 und 2, 2. Aufl. 2000
Leinemann/Linck, Urlaubsrecht, 2. Aufl. 2001
Leinemann/Taubert, Berufsbildungsgesetz, 2002
Leinemann/Wagner/Worzalla, Handbuch des Fachanwalts Arbeitsrecht (FA – ArbR/Bearbeiter), 3. Aufl. 2001
Lenz, EG-Vertrag, Kommentar, 2. Aufl. 1999
Lieb, Arbeitsrecht, 7. Aufl. 2000
Löwisch, Arbeitsrecht, 5. Aufl. 2000
Löwisch, Kündigungsschutzgesetz, 8. Aufl. 2000
Löwisch/Kaiser, Betriebsverfassungsgesetz, 5. Aufl. 2002
Marienhagen, Lohnfortzahlungsgesetz, 3. Aufl. 1970; Loseblattsammlung (Stand: November 1991)
Marienhagen/Künzl, Entgeltfortzahlung (Stand: Mai 2001)
Maunz/Dürig/Herzog/Scholz, Grundgesetz, Band I (Art. 1–12) Stand: Juli 2001
Meisel, Arbeitsrecht für die betriebliche Praxis, 9. Aufl. 2001
Meisel/Hiersemann, Mutterschutzgesetz, 2. Aufl. 1978
Meisel/Sowka, Mutterschutz und Erziehungsurlaub, 5. Aufl. 1999
Müller, Bernd, Arbeitsrecht im öffentlichen Dienst, 5. Aufl. 2001
Müller/Berenz, Entgeltfortzahlungsgesetz, 3. Aufl. 2001
Münchener Kommentar zum Bürgerlichen Gesetzbuch Band 1 Allgemeiner Teil (§§ 1–240, AGBG), 4. Aufl. 2001; Band 2 Schuldrecht Allgemeiner Teil (§§ 241–432), 3. Aufl. 1994; Band 3, 2. Halbband Schuldrecht Besonderer Teil (§§ 652–853), 4. Aufl. 2001; Band 4 Schuldrecht Besonderer Teil II (§§ 607–704), 3. Aufl. 1997; Band 7 Familienrecht I (§§ 1297–1588), 3. Aufl. 1993
Münchener Kommentar zur Zivilprozeßordnung mit Gerichtsverfassungsgesetz und Nebengesetzen Band 1 (§§ 1–354), 2. Aufl. 2000; Band 2 (§§ 355-802), 2. Aufl. 2000
Natzel, Bundesurlaubsrecht, Handkommentar, 4. Aufl. 1988
Neubert/Becke, Schwerbehindertengesetz, 2. Aufl. 1986
Neumann/Pahlen, Schwerbehindertengesetz, 9. Aufl. 1999
Nikisch, Arbeitsrecht, Band I, 3. Aufl. 1961
Palandt, Bürgerliches Gesetzbuch, 62. Aufl. 2003

Pawlowski, Methodenlehre für Juristen, 3. Aufl. 1999
Peters, Handbuch der Krankenversicherung, SGB V, Band 1 (Stand: Februar 2002)
Preis, Ulrich, Arbeitsrecht, Praxis-Lehrbuch zum Individualarbeitsrecht, 1999
Richardi, Betriebsverfassungsgesetz mit Wahlordnung, 8. Aufl. 2002
Richardi/Wlotzke, Münchener Handbuch zum Arbeitsrecht, Band 1: Individualarbeitsrecht I, Band 2: Individualarbeitsrecht II; Band 3: Kollektives Arbeitsrecht, 2. Aufl. 2000, Ergänzungsband Individualrecht, 2. Aufl. 2001
Ring, Arbeitsrecht, 1998
Rohlfing/Kiskalt/Wolff, Gewerbeordnung, 3. Aufl. 1961
Rohlfing/Rewolle/Bader, Kündigungsschutzgesetz (Stand: 28. Ergänzungslieferung September 1995)
Rosenberg/Schwab, Zivilprozeßrecht, 14. Aufl. 1986
Rosenberg/Schwab/Gottwald, Zivilprozeßrecht, 15. Aufl. 1993
Schaub, Arbeitsrechts-Handbuch, 10. Aufl. 2002
Schaub, Arbeitsgerichtsverfahren, Handbuch, 7. Aufl. 2001
Schaub, Arbeitsrechtliche Formularsammlung, 7. Aufl. 1999
Scheuring/Lang/Hoffmann, Bundesmanteltarifvertrag für Arbeiter gemeindlicher Verwaltungen und Betriebe, Band 1 (Stand: Dezember 2001); Band 2 (Stand: September 2001)
Scheuring/Steingen, Mantel-Tarifvertrag für Arbeiter des Bundes, 2. Aufl. (Stand: April 1999)
Scheuring/Steingen/Banse/Thivessen, Manteltarifvertrag für Arbeiterinnen und Arbeiter des Bundes und der Länder, Band 1 (Stand: November 2001); Band 1a (Stand: November 2001)
Schlegelberger, Handelsgesetzbuch, 2. Band, 5. Aufl. 1973
Schmatz/Fischwasser/Geyer/Knorr, Vergütung der Arbeitnehmer bei Krankheit und Mutterschaft, 6. Aufl., 47. Lieferung November 1996
Schmidt-Bleibtreu/Klein, Kommentar zum Grundgesetz, 9. Aufl. 1999
Schmitt, Lohnfortzahlungsgesetz, 1992
Schmitt, Entgeltfortzahlungsgesetz, 4. Aufl. 1999
Schönberger/Mehrtens/Valentin, Arbeitsunfall und Berufskrankheit, 6. Aufl. 1998
Schönke/Schröder, Strafgesetzbuch, 26. Aufl. 2001
Schumacher/Meyn, Bundesseuchengesetz, 4. Aufl. 1992, Nachtrag Dezember 1997
Schweitzer/Hummer, Europarecht, 4. Aufl. 1993
Siara, Mindesturlaubsgesetz für Arbeitnehmer, 1975
Soergel/Hefermehl, Bürgerliches Gesetzbuch, Band 1, 11. Aufl. 1978
Soergel, Bürgerliches Gesetzbuch, Band 1, Allgemeiner Teil 1 (§§ 1-103), 13. Aufl. 2000; Allgemeiner Teil 2 (§§ 104-240), 13. Aufl. Stand: März 1999; Band 2 Schuldrecht I (§§ 241–432), 12. Aufl. 1990; Band 3 Schuldrecht II (§§ 433–515), 12. Aufl. Nachtrag (Stand: Mai 1996); Band 4/1 Schuldrecht III/1 (§§ 516–651), 12. Aufl. 1998
Söllner, Grundriß des Arbeitsrechts, 12. Aufl. 1998
Sowka (Hrsg.), Kündigungsschutzgesetz (KPK-Autor), 2. Aufl. 2000
Spinnarke/Schork, Arbeitssicherheitsrecht, Loseblattsammlung (Stand: Mai 2002)

Stahlhacke/Bachmann/Bleistein/Berscheid, Gemeinschaftskommentar zum Bundesurlaubsgesetz (GK-BUrlG), 5. Aufl. 1992

Stahlhacke/Bleistein, Gewerbeordnung (§§ 105–141), fortgeführt von Leinemann (Stand: Juni 2002)

von Staudinger, Kommentar zum Bürgerlichen Gesetzbuch mit Einführungsgesetz und Nebengesetzen, Erstes Buch Allgemeiner Teil (§§ 134–163), 13. Bearbeitung 1996; Zweites Buch Recht der Schuldverhältnisse, Band II (Einl. zu §§ 241 ff., 241–243), 13. Bearbeitung 1995; (§§ 255–314), Neubearbeitung 2001; (§§ 611–615), 13. Bearbeitung 1999; (§§ 616–630) Neubearbeitung 2002

Stege/Weinspach/Schiefer, Betriebsverfassungsgesetz, 9. Aufl. 2002

Stein/Jonas, Kommentar zur Zivilprozeßordnung, Band 3 (§§ 253–299a), 21. Aufl. 1997; Band 4/2 (§§ 348-510 b), 21. Aufl. 1999; Band 7/1 (§§ 864–945), 21. Aufl. 1996

Steinmeyer/Waltermann, Casebook Arbeitsrecht, 2. Aufl. 2000

Thomas/Putzo, Zivilprozeßordnung, 24. Aufl. 2002

Trappe, Kündigungsschutz im Arbeitsrecht, 2. Aufl. 1969

Tröndle/Fischer, Strafgesetzbuch und Nebengesetze, 51. Aufl. 2003

Tschöpe, Anwalts-Handbuch Arbeitsrecht, 3. Aufl. 2003

Uttlinger/Breier/Kiefer/Hoffmann/Dassau, Bundes-Angestelltentarifvertrag, Bd. 1 (Stand: Dezember 2001); Bd. 2 (Stand: Juli 2001)

Weber, Schwerbehindertengesetz (Stand: März 1998)

Wedde/Gerntke/Kunz/Platow, Entgeltfortzahlungsgesetz, 2. Aufl. 1997

Wlotzke, Betriebsverfassungsgesetz, 2. Aufl. 1992

Wieczorek/Schütze, ZPO, Band IV/2. Teilband (§§ 808-915 h), 3. Aufl. 1999

Wiedemann, Tarifvertragsgesetz, 6. Aufl. 1998

Wilrodt/Neumann, Schwerbehindertengesetz, 7. Aufl. 1988

Wollenschläger, Arbeitsrecht, 1999

Worzalla/Süllwald, Kommentar zur Entgeltfortzahlung, 2. Aufl. 1998

Zirnbauer (Hrsg.), Münchener Prozeßformularbuch, Band 5, Arbeitsrecht, 2000

Zmarzlik/Anzinger, Jugendarbeitsschutzgesetz, 4. Aufl. 1993

Zmarzlik/Zipperer/Viethen, Mutterschutzgesetz – Mutterschaftsleistungen – Bundeserziehungsgeldgesetz, 8. Aufl. 1999

Zöller, Zivilprozeßordnung, 23. Aufl. 2002

Zöllner/Loritz, Arbeitsrecht, 5. Aufl. 1998

II. Monographien und Dissertationen

Andresen/Gralka, Frühpensionierung, 1994

Angel, Probleme der Arbeitsunfähigkeitsbescheinigung, 2000

Appel/Fisahn/Hess-Grunewald/Sommer/Zwanziger, Handbuch zur Gleichstellung der Geschlechter im Arbeitsrecht, 1998

Ascheid, Beweislastfragen im Kündigungsschutzprozeß, 1989

Ascheid, Kündigungsschutzrecht, 1993

Bales/Baumann, Infektionsschutzgesetz, 2001

Bauer, Arbeitsrechtliche Aufhebungsverträge, 6. Aufl. 1999

Bauer/Röder, Taschenbuch zur Kündigung, 2. Aufl. 2000

Bauer/Röder/Lingemann, Krankheit im Arbeitsverhältnis, 2. Aufl. 1996
Becher, Lohnfortzahlung im Krankheitsfalle, 2. Aufl. 1987
Becker/Falkenberg/Feichtinger/Fuchs/Moser/Stuhl, Kündigung von Arbeitsverhältnissen durch den Arbeitgeber, 1983
Becker/Friedemann, Detektive zur Überwachung von Arbeitnehmern? in: Schriften zur ArbR-Blattei, Band 13, 1981
Becker/Braasch, Recht der ausländischen Arbeitnehmer, 3. Aufl. 1986
Beckerle/Schuster, Die Abmahnung, 5. Aufl. 1995
Bengelsdorf, Aufhebungsvertrag und Abfindungsvereinbarung, 3. Aufl. 1999
Bengelsdorf/Müller-Wichchards/Ruhberg/Sparta, Alkohol im Betrieb und am Arbeitsplatz, 2. Aufl. 1987
Berkowsky, Die betriebsbedingte Kündigung, 5. Aufl. 2002
Berkowsky, Die personen- und verhaltensbedingte Kündigung, 3. Aufl. 1997
Bezani, Die krankheitsbedingte Kündigung, Kölner juristische Dissertation 1994
Birk, Uwe, Auskünfte über Arbeitnehmer, 1985
Boecken, Wie sollte der Übergang vom Erwerbsleben in den Ruhestand rechtlich gestaltet werden? in: Verhandlungen des 62. Deutschen Juristentages in Bremen 1998, Band I (Gutachten), S. B 1 ff.
Bleistein, Kündigung und Kündigungsschutz im Arbeitsverhältnis, 2. Aufl. 1978
Blomeyer/Buchner, Rückzahlungsklauseln im Arbeitsrecht, 1969
Boerner, Altersgrenzen für die Beendigung von Arbeitsverhältnissen in Tarifverträgen und Betriebsvereinbarungen, 1992
Bopp, Kündigung und Kündigungsschutzprozeß im Arbeitsrecht, 1980
Brühl, Drogenrecht, 1992
Buchner, Beschäftigungspflicht, Bd. 18 (1989) der Schriften zur Arbeitsrecht-Blattei (Forkel)
Busemann/Schäfer, Kündigung und Kündigungsschutz im Arbeitsverhältnis, 4. Aufl. 2002
Bütefisch, Die Sozialauswahl, 2000
Claussen/Czapski, Alkoholmißbrauch im öffentlichen Dienst, 2. Aufl. 1992
Costard, Öffentlich-rechtliche Probleme beim Auftreten einer neuen übertragbaren Krankheit am Beispiel AIDS, 1989
Cramer, Der Medizinische Dienst der Krankenversicherung, 1998
Dannecker, Der Krankheitsbegriff im Arbeits- und Sozialversicherungsrecht, Münchener juristische Dissertation 1968
Dassau, Die allgemeine Interessenabwägung im Rahmen des § 1 Abs. 2 Satz 1 KSchG unter besonderer Berücksichtigung der Rechtsprechung des Bundesarbeitsgerichts, Kölner juristische Dissertation 1988
Däubler, Das soziale Ideal des Bundesarbeitsgerichts, 1975
Degener, Das Fragerecht des Arbeitgebers gegenüber Bewerbern, 1975
Derr, Fehlzeiten im Betrieb, 1995
Deutsch, Erwin, Medizinrecht, 4. Aufl. 1999
Dietze, Alkohol und Arbeit, 1992
Düwell/Lipke, Arbeitsgerichtsverfahren (ArbGV), 2000
Ehlers, Medizinisches Gutachten im Prozeß, 2. Aufl. 2000

Ellermann-Witt/Rottleuthner/Russig, Kündigungspraxis, Kündigungsschutz und Probleme der Arbeitsgerichtsbarkeit, 1983
Elsner, Personenbedingte Kündigung, 2000
Engisch, Einführung in das juristische Denken, 9. Aufl. 1997
Ernst, Aufhebungsverträge zur Beendigung von Arbeitsverhältnissen, 1993
Etzel, Betriebsverfassungsrecht, 8. Aufl. 2002
Falke/Höland/Rhode/Zimmermann, Kündigungspraxis und Kündigungsschutz in der Bundesrepublik Deutschland, 1981
Fecker, Rechte, Pflichten und Regelungsmöglichkeiten des privaten Arbeitgebers im Hinblick auf Alkoholkonsum von Arbeitnehmern, 1992
Feichtinger, Krankheit im Arbeitsverhältnis, 1981
Feichtinger, Entgeltfortzahlung im Krankheitsfall, Schriften zur Arbeitsrechts-Blattei n.F. Band 6 (1999)
Felderhoff, Alkohol und Arbeitsrecht, 1997
Feuerlein/Dittmar/Soyka, Wenn Alkohol zum Problem wird, 4. Aufl. 1999
Foltyn, Die Kündigung des Arbeitsverhältnisses im Krankheitsfall, Würzburger juristische Dissertation 1972
Forster/Joachim, Alkohol und Schuldfähigkeit, 1997
Fuchs/Resch, Alkohol und Arbeitssicherheit, 1996
Fritze, Die ärztliche Begutachtung, 6. Aufl. 2001
Fromm, Die arbeitnehmerbedingten Kündigungsgründe, 1995
Galahn, Der Mißbrauch der Entgeltfortzahlung im Krankheitsfall und die Abwehrmöglichkeiten des Arbeitgebers, 1994
Gallwas/Riedel/Schenk, AIDS und Recht, 1992
Gamillscheg, Katharina, Die Beendigung des Arbeitsverhältnisses, 2001
Gentges, Prognoseprobleme im Kündigungsschutzrecht, 1995
Gola/Wronka, Handbuch zum Arbeitnehmerdatenschutz, 2. Aufl. 1994
Gotthardt, Arbeitsrecht nach der Schuldrechtsreform, 2002
Gruber, Der Begriff der krankheitsbedingten Arbeitsunfähigkeit im Entgeltfortzahlungs- und Krankenversicherungsrecht, 1998
de Haan, Krankheit im Urteil des Richters, 1989
Haas/Müller, Dienstzeugnisse, 2. Aufl. 1991
Hambitzer, Der Wiedereinstellungsanspruch des Arbeitnehmers bei wirksamer Kündigung, Bonner juristische Dissertation 1987
Hanau, Welche arbeits- und ergänzenden sozialrechtlichen Regelungen empfehlen sich zur Bekämpfung der Arbeitslosigkeit? in: Verhandlungen des 63. Deutschen Juristentages in Leipzig 2000, Band I (Gutachten), Teil C
Hansen/Kleber/Zeißig, Neues Arbeitsrecht, 2002
Haug, Informelle Strategien im Arbeitsrecht, 1988
Heilmann, Verdachtskündigung und Wiedereinstellung nach Rehabilitierung, 1964
Heemann, AIDS und Arbeitsrecht, 1992
Henkel, Einführung in die Rechtsphilosophie, 2. Aufl. 1977
Heise/Lessenich/Merten, Das neue Arbeitsrecht auf einen Blick: Änderungen durch das Arbeitsrechtliche Beschäftigungsförderungsgesetz, 1997
Henss, Obliegenheit und Pflicht im Bürgerlichen Recht, 1988

Hesse/Schaffeld/Rübenach, Arbeitsrecht der Pressejournalisten, 1988
Hessel/Marienhagen, Krankheit im Arbeitsrecht, 4. Aufl. 1980
Hintz/Wolf, Lohnfortzahlung im Krankheitsfall, 2. Aufl. 1980
Hoefs, Die Verdachtskündigung, 2001
Hohn, Alkohol-, Nikotin- und Drogenprobleme im Betrieb – was tun? 1985
Hohn, Maßnahmen gegen Alkohol und Nikotin am Arbeitsplatz, 1988
Honsa, Alkohol- und Drogenmissbrauch im öffentlichen Dienst, 2002
Huber, Das Arbeitszeugnis in Recht und Praxis, 2. Aufl. 1993
Hummel, Krankheit und Kündigung, 2001
Hunold, Krankheit des Arbeitnehmers, 3. Aufl. 1994
Jäger, Krankheit des Arbeitnehmers, 5. Aufl. 1975
Jäger (Hrsg.), AIDS und HIV-Infektionen (Stand: 1993)
Jedzig, Der Bestandsschutz des Arbeitsverhältnisses im Krankheitsfall, 1984
Kador/Brock, Fehlzeiten senken Ursachen · Analyse · Maßnahmen, 1999
Kammerer, Personalakte und Abmahnung, 3. Aufl. 2001
Kiel, Die anderweitige Beschäftigungsmöglichkeit im Kündigungsschutz, 1990
Kittner, Ärztliche Untersuchung des Arbeitnehmers auf Verlangen des Arbeitgebers, Münchener juristische Dissertation 1969
Kleinebrink, Die Arbeitsunfähigkeitsbescheinigung, Augsburger juristische Dissertation 1994
Kleinebrink, Abmahnung, 1999
Kloepfer, Geben moderne Technologien und die europäische Integration Anlaß, Notwendigkeit und Grenzen des Schutzes personenbezogener Informationen neu zu bestimmen? in: Verhandlungen des 62. Deutschen Juristentages in Bremen 1998, Band I (Gutachten), Teil D, S. 1ff.
Knapp, AIDS im Strafvollzug, Bonner juristische Dissertation 1996
Knevels/Wagner, Gratifikationen, Anwesenheits- und Treueprämien, Tantiemen, 3. Aufl. 1992
Knorr/Bichlmeier/Kremhelmer, Handbuch des Kündigungsrechts, 4. Aufl. 1998
von Koppenfels, Die außerordentliche arbeitgeberseitige Kündigung bei einzel- und tarifvertraglich unkündbaren Arbeitnehmern, 1998
Krieg, Die Entgeltklage im streitigen Arbeitsverhältnis – insbesondere im Vergleich zur Weiterbeschäftigungsklage, Kölner juristische Dissertation 1995
Künzl, Rechte und Pflichten im Arbeitsverhältnis, 2000
Langer, Karl, Gesetzliche und vereinbarte Ausschlußfristen im Arbeitsrecht, 1993
Langheineken, Anspruch und Einrede nach dem Deutschen BGB, 1903
Larenz, Methodenlehre der Rechtswissenschaft, 6. Aufl. 1991
Lenfers, Alkohol am Arbeitsplatz, 2. Aufl. 1993
Lepke, Die Beschäftigung ausländischer Arbeitnehmer, 1978
Lepke, Besonderheiten bei der Beschäftigung ausländischer Arbeitnehmer, in: Handbuch Betrieb und Personal, Fach 10, Siebentes Kapitel (Stand: Juli 2002)
Leßmann, Rauchverbot am Arbeitsplatz, 1991
Liebig, Die Krankheit des Arbeitnehmers als Kündigungsgrund, Erlangen-Nürnberger juristische Dissertation 1988
Linck, Die soziale Auswahl bei betriebsbedingter Kündigung, 1990

Lipke/Vogt/Steinmeyer, Sonderleistungen im Arbeitsverhältnis, 2. Aufl. 1995
Lohmeyer, Die Abmahnung im Arbeitsrecht, Bielefelder juristische Dissertation 1988
Lorenz, Arbeitgeberpflichten aus dem Arbeitsvertrag, in: Handbuch Betrieb und Personal, Fach 5, (Stand: August 1999)
Lück, Probleme der Sozialauswahl nach § 1 Abs. 3 KSchG, Kölner juristische Dissertation 1989
Lücke, AIDS im amerikanischen und deutschen Recht, 1989
Marburger, Entgeltfortzahlung im Krankheitsfall, 7. Aufl. 1994
Meisel, Die Mitwirkung und Mitbestimmung des Betriebsrates in personellen Angelegenheiten, 5. Aufl. 1984
Müller, Klaus, Der Sachverständige im gerichtlichen Verfahren, 3. Aufl. 1988
Ostrowicz/Künz/Schäfer, Der Arbeitsgerichtsprozess, 2. Aufl. 2002
Özcan, Erkrankung von Arbeitnehmern im Europäischen Ausland, 2000
Pfarr/Bertelsmann, Gleichbehandlungsgesetz, 1988
Preis, Ulrich, Prinzipien des Kündigungsrechts bei Arbeitsverhältnissen, Schriften des Instituts für Arbeits- und Wirtschaftsrecht der Universität zu Köln, Band 53 (1987)
Preis, Ulrich, Grundfragen der Vertragsgestaltung, 1993
Preis, Ulrich, Der Arbeitsvertrag, 2002
Prütting, Gegenwartsprobleme der Beweislast, 1983
Rahmede, Passivrauchen – Gesundheitliche Wirkungen und rechtliche Konsequenzen, 2. Aufl. 1986
Rass, Die Sozialauswahl bei betriebsbedingter Kündigung, Schriften zum Sozial- und Arbeitsrecht, Band 81 (1986)
Reinecke, Die Beweislastverteilung im Bürgerlichen Recht und im Arbeitsrecht als rechtspolitische Regelungsaufgabe, 1976
Reuter-Krauss/Schmidt, AIDS und Recht von A–Z, 1988
Rosenberg, Die Beweislast, 5. Aufl. 1965
Rudhardt, Außerordentliche Kündigung, 1989, Schriftenreihe: Praxisbezogenes Arbeitsrecht
Russland, Suchtverhalten und Arbeitswelt – vorbeugen, aufklären, helfen, 1988
Salowsky, Fehlzeiten – ein internationaler Vergleich, herausgegeben vom Institut der deutschen Wirtschaft, 1983
Salowsky, Fehlzeiten – eine Bilanz nach 20 Jahren Lohnfortzahlungsgesetz, 1991
Schäfer, Horst, Die Abwicklung des beendeten Arbeitsverhältnisses, 2. Aufl. 1999
Schäfer, Jürgen, Alkohol und Arbeitsverhältnis, 1996
Schäfer, Volker, Alkoholmißbrauch im Betrieb, 1984
Schal, Die Schweigepflicht des Betriebsarztes, Kieler juristische Dissertation 1989
Schanz/Gretz/Hanisch/Justus, Alkohol in der Arbeitswelt, 1995
Schlachter, Der Europäische Gerichtshof und die Arbeitsgerichtsbarkeit, 1995
Schelp/Trieschmann, Arbeitsverhältnis im Krankheitsfalle, 1958
Schleßmann, Das Arbeitszeugnis, 16. Aufl. 2000
Schleßmann, Die Lösung von Arbeitsverhältnissen, 1962
Schmidt, R., Die Obliegenheiten, 1953

Schneider, Beweis und Beweiswürdigung, 5. Aufl. 1994

Schröcker, Der öffentlich-rechtliche Kündigungsschutz, 1960

Schröder, Ulrich, Altersbedingte Kündigungen und Altersgrenzen im Individualarbeitsrecht, 1984

Schulz, Alles über Arbeitszeugnisse, 3. Aufl. 1993

Schütz, Urlaubsrecht, in: Leinemann (Hrsg.), Handbuch zum Arbeitsrecht (HzA), Band 2, Teilbereich 1, Gruppe 4 (Stand: Dezember 2000)

Schwedes, Einstellung und Entlassung des Arbeitnehmers, 7. Aufl. 1993

Sedelies, Arbeitsrechtliche Probleme im Umgang mit der Immunschwächekrankheit AIDS, Gießener juristische Dissertation 1991

Stahlhacke, Kündigung und Kündigungsschutz im Arbeitsverhältnis, 4. Aufl. 1982

Stahlhacke/Preis, Kündigung und Kündigungsschutz im Arbeitsverhältnis, 6. Aufl. 1995, Nachtrag 1996

Stahlhacke/Preis/Vossen, Kündigung und Kündigungsschutz im Arbeitsverhältnis, 8. Aufl. 2002

Steudle, Der Rechtsmißbrauch im Arbeitsrecht, Göttinger juristische Dissertation 1972

Sticken, Die Entwicklung des Krankheitsbegriffes der gesetzlichen Krankenversicherung – Ursachen und Auswirkungen der Veränderung, 1985

Streblow, Erholungsurlaub trotz Krankheit, Schriften zum Wirtschafts-, Arbeits- und Sozialrecht, Band 34 (1986)

Thome, Lohnfortzahlung bei Arbeitsverhinderung, 1987

Töns, Die Wirtschaftliche Sicherung der Arbeitnehmer bei Arbeitsunfähigkeit, 1970

van Venrooy, Das Dienstzeugnis, 1984

Viethen, Entgeltfortzahlungsgesetz, Leitfaden und Texte, 3. Aufl. 1999

Vossen, Entgeltfortzahlung bei Krankheit und an Feiertagen, 1997

Wallmeyer, Die Kündigung des Arbeitsvertrages aus wichtigem Grund, 1962

Walter, Anna Maria, Arbeitsrechtliche Konsequenzen von AIDS, 1991

Weber/Ehrich/Hörchens, Handbuch zum Betriebsverfassungsrecht, 1998

Weber/Ehrich/Burmester, Handbuch der arbeitsrechtlichen Aufhebungsverträge, 3. Aufl. 2002

Weinrich/Weinrich, Gratifikationen, Anwesenheits- und Treueprämien, Tantiemen, 4. Aufl. 1998

Wenzel, Kündigung und Kündigungsschutz, 6. Aufl. 1994

Weyand/Schubert, Das neue Schwerbehindertenrecht, 2001

Wöhlermann, Die richtlinienkonforme Auslegung im europäischen Arbeitsrecht, 1998

Worzalla/Will/Mailänder/Worch/Heise, Teilzeitarbeit und befristete Arbeitsverträge, 2001

Zapka, Passivrauchen und Recht, 1993

Ziegler, Alkoholismus in der Arbeitswelt, 1984

Zöllner, Sind im Interesse einer gerechten Verteilung der Arbeitsplätze Begründung und Beendigung der Arbeitsverhältnisse neu zu regeln? in: Verhandlungen des

52. Deutschen Juristentages in Wiesbaden 1978, Band I (Gutachten), Teil D, S. 1 ff.

Zöllner, Daten- und Informationsschutz im Arbeitsverhältnis, 2. Aufl. 1983

III. Aufsätze

Abele, Entgeltfortzahlung an erkrankte Wanderarbeiternehmer und Anerkennung von EG-ausländischen Attesten – Palette II, in: NZA 1996, 631 f.

Adam, Die Sondervergütung im Arbeitsrecht, in: ZTR 1998, 438 ff.

Adam, Die zweifelhafte Wirkung der Prognose im Kündigungsrecht, in: ZTR 1999, 113 ff.

Adam, Außerdienstliches Verhalten des Arbeitnehmers als Kündigungsgrund, in: ZTR 1999, 292 ff.

Adam, Grundfragen der Abmahnung im Arbeitsverhältnis, in: AuR 2001, 41 ff.

Adomeit/Spinti, Der Kündigungsgrund, in: ArbR-Blattei, Kündigung IX (Stand: 1992)

Ahrens, Nichtraucher contra Raucher, in: PersR 1993, 532 ff.

Altrock, Die „abgestufte Darlegungs- und Beweislast" – Rechtsinstitut eigener Art im Kündigungsschutzprozeß? in: DB 1987, 433 ff.

Annuß, § 242 BGB als Fundament eines allgemeinen Kündigungsschutzes? in: BB 2001, 1898 ff.

Appel/Gerken, Pro und contra Verdachtskündigung, in: AuR 1995, 201 ff.

Ascheid, Beschäftigungsförderung durch Einbeziehung kollektivvertraglicher Regelungen in das Kündigungsschutzgesetz, in: RdA 1997, 333 ff.

Ascheid, Das Revisionsrecht, das Kündigungsschutzrecht und die Dogmatik im Konflikt zwischen Rechtssicherheit und Einzelfallgerechtigkeit, in: Schmidt (Hrsg.), Arbeitsrecht und Arbeitsgerichtsbarkeit, (1999), S. 665 ff.

Ascheid, Krankheitsbedingte Kündigung, in: Henssler/Moll, Kölner Tage des Arbeitsrechts, Kündigung und Kündigungsschutz in der betrieblichen Praxis (2000), S. 65 ff.

Bader, Neuregelungen im Bereich des Kündigungsschutzgesetzes durch das Arbeitsrechtliche Beschäftigungsförderungsgesetz, in: NZA 1996, 1125 ff.

Bader, Das Kündigungsschutzgesetz in neuer (alter) Fassung, in: NZA 1999, 64 ff.

Bader, Die Anhörung des Betriebsrats – eine Darstellung anhand der neueren Rechtsprechung, in: NZA-RR 2000, 57 ff.

von Bar, Nachwirkende Vertragspflichten, in: AcP Bd. 179 (1979), S. 452 ff.

Basedau, Abgrenzung der Kündigung wegen Leistungsunfähigkeit zur Kündigung wegen Krankheit, in: AuR 1991, 299 ff.

Bauer, Personalabbau und Altersstruktur, in: NZA 1993, 625 ff.

Bauer, Befristete Arbeitsverträge unter neuem Vorzeichen, in: BB 2001, 2526 ff.

Bauer/Hahn, Zum Annahmeverzug des Arbeitgebers bei unwirksamer Kündigung, in: NZA 1991, 216 ff.

Bauer/Lingemann, Personalabbau und Altersstruktur, in: NZA 1993, 625 ff.

Bauer/Lingemann, Probleme der Entgeltfortzahlung nach neuem Recht, in: BB 1996, Beilage Nr. 17, S. 8 ff.

Baumann, Die krankheitsbedingte Kündigung aus der Sicht des Praktikers, in: BB 1982, 1308 ff.

Baumgärtel, Die Bedeutung der sog. „tatsächlichen Vermutung" im Zivilprozeß, in: Festschrift für Karl Heinz Schwab zum 70. Geburtstag (1990), S. 43 ff.

Baunscheidt, Das rechtsmißbräuchliche Urlaubsbegehren bei fehlender oder geringfügiger Arbeitsleistung, in: BlStSozArbR 1984, 145 ff.

Baur, Der (Weiter-)Beschäftigungsanspruch außerhalb §§ 102 BetrVG, 79 BPersVG, in: ZTR 1989, 419 ff.

Bausch, „Krankschreiben": Arbeitsunfähigkeit aus der Sicht des Arztes, in: Hromadka, Krankheit im Arbeitsverhältnis (1993), S. 23 ff.

Bauschke, Die Beendigung des Arbeitsverhältnisses durch auflösende Bedingung oder Zweckbefristung, in: BB 1993, 2523 ff.

Becker, F., Die Widerlegung ärztlicher Arbeitsunfähigkeitsatteste seit der Änderung der §§ 368 m, 368 n, 369 b RVO, in: DB 1983, 1253 ff.

Beckerle, Urlaubsanspruch und Erholungsbedürfnis, in: RdA 1985, 352 ff.

Beckers, Jahressonderzahlungen: Wegfall der Zahlungsverpflichtung – Zulässigkeit von Bindungs- und Rückzahlungsklauseln, in: NZA 1997, 129 ff.

Becker-Schaffner, Die Abmahnung im Arbeitsrecht in der Rechtsprechung, in: DB 1985, 650 ff.

Becker-Schaffner, Die Rechtsprechung zur Ausschlußfrist des § 626 Abs. 2 BGB, in: DB 1987, 2147 ff.

Becker-Schaffner, Die Rechtsprechung zum Zeugnisrecht, in: BB 1989, 2105 ff.

Becker- Schaffner, Die Änderungskündigung aus materiellrechtlicher und prozessualer Sicht, in: BB 1991, 129 ff.

Becker-Schaffner, Die Darlegungs- und Beweislast in Kündigungsstreitigkeiten, in: BB 1992, 557 ff.

Becker-Schaffner, Die Abmahnung in der Praxis, in: BB 1995, 2526 ff.

Becker-Schaffner, Die Rechtsprechung zum Umfang der Pflicht zur Mitteilung der Kündigungsgründe gemäß § 102 Abs. 1 BetrVG, in: DB 1996, 426 ff.

Becker-Schaffner, Fragen und Grundsätzliches zur verhaltensbedingten Kündigung, in: ZTR 1997, 3 ff.

Becker-Schaffner, Fragen und Grundsätzliches zur personenbedingten Kündigung, in: ZTR 1997, 49 ff.

Becker-Schaffner, Rechtsfragen zur Abmahnung, in: ZTR 1999, 105 ff.

Beckschulze, Auswirkung des § 2 SGB III auf das Arbeitsrecht, in: BB 1998, 791 ff.

Beckschulze/Henkel, Der Einfluss des Internets auf das Arbeitsrecht, in: DB 2001, 1491 ff.

Behrens/Fritzsche, Europäisches Arbeitsrecht – kein Buch mit sieben Siegeln, in: NJW 2000, 1625 ff.

Bellgardt, Die Zulässigkeit der Frage nach der Schwangerschaft und das Benachteiligungsverbot des § 611 a BGB, in: BB 1983, 2187 ff.

Belling, Berufsfreiheit und Persönlichkeitsschutz älterer Arbeitnehmer, in: ZGerontol 1989, 239 ff.

Belling, Die Verdachtskündigung, in: Festschrift für Otto Rudolf Kissel zum 65. Geburtstag (1994), S. 11 ff.
Belling, Die Kündigung wegen verdachtsbedingten Vertrauenswegfalls, in: RdA 1996, 223 ff.
Belling/Riesenhuber, Beweislastumkehr und Mitverschulden, in: ZZP 108 (1995), 455
Bengelsdorf, Befristung des gesetzlichen Urlaubsanspruches und Mutterschaftsurlaub, in: NZA 1985, 613 ff.
Bengelsdorf, Alkohol, in: Spiegelhalter, Arbeitsrechts-Lexikon (Stand: April 1999)
Bengelsdorf, Alkohol im Betrieb – Die Aufgaben des Vorgesetzten, in: NZA 1999, 1304 ff.
Bengelsdorf, Alkoholkonsum und verhaltensbedingte Kündigung, in: NZA 2001, 993 ff.
Bengelsdorf, Alkoholkonsum und personenbedingte Kündigung, in: NZA-RR 2002, 57 ff.
Berenz, Lohnfortzahlung an im Urlaub erkrankte Arbeitnehmer, in: DB 1992, 2442 ff.
Berenz, Lohnfortzahlung bei Erkrankung im Urlaub, in: AG 1992, 861 ff.
Berenz, Anzeige- und Nachweispflichten bei Erkrankung im Ausland, in: DB 1995, 1462 ff.
Berenz, Aktuelle Probleme bei der Entgeltfortzahlung im Krankheitsfall, in: DB 1995, 2166 ff.
Berger-Delhey, Probezeit und Wartezeit, in: BB 1989, 977 ff.
Berger-Delhey, „Vernunft wird Unsinn, Wohltat Plage", in: ZTR 1994, 181 ff.
Berkowsky, Interessenabwägung bei krankheitsbedingter Kündigung, in: BB 1981, 910
Berkowsky, Betriebsbedingte Kündigung und soziale Auswahl, in: BB 1983, 2057 ff.
Berkowsky, Die Unterrichtung des Betriebsrates bei Kündigungen durch den Arbeitgeber, in: NZA 1996, 1065 ff.
Berkowsky, Die verhaltensbedingte Kündigung, in: NZA-RR 2001, 1 ff., 57 ff.
Berkowsky, Die personenbedingte Kündigung, in: NZA-RR 2001, 393 ff., 449 ff.
Berkowsky, Was ändert die Reform im Arbeitsrecht? in: AuA 2002, 11 ff.
Bernardi, Krankheitsbedingte Kündigung – Vermeidbarkeit durch Beschäftigung auf einem anderen Arbeitsplatz, in: NZA 1999, 683 ff.
Berscheid, Urlaubsrecht, in: Handbuch zum Arbeitsrecht, Gruppe 4, Teil C Erläuterungen (Stand: Januar 1991)
Besgen, Krankheitsbedingte Kündigung und Beteiligung des Betriebsrates, in: AiB 1986, 228 ff.
Besgen/Jüngst, Arbeitsentgelt, in: Handbuch Betrieb und Praxis, Fach 6 (Stand: Dezember 2000)
Bezani, Bericht über: Symposion „Krankheit im Arbeitsverhältnis" in Passau, in: RdA 1992, 393 f.
Birk, Rolf, Grundfälle zu Kündigung und Kündigungsschutz, in: JuS 1986, 375 ff.

Birk, Rolf, Arbeitsrechtliche Neuerungen in der revidierten Europäischen Sozialcharta von 1961, in: FS für Alfred Söllner zum 70. Geburtstag (2000), S. 139 ff.

Birkner-Kuschyk/Tschöpe, Neue Aspekte zur krankheitsbedingten Kündigung, in: DB 1981, 264 ff.

Bitter/Kiel, 40 Jahre Rechtsprechung des Bundesarbeitsgerichts zur Sozialwidrigkeit von Kündigungen, in: RdA 1994, 333 ff.; 1995, 26 ff.

Bitzer, Das Rückkehrgespräch – Instrument zum Abbau von Fehlzeiten, in: BB 1999, 2243 f.

Blank, Gleichbehandlung und Integration ausländischer Arbeitnehmer im Betrieb, in: AuR 1994, 296 ff.

Blanke/Diederich, Die Rehabilitierung der Anwesenheitsprämie, in: AuR 1991, 321 ff.

Bleistein, AIDS: Arbeitsrechtliche Fragen im Zusammenhang mit Einstellung und Entlassung von Arbeitnehmern, in: b+p 1988, 326 f.

Bleistein, Gesundheitsprognose: Rechtsfragen bei Kündigung wegen Krankheit, in: b+p 1992, 306 ff.

Bleistein, Arbeitsverhältnisse mit einer auflösenden Bedingung, in: b+p 1994, 211 ff.

Bleistein, Die ärztliche Arbeitsunfähigkeitsbescheinigung: Ihre Bedeutung und ihr Beweiswert, in: b+p 1995, 19 ff.

Bleistein, Betriebsvereinbarungen über ein Alkoholverbot und den Umgang mit alkoholgefährdeten und –kranken Betriebsangehörigen, in: b+p 1998, 547 ff.

Blomeyer, W., Der Einfluß der Rechtsprechung des EuGH auf das deutsche Arbeitsrecht, in: NZA 1994, 633 ff.

Bobke=von Camen/Veit, Urteile des Europäischen Gerichtshofs aus dem Kreuzfeuer der Kritik, in: RdA 1993, 333 ff.

Boecken, Probleme der Entgeltfortzahlung im Krankheitsfall, in: NZA 1999, 673 ff.

Bödeker/Röttger/Schröer, Arbeitsbelastungen und Kosten der Arbeitsunfähigkeit, in: BKK 2000, 341 ff.

Böhm, Solum vigilantibus? in: NZA 1995, 1092 ff.

Boemke, Unwirksamkeit tariflicher Beendigungsklauseln wegen Rentenalters, in: JuS 1994, 461 ff.

Boemke/Gründel, Grundrechte im Arbeitsrecht, in: ZfA 2001, 245 ff.

Börgmann, Arbeitsrechtliche Aspekte des Rauchens im Betrieb, in: RdA 1993, 275 ff.

Boewer, Krankheit als Kündigungsgrund – betriebliche Auswirkungen und Prognose, in: NZA 1988, 678 ff.

Boewer, Der Streitgegenstand des Kündigungsschutzprozesses, in: NZA 1997, 359 ff.

Boewer, Der Wiedereinstellungsanspruch, in: Brennpunkte des Arbeitsrechts 1999, 177 ff.

Boewer, Der Wiedereinstellungsanspruch, in: NZA 1999, 1121 ff., 1177 ff.

Boewer, Der Kündigungsschutzprozeß, in: Henssler/Moll, Kölner Tage des Arbeitsrechts, Kündigung und Kündigungsschutz in der betrieblichen Praxis (2000), S. 239 ff.

Bolze/Au, Schutz schwangerer Frauen vor Benzolexposition, in: AiB 1998, 380
Bopp, Pflichten des Arbeitnehmers bei Arbeitsunfähigkeit, in: Rieder, Krankheit im Arbeitsverhältnis, 2. Aufl. 1994, S. 59 ff.
Bopp, Die Anhörung des Betriebsrates vor Ausspruch der Kündigung, in: Rieder, Krankheit im Arbeitsverhältnis, 2. Aufl. 1994, S. 275 ff.
Borchert, Struktur des Gesundheitswesens und Patientendatenschutz, in: CR 1988, 391 ff.
Borchert, Die Arbeitsunfähigkeitsbescheinigung im Arbeits- und Sozialrecht, in: AuR 1990, 375 ff.
Bram/Rühl, Praktische Probleme des Wiedereinstellungsanspruches nach wirksamer Kündigung, in: NZA 1990, 753 ff.
Braasch/Feichtinger, Mitwirkung des Betriebsrats bei Kündigung, in: Weiss/Gagel, Handbuch des Arbeits- und Sozialrechts (HAS), Band IV, § 19 J (Stand: Juni 2001)
Breuer, Die Teilarbeitsfähigkeit – Lösungsmittel oder Problemfaktor? in: RdA 1984, 332 ff.
Brill, Vertrauensärztliche Begutachtung der Arbeitsunfähigkeit auf Verlangen des Arbeitgebers, in: BlStSozArbR 1984, 1 ff.
Brill, Die Frage nach dem Gesundheitszustand des Stellenbewerbers, in: BlStSozArbR 1985, 113 ff.
Brill, Überprüfungsmöglichkeiten des Arbeitgebers bei Zweifeln an der Arbeitsunfähigkeit des Arbeitnehmers, in: DOK 1985, 64 ff.
Brill, Beweiswert ausländischer Arbeitsunfähigkeitsbescheinigungen, in: AuA 1993, 197 ff.
Brill, Die Anhörung des Betriebsrates vor Kündigungen, in: AuA 1993, 330 ff.
Bröhl, Die Orlando-Kündigung, in: FS für Günter Schaub zum 65. Geburtstag (1998), S. 55 ff.
Broich/Ropertz, „Krankfeiern" – wie entgegenwirken? in: Rieder, Krankheit im Arbeitsverhältnis, 2. Aufl. 1994, S. 223 ff.
Brosowske, Krankheit und Krankfeiern als betriebliches Problem, in: Hromadka, Krankheit im Arbeitsverhältnis (1993), S. 1 ff.
Bruns, AIDS, Alltag und Recht, in: MDR 1987, 353 ff.
Bruns, AIDS im Betrieb und Arbeitsleben, in: MDR 1988, 95 ff.
Bschor/Schommer/Wessel, Risiken und Perspektiven der Drogenabhängigkeit, in: DMW 1984, 1101 ff.
Buchner, Urlaub und Rechtsmißbrauch – Fehlentwicklung der Rechtsprechung, in: DB 1982, 1823 ff.
Buchner, Berücksichtigung leistungsbezogener oder verhaltensbedingter Gesichtspunkte bei der sozialen Auswahl im Rahmen der betriebsbedingten Kündigung, in: DB 1983, 388 ff.
Buchner, Die Berücksichtigung von Fehlzeiten bei der Bemessung von Jahressonderleistungen, in: Festschrift für Marie Luise Hilger und Hermann Stumpf (1983), S. 61 ff.
Buchner, Die Rolle des Europäischen Gerichtshofes bei der Entwicklung des Arbeitsrechts, in: ZfA 1993, 279 ff.

Buchner, B., Nichtraucherschutz am Arbeitsplatz, in: BB 2002, 2382 ff.
Budde, Weitergabe arbeitsmedizinischer Daten durch den Betriebsarzt, in: DB 1985, 1529 ff.
Budde/Witting, Die Schweigepflicht des Betriebsarztes, in: MedR 1987, 23 ff.
Burdich, Arbeit und Sucht, in: AiB 1996, 152 ff.
Busch, Die Verdachtskündigung im Arbeitsrecht, in: MDR 1995, 217 ff.
Buschmann, Gemeine Marktwirtschaft, in: AuR 1996, 285 ff.
Clausen, Beweiswert einer Arbeitsunfähigkeitsbescheinigung im Entgeltfortzahlungsprozeß, in: AuR 1989, 330 ff.
Claussen, Ausübung der Disziplinarbefugnisse bei Alkoholverfehlungen, in: DÖD 1984, 233 ff.
Coeppicus, Entlasten Raucher die Krankenkassen? in: ZRP 1998, 251 f.
Colneric, Recht auf Diskriminierung beim Einstellungsgespräch? in: BB 1986, 1573
Conze, Die außerdienstliche Trunkenheitsfahrt eines Berufskraftfahrers aus der Sicht des Arbeits- und des Beamtenrechts, in: DÖD 1986, 234 ff.
Conze, Die Rechtsstellung der unkündbaren Arbeitnehmer im öffentlichen Dienst – am Beispiel von § 55 BAT, in: ZTR 1987, 99 ff.
Conze, Pflichtverstöße und ihre Folgen bei Beamten und Arbeitnehmern des öffentlichen Dienstes, in: ZTR 1989, 3 ff.
Conze, Fragerecht des öffentlichen Arbeitgebers und Offenbarungspflicht des Bewerbers bei der Vertragsanbahnung, in: ZTR 1991, 99 ff.
Corell, Im falschen Körper – ein Beitrag zu rechtlichen und tatsächlichen Problematik der Transsexualität, in: NJW 1999, 3372 ff.
Corts, Begründung des Arbeitsverhältnisses, in: Handbuch Betrieb und Personal, Fach 4 (Stand: August 2001)
Cosack, Verpflichtung des Arbeitgebers bzw. Dienstherrn zum Erlaß eines generellen Rauchverbots am Arbeitsplatz?, in: DB 1999, 1450 ff.
Däubler, Die Schweigepflicht des Betriebsarztes – ein Stück wirksamer Datenschutz? in: BB 1989, 282 ff.
Däubler, Völkerrecht und Europarecht in der Rechtsprechung der Arbeitsgerichte, in: Die Arbeitsgerichtsbarkeit, Festschrift zum 100jährigen Bestehen des Deutschen Arbeitsgerichtsverbandes (1994), S. 619 ff.
Däubler, Das Gesetz zu Korrekturen in der Sozialversicherung und zur Sicherung der Arbeitnehmerrechte, in: NJW 1999, 601 ff.
Däubler, Das unbekannte Arbeitsrecht, in: NJW 1999, 3537 ff.
Däubler, Das neue Teilzeit- und Befristungsgesetz, in: ZIP 2001, 217 ff.
Däubler, Abfindung statt Kündigungsschutz? in: NJW 2002, 2292
Däubler, Beschäftigungssicherung durch Kündigungsschutz, in: AiB 2002, 457 ff.
Degen, Die Frage nach der Schwangerschaft, in: AiB 1993, 503 ff.
Deutsch, Die Genomanalyse im Arbeits- und Sozialrecht – Ein Beitrag zum genetischen Datenschutz, in: NZA 1989, 657 ff.
Deutsch, Medizinische Genetik und Genomanalyse, VersR 1994, 1 ff.
Diekgräf, Genomanalyse im Arbeitsrecht, in: BB 1991, 1854 ff.
Diergarten/Hagedorn, „kranksein" oder „krankfeiern"? in: AG 1991, 580 ff.

Dieterich, Die Arbeitsgerichte zwischen Bundesverfassungsgericht und Europäischem Gerichtshof, in: NZA 1996, 673 ff.
Diller, Krankfeiern seit 1. 6. 1994 schwieriger? in: NJW 1994, 1690 ff.
Diller, Das neue Altersteilzeitgesetz, in: NZA 1996, 847 ff.
Diller/Powietzka, Drogenscreenings und Arbeitsrecht, in: NZA 2001, 1227 ff.
Dörner, Die Verdachtskündigung im Spiegel der Methoden zur Auslegung von Gesetzen, in: NZA 1992, 865 ff.
Dörner, Abschied von der Verdachtskündigung? in: NZA 1993, 873 ff.
Dörner, Die Rechtsprechung des Bundesarbeitsgerichts im Gratifikationsrecht in den Jahren 1988 bis 1991, in: RdA 1993, 24 ff.
Dörner, Die Befristung von Arbeitsverträgen nach § 620 BGB und § 1 Besch FG 1996 – ein Rückblick, in: ZTR 2001, 485 ff.
Dötsch, Zur neueren arbeitsrechtlichen Rechtsprechung des EuGH, in: AuA 1997, 160 ff.
Dorndorf, Vertragsdurchsetzung als Funktion des Kündigungsschutzes, in: ZfA 1989, 345 ff.
Dudenbostel, Vergleichbarkeit und Leistungsbeurteilung bei der sozialen Auswahl nach § 1 Abs. 3 KSchG, in: DB 1984, 826 ff.
Dudenbostel, Verhandlungsmaxime und Amtsprüfung bei der Sozialauswahl nach § 1 Abs. 3 KSchG, in: DB 1986, 1175 ff.
Dütz, „krankfeiern", in: Hromadka, Krankheit im Arbeitsverhältnis (1993), S. 75 ff.
Dütz, „krankfeiern" – wie entgegenwirken? in: AuA 1993, 179 f.
Dütz, Krankfeiern und Repressionen, in: AuA 1993, 243 ff.
Düwell, Neu geregelt: Die Stellung der Schwerbehinderten im Arbeitsrecht, in: BB 2001, 1527 ff.
Eberbach, Behandlungspflicht des Arztes, des Krankenhauses und der Pflegekräfte, in: Jäger, AIDS und HIV-Infektionen (1989), unter IX-2.2.1
Edenfeld, Die außerordentliche Verdachtskündigung – Strafe für den Arbeitnehmer? in: JA 1996, 379 ff.
Edenfeld, Die Krankenkontrolle des Arbeitgebers, in: DB 1997, 2273 ff.
Egger, Die Rechte der Arbeitnehmer und des Betriebsrates auf dem Gebiet des Arbeitsschutzes, in: BB 1992, 629 ff.
Ehler, Mitbestimmung des Betriebsrates bei sog. Krankengesprächen, in: BB 1992, 1926 ff.
Ehmann, Zur Sozialauswahl bei betriebsbedingter Kündigung, in: BlStSozArbR 1984, 209 ff.
Ehmann/Emmert, Grundlage, Zweck und Mißbrauch der Sanktionierung des Diskriminierungsverbotes, in: SAE 1997, 253 ff.
Ehrich, Die Zulässigkeit von auflösenden Bedingungen in Arbeitsverträgen, in: DB 1992, 1186 ff.
Ehrich, Die Neuregelung des § 41 Abs. 4 SGB VI – nun doch wieder mit 65 Jahren in Rente? in: BB 1994, 1633 ff.
Ehrich, Fragerecht des Arbeitgebers bei Einstellungen und Folgen der Falschbeantwortung, in: DB 2000, 421 ff.

Eich, AIDS und Arbeitsrecht, in: NZA 1987, Beilage Nr. 2 zu Heft 12, S. 10 ff.
Eich, Rechtsfragen bei Krankheit des Arbeitnehmers, in: BB 1988, 197 ff.
Eichenhofer, Neuere Rechtsprechung des EuGH zum Europäischen Sozialrecht, in: JZ 1995, 1047 ff.
Emmert/Wisskirchen, Schuldnerverzug beim arbeitsgerichtlichen Vergleich, in: DB 2002, 428 ff.
Ende, Die Auslegung von § 7 BUrlG im Hinblick auf das ILO-Übereinkommen Nr. 132, in: AuR 1998, 270 ff.
Enderlein, Die Reichweite des Arbeitnehmerschutzes im Fall des auflösend bedingten Arbeitsvertrages, in: RdA 1998, 90 ff.
Enderlein, Das erschütterte Arbeitgebervertrauen im Recht der verhaltensbedingten Kündigung, in: RdA 2000, 325 ff.
Erasmy, Der EuGH konterkariert nationales Arbeitsrecht, in: AG 1992, 856 ff.
Eser, Zum Kündigungsgrund krankheitsbedingter Ausfallzeiten, in: BB 1985, 1473 ff.
Exner-Freisfeld, AIDS unter arbeitsmedizinisch- und sozialmedizinisch-rechtlichen Aspekten, in: Gallwas/Riedel/Schenk, AIDS und Recht (1992), S. 171 ff.
Färber, Die Übertragung des Urlaubsanspruches und seine Abgeltung, in: DB 1984, 1826 ff.
Falkenberg, „Unsinn" des allgemeinen Kündigungsschutzes in Deutschland? in: DB 1991, 2486 f.
Feichtinger, Außerordentliche Kündigung, in: ArbR-Blattei, Kündigung VIII (Stand: 15 November 1982)
Feichtinger, Entgeltfortzahlung bei Kündigung aus Anlaß der Arbeitsunfähigkeit und Verzicht, in: DB 1983, 1202 ff.
Feichtinger, Krankheit des Arbeitnehmers, in: ArbR-Blattei, SD 1000.1 Krankheit des Arbeitnehmers I (Stand: Mai 2001)
Feichtinger, Anzeige- und Nachweispflichten bei Arbeitsunfähigkeit, in: ArbR-Blattei, SD 1000.2 Krankheit des Arbeitnehmers II (Stand: November 1997)
Feichtinger, Entgeltfortzahlung im Krankheitsfall, in: ArbR-Blattei, SD 1000.3 Krankheit III (Stand: Juni 1999)
Feichtinger/Huep, Die außerordentliche Kündigung, in: ArbR-Blattei, SD 1010.8, Kündigung VIII (Stand: September 1998)
Feichtinger/Pohl, Verminderter Beweiswert der Arbeitsunfähigkeitsbescheinigung, in: DB 1984, Beilage Nr. 4 zu Heft 6
Felgen, Das neue Entgeltfortzahlungsgesetz, in: DB 1994, 1289 ff.
Felix, Zulässigkeit und Besonderheiten auflösend bedingter Arbeitsverträge, in: NZA 1994, 1111 ff.
Feudner, Vertragsfreiheit für Altersgrenzen, in: BB 1999, 314 ff.
Fischer, Die Schweigepflicht des Amts- oder Betriebsarztes und das Beamtenrecht, in: DÖD 1985, 165 ff.
Fischer, Chronischer Alkoholismus als Dienstvergehen, in: DÖD 1988, 173 ff.
Fischer, Richterliche Rechtsfindung zwischen „Gesetzesgehorsam" und „ökonomischer Vernunft", in: ZfA 2002, 215 ff.

Fischer/B. Gaul, Gestaltungsmöglichkeiten beim Abschluß befristeter Arbeitsverhältnisse außerhalb des Beschäftigungsförderungsgesetzes, in: ZTR 2000, 49 ff.
Fischer/Kiesche, Krankheitsrückkehrgespräche, in: AiB 1997, 639 ff.
Fischer/Kiesche/Nahrmann, Krankenrückkehrgespräche – Eine Maßnahme des Vertrauens? in: PersR 1999, 259 ff.
Fischermeier, Die betriebsbedingte Kündigung nach den Änderungen durch das Arbeitsrechtliche Beschäftigungsförderungsgesetz, in: NZA 1997, 1089 ff.
Fleck/Körkel, Der Rückfall von Alkoholabhängigen im Arbeitsrecht, in: DB 1990, 274 ff.
Fleck/Körkel, Der Rückfall von Alkoholabhängigen im Arbeitsrecht, in: BB 1995, 722 ff.
Fleck/Körkel, Der Rückfall alkoholabhängiger Arbeitnehmer als Kündigungsgrund, in: Mit Bl. 93/2001, S. 43 ff.
Franke, Kranksein oder krankfeiern? in: BlStSozArbR 1982, 113 ff.
Franke, Rechtsmißbräuchliches Urlaubsverlangen bei geringfügiger Arbeitsleistung, in: BB 1983, 1036 ff.
Franke, Trennen vom kranken Mitarbeiter? in: AuA 1999, 207 ff.
Frölich, Erstattung von Detektivkosten im Arbeitsverhältnis, in: NZA 1996, 464 ff.
Fromm, Die Entwicklung zum präventiven Kündigungsschutz insbesondere bei verhaltensbedingten Kündigungen, in: DB 1989, 1409 ff.
Fromm Tätlichkeiten im Betrieb, in: BB 1997, 1946 ff.
Gagel, § 2 SGB III: Schlüssel zum eingliederungsorientierten Kündigungsrecht und zu Transfer-Sozialplänen, in: BB 2001, 358 ff.
Gallwas, Der allgemeine Konflikt zwischen dem Recht auf informationelle Selbstbestimmung und der Informationsfreiheit, in: NJW 1992, 2785 ff.
Gamillscheg, Die Grundrechte im Arbeitsrecht, in: AcP, Band 164 (1964), S. 386 ff.
Gaul, Björn, Krankenstand und Kürzung von Jahressonderzahlungen, in: AuA 1994, 309 ff.
Gaul, Björn, Die Mitbestimmung des Betriebsrates bei der fehlzeitenorientierten Gewährung von Sonderleistungen, in: DB 1994, 1137 ff.
Gaul, Björn, Der Zweck von Sonderzahlungen, in: BB 1994, 494 ff., 565 ff.
Gaul, Björn, Die Weiterbeschäftigung nach zumutbaren Umschulungs- oder Fortbildungsmaßnahmen, in: BB 1995, 2422 ff.
Gaul, Björn, Die wichtigsten Änderungen im Arbeits- und Sozialversicherungsrecht nach der Bundestagswahl, in: DB 1998, 2467 ff.
Gaul, Dieter, Aspekte der krankheitsbedingten Arbeitsunfähigkeit, in: DB 1992, 2189 ff.
Gaul, Dieter, Mißbrauch einer krankheitsbedingten Arbeitsunfähigkeit, in: NZA 1993, 865 ff.
Gaul, Björn/Laghzaoui, Die gesundheitliche Eignung des Arbeitnehmers als auflösende Bedingung, in: ZTR 1996, 300 ff.
Gaumann, Anordnung der vorzeitigen Vorlage einer Arbeitsunfähigkeitsbescheinigung nach § 5 Abs. 1 Satz 3 EFZG – ein mitbestimmungspflichtiger Tatbestand? in: FA 2001, 72 ff.

Gaumann/Schafft, Anspruch auf Entgeltfortzahlung bei Kündigung aus Anlaß der Erkrankung innerhalb der Wartezeit des § 3 Abs. 3 EFZG? in: NZA 2000, 811 ff.

Gerauer, Nochmals: Beginn der Ausschlußfrist des § 626 BGB bei Dauertatbeständen, in: BB 1988, 2032 f.

Gerhards, Abmahnungserfordernis bei Vertrauensstörungen, in: BB 1996, 794 f.

Giesen, Das neue Entgeltfortzahlungs- und Urlaubsrecht, in: RdA 1997, 193 ff.

Giesen, Die Sozialauswahl bei betriebsbedingter Kündigung nach neuem Recht, in: ZfA 1997, 145 ff.

Gitter, Arbeitsrechtliche Probleme der stufenweisen Wiedereingliederung arbeitsunfähiger Arbeitnehmer, in: ZfA 1995, 123 ff.

Gitter/Boerner, Altersgrenzen in Tarifverträgen, in: RdA 1990, 129 ff.

Glaubitz, Nochmals: Das Rechtsverhältnis zur stufenweisen Wiedereingliederung arbeitsunfähiger Arbeitnehmer, in: NZA 1992, 402

Gola, Ist Trunksucht eine selbstverschuldete Krankheit? in: BlStSozArbR 1984, 35 f.

Gola, Krankheit als Kündigungsgrund, in: BlStSozArbR 1984, 326 ff.

Gola, Arbeitgeberauskunft, Personalakten und Datenschutz, in: DÖD 1986, 266 ff.

Gola, Krankheit im Arbeitsverhältnis, in: BB 1987, 538 ff.

Gola, Krankenkontrolle durch Hinterlegung des Sozialversicherungsausweises, in: BB 1994, 1351 f.

Gola, Krankenkontrolle, Datenschutz und Mitbestimmung, in: BB 1995, 2318

Goldner, Die Problematik der Zeugniserteilung im Arbeitsrecht, in: ZfA 1991, 225 ff.

Gotthardt/Greiner, Leistungsbefreiung bei Krankheit des Arbeitnehmers nach § 275 Abs. 1 oder 3 BGB, in: DB 2002, 2106 ff.

Gottwald, Verhaltensbedingte Kündigung bei krankhaftem Alkoholismus, in: NZA 1997, 635 ff.

Gottwald, Nochmals: Verhaltensbedingte Kündigung bei krankhaftem Alkoholismus, in: NZA 1999, 180 ff.

Graefe, Kündigung wegen häufiger Urlaubserkrankungen, in: BB 1981, 1472

Graefe, Arbeitsrechtliche Gestaltungsmöglichkeiten im Zusammenhang mit Alkoholerkrankungen, in: BB 2001, 1251 ff.

Gragert/Wiehe, Das Aus für die freie Auswahl in Kleinbetrieben – § 242 BGB! in: NZA 2001, 934 ff.

Griese, Neue Tendenzen bei der Anhörung des Betriebsrates vor der Kündigung, in: BB 1990, 1899 ff.

Großmann, Schwerbehinderte im Konflikt zwischen Statusrecht und Offenbarungspflicht, in: NZA 1989, 702 ff.

Großmann, Geltendmachung und Nachweis der Schwerbehinderteneigenschaft bei Kündigungen, in: NZA 1992, 241 ff.

Grotmann-Höfling, Prozeßflut – und kein Ende? in: BB 1996, 158 ff.

Grotmann-Höfling, Die Arbeitsgerichtsbarkeit 1996 im Lichte der Statistik, in: AuR 1997, 268 ff., 474 ff.

Grotmann-Höfling, Die Arbeitsgerichtsbarkeit 1997 im Lichte der Statistik, in: AuR 1998, 394 ff.

Grotmann – Höfling, Arbeitsrechtliche Streitkultur in der Bundesrepublik im Zeichen der Harmonie? in: AuR 2000, 166f.
Grotmann – Höfling, Die Arbeitsgerichtsbarkeit 1999 im Lichte der Statistik, in: AuR 2001, 54ff.
Grotmann – Höfling, Die Arbeitsgerichtsbarkeit 2000 im Lichte der Statistik, in: AuR 2002, 90ff.
Grotmann – Höfling, Die Arbeitsgerichtsbarkeit 2001 im Lichte der Statistik, in: AuR 2002, 449ff.
Grunsky, Das Recht auf Privatleben als Begrenzung vertraglicher Nebenpflichten, in: JuS 1989, 593ff.
Gussone, Krankheit im Arbeitsverhältnis, in: AiB 1996, 5ff.
Gussone, Altersadäquate Arbeitsprozeßgestaltung, in: PersR 1996, 339ff.
Gutzeit, Weniger krank bringt mehr, in: BB 1997, 737
Haesen, Zur AIDS-Problematik im Arbeitsrecht und öffentlichen Dienstrecht, in: RdA 1988, 158ff.
Hagen/de Vivie, Auswirkungen von Alkohol und Alkoholismus auf das Arbeitsverhältnis – ausgewählte Einzelprobleme, in: ZTR 1988, 33ff.
Hallmann, Das Entgeltfortzahlungsgesetz, in: BKK 1994, 609ff.
Hambitzer, Wiedereinstellungsanspruch nach wirksamer betriebsbedingter Kündigung? in: NJW 1985, 2239ff.
Hanau, Objektive Elemente im Tatbestand der Willenserklärung, in: AcP, Band 165 (1965), S. 220ff.
Hanau, Die Rechtsprechung des Bundesarbeitsgerichts im Jahre 1983, in: ZfA 1984, 453ff.
Hanau, Ergänzende Hinweise zur Neuregelung der Entgeltfortzahlung im Krankheitsfall, in: RdA 1997, 205ff.
Hanau, Entwicklungslinien im Arbeitsrecht, in: DB 1998, 69ff.
Hanau, Verfassungsrechtlicher Kündigungsschutz, in: FS für Thomas Dieterich zum 65. Geburtstag (1999), S. 210ff.
Hanau/Kramer, Zweifel an der Arbeitsfähigkeit, in: DB 1995, 94ff.
Hanau/Preis, Zur mittelbaren Diskriminierung wegen des Geschlechts, in: ZfA 1988, 177ff.
Hanau/Thüsing, Tarifverträge zur Beschäftigungssicherung (Teil II), in: ZTR 2001, 49ff.
Hanau/Vossen, Die Kürzung von Jahressonderzahlungen aufgrund fehlender Arbeitsleistung, in: DB 1992, 213ff.
Hansen, Personalzusatzkosten: Quote gesunken, aber Kosten weiter gestiegen, in: AG 2001, Heft 7, S. 10ff.
Hartleb, Datenschutz im Arbeitsrecht, in: Handbuch Betrieb und Personal, Fach 22 (Stand: Februar 2002)
Hecker/Weinmann, Transfusionsassoziierte HIV-Infektion, in: VersR 1997, 582ff.
Heilmann, AIDS und (Arbeits-)Recht, in: BB 1989, 1413ff.
Heilmann, Rauchen am Arbeitsplatz? in: BB 1994, 715
Heilmann, Entwurf eines Entgeltfortzahlungsgesetzes, in: NZA 1993, 979f.

Heinze, Krankenstand und Entgeltfortzahlung – Handlungsbedarf und Anpassungserfordernis, in: NZA 1996, 785 ff.
Heinze/Giesen, Die Arbeitsunfähigkeitsbescheinigung und der Europäische Gerichtshof, in: BB 1996, 1830 ff.
Heither, Die Anpassung des Kündigungsrechts an die Insolvenzsituation de lege lata und de lege ferenda, in: ZGR 1984, 215 ff.
Heither, Die Rechtsprechung des BAG zu § 6 LFZG, in: ZIP 1984, 403 ff.
Hemmer, Sozialversicherung rauf – Entgeltfortzahlung runter, in: AG 1998, 278 ff.
Hemming, Die alkoholbedingte Kündigung, in: BB 1998, 1998 ff.
Hennige, Die krankheitsbedingte Kündigung im Spiegel der Rechtsprechung, in: AuA 1995, 145 ff.
Henssler, Was ist von der Altersgrenze geblieben? in: DB 1993, 1669 ff.
Herbst, Einflußmöglichkeiten des Personalrats bei Kündigungen wegen Krankheit, in: PersR 1994, 503 ff.
Herbst/Wohlfarth, Die Entscheidungen des Bundesarbeitsgerichts im Jahre 1989 zur Kündigung wegen häufiger Krankheit, in: DB 1990, 1816 ff.
Herrmann, Die Abschlußfreiheit – ein gefährdetes Prinzip, in: ZfA 1996, 19 ff.
Herschel, Unmöglichkeit der Dienstleistung und Kündigung, insbesondere bei Krankheit, in: BB 1982, 253 f.
Herschel, Zu einigen Fragen des Kündigungsschutzes, in: DB 1984, 1523 f.
Hertel, Tätigkeitsbericht des Bundesdisziplinaranwaltes, in: ZBR 1993, 289 ff.
Heuse, Arbeitsvertragsgesetzentwurf ′92 – ein neuer Kodifikationsversuch, in: BB 1992, 1145 ff.
Heyers/Heyers, Arzthaftung – Schutz von digitalen Patientendaten, in: MDR 2001, 1209 ff.
Hexel/Löffert, Alkohol – Mensch – Arbeit, in: BetrR 1983, 5 ff.
Hinrichs, Arbeitsrechtliche Aspekte des Alkoholismus, in: AiB 1986, 211 ff.
Hinrichs, Arbeitsrechtliche Aspekte von AIDS, in: AiB 1988, 8 ff.
Hinrichs, Änderungen im Kündigungsschutzrecht, in: AiB 1999, 1 ff.
von Hippel, Zum Kampf gegen die Tabakepidemie, in: ZRP 1995, 137 f.
von Hippel, Ersatz von Tabakschäden? in: ZRP 1998, 6 f.
Hirsch, Der Europäische Gerichtshof, in: MDR 1999, 1 ff.
Hirsch, Die deutsche Arbeitsgerichtsbarkeit und der Europäische Gerichtshof, in: RdA 1999, 48 ff.
Hoch/Ohm, Alkohol und andere Suchtprobleme im Betrieb, in: AiB 1998, 437 ff.
Hock, Die Neuregelung der Kur im BAT, in: ZTR 1996, 201 ff.
Hohmeister, Die ordnungsgemäße Anhörung des Betriebsrates gem. § 102 BetrVG als Wirksamkeitsvoraussetzung für eine Kündigung, in: NZA 1991, 209 ff.
Hohmeister, Alkohol im Betrieb als Kündigungsgrund, in: AuSozR 1995, 103 ff.
Hold, Das neue Entgeltfortzahlungsgesetz, in: AuA 1994, 193 ff.
Hoß, Die verhaltensbedingte Kündigung, in: MDR 1998, 869 ff.
Hoß, Die krankheitsbedingte Kündigung, in: MDR 1999, 777 ff.
Hoß, Die alkoholbedingte Kündigung, in: MDR 1999, 911 ff.
Hoß, Änderungskündigung – Voraussetzungen und Reaktionsmöglichkeiten des Arbeitnehmers, in: MDR 2000, 562 ff.

Hoß/Lohr, Befristete Arbeitsverhältnisse, in: MDR 1998, 313 ff.
Houben, Trifft den Arbeitnehmer eine vertragliche Pflicht, sich gesund zu erhalten? in: NZA 2000, 128 ff.
von Hoyningen-Huene, Rechtsfolgen des richterlichen Weiterbeschäftigungsanspruchs, in: BB 1988, 264 ff.
von Hoyningen-Huene, Die Abmahnung im Arbeitsrecht, in: RdA 1990, 193 ff.
von Hoyningen-Huene, Das Rechtsverhältnis zur stufenweisen Wiedereingliederung arbeitsunfähiger Arbeitnehmer (§ 74 SGB V), in: NZA 1992, 49 ff.
von Hoyningen-Huene, Sicherheiten im Arbeitsverhältnis, in: BB 1992, 2138 ff.
von Hoyningen-Huene, Die altersbedingte Beendigung von Arbeitsverhältnissen, in: BB 1994, 640 f.
von Hoyningen-Huene, Muß das Kündigungsschutzrecht reformiert werden? in: Schmidt, Arbeitsrecht und Arbeitsgerichtsbarkeit (1999), S. 215 ff.
von Hoyningen-Huene, Alkoholmißbrauch und Kündigung, in: DB 1995, 142 ff.
von Hoyningen-Huene/Linck, Betriebsbedingte Kündigung und Weiterbeschäftigungspflicht, in: DB 1993, 1185 ff.
von Hoyningen-Huene/Linck, Neuregelungen des Kündigungsschutzes und befristete Arbeitsverhältnisse, in: DB 1997, 41 ff.
Hromadka, Zur Zulässigkeit des auflösend bedingten Arbeitsvertrages, in: RdA 1983, 88 ff.
Hromadka, Die Frage nach der Schwangerschaft – Gedanken zu Diskriminierungsverbot und Mutterschutz, in: DB 1987, 687 f.
Hromadka, Arbeitsrecht – Quo vadis? in: Festschrift 40 Jahre „Der Betrieb", 1988, 241 ff.
Hromadka, Änderung von Arbeitsbedingungen, in: RdA 1992, 234 ff.
Hromadka, Möglichkeiten und Grenzen der Änderungskündigung, in: NZA 1996, 1 ff.
Hromadka, Befristete und bedingte Arbeitsverhältnisse neu geregelt, in: BB 2001, 621 ff.
Hümmerich, Von der Verantwortung der Arbeitsrechtsprechung für die Volkswirtschaft, in: NZA 1996, 1289 ff.
Hümmerich, Verfestigte Rechtsprechung zur Betriebsratsanhörung nach § 102 BetrVG, in: RdA 2000, 345 ff.
Hümmerich/Mauer, Neue BAG-Rechtsprechung zur Anhörung des Betriebsrats bei Kündigungen, in: DB 1997, 165 ff.
Hunold, Gleichbehandlungsgrundsatz, Gleichbehandlungsgesetz und Gleichberechtigungssatz im Betrieb, in: DB 1984, Beilage Nr. 5 zu Heft 7
Hunold, Das Fragerecht des Arbeitgebers nach Schwangerschaft einer Bewerberin, in: NZA 1987, 4 ff.
Hunold, Gleichbehandlung im Betrieb, in: DB 1991, 1670 ff.
Hunold, Zum Beweiswert einer Arbeitsunfähigkeitsbescheinigung, in: DB 1992, 2633 f.
Hunold, Aktuelle Rechtsprobleme der Pesonalauswahl, in: DB 1993, 224 ff.
Hunold, Verweigerung der Entgeltfortzahlung und Medizinischer Dienst, in: DB 1995, 676 f.

Hunold, Das Direktionsrecht des Arbeitgebers, in: ArbR-Blattei, SD 600 (Stand: April 2000)

Hunold, Probleme bei befristeter Vertretung eines erkrankten Mitarbeiters, in: DB 1998, 1963 ff.

Hunold, Die Rechtsprechung zur Abmahnung, in: NZA-RR 2000, 169 ff.

Hunold, Die Rechtsprechung zur Befristung von Arbeitsverträgen, in: NZA-RR 2000, 505 ff.

Hunold, Welche Fragen sind erlaubt? in: AuA 2001, 260 ff.

Husmann, Betriebliche Gesundheitsförderung senkt Fehlzeiten, in: AG 1998, 24 ff.

Imping, Aktuelle Entwicklungen im Individualarbeitsrecht, in: MDR 2000, 125 ff.

Jahn, Schutz des „passiven Rauchers" durch Erlaß von Rauchverboten, in: MedR 1989, 227 ff.

Janker, Das Fragerecht des Arbeitgebers bei der Einstellung, in: AuA 1991, 264 ff.

Jarke, Berufskrankheit HIV/AIDS aus juristischer und medizinisch-gutachterlicher Sicht, in: MedR 1996, 501 ff.

Jobs, Soziale Auswahl bei betriebsbedingter Kündigung, in: DB 1986, 538 ff.

Joost, Kündigungsschutz außerhalb des Kündigungsschutzgesetzes, in: Henssler/Moll, Kölner Tage des Arbeitsrechts, Kündigung und Kündigungsschutz in der betrieblichen Praxis (2000), S. 215 ff.

Jüngst, Neue Grundsätze der Rechtsprechung zu Fragestellungen bei krankheitsbedingten Kündigungen, in: b + p 2000, 414 ff.

Jüngst, Kündigungsschutz außerhalb des Kündigungsschutzgesetzes? in: b + p 2001, 467 ff.

Junker, Der EuGH zum Arbeitsrecht – Die schwarze Serie geht weiter, in: NJW 1994, 2527 f.

Kaiser, Wegfall des Kündigungsgrundes – weder Unwirksamkeit der Kündigung noch Wiedereinstellungsanspruch, in: ZfA 2000, 205 ff.

Käppler, Die Rechtsprechung des Bundesarbeitsgerichts im Jahre 1993, in: ZfA 1995, 271 ff.

Kalb, Verdachtskündigung im Krankheitsfall, in: Das Arbeitsrecht der Gegenwart, Band III (1966), S. 82 ff.

Kampen, Die „punktuelle" Streitgegenstandstheorie und die sich daraus ergebenden Probleme mit Anträgen und Tenorierungen im Kündigungsschutzverfahren, in: AuR 1996, 172 ff.

Kania/Kramer, Unkündbarkeitsvereinbarungen in Arbeitsverträgen, Betriebsvereinbarungen und Tarifverträgen, in: RdA 1995, 287 ff.

Kanz, Kündigungsschutz und Mitbestimmung bei Herabgruppierungen, in: ZTR 1989, 219 ff.

Kapischke, Nochmals: Beginn der Auslauffrist des § 626 Abs. 2 BGB, in: BB 1989, 1061 f.

Kappes, Die Wirksamkeit tarifvertraglicher Altersgrenzenregelungen, in: BB 1993, 1359 f.

Kasper, Die Kunst forensischer Prophetie als Darlegungs- und Beweismittel bei krankheitsbedingten Kündigungen des Arbeitgebers, in: NJW 1994, 2979 ff.

Kasper, Abschied vom Fragerecht des Arbeitgebers nach der Schwangerschaft, in: FA 2000, 243 ff.

Keil, Beweisfragen zur Arbeitsunfähigkeit des Arbeitnehmers, in: Hromadka, Krankheit im Arbeitsverhältnis (1993), S. 39 ff.

Keller, Die ärztliche Untersuchung des Arbeitnehmers im Rahmen des Arbeitsverhältnisses, in: NZA 1988, 561 ff.

Kessler, Das neue französische Kündigungsschutzrecht, in: RdA 1989, 35 ff.

Kissel, 40 Jahre Arbeitsgerichtsbarkeit, in: RdA 1994, 323 ff.

Kittner, Das neue Recht der Sozialauswahl bei betriebsbedingten Kündigungen und die Ausdehnung der Kleinbetriebsklausel, in: AuR 1997, 182 ff.

Klages, Personaleinsatz bei bedingter Arbeitsfähigkeit, in: BB 1983, 1223 ff.

Klak, AIDS und die Folgen für das Arbeitsrecht, in: BB 1987, 1382 ff.

Kleinebrink, Die materielle und prozessuale Bedeutung von Verschlimmerungsattesten, in: NZA 2002, 716 ff.

Kleinebrink, Die Bedeutung der Abmahnung im Arbeitsrecht nach der Modernisierung des Schuldrechts, in: FA 2002, 226 ff.

Kleinsorge, Gesetz über die Zahlung des Arbeitsentgelts an Feiertagen und im Krankheitsfall, in: NZA 1994, 640 ff.

Klemt, Schwerbehinderte Arbeitnehmer – Überblick über die gesetzlichen Neuregelungen, in: b + p 2001, 638 ff.

Kleremann, Die Reichweite der Befristungskontrolle bei mehrfach befristeten Arbeitsverträgen, in: DB 1989, 2608 ff.

Kliemt, Das neue Befristungsrecht, in: NZA 2001, 296 ff.

Klischan, Tarifliche Jahressonderzahlungen, in: NZA 1985, 653 ff.

Klischan/Schlebusch, Urlaubsrecht aktuell – Prüfungspunkte auf der Grundlage der BAG-Rechtsprechung, in: DB 1986, 1017 ff.

Klöcker, Schweigepflicht des Betriebsrates im Rahmen von arbeitsmedizinischen Vorsorgeuntersuchungen, in: MedR 2001, 183 ff.

Koberski, Die Rechtsprechung des BAG zur krankheitsbedingten Kündigung, in: AuA 1993, 296 ff.

Koch, Die Rechtsprechung des BAG zur Zulässigkeit befristeter Arbeitsverhältnisse, in: NZA 1992, 154 ff.

Kocher, Verfassungsrechtliche Anforderungen an die Umsetzung des Gleichbehandlungsgebotes, in: AuR 1998, 221 ff.

Kölsch, Die Haftung des Arbeitgebers bei nicht ordnungsgemäßer Zeugniserteilung, in: NZA 1985, 382 ff.

Kort, Die Auswirkungen des neuen Bundesdatenschutzgesetzes auf die Mitbestimmung im Arbeitsrecht, in: RdA 1992, 378 ff.

Kothe, Kontinuität und Bewegung im Urlaubsrecht, in: BB 1984, 609 ff.

Kothe, Die Krankheitskündigung im Blickwinkel des Arbeitsschutz- und Sozialrechts, in: AiB 1990, 125 ff.

Koziol, Rechtmäßiges Alternativverhalten – Auflockerung starrer Lösungsansätze, in: Festschrift für Erwin Deutsch zum 70. Geburtstag (1999), S. 179 ff.

Kraft, Bestandsschutz des Arbeitsverhältnisses – Lohn ohne Arbeit – Überlegungen zur Reduzierung der Regelungsdichte des Arbeitsrechts und zur Wiederherstellung der Äquivalenz im Arbeitsverhältnis, in: ZfA 1994, 463 ff.

Kraft, Das Anhörungsverfahren gemäß § 102 BetrVG und die „subjektive" Determinierung der Mitteilungspflicht, in: Festschrift für Otto Rudolf Kissel zum 65. Geburtstag (1994), S. 611 ff.

Kramer, Die Vorlage der Arbeitsunfähigkeitsbescheinigung, in: BB 1996, 1662 ff.

Krasney, Nina, „Alkoholfahne" als Beweismittel für unerlaubten Alkoholgenuß im Betrieb? in: AuR 2000, 125 ff.

Kraushaar, Die Kündigung von Arbeitern, in: BB 1990, 1764 ff.

Kruck, Stufenweise Wiedereingliederung ins Erwerbsleben – „Teilarbeitsfähigkeit" – aus juristischer Sicht, in: MEDSACH 1989, 76 ff.

Küfner-Schmitt, Schadensersatzansprüche wegen Diskriminierung bei der Einstellung, in: ZTR 1991, 323

Kunze, Beteiligung des Personalrats bei Anordnung der ärztlichen Untersuchung nach § 7 BAT? in: PersV 1983, 441 f.

Künzl, Urlaubsabgeltung bei Erwerbsunfähigkeit, in: BB 1987, 687 f.

Künzl, Begriff des Verschuldens bei Entgeltfortzahlung, in: BB 1989, 62 ff.

Künzl, Abschied vom punktuellen Streitgegenstandsbegriff? in: Erlanger Festschrift für Karl Heinz Schwab zum 70. Geburtstag (1990), S. 123 ff.

Künzl, Befristung des Urlaubsanspruches, in: BB 1991, 1630 ff.

Künzl, Alkohol im Betrieb, in: BB 1993, 1581 ff.

Künzl, Suchtprobleme (insbesondere Alkohol) und Suchtkontrolle im Arbeitsverhältnis, in: Rieder, Krankheit im Arbeitsverhältnis, 2. Aufl. 1994, S. 165 ff.

Künzl, Verhaltensbedingte Kündigung wegen Alkoholgenusses, in: AuR 1995, 206 ff.

Künzl, Probleme der Sozialauswahl bei betriebsbedingter Kündigung, in: ZTR 1996, 385 ff.

Künzl, Arbeitsvertragliche Nebenpflicht zur Durchführung einer Alkoholtherapie? in: NZA 1998, 122 ff.

Künzl, Letztmals: Verhaltensbedingte Kündigung bei Verweigerung einer Alkoholtherapie, in: NZA 1999, 744 f.

Künzl, Rauchen und Nichtraucherschutz im Arbeitsverhältnis, in: ZTR 1999, 531 ff.

Künzl, Nochmals: Das betriebliche Rauchverbot, in: BB 1999, 2187 ff.

Künzl/Weinmann, Arbeitsrechtliche Maßnahmen (Kündigung und Verweigerung der Entgeltfortzahlung) bei Vortäuschen einer Krankheit und wegen des Verhaltens des Arbeitnehmers während krankheitsbedingter Arbeitsunfähigkeit, in: AuR 1996, 256 ff., 306 ff.

Kutzki, Fehler bei der Betriebsratsanhörung und deren Vermeidung anhand von praktischen Anwendungsfällen, in: ZTR 1999, 491 ff.

Lakies, Rechtsprobleme der Neuregelung des Kündigungsschutzgesetzes, in: NJ 1997, 121 ff.

Lakies, Altes und Neues zum Kündigungsschutz seit dem 1.1.1999, in: NJ 1999, 74 ff.

Lambeck, Zum Beweiswert ärztlicher Arbeitsunfähigkeitsbescheinigungen im Entgeltfortzahlungsprozeß, in: NZA 1990, 88ff.

Langenbucher, Der Wiedereinstellungsanspruch des Arbeitnehmers beim Betriebsübergang, in: ZfA 1999, 299ff.

Langer, Karl A., Anspruch auf Wiedereinstellung? in: NZA Beilage Nr. 3/1991, S. 23ff.

Leinemann, Der Urlaubsanspruch nach dem Bundesurlaubsgesetz, in: DB 1983, 989ff.

Leinemann, Gesetzliches und tarifliches Urlaubsrecht, in: AuR 1987, 193ff.

Leinemann, Keine Schonzeit für Arbeitnehmer? in: AuR 1995, 82f.

Leinemann, Reformversuche und Reformbedarf im Urlaubsrecht, in: BB 1995, 1954ff.

Leinemann/Lipke, Betriebsübergang und Urlaubsanspruch, in: DB 1988, 1217ff.

Leipold, Schwer zu fassen die Arbeitsbescheinigung nach deutschem und europäischem Recht, in: Festschrift für Otto Rudolf Kissel zum 65. Geburtstag (1994), S. 629ff.

Lemke-Goliasch/Wendt, Konfliktfeld Rauchen am Arbeitsplatz, in: PersR 1991, 44ff.

Lepke, Zur Kündigung des Arbeitgebers wegen Trunk- und Drogensucht des Arbeitnehmers, in: DB 1982, 173ff.

Lepke, Zur Darlegungs- und Beweislast für das Vorliegen einer sog. Fortsetzungserkrankung, in: DB 1983, 447ff.

Lepke, Detektivkosten als Schadenersatz im Arbeitsrecht, in: DB 1985, 1231ff.

Lepke, AIDS als arbeitsrechtlicher Kündigungsgrund, in: DB 1987, 1299ff.

Lepke, Die Gewährung gesetzlichen Erholungsurlaubs, in: DB 1988, Beilage Nr. 10 zu Heft 25

Lepke, Die arbeitsrechtliche Bedeutung ärztlicher Arbeitsunfähigkeitsbescheinigungen, in: DB 1993, 2025ff.

Lepke, Pflichtverletzungen des Arbeitnehmers bei Krankheit als Kündigungsgrund, in: NZA 1995, 1084ff.

Lepke, Krankheitsbegriff im Arbeitsrecht, in: NZA-RR 1999, 57ff.

Lepke, AIDS als Grund für eine Kündigung des Arbeitgebers, in: RdA 2000, 87ff.

Lepke, Trunksucht als Kündigungsgrund, in: DB 2001, 269ff.

Lepke, Zum Wiedereinstellungsanspruch nach krankheitsbedingter Kündigung, in: NZA-RR 2002, 617ff.

Leßmann, Neues über Rauchverbote am Arbeitsplatz, in: AuR 1995, 241ff.

Leuze, Bemerkungen zum allgemeinen Persönlichkeitsrecht des Arbeitnehmers und zu seinen Einschränkungen, in: ZTR 1990, 267ff.

Lichtenberg/Schücking, Stand der arbeitsrechtlichen Diskussion zur HIV-Infektion und AIDS-Erkrankung, in: NZA 1990, 41ff.

Lindemann, Neuerungen im Arbeitsrecht durch die Schuldrechtsreform, in: AuR 2002, 81ff.

Lingemann, Umorganisation zur Vermeidung einer krankheitsbedingten Kündigung, in: BB 1998, 1106f.

Lingemann, Unterhaltspflichten und Kündigung, in: BB 2000, 1835f.

Lingemann/Göpfert, Der Einsatz von Detektiven im Arbeitsrecht, in: DB 1997, 374ff.
Lipp, Krankheitsbedingte Schadensdisposition und „psychisch vermittelter" Gesundheitsschaden – BGHZ 107, 359, in: JuS 1991, 809ff.
Löffler, Zweifel am Beweiswert ärztlicher Arbeitsunfähigkeitsbescheinigungen, in: ErsK 1989, 191
Lopacki, Anordnung der Attestvorlage durch den Dienstvorgesetzten bei häufiger Dienstabwesenheit des Beamten infolge Krankheit, in: ZBR 1992, 193ff.
Lorenz, Das Arbeitsrecht vor dem Gerichtshof der Europäischen Gemeinschaften, in: Jahrbuch des Arbeitsrechts, Band 39 (2002), S. 21ff.
Lorenz, Kontra dem Tabakqualm am Arbeitsplatz, in: AuA 2002, 212ff.
Löwisch, Arbeitsrechtliche Fragen von AIDS-Erkrankungen und AIDS-Infektion, in: DB 1987, 936ff.
Löwisch, Arbeitsrechtliche und persönlichkeitsrechtliche Probleme von AIDS, in: Schünemann/Pfeiffer, Die Rechtsprobleme von AIDS (1988), S. 307ff.
Löwisch, Die Freiheit zu arbeiten – nach dem Günstigkeitsprinzip, in: BB 1991, 59ff.
Löwisch, Grenzen der ordentlichen Kündigung in kündigungsschutzfreien Betrieben, in: BB 1997, 782ff.
Löwisch, Tarifliche Regelung von Arbeitgeberkündigungen, in: DB 1998, 877ff.
Löwisch, Der arbeitsrechtliche Teil des sog. Korrekturgesetzes, in: BB 1999, 102ff.
Löwisch, Arbeitsrechtliche Fragen des Übergangs in den Ruhestand, in: ZTR 2000, 531ff.
Lücke, Unter Verdacht: Die Verdachtskündigung, in: BB 1997, 1842ff.
Lücke, Die Verdachtskündigung – Fragen aus der Praxis, in: BB 1998, 2259ff.
Marburger, Die Krankmeldung bei Arbeits- und Dienstunfähigkeit, in: PersV 1982, 274ff.
Marburger, Vertrauensärztliche Untersuchung auf Verlangen des Arbeitgebers, in: BB 1987, 1310ff.
Marburger, Neuregelung der Entgeltfortzahlung und ihre Auswirkungen auf den öffentlichen Dienst, in: DÖD 1995, 217ff.
Marschner, Die Neuregelung des Arbeitsförderungsrecht zum 1. Januar 1998, in: ZTR 1998, 12ff.
Maschmann, Vorabentscheidungsersuchen deutscher Arbeitsgerichte zum Europäischen Gerichtshof und Rechte der Parteien, in: NZA 1995, 920ff.
Mathern, Die krankheitsbedingte Kündigung, in: NJW 1996, 818ff.
Matthiessen, Die Nichteinbeziehung von Arbeitnehmern in die soziale Auswahl bei betriebsbedingten Kündigungen, in: NZA 1998, 1153ff.
Mauer/Schüßler, Mitbestimmungsrechte bei Krankmeldung, in: FA 2000, 211ff.
Mauer/Schüßler, Kündigung unkündbarer Arbeitnehmer, in: BB 2001, 466ff.
Meilicke, Recht auf Lüge beim Einstellungsgespräch? in: BB 1986, 1288f.
Meinel/Bauer, Der Wiedereinstellungsanspruch, in: NZA 1999, 575ff.
Meisel, Die soziale Auswahl bei betriebsbedingten Kündigungen, in: DB 1991, 92ff.
Meyer, Cord, Der Fortsetzungsanspruch bei Betriebsübergang, in: BB 2000, 1032ff.

Michalski, „Beweisvereitelung" durch beweisbelastete Partei und Nachholbarkeit in der Berufungsinstanz, in: NJW 1991, 2069ff.
Möllers, Rechtsschutz des Passivrauchens, in: JZ 1996, 1050ff.
Mohr, Krankheitsbedingte Kündigung – unkalkulierbares Risiko? in: DB 1984, 43ff.
Moritz, Heinz Peter, Fragerecht des Arbeitgebers sowie Auskunfts- und/oder Offenbarungspflicht des Arbeitnehmers bei der Anbahnung von Arbeitsverhältnissen? in: NZA 1987, 329ff.
Moritz, Heinz Peter, Voraussetzungen und Grenzen der Verpflichtung zur Umsetzung auf einen anderen Arbeitsplatz bei verhaltensbedingten Kündigungen, in: DB 1985, 229ff.
Mozet, Kündigungsschutz in Arbeitsverhältnissen – Ein Überblick über die Rechtslage in den Mitgliedstaaten der Europäischen Union, in: NZA 1998, 128ff.
Muckel, Kostenerstattung durch die Krankenkasse bei vorgetäuschter Krankheit, in: JuS 1998, 408ff.
Müller, Ch., Arbeitnehmerdatenschutz im Lichte der EU-Datenschutzrichtlinie, in: FS für Alfred Söllner zum 70. Geburtstag (2000), S. 809ff.
Müller-Glöge, Arbeitsrecht und Verfahrensrecht, in: RdA 1999, 80ff.
Müller-Roden, Entgeltfortzahlung bei künstlicher Befruchtung, in: NZA 1989, 128ff.
Mummenhoff, Risikoverhalten aus arbeitsrechtlicher Sicht, in: Öff.Gesundh.-Wes., Sonderheft I (1983), S. 67ff.
Mummenhoff, Arbeitsrechtliche Problemkreise bei HIV-Infektionen, in: Gallwas/Riedel/Schenk, AIDS und Recht (1992), S. 155ff.
Münch, Rechtssicherheit als Standortfaktor, in: NJW 1996, 3320ff.
Nägele, Die Vergütungs- und Urlaubsansprüche in der Zeit der Freistellung, in: DB 1998, 518ff.
Nägele, Die Renaissance des Wiedereinstellungsanspruches, in: BB 1998, 1696ff.
Naendrup, Rechtliche und tatsächliche Probleme um Krankenstand und Lohnfortzahlung, in: ZfA 1984, 383ff.
Naujoks, Das Spannungsverhältnis zwischen Verdachtskündigung und Unschuldsvermutung, in: AuR 1998, 398ff.
Neumann, Dirk, Kündigungsschutz Schwerbehinderter, in: Arbeitsrecht-Blattei, Schwerbehinderte II, Kündigungsschutz (Stand: Juli 1995)
Neumann, Dirk, Die Kündigungsabfindung, in: Arbeitsrechts-Blattn, Kündigungsschutz VI (Stand: Juli 1996)
Nicolai/Noack, Grundlagen und Grenzen des Wiedereinstellungsanspruchs nach wirksamer Kündigung des Arbeitsverhältnisses, in: ZfA 2000, 87ff.
Nierhoff, Arzt und Arbeitsunfähigkeit, in: Rieder, Krankheit im Arbeitsverhältnis, 2. Aufl. 1994, S. 133ff.
Oetker, Die Anhörung des Betriebsrates vor Kündigungen und die Darlegungs- und Beweislast im Kündigungsschutzprozeß, in: BB 1989, 417ff.
Oetker, Die Entwicklung des arbeitsrechtlichen Schrifttums im Jahre 1993, in: ZfA 1994, 545ff.

Oetker, Gibt es einen Kündigungsschutz außerhalb des Kündigungsschutzgesetzes? in: AuR 1997, 41 ff.

Oetker, Der arbeitsrechtliche Bestandsschutz unter dem Firmament der Grundrechtsordnung, in: RdA 1997, 9 ff.

Oetker, Der auswahlrelevante Personenkreis im Rahmen von § 1 Abs. 3 KSchG, in: Hanau/Lorenz/Matthes, FS für Günther Wiese zum 70. Geburtstag (1998), S. 333 ff.

Oetker, Der Wiedereinstellungsanspruch des Arbeitnehmers bei nachträglichem Wegfall des Kündigungsgrundes, in: ZIP 2000, 643 ff.

Olderog, Rechtsfragen bei Krankheit im Arbeitsverhältnis, in: BB 1989, 1684 ff.

Olderog, Rauchen und Alkohol im Betrieb, in: Personalführung 1990, Heft 5, S. 314 ff.

Olderog, Arbeitsrechtliche Aspekte der Erkrankung von Arbeitnehmern, in: Krankheit im Arbeitsverhältnis, herausgegeben von der Bundesvereinigung der Deutschen Arbeitgeberverbände (1991), S. 10 ff.

Olderog, Alkohol am Arbeitsplatz, in: Hromadka, Krankheit im Arbeitsverhältnis (1993), S. 63 ff.

Osthold, Die Beweislast bei Kündigung wegen Krankheit in Betrieben privaten Rechts, in: BB 1982, 1306 ff.

Ostrop, Verfall des Urlaubsanspruches nach Ablauf des Übertragungszeitraumes, in: NZA 1993, 208 ff.

Otto, Grünes Licht für die Wiedereinstellung bei betriebsbedingten Entlassungen? in: FS für Alfons Kraft zum 70. Geburtstag (1998), S. 451 ff.

Otto, Schranken der Kündigungsfreiheit außerhalb des allgemeinen Kündigungsschutzes, in: Hanau/Lorenz/Matthes, FS für Günther Wiese zum 70. Geburtstag (1998), S. 353 ff.

Pachtenfels, Der Grundsatz der Verhältnismäßigkeit im arbeitsvertraglichen Kündigungsrecht, in: BB 1983, 1479 ff.

Pahlen, Die Frage nach der Schwerbehinderteneigenschaft vor der Einstellung und Art. 3 Abs. 3 Satz 2 GG, in: RdA 2001, 143 ff.

Pallasch, Noch einmal: Das Weiterbeschäftigungsverhältnis und seine Rückabwicklung, in: BB 1993, 2225 ff.

Pallasch, Entgeltfortzahlung bei Schwangerschaftsabbruch, in: NJW 1995, 3025 ff.

Palme, Rechtsmißbräuchliches Urlaubsverlangen bei langanhaltender Krankheit, in: BlStSozArbR 1982, 49 ff.

Paschmann, Anzeige der Arbeitsversäumnis, in: ZTR 1991, 152 f.

Parzeller/Bratzke, Grenzen der ärztlichen Schweigepflicht, in: DtÄrzteBl 97 (2000), Heft 37, C-1793 ff.

Paul, Einstellung Schwangerer bei Beschäftigungsverboten nach dem Mutterschutzgesetz, in: DB 2000, 974 ff.

Pauly, Neue Streitfragen zur sozialen Auswahl bei betriebsbedingter Kündigung, in: MDR 1997, 513 ff.

Pauly, Hauptprobleme der Änderungskündigung, in: DB 1997, 2378 ff.

Peter, Unfreiwilliger Ruhestand, in: AuR 1993, 384 ff.

Peter, Die Arbeitsunfähigkeitsbescheinigung als europäisches Rechtsproblem, in: RdA 1999, 374 ff.
Pflüger, Die Kündigung wegen betrieblich verursachter Erkrankung, in: DB 1995, 1761 ff.
Picker, Die Anfechtung von Arbeitsverträgen, in: ZfA 1981, 1 ff.
Pieper, Entgeltfortzahlung im Krankheitsfall neu geregelt, in: PersR 1995, 471 ff.
Plüm, Urlaubsgewährung und Schuldnerverzug, in: NZA 1988, 716 ff.
Popp, Materiell- und prozeßrechtliche Probleme der krankheitsbedingten Kündigung, in: DB 1981, 2611 ff.
Popp, Lohnfortzahlungskosten als Kündigungsgrund? in: DB 1986, 1461 ff.
Popp, Die personenbedingte Kündigung, in: Weiss/Gagel (Hrsg.), Handbuch des Arbeits- und Sozialrechts (HAS), Band IV, § 19 D, S. 1-27 (Stand: August 2001)
Popp, Die Bekanntgabe des Austrittsgrunds im Arbeitszeugnis, in: NZA 1997, 588 ff.
Preis, Bernd, Das neue Recht der Sozialauswahl, in: DB 1998, 1761 ff.
Preis, Ulrich, Neuere Tendenzen im arbeitsrechtlichen Kündigungsschutz, in: DB 1988, 1387 ff., 1444 ff.
Preis, Ulrich, Die krankheitsbedingte Kündigung, in: Hromadka, Krankheit im Arbeitsverhältnis (1993), S. 93 ff.
Preis, Ulrich, Entwicklungslinien in der Rechtsprechung des EuGH zum Arbeitsrecht, in: ZIP 1995, 891 ff.
Preis, Ulrich, Das arbeitsrechtliche Beschäftigungsförderungsgesetz 1996, in: NJW 1996, 3369 ff.
Preis, Ulrich, Aktuelle Tendenzen im Kündigungsschutzrecht, in: NZA 1997, 1073 ff.
Preis, Ulrich, Der Kündigungsschutz außerhalb des Kündigungsschutzgesetzes, in: NZA 1997, 1256 ff.
Preis, Ulrich, Arbeitsrecht und „unbegrenzte Auslegung", in: NJW 1998, 1889 ff.
Preis, Ulrich, Der Kündigungsschutz nach dem „Korrekturgesetz", in: RdA 1999, 311 ff.
Preis/Gotthardt, Neuregelung der Teilzeitarbeit und befristeten Arbeitsverhältnisse, in: DB 2000, 2065 ff.
Preis/Hamacher, Die Kündigung der Unkündbaren, in: Schmidt, Arbeitsrecht und Arbeitsgerichtsbarkeit (1999), S. 245 ff.
Preis/Kliemt, Das Probearbeitsverhältnis, in: ArbR-Blattei (Stand: März 2000)
Priester, Mißbrauch der Lohnfortzahlung? in: AiB 1991, 304 ff.
Raab, Mitbestimmung des Betriebsrates bei der Einführung und Ausgestaltung von Krankengesprächen, in: NZA 1993, 193 ff.
Raab, Der Wiedereinstellungsanspruch des Arbeitnehmers bei Wegfall des Kündigungsgrundes, in: RdA 2000, 147 ff.
Rebhahn, Abfindung statt Kündigungsschutz ? – Rechtsvergleich und Regelungsmodelle, in: RdA 2002, 272 ff.
Reif/Täubert/König, Sind ältere Arbeitnehmer noch leistungsfähig? in: AiB 1996, 329 ff.

Reinecke, Die arbeitsrechtliche Bedeutung der ärztlichen Arbeitsunfähigkeitsbescheinigung, in: DB 1989, 2069 ff.
Reinecke, Begriff der Arbeitsunfähigkeit – Gespräch mit dem Arbeitnehmer über seine Arbeitsunfähigkeit, in: Rieder, Krankheit im Arbeitsverhältnis, 2. Aufl. 1994, S. 27 ff.
Reinecke, Entgeltfortzahlung bei Arztbesuchen, in: AuA 1996, 339 ff.
Reinecke, Krankheit und Arbeitsunfähigkeit – die zentralen Begriffe des Rechts der Entgeltfortzahlung, in: DB 1998, 130 ff.
Reiserer, Ausschluß- und Rückzahlungsklauseln für Gratifikationen bei betriebsbedingter Kündigung, in: NZA 1992, 436 ff.
Reuter, Wolf J., Arbeitsrechtliche Zeitbomben bei Anschlußbefristungen? in: NZA 1998, 1321 ff.
Richardi, Arbeitsrechtliche Probleme bei Einstellung und Entlassung AIDS-infizierter Arbeitnehmer, in: NZA 1988, 73 ff.
Ricken, Grundlagen und Grenzen des Wiedereinstellungsanspruches, in: NZA 1998, 460 ff.
Rinke, Anhörung des Betriebsrats: Vorgezogenes Verfahren? in: NZA Sonderheft 1998, S. 54 ff., NZA 1998, 77 ff.
Röhsler, Alkohol und Arbeitsverhältnis, in: Inf 1982, 319 ff.
Rolfs/Pasche, Die Pflichten des Arbeitgebers und die Rechte schwerbehinderter Arbeitnehmer nach § 81 SGB IX, in: BB 2002, 1260 ff.
Roos, Kündigung wegen Krankheit, in: AiB 1995, 658 ff.
Roos, Die genetische Analyse an Stellenbewerbern und Arbeitnehmern, in: AiB 1998, 19 ff.
Roos, Die Rechtsprechung zur Kündigung wegen Krankheit, in: NZA-RR 1999, 617 ff.
Roos, Gentechnik – Chancen und Risiken, in: AuR 2001, 121 ff.
Roos, Schriftformerfordernis und elektronische Medien im Arbeitsrecht, in: AiB 2002, 133 ff.
Rosenland, Arbeitsplatzbedingte Krankheit im Arbeitsverhältnis, in: AuR 1991, 266 ff.
Roßnagel, Das neue Recht elektronischer Signaturen, in: NJW 2001, 1817 ff.
Rühle, Der Beweiswert der ärztlichen Arbeitsunfähigkeits-Bescheinigung, in: BB 1989, 2046 ff.
Rühle, Sinn und Unsinn des allgemeinen Kündigungsschutzes in Deutschland, in: DB 1991, 1378 ff.
Rummel, Die Anhörung des Betriebsrates vor krankheitsbedingten Kündigungen, in: NZA 1984, 76 ff.
Rummel, Arbeitsunfähigkeit und Urlaubsabgeltung, in: NZA 1986, 383 f.
Rumpenhorst, Das berechtigte betriebliche Bedürfnis i.S. § 1 Abs. 3 Satz 2 KSchG bei Massenentlassungen, in: NZA 1991, 214 ff.
Runggaldier, Die krankheitsbedingte Kündigung, in: ZAS 1982, 130 ff.
Rüsken, Künstliche Befruchtung als Heilbehandlung, in: NJW 1998, 1745 ff.
Rüthers, Arbeitsrecht und Arbeitsmarkt, in: Zeugen des Wissens 1986, S. 739 ff.
Rüthers, Arbeitsrecht und ideologische Kontinuitäten? in: NJW 1998, 1433 f.

Rüthers, Vom Sinn und Unsinn des geltenden Kündigungsschutzrechts, in: NJW 2002, 1601 ff.
Rüthers/Henssler, Die Kündigung bei kumulativ vorliegenden und gemischten Kündigungssachverhalten, in: ZfA 1988, 31 ff.
Salje, Der mißbrauchte Prozeßvergleich – ein Beispiel für kapazitätsgesteuerte Gerechtigkeit? in: DRiZ 1994, 285 ff.
Salowsky, Wer Gold verlangt, muß besser sein als alle anderen, in: AG 1991, 522 f.
Salowsky/Seffen, Lohn- und Gehaltsfortzahlung im internationalen Vergleich, in: RdA 1994, 244 f.
Schäfer, Pflicht zu gesundheitsförderndem Verhalten, in: NZA 1992, 529 ff.
Schäfer, Urlaubsabgeltung bei fortbestehender Arbeitsunfähigkeit, in: NZA 1993, 204 ff.
Schaffer/Werndl, Alkoholmißbrauch im dienstlichen Bereich und seine beamtenrechtlichen Konsequenzen, in: ZBR 1983, 227 ff.
Schatzschneider, Frage nach Schwangerschaft und gemeinschaftliches Diskriminierungsverbot, in: NJW 1993, 1115 f.
Schaub, Die betriebsbedingte Kündigung in der Rechtsprechung des Bundesarbeitsgerichts, in: NZA 1987, 217 ff.
Schaub, Der Rechtsschutz im Arbeitsrecht vor dem Gerichtshof der Europäischen Gemeinschaften, in: NJW 1994, 81 ff.
Schaub, Rechtsfragen der Arbeitsunfähigkeitsbescheinigung nach dem Entgeltfortzahlungsgesetz, in: BB 1994, 1629 f.
Schaub, Die Abmahnung als zusätzliche Kündigungsvoraussetzung, in: NZA 1997, 1185 ff.
Scheuring, Außerdienstliches Fehlverhalten von Arbeitnehmern des öffentlichen Dienstes als Verletzung arbeitsvertraglicher Pflichten, in: ZTR 1999, 463 ff.
Schiefer, Auswirkungen der Rechtsprechung des Europäischen Gerichtshofs auf das nationale Arbeitsrecht, in: DB 1993, 38 ff.
Schiefer, Die Rechtsprechung des EuGH zur Vergütung teilzeitbeschäftigter Betriebsratsmitglieder bei ganztägiger Schulungsteilnahme, in: DB 1993, 1822 ff.
Schiefer, Wichtige Entscheidungen zur Beendigung des Arbeitsverhältnisses, in: NZA 1994, 534 ff.
Schiefer, Gesetz zu Korrekturen in der Sozialversicherung und zur Sicherung der Arbeitnehmerrechte, in: DB 1999, 48 ff.
Schiefer, Krankheitsbedingte Kündigung/Kündigung wegen häufiger Kurzerkrankungen, in: FA Heft 5/2000, S. 1 ff.
Schiefer, Beendigung des Arbeitsverhältnisses, in: DB 2000, 669 ff.
Schiefer, Kündigungsschutz und Unternehmerfreiheit – Auswirkungen des KSchG auf die betriebliche Praxis, in: NZA 2002, 770 ff.
Schillow, Rauchen am Arbeitsplatz, in: DB 1997, 2022 ff.
Schleßmann, Hein, Das Arbeitszeugnis, in: BB 1988, 1320 ff.
Schleusener, Rechtsschutzmöglichkeiten bei einer Druckkündigung, in: NZA 1999, 1078 ff.
Schliemann, Neues und Bekanntes im Entgeltfortzahlungsgesetz, in: AuR 1994, 317 ff.

Schliemann, Neuere höchstrichterliche Rechtsprechung zum Mutterschutz, in: NZA-RR 2000, 113 ff.
Schliemann/König, Ärztliches Beschäftigungsverbot und krankheitsbedingte Arbeitsunfähigkeit der werdenden Mutter, in: NZA 1998, 1030 ff.
Schlochauer, Die Anhörung des Betriebsrats nach § 102 BetrVG, in: Brennpunkte des Arbeitsrechts 1994, S. 213 ff.
Schlömp-Röder, Beteiligung des Betriebsrates bei Kündigungen wegen Krankheit, in: AiB 1990, 132 ff.
Schmidt, F., Wissenschaftliches Gutachten zur Problematik des Passivrauchens, in: DÖD 1990, 177 ff.
Schmidt, F., Gesetzlicher Nichtraucherschutz – ein Gebot der Stunde, in: BB 1994, 1213 f.
Schmidt, Ingrid, Verschiebung von Konflikten und Lösungen zwischen dem Arbeitsrecht und dem Sozialrecht, in: AuR 1997, 461 ff.
Schmidt, Karlheinz, Aussagen über Führungsleistungen in Arbeitszeugnissen und ihre rechtliche Problematik, in: DB 1986, 1334 ff.
Schmidt, Karlheinz, Zur Interpretation von Zeugnisinhalten, in: DB 1988, 2253 ff.
Schmitt, Christof, Vom Wert vertrauensärztlicher Untersuchungen, in: AuA 1999, 210 ff.
Schmitt, J., Der Mißbrauch der Lohnfortzahlung – Ursachen und Bekämpfungsmöglichkeiten, in: ZTR 1990, 223 ff.
Schmitt, J., Ungleichbehandlungen zwischen Arbeitern und Angestellten bei der Lohnfortzahlung im Krankheitsfall, in: ZTR 1991, 3 ff.
Schmitt, J., Die Neuregelung der Entgeltfortzahlung im Krankheitsfall, in: RdA 1996, 5 ff.
Schmitt, J., Entgeltfortzahlung im Krankheitsfall an Teilzeitkräfte, in: FS für Wolfgang Gitter zum 65. Geburtstag (1995), S. 847 ff.
Schneider, Neuregelung der Entgeltfortzahlung ab 1. 6. 1994, in: ZfS 1994, 257 ff.
Schneider/Zinke, Krankenrückkehrgespräche: Förderung des präventiven Gesundheitsschutzes statt Zwangsmaßnahmen gegenüber Kranken, in: AiB 2000, 4 ff.
Schulte, Ist Arbeitsschutz eine Frage der Gleichbehandlung? in: DB 1998, 204 f.
Schulte/Westenberg, Die Frage nach der Schwangerschaft – Entwicklung der Rechtsprechung, in: NJW 1994, 1573 ff.
Schulz, Georg-R., Zur Auskunftserteilung unter Arbeitgebern über Arbeitnehmer, in: NZA 1990, 717 ff.
Schulze, Grundprobleme der Dritthaftung bei Verletzung von Auskunfts- und Beratungspflichten in der neueren Rechtsprechung, in: JuS 1983, 81 ff.
Schumacher-Mohr, Das Abmahnungserfordernis im Fall der außerordentlichen Kündigung von Organmitgliedern, in: DB 2002, 1606 ff.
Schumann, Zur Anhörung des Betriebsrates bei einer Kündigung wegen häufiger Kurzerkrankungen, in: DB 1984, 1878 ff.
Schuster, Krankheit und Arbeitsverhältnis, in: AuA 1993, 168 ff.
Schütte, Die Verdachtskündigung, in: NZA 1991 Beilage Nr. 2, S. 17 ff.

Schwab, N., Das Telefax im Arbeitsleben und im Umgang mit Gerichten, in: Schmidt, Arbeitsrecht und Arbeitsgerichtsbarkeit (1999), S. 729ff.
Schwan/Zöller, Alkohol im Betrieb als Kündigungsgrund, in: ZTR 1996, 62ff.
Schwanck, Krankengespräche sind mitbestimmungspflichtig! in: AiB 1992, 71ff.
Schwanck, Disziplinierung durch Schnüffelei: Eine legale Methode, den Krankenstand zu senken? in: BetrR 1992, 58ff.
Schwarz, Sonderzahlungen: Ausfall und Kürzung bei Fehlzeiten, in: NZA 1996, 571ff.
Schwedes, 31. Arbeitsrechtliche Gesetzgebung zum Ende der 12. Legislaturperiode, in: Festschrift zum 70. Geburtstag von Eugen Stahlhacke (1995), S. 489ff.
Schwedes, Das Arbeitsrechtliche Beschäftigungsförderungsgesetz, in: BB 1996, Beilage Nr. 17, S. 2ff.
Schwerdtner, Nachschieben von Kündigungsgründen, in: BlStSozArbR 1981, 145ff.
Schwerdtner, Offene Probleme des Kündigungsschutzes bei betriebsbedingten Kündigungen, in: ZIP 1984, 10ff.
Schwerdtner, Grenzen der Zulässigkeit des Nachschiebens von Kündigungsgründen im Kündigungsschutzprozeß, in: NZA 1987, 361ff.
Schwerdtner, Unzumutbar hohe Lohnfortzahlungskosten und krankheitsbedingte Kündigung, in: DB 1990, 375ff.
Schwerdtner, Prinzipien des Kündigungsschutzrechts, in: Brennpunkte des Arbeitsrechts 1998, S. 213ff.
Schwerdtner, Die Verdachtskündigung, in: Brennpunkte des Arbeitsrechts 2001, S. 243ff.
von Seggern, Epilepsie-Kranke im Arbeitsleben, in: AiB 1996, 147ff.
Seidel, Der Kündigungsschutz nach dem Schwerbehindertengesetz, in: DB 1996, 1409ff.
Seidel, Sozialauswahl und ausgewogene Altersstruktur, in: ZTR 1996, 449ff.
Seidel, Der Kündigungsschutz nach dem Schwerbehindertengesetz, in: MDR 1997, 804ff.
Seidel, Der Kündigungsschutz nach dem Sozialgesetzbuch IX, in: PersR 2002, 113ff.
Sieg, Die Obliegenheiten des Versicherers, in: VersR 1992, 1ff.
Sieg, Einige Sonderprobleme der Entgeltfortzahlung nach neuem Recht, in: BB 1996, Beilage Nr. 17, S. 18ff.
Simities, Die Altersgrenzen – ein spät entdecktes Problem, in: RdA 1994, 257ff.
Simon, Genomanalyse – Anwendungsmöglichkeiten und rechtlicher Regelungsbedarf, in: MDR 1991, 5ff.
Sowka, Die Übertragung von Erholungsurlaub auf die Zeit nach Beendigung des Erziehungsurlaubs, in: NZA 1989, 497f.
Sowka, Die Kürzung von Sonderzuwendungen wegen Fehlzeiten, in: NZA 1993, 783ff.
Sowka, Die Frage nach der Schwangerschaft, in: NZA 1994, 967ff.
Sowka, Befristete Arbeitsverhältnisse, in: BB 1994, 1001ff.
Spiecker, Alkohol im Betrieb – Rechtsprobleme in der Praxis, in: AG 1989, 65f.

Spiecker, Alkohol im Betrieb, in: AuA 1994, 21f.
Spiecker, Alkohol im Betrieb, in: AuA 2001, 256ff.
Stahlhacke, Die Begrenzung von Arbeitsverhältnissen durch Festlegung einer Altersgrenze, in: DB 1989, 2329ff.
Stahlhacke, Aktuelle Probleme des Annahmeverzuges im Arbeitsverhältnis, in: AuR 1992, 8ff.
Stahlhacke, Grundrechtliche Schutzpflichten und allgemeiner Kündigungsschutz, in: Hanau/Lorenz/Matthes, in: FS für Günther Wiese zum 70. Geburtstag (1998), S. 513ff.
Stahlhacke, Der Europäische Gerichtshof und die Frage nach der Schwangerschaft, in: FS für Alfred Söllner zum 70. Geburtstag (2000), S. 1095ff.
Stahlhacke/Preis, U., Das neue Kündigungsschutzrecht nach dem arbeitsrechtlichen Beschäftigungsförderungsgesetz 1996, in: WiB 1996, 1025ff.
von Stebut, Der Wegfall von Kündigungsgründen des Vermieters, in: NJW 1985, 289ff.
von Stebut, Der arbeitsrechtliche Eingliederungsvertrag, in: Festschrift für Otto Rudolf Kissel zum 65. Geburtstag (1994), S. 1135ff.
von Stebut, Die Kosten des Produktionsfaktors Arbeit, in: RdA 1997, 293ff.
Stein, Partielles Verbot krankheitsbedingter Kündigungen durch die Regelungen über Lohnfortzahlung im Krankheitsfall? in: BB 1985, 605ff.
vom Stein, Wiedereinstellungsanspruch des Arbeitnehmers bei Fehlprognose des Arbeitgebers? in: RdA 1991, 85ff.
Steinmeyer, Die Austauschbarkeit arbeitsrechtlicher und sozialrechtlicher Gestaltungsformen und das Europäische Gemeinschaftsrecht, in: Festschrift für Otto Rudolf Kissel zum 65. Geburtstag (1994), S. 1165ff.
Stevens-Bartol, Anmerkungen zur Rechtsprechung des Bundesarbeitsgerichts über „Krankheit als Kündigungsgrund", in: BlStSozArbR 1982, 353ff.
Stevens-Bartol, Die arbeitsgerichtliche Praxis aus der Sicht eines Sozialrichters, in: AuR 1994, 132ff.
Stindt, Sozialgerechtfertigte Kündigung älterer Arbeitnehmer? in: DB 1993, 1361ff.
Stoffels, Arbeitsrechtliche Konsequenzen des zweiten Abtreibungsurteils des Bundesverfassungsgerichts, in: DB 1993, 1718ff.
Strauch, Rechtsgrundlagen der Haftung für Rat, Auskunft und Gutachten, in: JuS 1992, 897ff.
Strehmel, Nichtraucherschutz am Arbeitsplatz – ein Fall auch für die Personalvertretung, in: PersR 1996, 190f.
Strick, Die Anfechtung von Arbeitsverträgen durch den Arbeitgeber, in: NZA 2000, 695ff.
Stück, Der Anscheinsbeweis, in: JuS 1996, 153ff.
Stück, Empfehlendes ärztliches Attest und Kündigung aus Fürsorge, in: MDR 2000, 376ff.
Stück, Kündigung durch den Arbeitgeber – Die häufigsten Fehler bei der Betriebsratsanhörung, in: MDR 2000, 1053ff.
Stückmann, Beweiswert der Arbeitsunfähigkeitsbescheinigung, in: AuA 1995, 44ff.

Stückmann, Arbeiten trotz Arbeitsunfähigkeitsbescheinigung: Wer entscheidet darüber? in: AuA 1996, 197 ff.
Stückmann, „Selbstverschuldete" Arbeitsunfähigkeit – spart nur der Zufall Kosten? in: DB 1996, 1822 ff.
Stückmann, Abschied vom allgemeinen Kündigungsschutz? in: AuA 1997, 5 ff.
Stückmann, Einfluß der Arbeitgeber auf Senkung des Krankenstandes, in: AuA 1998, 224 ff.
Stückmann, Teilarbeits(un)fähigkeit und Entgeltfortzahlung, in: DB 1998, 1662 ff.
Stückmann, Unkenntnis verursachter Kosten bei der Entgeltfortzahlung, in: AuA 1998, 84 ff.
Stürmer, Bewerbung und Schwangerschaft, in: NZA 2001, 526 ff.
Subatzus, Wenn der Arbeitnehmer Krankheit vortäuscht, in: AuA 2002, 174 ff.
Svensson, Suchterkrankung am Arbeitsplatz – ein Fall auch für die Personalvertretung, in: PersR 1996, 190 f.
Taupitz, Privatrechtliche Rechtspositionen um die Genomanalyse: Eigentum, Persönlichkeit, Leistung, in: JZ 1992, 1089 ff.
Thiele, Störungen des Urlaubsanspruchs bei Angestellten und Arbeitern, in: DÖD 1986, 53 ff.
Thivessen, Die Gewährung von Arbeitslosengeld trotz fortbestehenden Arbeitsverhältnissen im öffentlichen Dienst, in: ZTR 1988, 457 f.
Thivessen, Lohnfortzahlungsanspruch bei Organspenden, in: ZTR 1989, 267 f.
Thüsing, Anwendungsbereich und Regelungsgehalt des Maßregelungsverbotes gemäß § 612a BGB, in: NZA 1994, 728 ff.
Thüsing, Der Fortschritt des Diskriminierungsschutzes im Europäischen Arbeitsrecht, in: ZfA 2001, 397 ff.
Thüsing/Lambrich, Das Fragerecht des Arbeitgebers – aktuelle Probleme zu einem klassischen Thema, in: BB 2002, 1146 ff.
Trittin, Kein verminderter Kündigungsschutz für ältere Arbeitnehmer, in: AuR 1995, 51 ff.
Tröndle, Lohnfortzahlung bei Schwangerschaftsabbruch, in: NJW 1989, 2990 ff.
Tschöpe, Die krankheitsbedingte Kündigung in der Rechtsprechung des BAG, in: DB 1987, 1042 ff.
Tschöpe, Gestaltungselemente bei Arbeitsverträgen, in: MDR 1996, 1081 ff.
Tschöpe, Personenbedingte Kündigung, in: BB 2001, 2110 ff.
Uhmann, Informationsrechte des Arbeitgebers, in: AuA 2000, 117 ff.
Veelken, Ältere Mitarbeiter in der beruflichen Weiterbildung, in: BB 1994, 2488 ff.
Veit, Knute des Arbeitsrechts? in: AuA 1995, 52 ff.
Vetter, Der befristete Arbeitsvertrag zur Vertretung, in: ZTR 1997, 438 ff.
Vetter, Die Arbeitsgerichte vor der größten Belastung ihrer Geschichte, in: DRiZ 1997, 460 f.
Viethen, Entgeltfortzahlung, in: KrV 1994, 151 ff.
Vogt, Soziale Auswahlkriterien und betriebliche Bedürfnisse bei betriebsbedingter Kündigung, in: DB 1984, 1467 ff.
Vogt, Aktuelle Probleme bei Massenkündigungen und –entlassungen, in: BB 1985, 1141 ff.

Voigt, Rechtliche Reaktionsmöglichkeiten auf eine Fehlprognose bei der krankheitsbedingten Kündigung, in: DB 1996, 526 ff.
Volmer, „Punitive Damages" im deutschen Arbeitsrecht? in: BB 1997, 1582 ff.
Vossen, Die Wartezeit nach § 3 Abs. 3 EFZG, in: NZA 1998, 354 ff.
Vossen, Erläuterungen zum Lohnfortzahlungsgesetz, in: HzA, Gruppe 2 (Stand: 2001)
Waas, Rechtsfragen des Annahmeverzuges bei Kündigung durch den Arbeiter, in: NZA 1994, 151 ff.
Wacke, Besser ein magerer Vergleich als ein fetter Prozeß, in: AnwBl 1991, 601 ff.
Wagner, Das Zweite Schadensersatzänderungsgesetz, in: NJW 2002, 2049 ff.
Walker, Zur Zulässigkeit der Frage nach der Schwangerschaft, in: DB 1987, 273 ff.
Walker, Fehlentwicklungen bei der Abmahnung im Arbeitsrecht, in: NZA 1995, 601 ff.
Waltermann, Entgeltfortzahlung bei Arbeitsunfällen und Berufskrankheiten nach neuem Recht, in: NZA 1997, 177 ff.
Wank, Rechtsfortbildung im Kündigungsschutzrecht, in: RdA 1987, 129 ff.
Wank, Das Kündigungsschutzrecht in der Bundesrepublik, in: DtZ 1990, Heft 6, Inf. S. 77 ff.
Wank, Reform des Lohnfortzahlungsrechts, in: BB 1992, 1993 ff.
Wank, Kündigungsrecht im Entwurf eines Arbeitsvertragsgesetzes 1992, in: RdA 1992, 225 ff.
Wank, Tendenzen der BAG-Rechtsprechung zum Kündigungsrecht, in: RdA 1993, 79 ff.
Wank, Die Kündigung außerhalb des Kündigungsschutzgesetzes, in: FS für Peter Hanau (1999), S. 295 ff.
Wanner, Arbeitsunfähigkeits-Richtlinien in Kraft, in: DB 1992, 93 ff.
Warzelmann/Krämer, Führerschein und Epilepsie, in: NJW 1984, 2620
Weber, Hansjörg, Die Ansprüche auf Urlaub, Urlaubsentgelt und Urlaubsabgeltung, in: RdA 1995, 229 ff.
Weber, Ingrid, Der Entwurf eines Arbeitsvertragsgesetzes auf dem Prüfstand des Europäischen Gemeinschaftsrechts und der Gleichberechtigung nach Art. 3 GG, in: BB 1992, 1345
Weber, Ralph, Die Entwicklung des arbeitsrechtlichen Schrifttums im Jahre 2000, in: ZfA 2001, 451 ff.
Weber, Ulrich, Checkliste zur Kündigung wegen häufiger Kurzerkrankungen des Arbeitnehmers, in: NZA 1989, 51 f.
Weber/Hoß, Die krankheitsbedingte Kündigung im Spiegel der aktuellen Rechtsprechung des BAG, in: DB 1993, 2429 ff.
Weber/Lohr, Der Sonderkündigungsschutz von Betriebsratsmitgliedern, in: BB 1999, 2350 ff.
Weiler/Rath, Der Urlaub nach Ausspruch einer Kündigung, in: NZA 1987, 337 ff.
Weiss, Zur Gesunderhaltungspflicht des Beamten und zu den dienstlichen Folgen ihrer Verletzung, in: ZBR 1982, 6 ff.
Weller, Kündigung bei Krankheit, in: Das Arbeitsrecht der Gegenwart, Band 20 (1983), S. 77 ff.

Wersdörfer, Möglichkeiten zur Senkung von Fehlzeiten, in: AG 1997, 716

Wertheimer/Krug, Rechtsfragen zur Nebentätigkeit von Betriebsratsmitgliedern, in: BB 2000, 1462f.

Weth, Besonderheiten der Arbeitsgerichtsbarkeit, in: NZA 1998, 680ff.

Weth, Die Arbeitsunfähigkeit – einige „ketzerische" Bemerkungen zu einem arbeitsrechtlichen Dauerbrenner, in: Schmidt, Arbeitsrecht und Arbeitsgerichtsbarkeit (1999, S. 145ff.)

Wiese, Genetische Analyse bei Arbeitnehmern, in: RdA 1986, 120ff.

Wiese, Zur gesetzlichen Regelung der Genomanalyse an Arbeitnehmern, in: RdA 1988, 217ff.

Wiese, Genetische Analysen und Arbeitsschutz, in: BB 1994, 1209ff.

Wiese, Der personale Gehalt des Arbeitsverhältnisses, in: ZfA 1996, 439ff.

Wilde/Schimmelpfeng-Schütte, Das Mehrstufenschema der Berufsunfähigkeitsrente – zum aktuellen Stand der Rechtsprechung, in: NZA 1989, 93ff.

Willemsen, „Anstandpflichten" des erkrankten Arbeitnehmers? in: DB 1981, 2619f.

Willemsen/Brune, Alkohol und Arbeitsrecht, in: DB 1988, 2304ff.

Winderlich, Der Urlaubszweck, in: AuR 1989, 300ff.

Winterstein, Nachschieben von Kündigungsgründen – Hinweise für die betriebliche Praxis, in: NZA 1987, 728ff.

Wisskirchen/Worzalla, Aktuelle Fragen zu arbeitsrechtlichen Aufhebungsverträgen, in: DB 1994, 577ff.

Wißmann, EuGH: Neues zur Geschlechtsdiskriminierung, in: DB 1991, 650ff.

Wlotzke, Einschränkungen des Kündigungsschutzes durch Anhebung der Schwellenzahl und Veränderungen bei der sozialen Auswahl, in: BB 1997, 414ff.

Wohlgemuth, Arbeitsrechtliche Fragen der Personaldatenverarbeitung, in: AuR 1981, 269ff.

Wohlgemuth, Fragerecht und Erhebungsrecht, in: AuR 1992, 46ff.

Wolf, R., Abfindungen im Zangengriff, in: AuA 1997, 141ff.

Wolf/Gangel, Anfechtung und Kündigungsschutz, in: AuR 1982, 271ff.

Wolfslast, Organtransplantationen, in: DtÄrzteBl. 92 (1995), Heft 1/2, S. B-28ff.

Wollenschläger/Kressel, Die Auswirkungen von AIDS im Sozialversicherungsrecht, in: NZA 1988, 80ff.

Wollenschläger/Kressel, Die arbeitsrechtlichen Konsequenzen von AIDS, in: AuR 1988, 198ff.

Worzalla, Die Anzeige –und Nachweispflicht nach § 5 Abs. 1 EFZG, in: NZA 1996, 61ff.

Zapka, Passivrauchen – Wissenschaft in Beweisnot, in: DÖD 1991, 269ff.

Zapka, Passivrauchen und Rechtsprechung, in: BB 1992, 1847ff.

Zapka, Nochmals: Rauchverbot am Arbeitsplatz, in: AuA 1994, 147f.

Zeller, Die arbeitsrechtlichen Aspekte des Personalfragebogens als Mittel der Personalauswahl, in: BB 1987, 1522ff.

Zeller, Die Zulässigkeit der Frage nach der Schwangerschaft, in: BB 1991, 1124f.

Zeller, Die Unzulässigkeit der Frage nach der Schwangerschaft, in: BB 1993, 219f.

Zetl, Bundesarbeitsgericht bestätigt hohen Beweiswert ärztlicher Arbeitsunfähigkeitsbescheinigungen, in: PersV 1993, 441 ff.

Ziemann, Die Klage auf Wiedereinstellung oder Fortsetzung des Arbeitsverhältnisses, in: MDR 1999, 716 ff.

Zimmermann, Der Kündigungsschutz des schwerbehinderten Arbeitnehmers, in: Rieder, Krankheit im Arbeitsverhältnis, 2. Aufl. 1994, S. 251 ff.

Zirnbauer, Die Änderungskündigung, in: NZA 1995, 1073 ff.

Zitscher, Der „Grundsatz der Verhältnismäßigkeit" im Arbeitsrecht als Blankettformel, in: BB 1983, 1285 ff.

Zmarzlik, Änderungen des Mutterschutzgesetzes, in: NJW 1992, 2678 ff.

Zoike, Sinkender Krankenstand bei Zunahme der psychischen Erkrankungen, in: BKK 1999, 249 ff.

Zugehör, Berufliche „Dritthaftung" – insbesondere der Rechtsanwälte, Steuerberater, Wirtschaftsprüfer und Notare – in der deutschen Rechtsprechung, in: NJW 2000, 1601 ff.

Zuleeg, Die Rechtsprechung des Europäischen Gerichtshofs zum Arbeits- und Sozialrecht im Streit, in: AuA 1994, 77 ff.

Zwanziger, Neue Tatsachen nach Zugang einer Kündigung, in: BB 1997, 42 ff.

Zwanziger, Die Neuregelung des Verbots der Geschlechtsdiskriminierung im Arbeitsrecht, in: DB 1998, 1330 ff.

Wegen der Nachweise der bis Ende 1981 veröffentlichten Aufsatzliteratur siehe Lepke, Kündigung bei Krankheit, 10. Auflage, S. 30-58.

IV. Sonstiges

AIDS/HIV 1994, Bericht zur epidemiologischen Situation in der Bundesrepublik Deutschland zum 31. 12. 1994, Robert Koch-Institut, Bundesinstitut für Infektionskrankheiten und nicht übertragbare Krankheiten, Heft 6/1995

AIDS/HIV 1996, Bericht zur epidemiologischen Situation in der Bundesrepublik Deutschland zum 31. 12. 1996, Heft 17/1997

Drogen- und Suchtbericht 2001 der Bundesbeauftragten der Bundesregierung vom Mai 2002

Gitter/Michalski/Frotscher, Arbeitsrecht, 50 Fälle mit Lösungen, 3. Aufl. 2002

Heckelmann/Franzen, Fälle zum Arbeitsrecht, 2. Aufl. 2000

Richardi/Annuß, Arbeitsrecht (Fälle und Lösungen), 7. Aufl. 2000

Schüssler, Entscheidungen nach neuem Recht zum BetrVG, SprAuG, zur WO und zum KSchG (Stand: Juli 1999)

Schwerdtner, Arbeitsrecht I (Juristischer Studienkreis), 1976

Umfrage der Bundesvereinigung der Deutschen Arbeitgeberverbände, Betrieblicher Krankenstand: Probleme und Maßnahmen, 25. 7. 1991

UPI-Bericht Nr. 46 vom August 1998 des Umwelt- und Prognose-Instituts Heidelberg e. V.

A. Aufgabenstellung und Abgrenzung

I. Einführung

Nach dem In-kraft-Treten des Lohnfortzahlungsgesetzes am 1. Januar 1970, durch das die Arbeiter im Krankheitsfalle den Angestellten im Wesentlichen gleichgestellt worden sind, hatte der Posten „Entgeltfortzahlung" in den Betrieben der Bundesrepublik Deutschland einen nicht unwesentlichen Anstieg zu verzeichnen. Während für die Entgeltfortzahlung im Krankheitsfalle in den Unternehmen im Jahre 1965 etwa 4,6 Mrd. DM aufgebracht werden mussten, steigerten sich die direkten Leistungen der Arbeitgeber im Jahre 1970 bereits auf 12 Mrd. DM und 1971 auf 14 Mrd. DM. Auch in den nachfolgenden Jahren nahmen die arbeitgeberischen Leistungen in diesem Bereich zu. Sie sind seitdem kontinuierlich gestiegen, erreichten 1978 schon 20,6 Mrd. DM und haben 1980 rund 36,8 Mrd. DM betragen[1], was 4,7 % der Bruttolohn- und -gehaltssumme entsprach. Nach wie vor belasten die Aufwendungen für die Entgeltfortzahlung bei Krankheit die Betriebe erheblich. Die diesbezüglichen Arbeitgeberleistungen bei Krankheit, Mutterschaft und Kuren einschließlich Sozialversicherungsbeiträgen beliefen sich nach den Angaben von Arbeitgeberseite 1982 bei rückläufiger Entwicklung des Krankenstandes auf etwa 35 Mrd. DM, was auch 1983 der Fall gewesen sein soll.[2] Für 1987 wurden bereits 42 Mrd. DM und für 1989 insgesamt 44 Mrd. DM angegeben.[3] 1991 sollen es 55 Mrd. DM[4], 1992, 1993 und 1994 schon jeweils 60 Mrd. DM gewesen sein.[5] Im Jahre 1995 sollen sich die entsprechenden Kosten auf 66 Mrd. DM belaufen haben[6], während 1996 nur noch 62 Mrd DM hätte aufgebracht werden müssen.[7] 1997 seien die von den Arbeitgebern gezahlten Entgeltfortzahlungskosten sogar um 6 Mrd. DM gesunken.[8] 1998 wurde von mehr als 60 Mrd. DM ausgegangen, während für das Jahr 2000 wieder höhere Kosten genannt wurden: 70 Mrd. DM.[9] Geringere Arbeitgeberleistungen weisen hingegen die von der Bundesregierung vor-

---

[1] Vgl. Soziale Sicherung in der Zukunft, herausgegeben von der BDA, 1982, S. 57; Jahresbericht 1985 der BDA, S. 78; siehe auch „Der Spiegel" Nr. 18/1991, S. 49; zu den Wechselbeziehungen zwischen Arbeitsrecht und -markt siehe *Möschel*, ZRP 1988, 48f.
[2] Siehe Jahresbericht 1983 der BDA, S. 84; 1984, S. 89.
[3] Jahresbericht 1988 der BDA, S. 92; RdA 1991, 296; *Salowsky*, Fehlzeiten (1991), S. 23.
[4] RdA 1994, 244.
[5] „Der Tagesspiegel" (Berliner Tageszeitung) Nr. 14441 vom 17.1.1993, S. 33; BDA Memorandum „Sozialstaat vor dem Umbau" (1994), S. 24; „Der Tagesspiegel" Nr. 15535 vom 12.2.1996, S. 18; *Heinze*, NZA 1996, 787 m.N.
[6] Vgl. Arbeitsberichte 17 (Oktober 1997) des Ausschusses „Betriebliche Personalpolitik" des BDA, S. 1; DtÄrzteBl 93 (1996), Heft 37, B-1812. – **anders** „Der Tagesspiegel" Nr. 15598 vom 17.4.1996, S. 15: 60 Mrd. DM.
[7] AuA 1997, Heft 9, S. VI; *Husmann*, AG 1998, 24. – **anders** „Der Tagesspiegel" Nr. 16300 vom 5.4.1998, S. 23: rund 60 Mrd. DM.
[8] Vgl. *Hemmer*, AG 1998, 278; DtÄrzteBl 95 (1998), Heft 5, B-163: 10 Mrd. DM.
[9] „Der Tagesspiegel" Nr. 17537 vom 23.9.2001, S. K 11; AG 2002, Heft 9, S. 15: 32 Mrd. EUR, 2001: 32,65 Mrd. EUR.

gelegten Sozialberichte für 1986[10] und 1990[11] aus, nämlich für 1980: 27,8 Mrd. DM, für 1981: 26,9 Mrd. DM, für 1982: 23,8 Mrd. DM, für 1983: 23,5 Mrd. DM, für 1984: 25,0 Mrd. DM, für 1985: 26,0 Mrd. DM, für 1986: 27,3 Mrd. DM, für 1987: 29,1 Mrd. DM, für 1988: 30,2 Mrd. DM und für 1989: 32,4 Mrd. DM, während für 1990 insgesamt 37,5 Mrd. DM angegeben werden.[12] 1991 betrugen die fraglichen Arbeitgeberleistungen 45,05 Mrd. DM und 1992 insgesamt 48,43 Mrd. DM.[13] Sie erhöhten sich 1993 nur unwesentlich, nämlich auf 48,63 Mrd. DM[13, 14] und gingen 1994 auf 45,3 Mrd. DM sogar leicht zurück.[15] Nach dem Sozialbericht 1997 vom 17.3.1998[16] betrugen die Arbeitgeberleistungen für die Entgeltfortzahlung bei Krankheit und Heilverfahren 1995 insgesamt 52,49 Mrd. DM, 1996 insgesamt 49,59 Mrd. DM, 1997 nur noch 44,6 Mrd. DM und 1998 sogar nur noch 42,9 Mrd. DM, während für das Jahr 2001 insgesamt 50,4 Mrd. DM geschätzt worden waren, die tatsächlichen Arbeitgeberleistungen für die Entgeltfortzahlung bei Krankheit, Mutterschaft und Heilbehandlungen ohne Sozialversicherungskosten von ca 21,8 % aber 26,8 Mrd. Euro ausmachten[17], was 1,3 % des Bruttoinlandsprodukts entsprach. In den genannten Beträgen sind nicht die Folgekosten enthalten, die etwa dadurch entstehen, dass die Unternehmen vielfach fehlende Arbeitskräfte durch Personalreserven ersetzen müssen oder Produktionseinbußen erleiden.

Die Personalnebenkosten[18] beliefen sich 1990[19] auf 83 bzw. 85,4 % und lagen im internationalen Vergleich mit am höchsten. Sie sind weitaus stärker als die Bruttostundenlöhne gestiegen. Sie betrugen 1989 zwischen 68,9 % (Großhandel) und 101,5 % (Bankgewerbe) des Arbeitsentgelts.[20] Ähnliche Zahlen liegen für 1991[21] vor. Nach den Angaben des Instituts der deutschen Wirtschaft erreichten die Personalzusatzkosten 1992 in der westdeutschen Industrie und Bauwirtschaft einen neuen Höchststand.[22] Sie stiegen um etwa 6,5 % auf 36.000 DM je Arbeitnehmer im Jahr. Auch 1993 hatten die alten Bundesländer insoweit weltweit den ersten Platz inne.[23] 1996 lagen die Kosten je Arbeitsstunde in der westdeutschen Industrie bei 47,28 DM[24], wenngleich sich die Personalneben- oder –zusatzkosten auf 48 %

---

10 Bundestags-Drucks. 10/5810, S. 180ff.
11 Bundestags-Drucks. 11/7527, S. 171f., 207; siehe auch *Schmitt*, ZTR 1990, 223; Aktuell '91, S. 350; „Der Spiegel" Nr. 23/1991, S. 216; BArbBl 1991, Heft 7, S. 112.
12 Vgl. Aktuell '93, S. 21; BArbBl 1994, Heft 3, S. 7.
13 BArbBl 1994, Heft 3, S. 7; Heft 6, S. 89.
14 Aktuell '95, S. 424.
15 BArbBl 1995, Heft 11, S. 101.
16 Bundestags-Drucks. 13/10142, S. 240; BArbBl 1999, Heft 11, S. 51.
17 Vgl. Sozialbudget 2001 der Bundesregierung, AG 2002, Heft 7, S. 23; 1999: 55 Mrd. DM, DtÄrzteBl 97 (2000), Heft 18, C-912; BArbBl 2002, Heft 9, S. 177.
18 Zum Begriff etwa *Salowsky*, Fehlzeiten (1991), S. 21; *Hemmer*, AG 1998, 278, 279.
19 *Salowsky*, AG 1991, 522.
20 Vgl. *Hübner/Rohlfs*, Jahrbuch der Bundesrepublik Deutschland 1989/90, S. 179; „Der Tagesspiegel" Nr. 13627 vom 24.7.1990, S. 15.
21 RdA 1992, 278.
22 Siehe „Der Tagesspiegel" Nr. 14494 vom 11.3.1993, S. 29.
23 ARSt 1994, Heft 8, S. III; ausführlich *Hümmerich*, NZA 1996, 1290ff.
24 Vgl. *Husmann*, AG 1998, 24.

verringert haben sollen[25], obwohl sie immer noch als zu hoch bezeichnet werden[26], um international wettbewerbsfähig zu bleiben bzw. zu werden. Auch 1997 waren die Arbeitskosten in der westdeutschen Industrie noch vor Norwegen und der Schweiz weltweit am höchsten: 47,92 DM je Arbeitsstunde (Neue Länder: 32,97 DM).[27] Bezogen auf das Jahr 2001 sanken in Westdeutschland die Lohnstückkosten seit 1996 um 8 %.[28] Sie lagen jedoch international weiterhin auf vergleichsweise hohem Niveau. Die Personalzusatzkosten summierten sich 1997 auf 39.400,– DM je Arbeitnehmer und auf 26.700,– DM in den neuen Bundesländern.[29] Für das betreffende Jahr wurden die Personalnebenkosten für den westdeutschen Dienstleistungssektor mit 76,8 % und das produzierende Gewerbe mit 73,5 % angegeben, und zwar 98,5 % bei Beamten und Sparkassen, 94,6 % bei Versicherungen sowie 67,2 % im Groß- und westdeutschen Einzelhandel. Für die ostdeutsche Industrie ergab sich 1997 eine durchschnittliche Personalzusatzkostenquote von 71,5 %. Das waren 0,3 Punkte mehr als 1996.[29] Schätzungen zufolge soll sich 1997 insgesamt eine Entlastung bei den Lohnnebenkosten von 15 bis 20 Mrd. DM ergeben haben.[30] Ab 1. 1. 1999, dem Zeitpunkt der Rückkehr zur vollen (100 %) Entgeltfortzahlung im Krankheitsfall, erhöhten sich wieder die Personalzusatz- oder Nebenkosten.[31] Sie machten im Jahre 2001 in den Altländern 81,2 % und im Beitrittsgebiet 68,3 % aus.[32] Die Kostenentlastung des Faktors Arbeit wäre aber eine wichtige Voraussetzung für die Sicherung der Konkurrenzfähigkeit deutscher Unternehmen auf dem Weltmarkt und die Senkung der Arbeitslosigkeit.[33]

Ein Prozent Krankenstand bedeutet neben den Sach- und Barleistungen der Krankenkassen und Betriebe den Ausfall von mindestens 230.000 Arbeitnehmern täglich[34], was etwa einem Betrag von 5,5 Mrd. DM entsprach.[35] Die 500 Mio. Fehltage der 24,7 Mio. Beschäftigten in den Altländern der Bundesrepublik verursachten 1989 direkte und indirekte Kosten in Höhe von 400 Mrd. DM.[36] 1997 waren in der deutschen Wirtschaft 598 Mio. Krankheitstage zu verzeichnen.[37] 1998 noch 470 Mio., im Jahre 2000 aber nur noch 430,5 Mio. Arbeitsunfähigkeitstage.[38]

---

[25] Aktuell '98, S. 243.
[26] Vgl. etwa von *Stebut*, RdA 1997, 293ff.; *Husmann*, AG 1998, 24.
[27] Siehe „Der Tagesspiegel" Nr. 16389 vom 8. 7. 1998, S. 18; Jahresbericht 1999 der Vereinigung der Unternehmensverbände in Berlin und Brandenburg e.V., S. 29.
[28] „Der Tagesspiegel" Nr. 17513 vom 30. 8. 2001, S. 18; Aktuell 2003, S. 10: im Jahre 2000 Altländer = 25,80 EUR, Neuländer = 16,40 EUR.
[29] Etwa *Hemmer*, AG 1998, 278f.
[30] DtÄrzteBl 95 (1998), Heft 5, B-163.
[31] Vgl. Geschäftsbericht 1999 der BDA, S. 7, 46; Jahresberichte 1999 und 2000 der Vereinigung der Unternehmensverbände in Berlin und Brandenburg e.V., S. 34, 23.
[32] AG 2002, Heft 5, S. 6; ebenso im Jahr 2000 (81,2 % und 68,2 %), vgl. Hansen, AG 2001, Heft 7, S. 10ff.
[33] Siehe etwa von Stebut, RdA 1997, 293.
[34] Vgl. Soziale Selbstverwaltung 1990, Heft 7, S. 50; *Salowsky*, Fehlzeiten (1991), S. 23, 70; *Derr*, S. 15; *Müller/Berenz*, EFZG, 2. Aufl., § 5 Rdn. 66: 1996 mindestens 280.000 Arbeitnehmer.
[35] BArbBl 1994, Heft 1, S. 112.
[36] Vgl. *Hüsson*, Die Quelle 1992, 25.
[37] Siehe Branchenreport 98 des Wissenschaftlichen Instituts der AOK, in: AG 1999, Heft 4, S. 8; Weth, Arbeitsrecht und Arbeitsgerichtsbarkeit, S. 147: mehr als 90 Mrd. DM.
[38] NZA 2002, Heft 9, S. X.

Die volkswirtschaftlichen Kosten der Produktionsausfälle beliefen sich 1997 auf 77 Mrd. DM.[37] 1999 bedeutete ein Prozent Krankenstand, dass täglich 300 000 Arbeitnehmer den Betrieben fernblieben.[39] Für jenes Jahr schätzte die ILO die durch krankheitsbedingte Fehlzeiten entstandenen Produktionsausfälle in Deutschland auf nur noch 5 Mrd. DM[40], was aber nicht zutreffen dürfte. Im Jahre 2000 lagen allein bei der Deutschen Post AG die diesbezüglichen Produktionsausfallkosten bei 2 Mrd. DM und bei der Volkswagen-AG bei 500 Mio. DM.[41] Schon für 1998 waren die durch krankheitsbedingte Arbeitsunfähigkeit entstandenen Produktionsausfallkosten mit 80 Mrd. DM beziffert wordem[42], während für das Jahr 2000 insgesamt 72,45 Mrd. DM angegeben werden.[43]

Nach einer Untersuchung des Instituts der Deutschen Wirtschaft in Köln vom 30. 3. 1993[44] sind die Arbeitnehmer in Deutschland – bezogen auf alle übrigen Industrieländer einschließlich der EU-Staaten – im Krankheitsfalle materiell am besten gesichert. Die deutschen Unternehmen haben neben denen in Österreich, in den USA und Luxemburg insoweit die größten finanziellen Lasten zu tragen.[45] Bei den Gesamtfehlzeiten liegen die deutschen Arbeitnehmer trotz eines kontinuierlichen Rückganges in den letzten Jahren immer noch im vorderen Feld der Industrienationen.[45] Nur in Schweden, Norwegen und Finnland war 1990 der Arbeitsausfall wegen Krankheit noch höher[46], während 1995 nur die Niederlande mit 6,4 % einen höheren Krankenstand als Deutschland aufzuweisen hatten.[47]

3   1956 waren in der Bundesrepublik im Jahresdurchschnitt 3,57 von 100 Arbeitnehmern arbeitsunfähig krank.[48] Dieser niedrige Krankenstand ist seitdem nie wieder erreicht worden. Er hat sich vielmehr langsam, aber stetig, wenn auch mit Schwankungen nach oben entwickelt, obwohl er nach 1995 deutlich rückläufige Tendenz aufwies. 1981 blieben in der Bundesrepublik täglich etwa 1,6 Mio. Arbeitnehmer wegen Krankheit ihrem Arbeitsplatz fern.[49] In der privaten Wirtschaft fehlten 1990 jeden Tag 230.000 Mitarbeiter mehr als 1983[50], während für den öf-

---

39 Müller/Berenz, EFZG, § 5 Rdn. 120.
40 AuA 2000, 511.
41 „Der Tagesspiegel" Nr. 17537 vom 23. 9. 2001, S. K 11.
42 Vgl. BArbBl 2000, Heft 9, S. 14; Bödeker/Röttger/Schröer, BKK 2000, S. 341; siehe aber BKK 2002, Heft 2, S. 45 ff.: mindestens 28 Mrd. Euro.
43 BKK 2002, 220.
44 Siehe ARSt 1993, Heft 5, S. 4; „Der Spiegel" Nr. 18/1991, S. 41; Derr, S. 1.
45 Vgl. „Der Spiegel" Nr. 18/1991, S. 41, 44, 59; Salowsky, Fehlzeiten (1991), S. 10; AuA 1992, Heft 5, S. IV; RdA 1992, 280; ARSt 1994, Heft 8, S. III; Salowsky/Seffen, RdA 1994, 244; Heinze, NZA 1996, 787; Weisdörfer, AG 1997, 716; Husmann, AG 1998, 24; „Der Tagesspiegel" Nr. 17594 vom 20. 11. 2001, S. 18 – unrichtig Bobke, S. 228: Der Krankenstand liege im internationalen Vergleich in der Bundesrepublik im Mittelfeld.
46 Aktuell '94, S. 300 – unrichtig Pakroor, in: Hromadka, Krankheit im Arbeitsverhältnis (1993), S. 144.
47 Heinze, NZA 1996, 787 m. N.; DtÄrzteBl 93 (1996), Heft 37, B-1813.
48 Surminski, BB 1974, 325.
49 Siehe „Der Spiegel" Nr. 47/1981, S. 34.
50 Siehe „Der Spiegel" Nr. 18/1991, S. 41; Derr, S. 15.

Einführung

fentlichen Dienst auch noch 1997 deutlich höhere Zahlen gemeldet wurden.[51] Es entfielen auf Krankmeldungen sowohl im Industrie- als auch im Dienstleistungssektor etwa 80 % der gesamten Fehlzeiten.[52] Die westdeutsche Wirtschaft musste 1990 Gesamtfehlzeiten, also wegen Krankheit, Unfall, Kur, Mutterschaft und aus persönlichen Gründen, von 132 Stunden oder 17,4 Arbeitstagen je Mitarbeiter hinnehmen, während 1989 täglich etwa 1,6 Mio. Beschäftigte arbeitsunfähig krank geschrieben waren[53], 1993 schon 2 Mio. Arbeitnehmer[54] und 1995[55] bei 34,7 Mio. Erwerbstätigen hingegen nur noch 1,9 Mio. täglich.

1989 fehlte jeder Arbeitnehmer in der Bundesrepublik im Durchschnitt 20 Tage wegen Krankheit, was Entgeltfortzahlungskosten pro Arbeitnehmer und Jahr von etwa 16.000,– DM verursachte.[56] 1993 registrierten die BKK in den alten Bundesländern durchschnittlich 21 und in den neuen Ländern 18 Fehltage.[57] 1994 blieben diese Zahlen im Wesentlichen unverändert.[58] Nach Angaben des Bundesverbandes der BKK betrugen die Fehlzeiten ihrer Mitglieder 1996 durchschnittlich 20 und in den neuen Ländern 18,3 Kalendertage[59], was krankheitsbedingten Ausfallarbeitstagen von 12,6 (West) bzw. 11,6 (Ost) entsprach. Für den Bereich der BKK sank 1997 die Zahl der Krankentage auf 18 und im Beitrittsgebiet auf 17 Tage[60], wobei die Mitarbeiter von Bahn, Post und öffentlichen Verwaltungen durchschnittlich 24 Tage, in der Stahlindustrie 22 Tage, im Bereich Transport/Verkehr sowie im Baugewerbe 21 Tage und bei den Banken und Versicherungen jeweils 10 Tage fehlten. Für AOK-Mitglieder wird für jenes Jahr ein Durchschnitt von 18,5 Krankheitstagen angegeben.[61] 1998 betrug die durchschnittliche Krankheitsdauer in den alten Ländern 16 und in den neuen Bundesländern 15 Fehltage.[62] Im Jahre 2000 waren erwerbstätige BKK-Pflichtmitglieder knapp 15 Tage pro Jahr krankgeschrieben[63], und zwar am häufigsten mit 23,4 Fehltagen Beschäftigte in der Abfallwirtschaft, Mitarbeiter von Verkehrsbetrieben (20,7 Fehltage), Arbeitnehmer der Post- und Kurierdienste (20,2) sowie jene der öffentlichen Verwaltungen (19,9). Allerdings ist die Höhe der Fehlzeiten in der Regel nur einer Minderheit der Arbeitnehmer zuzuordnen, während die Mehrzahl der Arbeitnehmer nur wenige Fehlzeiten dieser

---

51 Vgl. „Der Spiegel" Nr. 18/1991, S. 44; *Hümmerich*, NZA 1996, 1296 m.N.; *Fischer/Kiesche/Nahrmann*, PersR 1999, 260: 6,1 % bzw. 6,6 %.
52 Jahresbericht 1981 der BDA, S. 103; „Der Spiegel" Nr. 18/1991, S. 65; *Schmidt*, RdA 1991, 296; *Salowsky*, Fehlzeiten (1991), S. 69, 84.
53 Vgl. die Umfrage der BDA, S. 2; *Salowsky*, Fehlzeiten (1991), S. 23, 70; *Zöllner/Loritz*, S. 228 Fußn. 2.
54 *Heinze*, NZA 1996, 787.
55 Nachweise bei *Stückmann*, DB 1996, 1822.
56 Siehe nur *Bode*, DB 1990, 335 m.N.; AuA 1992, 272.
57 Vgl. *Gola*, BB 1995, 2318 m.N.
58 BB 1995, Heft 48, S. IV.
59 Vgl. *Husmann*, AG 1998, 24; BKK 1998, 117; ARSt 1997, Heft 12, S. I.
60 BKK 1998, 538; „Der Tagesspiegel" Nr. 16485 vom 13.10.1998, S. 17; Nr. 16486 vom 14.10.1998, S. 11; FA 1998, Heft 7, S. VI; AuR 1998, 452; *Zoike*, BKK 1999, 250.
61 FA 1998, Heft 7, S. VI; zum Krankenstand nach Wirtschaftsgruppen für 1995-1998 siehe Kador/Brock, S. 14f.
62 Vgl. Kador/Brock, S. 9.
63 BKK 2002, 219ff; AG 2002, Heft 9, S. 13f.

Aufgabenstellung und Abgrenzung

Art aufzuweisen hat.[64] 1997, aber auch 2000 verursachten etwa 20 % der BKK-Pflichtmitglieder 80 % aller Arbeitsunfähigkeitstage.

Die Arbeitsunfähigkeit ausländischer Arbeitnehmer übertraf 1989 den durchschnittlichen Krankenstand deutscher Arbeitnehmer um ein Drittel[65], wobei beachtliche Unterschiede zwischen den einzelnen Nationalitäten festzustellen waren. Auch 1996 fehlten ausländische Arbeitnehmer häufiger als deutsche Mitarbeiter.[66]

4 Die Allgemeinen Ortskrankenkassen hatten im April 2002 in den alten Bundesländern ungefähr 14,9 Mio., die Betriebskrankenkassen etwa 7,8 Mio. und die Ersatzkrankenkassen rund 14,58 Mio. Mitglieder.[67] In den neuen Bundesländern waren es 1,1 Mio., 841 262 und 1,66 Mio. Mitglieder.[67]

5 Bezogen auf 100 Pflichtmitglieder der gesetzlichen Krankenkassen ergibt sich in den letzten Jahren folgender Krankenstand[68]:

1969	1970	1971	1972	1973	1974	1975	1976	1977	1978	1979	1980	1981	1982
5,1	5,6	5,3	5,5	5,9	5,5	5,3	5,3	5,4	5,5	5,7	5,7	5,3	4,7

1983	1984	1985	1986	1987	1988	1989	1990	1991	1992	1993	1994	1995
4,4	4,5	4,7	4,8	4,8	5,0	5,1	5,27	5,2	5,1	4,9	4,8 (Altländer)	5,1 (Alt- und Neuländer)

1996	1997	1998	1999	2000	2001
4,7 (Altländer)	4,1 (Altländer)	4,1 (Altländer)	4,2 (Altländer)	4,2 (Altländer)	4,17 (Altländer)
5,0 (Neuländer)	4,4 (Neuländer)	4,1 (Neuländer)	4,5 (Neuländer)	4,3 (Neuländer)	4,25 (Neuländer)

Für die Betriebskrankenkasse liegen für Pflichtmitglieder mit Entgeltfortzahlungsansprüchen folgende Zahlen vor[69]:

1969	1970	1971	1972	1973	1974	1975	1976	1977	1978	1979	1980	1981	1982
6,1	7,2	6,9	7,3	7,9	6,9	6,5	6,6	6,8	7,2	7,4	7,4	6,8	6,1

---

64 Siehe nur *Gola*, BB 1995, 2318; AuR 1998, 452; *Zoike*, BKK 1999, 251; BKK 2002, 219ff.
65 Jahresbericht 1982 der BDA, S. 83; „Der Spiegel" Nr. 18/1991, S. 44; *Salowsky*, Fehlzeiten (1991), S. 61ff.; siehe auch *Gola*, EFZG, S. 24; *Derr*, S. 38f.
66 Vgl. Arbeitsberichte 17 der BDA (1997), S. 3; siehe demgegenüber Özcan, S. 117: Ausmaß der körperlich anstrengenderen Tätigkeiten sei verantwortlich.
67 BArbBl 2002, Heft 7/8, S. 180, 182.
68 Nachweise bis 1994 bei *Lepke*, 9. Aufl., S. 3, Fußn. 35; BArbBl 1996, Heft 7/8, S. 139, 141; 1997, Heft 11, S. 108, 109; 1998, Heft 11, S. 102, 103; 1999, Heft 7/8, S. 133, 135; 2000, Heft 7/8, S. 113, 115, 2002, Heft 7/8. S. 181,183; Aktuell 2003, S. 20.
69 Nachweise bis 1998 bei Lepke, 10. Aufl., S. 63 Fußn. 57; BArbBl 1999, Heft 5, S. 141, Heft 6, S. 130, 132, Heft 7/8, S. 133, 135, Heft 9, S. 166, 168, Heft 10, S. 102, 104, Heft 11, S. 66, 68, Heft 12, S. 97, 99; BArbBl 2000, Heft 1, S. 115, 117, Heft 2, S. 126, 128, Heft 3, S. 141, 143, Heft 4, S. 87, Heft 5, S. 92, Heft 6, S. 106, 108, Heft 7/8, S. 113, 115, Heft 9, S. 105, 107, Heft 10, S. 138, 140, Heft 11, S. 120, 122. Heft 12, S. 73, 75; BArbBl 2001, Heft 1, S. 112, 114, Heft 2, S. 143, 145, Heft 3, S. 174, 176, Heft 4, S. 145, 147, Heft 5, S. 135, 137, Heft 6, S. 164, 167, Heft 8, S. 141, 143, Heft 9, S. 155, 157, Heft 10, S. 84, 86, Heft 11, S. 153, 155, Heft 12, S. 93, 95; BArbBl 2002, Heft 1, S. 120, 122, Heft 2, S. 140, 142, Heft 3, S. 142, 144, Heft 4, S. 201, 203; BKK 2002, 219; BArbBl 2002, Heft 9, S. 181, 184.

Einführung

1983	1984	1985	1986	1987	1988	1989	1990	1991	1992	1993
5,04	5,19	5,7	5,64	6,29	6,45	6,5	6,6	6,6 (Altländer)	6,3 (Altländer)	5,6 (Altländer)
								4,9 (Neuländer)	5,2 (Neuländer)	5,1 (Neuländer)

1994	1995	1996	1997	1998
5,6 (Altländer)	5,8 (Altländer)	5,5 (Altländer)	4,4 (Altländer)	4,4
5,5 (Neuländer)	5,7 (Neuländer	5,2 (Neuländer)	4,1 (Neuländer)	

1999	2000	2001
4,0 (Altländer)	4,1 (Alt- und Neuländer)	3,2 (Altländer)
3,75 (Neuländer)		3,1 (Neuländer)

Nachdem der Krankenstand seit 1974 leicht rückläufig, seit 1977 zunehmend und seit 1981 wieder deutlich gesunken war, kam es seit 1984 erneut zu einem sich leicht fortsetzenden, aber nicht wesentlichen Anstieg, jedoch derzeit mit wieder fallender Tendenz. Die Zahl der Krankheitsfälle in den Ländern des Beitrittsgebietes war zunächst niedriger als in den alten Bundesländern. Die Zahlen näherten sich erkennbar an und erreichten 1995 „gesamtdeutsches" Niveau. Ab 1996 ging der Krankenstand spürbar zurück und war 1998 so niedrig wie lange nicht mehr. Wegen Krankheit gingen in Deutschland 1999 etwa 4,3 % der Sollarbeitszeit verloren.[70] Im Juli 2001 soll die Zahl der Krankmeldungen mit 3,63 % den niedrigsten Stand sein 31 Jahren erreicht haben, wie einer Mitteilung des Bundesgesundheitsministeriums zu entnehmen ist.[71] Grund für diesen rückläufigen Trend sei die gestiegene Angst vor Arbeitslosigkeit, aber auch die angeblich verbesserte Gesundheitsprävention in den Betrieben. Dennoch sind die direkten Arbeitgeberleistungen weiterhin, wenn auch leicht angestiegen. 2002 erreichte der Krankenstand mit 4 % das niedrigste Jahresergebnis seit der Wiedervereinigung.[72]

Insgesamt nahmen 1996 die durchschnittlichen Erkrankungsdauern zu.[73] Über 48 % aller Arbeitsunfähigkeitstage – 1998 waren es 42 %[74] – resultierten aus Erkrankungen mit mehr als sechswöchiger Dauer, während die gemeldeten Kurzzeiterkrankungen bis zu drei Tagen Dauer einen Anteil von knapp 27 % hatten. Ihr Anteil an den Erkrankungstagen belief sich aber nur auf 3,2 %. 1997 verursachten 6 % Langzeitkranke mit über sechswöchiger Arbeitsunfähigkeit rund 56 % der Arbeitsunfähigkeitstage. Demgegenüber waren die meisten Arbeitsunfähigkeitsfälle, nämlich 56 %, nach einer Woche beendet, machten jedoch nur 13 % der Krankheitstage aus.[75] Im Jahre 2000 verursachten lediglich 4 % aller BKK-Pflichtmitglieder knapp 39 % der Arbeitsunfähigkeitstage durch Langzeiterkrankungen von mehr als sechs Wochen.[76] 61 % aller Krankheitsfälle waren bereits nach einer Woche beendet.

6

---

[70] Vgl. *Hromadka/Maschmann*, S. 283 Rdn. 59.
[71] Siehe „Der Tagesspiegel" Nr. 17490 vom 7. 8. 2001, S. 4; AuA 2001, 387; RdA 2002, 61.
[72] Vgl. „Der Tagesspiegel" Nr. 17991 vom 3. 1. 2003, S. 10.
[73] BKK 1998, 117, 398; AuA 1997, 416; *Kador/Brock*, S. 16.
[74] BKK 2000, 393.
[75] AuR 1998, 452; *Zoike*, BKK 1999, 251.
[76] BKK 2002, 223.

Aufgabenstellung und Abgrenzung

Dieses anhand von Einzelergebnissen der gesetzlichen Versicherungsträger ermittelte Zahlenmaterial, das sich auf die Pflichtversicherten, aber auch auf die Arbeitslosen bezieht, darf freilich nur mit gewissen Vorbehalten herangezogen werden, weil es eine systematische Verzerrung der Ergebnisse „nach unten" in Kauf nimmt. Es beruht nämlich auf Stichproben an jedem Ersten eines Monats[77], das heißt, in der dem Monatsersten folgenden Woche werden jene auf den Stichtag datierten ärztlichen Bescheinigungen gezählt, die den Versicherten die Arbeitsunfähigkeit attestieren. Spätere Arbeitsunfähigkeitsbescheinigungen bleiben statistisch ebenso außer Betracht wie Erkrankungen, bei denen ein Arzt nicht aufgesucht wird. Ferner bleiben durch Heilverfahren bedingte Fehlzeiten unberücksichtigt, sofern die dafür anfallenden Kosten nicht von der Krankenversicherung getragen werden. Dass der von den Betriebskrankenkassen ermittelte Krankenstand bisher deutlich höher ausgefallen ist, beruht auf dem Umstand, dass in diese Präsentativ-Statistik nur die beschäftigten Mitglieder, aber auch solche Versicherte aufgenommen werden, die ohne ärztliches Zeugnis krankheitsbedingt dem Betrieb ferngeblieben sind.[78]

7   Auffallenderweise haben auch bei der Gruppe der Angestellten die krankheitsbedingten Fehlzeiten zugenommen[79], so dass die nicht selten – mindestens indirekt – geäußerte Ansicht[80], der erhöhte Krankenstand bei den Arbeitern sei auf die Einführung des LFG zurückzuführen, in dieser Allgemeinheit nicht zutreffen kann. Gleichwohl ist nach wie vor – gemessen an der Gesamtzahl der statistisch erfassten Arbeitnehmer – der Anteil der Arbeiter eindeutig höher als der der Angestellten.[81] Im Jahre 2000 waren Arbeiter im Durchschnitt mehr als doppelt so lange krank wie Angestellte[82] Wer fristgerecht nicht (mehr) gekündigt werden kann, fehlt häufiger als derjenige, der nicht diesen Schutz genießt.[83] Hingegen hat sich die oft wiederholte Behauptung[84], im Arbeitsleben seien Frauen häufiger arbeitsunfähig krank als Männer, in dieser Allgemeinheit nicht bestätigt. Nach Untersuchungen des

---

[77] Vgl. BKK 1998, 258; *Zoike*, BKK 1999, 249.
[78] Im Einzelnen dazu BKK 1998, 257; 1999, 249.
[79] Einzelheiten bei *Surminski*, BB 1973, 477; *ders.*, BB 1974, 325; zur Arbeitsmoral vgl. *Kellner*, DB 1975, 1124f. – gegen seine Schlussfolgerungen *Mezger/Richter/Wahsner*, Dem.u.R. 1979, 264 (269).
[80] Vgl. die Nachweise bei *Franke*, BlStSozArbR 1982, 113f.; *Salowsky*, Fehlzeiten (1983), S. 49, *Thome*, S. 65 m.N.
[81] Einzelheiten dazu, in: „Der Spiegel" Nr. 47/1981, S. 37; *Erdinger/Renner/Scheuermann/Schwarze/Schwenzer/Zimmer*, Allgemeinmedizin und ökologisches Stoffgebiet, 9. Aufl. 1994, S. 125, 624; *Salowsky*, Fehlzeiten (1991), S. 11, 43; *Diergarten/Hagedorn*, AG 1991, 580; *Kador/Brock*, S. 18; Umfrage der BDA, S. 2: Arbeiter = 9 %, Angestellte = 3,8 %; *Bausch*, S. 81: Arbeiter = 5,9 %, Angestellte und Beamte = 4,1 % (1990); *Wersdörfer*, AG 1997, 716; Arbeitsberichte 17 der BDA (1997), S. 3, 6; Hromadka/Maschmann, S. 283 Rdn. 59; siehe auch BVerfG (1. 9. 97) AP Nr. 203 zu § 611 BGB Gratifikation, zu der Frage, ob bei der Zahlung eines 13. Gehalts für Angestellte und Arbeiter wegen unterschiedlicher Fehlzeiten Differenzierungen zulässig sind – **kritisch** dazu *Schulte*, DB 1998, 204.
[82] Vgl. BKK 2002, 222.
[83] *Hromadka/Maschmann*, S. 283 Rdn. 59.
[84] Vgl. die Angaben in: „Der Spiegel" Nr. 18/1991, S. 44; *Salowsky*, Fehlzeiten (1991), S. 13, 44 ff., 51 ff., 56; AuA 1992, 272; *Derr*, S. 36 f.; *Gamillscheg*, S. 74: Frauen sind häufiger als Männer krank.

Einführung

Bundesverbandes der Betriebskrankenkassen[85] ließen sich bis zum Jahre 1991 Frauen bis Mitte 50 seltener als Männer krankschreiben. 1997 gab es keine nennenswerten geschlechtsbezogenen Differenzen der Fallhäufigkeiten oder -dauern.[78] 1999 lagen die Krankenstände der Männer mit 16,8 Tagen sogar über denen der Frauen mit 15,1 Arbeitsunfähigkeitstagen, eine Entwicklung, die ab 1998 einsetzte. Das galt auch für die in den Berliner Großbetrieben in den Jahren von 1975 bis 1988 beschäftigt gewesenen angestellten Frauen[86], obwohl der Krankenstand in den westberliner Großbetrieben insgesamt eindeutig über dem der übrigen Bundesrepublik lag, nämlich 1985: 7,3 %, 1986: 7,6 %, 1987: 7,7 % und 1988 durchschnittlich 7,6 % erreichte.[86] Allerdings ließ sich im Lande Berlin in den Jahren von 1990 bis 1992 im Vergleich zu 1989 eine deutliche Abnahme der Krankmeldungen feststellen[87], und zwar bis zu 2 Prozentpunkte, wobei der Krankenstand im Ostteil der Stadt, aber auch im Lande Brandenburg bis zu 50 % niedriger war. Nach Angaben der AOK lag 1993 die Krankmeldequote mit 7,7 % weit über dem Bundesdurchschnitt.[88] 1995 war sogar ein weiterer Anstieg zu verzeichnen, nämlich auf 8 %.[89] Nach der Änderung des EFZG zum 1.10.1996 waren im Jahre 1997 in Berlin und Brandenburg die krankheitsbedingten Fehlzeiten um rund 20 % gesunken[90], waren in Berlin aber weiterhin überproportional hoch. Mit 8,2 % lag die Krankenstandsquote der Pflichtmitglieder der BKK des Landes Berlin fast doppelt so hoch wie im westdeutschen Durchschnitt[91], während der Krankenstand in der Berliner Privatwirtschaft deutlich gesenkt werden konnte, etwa in der chemischen Industrie auf 4,4 % im Jahre 1997. Im Jahre 1999 gab es in Berlin wieder mehr Krankmeldungen.[92] Bei den Betriebskrankenkassen lag die Krankenquote bei 8,5 % und bei der Berliner Ortskrankenkasse bei 5,57 %. Als eine der Ursachen für diese Entwicklung nannten die Krankenkassen die Wiedereinführung der 100 %-gen Entgeltfortzahlung im Krankheitsfall. Entgegen dem Bundestrend war der Krankenstand im

---

[85] Siehe „Der Tagesspiegel" Nr. 14748 vom 26.11.1993, S. 27; *Priester*, AiB 1991, 307: Männer = 5,5 %, Frauen = 5 % bezogen auf 1990; siehe auch *Gola*, EFZG, S. 24; *Bausch*, S. 31; siehe auch: Krankheitsarten- und Arbeitsunfähigkeitstatistik 1991, Bundesverband der BKK (1992), S. 28ff.: nur die 60–64jährigen Frauen waren länger krank; BKK 1998, 118, 399.

[86] Siehe die Studie des Berliner Wissenschaftszentrums zur Erforschung des Krankenstandes in Berlin aus dem Jahre 1980, auszugsweise, in: „Der Tagesspiegel" vom 13.11.1980; Jahresbericht 1986 der Zentralvereinigung Berliner Arbeitgeberverbände, S. 29: In der Gruppe der Arbeiter sind mehr Frauen als Männer arbeitsunfähig krank gewesen; Jahresbericht 1987 der Zentralvereinigung Berliner Arbeitgeberverbände, S. 29; 1988, S. 33; 1989, S. 34.

[87] „Der Tagesspiegel" Nr. 14571 vom 1.6.1993, S. 23.

[88] „Der Tagesspiegel" Nr. 15591 vom 10.4.1996, S. 13.

[89] „Der Tagesspiegel" Nr. 15757 vom 26.9.1996, S. 19.

[90] Jahresbericht 1997 der Vereinigung der Unternehmensverbände in Berlin und Brandenburg e.V. (1998), S. 30.

[91] Vgl. „Der Tagesspiegel" Nr. 16198 vom 21.12.1997, S. 10; Nr. 16300 vom 5.4.1998, S. 23 – **teilweise anders** BArbBl 1998, Heft 11, S. 104; AOK = 5,6 %, BKK = 7,7 %, Innungskrankenkassen = 4,9 %; 1998 = 5,25 % bei den AOK, „Der Tagesspiegel" Nr. 16734 vom 27.6.1999, S. 10.

[92] Vgl. „Der Tagesspiegel" Nr. 16951 vom 1.2.2000, S. 9; Nr. 17171 vom 13.9.2000, S. 15; DtÄrzteBl 97 (2000), Heft 27, C-1389.

Berliner öffentlichen Dienst weiterhin ungewöhnlich hoch[93], so etwa bei den ABM-Kräften mit 13,7 %, beim Landeseinwohneramt mit 13,9 %, beim Landesamt für Verfassungsschutz mit 15,3 % oder bei der Justizverwaltung mit 11,4 %. Auch im Jahre 2000 hielt dieser Trend an, nämlich 4,9 % bei den Angestellten und im öffentlichen Dienst sogar 6,8 %[94], während es im Jahre 2001 in der Privatwirtschaft in Bayern nur 3,2 % und in Baden-Württemberg sogar nur 2,9 % waren.

8   Was auch immer die Ursachen für die Entwicklung im Einzelnen sein mögen[95, 96], sicher erscheint soviel, dass der Krankenstand auf jeden Fall auch konjunkturabhängig ist[97] – so ging er in den Rezessionsjahren 1966/67, 1974/76[98] und ab 1981 bzw. ab 1992 sowie in den neuen Bundesländern[99] zurück –, jahreszeitlich schwankt und im Spätwinter einen Höhepunkt erreicht, branchenabhängig ist[100], etwa in der Gummiverarbeitung und Bauindustrie höher als im Einzelhandel und im Versicherungs- und Kreditgewerbe, sowie je nach der Größe des Betriebes variiert[101] – den niedrigsten Krankenstand hatten Kleinbetriebe mit weniger als 30 Mitarbeitern[102] –, aber auch vom „Betriebsklima" abhängig sein kann.[103] Unternehmen mit einem guten Betriebsklima weisen in der Regel einen geringeren Krankenstand auf als Betriebe mit einem schlechten. Wer seine Arbeit gern tut, der geht auch gern zur Arbeit.[104] Zahlreiche Unternehmen betreiben seit einigen Jahren eine aktive und umfassende betriebliche Gesundheitsförderung[105] als eigenständige unternehmerische Aufgabe, die langfristig präventiv und kurzfristig korrektiv wirkende Elemente enthält. Ein hoher betrieblicher Krankenstand indiziert immer auch Management-Versagen. Die seit Oktober 1996 geltende gesetzliche

---

93 Siehe „Der Tagesspiegel" Nr. 17019 vom 9. 4. 2000, S. 9; DtÄrzteBl 97 (2000, Heft 27, C-1389; BKK 2001, 223.
94 „Der Tagesspiegel" Nr. 17463 vom 11. 7. 2001, S. 9; Nr. 17818 vom 10. 7. 2002, S. 1, 7; DtÄrzteBl 98 (2001), Heft 11, A-443.
95 Zu den Schwankungsursachen für die Zeit von 1960 bis 1983 siehe die Forschungsergebnisse des BMA vom 15. 5. 1985, BKK 1985, 319; für die Zeit danach: Arbeitsberichte 17 der BDA (1997), S. 3; allgemein *Derr*, S. 21 ff.; *Kador/Brock*, S. 40 ff.
96 Geradezu abenteuerlich sind die Ausführungen von *Mezger/Richter/Wahsner*, Dem.u.R. 1979, 264 ff., „daß Krankheiten immer auch gesellschaftlich produziert werden", S. 265, oder „durch diese dem kapitalistischen Produktionsprozeß eigene Lohnbildung ist der Arbeiter gezwungen, nebst seinen geistigen und physischen Kräften sich auch seine Gesundheit ... mit abkaufen zu lassen", S. 267; unzutreffend auch *Rosenland*, AuR 1991, 266, das bestehende Arbeitsschutzrecht sei nicht geeignet, den Anforderungen an Krankheitsprävention im Arbeitsverhältnis gerecht zu werden.
97 Vgl. nur *Bausch*, S. 32; *Galahn*, S. 89 – **kritisch** *Derr*, S. 27–29.
98 Vgl. die Graphik in: „Der Spiegel" Nr. 13/1973, S. 67; siehe auch *Naendrup*, ZfA 1984, 383 (396 ff.); *Priester*, AiB 1991, 307.
99 Siehe „Süddeutsche Zeitung" vom 14. 1. 1993, S. 19; *Dütz*, AuA 1993, 179.
100 Vgl. „Der Spiegel" Nr. 18/1991, S. 41; *Salowsky*, Fehlzeiten (1991), S. 13 f., 46; *Derr*, S. 43–45; „Der Tagesspiegel" Nr. 15755 vom 24. 9. 1996, S. 15; AuR 1998, 452.
101 Im Einzelnen *Salowsky*, Fehlzeiten (1991), S. 74 ff., 103 ff.; *Bausch*, S. 31; *Kador/Brock*, S. 17.
102 Vgl. DtÄrzteBl 96 (1999), Heft 45, B-2310.
103 Dazu *Broich/Ropertz*, in: *Rieder*, Krankheit im Arbeitsverhältnis, S. 229 ff. m. N.; *Derr*, S. 20 ff., 83; *Stückmann*, AuA 1998, 224; *Meisel*, S. 301 Rdn. 479.
104 Im Einzelnen dazu Arbeitsberichte 17 der BDA (1997), S. 4 ff.
105 Dazu etwa *Husmann*, AG 1998, 25 f.; *Teichmann/Kowalski*, AG 1998, Heft 17, S. 54 f.

Regelung zur Kürzung der Entgeltfortzahlung im Krankheitsfall auf 80 %, die mit Wirkung vom 1. 1. 1999 auf den alten Rechtszustand wieder zurückgeführt worden ist, spielte dagegen eine untergeordnete Rolle[106], was sich zum einen daraus ergab, dass in den Tarifverträgen der meisten Branchen die 100%ige Entgeltfortzahlung festgeschrieben war, und zum anderen daraus, dass der spürbare Rückgang des Krankenstandes bereits im Frühjahr 1996 eingesetzt hatte.

Dass das Ansteigen des Lebensstandards zu veränderten Ansichten über Krankheit und Gesundheit geführt habe, und dass die „Leidensschwelle" stark abgesunken sei, wird zur Erläuterung dieser Entwicklung zunehmend mit angeführt.[107] Das Absinken des Krankenstandes in den frühen achtziger und letzten Jahren wird vor allem auf die Angst vieler Arbeitnehmer vor dem Verlust ihrer Arbeitsplätze[108] – zwischen der Krankenstands- und der Arbeitslosenquote besteht ein ursächlicher Zusammenhang, nämlich bei hoher Arbeitslosenquote ein niedriger Krankenstand und höhere krankheitsbedingte Fehlzeiten bei geringerer Arbeitslosigkeit[109] – sowie die abnehmende Zahl überdurchschnittlich krankheitsanfälliger älterer Arbeitnehmer zurückgeführt.[110]

Bei dieser Sachlage überrascht es nicht, dass im Zusammenhang damit die arbeitsgerichtlichen Streitigkeiten zwischen dem Arbeitgeber und dem Arbeitnehmer bzw. den Krankenversicherungen aus abgeleitetem Recht, § 115 SGB X, nachweisbar zugenommen haben. War der Arbeitgeber früher, als er an den Arbeiter nur einen Zuschuss zu den Leistungen aus der gesetzlichen Kranken- und Unfallversicherung zu zahlen hatte, noch eher bereit, krankheitsbedingte Fehlzeiten zu tolerieren oder ein etwaiges Fehlverhalten bei einer erfolgten Krankschreibung sanktionslos hinzunehmen[111], zieht er jetzt häufiger arbeitsrechtliche Konsequenzen. Dies gilt erst recht in Zeiten wirtschaftlichen Niederganges.[112] Für die Annahme von *Stein*[113], dass in Abhängigkeit von der jeweiligen betrieblichen Situation bis zu einem Drittel der Kündigungen mit Fehlzeiten wegen Krankheit begründet wurden, sind jedoch keine zwingenden Anhaltspunkte ersichtlich. Eine im Auftrage des Bundesministers für Arbeit und Sozialordnung für den Zeitraum von Oktober 1978 bis September 1980 durchgeführte empirische Untersuchung der sozialwissenschaftlichen Forschungsgruppe am Max-Planck-Institut für ausländisches und internationales Privatrecht zum Kündigungsschutzrecht – die Qualifizierung und Einordnung der Kündigungen war allerdings Sache der Befragten – hat vielmehr ergeben, dass 67 % der Arbeitgeberkündigungen aus Gründen in der Person oder

9

---

[106] Vgl. nur AuA 1997, 416; AuR 1998, 452; dazu auch *Kador/Brock*, S. 22 ff.
[107] „Der Spiegel" Nr. 47/1981, S. 39; Nr. 18/1991, S. 49; *Salowsky*, Fehlzeiten (1991), S. 37; *Bausch*, S. 32 f.
[108] Vgl. „Der Tagesspiegel" Nr. 16137 vom 21. 10. 1997, S. 1; AuA 1997, 416; AuR 1998, 452; „Der Tagesspiegel" Nr. 17490 vom 7. 8. 2001, S. 4; AuA 2001, 387; RdA 2002, 61.
[109] Im Einzelnen dazu „Der Tagesspiegel" Nr. 16300 vom 5. 4. 1998, S. 23.
[110] Aktuell '86, S. 135; siehe auch *Gola*, BlStSozArbR 1984, 326.
[111] Dazu auch *Gussone*, AiB 1996, 5.
[112] Dazu auch *Weber/Hoß*, DB 1993, 2429; siehe auch *Pflüger*, DB 1995, 1762.
[113] BlStSozArbR 1979, 161; siehe auch *Falke* u. a., Kündigungspraxis und Kündigungsschutz in der Bundesrepublik Deutschland, 1981, S. 99 ff., 683 ff.

dem Verhalten des Arbeitnehmers erfolgt sind.[114] Lediglich 30,4 % davon, also etwa 20 % aller Arbeitgeberkündigungen, seien aus krankheitsbedingten Gründen erklärt worden, wobei weniger qualifizierte mehr als qualifizierte Arbeitnehmer, Ausländer mehr als Deutsche, Arbeiter mehr als Angestellte und Frauen mehr als Männer betroffen waren.[115] Wenn nach den Ergebnissen des Forschungsberichtes des Max-Planck-Instituts auch nur 8 % der gekündigten Arbeitnehmer Klage erhoben hatten[116], kann daraus freilich noch nicht gefolgert werden, dass die restlichen 92 % der Entlassungen rechtmäßig waren.[117] Aktuelles Zahlenmaterial zu diesem Problemkreis liegt bisher nicht vor, obwohl die Bundesregierung aufgefordert worden ist[118], den Kündigungsschutz und die -praxis in der Bundesrepublik Deutschland erneut untersuchen zu lassen. Dass insoweit erheblicher Reformbedarf besteht, kann nicht in Abrede gestellt werden.[119] Allerdings meint *K. Gamillscheg*[120] in diesem Zusammenhang, im Vergleich zu 1978/79 habe sich die derzeitige Situation, was das äußere Prozessverhalten der Parteien betreffe, nicht erheblich verändert, eine Vermutung, die wohl zutrifft, empirische Untersuchungen aber nicht zu ersetzen vermag.

10 Auch die These von *Ide*[121], „wie nie zuvor werden Kündigungen aus diesen Gründen ausgesprochen", lässt sich nicht eindeutig belegen. Insgesamt hat jedenfalls die Zahl der wegen krankheitsbedingter Fehlzeiten erfolgten Entlassungen abgenommen[122], was auch immer der Grund dafür sein mag. Dennoch sollen nach den Angaben von *Boewer*[123] knapp 30 % aller bei den Gerichten für Arbeitssachen anhängig gewesenen Kündigungsschutzprozesse eine krankheitsbedingte Kündigung zum Streitgegenstand gehabt haben. Der Höchststand aller gerichtlichen Kündigungsschutzverfahren wurde zunächst 1982 erreicht. Von 368.995 erledigten Klagen vor den Arbeitsgerichten betrafen 49,57 % Kündigungssachen. Die Zahlen waren seitdem rückläufig und entsprachen 1987 noch 151.508 (35,23 %) von insgesamt 430.002 erledigten Klagen.[124] Gleiches galt für 1988 und 1989.[125] 1990 betrafen von 320.298 erledigten Klagen 127.030 Arbeitgeberkündigungen[126] jedweder Art. 1991 wurden 330.298 von 342.183 eingereichten Klagen erledigt, was einen

---

[114] Siehe BArbBl 1981, Heft 5, S. 18ff. = RdA 1981, 300ff.; *Däubler*, S. 578 Rdn. 1075.
[115] Siehe *Falke/Höland/Rhode/Zimmermann*, S. 318; *Ellermann-Witt/Rottleuthner/Russig/Zimmermann*, S. 53.
[116] Vgl. *Falke/Höland/Rhode/Zimmermann*, S. 965; *Gamillscheg*, S. 595.
[117] Ebenso *U. Preis*, Prinzipien, S. 7 Fußn. 5.
[118] Bundestags-Drucks. 13/5107, S. 27.
[119] Siehe nur Link, AuA 2002, 315 f m.w.N.; Hromadka, NZA 2002, 784f. – **kritisch** Däubler, NJW 2002, 2292; ders., AiB 2002, 457ff. – rechtsvergleichend Rebhahn, RdA 2002, 272ff.
[120] S. 71ff.
[121] AuR 1980, 225; ähnlich *Birkner-Kuschyk/Tschöpe*, DB 1981, 264; *Popp*, DB 1981, 2611; *Roos*, AiB 1995, 658.
[122] Dazu auch *Popp*, DB 1986, 1461 – **unrichtig** *Gola*, EFZG, S. 39, die Zahl der Prozesse habe zugenommen – **unzutreffend** auch *Gentges*, S. 163, ich hätte den Zusammenhang zwischen Wirtschaftskrise und (vermehrten) krankheitsbedingten Kündigungen verkannt.
[123] NZA 1988, 678.
[124] Vgl. Arbeits- und Sozialstatistik des BMA, Hauptergebnisse der Jahre 1982 und 1987; BArbBl 1983, Heft 6, S. 116; 1988, Heft 7/8, S. 196.
[125] BArbBl 1989, Heft 7/8, S. 163; 1990, Heft 7/8, S. 103.
[126] Vgl. BArbBl 1991, Heft 7, S. 139.

leichten Anstieg bedeutete. 137.426 davon betrafen Arbeitgeberkündigungen.[127] 1993 hatten von 477.778 Klagen allein 230.359 Kündigungen[128] zum Streitgegenstand. 1994 gab es insoweit keine wesentlichen Veränderungen.[129] 1995 wurden jedoch insgesamt schon 627.935 Klagen bei den Gerichten für Arbeitssachen eingereicht – ein zahlenmäßiger Streitrekord in der deutschen Nachkriegsgeschichte –, von denen 287.008 Kündigungen zum Gegenstand hatten.[130] In den letzten Jahren hatte der Geschäftsanfall in der Arbeitsgerichtsbarkeit nicht unerheblich zugenommen, ohne dass ein Ende der „Prozeßflut" abzusehen war.[131] So wurden 1996, dem Jahr mit den meisten Verfahrenseingängen in der abgelaufenen Dekade, insgesamt 675.637 Klagen, 7,6 % mehr als im Vorjahr, erhoben, von denen 313.586 Kündigungen betrafen.[132] Auch 1997 gab es eine Kontinuität auf höchstem Niveau, nämlich 661.185 neue Klagen[133], von denen 320.362 (47,6 %) Bestandsstreitigkeiten zum Gegenstand hatten. Bezogen auf die Jahre 1996 und 1997 wurden ca. 97 % aller Arbeitsgerichtsprozesse von Arbeitnehmern geführt.[134] Zeigte sich aber bereits 1998 ein deutlicher Rückgang eingereichter Klagen[135], so setzte sich dieser Trend 1999 fort[136], was sicherlich auch mit der gebremsten Prozessfreudigkeit infolge der schlechten wirtschaftlichen Lage in Deutschland im Zusammenhang stand. Im Geschäftsjahr 2000 blieb die Zahl der eingereichten Klagen im Vergleich zum Vorjahr im Wesentlichen gleich, nämlich 569 161.[137] 258 877 bezogen sich auf Bestandsstreitigkeiten, von denen 246 808 Kündigungen betrafen. Das waren 13 441 bundesweit weniger als im Vorjahr. 2001 stieg aber erstmals wieder die Geschäftstätigkeit um 5,2 % an, was auf mehreren Ursachen beruhte.[138]

II. Aufgabe

Das arbeitsrechtliche Problem der Kündigung wegen Krankheit ist nicht neu und auch wiederholt Gegenstand von Erörterungen in der Literatur gewesen. Mit der Frage, ob und wann aus Anlass der Krankheit eines Arbeitnehmers außerordentlich fristlos oder ordentlich fristgerecht gekündigt werden kann, hängen zahlreiche andere Sach- und Rechtsfragen zusammen, die sich insbesondere an die Mitteilungs- und Nachweispflichten des Arbeitnehmers knüpfen. Auch das Verhalten des Arbeitnehmers während und nach seiner Erkrankung kann eine ausschlaggebende Rolle spielen. Hinzu kommen die Fälle der Vergütungsfortzahlung und Urlaubsabgeltung bzw. der Urlaubsgewährung.

---

[127] BArbBl 1992, Heft 11, S. 71.
[128] BArbBl 1994, Heft 11, S. 103.
[129] BArbBl 1995, Heft 11, S.127: 427.816 zu 235.853.
[130] BArbBl 1996, Heft 11, S. 172.
[131] Dazu insbesondere *Grotmann-Höfling*, BB 1996, 158; *ders.*, AuR 1997, 268 ff.
[132] BArbBl 1997, Heft 9, S. 132; *Grotmann-Höfling*, AuR 1997, 474 ff.; ders. AuR 2000, 166.
[133] Vgl. *Grotmann-Höfling*, AuR 1998, 394 ff.
[134] Nachweise bei *Däubler*, S. 1111 Rdn. 2205; *Grotmann-Höfling*, AuR 1998, 395.
[135] Eingehend BArbBl 1999, Heft 11, S. 72.
[136] Nachw. BArbBl 2000, Heft 12, S. 94; *Grotmann-Höfling*, AuR 2001, 54.
[137] BArbBl 2002, Heft 1, S. 128; *Grotmann-Höfling*, AuR 2002, 90.
[138] Eingehend dazu *Grotmann-Höfling*, AuR 2002, 449 ff.

12 Das Schwergewicht der vorliegenden Arbeit soll auf die Darstellung der – kaum noch überschaubaren – arbeitsgerichtlichen Rechtsprechung, vor allem der Instanzgerichte, gelegt werden, wobei freilich das einschlägige Schrifttum, insbesondere das der letzten Jahre, Berücksichtigung finden musste. Wenn auch die Rechtsprechung in den letzten Jahren einige Grundsätze herausgearbeitet hat, muss gleichwohl festgestellt werden, dass manches widersprüchlich erscheint. Trotz aller allgemeingültigen Grundsätze lässt sich für den konkreten Einzelfall meist nur schwer eine sichere Lösung finden, weil sich kaum voraussagen lässt, welchem der verschiedenen Gesichtspunkte das angerufene Gericht letztlich entscheidendes Gewicht beimisst. So bezeichnet etwa *Kasper*[1] die diesbezügliche Rechtsprechung des 2. Senats des BAG als eine „Art von delphischem Orakel". *Schiefer*[2] meint, die Unwägbarkeiten der Rechtsprechung machen die krankheitsbedingte Kündigung für den Arbeitgeber nicht selten zu einer Art Vabanque-Spiel. *Schwerdtner*[3] führt aus: „Die Rechtsprognose ... einer Entscheidung im Kündigungsschutzprozeß ist auf Null reduziert, der Kündigungsvorgang zum Lotteriespiel geworden." *Bengelsdorf*[4] konstatiert: „Das Kündigungsrecht ist nicht mehr berechenbar, also Zufall oder Schicksal".[5] *Hümmerich*[6] kommt zu dem Ergebnis, dass in der Praxis des Arbeitslebens die Personalabteilungen nahezu außerstande seien, wirksam personenbedingt zu kündigen. Während die einen[7] nach wie vor die bestehende Rechtsunsicherheit beklagen, vertreten andere[8] die Auffassung, die Erfolgsaussichten einer krankheitsbedingten Kündigung seien für die Betroffenen annähernd prognostifizierbar geworden. In einer Zeit, in der das Richterrecht gegenüber dem kodifizierten Recht zunehmend an Bedeutung gewinnt, erscheint allerdings nur die Vorhersehbarkeit einer gerichtlichen Entscheidung geeignet, zu einer gewissen Rechtssicherheit der Rechtsunterworfenen im Sinne einer Orientierungssicherheit[9] beizutragen[10], auch wenn die Rechtssicherheit, die als Bestandteil des rechtsstaatlichen Prinzips durch Art. 20 Abs. 3 GG garantiert ist[11], keinen absoluten Wert darstellt. Die Gerechtigkeit als weiterer sicherer Bestandteil der Rechtsidee wird nicht selten mit der Rechtssicherheit kollidieren.[12] Um auf diesem Gebiet unliebsame

---

[1] NJW 1994, 2980.
[2] KPK, § 1 KSchG Rdn. 172; ähnlich schon *Schwerdtner*, DB 1990, 375 ff.
[3] DB 1990, 375 ff.; ihm zust. Elsner, S. 15; Rüthers, NJW 2002, 1601 (1603).
[4] NZA-RR 2002, 57 (70).
[5] Siehe auch Ascheid, Beweislastfragen, S. 89.
[6] NZA 1996, 1296.
[7] Etwa *Hanau*, ZfA 1984, 453 (565f.); *Schwerdtner*, ZIP 1984, 10 (12); *Tschöpe*, DB 1987, 1042ff.; Bauer, Aufhebungsverträge, S. 73 Rdn. 181; Däubler, S.636 Rdn. 1191; Franke, AuA 1999, 207; Lieb, S. 118 Rdn. 355; Roos, NZA-RR 1999, 622.
[8] Siehe *Joost*, Anm. zu BAG EzA Nr. 15 zu § 1 KSchG Krankheit; U. Preis, Kündigung, S. 113; Hennige, AuA 1995, 145 (147); Trieschmann, BArbBl 1996, Heft 11, S. 29; Tschöpe, BB 2001, 2114.
[9] Im Einzelnen dazu *Henkel*, S. 437ff.
[10] Vgl. auch Kissel, RdA 1994, 323 (331 m.w.N.); Hanau, DB 1998, 69 (73); Rüthers, NJW 2002, 1602.
[11] BVerfG (18.12.53) E 3, 225 (237); Münch, NJW 1996, 3320ff.
[12] Siehe im Einzelnen U. Preis, Prinzipien, S. 6 m.N.; allgemein dazu Wank, RdA 1992, 231 (233); Benda, S. 727 Rdn. 17; Ascheid, in: Arbeitsrecht und Arbeitsgerichtsbarkeit, S. 665 (672).

Überraschungen nach Möglichkeit zu vermeiden, das Prozessrisiko jedenfalls so gering wie möglich zu halten, soll deshalb eine Zusammenfassung speziell aufgrund der gerichtlichen Entscheidungen versucht werden, verbunden mit der Erörterung der sich daraus ergebenden arbeitsrechtlichen Probleme.

III. Abgrenzung

1. zum befristeten Arbeitsvertrag

Grundsätzlich steht es im Rahmen der im geltenden Recht anerkannten Vertragsfreiheit, Art. 2 GG, §§ 311 Abs. 1 BGB, 105 GewO, den Parteien des Arbeitsvertrages frei, einen Vertrag auch befristet abzuschließen. Das Gesetz, § 620 Abs. 1 BGB, nennt den befristeten Arbeitsvertrag sogar nach wie vor an erster Stelle, auch wenn er, vor allem in der privatwirtschaftlichen Praxis, gegenüber dem unbefristet abgeschlossenen Vertrag in den Hintergrund getreten ist. Durch das am 1. 1. 2000 in Kraft getretene „Gesetz über Teilzeitarbeit und befristete Arbeitsverträge" hat der Gesetzgeber das bisherige Regel-Ausnahme-Verhältnis jedoch umgekehrt, § 620 Abs. 3 BGB, was de facto einer Abkehr von § 620 Abs. 1 BGB gleichkommt. Derartige zeitlich befristete Arbeitsverträge enden ohne Kündigung mit dem Zeitablauf, § 15 Abs. 1 TzBfG. Folglich finden auf solche Vertragsverhältnisse die allgemeinen und besonderen gesetzlichen Kündigungsschutzbestimmungen keine Anwendung.

13

Befristete Arbeitsverträge gewinnen immer mehr an praktischer Bedeutung. So waren 1996 von den in den neuen Bundesländern vermittelten Arbeitsverträgen 54,3 % befristet.[1] Auch in den Altländern muss davon ausgegangen werden, dass ein wesentlicher Anteil der Arbeitsverträge entsprechende Befristungen enthielt.[2] Im Vergleich zu 1998 stieg 1999 die Zahl der befristet abgeschlossenen Arbeitsverträge um 300 000 auf 2,8 Mio. Das waren in den Altländern 7,1 % der Arbeitsverträge und in den neuen Bundesländern 13,1 %.[3] Die Hälfte der Arbeitnehmer wurde nach dem Ablauf der Befristung in ein dauerhaftes Arbeitsverhältnis übernommen. Erstmals seit 1993 ging im Jahre 2000 die Zahl der befristeten Arbeitsverträge aber zurück.[4] Die Befristungsquote betrug nur noch 8 %, 1999 hingegen 8,3 % in der Privatwirtschaft, stieg nach dem Mikrozensus vom April 2001 aber wieder auf 13 % an.[5] Auch die Zeitarbeit, die gewerbsmäßige Arbeitnehmerüberlassung, hat in den letzten Jahren sprunghaft zugenommen. 1997 gab es bundesweit etwa 212.000 Vollarbeitsplätze in Zeitarbeit[6], im Jahre 2000 sogar 500 500.[7]

---

1 Vgl. Hoß/Lohr, MDR 1998, 313.
2 Dazu nur KR-Lipke/Bader, § 620 BGB Rdn. 59; Bundestags-Drucks. 14/4374, S. 12: 1999 in der Privatwirtschaft etwa 8,3 %, im öffentlichen Dienst um mindestens 50 % höher, Rdn. 58.
3 Vgl. Hromadka, BB 2001, 677; „Der Tagesspiegel" Nr. 17141 vom 14. 8. 2000, S. 19.
4 Siehe AuA 2001, 4; NJW 2001, Heft 23, S. L III. – siehe aber AuR 2001, 217: 9 % im Juli 2000.
5 AuA 2002, 359.
6 Siehe „Der Tagesspiegel" Nr. 16401 vom 20. 7. 1998, S. 17.
7 AG 2001, Heft 9, S. 6.

14 Mögen die Vertragsparteien von der rechtlichen Möglichkeit, einen befristeten Arbeitsvertrag abzuschließen, auch meistens einen vernünftigen Gebrauch machen, so bietet er doch dem Arbeitgeber einen gewissen Anreiz, den Beschränkungen der gesetzlichen Kündigungsschutzvorschriften, die grundsätzlich unabdingbar sind, auszuweichen.[8] Vielfach geschieht das durch den wiederholten Abschluss befristeter Arbeitsverträge, sog. Kettenarbeitsverträge. Aus dem genannten Grunde ist auch die mehrfache Aneinanderreihung befristeter Arbeitsverträge nur dann zulässig, wenn dafür im Zeitpunkt des Vertragsabschlusses[9] besondere wirtschaftliche oder soziale Gründe vorliegen, die die Befristung als sachlich gerechtfertigt erscheinen lassen.[10] § 14 Abs. 1 TzBfG bestimmt jetzt ausdrücklich, die bisherige Auffassung in der Literatur und Rechtsprechung bestätigend, dass die Befristung eines Arbeitsvertrages nur zulässig ist, wenn sie durch einen sachlichen Grund gerechtfertigt ist, es sei denn, sie überschreitet nicht die Dauer von 2 Jahren, § 14 Abs. 2 TzBfG. Kettenarbeitsverträge sind jedoch in der Regel nicht als Einheit anzusehen, sondern jeder einzelne Vertrag ist auf seine sachliche Rechtfertigung hin zu überprüfen.[11] Bei mehreren aufeinander folgenden befristeten Arbeitsverträgen beschränkt sich die gerichtliche Wirksamkeitskontrolle aber grundsätzlich auf den zuletzt abgeschlossenen Vertrag.[12] Das galt auch für Befristungen im Rahmen des § 1 Abs. 3 BeschFG 1985 i.d.F. von 1996.[13] § 14 Abs. 2 TzBfG lässt Mehrfachbefri-

---

[8] Dass durch befristete Arbeitsverträge aber auch positive Beschäftigungsimpulse ausgelöst werden können, belegt eindrucksvoll eine empirische Untersuchung von Infratest Sozialforschung München für das Jahr 1992, siehe NZA 1994, Heft 7, S. VI; KPK-Sowka, Teil F, Rdn. 2.
[9] Statt vieler BAG (8.5.85) AP Nr. 97 zu § 620 BGB Befristeter Arbeitsvertrag; (11.11.98) NZA 1999, 1211; (20.2.02) DB 2002, 1665; LAG Düsseldorf (9.2.99) ZTR 1999, 569; *Sowka*, BB 1994, 1003; *Schaub*, S. 298 Rdn. 19; *Schwerdtner*, in: Müko-BGB, § 620 Rdn. 31, 39; *Staudinger/Preis*, BGB § 620 Rdn 45; KR-Lipke, § 14 TzBfG Rdn. 35 ff; *Däubler*, ZIP 2001, 217 (223); *Tschöpe/Schmalenberg*, Teil 3 I, Rz. 12; Kasseler Handbuch/*Schütz*, 4.4 Rz. 33; *Hansen/Kelber/Zeißig*, S. 136 Rdn. 416; **kritisch** *Kittner/Däubler/Zwanziger*, KSchR, § 14 TzBfG Rdn. 28, *Erman/Belling*, BGB, § 620 Rdn. 45 – **anderer Ans.** *Kempff*, DB 1976, 1576 ff.; *Gamillscheg*, AcP Bd. 164, 392; *ders.* Arbeitsrecht, S. 221; *Gitter/Michalski*, S. 115; *Däubler*, 9. Aufl., S. 853; *Kittner/Trittin*, KSchR § 620 BGB Rdn. 13; *Buchner/Becker*, MuSchG § 9 Rnd. 48; LAG Bremen (17.3.95) BB 1995, 1194, die zu Unrecht auf den Zeitpunkt des Auslaufens des Vertrages abstellen.
[10] Vgl. die Nachw. bei Lepke, 10. Aufl., S. 71 Fn. 6; ferner Hunold, NZA-RR-2000, 507 ff.; Raab, Anm. zu BAG SAE 2002, 184 (187).
[11] BAG (19.8.81) BB 1982, 50; (30.9.81) EzA Nr. 52 zu § 620 BGB, KR-Lipke, § 14 TzBfG Rdn. 40 m.w.N.; BGB-RGRK, § 620 Rdn. 52 ff. m.w.N.
[12] Siehe BAG (21.3.90) BB 1990, 1416; (4.4.90) BB 1990, 1907; (11.12.91) DB 1992, 1832 = BB 1993, 1150; (24.9.97) AP Nr. 192 zu § 620 BGB Befristeter Arbeitsvertrag; (11.11.98) BB 1999, 423; (20.1.99) BB 2000, 100; (23.2.00) BB 2000, 1891; (26.7.00) BB 2000, 2638; (5.6.02) DB 2002, 2385; *Sowka*, BB 1994, 1005 m.w.N.; *Schwerdtner*, in: Müko-BGB § 620 Rdn. 26, 29; ErfK/*Müller-Glöge*, § 14 TzBfG Rdn. 12; *Fischer/Gaul*, ZTR 2000, 51 m.w.N. – **kritisch** *Klevemann*, DB 1989, 2608 ff.; MünchArbR/*Wank*, § 116 Rdn. 134 m.w.N.; *U. Preis*, Arbeitsrecht, S. 772.
[13] Eingehend dazu *Reuter*, NZA 1998, 1321 ff.; siehe auch *Kittner/Däubler/Zwanziger*, KSchR, § 14 TzBfG Rdn. 31 ff.

stungen ausdrücklich zu. Nach der Rechtsprechung des BAG[14] bedarf es für die Dauer der Befristung im Allgemeinen nicht eines zusätzlichen sachlichen Grundes, während für die Befristung als solcher ein sachlicher Grund dann vorliegen muss, wenn anderenfalls zwingende Kündigungsschutzvorschriften objektiv umgangen würden.[15] Die Zeitbestimmung kann freilich auch schon bei einmaliger Befristung unzulässig sein.[16] Als sachlich gerechtfertigter Grund kommt beispielsweise der Wegfall des Beschäftigungsgrundes in Betracht, so bei der Aushilfe oder Vertretung im Urlaubs- oder Krankheitsfall[17, 18] anderer Arbeitnehmer, wie dies § 14 Abs. 1 Nr. 3 TzBfG jetzt ausdrücklich vorsieht, ohne dass die bisherige Rechtsprechung zu dieser Problematik Einschränkungen erfahren hat.[19] Der sachliche Befristungsgrund liegt nicht in der Vertretung als solcher, sondern allein darin, dass der Arbeitgeber seinen Arbeitskräftebedarf bereits durch den Arbeitsvertrag mit dem Vertretenen abgedeckt hat und deshalb an der Arbeitskraft des Vertreters von vornherein nur ein vorübergehender, zeitlich durch die Rückkehr des Vertretenen begrenzter Bedarf besteht.[20] Im Zeitpunkt des Vertragsabschlusses mit der Vertretungskraft

---

[14] (26. 8. 88) DB 1989, 1677; (11. 12. 91) DB 1992, 1832; (11. 11. 98) BB 1999, 423; (6.12.00) BB 2001, 834; (21.2.01) BB 2001, 1480; BGB-RGRK, § 620 Rdn. 83 m.N.; *Brox/Rüthers*, S. 160 Rdn. 218; HK-KSchG/Höland, Anh. Rdn. 22 KR-Lipke, § 14 TzBfG Rdn. 30 ff; Hunold, NZA-RR 2000, 505; *Hansen/Kelber/Zeißig*, S. 141 Rdn. 430 – **anders** *Däubler*, S. 958 Rdn. 1875; *Kittner/Däubler/Zwanziger*, KSchR, § 14 TzBfG Rdn. 24; ArbG Hamburg (15.1.98) AuR 1998, 167.
[15] Statt vieler MünchArbR/*Wank*, § 116 Rdn. 132 m.w.N.; BAG (23.1.02) – 7 AZR 552/00 –.
[16] BAG AP Nrn. 23, 26, 35 und 38 zu § 620 Befristeter Arbeitsvertrag; (26. 4. 79) DB 1979, 1991; Kasseler Handbuch/Schütz, 4.4 Rz. 18.
[17] Dazu *Knorr/Bichlmeier/Kremhelmer*, S. 80 Rdn. 53; KR-Lipke, Anhang II zu § 620 BGB, § 14 TzBfG Rdn. 98ff.; *von Hoyningen-Huene/Linck*, KSchG, § 1 Rdn. 570 ff; *Kittner/Däubler/Zwanziger*, KSchR, § 14 TzBfG Rdn. 58ff.; *Fischer/Gaul*, ZTR 2000, 49f.; *Dörner/Luczak/Wildschütz*, D, Rdn. 2101; *Hoß/Lohr*, MDR 1998, 317; ErfK/*Müller-Glöge*, § 14 TzBfG Rdn. 51; *Erman/Belling*, BGB, § 620 Rdn. 66; *Hunold*, NZA-RR 2000, 508; *Gamillscheg*, S. 223; BAG (30. 9. 81) AP Nr. 63 zu § 620 BGB Befristeter Arbeitsvertrag, Bl. 552; (8. 9. 83) DB 1984, 621; (6. 6. 84) SAE 1985, 62 (64) mit **kritischer** Anm. von *Hansjörg Weber*; (22.11.95) BB 1996, 1616; (26. 6. 98) ZTR 1997, 472 = DB 1996, 2289; (24. 9. 97) DB 1998 680 = NZA 1998, 419; (8. 7. 98) NZA 1998, 1280; (11. 11. 98) BB 1999, 423 = DB 1999, 804; (20. 1. 99) MDR 1999, 1003 = BB 2000, 100; (5.6.02) BB 2002, 2179 f.; LAG Düsseldorf (9.2.99) ZTR 1999, 570; LAG Berlin (20. 5. 97) ZTR 1997, 474 = NZA-RR 1998, 47.
[18] Zur Frage, ob ein befristetes Arbeitsverhältnis endet, wenn der vertretene Arbeitnehmer vor der Wiederaufnahme seiner Tätigkeit aus dem Arbeitsverhältnis ausscheidet, siehe BAG (26. 6. 96) DB 1996, 2289 = NZA 1997, 200; LAG Berlin (20. 5. 97) NZA-RR 1998, 48; LAG Hamm (10. 7. 97) ZTR 1997, 474; LAG Saarland (26. 2. 97) LAGE Nr. 46 zu § 620 BGB, *Kittner/Trittin*, KSchR, § 620 BGB Rdn. 50; *Erman/Belling*, BGB, § 620 Rdn. 66; *Hromadka*, BB 2001, 624; HK-KSchG/Höland, Anh. Rdn. 43; Hunold, NZA-RR 2000, 506 – **anders** KPK-Sowka, Teil F, Rdn 38.
[19] Ebenso *Bader/Bram/Dörner/Wenzel*, KSchG, § 620 BGB Rdn. 162 – **anders** wohl *Preis/Gotthardt*, DB 2000, 2071.
[20] BAG (26.6.96) DB 1996, 2289; (24.9.97) NZA 1998, 419; (1.12.99) BB 2000, 1525; (15.4.99) BB 2000, 1683; (21.2.01) BB 2001, 1479; (23.1.02) DB 2002, 1274; (5.6.02) BB 2002, 2179 – **anders** *Hunold*, DB 1998, 1963f.; siehe aber ders., BB 2001, 623f.

muss der Arbeitgeber mit der Rückkehr des Vertreten auf seinen Arbeitsplatz rechnen müssen. Anderenfalls liegt eine unzulässige Befristung vor, beispielsweise bei der befristeten Einstellung zur Vertretung eines erkrankten Arbeitnehmers bis zu dessen Ausscheiden aus dem Arbeitsverhältnis.[21] Durch das Ausscheiden des erkrankten Arbeitnehmers wird nämlich der Bedarf des Arbeitgebers an der Verrichtung der früher vom Vertretenen und jetzt vom Vertreter ausgeübten Tätigkeit zeitlich nicht begrenzt. Bei der Prognoseentscheidung, die Teil des Sachgrundes der Aushilfe/Vertretung ist, braucht aber keine Rücksicht darauf genommen zu werden, zu welchem Zeitpunkt mit der Rückkehr des vertretenen Mitarbeiters zu rechnen ist.[22] Die Prognose muss sich auch nicht darauf erstrecken, ob der zu Vertretende seine Tätigkeit in vollem Umfang wieder aufnehmen wird.[23] Es dürfen aber keine konkreten Anhaltspunkte dafür vorliegen oder sich keine erheblichen Zweifel dafür aufdrängen, dass der Vertretene seine Arbeit nicht wieder aufnehmen wird.[24] In der Regel kann der Arbeitgeber jedoch davon ausgehen, die vertretene Stammkraft wolle wieder an ihren Arbeitsplatz zurückkehren. Auch die vorübergehende Erhöhung des Stundendepotats eines Arbeitnehmers aus Gründen einer krankheitsbedingten Vertretung wird in der Regel ein Sachgrund für eine Befristung darstellen.[25] § 14 Abs. 1 Nr. 3 TzBfG deckt sowohl die mittelbare als auch die wiederholte Vertretung.[26] Überdies lässt § 21 Abs. 1 BErzGG befristete Arbeitsverhältnisse ausdrücklich zu, wenn ein Arbeitnehmer zur Vertretung eines anderen Arbeitnehmers für Zeiten eines Beschäftigungsverbotes nach dem MuSchG, einer Elternzeit[27], einer auf Tarifvertrag, Betriebsvereinbarung oder einzelvertraglicher Abmachung beruhenden Arbeitsfreistellung eines Kindes oder für diese Zeiten zusammen bzw. für Teile davon eingestellt wird. Im Verhältnis zu anderen gesetzlichen Befristungsregelungen enthält § 21 BErzGG eine eigenständige Befristungsregelung, was § 23 TzBfG klarstellt. Gleichwohl kann sich der Arbeitgeber beim Nichtvorliegen der Voraussetzungen des § 21 BErzGG auch auf andere gesetzliche Befristungsgründe berufen.[28]

---

[21] BAG (24.9.97) NZA 1998, 419; (8.7.98) NZA 1998, 1280; (5.6.02) BB 2002, 2180; LAG Köln (1.9.00) NZA-RR 2001, 235; KR-Lipke, § 14 TzBfG Rdn. 104; *Dörner/Luczak/Wildschütz*, D, Rdn. 2180 - **anders** *Hunold*, DB 1998, 1963.
[22] BAG (6.12.00) BB 2001, 834; (21.2.01) BB 2001, 1479 = SAE 2002, 94 ff mit Anm. von Peters-Lange; KR-Lipke, § 14 TzBfG Rdn. 104.
[23] BAG (6.12.00) BB 2001, 834. = SAE 2002, 184ff. mit zust. Anm. von Raab, S. 189f.
[24] BAG (27.6.01) EzA Nr. 178 zu § 620 BGB; (23.1.02) BB 2002, 1375 = DB 2002, 1274 = NZA 2002, 665.
[25] BAG (15.4.99) DB 1999, 1963f.
[26] Dazu etwa *Hromadka*, BB 2001, 623; KR-Lipke, Anhang II zu § 620 BGB, § 14 TzBfG Rdn. 98 ff, 111ff.
[27] Dazu BAG (6.12.00) BB 2001, 833; LAG Köln (13.9.95) DB 1996, 1144 = NZA-RR 1996, 125; (10.10.97) ARSt 1998, S. 89; APS/Backhaus, § 21 BErzGG Rdn. 1ff.; *ErfK/Müller/Glöge*, § 21 BErzGG Rdn. 2–10.
[28] KR-Lipke, § 21 BErzGG Rdn. 4. m.w.N.

Abgrenzung

Auch eine Zweckbefristung kommt in Betracht[29], was § 3 Abs. 1 TzBfG jetzt 15
ausdrücklich anerkennt. Bei der Zweckbestimmung soll das Arbeitsverhältnis mit
dem Eintritt eines objektiven Ereignisses enden, das von den Parteien als gewiss,
aber zeitlich noch unbestimmbar angesehen wird, was etwa mit der Rückkehr des
zu vertretenden Arbeitnehmers aus dem Krankenstand angenommen werden
kann.[30] Eine Zweckbefristung lässt schon § 21 Abs. 3 BErzGG ausdrücklich für
Vertretungsfälle im Zusammenhang mit dem Mutterschutz, der Elternzeit und den
erforderlichen Einarbeitungszeiten zu. Insoweit hat der Gesetzgeber die einschränkende Rechtsprechung des BAG zu dieser Problematik[31] korrigiert. Ansonsten erweist sich eine Zweckbefristung als zulässig, wenn die Zweckerreichung objektiv
bestimmbar und für den Arbeitnehmer erkennbar ist.[32] Die Voraussehbarkeit der
Zweckerreichung ist nicht mehr Wirksamkeitsvoraussetzung.[33]

Befristungen zur Vertretung erkrankter Arbeitnehmer sind grundsätzlich auch
im öffentlichen Dienst zulässig.[34] Wird hingegen die Befristung nur deshalb vereinbart, weil der Arbeitgeber nicht das Risiko eingehen will, sich von einem kranken
Arbeitnehmer nur im Rahmen und unter den Voraussetzungen des KSchG trennen
zu können, so wäre eine solche Befristung rechtsunwirksam.[35] Dadurch würde
nämlich der durch das Kündigungsschutzrecht gewährte Bestandsschutz des Arbeitsverhältnisses vereitelt werden. Die Befristung wäre objektiv funktionswidrig.
Es bleibt allerdings den Arbeitsvertragsparteien unbenommen, gerade wegen der
beim Vertragsabschluss erkennbaren Krankheit des Arbeitnehmers, ein befristetes
Probearbeitsverhältnis zu vereinbaren, § 14 Abs. 1 Nr. 5 TzBfG. In diesem Fall will
der Arbeitgeber verständlicherweise prüfen, was sachlich gerechtfertigt erscheint,
ob der Arbeitnehmer trotz seiner Erkrankung in der Lage ist, die nach dem Arbeitsvertrag vereinbarte Arbeitsleistung ordnungsgemäß zu erbringen. Stellt sich
während der Probezeit heraus, dass bedingt durch eine längere Erkrankung des Arbeitnehmers dessen Eignung noch nicht endgültig beurteilt werden kann, so wird

---

[29] Etwa BAG (26. 3. 86) EzA Nr. 81 zu § 620 BGB; LAG Berlin (7. 10. 85) – 9 Sa 61/85 – unv.; (13. 7. 90) BB 1990, 1909; *Dörner/Luczak/Wildschütz*, D, Rdn. 2179; *Dütz*, Arbeitsrecht, S. 136 Rdn. 269; ErfK/*Müller-Glöge*, § 3 TzBfG Rdn. 5; *Knorr/Bichlmeier/Kremhelmer*, S. 444 Rdn. 62; *Erman/Belling*, BGB, § 620 Rdn. 27; *U. Preis*, Arbeitsrecht, S. 173; KR-*Bader*, Anhang II zu § 620 BGB, § 3 TzBfG Rdn. 25; *Hunold*, NZA-RR 2000, 506.
[30] Vgl. KR-Bader, Anhang II zu § 620 BGB, § 3 TzBfG Rdn. 20, 29.
[31] BAG (9. 11. 94) AP Nr. 1 zu § 21 BErzGG = NZA 1995, 575 = BB 1995, 361.
[32] Vgl. nur *Schaub*, S. 320 f. Rdn. 108, 110 m. N.; *Koch*, NZA 1992, 154 ff. m. N.; MünchArbR/*Richardi*, § 44 Rdn. 31; ErfK/*Müller-Glöge*, § 3 TzBfG Rdn. 12; KR-Bader, Anhang II zu § 620 BGB, § 3 TzBfG Rdn. 25; BAG (8. 5. 85) AP Nr. 97 zu § 620 BGB Befristeter Arbeitsvertrag; (17. 2. 83) BB 1983, 1218; (26. 3. 86) EzA Nr. 81 zu § 620 BGB; weniger weitgehend MünchArbR/*Wank*, § 116 Rdn. 168: Es genügt, wenn das Ende der Befristung wahrscheinlich ist – **anderer Ans.** *Zöllner/Loritz*, S. 272; *Däubler*, S. 847.
[33] Zutreffend KR-Bader, Anhang II zu § 620 BGB, § 3 TzBfG Rdn. 29.
[34] BAG (8. 9. 83) AP Nr. 77 zu § 620 BGB Befristeter Arbeitsvertrag; LAG Berlin, NZA-RR 1998, 47; KR-*Lipke/Bader*, § 620 BGB Rdn. 132; KR-Lipke, Anhang II zu § 620 BGB, § 14 TzBfG Rdn. 100 ff.
[35] Siehe dazu BAG (21. 10. 54), (26. 3. 57) AP Nrn. 1 und 7 zu § 620 BGB Befristeter Arbeitsvertrag; zustimmend *Foltyn*, S. 35.

ein solcher Umstand in der Regel den Abschluss eines weiteren befristeten Probearbeitsverhältnisses rechtfertigen.[36]

15a Wird die Befristung in einem gerichtlichen Vergleich vereinbart, bedurfte es nach einhelliger Meinung[37] keines weiteren sachlichen Grundes. § 14 Abs. 1 Nr. 8 TzBfG bestimmt nunmehr ausdrücklich, ein sachlicher Grund für eine Befristung liege insbesondere vor, wenn diese auf einem gerichtlichen Vergleich beruht. Damit bestätigt der Gesetzgeber die bisherige höchstrichterliche Rechtsprechung.

Ob es eines sachlichen Grundes für die Befristung eines Arbeitsvertrages im Rahmen eines außergerichtlichen Vergleichs, § 779 BGB, bedarf, ist in der Vergangenheit unterschiedlich beantwortet worden, wurde aber weitgehend verneint.[38] Da § 14 Abs. 1 Nr. 8 TzBfG den außergerichtlichen Vergleich nicht erwähnt und in der Gesetzesbegründung darauf abgestellt wird, dass nur die Mitwirkung des Gerichts an einem Vergleich hinreichende Gewähr für die Wahrung der Schutzinteressen des Arbeitnehmers biete[39], folgt im Wege des Umkehrschlusses (argumentum e contrario), dass der Vergleichsabschluss als solcher noch keinen sachlichen Grund für die Befristung eines Arbeitsvertrages darstellt.[40] Die Schutzbedürftigkeit des Arbeitnehmers ist bei einem außergerichtlichen Vergleich nicht geringer als bei jeder anderen Befristungsvereinbarung.

16 Arbeitsverträge, die eine Beendigung des Arbeitsverhältnisses bei Vollendung des 65. Lebensjahres vorsehen, sind in der Privatwirtschaft nicht selten, jedoch nicht allgemein üblich.[41] Ob es sich dabei um einen vorweggenommenen Aufhe-

---

[36] Dazu BAG (31.8.94) EzA Nr. 127 zu § 620 BGB; (7.3.02) BB 2002, 2070 ff.; LAG Düsseldorf (2.5.56) DB 1956, 824; siehe auch *Preis/Kliemt*, ArbR-Blattei, Probearbeitsverhältnis, Rdn. 75, 106; KR-*Lipke*, Anhang II zu § 620 BGB, § 14 TzBfG Rdn. 165; Kasseler Handbuch/*Zimmer*, 4.3 Rz. 55 ff. – **gegen** die Zulässigkeit befristeter Probearbeitsverhältnisse: ArbG Münster (21.10.82) BB 1983, 504, aber zu Unrecht.

[37] Vgl. nur BAG (24.1.96) AP Nr, 179 zu § 620 BGB Befristeter Arbeitsvertrag; (2.2.98) BB 1999, 644; (23.1.02) EzA SD Nr. 10/2002, S. 4, aber offengelassen; *Hunold*, NZA-RR 2000, 509; *Schaub*, 9. Aufl. S. 282 Rdn. 46.

[38] siehe nur BAG (24.1.96) NZA 1996, 1089; *Erman/Belling*, BGB, § 620 BGB Rdn. 115 – **anders** *Hoß/Lohr*, MDR 1998, 818; *U. Preis*, Arbeitsrecht, S. 768; *Hunold*, NZA-RR 2000, 509.

[39] Begründung zum Regierungsentwurf, Bundestags-Drucks. 14/4374, S. 19

[40] Im Ergebnis ebenso *Preis/Gotthardt*, DB 2000, 2065 (2072); *Däubler*, ZIP 2001, 217 (223); *Kliemt*, NZA 2001, 296 (298 f.); APS/Backhaus § 14 TzBfG Rdn. 53; *Hromadka*, BB 2001, 621 (625); *Kittner/Zwanziger/Lakies* § 133 Rdn. 295; *Kittner/Däubler/Zwanziger* KSchR, § 14 TzBfG Rdn. 123; *Hromadka/Maschmann*, S. 83 Rdn. 10; *Bader/Bram/Dörner/Wenzel*, KSchG, § 620 BGB Rdn. 206; KR-Lipke, Anhang II zu § 620 BGB, § 14 TzBfG Rdn. 241 f.; *von Hoyningen-Huene/Linck*, KSchG, „ 1 Rdn. 590; *Tschöpe/Schmalenberg*, Teil 3 I, Rz. 78 – **anders** MünchArbR/Wank, Ergänzungsband, § 116 Rdn. 173; *Worzalla/Will/Mailänder/Worch/Heise*, S. 52, 282; *Hansen/Kelber/Zeißig*, S. 187 Rdn. 574; *Stahlhacke/Preis/Vossen*, Rdn. 97; *Staudiger/Preis*, BGB, § 620 Rdn. 144.

[41] Insbesondere *Schröder*, S 26; *Hanau/Adomeit*, S. 252 Rdn. 833 ff.; Preis/Rolfs, Arbeitsvertrag, S. 205 ff.; siehe dazu auch BAG (19.9.85) DB 1986, 281.

bungsvertrag⁴², eine Befristung⁴³, eine auflösende Bedingung⁴⁴ oder bei einer kollektivrechtlichen Regelung um eine Beendigungsnorm handelt, ist allerdings umstritten.⁴⁵ Richtiger Ansicht nach enthält eine solche Vereinbarung eine Höchst-Befristung des Arbeitsvertrages; denn es bleibt – anders als bei einer auflösenden Bedingung – nicht ungewiss, ob der durch sie bezeichnete Beendigungstatbestand eintritt. Bei der Festlegung einer Altersgrenze besteht keine Ungewissheit über die Dauer des Arbeitsvertrages, sondern die Beendigung des Arbeitsverhältnisses durch Erreichen der Altersgrenze stellt sich als ein künftiges, gewisses Ereignis dar.⁴⁶

2. zum auflösend bedingten Arbeitsvertrag

Einer Kündigung bedarf es ferner nicht, wenn das Arbeitsverhältnis mit dem Auftreten einer Krankheit des Arbeitnehmers aufgelöst werden soll, wenn also der Arbeitsvertrag insoweit auflösend bedingt ist. Ein solcher Vertrag bedarf wie die Befristung der Schriftform zu seiner Wirksamkeit, §§ 21, 14 Abs. 4 TzBfG.

17

War früher streitig, ob das Bestehen eines Arbeitsverhältnisses ohne weiteres von einer auflösenden Bedingung, § 158 Abs. 2 BGB, abhängig gemacht werden könnte⁴⁷, erfasst das TzBfG ausdrücklich auch den unter einer auflösenden Bedingung geschlossen Arbeitsvertrag, § 21 TzBfG, geht also von dessen grundsätzlicher Zulässigkeit aus. Freilich bedarf es auch insoweit eines sachlichen Grundes. Damit

---

42 So BAG (25.3.71) E 23, 257; *Hanau*, RdA 1976, 26; *Konzen*, ZfA 1978, 501; *Weber/Ehrich/Burmester*, Aufhebungsverträge, S. 17 Rdn. 54.
43 So *Schaub*, S. 309 Rdn. 60 m.N.; *Boerner*, S. 40 m.N.; *Belling*, Anm. zu BAG (20.12.84) AP Nr. 9 zu § 620 BGB Bedingung; *Joost*, Anm. zu BAG (20.11.87) AP Nr. 2 zu § 620 BGB Altersgrenze; BGB-RGRK, § 620 Rdn. 27, 129; MünchArbR/*Richardi*, Ergänzungsband, § 44 Rdn. 56; MünchArbR/*Wank*, Ergänzungsband, § 116 Rdn. 139, 320; *Hromadka*, NJW 1994, 911; *Staudinger/Neumann*, BGB Vorbem. zu §§ 620ff. Rdn. 26; *Staudinger/Preis*, BGB, § 620 Rdn. 127; *Schwerdtner*, in: Müko-BGB, § 620 Rdn. 75; *Bauer*, Aufhebungsverträge, S. 12 Rdn. 32; *Tschöpe/Schmalenberg*, Teil 3 I, Rz. 29; *Boekken*, Gutachten, S. B 22 Fußn. 19; ErfK/*Müller-Glöge*, § 14 TzBfG Rdn. 77; *Hromadka/Maschmann*, S. 85 Rdn. 13; *Kittner/Däubler/Zwanziger*, KSchR, § 14 TzBfG Rdn. 175ff.; *Löwisch*, ZTR 2000, 531; KR-Bader, Anhang II zu § 620 BGB, § 21 TzBfG Rdn. 32ff.; U. Preis, Arbeitsrecht, S. 763; LAG Brandenburg (21.11.00) DB 2001, 1039; siehe neuerdings auch BAG (25.2.98) DB 1998, 1420.
44 So BAG (20.12.84) SAE 1986, 235; (20.11.87) E 57, 30; (12.2.92) NZA 1993, 998; (1.12.93) NZA 1994, 373; KR-*Hillebracht*, 3. Aufl., § 620 Rdn. 29; *Felix*, NZA 1994, 1112, 1115, 1117; *von Hoyningen-Huene/Linck*, KSchG, § 1 Rdn. 633; HK-KSchG/*Höland*, Anh. Rdn. 76; KR-*Lipke*, 5. Aufl., § 620 BGB Rdn. 29; *Hako-Gallner*, § 1 Rdn. 466; *Kittner/Däubler/Zwanziger*, KSchR, Einl. Rdn. 322; offen gelassen BAG (20.2.02) DB 2002, 1665.
45 Dazu im Einzelnen KR-*Hillebrecht*, 3. Aufl., § 620 BGB Rdn. 29f.; *Belling*, Anm. zu BAG (20.11.87) EzA Nr. 1 zu § 620 BGB Altersgrenze; *Stahlhacke*, DB 1989, 2330; BGB-RGRK, § 620 Rdn. 129, MünchArbR/*Richardi*, § 44 Rdn. 50f.; *Henssler*, DB 1993, 1670 m.w.N.; KR-*Bader*, Anhang II zu § 620 BGB, § 21 TzBfG Rdn. 32.
46 Zur „Wahrung einer ausgewogenen Altersstruktur" als Sachgrund siehe Löwisch, ZTR 2000, 531.
47 Nachweise bei Lepke, 10. Aufl., S. 74 f Fußn. 31-37; ferner BAG (25.8.99) MDR 2000, 707; (20.10.99) BB 2000, 1039.

hat die bisherige Rechtsprechung im Wesentlichen ihre normative Anerkennung gefunden.

18 Die Krankheit des Arbeitnehmers als solche oder eine bestimmte krankheitsbedingte Fehlquote ist jedoch noch kein zulässiger Auflösungsgrund in Form einer Bedingung[48], da es sich in der Regel um einen nur vorübergehenden Zustand handelt, nach dessen Beendigung die Tätigkeit fortgesetzt werden kann und soll. Wollte man jede Krankheit als Auflösungsgrund in Gestalt einer Bedingung anerkennen, dann wäre nicht nur dem einzelnen Arbeitnehmer jegliche Beschäftigung auf Dauer genommen, sondern es würde darüber hinaus auch zu Lasten des Arbeitgebers eine ständige Fluktuation mit der Notwendigkeit eintreten, immer neue, vor allem gesunde Arbeitnehmer einzustellen. Auf den Gedanken, eine Krankheit des Arbeitnehmers schlechthin als Auflösungsgrund zu vereinbaren, werden deshalb die Arbeitsvertragsparteien vernünftigerweise kaum kommen. Selbst wenn dies aber in einem so weitgehenden Umfange geschehen sollte, wäre darin eine objektive Umgehung sowohl der zwingenden Kündigungsschutzvorschriften als auch der Vergütungsfortzahlungspflicht im Krankheitsfall zu sehen, so dass einer derartigen Klausel die Rechtswirksamkeit versagt werden müsste, § 134 BGB.[49] Bei einem außergerichtlichen Vergleich[50] oder einem auflösend bedingten Aufhebungsvertrag[51] muss regelmäßig von der Umgehung zwingender Kündigungsschutznormen ausgegangen werden, es sei denn, es bestand zwischen den Vertragsparteien hinsichtlich des zwischen ihnen bestehenden Rechtsverhältnisses offener Streit über die Rechtslage.[52] Aus dem Überschreiten einer bestimmten Krankheitsquote in der Vergangenheit kann nicht ohne weiteres auf eine un-

---

[48] Vgl. auch KR-*Lipke*, 5. Aufl., § 620 BGB Rdn. 57; *Hanau/Adomeit*, S. 252 Rdn. 832; *Gola*, BB 1987, 539; *Schaub*, S. 322 Rdn. 115; Kasseler Handbuch/Schütz, 4.4 Rz. 140; Kittner/Däubler/Zwanziger, KSchR, § 21 TzBfG Rdn. 20; U. Preis, Arbeitsrecht, S. 788; FA-ArbR/Diller, S. 627 Rdn. 1072; *Stahlhacke/Preis/Vossen*, Rdn. 132; HK-KSchG/*Dorndorf*, § 1 KSchG Rdn. 135; LAG Berlin (8.11.60) BB 1961, 95; siehe auch LAG München (29.10.87) BB 1988, 348; LAG Baden-Württ. (15.10.90) BB 1991, 209 = DB 1991, 918.

[49] Allgemein zu Kündigungsbeschränkungen zu Lasten des Arbeitnehmers: BAG (6.9.89) NZA 1990, 147f.

[50] *Schwerdtner*, in: Müko-BGB, § 620 Rdn. 91–92; KR-*Lipke*, 5. Aufl., § 620 BGB Rdn. 143a m.w.N.; siehe auch ErfK/*Müller-Glöge*, § 14 TzBfG Rdn. 100 – **anders** BAG (22.2.84) AP Nr. 80 zu § 620 BGB Befristeter Arbeitsvertrag; (4.12.91) EzA Nr. 113 zu § 620 BGB; (2.12.98) DB 1999, 693; *Staudinger/Preis*, BGB § 620 Rdn. 144; KPK-*Sowka*, Teil F, Rdn. 43; *Dörner/Luczak/Wildschütz*, D, Rdn. 2146.

[51] LAG Baden-Württ. (15.10.90) DB 1991, 918 = BB 1991, 209; zust. Dütz, AuA 1993, 245; *Wisskirchen/Worzalla*, DB 1994, 579; *Bengelsdorf*, Aufhebungsvertrag, S. 10; *Kittner/Trittin*, KSchR, § 611 BGB Rdn. 10; *Bauer*, Aufhebungsverträge, S. 9 Rdn. 23; KR-*Lipke*, 5. Aufl., § 620 BGB Rdn. 57; U. Preis, Arbeitsrecht, S. 793; MünchArbR/Wank, § 115 Rdn. 10; siehe auch *Hanau/Adomeit*, S. 252 Rdn. 832; *Kittner/Däubler/Zwanziger*, KSchR, Einl. Rdn. 259; Schaub, S. 1341 Rdn. 10.

[52] Vgl. BAG (24.1.96) AP Nr. 179 zu § 620 BGB Befristeter Arbeitsvertrag.

Abgrenzung

günstige Entwicklung in der Zukunft geschlossen werden. Unbedenklich wäre es jedoch, wenn die Parteien in einem Kündigungsschutzprozess wegen einer krankheitsbedingten Kündigung einen Prozessvergleich abschließen, dass das Arbeitsverhältnis ein Jahr lang fortgesetzt wird und endet, falls der Arbeitnehmer im Laufe des betreffenden Jahres eine bestimmte krankheitsbedingte Fehlquote erreicht bzw. überschreitet.[53] Nach § 14 Abs. 1 Nr. 8 TzBfG liegt ein sachlicher Grund jedenfalls dann vor, wenn die Befristung bzw. auflösende Bedingung auf einem gerichtlichen Vergleich beruht.

Nach Ansicht des LAG Hamm[54] soll eine einzelvertragliche Vereinbarung, wonach das Arbeitsverhältnis eines Mitarbeiters, der zur Vertretung eines erkrankten Arbeitnehmers eingestellt worden ist, mit dessen Rückkehr auf seinen Arbeitsplatz ende, wegen der Umgehung des gesetzlichen Kündigungsschutzes rechtsunwirksam sein. Die Funktion des Kündigungsschutzes werde durch die auflösende Bedingung erheblich stärker als durch eine Befristung gefährdet. Der Entscheidung kann nicht gefolgt werden, da die Zweckerreichung objektiv bestimmbar und deshalb zulässig ist. *19*

Dagegen gibt es Vereinbarungen und Bestimmungen aufgrund deren das Arbeitsverhältnis bei dauernder Dienst- oder Berufsunfähigkeit enden soll. Grundsätzlich endet aber ein Arbeitsverhältnis auch bei dauernder Unmöglichkeit, die vereinbarte Arbeitsleistung zu erbringen, nicht von selbst. Vielmehr bedarf es bei unbefristet abgeschlossenen Arbeitsverträgen auch in einem solchen Falle einer Kündigung.[55] Es kann jedoch zulässigerweise vereinbart werden, dass durch den Eintritt dauernder Berufs- oder Dienstunfähigkeit der Bestand des Arbeitsverhältnisses auflösend bedingt sei[56], vorausgesetzt der Eintritt der Berufs-, Dienst- oder Erwerbsunfähigkeit lässt sich eindeutig feststellen.[57] *20*

---

[53] Ebenso LAG Baden-Württ. (15.12.81) DB 1982, 1989 = AP Nr. 5 zu § 620 BGB Bedingung mit zust. Anm. von *Glaubitz*; KR-*Lipke*, 5. Aufl., § 620 BGB Rdn. 54c; KR-*Bader*, Anhang II zu § 620 BGB, § 21 TzBfG Rdn. 47; *Stahlhacke/Preis/Vossen*, Rdn. 133; *Bengelsdorf*, Aufhebungsvertrag, S. 27; dazu auch *Enderlein*, RdA 1998, 98f.; BGB-RGRK vor § 620 Rdn. 13; *Ernst*, S. 155; *Felix*, NZA 1994, 1115 – **anderer Ans.** *Bauer*, Aufhebungsverträge, S. 10 Rdn. 27; *Schwerdtner*, in: MüKo-BGB, vor § 620 Rdn. 38; *Kittner/Trittin*, KSchR, § 611 BGB Rdn. 10; *Weber/Ehrich/Burmester*, Aufhebungsverträge, S. 11 Rdn. 36; *Kittner/Däubler/Zwanziger*, KSchR § 21 TzBfG Rdn. 16.
[54] (10.7.97) MDR 1998, 293 unter Hinweis auf BAG (4.12.91) AP Nr. 17 zu § 620 BGB Bedingung.
[55] Vgl. *Hueck/Nipperdey*, Bd. I, S. 255; BAG (25.8.55) AP Nr. 1 zu § 14 SchwerBeschG = DB 1955, 948; (5.10.61) AP Nr. 5 § 18 ATO – **anderer Ans.** LAG Düsseldorf (12.1.54) DB 1954, 259: Unmöglichkeit der Zweckerreichung kann Beendigungsgrund sein.
[56] So auch *Foltyn*, S. 36; KR-*Bader*, Anhang II zu § 620 BGB, § 21 TzBfG Rdn. 41ff.; *Bauer*, Aufhebungsverträge, S. 17 Rdn. 47; zur auflösenden Bedingung in einem Tarifvertrag: BAG (14.5.87) DB 1988, 130; BGB-RGRK, § 620 Rdn. 132.
[57] BAG (27.10.88) BB 1989, 1347 = AP Nr. 16 zu § 620 BGB Bedingung.

Gleiches muss für eine Vereinbarung gelten, dass die Einstellung unter dem Vorbehalt der gesundheitlichen Eignung erfolgt[58] und eine entsprechende negative Feststellung vereinbarungsgemäß durch einen Arzt getroffen worden ist. Neuerdings werden gegen die Zulässigkeit einer solchen auflösenden Bedingung Bedenken geäußert.[59] Da jede Einstellungsuntersuchung in die körperliche Integrität des Bewerbers eingreife, müsse mit Blick auf Art. 1 Abs. 1, Art. 2 Abs. 1 GG und Art. 8 EMRK der Grundsatz der Verhältnismäßigkeit beachtet werden. Eine solche Eignungsuntersuchung und damit eine auflösende Bedingung sei nur zulässig, wenn es sich um Tätigkeiten handele, bei denen dem Arbeitgeber die Vornahme einer gesundheitlichen Eignungsuntersuchung kraft Gesetzes vorgeschrieben sei. Dabei wird jedoch nicht hinreichend beachtet, dass eine derartige Eignungsuntersuchung nur mit der Einwilligung des Stellenbewerbers in Frage kommt.[60] In der Regel wird erst das Ergebnis einer solchen ärztlichen Untersuchung abgewartet, bevor es zum Abschluss eines Arbeitsvertrages kommt. Geschieht dies aber bereits vorher, aus welchen Gründen auch immer, dann gereicht es dem Arbeitnehmer jedenfalls nicht zum Nachteil, bis zur Gewissheit seiner gesundheitlichen Nichteignung einen Arbeitsplatz gehabt zu haben. Im Übrigen räumen *B. Gaul* und *Langhzaoui* selbst ein, dass ein sachlicher Grund für die Vereinbarung des Vorbehalts gesundheitlicher Eignung darin zu sehen sei, diese diene der Sicherstellung einer ordnungsgemäßen Aufgabenerfüllung durch den betreffenden Arbeitnehmer.

21   Ob allerdings die Bestimmung der Berufs- oder Dienstunfähigkeit, etwa durch eine tarifvertragliche Regelung, einem Dritten in entsprechender Anwendung von § 317 BGB verbindlich übertragen werden kann, erscheint zweifelhaft.[61] Wenn ein tariflicher Regelungswille nicht eindeutig feststeht, nimmt das BAG für sich nunmehr eine gerichtliche Richtigkeitskontrolle in Anspruch, während sich nach bisheriger Meinung[62] die gerichtliche Überprüfung nur darauf beschränkte, ob das

---

[58] LAG Berlin (16.7.90) LAGE Nr. 2 zu § 620 BGB Bedingung = DB 1990, 2223; zust. Hess. LAG (8.12.94) DB 1995, 1617 = LAGE Nr. 4 zu § 620 BGB Bedingung; LAG Niedersachsen (26.2.80) DB 1980, 1799; zust. *Schaub*, S. 323 Rdn. 115; *Kittner/Däubler/Zwanziger*, KSchR, § 21 TzBfG Rdn. 14; Kasseler Handbuch/*Schütz*, 4.4 Rz. 142; *Hromadka*, BB 2001, 626; U. Preis, Arbeitsvertrag, S. 844; *Gola*, BB 1987, 539; *Stahlhacke/Preis/Vossen*, Rdn. 130; *Brox/Rüthers*, 14. Aufl., S. 162 Rdn. 219; *Erman/Hanau*, BGB, 9. Aufl., § 620 Rdn. 43; BGB-RGRK vor § 620 Rdn. 13; *Hueck/von Hoyningen-Huene*, KSchG § 1 Rdn. 597; KR-*Bader*, Anhang II zu § 620 BGB, § 21 TzBfG Rdn. 48; KR-*Fischermeier*, § 626 BGB Rdn. 48; KPK-*Sowka*, Teil F, Rdn. 62; *Tschöpe/Schmalenberg*, Teil 3 I, Rz. 136; *Hoß/Lohr*, MDR 1998, 315; ErfK/*Preis*, § 611 BGB Rdn. 370; *Hromadka/Maschmann*, S. 84 Rdn. 12 b; *Knorr/Bichlmeier/Kremhelmer*, S. 71 Rdn. 28; *Bengelsdorf*, Aufhebungsvertrag, S. 11; siehe auch ArbG Wetzlar (19.12.89) DB 1990, 1339; ArbG Göttingen (16.4.97) AiB 1997, 572 mit **kritischer** Anm. von *Helgers*; ArbG Marburg (11.5.00) ZTR 2001, 76 f – **anderer Ans.** ArbG Hamburg (22.10.90) BB 1991, 554 = NZA 1991, 941; *Enderlein*, RdA 1998, 90 (102); APS/Backhaus, § 620 BGB Rdn. 395.
[59] *B. Gaul/Langhzaoui*, ZTR 1996, 302 ff.
[60] Siehe nur *Heilmann*, AuA 1995, 158; *Bruse*, PK-BAT, § 7 Rdn. 15.
[61] Vgl. BAG (18.12.80) BB 1982, 435 = AP Nr. 4 zu § 1 TVG Tarifverträge: Bundesbahn = ArbR-Blattei, Bundesbahn, Entscheidung Nr. 13 mit teilweise **kritischen** Anm. von *Herschel*.
[62] BAG (31.1.79) DB 1979, 947 = AP Nr. 2 zu § 1 TVG Tarifverträge: Bundesbahn.

Abgrenzung

ärztliche Gutachten nach den Regeln der ärztlichen Kunst erstellt und nicht offenbar falsch oder unsachlich, § 319 Abs. 1 Satz 2 BGB, ist.

Eine solche Norm im obigen Sinne galt für Angestellte des öffentlichen Dienstes, § 18 ATO. Sie gilt jetzt in etwas abgeänderter Form inhaltlich weiter, und zwar gemäß § 59 BAT, ohne dass an der Verfassungsmäßigkeit dieser Norm Bedenken bestehen.[63] Auch sonst wurde schon gerichtlich entschieden, dass der Eintritt der Dienstunfähigkeit oder einer von der Rentenversicherung anerkannten Erwerbsunfähigkeit, § 1247 RVO (bisher § 44 SGB VI) eine auflösende Bedingung darstellen könne, wenn Entsprechendes vereinbart sei.[64] Das Bundesarbeitsgericht[65] hat zu § 18 ATO zunächst die Auffassung vertreten, dass in einem solchen Fall das Arbeitsverhältnis durch eine auflösende Bedingung von selbst ende. Dann hat es jedoch im Anschluss an die Rechtsprechung des Reichsarbeitsgerichts[66] entschieden, dass die Auflösung nicht automatisch eintrete, es vielmehr zusätzlich einer Erklärung einer der Vertragsparteien bedürfe, die zwar keine Kündigung im eigentlichen Sinne sei, aber als rechtsgestaltende Erklärung den Kündigungsschutzbestimmungen des SchwerBeschG unterliege.[67] Diese Ansicht wird insbesondere damit begründet, dass eine automatische Auflösung der Rechtsklarheit und -sicherheit zuwiderlaufe. Nachdem aber § 59 BAT – die §§ 56 BMT-G, 62 MT Arb entsprechen inhaltlich dieser Norm – insoweit eine Verbesserung enthält, als das Arbeitsverhältnis erst mit dem Ablauf des Monats endet, in dem die Berufs- oder Erwerbsunfähigkeit bzw. verminderte Erwerbsfähigkeit festgestellt und ein entsprechender Rentenbescheid zugestellt worden ist[68, 69], dürften diese Bedenken ausgeräumt sein. In einem solchen Falle endet daher das Arbeitsverhältnis kraft positiver Bestimmungen des BAT von selbst, so dass es zur Herbeiführung der Rechtswirkung keiner Erklärung des Arbeitgebers bedarf.[70] Eine auflösende Bedingung unter derartigen Voraussetzungen, die eine Unklarheit über die Vorhersehbarkeit des Endigungszeitpunktes weitgehend ausschließt, muss deshalb als rechtswirksam angesehen werden.[71] Solche auflösenden Bedin-

22

---

[63] BAG (24. 6. 87) AP Nr. 5 zu § 59 BAT.
[64] LAG Frankfurt/M. (3. 10. 51) DB 1951, 860; LAG Hamm (7. 8. 78) ARSt 1979, S. 175 Nr. 1185; LAG Berlin (20. 5. 97) NZA-RR 1998, 48 – **anderer Ans.** LAG Hamm (6. 11. 84) DB 1985, 442, hinsichtlich einer in der Betriebsordnung vorgesehenen Beendigung des Arbeitsverhältnisses bei Erwerbsunfähigkeit auf Zeit.
[65] BAG (11. 12. 57) AP Nr. 1 zu § 18 ATO = DB 1959, 796.
[66] RAG (11. 5. 43) ARS Bd. 46, 277.
[67] BAG (5. 10. 61) AP Nr. 3 zu § 18 ATO mit zust. Anm. *von Gotzen* = DB 1962, 509.
[68] Die nachträgliche Aufhebung des Erwerbsunfähigkeits-Dauerrentenbescheides ändert daran in der Regel nichts, so auch LAG Frankfurt/M. (7. 1. 91) DB 1991, 2552; siehe auch LAG Berlin (21. 12. 98) – 9 Sa 92/98 – unv.
[69] Zur Art und Weise dieser ärztlichen Feststellung siehe *Keller*, NZA 1988, 567.
[70] So auch *Däubler*, S. 660 Rdn. 1241; *Scheuring/Lang/Hoffmann*, BMT G, § 56 Erl. 4; *Uttlinger/Breier/Kiefer/Hoffmann/Dassau*, BAT, § 59 Erl. 6, 6.2.4; *Böhm/Spiertz/Sponer/Steinherr*, BAT, § 59 Rdn. 34; in diesem Sinne wohl auch BAG (8. 11. 73) BB 1974, 887 = AP Nr. 3 zu § 59 BAT, Bl. 494; siehe auch BAG (14. 5. 87) DB 1988, 130; (24. 6. 87) ZTR 1987, 244.
[71] Vgl. BAG (24. 1. 96) AP Nr. 7 zu § 59 BAT = BB 1996, 1837; (30. 4. 97) AP Nr. 20 zu § 812 BGB = BB 1997, 2431; (23. 2. 00) BB 2000, 1473 f.; zu § 45 Abs. 1 TVK siehe BAG (23. 2. 00) BB 2000, 1148.

gungen können aber in ihrer Konsequenz zur Umgehung von Kündigungsschutznormen führen.[72] Jedoch ist dies auch in anderen Fällen, etwa bei der Zweckerreichung, denkbar, ohne dass deshalb im Regelfall eine solche Vereinbarung rechtsunwirksam sein muss, Nur solche Vorschriften, die sich wie die §§ 85,91 SGB IX speziell auf die Fälle der sog. außerordentlichen Beendigung beziehen, dürfen nicht umgangen werden. Sie finden dann trotzdem Anwendung, nicht dagegen die allgemeinen Kündigungsschutzvorschriften des KSchG. Soweit allerdings aufgrund tarifvertraglicher Regelung das Arbeitsverhältnis auch bei einer nur befristeten Erwerbsunfähigkeit aufgelöst wird, ohne dass gleichzeitig für den Fall der Wiederherstellung der Erwerbsfähigkeit nach Ablauf des im Rentenfeststellungsbescheid bestimmten Zeitraumes eine Wiedereinstellungsregelung getroffen worden ist[73], verstößt eine solche Tarifnorm gegen zwingendes Kündigungsschutzrecht sowie das Sozialstaatsprinzip.[74] § 59 BAT muss gesetzeskonform deshalb so ausgelegt werden, dass ein solches Arbeitsverhältnis nur dann kraft normativer Wirkung ohne Kündigung endet, wenn für den betreffenden Arbeitnehmer eine zumutbare Weiterbeschäftigungsmöglichkeit auf einem freien Arbeitsplatz nicht besteht.[75] Wird jedoch ein solches Arbeitsverhältnis nach dem Ablauf des Monats, in dem der Rentenbescheid dem Arbeitnehmer zugestellt worden ist, über einen längeren Zeitraum fortgesetzt, wäre es mit dem Sinn und Zweck des § 59 Abs. 1 Satz 1 BAT nicht zu vereinbaren, es als beendet anzusehen.[76] Ebensowenig tritt die automatische Beendigung eines solchen Arbeitsvertrages ein, wenn der Arbeitnehmer innerhalb der Widerspruchsfrist des § 84 SGG gegen den Rentenbescheid seinen Antrag zurücknimmt oder auf die Gewährung einer Rente auf Zeit, § 102 SGB VI, beschränkt, weil etwa eine Rehabilitationsmaßnahme seine Arbeitsfähigkeit wieder hergestellt hat.[77] Aus dem Gesamtzusammenhang der tarifvertraglichen Regelung, insbesondere im Hinblick auf § 60 BAT ergibt sich nämlich, dass ein solches Arbeitsverhältnis von selbst nur enden soll, wenn tatsächlich die Rentenzahlung mit der entsprechenden Versorgung gewährleistet ist. Wird die Beendigung des Arbeitsvertrages aufgrund einer tarifvertraglichen Regelung vom Bezug einer gesetzlich unbefristeten Erwerbsunfähigkeitsrente abhängig gemacht, kommt es im Zweifel auf den Monat an, in dem der Rentenversicherungsträger die

---

[72] BAG DB 1961, 409; siehe auch LAG Düsseldorf (16. 6. 76) DB 1977, 1196: Schwangerschaft als auflösende Bedingung, was aber unzulässig ist; siehe BAG (28. 11. 58) DB 1959, 179; *Westermann*, in: Müko-BGB, § 158 Rdn. 47; *Zmarzlik/Zipperer/Viethen*, MuSchG, § 9 Rdn. 116.

[73] Dazu BAG (24. 1. 96) AP Nr. 7 zu § 59 BAT = NZA 1996, 823.

[74] LAG Düsseldorf (15. 5. 84) DB 1985, 444; *Kittner/Däubler/Zwanziger*, KSchR, § 21 TzBfG Rdn. 32; allgemein dazu BVerfG (13. 1. 82) DB 1982, 1063; (22. 10. 85) E 71, 66 (86); (20. 5. 87) E 75, 348 (359); (9. 5. 89) E 80, 103 (107).

[75] BAG (28. 6. 95) AP Nr. 6 zu § 59 BAT = NZA 1996, 374 = BB 1996, 1012; siehe auch BAG (11. 10. 95) DB 1996, 891; zust. *von Hoyningen-Huene/Linck*, KSchG, § 1 Rdn. 631; *Müller*, Arbeitsrecht im öffentlichen Dienst, S. 126 Rdn. 326; KPK-Sowka, Teil F, Rdn. 60; U. Preis, Arbeitsrecht, S. 787; KR-Bader, Anhang II zu § 620 BGB, § 21 TzBfG Rdn. 41.

[76] Ebenso LAG Schleswig-Holst. (20. 12. 95) ZTR 1996, 125.

[77] BAG (11. 3. 98) AP Nr. 8 zu § 59 BAT = DB 1998, 2375; (23.2.00) BB 2000, 1474; (9.8.00) BB 2000, 2474; LAG Niedersachsen (23. 5. 97) ZTR 1997, 373; *Kittner/Däubler/Zwanziger*, KSchR, § 21 TzBfG Rdn. 33; MünchArbR/*Freitag*, § 188 Rdn. 135.

Rentenzahlung tatsächlich aufnimmt.[78] Ebensowenig endet das Arbeitsverhältnis eines Arbeitnehmers nach § 59 BAT, der eine Rente wegen Erwerbsminderung, § 43 SGB VII, bezieht, wenn er nach seinem vom gesetzlichen Rentenversicherungsträger festgestellten Leistungsvermögen noch in der Lage ist, seine nach dem Arbeitsvertrag geschuldete Leistung zu erbringen.[79] Aus den genannten Gründen müssen auch die entsprechenden Regelungen in den §§ 56 BMT-G und 62 MT Arb im obigen Sinne verfassungskonform interpretiert werden, während das ArbG Bonn[80] § 62 MTB II zu Unrecht als verfassungswidrig angesehen hat, weil die Norm gegen zwingendes Recht verstoße.

3. zur Anfechtung

a) Allgemeines

Die Kündigung muss gleichfalls von der Anfechtung unterschieden werden. Richtiger Ansicht nach ist die Anfechtung auch nicht durch das Kündigungsrecht ausgeschlossen.[81] Das ist für den Fall der Krankheit vor allem deshalb bedeutsam, weil – wie noch näher auszuführen sein wird – für die Wirksamkeit einer fristgemäßen oder fristlosen Kündigung rechtserheblich ist, ob der Arbeitnehmer auch in Zukunft noch arbeitsunfähig krank sein wird und folglich auf den Zeitpunkt der Kündigung abzustellen ist. Demgegenüber kommt es bei der Anfechtung maßgeblich darauf an, ob ihre Voraussetzungen im Zeitpunkt der Einstellung bzw. des Vertragabschlusses vorlagen. Vor allem ist nicht zu verlangen, dass der Grund zur Anfechtung im Zeitpunkt ihrer Erklärung noch wichtig genug erscheint, um die Beendigung des Arbeitsverhältnisses zu rechtfertigen, dass also die Weiterbeschäftigung wie bei einer fristlosen Kündigung dem anderen unzumutbar sein müsse, wenngleich der Anfechtungsgrund nicht ganz und gar bedeutungslos geworden sein darf, sondern sich noch weiterhin auf die Durchführung des Rechtsverhältnisses auswirken muss.[82] Das kann für die Lösung eines Arbeitsverhältnisses aus krankheitsbedingten Gründen mitunter sehr wesentlich sein, so wenn eine fristlose Entlassung nicht mehr ausgesprochen werden kann, weil beispielsweise die Krankheit im Zeitpunkt des Kündigungszuganges nicht mehr anhaltend ist, das Anfechtungsrecht aber eine sofortige Lösung vom Arbeitsvertrag möglich macht, so lange der Arbeitnehmer noch krank ist. Die rechtlichen Unterschiede zwischen der Anfechtung einerseits und der Kündigung andererseits sind für alle Fälle des Kündigungsschutzes nach dem KSchG, MuSchG und SGB IX von Bedeutung, da diese Schutzvorschriften bei der Ausübung eines Anfechtungsrechtes nicht Platz grei-

23

---

[78] LAG Köln (18.12.98) NZA-RR 1999, 599 (600).
[79] BAG (9.8.00) BB 2000, 2474 f. = ZTR 2000.558.
[80] (5.7.95) NZA-RR 1996, 180.
[81] Vgl. *Hueck/Nipperdey*, Bd. I, S. 187 f.; *Schaub*, S. 267 Rdn. 15; KR-*Fischermeier*, § 626 BGB Rdn. 44; APS/*Preis*, Grundlagen K, Rdn. 23; *Erman/Palm*, BGB, § 123 Rdn. 5; *Kramer*, in: MüKo-BGB, § 123 Rdn. 31; *Boemke*, Arbeitsrecht, S. 53 Rdn. 71 m.N.; *Ehrich*, DB 2000, 427; MünchArbR/*Buchner*, § 41 Rdn. 185; *Stahlhacke/Preis/Vossen*, Rdn. 1321; BAG (28.3.74) AP Nr. 3 zu § 119 BGB = DB 1974, 1531 m.w.N.; (14.12.79) SAE 1981, 82 ff. mit im Ergebnis zust. Anm. von *Picker*; (21.2.91) BB 1991, 2014; (11.11.93) BB 1994, 357 = NZA 1994, 407; (28.5.98) AP Nr. 46 zu § 123 BGB; (18.10.00) BB 2001, 628; LAG Berlin (10.10.77) BB 1978, 1311.
[82] Dazu *Soergel/Hefermehl*, BGB, § 119 Rdn. 76; BAG (18.9.87) AP Nr. 32 zu §123 BGB.

fen⁸³, während sonst die fristlose Kündigung einer Schwangeren oder Wöchnerin bzw. die eines Schwerbehinderten ohne Zustimmung der zuständigen Behörde rechtsunwirksam ist, §§ 9 Abs. 1 MuSchG, 85, 91 SGB IX.

Wenn der Anfechtungsgrund so stark nachwirkt, dass dem Anfechtungsberechtigten die Fortsetzung des Arbeitsverhältnisses unzumutbar ist, kann ein und derselbe Grund sowohl zur Anfechtung als auch zum Ausspruch einer außerordentlichen fristlosen Kündigung berechtigen.⁸⁴

b) Irrtumsanfechtung

24 Nach § 119 Abs. 2 BGB gilt als Irrtum über den Inhalt der Erklärung auch der Irrtum über solche Eigenschaften der Person, die im Verkehr als wesentlich angesehen werden. Zu diesen Eigenschaften gehören freilich nur solche Merkmale, die geeignet sind, die Erfüllbarkeit des abgeschlossenen Rechtsgeschäfts zu gefährden⁸⁵, wobei nur vorübergehende Erscheinungen als Eigenschaften außer Betracht bleiben.

25 Dass auch Krankheiten oder Leiden⁸⁶ eines Arbeitnehmers wesentliche Eigenschaften im Sinne von § 119 Abs. 2 BGB sein und die Anfechtung rechtfertigen können, erscheint offenkundig und entspricht einhelliger Meinung.⁸⁷ Der Grad der Leistungsfähigkeit eines Arbeitnehmers ist im Allgemeinen zwar keine verkehrswesentliche Eigenschaft.⁸⁸ Wird jedoch die objektive Tauglichkeit des Arbeitnehmers durch eine beim Vertragsabschluss vorhandene nicht nur kurzfristige Erkrankung erheblich herabgesetzt, kann dem Arbeitnehmer eine verkehrswesentliche Eigenschaft fehlen, die die Anfechtung rechtfertigt, wenn er für die übernommene Arbeit nicht oder nicht ausreichend geeignet ist, was auch hinsichtlich einer Alkoholabhängigkeit⁸⁹ oder Drogensucht der Fall sein kann. Es wird freilich immer auf

---

[83] *Neumann/Pahlen,* SchwerbG, § 15 Rdn. 51 m.N.; *Meisel/Sowka,* MuSchG, § 9 Rdn. 27 m.w.N.; *Buchner/Becker,* MuSchG, § 9 Rdn. 34

[84] *Staudinger/Nipperdey/Neumann,* BGB, 11. Aufl., § 611 Anm. 99; BAG DB 1974, 1531; (14.12.79) DB 1980, 739 = BB 1980, 834; siehe aber LAG Baden-Württ. (7.7.81) DB 1982, 707: Das Verschweigen einer Entziehungskur wegen Gamma-Alkoholismus rechtfertige nicht die fristlose Entlassung.

[85] Vgl. BGB-RGRK, § 119 Anm. 32ff.; *Erman/Palm,* BGB, § 119 Rdn. 45; *Larenz/Wolf,* S. 676f. Rdn. 56ff.

[86] Nach allgemeinem Sprachgebrauch wird zwischen Krankheiten, die neu eingetreten sind und sich in einem Verlauf befinden, und Leiden unterschieden, die einen fortdauernden Endzustand einer Verletzung oder Krankheit darstellen, siehe dazu *de Haan,* S. 30.

[87] Etwa *Schaub,* S. 269 Rdn. 21; *Erman/Palm,* BGB, § 119 Rdn. 45; *Palandt/Heinrichs,* BGB, § 119 Rdn. 26; BGB-RGRK, § 119 Anm. 51; *Soergel/Hefermehl,* BGB, § 119 Rdn. 46; *Kramer,* in: Müko-BGB, § 119 Rdn. 127; *Feichtinger,* ArbR-Blattei, Krankheit I, Rdn. 86; *Brox/Rüthers,* S. 60 Rdn. 62; *Dörner/Luczak/Wildschütz,* B, Rdn. 233, 406; *Larenz/Wolf,* S. 674 Rdn. 50; *KPK-Bengelsdorf,* Teil D, Rdn. 10; *Hromadka/Maschmann,* S. 161 Rdn. 159; Kasseler Handbuch/*Leinemann,* 1.1 Rz. 578; BAG DB 1974, 1531; (14.12.79) DB 1980, 739; ArbG Kaiserslautern/Pirmasens (7.11.79) ARSt 1980, S. 33 Nr. 31.

[88] BAG DB 1974, 1531; ArbG Bremen (27.10.66) AuR 1967, 349; ArbG Kaiserslautern/Pirmasens, ARSt 1980, S. 33 Nr. 31; *Schaub,* S. 269 Rdn. 21; *Soergel/Hefermehl,* BGB, § 119 Rdn. 46; *Erman/Palm,* BGB, § 119 Rdn. 45; *Dörner/Luczak/Wildschütz,* B, Rdn. 409; *Löwisch,* Arbeitsrecht, S. 324 Rdn. 1194 (anders noch 3. Aufl., S. 391 Rdn. 1207); KPK-*Bengelsdorf,* Teil D, Rz. 11; APS/*Preis,* Grundlagen K, Rdn. 35.

[89] Dazu *Schäfer, Jürgen,* S. 73 f.

die konkreten Umstände des Einzelfalles ankommen, so dass man die Frage, ob für den Abschluss eines Vertrages der Gesundheitszustand des Arbeitnehmers eine erhebliche Eigenschaft im Sinne von § 119 Abs. 2 BGB ist, weder generell bejahen noch verneinen kann.[90] Allgemein muss gefordert werden, dass die Krankheit zur Zeit der Arbeitsaufnahme so schwerwiegend war, dass der Arbeitnehmer zu den vertraglich geschuldeten Leistungen untauglich oder doch wenigstens erheblich in seiner Leistungsfähigkeit nicht nur vorübergehend beeinträchtigt ist.[91] Auch eine Krankheit, die nur zu gewissen Arbeiten untauglich macht, kann als verkehrswesentliche Eigenschaft angesehen werden.[92] Andererseits sagt die Unheilbarkeit eines Leidens noch nichts darüber aus, ob der betreffende Arbeitnehmer dauernd arbeitsunfähig und außerstande ist, die vereinbarte Arbeitsleistung zu erbringen.[93] Gewiss kann aber die Ansteckungsgefahr anderer Arbeitnehmer, vor allem bei Tbc-Kranken, eine solche Eigenschaft gemäß § 119 Abs. 2 BGB darstellen und den Arbeitgeber zur Irrtumsanfechtung berechtigen.[94] Nichts anderes gilt, wenn etwa die Leistungsfähigkeit eines Arbeitnehmers infolge einer Epilepsie um mehr als 50 % gemindert ist.[95] Nach den Richtlinien des Bundesministers für Verkehr für die Prüfung der körperlichen und geistigen Eignung von Fahrerlaubnisbewerbern bzw. -inhabern vom 1. 12. 1982[96] war beim Auftreten epileptischer Anfälle, gleich welcher Art und Ursache, die Kraftfahrtauglichkeit für alle Klassen zu verneinen. Den nunmehr in 6. Auflage vorliegenden „Begutachtungs-Leitlinien zur Kraftfahrzeugeignung bei Anfallsleiden"[97] in Verbindung mit § 2 Abs. 1 FeV zufolge ist, wer unter persistierenden epileptischen Anfällen oder anderen anfallsartig auftretenden Bewusstseinsstörungen leidet, in der Regel nicht in der Lage, den gestellten Anforderungen zum Führen von Kraftfahrzeugen der Gruppe 1 gerecht zu werden, solange ein wesentliches Risiko von Anfallsrezidiven besteht. Dagegen wird die normal verlaufende Schwangerschaft im Allgemeinen nicht als verkehrswesentliche Eigenschaft angesehen[98], da es sich nur um einen vorübergehenden Zustand han-

---

[90] BAG DB 1974, 1531 = AP Nr. 3 zu § 119 BGB.
[91] Siehe auch BAG (26. 7. 89) AP Nr. 87 zu § 1 LohnFG = NZA 1990, 141; *Gitter/Michalski*, S. 58.
[92] LAG Hamm (8. 9. 55) DB 1955, 923; *Kemter*, RdA 1962, 308.
[93] Siehe LAG Schleswig-Holst. (21. 8. 69) *Sabel*, EEK II/020 am Beispiel einer Zyklothymie.
[94] LAG Bremen (5. 12. 56) DB 1957, 24; KPK-*Bengelsdorf*, Teil D, Rdn. 10.
[95] Dazu BAG DB 1974, 1531 = AP Nr. 3 zu § 119 BGB; zust. *Dörner/Luczak/Wildschütz*, B, Rdn. 233; *Ring*, S. 140 Rdn. 237; *Baumbach/Hopt*, HGB, § 59 Rdn. 118; *Kramer*, in: Müko-BGB, § 119 Rdn. 127.
[96] VerkehrsBlatt 1982, S. 496.
[97] Abdruck, in: Aktuelle Neurologie, Heft 2/2000, S. 90ff.
[98] Vgl. *Buchner/Becker*, MuSchG, § 5 Rdn. 59 m.N.; *Kramer*, in: Müko-BGB, § 119 Rdn. 127; *Schaub*, S. 269 Rdn. 22, S. 1774 Rdn. 38; *Baumbach/Hopt*, HGB, § 59 Rdn. 118; *Meisel/Sowka*, MuSchG, § 9, Rdn. 38; *Soergel/Hefermehl*, BGB, § 119 Rdn. 46; *Schwedes*, S. 132 Rdn. 239; KR-*M. Wolf*, Grunds. Rdn. 178a; *Stahlhacke/Preis/Vossen*, Rdn. 806; *Erman/Palm*, BGB, § 119 Rdn. 45; *Brox/Rüthers*, S. 60 Rdn. 62; KPK-*Bengelsdorf*, Teil D, Rdn. 13; KR-*Etzel*, § 9 MuSchG Rdn. 137; Kasseler Handbuch/*Leinemann*, 1.1 Rz. 582; *Larenz/Wolf*, S. 676 Rdn. 54; *Knorr/Bichlmeier/Kremhelmer*, S. 798 Rdn. 23; *Zmarzlik/Zipperer/Viethen*, MuSchG, § 9 Rdn. 89; *Reuter*, Anm. zu BAG (15. 10. 92) JuS 1993, 702, aber mit anderer Begründung; MünchArbR/*Buchner*, § 41 Rdn. 87, 88; MünchArbR/*Ri-*
Fortsetzung siehe nächste Seite

delt, um einen den Lebensfunktionen des weiblichen Körpers entsprechenden natürlichen Vorgang. Etwas anderes gilt aber dann, wenn beispielsweise ein zulässig befristeter Arbeitsvertrag abgeschlossen worden ist und die Arbeitnehmerin infolge von Beschäftigungsverboten und -beschränkungen nach dem MuSchG im Verhältnis zur Gesamtdauer des Vertrages für einen erheblichen Teil der Vertragsdauer ausfällt[99] oder wenn die vertraglich von ihr übernommene Arbeit wegen der Schwangerschaft nicht ausgeführt werden kann[100], was etwa bei einer Tänzerin oder einem Mannequin der Fall sein wird.

26   Ebensowenig rechtfertigt im Allgemeinen die Schwerbehinderteneigenschaft eines Arbeitnehmers die Anfechtung des Arbeitsvertrages nach § 119 Abs. 2 BGB.[101] Der besondere Kündigungsschutz für Schwerbehinderte stellt sich als Rechtsfolge der Erwerbsminderung dar, die für sich genommen die Anfechtung wegen eines Eigenschaftsirrtums nur dann begründen kann, wenn der Schwerbehinderte wegen seiner Behinderung die vorgesehene Arbeit nicht zu leisten vermag oder die Minderung der Leistung und Fähigkeit für den in Betracht kommenden Arbeitsplatz von ausschlaggebender Bedeutung ist.[102] Stellt sich die Behinderung aber erst im Zeitpunkt oder aus Anlass der Kündigung heraus oder hat der Arbeitnehmer über einen längeren Zeitraum seine arbeitsvertraglichen Pflichten unbeanstandet erfüllt, kommt eine Anfechtung in der Regel nicht mehr in Betracht.

27   Wenn und soweit eine Anfechtung des Arbeitsvertrages nach § 119 Abs. 2 BGB begründet erscheint, muss von diesem Gestaltungsrecht ohne schuldhaftes Zögern (unverzüglich) Gebrauch gemacht werden, § 121 Abs. 1 BGB, wobei zur zeitlichen Konkretisierung des unbestimmten Rechtsbegriffes der „unverzüglichen" Anfechtung die zweiwöchige Ausschlußfrist des § 626 Abs. 2 BGB entsprechend heranzu-

---

chardi, § 46 Rdn. 34; Kasseler Handbuch/*Leinemann*, 1.1 Rz. 582; *Hromadka/Maschmann*, S. 161 Rdn. 159; APS/*Preis*, Grundlagen K, Rdn. 37; BAG (16.2.83) DB 1983, 1663; (8.9.88) DB 1989, 585 = AuR 1990, 30, mit Anm. von *Heilmann*; (6.2.92) NJW 1992, 2174 m.w.N.; BVerfG (22.3.77) E 44, 52; anders aber im Falle von § 4 MuSchG: BAG (8.9.88) SAE 1990, 369 mit Anm. von *Bickel*, der auch § 8 Abs. 6 MuSchG als maßgeblich ansieht – für die entsprechende Anwendung des § 9 MuSchG bei einer Anfechtung nach § 119 Abs. 2 BGB: *Gamillscheg*, S. 242; *Hueck/Nipperdey*, Bd. I S. 733; siehe auch *Richardi/Annuß*, S. 9; Staudinger/*Richardi*, BGB § 611 Rdn. 159: unerheblich, dass Schwangerschaft kein Dauerzustand sei; kritisch auch *K. Gamillscheg*, S. 180; *Boemke*, Arbeitsrecht, S. 56 Rdn. 92, 93.

[99] BAG (8.9.88) AP Nr. 2 zu § 9 MuSchG; KPK-*Bengelsdorf*, Teil D, Rdn. 14; MünchArbR/*Buchner*, § 41 Rdn. 88.
[100] Etwa *Gitter/Michalski*, S. 57.
[101] Siehe *Schaub*, S. 269 Rdn. 22, S. 1868 Rdn. 8; *Bopp*, S. 198; KR-*M. Wolf*, 3. Aufl., Grunds. Rdn. 178b; Soergel/*Hefermehl*, BGB, § 119 Rdn. 46; Erman/*Palm*, BGB, § 119 Rdn. 45; MünchArbR/*Richardi*, § 46 Rdn. 35; KPK-*Bengelsdorf*, Teil D, Rdn. 15; *Neumann/Pahlen*, SchwerbG, § 15 Rdn. 44; Kasseler Handbuch/*Leinemann*, 1.1 Rz. 580; *Großmann/Steinbrück*, GK-SchwbG, § 15 Rdn. 149.
[102] MünchArbR/*Richardi*, § 46 Rdn. 35; *Hromadka/Maschmann*, S. 161 Rdn. 159; *Dörner/Luczak/Wildschütz*, B, Rdn. 246.

ziehen sei.[103] Nur auf diese Weise soll nach Ansicht des BAG dem Grundsatz der Rechtssicherheit und Rechtsklarheit hinreichend Rechnung getragen werden. Dem kann indessen nicht gefolgt werden, da Anfechtung und Kündigung unterschiedliche Voraussetzungen und Wirkungen haben. Beide Rechtsinstitute sind insoweit nicht austauschbar.

c) *Anfechtung wegen arglistiger Täuschung*
aa) insbesondere Auskunftspflicht

Der Arbeitgeber hat häufig ein verständliches Interesse daran, zu erfahren, ob der Bewerber gesundheitlich in der Lage ist, die vorgesehene Arbeit ordnungsgemäß zu erledigen, während der kranke bzw. krank gewesene Arbeitnehmer bei wahrheitsgemäßer Beantwortung entsprechender Fragen Gefahr läuft, nicht erst eingestellt zu werden. Angesichts dieser widerstreitenden Interessenlage überrascht es nicht, dass die damit im Zusammenhang stehenden Probleme umstritten sind.[104] 28

Zunächst muss auf das in Art. 8 EMRK verankerte Grundrecht auf Achtung des Privatlebens hingewiesen werden, das sich aus den gemeinsamen Verfassungstraditionen der Mitgliedstaaten der EU herleitet.[105] Es umfasst insbesondere das Recht einer Person, ihren Gesundheitszustand geheimzuhalten. Freilich ist auch dieses Recht Beschränkungen unterworfen. Bei der Beantwortung der maßgeblichen Fragen kommt auch dem sog. Volkszählungsurteil des BVerfG vom 15.12.1983[106] erhebliche Bedeutung zu. Das BVerfG hat aus den Artikeln 1 Abs. 1 und 2 Abs. 1 GG ein „Recht auf informationelle Selbstbestimmung" hergeleitet, nämlich die Befugnis des Einzelnen, grundsätzlich selbst zu entscheiden, wann und innerhalb welcher Grenzen persönliche Lebenssachverhalte offenbar werden.[107] Dieses Recht, das nur durch Gesetz eingeschränkt werden kann[108], umfasst nicht nur die persönliche Lebensführung, sondern u.a. auch die beruflichen und wirtschaftlichen Verhältnisse. Zwar richtet sich dieses „Grundrecht" primär gegen die Träger hoheitlicher Gewalt. 29

---

[103] So BAG (14.12.79) AP Nr. 4 zu § 119 BGB = SAE 1981, 82ff., mit insoweit **ablehnender** Anm. von *Picker*; zust. *Larenz/Wolf*, S. 687 Rdn. 100; BAG (19.5.83) WPM 1984, 353; zust. *Palandt/Heinrichs*, BGB, § 121 Rdn. 3; *Wolf/Gangel*, AuR 1982, 274; *Höhn*, ZfA 1987, 88 – **anderer Ans.** *Richardi/Annuß*, S. 5; *Misera*, Anm. zu BAG SAE 1984, 174ff.; *Soergel/Hefermehl*, BGB, § 121 Rdn. 7; *Erman/Hanau*, BGB, 9. Aufl., § 611 Rdn. 266; MünchArbR/*Buchner*, § 41 Rdn. 180; MünchArbR/*Richardi*, § 46 Rdn. 51.

[104] Ausführlich *Hofmann*, ZfA 1975, 1 (43ff.); *Degener*, S. 126ff.; siehe auch *Hümmerich*, BB 1979, 428 (430); *Wohlgemuth*, BB 1980, 1530ff.; *Moritz*, NZA 1987, 329 (333); *Conze*, ZTR 1991, 99; *Wohlgemuth*, AuR 1992, 48; MünchArbR/*Buchner*, § 49 Rdn. 9ff.; BGB-RGRK, § 611 Rdn. 1182ff.; *Roth*, in: Müko-BGB, § 242 Rdn. 246; *Thüsing/Lambrich*, BB 2002, 1146ff.

[105] Vgl. EuGH (5.10.94) NJW 1994, 3006 m.N.

[106] BVerfG E 65, 1 (41, 43) = DB 1984, 36; (17.7.84) E 67, 100 (142f.); (9.3.88) E 78 (84f.); LAG Berlin (22.6.92) NZA 1992, 1131; dazu auch Kasseler Handbuch/*Striegan*, 2.10 Rz. 11.

[107] Dazu auch BAG (22.10.86) AP Nr. 2 zu § 23 BDSG; (4.4.90) DB 1990, 1522; BGH (11.12.91) NJW 1992, 737; BFH (27.10.93) BB 1994, 625; *Gallwas*, NJW 1992, 2785ff.; MünchArbR/*Buchner*, § 41 Rdn. 24ff.; *Costard*, S. 71f.; *Däubler*, S. 315 Rdn. 508; *Kloepfer*, Gutachten, S. D 47ff; *Schmidt-Bleibtreu/Klein*, GG, Vorb. vor Art. 83 Rdn. 16.

[108] BVerfG E 65, 1 (44).

Aufgabenstellung und Abgrenzung

Gleichwohl steht außer Frage, dass es bei der Auslegung und Anwendung privatrechtlicher Normen und Grundsätze im Wege mittelbarer Drittwirkung in Verbindung mit dem privatrechtlich geschützten allgemeinen Persönlichkeitsrecht auf das arbeitsvertragliche Anbahnungsverhältnis einwirkt.[109] Das Bundesdatenschutzgesetz vom 20. 12. 1990 in der Fassung vom 17. 12. 1997[110] berücksichtigte bei der Erhebung personenbezogener Daten durch öffentliche Stellen die Rechtsprechung des BVerfG. So heißt es in § 1 Abs. 1 BDSG, Zweck des Gesetzes sei es, den Einzelnen davor zu schützen, dass er durch den Umgang mit seinen personenbezogenen Daten nicht in seinem Persönlichkeitsrecht beeinträchtigt wird. Nach § 13 Abs. 1 BDSG ist das Erheben personenbezogener Daten durch öffentliche Stellen zulässig, und zwar sämtlicher personenbezogener Daten[111], wenn ihre Kenntnis zur Erfüllung der Aufgabe der erhebenden Stellen erforderlich ist.[112] Auch nicht-öffentliche Stellen, also Private, werden vom Anwendungsbereich des BDSG erfaßt, § 1 Abs. 2 Nr. 3, soweit sie die Daten in oder aus Dateien geschäftsmäßig oder für berufliche oder gewerbliche Zwecke verarbeiten oder nutzen, während die Verarbeitung und Nutzung personenbezogener Daten in Akten und Aktensammlungen durch nicht-öffentliche Stellen grundsätzlich nicht vom BDSG erfasst werden, § 27 Abs. 2.[113] Aufgrund der Datenschutz-Richtlinie 95/46 vom 24. 10. 1995[114], die nach deren Art. 32 Abs. 1 bis zum 24. 10. 1998 innerstaatlich hätte umgesetzt werden müssen, lässt sich die Ausgrenzung von Akten wohl nicht mehr aufrechterhalten.[115] Die Richtlinie differenziert auch nicht zwischen Datenschutz im öffentlichen und privaten Bereich, so dass auch insoweit die diesbezüglichen datenschutzrechtlichen Normen des BDSG angepasst werden müssen[116], zumal Art. 8 der Richtlinie sensitive Daten, zu denen u. a. Daten über die Gesundheit gehören, schützt mit Ausnahme von jedoch beispielsweise personenbezogenen Daten, die erforderlich sind, um den Rechten und Pflichten des für die Verarbeitung Verantwortlichen auf dem Gebiet des Arbeitsrechts Rechnung zu tragen, sofern dies aufgrund einzelstaatlichen Rechts zulässig ist, Art. 8 Abs. 2 Buchstabe b) Richtlinie 95/46. Zwar regelt § 28 Abs. 1 BDSG das Erheben, Speichern, Verändern oder Übermitteln personenbezogener Daten oder ihre Nutzung als Mittel für die Erfüllung eigener Geschäftszwecke. Jedoch können auch nach der aktuellen Neufassung des Gesetzes insbesondere die Absätze 6-9 dieser Norm auf Arbeitsverhältnisse nicht ohne weiteres angewendet werden[117], wie die Entstehungsgeschichte der BDSG-Novelle vom 18. 5. 2001[118] belegt. In diesem Zusammenhang hielt es der deutsche Gesetzgeber

---

[109] Zutreffend *Conze*, ZTR 1991, 99 (100); LAG Berlin, NZA 1992, 1131; siehe auch *Kort*, RdA 1992, 379; dazu aber Kasseler Handbuch/*Striegan*, 2.10 Rz. 38–40.
[110] BGBl. I S. 3108.
[111] Siehe etwa *Kloepfer*, Gutachten, S. D 58.
[112] Dazu nur *Kasseler* Handbuch/*Striegan*, 2.10 Rz. 77, 208.
[113] Dazu etwa *Kasseler* Handbuch/*Striegan*, 2.10 Rz. 67-68; *Schaub*, 9. Aufl., S. 1529, Rdn. 31.
[114] Amtsblatt/EG Nr. L 281 vom 23. 11. 1995, S. 31.
[115] Dazu *Kloepfer*, Gutachten, S. D 108 m.w.N.; zur richtlinienkonformen Auslegung siehe BAG (2.4.96) BZA 1996, 998; MünchArbR/*Blomeyer*, § 99 Rdn. 9, 19.
[116] Dazu *Kloepfer*, Gutachten, S. D 112, siehe auch Müller, FS für Alfred Söllner, S. 809 (813).
[117] So etwa *Hartleb*, Handbuch Betrieb und Personal, Fach 22, Rdn. 22; siehe aber *Thüsing/Lambrich*, BB 2002, 1150, 1151.
[118] Bundestags-Drucks. 14/4329. S. 31.

Abgrenzung

für erforderlich, alsbald den Arbeitnehmer-Datenschutz in einem besonderen Gesetz zu kodifizieren, was bisher aber nicht erfolgt ist. Insoweit bleibt es auch weiterhin dabei, dass die Zulässigkeitsgrenzen für die Ausübung eines Fragerechts durch das geänderte BDSG nicht verschärft worden sind.[119]

Ungeachtet dessen wurde jedenfalls bisher die Befugnis des Arbeitgebers nicht ernsthaft in Frage gestellt, den Arbeitnehmer nach bestimmten, für die Vertragserfüllung wesentlichen Umständen zu fragen[120], also sich auch nach Krankheiten des Arbeitnehmers zu erkundigen, während beim Fehlen einer ausdrücklichen Einwilligung eine Verpflichtung des Stellenbewerbers, sich einer Genomanalyse zu unterziehen, die dem Nachweis einzelner Erbmerkmale des Menschen, seiner erblichen Leiden und Dispositionen dient, weder aus normativen Regelungen über ärztliche Untersuchungen noch aus dem Schuldverhältnis der Vertragsanbahnung, einem vertragsähnlichen Vertrauensverhältnis, hergeleitet werden kann.[121, 122] Dass ansonsten ein Fragerecht des Arbeitgebers und damit eine Auskunftspflicht des Arbeitnehmers besteht, wenn und soweit die diesbezüglichen Fragen in einem erkennbaren Zusammenhang mit dem Arbeitsverhältnis stehen, wird in § 94 Abs. 1 BetrVG offenbar als selbstverständlich vorausgesetzt. Die fehlende Zustimmung des Betriebs- oder Personalrates zu einem Personalfragebogen nimmt dem Arbeitgeber auch nicht seine individual-rechtliche Befugnis, bei wahrheitswidriger Beantwortung einer sonst zulässigerweise gestellten Frage an den Arbeitnehmer den Vertrag wegen arglistiger Täuschung anzufechten.[123]

Es entspricht jetzt allgemeiner Auffassung[124], dass eine Auskunftspflicht des Stellenbewerbers nur hinsichtlich solcher Umstände besteht, an deren Offenlegung ein durch das Arbeitsverhältnis berechtigtes, billigenswertes und schutzwürdiges Interesse vorliegt. Bei der Abwägung des Auskunftsinteresses des Arbeitgebers ei- 30

---

[119] Ebenso *Thüsing/Lambrich*, BB 2002, 1150 m.w.N.
[120] Vgl. nur *Hromadka/Maschmann*, S. 124 ff Rdn. 43ff.
[121] Vgl. *Wiese*, RdA 1986, 120 (121 m.w.N.); *ders.*, RdA 1988, 218ff.; *Menzel*, NJW 1989, 2041f.; dazu auch *Keller*, NZA 1988, 562ff.; *Simon*, MDR 1991, 5 (8ff.); *Diekgräf*, BB 1991, 1854ff.; *Taupitz*, JZ 1992, 1089ff.; *Hunold*, DB 1993, 229; *Deutsch*, VersR 1994, 1 (3); *ders.*, Medizinrecht, S. 451 Rdn. 661; *Schaub*, S. 189 f. Rdn. 19, 20; *Rittner*, DtÄrzteBl 94 (1997), Heft 6, B-251; *Roos*, AiB 1998, 19ff.; ErfK/*Preis*, § 611 BGB Rdn. 371; *Roos*, AuR 2001, 121 (123f.); Kasseler Handbuch/*Striegan*, 2.10 Rz. 179; MünchArbR/*Buchner*, § 41 Rdn. 228.
[122] Zur Lösung eines Teilbereichs genetischer Analysen siehe § 22 des Entwurfs eines Gesetzes über Sicherheit und Gesundheitsschutz bei der Arbeit von 1993, Bundestags-Drucks. 12/6752, dazu *Wiese*, BB 1994, 1209ff. Der Entwurf ist bisher nicht Gesetz geworden, dazu *Wlotzke*, NZA 1996, 1018; *Roos*, AiB 1998, 20.
[123] BAG (2.12.99) BB 2000, 1093 m.w.N.
[124] Nachweise bei *Wiese*, RdA 1986, 122 Anm. 17; *Gola*, BB 1987, 538; *Conze*, ZTR 1991, 100; *Zöllner/Loritz*, S. 149; *Hunold*, DB 1993, 224; *Feichtinger*, ArbR-Blattei Krankheit I, Rdn. 62; MünchArbR/*Buchner*, § 41 Rdn. 4ff., 33ff.; *Däubler/Kittner/Klebe*, BetrVG, § 94 Rdn. 12; *Gola*, EFZG, S. 195; BGB-RGRK, § 611 Rdn. 1184, 1190; *Soergel/Kraft*, BGB, § 611 Rdn. 29; *Hess/Schlochauer/Glaubitz*, BetrVG, § 94 Rdn. 7; ErfK/*Preis*, § 611 BGB Rdn. 333; *Hromadka/Maschmann*, S. 125 Rdn. 45; *Buchner/Becker*, MuSchG, § 5 Rdn. 33; *Staudinger/Richardi*; BGB, § 611 Rdn. 89ff.; Kasseler/ Handbuch/*Striegan*, 2.10 Rz. 139; BAG (20. S. 99) BB 1999, 2249 m.N.; LAG Köln (13.11.95) MDR 1996, 615 = NZA-RR 1996, 403.

nerseits und des Schutzes der Privatsphäre des Bewerbers andererseits darf nicht die Zielsetzung, ein ungestörtes und im Allgemeinen auf Dauer angelegtes Arbeitsverhältnis begründen zu wollen, außer Acht gelassen werden. Folglich wird der Inhalt und Umfang der Auskunftspflicht maßgeblich von der Art der in Aussicht genommenen Tätigkeit und den Einwirkungen des künftigen Arbeitnehmers bestimmt, ist mithin arbeitsplatzbezogen. Unzulässige Fragen des Arbeitgebers stellen einen Angriff auf das allgemeine Persönlichkeitsrecht des Arbeitnehmers dar, dem dieser durch eine „Notwehrlüge" begegnen darf.[125] *Rieble*[126] spricht in diesem Zusammenhang treffend von einem präventiven Diskriminierungsschutz durch Frageverbot. Die Täuschung durch den Arbeitnehmer erweist sich in einem solchen Falle als nicht widerrechtlich.[127]

aaa) Krankheiten

31 Für die Bejahung und den Umfang eines solchen Frageechts[128] in Bezug auf Krankheiten des Arbeitnehmers ist grundsätzlich darauf abzustellen, ob bestimmte Eigenschaften des Bewerbers die vertragsgemäße Erfüllung der Arbeitspflicht bei objektiver Beurteilung im besonderen Maße als risikobeladen erscheinen lassen[129],

---

[125] Dazu *Kramer*, in: Müko-BGB, § 123 Anm. 7 a. E.; *Moritz*, NZA 1987, 329 (336); *Staudinger/Richardi*, BGB, § 611 Rdn. 90; MünchArbR/*Buchner*, § 41 Rdn. 176; *Däubler*, S. 111 Rdn. 86; BAG (19.5.94) BB 1994, 2073 = DB 1994, 939.

[126] Anm. zu BAG EzA Nr. 40 zu § 123 BGB.

[127] Vgl. *Erman/Palm*, BGB, § 123 Rdn. 20; *Meisel/Sowka*, § 9 MuSchG Rdn. 28; MünchArbR/*Buchner*, § 41 Rdn. 193; BGB-RGRK, § 611 Rdn. 1187; BAG (21.2.91) AP Nr. 35 zu § 123 BGB = NZA 1991, 719 = BB 1991, 2014 – anders *Staudinger/Richardi*, BGB, § 611 Rdn. 163; *Kittner/Däubler/Zwanziger*, KSchR, §§ 123, 124 BGB Rdn. 11: keine arglistige Täuschung.

[128] Dessen Grenzen bestimmen zugleich die Zulässigkeit einer ärztlichen Einstellungsuntersuchung, die ein Arbeitgeber grundsätzlich verlangen kann (siehe nur *Roos*, AiB 1998, 20; *Diller/Powietzka*, NZA 2001, 1228 m. N.), wenngleich der Bewerber dazu nicht verpflichtet ist (so auch ErfK/*Preis*, § 611 BGB Rdn. 405 m. N.; Kasseler Handbuch/*Künzl*, 2.1 Rz. 925; FA-ArbR/*Wohlfeil*, S. 89 Rdn. 315). Insoweit besteht nur eine Untersuchungsobliegenheit des Arbeitnehmers (dazu etwa *Felderhoff*, S. 240 m.w.N.). Eine Einstellungsuntersuchung stellt sich als spezielle fachkundig vollzogene Form der Ausübung des Fragerechts dar, siehe LAG Düsseldorf (30.9.71) DB 1971, 2071; *Hofman*, ZfA 1975, 46; *Bruse*, PK-BAT, § 7 Rdn. 12; *von Hoyningen-Huene*, BB 1992, 2142; *Mummenhoff*, S. 159; *Sedelies*, S. 41, 56; *Künzl*, BB 1993, 1583; *Hönsch/Natzel*, S. 27 Rdn. 34; BGB-RGRK, § 611 Rdn. 1229. Dazu, ob der Arbeitgeber nach früheren Arbeitgebern und der Dauer der jeweiligen Arbeitsverhältnisse fragen darf, siehe LAG Köln (13.11.95) ZTR 1996, 128.

[129] *Hofmann*, ZfA 1975, 1 (43); ähnlich *Kemter*, RdA 1962, 309; siehe auch *Staudinger/Richardi*, BGB, § 611 Rdn. 94; *Bruse*, PK-BAT, § 7 Rdn. 9; *Leuze*, ZTR 1990, 272; ebenso LAG Berlin (10.10.77) BB 1978, 1311; *Schwerdtner*, Arbeitsrecht, S. 33; *Lieb*, S. 45 Rdn. 127; MünchArbR/*Buchner*, § 41 Rdn. 63 ff.; Kasseler Handbuch/*Künzl*, 2.1 Rz. 79; Kasseler Handbuch/*Striegan*, 2.10 Rz. 146; *Dörner/Luczak/Wildschütz*, B, Rdn. 234, 235; *Berkowsky*, Personenbedingte Kündigung, S. 157 Rdn. 11; zu eng *Däubler*, S. 99 Rdn. 64, das Fragerecht beziehe sich nur auf solche Abweichungen vom „normalen" Gesundheitszustand, die auch eine Auflösung des Arbeitsvertrages rechtfertigen; ihm zust. *Bobke*, S. 167; zurückhaltender jetzt *Däubler*, Arbeitsrecht Ratgeber, S. 133 Rdn. 455; einschränkend *Soergel/Kraft*, BGB § 611 Rdn. 29: ob die Beantwortung der Frage für die in Aussicht genommenen Tätigkeit von Bedeutung ist, ob das Vorliegen einer Krankheit zur Gefährdung von Mitarbeitern oder Kunden führen könne.

Abgrenzung

ob auf Dauer oder in periodisch wiederkehrenden Abständen die Eignung für die vorgesehene Tätigkeit in erheblichem Umfang aufgehoben oder wenigstens erheblich eingeschränkt ist.[130] Es muss jedenfalls zwischen akuten, möglicherweise chronischen sowie ansteckenden Erkrankungen, nach denen gefragt werden darf, und gewissen Krankheitsgefährdungen, nach denen nicht gefragt werden darf, unterschieden werden.[131] Es dürfte kaum einen Arbeitnehmer geben, der nicht in irgendeiner Form das Risiko künftiger gesundheitlicher Beeinträchtigungen in sich birgt. Ebensowenig braucht der Arbeitnehmer bei der Einstellung Angaben über einwandfrei ausgeheilte[132] oder leichte, nur vorübergehende Erkrankungen zu machen.[133] Anders verhält es sich bei körperlichen Leiden oder Gebrechen, die mit Sicherheit oder mit an Sicherheit grenzender Wahrscheinlichkeit die Eignung für den vorgesehenen Arbeitsplatz[134] in erheblichem Umfang beeinträchtigen oder gar ausschließen. Das ist etwa hinsichtlich eines Bruchleidens bei einem Transportarbeiter, bezüglich einer Sehnenscheidenentzündung bei einer Schreibkraft[132] oder bei einem Berufskraftfahrer der Fall, der an Trunksucht leidet.[135]

---

[130] BAG (7.6.84) AP Nr. 26 zu § 123 BGB = NZA 1985, 57; *Moritz*, NZA 1987, 329 (333); *Erman/Hanau*, BGB, 9. Aufl., § 611 Rdn. 263; *Hunold*, DB 1993, 229; *Janker*, AuA 1991, 265; *Gitter/Michalski*, S. 60; *Fitting/Kaiser/Heither/Engels/Schmidt*, BetrVG, § 94 Rdn. 25; *Löwisch*, Arbeitsrecht, S. 325 Rdn. 1198; MünchArbR/*Buchner*, § 41 Rdn. 50ff.; *Wlotzke*, BetrVG, § 94 Anm. 26, S. 307; *Hönsch/Natzel*, S.22 Rdn. 11; *Berkowsky*, Personenbedingte Kündigung, S. 157 Rdn. 11; *Hess/Schlochauer/Glaubitz*, BetrVG, § 94 Rdn. 9; *Schaub*, S. 201 f Rdn. 20; BGB-RGRK, § 611 Rdn. 1195; *Bauer*, Aufhebungsverträge, S. 146 Rdn. 380; *Stückmann*, AuA 1998, 224; *Kittner/Däubler/Zwanziger*, KSchR, §§ 123, 124 BGB Rdn. 25; *Ehrich*, DB 2000, 421 (423); *Gamillscheg*, S. 200; *Hromadka/Maschmann*, S. 127 Rdn. 55.
[131] Zutreffend LAG Berlin (6.7.73) DB 1974, 99; *Wohlgemuth*, AuR 1992, 48; *Corts*, Handbuch Betrieb und Personal, Fach 4 Rdn. 74; Kasseler Handbuch/*Künzl*, 2.1 Rz. 81; *Kraft*, GK-BetrVG, § 94 Rdn. 20; *Tschöpe/Wisskirchen*, Teil 1 C, Rz. 79; KPK-*Bengelsdorf*, Teil D, Rdn. 27; *Hunold*, AuA 2001, 262.
[132] So auch LAG Berlin, DB 1974, 99; *Erman/Palm*, BGB, § 123 Rdn. 21; MünchArbR/*Buchner*, § 41 Rdn. 63; *Götz*, S. 77 Rdn. 19; *Däubler*, S. 98 Rdn. 63; Kasseler Handbuch/*Künzl*, 2.1 Rz. 81.
[133] Vgl. BAG (7.6.84) DB 1984, 2706; LAG Düsseldorf/Köln (23.5.61) DB 1961, 1135; LAG Baden-Württ./Stuttgart (11.5.62) DB 1962, 1015; LAG Frankfurt/M. (13.10.72) *Sabel*, EEK 11/1049; LAG Hamm (22.5.73) DB 1973, 1307; LAG Berlin, DB 1974, 99; ArbG Bamberg/Coburg (13.11.73) ARSt 1974, S. 114 Nr. 128; MünchArbR/*Buchner*, § 41 Rdn. 63; Kasseler Handbuch/*Künzl*, 2.1 Rz. 81.
[134] Zutreffend LAG Düsseldorf (30.9.71) DB 1971, 2071; siehe auch *Kemter*, RdA 1962, 308f.; *Hofmann*, ZfA 1975, 43; ähnlich *Foltyn*, S. 31; *Fuchs*, BlStSozArbR 1978, 162; *Ernsthaler-Etzel*, GK-HGB, § 59 Rdn. 18; ArbG Kaiserslautern/Pirmasens, ARSt 1980, S. 33 Nr. 31: Eine Zahnarzthelferin hatte vor ihrer Einstellung erklärt, sie sei vollständig gesund, obwohl sie seit Jahren wegen Krämpfen in ärztlicher Behandlung war; BAG DB 1984, 2706; *Erman/Palm*, BGB, § 123 Rdn. 21.
[135] ArbG Kiel (21.1.82) BB 1982, 804; zust. *Gola*, BB 1987, 539; *Willemsen/Brune*, DB 1988, 2304; *Weber/Ehrich/Hörchens*, S. 568 Rdn. 49; KPK-*Bengelsdorf*, Teil D, Rdn. 27.

Grundsätzlich darf auch sonst nach einer bestehenden Alkoholkrankheit oder Drogensucht gefragt werden[136], und zwar unabhängig von der arbeitsvertraglich vorgesehenen Tätigkeit. Der Arbeitgeber hat ein schutzwürdiges Interesse an einer wahrheitsgemäßen Antwort, weil die Einsatzmöglichkeit eines solchen Arbeitnehmers in der Regel eingeschränkt sein wird und auch mit krankheitsbedingten Ausfallzeiten gerechnet werden muss. Fragen nach einer überwundenen Suchterkrankung werden im Allgemeinen aber unzulässig sein.[137] Ob die Krankheit überwunden ist, richtet sich ausschließlich nach medizinischen Gesichtspunkten.[138] Bei lediglich „trockenen" Phasen fortbestehenden Alkoholismus ohne zwischenzeitliche Therapie kann davon noch keine Rede sein, sondern nur dann, wenn sich nach dem Ablauf einer erfolgreichen Entwöhnungsbehandlung herausgestellt hat, dass der Kranke in der Lage ist, den Alkoholkonsum künftig zu unterlassen oder jedenfalls kontrolliert zu konsumieren.[139] Unter diesem Aspekt hat ein Arbeitnehmer auch die Frage wahrheitsgemäß zu beantworten, ob er in naher Vergangenheit an einer Suchtentziehungstherapie teilgenommen hat.[140] Er darf die Teilnahme an einer solchen Maßnahme nicht verheimlichen, um auf diese Weise seine Wiedereingliederung in das Arbeitsleben zu erreichen. Die Rückfallgefahr ist nämlich nach wie vor sehr groß.

32   Nach ansteckenden Krankheiten, die andere Personen gefährden, mit denen der Arbeitnehmer bei der Vertragserfüllung in Berührung kommt, darf sich der Arbeitgeber stets erkundigen[141], auch wenn dadurch die Leistungsfähigkeit des Arbeitnehmers nicht beeinträchtigt wird. Gleiches gilt, wenn ein seit seiner Geburt an Asthma leidender Arbeitnehmer als Landschaftsgärtner eingestellt werden soll[142] oder wenn ein sonstiges chronisches Leiden vorliegt.[143] Zulässig sind ferner arbeitsplatzbezogene Fragen, so ob der Arbeitnehmer stehend arbeiten, ob er bestimmte Lasten heben oder Schichtarbeit leisten kann. Auch danach, ob der Arbeitnehmer im Zeitpunkt des Dienstantrittes bzw. in absehbarer Zeit mit seiner

---

[136] So auch *Hagen/de Vivie*, ZTR 1988, 33; *Künzl*, BB 1993, 1583; *Spieker*, AuA 1994, 21; ders., AuA 2001, 256; *Bengelsdorf*, Alkohol, S. 2; KPK-*Bengelsdorf*, Teil D, Rdn. 27; MünchArbR/*Buchner*, § 41 Rdn. 70; *Schäfer, Jürgen*, S. 54ff.; *Helml*, Arbeitsrecht, S. 64; BGB-RGRK, § 611 Rdn. 1195; *Felderhoff*, S. 235; *Stückmann*, AuA 1998, 224; ErfK/*Preis*, § 611 BGB Rdn. 343; Kasseler Handbuch/*Künzl*, 2.1 Rz. 923; *Schaub*, S. 201 Rdn. 14; siehe auch BAG (17.6.99) BB 1999, 1437; LAG Köln, DB 1996, 892 = NZA-RR 1996, 403: Verheimlichen einer Entziehungskur – **anders** *Däubler*, S. 98 Rdn. 63; *Russland*, Suchtverhalten, S. 151: Die Frage sei nur arbeitsplatzbezogen zulässig.

[137] Ebenso *Willemsen/Brune*, DB 1988, 2304; *Schäfer, Jürgen*, S. 58f. m.w.N.; *Felderhoff*, S. 236; *Fecker*, S. 163; *Russland*, Suchtverhalten, S. 151; Kasseler Handbuch/*Künzl*, 2.1 Rz. 922, 924.

[138] Zutreffend *Künzl*, BB 1993, 1582.

[139] Dazu *Felderhoff*, S. 237.

[140] KPK-*Schiefer*, § 1 KSchG Rdn. 135; LAG Köln (13.11.95) ZTR 1996, 128 = NZA-RR 1996, 403f. aber eine etwas andere Fragestellung betreffend.

[141] Ebenso BAG SAE 1985, 168; LAG München (21.3.51) BB 1951, 923; *Degener*, S. 127 m.N.; *Däubler*, S. 99 Rdn. 63; *Schwedes*, S. 39 Rdn. 40; *Hunold*, S. 55; MünchArbR/*Buchner*, § 41 Rdn. 66; BGB-RGRK, § 611 Rdn. 1195; *Stückmann*, AuA 1998, 224; ErfK/*Preis*, § 611 BGB Rdn. 343; *Hromadka/Maschmann*, S. 127 Rdn. 55; *Staudinger/Richardi*, BGB, § 611 Rdn. 95; FA-ArbR/*Wohlfeil*, S. 87 Rdn. 301.

[142] BAG (20.10.80) – 5 AZR 1050/79 – unv.

[143] Vgl. ArbG Bochum (4.8.83) DB 1984, 131 (132).

Abgrenzung

Arbeitsunfähigkeit rechnen muss, etwa wegen einer geplanten Operation oder bewilligten Heilbehandlung, darf der Arbeitgeber zulässigerweise fragen.[144]

Abweichend von der hier vertretenen Ansicht nahm das BAG[145] bisher wohl eine unbeschränkte Auskunftspflicht des Arbeitnehmers an, indem es – ohne nähere Begründung – ausführt, dass der Arbeitnehmer bei Einstellungsverhandlungen Fragen des Arbeitgebers nach seinem Gesundheitszustand wahrheitsgemäß beantworten müsse. In einer Entscheidung vom 7. 6. 1984 hat der 2. Senat des BAG[146] die diesbezügliche Rechtsprechung des 1. Senats zwar nicht ausdrücklich als überholt bezeichnet, aber doch erheblich eingeschränkt. Dem Arbeitgeber stehe ein Fragerecht nur insoweit zu, als er ein berechtigtes, billigenswertes und schutzwürdiges Interesse an der Beantwortung einer solchen Frage für das Arbeitsverhältnis habe. Das Interesse des Arbeitgebers müsse objektiv so stark sein, dass dahinter das Interesse des Arbeitnehmers am Schutz seines Persönlichkeitsrechts und an der Unverletzbarkeit seiner Individualsphäre zurücktreten müsse. Dementsprechend richte sich der Umfang des Fragerechts hinsichtlich bestehender Krankheiten danach, ob diese im Zusammenhang mit dem einzugehenden Arbeitsverhältnis stünden. Die funktionale Betrachtungsweise des Fragerechts durch die Rechtsprechung des 2. Senats des BAG verdient uneingeschränkte Zustimmung.

Auch nach der Novellierung des BDSG in der Fassung vom 3. 12. 2001[147] wird man Fragen nach dem Gesundheitszustand eines einzustellenden Arbeitnehmers unter datenschutzrechtlichen Aspekten weiterhin als zulässig ansehen dürfen, da § 28 Abs. 6 Nr. 3 BDSG nicht nur genuin arbeitsvertragliche, sondern auch potentielle Ansprüche erfasst.[148]

bbb) Rauchen

Ob im Rahmen von Einstellungsverhandlungen das Rauchverhalten des Bewerbers erfragt werden darf, erscheint problematisch, wenngleich die erhöhte Krankheits-

---

[144] BAG (7. 6. 84) NZA 1985, 57 = SAE 1985, 168; *Janker*, AuA 1991, 265; *Hunold*, S. 55; *Corts*, a. a. O., Fach 4 Rdn. 74; *Dörner/Luczak/Wildschütz*, B, Rdn. 192; ErfK/*Preis*, § 611 BGB Rdn. 343; MünchArbR/*Buchner*, § 41 Rdn. 64, 99; *Ehrich*, DB 2000, 423; Kasseler Handbuch/*Striegan*, 2.10 Rz. 146; *Felderhoff*, S. 237: betreffend Alkoholentziehungskur – **anders** ArbG Limburg (9. 4. 97) BB 1997, 2007, bei einer erst beantragten, aber noch nicht bewilligten Kur; so auch *Kittner/Däubler/Zwanziger*, KSchrR, §§ 123, 124 BGB Rdn. 25; *Hummel*, S. 83 – offen gelassen BAG (27.3.91) DB 1991, 2144.
[145] (7. 2. 64) DB 1964, 266, 555 = SAE 1964, 217, mit zust. Anm. von *Herschel* = AP Nr. 6 zu § 276 BGB Verschulden bei Vertragsschluss mit zust. Anm. von *Schnorr von Carolsfeld*, allerdings einschränkend im Hinblick auf leichte Krankheiten; ArbG Essen (7. 4. 60) ARSt Bd. XXIV, S. 129 Nr. 345; wohl auch *Jäger*, S. 26, aber einschränkend, wenn sich der Arbeitgeber aus rechtlichen Gründen über Umstände informieren will, die für ihn für die Begründung des Arbeitsverhältnisses von Bedeutung sind; ähnlich *Gaul*, Bd. I, S. 64 Rdn. 23, soweit ein berechtigtes Interesse besteht.
[146] AP Nr. 26 zu § 123 BGB = SAE 1985, 165ff., mit im Ergebnis zust. Anm. von *Naendrup*; siehe auch *Brill*, BlStSozArbR 1985, 113f.; *Zeller*, BB 1987, 1523; zust. *Hunold*, S. 55; *Bruse*, PK-BAT, § 7 Rdn. 10; *Conze*, ZTR 1991, 107; MünchArbR/*Buchner*, § 41 Rdn. 33, 62; Kasseler Handbuch/*Etzel*, 9.1 Rz. 701; Kasseler Handbuch/*Striegan*, 2.10 Rz. 146; *Richardi*, BetrVG, § 94 Rdn. 13; ErfK/*Preis*, § 611 BGB Rdn. 343.
[147] BGBl. I S. 3306.
[148] Eingehend dazu *Thüsing/Lambrich*, BB 2002, 1146 (1152).

anfälligkeit von Rauchern heute nicht mehr in Zweifel gezogen werden kann[149] und zu Überlegungen geführt hat, deren Krankenversicherungsprämien zu erhöhen. So soll die „Entgeltfortzahlung während des Rauchvorganges" eine jährliche Kostenbelastung von mindestens 10 Mrd. DM verursachen.[150] Soweit der Arbeitnehmer in der Lage ist, sein Rauchverhalten zu steuern, insbesondere rechtmäßig angeordnete Rauchverbote am Arbeitsplatz einzuhalten, wird ein schutzwürdiges Interesse des Arbeitgebers an der Beantwortung entsprechender Fragen verneint werden müssen.[151] Ist jedoch der Betroffene vom Nikotin psychisch und physisch abhängig, liegt also eine Tabaksucht vor[152,153], dann hängt es von den Besonderheiten des zu besetzenden Arbeitsplatzes ab, ob die Nikotinabhängigkeit mit Sicherheit oder doch mit an Sicherheit grenzender Wahrscheinlichkeit die persönliche Eignung in erheblichem Umfange beeinträchtigt oder gar ganz aufhebt. Nur in einer solchen Ausnahmesituation wird eine entsprechende Auskunftspflicht des Bewerbers zu bejahen sein.[154]

ccc) Schwerbehinderung

34 Wegen der weitreichenden rechtlichen Konsequenzen auch für den Arbeitgeber entsprach es zu Recht bisheriger allgemeiner Auffassung[155], dass ein Arbeitnehmer die Frage uneingeschränkt wahrheitsgemäß beantworten muss, ob er anerkannter

---

[149] Vgl. etwa BAG (17.4.85) DB 1986, 976; OLG Köln (16.12.96) NJW 1997, 3099; *Brühl*, S. 8f.; *Schmidt*, DÖD 1990, 177 m.w.N.; *Schmitt*, EFZG, § 3 Rdn. 113; *Kaiser/Dunkl/ Hold/Kleinsorge*, EFZG, § 3 Rdn. 111.
[150] Siehe DtÄrzteBl 94 (1997), Heft 5, B-184.
[151] Ebenso *Schwerdtner*, Arbeitsrecht, S. 33; *Börgmann*, RdA 1993, 284 – generell **verneinend** *Dörner/Luczak/Wildschütz*, B, Rdn. 177; *Tschöpe/Wisskirchen*, Teil 1 C, Rz. 86.
[152] Siehe nur BAG (17.4.85) DB 1986, 976; *Gola*, EFZG, § 3 Rdn. 3.3.1, S. 110; *Batra*, Tabakabhängigkeit (2000), S. 18ff.; *Künzl*, ZTR 1999, 535 m.w.N.
[153] Kennzeichnend dafür sind: eine hohe tägliche Zigarettenzahl, eine Vielzahl von Beschwerden, erfolglose Abstinenzversuche, Entzugserscheinungen und Vorratsdenken, dazu etwa *Lindenmeyer*, Lieber schlau als blau, 6. Aufl. 2001, S. 172f.
[154] So auch *Börgmann*, RdA 1993, 284; *Corts*, a.a.O., Fach 4 Rdn. 77.3, falls Rauchverbot besteht oder gerade eingeführt werden soll.
[155] Vgl. BAG (7.6.84) DB 1984, 2706 = NZA 1985, 57; (1.8.85) DB 1986, 2238 = BB 1986, 1643; (20.2.86) BB 1986, 1852 = DB 1986, 2287; (18.10.00) BB 2001, 628; *Kemter*, RdA 1962, 309; *Meisel*, S. 381 Rdn. 712; *Foltyn*, S. 34; *Neumann/Pahlen*, SchwerbG, § 15 Rdn. 45; *Degener*, S. 127; *Knorr/Bichlmeier/Kremhelmer*, S. 835 Rdn. 18; *Gaul*, Bd. I S. 63 Rdn. 22; *Schaub*, S. 203 Rdn. 24, S. 1868f. Rdn. 9; *Moritz*, NZA 1987, 329 (335); *Zeller*, BB 1987, 1524; *Palandt/Putzo*, BGB, § 611 Rdn. 6; *Soergel/Hefermehl*, BGB, § 123 Rdn. 18; KR-*Etzel*, 5. Aufl., §§ 15–20 SchwerbG Rdn. 32; *Gröninger/Thomas*, SchwerbG, § 15 Rdn. 15; *Dütz*, Arbeitsrecht, S. 48 Rdn. 86; *Stahlhacke/Preis/Vossen*, 7. Aufl., Rdn. 896; *Hunold*, S. 56; *Erman/Palm*, BGB, § 123 Rdn. 21; *Löwisch*, BetrVG, 4. Aufl., § 94 Rdn. 7; *Zöllner/Loritz*, S. 149; *Götz*, S. 17 Rdn. 19; *Richardi*, BetrVG, § 94 Rdn. 15; *Richardi/Annuß*, S. 12; *Kraft*, GK-BetrVG, § 94 Rdn. 22; *Fitting/Kaiser/Heither/Engels/ Schmidt*, BetrVG, § 94 Rdn. 24; MünchArbR/*Cramer*, § 236 Rdn. 54; *Gamillscheg*, S. 200; MünchArbR/*Buchner*, § 41 Rdn. 73ff., teilweise aber **kritisch**: – einschränkend KR-*M. Wolf*, 3. Aufl., Grunds. Rdn. 178b: nur hinsichtlich Tauglichkeitsbeurteilung für den in Aussicht genommenen Arbeitsplatz, so auch BSG (26.2.86) E 60, 11 (17) – **anderer Ans.** *Großmann*, NZA 1989, 705ff.; MünchArbR/*Berkowsky*, § 137 Rdn. 131, der nur den Grundsatz „venire contra factum proprium" anwenden will; wohl auch *Gola*, BB 1987, 538.

Abgrenzung

Schwerbehinderter oder Gleichgestellter ist. Der Zulässigkeit eines entsprechenden Fragerecht steht nicht die neu in das GG eingefügte Regelung des Art. 3 Abs. 3 Satz 2 entgegen[156], nach der niemand wegen seiner Behinderung benachteiligt werden darf, wobei nur ein Behinderter im Sinne des Schwerbehindertenrechts, jetzt SGB IX, gemeint ist.[157] Art. 3 Abs. 3 Satz 2 GG konkretisiert und verstärkt den Förderungs- und Integrationsauftrag des Sozialstaatsprinzips für Behinderte[158] und hat im Verhältnis zum Diskriminierungsverbot des Art. 3 Abs. 3 Satz 1 GG eigenständige Bedeutung.[159] Zwar soll durch das Benachteiligungsverbot für Behinderte, für das im Arbeitsrecht eine weitgehende Drittwirkung angenommen werden muss[160], wenn auch eine nur mittelbare[161], die Stellung behinderter Menschen in Recht und Gesellschaft verstärkt werden[162]. Aus Art. 3 Abs. 3 Satz 2 GG lassen sich indessen keine schutzpflichtähnlichen Ansprüche auf Herstellung faktischer Gleichheit mit Nichtbehinderten ableiten.[163] Da auch das Schwerbehindertenrecht, § 81 Abs. 2 Nr. 2 SGB IX, keinen Anspruch auf Abschluss eines Arbeitsvertrages für diese Personengruppe kennt[164], kann die genannte Verfassungsnorm Rechtswirkungen nur im Rahmen eines ordnungsgemäß begründeten Arbeitsverhältnisses entfalten, zumal sich selbst im Verhältnis zu den Trägern öffentlicher Gewalt aus diesem Grundrecht keine originären Leistungsansprüche herleiten lassen.[165] Allerdings soll nach dem In-Kraft-Treten des SGB IX am 1. 7. 2001, durch das das Schwerbehindertengesetz aufgehoben worden ist, ein entsprechendes Recht des Arbeitgebers, nach der Feststellung der Eigenschaft als schwerbehinderter Mensch zu fragen, auf keinen Fall mehr bestehen[166], nachdem in § 81 Abs. 2 Nr. 1 SGB IX ausdrücklich ein arbeitsrechtliches Benachteiligungsverbot auch bei der Begrün-

---

[156] Ebenso BAG (5. 10. 95) AP Nr. 40 zu § 123 BGB = NZA 1996, 371; *Corts*, Handbuch Betrieb und Personal, Fach 4 Rdn. 77.6; BGB-RGRK, § 611 Rdn. 1208; *Cramer*, SchwerbG, § 2 Rdn. 16; *Neumann/Pahlen*, SchwerbG, § 15 Rdn. 45 – **anders** *Großmann/Steinbrück*, GK-SchwbG, § 15 Rdn. 152 a; *Däubler*, Arbeitsrecht Ratgeber, S. 132 Rdn. 450; *Pahlen*, RdA 2001, 148 f.; *Hauck/Noftz/Griebeling*, SGB IX, K § 85 Rdn. 28-29; wohl auch schon *Käppler*, ZfA 1995, 276; siehe auch *Kittner/Zwanziger/Becken*, § 29 Rdn. 49; *Feldes* et al., § 85 SGB IX Rdn. 4.
[157] Etwa *Schmidt-Bleibtreu/Klein*, GG, Art 3 Rdn. 429; *Heun*, in: Dreier, GG, Art 3 Rdn. 121, 663; siehe auch BVerfG (18.10.97) NJW 1998, 131 – **zweifelnd** *Thüsing* ZfA 2001, 397 (401).
[158] Dazu etwa *Heun*, in: Dreier, GG, Art. 3 Rdn. 120.
[159] BVerfG (8. 10. 97) NJW 1998, 131.
[160] Vgl. *Heun*, a.a.O., Art. 3 Rdn. 123; dazu aber *Boemke*, Arbeitsrecht, S. 44 Rdn. 38.
[161] *Maunz/Dürig/Herzog/Scholz*, GG, Art. 3 Abs. 3 Rdn. 174.
[162] Bundestags-Drucks. 12/8165, S. 29.
[163] *Heun*, a.a.O., Art. 3 Rdn. 123; *Corts*, in: Handbuch Betrieb und Personal, Fach 4 Rdn. 77.6; siehe auch *Kittner/Däubler/Zwanziger*, KSchR, Art. 3 GG Rdn. 12 – **anders** *Pahlen*, RdA 2001, 148: subjektives Abwehrrecht.
[164] Zum bisherigen Recht statt vieler *Neumann/Pahlen*, SchwerbG, § 5 Rdn. 9.
[165] Siehe BVerfG NJW 1998, 132 m.w.N..
[166] So *Klempt*, b + p 2001, 638 (641); *Düwell*, BB 2001, 1527 (1530); *Thüsing/Lambrich*, BB 2002, 1149 (1152); KR-*Etzel*, §§ 85-90 SGB IX Rdn. 32; *Etzel*, Betriebsverfassungsrecht, S. 271 Rdn. 722; *Rolfs/Paschke*, BB 2002, 1149 (1261); *Stahlhacke/Preis/Vossen*, Rdn. 1486; ErfK/*Preis*, § 611 BGB Rdn. 347; siehe auch *Dörner/Luczak/Wildschütz*, B, Rdn. 251, aber offen gelassen – **anders** *Corts*, Handbuch Betrieb und Personal, Fach 4, Rdn. 77.6; *Tschöpe/Wisskirchen*, Teil 1 C, Rz. 99; siehe auch *Hauck/Noftz/Schröder*, SGB IX, K § 81 Rdn. 20.

dung eines Arbeitsverhältnisses normiert worden ist. Dabei wird aber nicht hinreichend bedacht, dass nach der gesetzlichen Definition eine unterschiedliche Behandlung sehr wohl insoweit zulässig ist, als eine Maßnahme die Art der von dem schwerbehinderten Beschäftigten auszuübenden Tätigkeit zum Gegenstand hat und eine bestimmte körperliche Funktion, geistige Fähigkeit oder seelische Gesundheit wesentliche und entscheidende berufliche Anforderung für diese Tätigkeit ist. Überdies löst ein Verstoß dagegen nur einen Entschädigungs-, nicht aber einen Einstellungsanspruch aus, § 81 Abs. 2 Nr. 2 SGB IX.

35 Bei Schwerbehinderten obliegt dem Arbeitgeber diesen Arbeitnehmern gegenüber eine besondere Beschäftigungs- und Förderungspflicht, § 81 Abs. 3 SGB IX.[167] Er hat besondere Arbeitshilfen bereitzustellen und den Arbeitsablauf den Gegebenheiten anzupassen, § 81 Abs. 4 SGB IX, Zusatzurlaub zu gewähren, § 125 SGB IX, oder den Schwerbehinderten auf dessen Verlangen von Mehrarbeit freizustellen, § 124 SGB IX. Diese und zahlreiche andere Pflichten kann der Arbeitgeber nur erfüllen, wenn er von der Schwerbehinderung des Arbeitnehmers Kenntnis hat, sei es, dass er auf Befragen davon erfährt, sei es, dass sie offenkundig ist. Nach den Behinderungsursachen darf im Allgemeinen aber nicht gefragt werden, es sei denn, diese haben unmittelbare Auswirkungen auf die ordnungsgemäße Erbringung der geschuldeten Leistungen.[168]

Bisher wurde ganz überwiegend angenommen, eine entsprechende Auskunftspflicht bestehe unabhängig davon, ob sich die der Schwerbehinderteneigenschaft zugrunde liegende Behinderung auf die Erfüllbarkeit der geschuldeten Arbeitsleistung als wesentlich erweist.[169] Einem Urteil des BAG vom 11. 11. 1993[170] konnte entgegen der Auffassung von *Hanau/Adomeit*[171] nichts anderes entnommen werden, da es der 2. Senat des Gerichts ausdrücklich offengelassen hatte, ob an der überkommenen Ansicht festzuhalten sei. In einem weiteren Judikat vom 5. 10. 1995[172] führt der 2. Senat jedoch unmissverständlich aus, ein Fragerecht des

---

[167] Dazu LAG Berlin (5. 12. 77) AP Nr. 1 zu § 11 SchwerbG; zum Umfang der Förderungspflicht: BAG (19. 9. 79) DB 1980, 405; *Neumann/Pahlen*, SchwerbG, § 14 Rdn. 9 ff.
[168] Vgl. dazu ArbG Heilbronn (30. 8. 88) ARSt 1989, S. 133 Nr. 65: Psychisch Kranker, der als Verwaltungsangestellter im Autobahnamt beschäftigt wird.
[169] BAG (1. 8. 85) AP Nr. 30 zu § 123 BGB = NZA 1986, 635 – **anders** LAG München (12. 12. 82) AiB 1983, 143; ArbG Siegburg (22. 3. 94) NZA 1995, 943; *Großmann*, NZA 1989, 708; *Däubler*, S. 95 Rdn. 57.
[170] AP Nr. 38 zu § 123 BGB = EzA Nr. 40 zu § 123 BGB mit Anm. von *Rieble* = BB 1994, 357.
[171] 11. Aufl., S. 169; siehe auch *Stahlhacke/Preis*, S. 432 Rdn. 896.
[172] AP Nr. 40 zu § 123 BGB = NZA 1996, 371; bestätigt BAG (3. 12. 98) BB 1998, 2642 = DB 1999, 852 = SAE 1999, 216 ff mit zust. Anm. von Natzel; (18.10.00) DB 2001, 707 = NZA 2001, 315; zust. Kasseler Handbuch/*Künzl*, 2.1 Rz. 102; BGB-RGRK, § 611 Rdn. 208; *Dütz*, Arbeitsrecht, S. 48 Rdn. 86; *Bauer*, Aufhebungsverträge, S. 146 Rdn. 380; *Helml*, Arbeitsrecht, S. 65; *Cramer*, SchwerbG, § 1 Rdn. 16; *Gröninger/Thomas*, SchwerbG, § 15 Rdn. 15; *Neumann/Pahlen*, SchwerbG, § 15 Rdn. 45; *Palandt/Putzo*, BGB, § 611 Rdn. 6; *Löwisch/Kaiser*, BetrVG. § 94 Rdn. 8; *Fitting/Kaiser/Heither/Engels/Schmidt*, BetrVG, § 94 Rdn. 24, *Hess/Schlochauer/Glaubitz*, BetrVG, § 94 Rdn. 9; KR-*Etzel* SchwerbG Rdn. 32; *Knorr/Bichlmeier/Kremhelmer*, S. 835 Rdn. 18; *Hromadka/Maschmann*, S. 127 Rdn. 54; *Kramer*, in: Müko-BGB, § 123 Rdn. 19; *Tschöpe/Wisskirchen*,

Abgrenzung

Arbeitgebers sei uneingeschränkt gerechtfertigt, damit er seine Verpflichtungen aus dem SchwerbG ordnungsgemäß erfüllen könne. Ein „Recht zur Lüge" würde einer vom Gesetzgeber nicht gewollten Bevorzugung der Schwerbehinderten führen. Bei offenbarer Schwerbehinderung eines Bewerbers wird bei unrichtiger Beantwortung der entsprechenden Frage in der Person des Arbeitgebers jedoch kein relevanter Irrtum im Sinne von § 123 Abs. 1 BGB hervorgrufen.[173]

Wenn in diesem Zusammenhang *Zimmermann*[174] meint, ein Arbeitnehmer könne die Frage des Arbeitgebers, ob er „Schwerbeschädigter" sei, verneinen, weil das Gesetz diesen Begriff nicht mehr verwende, verkennt er, dass es entscheidungserheblich nur auf den auch für den Arbeitnehmer erkennbaren Gehalt der Frage ankommen kann. Jede andere Betrachtungsweise wäre formalistisch und widerspräche den gesetzlichen Auslegungsregeln der §§ 133, 157 BGB. 36

Ob der Bewerber auf Befragen angeben muss, ob er einen Antrag auf Feststellung als Schwerbehinderter oder auf Anerkennung als Gleichgestellter eingereicht hat, wird aus den oben genannten Gründen nicht verneint werden können.[175] 37

Hinsichtlich des Fragerechts gegenüber von Inhabern von Bergmannversorgungsscheinen gilt im Grundsatz nichts anderes.[176] 38

Soweit allerdings bisher ein Fragerecht des Arbeitgebers auch dann bejaht worden ist, wenn sich die Feststellung der Eigenschaft als schwerbehinderter Mensch, § 69 SGB IX, als unerheblich für die Erbringung der geschuldeten Arbeitsleistung erweist, wird daran aufgrund der Regelung in § 81 Abs. 2 SGB IX nicht mehr festgehalten werden können. 38a

ddd) Schwangerschaft

Ob der Arbeitgeber im Rahmen von Einstellungsverhandlungen eine Arbeitnehmerin zulässigerweise nach einer bestehenden Schwangerschaft fragen darf und ob die Bewerberin eine solche in angemessene Form gestellte Frage wahrheitsgemäß beantworten muss, darüber gibt es – vor allem in jüngster Zeit – Meinungsverschie- 39

Teil 1 C, Rz. 99; *U. Preis*, Arbeitsrecht, S. 184; *Erman/Palm*, BGB § 123 Rdn. 21; KPK-*Bengelsdorf*, Teil D, Rdn. 27; MünchArbR/*Buchner*, § 41 Rdn. 75; MünchArbR/*Cramer*, § 236 Rdn. 54; APS/*Vossen*, § 14 SchwbG Rdn. 24; *Junker*, Arbeitsrecht, S. 91 Rdn. 152; *Brox/Rüthers*, S. 54 Rdn. 63; *Stege/Weinspach/Schiefer*, BetrVG, § 94 Rdn. 16 c; *Boemke*, Arbeitsrecht, S. 54 Rdn. 78; *Schaub*, S. 203 Rdn. 24 – **anderer Ans.** *Berkowsky*, NZA 2001, 13; *Hummel*, S. 85; *Backmeister/Trittin*, KSchG, § 611 BGB Rdn. 94; *Großmann/Steinbrück*, GK-SchwbG, § 15 Rdn. 152, 152a; *Pahlen*, RdA 2001, 149; *Weyand/Schubert*, S. 42; *Kittner/Däubler/Zwanziger*, KSchR, §§ 123, 124 BGB Rdn. 27; *Däubler/Kittner/Klebe*, BetrVG, § 94 Rdn. 13; *Däubler*, S. 95 Rdn. 57; *Kittner/Trittin*, KSchR § 124 BGB Rdn. 17; ErfK/*Preis*, § 611 BGB Rdn. 378; ErfK/*Dieterich*, GG, Art. 3 Rdn. 82: verfassungswidrig.

[173] Vgl. BAG (18.10.00) BB 2001, 628 = AiB 2002, 376 mit zust. Anm. von *Manske*; LAG Nürnberg (10.6.99) BB 1999, 2088; dazu *Ehrich*, DB 2000, 424; *Feichtinger*, ArbR-Blattei, Krankheit I, Rdn. 89 a.

[174] In: *Rieder*, Krankheit im Arbeitsverhältnis, S. 254.

[175] Ebenso *Tschöpe/Moll*, 2. Aufl., Teil 1 C, Rz. 31; KPK-*Bengelsdorf*, Teil D, Rdn. 27; *Meisel*, S. 421 Rdn. 712; *Schaub*, S. 203 Rdn. 24; *Ehrich*, DB 2000, 424; *Moritz*, NZA 1987, 335, der jedoch eine entsprechende Offenbarungspflicht zu Recht verneint – **anders** *Kittner/Däubler/Zwanziger*, KSchR, §§ 123, 124 BGB Rdn. 27.

[176] Siehe nur *Ehrich*, DB 2000, 424 m.w.N.

denheiten. Bisher entsprach es der ganz überwiegenden Meinung[177], dass eine solche Frage, und zwar ohne Rücksicht auf die Art des zu besetzenden Arbeitsplatzes, wahrheitsgemäß zu beantworten sei. Für diese Ansicht wurde auf folgende Gesichtspunkte hingewiesen: Einerseits sei eine solche Arbeitnehmerin ohnehin gehalten, ihrem Arbeitgeber davon Mitteilung zu machen, §§ 5 Abs. 1, 9 Abs. 1 MuSchG. Das gelte im Rahmen eines bestehenden Arbeitsverhältnisses auch für die vorzeitige Beendigung einer Schwangerschaft.[178] Andererseits bringe eine Schwangerschaft für den Arbeitgeber eine Mehrzahl besonderer arbeitsrechtlicher Pflichten mit sich, so Beschäftigungsverbote[179] während bestimmter Zeiten, hinsichtlich bestimmter Tätigkeiten[180] und in bezug auf Entlohnungsformen, §§ 3 ff. MuSchG. Durch die Mutterschaft einer Arbeitnehmerin werden nicht nur betriebliche Arbeitsabläufe erschwert, sondern dem Arbeitgeber auch erhebliche finanzielle Lasten aufgebürdet. Wie § 1 MuSchG entnommen werden könne, verfolge das Gesetz nur den Zweck, ein ordnungsgemäß zustande gekommenes Arbeitsverhältnis zu schützen, nicht hingegen, den Abschluss eines Arbeitsvertrages, d.h. den Erwerb eines Arbeitsplatzes unter allen Umständen zu sichern.[181] Im Übrigen ging auch der Entwurf eines Arbeitsgesetzbuches von 1977 von diesem Grundsatz aus, der unter den in § 59 genannten Voraussetzungen eine entsprechende „Mitteilungpflicht" vorsah.[182]

40 Nach der Einfügung des § 611a in das BGB durch das Arbeitsrechtliche EG-Anpassungsgesetz vom 13.8.1980[183], das auf die Richtlinie Nr. 76/207 des Rates der Europäischen Gemeinschaft vom 9.2.1976[184] zurückgeht, soll sich die Rechtslage allerdings auch insoweit verändert haben. Dieser Norm zufolge darf der Arbeitgeber einen Arbeitnehmer u.a. nicht wegen seines Geschlechtes benachteiligen. Eine unterschiedliche Behandlung wegen des Geschlechtes ist jedoch zulässig, soweit eine Vereinbarung oder Maßnahme die Art der vom Arbeitnehmer auszuübenden Tätigkeit zum Gegenstand hat und ein bestimmtes Geschlecht unver-

---

[177] Siehe etwa BAG (22.9.61) AP Nr. 15 zu § 123 BGB mit zust. Anm. von *Larenz*; *Gamillscheg*, AcP, Bd. 164, 425, 430; *Hueck/Nipperdey*, Bd. I S. 733; *Foltyn*, S. 33; *Jäger*, S. 28; *Bobrowsky/Gaul*, Bd. I S. 59; *Degener*, S. 123 m.w.N.; *Lepke*, 5. Aufl., S. 9; *Palandt/Heinrichs*, BGB, 39. Aufl. 1980, § 123 Anm. 2cbb); *Bopp*, S. 190; *Meisel/Hiersemann*, MuSchG, § 9 Rdn. 29–31, 37; *Hofmann*, ZfA 1975, 1 (38 ff.) – **anderer Ans.** LAG Düsseldorf, DB 1971, 2071; einschränkend *Neumann*, DB 1961, 1292; *Bulla/Buchner*, MuSchG, § 5 Anm. 23 ff.; *Dietz/Richardi*, BetrVG, Bd. II, § 94 Rdn. 11; siehe auch *Staudinger/Richardi*, BGB, 12. Bearb., § 611 Rdn. 101: Es komme auf die Eigenart des Arbeitsverhältnisses, den übernommenen Arbeitsplatz, die Dauer des Arbeitsverhältnisses oder auf ein sonst berechtigtes Interesse des Arbeitgebers an.
[178] BAG (18.1.00) BB 2000, 2206 m.w.N.
[179] Etwa BAG (11.11.98) BB 1999, 1605 f.: vorläufiges ärztliches Beschäftigungsverbot.
[180] Zum Beschäftigungsverbot in Kassenräumen einer Tankstelle, §§ 4 Abs. 1 MuSchG, 5 Abs. 1 Nrn. 1 und 3 MuSchRiV, 26 Abs. 4 GefStoffVO, siehe OVG Berlin (13.7.92) NZA 1992, 1083; *Bolze/Au*, AiB 1998, 380 f.; *Buchner/Becker*, MuSchG, § 4 Rdn. 21; wegen der Gefahr einer HIV-Infektion siehe BVerwG (27.5.93) NJW 1994, 401 f.
[181] So schon BAG (27.11.56) AP Nr. 2 zu § 4 MuSchG mit zust. Anm. von *Bulla*.
[182] Broschüre, herausgegeben vom Bundesminister für Arbeit und Sozialordnung, 1977. Die Kommission hat ihre Arbeit allerdings am 10.6.1981 eingestellt.
[183] BGBl. I S. 1308.
[184] Amtsblatt/EG vom 14.2.1976 Nr. L 39/40.

Abgrenzung

zichtbare Voraussetzung für diese Tätigkeit ist. Während die einen[185] meinten, § 611a Abs. 1 BGB stehe dem Fragerecht des Arbeitgebers entgegen, wurde dies von anderen verneint.[186] In einer Entscheidung vom 20. 2. 1986 hatte das BAG[187], die Vorinstanz bestätigend[188], die Berechtigung des Arbeitgebers nach dem Bestehen einer Schwangerschaft zu fragen, dann anerkannt, wenn sich nur weibliche Arbeitnehmer um den Arbeitsplatz bewerben. Stünden sich hingegen weibliche und männliche Bewerber gegenüber, neigte der 2. Senat des BAG zu der Auffassung, dass die Frage eine geschlechtsspezifische Benachteiligung der weiblichen Bewerber bedeute und deshalb unzulässig sei.[189] Im Interesse des Fortbestandes der Gesellschaft, so meinte das BAG, seien dem Arbeitgeber ein solches materielles Opfer und organisatorische Erschwernisse zumutbar.

Nach einer Entscheidung des EuGH vom 8. 11. 1990[190, 191] soll es unerheblich sein, wer im konkreten Einzelfall mit der abgewiesenen Bewerberin um den Arbeitsplatz konkurriere. Eine Schwangere werde wegen ihres Geschlechts auch dann diskriminiert, wenn ihr nicht ein Mann, sondern eine nichtschwangere Frau vorgezogen werde. Folgt man dieser Auffassung, wäre die Erkundigung nach einer be-   *41*

---

[185] Vgl. die Nachweise bei *Lepke*, 8. Aufl. 1991, S. 19 Fußn. 49; *Schaub*, S. 202 Rdn. 22; *Kittner/Trittin*, KSchR, § 124 BGB Rdn. 17, § 611a BGB Rdn. 21.

[186] Siehe die Nachweise bei *Lepke*, 8. Aufl., S. 19 Fußn. 50; MünchArbR/*Buchner*, § 41 Rdn. 76.

[187] DB 1986, 2287 = BB 1986, 1852 = JuS 1987, 155 (Reuter) = AP Nr. 31 zu § 123 BGB = AuR 1987, 117 mit **kritischer** Anm. von *Heilmann*; zust. *Etzel*, GK-HGB, 4. Aufl. 1989, § 59 Rdn. 18; siehe aber BAG (8. 9. 88) BB 1989, 556; auch *Fitting/Auffarth/Kaiser/Heither*, BetrVG, 16. Aufl. 1990, § 94 Rdn. 18: Frage sei ausnahmsweise zulässig, wenn der vertraglich vorgesehenen Beschäftigung Vorschriften des MuSchG entgegenstehen. – **kritisch** Kasseler Handbuch/*Künzl*, 2.1 Rz. 98.

[188] LAG Frankfurt/M. (8. 2. 85) DB 1985, 1648.

[189] Zustimmend insoweit auch *Bellgardt*, BB 1986, 2414 ff.; *Wenzel*, Kündigung und Kündigungsschutz, 5. Aufl. 1987, S. 226; *Moritz*, NZA 1987, 329 (336); *Etzel*, Betriebsverfassungsrecht, 4. Aufl. 1990, S. 261 Rdn. 693 – insoweit **ablehnend** *Hunold*, NZA 1987, 4 (6 f.); *Walker*, DB 1987, 273 (275 ff.); **kritisch** *Buschbeck-Bülow*, JZ 1987, 314; *Staudinger/Richardi*, BGB, 12. Bearb., § 611a Rdn. 101; *Hess/Schlochauer/Glaubitz*, BetrVG, § 94 Rdn. 11.

[190] DB 1991, 286 = AP Nr. 23 zu Art. 119 EWG-Vertrag; **zust.** LAG Düsseldorf (1. 4. 92) DB 1992, 1194 = BB 1992, 1214; *Wißmann*, DB 1991, 651; *Mauer*, BB 1991, 993; *Hunold*, DB 1991, 1674; *Janker*, AuA 1991, 265; *Küfner-Schmitt*, ZTR 1991, 326; *Weber*, BB 1992, 1347; *Erman/Hanau*, BGB, § 611 Rdn. 264; *Erman/Palm*, BGB, § 123 Rdn. 31; *Schaub*, S. 202 Rdn. 22; BGB-RGRK, § 611a Rdn. 7, vor § 620 Rdn. 294; *Feichtinger*, ArbR-Blattei, Krankheit I, Rdn. 68; *Schwedes*, S. 62 Rdn. 88; *Wlotzke*, BetrVG, § 94 Anm. 2b, S. 307; *Löwisch/Kaiser*, BetrVG, § 94 Rdn. 8; Kasseler Handbuch/*Künzl*, 2.1 Rz. 99; *Kittner/Trittin*, KSchR, § 611a BGB Rdn. 21; *Ring*, S. 129 Rdn. 202; *Meisel*, S. 94 Rdn. 118; *Bauer*, Aufhebungsverträge, S. 145 Rdn. 379; Kasseler Handbuch/*Klempt*, 3.4 Rz. 120; *Knorr/Bichlmeier/Kremhelmer*, S. 799 Rdn. 25; *Brox/Rüthers*, S. 62 Rdn. 63; *Richardi/Annuß*, S. 11 – **kritisch:** *Zeller*, BB 1991, 1124: Exotische Entscheidung, die mit der täglichen Einstellungspraxis wenig im Sinn habe; *ders.*, BB 1993, 220; *Hunold*, DB 1993, 225; MünchArbR/*Buchner*, § 41 Rdn. 77; *Gamillscheg*, S. 245 m.w.N.; *Soergel/Kraft*, BGB, § 611a Rdn. 27; *Hess/Schlochauer/Glaubitz*, BetrVG, § 94 Rdn. 11; *Buchner/Becker*, MuSchG, § 5 Rdn. 45; siehe auch KR-*Pfeiffer*, § 611a BGB Rdn. 31.

[191] Siehe auch EuGH (5. 5. 94) NJW 1994, 2077 f.

stehenden Schwangerschaft generell unzulässig. Diese Meinung vertritt nunmehr auch das BAG in einem Urteil vom 15. 10. 1992[192], weil es sich an die Rechtsprechung des EuGH gebunden fühlt, und hat deshalb die sog. gespaltene Lösung aufgegeben. Eine Ausnahme soll nur dann gelten, wenn das eingegangene Vertragsverhältnis überhaupt nicht realisiert werden kann[193], die Arbeitnehmerin für die angestrebte Arbeit objektiv nicht geeignet sei, etwa bei einem Mannequin, einer Tänzerin oder in den Fällen, in denen der Tätigkeit der Schwangeren Beschäftigungsverbote nach dem MuSchG entgegenstehen. Es diene nicht dem Zweck von Beschäftigungsverboten, Arbeitnehmerinnen durch Täuschung einen Arbeitsplatz zu verschaffen[194], den sie sonst nicht erhalten hätten. Tendenziell unterstützt auch das BVerfG[195] die Ansicht des BAG. In einem weiteren Judikat vom 1. 7. 1993[196] hat das BAG seine Rechtsprechung dahingehend präzisiert, dass die Frage dann durch sachliche Gründe gerechtfertigt und deshalb zulässig sei, wenn sie objektiv dem gesundheitlichen Schutz der Bewerberin und des ungeborenen Kindes diene. Bei einer solchen Konstellation sei die Frage nach dem Bestehen einer Schwangerschaft „richtliniengemäß" und verstoße nicht gegen § 611a BGB. In weiteren Entscheidungen vom 5. 5. und vom 14. 7. 1994 hat der EuGH[197] die Frage nach dem

---

[192] DB 1993, 435, 1978 = BB 1993, 433; *Hanau/Adomeit*, S. 177 Rdn. 629; *Schaub*, S. 202 Rdn. 22; *Dütz*, Arbeitsrecht, S. 48 Rdn. 86; *Palandt/Putzo*, BGB, § 611 a Rdn. 9; *Löwisch*, Arbeitsrecht, S. 325 Rdn. 1199; *Fitting/Kaiser/Heither/Engels/Schmidt*, BetrVG, § 94 Rdn. 22; MünchArbR/*Berkowsky*, § 137 Rdn. 130; MünchArbR/*Heenen*, § 225 Rdn. 21; BSG (6.4.00) NZA-RR 2000, 455; LAG *Hamm* (1.3.99) DB 1999, 2114 – **kritisch:** *Buchner*, ZfA 1993, 279 (334); MünchArbR/*Buchner*, § 41 Rdn. 78; *Schiefer*, DB 1993, 40; *Adomeit*, JZ 1993, 846ff.; *Soergel/Kraft*, BGB, § 611a Rdn. 27; *Sowka*, NZA 1994, 968f.; *Lieb*, S. 30 Rdn. 87; *Hess/Schlochauer/Glaubitz*, BetrVG, § 94 Rdn. 11; **ablehnend:** *Ehrich*, DB 1993, 431, 433; *Hönch/Natzel*, S. 23 Rdn. 15; *Hunold*, S. 59; *Meisel/Sowka*, § 9 MuSchG Rdn. 28a.

[193] So auch *Sowka*, NZA 1994, 970; *Brox/Rüthers*, S. 62 Rdn. 63; *Zwanziger*, in: Handbuch Gleichstellung, S. 137 Rdn. 253; *Schaub*, S. 202 Rdn. 22; *Stahlhacke/Preis/Vossen*, 7. Aufl., Rdn. 808c; *Müller-Glöge*, in: Müko-BGB, § 611a Rdn. 30; KR-*Pfeiffer*, § 611a BGB Rdn. 32; Kasseler Handbuch/*Striegan*, 2.10 Rz. 154; *Hromadka/Maschmann*, S. 126 Rdn. 53; *Knorr/Bichlmeier/Kremhelmer*, S. 799 Rdn. 25; *Buchner/Becker*, MuSchG, § 5 Rdn. 44 – **anders** *Degen*, AiB 1993, 503.

[194] So auch *Zwanziger*, in: Handbuch Gleichstellung, S. 138 Rdn. 253.

[195] (16. 11. 93) AP Nr. 9 zu § 611a BGB = SAE 1995, 221ff. mit **kritischer** Anm. von *Loritz*.

[196] AP Nr. 36 zu § 123 BGB = NZA 1003, 933ff. = BB 1993, 2085; **zust.** *Lieb*, S. 30 Rdn. 87; *Dütz*, Arbeitsrecht, S. 48 Rdn. 86; *Ehrich*, DB 1993, 1979f.; *Buschbeck-Bülow*, BB 1993, 2087; *Wenzel*, Kündigung, S. 217 Rdn. 667b; *Zmarzlik/Zipperer/Viethen*, MuSchG, § 5 Rdn. 22; *Palandt/Putzo*, BGB, § 611a Rdn. 9; *Söllner*, S. 252; *Götz*, S. 18 Rdn. 19; BGB-RGRK, § 611 BGB Rdn. 1205; *Kraft*, GK-BetrVG, § 94 Rdn. 21; *Hess/Schlochauer/Glaubitz*, § 94 Rdn. 11; *Hromadka/Maschmann*, S. 126 Rdn. 53; *KPK-Bengelsdorf*, Teil D, Rdn. 29; APS/*Linck*, § 611 a BGB Rdn. 50; MünchArbR/*Buchner*, § 41 Rdn. 83; *Kittner/Däubler/Zwanziger*, KSchR, §§ 123, 124 BGB Rdn. 16; *Gitter/Michalski*, S. 60; Kasseler Handbuch/*Etzel*, 9.1 Rz. 701; *Imping*, MDR 2000, 125 (127); Kasseler Handbuch/*Heinze*, 12 Rdn. 83 – **teilweise kritisch** *Zeller*, BB 1993, 2087f.; *Däubler/Kittner/Klebe*, BetrVG, § 94 Rdn. 14 – **anders** LAG Hamm (1.3.99) DB 1999, 2115; *U. Preis*, ZIP 1995, 904; *Coster*, Anm. zu BAG AP Nr. 8 zu § 611a BGB; *Lorenz*, Jahrbuch des Arbeitsrechts, Bd. 39, S. 21 (28); ErfK/*Preis*, § 611 BGB Rdn. 345

[197] NJW 1994, 2078 = NZA 1994, 609; NZA 1994, 783; **zust.** *Bauer*, Aufhebungsverträge, S. 145 Rdn. 379; *Tschöpe/Wisskirchen*, Teil 1 C, Rz. 97 – **kritisch** *Gamillscheg*, S. 245.

Abgrenzung

Bestehen einer Schwangerschaft jedoch auch dann als unzulässig angesehen, wenn es sich um ein Dauerarbeitsverhältnis handelt, weil die eingeschränkte Einsetzbarkeit einer schwangeren Frau nur vorübergehender Natur sei. In diesem Zusammenhang hat deshalb *Wöhlermann*[198] die Frage aufgeworfen und bejaht, ob es sich bei der Entscheidung des BAG vom 1. 7. 1993 um ein Beispiel richterlichen Ungehorsams handele, weil sich das Gericht außerhalb europarechtskonformer Exegese bewegt habe.

§ 611a Abs. 1 BGB steht einem allgemeinen Fragerecht des Arbeitgebers nach dem Bestehen einer Schwangerschaft nicht entgegen, und zwar ohne Rücksicht auf die Art des zu besetzenden Arbeitsplatzes und unabhängig davon, ob es sich um einen Arbeitsplatz handelt, um den sich auch Männer bewerben könnten. § 611a BGB will nämlich nicht den gesetzlichen Mutterschutz erweitern.[199] Wie sich aus dem Sinn und Zweck der genannten Norm ergibt, kann Gegenstand des Vergleiches bei der Benachteiligung immer nur ein Arbeitnehmer des anderen Geschlechts in gleicher Situation sein.[200] Die Frage nach einer bestehenden Schwangerschaft lässt sich nur an Frauen richten und dient folglich nur der Differenzierung innerhalb eines Geschlechts. Die Annahme einer geschlechtsspezifischen Benachteiligung scheidet auch dann aus, wenn sachliche Gründe die unterschiedliche Behandlung rechtfertigen, was hinsichtlich der Zulässigkeit eines solchen Fragerechts in der Regel der Fall sein wird; denn der Arbeitgeber, der einen bestimmten Arbeitsplatz besetzen will, hat aus den oben dargelegten Gründen ein rechtlich schutzwürdiges Interesse, bei der Begründung des Arbeitsverhältnisses zu erfahren, ob der Bewerber oder die Bewerberin auch tatsächlich in der Lage ist, die vorgesehene Arbeit zu leisten. Die entsprechende Information ist für den Arbeitgeber nach dem Inkrafttreten des BErzGG noch wichtiger geworden, da unter Berücksichtigung der möglichen Elternzeit Ausfälle von zur Zeit insgesamt etwa 38 Monaten in Betracht kommen können. Auch kann der Vater Elternzeit beantragen. Immerhin haben in der Vergangenheit 97 % der Berechtigten Erziehungsurlaub bzw. Elternzeit auch tatsächlich in Anspruch genommen.[201]

42

Allerdings erfaßt § 611a BGB sowohl die unmittelbare als auch die mittelbare Benachteiligung wegen des Geschlechts.[202] Der EuGH[203] meint sogar, dass in jedem Falle eine unmittelbare Diskriminierung der Frau vorliege. Auch das

---

[198] S. 248ff.
[199] Zutreffend *Hromadka*, DB 1987, 687; *Moritz*, NZA 1987, 336; *Meisel/Sowka*, MuSchG, § 9 Rdn. 28c; *Lepke*, 8. Aufl., S. 20; MünchArbR/*Buchner*, 1. Aufl., § 38 Rdn. 93; im Ergebnis ebenso *Zöllner/Loritz*, S. 149 – auch schon BAG DB 1986, 2287.
[200] Vgl. *Knigge*, BB 1980, 1271; *Soergel/Kraft*, BGB, § 611a Rdn. 18; zur Kausalität siehe auch *Hanau/Preis*, ZfA 1988, 177 (188); *Soergel/Kraft*, BGB, § 611 Rdn. 47.
[201] Vgl. die Nachw. bei *Buchner/Becker*, MuSchG, vor §§ 15-21 BErzGG Rdn. 11.
[202] BAG (20.2.86) AP Nr. 31 zu § 123 BGB; (12.11.98) DB 1999, 384; *Müller-Glöge*, in: Müko-BGB, § 611a Rdn. 10, 15; BGB-RGRK, § 611a Rdn. 10–11; *Soergel/Kraft*, BGB, § 611a Rdn. 20, 24; *Wöhlermann*, S. 199ff.; zu Art. 119 EWGV siehe BAG (20.6.95) AP Nr. 11 zu § 1 TVG Tarifverträge: Chemie m.w.N.; (12.11.98) BB 1999, 373.
[203] (5.5.94) NJW 1994, 2078; (14.7.94) DB 1994, 1522; (30.4.98) E 1998, S. I-2011; (4.10.01) BB 2001, 2478; (3.2.00) DB 2000, 380; siehe auch schon EuGH (8.11.90) NJW 1991, 628; ferner *Hanau/Adomeit*, S. 177 Rdn. 629, S. 241 Rdn. 799; KR-*Pfeiffer*, § 611a BGB Rdn. 23, 29; *Nicolai*, Anm. zu EuGH SAE 2001, 79f.

BVerfG[204] hat ausgeführt, eine Benachteiligung wegen des Geschlechts im Sinne von Art. 3 Abs. 3 GG liege bereits vor, wenn eine rechtliche Ungleichbehandlung an das Geschlecht anknüpfe. Eine unmittelbare Benachteiligung wegen des Geschlechts sei nur zulässig, so befand das BAG[205], wenn sich die Differenzierung an der auszuübenden Tätigkeit orientiere, was nach objektiven Gesichtspunkten zu beurteilen und ein bestimmtes Geschlecht „unverzichtbare Voraussetzung" für diese Tätigkeit sei. Allein ein sachlicher Grund rechtfertige eine geschlechtsbezogene Differenzierung nicht. Indessen kann von einer unmittelbaren Benachteiligung einer Frau nur gesprochen werden, wenn sich das weibliche Geschlecht als ausschlaggebendes Unterscheidungsmerkmal darstellt.[206] Wenn der Arbeitgeber von einer Frau entsprechende Auskünfte verlangt, differenziert er aber nicht wegen des Geschlechts, sondern wegen der Schwangerschaft. Nur schwangere Bewerberinnen können durch die richtige Beantwortung der Frage Nachteile hinsichtlich ihrer Bewerbungschancen erleiden. Folglich liegt eine unmittelbare Benachteiligung wegen des Geschlechts nicht vor.[207] In Betracht kommt lediglich eine mittelbare Benachteiligung wegen des Geschlechts[208], dass eine nationale Maßnahme, die geschlechtsneutral formuliert ist, tatsächlich für ein Geschlecht jedoch eine unverhältnismäßig nachteilige Wirkung hat, ohne dass dies durch objektive Faktoren gerechtfertigt wäre.[209] Jedoch sind in derartigen Fällen Differenzierungen immer dann zulässig, wenn nicht auf das Geschlecht bezogene, sondern sachliche und billigenswerte Gründe die unterschiedliche Behandlung rechtfertigen[210], was angenommen werden muss. Das Interesse des Arbeitgebers an der Verfügbarkeit einer Bewerberin ist nicht geschlechtsspezifisch, sondern besteht gegenüber allen Bewerbern.[211] Ob für die Ungleichbehandlung ein rechtfertigender objektiver sachlicher Grund vorliegt, haben zudem die nationalen Gerichte zu beurteilen.[212]

43 Wollte man ein entsprechendes Fragerecht des Arbeitgebers verneinen, würde dies zu einem gesetzwidrigen Kontrahierungszwang führen, was ein Wertungswiderspruch zu § 611a Abs. 2 BGB wäre, der wie schon bisher ausdrücklich normiert, dass beim Verstoß gegen das Benachteiligungsverbot des § 611a Abs. 1 BGB kein Anspruch auf Begründung eines Arbeitsverhältnisses besteht.[213] Jeder benachtei-

---

[204] (16.11.93) E 89, 276 (288).
[205] (12.11.98) DB 1999, 384f. = EzA Nr. 14 zu § 611a BGB.
[206] Vgl. etwa *Heckelmann/Franzen*, S. 7.
[207] So auch BAG, AP Nr. 31 zu § 123 BGB; *Hanau/Preis*, ZfA 1988, 177 (200); *Heckelmann/Franzen*, S. 7; *Staudinger/Richardi*, BGB, § 611a Rdn. 42: auch eine mittelbare Diskriminierung – **anders wohl** BAG (15.10.92) AP Nr. 8 zu § 611a BGB; (1.7.93) AP Nr. 36 zu § 123 BGB.
[208] Vgl. *Heckelmann/Franzen*, S. 7 m.w.N. – **anderer Ans.** *Schiefer*, DB 1993, 40.
[209] Siehe die Nachweise bei *Wöhlermann*, S. 200 Fußn. 759.
[210] Siehe nur *Erman/Hanau*, BGB, 9. Aufl., § 611a Rdn. 6; *Staudinger/Richardi*, BGB, § 611a Rdn. 58 ff.; *Müller-Glöge*, in: Müko-BGB, § 611a Rdn. 16, 22; BAG (1.7.93) DB 1993, 1978 mit Anm. von *Ehrich* – **anders** *Wöhlermann*, S. 200; ArbG Leipzig (31.8.00) NZA-RR 2000, 628f.
[211] *Lepke*, 8. Aufl., S. 20; ebenso *Heckelmann/Franzen*, S. 7f; siehe auch *Buchner/Becker*, MuSchG, § 5 Rdn. 44; *Zmarzlik/Zipperer/Viethen*, MuSchG, § 5 Rdn. 23–24.
[212] Rechtsprechungsnachweise bei *Wöhlermann*, S. 200 Fußn. 760.
[213] Dazu im Einzelnen *Herrmann*, ZfA 1996, 19 (30 ff.); *Kocher*, AuR 1998, 221 ff.; *Zwanziger*, DB 1998, 1330 ff.; *Kittner/Däubler/Zwanziger*, KSchR, § 611a BGB Rdn. 22.

Abgrenzung

ligte Bewerber kann nur eine angemessene Entschädigung in Geld verlangen, und zwar unabhängig von einem Verschulden des Arbeitgebers, § 611a Abs. 2 BGB.[214]

Auf jeden Fall müsste die Frage wenigstens dann zulässig sein, wenn für den von der Schwangeren zu besetzenden Arbeitsplatz ein anfängliches gesetzliches Beschäftigungsverbot besteht.[215] Gleiches müsste gelten, falls die Bewerberin am vorgesehenen Arbeitsplatz in der vereinbarten Zeit, etwa in einem befristeten Arbeitsverhältnis, überhaupt nicht oder nicht in nennenswertem Umfange beschäftigt werden kann.[216] Die Geeignetheit einer Bewerberin für den zu besetzenden Arbeitsplatz gehört zu den notwendigen Einstellungsvoraussetzungen.[217] Wer objektiv nicht geeignet erscheint, kann bei der Einstellung auch nicht diskriminiert werden.[218] Zu Recht lässt deshalb § 12 Abs. 2 des Entwurfs eines Arbeitsvertragsgesetzes 1992 die Frage nach einer Schwangerschaft jedenfalls dann zu ‚wenn die vorgesehene Tätigkeit bei einer Schwangerschaft nicht ausgeübt werden kann.[219]

44

Entgegen der Auffassung des BAG[220] lässt sich die Unzulässigkeit der Frage nach dem Bestehen einer Schwangerschaft auch nicht unmittelbar aus einer Entscheidung des EuGH vom 8.11.1990[221] herleiten[222], weil das Urteil insoweit keine Aussagen enthält. Es betrifft weder das Fragerecht des möglichen Arbeitgebers noch ein Anfechtungsrecht des getäuschten Arbeitgebers, sondern nur einen Fall der Nichteinstellung bei offenkundiger Schwangerschaft im Hinblick auf die Vermeidung finanzieller Lasten des Mutterschutzes. Die Verfügbarkeit der Stellenbewerberin für den Arbeitgeber war nicht entscheidungserheblich. In einem anderen Judikat vom selben Tage[223] hat der EuGH dem Arbeitgeber bezüglich der Verfüg-

---

[214] Siehe etwa *Palandt/Putzo*, BGB, § 611a Rdn. 16ff.; *ErfK/Schlachter*, § 611a BGB Rdn. 35.
[215] Vgl. dazu BAG (8.9.88) AP Nr. 1 zu § 8 MuSchG 1968 = BB 1989, 556 = SAE 1990, 367 (370) mit Anm. von *Bickel*; (1.7.93) NZA 1993, 933 = AP Nr. 36 zu § 123 BGB; *Gitter/Michalski*, S. 60; *Staudinger/Richardi*, BGB, § 611a Rdn. 103; Kasseler Handbuch/*Künzl*, 2.1 Rz. 101; *Stahlhacke*, FS für *A. Söllner*, S. 1097 (1100ff.); *Stahlhacke/Preis/Vossen*, Rdn. 1333 – anders *Colneric*, BB 1986, 1573; *Weber*, BB 1992, 1347; *Hanau/Adomeit*, S. 241 Rdn. 799; *Paul* DB 2000, 975; *Künzl*, Rechte und Pflichten, S. 14 Rdn. 55; *Lorenz*, Jahrbuch Arbeitsrecht, Bd. 39, S. 21 (28); *Stahlhacke/Preis/Vossen*, Rdn. 1333; LAG Hamm (1.3.99) DB 1999, 2114.
[216] Ähnlich MünchArbR/*Buchner*, § 41 Rdn. 82, 86; *Coster*, Anm. zu BAG, AP Nr. 8 zu § 611a BGB; *Sowka*, NZA 1994, 969; MünchArbR/*Heenen*, § 225 Rdn. 20; *Ehrich*, DB 2000, 425; *Corts*, Handbuch Betrieb und Personal, Fach 4, Rdn. 77.4; *Kramer*, in: Müko-BGB, § 119 Rdn. 127; *Stürmer*, NZA 2001, 526 (530); *Stahlhacke*, FS für *A. Söllner*, S. 1100 ff; *Boemke*, Arbeitsrecht, S. 55 Rdn. 85; siehe auch *Thüsing/Lambrich*, BB 2002, 1146 (1148) – anders *Paul*, DB 2000, 977; *Nicolai*, Anm. zu EuGH SAE 2001, 81; *Lorenz*, Jahrbuch Arbeitsrecht, Bd. 39, S. 29; ErfK/*Preis*, § 611 BGB Rdn. 384; *Tschöpe/Wisskirchen*, Teil 1 C, Rz. 97.
[217] BAG (12.11.98) DB 1999, 384 = EzA Nr. 14 zu § 611a BGB mit Anm. von *Annuß*.
[218] BAG (12.11.98) DB 1999, 385; *Stahlhacke*, FS für *A. Söllner*, S. 1101 – anders *Paul*, DB 2000, 976.
[219] Dagegen *Weber*, BB 1992, 1347.
[220] (15.10.92) BB 1993, 433 = AP Nr. 8 zu § 611a BGB = NZA 1993, 257.
[221] DB 1991, 286.
[222] Ebenso *Adomeit*, JZ 1993, 848; *Buchner*, ZfA 1993, 279 (334); MünchArbR/*Buchner*, § 41 Rdn. 77, 84, 86; *Ehrich*, DB 1993, 433; *Heckelmann/Franzen*, S. 8f.; zweifelnd *Sowka*, NZA 1994, 968; *Meisel/Sowka*, § 9 MuSchG Rdn. 28c.
[223] (8.11.90) NZA 1991, 173 = AP Nr. 23 zu Art. 119 EWG-Vertrag.

barkeit eines Arbeitnehmers sehr wohl ein anerkennenswertes Informationsinteresse zugebilligt. Zudem sind „Richtlinien" der EU für jeden Mitgliedstaat, an den sie gerichtet sind, verbindlich nur hinsichtlich des zu erreichenden Zieles, überlassen die Wahl der Mittel hingegen den innerstaatlichen Stellen, Art. 249 Abs. 3 EWGV. Bei den privatrechtsrelevanten „Richtlinien", die grundsätzlich kein unmittelbar geltendes Recht schaffen[224], handelt es sich um eine gemeinschaftsrechtliche Rahmengesetzgebung[225], die durch die mitgliedstaatlichen Durchführungsgesetze konkretisiert werden. Allerdings meint der EuGH[226], ein nationales Gericht müsse, soweit es bei der Anwendung nationalen Rechts dieses auszulegen habe, seine Auslegung soweit wie möglich am Wortlaut und Zweck der jeweiligen Richtlinie ausrichten.

44a Demgegenüber meint der EuGH in einem Urteil vom 3. 2. 2000[227], Art. 2 Abs. 1 und 3 der Richtlinie 76/207 EWG erlaube es einem Arbeitgeber nicht, die Einstellung einer schwangeren Bewerberin deshalb abzulehnen, weil er sie aufgrund eines aus der Schwangerschaft folgenden gesetzlichen Beschäftigungsverbotes auf den auf unbestimmte Zeit zu besetzenden Arbeitsplatz nicht von Anfang an und für die Dauer ihrer Schwangerschaft nicht beschäftigen dürfe. Die Einstellungsverweigerung könne auch nicht mit dem finanziellen Nachteil gerechtfertigt werden, den der Arbeitgeber im Falle der Einstellung einer Schwangeren während des Mutterschaftsurlaubes – jetzt Elternzeit – erleiden würde. *Nicolai*[228] nennt dies sogar einen Aspekt der Gleichbehandlung aller Arbeitgeber, worauf es aber nicht ankommen kann. Nach der aktuellen Rechtsprechung des EuGH soll die Verfügbarkeit einer Schwangeren kein zulässiges Differenzierungskriterium mehr sein.

In einem weiteren Judikat des EuGH vom 4. 10. 2001[229] wird nunmehr auch unmissverständlich die Auffassung vertreten, es sei für das europarechtliche Kündigungsverbot unerheblich, dass der Arbeitsvertrag befristet sei. Hätte der Gemeinschaftsgesetzgeber befristete Arbeitsverträge vom Geltungsbereich der maßgeblichen Richtlinien ausschließen wollen, hätte er dies klar zum Ausdruck gebracht, was aber nicht geschehen sei. Die fragliche Entscheidung des EuGH betrifft zwar die Nichtverlängerung befristeter Arbeitsverträge wegen Schwangerschaft. Gleichwohl wird man nunmehr annehmen müssen, dass jedenfalls nach der Recht-

[224] Vgl. *Grabitz/Hilf*, EWGV, Art. 189 Rdn. 51; *Götz*, NJW 1992, 1849 (1851); *Bertelsmann*, NZA 1993, 775; *Weth/Kerwer*, JuS 2000, 425 (426); *Lenz/Hetmeier*, Art. 249 Rdn. 9; siehe auch MünchArbR/*Birk*, § 18 Rdn. 111 m. N. auch der gegenteiligen Ansicht.
[225] Etwa *Veelken*, JuS 1993, 265 (271); *Grabitz/Hilf*, EWGV, Art. 189 Rdn. 5.
[226] (5. 5. 94) AuA 1994, 293; dazu *Wöhlermann*, S. 87ff. (90 m.w.N.); MünchArbR/*Buchner*, § 41 Rdn. 87.
[227] DB 2000, 380 = NZA 2000, 255 = SAE 2001, 77ff. mit zust. Anm. von *Nicolai*; zust. *Paul*, DB 2000, 975; *Schliemann*, NZA-RR 2000, 114 (kritisch ders. aber DB 2000, 670); *Hanau/Adomeit*, S. 35 Rdn. 108; *Corts*, Handbuch Betrieb und Personal, Fach 4, Rdn. 77.4; *Kittner/Däubler/Zwanziger*, KSchR, §§ 123, 124 BGB Rdn. 16; *Stürmer*, NZA 2001, 526 (529); *Junker*, Arbeitsrecht, S. 92 Rdn. 153; jetzt auch *Heckelmann/Franzen*, S. 9 – **kritisch** KR-*Pfeiffer*, § 611a BGB Rdn. 32 m.w.N.
[228] Anm. zu EuGH SAE 2001, 80.
[229] BB 2001, 2478 = NZA 2001, 1241 = NJW 2002, 123f.; zust. *Lorenz*, Jahrbuch Arbeitsrecht, Bd. 39, S. 28.

sprechung des EuGH die Frage nach einer Schwangerschaft ohne jedwede Ausnahmen unstatthaft sein soll.[230]

bb) insbesondere Mitteilungspflicht

Wenn eine Auskunftspflicht des Arbeitnehmers auf Befragen des Arbeitgebers nicht uneingeschränkt anerkannt werden kann, muss dies erst recht hinsichtlich des Bestehens einer Offenbarungspflicht ohne Befragen (Mitteilungspflicht) angenommen werden. Eine derartige Mitteilungspflicht besteht ausnahmsweise nur dann, wenn der Bewerber infolge seiner Erkrankung die elementarsten Anforderungen an den vorgesehenen Arbeitsplatz bei objektiver Betrachtungsweise nicht erfüllen kann[231, 232, 233], wenn er wegen der körperlich und/oder geistigen Behinderung zur Übernahme der für ihn vorgesehenen Arbeit nicht in der Lage ist oder in solchen Fällen die Möglichkeit der Anfechtung nach § 119 Abs. 2 BGB wegen des Fehlens einer verkehrswesentlichen Eigenschaft des Bewerbers besteht.[234] So muss insbesondere eine Mitteilungspflicht für akute, nicht behebbare chronische oder ansteckende Krankheiten[235] bejaht werden, wenn dadurch die allgemeine Leistungsfähigkeit nicht unerheblich herabgesetzt wird oder die Zusammenarbeit mit anderen Mitarbeitern des Betriebes unzumutbar erscheint, wenn etwa von ihnen eine gesundheitliche Gefährdung anderer ausgehen kann. Des weiteren hat ein trunksüchtiger oder drogenabhängiger Bewerber auch ohne Befragen des Arbeitgebers eine bereits chronisch gewordene alkoholbedingte Krankheit oder Drogen-

45

---

[230] So auch *Thüsing/Lambrich*, BB 2002, 1147, aber Eiwand des Rechtsmissbrauchs sei zulässig; *Lorenz*, a. a. o., S. 28; siehe auch *Nicolai*, Anm. zu EuGH SAE 2001, 81 – **anders** noch *Stürmer*, NZA 2001, 526 (530)

[231] *Hofmann*, ZfA 1975, 47 ff.; ähnlich *Kemter*, RdA 1962, 309 f.; Kasseler Handbuch/*Künzl*, 2.1 Rz. 59; BGB-RGRK, § 611 Rdn. 1181; *Götz*, S. 16 Rz. 19: bereits bestehende Krankheiten; LAG Berlin (10.10.77) BB 1978, 1311; zustimmend *Feichtinger*, S. 174; *Kittner/Däubler/Zwanziger*, KSchR, §§ 123, 124 BGB Rdn. 6, 25; ungenau *Schwedes*, S. 36 Rdn. 37: Der Arbeitnehmer hat seinen Gesundheitszustand zu offenbaren, wenn ihm klar sein muss, dass davon die Entscheidung des Arbeitgebers wesentlich abhängt; siehe auch MünchArbR/*Buchner*, § 41 Rdn. 57.

[232] Zur Mitteilungspflicht des Arbeitnehmers bei genetischer Veranlagung siehe *Wiese*, RdA 1986, 120 (122), der eine solche zu Recht allgemein verneint, es sei denn, der Arbeitnehmer weiß, dass er wegen seiner genetischen Veranlagung die in Aussicht genommene Tätigkeit mit an Sicherheit grenzender Wahrscheinlichkeit nicht ausüben kann oder dass der Ausbruch einer ansteckenden Krankheit bzw. die Gefährdung Dritter voraussehbar ist; siehe auch *Roos*, AiB 1998, 20.

[233] Das LAG Bremen (4.11.64) DB 1965, 74, hat dagegen zutreffend eine Mitteilungspflicht dann verneint, wenn der Bewerber seit vielen Jahren mit dem Arbeitgeber persönlich bekannt war und der Arbeitnehmer weiß, dass der Arbeitgeber von anderer Seite über eine bereits mehrere Jahre zurückliegende schwere Erkrankung des Bewerbers unterrichtet worden ist.

[234] Vgl. BAG (28.3.74) AP Nr. 19 zu § 123 BGB; BGB-RGRK, § 611 Rdn. 1181; MünchArbR/*Buchner*, § 41 Rdn. 167.

[235] Ebenso *Palandt/Putzo*, BGB, § 611 Rdn. 7; MünchArbR/*Buchner*, § 41 Rdn. 168; MünchArbR/*Richardi*, § 45 Rdn. 29; *Gitter/Michalski*, S. 58; siehe auch Kasseler Handbuch/*Künzl*, 2.1 Rz. 59; *Boemke*, Arbeitsrecht, S. 56 Rdn. 89; *Hromadka/Maschmann*, S. 117 Rdn. 15; *Brox/Rüthers*, S. 61 Rdn. 63: chronische Krankheit, die die Arbeitsleistung dauernd unmöglich macht.

sucht zu offenbaren[236], wenn die Krankheit voraussichtlich noch bis zur Arbeitsaufnahme besteht oder wenn er ganz zum Beginn des Arbeitsverhältnisses eine Entziehungskur antreten will. Das gilt jedenfalls dann, wenn die Ausübung der zu übernehmenden Tätigkeit mit einer Alkohol- oder Drogenabhängigkeit schlechterdings nicht vereinbar erscheint.[237] Das ist etwa bei Berufskraftfahrern, Kranführern, Flugzeugpiloten, Chirurgen oder Tätigkeiten in Therapiezentren für Alkohol- und Drogensüchtige der Fall. Leidet der Arbeitnehmer an akuten Herz- oder Kreislaufbeschwerden und ergibt sich im Hinblick auf die vorgesehene Beschäftigung daraus eine Einschränkung seiner Einsatzmöglichkeit oder eine erhöhte Unfallgefahr für sich oder andere, muss der Arbeitnehmer ebenfalls ungefragt auf diese Umstände hinweisen.[238]

46 Bei der Epilepsie[239] hängt wie bei anderen Leiden das Bestehen einer Offenbarungspflicht von der Art und Schwere des Krankheitsbildes[240] und dem zu besetzenden Arbeitsplatz ab. Sie wird deshalb beispielsweise bei einer Schreibtischtätigkeit – auch im Publikumsverkehr – eher zu verneinen sein. Auch wer etwa an einer offenen Tuberkulose erkrankt ist oder an Ekzemen im Bereich der Hände leidet, gleichwohl aber eine Tätigkeit als Verkäuferin in einem Lebensmittelgeschäft aufnehmen möchte, hat seine Erkrankung dem Arbeitgeber zu offenbaren. Gleiches gilt etwa für eine Friseuse, die gegen bestimmte Chemikalien in Seifen und Tinkturen allergisch ist. Ferner ist ein Arbeitnehmer gehalten, bereits bei den Einstellungsverhandlungen seinen künftigen Arbeitgeber über ein unmittelbar bevorstehendes Heilverfahren zu unterrichten, jedenfalls wenn es sich um eine zweckgebundene Befristung des Arbeitsverhältnisses handelt[241] bzw. der vorgese-

---

[236] Ebenso *Brill*, in: Suchterkrankung am Arbeitsplatz, Früherkennung und Behandlung, S. 118; *Gola*, BB 1987, 539; *Schäfer*, S. 100; ArbG Kiel (21. 1. 82) BB 1982, 80; *Spiecker*, AG 1989, 65; aber nur auf Befragen; einschränkend *Künzl*, BB 1993, 1582: nur wenn der Arbeitnehmer durch die Alkoholerkrankung außerstand ist ‚die geschuldete Arbeitsleistung ordnungsgemäß zu erbringen; so auch schon *Bengelsdorf*, Alkohol, S. 2; *Schäfer, Jürgen*, S. 63f.; ähnlich KR-*Etzel*, § 1 KSchG Rdn. 287; *Boemke*, Arbeitsrecht, S. 56 Rdn. 89: Kraftfahrer; *Corts*, Handbuch Betrieb und Personal, Fach 4, Rdn 78: Berufskraftfahrer; *Helml*, Arbeitsrecht, S. 64, wenn sich dem Bewerber aufdrängen muss, dass die Erkrankung für den Arbeitgeber von erheblicher Bedeutung ist; *Felderhoff*, S. 235: nur bei völliger Ungeeignetheit; ohne Einschränkungen jetzt Kasseler Handbuch/*Künzl*, 2.1 Rz. 921.
[237] So auch MünchArbR/*Buchner*, § 41 Rdn. 99; MünchArbR/*Berkowsky*, § 137 Rdn. 118, 150; *Berkowsky*, NZA-RR 2001, 12; *Hunold*, AuA 2001, 260.
[238] Vgl. *Gaul*, Bd. I, S. 60; *Feichtinger*, ArbR-Blattei, Krankheit I, Rdn. 61.
[239] Darunter werden eine Reihe von neurologischen Erkrankungen zusammengefasst, bei denen es zu kurzen, anfallartigen Funktionsstörungen im Gehirn kommt, zwischen denen die Betroffenen geistig vollkommen normal und unauffällig sind (Im Einzelnen dazu *Schönberger/Mehrtens/Valentin*, S. 267ff.; *Stefan*, DtÄrzteBl 95 [1998], Heft 49, B-2422ff.). Die Epilepsie gehört nicht zu den Geisteskrankheiten, *Wolf*, DB 1998, 520 – **unrichtig** *Reinecke*, DB 1998, 130.
[240] Siehe dazu etwa *von Seggen*, AiB 1996, 147ff.
[241] Zutreffend LAG Berlin (18. 4. 78) BB 1979, 1145; *Doetsch/Schnabel/Paulsdorff*, LFG, § 7 Anm. 5a; *Gaul*, Bd. I, S. 60 Rdn. 15; *Müller/Berenz*, EFZG, § 9 Rdn. 30; *Hunold*, AuA 2001, 260; unentschieden BAG (27. 3. 91) AP Nr. 92 zu § 1 LohnFG = NZA 1991, 895.

hene Dienstantritt nicht eingehalten werden kann.[242] Eine transsexuelle Arzthelferin trifft hingegen in der Regel keine entsprechende Offenbarungspflicht[243], da eine transsexuelle Prägung zu den intimsten Bereichen des betreffenden Menschen gehört und der Durchführung des Arbeitsverhältnisses im Allgemeinen nicht entgegensteht. § 5 TSG, wonach die transsexuelle Person bei der Vornamensänderung vor einer grundlosen Aufdeckung der von ihr vorher geführten Vornamen geschützt werden soll, verdeutlicht hinreichend, dass sie bei Bewerbungen zumindest ungefragt und ohne nähere Kenntnis, dass eine vollständige weibliche bzw. männliche Identität für die Einstellung Voraussetzung ist, ihre „vergangene" Identität nicht offenlegen muss. Anders verhält es sich nur dann, soweit die Patienten je nach der Fachrichtung des Arztes diesem und damit auch seinem Hilfspersonal ihren Intimbereich öffnen müssen.[244]

Nicht so strenge Anforderungen an die Mitteilungspflicht des Arbeitnehmers stellt wohl das Bundesarbeitsgericht.[144] Der Arbeitnehmer habe seinen Gesundheitszustand unaufgefordert nur zu offenbaren, wenn er damit rechnen müsse, infolge einer bereits vorliegenden Erkrankung seiner Arbeitspflicht nicht nachkommen zu können. Soweit nach § 13 Abs. 1 ArbVG 92 eine Mitteilungspflicht bei einer Krankheit nur dann bestehen soll, wenn von ihr eine Gefährdung anderer Personen ausgehen kann, erscheint eine solche Einschränkung wenig praktikabel und wird der eindeutigen Interessenlage des Arbeitgebers nicht hinreichend gerecht. 47

Den Schwerbehinderten trifft eine Mitteilungspflicht hinsichtlich seiner Schwerbehinderung oder der erfolgten Gleichstellung lediglich dann, wenn er erkennt oder erkennen musste, dass die Minderung seiner Leistungsfähigkeit für den in Betracht kommenden Arbeitsplatz von ausschlaggebender Bedeutung ist[245], wenn er also aufgrund seiner Behinderung nicht in der Lage ist, die vertraglich geschuldete Leistung zu erbringen oder wenn er die Tätigkeit wegen seiner Behinde- 48

---

[242] So auch *Schaub*, S. 202 Rdn. 20; Kasseler Handbuch/*Leinemann*, 1.1 Rz. 465; BAG (7. 2. 64) AP Nr. 6 zu § 276 BGB.
[243] Vgl. BAG (21. 2. 91) AP Nr. 35 zu § 123 BGB = NZA 1991, 719; zust. *Feichtinger*, ArbR-Blattei Krankheit I, Rdn. 71; *Schaub*, S. 199 Rdn. 10; *Corell*, NJW 1999, 3375; *Kittner/Däubler/Zwanziger*, KSchR, §§ 123 124 BGB Rdn. 17: nicht einmal Fragerecht; *Dörner/Luczak/Wildschütz*, B, Rdn. 245.
[244] Vgl. LAG Berlin (27. 7. 90) DB 1990, 2223 = LAGE Nr. 12 zu § 123 BGB – **ablehnend** *Struck*, BB 1990, 2267.
[245] *Neumann*, DB 1961, 1291; *Jäger*, S. 30; *Bopp*, S. 198; *Großmann*; NZA 1989, 704; *Cramer*, SchwerbG, § 1 Rdn. 16, § 2 Rdn. 23, § 15 Rdn. 8; *Schaub*, S. 203 Rdn. 24; *Großmann/Steinbrück*, GK-SchwbG, § 15 Rdn. 148; *Ehrich*, DB 2000, 424; KPK-*Bengelsdorf*, Teil D, Rdn. 31; *Gamillscheg*, S. 200; *Tschöpe/Moll*, 2. Aufl., Teil 1 C, Rz. 30; *Kramer*, in: Müko-BGB, § 123 Rdn. 19; *Hunold*, AuA 2001, 262; MünchArbR/*Richardi*, § 46 Rdn. 35; *Dörner/Luczak/Wildschütz*, B, Rdn. 253; *Neumann/Pahlen*, SchwerbG, § 15 Rdn. 45; BAG AP Nrn. 2 und 5 zu § 123 BGB; BAG DB 1976, 1240; (1. 8. 86) BB 1986, 1643 = DB 1986, 2238; siehe auch LAG Düsseldorf (6. 3. 91) BB 1991, 1197: kein Hinweis auf den befristeten Bezug einer Erwerbsunfähigkeitsrente – **anderer Ans.** *Moritz*, NZA 1987, 329 (335), der jedwede Offenbarung ohne vorherige Befragung ablehnt; ebenso *Backmeister/Trittin*, KSchG, § 611 BGB Rdn. 81; *Kittner/Däubler/Zwanziger*, KSchR, §§ 123, 124 BGB Rdn. 8.

rung nicht ausüben darf. Ansonsten obliegen schwerbehinderten Menschen oder ihnen gleichgestellten Bewerbern die allgemeinen Auskunfts- und Mitteilungspflichten im selben Umfange wie anderen Arbeitnehmern.[246] Ebensowenig braucht eine Bewerberin von sich aus auf eine bestehende Schwangerschaft hinzuweisen[247], da eine normal verlaufende Schwangerschaft keine Krankheitssymptome aufweist.[248] Etwas anderes gilt nur dann, wenn in diesem Zusammenhang außergewöhnliche Beschwerden oder gesundheitliche Störungen auftreten.[249] Eine entsprechende Mitteilungspflicht wird aber dann anzunehmen sein, wenn das Arbeitsverhältnis auf Dauer oder – bezogen auf die Gesamtdauer des Arbeitsverhältnisses – für wesentliche Zeit nicht erfüllt werden kann, vor allem im Hinblick auf sofort oder später zu beachtende Beschäftigungsverbote, etwa nach § 8 MuSchG[250], was in der Regel zum Beispiel bei Bühnenschauspielerinnen, Mannequins, Tänzerinnen, Flugbegleiterinnen oder Sportlehrerinnen der Fall sein wird. Bei konsequenter Beachtung der Rechtsprechung des EuGH[227, 229] müsste wohl auch eine Mitteilungspflicht bei derartigen Sachverhalten verneint werden.

cc) Anfechtung selbst

49 Die Anfechtung wegen arglistiger Täuschen, § 123 BGB, greift nur Platz, wenn der andere Vertragspartner in einen Irrtum versetzt ist, der für seinen Vertragsabschluss bestimmend war. Der Anfechtungsgrund muss für die Durchführung des Arbeitsverhältnisses aber noch von Bedeutung sein. Maßgebend dafür ist einmal, ob der Arbeitnehmer die vom Arbeitgeber in zulässiger Weise gestellte Frage nach seinem

---

[246] Vgl. die Nachweise bei *Großmann*, NZA 1989, 703.
[247] BAG (6.10.62) AP Nr. 24 zu § 9 MuSchG; LAG Hamm (1.3.99) DB 1999, 2114; *Kittner/Däubler/Zwanziger*, KSchR, §§ 123, 124 BGB Rdn. 7; *Ehrich*, DB 2000, 425; *Hromadka/Maschmann*, S. 117 Rdn. 15; *Tschöpe/Wisskirchen*, Teil 1 C, Rz. 96; *Schaub*, S. 202 Rdn. 23, S. 1677 Rdn. 39; *Zmarzlik/Zipperer/Viethen*, MuSchG, § 5 Rdn. 29; *Dörner/Luczak/Wildschütz*, B, Rdn. 262; *Knorr/Bichlmeier/Kremhelmer*, S. 800 Rdn. 26; *Buchner/Becker*, MuSchG, § 5 Rdn. 31 ff. m.w.N., die aber zwischen der Zulässigkeit eines Fragerechts und einer Offenbarungspflicht der Arbeitnehmerin keinen wesentlichen Unterschied machen wollen; siehe auch LAG Düsseldorf, DB 1977, 1196: Der Arbeitgeber habe keinen Anspruch auf Vorlage eines ärztlichen Attestes über das Bestehen oder Nichtbestehen einer Schwangerschaft; ebenso BAG (6.6.74) BB 1974, 1581; *Buchner/Becker*, MuSchG, § 9 Rdn. 115, 116; *Gröninger/Thomas*, MuSchG, § 9 Rdn. 56; *Meisel/Sowka*, MuSchG, § 9 Rdn. 34, anders jedoch Rdn. 36, 36a, wenn offenkundig ist, dass wegen der besonderen Verhältnisse des Betriebes eine solche Arbeitnehmerin keinesfalls eingestellt worden wäre.
[248] Siehe nur BAG (14.11.84) AP Nr. 61 zu § 1 LohnFG; (22.3.95) AP Nr. 12 zu § 11 MuSchG 1968; BSG (13.2.75) E 39, 167; *Schmitt*, EFZG, § 3 Rdn. 38; *Geyer/Knorr/Krasney*, EFZG, § 3 Rdn. 87; *Reinecke*, DB 1998, 131; dazu auch BAG (5.7.95) BB 1995, 2533 = NZA 1996, 137; EuGH (19.11.98) NZA 1999, 757 (759).
[249] Dazu insbesondere *Schliemann/König*, NZA 1998, 1030 (1033f.).
[250] Siehe dazu BAG (8.9.88) BB 1989, 556 = NZA 1989, 178 = AP Nr. 1 zu § 8 MuSchG mit Anm. von *Fastrich*; MünchArbR/*Buchner*, § 41 Rdn. 87f, 89, 169; BGB-RGRK, § 611 Rdn. 1181; *Knorr/Bichlmeier/Kremhelmer*, S. 800 Rdn. 26; *Meisel/Sowka*, MuSchG, § 5 Rdn. 4, 5, § 9 Rdn. 36 a; *Gröninger/Thomas*, MuSchG § 5 Rdn. 4; *Imping*, MDR 2000, 125 (127); *Feichtinger*, ArbR-Blattei, Krankheit I, Rdn. 70; KPK-*Bengelsdorf*, Teil D, Rdn. 31 – **anders** LAG Hamm (1.3.99) DB 1999, 2114; *Schiefer*, DB 2000, 670; *Ehrich*, DB 2000, 425; ErfK/*Preis*, § 611 BGB Rdn. 358.

Abgrenzung

Gesundheitszustand der Wahrheit zuwider beantwortet oder zum anderen, ob er sich trotz des Bestehens einer entsprechenden Mitteilungspflicht nicht offenbart hat. Es gelten insoweit die Grundsätze des Anscheinsbeweises.[251] Arglist des Täuschenden bedeutet, er muss den Irrtum vorsätzlich erregt, bestärkt oder unterhalten und sich die ursächliche Bedeutung seines Vorgehens für die Abgabe der Willenserklärung klargemacht haben, wobei bedingter Vorsatz genügt.[252] Die bewusst unwahre Aussage lässt regelmäßig den Willen erkennen, auf die Erklärung des Vertragsgegners einzuwirken.[253]

Abweichend von der gesetzlichen Regelung des § 142 Abs. 1 BGB führt die begründete und rechtswirksam erklärte Anfechtung des Arbeitsvertrages wegen der Rechtsnatur des Arbeitsverhältnisses als Dauerschuldverhältnis und der Schwierigkeiten einer Rückabwicklung zur Beendigung des Arbeitsverhältnisses mit Wirkung für die Zukunft[254], es sei denn, das Rechtsverhältnis ist noch nicht in Vollzug oder zwischenzeitlich wieder außer Funktion gesetzt worden[255] Nach bisheriger Auffassung des BAG[256] war ein Arbeitsverhältnis bereits dann in Funktion gesetzt, wenn der Arbeitnehmer am Arbeitsantrittstag im Betrieb erschienen ist, seinen Arbeitsplatz zugewiesen erhalten hat und über seine Tätigkeit informiert worden ist. Diese Rechtsprechung ist vom BAG[257] zu Recht für den Fall der Arbeitsunfähigkeit des Arbeitnehmers bei arglistiger Täuschung durch ihn gegenüber dem Arbeitgeber aufgegeben worden, da das Regel-Ausnahme-Prinzip bei einer Anfechtung gemäß § 123 BGB nicht genügend Beachtung gefunden hat. Der Arbeitnehmer verdient in diesen Fällen auch keinen besonderen Schutz; denn wer seinen Vertragspartner getäuscht hat, kann sich nicht auf den Bestand seines Arbeitsvertrages verlassen. In derartigen Fällen wirkt die Anfechtungserklärung auf den Zeitpunkt des Beginns der Arbeitsunfähigkeit zurück.

50

---

[251] Vgl. nur BAG (20.5.99) NZA 1999, 975; *Ehrich*, DB 2000, 427 m.w.N.
[252] Etwa MünchArbR/*Buchner*, § 41 Rdn. 178 m.w.N.; MünchArbR/*Richardi*, § 46 Rdn. 40.
[253] BAG (11.11.93) BB 1994, 357 = AP Nr. 38 zu § 123 BGB = NZA 1994, 407.
[254] Statt vieler *Hueck/Nipperdey*, Bd. I, S. 185ff. m.w.N.; BGB-RGRK, § 611 Rdn. 936; *Schaub*, S. 272 Rdn. 34 m.w.N.; *Staudinger/Richardi*, BGB § 611 BGB Rdn. 181, 189; *Kittner/Däubler/Zwanziger*, KSchR, §§ 142-144 BGB Rdn. 3; von *Hoyningen-Huene/Linck*, KSchG, § 1 Rdn. 102; BAG (5.12.57) AP Nr. 2 zu § 123 BGB; (16.9.82) EzA Nr. 22 zu § 123 BGB = NJW 1984, 446 = DB 1983, 2790 – **kritisch** MünchArbR/*Buchner*, § 41 Rdn. 178 m.w.N.
[255] Siehe BAG (16.9.82) DB 1983, 2780 = AP Nr. 24 zu § 123 BGB mit **kritischer** Anm. von *Brox*; (29.8.84) AP Nr. 27 zu § 123 BGB = NZA 1985, 58; (20.2.86) BB 1986, 1852; *Mayer-Maly/Busche*, in: Müko-BGB, § 142 Rdn. 16; KR-*M. Wolf*, 3. Aufl., Grunds. Rdn. 172; *Erman/Palm*, BGB, § 142 Rdn. 10; *Palandt/Heinrichs*, BGB, § 142 Rdn. 2; *Meisel/Sowka*, MuSchG, § 9 Rdn. 26; *von Hoyningen-Huene/Linck*, KSchG, § 1 Rdn. 102a.
[256] BAG (18.4.68) AP Nr. 32 zu § 63 HGB; (16.9.82), (20.2.86) AP Nrn. 24 und 31 zu § 123 BGB.
[257] (3.12.98) BB 1999, 796ff. = DB 1999, 852f. = NZA 1999, 584 = SAE 1999, 216ff. mit zust. Anm. von *Natzel*; zust. auch *Kittner/Däubler/Zwanziger*, KSchR, §§ 142-144 BGB Rdn. 4; *Schaub*, S. 272 Rdn. 34; *Gitter/Michalski*, S. 62; *Richardi/Annuß*, S. 15; *Hromadka/Maschmann*, S. 163 Rdn. 167; MünchArbR/*Buchner*, § 41 Rdn. 184; APS/*Preis*, Grundlagen K, Rdn. 70; Lieb. S. 47 Rdn. 133 a; *Kramer*, in: Müko-BGB, § 123 Rdn. 3; *Dütz*, Arbeitsrecht, S. 55 Rdn. 117; *Erman/Palm*, BGB, § 142 Rdn. 10; Kasseler Handbuch/*Leinemann*, 1.1 Rz. 605-606; *von Hoyningen-Huene/Linck*, KSchG, § 1 Rdn. 102a – **zweifelnd** *Strick*, NZA 2000, 696ff.

B. Krankheitsbegriff

Unsere Rechtsordnung knüpft, etwa in den §§ 3 Abs. 1 EFZG[1], 89b Abs. 3 Nr. 1 Altern. 2 HGB[2], 617, 823, 1365 Abs. 2, 1426 BGB, an das Vorhanden- oder Nichtvorhandensein einer Krankheit verschiedenartige Rechtsfolgen, ohne diesen Begriff immer einheitlich zu verwenden. Eine für alle oder wenigstens bestimmte Rechtsgebiete maßgebende Legaldefinition des Begriffes „Krankheit" fehlt indessen. Sie wäre wohl auch nur bedingt zweckmäßig, weil sonst die fortwährende Anpassung des Begriffsinhaltes an die ständig fortschreitenden medizinischen Erkenntnisse und die Wandlungen vor allem im sozialrechtlichen Bereich erfolgen müßte.[3] Auch nach der Streichung des § 182 RVO durch das Gesundheitsreformgesetz vom 20. 12. 1988 hat der Gesetzgeber bewusst davon abgesehen, die Begriffe Gesundheit oder Krankheit zu definieren, sondern deren Klärung wie bisher der Rechtsprechung und Praxis überlassen.[4] Ebensowenig hat der Gesetzgeber diesen Begriff im Entgeltfortzahlungsgesetz bestimmt.

51

I. Medizinischer Krankheitsbegriff

Unter einer Krankheit im medizinischen Sinne wird nach dem derzeitigen Erkenntnisstand der Wissenschaft ein ärztlich diagnostizierbarer, nach außen in Erscheinung tretender, auf die Funktionstauglichkeit abgestellter Körper-, Geistesoder Seelenzustand[1,2] verstanden, der in der Regel durch eine ärztliche[3] Heilbe-

52

---

[1] Nach bisherigem Recht auch §§ 1 Abs. 1 LFG, 616 Abs. 2 und 3 BGB, 78 Abs. 2 SeemG, 12 Abs. 1 Nr. 2b BBilG a.F.
[2] Dazu BGH (29. 4. 93) BB 1993, 1313.
[3] Siehe *Schmatz/Fischwasser/Geyer/Knorr*, § 1 LFZG Rdn. 39; *Schaub*, S. 961 Rdn. 9; *Peters*, SGB V, § 27 Rdn. 31; *Müller/Berenz*, EFZG, § 3 Rdn. 17; *Reinecke*, DB 1998, 130; *Lepke*, NZA-RR 1999, 57; *U. Preis*, Arbeitsrecht, S. 461; *ErfK/Dörner*, § 3 EFZG Rdn. 12; BSG (16. 3. 72), SozR Nr. 1 zu § 6 BVG – **anders** *Liebig*, S. 5, der diese Begründung als nicht zwingend ansieht; so auch *Gruber*, S. 88; zur Entwicklung des Krankheitsbegriffes siehe *Sticken*, S. 73ff., 93ff.; *de Haan*, S. 4ff.
[4] Vgl. Begründung zu Art. 1 § 1 des Gesetzentwurfes, Bundesrats-Drucks. 200/88, S. 157, abgedruckt bei *Hauck/Haines*, SGB V, Bd. 3 (Stand Juli 2001) M 010, S. 49; Bundestags-Drucks. 11/2237, S. 170; *Gruber*, S. 1.

[1] Siehe etwa *Schulin*, ZfA 1978, 215 (247); *Schmitt*, EFZG, § 3 Rdn. 34; *Staudinger/Oetker*, BGB, § 616 Rdn. 197f.; *Bley/Kreikebohm/Marschner*, S. 170 Rdn. 484ff.; MünchArbR/*Boecken*, § 83 Rdn. 25; *Geyer/Knorr/Krasney*, § 3 EFZG Rdn. 42; *Kaiser/Dunkl/Hold/Kleinsorge*, EFZG, § 3 Rdn. 27; *Reinecke*, DB 1998, 130 m.w.N.; *Fritze*, S. 3, 153; BAG (29. 2. 84) DB 1984, 1687; (9. 1. 85) DB 1985, 977; (26. 7. 89) DB 1990, 229; BSG (24. 7. 85) NZA 1986, 343; (10. 2. 93) NJW 1993, 2399; BFH (18. 6. 97) NJW 1998, 855; VGH Baden-Württ. (19. 10. 79) DÖD 1980, 230; differenzierter *Dannekker*, S. 20, 36–41; *Liebig*, S. 13ff.
[2] Verfehlt ist die Ansicht von *Mezger/Richter/Wahsner*, Dem.u.R. 1979, 264 (265), dass in solchen oder ähnlichen Definitionen Krankheit als individuelles Versagen der Gesundheit erscheine, das dem Einzelnen gleichsam als unabwendbare Willkür des Schicksals widerfahre. Nach Ansicht dieser Autoren, S. 276, lasse sich Krankheit von Arbeitnehmern nur als soziales Geschehen, als gesellschaftlicher und gesellschaftlich bedingter Vorgang adäquat erfassen; ähnlich auch *Rosenland*, AuR 1991, 269 (272): „Arbeit macht krank".
[3] Vgl. dazu *Sticken*, S. 156ff., 191ff.

handlung behoben, die Krankheit erträglich zu machen und ihre Folgen zu lindern[4] oder zumindest vor einer drohenden Verschlimmerung bewahrt werden kann. Während die Heilbarkeit einer Krankheit nicht erforderlich ist, kann auf das Merkmal der Behandlungsbedürftigkeit nicht verzichtet werden.[5] Dass auch unheilbare Leiden – bezogen auf den derzeitigen Erkenntnisstand – eine Krankheit darstellen, man denke etwa an Krebs im fortgeschrittenen Stadium oder AIDS[6], steht außer Frage.[7] Regelwidrig ist ein solcher körperlicher oder geistiger Zustand dann, wenn er nach allgemeiner Erfahrung unter Berücksichtigung eines natürlichen Verlaufes des Lebensganges nicht bei jedem anderen Menschen gleichen Alters oder Geschlechts zu erwarten ist. Dabei ist für den Krankheitsbegriff ein etwaiges Verschulden des Arbeitnehmers ebenso ohne Bedeutung wie die sonstigen Ursachen für die Schädigung oder Beeinträchtigung der Gesundheit. Auch angeborene Körperfehler können Krankheitssymptome aufweisen.[8] Ebenso müssen die Sterilität einer Frau oder die Zeugungsunfähigkeit eines Mannes als Krankheit angesehen werden[9], die sowohl behandlungsfähig als auch -bedürftig sind. Die extrakorporale Befruchtung (In-vitro-Fertilisation) einer Frau wurde bisher vom BSG[10] jedoch nicht als notwendige Heilbehandlung anerkannt. Nunmehr beurteilt das BSG[11]

---

[4] Nachw. bei *Rüsken*, NJW 1998, 1745.
[5] BSG (20.10.72) E 35, 10ff.; (20.3.81) E 51, 251ff.; (10.2.93) MDR 1993, 661; BAG (29.2.84) AP Nr. 64 zu § 616 BGB; BFH (18.6.97) NJW 1998, 855; *Rüsken*, NJW 1998, 1745; ErfK/*Dörner*, § 3 EFZG Rdn. 11, 14; *Gruber*, S. 87; *Bley/Kreikebohm/Marschner*, S. 171 Rdn. 484; MünchArbR/*Buchner*, § 41 Rdn. 58; APS/*Schuler*, SozR Rdn. 82 – **anderer Ans**. *Schulin*, ZfA 1978, 248; MünchArbR/*Boecken*, § 83 Rdn. 25; *Thome*, S. 54; *Schmitt*, EFZG § 3 Rdn. 37; *Staudinger/Oetker*, BGB, § 616 Rdn. 199 m.w.N.; *Marienhagen/Künzl*, EFZG, § 3 Rdn. 4a; *Gitter/Michalski/Frotscher*, S. 75; BAG (9.1.85) DB 1985, 977; siehe auch BGH (10.7.96) MDR 1996, 1125 = NJW 1996, 3075.
[6] Zur Anerkennung als Berufserkrankung siehe *Exner-Freisfeld*, S. 176f.; *Jarke*, MedR 1996, 501ff.; *Bleich et al.*, Ökologisches Stoffgebiet, 3. Aufl. 2000, S. 56; *Fritze*, S. 345f.; LSG Nordrhein-Westf. (22.1.97) MedR 1998, 44ff.; BSG (18.11.97) BB 1998, 327: Eine Medizinstudentin hatte sich während ihres Klinikpraktikums infiziert; *Schönberger/Mehrtens/Valentin*, S. 738.
[7] Vgl. dazu *Thome*, S. 57f.; *Schmitt*, EFZG, § 3 Rdn. 37 m.N. – **anders** wohl *Hunold*, S. 27.
[8] BAG DB 1976, 1386 = AP Nr. 40 zu § 1 LohnFG: angeborenes Schielen; *Reinecke*, DB 1998, 130 m.w.N.; vgl. auch *Schulin*, ZfA 1978, 215 (252); *Müller-Roden*, NZA 1989, 129 – **anders** *Thome*, S. 61.
[9] *Bley/Kreikebohm/Marschner*, S. 171 Rdn. 485; MünchArbR/*Boecken*, § 83 Rdn. 26; *Schaub*, S. 962 Rdn. 9; *Reinecke*, DB 1998, 131; *Rüsken*, NJW 1998, 1747; BGH (17.12.86) NJW 1987, 703; (12.11.97) MDR 1998, 285; BSG (8.3.90) NJW 1990, 2959; BFH (18.6.97) NJW 1998, 855 = BB 1998, 774; ArbG Arnsberg (20.2.92) AiB 1993, 466 – **anderer Ans**. *Müller-Roden*, NZA 1989, 130; ArbG Düsseldorf (5.6.86) NJW 1986, 2394.
[10] BSG NJW 1990, 2959; siehe aber auch OLG Karlsruhe (6.2.86) NJW 1986, 1552; OLG Nürnberg (27.5.93) NJW-RR 1993, 1246f.; OLG München (16.6.98) MDR 1998, 1100; SG Gelsenkirchen (8.9.83) – 17 Kr 25/83 –; ArbG Ulm (18.5.5) – Ca 443/91 – unv.; *Thome*, S. 57; *Kaiser/Dunkl/Hold/Kleinsorge*, EFZG, § 3 Rdn. 53; *Müller/Berenz*, EFZG, § 3 Rdn. 20, **einerseits** und OLG Stuttgart (27.11.85) NJW 1986, 1553; *Müller-Roden*, NZA 1989, 132; *Staudinger/Oetker*, BGB, § 616 Rdn. 206 **andererseits**. *Schmitt*, EFZG, § 3 Rdn. 56, knüpft an § 27a SGB V an; dazu auch *Deutsch* Medizinrecht, S. 313 Rdn. 438; zum steuerrechtlichen Aspekt: BFH (18.6.97) NJW 1998, 855; *Rüsken*, NJW 1998, 1745ff.; zur Beihilfeberechtigung für heterologische Insemination bei einer unverheirateten Beamtin siehe OVG Münster (13.1.98) NJW 1998, 3438f.
[11] (3.4.01) b + p 2001, 435ff. = MedR 2001, 420.

hinsichtlich der Kostentragungspflicht durch die gesetzlichen Krankenkassen die Rechtslage jedoch anders.

Ob die Ursache für die Erkrankung im Bereich der Arbeit oder des Privatlebens liegt[12], spielt ebenfalls keine entscheidende Rolle, so dass einerseits etwa ein Arbeitsunfall und andererseits beispielsweise Fettleibigkeit[13, 14] – als fettleibig gelten Menschen, die ihr Normalgewicht um mehr als 30 % überbieten[15] – eine Krankheit des Arbeitnehmers zur Folge haben können. 53

Unter einem Arbeitsunfall, § 8 Abs. 1 SGB VII, versteht man ein körperlich schädigendes, zeitlich begrenztes Ereignis, das mit der unfallversicherten Tätigkeit in einem inneren Zusammenhang steht.[16] Berufskrankheiten, § 9 Abs. 1 Satz 2 SGB VII, gelten auch als Versicherungsfall, § 7 Abs. 1 SGB VII. Die anerkannten Berufskrankheiten sind in der BerufskrankheitenVO vom 31.10.1997 i.d.F. vom 5.9.2002[17] aufgeführt. Bei neuen Erkenntnissen der medizinischen Wissenschaft können die Unfallversicherungsträger auch Krankheiten anerkennen, die bisher nicht in der Rechtsverordnung aufgeführt sind, § 9 Abs. 2 SGB VII. Die DDR-Berufskrankheiten-Liste vom 21.4.1981[18] findet weiterhin Anwendung[19] Auch sog. Wegeunfälle, § 8 Abs. 2 Nr. 1 SGB VII, gelten als Arbeitsunfälle.[20] Der früher in § 550 Abs. 1 RVO geregelt gewesene Wegeunfall hat allerdings seit der gesetzlichen Neuregelung dieser Materie am 1.1.1997 im SGB VII weitgehend seine Eigenständigkeit verloren.[21, 22] 54

---

12 Siehe dazu auch *Staudinger/Oetker*, BGB, § 616 Rdn. 201, 207 m.N.
13 Allgemein dazu: DHS, Süchtiges Verhalten – Grenzen und Grauzonen im Alltag (1985), S. 135 ff.; *Krebs*, Eßstörungen, in: Jahrbuch Sucht '94, S. 192 ff.; *Hauner*, DtÄrzteBl 93 (1996), Heft 51/52, B-2654; Aktuell '98, S. 156; zur Ätiologie, Diagnostik und zu Therapieansätzen von Essstörungen siehe *Leibl*, in: Zerdick, Entwicklungen in der Suchtmedizin (1999), S. 245 ff.
14 Siehe BGH (29.11.78) NJW 1979, 1250; BGH (19.12.80) MDR 1981, 644; ArbG Berlin (10.10.77) Berliner Bauwirtschaft 1978, S. 248 f. – **anderer Ans.** LG Freiburg (24.1.80) VersR 1980, 524; offengelassen OLG Celle (30.9.83) VersR 1984, 529 f.
15 Vgl. Aktuell '97, S. 156.
16 Dazu insbes. BSG (22.9.88) BB 1988, 2471; *Schönberger/Mehrtens/Valentin*, S. 68 ff.
17 BGBl. I, S. 3541; eingehend dazu *Fritze*, S. 75 ff.
18 GBl. DDR I, S. 139.
19 So BSG (29.4.97) AuA 1997, 349.
20 Dazu etwa *Schönberger/Mehrtens/Valentin*, S. 91 ff.; zum Unfallschutz beim Medikamentenkauf bzw. Arztbesuch vor der Arbeitsaufnahme siehe BSG (18.3.97) BB 1997, 1641; (5.5.98) BB 1998, 2646 f.; (2.5.01) Breith. 2001, S. 778 ff.
21 Vgl. *U. Preis*, NJW 1996, 3375; *Lepke*, NZA-RR 1999, 58; ArbG Bochum (5.3.98) DB 1998, 783.
22 Die Zahl der meldepflichtigen Arbeitsunfälle verringerte sich 2001 um 6,4 % auf 1,07 Mio. Bei den Wegeunfällen ergab sich im Vergleich zum Vorjahr ein Minus von 0,4 % auf knapp 177 000 (vgl. AuR 2002, 218). Die Zahl der tödlichen Arbeits- und Wegeunfälle blieb gegenüber dem Jahr 2000 weitgehend konstant: 820 tödliche Arbeits- (5 weniger als im Vorjahr) und 660 tödliche Wegeunfälle (62 weniger als 2000). Im ersten Halbjahr 2002 stieg die Zahl der tödlichen Arbeitsunfälle jedoch wieder an, nämlich um 4,5 % auf 368, DtÄrzteBl 99 (2002), Heft 41, A-2668. Die 2001 anerkannten Berufskrankheiten stiegen leicht an: 2000 insgesamt 16 414 und 2001 insgesamt 17 171 Fälle. Heft 11, B-514.

54a Der oben genannte normative Krankheitsbegriff wird überwiegend in der Medizin, der funktionalen Soziologie und in den Rechtswissenschaften verwendet.[23]

II. Krankheit und Arbeitsunfähigkeit

55 Von dem objektiv, das heißt medizinisch bestimmbaren Krankheitsbegriff, der im Wesentlichen mit dem sozialversicherungsrechtlichen[1] übereinstimmt[2], wird auch der arbeitsrechtliche abgeleitet.[3] Allerdings muss mit der Krankheit stets eine Einschränkung der Leistungsfähigkeit des Arbeitnehmers, der Arbeitsfähigkeit, verbunden sein. Einen subjektiven Krankheitsbegriff wird man im Allgemeinen nur bei psychosomatischen Beschwerden zugrunde legen können[4], so dass es in der Regel nicht auf die persönliche Ansicht des betreffenden Arbeitnehmers oder Arbeitgebers ankommt.[5,6,7] Wer allerdings von seinem Leiden nichts weiß und auch keine Beschwerden hat, ist nicht arbeitsunfähig.[8]

1. Allgemeines

56 Auch im Arbeitsrecht ist der medizinische Krankheitsbegriff von rechtserheblicher Bedeutung. Nur hebt die im Arbeitsrecht relevante Begriffsbestimmung solche Merkmale hervor, die aus dem medizinischen Krankheitsbegriff für das Arbeitsverhältnis signifikant sind. Durch die Erkrankung muss nämlich die

---

[23] Siehe *Antons/Schulz*, Normales Trinken und Suchtentwicklung, Bd. 1, 3. Aufl. 1990, S. 241, 253.
[1] BSG (13.2.75) E 39, 167f.; (16.12.81) DB 1982, 288; (10.2.93) NJW 1993, 2399; siehe auch *Sticken*, S. 180ff. m.N., *de Haan*, S. 10ff.; *Boecken*, NZA 1999, 676; *Gruber*, S. 76ff.
[2] BAG (18.12.58) DB 1958, 1467; (17.3.60) DB 1960, 554; (14.1.72) AP Nr. 12 zu § 1 LohnFG; DB 1976, 1386; LAG Frankfurt/M. (26.1.76) BB 1976, 1465; LAG Berlin (20.1.86) LAGE Nr. 5 zu § 63 HGB; *Schmatz/Fischwasser/Geyer/Knorr*, § 1 LFZG, Rdn. 40ff.; *Lieb*, 5. Aufl. 1994, S. 16; *Gruber* S. 79; zweifelnd *Schmitt*, EFZG, § 3 Rdn. 32.
[3] Ebenso BAG (3.11.61) DB 1962, 102; DB 1976, 1386; *Erman/Belling*, BGB, § 616 Rdn. 100; *Angel*, S. 46f.; *Foltyn*, S. 10ff.; *Schulin*, ZfA 1978, 215 (241ff.); *Gaul*, Bd. I, S. 676 Rdn. 1; *Soergel/Kraft*, BGB, § 616 Rdn. 50; weitere Einzelheiten bei *Dannecker*, S. 42–75 – anders *Thome*, S. 55.
[4] *Dannecker*, S. 105; *Liebig*, S. 14; *Schaub*, S. 1460 Rdn. 14; dazu auch *Baer*, Psychiatrie für Juristen (1988), S. 7ff., 44.
[5] Zutreffend *Schelp/Trieschmann*, S. 2; *Dannecker*, S. 43; *Feichtinger*, ArbR-Blattei, Krankheit I, Rdn. 11, 34; *Gruber*, S. 85; *Stück*, MDR 2000, 376; *Özcan*, S. 58; *Soergel/Kraft*, BGB, § 616 Rdn. 50; *Stückmann*, AuA 1996, 197; BAG (17.2.98) AP Nr. 27 zu § 618 BGB = NZA 1999, 33; LAG Köln (28.8.97) – 6 Sa 1155/96 –; LAG Frankfurt/M. (27.10.98) – 9 Sa 2487/97 –; LAG München (3.11.00) LAGE Nr. 131 zu § 626 BGB, S. 9.
[6] Deshalb liegt keine echte, sondern nur eine fiktive Erkrankung vor, wenn beispielsweise der Arbeitnehmer zur Feststellung der „Krankheit" einen Arzt oder ein Krankenhaus aufsucht, dort untersucht und behandelt wird, sich dann aber der Verdacht einer bestimmten Krankheit nicht bestätigt, so *Lepke*, DB 1974, 483, siehe auch *Liebig*, S. 23; *Dannecker*, S. 71–75 – anderer Ans. ArbG Ludwigshafen (11.5.71) DB 1971, 1872; LAG Frankfurt/M. (5.7.71) BB 1972, 286; siehe auch ArbG Hamburg (23.11.92) NZA 1993, 508.
[7] Siehe aber BAG (29.6.61) AP Nr. 3 zu § 19 SchwerBeschG; *Hueck/Nipperdey*, Bd. I, S. 784 Fußn. 33; Anm. 33; *Neumann*, Kündigung bei Krankheit, 3. Aufl. 1966, S. 30, wo ausnahmsweise bei einem Schwerbehinderten auch die subjektive Vorstellung, krank zu sein, erheblich sein könne.
[8] LAG Berlin (29.3.88) DB 1988, 2059; *Hunold*, S. 27.

Arbeitsfähigkeit des Arbeitnehmers ganz aufgehoben oder gemindert sein; zwischen der Erkrankung und der Arbeitsunfähigkeit sowie der Arbeitsverhinderung muss ein Kausalzusammenhang bestehen[9], was allein nach objektiven Gesichtspunkten zu beurteilen ist.[10] Auch die teilweise Arbeitsunfähigkeit oder Restarbeitsfähigkeit[11] kann für den arbeitsrechtlichen Krankheitsbegriff relevant sein[12], obwohl das Recht der Entgeltfortzahlung im Krankheitsfalle den Begriff der teilweisen Arbeitsunfähigkeit bisher nicht kennt.[13] Das am 1.1.1989 in Kraft getretene Gesundheitsreformgesetz[14] hat zwar nicht den Begriff der Teilarbeitsunfähigkeit eingeführt, jedoch die Möglichkeit der freiwilligen Teilzeitbeschäftigung während einer Langzeiterkrankung normiert, § 28 SGB IX[15], wenngleich es sich beim Wiedereingliederungsverhältnis nach § 28 SGB IX – früher § 74 SGB V –, einem Unterfall der begrenzten Arbeitsunfähigkeit, weder um ein neues Arbeitsverhältnis noch um eine Variante des fortbestehenden Arbeitsverhältnisses, sondern um ein Rechtsverhältnis eigener Art (sui generis), § 311 BGB, handelt[16], in dessen Vordergrund therapeutische Gründe stehen. Die Hauptpflichten aus dem Arbeitsverhältnis ruhen jedoch.

Das Krankheitsgeschehen muss den Arbeitnehmer außerstande setzen, die ihm nach dem Arbeitsvertrag obliegende Arbeitsleistung zu erbringen[17], so dass genau genommen das Merkmal der Arbeitsunfähigkeit – den Begriff hat die Rechtspre-

---

[9] *D. Gaul*, DB 1992, 2189; MünchArbR/*Boecken*, § 83 Rdn. 57ff.; *Staudinger/Oetker*, BGB, § 616, Rdn. 229; *Bauer/Röder/Lingemann*, S. 25; *Stückmann*, AuA 1996, 197; BAG (20.3.85) AP Nr. 64 zu § 1 LohnFG = NZA 1986, 193.

[10] Etwa BAG (17.2.98) AP Nr. 27 zu § 618 BGB= BB 1998, 2477f. = NZA 1999, 33; München ArbR/*Boecken*, § 83 Rdn. 34.

[11] Vgl. *Künzl/Weinmann*, AuR 1996, 306; *Stückmann*, DB 1998, 1662; *Gruber*, S. 202 m.w.N.; MünchArbR/*Boecken*, § 83 Rdn. 48.

[12] Siehe *von Hoyningen-Huene*, NZA 1996, 49f.; *Lieb*, 5. Aufl. 1994, S. 22f.; *Gitter*, ZfA 1995, 153ff.; *Staudinger/Oetker*, BGB, § 616 Rdn. 215; *Kaiser/Dunkl/Hold/Kleinsorge*, EFZG, § 3 Rdn. 46; *Müller/Berenz*, EFZG, § 3 Rdn. 25ff.; *Gruber*, S. 217ff.; Erman/*Belling*, BGB, § 616 Rdn. 108; MünchArbR/*Boecken*, § 83 Rdn. 50, § 85 Rdn. 38; BAG (25.10.73) AP Nr. 42 zu § 616 BGB; (29.1.92) AP Nr. 1 zu § 74 SGB V = BB 1993, 143; LAG Rheinland-Pfalz (4.11.91) NZA 1992, 170 – **anderer Ans.** *Glaubitz*, NZA 1992, 402; *Stückmann*, AuA 1995, 45; *Derr*, S. 66ff.

[13] *Dütz*, Arbeitsrecht, S. 111 Rdn. 226; *Künzl/Weinmann*, AuR 1996, 306f.; *Soergel/Kraft*, BGB, § 616 Rdn. 49; *Schmidt*, AuR 1997, 465; *Brox/Rüthers*, S. 121 Rdn. 167a; *Reinecke*, DB 1998, 133; *Angel*, S. 74-86; Kasseler Handbuch/*Vossen*, 2.2 Rz. 51; *Schaub*, S. 1033 Rdn. 17 – **kritisch** *Stückmann*, DB 1998, 1662ff.; *Boecken*, NZA 1999, 675.

[14] BGBl. 1988, Teil I, S. 2477ff.

[15] Im Einzelnen dazu *von Hoyningen-Huene*, NZA 1992, 49ff.; *Gitter*, ZfA 1995, 123ff.; *Stückmann*, AuA 1998, 225; *Gruber*, S. 207ff.; zur Entgeltfortzahlung BAG (29.1.92) DB 1992, 1478 = SAE 1992, 353, mit teilweise zust. Anm. von *Misera*; LAG Berlin (27.6.90) BB 1990, 1981; LAG Rheinland-Pfalz (4.11.91) NZA 1992, 169; zur arbeitsrechtlichen Bedeutung von § 2 SGB III siehe *Gagel*, BB 2001, 358ff.

[16] BAG (28.7.99) DB 1999, 2523; Kasseler Handbuch/*Gagel*, 6.4 Rz. 528; *Brox/Rüthers*, S. 121 Rdn. 167a.

[17] BAG (29.2.84) DB 1984, 1687 = BB 1984, 1164; (26.7.89) BB 1990, 140; (29.1.92) DB 1992, 1478; LAG Schleswig-Holst. (7.12.99) BB 2000, 258; *Dütz*, AuA 1993, 243; siehe auch *Sticken*, S. 174; Kasseler Komm. – *Höfler*, SGB V, § 44 Rdn. 10ff. m.N.; *Reinecke*, DB 1998, 132; *Stückmann*, AuA 1998, 225.

chung entwickelt – nicht zum Krankheitsbegriff gehört[18], sondern sich als weitere, eigene Tatbestandsvoraussetzung der verschiedenartigsten arbeitsrechtlichen Ansprüche darstellt. An der Leistung der versprochenen Dienste ist der Arbeitnehmer auch dann gehindert, wenn ihm krankheitsbedingt die Erbringung der vertraglich geschuldeten Arbeitsleistung nicht zugemutet werden kann[19], so wenn er vor dem Erreichen der Altersgrenze berufsunfähig werden würde oder wenn er die Arbeit nur unter der Gefahr, in absehbarer Zeit seinen Gesundheitszustand zu verschlechtern, fortsetzen könnte.[20] Es genügt jedoch noch nicht die Besorgnis, der Arbeitnehmer werde möglicherweise in ferner Zukunft verstärkt unter seiner Erkrankung leiden und in erhöhtem Maße arbeitsunfähig krank werden. Nicht jede Erkrankung bedingt die Arbeitsunfähigkeit des Arbeitnehmers.[21] Ein leichter Schnupfen oder Katarrh wird regelmäßig die Arbeitsfähigkeit des Arbeitnehmers nicht wesentlich beeinträchtigen. Auch Karies, obwohl eine Krankheit, verursacht im Allgemeinen weder Schmerzen noch beeinflusst sie die Kaufähigkeit. Wer eine Zahnplombe verliert, so dass sein Gebiss einer zahnärztlichen Behandlung bedarf, mag krank, jedoch nicht ohne weiteres arbeitsunfähig krank sein.[22] Gleiches gilt für einen Arbeitnehmer, der eine Thorax- (Brustkorb) Prellung verbunden mit einem Bluterguss erleidet.[23] Ein Kochlehrling, der sich einen Arm gebrochen hat, kann zwar nicht arbeiten, aber sehr wohl weiter ausgebildet werden[24], etwa dadurch, dass er beim Kochen zusieht. Ein Sänger, der heiser ist, kann die geschuldete Leistung nicht erbringen, während das bei einem an der Spritzgussmaschine tätigen Arbeitnehmer der Fall sein wird. Zwar ist letzterer auch krank, nicht jedoch arbeitsunfähig.[25] Ein im Wesentlichen mit Schreibarbeiten beschäftigter Arbeitnehmer, dessen linker Arm eingegipst ist, kann seine Arbeiten in der Regel mit der

---

[18] Ebenso LAG Berlin LAGE Nr. 5 zu § 63 HGB; *Schulin*, ZfA 1978, 215 (248); *Hunold*, S. 26; im Einzelnen dazu *Birk*, GK-EFZR, § 1 LFZG Rdn. 193 ff.; *Staudinger/Oetker*, BGB, § 616 Rdn. 200, siehe auch *Gruber*, S. 34, 59 ff.; *Angel*, S. 44 – **unrichtig** *Zapka*, Passivrauchen, S. 68 f.; *Hönsch/Natzel*, S. 91 Rdn. 95; *Fritze*, S. 153, 763, 1188; *Tschöpe*, BB 2001, 2110.

[19] Vgl. BAG (17. 4. 85) DB 1986, 976; siehe auch ArbG Wilhelmshaven (1. 6. 79) ARSt 1980, S. 46 Nr. 1062: Der Arbeitnehmer ist nicht arbeitsunfähig krank, kann aber aufgrund seines körperlichen Zustandes seine Arbeit nur kurze Zeit täglich ausüben; *Kehrmann/Pelikan*, LFG, § 1 Anm. 34; zu den Zumutbarkeitsmaßstäben siehe *Thome*, S. 63 f. – **anderer Ans.** *Doetsch/Schnabel/Paulsdorff*, LFG, § 1 Anm. 139.

[20] BAG (25. 6. 81) DB 1981, 2628 = BB 1982, 805; DB 1984, 1687; (9. 1. 85) DB 1985, 977; (26. 7. 89) DB 1990, 229; LAG Rheinland-Pfalz (15. 7. 88) BB 1988, 2033; LAG Schleswig-Holst. BB 2000, 258; *Schulin*, ZfA 1978, 215 (245 m. N.); *Kaiser/Dunkl/Hold/Kleinsorge*, EFZG, § 3 Rdn. 34; siehe auch BSG (30. 5. 67) E 26, 288 (290); (28. 10. 82) BlStSozArbR 1983, 169.

[21] So auch *Foltyn*, S. 7 ff.; *Feichtinger/Pohl*, DB 1984 Beilage Nr. 4, S. 2; LAG Frankfurt/M. BB 1976, 1465.

[22] BAG (29. 2. 84) AP Nr. 64 zu § 616 BGB = NZA 1984, 33, 281; dazu auch *Reinecke*, DB 1998, 131.

[23] Vgl. Hess. LAG (11. 6. 93) ARSt 1994, S. 71.

[24] Zutreffend *Meisel*, Anm. zu BAG (19. 5. 82) SAE 1983, 183.

[25] Ebenso *Eich*, BB 1988, 198; *Reinecke*, DB 1998, 132.

rechten Hand erledigen[26], wobei es jedoch auf die Umstände des Einzelfalles ankommt. Auch eine Konversionsneurose[27], die krankhafte Veranlagung, Gegenstände zu kaufen, ohne sie zu bezahlen[28], hat in der Regel nicht die Arbeitsunfähigkeit des betreffenden Arbeitnehmers zur Folge. Ebenso wenig bedingt Kurzsichtigkeit i.d.R. Arbeitsunfähigkeit[29]; denn diese kann durch das Tragen einer Brille korrigiert werden. Generell ist sowohl der diätetisch eingestellte als auch der insulinpflichtige Diabetiker seinem Ausbildungsstand entsprechend voll einsetzbar.[30] Ausnahmen gelten aber hinsichtlich Tätigkeiten, die eine potentielle Selbst- oder Fremdgefährdung mit sich bringen, etwa Fahr-, Steuerungs- und Überwachungstätigkeiten, Dienst mit Waffen oder Arbeitern mit Absturzgefahr.

Dass der arbeitsrechtliche Arbeitsunfähigkeitsbegriff im Wesentlichen dem krankenversicherungsrechtlichen entspricht, ergibt sich auch aus den Richtlinien des Bundesausschusses der Ärzte und Krankenkassen vom 1.10.1991.[31] Danach liegt Arbeitsunfähigkeit vor, wenn der Versicherte aufgrund von Krankheit seine ausgeübte (richtig: vertraglich geschuldete) Tätigkeit nicht mehr oder nur bei Gefahr der Verschlimmerung der Erkrankung ausführen kann. Arbeitsunfähigkeit ist auch gegeben, wenn aufgrund eines bestimmten Krankheitszustandes, der für sich noch keine Arbeitsunfähigkeit bedingt, absehbar ist, dass aus der Ausübung der Tätigkeit für die Gesundheit oder Gesundung abträgliche Folgen erwachsen, die die Arbeitsunfähigkeit unmittelbar hervorrufen.

Ob eine krankheitsbedingte Arbeitsunfähigkeit besteht, hängt also entscheidend von den näheren Umständen des konkreten Einzelfalles ab, so von der Schwere der Erkrankung, aber auch und vor allem von der Art der vertraglich zu erbringenden Arbeitsleistung.[32] Von einer krankheitsbedingten Arbeitsunfähigkeit muss ferner gesprochen werden, wenn die Erkrankung so schwer ist, dass die Arbeit, sei es die bisher geleistete, sei es eine irgendwie anders geartete, in Zukunft überhaupt nicht mehr aufgenommen werden kann.[33]

2. Insbesondere Erwerbsunfähigkeit und verminderte Erwerbsfähigkeit

Nach bisherigem Recht waren berufsunfähig Versicherte, deren Erwerbsfähigkeit wegen Krankheit oder Behinderung auf weniger als die Hälfte derjenigen von körperlich und seelisch Gesunden mit ähnlicher Ausbildung und gleichwertigen

---

26 ArbG Hannover (4.5.92) ARSt 1993, S. 104 Nr. 48; *Helml*, EFZG, § 5 Rdn. 23; allgemein dazu *Stückmann*, AuA 1998, 84.
27 Siehe *Pschyrembel*, Klinisches Wörterbuch, 259. Aufl. 2002, S. 894.
28 Vgl. BAG (20.11.97) AP Nr. 43 zu § 1 KSchG 1969 = BB 1998, 429; *Schaub*, S. 1487 Rdn. 64.
29 ArbG Frankfurt/M. (23.5.00) BB 2000, 2101.
30 Vgl. *Bleich et al.*, Ökologisches Stoffgebiet, S. 10, 177.
31 BArbBl 1991, Heft 11, S. 28f.; RdA 1992, 208, siehe auch OLG Düsseldorf (18.9.98) NZA-RR 1999, 11; MünchArbR/*Boecken*, § 83 Rdn. 33; eingehend, insbesondere zu deren Rechtsnatur *Gruber*, S. 60ff.
32 Vgl. BAG (25.6.81) AP Nr. 52 zu § 616 BGB = BB 1982, 805; *Schmitt*, EFZG, § 3 Rdn. 40; *ErfK/Dörner*, § 3 EFZG Rdn. 17.
33 BAG (22.12.71) AP Nr. 2 zu § 6 LohnFG mit Anm. von *Töns* = SAE 1972, 254 mit Anm. von *Sieg*.

Krankheitsbegriff

Kenntnissen und Fähigkeiten gesunken war, § 43 Abs. 2 SGB VI a. F.[34] Eine wesentliche Änderung hatte das Zweite SGB VI-Änderungsgesetz vom 2.5.1996[35] gebracht. Danach war derjenige nicht berufsunfähig, der eine zumutbare Tätigkeit vollschichtig ausüben konnte. Einen eigenständigen Begriff der Berufsunfähigkeit kannte und kennt das Arbeitsrecht nicht.[36]

Erwerbsunfähig waren Versicherte, die wegen Krankheit oder Behinderung auf nicht absehbare Zeit außerstande waren, eine Erwerbstätigkeit in gewisser Regelmäßigkeit auszuüben oder Arbeitsentgelt bzw. -einkommen zu erzielen, das monatlich 630,– DM überstieg, § 44 Abs. 2 SGB VI a. F. Satz 2 der genannten Norm bestimmte jedoch ausdrücklich, dass derjenige nicht erwerbsunfähig war, der seine zuletzt ausgeübte oder eine andere Tätigkeit vollschichtige Tätigkeit ausüben konnte, wobei wie bei der Berufsunfähigkeit die jeweilige Arbeitsmarktlage keine Berücksichtigung mehr fand. Die Erwerbsunfähigkeit stellte sich als eine gesteigerte Form der Berufsunfähigkeit dar.

Da der Begriff der Arbeitsunfähigkeit nicht davon abhing, ob die Krankheit behoben werden konnte oder nicht, lag Arbeitsunfähigkeit auch dann vor, wenn die Krankheit die Berufs- oder Erwerbsunfähigkeit zur Folge hatte.[37] Die Begriffe Erwerbs- und Berufsunfähigkeit sind nicht identisch. Auch ein Erwerbsunfähiger konnte und kann als Arbeitnehmer unter Umständen die vertraglich geschuldete Tätigkeit noch ausüben.[38] Wer allerdings erwerbsunfähig war, der war auch berufsunfähig.[39]

58a   Seit dem 1.1.2001 sind die bisherigen Begriffe „Rente wegen Berufsunfähigkeit" und „Rente wegen Erwerbsunfähigkeit" nicht mehr existent. An deren Stelle ist die „Rente wegen Erwerbsminderung", § 43 SGB VI, getreten, und zwar differenziert nach teilweiser, § 43 Abs. 1 SGB VI, und voller Erwerbsminderung, § 43 Abs. 2 SGB VI.

Teilweise erwerbsgemindert ist, wer wegen Krankheit oder Behinderung auf nicht absehbare Zeit außerstande ist, unter den üblichen Bedingungen des allgemeinen Arbeitsmarktes mindestens sechs Stunden täglich erwerbstätig zu sein.

Voll erwerbsgemindert sind Versicherte, die wegen Krankheit oder Behinderung auf nicht absehbare Zeit außerstande sind, unter den üblichen Bedingungen des allgemeinen Arbeitsmarktes mindestens drei Stunden täglich erwerbstätig zu sein oder die, die wegen Art oder Schwere der Behinderung nicht auf dem allgemeinen Arbeitsmarkt tätig sein können oder Versicherte, die bereits vor Erfüllung der all-

---

[34] Zur Berufsunfähigkeit infolge überobligationsmäßiger Anstrengung siehe BGH (11.10.00) NJW 2001, 1943f.
[35] BGBl. I S. 659.
[36] BAG (14.12.99) BB 2001, 366.
[37] Vgl. BAG (22.12.71) AP Nr. 2 zu § 6 LohnFG; *Kaiser/Dunkl/Hold/Kleinsorge*, EFZG, § 3 Rdn. 41; *Lepke*, NZA-RR 1999, 57.
[38] Dazu auch *Hako-Gallner*, § 1 Rdn. 478.
[39] BAG BB 2001, 366; BSG (26.5.64) E 21, 88 (89); (14.5.79) SozR 2200 § 1259 RVO Nr. 34.

gemeinen Wartezeit voll erwerbsgemindert waren, in der Zeit einer nicht erfolgreichen Eingliederung in den allgemeinen Arbeitsmarkt.

Die genannten gesetzlichen Neuregelungen gelten für alle nach dem 2. 1. 1960 geborenen Versicherten. Für die vor diesem Zeitpunkt geborenen Versicherten kommt weiterhin der Begriff Berufsunfähigkeit zur Anwendung. Nach § 240 Abs. 2 SGB VI sind berufsunfähig Versicherte, deren Erwerbsfähigkeit wegen Krankheit oder Behinderung im Vergleich zur Erwerbsfähigkeit von körperlich, geistig und seelisch gesunden Versicherten mit ähnlicher Ausbildung und gleichwertigen Kenntnissen sowie Fähigkeiten auf weniger als sechs Stunden gesunken ist.

Volle Erwerbsminderung, die sich. weitgehend mit dem Begriff der bisherigen Erwerbsunfähigkeit deckt, bedeutet nicht automatisch das Vorliegen einer Arbeitsunfähigkeit[40], da sich letztere nur auf die zuletzt ausgeübte Tätigkeit des Versicherten bezieht.

3. Weitere Aspekte

Ob die Arbeitsverhinderung infolge Krankheit des Arbeitnehmers zeitlich begrenzt ist, bleibt für den Begriff der Arbeitsunfähigkeit ebenfalls ohne Bedeutung. Deshalb liegt eine krankheitsbedingte Arbeitsunfähigkeit auch dann vor, wenn bereits beim Krankheitsbeginn erkennbar wird, dass sie zu einer dauernden Erwerbs- oder Berufsunfähigkeit des Arbeitnehmers führen wird.[41] Des weiteren erscheint es insoweit belanglos, ob der Arbeitnehmer bereits vor der vertraglich vorgesehenen Arbeitsaufnahme dauernd arbeitsunfähig krank war.[42] Man denke etwa an Verkrüppelungen, Taubheit, Kurzsichtigkeit, Schwerhörigkeit, Blindheit, Lähmungen oder Geisteskrankheiten.[43] Gleiches gilt für schwere funktionelle Sprachstörungen[44] bzw. wenn erst die zur Linderung der Krankheit notwendige ärztliche Behandlung und Krankenpflege den Arbeitnehmer an der Erbringung seiner Arbeitsleistung hindert.[45] In derartigen Fällen bedingt die Störung des Gesundheitszustandes im Allgemeinen zwar nicht die Arbeitsunfähigkeit des Arbeitnehmers. Wird jedoch zu ihrer Beseitigung eine ärztliche Behandlung während der Arbeitszeit erforderlich, weil ein Arzt zu einer anderen Zeit nicht erreichbar oder es dem

59

---

[40] Vgl. etwa *Hauck/Haines/Kamprad*, SGB VI, K § 43 Rdn. 78.
[41] Vgl. BAG (2.6.66) AP Nr. 30 zu § 63 HGB; (22.12.71) AP Nr. 2 zu § 6 LohnFG; *Schmatz/Fischwasser/Geyer/Knorr*, EFZG, § 3 Rdn. 53; *Gaul*, Bd. I, S. 677 Rdn. 1.
[42] Zur Problematik des sog. missglückten Arbeitsversuches siehe vor allem *Schulin*, ZfA 1978, 215 ff.; *Müller/Berenz*, EFZG, § 3 Rdn. 65; BAG (26.7.89) AP Nr. 86 zu § 1 LohnFG; LAG Berlin (29.3.88) DB 1988, 2059 – **kritisch** *Hunold*, S. 43, siehe auch BSG (11.5.93) NJW 1994, 477 m. N., diese Rechtsfigur in Frage stellend, Anm. b + p 1994, 283 f. Unter der Geltung des SGB V wendet das BSG diese nicht mehr an: BSG (4.12.97) BB 1998, 1747; siehe auch BSG (5.5.98) NZA-RR 1999, 6f.
[43] Manche sprechen in diesem Zusammenhang von Invalidität, die dem arbeitsrechtlichen Krankheitsbegriff nicht zugeordnet werden könne, so *Foltyn*, S. 11; LSG Bremen (16.5.56) BB 1956, 788.
[44] LAG Frankfurt/M. (26.1.76) ARSt 1976, S. 174 Nr. 1244; siehe auch BSG (28.2.86) E 50, 47 ff.; *de Haan*, S. 40, 154, 178 f.
[45] BAG (4.1.72) BB 1972, 921 = SAE 1973, 51 ff.; DB 1976, 1386.

Arbeitnehmer unzumutbar ist, einen Arzt außerhalb der Arbeitszeit aufzusuchen, dann bildet die Krankheit des Arbeitnehmers letztlich die Ursache für die Arbeitsverhinderung.[46] Krankheitsbedingte Arbeitsunfähigkeit liegt auch dann vor, wenn sich die Krankheit auf einen Körperteil beschränkt, dessen Funktionsfähigkeit für die betriebliche Tätigkeit nicht unbedingt erforderlich ist, für deren Heilung der Arzt aber eine häusliche Heilbehandlung angeordnet hat.[47] Gleiches gilt bei einer vorbeugenden Therapie gegen eine in unberechenbaren Schüben auftretende erbliche Krankheit, etwa einer Schuppenflechte (Psoriasis).[48] Dagegen fehlt es an einem notwendigen Kausalzusammenhang, wenn sich der Arbeitnehmer lediglich wegen einer Allgemeinuntersuchung seines Gesundheitszustandes während der Arbeitszeit zum Arzt begibt[49] oder wenn lediglich zur Festigung der Gesundheit oder zur Vorbeugung gegen eine zu befürchtende Krankheit eine Badekur verordnet wird.[50] Ist aber eine Dialysebehandlung nur während der vereinbarten Arbeitszeit möglich, besteht für deren Dauer, die Zeit der Anfahrt und die nachfolgende Ruhezeit Arbeitsunfähigkeit, Nr. 8 AURL. Nichts anderes gilt für andere extrakorporale Hämotherapieverfahren.[51] Im Übrigen werden in einem Anhang zu den AURL 8 Fallgruppen definiert, bei denen keine Arbeitsunfähigkeit vorliegt, etwa im Falle der Beaufsichtigung, Betreuung und Pflege eines erkrankten Kleinkindes oder der Inanspruchnahme sonstiger Heilbehandlungen.

III. Besondere Fälle krankheitsbedingter Arbeitsunfähigkeit

1. Transsexualität

60 Dass Transsexualität[1], die schwerste Form der Geschlechtsidentitätsstörung, die dauerhafte Diskrepanz zwischen dem biologischen Körper- und dem erlebten seelischen Geschlecht[2], sowohl im medizinischen wie im Sinne des Sozialversicherungsrechts als derzeit nicht heilbare Krankheit aufgefasst werden muss, ent-

---

[46] Deshalb ist es im Allgemeinen nicht gerechtfertigt, die Krankheit nach einem Selbstmordversuch anders als sonstige Erkrankungen zu behandeln, zumal bei Suizidhandlungen die freie Willensbestimmung in der Regel zumindest erheblich gemindert sein wird, vgl. BAG (28. 2. 79) DB 1979, 1803f. = BB 1979, 1243 unter Aufgabe der bisherigen gegenteiligen Rechtsprechung; dazu auch *Reinecke*, AuA 1996, 339f.
[47] Vgl. LAG Frankfurt/M. (17. 1. 90) DB 1990, 1727 = BB 1990, 1773 = ZTR 1990, 294.
[48] BAG (9. 1. 85) AP Nr. 62 zu § 1 LohnFG mit Anm. von *Ortlepp* = NZA 1985, 562.
[49] Zutreffend *Foltyn*, S. 8; *Liebig*, S. 31 m.w.N.; siehe auch *Feichtinger*, ArbR-Blattei, Krankheit I, Rdn. 54.
[50] BAG (10. 5. 62) AP Nr. 36 zu § 616 BGB; *Schaub*, 7. Aufl. 1992, S. 730.
[51] BArbBl 1991, Heft 11, S. 28ff.
[1] Zu den Leitsymptomen transsexueller Entwicklungen siehe *Sigusch* et al., DtÄrzteBl 91 (1994), Heft 20, B-1085ff.; *Corell*, NJW 1999, 3372 ff; BayObLG (14. 6. 95) NJW 1996, 791f.
[2] Dazu insb. EuGH (30. 4. 96) NZA 1996, 695 = NJW 1996, 2421; siehe auch EuGH (17. 2. 98) JZ 1998, 725f. mit Anm. von *Giegerich*, S. 729.

spricht neueren wissenschaftlich gesicherten Erkenntnissen.[3, 4] Die Entwicklung der unbehandelten Transsexualität weist nämlich in aller Regel Merkmale schwerster psychischer Störungen auf, die ärztlicher Behandlung bedürfen. Das BSG[5] fordert jedoch zusätzlich einen nicht unerheblichen „Leidensdruck", durch den sich die Regelwidrigkeit erst zur eigentlichen Krankheit qualifiziere. Gleichwohl muss diese Erkrankung nicht zwangsläufig die Arbeitsunfähigkeit des Arbeitnehmers zur Folge haben. Wer beispielsweise bei einer geschlechtsspezifischen Orientierung von „Mann-zur-Frau" als Krankenschwester eingestellt worden ist, der wird seine berufliche Tätigkeit unbeanstandet ausüben können, sieht man von der Gesundheitsbeeinträchtigung infolge von Hormonbehandlungen und der geschlechtsanpassenden Operation als notwendiger Voraussetzung der psychischen Stabilisierung einmal ab. Anders gelagert sind freilich – vor allem kündigungsrechtlich – die Fälle, in denen die Transsexualität des Arbeitnehmers erst nach der Begründung des Arbeitsverhältnisses in Erscheinung tritt.[6] Insoweit kann es durchaus problematisch werden, ob der Arbeitnehmer überhaupt noch die geschuldete Arbeit erbringen kann bzw. ob vom Arbeitgeber die Fortsetzung des Arbeitsverhältnisses nach Treu und Glauben verlangt werden kann[7], so wenn der Arbeitgeber ständig gegen das Nachtarbeitsverbot für Frauen, § 19 AZO, verstoßen musste. Durch das neue ArbZG ist § 19 AZO jedoch aufgehoben worden, nachdem das BVerfG[8] diese Norm für verfassungswidrig erklärt hatte.

---

[3] Dazu *Spengler*, NJW 1978, 1192f. m.N.; *Eicher*, Transsexualismus, 2. Aufl. 1992, S. 17f.; *Bosinskie/Sohn/Löffler/Wille/Jakse*, DtÄrzteBl 91 (1994), Heft 11, B-552; *Corell*, NJW 1999, 3373; BSG (6.8.87) E 62, 83f.; OLG Karlsruhe (30.11.00) NJW 2001, 3422; LSG Stuttgart (27.11.81) NJW 1982, 718; LAG Berlin (21.1.80) JZ 1980, 201; (2.10.90) BB 1991, 70; zust. *von Hoyningen-Huene/Linck*, KSchG, § 1 Rdn. 218; *Reinecke*, DB 1998, 130 (131) – **anderer Ans.** *Däubler*, S. 100 Rdn. 66; *Kittner/Däubler/Zwanziger*, KSchR, § 1 KSchG Rdn. 152a, §§ 123, 124 BGB Rdn. 17; *Hummel*, S. 59; *Marienhagen/Künzl*, EFZG, § 3 Rdn. 5.
[4] Zur Frage, ob abartige sexuelle Störungen krankhafter Art sind, vgl. LG Trier (6.12.79) NJW 1980, 1908; *Liebig*, S. 24.
[5] BSG (6.8.87) E 62, 83 – **dagegen** zu Recht *Gruber*, S. 85.
[6] Siehe LAG Berlin (21.1.80) JZ 1980, 201f. = EzA Nr. 1 zu § 1 KSchG Personenbedingte Kündigung; zust. *Stahlhacke/Preis/Vossen*, Rdn. 1212; *Schaub*, S. 1465 Rdn. 29; KR-*Etzel*, § 1 KSchG Rdn. 319; siehe auch LSG Stuttgart (21.11.81) NJW 1982, 718. Zur Frage, ob ein Anspruch auf Aushändigung von Dienstkleidung des anderen Geschlechts besteht, siehe LAG Berlin (2.10.90) BB 1991, 70 = DB 1991, 1580; *Corell*, NJW 1999, 3375.
[7] Nähere Einzelheiten *Lepke*, S. 179f. Rdn. 108.
[8] (28.1.92) E 85, 191ff. = DB 1992, 377 = BB 1992, Beilage Nr. 2; dazu MünchArbR/*Anzinger*, § 220 Rdn. 6ff.; *Kühling*, AuR 1994, 129 m.w.N.; siehe auch EuGH (13.3.97) NZA 1997, 481 = AP Nr. 10 zu EWG-Richtlinie Nr. 76/207.

2. Alkohol- und Drogensucht

61 Nach heute ganz überwiegender Ansicht erfüllen auch Trunk-[9] und Drogensucht[10] – in der medizinischen Literatur[11] wird seit 1964 allgemein der Begriff „Abhängigkeit" (dependency) verwendet – die Voraussetzungen des arbeitsrechtlichen Krankheits- bzw. Arbeitsunfähigkeitsbegriffes.[12]

a) Alkoholismus

62 Alkoholismus – eine Erkrankung mit eindeutig biologischer Basis[13] – liegt vor, wenn es durch den ständigen Alkoholgenuss bei dem Betroffenen zu deutlichen

---

[9] Nachw. bei *Lepke*, 10. Aufl., S. 112 Fußn. 9; ferner *Schmidt, Lothar*, Alkoholkrankheit und Alkoholmißbrauch, 4. Aufl. 1997, S. 19, 26 ff; *Soyka*, Alkoholkrankheit – Diagnose und Therapie (1995), S. 4; *Feuerlein*, Alkoholismus – Mißbrauch und Abhängigkeit, 5. Auf. 1998, S. 7; *Schaub/Linck*, S. 1031 Rdn. 9, S. 1038 Rdn. 41; *von Hoyningen-Huene/Linck*, KSchG, § 1 Rdn. 190; Kasseler Handbuch/*Künzl*, 2.1 Rz. 917; *Bengelsdorf*, NZA 1999, 1308; *Feuerlein/Dittmar/Soyka*, Wenn Alkohol zum Problem wird, 4. Aufl. 1999, S. 15; *Erman/Belling*, BGB § 626 Rdn. 72; *Feichtinger*, ArbR-Blattei, Krankheit III, Rdn. 36, 127; MünchArbR/*Boecken*, § 83 Rdn. 27; ErfK/*Ascheid*, § 1 KSchG Rdn. 246; ErfK/*Dörner*, § 3 EFZG Rdn. 56; *Gamillscheg*, S. 338; *Meisel*, S. 303 Rdn. 484; *Kittner/Zwanziger/Schoof*, § 58 Rdn. 28, 75; *Lepke*, DB 2001, 269; KR-*Etzel*, § 1 KSchG Rdn. 284; BAG (4.6.97) NZA 1997, 1281; (16.9.99) AP Nr. 159 zu § 626 BGB, Bl. 1101; BVerwG (11.11.99) MDR 2000, 460; LAG Hamm (15.1.99) NZA 1999, 1222; einschränkend *Foltyn*, S. 14: nur Trunksucht fortgeschrittener Art; LAG Köln (12.3.02) NZA-RR 2002, 519.

[10] Dazu LAG Düsseldorf (19.4.72), *Sabel*, EEK I/249; BSG (19.3.81) NJW 1981, 2535; (12.8.82) E 54, 54 (57); *Feichtinger*, ArbR-Blattei, Krankheit I, Rdn. 44; *Hessel/Marienhagen*, S. 38; *Bleistein*, Einstellung, S. 194 Rdn. 723; *Lepke*, DB 1982, 173; *Boewer*, NZA 1988, 684; *Thome*, S. 56; *Schaub/Linck*, S. 1031 Rdn. 9, S. 1038 Rdn. 41; MünchArbR/*Boecken*, § 83 Rdn. 27; KR-*Etzel*, § 1 KSchG Rdn. 284, 288; *Schmitt*, EFZG, § 3 Rdn. 34, 110; *von Hoyningen-Huene/Linck*, KSchG, § 1 Rdn. 190, 193; *Müller/Berenz*, EFZG, § 3 Rdn. 18; *Geyer/Knorr/Krasney*, EFZG, § 3 Rdn. 42; *Reinecke*, DB 1998, 131; ErfK/*Dörner*, § 3 EFZG Rdn. 56; ErfK/*Ascheid*, § 1 KSchG Rdn. 246; *Erman/Belling*, BGB, § 626 Rdn. 72; *Gamillscheg*, S. 338; *Meisel*, S. 303 Rdn. 484; *Kittner/Zwanziger/Schoof*, § 58 Rdn. 29, 75; differenzierend *Scheerer/Vogt*, Drogen und Drogenpolitik (1989), S. 24 ff.

[11] Siehe etwa *Wanke*, in: *Feuerlein*, Theorie der Sucht (1986), S. 180 ff.; *Feuerlein*, Alkoholismus, S. 1 ff.; *Dietze*, S. 45; *Schanz* et al., S. 34; *Pschyrembel*, S. 3; Roche-Lexikon der Medizin, 4. Aufl. 1998, S. 4, *Gastpar/Mann/Rommelspacher*, Lehrbuch der Sichterkrankungen (1999), S. 70, 155; *Soyka*, Alkoholismus – Eine Krankheit und ihre Therapie (1997), S. 11, 12 ff; *Renz-Polster/Braun*, Basislehrbuch Innere Medizin, 2. Aufl. 2001, S. 1137, 1139, 1140; *Schott*, DtÄrzteBl 98 (2001), Heft 30, A-1962; *Küfner/Kraus*, DtÄrzteBl 99 (2002), Heft 14, A-936.

[12] **Unrichtig** MünchArbR/*Berkowsky*, § 136 Rdn. 76: Es spiele keine Rolle, ob der Sucht im medizinischen Sinne ein Krankheitswert zukomme oder nicht; ähnlich *Berkowsky*, NZA-RR 2001, 15, 402. Auch erscheint es begrifflich verfehlt (Tautologie), wenn verschiedentlich, etwa bei *Gottwald*, NZA 1997, 635; NZA 1999, 180; *Kittner/Trittin*, KSchR, § 1 KSchG Rdn. 112; *Hoefs*, S. 321 Fußn. 69; *Roos*, NZA-RR 1999, 621; LAG Hamm (15.1.99) NZA 1999, 1222; *Kittner/Däubler/Zwanziger*, KSchR, § 1 KSchG Rdn. 112, von „krankhaftem" Alkoholismus die Rede ist; denn Alkoholismus ist eine Krankheit, dazu nur *Feuerlein/Dittmar/Soyka*, S. 13 ff; *Blech* et al., S. 180; *Antons/Schulz*, S. 187 ff. Die Begriffe Alkoholismus und Alkoholkrankheit sind identisch; problematisch auch KR-*Fischermeier*, § 626 BGB Rdn. 134; BGH (8.1.99) NJW 1999, 1792; KR-*Etzel*, § 1 KSchG Rdn. 284.

[13] Vgl. *Vetter*, DtÄrzteBl 93 (1996), Heft 16, B-807 – **anders** nach verhaltenstheoretischem/therapeutischem Verständnis und systemisch-familientherapeutischer Sichtweise, dazu etwa *Körkel/Kruse*, Mit dem Rückfall leben, 4. Aufl. 2000, S. 25 f.

körperlichen, geistigen, seelischen oder innerhalb seines Umfeldes zu sozialen Schäden gekommen ist. Alkoholismus – die häufigste und wichtigste sozialmedizinische Krankheit – ist gekennzeichnet durch einen Verlust der Einsicht zur kontrollierenden, regulierenden Einschränkung des Alkoholkonsums.[14] Von krankhafter Alkoholabhängigkeit im arbeitsrechtlichen Sinne kann allerdings nur gesprochen werden, wenn der Arbeitnehmer infolge einer zwanghaften Abhängigkeit vom Alkohol nicht mehr in der Lage ist, die ihm obliegenden arbeitsvertraglichen Pflichten ordnungsgemäß zu erfüllen.[15] Dass organische Schäden oder gar eine geistige Erkrankung bereits eingetreten sind, wird nicht vorausgesetzt. Es genügt, wenn die Sucht, die sich im Verlust der Selbstkontrolle und in der zwanghaften Abhängigkeit vom Alkohol, in der Unfähigkeit zur Abstinenz manifestiert, man nennt sie auch die Krankheit des Kontrollverlustes[16], ohne ärztliche Behandlung nicht mit Erfolg geheilt, gebessert oder auch nur von einer Verschlimmerung bewahrt werden kann.[17] Alkoholmissbrauch[18] – der Übergang vom sozialen zum pathologischen Trinken ist fließend – begründet nicht notwendig eine Alkoholabhängigkeit, wenngleich er sich erfahrungsgemäß als Vorstufe zu dieser Krankheit erweist.[19] Die Alkoholkrankheit, die sich üblicherweise in drei Phasen mit nicht starren Übergängen entwickelt, nämlich der Prodromal-, der sog. kritischen und der chronischen Phase[20], ist durch Merkmale körperlicher bzw. seelisch/körperlicher Abhängigkeit und nicht durch somatische, soziale und psychische Folgeschäden charakterisiert, die allerdings bei chronischem Alkoholmissbrauch auftreten können.[21] In der Regel sind nur Gamma-, Delta- und Epsilon-Alkoholiker[22] krank im arbeitsrechtlichen Sinne.

b) Drogenabhängigkeit

Auch bei der Drogensucht handelt es sich um eine behandlungsbedürftige Krankheit, die zu den schwersten psychiatrischen Krankheiten zählt.[23] Der Betroffene verliert ganz oder teilweise die Fähigkeit zur Selbstkontrolle seines Verhaltens. Er ist nicht mehr in der Lage, dem Gebrauch von Drogen zu widerstehen.[24] Bei peri-

---

[14] Siehe nur *Estler*, Pharmakologie und Toxikologie, 5. Aufl. 2000, S. 769; *Antons/Schulz*, S. 175ff.; BAG (26. 1. 95) NZA 1995, 518; Hess. LAG (23. 7. 97) NZA-RR 1999, 16; OVG Magdeburg (5.11.98) NJW 1999, 3428.
[15] Insbesondere BAG (3. 11. 77) – 7 AZR 400/76 – unv.; LAG Berlin (1. 7. 85) DB 1985, 2690; *Bengelsdorf*, NZA-RR 2002, 64.
[16] *Dietze*, S. 10; *Felderhoff*, S. 36f., 39.
[17] BSG (18. 6. 68) E 28, 114; (17. 10. 69) MDR 1970, 179.
[18] Eingehend dazu *Küfner/Kraus*, DtÄrzteBl 99 (2002), Heft 14, A-936f.
[19] Siehe nur *Schanz* et al., S. 35; *Classen/Diehl/Kochsiek*, Innere Medizin, 4. Aufl. 1998, S. 1039; *Renz-Polster/Braun*, S. 1137, 1139.
[20] Etwa *Dietze*, S. 35; *Estler*, S. 769; *Feuerlein/Dittmar/Soyka*, S. 27-29; *Renz-Polster/Braun*, S. 1141; *Classen/Diehl/Kochsiek*, S. 1041.
[21] Vgl. *Schmidt*, Alkoholkrankheit, S. 26ff.
[22] Im Einzelnen dazu *Schanz* et al., S. 37f. m.w.N., S. 234; *Künzl*, BB 1993, 1582; *Felderhoff*, S. 140; *Schmidt*, Alkoholkrankheit, S. 31; *Lepke*, NZA-RR 1999, 60; *Bengelsdorf*, Alkohol, S. 10; *Antons/Schulz*, S. 240, 253; *Feuerlein/Dittmar/Soyka*, S. 24.
[23] Vg. *Topitz/Fischer*, in: *Zerdick*, Suchtmedizin im Dialog (2001), S. 37.
[24] Dazu *Giese*, BB 1972, 361; *Hofmann*, ZfA 1979, 275 (322).

odischem oder fortlaufendem Drogenmissbrauch entsteht ein Zustand psychischer und physischer Abhängigkeit von der Droge oder beides, der häufig zu einer Störung der Gesamtpersönlichkeit des Drogenabhängigen führt.[25] Wie beim Alkoholismus sind zwischen dem Substanzmissbrauch und der Drogenabhängigkeit diagnostische Kriterien entwickelt worden[26], deren Feststellung im Einzelfall jedoch mit Schwierigkeiten verbunden sein kann.

3. Nikotinabhängigkeit[27]

64 Bezogen auf die Jahre 1997 bis 1999 sollen weltweit 1,1 Mrd. Menschen, etwa ein Drittel der Erdbevölkerung, geraucht haben.[28] Die Zahl dürfte bis zum Jahre 2025 auf ungefähr 1,5 – 1,6 Mrd. Menschen angestiegen sein.[29] Nach den vorliegenden Zahlen des Mikrozensus 1995 rauchten in Deutschland 28,3 % der Bevölkerung im Alter von mehr als 15 Jahren (Männer 35,6 %, Frauen 21,4 %), wobei die Raucherquote zwischen dem 25. und 35. Lebensjahr am höchsten war.[30] Ende der 90er Jahre betrug der Anteil der Raucher in der Bundesrepublik insgesamt bei Männern 43 % und bei Frauen 30 %. Hochgerechnet auf die 18–59jährige Bevölkerung waren dies 17,8 Mio. Raucher, von denen 6,7 Mio. im Mittel 20 oder mehr Zigaretten pro Tag konsumierten.[31] In den Jahren 2000 und 2001 rauchten in Deutschland 16,7 Mio. Menschen regelmäßig (39 % Männer und 31 % Frauen)[32], wobei etwa 15 Mio. nikotinabhängig waren[33], und zwar 8-9 Mio. Männer und 5-6 Mio. Frauen. Innerhalb der Europäischen Union lagen die Raucherquoten in Deutschland über dem Durchschnitt, wenn auch europaweit 1996 „nur" auf dem 16. Platz.[34] 1997 war der Pro-Kopf-Tabakkonsum in Europa am höchsten in Polen.[35]

65 Da für die Bundesrepublik Deutschland keine genauen Berechnungen der durch das Rauchen verursachten Kosten vorliegen, wird weitgehend auf entsprechende vergleichbare Studien in den USA zurückgegriffen.[36] Insgesamt sollen sich für Deutschland im Jahre 1997 direkte Reproduktionskosten in Höhe von 30,6 Mrd. DM pro Jahr und Ressourcen-Ausfallkosten von 38,4 Mrd. DM, zusam-

---

25 Siehe nur *Peters*, § 27 SGB V Rdn. 142, 151.
26 Eingehend dazu *Soyka*, Drogen- und Medikamentenabhängigkeit (1998), S: 11.
27 Dazu etwa *Gastpar/Mann/Rommelspacher/Schmidt*, S. 80, 210. Neuerdings wird der Begriff Tabakabhängigkeit verwendet, um deutlich zu machen, dass nicht allein Nikotin, sondern auch andere Tabakrauchbestandteile für die Abhängigkeit bestimmend sein können, vgl. *Batra*, in: Zerdick, Suchtmedizin – aktuell (2000), S. 261 (265).
28 Vgl. *von Hippel*, ZRP 1998, 6; *Batra*, Tabakabhängigkeit, S. 3.
29 DtÄrzteBl 99 (2002), Heft 3, A-109.
30 Etwa *Junge*, Tabak, in: Jahrbuch Sucht '99 (1998), S. 31; DtÄrzteBl 98 (2001), Heft 47, A-3092; Drogen- und Suchtbericht 2001, S. 52.
31 Drogen- und Suchtbericht 1998, vorgelegt vom Bundesministerium für Gesundheit am 1.3.1999, S. 10; DtÄrzteBl 96 (1999), Heft 11, B-512; 97 (2000), Heft 3, C-78; *Batra*, a.a.O. S. 1; Aktuell '01, S. 141.
32 BKK 2001, Heft 7, S. 303; Aktuell 2003, S. 135.
33 „Der Tagesspiegel" Nr. 17223 vom 5. 11. 2000, S. W 2; siehe auch *Gastpar/Mann/Rommelspacher*, S. 104: 1996 erst 6 Mio.
34 „Der Tagesspiegel" Nr. 16183 vom 6. 12. 1997, S. 7; Jahrbuch Sucht '99, S. 38.
35 DtÄrzteBl 95 (1998), Heft 1/2, B-4; Aktuell 2003, S. 185:1999 in Griechenland (45 %).
36 Siehe UPI-Bericht Nr. 46, S. 31–33.

men 69 Mrd. DM volkswirtschaftlicher Kosten pro Jahr durch Rauchen ergeben haben. In diesen Zahlen sind die Kosten, die durch Passivrauchen entstanden sind, noch nicht enthalten. 1998/99 wurde von Folgekosten in Höhe von 80 Mrd. DM ausgegangen.[37]

a) Aktivrauchen

Ob (übermäßiges) Rauchen Suchtcharakter hat und mithin von einer Krankheit gesprochen werden muss, wird man nach dem heutigen Erkenntnisstand nicht mehr in Abrede stellen können.[38] Außer Frage steht jedenfalls, dass Rauchen ursächlich oder doch mitursächlich für andere Erkrankungen sein kann, also gesundheitsschädlich ist.[39] So kann Rauchen beispielsweise zu Lungenkrebs, Krebs der Mundhöhle, des Kehlkopfes, der Speiseröhre, des Magens und der Bauchspeicheldrüse, zu Arterienverkalkung mit Gefahr des Herzinfarktes, des Schlaganfalles, zum „Raucherbein", zu chronischer Bronchitis oder Lungenemphysemen, Magen- und Darmgeschwüren führen.[40] Wie die Weltgesundheitsorganisation (WHO) festgestellt hat[41], ist das Aktivrauchen die wichtigste vermeidbare Ursache von Krankheiten und vorzeitigem Tod. 1999 starben weltweit täglich ca. 11 000 Menschen an den Folgen des Rauchens[42], was 4 Mio. jährlich entsprach. Bis zum Jahre 2030, so die Prognose[43], wird die Zahl der jährlichen Todesfälle auf 10 Mio. gestiegen sein. 1997 bis 2001 sollen in Deutschland jährlich 100.000 bis 110.000 Menschen an den Folgen des Zigarettenrauchens gestorben sein[44], im Jahre 2000 sogar 140 000.[45] Europaweit sind von 1950 bis zum Jahre 2000 etwa 20 Mio. Menschen an den Folgen

66

---

[37] DtÄrzteBl 97 (2000), Heft 7, C-284.
[38] Vgl. *Schmidt*, DÖD 1990, 177 m.w.N.; *Schmitt*, EFZG, § 3 Rdn. 34; *Brühl*, S. 8f.; *Feichtinger*, ArbR-Blattei, Krankheit I, Rdn. 44; *Classen/Diehl/Kochsiek*, S. 1050f.; *Börgmann*, RdA 1993, 275, 284; *Batra/Buchkremer*, Nikotin, in: Jahrbuch Sucht '94, S. 178; *von Hippel*, ZRP 1995, 137f.; *Feichtinger*, ArbR-Blattei, Krankheit III, Rz. 127; *Lindenmeyer*, S. 175; *Schaub*, S. 1031 Rdn. 9; *Künzl*, BB 1999, 2187; MünchArbR/*Wlotzke*, § 212 Rdn. 36a; BAG (17.4.85) DB 1986, 976 – **anders** LAG Frankfurt/M. (15.8.83) BB 1984, 1098; *Thome*, S. 56, 190.
[39] Dazu etwa OVG Münster (22.5.80) NJW 1981, 245 m.N.; BVerwG (13.9.84) DB 1984, 2308; BAG (8.1.80) DB 1980, 264, 358; (17.4.85) DB 1986, 976; BGH (25.11.93) NJW 1994, 731; BVerfG (22.1.97) BB 1997, 695 = NJW 1997, 2872 m.w.N.; *Hohn*, S. 28f.; *Hunold*, S. 129; *Jahn*, MedR 1989, 227; *Scheerer/Vogt*, S. 135f.; *Heilmann*, BB 1994, 715; *Batra/Buchkremer*, a.a.O., S. 184ff.; *von Hippel*, ZRP 1998, 6; *Estler*, S. 802f.
[40] Im Einzelnen dazu UPI-Bericht Nr. 46, S. 20f. m.N.; *Batra*, Tabakabhängigkeit, S. 8ff.; zu den biologischen Grundlagen ders., S. 137ff.
[41] Vgl. die Nachw. bei *Jahn*, MedR 1989, 227f.; siehe auch „The Lancet" (Deutsche Ausgabe) 1990, S. 609; Jahrbuch Sucht '95, S. 45f.
[42] „Der Tagesspiegel" Nr. 17068 vom 31.5.2000, S. 48; DtÄrzteBl 99 (2002), Heft 3, A-109.
[43] „Der Tagesspiegel" Nr. 17131 vom 4.8.2000, S. 1; DtÄrzteBl 99 (2002), Heft 3, A-109: 2020 etwa 8,5 Mio. Tabaktote weltweit.
[44] DtÄrzteBl 95 (1998), Heft 31/32, B-1565; 97 (2000), Heft 3, C-78; Heft 7, C-284; *Gastpar/Mann/Rommelspacher*, S. 214; Aktuell '99, S. 306; „Der Tagesspiegel" Nr. 16551 vom 18.12.1998, S. 36; Jahrbuch Sucht '99, S. 43: 111.000; Aktuell 2003, S. 135.
[45] Vgl. *Lindenmeyer*, S. 176; Aktuell '01, S. 141; DtÄrzteBl 98 (2001), Heft 27, A-1826.

des Rauchens gestorben.[46, 47] Das waren, was überrascht, mehr Tote als durch Verkehrsunfälle, AIDS, Alkohol, illegale Drogen, Morde und Selbstmorde zusammen.[48]

b) Passivrauchen

67 Dass auch „Passivrauchen", das unfreiwillige Einatmen von Tabakrauch durch einen Nichtraucher, der sog. Nebenstromrauch, im Englischen als Environmental Tobacco Smoke (ETS) bezeichnet[49], ein Gesundheitsrisiko – jedenfalls in geschlossenen Räumen – darstellt und gesundheitsschädigend wirken kann, wird ganz überwiegend angenommen.[50] In Deutschland sollen pro Jahr bis zu 400 lungenkrebsbedingte und 3000 bis 5000 herz-kreislaufbedingte Todesfälle auf Passivrauchen beruhen.[51] Der Rat der Europäischen Gemeinschaften befand in einer Entschließung vom 18.7.1989[52], dass das Passivrauchen die Schwelle der Belästigung überschreite und das Risiko von Erkrankungen der Atemwege erhöhe. Auch *Tölle*[53] konstatiert, Passivrauchen schädige die Gesundheit und sei insbesondere ein Risikofaktor für Herzinfarkt. Wer regelmäßig passiv mitrauche, habe ein 1,3- bis 1,4fach erhöhtes Risiko für ein Bronchialkarzinom. Aufgrund von mehr als 30 epidemiologischen Studien stufte die Deutsche Forschungsgemeinschaft (DFG) Passivrauchen 1998 als krebserzeugend für den Menschen ein.[54] Unter Hinweis auf eine Vielzahl wissenschaftlicher Untersuchungen kommt *F. Schmidt*[55] sogar zu der Feststellung: „Die Gesundheitsschädlichkeit des Passivrauchens ist über jeden Zweifel erhaben." oder „... gilt es zu handeln und Verniedlichungsversuchen, die

---

46 Vgl. DtÄrzteBl 95 (1998), Heft 1/2, B-4; *Gastpar/Mann/Rommelspacher*, S. 214; DtÄrzteBl 96 (1999), Heft 50, B-2594: jedes Jahr in der EU insgesamt 500 000 Menschen.
47 Zur Frage, ob und in welchem Umfange Raucher wegen ihres vorzeitigen Todes die Sozialsysteme finanziell entlasten, siehe *Coeppicus*, ZRP 1998, 251f.
48 Siehe etwa BVerfG (22.1.97) BB 1997, 695 m.N.; *Batra*, Tabakabhängigkeit, S. 7; DtÄrzteBl 94 (1997) Heft 19, B-1005.
49 Statt vieler *Jöckel*, DtÄrzteBl 97 (2000), Heft 43, C-2152.
50 Siehe *Ernst*, Perfusion (1991) S. 1; *Binz/Sorg*, BB 1994, 1709; *Möllers*, JZ 1996, 1051; *Scholl*, DtÄrzteBl 94 (1997), Heft 34/35, B-1763; *Künzl*/ ZTR 1999, 538; ders., BB 1999, 2187; *Batra*, Tabakabhängigkeit, S. 9; MünchArbR/*Wlotzke*, § 212 Rdn. 36a, 37; BVerfG (22.1.97) BB 1997, 695; BAG (8.5.96) AP Nr. 20 zu § 618 BGB = NZA 1996, 927; (19.1.99) DB 1999, 962 (963) = BB 1999, 1380; BayVGH München (28.4.92) BB 1992, 1854; BayObLG (30.4.93) NJW-RR 1993, 1224; LAG Hamm (26.4.90) DB 1990, 1524; LAG Frankfurt/M. (6.7.89) LAGE Nr. 5 zu § 611 BGB Direktionsrecht; LSG Hessen (9.2.99) NZA-RR 1999, 496; differenzierend *Scheerer/Vogt*, S. 139f.; einschränkend *Leßmann*, S. 185; *Rahmede*, S. 12; *Börgmann*, RdA 1993, 279.
51 Vgl. *Strehmel*, AuA 1998, 133; deutlich weniger: Aktuell '98, S. 292: 400 Menschen; ebenso Aktuell '99, S. 306; Aktuell 2003, S. 135.
52 Amtsblatt/EG Nr. C 189 vom 26.7.1989.
53 DtÄrzteBl 94 (1997), Heft 19, B-1003.
54 Siehe DtÄrzteBl 95 (1998), Heft 31/32, B-1535.
55 DÖD 1990, 177; nach Ansicht von *Ahrens*, PersR 1993, 532, lesenswert – **dagegen** *Zapka*, DÖD 1991, 269; ders., Passivrauchen, S. 46, der die Darstellung von *F. Schmidt* als einseitig, oberflächlich und teils unrichtig bezeichnet; siehe auch *Zapka* et al., DtÄrzteBl 92 (1995), Heft 28/29, B-1485.

von möglichen Gesundheitsschäden und Toleranz ‚faseln', entschieden entgegenzutreten".[56] Vorsichtiger waren die Formulierungen der Senatskommission zur Prüfung gesundheitsschädlicher Arbeitsstoffe der Deutschen Forschungsgemeinschaft aus dem Jahre 1990 zur sog. MAK-Werte-Liste 1990: Die Krebsgefährdung durch Passivrauchen sei eine ernstzunehmende Hypothese.[57] Das BMA äußerte sich in den TRGS 905[58] dazu u.a. wie folgt: „Mit einer gewissen Krebsgefährdung durch Passivrauchen ist ... an bestimmten Arbeitsplätzen zu rechnen. Über das Ausmaß der Gefährdung ist damit keine verläßliche Aussage möglich." In der am 1.7.1998 von der Deutschen Forschungsgemeinschaft veröffentlichten „MAK- und BAT-Werte-Liste 1998"[59] wird das Passivrauchen am Arbeitsplatz erstmalig als krebserzeugend für den Menschen eingestuft. *Renz-Polster/Braun*[60] konstatieren: „Heute weiß man, daß der durch die Nase eingezogene Rauch nicht weniger schädlich ist als der durch den Mund eingezogene." Auch das BAG betont in einem Urteil vom 19.1.1999[61] ausdrücklich, dass nach heutigem medizinischem Kenntnisstand die gesundheitliche Gefährdung durch Passivrauchen nicht mehr ernsthaft in Abrede gestellt werden könne. Hingegen soll nach Berichten beim Europatreffen des „Toxikology Forum" 1990 in Budapest[62] Passivrauchen mit an Sicherheit grenzender Wahrscheinlichkeit nicht zur Vermehrung von Krebs im Bereich der Lunge und der Atemwege, nicht zu einer Anhäufung von Herz- und Kreislauferkrankungen führen und auch nicht eine bereits vorhandene chronische Bronchitis in ihrem Verlauf ändern.[63] Auch *Überla* und *Nilson*[64] vertraten noch 1997 die Auffassung, das Risiko, an Lungenkrebs zu erkranken, müsse als äußerst gering oder sogar vernachlässigbar betrachtet werden. Ebensowenig bestätigte eine neue, mehrjährige prospektive US-Studie[65] eine Korrelation zwischen Brustkrebsmortalität bei Nichtraucherinnen und dem Rauchverhalten ihrer Ehemänner. Gleichwohl wird nach dem derzeitigen Erkenntnisstand nicht ausgeschlossen werden können, dass eine mehr oder weniger hohe Wahrscheinlichkeit für einen

---

[56] *F. Schmidt*, BB 1994, 1213.
[57] BArbBl. 1990, Heft 12, S. 35; siehe auch die Stellungnahme der Bundesregierung vom 23.9.1992, Bundesrats-Drucks. 876/92 D. 10 1a: Die Möglichkeit der krebserzeugenden Wirkung von Tabakrauch auch für Nichtraucher sei unbestritten; „Der Tagesspiegel" Nr. 14431 vom 7.1.1993, S. 31 unter Hinweis auf eine Studie der US-Umweltbehörde EPA: Passivrauchen sei eindeutig krebserregend.
[58] Bekanntmachung vom 15.3.1995, BArbBl. 1995, Heft 4, S. 70.
[59] DtÄrzteBl 95 (1998), Heft 31/32, B-1535.
[60] S. 1147; ebenso *Lindenmeyer*, S. 177; ähnlich *Jöckel*, DtÄrzteBl 97 (2000), Heft 43, C-2152ff.
[61] RdA 1999, 397ff. mit zust. Anm. von *Börgmann*; zust. auch *Künzl*, BB 1999, 2188; *Kittner/Däubler/Zwanziger*, KSchR, Art. 1, 2, 10 GG Rdn. 38; ebenso *Haustein*, in: Zerdick, Suchtmedizin im Dialog (2001), S. 221.
[62] Siehe „Der Tagesspiegel" Nr. 13631 vom 28.7.1990, S. 16; *Zapka*, DÖD 1991, 269 m.w.N.; *ders.*, BB 1992, 1848
[63] Dazu auch *Zapka*, Passivrauchen, S. 30ff.; *ders.*, AuA 1994, 147f.; *Placke*, DtÄrzteBl 92 (1995), Heft 49, C-2161.
[64] DtÄrzteBl 94 (1997), Heft 28/29, B-1553.
[65] Vgl. DtÄrzteBl 98 (2001), Heft 6, C-254.

Zusammenhang von Passivrauchen und den genannten Langzeiterkrankungen besteht.[66]

68   Im Jahre 2001 waren in Deutschland etwa 3 Mio. nichtrauchende Arbeitnehmer dem Passivrauchen am Arbeitsplatz ausgesetzt.[67] Ob und in welchem Umfange Nichtraucher arbeitsrechtlichen Schutz gegen gesundheitliche Beeinträchtigungen und/oder Gefährdung am Arbeitsplatz verlangen können, wenn und soweit spezielle gesetzliche Normen fehlen[68] – der bisher geltende § 32 ArbStättV sah einen Nichtraucherschutz nur für Pausen-, Bereitschafts- und Liegeräume vor, in denen Nichtraucher vor „Belästigungen" durch Tabakrauch zu schützen sind, nicht aber für normale Arbeitsräume und -plätze, während § 5 ArbStättV bestimmte, dass in Arbeitsräumen während der Arbeitszeit ausreichend gesundheitlich zuträgliche Atemluft vorhanden sein muss, wozu eine stark mit Tabakrauch angereicherte Atemluft aber nicht gehörte[69] – wird derzeit noch kontrovers diskutiert.[70] Eine entsprechende gesetzliche Regelung zum Schutz der Passivraucher konnte in Deutschland bisher nicht durchgesetzt werden.[71] So scheiterte ein entsprechender Versuch am 5.2.1998 im Deutschen Bundestag.[72] Eine Verfassungsbeschwerde gegen das Unterlassen des Gesetzgebers im Bereich des Nichtraucherschutzes nahm

---

[66] Vgl. *Zapka*, Passivrauchen, S. 30ff.; *Börgmann*, RdA 1993, 279 Fußn. 67; *Heilmann*, BB 1994, 715; siehe aber auch die 1991/92 von *Fonthan* und *Stockwell* vorgelegte Fall-Kontrollstudie, DtÄrzteBl 91 (1994), Heft 48, B-2455ff.; *Möllers*, JZ 1996, 1051: Erhöhtes Krebs- und Herzinfarktrisiko sei nachgewiesen; MünchArbR/*Blomeyer*, § 96 Rdn. 20: erhebliche Verdachtsmomente.

[67] AuA 2002, 146; *B. Buchner*, BB 2002, 2382: 3 bis 4 Mio.

[68] Im Einzelnen dazu *Jahn*, MedR 1989, 228f.; *Börgmann*, RdA 1993, 278ff.

[69] BVerfG (9.2.98) MedR 1998, 217 = NJW 1998, 2961; siehe aber BAG (17.2.98) AP Nr. 27 zu § 618 BGB = BB 1998, 2113; ErfK/*Wank*, § 618 Rdn. 20; *Kittner/Pieper*, ArbSchR, S. 265 Rdn. 71; dazu auch MünchArbR/*Blomeyer*, § 96 Rdn. 18; MünchArbR/*Wlotzke*, § 212 Rdn. 37.

[70] Dazu etwa *Däubler*, S. 249f. Rdn. 376ff.; *Schillo*, DB 1997, 2022ff.; *Lorenz*, in: Müko-BGB, § 618 Rdn. 44; Kasseler Handbuch/*Lorenz*, 2.6 Rz. 256-259; *Leinemann/Lorenz*, GewO, Vorb. vor §§ 120b–f Rdn. 236ff.; *Fitting/Kaiser/Heither/Engels/Schmidt*, BetrVG, § 75 Rdn. 87; BGB-RGRK, § 618 Rdn. 125ff.; *Staudinger/Oetker*, BGB, § 618 Rdn. 178; MünchArbR/*Blomeyer*, § 96 Rdn. 17ff.; *Ahrens*, PersR 1993, 532ff.; *Börgmann*, RdA 1993, 282f., 284; *Leßmann*, AuR 1995, 241ff.; *Cosack*, DB 1999, 1452ff.; *Erman/Belling*, BGB, § 618 Rdn. 19; Kasseler Handbuch/*Künzl*, 2.1 Rz. 721ff.; ErfK/*Wank*, § 618 BGB Rdn. 18 ff; MünchArbR/*Wlotzke*, § 212 Rdn. 36ff.; BVerwG (25.2.93) BB 1993, 1438; BAG (8.5.96) – 5 AZR 220/95 – unv.; (8.5.96) NZA 1996, 927 = BB 1996, 2096, **kritisch** dazu *Möllers*, JZ 1996, 1050ff.; (17.2.98) NZA 1998, 1231; (19.1.99) NZA 1999, 546; LAG Berlin (14.3.89) BB 1989, 849 – **kritisch** *Grunsky*, ArbGG, § 46 Rdn. 5; *Ahrens*, PersR 1993, 533; LAG München (2.3.90) BB 1990, 1910 = LAGE Nr. 4 zu § 618 BGB = ZTR 1990, 441; (27.11.90) BB 1991, 624 = ZTR 1991, 169f.; LAG Hamm DB 1990, 1524 = LAGE Nr. 3 zu § 618 BGB; Hess. LAG (13.6.94) und (24.11.94) AuR 1995, 283, 285; b+p 1995, 356ff. (Bleistein); ArbG Berlin (26.10.88) DB 1988, 2518 = BB 1988, 2389; ArbG Hamburg (31.7.90) AiB 1991, 29; ArbG Frankfurt/M. (18.1.94) BB 1994, 2144; BayVGH München, BB 1992, 1854; zur Regelung durch Betriebsvereinbarung: *Lemke-Gollasch/Wendt*, PersR 1991, 44ff.; MünchArbR/*Blomeyer*, § 53 Rdn. 10ff.

[71] Dazu *Möllers*, JZ 1996, 1051 m.N. – **ablehnend** *Steinkamm*, DtÄrzteBl 94 (1997), Heft 28/29, B-1553; Aktuell '98, S. 266.

[72] Vgl. AuA 1998, 133.

das BVerfG[73] zur Entscheidung nicht an. Es sei nicht erkennbar, so führte das Gericht aus, dass der Gesetzgeber seine Pflicht, die Bürger vor Gesundheitsgefahren durch Passivrauchen zu schützen, verletzt habe. Er sei im Bereich des Nichtraucherschutzes keineswegs untätig geblieben.

Nunmehr lag dem Deutschen Bundestag ein Gesetzentwurf zum Schutz von Nichtrauchern am Arbeitsplatz vom 12. 4. 2000[74] vor, mit dem Ziel, die ArbStättV entsprechend zu ändern. Der Raucher müsse den Nachweis führen, dass Nichtraucher durch ihn nicht belästigt werden. Der Arbeitnehmer soll einen Anspruch auf „rauchfreie" Luft am Arbeitsplatz haben. Der Arbeitgeber habe die erforderlichen Maßnahmen zu treffen, damit der nichtrauchende Beschäftigte in Arbeitsstätten wirksam vor den Gesundheitsgefahren durch Tabakrauch geschützt ist. Wie dieser Schutz durchgesetzt werde, solle dem Arbeitgeber überlassen bleiben. Die Überwachung obliege der Gewerbeaufsicht, an die sich auch der betroffene Nichtraucher wenden könne.[75] Nach dem Regierungsentwurf[76], dem der Bundesrat am 21. 6. 2002 zugestimmt hat, ist § 32 ArbStättV aufgehoben und durch § 3a ersetzt worden, der den Schutz nichtrauchender Beschäftigter erstmals ausdrücklich nicht mehr auf Pausenräume beschränkt und den Nichtraucherschutz auf den durchschnittlichen Arbeitnehmer ausdehnt. Auch sonst ist dem vom Bundestag beschlossenen interfraktionellen Antrag für einen verbesserten Nichtraucherschutz am Arbeitsplatz weitgehend entsprochen worden.

68a

Dass der Gesundheitsschutz nach § 618 BGB nicht den Schutz vor Belästigungen umfasst, entspricht aber zu Recht allgemeiner Auffassung.[77] Jedoch sollen auch die Kurzzeitwirkungen des Passivrauchens, wie Reizungen und Entzündungen der Augenbindehaut und Atemwege, Kopfschmerzen, Atembeschwerden, Schwindelgefühl und Übelkeit, als ernstliche konkrete Gesundheitsgefährdungen anzusehen sein.[78] Allerdings führt eine Unverträglichkeit gegen Tabakrauch in kaufmännischen Berufen für sich allein in der Regel noch nicht zur Berufsunfähigkeit i.S. von § 43 SGB VI a. F.[79]

69

4. Glücksspielsucht

Ferner kann der Glücksspielsucht, der dritthäufigsten Suchtform in Deutschland nach der Alkohol- und Drogenabhängigkeit, Krankheitswert zukommen.[80] Die

69a

---

[73] (9. 2. 98) MedR 1998, 217.
[74] Bundestags-Drucks. 14/3231.
[75] Vgl. „Der Tagesspiegel" Nr. 17416 vom 23. /24. 5. 2001, S. 12.
[76] Im Einzelnen dazu *Lorenz*, AuA 2002, 212ff.; B. *Buchner*, BB 2002, 2382ff.
[77] Vgl. nur BGB-RGRK, § 618 Rdn. 20 m.w.N.; siehe aber BVerwG (25. 2. 93) ZTR 1993, 573; *Ahrens*, PersR 1993, 533: Verdacht einer Gesundheitsbeeinträchtigung reiche aus.
[78] Dazu *Börgmann*, RdA 1993, 279 m.N., insbesondere S. 282f.; ders., RdA 1999, 402 mit Nachw. auch der gegenteiligen Ansicht; aber auch *Leßmann*, S. 147–196; *Zapka*, Passivrauchen, S. 48; *Möllers*, JZ 1996, 1050ff.; *Strehmel*, AuA 1998, 133; *Cosack*, DB 1999, 1450; *Künzl*, ZTR 1999, 538; *Estler*, S. 804.
[79] LSG Hessen (92.99) NZA-RR 1999, 495f.
[80] Vgl. ArbG Bremen (21.7.98) AiB NL 1999 Nr. 3, S. 13 = Rzk I 5 h Nr. 44; eingehend *Kellermann*, in: *Zerdick*, Entwicklungen in der Suchtmedizin (1999), S. 257ff.; siehe auch LAG Köln (12.3.02) NZA-RR 2002, 519; Drogen- und Suchtbericht 2001, S. 79.

Krankheitsbegriff

Zahl der beratungs- und behandlungsbedürftigen Glücksspieler wird in der Bundesrepublik auf ca. 100 000 Personen geschätzt[81], mehrere 10 000 Menschen mit pathologischem Spielverhalten.

Nach der WHO 1990 wird pathologisches Glücksspielen wie folgt beschrieben: Die Störung besteht im häufig wiederholten, episodenhaften Glücksspielen, das die Lebensführung der betroffenen Person beherrscht und zum Verfall der sozialen, beruflichen, materiellen und familiären Werte und Verpflichtungen führt.[82] Bei der Spielsucht handelt es sich um eine psychische Störung mit progressivem Verlauf, die Abhängigkeit wird stärker, das eingegangene Risiko größer.[83] Die Abhängigkeit vom Spieltrieb äußert sich vor allem im Verlust der Selbstkontrolle. Ähnlich wie beim Alkoholiker kann der Spielsüchtige seinen Spieltrieb nicht mehr kontrollieren. Suchtmedizinisch sind aber nur Glücksspiele mit hohem Suchtpotential von praktischer Bedeutung.

Da die Glücksspielsucht in besonderem Maße eine verborgene und heimliche destruktive Suchtform darstellt, spielt sie im Arbeitsleben keine größere Rolle. Sie wird nur in Ausnahmefällen die krankheitsbedingte Arbeitsunfähigkeit des betreffenden Arbeitnehmers zur Folge haben.

5. Internet-Abhängigkeit

69b Neuerdings wird in Extremfällen auch die Internet-Abhängigkeit den psychiatrischen Erkrankungen zugerechnet.[84] Folgende Kriterien werden für deren Vorliegen angeführt: Verlust der Kontrolle über die Zeitonline, starkes Verlangen bzw. eine Art Zwang, deutliche Entzugserscheinungen und soziale Probleme durch den Internet-Gebrauch sowie ein signifikanter sozialer Rückzug, Fortführung des schädlichen Verhaltens trotz des Bewusstseins der negativen Folgen.

6. Sonstiges

70 Als Kranke werden ferner Bazillenträger und -ausscheider angesehen.[85] Solche Personen dürfen beispielsweise in bestimmten Betrieben des Lebensmittel- oder Gaststättengewerbes ohnehin nicht beschäftigt werden, §§ 31, 42 IfSG. Diese Arbeitnehmer sind zwar selbst gegen die Krankheit, die von den Bazillen hervorgerufen werden kann, immun, insofern also nicht arbeitsunfähig krank. Jedoch können durch sie andere Personen, insbesondere Mitarbeiter angesteckt werden. Deshalb wird ein Unvermögen des betreffenden Arbeitnehmers, die arbeitsvertraglich geschuldete Leistung zu erbringen, fingiert, weil eine weitere Zusammenarbeit des

---

[81] Siehe *Kellermann*, a.a.O., S. 262; *Gastpar/Mann/Rommelspacher*, S. 104; Drogen- und Suchtbericht 2001, S. 80: 30 000 – 100 000; Aktuell 2003, S. 137: 150 000.
[82] Im Einzelnen dazu *Kellermann*, a.a.O., S. 257ff.
[83] Etwa *Pschyrembel*, S. 1565.
[84] Vgl. *Seemann*, in: *Zerdick*, Suchtmedizin im Dialog (2001), S. 203ff.; *Mauten*, ebenda, S. 209ff.
[85] Ebenso *Schelp/Trieschmann*, S. 7; *Schaub*, S. 963 Rdn. 16; *Foltyn*, S. 13; *Geyer/Knorr/Krasney*, EFZG, § 3 Rdn. 55; *Hessel/Marienhagen*, S. 23; BayObLG (20.11.79) DB 1980, 936 = BB 1980, 315; siehe auch die Nachw. bei *Sticken*, S. 117; *Liebig*, S. 25; *de Haan*, S. 137, 167; *Feichtinger*, ArbR-Blattei, Krankheit I, Rdn. 49.

Besondere Fälle krankheitsbedingter Arbeitsunfähigkeit

Bazillenträgers oder -ausscheiders den übrigen Arbeitnehmern in aller Regel nicht zugemutet werden kann und weil sie unter gesundheitspolizeilichen Aspekten auch nicht vertretbar erscheint.

Auch bei ärztlichen Eingriffen aus ästhetischen Gründen zur Beseitigung von nicht entstellenden Schönheitsfehlern[86] oder zum Zweck der Knochen-, Gewebe- oder Organtransplantation[87] für Dritte durch den Arbeitnehmer als Organspender[88] kann infolge des jeweiligen ärztlichen Eingriffes eine Krankheit verbunden mit entsprechenden Fehlzeiten vorliegen. Hingegen handelt es sich bei einer biologisch normal verlaufenden Schwangerschaft[89, 90] nicht um eine Krankheit. Ebensowenig kann die Sterilität einer Person in diesem Sinne als Krankheit angesehen werden[91], da der Arbeitnehmer dadurch nicht an der Erfüllung seiner arbeitsvertraglichen Pflichten gehindert wird. Nichts anderes gilt für Altersschwäche und ähnliche Beschwerden[92], die lediglich als Folge einer natürlichen Körperentwicklung in einem bestimmten Lebensalter auftreten, es sei denn, die Altersgebrechlichkeit ist mit besonderen Begleitumständen verbunden, die zwar nicht ungewöhnlich, jedoch nicht zwangsläufig mit dem Altern einhergehen. Altern ist keine Krankheit, sondern ein physiologischer Rückbildungsvorgang.[93] Kann der Arbeitnehmer we-

71

---

[86] Siehe LAG Hamm (23.7.86) BB 1986, 2061: Entfernung von Tätowierungen; ferner ArbG Hagen (18.7.73) DB 1973, 1805; *Peters*, SGB V, § 27 Rdn. 69; *Müller/Berenz*, EFZG, § 3 Rdn. 20; MünchArbR/*Boecken*, § 83 Rdn. 26 – **kritisch** *Schulin*, ZfA 1978, 215 (252) – **anders** zu Recht LAG Hamm (9.3.88) NJW 1989, 1564 = DB 1988, 1455 = BB 1988, 1186: medizinisch notwendiger Eingriff, wenn dadurch auch die äußere Nasenform kosmetisch verändert wird; siehe auch *Bauer/Röder/Lingemann*, S. 23; *Schmitt*, EFZG, § 3 Rdn. 35; *Feichtinger*, ArbR-Blattei, Krankheit I, Rdn. 17.

[87] Zur bisherigen Rechtslage *Wolfslast*, DtÄrzteBl 92 (1995), Heft 1/2, B-28ff.; seit 1.12.1997: TransplantationsG vom 5.11.1997 (BGBl. I S. 2631); siehe MünchArbR/*Boecken*, § 83 Rdn. 29 gegen BAG (6.8.86) AP Nr. 86 zu § 1 LohnFG.

[88] Vgl. dazu BAG (6.8.86) ZTR 1987, 66 = DB 1987, 540; LAG Köln (7.8.85) b+p 1985, S. 185; *Thivessen*, ZTR 1989, 267; *Bauer/Röder/Lingemann*, S. 23; *Müller/Berenz*, EFZG, § 3 Rdn. 20; *Schmitt*, EFZG, § 3 Rdn. 54f.; ErfK/*Dörner*, § 3 EFZG Rdn. 21; zur Verschuldensfrage bei der Entgeltfortzahlung siehe aber *Staudinger/Oetker*, BGB, § 616 Rdn. 205; *Kaiser/Dunkl/Hold/Kleinsorge*, EFZG, § 3 Rdn. 51: vom Schutzzweck des § 3 EFZG nicht mehr erfasst; *Erman/Belling*, BGB, § 616 Rdn. 104; ErfK/*Dörner*, § 3 EFZG Rdn. 58.

[89] Statt vieler EuGH (14.7.94) DB 1994, 1523; BAG (14.10.54) AP Nr. 1 zu § 13 MuSchG; (14.11.84) AP Nr. 61 zu § 1 LohnFG = NZA 1985, 501; BSGE 39, 167 (168); *Foltyn*, S. 12; *Lieb*, S. 51 Rdn. 151; *Staudinger/Oetker*, BGB, § 616 Rdn. 203; *Kaiser/Dunkl/Hold/Kleinsorge*, EFZG, § 3 Rdn. 31; *Buchner/Becker*; MuSchG, § 11 Rdn. 38; *Zmarzlik/Zipperer/Viethen*, MuSchG, vor § 3 Rdn. 16; *Feichtinger*, ArbR-Blattei, Krankheit III, Rdn. 103 – **unrichtig** *Schelp/Trieschmann*, S. 11; zur Abgrenzung gegenüber krankhaften Verläufen siehe *de Haan*, S. 29.

[90] § 3 Abs. 2 EFZG stellt den Fall der Arbeitsunfähigkeit infolge nicht rechtswidriger Sterilisation oder Schwangerschaftsabbruchs der krankheitsbedingten Arbeitsunfähigkeit gleich; wegen der Entgeltfortzahlung siehe etwa *Pallasch*, NJW 1995, 3025ff.; *Helml*, § 3 EFZG Rdn. 73ff.; *Brecht*, EFZG, § 3 Rdn. 38a; *Vossen*, S. 66ff. Rdn. 163ff.; *Geyer/Knorr/Krasney*, EFZG, § 3 Rdn. 163f.; BAG (14.12.94) AP Nr. 1 zu § 3 EntgeltFG = NZA 1995, 459 = BB 1995, 2583 = SAE 1996, 308 mit **krit**. Anm. von *Wank*.

[91] Ebenso *Müller-Roden*, NZA 1989, 129f.; ArbG Düsseldorf NJW 1986, 2394.

[92] Vgl. *Kaiser/Dunkl/Hold/Kleinsorge*, EFZG, § 3 Rdn. 31; *Naendrup*, ZfA 1984, 383 (392); *Thome*, S. 57; *Liebig*, S. 31; siehe auch *de Haan*, S. 36; *Hunold*, S. 30.

[93] Siehe nur *Steffens*, DtÄrzteBl 95 (1998), Heft 16, B-782; ErfK/*Dörner*, § 3 EFZG Rdn. 12.

gen des Defekts medizinisch-technischer Hilfsmittel, zum Beispiel des Bruches einer Beinprothese, auf die er zur Verrichtung seiner Arbeit angewiesen ist, seine vertraglich bestimmte Arbeitsleistung nicht oder nach Treu und Glauben, § 242 BGB, nicht erbringen, so wird dieser Umstand der krankheitsbedingten Arbeitsunfähigkeit gleichgestellt werden müssen.[94] Dementsprechend wird nach Nr. 8 der AURL Arbeitsunfähigkeit solange angenommen, bis die Reparatur des Hilfsmittels beendet oder der Ersatz des defekten Hilfsmittels erfolgt ist.

Schließlich kann krankheitsbedingte Arbeitsunfähigkeit vorliegen, wenn sich der Arbeitnehmer auf ärztliche Anordnung einer stationären Maßnahme der medizinischen Vorsorge oder Rehabilitation unterzieht[95, 96], § 9 Abs. 1 EFZG.

72 Die sog. Schonungszeit galt bisher nur bei Angestellten[97] als „Krankheit", bei Arbeitern dagegen nur dann, wenn während dieser Zeit auch eine Arbeitsunfähigkeit vorlag, § 7 Abs. 4 LFG. Nach Art. 5 Nr. 5 PflegeVG ist nunmehr die Verordnung einer Schonungszeit im Anschluss an eine stationäre Rehabilitationsleistung (Kur) zu Lasten des Rentenversicherungsträgers nicht mehr möglich. Im Einklang mit der Anpassung der sozialversicherungsrechtlichen Regelungen sieht deshalb des EFZG keine gesetzliche Entgeltfortzahlung bei ärztlich verordneten Schonungszeiten mehr vor. Ob und inwieweit dem Arbeitnehmer gleichwohl ein Entgeltfortzahlungsanspruch nach § 616 BGB zusteht, wird kontrovers diskutiert[98], was aber verneint werden muss, weil ein solcher Anspruch dem Regelungszweck des EFZG entgegenstünde. Um dem Arbeitnehmer dennoch im Anschluss an eine Maßnahme im Sinne von § 9 EFZG eine gewisse Zeit der Erholung einzuräumen, wird der Arbeitgeber verpflichtet, § 7 Abs. 1 Satz 2 BUrlG, dem Arbeitnehmer hierfür auf sein Verlangen Erholungsurlaub zu gewähren, wenn und soweit ausreichender Resturlaub noch zur Verfügung steht. Diese Norm hat folglich rechtliche Bedeutung nur für die zeitliche Festlegung des Urlaubs, nicht hingegen für die Urlaubsdauer.

---

[94] Im Ergebnis so auch *Geyer/Knorr/Krasney*, EFZG, § 3 Rdn. 51; *Liebig*, S. 27; siehe auch LAG Düsseldorf (10.7.77) BB 1977, 1652; BSG (23.11.71) E 33, 202f.; *Feichtinger*, ArbR-Blattei, Krankheit I, Rdn. 14; *Schmitt*, EFZG, § 3 Rdn. 40.
[95] BAG (25.11.65) AP Nr. 6 zu § 50 BAT; *Foltyn* S,. 14; *Geyer/Knorr/Krasney*, EFZG, § 9 Rdn. 14; *Schulin*, ZfA 1978, 215 (258); *Gaul*, Bd. I S. 677 Rdn. 2.
[96] Die Träger der gesetzlichen Rentenversicherung können Leistungen zur medizinischen Vorsorge oder zur Rehabilitation gewähren, §§ 13ff. AVG, 1236ff. RVO, 35ff. RKG – jetzt §§ 10ff., SGB VI. Diese Leistungen werden im allgemeinen Sprachgebrauch häufig als „Heil-, Vorbeugungs- und Genesungskuren" bezeichnet. Mit der Neuregelung dieses Problemkreises in § 9 EFZG ist materiell-rechtlich keine Änderung dieser Begriffe verbunden, so auch *Marburger*, S. 16; *Hock*, ZTR 1996, 201; *Müller/Berenz*, EFZG, § 9 Rdn. 1; *Dörner/Luczak/Wildschütz*, C, Rdn. 1673; *Worzalla/Süllwald*, EFZG, § 9 Rdn. 4.
[97] Siehe nur *Schmatz/Fischwasser/Geyer/Knorr*, GFZG, S. L 334 m.N.
[98] Bejahend *Leinemann*, AuR 1995, 83 – **anderer Ans.** *Schmitt*, RdA 1996, 5 (11); *ders.*, EFZG, § 9 Rdn. 80.

C. Krankheit als Kündigungsgrund
I. Kündigung trotz Krankheit
1. Allgemeines

In der betrieblichen Praxis ist die Annahme weit verbreitet, dass ein Arbeitsvertrag 73 während der Krankheit eines Arbeitnehmers nicht gekündigt werden dürfe.[1] In arbeitsgerichtlichen Prozessen begegnet man deshalb häufig der Auffassung, eine Kündigung könne während einer krankheitsbedingten Arbeitsunfähigkeit nicht ausgesprochen oder doch wenigstens in dieser Zeit nicht rechtswirksam werden. Sogar noch in einer Entscheidung vom 20. 8. 1992 meinte die Kammer 4 des LAG Hamm[2], wegen Krankheit des Arbeitnehmers sei eine Kündigung grundsätzlich nicht zu rechtfertigen.

Es gibt jedoch im geltenden Arbeitsrecht der Bundesrepublik Deutschland[3], und zwar auch unter verfassungsrechtlichen Aspekten[4], keine gesetzliche Norm, die es dem Arbeitgeber generell untersagt, einen erkrankten Arbeitnehmer während der Dauer der Krankheit zu entlassen[5], während allerdings § 84 BRG vorsah, dass eine aus Anlass einer Erkrankung ausgesprochene Kündigung auf ihre sachliche Berechtigung gerichtlich der Überprüfung unterlag. Rechtlich steht die Krankheit weder der Erklärung einer Kündigung entgegen noch ist eine Kündigung bereits deshalb sozialwidrig[6], weil ihr Ausspruch wegen der Erkrankung, auch wenn der

---

[1] Vgl. auch *Becker-Schaffner*, ZTR 1997, 49; *Meisel*, S. 512 Rdn. 869; *Hennige*, AuA 1995, 145; *Gentges*, S. 167 m.w.N.; *Berkowsky*, NZA-RR 2001, 395; *Kunz/Wedde*, EFZR, § 8 Rdn. 3; *Uhmann*, AuA 2000, 117 (120); *Knorr/Bichlmeier/Kremhelmer*, S. 439 Rdn. 52.
[2] – 4 Sa 94/92 – unv.
[3] Zur Rechtslage in Deutschland seit der 2. Hälfte des 19. Jahrhunderts ausführlich *Jedzig*, S. 3–8, 11–14, 32–37, 102–120, 148–151.
[4] Vgl. *Liebig*, S. 54.
[5] Anders in der ehemaligen DDR – siehe die §§ 54 Abs. 2, 58 lit. d und 59 Abs. 1 lit a des Arbeitsgesetzbuches vom 16. 6. 1977 –, in der ehemaligen Tschechoslowakei, in Ungarn, § 90 I lit a ArbGB (dazu NZA 1999, 465), in der Schweiz, in Italien, in Finnland und in den Niederlanden, während nach österreichischem, dänischem, griechischem, belgischem, französischem, englischem und polnischem Recht eine Kündigung aus krankheitsbedingten Gründen in der Regel nicht unzulässig ist, vgl. dazu *Zöllner*, RdA 1978, 305; *Neumann*, NJW 1978, 1338f.; *Bissinger/Hagemeier*, BlStSozArbR 1979, 49 (51); *Runggaldier*, ZAS 1982, 130ff.; *Jedzig*, S. 244–265, 296–300, 309, 353, 362–384; *Kessler*, RdA 1989, 35 (41); *Heemann*, S. 163; *Walter*, S.89f.; *Gentges*, S. 168; *Mozet*, NZA 1998, 128ff. mit Einzelheiten zum Recht der EU-Staaten.
[6] So auch *Hueck/Nipperdey*, Bd. I, S. 636 Fußn. 32; *von Hoyningen-Huene/Linck*, KSchG, § 1 Rdn. 217; *Herschel/Steinmann*, KSchG, § 1 Anm. 36; *Auffarth/Müller*, KSchG, § 1 Anm. 173; *Popp*, DB 1981, 2611; *Ide*, AuR 1980, 225; *Weller*, S. 78; *Kaiser/Dunkl/Hold/Kleinsorge*, EFZG, § 8 Rdn. 1; *Däubler*, S. 579 Rdn. 1076; *Schwerdtner*, in: Müko-BGB, § 622 Anh. Rdn. 272; *Meisel*, S. 512 Rdn. 869;   *Roos*, AiB 1995, 658; *Stahlhacke/Preis/Vossen*, Rdn. 1214; *Gamillscheg*, S. 607; *Kittner/Däubler/Zwanziger*, KSchR, § 1 KSchG Rdn. 73; BAG (5.8.76), (19.8.76) AP Nrn. 1 und 2 zu § 1 KSchG 1969 Krankheit;
Fortsetzung siehe nächste Seite

Arbeitnehmer bis zum Ausspruch der Kündigung nicht mehr arbeitsfähig ist[7], bzw. während einer krankheitsbedingten Arbeitsunfähigkeit erfolgt. In diesem Zusammenhang meint das LAG Kiel[8] sogar, der Betrieb diene der Produktion und ihm seien auch durch das KSchG keine Aufgaben der Wohlfahrtspflege zugewiesen. Dass eine solche Äußerung nicht unkritisch übernommen werden kann, versteht sich von selbst.

74 Aus einigen im wesentlichen gleichlautenden arbeitsrechtlichen Normen ergab sich zwingend, dass eine Kündigung durch den Arbeitgeber während einer Erkrankung des Arbeitnehmers nicht schlechthin unzulässig war. So hieß es ausdrücklich in den Vorschriften der §§ 6 Abs. 1 LFG, 63 Abs. 1 Satz 3 HGB, 133c Satz 1 GewO, 616 Abs. 2 Satz 4 BGB, 78 Abs. 2 SeemG, der Anspruch auf Fortzahlung der Vergütung entfalle nicht deshalb, weil der Arbeitgeber das Arbeitsverhältnis aus „Anlaß" des Krankheitsfalles gekündigt habe. An die Stelle dieser gesetzlichen Bestimmungen ist nunmehr für alle Arbeitnehmer § 8 Abs. 1 EFZG getreten, der inhaltlich keinerlei Änderungen gebracht hat. Insoweit setzt der Gesetzgeber also eine Kündigung aus krankheitsbedingten Gründen als rechtswirksam voraus.[9] Wenn demgegenüber vereinzelt[10] darauf hingewiesen wird, dass die genannten Vorschriften unabhängig davon Anwendung finden, ob das jeweilige Arbeitsverhältnis dem Bestandsschutz nach dem KSchG unterliegt, so ist das zwar zutreffend. Es steht jedoch auch außer Frage, dass diese Normen uneingeschränkt solche Arbeitnehmer betrifft, die sich auf den allgemeinen kündigungsrechtlichen Bestandsschutz berufen können. Wenn schon Arbeitnehmer, für die der allgemeine gesetzliche Bestandsschutz gilt, ordentlich gekündigt werden können, dann muss dies erst recht für solche Arbeitsverhältnisse gelten, die nicht dem KSchG unterliegen. Es ist deshalb verfehlt anzunehmen[11], die gesetzlichen Normen über die Vergütungsfortzahlung bei Krankheit seien auf die Fälle beschränkt, in denen das KSchG keine oder noch keine Anwendung finde.

74a Ebensowenig kann aus europarechtlicher Sicht die Zulässigkeit krankheitsbedingter Kündigungen derzeit in Frage gestellt werden. Allerdings anerkennen nach Art. 24 lit. a der revidierten ESC von 1996, in Kraft getreten am 1. Juli 1999, die Vertragsparteien das Recht der Arbeitnehmer, „nicht ohne triftigen Grund gekündigt zu werden". Zur Konkretisierung des „triftigen" Grundes kann der Begriff der sozialen Rechtfertigung einer ordentlichen Kündigung im Sinne von § 1 Abs. 2 Satz 1 KSchG herangezogen werden.[12] Nach dem Anhang zu Art. 24 Abs. 3 der re-

---

LAG Düsseldorf (11.7.52) DB 1952, 740; LAG Baden-Württ./Stuttgart (15.5.63) BB 1963, 1136; LAG Düsseldorf/Köln (29.9.66) DB 1966, 1395; LAG Berlin (7.9.81) EzA Nr. 7 zu § 1 KSchG Krankheit; (17.1.83) DB 1983, 561; LAG Hamm (17.2.81) DB 1981, 1193; LAG Schlesw.-Holst. (20.10.82) BB 1983, 1538. – **kritisch** *Däubler*, Arbeitsrecht Ratgeber, S. 230 Rdn. 846.

7 Vgl. BAG (26.5.77) AP Nr. 14 zu § 102 BetrVG 1972, Bl. 243 R.
8 (26.8.60) DB 1960, 1339 = BB 1960, 1254; zust. *Denck*, JuS 1978, 159.
9 Dazu etwa auch *Schmitt*, EFZG, § 8 Rdn. 2, 3.
10 *Ide*, AuR 1980, 225; *Popp*, DB 1981, 2611; *Weller*, S. 78; *Gentges*, S. 169; ArbG Münster (20.1.83) DB 1983, 700.
11 So aber *Stein*, BB 1985, 607.
12 Siehe etwa *Birk*, FS für *A. Söllner*, S. 139 (143).

vidierten ESC gilt nicht als triftiger Grund u. a. die krankheitsbedingte Abwesenheit des Arbeitnehmers. Die Bundesrepublik Deutschland hat aber bisher die rev ESC weder unterzeichnet noch ratifiziert, so dass ihr innerstaatlich keine unmittelbare rechtliche Bedeutung zukommt.[13]

Ein Verbot oder die grundlegende Einschränkung der Kündigung infolge Krankheit des Arbeitnehmers ist de lege ferenda ebenfalls nicht in Betracht zu ziehen.[14] Auch der Entwurf eines Arbeitsgesetzbuches für die Bundesrepublik Deutschland, vorgelegt von der Arbeitsgesetzbuchkommission im Dezember 1976[15], sah aus guten Gründen nicht vor, das Recht des Arbeitgebers zur fristgemäßen oder fristlosen Entlassung des Arbeitnehmers wegen oder während seiner Krankheit zu beschränken. § 96 Abs. 2 des Entwurfs bestimmte lediglich, dass in der Person des Arbeitnehmers liegende Gründe und damit auch Erkrankungen eine fristgerechte Kündigung sozial rechtfertigen können, während die Begründetheit einer außerordentlichen fristlosen Kündigung, §§ 102 Abs. 1, 107 des Entwurfs, weiterhin wie nach bisherigem Recht davon abhängig sein sollte, ob die Fortsetzung des Arbeitsverhältnisses dem Vertragspartner noch zugemutet werden kann. Im Falle der Erkrankung des Arbeitnehmers sollte also die bisherige Rechtslage nicht verändert werden. Dass eine Kündigung wegen Krankheit auch nach künftigem Recht nicht schlechthin unzulässig sein sollte, folgte im Wege des Umkehrschlusses unmittelbar aus der Regelung des § 55 Abs. 5 des Entwurfs, wonach der wegen Krankheit gekündigte Arbeitnehmer seinen Lohnfortzahlungsanspruch nicht verliert.

75

Inhaltlich gleiche Vorschläge enthielten insoweit die §§ 61 Abs. 5, 120 Abs. 2 Nr. 1 des Entwurfs des Deutschen Gewerkschaftsbundes[16] sowie die Stellungnahme der Bundesvereinigung der Deutschen Arbeitgeberverbände vom September 1977[17]. Wenn demgegenüber *Stein*[18] eine gesetzliche Neuregelung für dringend geboten hält, etwa in der Weise, dass ein befristetes Verbot der ordentlichen Kündigung eingeführt oder dass die Kündigung für den Fall der Berufs- oder Erwerbsunfähigkeit zugelassen wird, mindestens die Wirksamkeit der Kündigung wegen Krankheit von der Mitwirkung einer Behörde abhängig zu machen[19], so kann diesen Vorschlägen nicht zugestimmt werden, weil sie den realen Gegebenheiten des Arbeits- und Wirtschaftslebens nicht hinreichend Rechnung tragen. Neuere Reformüberlegungen[20] gehen sogar in die Richtung, den allgemeinen Kündigungs-

---

13 Dazu MünchArbR/*Birk*, § 17 Rdn. 92; siehe auch *Gitter/Michalski*, S. 19.
14 Ebenso *Zöllner*, Gutachten, S. D 172; *Neumann*, NJW 1978, 1843.
15 Broschüre, herausgegeben vom Bundesminister für Arbeit und Sozialordnung 1977.
16 Abgedruckt in: BetrR 1977, Heft 11/12 = AuR 1977, 245 ff.
17 S. 24, 34.
18 BlStSozArbR 1979, 166.
19 Rechtsgeschichtlich dazu, insbesondere unter der Geltung der ArbeitsplatzwechselVO vom 1. 9. 1939; *Jedzig*, S. 268 ff.; allgemein zum präventiven Kündigungsschutz: *U. Preis*, Prinzipien, S. 70 ff.
20 Vgl. etwa *Rühle*, DB 1991, 1379 – **dagegen** zu Recht *Falkenberg*, DB 1991, 2486 f.; *Wank*, RdA 1992, 225 (227), 229; *von Hoyningen-Huene*, Arbeitsrecht und Arbeitsgerichtsbarkeit, S. 215 (239).

schutz ganz abzuschaffen und den Arbeitgeber jeweils zur Zahlung einer Abfindung zu verpflichten. Dass ein befristetes Kündigungsverbot kein geeignetes Mittel ist, wird später noch darzulegen sein. Auch die Begrenzung des Kündigungsrechts auf Fälle von Berufs- oder Erwerbsunfähigkeit erweist sich als nicht überzeugend, zumal vor allem Klein- und Mittelbetriebe die damit verbundenen wirtschaftlichen Belastungen ohne Zuschüsse der öffentlichen Hand kaum oder nur schwer verkraften können. Warum ausnahmsweise die Kündigung wegen Krankheit von einer behördlichen Zustimmung, ähnlich wie bei Schwerbehinderten und unter das MuSchG fallenden Arbeitnehmerinnen, abhängig gemacht werden soll, leuchtet nicht ein. Zwischen dem besonderen Schutzbedürfnis der zuletzt genannten Personengruppe und sonstigen Arbeitnehmern besteht ein wesentlicher, sachlich begründeter Unterschied. Auch würde sich durch ein zweigleisiges Verfahren die Entscheidung, ob eine Kündigung überhaupt ausgesprochen werden darf, unnötig verzögern. Deshalb muss auch der Vorschlag von *Bruns*[21], für HIV-Infizierte notfalls einen Kündigungsschutz wie für Schwerbehinderte zu schaffen, abgelehnt werden. Das Arbeitsrecht ist kein Instrument staatlicher Gesundheitspolitik, darf ihr aber auch nicht zuwiderlaufen[22]. Allerdings werden an AIDS erkrankte Arbeitnehmer im Allgemeinen ohnehin unter den Schutz des SGB IX fallen[23] und folglich einen besonderen Bestandsschutz, § 85 SGB IX, beanspruchen können

76   Der vom Arbeitskreis Deutsche Rechtseinheit 1992 vorgelegte Entwurf eines Arbeitsvertragsgesetzes[24], der sich als Beitrag zur Erfüllung des Art. 30 Abs. 1 Nr. 1 des Einigungsvertrages versteht und die Kündigung wegen Krankheit ausdrücklich erwähnt, § 123 Abs. 3 ArbVG 92, will kündigungsrechtlich am bestehenden Rechtszustand keine grundsätzlichen Änderungen herbeiführen. Danach soll eine Kündigung wegen Krankheit zulässig sein, wenn der Arbeitnehmer aufgrund der Krankheit auf Dauer arbeitsunfähig ist oder wenn auch in Zukunft erhebliche Fehlzeiten des Arbeitnehmers wahrscheinlich sind, die an diesem Arbeitsplatz zu erheblichen organisatorischen Schwierigkeiten führen oder die dieses Arbeitsverhältnis finanziell erheblich belasten würde. Die Kündigung sei unzulässig, wenn die Interessen des Arbeitnehmers die des Arbeitgebers erheblich überwiegen.

77   Nach § 123 Abs. 3 Satz 2 des Brandenburgischen Entwurfs eines Gesetzes zur Bereinigung des Arbeitsrechts vom 10. 9. 1996[25] soll eine Kündigung wegen Krankheit, der wichtigste Fall der personenbedingten Entlassung[26], zulässig sein, wenn der Arbeitnehmer aufgrund der Krankheit auf Dauer arbeitsunfähig ist oder wenn auch in Zukunft erhebliche Fehlzeiten des Arbeitnehmers wahrscheinlich sind, die

---

[21] MDR 1988, 95(98); siehe auch *Helm/Stille*, MMW 129 (1987), Heft 5, S. 18.
[22] Vgl. Endbericht der Enquete-Kommission „Gefahren von AIDS und wirksame Wege zu ihrer Eindämmung" des Deutschen Bundestages vom 26. 5. 1990, in: *Goebel/Gauweiler*, AIDS-Aktuell, Bd. I 1.5.2, S. 105.
[23] So zum SchwbG auch *Richardi*, NZA 1988, 73 (79); *Hinrichs*, AiB 1988, 15; *Sedelies*, S. 147.
[24] Dazu etwa *Heuse*, BB 1992, 1145ff.; *Wank*, RdA 1992, 225 (233); Verhandlungen des 59. Deutschen Juristentages Hannover 1992, Bd. I (Gutachten), S. D 60, 128.
[25] Bundesrats.-Drucks. 671/96; Teilabdruck: NJW 1997, Heft 2 S. 2–10.
[26] Begründung des Gesetzesentwurfs, S. 233.

an diesem Arbeitsplatz zu erheblichen betrieblichen Störungen führen oder die dieses Arbeitsverhältnis finanziell erheblich belasten würden. Nicht zu berücksichtigen sei der Anspruch auf Entgeltfortzahlung aus § 57. Die personenbedingte Kündigung sei unzulässig, wenn die Interessen des Arbeitnehmers die Interessen des Arbeitgebers erheblich überwiegen. Bei der Abwägung seien zugunsten des Arbeitnehmers insbesondere der bisherige Verlauf des Arbeitsverhältnisses, die Betriebszugehörigkeit und sein Lebensalter zu berücksichtigen. In der Erläuterung des Entwurfs[26] heißt es u. a.: „Insbesondere bei der personenbedingten Kündigung kollidieren persönlichkeitsrelevante Interessen des Arbeitnehmers einerseits mit betrieblichen und wirtschaftlichen Interessen des Arbeitgebers andererseits, die sich in einer kasuistischen Kodifikation nicht lösen lassen". Der Brandenburgische Gesetzesentwurf stimmt fast wörtlich mit § 123 Abs. 3 des Entwurfs eines Arbeitsvertragsgesetzes des Freistaates Sachsen vom 23. 5. 1995[27] überein, der aber durch die Regelung ergänzt wird, dass der Arbeitnehmer, der während der letzten drei Jahre mehr als 25 % der Arbeitstag infolge Krankheit arbeitsunfähig war, die Beweislast dafür trägt, dass künftig nicht mit erheblichen Fehlzeiten zu rechnen sei.

Auch diese zuletzt genannten Entwürfe sind bisher nicht Gesetz geworden.

Neuerdings hat *Hromadka*[28] den Entwurf für ein neues KSchG vorgelegt, der eine ausdrückliche Regelung für krankheitsbedingte Entlassungen aber nicht vorsieht. Jedoch sollen u. a. Gründe in der Person eine Kündigung bedingen, wenn der Arbeitnehmer schuldlos nicht mehr in der Lage ist, seine vertraglichen Pflichten zu erfüllen, § 1 a Abs. 1 Nr. 1 KSchGE.

2. Tarifvertragliche Bestimmungen

Tarifvertragliche Regelungen, die das Kündigungsrecht des Arbeitgebers bei Krankheit des Arbeitnehmers vor allem in zeitlicher Hinsicht einschränken, waren schon in der Vergangenheit selten.[29] Dennoch haben die Tarifvertragsparteien vereinzelt auch in jüngerer Zeit entsprechende Normen geschaffen, die dem Schutz des erkrankten Arbeitnehmers dienen sollen. So kann nach § 55 Abs. 2 Satz 3 BAT[30] der Arbeitgeber zum Zwecke der Herabgruppierung „unkündbaren" Angestellten kündigen, wenn eine Beschäftigung zu den bisherigen Vertragsbedingungen aus dienstlichen Gründen nachweisbar nicht möglich ist oder der Arbeitnehmer dauernd außerstande ist, diejenige Arbeitsleistung zu erfüllen, für die er eingestellt ist, es sei denn, die Leistungsminderung ist durch einen Arbeitsunfall oder eine Berufskrankheit im Sinne der §§ 8, 9 SGB VII herbeigeführt worden, ohne dass der Angestellte vorsätzlich oder grob fahrlässig gehandelt hat oder auf einer durch die langjährige Beschäftigung verursachten Abnahme der körperlichen

78

---

[27] Bundesrats.-Drucks. 293/95.
[28] NZA 2002, 783 f.
[29] Dazu *Jedzig*, S. 45 f., 121 ff., 183 ff., 476 ff.; *Hanau/Thüsing*, ZTR 2001, 49 ff.
[30] Ähnlich § 30 Abs. 3 Nrn. 2 und 3 des Tarifvertrages für Angestellte der Deutschen Bundesbahn vom 1. 4. 1961 (Rechtszustand 1. 3. 1979); ähnlich § 26 a Abs. 3 des Tarifvertrages für die Arbeiter der Deutschen Bundespost vom 6. 1. 1955 i.d.F. des TV Nr. 430 vom Juli 1993. § 6 MTV für die Arbeitnehmer der Deutschen Bahn AG vom 27. 12. 1993 enthält eine entsprechende Regelung nicht mehr.

oder geistigen Kräfte und Fertigkeiten nach einer Beschäftigung von zwanzig Jahren beruht und der Angestellte das 55. Lebensjahr vollendet hat. Ferner sei auf § 30 Abs. 13 Satz 1 des Lohntarifvertrages für die Arbeiter der Deutschen Bundesbahn vom 12. 9. 1960 in der Fassung vom 1. 7. 1983 hingewiesen: „Arbeitern, die auf längere Zeit erkrankt sind, soll vor Ablauf der 26. Woche ihrer Krankheit nur gekündigt werden, wenn dienstliche Gründe dies erfordern".[31] Für den Fall, dass der Arbeitnehmer so schwer erkrankt ist, dass die Gewährung einer Rente wegen Erwerbs- oder Berufsunfähigkeit in Frage kommt, traf § 30 Abs. 13 Satz 2 und 3 des genannten Lohntarifvertrages folgende Regelung: „Wird dem Arbeiter während der Krankheit eine Versicherungsrente aus der Rentenversicherung der Arbeiter oder Angestellten zuerkannt, endet das Arbeitsverhältnis mit der Zustellung des Rentenbescheides oder der vorläufigen Mitteilung. Wird die Versicherungsrente versagt, soll nicht gekündigt werden, bevor das Rentenverfahren abgeschlossen ist." Gemäß § 30 Abs. 2 Ziffer 3 des genannten LTV war eine außerordentliche Kündigung möglich, wenn der Arbeiter „zur Fortsetzung der Arbeit unfähig wird", wozu auch die krankheitsbedingte Arbeitsunfähigkeit eines fristgerecht unkündbaren Arbeiters gehörte.[32] Gleiches gilt für eine krankheitsbedingte Entlassung nach § 4.4 des Manteltarifvertrages für Arbeiter und Angestellte der Metallindustrie Nordwürttemberg/Nordbaden vom 5. 5. 1990[33], wonach ein Beschäftigter, der das 53. aber noch nicht das 65. Lebensjahr vollendet und dem Betrieb mindestens 3 Jahre angehört hat, nur noch aus wichtigem Grund gekündigt werden kann. Solche dem Senioritätsschutz dienenden tarifvertraglichen Regelungen sind grundsätzlich zulässig[34], wenngleich neuerdings die Forderung erhoben wird[35], einen derartigen Schutz, der das Recht des Arbeitgebers zum Ausspruch einer ordentlichen fristgerechten Kündigung beim Erreichen eines bestimmten Lebensalters ausschließt, zu beseitigen. Immerhin waren – bezogen auf Ende 1999 – für 53 % der erfassten Arbeitnehmer die ordentliche Kündigung durch den Arbeitgeber für ältere Mitarbeiter ausgeschlossen.[36] Nach § 38a des MTV für das Berliner Tischlerhandwerk vom 12. 3. 1984, der bis zum 31. 12. 1985 galt, konnte einem Arbeitnehmer, der das 55., aber noch nicht das 65. Lebensjahr vollendet und der dem Unternehmen zu diesem Zeitpunkt mindestens 10 Jahre angehört hat, nur aus wichtigem Grund gemäß § 626 BGB gekündigt werden. Zulässig waren u. a. auch

---

[31] Zur kündigungsrechtlichen Bedeutung einer inhaltsgleichen Norm siehe LAG Düsseldorf (11. 11. 52) ARSt, Bd. IX S. 177 Nr. 535. Für den Bereich der Deutschen Bahn AG gelten die genannten Bestimmungen des LTV für die Arbeiter der Deutschen Bundesbahn nicht mehr. Sie sind ersatzlos weggefallen, siehe § 20 Abs. 1 des Tarifvertrages über die Sicherung der Einkommen und Arbeitsbedingungen für die zur Deutschen Bahn AG übergeleiteten Arbeitnehmer vom 27. 12. 1993 i.d.F. des § 30 Änd-TV (Stand: 17. 12. 1997/ 21. 12. 1998).
[32] Vgl. dazu BAG (9. 9. 92) BB 1993, 291 = AP Nr. 3 zu § 626 BGB Krankheit.
[33] Dazu BAG (4. 2. 93) EzA Nr. 144 zu § 626 BG n.F.; (12. 7. 95) AP Nr. 7 zu § 626 BGB = NZA 1995, 1100: Kündigung wegen krankheitsbedingter Minderung der Leistungsfähigkeit des Arbeitnehmers.
[34] Etwa *Kania/Kramer*, RdA 1995, 288; *Hanau/Thüsing*, ZTR 2001, 50 m.w.N.; allgemein dazu *Löwisch*, DB 1998, 877 (880).
[35] Vgl. *Boecken*, Gutachten zum 62. Deutschen Juristentag, Teil B, S. 151.
[36] Vgl. *Halbach/Paland/Schwedes/Wlotzke*, Kapitel 2, S. 166 Rz. 478.

Kündigungen aus personenbedingten Gründen, wenn im Kündigungsschutzprozess der wichtige Grund bestätigt, jedoch aus Gründen der Zumutbarkeit nur eine fristgemäße Kündigung anerkannt wird. Dass unter diese Regelung auch eine Kündigung aus krankheitsbedingten Gründen fiel, erschien evident.[37] § 5 Nr. 4.1 des für allgemeinverbindlich erklärten Rahmentarifvertrages für die gewerblichen Arbeitnehmer im Gerüstbaugewerbe Berlin vom 14. 7. 1989 i.d.F. vom 4. 3. 1998 bestimmt: „Wird dem Arbeitnehmer während der Arbeitsunfähigkeit gekündigt, so läuft die Kündigungsfrist frühestens zu dem Zeitpunkt ab, zu dem die Fortdauer des Arbeitsverhältnisses die Pflicht zur Lohnfortzahlung enden würde."

Teilweise beschränken Tarifverträge bei Krankheit des Arbeitnehmers nicht nur die ordentliche, sondern schließen vor allem die außerordentliche Kündigung aus. So hieß es in § 27 Abs. 1 Satz 2 des Tarifvertrages für die Arbeiter der Deutschen Bundespost vom 6. 1. 1955[38] in der ab Juli 1993 gültigen Fassung: „Andauernde Arbeitsunfähigkeit wegen anhaltender Krankheit ist kein wichtiger Grund im vorstehenden Sinne". § 21 Nr. 6 des Bundesrahmentarifvertrages für Apothekenmitarbeiter vom 10. 6. 1999 normiert, dem Apothekenmitarbeiter dürfe „aus Anlaß einer Arbeitsunterbrechung wegen Krankheit nicht gekündigt werden". Das bedeutet nicht nur, dass eine Kündigung während der krankheitsbedingten Arbeitsunfähigkeit unzulässig ist, sondern auch eine Kündigung im unmittelbaren Anschluss an vorherige Arbeitsunfähigkeitszeiten, wofür der Beweis des ersten Anscheins spricht.[39] § 6 Abs. 4 des MTV für die Arbeitnehmer der Deutschen Bahn AG vom 27. 12. 1993 i.d.F. des 30. Änderungs-TV vom 17. 12. 1997 (Stand: 2. 5. 2002) normiert: „Während eines laufenden Berufsfürsorgeverfahrens darf eine Kündigung aus gesundheitlichen Gründen nicht ausgesprochen werden. 79

Nicht unerwähnt sollen in diesem Zusammenhang tarifvertragliche Normen bleiben, die die Übernahme von Auszubildenden in ein Arbeitsverhältnis vorsehen, soweit nicht „personenbedingte Gründe" entgegenstehen, etwa Nr. 3.1 des Tarifvertrages zur Beschäftigungssicherung für die Metallindustrie Nordwürttemberg/ Nordbaden vom 10. 3. 1994. Unter den Begriff „personenbedingte Gründe" können krankheitsbedingte Fehlzeiten des ehemaligen Auszubildenden sehr wohl fallen.[40] 80

Nach § 58 des Rahmentarifvertrages für gewerbliche Arbeitnehmer des Dachdeckerhandwerks vom 21. 6. 1986 galt folgendes: „Kündigt der Arbeitgeber einem erkrankten Arbeitnehmer, der länger als ein Jahr dem Betrieb angehört, so wird der

---

[37] So auch LAG Berlin (13. 3. 98) – 6 Sa 41/97 und 60/97; siehe auch BAG (14. 10. 97) AP Nr. 154 zu § 1 TVG Tarifverträge: Metallindustrie = BB 1998, 1484f., hinsichtlich einer ähnlichen Regelung.
[38] Ähnlich § 17 Ziff. 2 des Manteltarifvertrages für das private Bankgewerbe und die öffentlichen Banken (Stand: 1. Februar 2000); § 17 Ziff. 2 des Manteltarifvertrages für die Kreditgemeinschaften mit mehr als 4 Arbeitnehmern und die genossenschaftlichen Zentralbanken vom 18. 4. 1979; § 58 des Manteltarifvertrages für die Arbeiter der Friedrich-Ebert-Stiftung vom 1. 7. 1982; weitere Nachweise bei *Jedzig*, S. 479ff.
[39] Vgl. BAG (5. 2. 98) AP Nr. 3 zu § 1 TVG Tarifverträge: Apotheken = NZA 1998, 644f.
[40] Ebenso BAG (14. 10. 97) BB 1998, 1485; siehe auch BAG (17. 6. 98) AP Nr. 158 zu § 1 TVG Tarifverträge: Metallindustrie, betreffend eine vergleichbare Tarifnorm: auch verhaltensbedingte Gründe.

Anspruch auf Lohnfortzahlung gemäß § 6 LFG bis zur Dauer von sechs Wochen durch die Kündigung nicht berührt." Zeitliche Kündigungsbeschränkungen ergaben sich also anders als nach früherem Recht nicht. Der Rahmentarifvertrag vom 27. 11. 1970 i. d. F. vom 30. 9. 1997 enthält diese Regelung nicht mehr. Ferner sei § 5 Nr. 6 MTV für Redakteurinnen und Redakteure an Tageszeitungen vom 10. 9. 1998 erwähnt: Wird aus Anlass der Arbeitsunfähigkeit gekündigt, erhält der Redakteur je nach der Dauer seiner Betriebszugehörigkeit vom Arbeitgeber einen Zuschuss, der sechs Wochen weit übersteigen kann.[41]

§ 9 Nr. 1 MTV für die Arbeitnehmer der Metallindustrie in Hamburg und Umgebung sowie Schleswig-Holstein, gültig ab 1. 4. 1990, schützt ältere Arbeitnehmer davor, dass sie durch altersbedingte Leistungsabnahme Verdiensteinbußen erleiden. Auf diese Weise soll der bisherige Lebensstandard des Arbeitnehmers aufrecht erhalten und sein Besitzstand gewahrt werden. Arbeitsrechtlich sind allerdings allgemeine Vergütungskürzungen zulässig, die nicht vom Alter und/oder der Leistungsfähigkeit des betreffenden Arbeitnehmers abhängen.[42, 43] Auch § 18 MTV für die Arbeiter, Angestellten und Auszubildenden in der Metall- und Elektroindustrie Nordrhein-Westfalen beinhaltet eine Entgeltsicherung für ältere Arbeitnehmer wegen gesundheitsbedingter Minderung ihrer Leistungsfähigkeit, wenn sie deswegen auf ihrem bisherigen Arbeitsplatz nicht weiterbeschäftigt werden können und auf einem geringer bewerteten eingesetzt werden.[44] Eine entsprechende Regelung, die Arbeitnehmer von einer neu eingeführten Leistungszulage ausschließt, wenn sie sich schon vorher in der tariflichen Verdienstsicherung wegen Alters befunden haben, erweist sich jedenfalls als zulässig.[45] Sie verstößt weder gegen den arbeitsrechtlichen Gleichbehandlungsgrundsatz noch gegen Art. 3 Abs. 1 GG.

81 Ungeachtet der beispielhaft erwähnten tarifvertraglichen Regelungen gibt es zahlreiche weitere tarifvertragliche Bestimmungen in Deutschland, durch die die gesetzliche Einkommenssicherung bei Krankheit des Arbeitnehmers verbessert wird. Auswertungen[46] von Tarifverträgen für etwa 24,8 Mio. Arbeitnehmer aus allen Wirtschafts- und Dienstleistungsbereichen ergaben, dass Ende 1991 etwa 40 % der Arbeitnehmer einen Anspruch auf Krankengeldzuschüsse bei langanhaltenden Erkrankungen hatten. Derzeit sind aber gegenläufige Regelungstendenzen festzustellen.

---

[41] So auch § 6 Nr. 5 MTV für Redakteurinnen/Redakteure an Zeitschriften vom 30. 4. 1998.
[42] BAG (7. 2. 95) AP Nr. 6 zu § 4 TVG Verdienstsicherung = NZA 1995, 894; (16. 5. 95) AP Nr. 8 zu § 4 TVG Verdienstsicherung = NZA 1996, 153; (11. 11. 97) AP Nr. 12 zu § 4 TVG Verdienstsicherung = BB 1998, 1163 ; *Fitting/Kaiser/Heither/Engels/Schmidt*, BetrVG, § 75 Rdn. 70; *Kreutz*, GK-BetrVG, § 75 Rdn. 59–60 – **kritisch** *Boecken*, a. a. O., Teil B, S. 148 ff., der sich für den Wegfall derartiger Senioritätsklauseln ausgesprochen hat.
[43] Zur Auslegung von § 6 MTV für Arbeiter und Angestellte in der Metallindustrie in Nordwürttemberg/Nordbaden, gültig ab 1. 4. 1990, siehe BAG (28.7.99) NZA 2000, 47; zur Berechnung der tarifvertraglichen Verdienstsicherung für ältere Arbeitnehmer gemäß § 9 MTV für gewerbliche Arbeitnehmer und Angestellte in der Metallindustrie des Nordwestlichen Niedersachsen – Verbandsgruppe Oldenburg – siehe BAG (5.10.99) BB 2000, 311 f.
[44] Dazu BAG (28.7.99) DB 1999, 2370 = NZA 2000, 44 ff.
[45] BAG (26.4.00) ZTR 2000, 557 f. = BB 2001, 259 = NZA 2001, 396 ff.
[46] Vgl. *Salowsky/Seffen*, RdA 1994, 244.

II. Fristgemäße Kündigung durch den Arbeitgeber

1. Allgemeines

Es liegt auf der Hand, dass der erkrankte Arbeitnehmer, insbesondere wenn er die Arbeitsunfähigkeit nicht verschuldet hat, allein schon deswegen besonderes Interesse am Weiterbestehen des Arbeitsverhältnisses hat, weil er sonst in aller Regel seine einzige wirtschaftliche Existenzgrundlage für sich und seine Familie verliert.[1] Bedingt durch seine Erkrankung findet er kaum einen anderen geeigneten Arbeitsplatz, verschlechtern sich seine Arbeitsmarktchancen erheblich[2], so dass es nicht überrascht, wenn die Kranken in der Arbeitslosenstatistik überrepräsentativ in Erscheinung treten[3] 1988 wurden bei 22,2 % aller Arbeitslosen „gesundheitliche Einschränkungen" festgestellt[4], während es im September 1996 sogar 26 % der arbeitslos Gemeldeten gewesen sein sollen.[5] Arbeitslose sind bis zu 80 % öfter ernsthaft und chronisch krank als in einem Arbeitsverhältnis stehende Menschen.[6] Ihre Sterblichkeitsrate liegt um 50 % über dem Durchschnitt der Bevölkerung.[6] Im Januar 1998 waren 99.957 Arbeitslose bei der Bundesanstalt für Arbeit krankgemeldet.[7] Im Vorjahr waren es „erst" 63.890.[7] Vielfach bedeutet der Verlust des Arbeitsplatzes auch den Wegfall von sozialen Kontakten[8] und beeinträchtigt das Selbstwertgefühl des Betreffenden. Der Verlust seines Arbeitsplatzes kann im Einzelfall sogar das Krankenbild wesentlich verschlechtern. In einer solchen Situation hat deshalb der Arbeitgeber im besonderen Maße auf die schutzwürdigen Interessen des Arbeitnehmers Rücksicht zu nehmen, was der Gesetzgeber auch u.a. dadurch zum Ausdruck gebracht hat, dass dem Arbeitnehmer im Falle seiner unverschuldeten Erkrankung ein Anspruch auf Zahlung der vereinbarten Vergütung für die Dauer von höchstens sechs Wochen zusteht, § 3 Abs. 1 EFZG (bisher: §§ 1 LFG, 616 BGB, 63 HGB, 133c GewO, 12 Abs. 1 Nr. 2b BBiLG, 48 Abs. 1 SeemG). Zu Recht wird in diesem Zusammenhang darauf hingewiesen[9], dass ein vorübergehend oder auch für längere Zeit arbeitsunfähig kranker Arbeitnehmer nicht unter dem Blickwinkel eines funktionsuntauglichen sachlichen Produktionsmittels betrachtet werden darf.

Gleichwohl räumte bis zum In-Kraft-Treten des Ersten Arbeitsrechtsbereinigungsgesetzes am 1.1.1970 der Gesetzgeber dem Arbeitgeber unter bestimmten Voraussetzungen sogar ausdrücklich das Recht ein, einen erkrankten Arbeitnehmer

---

[1] Zur Situation des Arbeitnehmers im Falle seiner Krankheit siehe insbesondere *Zöllner*, RdA 1978, 304ff.; *Kehrmann*, RdA 1978, 313ff.
[2] Vgl. dazu auch *Rüthers*, in: Zeugen des Wissens, S. 751.
[3] Dazu *Zöllner*, Gutachten, S. D 57f.; *Bausch*, S. 30; *Däubler*, S. 59 Rdn. 2; zur vergleichbaren Situation etwa in Großbritannien siehe DtÄrzteBl 93 (1996), Heft 50, B.-2603.
[4] Nachweise bei *Däubler*, S. 580 Fußn. 314.
[5] Vgl. *Däubler*, S. 779 Fußn. 138.
[6] Siehe „Der Tagesspiegel" Nr. 15967 vom 30.4.1997, S. 9; siehe auch eine neue Studie des Instituts für Gesundheitswissenschaften an der Technischen Universität Berlin, AuR 2002, 264.
[7] „Der Tagesspiegel" Nr. 16246 vom 10.2.1998, S. 17.
[8] Zutreffend *Stein*, BlStSozArbR 1979, 166; *Mezger/Richter/Wahsner*, Dem.u.R. 1979, 264 (277); siehe auch LAG Köln (25.8.95) NZA-RR 1996, 249.
[9] Etwa *U. Preis*, Prinzipien, S. 437.

fristlos zu entlassen¹⁰, zumal unbestritten der Ausfall der Arbeitskraft eines arbeitsunfähig erkrankten Arbeitnehmers erhebliche Auswirkungen auf den Umfang der betrieblichen Produktion und auf die zeitliche Planung der Produktion haben kann. Wenn auch jetzt das Recht zur außerordentlichen fristlosen Kündigung für fast alle Arbeitnehmergruppen in der Vorschrift des § 626 BGB eine einheitliche Regelung gefunden hat, so bleiben doch auch weiterhin für die Auslegung des unbestimmten Rechtsbegriffes¹¹ „wichtiger Grund" die bisher zu den außer Kraft getretenen Normen entwickelten Grundsätze von Bedeutung.¹²

84   Freilich kann sich der wegen Krankheit gekündigte Arbeitnehmer auf den durch das KSchG gewährleisteten Bestandsschutz nur berufen, wenn er die sachlichen und persönlichen Voraussetzungen für die Anwendung dieses Gesetzes erfüllt. Er muss also in einem Betrieb oder einer Verwaltung mit in der Regel mehr als fünf Arbeitnehmern ausschließlich der Auszubildenden beschäftigt sein, § 23 Abs. 1 KSchG, wobei das Arbeitsverhältnis in demselben Betrieb oder Unternehmen ohne Unterbrechung länger als sechs Monate bestanden haben muss, § 1 Abs. 1 KSchG. Bis zur Änderung des § 1 Abs. 1 KSchG durch das Erste Arbeitsrechtsbereinigungsgesetz war allerdings streitig, ob es für die Erfüllung der sechsmonatigen Wartezeit lediglich auf den rechtlichen Bestand des Arbeitsverhältnisses¹³ ankomme oder ob der Arbeitnehmer während dieser Zeit auch tatsächlich gearbeitet haben müsse.¹⁴ Folglich wären tatsächliche Unterbrechungen infolge krankheitsbedingter Fehlzeiten des Arbeitnehmers bei der Erfüllung der Wartezeit zu berücksichtigen, wenn es nicht auf den rechtlichen Bestand des Arbeitsverhältnisses ankäme. Nach der Neufassung des § 1 Abs. 1 KSchG kann es jetzt keinem Zweifel mehr unterliegen, dass lediglich der rechtliche Bestand des Arbeitsverhältnisses maßgebend ist¹⁵, so dass tatsächliche Unterbrechung infolge Krankheit die Wartefrist grundsätzlich nicht verlängern.¹⁶

---

10   Siehe §§ 72 Abs. 1 Ziff. 3 HGB, 123 Abs. 1 Ziff. 8, 133c Abs. 1 Ziff. 4 GewO, 82 Abs. 1 Ziff. 8, 89 Ziff. 5 Allg.Preuß.BergG; im Einzelnen *Jedzig*, S. 3ff.
11   Allgemein dazu etwa *Engisch*, S. 138–142; KR-*Fischermeier*, § 626 BGB Rdn. 81.
12   *Lepke*, DB 1970, 489; BAG (15. 11. 84) DB 1986, 50.
13   So *Staudinger/Nipperdey/Neumann*, BGB, 11. Aufl. 1958, Vorb. 127 vor § 620; *Nikisch*, Bd. I, S. 754; *Herschel/Steinmann*, KSchG, § 1 Anm. 32; LAG Düsseldorf (13. 1. 53) DB 1953, 212.
14   So BAG (3. 12. 64) AP Nr. 79 zu § 1 KSchG mit zust. Anm. von *A. Hueck* = NJW 1965, 885; (21. 12. 67) AP Nrn. 1 und 2 zu § 1 KSchG Wartezeit; *Hueck/Nipperdey*, Bd. I S. 633 – **unrichtig** *Berger-Delhey*, BB 1989, 977 (980), es sei unstreitig gewesen, dass es allein auf die tatsächliche Beschäftigung angekommen sei.
15   Vgl. BAG (23. 9. 76) SAE 1977, 153, mit zust. Anm. von *Lepke*; BAG (12. 2. 81) AP Nr. 1 zu § 5 BAT mit zust. Anm. von *Götz Hueck*; *von Hoyningen-Huene/Linck*, KSchG, § 1 Rdn. 80; KR-*Becker*, 3. Aufl., § 1 KSchG Rdn. 61; *Berger-Delhey*, BB 1989, 980; *Wenzel*, Kündigung, S. 63 Rdn. 192; BGB-RGRK, vor § 620 Rdn. 150; ErfK/*Ascheid*, § 1 KSchG Rdn. 65; KR-*Etzel*, § 1 KSchG Rdn. 108.
16   Ebenso *Schwedes*, S. 296 Rdn. 599; *Knorr/Bichlmeier/Kremhelmer*, S. 361 Rdn. 12; *Ascheid*, Kündigungsschutz, S. 125 Rdn. 178; *Stahlhacke/Preis/Vossen*, Rdn. 903; *Richardi/Annuß*, S. 67; *Feichtinger*, ArbR-Blattei, Krankheit I, Rdn. 248; *Dütz*, Arbeitsrecht, S. 153 Rdn. 323; *Schwerdtner*, in: Müko-BGB, § 622 Anh. Rdn. 172; *von Hoyningen-Huene/Linck*, KSchG, § 1 Rdn. 80; Kasseler Handbuch/*Isenhardt*, 6.3 Rz. 397; KPK-*Meisel*, § 1 KSchG Rdn. 34/35; *Kittner/Däubler/Zwanziger*, KSchR, § 1

Findet dagegen das KSchG auf das jeweilige Arbeitsverhältnis noch oder überhaupt keine Anwendung, dann kann aus krankheitsbedingten Gründen eine ordentliche Kündigung rechtswirksam ausgesprochen werden[17], ohne dass es der vorherigen Anhörung des Arbeitnehmers bedarf[18]; denn § 1 KSchG hat das schutzwürdige Interesse des Arbeitnehmers am Bestand seines Arbeitsverhältnisses abschließend geregelt.[19] Insoweit gilt der Grundsatz der Kündigungsfreiheit.[20] Der Rückgriff auf andere gesetzliche Normen, wie § 242 BGB, darf nicht dazu führen, den Bestandsschutz des KSchG auf solche Arbeitsverhältnisses auszudehnen, die dem KSchG nicht unterliegen.[21] Der Grundsatz von Treu und Glauben wird, soweit es um das Erfordernis eines Entlassungsgrundes geht, durch das KSchG abschließend konkretisiert.[22] Allerdings sind Kündigungen, die gegen ein gesetzliches Verbot verstoßen, was der Arbeitnehmer darzulegen und ggf. zu beweisen hat[23], nach § 134 BGB unabhängig davon nichtig, ob das KSchG Anwendung findet oder nicht.[24] Dass eine aus krankheitsbedingten Gründen ausgesprochene Kündigung gegen ein gesetzliches Verbot im Sinne von § 134 BGB verstößt, wird man im Allgemeinen nicht annehmen können, so dass eine solche Kündigung allenfalls am

---

KSchG Rdn. 21; HK-KSchG/*Dorndorf*, § 1 Rdn. 97; *Hromadka/Maschmann*, S. 380 Rdn. 142; *Löwisch*, KSchG, § 1 Rdn. 39; *Backmeister/Trittin*, KSchG, § 1 Rdn. 38, 42; *Hako-Gallner*, § 1 Rdn. 78, 82; MünchArbR/*Berkowsky*, § 132 Rdn. 80; *Jüngst*, b + p 2001, 468; *Boemke*, Arbeitsrecht, S. 318 Rdn. 17 – **anders** KR-*Becker*, 3. Aufl., § 1 KSchG Rdn. 61: Bei dauernder Erkrankung während der Wartefrist sei die Berufung auf deren Erfüllung rechtsmissbräuchlich; ebenso KR-*Etzel*, § 1 KSchG Rdn. 115.

[17] Ebenso *Stahlhacke*, FS für *Wiese*, S. 523; *Jüngst*, b + p 2001, 474 – **anders** *Kittner/Däubler/Zwanziger*, KSchR, § 242 BGB Rdn. 28; *Kittner/Zwanziger/Appel*, § 88 Rdn. 23 – **unentschieden** *Berkowsky*, NZA-RR 2001, 395.

[18] BAG (21. 2. 01) DB 2001, 1997f. = BB 2001, 1902f. = AuA 2001, 525.

[19] Siehe etwa KR-*Friedrich*, § 13 KSchG, Rdn. 232; *Erman/Hanau*, BGB, 9. Aufl., § 620 Rdn. 136; *U. Preis*, NZA 1997, 1264; *von Hoyningen-Huene/Linck*, KSchG, § 13 Rdn. 89.

[20] Dazu insb. *U. Preis*, Prinzipien S. 52ff. m.w.N.; BAG (16. 2. 89) AP Nr. 46 zu § 138 BGB = NZA 1989, 962; KR-*Etzel*, § 1 KSchG Rdn. 123.

[21] Etwa BVerfG (27. 1. 98) NZA 1998, 470; BAG (16. 2. 89) NZA 1989, 962; (23. 6. 94) AP Nr. 9 zu § 242 BGB Kündigung = NZA 1994, 1080 = SAE 1995, 103ff. mit Anm. von *Sandmann*; MünchArbR/*Wank*, § 119 Rdn. 110; m.N.; *Soergel/Kraft*, BGB, vor § 620 Rdn. 71; *Buschmann*, AuR 1996, 287; *von Hoyningen-Huene/Linck*, KSchG, § 13 Rdn. 89 m.w.N.; *Oetker*, AuR 1997, 41 (48); *U. Preis*, NZA 1997, 1264; KPK-*Sowka*, Teil A, Rdn. 2; *Knorr/Bichlmeier/Kremhelmer*, S. 359 Rdn. 8; *Bader*, NZA 1999, 64 (67); *Gamillscheg* S. 663; *Elsner* S. 31; *Dütz*, Arbeitsrecht, S. 143 Rdn. 292; *Stahlhacke*, FS für *Wiese*, S. 523, 525; *Boemke*, NZA 1993, 532 (537); *Hromadka/Maschmann*, S. 358 Rdn. 73a; MünchArbR/*Berkowsky*, § 136 Rdn. 11; siehe aber *Schwerdtner*, in: Müko-BGB, § 622 Anh. Rdn. 14. – **anders** *Kittner/Däubler/Zwanziger*, KSchR, § 242 BGB Rdn. 23ff.

[22] BAG (30. 9. 93) AP Nr. 37 zu § 123 BGB; (23. 6. 94) EzA Nr. 39 zu § 242 BGB mit Anm. von *von Hoyningen-Huene*; *Boemke/Gründel*, ZfA 2001, 245 (276); *Junker*, Arbeitsrecht, S. 204 Rdn. 343; *Otto*, FS für *Wiese*, S. 353 (366); *Jüngst*, b + p 2001, 470.

[23] BAG (28. 9. 72) AP Nr. 2 zu § 134 BGB; (16. 2. 89) AP Nr. 46 zu § 138 BGB = NZA 1989, 962.

[24] Allgemeine Ansicht, etwa *Hueck/Nipperdey*, Bd. I, S. 560; *Nikisch*, S. 704; KR-*Friedrich*, § 13 KSchG Rdn. 176, 178; *U. Preis*, NZA 1997, 1264f.; Staudinger/Neumann, BGB, Vorb. zu §§ 620 ff. Rdn. 69.

Kriterium der Sittenwidrigkeit, § 138 BGB, gemessen werden kann.[25] Für Arbeitnehmer, auf die das KSchG Anwendung findet, hat § 13 Abs. 2 Satz 1 KSchG ausdrücklich klargestellt, dass eine Kündigung unabhängig von den Vorschriften des KSchG wegen Sittenwidrigkeit angegriffen werden kann. Das muss erst recht für solche Arbeitgeberkündigungen gelten, die nicht dem KSchG unterliegen.[26] Die Voraussetzungen des § 138 BGB, für deren Vorliegen der Arbeitnehmer die Darlegungs- und Beweislast trägt[27], werden in der Regel freilich nicht gegeben sein, da das sittenwidrige Moment bei einer solchen Kündigung nur zweck- oder motivabhängig sein kann.[28] Überdies ist auch im Arbeitsrecht ein Wandel zu einem objektiven Maßstab der Sittenwidrigkeit zu beobachten.[29] Der schwere Vorwurf der Sittenwidrigkeit wird deshalb nur in besonders krassen Einzelfällen begründet sein[30], so wenn die Kündigung aus verwerflichen Gründen, wie aus Rachsucht oder zur Vergeltung, erklärt worden ist.[31] Im Allgemeinen wird der Arbeitgeber eine Kündigung aus krankheitsbedingten Gründen aber nicht deshalb aussprechen, um den Arbeitnehmer unbillig zu schädigen, sondern unter dem Gesichtspunkt einer effektiven und kostengünstigen Betriebsführung. Sittenwidrig wäre eine solche Kündigung beispielsweise, wenn der Arbeitgeber die Entlassung wegen krankheitsbe-

---

[25] So auch *von Hoyningen-Huene/Linck*, KSchG, Einl. Rdn. 76, § 13 Rdn. 57, 86ff.; *Mayer-Maly/Armbrüster*, in: Müko-BGB, § 138 Rdn. 7 m.w.N., Rdn. 90; *Staudinger/Sack*, BGB, § 138 Rdn. 407; *Palandt/Heinrichs*, BGB, § 138 Rdn. 91; zur Sittenwidrigkeit altersbedingter Kündigungen siehe *Schröder*, S. 144ff.; weitergehend *Foltyn*, S. 59, der eine Interessenabwägung nach § 242 BGB vornehmen will – **anderer Ans.** *Schwerdtner*, in: Müko-BGB, § 622 Anh. Rdn. 18; Wank, FS für Hanau, S. 295 (304ff.).

[26] Vgl. BAG (23.11.61) AP Nr. 22 zu § 138 BGB; LAG Düsseldorf (10.5.88) DB 1988, 1499; *von Hoyningen-Huene*/Linck, KSchG, Einl. Rdn. 76, § 13 Rdn. 61; KR-*Friedrich*, § 13 KSchG, Rdn. 133; *Staudinger/Sack*, BGB, § 138 Rdn. 410; *Löwisch*, BB 1997, 782 (784) – **anderer Ans.** *Schwerdtner*, in: Müko-BGB, § 622 Anh. Rdn. 18; ders., JZ 1973, 378.

[27] BAG DB 1989, 2382; BAG (9.5.96) – 2 AZR 128/95 –, unter II 5, unv.; *von Hoyningen-Huene/Linck*, KSchG, § 13 Rdn. 62; *Löwisch*, KSchG, § 13 Rdn. 47; KPK-*Bengelsdorf*, § 13 KSchG Rdn. 32, 40; KR-*Friedrich*, § 13 KSchG Rdn. 127 m.w.N.; *Erman/Palm*, BGB, § 138 Rdn. 64.

[28] Zutreffend LAG Hamm (1.3.85) BB 1985, 1920; MünchArbR/*Wank*, § 119 Rdn. 102 m.N.; siehe auch KPK-*Bengelsdorf*, § 13 KSchG Rdn. 32.

[29] Vgl. etwa BGH (8.5.85) Z 94, 268 (272); BAG (10.10.90) AP Nr. 47 zu § 138 BGB = NZA 1991, 264; *Palandt/Heinrichs*, BGB, § 138 Rdn. 10; *Oetker*, AuR 1997, 47; *U. Preis*, NZA 1997, 1266; *Larenz/Wolf*, S. 744ff Rdn. 8ff.; allgemein *Erman/Palm*, BGB, § 138 Rdn. 3; HK-KSchG/*Dorndorf*, § 13 Rdn. 95.

[30] So auch BAG; (16.2.89) AP Nr. 46 zu § 138 BGB = NZA 1989, 962; (5.4.01) BB 2001, 1905; LAG Düsseldorf (10.5.88) DB 1988, 1499; LAG Berlin (3.10.88) DB 1989, 1344; LAG Köln (18.10.95) NZA 1996, 596; *U. Preis*, NZA 1997, 1266; KR-*Friedrich*, § 13 KSchG Rdn. 120ff., 128; *Erman/Hanau*, BGB , 9. Aufl., § 620 Rdn. 139; MünchArbR/*Wank*, § 119 Rdn. 103; einschränkend *Staudinger/Sack*, BGB, § 138 Rdn. 407–409: keine besonders schwerwiegenden Gründe; siehe auch *Oetker*, AuR 1997, 47, der sich für eine Neuorientierung des subjektiven Maßstabes ausgesprochen hat.

[31] BAG (21.7.88) NZA 1989, 559 (560); weitere Nachweise etwa bei *Schröder*, S. 144 Anm. 52; verfehlt RAG (18.3.36) ARS 26, S. 161ff., jedenfalls aus heutiger Sicht; vorsichtiger RAG (27.4.38) ARS 33, S. 37ff.; (5.4.39) ARS 36, S. 39ff.; (6.5.41) E 25, 49 (54).

dingter Arbeitsunfähigkeit ausgesprochen hat, die auf einen vom Arbeitgeber vorsätzlich verursachten Betriebsunfall des Arbeitnehmers beruht.[32]

Neuerdings meint jedoch das BAG[33, 34], dass Arbeitgeber in Kleinbetrieben, in denen das KSchG keine Anwendung findet, im Falle der Kündigung unter mehreren Arbeitnehmern eine Auswahl zu treffen haben, ohne allerdings den Begriff der sozialen Auswahl zu verwenden, weil der Arbeitgeber ein durch Art. 12 GG gebotenes Mindestmaß an sozialer Rücksichtnahme wahren müsse.[35] Eine Entlassung, die diesen Anforderungen nicht entspreche, verstoße gegen Treu und Glauben, § 242 BGB, und sei deshalb unwirksam.

85a

Abgesehen davon, dass die fragliche Entscheidung des BAG zu einer betriebs- und nicht zu einer personenbedingten Kündigung ergangen ist, kann dieser neuen höchstrichterlichen Rechtsprechung aus grundsätzlichen Erwägungen nicht gefolgt werden.[36] Wenn das KSchG den allgemeinen Bestandsschutz erst nach einer sechsmonatigen Wartezeit Platz greifen lässt und Kleinbetriebe von ihm ausnimmt, will es der insoweit maßgeblich eingeschränkten Kündigungsfreiheit des Arbeitgebers wenigstens teilweise Geltung verschaffen.[37] Es widerspräche dem Gesetzeszweck und der -systematik, wollte man auf dem Umweg über § 242 BGB eine solche Kündigung doch wieder an das Vorliegen eines sie rechtfertigenden Grundes binden, auch wenn nach der genannten Judikatur[38] die Heranziehung von § 242 BGB nicht zu einer Anwendung auf solche Fälle führen dürfe, die von § 1 KSchG erfasst würden. Über § 242 BGB zusätzliche Kündigungsbeschränkungen annehmen zu wollen, ließe sich jedenfalls nicht mit der Bindung an Gesetz und Recht,

---

[32] BAG (8.6.72) AP Nr. 1 zu § 1 KSchG 1939; zust. MünchArbR/*Wank*, § 119 Rdn. 107; KR-*Fischermeier*, § 13 KSchG Rdn. 142; dazu auch *Pflüger*, DB 1995, 1763; siehe auch ArbG Reutlingen (20.10.98) NZA-RR 1999, 82 (84): Arbeitnehmer war 18 Jahre lang ohne ernsthafte Erkrankungen beschäftigt; zust. Dörner/Luczak/Wildschütz, D, Rdn. 1007.

[33] (21.2.01) BB 2001, 1683ff. = DB 2001, 1677ff. = MDR 2001, 941ff. mit Anm. von *Adam* = SAE 2001, 319ff. mit zust. Anm. von *von Hoyningen-Huene*; Otto, Anm. zu BAG RdA 2002, 103; zust. Kittner/Däubler/Zwanziger, KSchR, Vorb. GG Rdn. 20; *Berkowsky*, NZA-RR 2001, 452; *Grager/Wiehe*, NZA 2001, 934ff.: eigenständiger Kündigungsschutz; KR-*Etzel*, § 1 KSchG Rdn. 26; *Palandt/Heinrichs*, BGB, § 242 Rdn. 61; *Dütz*, Arbeitsrecht, S. 144 Rdn. 292; *Stahlhacke/Preis/Vossen*, Rdn. 308.

[34] (21.2.01) DB 2001, 1998.

[35] So schon BVerfG (27.1.98) E97, 169 (178); zust. *Hanau*, FS für Dieterich, S. 210; *Däubler*, Arbeitsrecht Ratgeber, S. 223 Rdn. 814; HK-KSchG/*Dorndorf*, § 1 Rdn. 120, 123, 123a; Kittner/Zwanziger/Appel, § 88 Rdn. 6; Kittner/Däubler/Zwanziger, § 242 BGB Rdn. 25, Vorb. GG Rdn. 20, Art. 12 GG Rdn. 6, 8; KR-*Etzel*, § 1 KSchG Rdn. 21, 22 – **anders** *Boemke/Gründel*, ZfA 2001, 245 (277f.); schon *Löwisch*, BB 1997, 782 (786); siehe auch K. *Gamillscheg*, S. 77ff.; kritisch auch *von Hoyningen-Huene/Linck*, KSchG, § 13 Rdn. 92.

[36] Ebenso *Annuß*, BB 2001, 1899ff.; siehe auch *von Hoyningen-Huene/Linck*, KSchG, § 1 Rdn. 92a–b m.w.N.; KR-Friedrich, § 13 KSchG Rdn. 234a.

[37] So schon *Löwisch*, BB 1997, 786 m.w.N.; *Stahlhacke*, FS für Wiese, S. 527ff.

[38] BVerfGE 97, 169 (178); BAG (23.6.94) AP Nr. 9 zu § 242 BGB Kündigung; siehe auch BAG (21.2.01) DB 2001, 1998; (5.4.01) BB 2001, 1905; so auch KR-*Etzel*, § 1 KSchG Rdn. 127; *von Hoyningen-Huene/Linck*, KSchG, § 13 Rdn. 90 m.w.N.

Art. 20 Abs. 3 GG, vereinbaren.[39] Noch in einer Entscheidung vom 24. 4. 1991 hat das BVerfG[40] ausdrücklich zu Recht erklärt, der von ihm angenommenen Schutzpflicht trügen „die geltenden Kündigungsvorschriften hinreichend Rechnung". Den Arbeitnehmer vor „willkürlichen oder auf sachfremden Motiven" beruhenden Entlassungen zu schützen[35], dafür reicht das geltende kündigungsschutzrelevante gesetzliche Instrumentarium völlig aus.

Ungeachtet dessen sind kaum Sachverhalte vorstellbar, in denen eine Kündigung wegen krankheitsbedingter Fehlzeiten, wenn und solange das KSchG (noch) keine Anwendung findet, als willkürlich oder als auf sachfremden Gründen beruhend anzusehen wäre.[41] Nach Ansicht des BAG in Entscheidungen vom 21. 2. 2001[33,34] soll eine treuwidrige Kündigung wohl nur dann vorliegen, wenn die Auswahlentscheidung „evident fehlerhaft" ist, eine Formulierung, die an § 125 Abs. 1 Satz 1 Nr. 2 InsO erinnert.[42] Zu Recht hat jedenfalls das BAG in einem Urteil vom 5. 4. 2001[43] die Treuwidrigkeit einer Kündigung bei folgendem Sachverhalt verneint: In der Zeit vom 1. 6. 1998 bis zum 31. 5. 1999 hatten die Vertragsparteien einen befristeten Arbeitsvertrag mit vereinbarter ordentlicher Kündigungsfrist abgeschlossen. Im September 1998 hatte die Klägerin erfahren, dass ihr langjähriger Lebensgefährte, der Vater ihrer 4-jährigen Tochter, unheilbar an Krebs erkrankt war. Aufgrund der darauf folgenden seelischen Belastungen war die Arbeitnehmerin vom 5. bis 31. 10. 1998 arbeitsunfähig krank. Mit Schreiben vom 27. 10. 1998 kündigte die Beklagte de Arbeitsvertrag fristgerecht. Besondere Umstände, so betonte das BAG, die die Unwirksamkeit der fraglichen Kündigung wegen Treuwidrigkeit rechtfertigen könnten, hätten nicht vorgelegen. Zwar habe die Beklagte die Kündigung zu einem Zeitpunkt ausgesprochen, zu dem die Entlassung die Klägerin offensichtlich ganz erheblich belasten musste. Dies allein habe jedoch nicht ausgereicht. Einen Sonderkündigungsschutz wegen des Todes eines nahen Angehörigen, des Ehegatten oder Lebensgefährten kenne das Gesetz nicht.

In diesem Zusammenhang darf auch nicht außer Betracht bleiben, dass in einem Arbeitsverhältnis, das vor der Erfüllung der Wartezeit des § 1 Abs. 1 KSchG durch eine Kündigung beendet werden soll, eine etwaige Pflicht zur Rücksichtnahme geringer ausfallen müsste als etwa bei einer vergleichbaren Kündigung gegenüber einem langjährig beschäftigten Mitarbeiter in einem Kleinbetrieb. Auf jeden Fall müsste die vom BVerfG geforderte Auswahl auf Kleinbetriebe im Sinne von § 23 Abs. 1 Satz 2 KSchG beschränkt sein und sollte sich nicht auf Kündigungen vor der Erfüllung der Wartezeit erstrecken.[44] In einem weiteren Judikat vom 25. 4. 2001

---

[39] Zutreffend *Boemke/Gründel*, ZfA 2001, 277 ff.; *Boemke*, Arbeitsrecht, S. 285 Rdn. 41; siehe auch *Hanau*, FS für *Dieterich*, S. 201 (210).
[40] E 84, 133 (147) = AP Nr. 70 zu Art. 12 GG; dazu auch *Stahlhacke*, FS für *Wiese*, S. 513 (516ff., 527ff.).
[41] Ebenso *Jüngst*, b + p 2001, 467 (474) – **anders** *Otto*, Anm. zu BAG RdA 2002, 99 (106).
[42] *Annuß*, BB 2001, 1899 m.w.N.
[43] BB 2001, 1905 f = NZA 2001, 890.
[44] Ebenso LAG Nürnberg (24.4.01) EzA SD Nr. 16/2001, S. 8; *von Hoyningen-Huene/Linck*, KSchG, § 13 Rdn. 92e; wohl auch KR-*Etzel*, § 1 KSchG Rdn. 128; *Stahlhacke/Preis/Vossen*, Rdn. 307 – **anders** *Oetker*, RdA 1997, 18; *Otto*, Anm. zu BAG RdA 2002, 99 (104).

verneinte das BAG[45] überzeugend die Verletzung von § 242 BGB bei einer Kündigung in einem Kleinbetrieb, weil der Entlassung ein auf konkreten Umständen beruhender Vertrauensverlust zugrunde gelegen habe.

Eine auf krankheitsbedingte Fehlzeiten bezogene Kündigung während einer vereinbarten Probezeit verstößt auch nicht gegen das Maßregelungsverbot des § 612a BGB, vor allem dann nicht, wenn sie durch die Krankheit selbst einschließlich ihrer betrieblichen Auswirkungen veranlasst ist.[46]   *85 b*

Unter den Umständen, die eine fristgerecht ausgesprochene Kündigung der unter den Geltungsbereich des KSchG fallenden Arbeitnehmer[47] rechtfertigt, nennt § 1 Abs. 2 KSchG unter anderem Gründe, die in der Person des Arbeitnehmers liegen. Ein solcher Grund in der Person des Arbeitnehmers kann gegeben sein, wenn der Arbeitnehmer aus krankheitsbedingten Erwägungen vom Arbeitgeber gekündigt wird[48], dem häufigsten Anwendungsfall der personenbedingten Entlassung, ohne dass es auf ein Verschulden des Arbeitnehmers ankommt.[49] Die gegenteilige Auffassung[50], dass es sich in derartigen Fällen um eine betriebsbedingte Kündigung   *86*

---

[45] NZA 2002, 87 ff.
[46] LAG Sachsen-Anhalt (27.7.99) BB 2001, 205 (Ls) = LAGE Nr. 6 zu § 616a BGB; KR-*Friedrich*, § 13 KSchG Rdn. 141; *Schaub*, S. 1460 Rdn. 14.
[47] Ausländische Arbeitnehmer sind bezüglich der Anwendung des KSchG uneingeschränkt wie deutsche Arbeitnehmer zu behandeln, siehe auch *Lepke*, Handbuch Betrieb und Personal, Fach 10, Rdn. 331 m.w.N.; *von Hoyningen-Huene/Linck*, KSchG, § 1 Rdn. 35; Kasseler Handbuch/*Braasch*, 1.2. Rz. 167; KR-*Etzel*, § 1 KSchG Rdn. 43; *Kittner/Däubler/Zwanziger*, KSchR, Einl. Rdn. 44; LAG Niedersachsen (11.8.77) DB 1979, 750; LAG Berlin (3.12.79) – 9 Sa 81/79 – unv.
[48] Statt vieler *Gamillscheg*, S. 607; *Schaub*, S. 1459 Rdn. 14; *Brox/Rüthers*, S. 158 Rdn. 199; KR-*Etzel*, § 1 KSchG Rdn. 319; *U. Preis*, Arbeitsrecht, S. 670; *Roos*, NZA-RR 1999, 617 ff.; *Kittner/Däubler/Zwanziger*, KSchG, § 1 KSchG Rdn. 72; *Backmeister/Trittin*, KSchG § 1 Rdn. 133, 169 ff.; Kasseler Handbuch/*Isenhardt*, 6.3 Rz. 470; *Busemann/Schäfer*, S. 258 f Rdn. 467 ff.; *Meisel*, S. 512 Rdn. 869; *Haberkorn*, Arbeitsrecht, S. 191 ff.; *Lieb*, S. 117 Rdn. 353; *Dütz*, Arbeitsrecht, S. 157 Rdn. 332; *Bauer/Röder*, Kündigung, S. 120; *von Hoyningen-Huene/Linck*, KSchG, § 1 Rdn. 217; *Löwisch*, Arbeitsrecht, S. 359 Rdn. 1319; *Gitter/Michalski*, S. 98; ErfK/*Ascheid*, § 1 KSchG Rdn. 188 ff.; *Hromadka/Maschmann*, S. 390 Rdn. 172; *Hako-Gallner*, § 1 Rdn. 426; APS/*Dörner*, § 1 KSchG Rdn. 138; *Hummel*, S. 23; *Hanau/Adomeit*, S. 268 Rdn. 876; *Elsner*, S. 58, 65 ff.; *Junker*, Arbeitsrecht, S. 216 Rdn. 365; *Berkowsky*, NZA-RR 2001, 395; *Bader/Bram/Dörner/Wenzel*, KSchG, § 1 Rdn. 117 ff.; *Stahlhacke/Preis/Vossen*, Rdn. 1214; ältere Nachw. bei *Lepke*, 10. Aufl., S. 132 Fußn. 30.
[49] *von Honyningen-Huene/Linck* KSchG, § 1 Rdn. 176; *Wollenschläger*, Arbeitsrecht, S. 147 Rdn. 232; *Küttner/Eisemann*, Personalbuch, Kündigung, personenbedingte, Rz. 2; *Zirnbauer*, B III 11.2, S. 232; *U. Preis*, Arbeitsrecht, S. 664; *Bengelsdorf*, NZA-RR 2002, 58.
[50] *Weisemann*, BB 77, 1767 /1770); *Denck*, JuS 1987, 160; *Ide*, AuR 1980, 225 (228); *Dassau*, S. 11; LAG Düsseldorf (27.4.81) BB 1981, 1274; LAG Frankfurt/M. (8.12.87) – 5 Sa 1363/87 –; ArbG Husum (2.9.76) ARSt 1977, S. 95 Nr. 1111; ArbG Wuppertal (27.11.80) BB 1981, 976; siehe auch LAG Hamm (11.7.91) LAGE Nr. 16 zu § 1 KSchG Krankheit: Es komme allein darauf an, ob die Krankheit unter spezifisch betrieblichen Bedingungen einen Kündigungsgrund darstelle; ebenso LAG Hamm (27.2.92) LAGE Nr. 10 zu § 1 KSchG Personenbedingte Kündigung; vor dem In-Kraft-Treten des KSchG auch LAG München (21.3.51) DB 1951, 860; ArbG Mannheim (27.10.50) ARSt, Bd. VI, S. 181 Nr. 568; auch *Pflüger*, DB 1995, 1762 ff., bei Kündigungen wegen Arbeitsunfällen oder Berufskrankheiten.

Krankheit als Kündigungsgrund

handele, steht im Widerspruch zur Systematik des KSchG, das ausdrücklich zwischen verhaltens-, personen- und betriebsbedingten Kündigungsgründen unterscheidet, die nicht vermengt werden dürfen[51], sondern klar voneinander getrennt werden müssen. Der Gesetzgeber hat die Kündigungsgründe danach gegliedert, aus welcher Sphäre der Anlass für die Kündigung herrührt. Eine verhaltens- und personenbedingte Entlassung beruht auf Umständen aus der Arbeitnehmersphäre,[52] während betriebsbedingte Kündigungsgründe dem Risikobereich des Arbeitgebers zugerechnet werden müssen. Ausgehend davon, hat der Arbeitgeber bei der Anhörung des Betriebsrates gemäß § 102 Abs. 1 BetrVG deshalb auch klarzustellen, ob er sich aus betrieblichen oder aus sonstigen Gründen zur Entlassung des Arbeitnehmers veranlasst sieht.[53] Dass auch bei einer personen- oder verhaltensbedingten Kündigung betriebliche Auswirkungen gegeben sein müssen[54], steht außer Frage. Nur sollte der Gesichtspunkt des Betriebsfunktionalismus[55] nicht überbewertet werden. Man darf insoweit nicht Ursache und Wirkung verwechseln. Maßgeblich kommt es auf die Primärursache an, nicht hingegen auf die der „Störung" eventuell zugrunde liegenden ferneren Ursachen. Bei einer arbeitsbedingten Erkrankung liegt die unmittelbare Störung jedoch darin, dass der Arbeitnehmer nicht mehr in der Lage ist, die geschuldete Leistung uneingeschränkt zu erbringen.[56] Anderenfalls käme bei einer krankheitsbedingten Kündigung u.a. auch der Gesichtspunkt der sozialen Auswahl des Arbeitnehmers in Betracht, was in direkter oder entsprechender Anwendung des § 1 Abs. 3 KSchG vereinzelt[57] auch angenommen wird, aber zu Unrecht.[58] Die Regelung des § 1 Abs. 3 KSchG bezieht sich ausschließlich auf die durch dringende betriebliche Erfordernisse bedingte Kündigung des Arbeitgebers.[59] Das folgt sowohl aus dem klaren Wortlaut des § 1 Abs. 3 Satz 1

---

[51] So auch *Kraft*, Anm. zu BAG EzA Nr. 12 zu § 1 KSchG Krankheit, S. 106; *Oetker*, Anm. zu BAG EzA Nr. 28 zu § 1 KSchG Krankheit, S. 21; MünchArbR/*Berkowsky*, § 136 Rdn. 14; *Gentges*, S. 169; BAG (19.5.93) – 2 AZR 539/92 – S. 12 unv. – **anders** *Fromm*, S. 47 f., 92, 148 ff., betreffend personen- und verhaltensbedingten Gründe.

[52] Dazu nur KR-*Etzel*, § 1 KSchG Rdn. 265, 395; MünchArbR/*Berkowsky*, § 136 Rdn. 1 ff.; Hess. LAG (19.7.99) BB 2000, 416.

[53] BAG (5.2.81) AP Nr. 1 zu § 72 LPVG NW mit Anm. von *Meisel*.

[54] Dazu insbesondere *Herschel*, Anm. zu BAG AP Nrn. 2 und 3 zu § 1 KSchG 1969 Krankheit; *U. Preis*, Prinzipien, S. 436; *Fromm*, S. 189, 200 m. N.; HK-KSchG/*Weller/Dorndorf*, § 1 Rdn. 367; BAG (17.1.91) AP Nr. 25 zu § 1 KSchG 1969 Verhaltensbedingte Kündigung = NZA 1991, 557.

[55] So aber *Berkowsky*, BB 1981, 910; *ders.*, Personenbedingte Kündigung, S. 68 f. Rdn. 1 ff.; ArbG Heilbronn (7.12.81) BB 1982, 496 – **dagegen** zu Recht *Sieg*, Anm. zu BAG SAE 1984, 21 (26); Kasseler Handbuch/*Isenhardt*, 6.3 Rz. 470.

[56] Zutreffend *Kania*, Anm. zu BAG EzA Nr. 156 zu § 626 BGB n.F.; BAG (29.1.97) AP Nr. 32 zu § 1 KSchG Krankheit = NZA 1997, 709.

[57] So *Pflüger*, DB 1995, 1761 ff.; *Däubler*, 10. Aufl. 1995, S. 546.

[58] Ebenso BAG (29.1.97) AP Nr. 32 zu § 1 KSchG Krankheit = NZA 1997, 709; *Hako-Gallner*, § 1 Rdn. 711; *Berkowsky*, NZA-RR 2001, 395.

[59] BAG (30.5.85) NZA 1986, 155; (23.9.92) EzA Nr. 37 zu § 1 KSchG Krankheit; (29.1.97) NZA 1997, 709; auch LAG Baden-Württ. (30.9.82) DB 1983, 125; *Berkowsky*, Personenbedingte Kündigung, S. 69 Rdn. 3; *Löwisch*, KSchG, § 1 Rdn. 329; *Meisel*, DB 1992, 92; *von Hoyningen-Huene/Linck* KSchG, § 1 Rdn. 433; KPK-*Meisel*, § 1 KSchG Rdn. 499; ErfK/*Ascheid*, § 1 KSchG Rdn. 169, 464; *Hako-Gallner*, § 1 Rdn. 711; *Hanau/Adomeit*, S. 266 Rdn. 870; *Kittner/Däubler/Zwanziger*, KSchR, § 1 KSchG Rdn. 424.

KSchG als auch daraus, dass bei personen- und verhaltensbedingten Entlassungen von vornherein feststeht, welcher Arbeitnehmer allein von der Kündigung betroffen ist. Überdies soll bei einer betriebsbedingten Kündigung das Personal dem verminderten Beschäftigungsbedarf des Betriebes angepasst werden, während es bei einer krankheitsbedingten Kündigung um die Wiederbesetzung des fraglichen Arbeitsplatzes geht.[60] Diese Überlegungen müssen auch *Palme*[61] entgegengehalten werden, wenn er ausführt, eine Kündigung wegen Krankheit dürfe auch aus dringenden betrieblichen Gründen erfolgen, so wegen Betriebsstilllegungen, Rationalisierungen oder betrieblicher Umorganisation. Sind allerdings seine Darlegungen nur so zu verstehen, dass ein kranker Arbeitnehmer auch aus betriebsbedingten Gründen entlassen werden kann, wären dagegen keine Einwendungen zu erheben.

Wenn *Berkowsky*[62] in diesem Zusammenhang meint, der Begriff „krankheitsbedingte Kündigung" sollte vermieden und statt dessen von einer „Kündigung wegen Leistungsminderung" gesprochen werden, ist dem entgegenzuhalten, dass der Grund der Leistungsminderung ausgeklammert bliebe, was der Präzisierung des fraglichen Begriffes nicht dienlich erscheint.

87 Ebensowenig kann ein personenbedingter Kündigungsgrund deshalb in Frage gestellt werden[63], weil sowohl eine langanhaltende Krankheit als auch häufige Erkrankungen nur zu einer vorübergehenden Arbeitsunfähigkeit führen, während in sonstigen Fällen einer in der Person des Arbeitnehmers liegenden Kündigung überwiegend nur eine solche beim endgültigen Wegfall bzw. der Minderung der Fähigkeit, die geschuldete Leistung zu erbringen, als sozial gerechtfertigt angesehen wird. Eine langanhaltende Erkrankung des Arbeitnehmers kann sehr wohl auch die dauernde Arbeitsunfähigkeit des Arbeitnehmers oder doch auf nicht absehbare Zeit zur Folge haben, was *Aden*[64] sogar zu der Schlussfolgerung veranlasst, ein solches Arbeitsverhältnis ende ohne weiteres. Nicht einmal eine Kündigung sei erforderlich, so dass das KSchG keine Anwendung finde. Demgegenüber weist *Herschel*[65] überzeugend darauf hin, dass § 323 BGB – jetzt § 326 BGB n.F. – ein Gestaltungsrecht zur Feststellung der Unmöglichkeit der Leistung nicht kennt. Die Bestimmungen der §§ 320ff. BGB verdeutlichen vielmehr, dass beim gegenseitig verpflichtenden Vertrag die Unmöglichkeit der Leistung trotz § 306 BGB – jetzt § 311a BGB n.F. –nicht ohne weiteres den auf sie bezogenen Vertrag beseitigt. Bei einer durch Krankheit bedingten Arbeitsunfähigkeit handelt es sich nicht um eine

---

[60] Zutreffend MünchArbR/*Berkowsky*, § 136 Rdn. 14.
[61] BlStSozArbR 1978, 226; ähnlich *Feichtinger*, S. 154.
[62] NZA-RR 2001, 395.
[63] Zweifelnd aber *Popp*, DB 1981, 2611.
[64] RdA 1981, 280 (283f.); siehe auch *Eser*, BB 1985, 1473 (1475), der meint, das BAG „überziehe" den Kündigungsschutz – **dagegen** *Gentges*, S. 170; *von Koppenfels*, S. 135 m.w.N. BGB-RGRK, § 626 Rdn. 8; *U. Preis*, Arbeitsrecht, S. 558; *Schaub/Linck*, S. 1336 Rdn. 17; LAG Hamm (31.1.90) LAGE Nr. 14 zu § 1 KSchG Krankheit.
[65] BB 1982, 253f.; ebenso *Popp*, DB 1986, 1463; *Heemann*, S. 136; *Schwerdtner*, in: MükoBGB, vor § 620 Rdn. 50; *Kasper*, NJW 1994, 2985, BAG (25.11.82) AP Nr. 7 zu § 1 KSchG 1969 Krankheit; **kritisch** auch *Runggaldier*, ZAS 1982, 130 (137); siehe auch *Liebig*, S. 51f.

durchgehende wechselseitige Suspendierung der Hauptpflichten eines Arbeitsverhältnisses, sondern um eine Leistungsstörung im Sinne des allgemeinen Schuldrechts des BGB[66], § 626 BGB, der einen Sonderfall des Wegfalles der Geschäftsgrundlage, § 313 BGB n.F., erfasst, schließt ein Recht zum Rücktritt vom Arbeitsvertrag aus.[67] § 313 Abs. 3 Satz 2 BGB bestimmt jetzt ausdrücklich, dass bei Dauerschuldverhältnissen die Kündigung dem Rücktritt vorgeht. Ein auf eine unmöglich gewordene Arbeitsleistung gerichteter Vertrag endet nicht automatisch.[68] Zudem bezieht sich kein Dauerschuldverhältnis unmittelbar auf das Erbringen einer Leistung, die unmöglich ist oder unmöglich werden könnte. *Herschel* spricht in diesem Zusammenhang in bezug auf die Arbeitsleistung von einem „Stammrecht", „das der Aktualisierung durch eine Vielzahl von einzelnen Rechten harrt". Was die Problematik einer nur vorübergehenden oder endgültigen Arbeitseinsatzfähigkeit des Arbeitnehmers betrifft, unterliegt es keinem Zweifel, dass eine personenbedingte Kündigung auch schon dann gerechtfertigt sein kann, wenn die Verwendbarkeit des Arbeitnehmers entsprechend dem Arbeitsvertrag erheblich herabgesetzt ist.[69]

87a Ob im Falle einer Erkrankung des Arbeitnehmers die Leistungsbefreiung Kraft Gesetzes nach § 275 Abs. 1 BGB n. F. eintritt, ist umstritten[70], kann aber vorliegend dahingestellt bleiben. Maßgeblichen Einfluss auf die Systematik der krankheitsbedingten Kündigung hat die veränderte dogmatische Einordnung krankheitsbedingter Leistungsstörungstatbestände jedenfalls nicht.[71]

88 Wie bereits ausgeführt, hat der frühere Gesetzgeber vor der umfassenden Geltung des § 626 BGB für die meisten Arbeitnehmer verschiedentlich anerkannt, dass die Erkrankung eines Arbeitnehmers sogar dessen fristlose Kündigung rechtfertigen konnte. Dann aber muss der Arbeitgeber – selbst außerhalb des Anwendungsbereiches dieser Normen – berechtigt sein, die für den Arbeitnehmer weniger einschneidende Maßnahme einer ordentlichen Kündigung zu ergreifen.[72] Gleiches gilt, wenn beim Vertragsabschluss in der Person des Arbeitnehmers an sich die Voraussetzungen für eine Anfechtung, §§ 119, 123 BGB, erfüllt waren[73], der Arbeitge-

---

66 Vgl. BAG (7. 9. 89) DB 1990, 943.
67 Statt vieler *Staudinger/Preis*, BGB, § 626 Rdn. 13 m.w.N.; *Staudinger/Otto*, BGB, § 325 Rdn. 46; *Fikentscher*, S. 551 Rdn. 878; *Erman/Belling*, BGB, § 626 Rdn. 1, 9, 10; *Janßen*, in: Müko-BGB, vor § 346 Rdn. 25; BGB-RGRK, § 626 Rdn. 8; *Emmerich*, in: Müko-BGB, § 325 Rdn. 13; *Erman/Hanau*, BGB, 9. Aufl., § 626 Rdn. 7; *Fromm*, S. 345; BGB-RGRK, § 611 Rdn. 1301; *Müller-Glöge*, in: Müko-BGB, § 611 Rdn. 14.
68 Zutreffend LAG Hamm (31. 1. 90) DB 1990, 943 = BB 1990, 927; siehe auch *Basedau*, AuR 1991, 299; *Soergel/Wiedemann*, BGB, § 323 Rdn. 44 m.w.N.; *Bezani*, S. 9; *Staudinger/Otto*, BGB § 323 Rdn. 45; *Löwisch*, KSchG, Vorb. § 1 Rdn. 29; Kasseler Handbuch/*Welslau/Haupt*, 6.1 Rz. 3; *Steinmeyer/Waltermann*, S. 180; BAG (25.11.82) AP Nr. 7 zu § 1 KSchG 1969 Krankheit.
69 Vgl. etwa *Hueck/Nipperdey*, Bd. I, S. 636; *Schaub*, S. 1464 Rdn. 25.
70 Dazu etwa *Gotthardt/Greiner*, DB 2002, 2106 ff.
71 Ebenso *Gotthardt/Greiner*, DB 2002, 2106 (2112).
72 So auch BAG (12. 3. 68) AP Nr. 1 zu § 1 KSchG Krankheit = DB 1968, 1273; *Foltyn*, S. 142 m.w.N.; *Jedzig*, S. 308, 390; *U. Preis*, Prinzipien, S. 477,
73 LAG Baden-Württ./Stuttgart (29. 12. 66) DB 1967, 290; ArbG Bochum (4. 8. 83) DB 1984, 131.

ber jedoch von der Ausübung eines Rechts zur Anfechtung abgesehen hat und sich erst später vom Arbeitnehmer im Wege einer fristgerechten Kündigung trennt.

Es sind ferner Fälle denkbar, in denen der Arbeitnehmer aufgrund ärztlicher Feststellungen – der Arbeitnehmer legt beispielsweise ein sog. Verschlimmerungsattest[74] vor – auf seinem bisherigen Arbeitsplatz aus gesundheitlichen Gründen nicht mehr weiterbeschäftigt werden darf, ohne dass im Betrieb eine anderweitige Beschäftigungsmöglichkeit für den Arbeitnehmer vorhanden ist.[75] Bei einer solchen Konstellation wird der Arbeitgeber nicht nur zum Ausspruch einer Kündigung berechtigt, sondern aufgrund seiner Fürsorgepflicht gegenüber dem Arbeitnehmer sogar gehalten sein, eine Vertragsbeendigung herbeizuführen, will er sich nicht schadensersatzpflichtig machen. Es ist aber grundsätzlich Sache des Arbeitnehmers, durch Vorlage entsprechender ärztlicher Atteste auf eine drohende Erkrankung bei der Erledigung der im abverlangten, arbeitsvertraglich geschuldeten Arbeiten hinzuweisen, wie das BAG in einer Entscheidung vom 13. 12. 2001[75] zutreffend ausgeführt hat. 89

Ansonsten wird grundsätzlich folgendes zu beachten sein: Da das KSchG dem Arbeitnehmer einen allgemeinen Bestandsschutz[76] einräumt und dieser ihm auch und besonders im Krankheitsfalle zustehen soll, sind an die soziale Rechtfertigung einer solchen Kündigung strenge Anforderungen zu stellen.[77, 78] Dies folgt auch aus der Rechtsnatur des Arbeitsverhältnisses als Austauschverhältnis mit personalem Einschlag.[79] Der personale Bezug des Arbeitsverhältnisses als Dauerschuldverhältnis, in dem der Arbeitnehmer seine Gegenleistung als Person erbringt und das bisher regelmäßig seine einzige wirtschaftliche Existenzgrundlage bildet, bedingt die besondere Pflichtenstruktur dieser Rechtsbeziehung, die gemeinhin mit der 90

---

[74] Vgl. *Kleinebrink*, NZA 2002, 716 m. n. W.; MünchArbR/*Berkowsky*, § 136 Rdn. 63 ff.
[75] Vgl. dazu LAG Frankfurt/M. (30. 11. 76) ARSt 1977, S. 142 Nr. 1143, S. 143 Nr. 1157; BAG (13. 12. 01) DB 2002, 1508; (28. 2. 90) NZA 1990, 727; *Stück*, MDR 2000, 378 f.; eingehend *Kleinebrink*, NZA 2002, 716 ff., 722 f.
[76] Zur Frage, ob das KSchG einen Willkür- oder einen Bestandsschutz gewährleistet, siehe *Dorndorf*, ZfA 1989, 348 ff.
[77] Siehe BAG (10. 3. 77) DB 1977, 1463 = BB 1977, 1098 = SAE 1978, 22 ff., mit im Wesentlichen zust. Anm. von *Schukai*; (26. 5. 77) DB 1977, 2456 = BB 1978, 96 = SAE 1978, 163; (25. 11. 82) DB 1983, 1047; (30. 1. 86) NZA 1987, 556; (18. 10. 00) BB 2001, 419 = DB 2001, 338 f.; (18. 1. 01) DB 2002, 102; LAG Bremen (6. 11. 57) SAE 1958, 101; LAG Düsseldorf/Köln BB 1966, 1395; LAG Köln (25. 8. 95) NZA-RR 1996, 248; *Brox/Rüthers*, S. 158 Rdn. 199; *Steinmeyer/Waltermann*, Casebook, S. 146; MünchArbR/*Wank*, § 120 Rdn. 45; *Hueck/Hueck*, KSchG, § 1 Rdn. 83a; *Lepke*, DB 1970, 492; *Schaub*, S. 1460 Rdn. 14; *Zöllner/Loritz*, S. 296; *Herbst/Wohlfarth*, DB 1990, 1818; zum österreichischen Recht siehe *Runggaldier*, ZAS 1982, 130 (137).
[78] Gegen diese allgemeine Formulierung *U. Preis*, Prinzipien, S. 123, 251, 433, 436, der jedoch einräumt, dass sich der „strenge Maßstab" als Konsequenz aus der „Gewichtigkeit" der konkret zu schützenden Interessen des Arbeitnehmers von selbst ergeben könne. Nichts anderes besagt aber die fraglich Redewendung, dazu auch *Boewer*, NZA 1988, 678 (682); siehe auch KR-*Etzel*, § 1 KSchG Rdn. 273; APS/*Dörner*, § 1 KSchG Rdn. 171; Dörner/Luczak/Wildschütz, D, Rdn. 1149.
[79] Vgl. BAG (10. 6. 69) AP Nr. 2 zu § 1 KSchG Krankheit; (15. 2. 84) DB 1984, 1627; LAG Hamm (15. 12. 81) NJW 1982, 713 ff.; *Birkner-Kuschyk/Tschöpe*, DB 1981, 267 f.; *U. Preis*, Prinzipien, S. 128 ff.; *Fromm*, S. 330 ff.; *Wiese*, ZfA 1996, 439 (455).

Fürsorgepflicht des Arbeitgebers zutreffend umschrieben wird. Anders als bei einer auf Pflichtverletzungen des Arbeitnehmers beruhenden verhaltensbedingten Entlassung muss unter dem Gesichtspunkt der erhöhten Schutzbedürftigkeit des Arbeitnehmers bei einer personenbedingten Kündigung der vorliegenden Art an deren soziale Rechtfertigung deshalb ein strenger Maßstab angelegt werden. Es ist stets – und das aufgrund des konkreten Einzelfalles – zu prüfen, ob bei verständiger Abwägung der Interessen beider Vertragsparteien die Kündigung als billigens- und anerkennenswert erscheint.[77] Nicht erforderlich ist freilich, dass dem Arbeitgeber die Fortsetzung des Arbeitsverhältnisses unzumutbar ist[80]; denn die Voraussetzungen zur außerordentlichen fristlosen Kündigung sind andere, nämlich gewichtigere.[81] Entgegen der Ansicht der ArbG Ulm[82] kann auch nicht davon ausgegangen werden, dass bei der Auswahl der zu kündigenden Arbeitnehmer grundsätzlich gesunde vor erkrankten Arbeitnehmern zu entlassen seien.

91 Trotz dieser recht allgemein gehaltenen Formulierung haben sich in der Rechtsprechung der Gerichte für Arbeitssachen angesichts einer Vielzahl von Einzelfällen bestimmte Grundsätze herausgebildet, an denen in casu die Sozialwidrigkeit[83] einer Kündigung aus krankheitsbedingten Gründen gemessen werden kann. Diese Leitlinien[84] beziehen sich vor allem auf die Art der Interessenabwägung, die dabei zu beachtenden Gesichtspunkte, aber auch auf Gegengründe. Gleichwohl kommt es stets auf die Besonderheiten des konkreten Einzelfalles an. Dass lediglich die ökonomischen Folgen der Krankheit für den Arbeitgeber im Rahmen der Argumentation zur Interessenabwägung breitesten Raum einnehmen würden, während entsprechende Aussagen hinsichtlich des Arbeitnehmers fehlten, wie *Stein*[85] behauptet, trifft keineswegs zu. Allerdings hat sich der Sachverständigenrat zur Begutachtung der gesamtwirtschaftlichen Entwicklung in seinem Gutachten 1989/90[86] dafür ausgesprochen, die wirtschaftlichen Aspekte bei der Urteilsfindung stär-

---

80 BAG AP Nrn. 5, 6 und 21 zu § 3 KSchG; dazu auch *Fromm*, S. 93; MünchArbR/*Berkowsky*, § 134 Rdn. 29 ff.
81 Vgl. auch *Herschel/Löwisch*, KSchG, § 1 Rdn. 74, 175; *U. Preis*, Prinzipien, S. 140.
82 (27. 3. 62) BB 1962, 802= AP Nr. 10 zu § 1 KSchG mit insoweit **ablehnender** Anm. von *A. Hueck*; **kritisch** auch *Hessel*, S. 33.
83 Es handelt sich um einen unbestimmten Rechtsbegriff, der vom Revisionsgericht nur eingeschränkt überprüft werden kann: BAG (11. 8. 94) AP Nr. 31 zu § 1 KSchG 1969 Krankheit; (26. 1. 95) AP Nr. 34 zu § 1 KSchG 1969 Verhaltensbedingte Kündigung, Bl. 1342; (15. 12. 94) AP Nr. 67 zu § 1 KSchG 1969 Betriebsbedingte Kündigung; (29. 1. 97) AP Nr. 32 zu § 1 KSchG Krankheit; (20. 11. 97) NZA 1998, 323; (4. 12. 97) NZA 1998, 475; (29. 10. 98) NZA 1999, 378; (29. 4. 99) EzA Nr. 46 zu § 1 KSchG Krankheit; (17. 6. 99) EzA Nr. 46 zu § 1 KSchG Krankheit; *Stahlhacke/Preis/Vossen*, Rdn. 915; KR-*Etzel*, § 1 KSchG Rdn. 201 – **kritisch** *Sieg*, Anm. zu BAG SAE 1984, 26; *Kraft*, Anm. zu BAG EzA Nr. 46 zu § 1 KSchG Krankheit, S. 12.
84 *Weber/Hoß*, DB 1993, 2429, sprechen von einem „eigenständigen System" zur Prüfung der Sozialwidrigkeit einer solchen Kündigung, das der 2. Senat des BAG entwickelt habe; **unrichtig** *D. Gaul*, Bd. II, S. 142 Rdn. 52, dass insbesondere das Bundesarbeitsgericht jegliche Schematisierung (Typisierung) dieses Problemkreises abgelehnt habe, dazu auch *U. Preis*, Prinzipien, S. 438.
85 BlStSozArbR 1979, 161 (166); **unrichtig** auch *Mezger/Richter/Wahsner*, Dem.u.R. 1979, 264 (278).
86 Vgl. RdA 1990, 288; eingehend dazu *Fischer*, ZfA 2002, 215 (240 ff.).

ker zu berücksichtigen. Ebensowenig erweist sich die Annahme[87] als zutreffend, ein solcher Arbeitsgerichtsprozess sei für den Arbeitgeber von vornherein so gut wie verloren. Angesichts der Kompliziertheit der Rechtsmaterie und des Beurteilungsspielraumes der Tatsachengerichte lässt sich eine eindeutige Aussage darüber nicht treffen, ob die Spruchpraxis der Gerichte für Arbeitssachen mehr „arbeitnehmer-" oder mehr „arbeitgeberfreundlich" ist.[88] Wenn immer wieder behauptet wird[89], Arbeitgeber hätten vor den Gerichten für Arbeitssachen vor allem in Kündigungsschutzprozessen keine Chance, weil die Gerichte durchweg „arbeitnehmerfreundlich" seien, trifft dieses Pauschalurteil nicht zu.[90] Bedenkt man, dass nur etwa 5 % aller gekündigten Arbeitnehmer einen Kündigungsschutzprozess führen, bedeutet dies, dass mindestens 95 % aller Kündigungsfälle in Deutschland ohne einen Prozess rechtlichen Bestand haben.

2. Maßgeblicher Zeitpunkt für die Beurteilung

Aus der Eigenart der Kündigung als rechtsvernichtendes Gestaltungsrecht und einseitiger empfangsbedürftiger Willenserklärung ergibt sich, dass es für die Beurteilung, ob ein Kündigungsgrund vorliegt, sei es ein solcher für eine fristgemäße oder fristlose Kündigung, allein auf den Zeitpunkt des Zuganges der Kündigung[91] und nicht auf den der Abgabe (Ausspruch) der Willenserklärung[92], den Zeitpunkt der Beendigung des Arbeitsverhältnisses[93] oder gar den Zeitpunkt der letzten mündlichen Verhandlung vor dem Tatsachengericht[94] ankommt. Der sachliche Grund

92

---

[87] Etwa *Tausend*, Personal 1981, S. 274.
[88] Vgl. dazu auch *U. Preis*, Kündigung, S. 113.
[89] Siehe die Nachw. S. 78 Rdnr. 12.
[90] Ebenso *Berkowsky*, Personenbedingte Kündigung, S. 4f. Rdn. 11f., S. 280 Rdn. 2–3; *Weth*, NZA 1998, 680 (681 ff.).
[91] Statt vieler *von Hoyningen-Huene/Linck*, KSchG, § 1 Rdn. 156, 406; *Schwerdtner*, in: Müko-BGB, § 622 An. Rdn. 256; *Stahlhacke/Preis/Vossen*, Rdn. 920; *U. Preis*, Arbeitsrecht, S. 629; HK-KSchG/*Dorndorf*, § 1 Rdn. 300; ErfK/*Ascheid*, § 1 KSchG Rdn. 155; KR-*Etzel*. § 1 KSchG Rdn. 155; *Knorr/Bichlmeier/Kremhelmer*, S. 411 Rdn. 47; *Lieb*, S. 116 Rdn. 351; *Hako-Pfeiffer*, § 1 Rdn. 155; APS/*Dörner*, § 1 KSchG Rdn. 70; *Erman/Belling*, BGB, § 620 Rdn. 117; *Kaiser*, ZfA 2000, 205 (211 ff.); *Schaub*, S. 1453 Rdn. 25; *Kittner/Däubler/Zwanziger*, KSchR, § 1 KSchG Rdn. 56; BAG (29.3.60) AP Nr. 7 zu § 7 KSchG; (15.7.71) AP Nr. 83 zu § 1 KSchG; (10.3.82) SAE 1983, 105; (25.11.82) DB 1983, 1047; (10.11.83) DB 1984, 832; (16.2.89) NZA 1989, 923; (10.2.99) DB 1999, 908.
[92] So aber *Coen*, AuR 1984, 319; *Ascheid*, Beweislastfragen, S. 73 (richtig aber S. 88); *Weber/Hoß*, DB 1993, 2431; MünchArbR/*Berkowsky*, § 136 Rdn. 24; *Helml*, Arbeitsrecht, S. 157; FA-ArbR/*Kümpel*, S. 466 Rdn. 198, S. 471 Rdn. 224; BAG (28.4.88) NZA 1989, 267; (16.2.89) DB 1989, 436; aber wohl nur ein sprachliches Missverständnis; (11.3.98) DB 1998, 626; *Hunold*, S. 293, 297; *Wollenschläger*, S. 149 Rdn. 232: bezogen aber nur auf den Zeitpunkt der Prognose; ähnlich *Brill*, b+p 1992, 307.
[93] Nachw. bei *Raab*, RdA 2000, 147 (148).
[94] So aber ArbG Ludwigshafen (11.1.67) ARSt 1967, S. 71 Nr. 92; *Frey*, AuR 1955, 140; verfehlt auch *Däubler*, S. 629 Rdn. 1174: Die Berufung auf die im Zeitpunkt der Kündigung vorhandenen Gründe müsse dann versagt sein, wenn diese im Zeitpunkt der letzten mündlichen Verhandlung nicht mehr bestehen und wenn der Arbeitgeber den Arbeitnehmer ohne unzumutbare Schwierigkeiten weiterbeschäftigen könne; ebenso LAG Köln (10.1.89) DB 1989, 1475 = AiB 1989, 261 mit Anm. von *Silberberger*; siehe aber auch *Sieg*, Anm. zu BAG SAE 1984, 21 (27) unter Hinweis auf die abweichende Lehre vom Streitge-
Fortsetzung siehe nächste Seite

hierfür liegt darin, dass die Kündigungserklärung gemäß § 130 BGB erst mit dem Zugang rechtswirksam wird. Als konsumtives Recht erlischt die Kündigung durch ihre ordnungsgemäße Ausübung. Dann aber können die materiell-rechtlichen Wirksamkeitsvoraussetzungen einer Kündigung nur nach den Verhältnissen im Zeitpunkt des Zuganges der Willenserklärung beurteilt werden. Die Tatsachen, auf die sich der Kündigende zur Rechtfertigung der Entlassung beruft, müssen bereits vorher existent gewesen sein, ohne dass sie dem Kündigenden auch schon bekannt gewesen sein müssen. Deshalb kann der Arbeitgeber im Kündigungsschutzprozess durchaus noch weitere Kündigungsgründe „nachschieben"[95], soweit dadurch nicht das Anhörungsrecht des Betriebsrates, § 102 Abs. 1 BetrVG, verletzt wird.[96]

93   Aus den genannten Gründen kann es für die Berechtigung einer aus Anlass der Erkrankung des Arbeitnehmers erklärten Kündigung grundsätzlich auch nur auf die Verhältnisse im Zeitpunkt des Kündigungszuganges ankommen.[97] Nicht in erster Linie ist deshalb die Dauer der Krankheit oder ihre Häufigkeit in der Vergangenheit von rechtserheblicher Bedeutung, sondern maßgebend ist vor allem, ob die

---

genstand des Kündigungsschutzprozesses, nach der Streitgegenstand nicht die Kündigung, sondern das Arbeitsverhältnis sei; wohl auch *Kittner*, Anm. zu BAG EzA Nr. 27 zu § 1 KSchG Krankheit; dazu auch *Boewer*, NZA 1997, 359 ff.; weitere Nachw. bei KR-*Friedrich*, § 4 KSchG Rdn. 226; weitergehend de lege ferenda: *Adam*, ZTR 1999, 113 ff.: Verhältnisse bei Ablauf der Kündigungsfrist.

[95] Statt vieler *Hueck/Nipperdey*, Bd. I, S. 553f.; *Stahlhacke/Preis/Vossen*, Rdn. 602ff.; *Schaub/Linck*, S. 1364f. Rdn. 68–72 m.w.N.; *Schwerdtner*, in: Müko-BGB, § 622 Anh. Rdn. 262ff.; APS/*Preis*, Grundlagen D Rdn. 46; BAG (1.4.81) AP Nr. 23 zu § 102 BetrVG 1972 mit Anm. von *G. Hueck*; (4.6.97) NZA 1997, 1158.

[96] Dazu BAG (11.4.85) AP Nr. 39 zu § 102 BetrVG 1972 = NZA 1986, 674; LAG Berlin (30.9.80) DB 1981, 275f.; KR-*M. Wolf*, 3. Aufl., Grunds. Rdn. 602ff.; KR-*Etzel*, § 102 BetrVG Rdn. 70; *Winterstein*, NZA 1987, 728ff. – **kritisch** *Schwerdtner*, BlStSozArbR 1981, 145ff.; ders., NZA 1987, 361ff.

[97] Ebenso etwa BAG (6.9.89) AP Nr. 21 zu § 1 KSchG 1969 Krankheit, mit Anm. von *U. Preis*; (28.2.90) AP Nr. 25 zu § 1 KSchG 1969, Krankheit; (17.6.99) BB 1999, 1437; LAG Düsseldorf DB 1952, 740; DB 1953, 1016; (26.10.54) DB 1955, 100; (26.7.60) DB 1960, 1072; (29.9.66) BB 1966, 1395; LAG Düsseldorf/Köln (10.9.70) DB 1970, 1936; LAG Baden-Württ./Stuttgart (11.5.62) DB 1962, 1015; LAG Berlin (3.11.64) BB 1965, 125; (3.11.97) LAGE Nr. 27 zu § 1 KSchG Krankheit; LAG Nürnberg (19.12.95) LAGE Nr. 23 zu § 1 KSchG Krankheit; LAG Frankfurt/M. (3.10.51) DB 1951, 860; (10.3.53) DB 1953, 555; LAG Bayern (15.5.56) SAE 1958, 102; LAG Hamm (26.8.80) EzA Nr. 6 zu § 1 KSchG Krankheit; (15.12.81) NJW 1982, 713; (11.2.87) BB 1987, 1113; (8.5.96) NZA-RR 1997, 50; (16.10.97) NZA-RR 1998, 208; *Lepke*, DB 1970, 491; *Schaub*, S. 1460 Rdn. 14; *Gola*, BlStSozArbR 1984, 327; KR-*Becker*, 3. Aufl., § 1 KSchG Rdn. 212; *Knorr/Bichlmeier/Kremhelmer*, S. 450 Rdn. 78; *Kraft*, Anm. zu BAG EzA Nr. 12 zu § 1 KSchG Krankheit; *Löwisch*, KSchG, § 1 Rdn. 76, 78; *Schwerdtner*, in: Müko-BGB, § 622 Anh. Rdn. 257–259; *Tschöpe/Nägele*, Teil 3 D, Rz. 76; Kasseler Handbuch/*Isenhardt*, 6.3 Rz. 482; KPK-*Schiefer*, § 1 KSchG Rdn. 82, 222; ErfK/*Ascheid*, § 1 KSchG Rdn. 195; KR-*Etzel*, § 1 KSchG Rdn. 325; *Schwedes*, S. 304 Rdn. 614; *Boewer*, NZA 1988, 684; *Liebig*, S. 77; *Haug*, S. 150; *Popp*, Handbuch Rdn. 9, 26; *Stahlhacke/Preis/Vossen*, Rdn. 1226; *von Stein*, RdA 1991, 86; *Bram*, NZA 1990, 754; *Basedau*, AuR 1991, 304; *Elsner*, S. 76, 86; *Feichtinger*, ArbR-Blattei, Krankheit I, Rdn. 142; *U. Preis*, Arbeitsrecht, S. 671; *Lieb*, S. 117 Rdn. 354; *Erman/Belling*, BGB, § 620 Rdn. 117; *Bauer/Röder*, Kündigung, S. 125; APS/*Dörner*, § 1 KSchG Rdn. 140, 198; *Hako-Gallner*, § 1 Rdn. 509; *Kittner/Zwanziger/Appel*, § 93 Rdn. 4, 34, 37; *Bezani*, S. 26f. – **anderer Ans.** *Herschel*, Anm. zu BAG EzA Nr. 11 zu § 1 KSchG Krankheit.; *Gamillscheg*, S. 613: Ablauf der Kündigungsfrist.

Erkrankung im Zeitpunkt des Kündigungszuganges noch anhaltend ist bzw. ob auch in Zukunft mit nicht unerheblichen krankheitsbedingten häufigen Fehlzeiten gerechnet werden muss.[98] Der Arbeitgeber kann sich mithin auf eine anhaltende Krankheit nicht mehr mit Erfolg berufen, wenn die Krankheitsdauer nach dem Zugang der Kündigung für sich genommen nicht mehr lang genug ist[99], mag sie auch vorher viele Monate gedauert haben. Zugunsten des Arbeitnehmers muss ferner berücksichtigt werden, ob nach seiner Erkrankung eine Besserung eingetreten ist[100], so wenn beispielsweise ein seit dem 17. 2. 1965 angestellter Verkäufer, der seit dem 5. 9. 1966 an Fußpilz erkrankt und deswegen zum 31. 10. 1966 gekündigt worden war, nunmehr am 12. 10. 1966 „gesund" geschrieben wurde.

Ist die krankheitsbedingte Arbeitsunfähigkeit gar schon behoben, kann die Krankheit in der zurückliegenden Zeit dann nicht mehr zur Rechtfertigung einer Kündigung herangezogen werden, wenn sie im Zeitpunkt der Kündigung ausgeheilt ist und eine Wiederholungsgefahr nicht besteht.[101] Gleiches gilt, falls der Arbeitnehmer – auch nach langer Krankheit – bereits einige Wochen nach der Wiedergenesung unbeanstandet gearbeitet hat.[102] In diesen Fällen erweist sich die Gesundheitsprognose[103] – neuerdings wird auch der Begriff „Fehlzeitenprognose"[104] verwandt in der Regel als nicht ungünstig.

94

---

[98] Allgemein zum Prognoseprinzip im Kündigungsrechtstreit: *U. Preis*, Prinzipien, S. 322 m.w.N.; *ders.*, NJW 1998, 1889 ff.; *Berkowsky*, Personenbedingte Kündigung, S. 81 ff. Rdn. 35 ff.; *Gentges*, S. 63 ff.; *von Hoyningen-Huene*, Arbeitsrecht und Arbeitsgerichtsbarkeit, S. 221 ff.; KPK-*Schiefer*; § 1 KSchG Rdn. 79 ff.; *Hako-Pfeiffer*, § 1 Rdn. 140 ff.; Schwerdtner, in: Brennpunkte des Arbeitsrechts 1998, 213 (223 ff.); *Boewer*, in: Brennpunkte des Arbeitsrechts 1999, 177 (181 ff.); – **kritisch** *Kraft*, ZfA 1994, 463 (475); *Zöllner/Loritz*, S. 295; *Rüthers*, NJW 1998, 1433 ff.; *ders*. NJW 2002, 1603; *Adam*, ZTR 1999, 113 f.
[99] Zutreffend LAG Frankfurt/M. (10.3.53) AP Nr. 1 zu § 72 HGB; teilweise **unrichtig** *Weisemann*, BB 1977, 1768.
[100] Vgl. dazu BAG AP Nr. 1 zu § 1 KSchG Krankheit = DB 1968, 1273.
[101] LAG Düsseldorf DB 1953, 1016; (30. 11. 76) ARSt 1977, S. 143 Nr. 1156; ArbG Ulm, DB 1962, 912; *Denck*, JuS 1978, 156; *U. Preis*, Prinzipien, S. 333; *ders.*, NZA 1997, 1076.
[102] ArbG Nürnberg (12. 6. 61) DB 1961, 1135.
[103] Soweit immer wieder der Begriff „Zukunftsprognose" Verwendung findet – etwa bei *Boewer*, NZA 1999, 1123, 1129; *von Hoyningen-Huene/Linck*, KSchG, § 1 Rdn. 130, 274, 284; *Bengelsdorf*, Alkohol, S. 13; *Brox/Rüthers*, S. 280 Rdn. 383; *Schaub*, S. 557 Rdn. 49, 50, S. 1465 Rdn. 28; *Berkowsky*, NZA-RR 2001, 3; *Tschöpe/Nägele*, Teil 3 D, Rz. 121; *Künzl*, Anm. zu BAG AuR 2000, 146; *Schiefer*, DB 2000, 671; *Lieb*, S. 116 Rdn. 351 a; *Roos*, NZA-RR 1999, 617, 618, 619, 621; *Backmeister/Trittin*, KSchG, § 1 Rdn. 111, 142, 174, 183, 186, §§ 626-628 BGB Rdn. 19; *Kleinebrink*, Abmahnung, S. 59 Rdn. 180; *Feichtinger*, ArbR-Blattei, Krankheit I, Rdn. 149; *Kittner/Däubler/Zwanziger*, KSchR, § 1 KSchG Rdn. 47 a; *Kraft*, GK-BetrVG, § 102 Rdn. 63; *Helml*, Arbeitsrecht, S. 156, 158; *Fitting/Kaiser/Heither/Engels/Schmidt*, BetrVG, § 102 Rdn. 23; *Hako-Fiebig*, § 1 Rdn. 188; *Hako-Pfeiffer*, § 1 Rdn. 141; *Jüngst*, b + p 2000, 418; APS/*Dörner*, § 626 BG Rdn. 26, § 1 KSchG Rdn. 216; *Elsner*, S. 80; *Kunz/Wedde*, EFZR, § 8 EFZG Rdn. 5; FA-ArbR/*Kümpel*, S. 466 Rdn. 198, S. 468 Rdn. 207; FA-ArbR/*Rübl*, S. 442 Rdn. 62; *Hummel*, S. 40, 50, 51, 62, 72, 77; *Tschöpe*, BB 2001, 2111; *Senne*, AuA 2002, 301, 302; *Subatzus*, AuA 2002, 174; BAG (29.4.99) BB 2000, 50; (27.6.01) EzA Nr. 6 zu § 1 KSchG Wiedereinstellungsanspruch; LAG Hamm (24.6.99) LAGE Nr. 29 zu § 1 KSchG Krankheit; (20.1.00) BB 2000, 310; LAG Niedersachsen (24.8.99) – 13 Sa 2831/98 –, S. 5, 13; ältere
Fortsetzung siehe nächste Seite

95   Einen weitergehenden Standpunkt nahm der 2. Senat des BAG in einer Entscheidung vom 10. 11. 1983[105] ein, auch wenn dies *Weller*[106] in Abrede stellte. Zwar komme es für die ungünstige Prognose „grundsätzlich" auf den Zeitpunkt des Kündigungszuganges an. Zur Bestätigung oder Korrektur von mehr oder weniger unsicheren Prognosen könne die spätere tatsächliche Entwicklung jedoch durchaus noch herangezogen werden. Es wäre, so meinte der 2. Senat des BAG, nicht vertretbar und für die Parteien unverständlich, wenn sie aufgrund einer ärztlichen Prognose den Prozess verlören, die im Widerspruch zur tatsächlichen späteren gesundheitlichen Entwicklung des Arbeitnehmers stünde. *U. Preis*[107] sprach in diesem Zusammenhang von einer „Prognoseverifizierung". Dieser Rechtsprechung musste folgendes entgegengehalten werden: Eine Prognose ex post erscheint schon begrifflich ausgeschlossen und ist ein Widerspruch in sich. Aus richterlicher Sicht soll jedoch eingeräumt werden, dass bei der rechtlichen Würdigung einer Krankheitsprognose nicht immer eine strenge Betrachtung ex ante erfolgt. Auch ein medizinischer Sachverständiger wird hinsichtlich seiner Gesundheitsprognose die Entwicklung der Krankheit vom Zeitpunkt der Kündigung bis zur Erstattung des Gutachtens kaum völlig ausblenden können. Zudem bedeutete die fragliche Rechtsprechung des 2. Senats, von dogmatischen Bedenken[108] abgesehen, einen weiteren Verlust von Rechtssicherheit[109], ggf. auch für den Arbeitnehmer. Wird nämlich der gekündigte Arbeitnehmer während der Prozessdauer vor den Tatsachengerichten erneut arbeitsunfähig krank, müsste dieser Umstand folgerichtig zu ungunsten des Gekündigten berücksichtigt werden. Für eine solche Risikoverteilung zu Lasten des Arbeitnehmers spräche auch, dass eine solche Kündigung durch in der Person des Arbeitnehmers liegende Umstände bedingt ist, also der Sphäre des Arbeitgebers im Allgemeinen nicht zugerechnet werden kann. Eine Prognosekontrolle im Wege einer objektiven ex-ante-Betrachtung ist nicht nur ein Gebot der Rechtssicherheit und -klarheit, sondern auch der gerechten Verteilung der Prozessrisiken.[110] Beden-

---

Nachw. bei *Lepke*, 10. Aufl. S. 139 f Fußn. 79 –, handelt es sich um eine Tautologie bzw. einen Pleonasmus. Eine Prognose ist begriffsnotwendig zukunftsorientiert.
104 Etwa LAG Hamm (24. 6. 99) LAGE Nr. 29 zu § 1 KSchG Krankheit.
105 AP Nr. 11 zu § 1 KSchG 1969 Krankheit = BB 1984, 917 = SAE 1984, 205 ff., mit teilweise **kritischer**, im Ergebnis aber zust. Anm. von *Denck*; zust. auch *Gola*, BlStSozArbR 1984, 327; *Gaul*, Bd. II, S. 744 Rdn. 54; *Herschel/Löwisch*, KSchG, § 1 Rdn. 75 (anders aber Rdn. 158); wohl auch *Däubler*, S. 627 Rdn. 1172; siehe ferner BAG (18. 10. 84) DB 1985, 661; wohl auch LAG Baden-Württ. (15. 12. 87) NZA 1988, 436 – **kritisch** *Herschel*, Anm. zu BAG ArbR-Blattei, Kündigungsschutz, Entscheidung Nr. 248; *Hanau* ZfA 1984, 564; *Knorr/Bichlmeier/Kremhelmer*, S. 451 Rdn. 79; **ablehnend** *U. Preis*, DB 1988, 1444; *Schreiber*, Anm. zu BAG SAE 1986, 74; *Joost*, Anm. zu BAG EzA Nr. 15 zu § 1 KSchG Krankheit; KR-*Becker*, 3. Aufl., § 1 KSchG Rdn. 212; *Schwedes*, S. 304 Rdn. 614; *Wank*, Anm. zu BAG AP Nr. 2 zu § 1 KSchG 1969 Soziale Auswahl; *von Hoyningen-Huene/Linck*, KSchG, § 1 Rdn. 226 m. w. N.; *Mathern*, NJW 1996, 820; *Voigt*, DB 1996, 527; *Löwisch*, KSchG, § 1 Rdn. 76, 78; KR-*Etzel*, § 1 KSchG Rdn. 325.
106 BGB-RGRK, vor § 620 Rdn. 158.
107 Prinzipien, S. 327.
108 Dazu im Einzelnen *U. Preis*, Prinzipien, S. 344 f.
109 So auch *U. Preis*, Prinzipien, S. 340, *Bezani*, S. 23.
110 Zutreffend *U. Preis*, Prinzipien, S. 342; *vom Stein*, RdA 1991, 86 f.; *Bezani*, S. 23.

ken gegen diese Rechtsprechung des 2. Senats hatte deshalb auch der 7. Senat des BAG[111] zu Recht geäußert. Für die im Zeitpunkt der Kündigung vorzunehmende Prognose könne ein späteres günstiges Operationsergebnis keine Berücksichtigung mehr finden.[112, 113] Offenbar hielt auch der 2. Senat nicht mehr an seiner bisherigen Auffassung fest. In einer Entscheidung vom 9. 4. 1987[114] hieß es nämlich: Die Formel von der möglichen nachträglichen Bestätigung oder Korrektur des „Prognose" sei dahin zu verstehen, dass die tatsächliche Entwicklung nach dem Kündigungsausspruch nur dann berücksichtigt werden könne, wenn „kein neuer Kausalverlauf" nach dem Kündigungszeitpunkt in Gang gesetzt worden sei. Die neue Ursache könne auch in einer Änderung der Lebensführung liegen, zu der sich der Arbeitnehmer erst nach dem Zugang der Kündigung entschlossen habe[115] oder wenn er sich nunmehr einer bisher abgelehnten Operation bzw. Therapie unterziehe.[116] Dieser Umstand darf bei der Gesundheitsprognose aber nicht beachtet werden. Deshalb darf auch sonst eine nach dem Ausspruch der Kündigung eingetretene neue Erkrankung des Arbeitnehmers nicht zur Korrektur einer Krankheitsprognose des Arbeitgebers herangezogen werden.[117] Seine gegenteilige Ansicht hat der 2. Senat des BAG[118] explizit jetzt zu Recht aufgegeben. Entgegen der Auffassung von *Voigt*[119] kann die nachträgliche Änderung des Gesundheitszustandes, insbesondere dessen Besserung auch nicht im Rahmen der Interessenabwägung zugunsten des Arbeitnehmers Berücksichtigung finden.[120] Das Verbot einer Prognosekorrektur bezieht sich auf alle rechtlichen Gesichtspunkte, die Gegenstand einer solchen Kündigung sind.[121] Wenn es allein auf den Zeitpunkt des Kündi-

---

[111] (15. 8. 84) DB 1985, 976f. = BB 1985, 801; zust. *Rohlfing/Rewolle/Bader*, KSchG, § 1 Anm. 18a, S. 43; *Tschöpe*, DB 1987, 1042; *Liebig*, S. 101f.; *Bauer/Lingenmann*, S. 95.

[112] **Anders** *Däubler*, S. 583 Rdn. 1083.

[113] Zur Frage, ob und unter welchen Voraussetzungen der rechtswirksam gekündigte Arbeitnehmer seine Wiedereinstellung verlangen kann, siehe *Lepke*, S. 554ff. Rdn. 468ff.

[114] AP Nr. 18 zu § 1 KSchG 1969 Krankheit = NZA 1987, 811; siehe auch BAG (6. 9. 89) AP Nr. 22 zu § 1 KSchG 1969 Krankheit - **dagegen** *Kittner*, Anm. zu BAG EzA Nr. 27 zu § 1 KSchG Krankheit; *Kittner/Däubler/Zwanziger*, KSchR, § 1 KSchG Rdn. 77; *Hummel*, S. 25, aber zu Unrecht.

[115] BAG AP Nr. 22 zu § 1 KSchG 1969 Krankheit, mit Anm. von *U. Preis* = NZA 1990, 307.

[116] BAG (9. 4. 87) DB 1987, 2156; (6. 9. 89) NZA 1990, 307; (17. 6. 99) BB 1999, 1437; (21.2.01) NZA 2001, 1072 m. N.

[117] Zutreffend LAG Hamm (8. 5. 96) NZA-RR 1997, 48 (50); *von Hoyningen-Huene/Linck*, KSchG, § 1 Rdn. 226; *Becker-Schaffner*, ZTR 1997, 50; *Berkowsky*, NZA-RR 2001, 397; ErfK/*Ascheid*, § 1 KSchG Rdn. 195.

[118] (29. 4. 99) EzA Nr. 46 zu § 1 KSchG Krankheit = BB 2000, 50f.; (21.2.01) NZA 2001, 1072; zust. *Jüngst*, b + p 2000, 415; APS/*Dörner*, § 1 KSchG Rdn. 203; HK-KSchG/*Weller/Dorndorf*, § 1 Rdn. 389b, teilw. aber kritisch; LAG Hamm (24.6.99) LAGE Nr. 29 zu § 1 KSchG Krankheit; *Gitter*, Anm. zu BAG SAE 2000, 14ff.; *Kraft*, Anm. zu BAG EzA Nr. 46 zu § 1 KSchG Krankheit, S. 15f. BAG (12. 4. 02) NZA 2002, 1081 ff. – **anders** weiterhin *Backmeister/Trittin*, KSchG, § 1 Rdn. 173, die aber die Rechtsprechung des BAG verkennen.

[119] DB 1996, 526.

[120] Ebenso KPK-*Schiefer*, § 1 KSchG Rdn. 179; *Knorr/Bichlmeier/Kremhelmer*, S. 451 Rdn. 79; LAG Berlin (3. 11. 97) LAGE Nr. 27 zu § 1 KSchG Krankheit.

[121] **Anders** *Löwisch*, KSchG, § 1 Rdn. 80, falls sich bei einer betriebsbedingten Kündigung die negative Prognose bis zum Ablauf der Kündigungsfrist als unzutreffend erweist.

gungszuganges ankommt[122], darf auch die Entwicklung oder das Bekanntwerden einer neuen Heilmethode oder die Anwendung eines schon bekannten, aber vom behandelnden Arzt bisher nicht erwogenen Heilmittels, keine Berücksichtigung finden.[123] Hinsichtlich der Entwicklung neuer Medikamente, durch die die Ursachen der Krankheit endgültig beseitigt werden, kann im Grundsatz nichts anderes gelten.

3. Erkundigungspflicht des Arbeitgebers?

96 In der arbeitsrechtlichen Literatur und Rechtsprechung wurde bisher ganz überwiegend angenommen, dass sich der Arbeitgeber bei langanhaltenden Krankheiten[124, 125], aber auch bei häufigen krankheitsbedingten Fehlzeiten[126, 127, 128] bei dem Arbeitnehmer oder bei dem ihn behandelnden Arzt vor dem Ausspruch einer Kündigung eingehend über den Stand und den Verlauf der Krankheit sowie deren Auswirkungen auf den Betrieb unterrichten müsse. Anderenfalls sei die Kündigung schon wegen der Verletzung einer entsprechenden Erkundigungspflicht sozialwidrig.[129] Dass auch das Bundesarbeitsgericht eine solche Verpflichtung sowohl bei langanhaltenden als auch bei häufigen Kurzerkrankungen angenommen hat, er-

---

[122] So jetzt auch BAG (5. 7. 90) NZA 1991, 185; (12. 12. 96), (29. 4. 99) EzA Nrn. 41 und 46 zu § 1 KSchG Krankheit; (6. 2. 97) EzA Nr. 95 zu § 102 BetrVG, S. 3; LAG Köln (19. 12. 95) NZA-RR 1996, 251.

[123] Ebenso BAG (13. 12. 90) – 2 AZR 342/90 – unv.; (21.02.01) NZA 2001, 1072; *Weber/Hoß*, DB 1993, 2431; KPK-*Schiefer*, § 1 KSchG Rdn. 179a; *Hako-Gallner*, § 1 Rdn. 544; *von Hoyningen-Huene*, KSchG, § 1 Rdn. 226a.

[124] Vgl. *Neumann*, Kündigung bei Krankheit, 3. Aufl., S. 22; *Foltyn*, S. 83, 155; *Röhsler*, ArbR-*Blattei*, Krankheit I, unter B III 2b; *Hoppe*, BlStSozArbR 1975, 133; *Becker-Schaffner*, BlStSozArbR 1976, 98; *Schukai*, DB 1976, 2015ff.; *Ottow*, DB 1977, 306; *Palandt/Putzo*, BGB, 38. Aufl. 1979, § 626 Anm. 5h.

[125] LAG Bayern SAE 1958, 103; LAG Bremen SAE 1958, 101; (4. 11. 64) DB 1965, 74; LAG Düsseldorf/Köln DB 1970, 1936; LAG Düsseldorf (4. 9. 78) DB 1979, 607; LAG Baden-Württ./Mannheim (20. 7. 71) DB 1971, 1972; (11. 7. 74) DB 1975, 309; LAG Schleswig-Holst. (11. 5. 73) DB 1973, 1608; LAG Nürnberg (30. 1. 75) Baye.ABl. 1975, Teil C 29; LAG Berlin (3. 6. 76) BB 1977, 143; ArbG Berlin (25. 3. 76) BB 1976, 1224; ArbG Celle (22. 10. 74) ARSt 1975, S. 79 Nr. 1106; ArbG Wetzlar (18. 5. 76) BB 1977, 797 = NJW 1977, 1504; unklar ArbG Dortmund (28. 10. 76) BB 1977, 898.

[126] *Röhsler*, ArbR-*Blattei*, Krankheit des Arbeitnehmers I, unter B III 2b; *Hoppe*, BlStSozArbR 1975, 133; *Palandt/Putzo*, BGB, 38. Aufl., § 626 Anm. 5h.

[127] LAG Baden-Württ./Mannheim DB 1971, 1972; DB 1975, 309; LAG Berlin BB 1977, 143; ArbG Passau (23. 4. 74) ARSt 1975, S. 127 Nr. 1179; (8. 8. 74) ARSt 1975, S. 79 Nr. 1112; ArbG Berlin DB 1976, 2072 = BB 1976, 1224; ArbG Wilhelmshaven (18. 5. 76) ARSt 1977, S. 48 Nr. 1054; ArbG Wetzlar BB 1977, 797.

[128] Keine Unterscheidung nehmen vor: ArbG Berlin (12. 10. 65) Berliner Entscheidungskalender Nr. 2/1966, S. 26; (10. 3. 69) Berliner Entscheidungskalender Nr. 32/1969, S. 497; ArbG Kaiserslautern (26. 2. 75) ARSt 1976, S. 47 Nr. 1060.

[129] So ausdrücklich ArbG Celle (11. 8. 71) ARSt 1972, S. 88 Nr. 100; (22. 3. 75) ARSt 1974, S. 159 Nr. 1196; (29. 10. 74) ARSt 1975, S. 79 Nr. 1110; ArbG Kassel (11. 10. 73) AuR 1974, 59; ArbG Emden (4. 4. 73) ARSt 1973, S. 127 Nr. 1115; ArbG Bad Oldesloe (30. 4. 74) ARSt 1974, S. 111 Nr. 1131; ArbG Passau (8. 8. 74) ARSt 1975, S. 79 Nr. 1112; ArbG Bamberg/Coburg (17. 12. 74) ARSt 1976, S. 63 Nr. 1083; ArbG Berlin DB 1976, 2072; *Wenzel*, MDR 1977, 547.

schien naheliegend[130] und wurde verschiedentlich auch vermutet.[131] Der Arbeitgeber soll jedenfalls, so führte das BAG aus, aufgrund seiner Fürsorgepflicht „gehalten" sein, entsprechende Informationen vorher einzuholen. In einer Entscheidung vom 19. 8. 1976[132] hieß es dann, dass auch der Arbeitnehmer zur Frage der voraussichtlichen Entwicklung seiner Gesundheit zu hören sei, um auf diese Weise festzustellen, wie er selbst die Entwicklung seines Gesundheitszustandes beurteile. Verschiedentlich[133] wird bei häufigen Erkrankungen des Arbeitnehmers eine derartige Erkundigungspflicht des Arbeitgebers jedoch dann verneint, wenn die bisherigen Erfahrungen den Schluss nahelegen, dass sich hinsichtlich des Gesundheitszustandes des Arbeitnehmers auch in Zukunft keine wesentliche Änderung ergebe.

In Abweichung von der oben angeführten Meinung besteht weder bei einer langanhaltenden Krankheit noch bei häufigen krankheitsbedingten Fehlzeiten eine arbeitsvertragliche Pflicht des Arbeitgebers, sich vor dem Ausspruch einer Kündigung über den Stand und den Verlauf der Krankheit zu informieren.[134] Freilich kann man eine solche „Pflicht" nicht überzeugend mit der Begründung, diese Ansicht sei zu „neu"[135], verneinen, zumal sich bereits das Reichsarbeitsgericht[136] mit dieser Frage befasst und eine entsprechende Verpflichtung angenommen hat. Wenn in diesem Zusammenhang von einer Pflicht des Arbeitgebers gesprochen wird, dann kann es sich allenfalls, worauf schon das LAG Frankfurt/M.[137] zutreffend hingewiesen hat, nur um eine Verpflichtung sich selbst gegenüber, also um eine indirekte Verpflichtung handeln.[138] Hat der Arbeitgeber vor dem Ausspruch einer Kündigung hinsichtlich der Erkrankung des Arbeitnehmers nicht hinreichende Erkundigungen eingeholt, dann trägt er dafür das uneingeschränkte Risiko[139] und die volle Verantwortung mit der Folge, dass die ausgesprochene Kündigung mögli-

97

---

[130] Vgl. BAG (12. 3. 68) AP Nr. 1 zu § 1 KSchG Krankheit, mit Anm. von *A. Hueck*; (2. 2. 73) AP Nr. 1 zu § 626 BGB Krankheit, mit Anm. von *Schnorr von Carolsfeld*; auch BAG (22. 2. 80) BB 1980, 938 f. = AP Nr. 6 zu § 1 KSchG 1969 Krankheit.
[131] So von *Foltyn*, S. 155; *Schaub*, 3. Aufl., S. 634 m. N.
[132] DB 1977, 262; schon BAG (12. 3. 68) AP Nr. 1 zu § 1 KSchG Krankheit, mit Anm. von *A. Hueck*.
[133] LAG Düsseldorf/Köln (22. 9. 72) DB 1972, 2023; LAG Schleswig-Holst. DB 1973, 1608; LAG Baden-Württ./Mannheim DB 1975, 309; (12. 10. 76) ARSt 1977, S. 44 Nr. 41 = AP Nr. 3 zu § 1 KSchG 1969 Krankheit; LAG Düsseldorf (12. 9. 75) DB 1976, 104; *Schukai*, DB 1976, 2015; *Becker-Schaffner*, BlStSozArbR 1979, 99; siehe auch die nicht veröffentlichte Entscheidung des BAG (16. 4. 59) – 2 AZR 227/58.
[134] So auch LAG Berlin (19. 3. 79) – 9 Sa 113/78 –; *Bleistein*, S. 163; anders aber S. 135 beim Ausspruch einer außerordentlichen fristlosen Kündigung, was widersprüchlich erscheint; *Rohlfing/Rewolle/Bader*, KSchG, § 1 Anm. 18 a, S. 41, 43; aber widersprüchlich – **anders** wohl *Haug*, S. 153.
[135] So aber *Tiedemann*, BB 1963, 1137.
[136] ARS Bd. 4, 95.
[137] AP Nr. 1 zu § 72 HGB = DB 1953, 555; im Ergebnis ebenso LAG Hamm (8. 12. 75) BB 1976, 554; siehe auch LAG Düsseldorf/Köln BB 1996, 1395, das eine Erkundigungspflicht nicht schlechthin bejaht.
[138] *Lepke*, DB 1970, 490; siehe auch *Meisel*, S. 512 Rdn. 869: Verpflichtung im eigenen Interesse.
[139] In diesem Sinne auch *Stahlhacke*, Kündigung, S. 174 Rdn. 476; allgemein dazu *Prütting*, S. 30 ff.; BAG (18. 9. 97) AP Nr. 138 zu § 626 BGB = NZA 1998, 95 = BB 1997, 2536.

cherweise sozialwidrig und deshalb rechtsunwirksam ist, §§ 1 Abs. 2 KSchG, 134 BGB, wenn sich die Beurteilung des Sachverhalts durch den Arbeitgeber oder das Gericht im Nachhinein infolge des Hinzutretens nicht bekannter Umstände als unzutreffend erweist. Insoweit liegt ein Vergleich zur Beweisführung im Prozess, zur formellen Beweislast, nahe: Auch denjenigen, der durch Parteihandlungen das Gericht von der Wahrheit einer tatsächlichen Behauptung überzeugen will, trifft nicht etwa eine Pflicht zum Handeln[140], zur Darlegung und Beweisführung für die von ihm behaupteten Tatsachen, sondern er hat (lediglich) die Nachteile seines Unterlassens zu tragen. Hierbei handelt es sich um einen allgemeinen Grundsatz des deutschen Zivilprozessrechts.[141] Dass eine Kündigung wegen des Unterlassens entsprechender Erkundigungen des Arbeitgebers nicht deshalb sozialwidrig im Sinne von § 1 Abs. 2 KSchG sein kann, folgt ferner aus der Zulässigkeit des Nachschiebens von Kündigungsgründen. In diesen Fällen kommt es vielmehr allein auf die objektive Rechtslage im Zeitpunkt des Kündigungszuganges an[142], und zwar vor allem hinsichtlich der negativen Gesundheitsprognose. Auch sonst hat die Beurteilung der Kündigungsgründe auf einer objektiven Grundlage und nicht nach der subjektiven Einschätzung des Arbeitgebers zu erfolgen.[143]

Ebenso besteht für die Anerkennung einer arbeitsvertraglichen Pflicht unter dem Gesichtspunkt, dem Arbeitnehmer könnte infolge der unberechtigten Kündigung ein Schaden entstehen, der über § 614 BGB und über die Verpflichtung zum Aufwendungsersatz nach § 304 BGB hinausgeht, kein rechtliches Bedürfnis. Hat nämlich der Arbeitgeber die vertragswidrig ausgesprochene Kündigung zu vertreten, was regelmäßig anzunehmen sein wird, dann haftet er dem Arbeitnehmer für den durch die Kündigung verursachten Schaden in vollem Umfange nach den §§ 275 ff. BGB.

Wollte man einer Kündigung die soziale Rechtfertigung allein wegen der unterlassenen Erkundigung versagen, liefe das schließlich darauf hinaus, dass dem Arbeitgeber als Sanktion für ein Unterlassen ein Gestaltungsrecht genommen würde, dessen Berechtigung im Übrigen nicht zweifelhaft wäre.[144] Wo das Gesetz die Anhörung oder gar Zustimmung eines anderen als Wirksamkeitsvoraussetzung für eine Kündigung verlangt, wird dies in der Regel ausdrücklich bestimmt, wie etwa in den Vorschriften der §§ 102, 103 BetrVG, 9 Abs. 3 MuSchG, 85, 91 Abs. 1 SGB IX.

---

[140] Dazu *Rosenberg*, Beweislast, S. 54 ff.; *Rosenberg/Schwab*, § 118 I 2, S. 715.
[141] Vgl. auch BAG (3.2.77) BB 1977, 849, wonach eine betriebsbedingte Kündigung nicht allein deshalb sozialwidrig sei, weil der Arbeitgeber vor dem Kündigungsausspruch nicht geprüft hat, ob der Arbeitnehmer auf einem anderen Arbeitsplatz weiterbeschäftigt werden könne.
[142] Zutreffend BAG DB 1977, 1463, 2455 (anders noch BAG [6.10.59] AP Nr. 19 zu § 14 SchwerBeschG); (21.2.01) NZA 2001, 1072; LAG Hamm (24.6.99) LAGE Nr. 29 zu § 1 KSchG Krankheit; KR-*Etzel*, § 1 KSchG Rdn. 327; HK-KSchG/*Weller/Dorndorf*, § 1 Rdn. 384; widersprüchlich *Denck*, JuS 1978, 158, wenn er annimmt, dass die durch Krankheit bedingte Kündigung eine „Verdachtskündigung" sei.
[143] Vgl. etwa KR-*M.Wolf*, Grunds. Rdn. 114; *Adomeit/Spinti*, unter A I 3; KR-*Etzel*, § 1 KSchG Rdn. 209; BAG (24.5.84) NJW 1984, 2093; (18.9.97) NZA 1998, 95.
[144] Siehe auch LAG Hamm DB 1976, 825 f.

Zu Recht steht deshalb jetzt das Bundesarbeitsgericht[145] auf dem Standpunkt, 98
dass die unterbliebene Erkundigung des Arbeitgebers noch nicht die Sozialwidrigkeit einer ordentlichen Kündigung zur Folge habe, wenngleich immer noch von der Verletzung einer „Erkundigungspflicht"[146] die Rede ist. Es erscheint insoweit auch begrifflich verfehlt[147], von einer „nebenvertraglichen" Verpflichtung des Arbeitgebers zu sprechen, sich wegen der betrieblichen Auswirkungen über den künftigen Krankheitsverlauf zu informieren. Rechtsdogmatisch kann es sich allenfalls um eine Obliegenheit[148] handeln. Mangels einer rechtlichen Grundlage besteht entge-

---

[145] BAG (10. 3. 77) BB 1977, 1098 = EzA Nr. 4 zu § 1 KSchG Krankheit, mit insoweit **ablehnender** Anm. von *Falkenberg* = AP Nr. 4 zu § 1 KSchG 1969 Krankheit; (26. 5. 77) BB 1978, 96 = SAE 1978, 163 ff., mit zust. Anm. von *Meisel* = AP Nr. 14 zu § 102 BetrVG 1972, mit zust. Anm. von *von Stebut* = EzA Nr. 30 zu § 102 BetrVG, mit teilweise zust. Anm. von *Käppler*; (3. 11. 77) – 2 AZR 400/76 – betreffend den Ausspruch einer fristlosen Kündigung; (22. 2. 80) DB 1980, 1446 ff.; (15. 8. 84) DB 1985, 976 = BB 1985, 801; (17.6.99) DB 1999, 1399; LAG Düsseldorf (18. 2. 81) ARSt 1982, S. 15 Nr. 1010; LAG Köln (8. 8. 83) DB 1984, 619; LAG Hamm (16. 10. 97) NZA-RR, 1998, 207; zust. auch *Neumann*, NJW 1978, 1839; *Palme*, BlStSozArbR 1978, 266; *Popp*, AuR 1979, 45; *Schaub*, S. 1460 Rdn. 15; S. 1463 Rdn. 21; *Denck*, JuS 1978, 156 (158) bei häufigen Erkrankungen, während er bei langanhaltenden Krankheiten weiterhin das Bestehen einer Erkundigungspflicht mit der Folge annimmt, dass bei deren Verletzung das Kündigungsrecht „verwirkt" sei; *Hanel*, Personal 1980, 31; zust. ferner *Tessmer*, ZfS 1980, 135; *von Hoyningen-Huene/Linck*, KSchG § 1 Rdn. 223; KR-*Becker*, 3. Aufl., § 1 KSchG Rdn. 212; BGB-RGRK, vor § 620 Rdn. 173; im Ergebnis auch zust. *von Maydell/Eylert*, Anm. zu BAG EzA Nr. 5 zu § 1 KSchG Krankheit, Bl 40 o und p; *Meisel*, SAE 1980, 345; *ders.*, DB 1981, 1724; *Birkner/Kuschyk/Tschöpe*, DB 1981, 267; *Matthes*, in: Bleistein/Matthes, S. 324, aber missverständlich, wenn er ausführt, der Arbeitgeber „müsse" sich vor dem Kündigungsausspruch erkundigen; *Knorr/Bichlmeier/Kremhelmer*, S. 452 Rdn. 82; *Gola*, BlStSozArbR 1984, 327; *Schwedes*, S. 303 Rdn. 614, S. 305 Rdn. 616; *Liebig*, S. 171; *Hunold*, S. 309, *Feichtinger*, ArbR-Blattei, Krankheit I, Rdn. 135; *Ascheid*, Kündigungsschutz, S. 208 Rdn. 367; *Schwerdtner*, in: Müko-BGB, § 622 Anh. Rdn. 283; *Stahlhacke/Preis/Vossen*, Rdn. 1222; Kasseler Handbuch/*Isenhardt*, 6.3 Rz. 472; HK-KSchG/*Weller/Dorndorf*, § 1 Rdn. 386; KR-*Etzel*, § 1 KSchG Rdn. 327, 368; *Löwisch*, KSchG, § 1 Rdn. 77; *Berkowsky*, NZA-RR 2001, 399; *Tschöpe/Nägele*, Teil 3 Rz. 78; KPK-*Schiefer*, § 1 KSchG Rdn. 178; *Gamillscheg*, S. 611; *Kittner/Däubler/Zwanziger*, KSchR, § 1 KSchG Rdn. 104.

[146] So etwa *Delcker*, BB 1981, 1157 Anm. 4; *Gamillscheg*, S. 611; *Schaub*, S. 1463 Rdn. 21; *Feichtinger*, ArbR-Blattei, Krankheit I, Rdn. 135; *Heemann*, S. 107: Verletzung der Fürsorgepflicht; *Gola*, BlStSozArbR 1984, 327; siehe auch *Schumann*, DB 1984, 1880, allerdings hinsichtlich des Anhörungsverfahrens nach § 102 Abs. 1 BetrVG; **unrichtig** *Koberski*, AuA 1993, 296, der nach wie vor von einer Erkundigungspflicht ausgeht, obwohl das BAG seine frühere Auffassung (BB 1980, 938) seit langem aufgegeben hat.

[147] So aber BAG (22. 2. 80) AP Nr. 6 zu § 1 KSchG 1969 Krankheit; LAG Hamm (26. 8. 80) DB 1981, 1195; (15. 12. 81) NJW 1982, 714; *Ide*, AuR 1980, 230; *Meisel*, SAE 1980, 345; *Becker*, Kündigung, S. 131; *Pachtenfels*, BB 1983, 1481 Anm. 48: Unterrichtungspflicht; *Mohr*, DB 1984, 44; *Rohlfing/Rewolle/Bader*, KSchG, § 1 Anm. 18a S. 40c, 42a; *Ascheid*, Beweislastfragen, S. 84; *Schwerdtner*, in: Müko-BGB, § 622 Anh. Rdn. 283, aber widersprüchlich: einerseits nebentertragliche Verpflichtung und andererseits „Nachforschungsobliegenheit"; *Hunold*, S. 300; *Feichtinger*, ArbR-Blattei, Krankheit I, Rdn. 98; *Bopp*, in: *Rieder*, Krankheit im Arbeitsverhältnis, S. 286; *Halbach/Paland/Schwedes/Wlotzke*, Kap. 2, Rz. 513: Erkundigungspflicht;

[148] Ebenso *Popp*, DB 1981, 2615 Anm. 71; *Weller*, S. 79; *Liebig*, S. 174; *Popp*, Handbuch Rdn. 23.

gen der Auffassung von *Däubler*[149] für den Arbeitgeber auch keine „Pflicht", den Arbeitnehmer vor dem Ausspruch der Kündigung anzuhören.

99 Entgegen der Ansicht des LAG Baden-Württemberg/Mannheim[150] besteht auch im öffentlichen Dienst insoweit keine (gesteigerte) Informationspflicht. Weder kann gesagt werden, dass dem öffentlichen Dienstherrn generell eine erhöhte Fürsorgepflicht seinen Arbeitnehmern gegenüber obliege[151] noch folgt eine derartige Verpflichtung aus den §§ 7 BAT, 10 BMT-G, 10 MT Arb. Die fraglichen Tarifbestimmungen räumen dem öffentlichen Arbeitgeber nur das Recht[152] ein, ohne eine entsprechende Pflicht zu statuieren, bei „gegebener Veranlassung" die Dienstunfähigkeit des Arbeitnehmers durch das Gesundheitsamt oder den Vertrauensarzt feststellen zu lassen.[153] Der Arbeitgeber darf von dieser Befugnis keinen willkürlichen Gebrauch machen, §§ 7 Abs. 2 BAT, 10 Abs. 2 BMT-G, 10 Abs. 2 MT Arb. Welche weiteren Voraussetzungen erfüllt sein müssen, unter denen die Untersuchung angeordnet werden darf, regeln die genannten Tarifnormen nicht. Es muss jedoch stets ein sachlicher Grund für die Anordnung einer Untersuchung vorliegen, der sowohl in der Fürsorgepflicht gegenüber dem Arbeitnehmer als auch im sonstigen Pflichtenkreis des Betriebes oder der jeweiligen Verwaltung liegen kann.[154] Ein Anlass für eine solche ärztliche Untersuchung durch das Gesundheitsamt kann etwa die begründete Annahme des Arbeitgebers sein, der Arbeitnehmer könne infolge seines Gesundheitszustandes die vertraglich geschuldete Arbeitsleistung auf seinem bisherigen Arbeitsplatz nicht mehr erbringen. Derartige Zweifel können sich auch aus einer mit anderer Zielrichtung durchgeführten arbeitsmedizinischen Untersuchung ergeben.[155] Bestehen hinreichende tatsächliche Anhaltspunkte dafür, dass der Arbeitnehmer nicht lediglich vorübergehend arbeits-, sondern berufs- oder erwerbsunfähig ist und hat der Arbeitnehmer auf eine entsprechende Aufforderung hin schuldhaft keinen Rentenantrag gestellt, liegt für den Arbeitgeber eine „gegebene Veranlassung" im Sinne von § 7 Abs. 2 BAT vor.[156] Unter Vertrauensarzt gemäß der genannten Tarifbestimmung ist nicht der Vertrauensarzt im sozialversicherungsrechtlichen Sinne, sondern ein Arzt des Vertrauens zu verstehen[157], so dass auch der Betriebsarzt damit beauftragt werden kann.

---

[149] S. 287, 268; siehe demgegenüber auch BAG (21.2.01) BB 2001, 1902f.
[150] DB 1971, 1972.
[151] Ebenso LAG Baden-Württ./Mannheim, *Sabel*, EEK II/063 = DB 1975, 309.
[152] So auch *Uttlinger/Breier/Kiefer/Hoffmann/Dassau*, BAT, § 7 Erl. 3; *Scheuring/Lang/ Hoffmann*, BMT-G, § 10 Erl. 2.1; siehe auch LAG Düsseldorf/Köln, DB 1970, 1396.
[153] Ebenso etwa § 7 Abs. 2 AngestelltenTV der Deutschen Bundesbank (BBKaT) vom 11.7.1961 i.d.F. vom 31.10.2001; dazu BAG (6.11.97) BB 1998, 592 = NZA 1998, 326.
[154] BAG (23.2.67) AP Nr. 1 zu § 7 BAT; (6.11.97) NZA 1998, 326.
[155] BAG (15.7.93) AP Nr. 1 zu § 10 MTB II = NZA 1994, 851 = BB 1994, 795.
[156] Vgl. BAG (6.11.97) NZA 1998, 326; *Scheuring/Steingen/Banse/Thivessen*, MT Arb, § 10 Erl. 3b.
[157] *Scheuring/Lang/Hoffmann*, BMT-G, § 10 Erl. 2.1; *Scheuring/Steingen/Bange/Thivessen*, MT Arb, § 10 Erl. 3e; *Uttlinger/Breier/Kiefer/Hoffmann/Dassau*, BAT, § 7 Erl. 3; *Böhm/ Spiertz/Sponer/Steinherr*, §§ 7 Rdn. 27; *Clemens/Scheuring/Steingen/Wiese*, BAT, § 7 Erl. 4; LAG Berlin (17.1.83) DB 1983, 561 – **anderer Ans.** ArbG Stuttgart (21.1.83) BB 1983, 2094; *Bruse*, PK-BAT, § 7 Rdn. 52ff.

4. Auskunftspflicht des Arbeitnehmers?

Neuerdings wird die Frage erörtert[158] und teilweise bejaht[159], ob der Arbeitnehmer im Hinblick auf einen möglichen Kündigungsentschluss des Arbeitgebers diesem gegenüber Auskünfte über die Art und voraussichtliche Dauer seiner Erkrankungen erteilen oder sich gar ärztlich untersuchen lassen[160] muss, ob ihn insoweit eine vorprozessuale materiell-rechtliche Auskunftspflicht trifft. Dass solche Angaben für den Arbeitgeber nützlich sein und wesentlich den Erfolg oder Misserfolg eines etwaigen Kündigungsschutzprozesses beeinflussen können, bedarf keiner näheren Darlegung. Es spricht auch nichts dagegen, mit dem Arbeitnehmer eine entsprechende einzelvertragliche Vereinbarung zu treffen[161], zumal europäisches Arbeitsrecht einem entsprechenden „Informationsrecht" des Arbeitgebers im Rahmen eines bestehenden Arbeitsverhältnisses nicht entgegenstünde.[162] Wenn aber aus den oben dargelegten Gründen das Bestehen einer entsprechenden Erkundigungspflicht des Arbeitgebers verneint werden muss, kann für eine damit korrespondierende „Auskunftspflicht" des Arbeitnehmers im Prinzip nichts anderes gelten.[163, 164] Folglich ist der Arbeitnehmer in der Regel auch nicht verpflichtet, den oder die ihn behandelnden Ärzte von ihrer Schweigepflicht zu entbinden.[165]

100

---

[158] Vgl. *Mohr*, DB 1984, 44; *Gola*, BlStSozArbR 194, 327; *Altrock*, DB 1987, 433 (437); siehe auch LAG Baden-Württ. (10. 3. 87) NZA 1987, 422: Mitteilungspflicht bei Erkrankung des Arbeitnehmers im Ausland im Anschluss an den Urlaub; *Bezani*, S. 56ff.

[159] *Liebig*, S. 180ff.; *Olderog*, S. 67: bei „erdrückendem" Umfang der Fehlzeiten; *Bauer/Röder*, Kündigung, S. 126: objektiv erhebliche Fehlzeiten in der Vergangenheit; *Fromm*, S. 580: Obliegenheit; *Bezani*, RdA 1997, 249; *Leinemann/Ascheid*, GewO, § 105 Rdn. 13049; *von Steinau-Steinrück*, Anm. zu BAG (12. 4. 02) BB 2002, 2678; KR-*Etzel*, § 1 KSchG Rdn. 367: bei langanhaltender Krankheit Pflicht zur Attestvorlage; ebenso *Backmeister/Trittin*, KSchG, § 1 Rdn. 184; KPK-*Schiefer*, § 1 KSchG Rdn. 222a; *Stückmann*, DB 1996, 1823: Tatsachen mitteilen, die zum Eigenverschulden an der Arbeitsunfähigkeit geführt haben (Offenbarungspflicht).

[160] Vgl. *Keller*, NZA 1988, 566; *Raab*, NZA 1993, 197.

[161] So auch *Hunold*, S. 34, 68f.; *Stückmann*, DB 1996, 1824; *Knorr/Bichlmeier/Kremhelmer*, S. 453 Rdn. 84; *Besgen*, b + p 2001, 512 mit Musterbeispiel.

[162] Siehe dazu *Müller*, FS für *A. Söllner*, S. 809 (829f.).

[163] Zustimmend *Linck*, NZA 1996, 1024; *Kittner/Däubler/Zwanziger*; KSchR, § 1 KSchG Rdn. 104; *Berkowsky*, NZA-RR 2001, 399; MünchArbR/*Berkowsky*, § 136 Rdn. 39; im Ergebnis ebenso *Mohr*, DB 1984, 44; *Gola*, BlStSozArbR 1984, 327; *Busch*, NZA 1988, 461; *Boewer*, NZA 1988, 684; *Popp*, Handbuch, Rdn. 24; *von Hoyningen-Huene/Linck*, KSchG, § 1 Rdn. 223; *Raab*, NZA 1993, 197; *Schuster*, AuA 1993, 168; *Bezani*, S. 58–63; *Gussone*, AiB 1996, 7; *Knorr/Bichlmeier/Kremhelmer*, S. 453 Rdn. 84; *Bauer/Röder/Lingemann*, S. 95 (anders S. 102: vorprozessuale Mitwirkungspflicht); *Schwerdtner*, in: Müko-BGB, § 622 Anh. Rdn. 288; HK-KSchG/*Weller/Dorndorf*, § 1 Rdn. 385; ErfK/*Ascheid*, § 1 KSchG Rdn. 201; *Elsner*, S. 85; *Hummel*, S. 26; *Uhmann*, AuA 2000, 117f.; *Schneider/Zinke*, AiB 2000, 5; *Hako-Gallner*, § 1 Rdn. 508; *Jüngst*, b + p 2000, 415; *Feichtinger*, ArbR-Blattei, Krankheit I, Rdn. 136–137; BAG (25. 11. 82) AP Nr. 7 zu § 1 KSchG 1969 Krankheit; LAG Berlin (27. 11. 89) DB 1990, 1621 = NJW 1990, 2956; LAG Hamm (29. 3. 94) – 4 Sa 1520/93 –; ArbG Bochold (29. 4. 93) AiB 1994, 430, mit Anm. von *Hebing*.

[164] Wegen etwaiger Ausnahmen siehe *Lepke*, Seite 441 Rdnr. 352 und Seite 480f. Rdnr. 392.

[165] LAG Berlin DB 1990, 1621; *Hunold*, Krankheit, S. 303; *Schuster*, AuA 1993, 168; *Gussone*, AiB 1996, 7; Kasseler Handbuch/*Isenhardt*, 6.3 Rz. 474; *Uhmann*, AuA 2000, 119.

101 Das Prozessrisiko braucht der Arbeitnehmer dem kündigenden Arbeitgeber nicht abzunehmen, da der Gesetzgeber die Darlegungs- und Beweislast für die soziale Rechtfertigung einer ordentlichen Kündigung ausdrücklich dem Arbeitgeber auferlegt hat, § 1 Abs. 2 letzter Satz KSchG. Eine vorprozessuale Auskunftspflicht des Arbeitnehmers stünde hierzu im Widerspruch.[166] Mangels besonderer rechtlicher Grundlagen ist ein Arbeitnehmer in der Regel nicht verpflichtet, außergerichtliche Erklärungen gegenüber dem Arbeitgeber zu möglichen Entlassungsgründen abzugeben.[167] Es erscheint deshalb verfehlt, wenn *Liebig*[168] aus der Treuepflicht[169] des Arbeitnehmers eine entsprechende „Erläuterungspflicht" herleiten will, falls der Arbeitgeber die Möglichkeit einer Kündigung erwägt oder gar schon ausgesprochen hat. Ob und in welchem Umfange dem Arbeitnehmer im Rahmen eines anhängigen Kündigungsschutzprozesses gewisse Mitwirkungslasten obliegen[170], ist ein anderes Problem.[171] Deshalb sollte man auch nicht von (arbeitsrechtlichen) Mitteilungspflichten des Arbeitnehmers bzw. deren Verletzung sprechen.[172] Aus den genannten Gründen kann entgegen der Auffassung des LAG Baden-Württ.[173] auch keine Verpflichtung des Arbeitnehmers, der im Anschluss an einen Auslandsurlaub erkrankt ist, anerkannt werden, seinem Arbeitgeber hinsichtlich der erlittenen Arbeitsunfähigkeit „die volle Wahrheit" mitzuteilen.

102 Die frühere Streitfrage, ob die gesetzlichen Krankenkassen den Arbeitgeber gegen den Willen des Arbeitnehmers darüber informieren dürfen, dass eine Fortsetzungserkrankung vorliegt, hat sich nunmehr erledigt. Nach § 69 Abs. 4 SGB X sind die Krankenkassen befugt, einem Arbeitgeber mitzuteilen, ob die Fortdauer der Arbeitsunfähigkeit oder eine erneute Arbeitsunfähigkeit auf derselben Krankheit beruht,[174] ohne dass allerdings die Diagnosedaten übermittelt werden dürfen.

---

[166] AP Nr. 24 zu § 242 BGB Auskunftspflicht = NZA 1996, 637 = BB 1995, 1962.
[167] In diesem Sinne auch BAG (7. 9. 95) EzA Nr. 4 zu § 242 BGB Auskunftspflicht.
[168] S. 180 ff.; ähnlich *Wank*, RdA 1993, 79 (87).
[169] Der Begriff erscheint veraltet und missverständlich, dazu etwa *Brox/Rüthers*, S. 73 Rdn. 87: Interessenwahrungspflicht; MünchArbR/*Blomeyer*, § 51 Rdn. 2 ff. m. w. N.; *Dütz*, Arbeitsrecht, S. 76 Rdn. 153: Pflicht zur Rücksichtnahme; ähnlich *Steinmeyer/Waltermann*, S. 43.
[170] Dazu Seite 265 ff. Rdnr. 174 ff.
[171] Zu den Mitwirkungslasten des Arbeitnehmers bei der Verfolgung von Vergütungsansprüchen bei Fortsetzungserkrankungen siehe BAG (19. 3. 86) DB 1986, 1877 = BB 1986, 1713 = EWiR § 4 TVG 1/86 mit Kurzanm. von *Lepke*; zur Auskunftsbefugnis der Krankenkassen gegenüber dem Arbeitgeber siehe etwa *Hauck/Haines*, SGB X, K § 69 Rdn. 47; *Kaiser/Dunkl/Hold/Kleinsorge*, EFZG, § 3 Rdn. 233.
[172] So aber *Mohr*, DB 1984, 44; *Gola*, BlStSozArbR 1984, 327.
[173] (10. 3. 87) NZA 1987, 422; zust. *Hunold*, S. 89; wohl auch *Beckerle/Schuster*, S. 28 Rdn. 24.
[174] Zur Frage, ob dem Betriebsrat bei der formularmäßigen Anforderung des Arbeitgebers von amtlichen Bescheinigungen hinsichtlich des Vorliegens einer Fortsetzungserkrankung ein Mitbestimmungsrecht, § 87 Abs. 1 Nr. 1 BetrVG, zusteht, siehe Hess. LAG (6. 9. 01) DB 2002, 1224.

5. Einzelne Gesichtspunkte

Eine Kündigung im Zusammenhang mit Erkrankungen des Arbeitnehmers muss unter drei möglichen Aspekten behandelt werden, nämlich der langanhaltenden Erkrankung, der häufigen Kurzkrankheiten sowie der Minderung der Leistungsfähigkeit.[175] Wenn in diesem Zusammenhang *Berkowsky*[176] meint, die Unterscheidung zwischen einer langanhaltenden Krankheit und wiederholten Kurzerkrankungen sei wenig sachgerecht, weil beide Fallgestaltungen für eine sozial gerechtfertigte Kündigung dieselben Umstände voraussetzten, übersieht er, wie darzulegen sein wird, maßgebliche Gesichtspunkte. Das wird vor allem bei den betrieblichen Auswirkungen krankheitsbedingter Fehlzeiten und den damit verbundenen finanziellen Belastungen für den Arbeitgeber deutlich, die insbesondere bei verschiedenartigen häufigen Erkrankungen von größerer Bedeutung sind. So sind die Entgeltkosten bei einer sog. Fortsetzungskrankheit, § 3 Abs. 1 Satz 2 EFZG, einer Krankheit, auf der die frühere Arbeitsunfähigkeit beruhte, die in der Zeit zwischen dem Ende der voraufgegangenen und dem Beginn der neuen Arbeitsunfähigkeit medizinisch nicht vollständig ausgeheilt war, sondern als Grundleiden weiterbestanden hat[177], niedriger als bei wiederholten verschiedenartigen Kurzerkrankungen, wenn man für beide einen bestimmten Zeitraum zugrunde legt.[178] Ansonsten muss ein Arbeitsverhältnis jedenfalls dann beendet werden können, wenn es seinen Zweck nicht mehr erfüllen kann, weil der eine Vertragspartner die Fähigkeit verloren hat, die geschuldete Arbeitsleistung zu erbringen. Zu Recht vertritt deshalb auch das BAG[179] die Auffassung, zwischen einer langanhaltenden Krankheit und häufigen Kurzerkrankungen müsse deutlich unterschieden werden. Soweit neuerdings die dauernde krankheitsbedingte Leistungsunfähigkeit als eigenständige Fallgruppe behandelt wird[180], ist dieser Auffassung entgegenzuhalten,

103

---

[175] So auch weiterhin etwa *Schaub*, S. 1460 Rdn. 15; *Dütz*, Arbeitsrecht, S. 157 Rdn. 332; *Gola*, EFZG, S. 40ff.; *Derr*, S. 112f.; *Fromm*, S. 101; *Hennige*, AuA 1995, 145; *Däubler*, S. 582 Rdn. 1082, S. 591 Rdn. 1099; *Bobke*, S. 382, 384; *Söllner*, Arbeitsrecht, S. 305; *Geyer/Knorr/Krasney*, EFZG, § 8 Rdn. 15; *Tschöpe/Nägele*, Teil 3 D, Rz. 74; *Schanz* et al., S. 234; *Brox/Rüthers*, S. 158 Rdn. 199; *Löwisch*, KSchG, § 1 Rdn. 193ff.; HK-KSchG/*Weller/Dorndorf*, § 1 KSchG Rdn. 378; KR-*Becker*, 3. Aufl., § 1 KSchG Rdn. 211; *Küttner/Eisemann*, Personalbuch, Kündigung, personenbedingte, Rz. 7; *Zirnbauer*, B III 11.2, S. 232; *Honsa*, S. 124 Rdn. 156; wohl auch *Backmeister/Trittin*, KSchG, § 1 Rdn. 171, 183ff., 194; *Jüngst*, b + p 2000, 414; *Feichtinger*, ArbR-Blattei, Krankheit I, Rdn. 147-191 – **anders** ArbG Passau/Deggendorf (30. 9. 91) BB 1991, 2224: nur langandauernde Einzelerkrankung und häufige Kurzerkrankungen; so auch *Leinemann/Ascheid*, GewO, § 105 Rdn. 13046ff.; wohl auch *Meisel*, S. 517 Rdn. 873.
[176] MünchArbR, § 136 Rdn. 16; ders., NZA-RR 2001, 396; zust. *Boewer*, NZA 1988, 684.
[177] Dazu etwa BAG (2. 2. 94) AP Nr. 99 zu § 1 LohnFG = BB 1994, 860; (18. 1. 95) AP Nr. 8 zu § 7 LohnFG = NZA 1995, 729; *Vossen*, S. 87 Rdn. 202.
[178] Vgl. dazu *Lepke*, S. 189ff. Rdnr. 114, S. 241ff. Rdnr. 152ff.
[179] (12. 1. 95) RzK I 5 g Nr. 58; zweifelnd Kasseler Handbuch/*Isenhardt*, 6.3 Rz. 476.
[180] *U. Preis*, Kündigung, S. 96, 102ff.; ders., Arbeitsrecht, S. 671; BGB-RGRK, vor § 620 Rdn. 171; *Basedau*, AuR 1991, 299; MünchArbR/*Berkowsky*, § 136 Rdn. 114; *Hromadka*, Anm. zu BAG SAE 1994, 1 (5); *Schiefer*, NZA 1994, 536; *Bezani*, S. 11, 13, 124ff.; *Gentges*, S. 175ff.; *Stahlhacke/Preis/Vossen*, Rdn. 1215; KPK-*Schiefer*, § 1 KSchG Rdn. 171; KR-*Etzel*, § 1 KSchG Rdn. 324, 375ff., 398ff.; *Schwerdtner*, in: Müko-BGB, § 622 Anh. Rdn. 273; *Knorr/Bichlmeier/Kremhelmer*, S. 439 Rdn. 52; *Hromadka/Maschmann*, S. 390
Fortsetzung siehe nächste Seite

dass eine sichere Abgrenzung zwischen dauernder Arbeitsunfähigkeit und langanhaltender Erkrankung in der Praxis vielfach kaum möglich erscheint. Das verdeutlicht ein Urteil des Hess. LAG vom 13. 3. 2001.[181] Einerseits werden zutreffend die Grundsätze wegen Langzeiterkrankungen angewandt und andererseits wird in die Entscheidungsfindung die BAG-Rechtsprechung zur dauernden krankheitsbedingten Leistungsunfähigkeit (Unvermögen) einbezogen. Die dauernde Arbeitsunfähigkeit stellt sich vielmehr als Extremfall langanhaltender Krankheit dar.[182] Auch das BAG[183] hebt ausdrücklich hervor, es habe insoweit keine besondere Fallgruppe krankheitsbedingter Kündigungen schaffen wollen.

a) Langanhaltende Krankheit

104 Ein in der Person des Arbeitnehmers liegender Kündigungsgrund im Sinne von § 1 Abs. 2 KSchG wird von der Literatur[184] und Rechtsprechung[185] immer dann anerkannt, wenn der Arbeitnehmer zur Zeit des Kündigungszuganges noch lang anhaltend bzw. lang andauernd krank ist. Bei dem Terminus „langanhaltende Krankheit" handelt es sich nicht um einen gesetzlich definierten Begriff, sondern um eine von der Rechtsprechung und Literatur herausgebildete Unterform der „Krankheit als Entlassungsgrund".[186] Soweit tarifvertraglich der Begriff „längere" Krankheit Verwendung findet[187], wird darunter im Zweifel nicht eine Steigerung zu einer langen Krankheit zu verstehen sein, sondern bereits eine Krankheit, die noch nicht langandauernd besteht, aber auch nicht nur kurze Zeit anhält. Wie lange die krankheitsbedingte Arbeitsunfähigkeit zum Kündigungszeitpunkt bereits angedauert hat,

---

Rdn. 172; *Streckel*, Anm. zu BAG (29. 1. 97) EzA Nr. 42 zu § 1 KSchG Krankheit; *Franke*, AuA 1999, 207; *Hoß*, MDR 1999, 777; *Bauer/Röder*, Kündigung, S. 123; *Elsner*, S. 75; *Hako-Gallner*, § 1 Rdn. 505: 5 Fallgruppen; FA-ArbR/*Kümpel*, S. 471 Rdn. 223; *Roos*, NZA-RR 1999, 617; *Uhmann*, AuA 2000, 117; *Schiefer*, DB 2000, 671: ErfK/*Ascheid*, § 1 KSchG Rdn. 208; *Kittner/Däubler/Zwanziger*, KSchR, § 1 KSchG Rdn. 74; *Tschöpe*, BB 2001, 2110; *von Hoyningen-Huene/Linck*, KSchG, § 1 Rdn. 219; *Schiefer*, NZA 2002, 770 (776): 5 Unterfälle. LAG Köln (21. 12. 95) BB 1996, 1992; LAG Hamm (16. 10. 97) NZA-RR 1998, 207; (24. 6. 99) NZA 2000, 320.
[181] NZA-RR 2002, 21 ff.
[182] Dazu auch BAG (21. 5. 92) DB 1993, 1292; (4. 2. 93) EzA Nr. 144 zu § 626 BGB n.F.; *Kittner/Trittin*, KSchR, § 1 KSchG Rdn. 74: Unterfall der dauernden Arbeitsunfähigkeit.
[183] (12. 7. 95) BB 1995, 2064.
[184] Nachw. bei *Lepke*, 10 Aufl., S. 150 Fußn. 154; ferner *Gamillscheg*, S. 607; *Schaub*, S. 1460 Rdn. 15; *Hanau/Adomeit*, S. 268 Rdn. 876; *Kittner/Däubler/Zwanziger*, KSchR, § 1 KSchG Rdn. 95 ff.; Kasseler Handbuch/*Isenhardt*, 6.3 Rz. 477; *Roos*, NZA-RR 1999, 618; *Backmeister/Trittin*, KSchG, § 1 Rdn. 183 ff.; *U. Preis*, Arbeitsrecht, S. 676 ff.; FA-ArbR/*Kümpel*, S. 477 ff. Rdn. 251 ff.; *Meisel*, S. 512 Rdn. 869; *von Hoyningen-Huene/Linck*, KSchG, § 1 Rdn. 217, 242; *Löwisch*, Arbeitsrecht, S. 359 Rdn. 1319; *Feichtinger*, ArbR-Blattei, Krankheit I, Rdn. 172 ff.; *Bauer/Röder*, Kündigung, S. 130 ff.; *Tschöpe/Nägele*, Teil 3 D, Rz. 101 ff.; ErfK/*Ascheid*, § 1 KSchG Rdn. 211 ff.; KR-*Etzel*, § 1 KSchG Rdn. 366 ff.; *Hako-Gallner*, § 1 Rdn. 525 ff.; APS/*Dörner*, § 1 KSchG Rdn. 142; *Elsner*, S. 75 ff.; *Boemke*, Arbeitsrecht, S. 324 Rdn. 40; *Stahlhacke/Preis/Vossen*, Rdn. 1240 ff.
[185] BAG (21. 2. 01) NZA 2001, 1072; (12. 4. 02) NZA 2002, 1081 ff. = BB 2002, 2675; LAG Hamm (24. 6. 99) NZA 2000, 320; (28. 7. 99) NZA-RR 2000, 134; Hess. LAG (13. 3. 01) NZA-RR 2002, 21 ff.; ältere Nachw. bei *Lepke*, 10. Aufl., S. 150 Fußn. 155.
[186] BAG (29. 4. 99) BB 2000, 49 f. m. w. N. = SAE 2000, 14 (18) mit zust. Anm. von *Gitter*.
[187] Vgl. BAG (24. 11. 92) AP Nr. 61 zu § 7 BUrlG Abgeltung = NZA 1993, 604.

Fristgemäße Kündigung durch den Arbeitgeber

darauf kommt es entscheidungserheblich nicht[188] an; denn die Kündigung erfolgt nicht wegen der krankheitsbedingten Fehlzeiten in der Vergangenheit, sondern wegen der Ungewissheit über das Ende der Arbeitsunfähigkeit in der Zukunft. Deshalb muss folgerichtig verlangt werden, dass die Wiederherstellung der Gesundheit und der Arbeitsfähigkeit zu diesem Zeitpunkt objektiv noch nicht abgesehen werden kann[189], wobei nicht maßgeblich auf die künftige Entwicklung des Krankheitsbildes (Krankheitsprognose), sondern die Dauer der zu erwartenden Fehlzeiten (Fehlzeitenprognose) abzustellen ist. So ist beispielsweise eine bereits 53 Tage dauernde Erkrankung nicht als Kündigungsgrund anerkannt worden, weil erhebliche krankheitsbedingte Fehlzeiten in der Zukunft nicht zu befürchten waren.[190] Fehlt dagegen ein im Leistungslohn tätiger Arbeiter wegen eines Magenleidens ohne Unterbrechung mehr als drei Monate und erneut längere Zeit wegen derselben Krankheit, dann darf der Arbeitgeber eine fristgerechte Kündigung aussprechen, vorausgesetzt, dass das Ende der Erkrankung nicht voraussehbar ist.[191] Nicht anders beurteilt werden kann eine acht Monate dauernde Krankheit im Rahmen eines achtzehnmonatigen Heuerverhältnisses, wenn mit der Wiederherstellung der Gesundheit des Arbeitnehmers in absehbarer Zeit nicht zu rechnen ist.[192] Auch bei einer zehn Monate andauernden Arbeitsunfähigkeit nahm das LAG Hamm[193] eine langanhaltende Erkrankung an. Von einer langanhaltenden Krankheit und der Ungewissheit der Wiederherstellung ihrer Arbeitsfähigkeit ging das BAG in einer Entscheidung vom 11. 8. 1994[194] auch bei einer 1942 geborenen Textilarbeiterin aus, die in der Zeit vom 18. 12. 1988 bis zum 11. 2. 1990 und seit 4. 4. 1990 bis zum Ausspruch der Kündigung am 11. 3. 1993 insgesamt ca. 4,5 Jahre krankheitsbedingt gefehlt hatte. Ebenso entschied das LAG Köln in einem Urteil vom 19. 12. 1995[195] bei einer Packerin, die von 1988 bis 1993 durchschnittliche Fehlzeiten von jährlich 54,9 % aufzuweisen hatte. Gleiches gilt erst recht für einen Wachmann, der seit 27. 12. 1978 arbeitsunfähig krank war und der für diese Tätigkeit nie mehr geeignet sein wird.[196] Ein Arbeitnehmer war ab Ende Februar 1980 krank und bezog eine bis Dezember 1983 befristete Erwerbsunfähigkeitsrente. Am 23. 5. 1982 kündigte der Arbeitgeber, ein Unternehmen mit etwa 7000 Beschäftigten, fristgerecht zum

---

[188] So auch *von Hoyningen-Huene/Linck*, KSchG, § 1 Rdn. 243, HK-KSchG/*Weller/Dorndorf*, § 1 Rdn. 426; *Knorr/Bichlmeier/Kremhelmer*, S. 457 Rdn. 93; *Kraft*, Anm. zu BAG EzA Nr. 46 zu § 1 KSchG Krankheit, S. 12; KR-*Etzel*, § 1 KSchG Rdn. 366 – **anderer Ans.** *Löwisch*, KSchG, § 1 Rdn. 195 m.w.N.
[189] Vgl. BAG (16. 12. 60) DB 1961, 310; (22. 2. 80), (25. 11. 82), (15. 8. 84) AP Nrn. 6, 7 und 16 zu § 1 KSchG 1969 Krankheit; (6. 2. 92) RzK I, 5g Nr. 46; LAG Düsseldorf, BB 1963, 41; 1966, 1395; 1977, 1504; LAG Frankfurt/M. DB 1951, 860; 1953, 555; LAG Baden-Württ.-Stuttgart DB 1962, 1015; LAG Nürnberg, *Sabel*, EEK II/068; LAGE Nr. 23 zu § 1 KSchG Krankheit; LAG Berlin (19. 12. 78) ARSt 1979, S. 159 Nr. 1157; LAG Hamm (24. 6. 99) NZA 2000, 320; Hess. LAG (13. 3. 01) NZA-RR 2002, 22; HK-KSchG/*Weller/Dorndorf*, § 1 Rdn. 427.
[190] ArbG Berlin (8. 6. 60) BB 1960, 1167.
[191] LAG Nürnberg, *Sabel*, EEK II/068.
[192] KR-*Weigand*, SeemG Rdn. 70; siehe auch BAG (29. 4. 99) BB 2000, 49: 8 Monate.
[193] (24. 6. 99) NZA 2000, 320.
[194] NZA 1995, 1052.
[195] NZA-RR 1996, 250f.
[196] Vgl. ArbG Wilhelmshaven (30. 5. 80) ARSt 1981, S. 4 Nr. 4.

31. 7. 1982 mit der Begründung, ein kontinuierlicher Arbeitseinsatz des Arbeitnehmers sei für die Zukunft nicht zu erwarten. Das ArbG Wiesbaden[197] hat die Kündigungsschutzklage abgewiesen, weil im Zeitpunkt des Zuganges der Kündigung objektiv festgestanden habe, dass der Kläger noch für mehr als einundeinhalb Jahre nicht in der Lage sein werde, die arbeitsvertraglich geschuldete Leistung zu erbringen. Auch das LAG Nürnberg sah in einem Urteil vom 19. 12. 1995[198] eine wegen einer langanhaltenden Erkrankung am 17. 6. 1993 zum 31. 3. 1994 ausgesprochene Kündigung als gerechtfertigt an. Das fortgeschrittene Alter der Arbeitnehmerin sowie deren neunjährige Betriebszugehörigkeit, die im Kündigungszeitpunkt bereits vier Jahre ununterbrochen krankheitsbedingt gefehlt und ihrem Arbeitgeber schon im Jahre 1991 die Wiederherstellung ihrer Arbeitsfähigkeit angekündigt hatte, wurden bei der Interessenabwägung nicht zu ihren Gunsten berücksichtigt. In Abweichung von der Vorinstanz bestätigte das Hess. LAG[189] die fristgerechte Kündigung gegenüber einer 1958 geborenen Verkaufsstellenverwalterin in einem Drogeriemarkt in der ländlichen Peripherie von Kassel. Sie hatte seit dem 9. 7. 1998 bis zum Zugang der Kündigung am 26. 6. 1999 ununterbrochen 11 Monate krankheitsbedingt gefehlt. Mit der Wiederherstellung ihrer Arbeitsfähigkeit in absehbarer Zeit war nicht zu rechnen, zumal dem Arbeitgeber vor dem Kündigungsausspruch die Nachricht von der Bewilligung einer auf drei Jahre befristeten Erwerbsunfähigkeitsrente zugegangen war. Anders soll es sich in folgendem Fall verhalten: Eine 47jährige, in einer Spinnerei und Zwirnerei seit 1973 als Abrollerin in Wechselschicht tätige verheiratete Arbeitnehmerin litt seit Januar 1980 an einer infektiösen Hepatitis,[199] die am 7. 10. 1980 ausgeheilt war. Die vom Arbeitgeber am 31. 7. 1980 ausgesprochene fristgerechte Kündigung hielt das BAG in einer Entscheidung vom 25. 11. 1982[200] nicht ohne weiteres für sozial gerechtfertigt. Das LAG Köln[201] meinte, bei einem fünfjährigen Arbeitsverhältnis als Schlosser sei eine beim Kündigungsausspruch erst zwei Monate andauernde Krankheit nicht langanhaltend. Zu demselben Ergebnis kam das LAG Hamburg.[202] Zwar müsse bei einer im Januar 1994 zum 31. 3. 1994 gekündigten Arbeitnehmerin, die seit 1988 als Teilzeitkraft in untergeordneter Funktion tätig, aber bereits seit acht Monaten arbeitsunfähig krank war, ohne dass das Ende ihrer Krankheit absehbar erschien, von einer lang andauernden Erkrankung und einer negativen Gesundheitsprognose ausgegangen werden. Im Rahmen der Interessenabwägung müsse jedoch die Besonderheit ihrer Erkrankung – sie litt an schweren Depressionen, die auf frühkindliche psychische Schäden zurückzuführen sind – zugunsten der Klägerin berücksichtigt werden. Die Heilung solcher Depressionen werde aber wesentlich erschwert, wenn durch den

---

[197] (12. 8. 82) ARSt 1983, S. 71 Nr. 46 – **anders wohl** LAG Rheinland-Pfalz BB 1992, 2219.
[198] LAGE Nr. 23 zu § 1 KSchG Krankheit.
[199] In Deutschland waren 2001 etwa 700.000 Menschen chronisch mit dem Hepatitis-C-Virus infiziert, *Heintges* et al., DtÄrzteBl 99 (2002), Heft 18, A-1239.
[200] DB 1983, 1047f. = BB 1983, 899 = AP Nr. 7 zu § 1 KSchG 1969 Krankheit. Die Sache wurde an das LAG zurückverwiesen.
[201] (25. 8. 95) NZA-RR 1996, 247 = LAGE Nr. 30 zu § 4 KSchG; zust. *Schwerdtner*, in: Müko-BGB, § 622 Anh. Rdn. 276; *Backmeister/Trittin*, KSchG, § 1 Rdn. 187.
[202] (29. 3. 95) AiB 1995, 604, mit zust. Anm. von *Müller-Knapp*.

Verlust des Arbeitsplatzes die Verwirklichung ihrer Lebensperspektive aufs Äußerste in Frage gestellt werde.

Eine Kündigung ist selbst in den Fällen als berechtigt anzuerkennen, in denen der Arbeitnehmer bereits längere Zeit beschäftigt war oder in denen er schon lange Zeit arbeitsunfähig krank gewesen ist, ohne dass der Arbeitgeber bisher eine Kündigung ausgesprochen hat, etwa nach neunmonatiger Krankheit.[203] Von Interesse ist in diesem Zusammenhang ein Sachverhalt, den das BAG[204] zu beurteilen hatte: Ein seit März 1968 tätiger Straßenbauhilfsarbeiter, der im August 1976 in seinem landwirtschaftlichen Nebenerwerbsbetrieb einen Unfall erlitten hatte und deswegen bis Januar 1978 arbeitsunfähig krank war, wurde u.a. aus diesem Grunde am 29. 4. 1977 fristgerecht gekündigt. In der längeren Hinnahme solcher krankheitsbedingter Fehlzeiten liegt in aller Regel kein Verzicht des Arbeitgebers auf die Geltendmachung solcher Fehlzeiten als Kündigungsgrund.[205] Ein Arbeitgeber, der nicht unerhebliche Zeit solche krankheitsbedingten Ausfälle des Arbeitnehmers hingenommen hat, verletzt weder die gebotene Rücksichtnahme noch seine Fürsorgepflicht gegenüber dem Arbeitnehmer, wenn er erst spät von seinem Gestaltungsrecht der Kündigung Gebrauch macht. Entscheidend kommt es insoweit allein auf das Fortbestehen der Erkrankung an, was gegebenenfalls durch die weiterhin andauernde Arbeitsunfähigkeit des Arbeitnehmers nach dem Ausspruch der Kündigung manifestiert werden kann.[206] Etwas anderes gilt nur dann, wenn der Arbeitnehmer nachweist, dass der Arbeitgeber ihn, der von sich aus kündigen wollte, trotz der in der Vergangenheit liegenden Erkrankungen zu halten versucht habe.[207] Nicht anders wird zu entscheiden sein[208], wenn beispielsweise ein Arbeitgeber, nachdem sich der bereits lange Zeit erkrankte Arbeitnehmer in einem Vorprozess aus Anlass einer sozialplanpflichtigen betriebsbedingten Kündigung – die Abfindung hätte 20.000,– DM betragen – vergleichsweise bereiterklärt hatte, gegen eine geringere Vergütung weiterbeschäftigt zu werden, knapp einen Monat danach wegen Krankheit kündigt. Eine solche Kündigung erweist sich als rechtsmissbräuchlich, weil sie im Widerspruch zum früheren Verhalten des Arbeitgebers steht (venire contra factum proprium), der in Kenntnis der andauernden Erkrankung des Arbeitnehmers im Rahmen eines früheren Kündigungsschutzprozesses einen Prozessvergleich ohne Abfindungszahlung abgeschlossen hatte.

---

[203] LAG Düsseldorf DB 1961, 680; siehe auch ArbG Ulm (27. 3. 62) BB 1962, 802; LAG Berlin BB 1977, 143: jahrelanges Hinnehmen; LAG Düsseldorf BB 1977, 1504: 5 Monate.
[204] (22. 2. 80) DB 1980, 1446 ff. Die Sache wurde an das LAG zurückverwiesen.
[205] Ebenso LAG Berlin BB 1977, 143; LAG Bremen (31. 1. 56) AP Nr. 6 zu § 123 GewO; LAG Baden-Württ. (9. 4. 62) BB 1962, 599; LAG Düsseldorf BB 1977, 1504; LAG Schleswig-Holst. (19. 8. 81) DB 1981, 2440; siehe auch LAG Hamm (18. 3. 1982) BB 1983, 1600; LAG Köln (19. 12. 95) NZA-RR 1996, 251; *Palme*, BlStSozArbR 1978, 227; *U. Preis*, Prinzipien, S. 372; *Däubler*, S. 586 Rdn. 1090; *Kittner/Däubler/Zwanziger*, KSchR, § 242 BGB Rdn. 13; siehe auch BAG (12. 12. 96) EzA Nr. 41 zu § 1 KSchG Krankheit, S. 6 – **anderer Ans.** LAG Düsseldorf DB 1975, 2383.
[206] LAG Berlin (19. 12. 78) ARSt 1979, S. 159 Nr. 1157; (19. 3. 79) – 9 Sa 118/89 –: 11 weitere Wochen sowie weitere 5 Monate wegen desselben Grundleidens.
[207] LAG Düsseldorf (12. 9. 75) DB 1976, 104.
[208] Zutreffend ArbG Neumünster (26. 9. 96) NJW 1997, Heft 42, S. XX.

106   Kündigt der Arbeitgeber vor dem Antritt einer dem Arbeitnehmer bewilligten Kur oder Heilbehandlung, so wird eine Kündigung bereits zu diesem Zeitpunkt im Allgemeinen sozialwidrig sein.[209] Vom Arbeitgeber wird grundsätzlich verlangt werden müssen, mit dem Ausspruch einer Kündigung solange zu warten, bis feststeht, ob sich der Gesundheitszustand des Arbeitnehmers nach dem Abschluss eines solchen Heilverfahrens maßgeblich gebessert hat.[210] Das gilt trotz mehrfacher und langanhaltender Erkrankungen jedenfalls dann, wenn aufgrund neuartiger Behandlungsmethoden mit großer Wahrscheinlichkeit mit der Wiederherstellung der Gesundheit und damit der Arbeitsfähigkeit gerechnet werden kann. Bis zur Durchführung der konkreten Heilmaßnahmen erscheint objektiv die Befürchtung nicht gerechtfertigt, der Arbeitnehmer werde auch in Zukunft für nicht absehbare Zeit seinem Arbeitsplatz fernbleiben. Gleiches gilt, falls sich später der Misserfolg der Heilbehandlung herausstellt. Vom Arbeitgeber kann in derartigen Fällen in der Regel verlangt werden, den Erfolg oder auch Misserfolg der konkreten Heilmaßnahme abzuwarten, bevor er den Arbeitnehmer wegen dessen Erkrankung entlässt, es sei denn, der Arbeitgeber braucht dringend für die zu verrichtende Tätigkeit eine andere Arbeitskraft, ohne dass eine Übergangslösung möglich oder dem Arbeitgeber noch zumutbar erscheint.

107   Eine ordentliche fristgerechte Kündigung ist um so eher begründet, wenn nicht abgesehen werden kann, ob der Arbeitnehmer gesundheitlich überhaupt wieder hergestellt werden wird[211] oder wenn die Erkrankung so schwerwiegend ist, dass die Arbeit – sei es die bisher geleistete, sei es eine irgendwie anders geartete – in Zukunft ohnehin nicht mehr aufgenommen werden kann.[212] Das ist etwa der Fall, wenn eine Küchenhilfskraft wegen einer Wirbelsäulenerkrankung die anfallenden Arbeiten nicht mehr erledigen kann.[213] Dabei handelt es sich jedoch in Wahrheit um eine Kündigung wegen dauernder Unmöglichkeit, die geschuldete Arbeitsleistung zu erbringen, um einen Fall objektiver Unmöglichkeit.[214] Wegen der

---

[209] Vgl. BAG (22.2.80) AP Nr. 6 zu § 1 KSchG 1969 Krankheit, mit Anm. von *G. Hueck* = EzA Nr. 5 zu § 1 KSchG Krankheit, mit zust. Anm. von *von Maydell/Eylert*; (29.7.93) DB 1993, 2439; LAG Düsseldorf (19.3.63) BB 1963, 938; LAG Bayern SAE 1958, 103; LAG Frankfurt/M. (21.12.76) ARSt 1978, S. 12 Nr. 1036; (5.10.81) BB 1983, 61 = NJW 1983, 360; *Schwerdtner*, in: Müko-BGB, 1. Aufl. 1980, § 620 Rdn. 239; KR-*Becker*, 3. Aufl., § 1 KSchG Rdn. 220; *von Maydell/Eylert*, Anm. zu BAG EzA Nr. 5 zu § 1 KSchG Krankheit; *Stahlhacke/Preis*, S. 358 Rdn. 745; *Hunold*, 2. Aufl., S. 279, *Haberkorn*, Arbeitsrecht, S. 193; *U. Preis*, DB 1988, 1444; *Löwisch*, KSchG, § 1 Rdn. 209; *Becker-Schaffner*, ZTR 1997, 50; *Knorr/Bichlmeier/Kremhelmer*, S. 459 Rdn. 97; KR-*Etzel*, § 1 KSchG Rdn. 383; *Roos*, NZA-RR 1999, 618; *Hako-Gallner*, § 1 Rdn. 561; *Kittner/Däubler/Zwanziger*, KSchR, § 1 KSchG Rdn. 142.
[210] Zust. *Däubler*, S. 583 Rdn. 1083; *Seidel*, DB 1996, 1414; siehe aber zu Recht BAG (12.12.96) EzA Nr. 41 zu § 1 KSchG Krankheit, S. 4, falls bei verschiedenen, schwerwiegenden Krankheiten eine Erstkur keinen „Erfolg" gebracht hat.
[211] LAG Frankfurt/M. DB 1953, 555.
[212] BAG SAE 1972, 255: Grubenuntauglichkeit; BAG (28.2.90) AP Nr. 25 zu § 1 KSchG 1969 Krankheit; (13.12.90) – 2 AZR 342/90 – unv.
[213] Vgl. BAG (28.2.90) AP Nr. 25 zu § 1 KSchG 1969 Krankheit = NZA 1990, 727 = BB 1990, 1207; LAG München (14.8.91) LAGE Nr. 9 zu § 1 KSchG Personenbedingte Kündigung.
[214] Siehe auch *Hromadka*, Anm. zu BAG SAE 1994, 5.

Höchstpersönlichkeit der geschuldeten Leistung, § 613 BGB, kann sie von einem anderen nicht erbracht werden. Ebenso erscheint die Kündigung eines ruhenden Arbeitsverhältnisses sozial gerechtfertigt, wenn etwa der Arbeitnehmer eine befristete Rente wegen Erwerbsunfähigkeit bzw. verminderter Erwerbsfähigkeit, § 59 Abs. 1 BAT, bezieht.[215] Weder der Wortlaut der genannten Norm noch andere auslegungsrelevante Aspekte stehen einer krankheitsbedingten Entlassung während des Ruhenszeitraumes entgegen, zumal sich der rentenversicherungsrechtliche Begriff der Erwerbsunfähigkeit nicht mit dem arbeitsrechtlichen Begriff der Arbeitsunfähigkeit deckt.[216] Die Bewilligung einer befristeten Erwerbsunfähigkeitsrente beinhaltet keine unwiderlegbare Vermutung einer nur vorübergehenden Arbeitsunfähigkeit.

Ein Kündigungsgrund kann auch bei einer Krankenschwester gegeben sein, die an einer psychischen Erkrankung (paranoide Züge) leidet, wenn die begründete Besorgnis besteht, die vereinbarte Arbeitsleistung nicht mehr ordnungsgemäß erbringen zu können.[217] Nicht gefolgt werden kann hingegen der Auffassung von *Baumann*[218], der Arbeitgeber müsse eine schwere, sich lang hinziehende unheilbare Krankheit selbst dann hinnehmen, wenn diese ihm bei der Einstellung des Arbeitnehmers nicht bekannt gewesen sei, falls dem Arbeitnehmer die „Grundtendenz negativen Verhaltens" fehle. Bei einer personenbedingten Kündigung kommt es auf solche Umstände grundsätzlich nicht an. Auf Unverständnis muss auch eine Entscheidung des LAG Köln vom 20. 12. 2000[219] stoßen, nach der es dem Arbeitgeber bei einem psychisch kranken Arbeitnehmer mit entsprechenden Verhaltensstörungen zumutbar ist, dessen Mitarbeitern klarzumachen, dass ihr Kollege psychisch krank und es deshalb nicht angebracht sei, alle seine Äußerungen ernst und für bare Münze zu nehmen.

Besondere kündigungsrechtliche Probleme können sich bei transsexuellen Arbeitnehmern ergeben, freilich weniger unter dem Gesichtspunkt der Krankheit, sondern mehr wegen der Weiterbeschäftigungsmöglichkeit im Betrieb. Wird beispielsweise ein solcher Arbeitnehmer für eine Tätigkeit als Kraftfahrer auf Baustellen eingestellt und später auf seinen Wunsch, weil ihm wegen einer strafbaren Handlung die Fahrerlaubnis entzogen worden ist, in der Nachtschicht mit überwiegend schwerer körperlicher Arbeit beschäftigt, dann kann mit seiner zunehmenden auch äußeren Anpassung an das weibliche Geschlecht eine fristgerechte

108

---

[215] BAG (3.12.98) NZA 1999, 440f. = BB 1999, 690f.; APS/*Dörner*, § 1 KSchG Rdn. 191; *Hako-Gallner*, § 1 Rdn. 539; KPK-*Schiefer*, § 1 KSchG Rdn. 172b; *Kittner/Däubler/Zwanziger*, KSchR, § 21 TzBfG Rdn. 32; *Berkowsky*, NZA-RR 2001, 450 – **kritisch** *Küttner/Eisemann*, Personalbuch, Kündigung, personenbedingte, Rz. 18.
[216] Vgl. BAG (3.12.98) NZA 1999, 440f.; zust. *Schaub*, S. 1462 Rdn. 17.
[217] Vgl. LAG Frankfurt/M. (5.7.79) AuR 1981, 60 = ARSt 1981, S. 31 Nr. 1034.
[218] BB 1982, 1309.
[219] ZTR 2001, 329 (Ls).

Kündigung durchaus in Betracht kommen.[220, 221, 222] Jedoch muss in diesem Zusammenhang Art. 5 Abs. 1 der Richtlinie 76/207 EWG des Rates vom 9. 2. 1976[223] zur Verwirklichung des Grundsatzes der Gleichbehandlung von Männern und Frauen hinsichtlich des Zuganges zur Beschäftigung, zur Berufsbildung und zum beruflichen Aufstieg sowie in bezug auf die Arbeitsbedingungen Beachtung finden. Die Richtlinie kann der Entlassung einer transsexuellen Person aus einem mit der Umwandlung ihres Geschlechts zusammenhängenden Grund entgegenstehen.[224] Wenn eine Person entlassen wird, weil sie beabsichtigt, sich einer Geschlechtsumwandlung zu unterziehen oder ihr sich bereits unterzogen hat, wird sie im Vergleich zu den Angehörigen des Geschlechts, dem sie vor dieser Operation zugerechnet wurde, schlechter behandelt, was ein Verstoß gegen Art. 5 Abs. 1 der genannten Richtlinie darstellt.

109 Ansteckende[225] oder ekelerregende Krankheiten berechtigen den Arbeitgeber gleichfalls zum Ausspruch einer fristgerechten Kündigung. Es muss sich freilich um Krankheiten handeln, durch die der Arbeitnehmer nach außen, gegenüber seinen Mitarbeitern oder sonstigen Personen im Betrieb des Arbeitgebers Anstoß erregt und dadurch die geschäftlichen Interessen in einer Weise beeinträchtigt werden, dass dadurch ein Schaden vermögensrechtlicher Art entsteht oder doch mit großer Wahrscheinlichkeit entstehen wird. Mitunter dürfte dem einzelnen Arbeitnehmer die zu erbringende Leistung auch unmöglich sein, etwa bei einem Verkäufer in einem Lebensmittelgeschäft oder einer Küchenhilfe in einer Speisewirtschaft, wobei insbesondere die gesundheitspolizeilichen Beschäftigungsverbote, §§ 31, 42 IfSG, Beachtung finden müssen. Sie sollen verhindern, dass diese Personen mit bestimmten Lebensmitteln in Berührung kommen und somit die fraglichen Krankheitserreger verbreitet werden.[226] Die Weiterbeschäftigung eines solchen Arbeit-

---

[220] Vgl. LAG Berlin (21. 1. 80) EzA Nr. 1 zu § 1 KSchG Personenbedingte Kündigung mit zutreffender Würdigung des Sachverhalts; zust. *Gamillscheg*, S. 619; *Gola*, BlStSozArbR 1984, 326 Anm. 11; *Stahlhacke/Preis/Vossen*, Rdn. 1212; siehe auch LAG Berlin (27. 7. 90) LAGE Nr. 12 zu § 123 BGB: Arzthelferin in einer Praxis mit Patientinnen vorwiegend türkischer Herkunft; BAG (21. 2. 91) BB 1991, 2014 = NZA 1991, 719; *Schaub*, S. 1465 Rdn. 29; KR-*Etzel*, § 1 KSchG Rdn. 319; *Hummel*, S. 58 – **anderer Ans.** *Kittner/Däubler/Zwanziger*, KSchR, KSchG, § 1 KSchG Rdn. 152a; wohl auch *Elsner*, S. 130.
[221] Zur Entlassung eines Polizeivollzugsbeamten siehe VGH München (30. 9. 96) NJW 1997, 1655; *Corell*, NJW 1999, 3375f.
[222] Einer Meldung der Zeitung „Der Tagesspiegel" Nr. 11839 vom 1. 9. 1984, S. 20, zufolge soll das amerikanische Appellationsgericht die Entlassung eines Piloten, der durch Geschlechtsumwandlung zur Frau geworden war, bestätigt haben. Die amerikanische Bürgerrechtsakte verbietet nicht die Diskriminierung einer Person, die Schwierigkeiten mit ihrer geschlechtlichen Identität habe.
[223] AmtsBl./EG vom 14. 2. 1976 Nr. L 39/40.
[224] EuGH (30. 4. 96) NZA 1996, 695f. = NJW 1996, 2421; zust. *Berkowsky*, NZA-RR 2001, 458; KPK-*Schiefer*, § 1 KSchG Rdn. 259a; *Schaub*, S. 1733 Rdn. 7 – **kritisch** *Gamillscheg*, S. 619; KR-*Pfeiffer*, § 611a BGB Rdn. 36, falls die Geschlechtsumwandlungsoperation noch bevorsteht.
[225] So auch ArbG Kaiserslautern/Pirmasens (22. 11. 84) ARSt 1986, S. 170 Nr. 109: Dauerausscheider von Salmonellen.
[226] Vgl. *Schumacher/Meyn*, BSeuchG, § 17 Erl. 17.

nehmers ist aber nicht allein deshalb unzulässig, weil die Gültigkeitsdauer des der Einstellung zugrunde liegenden Gesundheitszeugnisses abgelaufen ist.[227]

Die zeitliche Konkretisierung einer langanhaltend krankheitsbedingten Arbeitsunfähigkeit hat schon immer erhebliche Schwierigkeiten bereitet. So wurde in der Vergangenheit vor allem auf die besonderen Umstände des konkreten Einzelfalles abgestellt, da man sich außerstande sah, allgemeingültige Maßstäbe für die Bemessung der Dauer einer Krankheit zu fixieren.[228] Dennoch wird man ganz allgemein eine Krankheit dann als langanhaltend bezeichnen können, wenn die weitere Krankheitsdauer vom Zeitpunkt der Kündigung an gerechnet – in Anlehnung an die Vorschriften über die Vergütungsfortzahlungspflicht des Arbeitgebers im Krankheitsfalle des Arbeitnehmers, § 3 Abs. 1 EFZG – auf mehr als sechs Wochen[229] veranschlagt werden muss.[230, 231, 232] Auf die bisherige Dauer der Arbeitsunfähigkeit kommt es insoweit nicht an.[233] Diese eher großzügig zu beurteilende zeitliche Dauer kann freilich immer nur als gewisse Richtschnur verstanden werden, so dass unter besonderen Umständen auch schon eine kürzere Zeit ausrei-

110

---

[227] Vgl. BayObLG (20.11.79) DB 1980, 936 = BB 1980, 315.
[228] Siehe die Nachweise bei *Jedzig*, S. 52ff.; KR-*Etzel*, § 1 KSchG Rdn. 366.
[229] Entgegen der Darstellung von *Ottow*, DB 1977, 306, habe ich in einem Aufsatz, DB 1970, 490 (493), die zeitliche Grenze von sechs Wochen als Mindestzeit bezeichnet.
[230] Ebenso *Schlegelberger/Schröder*, HGB, Bd. I, 4. Aufl. 1960, § 72 Anm. 7; *Haberkorn*, MuA 1966, 117; *Lepke*, DB 1970, 490; LAG Frankfurt/M. AP Nr. 1 zu § 72 HGB; LAG Niedersachsen (14.1.60) ARSt Bd. XXIV, S. 71 Nr. 185; zust. auch LAG Berlin (19.3.79) – 9 Sa 113/78 – unv.; ArbG Göttingen (14.8.63) BB 1963, 1057; ArbG Celle (15.5.79) ARSt, S. 159 Nr. 1159; *Foltyn*, S. 84; *Hoppe*, BlStSozArbR 1975, 133; *Neumann*, NJW 1978, 1840; *Denck*, JuS 1978, 159, bei häufigen Fehlzeiten; *von Hoyningen-Huene/Linck*, KSchG, § 1 Rdn. 243, aber gegen feste Fristen, Rdn. 250; *Bauer/Röder/Lingemann*, S. 93; *Löwisch*, KSchG, § 1 Rdn. 195; *Berkowsky*, BB 1981, 911; *Osthold*, BB 1982, 1307; KR-*Becker*, 3. Aufl., § 1 KSchG Rdn. 213; *Gola*, BlStSozArbR 1984, 327; *Herschel/Löwisch*, KSchG § 1 Rdn. 142; *Liebig*, S. 91ff.; *Haug*, S. 152; *Bezani*, S. 31ff., mit eingehender Begründung; ErfK/*Ascheid*, § 1 KSchG Rdn. 217; *Kittner/Zwanziger/Appel*, § 93 Rdn. 36 – **anderer Ans.** *Däubler*, S. 582 Rdn. 1082: voraussichtlich auch noch in sechs Monaten krank; wohl auch *Popp*, AuR 1979 42 (46); **unrichtig** *Tessmer*, ZfS 1980, 134, wenn er meint, ich hätte mich für eine generalisierende Regelung ausgesprochen; ungenau auch BAG (22.2.80) DB 1980, 1446ff.
[231] Wenn das LAG Düsseldorf, BB 1976, 646, meint, eine Krankheitsdauer von zwei bis drei Monaten könne nicht als langanhaltend angesehen werden – ebenso das ArbG Dortmund, BB 1977, 898; LAG Köln (25.8.95) NZA-RR 1996, 248 = LAGE Nr. 30 zu § 4 KSchG; zweifelnd LAG Köln (19.12.95) NZA-RR 1996, 252, bei einer erst vier Monate andauernden Erkrankung und sechzehnjähriger Betriebszugehörigkeit des Arbeitnehmers –, wird verkannt, dass es nicht allein auf eine vergangenheitsbezogene Betrachtung ankommt, sondern ob noch im Zeitpunkt der Kündigung eine langanhaltende Krankheit vorliegt. Dieser Einwand muss auch *Löwisch*, Arbeitsrecht, S. 398 Rdn. 1346, *ders.*, KSchG, § 1 Rdn. 197, entgegengehalten werden, wenn es auf eine Krankheitsdauer von mehr als sechs Monaten ankommen soll.
[232] Auch in manchen Tarifverträgen wird auf die 6-Wochen-Frist abgestellt, etwa § 58 RTV für gewerbliche Arbeitnehmer des Dachdeckerhandwerks vom 21.1.1986: „Kündigt der Arbeitgeber einem erkrankten Arbeitnehmer so wirkt die Kündigung zum letzten Krankheitstag, spätestens jedoch sechs Wochen seit Krankheitsbeginn." Der RTV vom 27.10.1990 enthält eine solche Regelung allerdings nicht mehr.
[233] So auch *von Hoyningen-Huene/Linck*, KSchG, § 1 Rdn. 243; KR-*Etzel*, § 1 KSchG Rdn. 366.

chend sein kann.²³⁴ Insoweit gibt es keine festen „Abwartezeiten".²³⁵ Demgegenüber lehnt das BAG²³⁶ jedwede Generalisierung und Schematisierung bzw. feste Grenzwerte ab, ohne die dagegen im Schrifttum erhobenen Einwände entkräftet zu haben. Eine Ungewissheit hinsichtlich der Länge der zu erwartenden Ausfallzeit, so meint das BAG, könnte je nach der Sachlage allenfalls das Gewicht der Störung vergrößern.²³⁷ Dabei wird jedoch nicht hinreichend berücksichtigt, dass das Rechtsstaatsprinzip, Art. 20 GG, eine gewisse Vorhersehbarkeit staatlicher Entscheidungen gebietet²³⁸, insbesondere insoweit, ob ein Verhalten unter die Tatbestandsvoraussetzungen einer Rechtsnorm fällt und deshalb die dort genannten Rechtsfolgen gegeben sind oder nicht. Der dem Recht Unterworfene kann Rechtssicherheit, eines der Elemente des Rechtsstaatsprinzip²³⁹, sowie eine gewisse Rechtskontinuität verlangen, zumal die betriebliche Praxis auf rechtliche Orientierungssicherheit, Verlässlichkeit und Kalkulierbarkeit der materiell- und prozessrechtlichen Risiken angewiesen ist. Immerhin hat das BAG²⁴⁰ aber bei häufigen Kurzerkrankungen die Sechs-Wochenfrist als gewissen Orientierungsrahmen aufgegriffen, jedenfalls eine acht Monate andauernde Erkrankung als eine solche langanhaltender Art qualifiziert²⁴¹, ohne darin eine Art „Ausschlusstatbestand" zu sehen.²⁴² Das für Groß-Berlin gültig gewesene, jedoch schon seit längerer Zeit außer Kraft gesetzte Kündigungsschutzgesetz vom 20. 5. 1950²⁴³ sah allerdings eine während der Dauer einer durch Arbeitsunfall hervorgerufenen Arbeitsunfähigkeit sowie innerhalb der ersten sechs Monate einer Krankheit ausgesprochene Kündigung als sozialwidrig an. Diese viel zu starre Regelung hat der Bundesgesetzgeber aus gu-

---

²³⁴ Zust. *Bauer/Röder/Lingemann*, S. 93f.; *Berkowsky*, NZA 2001, 396 m.w.N.; siehe auch ArbG Bamberg/Coburg (8. 1. 74) ARSt 1974, S. 143 Nr. 1172, das bei einer Raumpflegerin eine Krankheit von mehr als vier Wochen ausreichend sein lässt, wenn jedenfalls eine Aushilfskraft nicht zur Verfügung steht; allgemein dazu *Oetker*, Anm. zu BAG EzA Nr. 28 zu § 1 KSchG Krankheit, S. 36 – anders *Löwisch*, Arbeitsrecht, Rdn. 195, 199.
²³⁵ Ebenso *von Hoyningen-Huene/Linck*, KSchG, § 1 Rdn. 250; *Leinemann/Ascheid*, GewO, § 105 Rdn. 13057; ErfK/*Ascheid*, § 1 KSchG Rdn. 217; *Gamillscheg*, S. 608; KPK-*Schiefer*, § 1 KSchG Rdn. 219.
²³⁶ (25. 11. 82) AP Nr. 7 zu § 1 KSchG 1969 Krankheit, mit Anm. von *Meisel*; (16. 2. 89) AP Nr. 20 zu § 1 KSchG 1969 Krankheit, mit Anm. von *U. Preis* (6. 9. 89) AP Nr. 23 zu § 1 KSchG 1969 Krankheit, mit Anm. von *U. Preis*; HK-KSchG/*Weller/Dorndorf*, § 1 Rdn. 430; *Knorr/Bichlmeier/Kremhelmer*, S. 457 Rdn. 94 – kritisch *Birk*, JuS 1986, 377; *Schwerdtner*, DB 1990, 377; siehe jetzt auch BAG (29.4.99) BB 2000, 49 (50) = NZA 1999, 978: Zeitraum bis zu 24 Monaten.
²³⁷ Zust. *Leinemann/Ascheid*, GewO, § 105 Rdn. 13055.
²³⁸ Siehe die Nachweise bei *Oetker*, Anm. zu BAG EzA Nr. 28 zu § 1 KSchG Krankheit, S. 15; *Zapka*, DÖD 1991, 269 (275 m.w.N.); ders., Passivrauchen, S. 11, 19, 21–29; *Kasper*, NJW 1994, 2981; *Lücke*, BB 1997, 1843 m.w.N.; BVerfG (25. 10. 73) E 37, 132 (142).
²³⁹ Vgl. nur *Benda*, S. 725ff. Rdn. 14ff.; *Münch*, NJW 1996, 3320ff.; BVerfG E 3, 225 (237).
²⁴⁰ EzA Nr. 28 zu § 1 KSchG Krankheit; BAGE 40, 361.
²⁴¹ BAG (29.4.99) BB 2000, 49 = SAE 2000, 14ff. mit Anm. von *Gitter*; siehe auch BAG (25. 11. 82) BB 1983, 899; (22. 2. 80) BB 1980, 938.
²⁴² *Gitter*, Anm. zu BAG SAE 2000, 18.
²⁴³ § 1 Abs. 4 Berliner KSchG, VOBl. I, S. 173; **falsch** *Tessmer*, ZfS 1980, 134, dass der Berliner KSchG ein generelles Kündigungsverbot ausgesprochen habe; dazu auch *Jedzig*, S. 287.

ten Gründen für das geltende Kündigungsschutzrecht nicht übernommen[244], da bei der Abwägung der beiderseitigen Interessen eine Vielzahl von weiteren Umständen Berücksichtigung finden muss, wie etwa die Dauer der Betriebszugehörigkeit, das Alter des Arbeitnehmers und damit seine Chancen auf dem Arbeitsmarkt, frühere Erkrankungen, der Ablauf der Krankheit sowie der Gesundheitszustand in der Zukunft, aber auch die Auswirkungen auf den Betriebsablauf im konkreten Einzelfall. Alle diese Gesichtspunkte würden bei einer gesetzlichen Mindestdauer der Krankheit des Arbeitnehmers als Kündigungsgrund keine angemessene Beachtung finden. Dass nicht bereits die einmalige volle Inanspruchnahme der gesetzlichen Vergütung im Krankheitsfalle den Arbeitgeber zur Kündigung berechtigt – das Gegenteil unterstellt offenbar das BAG[236] der oben vertretenen Auffassung –, ergibt sich schon daraus, dass der Arbeitnehmer im Zeitpunkt des Zuganges der Kündigung schon längere Zeit arbeitsunfähig krank gewesen sein muss. Zu Recht bejahte das LAG Hamm[245] eine langanhaltende Erkrankung bei einem ununterbrochen seit dem 6. 11. 1995 arbeitsunfähig kranken Produktionshelfer, der 14 Monate nach dem Zugang der Kündigung und 8 Monate nach dem Ablauf der Kündigungsfrist nicht arbeitsfähig war.[246]

In diesem Zusammenhang hat *Ottow*[247] vorgeschlagen, die Kündigung wegen längerer Krankheit an den Kündigungsfristen zu messen. Sei nicht vorauszusehen, dass ein Arbeitnehmer innerhalb der Kündigungsfrist wieder arbeitsfähig werde, dann sei eine Kündigung wegen der Erkrankung des Arbeitnehmers gerechtfertigt. Gegen diese im Ansatz durchaus nicht unbrauchbare Faustregel spricht freilich, dass Angestellte und Arbeiter, für die bis 1993 nicht nur gesetzlich, sondern vielfach auch tarifvertraglich unterschiedlich lange Kündigungsfristen galten bzw. gelten, ohne sachlich einleuchtenden Grund unterschiedlich behandelt würden. Sollen daneben[247] aber noch das Alter und die Betriebszugehörigkeit des Arbeitnehmers angemessen berücksichtigt werden, dann verliert eine solche Formel weitgehend ihren praktischen Wert, wenn man bedenkt, dass Gruppen von Arbeitnehmern, insbesondere Funktionsträger nach BetrVG grundsätzlich nur außerordentlich fristlos, §§ 15 KSchG, 103 BetrVG, entlassen werden dürfen. Außerdem würde die angenommene Zeitspanne zugunsten des Arbeitnehmers gleich zweimal berücksichtigt werden, und zwar einmal bei der Feststellung, ob eine langanhaltende Krankheit vorliege, und zum anderen bei der Einhaltung der Kündigungsfrist. So-

---

[244] Dazu auch *Bezani*, S. 11, der diesem Umstand indizielle Bedeutung dafür beimisst, dass der Gesetzgeber eine krankheitsbedingte Kündigung habe zulassen wollen; ferner *Gentges*, S. 190.
[245] (28. 7. 99) NZA-RR 2000, 134.
[246] Siehe auch LAG Hamm (24. 6. 99) NZA 2000, 320: 10 Monate andauernde Arbeitsunfähigkeit; Hess. LAG (13. 3. 01) NZA-RR 2002, 21 ff.: mehr als 11 Monate.
[247] DB 1977, 306; zust. *Denck*, JuS 1978, 157 – **kritisch** *Herschel*, Anm. zu BAG AP Nrn. 2 und 3 zu § 1 KSchG 1969 Krankheit – **ablehnend** *Palme*, BlStSozArbR 1978, 226; *Stein*, BlStSozArbR 1979, 164; *Birkner-Kuschyk/Tschöpe*, DB 1981, 264; *U. Preis*, Prinzipien, S. 435, 447; KR-*Becker*, 3. Aufl., § 1 KSchG Rdn. 213; *Bezani*, S. 36; *von Hoyningen-Huene/Linck*, KSchG, § 1 Rdn. 250; *Löwisch*, KSchG, 7. Aufl. 1997, § 1 Rdn. 182; *Däubler*, S. 582 Rdn. 1082; BAG (25. 11. 82) AP Nr. 7 zu § 1 KSchG 1969 Krankheit, mit Anm. von *Meisel*.

weit allerdings das BAG[236] in diesem Zusammenhang einwendet, ob die betrieblichen Auswirkungen von krankheitsbedingten Fehlzeiten mehr oder weniger schwerwiegend seien, hänge nicht davon ab, dass es sich im konkreten Falle um einen Arbeiter oder Angestellten handele, gehen seine Ausführungen teilweise am Kern der Sache vorbei. Erst wenn das Vorliegen einer langandauernden Erkrankung bejaht wird, stellt sich die weitere entscheidungserhebliche Frage, inwieweit sich das Kranksein betrieblich auswirkt, wobei es freilich nur auf die Art der Tätigkeit ankommen kann. Noch weniger kann der Auffassung *Däublers*[248], von einem nicht absehbaren Ende einer krankheitsbedingten Arbeitsunfähigkeit könne nur gesprochen werden, wenn in Anlehnung an die Wartefrist des § 1 Abs. 1 KSchG der Arbeitnehmer voraussichtlich auch noch in sechs Monaten krank sein werde, gefolgt werden. Eine solche zeitliche Grenze wird der Rechtsnatur des Arbeitsverhältnisses nicht gerecht und stellt sich unter dem Aspekt, dem Arbeitgeber sei auch ein „dauerndes Verlustgeschäft" zuzumuten[249], als eine unzulässige einseitige Interessenbewertung dar. Auch der Hinweis in diesem Zusammenhang, dem Arbeitgeber könne im Regelfall zugemutet werden, eine Ersatzkraft für weniger als sechs Monate einzustellen, erweist sich als nicht stichhaltig. Eine Ersatz- oder Aushilfskraft für den erkrankten Arbeitnehmer zu beschäftigen, kann mit erheblichen praktischen Schwierigkeiten verbunden sein.[250] Überdies wird eine langanhaltende Krankheit bereits vor dem Kündigungsausspruch signifikant.

Maßgebend für die Beurteilung, ob eine langanhaltende Erkrankung des Arbeitnehmers vorliegt, was nach wissenschaftlich gesicherter Erfahrung zu beurteilen ist[251], sind also allein objektiv nachprüfbare Fakten[252], während die subjektiven Vorstellungen des Arbeitgebers oder die des Arbeitnehmers über den Stand und den Verlauf der Krankheit außer Betracht bleiben müssen. Einmal wird der Arbeitgeber in der Regel nicht über die erforderlichen medizinischen Kenntnisse verfügen, um die Art oder gar die Dauer der krankheitsbedingten Arbeitsunfähigkeit feststellen zu können. Zum anderen entspricht es allgemeinen Grundsätzen im arbeitsgerichtlichen Kündigungsschutzprozess, dass die zur Rechtfertigung einer Kündigung herangezogenen Umstände, von Ausnahmen abgesehen, objektiv nachprüfbar sein müssen. Wenn auch das Bestehen einer arbeitsvertraglichen Erkundigungspflicht seitens des Arbeitgebers abgelehnt worden ist, so dürfte doch der kündigende Arbeitgeber im eigenen Interesse gut beraten sein, sich vor dem Ausspruch einer Kündigung aus krankheitsbedingten Gründen beim Arbeitnehmer Gewissheit zu verschaffen, soweit er dazu überhaupt in der Lage ist, ob in absehbarer Zeit mit dem Einsatz seiner Arbeitskraft wieder gerechnet werden kann. Die Prognose wird nicht dadurch in Frage gestellt, dass in einem späteren um die

---
[248] S. 540 – **dagegen** auch *Ascheid*, Kündigungsschutz, S. 218 Rdn. 392; ErfK/*Ascheid*, § 1 KSchG Rdn. 217.
[249] *Däubler*, S. 582 Rdn. 1082.
[250] Dazu *Lepke*, S. 235 Rdnr. 147.
[251] Vgl. LAG Bayern SAE 1958, 103.
[252] Statt vieler: BAG (10. 3. 77) AP Nr. 4 zu § 1 KSchG 1969 Krankheit; (21. 2. 01) NZA 2001, 1072 m.w.N.; LAG Bayern (27. 4. 66) Baye.ABl. 1967, Teil C 41; LAG Bremen DB 1965, 74; LAG Düsseldorf/Köln BB 1966, 1395; LAG Nürnberg, *Sabel*, EEK II/068.

Erwerbsunfähigkeitsrente vor dem SozG geführten Rechtsstreit ein vom dortigen Gericht gehörter Sachverständiger zu dem Ergebnis kommt, dem Arbeitnehmer sei eine vollschichtige berufliche Tätigkeit durchaus zuzumuten.[253] Ob die negative Gesundheitsprognose zum Kündigungszeitpunkt gerechtfertigt war, kann nur nach den Umständen beurteilt werden, die der Arbeitgeber zu diesem Zeitpunkt kannte oder deren Kenntnis er sich auf ihm zumutbare Weise hätte verschaffen können. Die Auskunft eines Amtsarztes über die künftige Entwicklung der krankheitsbedingten Fehlzeiten stellt in der Regel jedenfalls eine zuverlässige Prognoseentscheidung für den Arbeitgeber dar, so dass er zu weiteren Ermittlungen nicht verpflichtet ist.[253] Ansonsten trägt der Arbeitnehmer grundsätzlich das Risiko einer Fehldiagnose des ihn behandelnden Arztes.[254] Sprechen allerdings schon im Kündigungszeitpunkt objektive Umstände dafür, dass die Arbeitsunfähigkeit unabhängig von einer solchen Fehldiagnose voraussichtlich oder möglicherweise nur von absehbarer Dauer sein wird, kann eine negative Prognose nicht gestellt werden.[252] Das wird aber nur ganz ausnahmsweise der Fall sein.

Dass auch die dauernde krankheitsbedingte Unfähigkeit, die vertraglich geschuldete Arbeitsleistung zu erbringen, eine ordentliche fristgerechte Kündigung rechtfertigen kann, lässt sich nicht in Abrede stellen.[255] Auf eine negative Prognose hinsichtlich künftiger krankheitsbedingter Fehlzeiten kommt es nicht an. Die ungünstige Prognose sowie erhebliche betriebliche Beeinträchtigungen[256] sind dieser Begriffsbestimmung wesens eigen. Etwas anderes kann nur dann gelten, wenn die vom Arbeitnehmer vor der dauernden Erkrankung erbrachte Arbeitsleistung ohne Wert für den Arbeitgeber gewesen ist, was aber in der betrieblichen Praxis kaum

112

---

[253] LAG Rheinland-Pfalz (16. 11. 01) DB 2002, 1113.
[254] BAG (21. 2. 01) NZA 2001, 1072.
[255] Siehe BAG (30. 1. 86) NZA 1987, 555 ff.; (28. 2. 90) DB 1990, 2430 = AP Nr. 25 zu § 1 KSchG 1969 Krankheit; (13. 12. 90) – 2 AZR 342/90 – unv.; (7. 2. 91) AP Nr. 1 zu § 1 KSchG 1969 Umschulung; (23. 9. 92) – 2 AZR 150/92 – unv.; (12. 7. 95) AP Nr. 7 zu § 626 BGB Krankheit, mit Anm. von *Bezani* = EzA Nr. 156 zu § 626 BGB n.F., mit Anm. von *Kania*; (29. 1. 97) AP Nr. 32 zu § 1 KSchG 1969 Krankheit = SAE 1998, 15, mit zust. Anm. von *K. Gamillscheg*; (29. 10. 98) NZA 1999, 377 (378); (3. 12. 98) BB 1999, 691; (29.4.99) BB 2000, 49 ff. = EzA Nr. 46 zu § 1 KSchG Krankheit mit Anm. von Kraft = SAE 2000, 14, mit Anm. von *Gitter*; (12. 4. 02) NZA 2002, 1081 ff.; LAG Berlin (3. 11. 97) LAGE Nr. 27 zu § 1 KSchG Krankheit = MDR 1998, 661; LAG Hamburg (30. 6. 99) LAGE Nr. 30 zu § 1 KSchG Krankheit; *Hunold*, S. 293, 312; *Bezani*, S. 129 f. m.w.N.; KR-*Bekker*, 3. Aufl., § 1 KSchG Rdn. 221 ff.; *Fromm*, S. 569 m. N.; Kasseler Handbuch/*Isenhardt*, 6.3 Rz. 466, 491; *von Hoyningen-Huene*/*Linck*, KSchG, § 1 Rdn. 252 a; HK-KSchG/*Weller*/*Dorndorf*, § 1 Rdn. 432; *Berkowsky*, NZA-RR 2001, 449 f; MünchArbR/*Berkowsky*, § 136 Rdn. 114 ff.; *Feichtinger*, ArbR-Blattei, Krankheit I, Rdn. 188; FA-ArbR/*Kümpel*, S. 478 Rdn. 255; *Roos*, NZA-RR 1999, 619; KPK-*Schiefer*, § 1 KSchG Rdn. 232; *Elsner*, S. 97; APS/*Dörner*, § 1 KSchG Rdn. 188; *Hako-Gallner*, § 1 Rdn. 534 ff.; *Boemke*, Arbeitsrecht. S. 329 Rdn. 58; *Kittner/Zwanziger/Appel*, § 93 Rdn. 37; *Dörner/Luczak/Wildschütz*, D, Rdn. 1160; *Kittner/Däubler/Zwanziger*, KSchR, § 1 KSchG Rdn. 102; ErfK/*Ascheid*, § 1 KSchG Rdn. 208; KR-*Etzel*, § 1 KSchG Rdn. 375; *Knorr/Bichlmeier/Kremhelmer*, S. 469 Rdn. 119; *Stahlhacke/Preis/Vossen*, Rdn. 1236 ff.
[256] Vgl. BAG (28. 2. 90) AP Nr. 25 zu § 1 KSchG 1969 Krankheit; (29. 10. 98) NZA 1999,377; *K. Gamillscheg*, Anm. zu BAG (29. 1. 97) SAE 1998, 17 (19) – **anders Berkowsky**, NZA-RR 2001, 449.

vorkommen dürfte. Steht aufgrund nachprüfbarer medizinischer Befunde die dauernde Leistungsunfähigkeit des Arbeitnehmers objektiv fest, kommt es auf sein subjektives Befinden nicht an, er könne nach einer längeren Arbeitspause die geschuldete Arbeit wieder verrichten.[257]

Der feststehenden dauernden Arbeitsunfähigkeit steht der Fall gleich, dass im Zeitpunkt des Kündigungszuganges die Wiederherstellung der Arbeitsfähigkeit noch völlig ungewiss ist und die Krankheit bereits längere Zeit angedauert hat.[258] Wenn damit zu rechnen ist, dass der Arbeitnehmer nicht mehr in der Lage ist, die arbeitsvertraglich geschuldete Leistung zu erbringen, kann der Zweck des Arbeitsvertrages auf Dauer nicht mehr erreicht werden. So bejahte das BAG[259] zu Recht bei einer mehr als zweijährigen ununterbrochenen krankheitsbedingten Arbeitsunfähigkeit eines leitenden Angestellten im Versicherungsgewerbe, der seit Februar 1989 nach einem Herzinfarkt durchgehend krank war und erfolglos an Heilbehandlungsmaßnahmen teilgenommen hatte, eine negative Gesundheitsprognose und damit die Rechtmäßigkeit der vom Arbeitgeber am 26. 6. 1991 erklärten fristgerechten Kündigung. Erwähnung verdient in diesem Zusammenhang auch ein anderer kündigungsrelevanter Sachverhalt: Der Arbeitnehmer war seit September 1991 zunächst im Versand und ab August 1993 im Stahlbau tätig. Ab. 28. Juni 1994 fehlte er krankheitsbedingt. Sein Arzt hatte wegen des festgestellten Asthma bronchiale einen anderen Arbeitsplatz empfohlen. Nach dem Ende seiner Arbeitsunfähigkeit am 21. 11. 1994 wurde der Kläger in der Stuhlendverpackung vorübergehend zur Vertretung eines anderen Arbeitnehmers mit überdurchschnittlich hohem Krankenstand eingesetzt. Seit 30. 11. 1994 war der Kläger erneut arbeitsunfähig krank. Die vom Arbeitgeber am 21. 12. 1994 zum 31. 1. 1995 ausgesprochene Kündigung sahen die Instanzgerichte als sozial nicht gerechtfertigt an, während das BAG[260] gegenteilig entschied, allerdings den Rechtsstreit zur weiteren Sachaufklärung an das LAG Niedersachsen zurückverwies. Zustimmung verdient auch ein Urteil des LAG Berlin vom 3. 11. 1997.[261] Der 1950 geborene ausländische Kläger trat 1980 als Trockenbaumonteur in die Dienste der Beklagten. Er fehlte seit 1989, u.a. an erheblichen Beschwerden im Wirbelsäulenbereich, anhaltend starken Kopfschmerzen und einer beginnenden Hüft- und Kniegelenkarthrose leidend, krankheitsbedingt in erheblichem Umfange. Ab April 1994 war er dauerhaft bis mindestens Ende Februar 1997 krank und konnte nur noch körperlich leichte bis

---

[257] BAG (29. 10. 98) BB 1999, 2192 = NZA 1999, 377.
[258] BAG (21. 5. 92) AP Nr. 30 zu § 1 KSchG 1969 Krankheit = SAE 1994, 1ff., mit zust. Anm. von *Hromadka*; zust. auch *Hunold*, S. 315; BAG (19. 5. 93) – 2 AZR 539/92 – unv., RzK I 5g Nr. 53 (Ls); (29. 4. 99) EzA Nr. 46 zu § 1 KSchG Krankheit; (12. 4. 02) NZA 2002, 1081; LAG Berlin (3. 11. 97) MDR 1998, 661; LAG Hamm (24.6.99) NZA 2000, 320 (Ls); *von Hoyningen-Huene/Linck*, KSchG, § 1 Rdn. 252d; *Löwisch*, KSchG, § 1 Rdn. 185; *Schwerdtner*, in: Müko-BGB, § 622 Rdn. 276; KR- *Etzel*, § 1 KSchG Rdn. 371 m.w.N.; *Knorr/Bichlmeier/Kremhelmer*, S. 469 Rdn. 120; APS/*Dörner*, § 1 KSchG Rdn. 193; *Elsner*, S. 100; ErfK/*Ascheid*, § 1 KSchG Rdn. 211; *Boemke*, Arbeitsrecht, S. 329 Rdn. 58; KPK-*Schiefer*, § 1 KSchG Rdn. 234; *Buchner*, Anm. zu LAG München, LAGE Nr. 131 zu § 626 BGB, S. 13.
[259] (19. 5. 93) - 2 AZR 539/92 – RzK I 5g Nr. 53 (Ls).
[260] (29. 1. 97) AP Nr. 32 zu § 1 KSchG 1969 Krankheit = NZA 1997, 709.
[261] LAGE Nr. 27 zu § 1 KSchG Krankheit.

mittelschwere Arbeiten im Wechsel zwischen Sitzen und Stehen bzw. Gehen ohne häufiges Bücken, Knien, Hocken, häufiges Heben, Tragen und Bewegen von Lasten verrichten. Beide Instanzen bestätigten die fristgerecht am 13. 11. 1997 ausgesprochene Kündigung. Das Berufungsgericht sah es als erwiesen an, dass im Zeitpunkt des Kündigungszuganges die Wiederherstellung der Arbeitsfähigkeit des Klägers als Trockenbaumonteur völlig ungewiss und ein anderer geeigneter „leidensgerechter" Arbeitsplatz nicht frei gewesen sei.

In einem anderen Fall hatte das ArbG Herne[262] die Kündigungsschutzklage abgewiesen, das LAG Hamm[263] hingegen ihr entsprochen: Der 1965 geborene Kläger war seit dem 2. 11. 1981 bei der Beklagten – einem Bergbauunternehmen – als Bergarbeiter tätig. Seit 1984 fehlte der Arbeitnehmer krankheitsbedingt wie folgt: 1984 insgesamt 34 Schichten, 1985 insgesamt 76 Schichten, 1986 insgesamt 9 Schichten, 1987 insgesamt 143 Schichten, 1988 insgesamt 36 Schichten, 1989 insgesamt 115 Schichten, 1990 insgesamt 75 Schichten, 1991 insgesamt 117 Schichten, 1993 ca. 150 Schichten, vom 27. 7. bis 26. 9. 1994 insgesamt 44 Schichten sowie ab 4. 10. 1994 durchgehend. Hinzu kamen 1986, 1988, 1991, 1992 und 1993 verletzungsbedingte Fehltage im Umfange von insgesamt 269 Arbeitstagen. Der Kläger litt an einer beginnenden Lungenfunktionsstörung, an belastungsinduzierten Herzrhythmusstörungen, einer Aufbaustörung des Achsenorgans mit beginnenden Degenerationen im HWS-Bereich bei gleichzeitiger statischer Fehlhaltung. Obwohl der vom LAG bestellte medizinische Gutachter zu dem Ergebnis gekommen war, dass es im Zeitpunkt des Kündigungsausspruches am 16. 5. 1995 völlig ungewiss und zeitlich nicht absehbar gewesen sei, wann mit der Wiederherstellung der Arbeitsfähigkeit des Klägers gerechnet werden könne, verneinte das Berufungsgericht die Rechtmäßigkeit der fristgerecht erfolgten Entlassung. Es habe „nur" ein Fall krankheitsbedingter Leistungsminderung vorgelegen. Zu überzeugen vermag dieser Richterspruch in keiner Weise.

Im Ergebnis ebenso entschied das BAG[264] bei folgendem Sachverhalt: Die Klägerin war seit Januar 1993 bei dem Beklagten als Leiterin des Bauamtes tätig. 1996 erlitt sie als Fahrradfahrerin unverschuldet einen Verkehrsunfall. Sie litt u.a. an einem Schleudertrauma und war seitdem krank. Im Februar 1997 wurde dem Beklagten ärztlicherseits mitgeteilt, die Klägerin sei weiterhin arbeitsunfähig und mit der Wiederherstellung ihrer Arbeitsfähigkeit sei in absehbarer Zeit nicht zu rechnen. Daraufhin erfolgte die fristgerechte Kündigung gegenüber der Mitarbeiterin zum 31. 1. 1997. Ein befristeter Rentenbescheid wegen Erwerbsunfähigkeit wurde später bis zum 30. 4. 1999 verlängert. Während das LAG Brandenburg die Klage abgewiesen hatte, stellte das BAG die gegenteilige erstinstanzliche Entscheidung wieder her. Die Ungewissheit der Wiederherstellung der Arbeitsfähigkeit, so führte

---

[262] (19. 10. 95) – 4 Ca 1768/95 -.
[263] (16. 10. 97) NZA-RR 1998, 206 ff.
[264] (29. 4. 99) BB 2000, 49 ff. = DB 1999, 1861 = SAE 2000, 14 ff. mit zust. Anm. von *Gitter* = EzA Nr. 46 zu § 1 KSchG Krankheit mit **kritischer** Anm. von *Kraft*; zust. Hess. LAG (13. 3. 01) NZA-RR 2002, 22; *Bauer/Röder*, Kündigung, S. 131, 133; *Jüngst*, b + p 2000, 416; *Kittner/Zwanziger/Appel*, § 93 Rdn. 38.

das Revisionsgericht aus, stehe einer krankheitsbedingten dauernden Leistungsunfähigkeit in Anlehnung an § 1 Abs. 1 BeschFG (nur) gleich, wenn in den nächsten 24 Monaten mit einer anderen Prognose nicht gerechnet werden könne. Im Zeitpunkt des Kündigungszuganges habe der Beklagte aber nicht davon ausgehen können, dass aufgrund objektiver Umstände mit einer Arbeitsunfähigkeit der Arbeitnehmerin auf nicht absehbare Zeit zu rechen gewesen sei.

Hinsichtlich der Festlegung eines Prognosezeitraumes von 24 Monaten bestehen erhebliche Bedenken.[265] Es überrascht zunächst, dass das BAG insoweit eine zeitliche Fixierung vornimmt, hat doch der 2. Senat des BAG bisher jedwede strengen zeitlichen Limitierungen verworfen.[266] Überdies erscheint der Rückgriff auf die Befristungsregelung des § 2 Abs. 1 BeschFG, die nur bis zum 31. 12. 2000 galt und in der Vergangenheit wiederholt geändert worden ist, willkürlich und nicht sachgerecht. Allerdings sieht nunmehr auf § 14 Abs. 2 Satz 1 TzBfG ausdrücklich vor, dass die Befristung von Arbeitsverträgen ohne sachlichen Grund zulässig ist, wenn der Arbeitsvertrag oder seine höchstens dreimalige Verlängerung nicht die Gesamtdauer von 2 Jahren überschreitet. Der Hinweis des BAG, der Zeitraum von 24 Monaten könne ggf. durch die Einstellung einer Ersatzkraft mit einem befristeten Arbeitsvertrag überbrückt werden, überzeugt nicht; denn auch wesentlich kürzere Zeiträume können zum Zwecke einer Krankheitsvertretung eine Befristung sachlich rechtfertigen.[267] Überdies verknüpft das BAG die Frage der dauernden Leistungsunfähigkeit zu Unrecht mit der Frage, ob betriebliche Beeinträchtigungen durch die Einstellung einer Ersatzkraft verhindert oder vermindert werden können.[268] Ungeachtet dessen ginge ein weiteres Stück Rechtssicherheit verloren, wenn eine unveränderte Fehlzeitenprognose für die nächsten 24 Monate, und zwar bezogen auf den Zeitpunkt des Kündigungszuganges, verlangt werden würde.

112a   Bei dauernder Seedienstuntauglichkeit im Rahmen eines bestehenden Heuerverhältnisses gelten für die ordentliche Kündigung, § 62 SeemG, die maßgeblichen Grundsätze, die für eine dauernde krankheitsbedingte Leistungsunfähigkeit zu beachten sind.[269] Aufgrund der Sonderregelung des § 81 Abs. 1 SeemG kann jedoch nicht vom Vorliegen der Voraussetzungen für die Kündigung wegen einer krankheitsbedingten Leistungsminderung ausgegangen werden, wenn die Seetauglichkeit noch vorliegt.[270]

---

[265] Ebenso *Kraft*, Anm. zu BAG EzA Nr. 46 zu § 1 KSchG Krankheit; APS/*Dörner*, § 1 KSchG Rdn. 195; *Stahlhacke/Preis/Vossen*, Rdn. 1241; Bengelsdorf, NZA-RR 2002, 64: Zeitraum von 6 Monaten sei sachgerecht.
[266] Vgl. die Nachw. bei Lepke, S. 182 Rdn. 110 Fußn. 236.
[267] Siehe *Lepke*, S. 80ff. Rdn. 14; dazu auch *Hako-Gallner*, § 1 Rdn. 540; APS/*Dörner*, § 1 KSchG Rdn. 195; von *Hoyningen-Huene/Linck*, KschG, § 1 Rdn. 245a; HK-KSchG/ *Weller/Dorndorf*, § 1 Rdn. 435: non liquet gehe zu Lasten des Arbeitnehmers, eine Abweichung vom Gesetzeswortlaut sei nicht geboten.
[268] Kraft, Anm. zu BAG EzA Nr. 46 zu § 1 KSchG Krankheit, S. 14; von *Hoyningen-Huene/ Linck*, § 1 Rdn. 245 b.
[269] Ebenso KR-*Weigand*, § 62 SeemG Rdn. 69.
[270] KR-*Weigand*, § 62 SeemG Rdn. 70, unter Hinweis auf ArbG Hamburg (20. 6. 91) – 5 Ca 171/90 –.

b) Häufige Krankheiten und Wiederholungsgefahr

Während die Fälle einer langanhaltenden Krankheit in der Praxis verhältnismäßig 113
wenig Schwierigkeiten bereiten und in den letzten Jahren in der Gerichtspraxis kaum noch eine maßgebliche Rolle gespielt haben[271], kann das von Kündigungen wegen häufiger krankheitsbedingter Fehlzeiten nicht gesagt werden. Es erscheint aber begrifflich verfehlt, insoweit von verschiedenen „Kündigungsformen" zu sprechen[272] oder zu meinen[272], beide Kündigungssachverhalte – genauer: Fehlzeiten infolge langanhaltender Krankheiten und häufiger immer wiederkehrender Kurzerkrankungen – könnten nicht „zusammengerechnet" werden.[273] Abgelehnt werden muss auch die Ansicht[274], die Rechtsprechung des BAG zur Kündigung wegen wiederholter Kurzerkrankungen sei auf wiederholte Sportunfälle „analog" anzuwenden. Auch in diesen Fällen handelt es sich um Erkrankungen, so dass insoweit im Grundsatz keine kündigungsrechtlichen Besonderheiten gelten.[275] Zudem sind analogiefähig nur Rechtsvorschriften[276], wenn auch solche im weitesten Sinne.

Dass auch der wiederholte und häufige Ausfall des Arbeitnehmers infolge 114
Krankheit als personenbedingter Kündigungsgrund in Betracht kommen kann, vorausgesetzt, dass auch in Zukunft[277] mit weiteren, nicht unwesentlichen krankheitsbedingten Fehlzeiten gerechnet werden muss, entspricht allgemeiner Überzeugung.[278, 279] Das folgt sowohl aus der Gesetzessystematik als auch aus der Normenfunktion des § 1 Abs. 2 Satz 1 KSchG. Vom Arbeitgeber wird zwar aus dem Gesichtspunkt des Fürsorgegedankens verlangt werden müssen, gewisse Krankheitszeiten seiner Arbeitnehmer hinzunehmen und gerade in einer solchen Situation auf die schutzwürdigen Interessen des Arbeitnehmers größtmögliche Rücksicht zu nehmen. Diese Rücksichtnahme findet aber dort ihre Grenzen, wo

---

[271] Siehe auch *U. Preis*, RdA 1992, 394.
[272] So aber ArbG Passau/Deggendorf (30.9.91) BB 1991, 2224.
[273] Zutreffend MünchArbR/*Berkowsky*, § 154 Rdn. 44; *Schwerdtner*, in: Müko-BGB, § 622 Anh. Rdn. 287; LAG Köln (19.12.95) NZA-RR 1996, 251 = LAGE Nr. 22 zu § 1 KSchG Krankheit.
[274] ArbG Wetzlar (6.2.91) AuR 1992, 93.
[275] Siehe auch *Weber/Hoß*, DB 1993, 2429.
[276] Vgl. nur *Engisch*, S. 191; LAG Berlin (27.7.98) NZA-RR 1999, 40.
[277] Gegen das Kriterium der Wiederholungsgefahr zu Unrecht *Kasper*, NJW 1994, 2981ff.
[278] Vgl. die Nachw. bei *Lepke*, 10. Aufl., S. 162 Fußn. 228; ferner *Gamillscheg*, S. 607; *Schaub*, S. 1462ff. Rdn. 19ff.; *Hanau/Adomeit*, S. 268 Rdn. 876; *Kittner/Däubler/Zwanziger*, KSchR, § 1 KSchG Rdn. 84ff.; Kasseler *Handbuch/Isenhardt*, 6.3 Rz. 479; *Roos*, NZA-RR 1999, 617; *Backmeister/Trittin*, KSchG, § 1 Rdn. 171ff.; KR-*Etzel*, § 1 KSchG Rdn. 325ff.; *von Hoyningen-Huene/Linck*, KSchG, § 1 Rdn. 217, 220ff.; *Löwisch*, KSchG, § 1 Rdn. 198; *Bauer/Röder*, Kündigung S. 123ff.; *Gitter/Michalski*, S. 98; *Feichtinger*, ArbR-Blattei, Krankheit I, Rdn. 147ff.; *Tschöpe/Nägele*, Teil 3 D, Rz. 110; *ErfK/Ascheid*, § 1 KSchG Rdn. 223ff.; *Elsner*, S. 82ff.; *Helml*, Arbeitsrecht, S. 155f.; *Hako-Gallner*, § 1 Rdn. 507ff.; APS/*Dörner*, § 1 KSchG Rdn. 141; *U. Preis*, Arbeitsrecht, S. 672ff.; FA-ArbR/*Kümpel*, S. 472ff. Rdn. 225ff.; *Kittner/Zwanziger/Appel*, § 93 Rdn. 28ff.; *Boemke*, Arbeitsrecht, S. 328 Rdn. 56-57; *Stahlhacke/Preis/Vossen*, Rdn. 1222ff.
[279] Siehe BAG (17.6.99) BB 1999, 1437 = SAE 2000, 93 mit Anm. von *Nicolai*; (20.1.00) BB 2000, 1300 = DB 2000, 1079; LAG Berlin (15.2.99) BB 1999, 1120 = ZTR 1999, 331; LAG Rheinland-Pfalz (6.1.99) MDR 2000, 166; ältere Rechtsprechungsnachw. bei *Lepke*, 10. Aufl., S. 162f. Fußn. 229.

die berechtigten Interessen des Arbeitgebers an der Beendigung des Arbeitsverhältnisses Vorrang vor denen am Festhalten des Arbeitsvertrages haben.[280] So kann sich für den Arbeitgeber eine nicht unerhebliche Belastung vor allem daraus ergeben, dass bei relativ kurzfristigen und immer wechselnden Krankheiten jeweils aufs Neue Vergütungsfortzahlungsansprüche entstehen, der Arbeitgeber also praktisch für sämtliche Vergütungskosten aufkommen muss[281, 282], ohne dafür eine Gegenleistung zu erhalten. Das gilt auch für diejenigen Leistungen, die an den bloßen rechtlichen Bestand des Arbeitsverhältnisses anknüpfen[283], wie der Anspruch auf Urlaub, Urlaubsvergütung oder auf betriebliche Sonderzahlungen.[284] Bei der Abwägung der beiderseitigen Interessen muss von einem annähernd ausgewogenen Leistungsaustausch der Vertragsparteien ausgegangen werden. Das Arbeitsverhältnis gehört nach wie vor zu den schuldrechtlichen Austauschverhältnissen[285], wenn

---

[280] LAG Nürnberg (17.7.74) ARSt 1975, S. 63 Nr. 1089.
[281] Vgl. BAG (23.6.83) AP Nr. 10 zu § 1 KSchG 1969 Krankheit, mit Anm. von *Neyses*; (15.2.84) AP Nr. 14 zu § 1 KSchG 1969 Krankheit = NZA 1984, 86; zust. *Eser*, BB 1985, 1475; BAG (12.4.84) DB 1985, 873; (18.10.84) BB 1985, 662; LAG Berlin (3.12.79) – 9 Sa 81/79 –; LAG Hamm (9.10.80) ARSt 1981, S. 158 Nr. 1200; (15.12.81) DB 1982, 283; (29.7.82) BB 1983, 701; LAG Kiel (6.4.81) DB 1981, 1574 = BB 1981, 149: Der Arbeitgeber wendete insgesamt 19.261,44 DM als Lohnfortzahlung und weitere 13.483,01 DM als Lohnnebenkosten auf; siehe auch LAG Düsseldorf/Köln (25.6.81) BB 1981, 1523; LAG Düsseldorf (13.10.82) BB 1983, 575; LAG Schleswig-Hols. BB 1983, 1539; LAG Hamm (20.12.83) BB 1984, 473: von 1979–1983 krankheitsbedingte Lohnkosten von mehr als 100.000 DM; (18.4.84) BB 1984, 525; LAG Baden-Württ./Mannheim, NZA 1987, 27; *Schukai*, DB 1976, 2016; *Denck*, JuS 1978, 159; *Palme*, BlStSozArbR 1978, 227; *Birkner-Kuschyk/Tschöpe*, DB 1981, 270; siehe auch *Weller*, S. 85; *Sieg*, Anm. zu BAG SAE 1984, 21 (27); *Peterek*, Anm. zu BAG EzA Nr. 13 zu § 1 KSchG Krankheit – **anderer Ans.** *Popp*, AuR 1979, 46; *ders.*, DB 1981, 2613; *Ide*, AuR 1980, 229; *Stevens-Bartol*, BlStSozArbR 1982, 355; ArbG Wilhelmshaven (27.4.79) ARSt 1980, S. 31 Nr. 1048: Lohnkosten seien nur ausnahmsweise relevant, so wenn die Rentabilität oder Existenz des Betriebes gefährdet seien; ArbG Rheine (15.7.81) DB 1981, 2288 = ARSt 1981, S. 191 Nr. 1243; ArbG Münster (20.1.83) BB 1983, 700: Eine Kündigung stelle eine Umgehung des LFG dar. Die Arbeitnehmer zahlen den Preis der Lohnfortzahlung bereits bei den Lohntarifverhandlungen (!); ArbG Münster (7.4.83) EzA Nr. 11 zu § 1 KSchG Krankheit; *Mezger/Richter/Wahsner*, Dem.u.R. 1979, 264 (280 f.), behaupten sogar, die Kosten für die Lohnfortzahlung würden „von den Arbeitnehmern als den Schöpfern des Mehrwertes getragen", während dem Arbeitgeber anlässlich der Krankheit von Arbeitnehmern keine unvorhersehbaren, außergewöhnlichen Lohnkosten als besonderer wirtschaftlicher Nachteil entstünden.
[282] Zur Frage der bilanzsteuerrechtlichen Aktivierung der Entgeltfortzahlungskosten als Kosten der Herstellung siehe *Feuerbaum*, DB 1980, 2053 f.
[283] Siehe ArbG Wuppertal (23.10.75) DB 1976, 395.
[284] Dazu nur von *Hoyningen-Huene/Linck*, KSchG, § 1 Rdn. 234g – **anders** *Kittner/Däubler/Zwanziger*, KSchG, § 1 KSchG Rdn. 84n: nicht kündigungserheblich.
[285] Etwa *Zöllner/Loritz*, S. 153; *Söllner*, Arbeitsrecht, S. 248 f.; *Staudinger/Richardi*, BGB, Vorbem. zu §§ 611 ff. BGB Rdn. 500; *Schwerdtner*, DB 1990, 377; *U. Preis*, Prinzipien, S. 128 ff. m.w.N.; *Löwisch*, Arbeitsrecht, S. 358 Rdn. 1314, S. 351 Rdn. 1287; MünchArbR/*Richardi*, § 8 Rdn. 12 ff.; *Kraft*, ZfA 1994, 463 (479, 484); *Soergel/Kraft*, BGB, vor § 611 Rdn. 15, 22; *Müller-Glöge*, in: Müko-BGB, § 611 Rdn. 7, 126; BGB-RGRK, § 611 Rdn. 1152; *Schaub*, S. 213 f. Rdn. 3, 6; ErfK/*Preis*, § 611 BGB Rdn. 4ff.; *Erman/Hanau*, BGB § 611 Rdn. 69 ff.; BAG (15.2.84) DB 1984, 1627; (30.1.86) NZA 1987, 555; (28.2.90) AP Nr. 25 zu § 1 KSchG 1969 Krankheit; (21.5.92) AP Nr. 30 zu § 1 KSchG 1969 Krankheit; (12.10.94) NZA 1955, 781 – **anders** etwa noch *Meisel*, S. 226, Rdn. 349, S. 237 Rdn. 370: personenrechtliches Gemeinschaftsverhältnis.

auch mit personalem Einschlag.[286] Ein bestehendes Arbeitsverhältnis, das nicht mehr auf den Austausch gegenseitiger Leistungen gerichtet ist, erweist sich für den Arbeitgeber als sinnlos.[287] Das vertragliche Synallagma darf trotz der Anerkennung des Arbeitsrechts als Arbeitnehmerschutzrecht nicht außer Betracht bleiben.[288] Ein solches Rechtsverhältnis um „jeden Preis" aufrechtzuerhalten, kann die Rechtsordnung nicht verlangen. Freilich kann für den Arbeitgeber ein Entlassungsgrund nur anerkannt werden, wenn es sich nicht nur um eine vorübergehende, sondern um eine sich mehrfach wiederholende nachhaltige Äquivalenzstörung infolge krankheitsbedingter Arbeitsunfähigkeit handelt.[289] Der neuerdings geäußerten Ansicht[290], der Arbeitgeber könne sich bei häufigen Erkrankungen des Arbeitnehmers nicht auf die durch die Vergütungsfortzahlung entstehenden finanziellen Mehrbelastungen berufen, muss entgegengehalten werden, dass es dem Arbeitgeber nicht verwehrt sein kann, die gesetzlichen Entlassungsmöglichkeiten auszuschöpfen, und zwar nicht zuletzt auch deshalb, um die eigene wirtschaftliche Existenz und die der in den Betrieb integrierten Arbeitsplätze zu erhalten, wenn auch in vermindertem Umfange. Es ist verfehlt und lässt jegliches Gespür für wirtschaftliche Zusammenhänge vermissen[291], die „Opfergrenze" da festzulegen, wo der wirtschaftliche Ruin des Unternehmens beginnt. Aufgaben der Wohlfahrtspflege hat der Gesetzgeber dem Arbeitgeber nicht zugewiesen.[292] Diese wahrzunehmen obliegt den Trägern/Institutionen der öffentlichen Gewalt und im privatrechtlichen Bereich allenfalls den sog. freien Wohlfahrtsverbänden, §§ 8 Abs. 2, 10 BSHG. Eine Verpflichtung zur Fortsetzung solcher Arbeitsverhältnisse widerspricht auch dem wohlverstandenen Sinn und Zweck des KSchG.[293] Wenn in diesem Zusammenhang, allerdings vereinzelt, gemeint wird[294], ein Produktionsausfall sowie ein damit verbundener Gewinnverlust seien für den Arbeitgeber nach den bestehenden gesetzlichen Regelungen grundsätzlich hinnehmbar, zumal sich der Arbeitgeber für

---

[286] So auch BAG (15. 2. 84) NZA 1984, 86; (14. 9. 94) BB 1995, 1358; *Ernst*, S. 118; *Dütz*, Arbeitsrecht, S. 69 Rdn. 137; *Soergel/Kraft*, BGB, vor § 611 Rdn. 26, 142; *Zöllner/Loritz*, S. 155; *Lieb*, S. 14 Rdn. 38; siehe auch *Reuter*, Anm. zu BAG (15. 10. 92) JuS 1993, 702; *Adomeit*, Anm. zu BAG JZ 1993, 844 (847).
[287] Zutreffend BAG (18. 1. 01) DB 2002, 100 (102).
[288] Vgl. dazu *Hromadka*, in: FS 40 Jahre „Der Betrieb", S. 245; LAG Berlin (3. 11. 97) LAGE Nr. 27 zu § 1KSchG Krankheit; ArbG Frankfurt/M. (1. 10. 99) NZA-RR 2000, 193; (10. 2. 99) NZA-RR 1999, 476.
[289] Zust. *Ascheid*, Kündigungsschutz, S. 226 Rdn. 412; allgemein dazu *Fromm*, S.332 f.
[290] Insbesondere *Popp*, AuR 1979, 46; *ders.*, DB 1981, 2613; *ders.*, DB 1986, 1461 ff.; *Ide*, AuR 1980, 226; *Pachtenfels*, BB 1983, 1481; *Mezger/Richter/Wahsner*, Dem.u.R. 1979, 264 (280f.); *Däubler*, 3. Aufl. 1983, S. 296; *Coen*, AuR 1984, 320; *Stein*, BB 1985, 604ff.; *U. Preis*, DB 1988, 1445; *Heilmann*, BB 1989, 1416; ArbG Wilhelmshaven ARSt 1980, S. 31 Nr. 1048; ArbG Münster BB 1983, 700; EzA Nr. 11 zu § 1 KSchG Krankheit.
[291] So aber wohl *Schuster*, AuA 1993, 170.
[292] Zutreffend *Liebig*, S. 123 – **unrichtig** ArbG Rheine (15. 7. 81) DB 1981, 2288; siehe auch *Berkowsky*, Personenbedingte Kündigung, S. 161 Rdn. 23: Unternehmen trügen eine gesamtgesellschaftliche Verantwortung; deshalb sei es legitim, ihnen Aufgaben zu übertragen, die über den reinen Unternehmenszweck hinausgingen.
[293] Ebenso LAG Hamm BB 1983, 701.
[294] *Ide*, AuR 1980, 225 (229); teilweise **anders** *Popp*, DB 1981, 2614.

solche Fälle auch versichern könne[295], oder unter sozialstaatlichen Gesichtspunkten sei es durchaus denkbar, dem Arbeitgeber auch ein „dauerndes Verlustgeschäft" zuzumuten[296], werden wesentliche Gesichtspunkte verkannt.[297] Was die „versicherungsrechtliche" Lösung des Problems betrifft, muss darauf hingewiesen werden, dass eine sog. Betriebsausfallversicherung nur durch hohe Prämien finanziert werden könnte. Diese Kosten würden notwendigerweise in der Betriebskalkulation ihren Niederschlag finden und so zu einer Produktionsverteuerung führen, was nicht nur die Wettbewerbsfähigkeit des Betriebes beeinträchtigen[298], sondern auch die Arbeitsplätze der übrigen Arbeitnehmer gefährden könnte. Auf die anderen Argumente wird später[299] einzugehen sein.

115   Entgegen der Auffassung von *Becker*[300] muss der Arbeitgeber in einem Teilzeitarbeitsverhältnis keineswegs längere krankheitsbedingte Fehlzeiten als in einem Vollarbeitsverhältnis hinnehmen.[301] Zwar sind in einem solchen Fall die durch die Fehlzeiten bedingten wirtschaftlichen Belastungen geringer. Jedoch kommt es auch insoweit auf die Äquivalenzstörung des konkreten Arbeitsverhältnisses an, so dass nur auf die Bedeutung und auf den zeitlichen Umfang des individuellen Arbeitsverhältnisses abgestellt werden kann.

116   Ein Kündigungsgrund besteht nicht bei jeweils nur kurzen Erkrankungen, wie bei normalen Menstruationsbeschwerden einer Frau. Dennoch erscheint es entgegen der Auffassung von *Herbst/Wohlfarth*[302] sachlich nicht gerechtfertigt, Frauen höhere krankheitsbedingte Fehlzeiten als Männern zuzubilligen.[303] Die Berücksichtigung höherer krankheitsbedingter Fehlzeiten bei Frauen im Vergleich zu Männern stellen noch nicht einmal eine mittelbare Benachteiligung im Sinne von § 611a BGB dar.[304] im Übrigen muss es sich in allen Fällen um länger andauernde Krankheiten handeln, die immer wieder vorkommen[305] und nicht nur singulärer Art sind, ohne dass es sich um sog. Fortsetzungserkrankungen im Sinne von § 3

---

[295] So *Ide*, AuR 1980, 227; ArbG Rheine, DB 1981, 2288 – **anders** LAG Hamm DB 1981, 1193; *Hönsch/Natzel*, S. 198 Rdn. 206a; *Naendrup*, ZfA 1984, 383 (404).
[296] So *Däubler*, S. 586 Rdn. 1088; *Ide*, AuR 1980, 225 (229).
[297] So auch LAG Hamm (17.2.81) DB 1981, 1194; *Birkner-Kuschyk/Tschöpe*, DB 1981, 270; *Meisel*, DB 1981, 1723; *Schwerdtner*, in: MüKoBGB, 2. Aufl., vor § 620 Rdn. 432.
[298] Vgl. dazu auch *Meisel*, DB 1981, 1723; *Popp*, DB 1981, 2614; *Liebig*, S. 119; siehe aber *Schmidt*, RdA 1991, 246, der sich für eine versicherungsrechtliche Lösung ausgesprochen hat, wonach die Krankenkassen vom ersten Tage der Arbeitsunfähigkeit an Krankengeld zu zahlen hätten.
[299] Im Einzelnen dazu *Lepke*, S. 243ff. Rdnr. 153f.
[300] GK-TzA/*Becker*, § 2 Rdn. 254.
[301] So auch MünchArbR/*Schüren*, § 162 Rdn. 209; *Becker-Schaffner*, ZTR 1997, 49.
[302] DB 1990, 1819.
[303] Zust. *Becker-Schaffner*, ZTR 1997, 49; dazu auch EuGH (29.5.97) AP Nr. 11 zu EWG-Richtlinie Nr. 76/207 = NZA 1998, 25.
[304] EuGH (8.11.90) AP Nr. 24 zu Art. 119 EWG-Vertrag; *Gamillscheg*, S. 74.
[305] Vgl. LAG Düsseldorf DB 1954, 912; LAG Kiel DB 1960, 1339; LAG Baden-Württ./Stuttgart DB 1954, 520; ArbG Ludwigshafen/Landau (5.6.79) ARSt 1980, S. 63 Nr. 1084: Der Arbeitnehmer leidet an Magengeschwüren.

Abs. 1 Satz 2 EFZG handeln muss.[306] Man kann auch nicht nur auf die Länge der jeweiligen Erkrankung abstellen, sondern muss vor allem die Häufigkeit berücksichtigen. Deshalb können auch kürzere, sich aber oft und in rascher Folge wiederholende Krankheiten einen Grund zur fristgerechten Kündigung darstellen. Große Krankheitsanfälligkeit und/oder ein generell schlechter Gesundheitszustand werden folglich eher die Entlassung rechtfertigen.[307] Krankheitsbedingte Fehlzeiten, die dadurch entstehen, dass der Arbeitnehmer aufgrund ärztlichen Eingriffs, der etwa zur Knochen-, Gewebe- oder Organtransplantation erforderlich ist, zur Erbringung der Arbeitsleistung außerstande ist, sind selbstverständlich zu berücksichtigen. Insoweit besteht auch keine Vergütungsfortzahlungspflicht des Arbeitgebers[308], weil der Arbeitnehmer die Arbeitsunfähigkeit bewusst als unvermeidbare Begleiterscheinung in Kauf nimmt und ein solcher Anspruch vom Normenzweck der gesetzlichen Vergütungsfortzahlungsbestimmungen nicht mehr erfasst wird. Freilich wird in derartigen Fällen im Allgemeinen nicht damit gerechnet werden können, dass dadurch bedingte Fehlzeiten auch in Zukunft erneut auftreten werden. Auch Maßnahmen der medizinischen Vorsorge oder Rehabilitation, insbesondere Kuren und Heilverfahren sind durch den Gesundheitszustand des Arbeitnehmers verursachte Ausfallzeiten. Sie sind deshalb den Fehltagen hinzuzurechnen.[309] Das ergibt sich vor allem aus § 9 EFZG. So wurde die Kündigung einer an einem Wirbelsäulenleiden erkrankten Pflegerin, die in vier Jahren 766 Fehltage aufzuweisen hatte, also zwei von vier Jahren krankheitsbedingt ausgefallen war, als begründet anerkannt[310]; desgleichen die Kündigung eines türkischen Arbeitnehmers mit vier Kindern, der bei achtzehn Krankheitsphasen innerhalb von vier Jahren an insgesamt 354 Arbeitstagen gefehlt hatte[311]; die einer Postangestellten, die die einzige Arbeitskraft ihrer Art in der Dienststelle war und 1961 an 142, 1962 an 91, 1963 an 163 und in den ersten drei Monaten des Jahres 1964 an 36 Tagen wegen Krank-

---

[306] Ebenso *von Hoyningen-Huene/Linck*, KSchG, § 1 Rdn. 222 – **anders** *Herbst/Wohlfarth*, DB 1990, 1816 (1820).
[307] LAG Düsseldorf (15.1.57) DB 1957, 336; LAG Baden-Württ./Stuttgart (9.4.62) DB 1962, 807; (29.12.66) DB 1967, 290; LAG Berlin (21.2.62) DB 1962, 1147; LAG Kiel (11.5.73) DB 1973, 1608; LAG Köln (19.12.95) NZA-RR 1996, 251.
[308] Vgl. dazu BAG (6.8.86) AP Nr. 68 zu § 1 LohnFG, mit Anm. von *Brackmann*; LAG Köln (7.8.85) b+p 1985, 185; *Thivessen*, ZTR 1989, 297; *Hunold*, S. 44, 126 – **anderer Ans.** *Birk*, GK-EFZR, § 1 LFZG Rdn. 47.
[309] So auch LAG Baden-Württ./Mannheim (11.7.74) DB 1975, 309; LAG Berlin (3.6.76) BB 1977, 143; *Palme*, BlStSozArbR 1978, 227; *Ide*, AuR 1980, 226; *Feichtinger*, S. 162; siehe auch *Tessmer*, ZfS 1980, 133 (136), aber einschränkend; *Becker-Schaffner*, ZTR 1997, 52.
[310] BAG (5.12.63) AP Nr. 2 zu § 1 TVG Dienstzeiten = DB 1963, 1720; siehe auch ArbG Husum (2.9.76) ARSt 1977, S. 95 Nr. 1111: in sechs Jahren 794 Fehltage; LAG München (8.11.89) ZTR 1990, 165: Ausfall von ca. 75 % der produktiven Arbeitszeit eines Busfahrers im Personennahverkehr.
[311] LAG Düsseldorf (22.9.72) DB 1972, 2023; vgl. ferner ArbG Ludwigshafen (12.11.73) ARSt 1974, S. 175 Nr. 1211: Der Arbeitnehmer war von 127 Arbeitstagen nur 73 Tage im Betrieb anwesend; ArbG Berlin (25.3.76) DB 1976, 2072: Seit zwei Jahren hatte der Arbeitnehmer infolge mehrfacher Erkrankung mehr als 50 % Fehlzeiten aufzuweisen; ArbG Wuppertal DB 1976, 395: 3/4 bis 4/5 der Arbeitszeit waren krankheitsbedingt ausgefallen; ArbG Celle (15.5.79) ARSt 1979, S. 159 Nr. 1159: in vier Jahren je 150 Fehltage; siehe auch LAG Hamm (15.12.81) NJW 1982, 713 = BB 1982, 310.

heit gefehlt hatte[312]; die Entlassung eines Lehrhauers, der während seiner Beschäftigungszeit fast zur Hälfte wegen Krankheiten nicht im Betrieb war[313]; die einer Stenotypistin, alleinstehend mit einem Sohn, die seit mehr als zehn Jahren regelmäßig Jahr für Jahr an 27 bis 83 Arbeitstagen gefehlt hatte, wobei die krankheitsbedingten Ausfallzeiten steigende Tendenzen aufwiesen[314]; die eines Angestellten, der jahrelang zwischen 20 % und 50 % der Arbeitstage, zuletzt zusammenhängend zehn Monate lang, krankheitsbedingt gefehlt hatte[315]; die eines Arbeitnehmers, der in vier Jahren zweiundzwanzigmal an insgesamt 301 Kalendertagen arbeitsunfähig krank war[316]; die eines im Untertagebetrieb beschäftigten Koreaners, der etwa zur Hälfte der möglichen Arbeitszeit krankheitsbedingt der Arbeit ferngeblieben war[317]; die eines jungen, seit drei Jahren beschäftigten Arbeitnehmers, der wegen schwerer psychischer Leiden 1974 an 40, 1975 an 85 und bis Oktober 1976 an 78 Arbeitstagen gefehlt hatte[318]; die einer Arbeitnehmerin, die seit Januar 1977 bis zum Kündigungsausspruch im Juli 1980 in elf Fällen längere Zeit krankheitsbedingt gefehlt hatte[319], und zwar wegen eines Lendenwirbelsyndroms, Grippe, Rheuma, Migräne sowie wegen des Verdachts auf Blinddarmentzündung oder Darmverschluss; die eines 36 Jahre alten, im Akkordlohn tätigen Arbeitnehmers, der an einer Furnierpresse tätig gewesen war und in den letzten fünf Jahren etwa zu 25 % wegen eines Wirbelsäulenleidens der Arbeit ferngeblieben war[320]; die eines im Zeitpunkt der Kündigung 35 Jahre alten, ledigen Arbeiters[321], der im Eintrittsjahr 1982 an 5 und 1983 an 21 Arbeitstagen[321] arbeitsunfähig krank war, 1984 jedoch in acht Zeiträumen insgesamt 102 sowie 1985 bis zum Ausspruch der Kündigung am 27.6.1985 zum 31.7.1985 in drei Fehlperioden an 53 Arbeitstagen krankheitsbedingt gefehlt hatte; die eines 30jährigen Fräsers, der von 1979 bis 1986 insgesamt 39mal an 433 Arbeitstagen krankheitsbedingt gefehlt hatte, davon allein 14mal (170 Tage) aufgrund beim Fußballspielen erlittener Verletzungen[322]; die einer seit 1983 beschäftigten Packerin, die seit 1988 – bezogen auf 200 Arbeitstage im Jahr – Abwesenheitsquoten von 33,6 % (1988), 53,6 % (1989), 14 % (1990), 82,2 % (1991), 76,3 % (1992), 68,18 % (1993) und bis zu 100 % im Jahre 1994 aufzuweisen hatte[323]; die eines 1940 geborenen Sigmaschweißers, der seit 1968 in den Diensten der Be-

---

[312] LAG Baden-Württ. (21.7.64) DB 1965, 223.
[313] ArbG Essen (5.1.66) DB 1966, 1319.
[314] LAG Baden-Württ./Mannheim DB 1975, 309; ähnlich LAG Hamm DB 1976, 825: Ein Dreher fehlte seit 1971 in jedem Jahr drei- bis viermal, insgesamt 14 % der Dauer des Arbeitsverhältnisses; ArbG Wilhelmshaven (16.3.79) ARSt 1980, S. 15 Nr. 1016: Ein Arbeitnehmer fehlte wegen verschiedener Erkrankungen in den letzten Jahren 30,9 %, 41,7 %, 54,6 % und 60 % der möglichen Arbeitstage; siehe auch BAG DB 1977, 1463.
[315] ArbG Wuppertal AuR 1979, 186; anders jedoch, wenn eine Fortsetzungskrankheit vorliegen, die operativ behoben werden kann.
[316] BAG (10.3.77) AP Nr. 4 zur § 1 KSchG 1969 Krankheit.
[317] Vgl. LAG Hamm (24.1.79) BB 1979, 1350.
[318] ArbG Wesel (3.1.77) DB 1977, 961.
[319] LAG Schleswig-Holst. (6.4.81) DB 1981, 1574.
[320] LAG Hamm (22.7.81) BlStSozArbR 1982, 17; weitere Rechtsprechungsnachweise bei Jedzig, S. 451–454.
[321] LAG Baden-Württ./Mannheim (29.4.86) NZA 1987, 27.
[322] LAG Baden-Württ. (15.12.87) NZA 1988, 436.
[323] LAG Köln (19.12.95) NZA-RR 1996, 251.

klagten gestanden, jedoch krankheitsbedingt in der Zeit von 1970 bis zum 31.10.1993 durchschnittlich an 64 Arbeitstagen gefehlt hatte, wobei die seit Juli 1990 aufgetretenen Erkrankungen unterschiedliche Ursachen hatten.[324] Ein 1953 geborener, an einer asthmatischen Bronchitis leidender ausländischer Arbeitnehmer, der seit dem 29.5.1980 als Lagerarbeiter/Kommissionierer dem Betrieb angehört hatte, fehlte von 1982 bis zum 22.2.1988 krankheitsbedingt jährlich zwischen 37 und 76 Arbeitstagen. Das BAG[325] bestätigte die vom Arbeitgeber am 29.2.1988 fristgerecht ausgesprochene Kündigung zum 31.8.1988. Hingegen sah das BAG[326] wie die Vorinstanz die Kündigung eines seit 1973, zuletzt in der Lagerpflege tätigen Arbeitnehmers als sozial nicht gerechtfertigt an, der 1985 an insgesamt 83, 1986 an 56, 1987 an 37, 1988 an 69, 1989 an 77 und bis zur Kündigung Ende März 1990 an 9 Tagen krankheitsbedingt jeweils wegen verschiedener, teilweise aber ausgeheilter Erkrankungen und mehrerer Betriebsunfälle gefehlt hatte. Zwar seien die Fehlzeiten in der Vergangenheit erheblich gewesen. Aus ihnen könne aber nicht auf eine besondere Gesundheitsanfälligkeit für die Zukunft geschlossen werden. Nach Ansicht des LAG Köln[327] kann eine ordentliche Kündigung bei allergiebedingten Fehlzeiten an mehr als 50% der Arbeitstage in den letzten drei Jahren mit steigender Tendenz bei einem 40jährigen Arbeitnehmer, der seiner Ehefrau und sechs minderjährigen Kindern Unterhalt gewähren muss, sozial gerechtfertigt sein.

Von Interesse ist auch ein Rechtsstreit, der beim LAG Hamm anhängig gewesen, jedoch durch einen Prozessvergleich beendet worden ist.[328] Die 1940 geborene, verheiratete Klägerin gehörte seit 18 Jahren dem Betrieb an. Seit 1987 fehlte sie krankheitsbedingt in erheblichem Umfange. Wegen der häufigen, auf verschiedenartigen Krankheitsbildern beruhenden Fehlzeiten kündigte der Arbeitgeber ihren Arbeitsvertrag fristgerecht zum 31.5.1994, nachdem der die Klägerin behandelnde Arzt bestätigt hatte, dass die Krankheiten nicht ausgeheilt seien. Seit dem Zugang der Kündigung hatte die Arbeitnehmerin krankheitsbedingte Fehlzeiten nicht mehr aufzuweisen.[329]

Beruft sich der Arbeitgeber auf die begründete Besorgnis künftiger, nicht unerheblicher wiederholter Erkrankungen, dann kommt es nicht entscheidend darauf an, ob der Arbeitnehmer auch noch oder wieder im Zeitpunkt des Kündigungsausspruches arbeitsunfähig krank ist.[330] Kommen zu mehrfachen krankheitsbedingten Fehlzeiten sonstige Arbeitsversäumnisse hinzu, wegen deren der Arbeitgeber bereits abgemahnt worden ist, dann ist in solchen Fällen eine fristgerechte Kündigung erst recht begründet.[331] Allein wegen krankheitsbedingter Fehlzeiten darf freilich

---

[324] BAG (12.12.96) EzA Nr. 41 zu § 1 1969 KSchG Krankheit.
[325] (5.7.90) AP Nr. 26 zu § 1 KSchG 1969 Krankheit = NZA 1991, 185.
[326] (14.1.93) auszugsweise EzA Nr. 39 zu § 1 KSchG Krankheit.
[327] (2.3.95) LAGE Nr. 19 zu § 1 KSchG Krankheit.
[328] Vgl. dazu *Voigt*, DB 1996, 526.
[329] Siehe dazu *Lepke*, 8. Aufl., S. 45 m.w.N.; anders 9. Aufl., S. 5.
[330] BAG AP Nr. 14 zu § 102 BetrVG 1972, mit Anm. von *von Stebut*.
[331] ArbG Wilhelmshaven (21.9.77) ARSt 1978, S. 62 Nr. 1116.

eine Abmahnung nicht erfolgen³³², da insoweit der Arbeitnehmer arbeitsvertragliche Pflichten nicht verletzt. Sie wäre auch zwecklos, weil es im Allgemeinen nicht in seiner beherrschbaren Sphäre liegt, künftig derartige Fehlzeiten zu vermeiden, soweit es sich um echte Erkrankungen handelt. Für einen personenbedingten Entlassungsgrund ist es charakteristisch, dass der Arbeitnehmer nicht in der Lage ist, die vertraglich geschuldete Leistung (voll) zu erfüllen. Im Übrigen bestimmt § 314 Abs. 2 BGB n.F. für fristlose Kündigungen von Dauerschuldverhältnissen ausdrücklich – die Neuregelung gilt für nach dem 31. 12. 2001 abgeschlossene Verträge, für Altverträge ab 1. 1. 2003, Art. 229 § 5 EGBGB –, dass eine solche, wenn der wichtige Grund in einer Vertragspflichtverletzung besteht, erst nach erfolgloser Abmahnung zulässig ist. Die gesetzliche Regelung bezieht sich allein auf verhaltensbedingte Entlassungen, Auf ordentliche Kündigungen ist § 314 Abs. 2 BGB allerdings nicht unmittelbar anwendbar, jedoch mittelbar im Wege eines „Erst-recht-Schlusses" (argumentum a maiore ad minus).³³³ Abmahnungsfähig ist grundsätzlich nur ein vertragswidriges steuerbares Verhalten.³³⁴ Ungeachtet dessen wir man aber § 626 Abs. 1 BGB für Kündigungen von Arbeitsverhältnissen als lex specialis ansehen müssen.³³⁵

118   Anders wird jedoch zu entscheiden sein, wenn der Arbeitgeber bei der Einstellung des Arbeitnehmers von dessen Alter und einer chronischen Erkrankung³³⁶ Kenntnis hatte. Ein solcher Arbeitgeber kann sich nicht uneingeschränkt auf die durch das chronische Leiden und durch das Alter verursachten krankheitsbedingten Fehlzeiten berufen, da er in einem solchen Falle mit längeren Ausfallzeiten rechnen musste. In einer Entscheidung vom 10. 6. 1969 hat das Bundesarbeitsge-

---

³³² Ebenso LAG Düsseldorf (6. 3. 86) NZA 1986, 431; LAG Bremen (19. 11. 81) AuR 1982, 353; *U. Preis*, Prinzipien, S. 247; KR-*Becker*, 3. Aufl., § 1 KSchG Rdn. 216; *Erman/Hanau*, BGB, 9. Aufl., § 626 Rdn. 43; BGB-RGRK, vor § 620 Rdn. 166; *Reinecke*, S. 47; *Ascheid*, Kündigungsschutz, S. 66 Rdn. 75; *von Hoyningen-Huene*, RdA 1990, 201; MünchArbR/*Berkowsky*, § 137 Rdn. 362; *Beckerle/Schuster*, S. 22 Rdn. 10; *Bitter/Kiel*, RdA 1995, 28; *Kittner/Däubler/Zwanziger*, KSchR, § 1 KSchG Rdn. 69, Abmahnung Rdn. 100; *Staudinger/Preis*, BGB, § 626 Rdn. 121; *Walker*, NZA 1995, 604; *Derr*, S. 112; *Bauer/Röder/Lingemann*, S. 89; *Lohmeyer*, S. 56; *Becker-Schaffner*, BB 1995, 2528; ders., ZTR 1997, 50; ders., ZTR 1999, 106; *Gottwald*, NZA 1997, 635; KPK-*Schiefer*, Teil G, Rdn. 20, § 1 KSchG Rdn. 111; *Seidel*, MDR 1997, 805; *Stahlhacke/Preis/Vossen*, Rdn.1190; KR-*Etzel*, § 1 KSchG Rdn. 320; *Schwerdtner*, in: Müko-BGB, § 622 Anh. Rdn. 271; *Schaub*, 9. Aufl. S. 523 Rdn. 55; *Elsner*, S. 82; *Kammerer*, S. 202 Rdn. 403; APS/*Dörner*, § 1 KSchG Rdn. 375; HK-KSchG/*Weller/Dorndorf*, § 1 Rdn. 371a; *Bengelsdorf*, NZA 1999, 1308; *Hunold*, NZA-RR 2000, 172; *Kleinebrink*, Abmahnung, S. 63 Rdn. 194; FA-ArbR/*Korte*, S. 159 Rdn. 732; BAG (28. 2. 90) AP Nr. 25 zu § 1 KSchG 1969 Krankheit; siehe aber LAG Baden-Württ. NZA 1988, 437, falls der Arbeitnehmer durch sportliche Aktivitäten seinen Gesundheitszustand verschlechtert – **abweichend** bei einer personenbedingten Entlassung: BAG (30. 9. 93) EzA Nr. 118 zu § 99 BetrVG 1972, S. 17, jedoch ohne nähere Begründung.
³³³ Ebenso *Berkowsky*, AuA 2002, 11 (14).
³³⁴ Etwa *von Hoyningen-Huene/Linck*, KSchG, § 1 Rdn. 185a; Schaub/Linck, S. 559 Rdn. 55.
³³⁵ Bundestags-Drucks. 14/6040, S. 177; dazu auch *Gotthardt*, S. 90 Rdn. 201; *Lindemann*, AuR 2002, 81 (85); *Palandt/Heinrichs*, BGB, § 314 Rdn. 4; *Schumacher-Mohr*, DB 2002, 1606 (1607); *Kleinebrink*, FA 2002, 226. – **einschränkend** *Berkowsky*, AuA 2002, 11, 12.
³³⁶ Vgl. LAG Kiel BB 1960, 1245; LAG Bremen DB 1965, 74; *U. Preis*, Prinzipien, S. 362 Fußn. 34.

richt[337] – wie die Vorinstanz – die ordentliche Kündigung eines 1903 geborenen, seit mehr als zwölf Jahren bei der Beklagten als Graphiker tätigen Arbeitnehmers, der an einer chronischen Bronchitis litt und deswegen 1962 an 149 und 1963 an 184 Tagen krankheitsbedingt gefehlt hatte, als sozialwidrig und daher rechtsunwirksam angesehen. Unter sozialpolitischen Aspekten erscheint der Spruch des Gerichts freilich nicht unbedenklich.[338] Man wird sorgfältig drauf achten müssen, dass die Anforderungen an die Wirksamkeit einer ordentlichen fristgerechten Kündigung nicht überspannt werden, da sonst die naheliegende Gefahr besteht, dass ältere oder gar kränkliche Arbeitnehmer gar nicht erst eingestellt werden, weil das überschaubare Risiko für den Arbeitgeber zu groß werden könnte. Ein übertriebener individueller Sozialschutz zugunsten des betreffenden Arbeitnehmers kann von einem bestimmten Intensitätsgrad an dann sogar in eine kollektive Einstellungsschranke umschlagen.[339] Er würde mit einer hohen Einstellungsbarriere gerade für solche Arbeitnehmer erkauft, die bereits einmal länger erkrankt waren und einen neuen Arbeitsplatz suchen, was nicht nur für langzeitkranke Arbeitnehmer, sondern auch für Arbeitnehmer mit häufigen Kurzerkrankungen gilt.[340] Wenn eine Kündigung in derartigen Fällen kein Akt der „Bestrafung" des Arbeitnehmers[341] sein darf, dann darf die Kenntnis des Arbeitgebers von einer chronischen Erkrankung des eingestellten Arbeitnehmers auch nicht zu einer „Bestrafung" des Arbeitgebers führen. Dass jedoch ein solcher Umstand die „Zumutbarkeitsgrenze" verschieben kann, wird nicht in Abrede gestellt werden können.

Selbst wenn aber häufig wiederkehrende Erkrankungen in der Vergangenheit bestanden, muss weiter verlangt werden, dass eine Wiederholungsgefahr besteht, wobei das Gericht für die Bewertung der Anhaltspunkte betreffend die Besorgnis künftiger Fehlzeiten einen tatrichterlichen Ermessensspielraum, §§ 144, 286 ZPO, hat.[342] Solange die Kündigung nur mit häufigen Krankheitszeiten in der Vergan-

119

---

[337] AP Nr. 2 zu § 1 KSchG Krankheit, mit zust. Anm. von *Gitter* = NJW 1969, 1871; zust. ferner *Schukai*, DB 1976, 2016; *Becker-Schaffner*, BlStSozArbR 1976, 100; *Bleistein*, S. 166; *Palme*, BlStSozArbR 1978, 227; *Rohlfing/Rewolle/Bader*, KSchG, § 1 Anm. 18 S. 42c; *Hueck/Hueck*, KSchG, § 1 Rdn. 83c; *Ide*, AuR 1980, 225; *Däubler*, S. 586 Rdn. 1090; *Hanau/Adomeit*, 10. Aufl., S. 250; *Gola*, BlStSozArbR 1984, 328; *U. Preis*, Prinzipien, S. 173; KR-*Becker*, 3. Aufl, § 1 KSchG Rdn. 215; *Schwerdtner*, in: Müko-BGB, § 622 Anh. Rdn. 291; *Becker-Schaffner*, ZTR 1997, 52; KR-*Etzel*, § 1 KSchG Rdn. 354; *Kittner/Däubler/Zwanziger*, KSchR, § 1 KSchG Rdn. 94; *Elsner*, S. 91; *Hako-Gallner*, § 1 Rdn. 524; *Knorr/Bichlmeier/Kremhelmer*, S. 467 Rdn. 116.
[338] Ebenso *Gitter*, Anm. zu BAG AP Nr. 2 zu § 1 KSchG Krankheit; *Lepke*, DB 1970, 493; *Schaub*, S. 1464 Rdn. 23; *Berkowsky*, Personenbedingte Kündigung, 1. Aufl. S. 33 Rdn. 122; *Knorr/Bichlmeier/Kremhelmer*, S. 468 Rdn. 116; *von Hoyningen-Huene/Linck*, KSchG, § 1 Rdn. 239; *Fecker*, S. 216f.; *Schäfer, Jürgen*, S. 229; siehe auch *Gentges*, S. 77 Fußn. 71; zweifelnd Kasseler Handbuch/*Isenhardt*, 6.3 Rz. 483 – **ablehnend** HK-KSchG/*Weller/Dorndorf*, § 1 Rdn. 421; *Bauer/Röder*, Kündigung, S. 124.
[339] Dazu auch *Rüthers*, in: Zeugen des Wissens, S. 751.
[340] Vgl. etwa *Rüthers*, NJW 1998, 1436.
[341] Siehe auch *Berkowsky*, BB 1981, 910.
[342] BAG (6. 9. 89) AP Nr. 21 zu § 1 KSchG 1969 Krankheit, mit Anm. von *U. Preis* = NZA 1990, 307; (5.7. 90) AP Nr. 26 zu § 1 KSchG 1969 Krankheit = NZA 1991, 186; (14. 1. 93) NZA 1994, 310; (12. 12. 96) EzA Nr. 41 zu § 1 KSchG Krankheit.

genheit begründet wird, stellt dieser Umstand noch keine soziale Rechtfertigung für eine Kündigung dar.[343] Darüber hinaus muss vielmehr die objektiv[344] begründete Gefahr bestehen, dass in der Person des Arbeitnehmers auch in der nahen Zukunft mit erneuten Krankheiten bzw. nicht unerheblichen häufigen Krankheitszeiten gerechnet werden muss.[345] Deshalb sind für die Prognose solche Arbeitsunfähigkeitszeiträume außer Betracht zu lassen, die auf einer nicht prognosefähigen Erkrankung beruhen, die ihrerseits eine einmalige Ursache hat und ausgeheilt ist[346], der ihrer Natur nach oder aufgrund ihrer Entstehung eine Wiederholungsgefahr nicht innewohnt, etwa im Falle einer erfolgreich durchgeführten Leistenbruchoperation, der Entfernung des Blinddarm bzw. der Mandeln oder bei einer Erkrankung aufgrund eines situationsbedingten depressiven Verstimmungszustandes.[347] Zu Recht wurde dagegen die Kündigung einer Kellnerin, die an Krampfadern litt und deswegen auch in Zukunft immer wieder auszufallen drohte, als sozial gerechtfertigt angesehen[348], die eines 47jährigen, im Bergbau tätigen Hauers, Vater von neun Kindern, von denen noch sieben unterhaltsberechtigt waren, der in den Jahren von 1989 bis 1994 vorwiegend wegen Lumboischalgie, Bronchitis und Schultersteife erkrankt war, und zwar im Jahre 1989 im Umfange von ca. 10 %, im Jahre 1990 von 70 %, im Jahre 1991 von ca. 55 %, im Jahre 1992 von etwa 45 % und im Jahre 1993 von knapp 80 %[349] sowie die fristgerechte Entlassung eines Diplom-Ingenieurs, bei dem trotz klinischer Behandlung mit neuen Schüben einer seelischen Erkrankung gerechnet werden musste.[350] Ach ein Arbeitnehmer, der unter epileptischen Anfällen leidet, kann fristgerecht gekündigt werden, wenn er, insbesondere unter dem Gesichtspunkt erhöhter Unfallgefahr[351], außerstande ist, sei-

---

[343] LAG Düsseldorf DB 1958, 740; (10.9.70) DB 1970, 1936; LAG Berlin (3.11.64) BB 1965, 125.
[344] So auch LAG Düsseldorf (12.9.75) DB 1976, 104.
[345] Vgl. BAG (6.10.59) AP Nr. 19 zu § 14 SchwerBeschG; (10.3.77) AP Nr. 4 zu § 1 KSchG 1969 Krankheit; LAG Baden-Württ./Mannheim DB 1975, 309; LAG Hamm DB 1976, 825f.; LAG Düsseldorf/Köln DB 1980, 1078; *Lepke*, DB 1970, 493ff.; *Hoppe*, BlStSozArbR 1975, 133; *Schukai*, DB 1976, 2015ff.; *Becker-Schaffner*, BlStSozArbR 1976, 99; *Ottow*, DB 1977, 306; *Neumann*, NJW 1978, 1840; *Schaub*, S.1462 Rdn. 19; *von Hoyningen-Huene/Linck*, KSchG, § 1 Rdn.130d, 222.
[346] BAG (6.9.89) NZA 1990, 307; (14.1.93) NZA 1994, 310; (29.7.93) NZA 1997, 67; (13.6.96) – 2 AZR 497/95 – unv.; RzK I 5g Nr. 64 (Ls); (12.2.96) EzA Nr. 41 zu § 1 KSchG Krankheit; LAG Köln (17.6.94) RzK I 5g Nr. 59; LAG Düsseldorf (4.5.95) LAGE Nr. 20 zu § 1 KSchG Krankheit; LAG Hamm (8.5.96) NZA-RR 1997, 49; *Weber/Hoß*, DB 1993, 2430; *von Hoyningen-Huene/Linck*, KSchG, § 1 Rdn. 224; *Löwisch*, KSchG, § 1 Rdn. 198; *U. Preis*, NZA 1997, 1076.
[347] BAG (29.7.93) AP Nr. 27 zu § 1 KSchG 1969 Krankheit = NZA 1997, 67: Freitod des Ehemannes, Tod der Schwiegermutter.
[348] LAG Düsseldorf (14.7.60) DB 1961, 576.
[349] Vgl. LAG Hamm (4.5.95) LAGE Nr. 20 zu § 1 KSchG Krankheit; BAG (13.6.96) – 2 AZR 497/95 – unv.
[350] BAG (23.10.59) AP Nr. 5 zu § 611 BGB Urlaubskarten, mit Anm. von *Dersch*; zust. *Schwerdtner*, in: Müko-BGB, § 622 Anh. Rdn. 290; siehe auch ArbG Berlin (5.6.80) BB 1980, 1105, insbesondere zur Darlegungslast.
[351] Dazu im Einzelnen *Schönberger/Mehrtens/Valentin*, 5. Aufl. 1993, S. 240f., 243, 6. Aufl., S. 277; *Stefan*, DtÄrzteBl 95 (1998), Heft 49, B-2425.

ne arbeitsvertraglichen Pflichten ordnungsgemäß zu erfüllen.[352] Das kann ausnahmsweise auch schon bei einer einmaligen geistig-seelischen Störung des Arbeitnehmers der Fall sein[353], so wenn er infolge einer plötzlichen Bewusstseinsstörung im Betrieb seines Arbeitgeber Scheiben einwirft, Bilder und das Telefon von den Wänden reißt und weitere nicht kontrollierbare Handlungen begeht. Es hieße, die Anforderungen an die Fürsorgepflicht des Arbeitgebers überspannen, wollte man von ihm verlangen, weiteres Fehlverhalten und damit weitere Gefahren für die Belegschaft und den Betrieb hinzunehmen.

Einer Entscheidung des LAG Berlin vom 15. 2. 1999[354] lag folgender Sachverhalt zugrunde: Der 1957 geborene, schwerbehinderte Kläger, der seiner Ehefrau und 5 minderjährigen Kindern Unterhalt zu leisten hat, war bei der Beklagten gegen monatlich 4.000,- DM brutto als Maschinenarbeiter tätig. Seit 1990 kam es vermehrt zu krankheitsbedingte Fehlzeiten. Von 1995 bis 1997 fehlte der Kläger jeweils jährlich an 67, 109 und 104 Arbeitstagen. Seit 9. 2. 1998 blieb er erneut krankheitsbedingt der Arbeit fern und seit dem 23. 2. 1998 ununterbrochen bis mindestens zum 30. 6. 1998. Von 1990 bis 1997 entstanden der Beklagten Lohnfortzahlungskosten in Höhe von mehr als 60.000,- DM. Nachdem der Betriebsrat und die Hauptfürsorgestelle der beabsichtigten ordentlichen Kündigung zugestimmt hatten, kündigte die Beklagte den Arbeitsvertrag am 3. 2. 1998 zum 30. 6. 1998. Sowohl das ArbG Berlin als auch das Berufungsgericht sahen die Kündigung als sozial gerechtfertigt an. Demgegenüber meinte das BAG[355], die Instanzgerichte hätten im Rahmen der beiderseitigen Interessenabwägung zugunsten des Arbeitnehmers dessen familiären Verhältnisse sowie seine Scherbehinderung berücksichtigen müssen. Der Rechtsstreit ist an das LAG Berlin zurückverwiesen und dort verglichen worden.

119a

Dagegen ist eine Kündigung nach mehrfacher Erkrankung von zweimal je einem Monat, weiteren zwei Monaten und nochmals vier Monaten in zwei Jahren vor dem Kündigungsausspruch nach sechsjähriger Betriebszugehörigkeit als nicht begründet angesehen worden, weil die endgültige Ausheilung des Leidens innerhalb von zwei Wochen nach dem Ausspruch der Kündigung zu erwarten war.[356] Zu demselben Ergebnis kann das LAG Berlin[357] bei einer Arbeitnehmerin, die in sieben Jahren an 655 Tagen krankheitsbedingt gefehlt hatte, aber im Zeitpunkt des Zugangs der Kündigung arbeitsfähig war, zumal ärztlicherseits feststand, dass mit übermäßigen Fehlzeiten künftig nicht zu rechnen sei. Allein auf die Länge der Be-

120

---

[352] LAG Baden-Württ./Stuttgart BB 1964, 135; siehe auch LAG Düsseldorf (27. 10. 56) DB 1957, 144; *Schaub*, S. 1465 Rdn. 26 – **anders** LAG Baden-Württ. (16. 1. 65) AP Nr. 80 zu § 1 KSchG: Bürohilfe mit mehr als dreißigjähriger Betriebszugehörigkeit; vgl. auch ArbG Berlin, Berliner Entscheidungskalender Nr. 9/1966, S. 138.
[353] Zutreffend ArbG Kaiserslautern/Pirmasens (5. 9. 79) ARSt 1980, S. 31 Nr. 1050.
[354] BB 1999, 1120 = ZTR 1999, 331.
[355] BB 2000, 1300 = DB 2000, 1079 = NJW 2001, 912 ff.; dazu *Lepke*, S. 232 Rdn. 146.
[356] LAG Düsseldorf (4. 2. 58) – 3 Sa 503/57 –.
[357] (3. 11. 64) BB 1965, 125.

triebszugehörigkeit hat das ArbG Ludwigshafen³⁵⁸ abgestellt und eine fristgerechte Kündigung nicht bestätigt, obwohl der Arbeitnehmer mehrere Jahre hindurch hintereinander 70 Tage und mehr jährlich arbeitsunfähig krank gewesen war. Auch in den Fällen, in denen der Arbeitnehmer wegen jeweils verschiedener Krankheiten mehrfach und sogar häufig in der Vergangenheit arbeitsunfähig krank gewesen war, wurde eine Kündigung dann als nicht gerechtfertigt angesehen, wenn sich aus den verschiedenen Krankheiten eine Wiederholungsgefahr nicht herleiten ließ.³⁵⁹ Trotz längerer Arbeitsunfähigkeit in der Vergangenheit ist einer Kündigung die Rechtswirksamkeit abgesprochen worden, wenn eine neue ärztliche Behandlungsmethode Erfolg verspricht und so eine Wiederholungsgefahr so gut wie ausgeschlossen wird.³⁶⁰ Auch wenn sich der Arbeitnehmer einer Maßnahme der medizinischen Vorsorge oder Rehabilitation unterzieht, kann die ausgesprochene Kündigung unbegründet sein, solange noch nicht feststeht, ob die Behandlung Erfolg gehabt hat.³⁶¹ Führt jedoch eine Kur bzw. ein Heilverfahren nicht zu einer dauerhaften Stabilisierung des Gesundheitszustandes des Arbeitnehmers, braucht der Arbeitgeber den „Erfolg" einer weiteren Maßnahme nicht abzuwarten³⁶², was insbesondere dann gilt, wenn die Fehlzeiten auf mehreren verschiedenartigen Erkrankungen beruhen. Indessen wurde der neunmonatige Einsatz eines rheumakranken Arbeitnehmers auf einem neuen Arbeitsplatz trotz erneuter Fehlzeiten wegen desselben Grundleidens im Verhältnis zu seiner elfjährigen Betriebszugehörigkeit als zu kurz angesehen, um abschließend beurteilen zu können, ob eine erhöhte Anfälligkeit für weitere Erkrankungen auf nicht absehbare Zeit vorliegt.³⁶³ Jedoch sprechen krankheitsbedingte Fehlzeiten vor einer Versetzung dann nicht für weitere Ausfallzeiten in der nahen Zukunft, wenn der Arbeitnehmer an seinem neuen Arbeitsplatz nicht mehr oder nicht mehr auffällig oft erkrankt ist.³⁶⁴

121 Ansonsten kann aber aus immer wiederkehrenden Erkrankungen gleicher Art in der Vergangenheit auf eine besondere Anfälligkeit oder gar auf ein chronisches Grundleiden geschlossen werden. Besondere Vorsicht ist für den Arbeitgeber geboten, wenn mit einer Wiederholungsgefahr gleichzeitig die Gefahr der Ansteckung anderer Personen verbunden ist, so insbesondere bei Tuberkulosekranken, die nicht völlig ausgeheilt sind.³⁶⁵ Kommt zur Wiederholungs- noch die Ansteckungsgefahr hinzu, wird eine Kündigung noch eher gerechtfertigt sein. Dass häu-

---

[358] (10.1.72) ARSt 1972, S. 95 Nr. 1118 – **anders** ArbG Ludwigshafen (10.10.73) ARSt 1974, S. 79 Nr. 1079, bei einem Arbeitnehmer, der in neun Jahren an 800 Arbeitstagen gefehlt hatte; siehe ferner ArbG Husum (189..8.70) ARSt 1971, S. 47 Nr. 1057: Ein fünfzigjähriger Arbeitnehmer, der zehn Jahre dem Betrieb angehörte, fehlte durchschnittlich an 70 Tagen im Jahre.
[359] LAG Frankfurt/M. (3.10.51) DB 1951, 860; LAG Düsseldorf (27.3.62) DB 1962, 1015.
[360] LAG Düsseldorf (19.3.63) DB 1963, 1055 = BB 1963, 938.
[361] LAG Düsseldorf DB 1963, 1055; LAG Baden-Württ./Stuttgart (9.1.64) DB 1964, 228: 60 Tage Ausfallzeit und Kur; ArbG Lörrach DB 1964, 739: 103 und 84 Tage Ausfall und Kur; LAG Frankfurt/M. (26.6.86) DB 1986, 2608 = NZA 1987, 24; ArbG Gelsenkirchen ARSt 1976, S. 71 Nr. 67; *Tessmer*, ZfS 1980, 136f.; *U. Preis*, DB 1988, 1444.
[362] BAG (12.12.96) EzA Nr. 41 zu § 1 KSchG Krankheit.
[363] BAG (16.10.80) – 2 AZR 488/79 – unv.
[364] BAG (10.11.83) AP Nr. 11 zu § 1 KSchG 1969 Krankheit = NJW 1984, 1417.
[365] LAG München (31.3.51) DB 1951, 860.

fige Erkrankungen während des bewilligten Erholungsurlaubes kündigungsrechtlich nicht grundsätzlich anders zu beurteilen sind[366], erscheint selbstverständlich.

Die bisherige Darstellung der Judikatur hat gezeigt, dass nur sehr schwer vorausgesagt werden kann, wann eine Kündigung wegen häufiger Fehlzeiten des Arbeitnehmers arbeitsrechtlich nicht beanstandet werden kann. Die diesbezüglichen Anforderungen, die die Gerichte für Arbeitssachen im konkreten Einzelfall stellen[367], sind kaum geeignet, zum unverrückbaren Bestandteil einer festen Regel für die praktische Handhabung solcher Kündigungsfälle gemacht zu werden. Die Frage, wieviele krankheitsbedingte Fehltage des Arbeitnehmers in der Vergangenheit und wieviele häufige Erkrankungen vorliegen müssen, um eine deswegen fristgerecht ausgesprochene Kündigung als sozial gerechtfertigt erscheinen zu lassen, kann generell nicht beantwortet werden.[368] Wenn in diesem Zusammenhang *Etzel*[369] vorschlägt, die Mindestdauer von häufigen künftigen krankheitsbedingten Fehlzeiten an § 1 LFG – jetzt § 3 Abs. 1 EFZG – zu messen, dass also künftige jährliche Fehlzeiten von insgesamt mehr als sechs Wochen zu befürchten sein müssen, so könnte es sich allenfalls um eine gewisse Orientierungshilfe handeln, die sich jedoch bei verschiedenartigen Erkrankungen als problematisch erweist. Soviel erscheint indessen sicher, dass Krankheitszeiten, die auf unverschuldete Betriebs- oder Arbeitsunfälle zurückzuführen sind, in aller Regel außer Betracht bleiben müssen[370], da mit einer Wiederholungsgefahr im Allgemeinen nicht zu rechnen ist. Davon wird eine Ausnahme dann gemacht werden müssen, wenn ein vom Arbeitnehmer schuldhaft verursachter Betriebsunfall zu immer wieder auftretenden Krankheiten führt.[371] Auch durch Sportunfälle bedingte Fehlzeiten sind im Rahmen der Prognoseentscheidung im Allgemeinen nicht zu berücksichtigen.[372] Bei

122

---

[366] So auch ArbG Wuppertal (27.11.80) BB 1981, 876.

[367] Zur Bedeutung der Umstände des konkreten Einzelfalles siehe etwa *Fromm*, S. 221–288.

[368] Ebenso BAG (19.8.76) DB 1977, 262 = AP Nr. 2 zu § 1 KSchG 1969 Krankheit; (16.2.89) NZA 1989, 923; (6.9.89) NZA 1990, 434; LAG Hamm (26.8.80) DB 1981, 1194; *Popp*, AuR 1979, 45; *Stein*, BlStSozArbR 1979, 165; KR-*Becker*, 3. Aufl., § 1 KSchG Rdn. 215; *Stahlhacke/Preis/Vossen*, Rdn. 1212; *Weller*, S. 83; *Oetker*, Anm. zu BAG EzA Nr. 28 zu § 1 KSchG Krankheit, S. 15; KR-*Etzel*, § 1 KSchG Rdn. 347 – **anderer Ans.** *Schukai*, DB 1976, 201 ff.; ders., Anm. zu BAG SAE 1978, 22 (26); *Weisemann*, BB 1977, 1767; *Denck*, JuS 1978, 159; *Bobrowski/Gaul*, Bd. II, S. 234f.; *Hueck/Hueck*, KSchG, § 1 Rdn. 83b; siehe auch *Tschöpe*, DB 1987, 1042.

[369] AuR 1981, 281 – **anderer Ans.** *Birkner-Kuschyk/Tschöpe*, DB 1981, 265.

[370] Ebenso BAG (2.11.89) – 2 AZR 335/89 – unv.; (6.9.89) AP Nr. 22 zu § 1 KSchG 1969 Krankheit; (14.1.93) NZA 1994, 310; LAG Hamm (12.3.76) – 3 Sa 1593/75 –; ArbG Hannover (12.12.80) BB 1981, 790; ArbG Passau (28.10.80) ARSt 1981, S. 88 Nr. 74; *Neumann*, NJW 1978, 1840; *Birkner-Kuschyk/Tschöpe*, DB 1981, 266; KR-*Becker*, 3. Aufl., § 1 KSchG Rdn. 215; *Gola*, BlStSozArbR 1984, 327; *Schwedes*, S. 305 Rdn. 616; *von Hoyningen-Huene/Linck*, KSchG, § 1 Rdn. 237; *Weber/Hoß*, DB 1993, 2430; *Hoß*, MDR 1999, 778; KPK-*Schiefer*, § 1 KSchG Rdn. 180, 195; *Feichtinger*, ArbR-Blattei, Krankheit I, Rdn. 149; *Dörner/Luczak/Wildschütz*, D, Rdn. 1109.

[371] So auch *Löwisch*, KSchG, § 1 Rdn. 198; *von Hoyningen-Huene/Linck*, KSchG, § 1 Rdn. 224a – **anderer Ans.** BAG (14.1.93) NZA 1994, 310; wohl auch *Helml*, Arbeitsrecht, S. 157; APS/*Dörner*, § 1 KSchG Rdn. 141.

[372] BAG (2.11.89) – 2 AZR 335/89 – unv.; zust. *Weber/Hoß*, DB 1993, 2430; *Kasper*, NJW 1994, 2986; HK-KSchG/*Weller/Dorndorf*, § 1 Rdn. 388; KR-*Etzel*, § 1 KSchG Rdn. 328; KPK-*Schiefer*, § 1 KSchG Rdn. 180; *Knorr/Bichlmeier/Kremhelmer*, S. 462 Rdn. 103; *Hoß*, MDR 1999, 779.

ihnen wird es sich meistens um einmalige Vorfälle handeln, es sei denn, sie beruhten auf Mängeln in der körperlichen Konstitution oder lassen auf eine nicht sachgerechte Ausübung der betreffenden Sportart schließen, so dass sie sich wiederholen können. Fehlzeiten in der Vergangenheit, die indiziell für eine erhöhte Krankheitsanfälligkeit des Arbeitnehmers sprechen sollen, sollten sich in diesem Zusammenhang auf einen Zeitraum von mindestens zwei Jahren erstrecken[373], während das BAG[374] 15 Monate als angemessen ansieht. Krankheiten mit einmaligen Ursachen ohne jede Wiederholungsgefahr bleiben grundsätzlich außer Ansatz.[375] Ebensowenig sind die Schutzfristen und Beschäftigungsverbote nach dem MuSchG zu berücksichtigen[376]; denn eine normal verlaufende Schwangerschaft und Geburt haben keinen Krankheitswert. Hingegen sind Fehlzeiten infolge einer durch Schwangerschaft oder Entbindung verursachten Krankheit berücksichtigungsfähig. Europäisches Recht steht dem nicht entgegen, wie der EuGH[377] bisher zu Recht angenommen hat. Der in Art. 5 Abs. 1 in Verbindung mit Art. 2 Abs. 1 der Richtlinie 76/207 EWG des Rates vom 9.2.1976 verankerte Grundsatz der Gleichbehandlung von Männern und Frauen verbietet es nicht, krankheitsbedingte Fehlzeiten einer Arbeitnehmerin vom Beginn ihrer Schwangerschaft bis zum Ende des Mutterschaftsurlaubes bei der Berechnung des Zeitraumes zu berücksichtigen, die eine krankheitsbedingte Kündigung nach nationalem Recht sachlich zu rechtfertigen vermögen.[378] In ausdrücklicher Abweichung von seiner bisherigen Rechtsprechung vertritt der EuGH[379] nunmehr die Auffassung, Arbeitnehmerinnen dürften nicht aufgrund von Fehlzeiten infolge einer durch Schwangerschaft verursachten Krankheit entlassen werden, da durch eine Schwangerschaft bedingte Arbeitsunfähigkeit nur Frauen treffen könne. Die Richtlinie 76/207 verlöre sonst ihre prakti-

---

[373] LAG Hamm (14.12.96) LAGE Nr. 26 zu § 1 KSchG Krankheit; *Weber/Ehrich/Burmester*, S. 77 Rdn. 209; KR-*Etzel*, § 1 KSchG Rdn. 330 – einen Zeitraum von drei Jahren verlangen: *Kittner/Trittin*, KSchR, § 1 KSchG Rdn. 86; *Schaub*, S. 1462 Rdn. 19; *Knorr/Bichlmeier/Kremhelmer*, S. 461 Rdn. 102.
[374] (19.5.93) RzK I 5g Nr. 54; zust. *Kittner/Däubler/Zwanziger*, KSchR, § 1 KSchG Rdn. 84c; *von Hoyningen-Huene/Linck*, KSchG, § 1 Rdn. 227a.
[375] Ebenso *Knorr/Bichlmeier/Kremhelmer*, S. 461 Rdn. 102; KPK-*Schiefer*, § 1 KSchG Rdn. 180.
[376] LAG Düsseldorf/Köln DB 1980, 1078; LAG Hamm (28.9.82) ARSt 1984, S. 15 Nr. 1011; LAG Berlin (16.7.81) DB 1982, 233: betreffend Mutterschaftsurlaub; *Popp*, AuR 1979, 46; *Feichtinger*, S. 162; *Birkner-Kuschyk/Tschöpe*, DB 1981, 266; *Becker-Schaffner*, ZTR 1997, 52.
[377] (8.11.90) NZA 1991, 173; (29.5.97) DB 1997, 1282 = NZA 1998, 25f.; ebenso HK-KSchG/*Dorndorf*, § 1 Rdn. 321a, 377a; *Helml*, Arbeitsrecht, S. 157; APS/*Dörner*, § 1 KSchG Rdn. 153; *Schaub*, S. 1772 Rdn. 29; *Gitter/Michalski*, S. 97; Kasseler Handbuch/*Isenhardt*, 6.3 Rdn. 470; ErfK/*Schlachter*, § 611a BGB Rdn. 13 – siehe **demgegen** Kasseler Handbuch/*Weber*, 3.5 Rz. 119; *Kittner/Trittin*, KSchR § 1 KSchG Rdn. 84e: bedenkliche Rechtsprechung; *Ring*, S. 177 Rdn. 322; jedoch unter unzutreffender Bezugnahme auf EuGH NZA 1991, 173.
[378] EuGH (29.5.97) NZA 1998, 25f.
[379] (30.6.98) NZA 1998, 871; zust. *Zmarzlik/Zipperer/Viethen*, MuSchG, § 9 Rdn. 72c; *Hummel*, S. 40; KR-*Pfeiffer*, § 611a BGB Rdn. 34; APS/*Linck*, § 611a BGB Rdn. 72; Kasseler Handbuch/*Weber*, 3.5 Rz. 119; wohl auch *Kittner/Däubler/Zwanziger*, KSchR, § 1 KSchG Rdn. 84e; *Schliemann*, NZA-RR 2000, 115 – teilw. **kritisch** MünchArbR/*Buchner*, § 41 Rdn. 87.

sche Wirksamkeit. Das Diskriminierungsverbot gebiete es, während der gesamten Schwangerschaft einen gleichwertigen (Bestands-) Schutz zu gewähren. Die vom EuGH vorgenommene Differenzierung vermag nicht zu überzeugen. Anderenfalls müssten beispielsweise durch ein Prostata- oder Hoden-Karzinom verursachte krankheitsbedingte Fehlzeiten, die nur bei Männern auftreten können, kündigungsrechtlich ebenfalls unberücksichtigt bleiben, was nicht ernsthaft in Erwägung gezogen werden kann. Nach Art. 10 Nr. 1 der Mutterschutz-Richtlinie 92/85 EWG vom 19. 10. 1992[380] treffen die Mitgliedstaaten der EU die erforderlichen Maßnahmen, um die Kündigung der schwangeren und stillenden Arbeitnehmerinnen sowie der Wöchnerinnen während der Zeit vom Beginn der Schwangerschaft bis zum Ende des Mutterschaftsurlaubes zu verbieten. Auch entgegen der Ansicht von *Zwanziger*[381] kommt es einer unzulässigen Überinterpretation dieser Richtlinien-Norm gleich, bei einer späteren Entlassung einer solchen Arbeitnehmerin krankheitsbedingte Fehlzeiten während des genannten Zeitraumes nicht zu berücksichtigen, wenn und soweit ihnen ein echter Prognosewert zukommt. Immerhin räumt der EuGH[379] wenigstens ein, dass pathologische Zustände, die erst nach dem Ablauf des Mutterschaftsurlaubes auftreten, jedoch auf die Schwangerschaft oder Niederkunft zurückzuführen sind, unter die allgemeine Regelung für Krankheitsfälle fielen. Ungeachtet dessen sind aber auch Fehlzeiten infolge eines nicht rechtswidrigen Schwangerschaftsabbruches oder einer nicht rechtswidrigen Sterilisation zu berücksichtigen, da sie der Gesetzgeber der unverschuldeten Verhinderung an der Arbeitsleistung gleichgestellt hat, § 3 Abs. 2 EFZG. Dies gilt erst recht bei rechtswidrigen medizinischen Eingriffen der genannten Art. Nach der Rechtsprechung des BVerfG[382] ist ein Schwangerschaftsabbruch grundsätzlich rechtswidrig, wenn auch unter Umständen straffrei. Jedoch darf der Arbeitgeber eine Kündigung nicht auf häufige Krankheit stützen, wenn er dem Arbeitnehmer vorher mitgeteilt hat, dass er in Zukunft als Springer eingesetzt werde. Eine solche Handlungsweise des Kündigenden stünde im Widerspruch zu seinem bisherigen Verhalten (venire contra factum proprium).[383] Größere praktische Bedeutung dürfte jedoch die Berücksichtigung schwangerschaftsbedingter Fehlzeiten nicht haben, da eine Kündigung erst nach dem Ablauf der Mutterschutzfrist, § 9 Abs. 1 MuSchG, in Betracht kommt und eine negative Prognose bei schwangerschafts- und entbindungsbedingten Erkrankungen in der Regel nicht gegeben sein wird. Ungeachtet dessen kann eine krankheitsbedingte Kündigung unter Beachtung der sonst maßgeblich Grundsätze in Frage kommen. Europäisches Arbeitsrecht steht dem nicht entgegen.[384] Mit dem Risiko einer Erkrankung sind Männer wie Frauen in gleicher Weise behaftet; es ist insoweit geschlechtneutral.

---

[380] Amtsbl./EG Nr. L 348 vom 28. 11. 1992, S. 1.
[381] in: Handbuch zur Gleichstellung der Geschlechter, S. 139 Rdn. 257.
[382] (28. 5. 93) NJW, 1751 ff.; dazu auch *Stoffels*, DB 1993, 1718 ff.
[383] Zutreffend ArbG Celle (12. 7. 79) ARSt 1980, S. 79 Nr. 1100; *U. Preis*, Prinzipien, S. 372; allgemein dazu *U. Preis*, Prinzipien, S. 375 ff. (369 ff.); *Soergel/Teichmann*, BGB, § 242 Rdn. 312 ff.; MünchArbR/*Wank* 1. Aufl., § 116 Rdn. 151; *Larenz/Wolf*, S. 329 Rdn. 44; *Roth*, in: Müko-BGB, § 242 Rdn. 423 ff.; 440, 509.
[384] Ebenso KR-*Pfeiffer*, § 611a BGB Rdn. 34.

123 Angesichts all dieser schwer abzuschätzenden Imponderabilien kann den Parteien eines solchen Rechtsstreites nur nachdrücklich empfohlen werden, sich spätestens während des Prozesses gütlich zu einigen.[385] Auch sonst wurden bisher in größerem Umfang in Kündigungsschutzverfahren „Abfindungsvergleiche" abgeschlossen. Im Verhältnis zu anderen Gerichtsbarkeiten war in der Vergangenheit die Vergleichsquote bei den Gerichten für Arbeitssachen erster und zweiter Instanz außergewöhnlich hoch.[386] Nach einer repräsentativen Untersuchung über die Kündigungspraxis und den arbeitsrechtlichen Kündigungsschutz endeten 1978 von ca. 96.000 Kündigungsschutzprozessen 57.000 mit einem Abfindungsvergleich.[387] Angaben von *Wolf*[388] zufolge wurden bezogen auf die Jahre 1995 und 1996 rund 80 % aller Kündigungsschutzverfahren im Wege eines Vergleichs auf Abfindungsbasis erledigt. Ein „magerer" Vergleich kann durchaus besser als ein „fetter" Prozess sein.[389] Damit erweist sich der Vergleich als das bedeutsamste Instrument zur Konfliktlösung im Kündigungsfalle. In jüngster Zeit ist die Vergleichsquote jedoch deutlich zurückgegangen. 1997 wurden lediglich 40 % aller Kündigungsschutzstreitigkeiten vor den Gerichten für Arbeitssachen durch einen Prozessvergleich beendet[390], während nach *Rüthers*[391] allerdings 90 % aller Arbeitgeberkündigungen zu einem Abfindungsvergleich, sei es vor Gericht oder außergerichtlich führten. Im Jahre 1999 konnten 41 % aller arbeitsgerichtlichen Verfahren gütlich beendet werden.[392]

c) Minderung der Leistungsfähigkeit

124 Eine Kündigung kann auch dann begründet sein, ohne dass es einer vorherigen Abmahnung bedarf[393], wenn der Arbeitnehmer infolge seiner Krankheit nicht gerade arbeitsunfähig ist oder wird, sondern auf Dauer nur noch in begrenztem Umfange

---

[385] Ähnlich *Meisel*, DB 1981, 1724; allgemein dazu *Salje*, DRiZ 1994, 285 ff.
[386] Vgl. dazu etwa *Vetter*, DRiZ 1997, 460; *Müller-Glöge*, RdA 1999, 80 (86): 1951 insgesamt 40,1 % der Rechtsstreite, 1996 insgesamt 40,6 %.
[387] BB 1981, 850. In den nachfolgenden Jahren dürften die Zahlen niedriger gewesen sein; dazu auch *Reinecke*, BB 1981, 854; *Albrecht*, BB 1984, 20; zur langfristigen Entwicklung der Vergleichsquote siehe *Estermann*, Sozioökonomische Bedingungen und Arbeitsgerichtsbarkeit, in: *Rottleuthner* (Hrsg.) 1984, S. 83 ff.; *Rottleuthner*, in: 60 Jahre Berliner Arbeitsgerichtsbarkeit, 1987, S. 349: 1985 = 37,7 %; siehe auch *Moritz*, AuR 1983, 13; *U. Preis*, Prinzipien, S. 27; *Rühle*, DB 1991, 1379; *Popp*, DB 1993, 734: mehr als 2/3 aller Kündigungsschutzverfahren wurden erstinstanzlich durch einen Prozessvergleich beendet; dazu auch *Fromm*, S. 127, 131; *Grotmann-Höfling*, AuR 1997, 270: bis 1989 unter 40 % und 1993 nahe 44 %. In der Kammer 9 des LAG Berlin endeten 1993 immerhin 8 von 10 Kündigungsschutzverfahren wegen Krankheit durch einen Prozessvergleich; allgemein dazu *Weichsel*, Rechtstatsachen und Statistik, in: Die Arbeitsgerichtsbarkeit (1994), S. 525; *Däubler*, S. 635 Rdn. 1188.
[388] AuA 1997, 141; siehe auch *Grotmann-Höfling*, AuR 1997, 475; *ders.*, AuR 1998, 395: 1996 und 1997 erstinstanzlich jeweils 40 %.
[389] Dazu *Wacke*, AnwBl 1991, 601 ff.; siehe auch KPK-*Ramrath*, § 4 KSchG Rdn. 93.
[390] Nachw: bei *Emmert/Wisskirchen*, DB 2002, 428.
[391] NJW 2002, 1602.
[392] Vgl. *Grotmann-Höfling*, AuR 2001, 54.
[393] So auch *Kleinebrink*, Abmahnung, S. 63 Rdn. 195 m.w.N.

eingesetzt werden kann[394], wobei es sich um eine erhebliche Einschränkung der Leistungsfähigkeit in quantitativer, etwa eine Minderleistung von 2/3 der Normalleistung[395], qualitativer oder zeitlicher Hinsicht handeln muss, der Arbeitnehmer durchschnittlich nur noch 66 % der geschuldeten Arbeitsleistung erbringt. Freilich bedarf es auch insoweit einer negativen Gesundheitsprognose.[395] Grundsätzlich kann der Arbeitgeber vom Arbeitnehmer aber nur eine „individuelle" Normalleistung verlangen[396], also eine Arbeitsleistung, die ein Arbeitnehmer aufgrund seiner Fähigkeiten im Durchschnitt seiner Arbeitszeit erbringen kann, wenn er seine Arbeitskraft bis zu der Grenze einsetzt, bei der er auf Dauer die Erhaltung seiner Arbeitskraft nicht gefährdet.[397] Er schuldet also keinesfalls die aus der Sicht des Arbeitgebers optimalste Leistung.[398] Auch durch das Schuldrechtsmodernisierungsgesetz hat sich die Rechtslage insoweit nicht geändert.[399] Der Arbeitnehmer genügt deshalb seiner Arbeitspflicht schon dann, wenn er unter angemessener Anspannung seiner körperlichen und geistigen Kräfte das ihm Mögliche leistet.[400] Wann der Zahlung des vollen Zeitlohnes keine nach betriebs- und arbeitswirt-

---

[394] BAG (28. 2. 90) DB 1990, 2430 = NZA 1990, 727; (26. 9. 91) AP Nr. 28 zu § 1 KSchG 1969 Krankheit = NZA 1992, 1073; (12. 7. 95) NZA 1995, 1100; (29. 1. 97) AP Nr. 32 zu § 1 KSchG 1969 Krankheit = NZA 1997, 709; LAG Köln (21. 12. 95) BB 1996, 1992; (26. 2. 99) ZTR 1999, 382 = NZA-RR 2000, 25 ff.; LAG Düsseldorf DB 1960, 1072; LAG Berlin (24. 6. 91) NZA 1992, 79 ff.; LAG Hamm (27. 2. 92) LAGE Nr. 10 zu § 1 KSchG Personenbedingte Kündigung; *Bauer/Röder/Lingemann*, S. 104 f.; *Herschel/Löwisch*, KSchG, § 1 Rdn. 145; *Stahlhacke/Preis/Vossen*, Rdn. 1239; KR-*Becker*, 3. Aufl., § 1 KSchG Rdn. 217; *Gola*, BlStSozArbR 1984, 326; *Birk*, JuS 1986, 378 f.; *Gaul*, Bd. II, S. 142 Rdn. 51; *Liebig*, S. 82; *Schwerdtner*, in: Müko-BGB, § 622 Anh. Rdn. 280; *Söllner*, S. 305; *Gitter/Michalski*, S. 98; *Schaub*, S. 1464 Rdn. 251; *Bauer/Röder*, Kündigung, S. 133; von *Hoyningen-Huene/Linck*, KSchG § 1 Rdn. § 252e; *Zöllner/Loritz*, S. 294; *Weber/Hoß*, DB 1993, 2429; *Hönsch/Natzel*, S. 196 Rdn. 196, S. 204 Rdn. 229; *Bezani*, S. 135; *Kittner/Däubler/Zwanziger*, KSchR, § 1 KSchG Rdn. 145; *Gentges*, S. 184 f.; *Löwisch*, KSchG, § 1 Rdn. 205; *Däubler*, S. 591 Rdn. 1099; *Becker-Schaffner*, ZTR 1997, 54; *Tschöpe/Nägele*,, Teil 3 D, Rz. 115 f.; KPK-*Schiefer*, § 1 KSchG Rdn. 235 aff., 242, 247; *Dörner/Luczak/Wildschütz*, D, Rdn. 1192; *Geyer/Knorr/Krasney*, EFZG, § 8 Rdn. 15; HK-KSchG/*Weller/Dorndorf*, § 1 Rdn. 436; *Lingemann*, BB 1998, 1106; KR-*Etzel*, § 1 KSchG Rdn. 379; *Knorr/Bichlmeier/Kremhelmer*, S. 468 Rdn. 117–118; Roos, NZA-RR 1999, 619; APS/*Dörner*, § 1 KSchG Rdn. 249; Kasseler Handbuch/*Isenhardt*, 6.3 Rz. 491; *U. Preis*, Arbeitsrecht, S. 678 f.; *Hako-Gallner*, § 1 KSchG Rdn. 545 ff.; *Elsner*, S. 98 f.; *Feichtinger*, ArbR-Blattei, Krankheit I, Rdn. 183 ff.; *Kleinebrink*, NZA 2002, 716 (723).
[395] BAG (26. 9. 91) AP Nr. 28 zu § 1 KSchG 1969 Krankheit = NZA 1992, 1073 = SAE 1993, 225, mit zust. Anm. von *Schiefer/Köster*; *Stahlhacke/Preis/Vossen*, Rdn. 1239; KR-*Etzel*, § 1 KSchG Rdn. 380; *Roos*, NZA-RR 1999, 619; KPK-*Schiefer*, § 1 KSchG Rdn. 387 – **anders** *Gentges*, S. 185.
[396] Vgl. BAG (20. 3. 69) AP Nr. 27 zu § 123 GewO, mit zust. Anm. von *Canaris*; (17. 7. 70) AP Nr. 3 zu § 11 MuSchG 1968; (17. 3. 88) AP Nr. 96 zu § 626 BGB = NZA 1989, 261; *Fromm*, S. 494; *Däubler*, S. 374 Rdn. 621; Kasseler Handbuch/*Künzl*, 2.1 Rz. 180; HK-KSchG/*Weller/Dorndorf*, § 1 Rdn. 437; MünchArbR/*Blomeyer*, § 48 Rdn. 66; *Meisel*, S. 166 Rdn. 232; BGB-RGRK, § 611 Rdn. 1366; *Hanau/Adomeit*, S. 193 Rdn. 677; ErfK/*Preis*, § 611 BGB Rdn. 794 – **kritisch** *von Hoyningen-Huene/Linck*, KSchG, § 1 Rdn. 253b: objektive Normalleistung; siehe auch BAG (26. 9. 91) DB 1992, 2196.
[397] Dazu auch HK-KSchG/*Weller/Dorndorf*, § 1 Rdn. 437.
[398] Zutreffend ArbG Berlin (29. 2. 96) AiB 1997, 358.
[399] Vgl. *Gotthardt*, S. 6 Rdn. 9.
[400] *Müller-Glöge*, in: Müko-BGB, § 611 Rdn. 20; dazu auch *Gentges*, S. 185 f. – **kritisch** *von Hoyningen-Huene/Linck*, KSchG, § 1 Rdn. 253c.

schaftlichen Aspekten ausgerichtete adäquate Arbeitsleistung gegenübersteht[401], hängt von den Umständen des konkreten Einzelfalles ab. In der arbeitsgerichtlichen Praxis wird eine ordentliche Kündigung im Allgemeinen dann als sozial gerechtfertigt angesehen, wenn ein Arbeitnehmer über einen Zeitraum von mehreren Jahren etwa 25 % der geforderten Leistung nicht erbringt.[402] In diesem Zusammenhang vertritt das LAG Köln in einem Urteil vom 21. 12. 1995[394] unter Hinweis auf *Stahlhacke/Preis*[394] die Auffassung, eine dauerhafte krankheitsbedingte Leistungsminderung des Arbeitnehmers könne nur mit großer Zurückhaltung als Entlassungsgrund in Betracht gezogen werden. Dabei wird jedoch nicht hinreichend berücksichtigt, dass für den Arbeitgeber die erheblichen Belastungen nicht primär in Betriebsablaufstörungen und/oder Entgeltfortzahlungskosten, sondern darin bestehen, dass der Zahlung des Arbeitsentgelts keine auch nur einigermaßen adäquate Arbeitsleistung gegenübersteht.

125   Soweit *Popp*[403] meint, die Kündigung wegen Minderung der Leistungsfähigkeit sei nicht eine krankheitsbedingte, verkennt er, dass sich auch in solchen Fällen die Krankheit als Primärursache darstellt, deren Folge die Leistungsminderung ist. Eine krankheitsbedingte Leistungsminderung liegt etwa vor, wenn ein Schichtführer, der unter Umständen schnell weitreichende Entscheidungen treffen muss, physisch und psychisch nicht mehr leistungsfähig ist[404], ein Maurer, der an einer degenerativen Veränderung der Wirbelsäule leidet, schwere Lasten nicht mehr heben und tragen kann[405] oder wenn ein Kernmacher berufsbedingt an einer Chromallergie leidet.[406] Allerdings folgt die Entlassungsberechtigung des Arbeitgebers nicht aus § 618 BGB[407], da es sich insoweit allein um eine Anspruchsgrundlage zugunsten des Arbeitnehmers handelt. Ungeachtet dessen wird der Arbeitgeber in solchen Fällen stets zu prüfen haben, ob die Beschäftigung auf einem anderen Arbeitsplatz möglich ist. Er hat deshalb ggf. zum Zwecke der anderweitigen Verwendung des Arbeitnehmers – im Einzelfall auch mit dem Ziel einer Teilzeitbeschäftigung – eine Änderungskündigung auszusprechen, bevor er eine auf die endgültige Beendigung der arbeitsvertraglichen Beziehungen gerichtete fristgerechte Kündigung er-

---

[401] Vgl. BAG (26. 9. 91) NZA 1992, 1073.
[402] Siehe *Kittner/Däubler/Zwanziger*, KSchR, § 1 KSchG Rdn. 67 m. N.: 4-Jahreszeitraum; zust. *Gussone*, AiB 1996, 345.
[403] DB 1981, 2611 m. w. N.
[404] Vgl. dazu BAG (5. 8. 76) AP Nr. 1 zu § 1 KSchG 1969 Krankheit, mit zust. Anm. von *Trieschmann*; zust. auch *Liebig*, S. 83.
[405] LAG Frankfurt/M. (29. 4. 83) BB 1984, 1163; siehe auch LAG Berlin (10. 12. 84) – 9 Sa 93/ 84 –: betreffend eine Küchenhilfe; BAG (28. 2. 90) AP Nr. 25 zu § 1 KSchG 1969 Krankheit = NZA 1990, 727.
[406] LAG Köln (8. 7. 82) BB 1982, 1730.
[407] So auch *Basedau*, AuR 1991, 303; MünchArbR/*Berkowsky*, § 136 Rdn. 65; – **anders wohl** BAG (28. 2. 90) NZA 1990, 727; ähnlich LAG München (14. 8. 91) LAGE Nr. 9 zu § 1, KSchG Personenbedingte Kündigung.

klärt[408], ohne allerdings eine fachlich qualifizierte und auch höher dotierte Tätigkeit anbieten zu müssen.[409] Eine solche Notwendigkeit, von sich aus dem Arbeitnehmer eine beiden Vertragsparteien zumutbare Weiterbeschäftigung auf einem freien Arbeitsplatz anzubieten, besteht nicht nur bei einer außerordentlichen, sondern auch bei einer ordentlichen fristgerechten Kündigung des Arbeitgebers.[410] Eine Änderungskündigung hat in aller Regel Vorrang vor dem Ausspruch einer Beendigungskündigung.[411] Der Arbeitgeber müsse, so führt das BAG aus, bei den Verhandlungen mit dem Arbeitnehmer klarstellen, dass bei der Ablehnung des Änderungsangebotes eine Beendigungskündigung beabsichtigt sei, wobei dem Arbeitnehmer eine Überlegungsfrist von einer Woche einzuräumen sei. Aber auch die bloße Minderung der Leistungsfähigkeit durch Krankheit, die eine Arbeits- oder Leistungsfähigkeit nicht zur Folge hat, kann eine Kündigung als begründet erscheinen lassen.[412] Das trifft etwa für einen Arbeitnehmer zu, der nach dem Arbeitsvertrag nach dem Ablauf einer längeren Einarbeitungszeit zur Leistung von Akkordarbeit verpflichtet ist, jedoch aus gesundheitlichen Gründen dieser Verpflichtung nicht nachkommen kann.[413] Auch die Unfähigkeit, bestimmte Teile der Arbeit zu verrichten, kann zu Recht eine Kündigung nach sich ziehen, so wenn ein Arbeitnehmer in der Landwirtschaft kunstdüngerempfindlich ist[414], es sei denn, der Arbeitnehmer erklärt sich trotz partieller Arbeitsunfähigkeit zur Verrichtung entsprechender Arbeiten bereit und zeigt sich dazu auch in der Lage.[415] Nichts anderes gilt, wenn er beispielsweise infolge eines unverschuldeten Arbeitsunfalls in absehbarer Zeit nicht mehr seiner bisherigen Beschäftigung nachgehen kann[416], etwa ein Umschlagarbeiter in einer Speditionsfirma, der statt wie bisher 50 kg nur noch ma-

---

[408] So auch LAG Düsseldorf (6.5.77) DB 1977, 1370, allerdings bei einer betriebsbedingten Kündigung; *Gaul*, Bd. II, S. 147 Rdn. 62; siehe auch BAG AP Nr. 1 zu § 1 KSchG 1969 Krankheit; BAG (27.9.84) AP Nr. 8 zu § 2 KSchG 1969, mit ablehnender Anm. von *von Hoyningen-Huene*; *Stahlhacke/Preis/Vossen*, Rdn. 1281e; *Hromadka*, NZA 1996, 11f.; *KPK-Bengelsdorf*, § 2 KSchG Rdn. 109, 112, 114; *U. Preis*, Arbeitsrecht, S. 736; *KR-Rost*, § 2 KSchG Rdn. 100; *Hoß*, MDR 2000, 563; *APS/Künzl*, § 2 KSchG Rdn. 229; *von Hoyningen-Huene/Linck*, KSchG, § 2 Rdn. 70a.

[409] BAG (29.3.90) AP Nr. 50 zu § 1 KSchG 1969 Betriebsbedingte Kündigung = NZA 1991, 181.

[410] BAG DB 1985, 1186; (29.1.97) NZA 1997, 709 = EzA Nr. 42 zu § 1 KSchG Krankheit; siehe auch LAG Niedersachsen (7.2.86) DB 1986, 1126; *U. Preis*, Prinzipien, S. 300ff.; *Löwisch*, KSchG, § 2 Rdn. 53; *KPK-Schiefer*, § 1 KSchG Rdn. 247; *Kraft*, ZfA 1994, 463 (473), aber **kritisch**.

[411] Siehe nur BAG (27.9.84) NZA 1985, 455; (14.6.95) NZA 1996, 43; LAG Berlin (10.9.96) ARSt 1997, S. 13; *Schwerdtner*, in: Müko-BGB, § 622 Anh. Rdn. 98 – **kritisch** *Berkowsky*, Personenbedingte Kündigung, S. 250, Rdn. 16.

[412] *Erich Molitor*, DB 1952, 677; vgl. auch LAG Bremen (28.6.50) AP 51 Nr. 118, wo aber nur die Sittenwidrigkeit der Kündigung eines Polizisten wegen von Anfang an bestehender mangelnder Sehschärfe abgelehnt wurde, ein damals nicht gegebener Sozialschutz dagegen dahingestellt blieb.

[413] ArbG Kaiserslautern/Pirmasens (20.6.79) ARSt 1979, S. 185 Nr. 185; zust. *Liebig*, S. 84.

[414] BAG (20.10.54) AP Nr. 6 zu § 1 KSchG = DB 1954, 978 – **kritisch** *U. Preis*, Prinzipien, S. 446; *ders.*, DB 1988, 1447; siehe auch BAG (7.2.91) DB 1991, 445 = BB 1991, 412.

[415] Vgl. LAG Rheinland-Pfalz (15.7.88) DB 1988, 2368 = BB 1988, 2033; siehe dazu auch LAG Köln (24.10.88) AuR 1989, 287.

[416] Vgl. *von Hoyningen-Huene/Linck*, KSchG, § 1 Rdn. 243a.

ximal Lasten von 20 kg heben und tragen kann.[417] Diese Sachverhalte bedürfen jedoch einer besonders sorgfältigen Prüfung vor allem dann, wenn für den Leistungsabfall oder die Leistungseinschränkung ein Betriebsunfall, eine Berufskrankheit[418], §§ 8, 9 SGB VII, oder die besonders intensive Inanspruchnahme der Arbeitsleistung durch den Arbeitgeber[419] ursächlich sind. Ansonsten reicht die die bloße Befürchtung des Arbeitgebers, bei einer Weiterbeschäftigung des Arbeitnehmers auf dessen bisherigen Arbeitsplatz werde sich dessen Gesundheitszustand verschlimmern, für die soziale Rechtfertigung einer Kündigung in der Regel nicht aus.[420] Das gilt jedenfalls dann, wenn und solange der Betreffende bereit und in der Lage ist, die geschuldete Arbeitsleistung zu erbringen. Insoweit steht dem Arbeitgeber keine Entscheidungskompetenz zu. Die „Fürsorgepflicht" kann in solchen Fällen nicht soweit gehen, den Arbeitnehmer vor den Gefahren des Arbeitens zu schützen.

126 Die normale Herabsetzung der Leistungsfähigkeit des Arbeitnehmers infolge seines fortschreitenden Alters hat der Arbeitgeber aufgrund seiner ihm obliegenden Fürsorgepflicht bei schon längere Zeit Beschäftigten im Allgemeinen in Kauf zu nehmen.[421, 422] Ihr muss der Arbeitgeber durch organisatorische Maßnahmen, wie der Änderung des Arbeitsablaufes, der Umgestaltung des Arbeitsplatzes oder der Umverteilung der Arbeitsaufgaben, begegnen.[423] Die altersbedingte Einschränkung der Leistungsfähigkeit, wobei zwischen dem kalendarischen Alter und dem

---

[417] Siehe LAG Hamburg (19. 9. 01) – 8 Sa 56/01 – unv.
[418] Vgl. KR-*Becker*, 3. Aufl., § 1 KSchG Rdn. 198; BAG (20. 10. 54) AP Nr. 6 zu § 1 KSchG; LAG Köln (8. 7. 82) AuR 1983, 27; *K. Gamillscheg*, Anm. zu BAG SAE 1998, 19; weitergehend *Hako-Gallner*, § 1 Rdn. 444: stets zugunsten des Arbeitnehmers.
[419] *U. Preis*, Prinzipien, S. 131; *K. Gamillscheg*, Anm. zu BAG SAE 1998, 19.
[420] BAG (12. 7. 95) AP Nr. 7 zu § 626 BGB Krankheit, mit Anm. von *Bezani* = NZA 1995, 1100; LAG Rheinland-Pfalz (15. 7. 88) RzK I 5h Nr. 7; LAG Köln (21. 12. 95) BB 1996, 1992; Hess. LAG (11. 2. 97) BB 1997, 1799 = LAGE Nr. 14 zu § 1 KSchG Personenbedingte Kündigung; *von Hoyningen-Huene/Linck*, KSchG, § 1 Rdn. 252c; *Schwerdtner*, in: Müko-BGB, § 622 Anh. Rdn. 286; *Berkowsky*, Personenbedingte Kündigung, S. 100 Rdn. 5; *Kittner/Däubler/Zwanziger*, KSchR § 1 KSchG Rdn. 140; KR-*Etzel*, § 1 KSchG Rdn. 379; *Knorr/Bichlmeier/Kremhelmer*, S. 441 Rdn. 56; *Kleinebrink*, NZA 2002, 716 (720, 723) – **anderer Ans.** BAG (13. 3. 87) NZA 1987, 629; (28. 2. 90) NZA 1990, 727; LAG Hamm (27. 2. 86) ARSt 1988, S. 29 Rdn. 1039; (2. 11. 89) LAGE Nr. 6 zu § 1 KSchG Personenbedingte Kündigung; LAG München (14. 8. 91) LAGE Nr. 9 zu § 1 KSchG Personenbedingte Kündigung – **unentschieden** BAG (6. 11. 97) NZA 1998, 145.
[421] Zust. *Schwerdtner*, in: Müko-BGB, § 622 Anh. Rdn. 300; *Feichtinger*, S. 170; *Liebig*, S. 85; *Schwedes*, S. 301 Rdn. 609; *von Hoyningen-Huene/Linck*, KSchG, § 1 Rdn. 253; *U. Preis*, Kündigung, S. 106; *Peter*, AuR 1993, 387; *Schiefer*, NZA 1994, 536; ähnlich *Becker-Schaffner*, DB 1981, 1175; *Hanau/Adomeit*, 9. Aufl. 1988, S. 242; *Stahlhacke/Preis/Vossen*, Rdn. 1239; *Gussone*, AiB 1996, 345; KR-*Etzel*, § 1 KSchG Rdn. 385; *Däubler*, S. 591 Rdn. 1099, *Knorr/Bichlmeier/Kremhelmer*, S. 425 Rdn. 18; *Kittner/Däubler/Zwanziger*, KSchR, § 1 KSchG Rdn. 117, 144; APS/*Dörner*, § 1 KSchG Rdn. 251; HK-KSchG/*Weller/Dorndorf*, § 1 Rdn. 452; *Berkowsky*, NZA-RR 2001, 451.
[422] Zum tarifvertraglichen Anspruch auf Arbeitsplatzsicherung bei altersbedingter Minderung der Leistungsfähigkeit des Arbeitnehmers siehe BAG (26. 1. 83) BB 1984, 1491; (7. 2. 95) AiB 1995, 611; (11.11.97) BB 1998, 1163; *Gussone*, AiB 1996, 345; *Däubler*, S. 591 Rdn. 1099.
[423] Zust. *Kania*, Anm. zu BAG EzA Nr. 156 zu § 626 BGB n.F., S. 11; KR-*Etzel*, § 1 KSchG Rdn. 272.

Leistungsvermögen kein Automatismus besteht[424], stellt nur dann einen personenbedingten Entlassungsgrund dar, wenn der betreffende Arbeitnehmer nicht mehr in der Lage ist, die von ihm geschuldete Arbeitsleistung weder in quantitativer (zeitlicher) noch in qualitativer Hinsicht ordnungsgemäß zu erfüllen[425]. Die weit verbreitete Meinung, ein höheres Lebensalter sei zwangsläufig mit einem generellen Absinken der beruflichen Leistungsfähigkeit des Arbeitnehmers verbunden, kann aufgrund neuerer gerontologischer Forschungsergebnisse[426] nicht mehr länger aufrecht erhalten werden, zumal die Frage des Alterns nicht allein vom Lebensalter abhängt. 1995 war jeder fünfte Deutsche 60 Jahre und älter.[427] 1997 waren es 21,8 % der Bevölkerung.[428] und im Jahre 2000 schon insgesamt 23,2 %.[429] Nach Schätzungen werden im Jahre 2030 voraussichtlich sogar 36 % der Bevölkerung 60 Jahre und älter sein[430], während im Dritten Altenbericht der Bundesregierung[431] erst 2050 mit einem solchen Prozentsatz gerechnet wird. Betrachtet man die Altersstruktur in Deutschland im Zeitraum von 1871 bis zum Jahre 2040, hat sich der Anteil der 65jährigen und älteren Personen an der Gesamtbevölkerung von 1871 bis 1995 mehr als verdreifacht. Er wird sich bis zum Jahre 2040 noch einmal nahezu verdoppeln.[432]

In der Alterswissenschaft besteht seit langem Einigkeit darüber, dass in einer modernen Industriegesellschaft die Erwerbstätigkeit wesentlich dazu beiträgt, das Leben im Alter mit Sinn zu erfüllen und erheblich zu verlängern.[433] Vielfach wird erst durch den Ruhestand das Bewusstsein dafür geweckt, welche große Bedeutung die Arbeit für die Konstituierung und Stabilisierung der eigenen Person hat.[434] Die Förderung der Beschäftigung älterer Arbeitnehmer und die altersadäquate Arbeitsplatzgestaltung gehören mit zu den allgemeinen Aufgaben des Betriebsrates, § 80 Abs. 1 Ziff. 6 BetrVG. Arbeitgeber und Betriebsrat haben darauf zu achten, dass Arbeitnehmer nicht wegen Überschreitung bestimmter Altersstufen benachteiligt werden, § 75 Abs. 1 Satz 2 BetrVG.[435] Mehrfach ist in der Bundesrepublik die For-

---

[424] Dazu *Reif/Täubert/König*, AiB 1996, 329, 335.
[425] Ebenso KR-*Becker*, 3. Aufl., § 1 KSchG Rdn. 222 m.w.N.; *Berger-Delhey*, ZTR 1994, 183; *Dörner/Luczak/Wildschütz*, D, Rdn. 1231; *Berkowsky*, NZA-RR 2001, 405; KPK-Schiefer, § 1 KSchG Rdn. 243; KR-*Etzel*, § 1 KSchG Rdn. 385.
[426] Im Einzelnen dazu die Nachweise bei *Schröder*, S. 45; *Belling*, ZGerontol 1989, 129; *Laux*, NZA 1991, 969; *Boerner*, S. 5 ff., 132; *Reif/Täubert/König*, AiB 1996, 329 ff.; *Boecken*, Gutachten, S. B 55, 92; dazu auch *Däubler*, S. 777 Rdn. 1509.
[427] Aktuell '97, S. 20.
[428] Sozialbericht 1997, Bundestags-Drucks. 13/10142, S. 186.
[429] BArbBl. 2000, Heft 9, S. 6; Aktuell 2003, S. 46: 2002 = 23 %.
[430] Nachweise bei *Belling*, ZGerontol 1989, 135 Fußn. 5; Aktuell '95, S. 49; Aktuell '97, S. 20: 1/3 der Bevölkerung; RdA 1998, 299; Sozialbericht 1997, Bundestags-Drucks. 13/10142, S. 186; B ArbBl. 2000, Heft 9, S. 6; Geschäftsbericht 2000 der BDA, S. 30.
[431] Vgl. AG 2001, 25.
[432] Nachweise bei *Boecken*, Gutachten, S. B 56, 88; DtÄrzteBl 96 (1999), Heft 47, B-2441.
[433] Vgl. dazu *Belling*, Anm. zu BAG EzA Nr. 1 zu § 620 BGB Altersgrenze, S. 21; ders., ZGerontol 1989, S. 134 m.w.N.; *Boecken*, Gutachten, S. B 93.
[434] Dazu etwa *Simitis*, RdA 1994, 259; *Boecken*, Gutachten, S. B 55.
[435] Siehe nur *Hess/Schlochauer/Glaubitz*, BetrVG, § 75 Rdn. 14; *Fitting/Kaiser/Heither/Engels/Schmidt*, BetrVG, § 75 Rdn. 68–73; *Kreutz*, in: GK-BetrVG, § 85 Rdn. 59 ff.

derung nach beruflicher Weiterbildung älterer Menschen aufgegriffen worden[436], wenn auch noch recht zögerlich und unzureichend. Immerhin bestimmt § 96 Abs. 2 Satz 2 BetrVG ausdrücklich, dass der Arbeitgeber und der Betriebsrat hinsichtlich der Teilnahme an betrieblichen oder außerbetrieblichen Maßnahmen der Berufsbildung auch die Belange älterer Arbeitnehmer zu beachten haben.[437] In anderen Ländern hat man ebenfalls erkannt und gesetzgeberische Konsequenzen daraus gezogen, dass die frühe Aufgabe der Berufstätigkeit nicht nur der Gesellschaft[438], sondern vor allem dem Einzelnen schadet.[439] Nach dem Gesetz zur Förderung eines gleitenden Übergangs in den Ruhestand vom 23. 7. 1996[440] und dem Wachstums-Beschäftigungsförderungsgesetz vom 25. 9. 1996[441] ist in Deutschland die Anhebung der Altersgrenzen für gesetzliche Altersrenten vorgezogen und beschleunigt worden.[442] Das Ziel der Verlängerung der Lebensarbeitszeit und der Flexibilisierung des Rentenzugangszeitpunktes wird mit dem Rentenreformgesetz 1999 vom 16. 12. 1997[443] weiter verfolgt, zumal sich herausgestellt hat, wie nicht anders zu erwarten war, dass das frühe Ausscheiden älterer Arbeitnehmer aus dem Arbeitsleben auch hohe gesamtgesellschaftliche Kosten verursacht, die in absehbarer Zeit nicht mehr ohne weiteres aufgebracht werden können. Jedoch ist die in § 35 SGB VI geregelte und an die Vollendung des 65. Lebensjahres anknüpfende Regelaltersrente bislang unberührt geblieben. Freilich führt die Anhebung der rentenversicherungsrechtlichen Altersgrenzen zu einer demographisch bedingten zusätzlichen Alterung der Erwerbspersonen[444], so dass sich die Zahl der älteren Arbeitnehmer zwangsläufig erhöhen wird. So waren bereits 1998 bei einem Bevölkerungsanteil von 25 Mio. insgesamt 4,698 Mio. der Erwerbstätigen in Deutschland 55 Jahre und älter.[445]

128 Indessen gehört es zu den elementaren Grundfreiheiten des mündigen Bürgers, genauso eigenverantwortlich über die Beendigung seines Berufslebens zu entscheiden[446], wie er über die Aufnahme seines Berufes entschieden hat.[447] Deshalb wird das Erreichen einer bestimmten Altersgrenze, etwa des 65 Lebensjahres, zu Recht

---

436 Im Einzelnen dazu *Veelken*, BB 1994, 2488; *Boecken*, Gutachten, S. B 141 ff.
437 Dazu *Gussone*, AiB 1996, 340; *Fitting/Kaiser/Heither/Engels/Schmidt*, BetrVG, § 96 Rdn. 31; *Kraft*, GK-BetrVG, § 96 Rdn. 30.
438 Im Einzelnen dazu *Boecken*, Gutachten, S. B 90.
439 Siehe nur *Belling*, ZGerontol 1989, 129 m. w. N.; *Laux*, NZA 1991, 967.
440 BGBl. I, S. 1078.
441 BGBl. I, S. 1461.
442 Dazu etwa *Boecken*, Gutachten, S. B 81 f.
443 BGBl. I, S. 2998.
444 *Boecken*, Gutachten, S. B 125 m. w. N.
445 Bundestags-Drucks. 14/2471, S. 8, 28.
446 Im Einzelnen dazu *Boecken*, Gutachten, S. B 19 ff.
447 BVerfG (24. 1. 91) NJW 1991, 1667 ff.

nicht als Grund für eine Kündigung anerkannt[448, 449], zumal Artikel 6 § 5 Abs. 1 des Rentenreformgesetzes vom 16.10.1972[450] ausdrücklich bestimmte, die Tatsache, dass ein Arbeitnehmer berechtigt ist, vor der Vollendung des 65. Lebensjahres vorzeitig Altersruhegeld aus der gesetzlichen Rentenversicherung zu beantragen, nicht als Kündigungsgrund im Sinne von § 1 Abs. 2 KSchG angesehen werden dürfe. Ebenso sieht § 41 Satz 1 SGB VI vor, dass der Anspruch des Versicherten auf eine Rente wegen Alters nicht als Grund anzusehen ist, der die Kündigung des Arbeitsvertrages durch den Arbeitgeber nach dem KSchG bedingen kann. Ob § 41 Satz 1 SGB VI nur den Arbeitnehmer schützt, der als Inhaber einer Anwartschaft alle materiell-rechtlichen Rentenvoraussetzungen erfüllt, oder auch den, der tatsächlich eine Altersrente bezieht, hat der Gesetzgeber nicht ausdrücklich geregelt. Der Sinn und Zweck dieser Norm, auch einen vernünftigen Altersaufbau der Belegschaft zu erreichen, spricht jedoch dafür, auch die zuletzt genannten Arbeitnehmer zu begünstigen.[451]

Nach geltendem Recht kann jedoch die Möglichkeit, vor der Vollendung des 65. Lebensjahres eine Altersrente zu beziehen, im Rahmen der sozialen Auswahl bei

---

[448] Vgl. *Hueck/Nipperdey*, Bd. I, S. 636 Anm. 32; *Schaub*, S. 1467 Rdn. 34; *von Hoyningen-Huene/Linck*, KSchG, § 1 Rdn. 194; *KR-Becker*, 3. Aufl., § 1 KSchG Rdn. 195, 224; *Hanau/Adomeit*, S. 252 Rdn. 833; *Kraft*, Anm. zu BAG (13.6.85) SAE 1987, 22; *Schlüter/Belling*, NZA 1988, 299; *Belling*, ZGerontol 1989, 133; *Stahlhacke*, DB 1989, 2329; *Stahlhacke/Preis/Vossen*, Rdn. 1206; *Laux*, NZA 1991, 969; *Schwedes*, S. 301 Rdn. 609; MünchArbR/*Berkowsky*, § 136 Rdn. 131; *Berkowsky*, NZA-RR 2001, 451; *Bauer/Lingemann*, NZA 1993, 625 m.w.N.; *Boerner*, S. 2; *Berger-Delhey*, ZTR 1994, 181 (183); *Bauer*, NZA 1993, 625; *Gussone*, AiB 1996, 345; *Seidel*, ZTR 1996, 450; *Löwisch*, KSchG, § 1 Rdn. 210; KPK-*Schiefer*, § 1 KSchG Rdn. 142; *Kittner/Däubler/Zwanziger*, KSchR, § 1 KSchG Rdn. 118; *Zöllner/Loritz*, S. 294; *Hoß/Lohr*, MDR 1998, 317; *Däubler*, S. 594 Rdn. 1104; *Leinemann/Schütz*, GewO, § 105 Rdn. 3088; KR-*Etzel*, § 1 KSchG Rdn. 289; KR-*Rost*, § 14 KSchG Rdn. 44; *Knorr/Bichlmeier/Kremhelmer*, S. 424 Rdn. 17; *Gamillscheg*, S. 605; *Meisel*, S. 467 Rdn. 792; HK-KSchG/*Weller/Dorndorf*, § 1 Rdn. 453; *Löwisch*, ZTR 2000, 532; *U. Preis*, Arbeitsrecht, S. 668; Kasseler Handbuch/*Isenhardt*, 6.3. Rz. 457; BAG (28.9.61) AP Nr. 1 zu § 1 KSchG Personenbedingte Kündigung, mit Anm. von *Zöllner*; (20.12.84) AP Nr. 9 zu § 620 BGB Bedingung, mit Anm. von *Belling*; (20.11.87) DB 1988, 1501; LAG Saarbrücken (21.9.60) DB 1960, 1280; weitere Literaturnachweise bei *Schröder*, S. 107 Anm. 7 – **anderer Ans.** *Nikisch*, S. 760 Fußn. 30; siehe aber auch *Hanau*, RdA 1976, 24 (31); **kritisch** *Schwerdtner*, in: MüKo-BGB, § 622 Anh. Rdn. 303.
[449] Zur Altersgrenze als auflösende Bedingung eines Arbeitsvertrages aufgrund tariflicher Normen siehe BAG (6.3.86) AP Nr. 1 zu § 620 BGB Altersgrenze; (12.2.92) DB 1993, 443; dazu auch *Gitter/Boerner*, RdA 1990, 129ff.: Befristung; ebenso *Stahlhacke*, DB 1989, 2330; KR-*Hillebrecht*, 4. Aufl., § 620 Rdn. 188; *Belling*, Anm. zu BAG EzA Nr. 1 zu § 620 BGB Altersgrenze; *Laux*, NZA 1991, 968; *Henssler*, DB 1993, 1671 ff.; *Boerner*, S. 43ff.; zur Problematik entsprechender Regelungen in Betriebsvereinbarungen: BAG (10.3.92) NZA 1992, 992; *Boerner*, S. 177ff., aber **ablehnend**; durch (ablösende) verschlechternde Betriebsvereinbarungen: BAG (19.9.85) AP Nr. 11 zu § 77 BetrVG 1972 = NZA 1986, 259; (20.11.87) DB 1988, 1501 = BB 1988, 1820 = SAE 1989, 84ff., mit Anm. von *Weber* = EzA Nr. 1 zu § 620 BGB Altersgrenze, mit **kritischer** Anm. von *Belling* unter Hinweis auf Art. 12 Abs. 1 GG; (7.11.89) AP Nr. 46 zu § 77 BetrVG 1972 = NZA 1990, 816; *Stahlhacke*, DB 1989, 2332f.; *Löwisch*, BB 1991, 59ff.; *Laux*, NZA 1991, 971.
[450] BGBl. I, S. 1965.
[451] So auch ErfK/*Rolfs*, § 41 SGB VI Rdn. 7; *Klattenhoff*, in: *Hauck/Haines*, SGB VI, K § 41 Rdn. 7.

einer betriebsbedingten Kündigung zu Lasten des Arbeitnehmers in Betracht gezogen werden[452], da die gegenteilige Regelung in § 41 Abs. 4 Satz 2 SGB VI a.F. aufgehoben worden ist. Diese Norm war durch die Neufassung von § 1 Abs. 3 KSchG obsolet geworden. Dabei handelt es sich nicht um eine normative Regelungslücke, sondern um ein vom Gesetzgeber gewolltes Ergebnis.[453]

Ferner bestimmt § 41 SGB VI n.F., dass eine Vereinbarung, die die Beendigung des Arbeitsverhältnisses eines Arbeitnehmers ohne Kündigung zu einem Zeitpunkt vorsieht, in dem dieser vor Vollendung des 65. Lebensjahres eine Rente wegen Alters beantragen kann, dem Arbeitnehmer gegenüber als auf die Vollendung des 65. Lebensjahres abgeschlossen gilt. Anders verhält es sich nur dann, wenn die Vereinbarung[454] innerhalb der letzten drei Jahre vor diesem Zeitpunkt abgeschlossen oder bestätigt worden ist. Nunmehr sind auch unstreitig wieder tarifvertragliche Altersgrenzenregelungen zulässig.[455] Für entsprechende Normierungen in Betriebsvereinbarungen gilt im Grundsatz nichts anderes.[456] Soweit im Bereich des öffentlichen Dienstes die allgemeine Altersgrenze auf das 65. Lebensjahr festgesetzt worden ist, etwa in den §§ 60 Abs. 1 BAT, 63 Abs. 1 MT Arb, 55 Abs. 1 BMT-G, ohne dass es einer Kündigung bedarf, bestehen dagegen im Ergebnis keine rechtlichen Bedenken[457], und zwar auch nicht unter verfassungsrechtlichen Aspekten.[458] Kündigt der Arbeitgeber allerdings kurz vor dem Eintritt einer tarifvertraglichen Alterssicherung, kann § 162 Abs. 1 BGB mit der Folge verletzt sein, dass der besondere tarifvertragliche Bestandsschutz in Betracht kommt.[459] Voraussetzung dafür ist aber, dass das Verhalten des Arbeitgebers, der den Eintritt des besonderen Kündigungsschutzes verhindert, gegen Treu und Glauben, § 242 BGB, verstößt. Davon kann beispielsweise nicht ausgegangen werden, wenn der Arbeitgeber mit dem Ausspruch einer durch Krankheit bedingten Kündigung solange gewartet hat, bis der Arbeitnehmer zu 100% mit seiner Arbeitsleistung ausfiel. Nach Ansicht des

---

[452] Vgl. *Löwisch*, ZTR 2000, 532; siehe auch MünchArbR/*Berkowsky*, § 139 Rdn. 152; HK-KSchG/*Dorndorf*, § 1 Rdn. 1083, 1089 – **anders** *Gamillscheg*, S. 605; *Elsner*, S. 126, die aber die neue gesetzliche Regelung nicht hinreichend berücksichtigen.

[453] Siehe *Klattenhoff*, in: *Hauck/Haines*, SGB VI, K § 41 Rdn. 12.

[454] Zu den Anforderungen an einzelvertragliche Vereinbarungen einer Altersgrenze siehe *Boecken*, Gutachten, S. B 48ff.; *Feudner*, BB 1999, 314 (318).

[455] So auch *Ehrich*, BB 1994, 1635; *Schwerdtner*, in: Müko-BGB, § 620 Rdn. 77; Stahlhacke/Preis/*Vossen*, Rdn. 86, 134; *Löwisch*, ZTR 2000, 532; ErfK/*Rolfs*, SGB VI, § 41 Rdn. 13ff.; *Boecken*, Gutachten, S. B 32–42, 193, der aber im Hinblick auf Art. 12 und 3 Abs. 1 GG generelle Altersgrenzenvereinbarungen für unzulässig hält; siehe auch Erman/*Belling*, BGB, § 620 Rdn. 53 m.w.N. – **kritisch** dazu *Feudner*, BB 1999, 314ff.

[456] Siehe nur *Weber/Ehrich/Hörchens*, S. 431 Rdn. 19; *Fitting/Kaiser/Heither/Engels/Schmidt*, BetrVG, § 77 Rdn. 61 m.w.N.; *Löwisch*, ZTR 2000, 532; *Hanau/Adomeit*, S. 252f. Rdn. 834; MünchArbR/*Wank*, § 116 Rdn. 107; *Berkowsky*, NZA-RR 2001, 451; BAG (7.11.89) NZA 1990, 816 – **anderer Ans.** u.a. *Boecken*, Gutachten, S. B 42ff. m.N., es sei denn, es liege ein sachlicher Grund vor.

[457] BAG (11.6.97) AP Nr. 7 zu § 41 SGB VI = NZA 1997, 1290; (14.10.97) AP Nr. 10 zu § 41 SGB VI; (11.11.97) AP Nr. 7 zu § 48 BAT; HK-KSchG/*Höland*, Anhang Rdn. 76ff.; KR-*Etzel*, § 1 KSchG Rdn. 388; KR-*Bader*, § 21 TzBfG Rdn. 35ff.; MünchArbR/*Freitag*, § 188 Rdn. 133 – **anders** *Däubler*, S. 594 Rdn. 1104.

[458] Siehe dazu aber *Boecken*, Gutachten, S. B 32–42; BAG (20.2.02) DB 2002, 1666. m. N.

[459] Vgl. BAG (12.12.96) EzA Nr. 41 zu § 1 KSchG Krankheit, S. 6.

LAG Düsseldorf[460] soll die in § 27 Abs. 2 MTV Nr. 4 für das Bordpersonal der Hapag Lloyd vom 7. 5. 1997 in der Fassung vom 17. 8. 2001 geregelte Altersgrenze von 55 Jahren für das Kabinenpersonal nicht mit Art. 12 Abs. 1 GG vereinbar und deshalb unzulässig sein.

In diesem Zusammenhang darf nicht die am 27. 11. 2000 von der EU verabschiedete Richtlinie 2000/78/EG[461] unerwähnt bleiben, durch die dem Arbeitgeber eine Benachteiligung von Arbeitnehmern u.a. wegen ihres Alters verboten werden soll.[462] *128a*

Ebensowenig stellt die Berechtigung des Arbeitnehmers zur Inanspruchnahme von Altersteilzeitarbeit einen Kündigungsgrund dar, § 8 Abs. 1 ATG.[463] Kein älterer Arbeitnehmer soll gegen seinen Willen in Altersteilzeit gedrängt werden. Auch darf insoweit keine Benachteiligung des Arbeitnehmers bei der sozialen Auswahl im Falle einer betriebsbedingten Kündigung erfolgen.[464] Das Kündigungsverbot des § 8 Abs. 1 ATG[465] schließt auch aus, Arbeitnehmern die Altersteilzeit im Wege einer Änderungskündigung aufzuzwingen. Nach allem hat sich die Rechtslage gegenüber dem ATG vom 20. 12. 1988 nicht geändert. Umfangreiche Untersuchungen[466] belegen eindrucksvoll, dass zwar nur eine Minderheit von 5 bis 10 % der gesamten Arbeitnehmerschaft an ihrer Weiterbeschäftigung über das 65. Lebensjahr hinaus interessiert ist. Jedoch steigt der Wunsch mit zunehmendem Alter deutlich an, wobei vornehmlich individuelle und soziale Erwägungen und weniger finanzielle Überlegungen dafür bestimmend sind. Allein aufgrund der Vollendung des 65. oder gar eines früheren Lebensjahres lässt sich eine generelle Vermutung für eine verminderte berufliche Leistungsfähigkeit nicht begründen.[467] *129*

Aus den genannten gesetzlichen Bestimmungen folgt freilich nicht im Wege des Umkehrschlusses, dass beispielsweise nach der Vollendung des 65. Lebensjahres die Beendigung des Arbeitsverhältnisses durch eine Kündigung ohne weiteres zulässig ist.[468] Der Umstand, dass ein Arbeitnehmer anderweitig wirtschaftlich und sozial gesichert ist, kann nicht als personenbedingter Entlassungsgrund im Sinne von § 1 Abs. 2 KSchG angesehen werden.[469] Allerdings wird zur Rechtfertigung al- *130*

---

[460] (31.1.01) BB 2001, 942.
[461] ABl. EG L 303/16.
[462] Dazu *Thüsing*, ZfA 2001, 397 (408ff.); *Caspers*, Anm. zu BAG (31.7.02) BB 2002, 2507.
[463] Dazu auch *Diller*, NZA 1996, 847 (851); *von Hoyningen-Huene/Linck*, KSchG, § 1 Rdn. 194; Kasseler Handbuch/*Schlegel*, 2.8. Rz. 125; APS/*Preis*, § 8 ATG Rdn. 1ff.
[464] Im Einzelnen dazu *Stück*, NZA 2000, 749; *Löwisch*, ZTR 2000, 533; Kasseler Handbuch/*Schlegel*, 2.8 Rz. 126.
[465] *Diller*, NZA 1996, 851 m.w.N; APS/*Preis*, § 8 ATG Rdn. 3 m.w.N.; ErfK/*Rolfs*, § 8 ATG Rdn. 1; unklar *Diller*, NZA 1998, 792 (795).
[466] Nachweise bei *Schröder*, S. 27ff.; *Boerner*, S. 3.
[467] Nachweise bei *Belling*, ZGerontol 1989, 133; *Laux*, NZA 1991, 969; siehe auch BAG (20. 11. 87) AP Nr. 2 zu § 620 BGB Altersgrenze, Bl. 1307f.; (20. 12. 84) AP Nr. 9 zu § 620 BGB Bedingung, Bl. 916; (6. 3. 86) AP Nr. 1 zu § 620 BGB Altersgrenze, Bl. 98.
[468] Ebenso *Schröder*, S. 73; *Stahlhacke*, DB 1989, 2330 – **anderer Ans.** *Ammermüller*, DB 1973, 823.
[469] BAG (13. 3. 87) AP Nr. 37 zu § 1 KSchG 1969 Betriebsbedingte Kündigung = NZA 1987, 629; *Boecken*, Gutachten, S. B 50 m.N.

tersbedingter Kündigungen verschiedentlich[470] auf Altersgrenzenregelungen außerhalb des Arbeitsrecht verwiesen. Vor allem die Altersgrenzen in den Ruhegeldbestimmungen des Rentenversicherungsrechts sollen für die „sachliche Berechtigung" einer auf die Vollendung des 65. Lebensjahres bezogenen arbeitsrechtlichen Altersgrenze sprechen.[471] Aus dem Sinn und Zweck der Altersgrenzenregelung im Rentenversicherungsrecht lässt sich indessen eine soziale Rechtfertigung für die uneingeschränkte Zulässigkeit der Beendigung von Arbeitsverhältnissen bei Vollendung des 65. Lebensjahres nicht herleiten.[472] Dem gesetzlichen Kündigungsschutzrecht liegt nicht der Gedanke zugrunde, dass ein Arbeitsverhältnis mit dem 65. Lebensjahr des Arbeitnehmers schlechthin endet. Vielmehr soll der auf einer individuellen Konzeption[473] beruhende, also auf die Person des einzelnen Arbeitnehmers zugeschnittene gesetzliche Bestandsschutz auch über das 65. Lebensjahr hinaus bestehen. Es ist kein Zufall, dass der Gesetzgeber bei der Novellierung des Schwerbehindertengesetzes im Jahre 1979[474] die Vorschrift des § 18 Abs. 2c SchwbG ersatzlos gestrichen hat. Nach dieser Norm sollte die Hauptfürsorgestelle ihre Zustimmung zur Kündigung eines Schwerbehinderten erteilen, wenn er das 65. Lebensjahr erreicht hat und wirtschaftlich ausreichend gesichert war. Dass sich die Chancen der über 50-Jährigen auf dem Arbeitsmarkt deutlich verschlechtert haben, belegt auch eine repräsentative Erhebung des Instituts für Arbeitsmarkt- und Berufsforschung der Bundesanstalt für Arbeit aus dem Jahre 2001.[475] In fast 60 % der deutschen Betriebe arbeiten keine Mitarbeiter, die älter als 50 Jahre waren.

Vor allem bei nur teilweiser Arbeitsfähigkeit spielen die übrigen Umstände des Einzelfalles eine besonders große Rolle, so dass allgemeinverbindliche Grundsätze aus der Rechtsprechungspraxis auch nicht entwickelt werden können. Ferner muss erneut vor einer Verallgemeinerung der Gerichtsentscheidung gewarnt werden. Man kann nur feststellen, dass eine Minderung der Leistungsfähigkeit insgesamt oder auf Teile der Arbeit bezogen als Kündigungsgrund mit herangezogen werden und in Einzelfällen auch nur soziale Rechtfertigung einer Kündigung ausreichen kann.[476] Das gilt ebenso bei einer durch die Schwerbehinderteneigenschaft des Arbeitnehmers bedingten Minderleistungsfähigkeit.[477]

---

[470] Siehe BAG (25. 3. 71) E 23, 257 (272); *Nikisch*, S. 760; *Bötticher*, Anm. zu BAG (28. 9. 61) SAE 1962, 173; *Zöllner*, Anm. zu BAG (28. 9. 61) AP Nr. 1 § 1 KSchG Personenbedingte Kündigung.
[471] BAGE 23, 257 (272) = NJW 1971, 1629.
[472] Im Einzelnen dazu *Schröder*, S. 73 ff., 106 ff.; *Belling*, Anm. zu BAG EzA Nr. 1 zu § 620 BGB, Altersgrenze, S. 30.
[473] Vgl. *Zöllner/Loritz*, S. 293; *Nikisch*, S. 749 f.; KR-*M. Wolf*, 3. Aufl., Grunds. Rdn. 15; BAG E 11, 278 (285) = NJW 1962, 73; *Belling*, ZGerontol 1989, 130; *Rühle*, DB 1991, 1378; *Laux*, NZA 1991, 969; Bundestags-Drucks. VII/656, S. 30.
[474] BGBl. I, S. 1649.
[475] BB 2001, Heft 39, S. VI.
[476] Vgl. dazu etwa LAG München (14. 8. 91) LAGE Nr. 9 zu § 1 KSchG Personenbedingte Kündigung.
[477] Dazu vor allem *Siegler*, DB 1977, 1947 ff.

Soweit zum KSchG in der bis zum 30.9.1996 geltenden Fassung die Meinung vertreten worden ist[478], die Kündigung älterer Arbeitnehmer könne zur Herstellung oder Sicherung einer „gesunden Altersstruktur" des Betriebes oder Unternehmens gerechtfertigt sein, war unklar, wann eine Altersstruktur „gesund" ist.[479] Aber auch sonst sprach wenig dafür, eine deswegen ausgesprochene Kündigung als sozial gerechtfertigt anzuerkennen.[480] Wenn der Gesichtspunkt der „gesunden Altersstruktur" aber schon bei einer betriebsbedingten Kündigung im Rahmen der sozialen Auswahl, § 1 Abs. 3 Satz 2 KSchG a.F., mehr als problematisch erschien[481], weil er allen kündigungsrechtlichen Intentionen und nicht zuletzt § 41 Abs. 4 Satz 2 SGB VI a.F. widersprach, musste dies erst recht für die Fälle einer personenbedingten Kündigung gelten. Allerdings waren nach § 1 Abs. 3 Satz 2 KSchG in der nach dem 30.9.1996 geltenden Fassung in die soziale Auswahl Arbeitnehmer nicht einzubeziehen, deren Weiterbeschäftigung, insbesondere wegen einer „ausgewogenen Personalstruktur des Betriebes" im berechtigten betrieblichen Interesse lag. Dazu sollte auch der Erhalt einer ausgewogenen „Altersstruktur" gehören, auf die in der Gesetzesbegründung ausdrücklich Bezug genommen worden war.[482] Durch das „Gesetz zu Korrekturen in der Sozialversicherung und zur Sicherung der Arbeitnehmerrechte" vom 19.12.1998[483] ist § 1 Abs. 3 Satz 2 KSchG jedoch wieder aufgehoben und inhaltlich wie in der bis zum 30.9.1996 geltenden Fassung formuliert worden.[484] Nachdem die „Sicherung einer ausgewogenen Personalstruktur des Betriebes" als legitimes betriebliches Interesse im Gesetzestext nicht mehr enthalten ist, erscheint es unzulässig, die Kündigung eines älteren Arbeitnehmers unter Berufung auf die Erhaltung einer ausgewogenen Altersstruktur rechtfertigen zu wol-

---

[478] Siehe mit Nachweisen *Herschel/Löwisch*, KSchG, 6. Aufl. 1984, § 1 Rdn. 237ff.; KR-*Etzel*, 4. Aufl. 1996, § 1 KSchG Rdn. 598a; *Hueck/von Hoyningen-Huene*, KSchG, 11. Aufl. 1992, § 1 Rdn. 476; *Andresen/Gralka*, Rdn. 200; *Bauer/Lingemann*, NZA 1993, 626ff.; *Stindt*, DB 1993, 1361ff.; *Schröder*, S. 124; MünchArbR/*Berkowsky*, 1. Aufl., § 135 Rdn. 43, § 151 Rdn. 49; siehe auch BAG (25.3.71) AP Nr. 5 zu § 57 BetrVG 1972; (23.11.00) BB 2001, 1257ff.; LAG Schleswig-Holst. (8.7.94) BB 1995, 2660.
[479] Dazu *Oetker*, ZfA 1994, 545 (601); *Stahlhacke/Preis*, S. 348 Rdn. 732; *Knorr/Bichlmeier/Kremhelmer*, S. 540 Rdn. 15–16.
[480] Siehe dazu nur *Seidel*, ZTR 1996, 450; *Kittner/Däubler/Zwanziger*, KSchR, § 1 KSchG Rdn. 309, 495a; *Schaub*, S. 1516 Rdn. 21; *Busemann/Schäfer*, S. 221 Rdn. 234 c.; Sächs. LAG (10.6.96) ZTR 1996, 522 – anders *Schwerdtner*, in: Müko-BGB, § 622 Anh. Rdn. 303: unter Umständen betriebsbedingt.
[481] Vgl. *Stahlhacke/Preis*, S. 315 Rdn., 673; KR-*Etzel*, 4. Aufl., § 1 KSchG Rdn. 598a; *Kittner/Trittin*, KSchR, § 1 KSchG Rdn. 494; *Trittin*, AuR 1995, 51; *Gussone*, AiB 1996, 345; *Seidel*, ZTR 1996, 450; *Schaub*, S. 1516 Rdn. 21; *U. Preis*, NJW 1996, 3369 (3371); LAG Schleswig-Holst. (8.7.94) BB 1995, 2660; LAG Brandenburg (21.2.95) – 1 Sa 851/94 –; LAG Hamm (20.6.95) BB 1996, 2661 – anderer Ans. ArbG Senftenberg (15.8.96) ZTR 1996, 566.
[482] Bundestags-Drucks. 13/4612, S. 14; ebenso *Schaub*, 8. Aufl., S. 2119; *Hueck/von Hoyningen-Huene*, KSchG, 7. Aufl., § 1 Rdn. 479b; *Löwisch*, KSchG, 7. Aufl., § 1 Rdn. 358; *Giesen*, ZfA 1997, 154ff.; *Lakies*, NJ 1997, 124; *Stückmann*, AuA 1997, 8; *B. Preis*, DB 1998, 1766; BAG (23.11.00) BB 2001, 996 (Ls.); LAG Hamm (28.5.98) NZA-RR 1998, 537; LAG Sachsen-Anhalt (13.5.98) NJ 1999, 54 – anderer Ans. *Fischermeier*, NZA 1997, 1093; KR-*Etzel*, § 1 KSchG Rdn. 678; ErfK/*Ascheid*, 1. Aufl., § 1 KSchG Rdn. 558.
[483] BGBl. I, S. 3843 (3849).
[484] Im Einzelnen dazu etwa *B. Gaul*, DB 1998, 2467 (2468); *Schiefer*, DB 1999, 48 (50); *Bader*, NZA 1999, 64 (68); *Löwisch*, BB 1999, 102f.; *Lakies*, NJ 1999, 74 (75f.); *Däubler*, NJW 1999, 601f.

len[485] bzw. diesen Aspekt zugunsten des Arbeitgebers zu beachten. § 1 Abs. 3 Satz 2 KSchG lässt die Berücksichtigung betrieblicher Bedürfnisse nur in Bezug auf die Beschäftigung bestimmter Arbeitnehmer zu, nicht hingegen zugunsten eines kollektiven Tatbestandes.[486] Allerdings wird in der Begründung zum Regierungsentwurf zum KorrekturG[487] darauf hingewiesen, dass die frühere Rechtslage wieder hergestellt werden solle und diese u. a. dahin gekennzeichnet wird, dass „auch in der Erhaltung einer ausgewogenen Altersstruktur ... ein berechtigtes betriebliches Bedürfnis gesehen" worden sei. Daraus wird die Schlussfolgerung gezogen[488], auch der jetzige Gesetzgeber erkenne die Berücksichtigung einer ausgewogenen Altersstruktur an. Dem kann indessen nicht zugestimmt werden[489]; denn im maßgeblichen Gesetzestext hat die in der Begründung angeführte Rechtsansicht, zumal diese umstritten war, keinen erkennbaren Niederschlag gefunden, so dass sie für die Rechtsanwendung bzw. Gesetzesauslegung unbeachtlich bleibt.[490] Irrtümliche Vorstellungen des Gesetzgebers können nach den Grundsätzen der juristischen Methodenlehre eine subjektiv-historische Auslegung nicht rechtfertigen.[491]

d) Sonstige maßgebliche Umstände

132 Wie der Regierungsbegründung zu § 1 Abs. 2 Satz 1 KSchG unmissverständlich entnommen werden kann[492], sollen lediglich die drei im Gesetz selbst aufgeführten Gründe eine Kündigungsberechtigung des Arbeitgebers auslösen, ohne dass andere Aspekte, wie etwa die wirtschaftliche Situation des Arbeitnehmers oder der Umstand, dass der Verlust des Arbeitsplatzes den Gekündigten besonders hart treffen würde, eine entscheidungserhebliche Rolle spielen dürfen.[493] Dennoch sind nach der höchstrichterlichen Rechtsprechung auch bei einer Kündigung wegen krankheitsbedingter Fehlzeiten weitere Gesichtspunkte zwingend zu

---

[485] Ebenso *Hinrichs*, AiB 1999, 1 (2); *Kittner/Däubler/Zwanziger*, KSchR, § 1 KSchG Rdn. 309, 495a; *K. Gamillscheg*, S. 170; APS/*Dörner*, § 1 KSchG Rdn. 252; ArbG Cottbus (25. 4. 01) NZA-RR 2001, 589; wohl auch *Lakies*, NJ 1999, 76; siehe auch *Berkowsky*, Betriebsbedingte Kündigung, S. 204 Rdn. 252 ff. – anders *Stahlhacke/Preis/Vossen*, Rdn. 1140 m. N.; *Bauer/Röder*, Kündigung, S. 169; *Schaub*. S. 1467 Rdn. 34; APS/*Kiel*, § 1 KSchG Rdn. 749, *Löwisch*, ZTR 2000, 531; *Hako-Gallner*, § 1 Rdn. 773; *Tschöpe/Nägele*, Teil 3 D, Rz. 258; FA-ArbR/*Schiefer*, S. 551 Rdn. 1496; *Bader/Bram/Dörner/Wenzel*, KSchG, § 1 Rdn. 327 d; *Boemke*, Arbeitsrecht, S. 342 Rdn. 127; LAG Düsseldorf (17. 3. 00) NZA-RR 2000, 421 (423).
[486] Vgl. LAG Sachsen-Anh. (13. 5. 98) LAGE Nr. 28 zu § 1 KSchG Soziale Auswahl; ArbG Cottbus (25. 4. 01) NZA-RR 2001, 590.
[487] Bundestags-Drucks. 14/45, S. 23.
[488] *Löwisch*, BB 1999, 102 f.; *Brox/Rüthers*, S. 162 Rdn. 202; KR-Etzel, § 1 KSchG Rdn. 678; *Hromadka/Maschmann*, S. 411 Rdn. 218; wohl auch *Schiefer*, DB 1999, 48 (50); *Hanau/Adomeit*, S. 265 Rdn. 868.
[489] Ebenso *Lakies*, NJ 1999, 76; siehe auch *Bader*, NZA 1999, 64 (69 Fußn. 50); *Kittner/Däubler/Zwanziger*, KSchR, § 1 KSchG Rdn. 309 – **anders** *Hako-Gallner*, § 1 Rdn. 773: historische Auslegung.
[490] Allgemein dazu etwa *Engisch*, S. 110 ff.; *Larenz*, Methodenlehre, S. 328 ff.; BAG (12. 11. 98) DB 1999, 384.
[491] So auch HK-KSchG/Dorndorf, § 1 Rdn. 1116.
[492] Vgl. RdA 1951, 62 ff.; 1950, 63 ff.
[493] Dazu auch *Boewer*, NZA 1988, 679; *Oetker*, Anm. zu BAG EzA Nr. 28 zu § 1 KSchG Krankheit, S. 45 ff.; Bengelsdorf, NZA 2001, 1000 m. w. N.

berücksichtigen, insbesondere ist abschließend eine beiderseitige Interessenabwägung vorzunehmen[494], die allerdings nicht zum Kündigungsgrund gehört[495], obwohl dem gesetzlichen Tatbestand des § 1 Abs. 2 KSchG das Merkmal der Abwägung der beiderseitigen Interessen nicht immanent ist, sondern bereits eine „zum Gesetz geronnene Interessenabwägung"[496] enthält. Wie auch sonst bei der sozialen Rechtfertigung einer Kündigung – bei der Beurteilung der vorzunehmenden Interessenabwägung steht den Tatsachengerichten allerdings ein weiter Beurteilungsspielraum zu, der vom Revisionsgericht nur darauf hin überprüft werden kann, ob der Rahmen des Ermessens durch sachwidrige Erwägungen zu weit oder zu eng gezogen worden ist[497] – hat der Arbeitgeber auch stets den Grundsatz der Verhältnismäßig-keit[498, 499], das „Übermaßverbot" zu beach-

---

[494] BAG (23. 6. 83), (6. 9. 89), (5. 7. 90), (29. 7. 93) AP Nrn. 10, 22, 26 und 27 zu § 1 KSchG 1969 Krankheit; (12. 12. 96) EzA Nr. 41 zu § 1 KSchG Krankheit, S. 6; KR-*Becker*, 3. Aufl., § 1 KSchG Rdn. 149ff.; *Schaub*, S. 1452 Rdn. 22; HK-KSchG/*Weller/Dorndorf*, § 1 Rdn. 372, 412ff.; *von Hoyningen-Huene/Linck*, KSchG, § 1 Rdn. 138, 180; *Däubler*, S. 585f. Rdn. 1088–1090; KR-*Etzel*, § 1 KSchG Rdn. 347, 374, 382, 409ff.; *Knorr/Bichlmeier/Kremhelmer*, S. 446ff. Rdn. 67ff.; Kasseler Handbuch/*Isenhardt*, 6.3 Rz. 440, 445; KPK-*Schiefer*, § 1 KSchG Rdn. 84ff., 108ff., 207, 239 – **kritisch** *U. Preis*, Prinzipien, S. 196ff.; *ders.*, DB 1988, 1389; *Boewer*, NZA 1998, 682; *Oetker*, Anm. zu BAG EzA Nr. 28 zu § 1 KSchG Krankheit, S. 45ff.; *Schwerdtner*, DB 1990, 378 m.w.N.; *Wank*, DtZ 1990, Inf. 77 (79); *Ascheid*, Kündigungsschutz, S. 134 Rdn. 205ff.; *Joost*, Anm. zu BAG EzA Nr. 15 zu § 1 KSchG Krankheit; *Weber/Hoß*, DB 1993, 2433; *Bezani*, S. 100ff., 118ff.; *Gentges*, S. 79ff., 173; *Fromm*, S. 184ff.; *Bauer/Röder/Lingemann*, S. 99; *Löwisch*, KSchG, § 1 Rdn. 61 m.w.N., 62ff., 194; *U. Preis*, NZA 1997, 1078; ErfK/*Ascheid*, § 1 KSchG Rdn. 121ff.; *Stahlhacke/Preis/Vossen*, Rdn. 922, 1200f.; APS/*Dörner*, § 1 KSchG Rdn. 184; MünchArbR/*Berkowsky*, § 134 Rdn. 40ff.; APS/Preis, Grundlagen H, Rdn. 37; *Rüthers*, NJW 2002, 1603.

[495] *von Hoyningen-Huene/Linck*, KSchG, § 1 Rdn. 181 m.w.N., Rdn. 251; BAG (7. 11. 85) AP Nr. 17 zu § 1 KSchG 1969 Krankheit – **anders** noch BAG (25. 11. 82) AP Nr. 7 zu § 1 KSchG 1969 Krankheit.

[496] MünchArbR/*Berkowsky*, § 136 Rdn. 8; *Berkowsky*, NZA-RR 2001, 394; ähnlich ErfK/*Ascheid*, § 1 KSchG Rdn. 121ff.

[497] Siehe BAG (26. 5. 77) SAE 1978, 163 (170) mit zust. Anm. von *Meisel*; (28. 2. 90) AP Nr. 25 zu § 1 KSchG 1969 Krankheit; (12. 12. 96) EzA Nr. 41 zu § 1 KSchG Krankheit, S. 5; (17. 6. 99) EzA Nr. 47 zu § 1 KSchG Krankheit – **kritisch** *Sieg*, Anm. zu BAG (23. 6. 83) SAE 1984, 21 (26) – **unrichtig** *Tessmer*, ZfS 1980, 133, wenn er meint, dem Arbeitgeber werde ein gewisser Beurteilungsspielraum hinsichtlich der sozialen Rechtfertigung einer von ihm ausgesprochenen Kündigung eingeräumt.

[498] Dazu BAG (22. 2. 80) AP Nr. 6 zu § 1 KSchG 1969 Krankheit; (25. 2. 98) AP Nr. 69 zu § 611 BGB Dienstordnungsangestellte; (29.4.99) BB 2000, 51; KR-*Etzel*, § 1 KSchG Rdn. 197; KR-*Becker*, 3. Aufl., § 1 KSchG Rdn. 144 m.w.N.; *Bitter/Kiel*, RdA 1995, 29; *Fromm*, S. 113ff.; *Löwisch*, KSchG, § 1 Rdn. 70; *U. Preis*, NZA 1997, 1077; *von Hoyningen-Huene/Linck*, KSchG, § 1 Rdn. 141; HK-KSchG/*Dorndorf*, § 1 Rdn. 268, 274, 278, 283; *Streckel*, Anm. zu BAG EzA Nr. 42 zu § 1 KSchG Krankheit, Bl. 10ff.; *Knorr/Bichlmeier/Kremhelmer*, S. 442 Rdn. 60ff.; Schaub, S. 1461 Rdn. 17, S. 1500 Rdn. 32; KPK-*Schiefer*, § 1 KSchG Rdn. 71ff.; Kasseler Handbuch/*Isenhardt*, 6.3 Rz. 446; *Hako-Pfeiffer*, § 1 Rdn. 143ff.; MünchArbR/*Berkowsky*, § 134 Rdn. 56ff.

[499] Gegen die synonyme Verwendung der Begriffe Verhältnismäßigkeits- und „ultima-ratio-Prinzip" zu Recht *U. Preis*, Prinzipien, S. 278f.; siehe auch *Bezani*, S. 95, 109; *Gentges*, S. 83ff.; MünchArbR/*Berkowsky*, § 134 Rdn. 60ff. – gegen die Kumulation des „ultima ratio-Prinzips" mit dem Prognoseprinzip insbesondere *Rüthers*, NJW 1998, 1433 (1435f.); *ders.*, NJW 2002, 1601 (1606f.).

ten.⁵⁰⁰ Stehen sich ranggleiche oder unerheblich differierende Rechtspositionen gegenüber, muss im Rahmen der richterlichen Entscheidung gefragt werden, welche Rechtsgüter die geringsten Einbußen erleiden.⁵⁰¹ Dass das Verhältnismäßigkeitsprinzip, das in § 2 Abs. 1 Nr. 2 SGB III eine Ausprägung erfahren hat, nicht nur im öffentlichen, sondern auch im Zivil- und Arbeitsrecht Anwendung findet, steht außer Frage⁵⁰², wenngleich im Kündigungsrecht wegen der gesetzlichen Regelungsdichte nur ein eingeschränkter Anwendungsbereich anerkannt werden kann.⁵⁰³

133   Grundsätzlich kommt es nicht allein auf die krankheitsbedingten Fehlzeiten in der Vergangenheit⁵⁰⁴ und eine ungünstige Gesundheitsprognose an – das BAG⁵⁰⁵ prüft diese Aspekte in der ersten von insgesamt drei Stufen, obwohl eine klare und eindeutige Trennung der verschiedenen Stufen, vor allem der zweiten und dritten Stufe, in der Praxis oft nicht möglich erscheint⁵⁰⁶ –, sondern auch darauf, ob die Fehlzeiten, und zwar die entstandenen sowie die prognostizierten, erhebliche nachteilige Auswirkungen auf den Betriebsablauf haben.⁵⁰⁷ Diese Umstände sind Teil des Kündigungsgrundes⁵⁰⁸, so dass die erhebliche Beeinträchtigung der betrieblichen, genauer der betriebsbezogenen Interessen, bedingt durch die entstandenen und die zu erwartenden Fehlzeiten, nicht erst im Rahmen der dritten Prüfungsstufe, der Interessenabwägung, zu prüfen ist.⁵⁰⁹ Bei einer krankheitsbedingten Entlassung liege es nahe, so das BAG⁵⁰⁹, bereits beim Kündigungsgrund auch die in der Person des Arbeitnehmers liegenden Beweggründe für die Kündigung in Relation zu den betriebsbezogenen Interessen zu setzen. Das finde seine Berechti-

---

500   BAG (22. 2. 80) DB 1980, 1446; (18. 12. 80) E 34, 365 (371); (25. 11. 82) AP Nr. 7 zu § 1 KSchG 1969 Krankheit; (27. 9. 84) AP Nr. 8 zu § 2 KSchG 1969 – **kritisch** *Zitscher*, BB 1983, 1285 ff.; *Sieg*, Anm. zu BAG SAE 1984, 21 (26); *Berkowsky*, Personenbedingte Kündigung, S. 79 ff. Rdn. 29 ff.; *U. Preis*, Prinzipien, 261 ff., 310; *ders.*, Arbeitsrecht, S. 632 ff.; siehe auch *Pachtenfels*, BB 1983, 1480, der aber die Tragweite dieses Grundsatzes verkennt; *Boewer*, NZA 1988, 679 ff.; *Koberski*, AuA 1993, 296.
501   Dazu im Einzelnen *U. Preis*, Prinzipien, S. 253 m. w. N., S. 254 ff.
502   Vgl. BVerfG (19. 10. 83) E 65, 196 (215 ff.); *U. Preis*, Prinzipien, S. 274 ff.
503   Ausführlich dazu *U. Preis*, Prinzipien, S. 280 ff.
504   **Unrichtig** ArbG Wuppertal (27. 11. 80) BB 1981, 976.
505   Etwa BAG (29. 7. 93) NZA 1994, 67; (12. 12. 96) EzA Nr. 41 zu § 1 KSchG Krankheit; (6. 2. 97) EzA Nr. 95 zu § 102 BetrVG; (29. 4. 99) BB 2000, 50; (20. 1. 00) BB 2000, 1300; (21. 2. 01) NZA 2001, 1072; (12. 4. 02) DB 2002, 1944; siehe auch KR-*Etzel*, § 1 KSchG Rdn. 271; KPK-*Schiefer*, § 1 KSchG Rdn. 171; *Gitter*, Anm. zu BAG SAE 2000, 14 (19); *Kraft*, Anm. zu BAG EzA Nr. 46 zu § 1 KSchG Krankheit, S. 13.
506   So auch *Kraft*, Anm. zu BAG EzA Nr. 46 zu § 1 KSchG Krankheit, S. 13; *U. Preis*, Arbeitsrecht, S. 671.
507   Vgl. nur BAG (16. 2. 89) AP Nr. 20 zu § 1 KSchG 1969 Krankheit; LAG Rheinland-Pfalz (22. 5. 92) BB 1992, 2219; *Bezani*, S. 77 m. w. N.
508   BAG (30. 1. 86) NZA 1987, 557; (16. 2. 89) NZA 1989, 923; (6. 9. 89) NZA 1990, 434; (17. 2. 91) DB 1991, 1226 = SAE 1992, 116 (119); (13. 6. 96) – 2 AZR 497/95 – unv., S. 8; *Götz Hueck*, Anm. zu BAG AP Nr. 6 zu § 1 KSchG 1969 Krankheit; *Mohr*, DB 1984, 43; KR-*Becker*, 3. Aufl., § 1 KSchG, Rdn. 210, 213; *Stahlhacke/Preis/Vossen*, Rdn. 1222; *von Hoyningen-Huene/Linck*, KSchG, § 1 Rdn. 231; *Schaub*, S. 1460 Rdn. 14 – **anderer Ans.** *Aden*, RdA 1981, 280; *Birkner-Kuschyk/Tschöpe*, DB 1981, 268.
509   (23. 6. 83), (10. 11. 83), (2. 11. 83), (7. 11. 85), (6. 9. 89) AP Nrn. 10, 11, 12, 17 und 23 zu § 1 KSchG 1969 Krankheit; (17. 1. 91) NZA 1991, 537.

gung darin, dass erst auf diese Weise eine Störung des Verhältnisses von Leistung und Gegenleistung auszumachen sei. Hingegen gehört die Unzumutbarkeit der betrieblichen und/oder wirtschaftlichen Belastungen, zu denen auch alle Mehrkosten gehören, die dem Arbeitgeber durch Überbrückungsmaßnahmen entstehen[510], nicht mehr zum Kündigungsgrund.[511] Sie hat allein bei der abschließenden Interessenabwägung Beachtung zu finden. Die erhebliche Beeinträchtigung der betriebsbezogenen Interessen siedelt das BAG[512] in der zweiten und die danach noch gebotene Gesamtinteressenabwägung in der dritten Prüfungsstufe an, in der es darum geht, ob die erhebliche Beeinträchtigung der betrieblichen Interessen zu einer unzumutbaren Belastung des Arbeitgebers führt. Wenn in diesem Zusammenhang *Schwerdtner*[513] meint, das BAG habe, wenn auch unausgesprochen, die Interessenabwägung bezüglich der Art, Häufigkeit, Dauer der Erkrankung, wirtschaftlichen Belastbarkeit des Arbeitgebers, betrieblichen Auswirkungen und der Dauer der Betriebszugehörigkeit in seiner neueren Rechtsprechung zurückgenommen, und er insoweit auf Entscheidungen des 2. Senats[514] verweist, kann ihm nicht zugestimmt werden. Das Gegenteil ist der Fall. Das Urteil vom 11. 8. 1994 betrifft ausschließlich verlängerte tarifvertragliche Kündigungsfristen bei einer langanhaltenden Erkrankung des Arbeitnehmers und das Urteil vom 4. 3. 1993 eine außerordentliche krankheitsbedingte Kündigung eines tarifvertraglich „unkündbaren" Arbeitnehmers bei krankheitsbedingter dauernder Unfähigkeit zur Erbringung der arbeitsvertraglich geschuldeten Leistung. Wörtlich heißt es auf Seite 5 des Judikats: „Entscheidend ist ..., dass bei der Interessenabwägung der besondere Maßstab des § 626 BGB zu beachten ist, ...". Auch an anderen Stellen des genannten Urteils (Seiten 8 und 9) wird auf die Interessenabwägung der Vorinstanz eingegangen und diese hinsichtlich der oben genannten Faktoren ausdrücklich gebilligt. Dass das BAG weiterhin an einer umfassenden Interessenabwägung als dritter Prüfungsstufe festhält, ergibt sich beispielsweise auch aus einer Entscheidung vom 7. 12. 1995[515], in der der 2. Senat dieses Prüfungsschema auf den Bereich der außerordentlichen Kündigung wegen Krankheit ausdrücklich übertragen hat. Nichts anderes gilt für die Interessenabwägung bei einer ordentlichen fristgerechten Kündigung wegen krankheitsbedingter Fehlzeiten.[516]

Es bedarf stets einer Gesamtwürdigung aller im Einzelfall erheblichen Umstände[517], so dass auch bei einer krankheitsbedingten Entlassung schematisierende Lö- *134*

---

[510] BAG (16. 2. 89) NZA 1989, 923.
[511] BAG (7. 11. 85) DB 1986, 863; (16. 2. 89) NZA 1989, 923; (6. 9. 89) NZA 1990, 434; KR-*Becker*, 3. Aufl., § 1 KSchG Rdn. 213; siehe auch *Oetker*, Anm. zu BAG EzA Nr. 28 zu § 1 KSchG Krankheit, S. 20f.
[512] Vgl. nur AP Nr. 22 zu § 1 KSchG 1969 Krankheit = NZA 1990, 307.
[513] Müko-BGB, § 622 Anh. Rdn. 272.
[514] (4. 2. 93) EzA Nr. 144 zu § 626 BGB n. F.; (11. 8. 94) AP Nr. 31 zu § 1 KSchG 1969 Krankheit = NZA 1995, 1051.
[515] AP Nr. 7 zu § 626 BGB Krankheit.
[516] Siehe nur BAG (29. 1. 97) BB 1997, 895; (6. 2. 97) EzA Nr. 95 zu § 102 BetrVG 1972, S. 2.
[517] Etwa BAG (24. 3. 83) AP Nr. 12 zu § 1 KSchG 1969 Betriebsbedingte Kündigung; *U. Preis*, Prinzipien, S. 243.

sungsvorschläge[518] problematisch erscheinen. Freilich weist das LAG Düsseldorf[519] in diesem Zusammenhang nicht zu Unrecht darauf hin, dass nach der Rechtsprechung des BAG nicht mit der gebotenen Gewissheit feststeht, welcher Stellenwert der Interessenabwägung[520], der Zumutbarkeitsprüfung[521] und dem Grundsatz der Verhältnismäßigkeit[522] zukommt, zumal die genannten Prinzipien weitgehend austauschbar sind[523] Auf jeden Fall darf der Arbeitgeber mit einer Kündigung nur Zwecke verfolgen, die in bezug auf das konkrete Vertragsverhältnis dazu dienen, die Funktionalität des Betriebes aufrecht zu erhalten.[524] Eine sachwidrige Mittel-Zweck-Beziehung läge beispielsweise vor, wenn durch eine krankheitsbedingte Entlassung beabsichtigt wird, andere Arbeitnehmer zu veranlassen, sich künftig weniger „krankschreiben" zu lassen.[525]

135   Diese Grundsätze gelten nicht nur bei einer Kündigung, die wegen häufig krankheitsbedingter Fehlzeiten[526] ausgesprochen wird, sondern auch bei einer solchen wegen einer langanhaltenden Erkrankung des Arbeitnehmers.[527, 528] Deshalb kann der Meinung von *Aden*[529], das alleinige Vorliegen einer langanhaltenden Erkrankung rechtfertige ohne weiteres eine fristgerechte Kündigung, nicht gefolgt werden. *Aden* trägt dem besonderen personenrechtlichen Charakter des Arbeitsverhältnisses, auf das die gesetzlichen Vorschriften über gegenseitige Verträge nur insoweit Anwendung finden, als sie dem Arbeitsverhältnis als auf Dauer begründe-

---

[518] Völlig **ablehnend** BAG (25. 11. 82) E 40, 361 ff.; dazu auch *U. Preis*, Prinzipien, S. 251; *Ehmann*, BlStSozArbR 1984, 212; *Zöllner*, Gutachten, S. D 153.
[519] (2. 12. 83) DB 1984, 618 f.
[520] **Kritisch** auch *U. Preis*, Prinzipien, S. 196 ff. 435; MünchArbR/*Berkowsky*, § 134 Rdn. 40 ff.
[521] Aus methodischen und begründungstheoretischen Erwägungen ablehnend *U. Preis*, Prinzipien, S. 6, 169 ff.; siehe auch *Meisel*, Anm. zu BAG SAE 1980, 344; MünchArbR/*Berkowsky*, § 134 Rdn. 29 ff., 49, 50.
[522] Dazu auch *U. Preis*, Prinzipien, S. 261 ff.; MünchArbR/*Berkowsky*, § 134 Rdn. 56 ff.
[523] Im Einzelnen *U. Preis*, Prinzipien, S. 271; *ders.*, Arbeitsrecht, S. 671.
[524] Siehe etwa *Sieg*, Anm. zu BAG SAE 1984, 26; *Moritz*, DB 1985, 233; *U. Preis*, Prinzipien, S. 311.
[525] Zutreffend *U. Preis*, Prinzipien, S. 311.
[526] BAG (18. 10. 84) BB 1985, 622 m. N.; *Schumann*, DB 1984, 1878; *Rohlfing/Rewolle/Bader*, KSchG, § 1 Anm. 18 a, S. 42 c.
[527] Ebenso BAG (22. 2. 80), (25. 11. 82) AP Nrn. 6 und 7 zu § 1 KSchG 1969 Krankheit; LAG Berlin (23. 8. 82) AuR 1983, 120; *Schwerdtner*, in: Müko-BGB, § 622 Anh. Rdn. 272; *Feichtinger*, S. 160; *Birkner/Kuschyk/Tschöpe*, DB 1981, 264; *Lepke*, DB 1982, 173; *Weller*, S. 80; *Becker*, Kündigung, S. 128; ArbG Osnabrück (24. 8. 81) ARSt 1982, S. 22 Nr. 18.
[528] Keineswegs ist, wie *Berkowsky*, BB 1981, 910, behauptet, von mir bisher die Ansicht vertreten worden, es komme zur sozialen Rechtfertigung einer solchen Kündigung nicht auf die betrieblichen Auswirkungen an, vgl. insb. S. 32 der 5. Aufl.
[529] RdA 1981, 280 ff. - **dagegen** BAG (25. 11. 82) AP Nr. 7 zu § 1 KSchG 1969 Krankheit; LAG Berlin (30. 8. 92) – 9 Sa 45/82 – unv.; **kritisch** auch *Jedzig*, S. 448, der *Aden* vorwirft, er propagiere in zweifacher Hinsicht Extremlösungen, zum einen dadurch, dass er von den Gerichten den Abbau des Kündigungsschutzes erkrankter Arbeitnehmer als eine Maßnahme zur Arbeitslosenbekämpfung fordere, und zum anderen, indem er das KSchG bei langer Krankheit des Arbeitnehmers für nicht maßgeblich halte.

tem Rechtsverhältnis nicht entgegenstehen⁵³⁰, nicht hinreichend Rechnung. Die Vorschrift des § 323 BGB, jetzt § 326 Abs. 1 BGB n.F., auf die er sich beruft, wird bereits durch § 616 BGB, aber auch durch andere arbeitsrechtliche Sondervorschriften, etwa das EFZG, durchbrochen.

Im Ergebnis spricht sich *Aden* für den Wegfall der Geschäftsgrundlage durch die Andauer der Unmöglichkeit der Erbringung der Arbeitsleistung seitens des Arbeitnehmers aus. Die Anpassung an die veränderten tatsächlichen Verhältnisse ist beim Arbeitsvertrag jedoch nur im Wege der Ausübung des Direktionsrechts, § 106 GewO, bzw. der Kündigung oder Änderungskündigung möglich.[531] Der Lösungsvorschlag von *Aden* überzeugt auch nicht für jene Fälle, in denen zum Zeitpunkt der Kündigung die Wiederaufnahme der Arbeit ungewiss ist oder innerhalb eines bestimmten Zeitraumes nicht erwartet werden kann. Er verweist in diesem Zusammenhang auf § 42 BBG. Nach Absatz 1 Satz 2 dieser Norm darf eine Versetzung in den Ruhestand schon dann erfolgen, wenn ein Beamter innerhalb von sechs Monaten infolge Krankheit mehr als drei Monate keinen Dienst getan hat und keine Aussicht besteht, dass er binnen weiterer sechs Monate wieder voll dienstfähig wird. Abgesehen davon, dass sich diese Norm nur auf einen Teil der von *Aden* beschriebenen Fälle bezieht, erweist sie sich – entgegen der Auffassung auch von *Liebig*[532] – auch als ungeeignet, um aus ihr einen allgemeinen Rechtsgedanken abzuleiten. Das Beamtenverhältnis ist als öffentlich-rechtliches Dienst- und Treueverhältnis mit einem privatrechtlichen Arbeitsverhältnis nicht wesensgleich. So ist der Begriff der Dienstunfähigkeit als spezifisch beamtenrechtlicher Begriff zu betrachten, bei dem nicht nur auf die Person des Beamten, sondern auch auf die ihm obliegenden Dienstpflichten abgestellt werden muss.[533] Hingegen bezieht sich der Begriff der Arbeitsunfähigkeit auf die Person des Arbeitnehmers. Wegen der unterschiedlichen Regelung von Ruhegeld und Rente räumt *Aden* gewisse Unterschiede insoweit durchaus ein, wenn er die Nichtgewährung von Rente als allgemeines Lebensrisiko bezeichnet, das der Beamte nicht zu tragen habe. Bedenklich sind auch seine Ausführungen zu jenem Risiko des Arbeitnehmers, das er als gering erachtet, weil aus seiner Sicht die dauernde Arbeitsunfähigkeit in der Regel die Berufs- bzw. Erwerbsunfähigkeit nach sich ziehe. Berufs- bzw. Erwerbsunfähigkeit im Sinne der §§ 43f. SGB VI a.F. bedeutet jedoch nicht die Unfähigkeit, einen konkreten Arbeitsplatz auszufüllen.[534] Ferner ist die Gewährung von Renten – Renten wegen Berufs- und Erwerbsunfähigkeit sind nunmehr unter dem Begriff „Renten wegen verminderter Erwerbsfähigkeit" zusammengefasst worden, §§ 43, 44 SGB VI – an das Vorliegen bestimmter Wartezeiten geknüpft. Nicht ohne Grund hatte der Gesetzgeber deshalb in § 105a AFG – geändert durch das Arbeitsförderungs-Reform-

136

---

530 Siehe BGH (11.7.53) Z 10, 187 ff.; *Hueck/Nipperdey*, Bd. I, S. 132 f.; *Neumann-Duesberg*, DB 1969, 261 ff.
531 Dazu insbesondere *Herschel*, BB 1982, 253; *Hromadka*, RdA 1992, 235 (258 ff.); *von Hoyningen-Huene/Linck*, KSchG, § 2 Rdn. 70b; siehe auch *U. Preis*, Arbeitsrecht, S. 797; *Roth*, in: Müko-BGB, § 242 Rdn. 690.
532 S. 142 f.
533 Etwa *Plog/Wiedow/Beck/Lemhöfer*, BBG (Stand: Dezember 2001), § 42 Rdn. 2.
534 Dazu auch LAG Hamm (11.7.96) – 4 Sa 53/96 –, S. 12 f.

gesetz vom 24.3.1997[535] – eine entsprechende Regelung getroffen. Danach kam unter bestimmten Voraussetzungen auch bei einem fortbestehenden Arbeitsverhältnis die Gewährung von Arbeitslosengeld in Betracht, wenn der Arbeitnehmer wegen langdauernder Arbeitsunfähigkeit Krankenbezüge und -geld nicht mehr bezieht.[536] An die Stelle des § 105a AFG ist nunmehr § 125 SGB III getreten.

137 Bei dauernder Arbeitsunfähigkeit, der eine Krankheit von nicht absehbarer Dauer gleichsteht[258], ist die Interessenabwägung allerdings stark eingeschränkt.[537] Sie kann sich nur in „extremen" Ausnahmesituationen zugunsten des Arbeitnehmers auswirken.[538]

aa) Verschulden des Arbeitgebers oder Arbeitnehmers

138 Zugunsten des Arbeitnehmers sind Umstände vor allem in solchen Fällen zu berücksichtigen, in denen dem Arbeitgeber eine gesteigerte Fürsorgepflicht obliegt, so wenn die Erkrankung des Arbeitnehmers erst durch ein Verschulden des Arbeitgebers herbeigeführt oder wesentlich mitverursacht worden ist[539] bzw. wenn sie in einem unmittelbaren Zusammenhang mit der bisher im Betrieb ausgeübten Tätigkeit steht.[540] Sind die Erkrankungen des Arbeitnehmers auf betriebliche Ursachen zurückzuführen, will das BAG[541] diesen Umstand allerdings nur im Rahmen der allgemeinen Interessenabwägung, also erst in der dritten Prüfungsstufe, zu Gunsten des Arbeitnehmers berücksichtigen. In diesem Zusammenhang wird vom Arbeitnehmer mitunter vorgebracht, der Arbeitgeber habe es schuldhaft versäumt, für ausreichend beheizte oder belüftete Betriebsräume zu sorgen. Vereinzelt[542] wird sogar die Auffassung vertreten, dass bei betrieblicher Verursachung der Krankheit, gleichgültig ob vom Arbeitgeber verschuldet oder nicht, im Regelfall ein überwiegendes Interesse des Arbeitnehmers an der Aufrechterhaltung des Arbeitsverhältnisses vorliege. Den Arbeitgeber trifft in der Tat die Verpflichtung, §§ 618 Abs. 1 BGB, 62 HGB, die erforderlichen sog. Arbeitssubstrate in einem ordnungsgemä-

---

[535] BGBl. I, S. 594, 596.
[536] Vgl. dazu *Thivessen*, ZTR 1988, 457; *Gussone*, AiB 1996, 13; BAG (10.4.96) AP Nr. 3 zu § 1 TVG Tarifverträge: Bergbau = EzA Nr. 142 zu § 611 BGB Gratifikation, Prämie.
[537] BAG (21.2.85) – 2 AZR 72/84 – unv.; siehe auch BAG (30.1.86) NZA 1987, 555; *Gentges*, S. 181 – **kritisch** *U. Preis*, Kündigung, S. 104.
[538] BAG (13.12.90) – 2 AZR 342/90 – unv.; (28.2.90), (21.5.92) AP Nrn. 25 und 30 zu § 1 KSchG 1969 Krankheit.
[539] BAG (6.9.89) NZA 1990, 434; LAG Düsseldorf DB 1952, 740; 1960, 1072; BB 1963, 41; LAG Bremen SAE 1958, 100; LAG Berlin (13.6.69) Berliner Entscheidungskalender Nr. 37/1969, S. 577; LAG Hamburg (30.6.99) LAGE Nr. 30 zu § 1 KSchG Krankheit; *U. Preis*, Prinzipien, S. 227, 445; *Liebig*, S. 151; *Stahlhacke/Preis/Vossen*, Rdn. 1233; *Hennige*, AuA 1995, 145; KR-*Etzel*, § 1 KSchG Rdn. 348; APS/*Dörner*, § 1 KSchG Rdn. 174.
[540] Vgl. BAG (16.10.80) – 2 AZR 488/79 – unv.; (5.7.90) NZA 1991, 185; (29.7.93) NZA 1994, 67; KPK-*Schiefer*, § 1 KSchG Rdn. 195.
[541] (6.9.89) NZA 1990, 434 m.w.N.; (5.7.90) NZA 1991, 185; (29.7.93) NZA 1994, 67; LAG Köln (19.12.95) LAGE Nr. 22 zu § 1 KSchG Krankheit, S. 6; so auch KR-*Becker*, 3. Aufl., § 1 KSchG Rdn. 218; *Rosenland*, RdA 1991, 296; KR-*Etzel*, § 1 KSchG Rdn. 348 – **anders** *Stevens-Bartol*, AuR 1994, 136; *Däubler*, S. 588 Rdn. 1094.
[542] *Rosenland*, RdA 1991, 296; siehe auch *Pflüger*, DB 1995, 1762ff.

ßen Zustand dem Arbeitnehmer zur Verfügung zu stellen, und zwar in den Grenzen des technisch/organisatorisch Machbaren.[543] Dem einzelnen Arbeitnehmer steht insoweit sogar ein klagbarer privat-rechtlicher Erfüllungsanspruch[544], ggf. jedenfalls ein Zurückbehaltungsrecht zu.[545] Ein Arbeitgeber, der seine diesbezüglichen Pflichten nicht erfüllt, die vielfach zugleich öffentlich-rechtliche Pflichten darstellen, die die Fürsorgepflicht des Arbeitgebers konkretisieren[546], und der dadurch allein oder doch mitbestimmend die Krankheit des Arbeitnehmers verursacht hat, würde sich treuwidrig verhalten, wenn er den Arbeitnehmer gleichwohl entlassen wollte. Deshalb kann einer Entscheidung des LAG Baden-Württemberg vom 24. 6. 1963[547] nicht zugestimmt werden, nach der einer Kündigung des Arbeitgebers nicht entgegenstehe, dass sich der Arbeitnehmer die Arbeitsunfähigkeit infolge gesundheitlich unzureichender Räumlichkeiten zugezogen hatte. Zu Recht hat dagegen das ArbG Bochum[548] entschieden, dass eine arbeitsplatzbedingte Krankheit zugunsten des Arbeitnehmers Berücksichtigung finden muss, wenn etwa am Arbeitsplatz eine erforderliche Absaugeinrichtung fehlt, so dass der betreffende Arbeitnehmer ungeschützt Schweißdämpfen ausgesetzt war. In aller Regel erweist sich deshalb eine Kündigung als sozial ungerechtfertigt, wenn die gesundheitliche Beeinträchtigung des Arbeitnehmers durch schuldhaftes Unterlassen des Arbeitgebers von notwendigen Schutz- und Sicherheitsmaßnahmen herbeigeführt worden ist.[549] Davon wird im Allgemeinen aber noch nicht ausgegangen werden können, wenn eine Mitursächlichkeit der im Betrieb vorhandenen Klimaanlage für eine Erkrankung des Arbeitnehmers nicht völlig ausgeschlossen werden kann[550], auch wenn bekannt ist, dass Klimaanlagen bei sensiblen Menschen Beschwerden hervorrufen können. Das gilt jedenfalls dann, wenn die betreffende Klimaanlage nicht die einzige und auch nicht die wesentliche Ursache für etwaige gesundheitliche Beschwerden des Arbeitnehmers ist.

---

[543] Ebenso LAG Hamm (26. 4. 90) LAGE Nr. 3 zu § 618 BGB, MünchArbR/*Berkowsky*, § 136 Rdn. 65.
[544] Vgl. *Palandt/Putzo*, BGB, § 618 Rdn. 6; *Schaub*, S. 1156 Rdn. 24; *Soergel/Kraft*, BGB, § 618 Rdn. 21; *Baumbach/Hopt*, HGB, § 62 Rdn. 5; *Söllner*, S. 221; MünchArbR/*Blomeyer*, § 96 Rdn. 8, 27; BGB-RGRK, § 618 Rdn. 170; *Brox/Rüthers*, S. 111, Rdn. 153; *Lorenz*, in: Müko-BGB, § 618 Rdn. 62; *Staudinger/Oetker*, BGB, § 618 Rdn. 248ff. m.w.N.; *Ernsthaler/Etzel*, GK-HGB, § 62 Rdn. 14; LAG Köln (22. 1. 93) PersR 1993, 421 – **anders** *Zöllner/Loritz*, S. 343; *Boemke*, Arbeitsrecht, S. 151 Rdn. 35.
[545] BAG (2. 2. 94) AP Nr. 4 zu § 273 BGB = NZA 1995, 877; *Lorenz*, in: Müko-BGB, § 618 Rdn. 67; *Staudinger/Oetker*, BGB, § 618 Rdn. 257ff.; *Staudinger/Bittner*, BGB, § 273 Rdn. 80; MünchArbR/*Wlotzke*, § 209 Rdn. 25ff.; *Zöllner/Loritz*, S. 343: nur ein solches und/oder Schadensersatzanspruch.
[546] Vgl. etwa BAG (15. 1. 92) NZA 1992, 998 m.N.; BGB-RGRK, § 618 Rdn. 27, 37, 38; MünchArbR/*Wlotzke*, § 209 Rdn. 3ff., 15 – **kritisch** *Staudinger/Oetker*, BGB, § 618 Rdn. 11.
[547] DB 1963, 1436; ähnlich *Wallmeyer*, S. 42.
[548] (3. 4. 81) BB 1981, 2006.
[549] Ebenso BAG (20. 10. 54) AP Nr. 6 zu § 1 KSchG; LAG Köln (8. 7. 82) BB 1982, 1730; *U. Preis*, Prinzipien, S. 227; KR-*Becker*, 3. Aufl., § 1 KSchG Rdn. 195; siehe auch *Bezani*, S. 121; KR-*Etzel*, § 1 KSchG Rdn. 296.
[550] So auch LAG Köln (2. 3. 95) LAGE Nr. 19 zu § 1 KSchG Krankheit, S. 5.

139 Dass zwischen einer bestimmten Tätigkeit am Arbeitsplatz und einer Erkrankung des Arbeitnehmers ein ursächlicher Zusammenhang bestehen kann[551], aber nicht muss, lässt sich nicht in Abrede stellen. Gewiss können die konkreten Arbeitsbedingungen als Krankheitsauslöser in Betracht kommen und/oder Zusammenhänge zwischen physisch bzw. psychischen Leiden und der Belästigung durch Lärm, Hitze und Kälteeinwirkung, körperlicher Schwerarbeit, einseitig beanspruchender Tätigkeit, Arbeitsmonotonie, Nacht- und Schichtarbeit oder Stress infolge arbeitsorganisatorischer Maßnahmen gegeben sein. Nur ist es im Rahmen eines Kündigungsschutzprozesses Sache des Arbeitnehmers, einen derartigen Zusammenhang zwischen den konkreten Arbeitsbedingungen einerseits und seiner Erkrankung andererseits darzulegen und notfalls zu beweisen.[552] Dem Arbeitnehmer obliegt der Beweis dafür, dass ein ordnungswidriger Zustand im Betrieb vorlag[553] und dass die Krankheit darauf zurückzuführen ist, während der Arbeitgeber lediglich darzulegen und nachzuweisen hat, dass ihn daran kein Verschulden trifft.[554] Wenn insoweit vereinzelt[555] von einer (generellen) Kausalitätsvermutung gesprochen wird, so steht diese Ansicht im Widerspruch zum geltenden Prozessrecht, insbesondere zu den Anforderungen, die an den Beweis des ersten Anscheins[556] ge-

---

[551] Dazu insbesondere LAG Köln (8.7.82) BB 1982, 1730; *Stein*, BlStSozArbR 1979, 165; *Stevens-Bartol*, AuR 1994, 132 (136f.); *Mezger/Richter/Wahsner*, Dem.u.R. 1979, 264 (267ff.), behaupten sogar, dass zwischen dem Arbeitsprozess und dem Gesundheitsverschleiß nachweisbar (!) ein signifikanter Zusammenhang bestehe. Krankheit habe regelmäßig (!) ihre Quelle in den gesellschaftlichen Lebensverhältnissen und insbesondere im Arbeitsprozess. Krankheit sei zugleich Ausdruck und Anzeichen für übermäßige Belastungen des arbeitenden Menschen im „kapitalistischen Produktionsprozess", S. 277; ähnlich *Bobke*, S. 381: Gesellschaftliche Mitverursachung dürfe nicht verkannt werden. Wäre diese These richtig, hätte der Krankenstand der Arbeitnehmer in den ehemaligen sog. sozialistischen Staaten erheblich niedriger gewesen sein müssen, oder so gut wie gar nicht in Erscheinung treten dürfen. Das Gegenteil war jedoch der Fall; dazu auch *U. Preis*, Prinzipien, S. 444f.

[552] Zust. *U. Preis*, Prinzipien, S. 446; *Liebig*, S. 152f.; *Becker-Schaffner*, BB 1992, 559; *Staudinger/Oetker*, BGB, § 618 Rdn. 310; LAG Hamm (15.12.81) NJW 1982, 715; LAG Baden-Württ. (29.4.86) NZA 1987, 27; LAG Köln (19.12.95) – 13 Sa 928/95 –, S. 12; BGH (17.6.97) BB 1997, 1605ff., betreffend § 823 BGB – **anderer Ans.** BAG (6.9.89) DB 1990, 305 = AP Nr. 22 zu § 1 KSchG 1969 Krankheit, Bl. 156; (10.5.90) EzA Nr. 31 zu § 1 KSchG Krankheit; (5.7.90) NZA 1991, 185; LAG Köln (22.1.93) PersR 1993, 422f., mit zust. Anm. von *Mayer*; *Popp*, Handbuch, Rdn. 62 (anders noch DB 1981, 2618); *Stein*, BlStSozArbR 1979, 166; *Stahlhacke/Preis/Vossen*, Rdn. 1232; *Rosenland*, AuR 1991, 271; BGB-RGRK, vor § 620 Rdn. 179; *Hunold*, S. 321; *Feichtinger*, ArbR-Blattei, Krankheit I, Rdn. 130, 165; *Weber/Hoß*, DB 1993, 2434; *Bezani*, S. 122; *Derr*, S. 114; *Schwerdtner*, in: Müko-BGB, § 622 Anh. Rdn. 436; KR-*Etzel*, § 1 KSchG Rdn. 349; *Kittner/Däubler/Zwanziger*, KSchR, § 1 KSchG Rdn. 125; ähnlich *von Hoyningen-Huene/Linck*, KSchG, § 1 Rdn. 240.

[553] Siehe nur BAG (19.2.97) AP Nr. 24 zu § 618 BGB = NZA 1997, 821; *Feichtinger*, ArbR-Blattei, Krankheit I, Rdn. 130.

[554] BAG (8.6.55) DB 1955, 667; BGH (6.4.95) NJW 1995, 2629; *Palandt/Putzo*, BGB, § 618 Rdn. 8; *Prütting*, S. 341f.; *Staudinger/Oetker*, BGB, § 618 Rdn. 309; BGB-RGRK, § 618 Rdn. 182; MünchArbR/*Blomeyer*, § 96 Rdn. 34; *Ernsthaler/Etzel*, GK-HGB, § 62 16.

[555] *Stein*, BlStSozArbR 1979, 166; im Ergebnis ebenso *Prütting*, S. 344f.; BGB-RGRK, § 618 Rdn. 182; siehe auch *Däubler*, S. 282 Rdn. 444: Anscheinsbeweis.

[556] Im Einzelnen dazu *Rosenberg/Schwab/Gottwald*, § 115 III, S. 660ff.; *Greger*, VersR 1980, 1091ff.; *Misielak/Stadtler*, JuS 1980, 584ff.; *Prütting*, S. 108, 345; *Schneider*, S. 85ff. Rdn. 323ff.; *Zöller/Greger*, ZPO, vor § 284 Rdn. 29.

stellt werden müssen. Freilich können im konkreten Einzelfall die Beweiserleichterungen des prima facie-Beweises in Betracht kommen. Überdies trifft es nicht zu, wie *Stein*[557] behauptet, dass die jeweiligen Arbeitsbedingungen bei Kündigungen aus krankheitsbedingten Gründen nie (!) als Kausalfaktoren von der Rechtsprechung in Erwägung gezogen würden. So hat beispielsweise das ArbG Bremen bereits in einem Urteil vom 15. 4. 1954[558] die Kündigung einer erkrankten Arbeitnehmerin gerade deshalb für sozialwidrig erklärt, weil sie sich ihr Leiden in unterkühlten Betriebsräumen zugezogen hatte.

Beachtlich können freilich immer nur solche Krankheiten des Arbeitnehmers sein, die gerade auf dem schuldhaften Verhalten dieses Arbeitgebers beruhen, so dass etwaige, in einem früheren Arbeitsverhältnis mit einem anderen Arbeitgeber entstandene Leiden grundsätzlich außer Betracht bleiben müssen.[559] *140*

Eine Kündigung kann auch dann ausgeschlossen sein, wenn der Arbeitgeber eine ärztliche Anordnung, den Arbeitnehmer mit bestimmten Arbeiten nicht zu beschäftigen, unbeachtet lässt und der Arbeitnehmer infolge dieser verbotswidrigen Beschäftigung arbeitsunfähig krank geworden ist.[560] Es gehört zu den Pflichten des Arbeitgebers, dem Arbeitnehmer keine Arbeiten zu übertragen, die er nach von ihm vorgelegten ärztlichen Attesten nicht ausführen darf.[561] Andererseits geht es zu Lasten des Arbeitnehmers, der in der Vergangenheit häufig krank war, wenn er sich während der Zeit seiner Arbeitsunfähigkeit beruflich belastenden Nebentätigkeiten ausgesetzt hat und dadurch erneut oder überhaupt erst arbeitsunfähig krank geworden ist[562] oder allgemein gesprochen, seine krankheitsbedingte Arbeitsunfähigkeit schuldhaft herbeigeführt hat.[563] *141*

bb) Betriebsunfall

Auch die Tatsache, dass der Arbeitnehmer einen Betriebs- oder Arbeitsunfall erlitten hat, kann die Fürsorgepflicht des Arbeitgebers gegenüber dem Arbeitnehmer erhöhen. Ein solcher Umstand muss deshalb besonders zugunsten des Arbeitneh- *142*

---

[557] BlStSozArbR 1979, 165.
[558] DB 1954, 804.
[559] LAG Kiel DB 1960, 1339 = BB 1960, 1245.
[560] LAG Düsseldorf/Köln BB 1963, 398; *Haberkorn*, MuA 1966, 116; siehe auch *Kleinebrink*, NZA 2002, 716 (719ff.).
[561] BAG (13. 12. 01) DB 2002, 1508.
[562] Zutreffend BAG (22.2.80) DB 1980, 1446ff.; ArbG Celle (15.5.79) ARSt 1979, S. 175 Nr. 1178; *Liebig*, S. 153; *Weller*, S. 89; *Ascheid*, Kündigungsschutz, S. 231, Rdn. 425; KR-*Etzel*, § 1 KSchG Rdn. 351 – siehe **demgegenüber** *U. Preis*, Prinzipien, S. 334, der die Berücksichtigung eines Arbeitnehmerverschuldens als „äußerst problematisch" ansieht, jedoch einen Verschuldensmaßstab der §§ 616 BGB, 3 EZFG gelten lassen will, S. 444; *Stahlhacke/Preis/Vossen*, Rdn. 1233; siehe auch *Weber/Hoß*, DB 1993, 2434.
[563] Vgl. auch *Kittner/Däubler/Zwanziger*, KSchR, § 1 KSchG Rdn. 83 m. N.: grob fahrlässig; KPK-*Schiefer*, § 1 KSchG Rdn. 196; APS/*Dörner*, § 1 KSchG Rdn. 176–177.

mers berücksichtigt werden⁵⁶⁴, und zwar nach dem Prüfungsschema des BAG in der dritten Stufe.⁵⁶⁵ Das gilt vor allem, wenn diejenige Erkrankung, deretwegen der Arbeitnehmer entlassen werden soll, auf einen schuldlos erlittenen Betriebs- oder Arbeitsunfall zurückzuführen ist. Dann muss dem Arbeitgeber zugemutet werden, länger als sonst zu warten, bevor er von seinem Kündigungsrecht Gebrauch macht. Dass der Arbeitsunfall vom Arbeitgeber schuldhaft verursacht worden ist, hat der Arbeitnehmer darzulegen und zu beweisen.⁵⁶⁶ Aber auch bei der Berufung auf wiederholte Erkrankungen können solche Zeiten des Arbeitsausfalles nicht in dem Maße wie sonstige Krankheiten Berücksichtigung finden, die auf einen Arbeitsunfall zurückzuführen sind, selbst wenn die letzte Krankheit, die zum Anlass der Kündigung genommen wird, auf anderen Ursachen beruht. Darüber hinaus erhöht ein unverschuldet erlittener Betriebsunfall die Fürsorgepflicht des Arbeitgebers auch deshalb, weil der Arbeitnehmer in einer solchen Situation kaum eine anderweitige Beschäftigung bei einem anderen Arbeitgeber finden wird. Durch einen Arbeits- oder Betriebsunfall wird freilich eine Kündigung nicht schlechthin ausgeschlossen⁵⁶⁷, es sei denn, der Arbeitgeber hätte den Arbeitsunfall vorwerfbar oder gar vorsätzlich herbeigeführt und wäre deshalb unter Beachtung der Grenzen des § 104 SGB VII dem Arbeitnehmer zum Schadenersatz verpflichtet. Ansonsten werden lediglich die Anforderungen an die Kündigungsgründe verschärft, ohne dass generell gesagt werden kann, der Arbeitgeber müsse mit dem Ausspruch einer Kündigung mindestens ein Jahr warten.⁵⁶⁸ Fällt ein Arbeitnehmer in vier Jahren seiner Tätigkeit insgesamt zwei Jahr aus, muss eine fristgerecht ausgesprochene Kündigung gleichwohl als gerechtfertigt anerkannt werden⁵⁶⁹, auch wenn die krankheitsbedingte Arbeitsunfähigkeit auf einem Arbeitsunfall beruht, falls es sich um besonders lange und häufige Ausfallzeiten handelt.

---

⁵⁶⁴ Vgl. BAG (6.9.89) NZA 1990, 434; (14.1.93) NZA 1994, 309; LAG Düsseldorf DB 1954, 912; 1956, 260; 1973, 2307; LAG Baden-Württ./Stuttgart BB 1963, 1136; LAG Berlin (19.3.79) – 9 Sa 113/78 –; LAG Köln (26.2.99) NZA-RR 2000, 26; LAG Hamm (20.1.00) NZA-RR 2000, 240; *Becker-Schaffner*, BlStSozArbR 1976, 98; *Neumann*, NJW 1978, 1840; *von Hoyningen-Huene/Linck*, KSchG, § 1 Rdn. 238; *Gola*, BlStSozArbR 1984, 327; KR-*Becker*, 3. Aufl., § 1 KSchG Rdn. 200, 218; *U. Preis*, Prinzipien, S. 227; *Popp*, Handbuch Rdn. 61; *Liebig*, S. 153; *Kasper*, NJW 1994, 2986; *Löwisch*, KSchG, § 1 Rdn. 182; *Dörner/Luczak/Wildschütz*, D, Rdn. 1153, 1154; HK-KSchG/*Weller/Dorndorf*, § 1 Rdn. 416; *Kittner/Däubler/Zwanziger*, KSchR, § 1 KSchG Rdn. 120, § 242 Rdn. 28; *Busemann/Schäfer*, S. 183 Rdn. 199 e; KPK-*Schiefer*, § 1 KSchG Rdn. 195; *Berkowsky*, NZA-RR 2001, 399; *Leinemann/Ascheid*, GewO, § 105 Rdn. 13059; KR-*Etzel*, § 1 KSchG Rdn. 296; *Däubler*, S. 587 Rdn. 1092, der aber keinen Unterschied macht, ob der Arbeitsunfall vom Arbeitnehmer verschuldet worden ist oder nicht; ähnlich *Gaul*, Bd. II, S. 146 Rdn. 59; *Bobke*, S. 382; *Tschöpe/Nägele*, Teil 3 D, Rz. 87; *Hako-Gallner*, § 1 Rdn. 444; *Elsner*, S. 109; *Hummel*, S. 27, 54; LAG Berlin (14.1.00) AuR 2000, 195; siehe auch *Bütefisch*, S. 242 betreffend die soziale Auswahl bei einer betriebsbedingten Kündigung.
⁵⁶⁵ BAG (7.11.85), (6.9.89) AP Nrn. 17 und 22 zu § 1 KSchG 1969 Krankheit; (29.1.97) BB 1997, 895; KR-*Etzel*, § 1 KSchG Rdn. 273, 275.
⁵⁶⁶ LAG Hamburg (30.6.99) LAGE Nr. 30 zu § 1 KSchG Krankheit.
⁵⁶⁷ Zutreffend LAG Hamm (20.1.00) NZA-RR 2000, 240 = LAGE Nr. 17 zu § 1 KSchG Personenbedingte Kündigung; LAG Hamburg (30.6.99) LAGE Nr. 30 zu § 1 KSchG/Krankheit.
⁵⁶⁸ Ebenso *Liebig*, S. 154 – **anders** LAG Düsseldorf (4.9.78) DB 1979, 607.
⁵⁶⁹ So auch BAG (3.10.63) AP Nr. 17 zu § 2 ArbKrankhG, mit Anm. von *D. Gaul*.

Nach neueren Untersuchungen nimmt die Unfallhäufigkeit mit zunehmendem Lebensalter keineswegs zu. Der von der Bundesregierung für 1980 vorgelegte Unfallverhütungsbericht[570] kam zu dem Ergebnis, dass nahezu die Hälfte (48 %) aller Arbeitsunfälle auf die Altersgruppe bis 30 Jahre entfiel, zu der aber nur 34 % aller Beschäftigten zählten, ohne dass sich in den nachfolgenden Jahren die Zahlen wesentlich geändert haben.[571] Auch 1998 standen die 20–29-jährigen Arbeitnehmer bei der Unfallhäufigkeit an der Spitze[572], wobei die 60–65-jährigen Arbeitnehmer am wenigsten in betriebliche Unfälle involviert waren. Als Grund für die geringere Unfallhäufigkeit der älteren Arbeitnehmer werden vor allem deren größere Besonnenheit bei ihrer Berufsausübung, weniger Risikofreudigkeit und anders als bei jüngeren Arbeitnehmern der Wegfall spielerischen Verhaltens genannt. Anders muss ein derartiger Sachverhalt allerdings dann beurteilt werden, wenn der Arbeitnehmer den Betriebs- oder Arbeitsunfall leichtfertig oder gar grob fahrlässig verursacht hat. In einem solchen Fall kann dieser Umstand nicht zugunsten des Arbeitnehmers ins Gewicht fallen.[573] Dass nur ein unverschuldet im Betrieb erlittener Arbeitsunfall im Rahmen der sozialen Auswahl bei einer betriebsbedingten Entlassung dem Arbeitnehmer zum Vorteil gereichen soll, darauf wird in der Begründung zum Korrekturgesetz folgerichtig hingewiesen.[574] In diesem Zusammenhang darf auch nicht außer Acht gelassen werden, dass jüngere Arbeitnehmer häufiger als ältere Mitarbeiter krankheitsbedingt der Arbeit fernbleiben, wenngleich deren Fehlzeiten länger dauern[575], sich die Krankengeldleistungen gegenüber den 60–65 Jährigen jedoch deutlich verringern und der Höhe nach wie bei den 30–35-jährigen Versicherten liegen.

Entgegen der Auffassung des ArbG Berlin[576] sind im Allgemeinen zum Nachteil des Arbeitnehmers auch krankheitsbedingte Fehlzeiten zu berücksichtigen, die auf einem Wegeunfall beruhen.[577] Zwar gelten nach § 8 Abs. 2 Nr. 1 SGB VII auch Wegeunfälle, die in der Regel vor allem von der Wohnung des Versicherungsnehmers

---

[570] Bundestags-Drucks. VIII/3650; siehe auch *Schröder*, S. 59f.; Unfallverhütungsbericht 1986, RdA 1987, 107; *Erdinger/Kossea/Renner/Scheuermann/Schwarze/Zimmer*, Ökologisches Stoffgebiet und Allgemeinmedizin, 9. Aufl. 1994, S. 494; dazu auch *Salowsky*, Fehlzeiten (1991), S. 71f.

[571] Vgl. Unfallverhütungsbericht 1993: 41 % in der Altersgruppe bis zu 30 Jahren, BArbBl 1995, Heft 2, S. 11; Unfallverhütungsbericht Arbeit 1997, Bundestags-Drucks. 14/156 vom 8. 12. 1998, S. 12: 47 % in der Altersgruppe zwischen dem 15. und 35. Lebensjahr.

[572] BB 1999, Heft 50, S. VI; siehe auch *Bleich* et al., S. 66.

[573] Zust. *Feichtinger*, S. 157; *Löwisch*, KSchG, § 1 Rdn. 182, 198; HK-KSchG/*Weller/Dorndorf*, § 1 Rdn. 417; *Kittner/Däubler/Zwanziger*, KSchR, § 1 KSchG Rdn. 83; KR-*Etzel*, § 1 KSchG Rdn. 351; *Berkowsky*, NZA-RR 2001, 399; *Gamillscheg*, S. 611: schweres Verschulden zu Lasten des Arbeitnehmers – **anders** wohl *Pflüger*, DB 1995, 1764ff.

[574] Bundestags-Drucks. 14/45 vom 17.11.1998, S. 16; siehe auch *von Hoyningen-Huene/Linck*, KSchG, § 1 Rdn. 237.

[575] Vgl. Arbeitsberichte 17 der BDA (1997), S. 3; BKK 2000, 394ff.

[576] (9.4.98) – 19 Ca 2693/98 – unv.; zust. *Hummel*, S. 59. In der Berufungsinstanz vor dem LAG Berlin – 9 Sa 54/98 – haben sich die Parteien dahingehend verglichen, dass das Arbeitsverhältnis wie beabsichtigt vom Arbeitgeber durch fristgerechte Kündigung beendet worden ist.

[577] Im Ergebnis so auch LAG Niedersachsen (24. 8. 99) – 13 Sa 2831/98 –, S. 13.

zum Tätigkeitsort und zurück entstehen[578], als Arbeitsunfälle im sozialversicherungsrechtlichen Sinne. Sie stehen aber nur in einem mittelbaren Zusammenhang zum konkreten Arbeitsverhältnis. Deshalb gehören sie nicht zu den Arbeitsunfällen im engeren Sinne[579] und können folglich kündigungsrechtlich im Allgemeinen nicht der Risikosphäre des Arbeitgebers zugeordnet werden. Auch führen sie im Rahmen des § 1 Abs. 3 Satz 1 KSchG nicht zu einer erhöhten sozialen Schutzbedürftigkeit.[580] Es fehlt insoweit an der Verursachung durch eine unmittelbare betriebliche Tätigkeit des Arbeitnehmers. Zu den dienstlichen Verrichtungen zählt der Weg zwischen der Wohnung und der Arbeitsstätte bzw., umgekehrt nicht.[581] Die Wegezeit gehört weder zur Arbeitszeit, § 2 Abs. 1 ArbZG[582], noch wird sie arbeitsrechtlich vergütet, was auch für einen etwaigen Entgeltfortzahlungsanspruch im Krankheitsfall gilt.[583] Der Weg von und zur Arbeit stellt einen Bereich zwischen der privaten Sphäre des Arbeitnehmers, der freien Wahl seiner Wohnung und der Pflicht zum Erscheinen am Arbeitsplatz dar. Das Wegerisiko hat insoweit grundsätzlich der Arbeitnehmer zu tragen.[584] Das Recht der gesetzlichen Unfallversicherung ist nicht deckungsgleich mit dem des privat-rechtlichen gesetzlichen Kündigungsschutzes, was *Hummel*[576] verkennt, auch wenn allein der Arbeitgeber der Beitragspflicht unterliegt, § 150 SGB VII. Im Übrigen wird es zu Recht als eine Übertreibung der Fürsorge- und Einstandspflicht angesehen[585], wenn dem Arbeitgeber bei Wegeunfällen Risiken zugeordnet werden, die sich außerhalb der betrieblichen Sphäre verwirklichen, die von ihm nicht beeinflussbar sind. Dass eine Tätigkeit der Sozialversicherungspflicht unterliegt, hat ja auch nicht die Begründung eines Arbeitsverhältnisses zur Folge.[586]

cc) Länge der Betriebszugehörigkeit und Lebensalter

144 Dass die längere Betriebszugehörigkeit des Arbeitnehmers die Fürsorgepflicht des Arbeitgebers erhöht und deshalb in die gebotene Interessensabwägung einbezogen werden muss[587], bedarf keiner weiteren Begründung. Ein nur kurzfristig beschäf-

---

[578] Zum Begriff siehe etwa *Schaub*, S. 1175 Rdn. 41 ff.; Kasseler Kommentar/*Ricke*, § 8 SGB VII Rdn. 178 ff.; *Schönberger/Mehrtens/Valentin*, S. 91 ff.
[579] Vgl. nur Kasseler Kommentar/*Ricke*, § 8 SGB VII Rdn. 36, 38 ff.
[580] *Bütefisch*, S. 243.
[581] Dazu etwa LAG Köln (24.6.94) NZA 1995, 1164; BGH (14.12.00) NJW 2001, 2039.
[582] Statt vieler *Schaub*, S. 1659 Rdn. 14, BGB-RGRK, § 611 Rdn. 1407; ErfK/*Preis*, § 611 BGB Rdn. 637; ErfK/*Wank*, § 2 ArbZG Rdn. 25; BAG (26.8.60) AP Nr. 2 zu § 611 BGB Wegezeit.
[583] Etwa *Schaub*, S. 1033 Rdn. 16; *Müller/Berenz*, EFZG, § 3 Rdn. 30.
[584] Im Einzelnen dazu BAG (7.8.70) AP Nr. 4 zu § 11 MuSchG; *Gruber*, S. 94 f.; Erman/*Belling*, BGB, § 616 Rdn. 105.
[585] Etwa *Hauck/Freischmidt*, SGB VII, K § 140 Rdn. 3.
[586] BAG (16.2.00) BB 2000, 831.
[587] Vgl. BAG (19.8.76) AP Nr. 2 zu § 1 KSchG 1969 Krankheit, mit Anm. von *Herschel*; (15.2.84) AP Nr. 14 zu § 1 KSchG 1969 Krankheit; (17.6.99) EzA Nr. 47 zu § 1 KSchG Krankheit; LAG Hamm (18.4.84) DB 1985, 525 ff.; LAG Baden-Württ./Stuttgart BB 1963, 1136; LAG Düsseldorf DB 1975, 2283; BB 1977, 1504; DB 1979, 607; LAG Schleswig-Holst. (19.8.81) DB 1981, 2440: zwölfjährige Betriebszugehörigkeit; (24.7.01) EzA SD Nr. 23/2001, S. 14; LAG Köln (26.2.99) NZA-RR 2000, 26; *Haberkorn*, MuA 1966,

tigter Arbeitnehmer kann eher entlassen werden als ein viele Jahre Tätiger, der möglicherweise seine Arbeitskraft im Betrieb des Arbeitgebers verbraucht hat und dadurch mitbedingt arbeitsunfähig geworden ist[588], zumal der Arbeitgeber damit rechnen muss, dass langjährig beschäftigte Arbeitnehmer im Alter krankheitsanfälliger werden.[589] Solche Arbeitnehmer dürfen in einer möglicherweise für sie schwierigen Phase ihres Lebens vom Arbeitgeber nicht einfach im Stich gelassen werden. Dass freilich zwischen dem Lebensalter des Arbeitnehmers und seiner Krankheitsanfälligkeit ein Zusammenhang bestehen kann, lässt sich nicht in Abrede stellen. Mit fortschreitendem Alter in der Gruppe der über 55jährigen steigt nachweisbar die Gesamtzahl der krankheitsbedingten Arbeitsunfähigkeitstage pro Jahr kontinuierlich stark an[590], während jüngere Menschen in der Regel zwar häufiger, dafür aber jeweils kürzer krankheitsbedingt fehlen. Für die Beachtlichkeit krankheitsbedingter Fehlzeiten kommt deshalb der ungestörten Dauer der Betriebszugehörigkeit entscheidungserhebliche Bedeutung zu[591], was auch bei einer Kündigung wegen dauernder oder diesem Tatbestand gleichstehender Arbeitsunfähigkeit auf unabsehbare Zeit zu gelten hat[592], wobei zu Lasten des Arbeitnehmers auch nicht unberücksichtigt bleiben darf, ob er während der ganzen Beschäftigungsdauer immer wieder erhebliche krankheitsbedingte Fehlzeiten aufzuweisen hat.[593]

117; *Foltyn*, S. 94; *Bleistein*, S. 165; *Denck*, JuS 1978, 157; *von Hoyningen-Huene/Linck*, KSchG, § 1 Rdn. 237; KR-*Becker*, 3. Aufl., § 1 KSchG Rdn. 189; *U. Preis*, Prinzipien, S. 131, 225, 232, 248, 372ff., 438; *Ascheid*, Kündigungsschutz, S. 219 Rdn. 395, S. 231 Rdn. 425; *Weber/Hoß*, DB 1993, 2433; *Derr*, S. 113; *Fromm*, S. 588; *Bauer/Röder/Lingemann*, S. 100; *Schwerdtner*, in: Müko-BGB, § 622 Anh. Rdn. 353; KR-*Etzel*, § 1 KSchG Rdn. 353; *Knorr/Bichlmeier/Kremhelmer*, S. 499 Rdn. 73; HK-KSchG/*Weller/Dorndorf*, § 1 Rdn. 374; KPK-*Schiefer*, § 1 KSchG Rdn. 199, 224; *Roos*, NZA-RR 1999, 618; *Kittner/Däubler/Zwanziger*, KSchR, § 1 KSchG Rdn. 94; APS/*Dörner*, § 1 KSchG Rdn. 178 – **anders** *Löwisch*, KSchG, § 1 Rdn. 182.

[588] BAG AP Nr. 2 zu § 1 KSchG 1969 Krankheit; LAG Bremen (6.11.57) BB 1958, 158; LAG Düsseldorf DB 1952, 740; 1952, 932; 1954, 912; LAG Berlin (19.3.79) – 9 Sa 113/78 –; *U. Preis*, Prinzipien, S. 439.

[589] BAG DB 1969, 1110, 1608; LAG Düsseldorf (10.6.75) DB 1975, 2283; ArbG Ludwigshafen ARSt 1973, S. 189 Nr. 220; *Gaul*, Bd. II, S. 145 Rdn. 56.

[590] Dazu *Bäcker*, Soz.Sich. 1979, 353 (356) m.N.; *Salowsky*, Fehlzeiten (1991), S. 53f. (55); *Schröder*, S. 58, der sich zu Recht gegen undifferenzierte Feststellungen wendet.

[591] Ebenso BAG (5.8.76), (22.2.80) AP Nrn. 1 und 6 zu § 1 KSchG 1969 Krankheit; (16.2.89) NZA 1989, 923; (6.9.89) NZA 1990, 307; LAG Baden-Württ. (11.7.74) ArbR-Blattei, Krankheit des Arbeitnehmers, Entscheidung Nr. 138; LAG Düsseldorf (10.6.75) DB 1975, 2283; LAG Schleswig-Holst. (11.5.75) DB 1975, 1608; LAG Hamm (9.7.76) DB 1976, 1822; LAG Düsseldorf (27.4.81) BB 1981, 1275; LAG Hamm NJW 1982, 715; LAG Baden-Württ. (15.12.87) NZA 1988, 437; *Meisel*, SAE 1980, 344; *Birkner-Kuschyk/Tschöpe*, DB 1981, 271; *U. Preis*, Prinzipien, S. 374, 438f.; *Liebig*, S. 154; *Popp*, Handbuch Rdn. 64; *Schäfer, Jürgen*, S. 231.

[592] BAG (21.5.92) BB 1993, 727 = AP Nr. 30 zu § 1 KSchG 1969 Krankheit.

[593] Weshalb eine Betriebszugehörigkeit von weniger als zehn Jahren insoweit keine „gravierende" Bedeutung haben soll, so aber *Gaul*, Bd. II, S. 145 Rdn. 57, bleibt unerfindlich. Eine derartige zeitliche Abstufung erscheint sachlich nicht gerechtfertigt und eher willkürlich.

145 Ebenso muss das Lebensalter des Arbeitnehmers bei der vorzunehmenden Interessenabwägung die erforderliche Beachtung finden.[594] Ein älterer Mensch hat kaum Chancen, eine anderweitige Beschäftigung zu finden. Er wird durch eine Kündigung zumeist in seiner Lebensexistenz härter getroffen als ein jüngerer Arbeitnehmer.[595] Das gilt erst recht, wenn er arbeitsunfähig krank ist, zumal die Chancen des Arbeitnehmers auf dem Arbeitsmarkt in die Interessenabwägung mit einzubeziehen sind.[596] Allerdings darf das Lebensalter als Wertungsgesichtspunkt nur eingeschränkt Berücksichtigung finden[597]; denn es hat als solches mit dem Arbeitsverhältnis nichts zu tun. Es ist darüber hinaus auch unter arbeitsmarkt- und sozialpolitischen Aspekten eine ambivalente Größe. Hat aber beispielsweise ein Arbeitnehmer seine Berufszeit ausschließlich bei demselben Arbeitgeber verbracht, ist dieser Umstand in der Weise zu berücksichtigen, dass dem Arbeitgeber im fortgeschrittenen Lebensalter des betreffenden Arbeitnehmers eine höhere Belastung mit krankheitsbedingten Fehlzeiten und hieraus entstehenden Kosten zugemutet werden kann.[598]

dd) Familiäre Verhältnisse

146 Bisher wurde weitgehend angenommen[599], dass die jeweilige Interessenabwägung auch unter Berücksichtigung der familiären Verhältnisse des Arbeitnehmers erfol-

---

[594] So auch BAG DB 1983, 2526; DB 1984, 832; DB 1989, 2075; BB 1990, 553, 558; (26. 9. 91) DB 1992, 2196; (21. 5. 92) DB 1993, 1292; (13. 6. 96) – 2 AZR 497/95 – unv., S. 9; (17. 6. 99) EzA Nr. 47 zu § 1 KSchG Krankheit; LAG Düsseldorf (4. 5. 95) LAGE Nr. 20 zu § 1 KSchG Krankheit, S. 2; LAG Köln (26. 2. 99) NZA-RR 2000, 26; LAG Schleswig-Holst. (24. 7. 01) EzA SD Nr. 23/2001, S. 14; *Däubler*, S. 586 Rdn. 1090, S. 777 Rdn. 1511; *Ascheid*, Kündigungsschutz, S. 231 Rdn. 425; *von Hoyningen-Huene/Linck*, KSchG, § 1 Rdn. 237, 251; *Weber/Hoß*, DB 1993, 2434; *Derr*, S. 113; *Schäfer, Jürgen*, S. 231; *Bauer/Röder/Lingemann*, S. 100; *Bader/Bram/Dörner/Wenzel*, KSchG, § 1 Rdn. 137; KPK-*Schiefer*, § 1 KSchG Rdn. 198, 224; KR-*Etzel*, § 1 KSchG Rdn. 355; *Knorr/Bichlmeier/Kremhelmer*, S. 449 Rdn. 74; *Hako-Gallner*, § 1 Rdn. 523; *Roos*, NZA-RR 1999, 618; APS/*Dörner*, § 1 KSchG Rdn. 179; *Kittner/Däubler/Zwanziger*, KSchR, § 1 KSchG Rdn. 94; siehe auch *Schröder*, S. 129 f. m.N.; *Fromm*, S. 588: nur subsidär – **anderer Ans.** *Tschöpe*, DB 1987, 1044 f.; *U. Preis*, Kündigung, S. 100 m.w.N.; *Bezani*, S. 126; Kasseler Handbuch/*Isenhardt*, 6.3 Rz. 490: nicht als alleiniger Faktor; so auch HK-KSchG/*Weller/Dorndorf*, § 1 Rdn. 420.

[595] BAG (20. 10. 63) E 10, 323 (327).

[596] BAG (26. 6. 91) NZA 1992, 1073; (6. 2. 92) – 2 AZR 364/91 – unv.; (12. 12. 96) EzA Nr. 41 zu § 1 KSchG Krankheit, S. 6; FA-ArbR/*Kümpel*, S. 477 Rdn. 249; KR-*Etzel*, § 1 KSchG Rdn. 275, 358; *Kittner/Däubler/Zwanziger*, KSchR, § 1 KSchG Rdn. 52, 94.

[597] Gegen dessen kündigungsrechtliche Relevanz: *Hanau*, ZfA 1984, 563; *U. Preis*, Prinzipien, S. 238–40; siehe auch *Schwerdtner*, DB 1990, 378; *Stahlhacke/Preis*, 5. Aufl. 1991, S. 291 Rdn. 749.

[598] LAG Berlin (28. 8. 01) DB 2001, 2505 (Ls.) = EzA SD Nr. 28/2001, S. 14.

[599] BAG AP Nr. 2 zu § 1 KSchG Krankheit, Bl. 449 R; (16. 2. 89) NZA 1989, 923; (27. 11. 91) RzK I 5g Nr. 45; (13. 6. 96) – 2 AZR 497/95 – unv., S. 9; LAG Berlin (19. 8. 79) – 9 Sa 113/78 – unv.; LAG Hamburg (29. 3. 95) AiB 1995, 604; LAG Düsseldorf LAGE Nr. 20 zu § 1 KSchG Krankheit, S. 2; *Liebig*, S. 155; *Lepke*, 8. Aufl. 1991, S. 79; *Roos*, AiB 1995, 659; *Däubler*, 10. Aufl. 1995, S. 544; *Bobke*, S. 383; *Schäfer, Jürgen*, S. 231; *Bauer/Röder/Lingemann*, S. 100; *Kittner/Trittin*, KSchR, § 1 KSchG Rdn. 83 – **anderer Ans.** *Sieg*, Anm. zu BAG SAE 1984, 26; *Peterek*, Anm. zu BAG EzA Nr. 13 zu § 1 KSchG Krankheit, S. 118;

gen müsse, wobei die Zahl der aktuell zu versorgenden Kinder[600] wie allgemein der soziale Status[601] entscheidungserheblich sein könne. Das soll auch nach der derzeit geltenden Fassung des KSchG der Fall sein.[602] Bedenkt man jedoch, dass das KSchG die Berücksichtigung sozialer Gesichtspunkte ausdrücklich nur bei einer betriebsbedingten Kündigung vorsieht, kann solchen Aspekten im Rahmen der erforderlichen Interessenabwägung keine entscheidungserhebliche Bedeutung zukommen.[603] Diesem Aspekt fehlt wie auch bei verhaltensbedingten Entlassungsgründen[604] der konkrete Bezug zum Arbeitsverhältnis.[605] Es handelt sich vielmehr um einen vom Arbeitsverhältnis losgelösten Umstand. Auch die Erhöhung einer Abfindung, § 10 Abs. 2 KSchG hängt insoweit nur von der Dauer der Betriebszugehörigkeit und dem Lebensalter, nicht aber von bestehenden Unterhaltspflichten ab.[606] Dann erscheint es nur folgerichtig, dass die Entwürfe für ein Arbeitsvertragsgesetz des Freistaates Sachsen und des Landes Brandenburg[607] in ihrem jeweiligen

---

kritisch auch *U. Preis*, Prinzipien, S. 232; *Popp*, Handbuch Rdn. 64; *Schwerdtner*, DB 1990, 378; *Stahlhacke/Preis*, S. 359 Rdn. 746a; *Ascheid*, Kündigungsschutz, S. 231 Rdn. 425; *Derr*, S. 113.

[600] Vgl. BAG (2.11.83) AP Nr. 12 zu § 1 KSchG 1969 Krankheit; (10.11.83) AP Nr. 11 zu § 1 KSchG 1969 Krankheit; LAG Hamm (15.12.81) NJW 1982, 712; LAG Baden-Württ. (15.12.87) NZA 1988, 437: ein nichteheliches Kind; LAG Berlin (4.7.88) – 9 Sa 45/88 –: sechs in der Türkei lebende Kinder sowie die Ehefrau; ArbG Gelsenkirchen ARSt 1976, S. 71 Nr. 67: Mutter von neun Kindern – **kritisch** *Hanau*, ZfA 1984, 563; *U. Preis*, Prinzipien, S. 233, 438; *Schwerdtner*, DB 1990, 378.

[601] Siehe LAG Bremen SAE 1958, 101: Kriegerwitwe, die für ihren Lebensunterhalt auf den Arbeitsverdienst angewiesen ist; LAG Schleswig-Holst. DB 1981, 2440: unverheiratet.

[602] So KPK-*Schiefer*, § 1 KSchG Rdn. 199; *Bader/Bram/Dörner/Wenzel*, KSchG, § 1 Rdn. 137a; *Däubler*, S. 586 Rdn. 1090; *Tschöpe/Nägele*, Teil 3 D, Rz. 98; KR-*Etzel*, § 1 KSchG Rdn. 356; *Bauer/Röder*, Kündigung, S. 128; *Hako-Gallner*, § 1 Rdn. 523; *Gamillscheg*, S. 608; *Backmeister/Trittin*, KSchG, § 1 Rdn. 182; *Junker*, Arbeitsrecht, S. 217 Rdn. 367; *Kittner/Däubler/Zwanziger*, KSchR, § 1 KSchG Rdn. 83, 94; *Becker-Schaffner*, ZTR 1997, 49 (51); *von Hoyningen-Huene/Linck*, KSchG, § 2 Rdn. 70 b betreffend Änderungskündigung; *Schaub*, S. 1464 Rdn. 23.

[603] Ebenso LAG Berlin (15.2.99) *Schüssler*, Nr. 127 zu § 1 KSchG = BB 1999, 1120; *Oetker*, Anm. zu BAG EzA Nr. 28 zu § 1 KSchG Krankheit m.N.; *U. Preis*, Kündigung, S. 100 m.N.; *Weber/Hoß*, DB 1993, 2434; *Bezani*, S. 120; *Fromm*, S. 588; Kasseler Handbuch/*Isenhardt*, 6.3 Rz. 490, 510; ErfK/*Ascheid*, § 1 KSchG Rdn. 187; *Knorr/Bichlmeier/Kremhelmer*, S. 450 Rdn. 76; *Stahlhacke/Preis/Vossen*, Rdn. 1201, 1232; *Hoß*, MDR 1999, 783; *Ascheid*, krankheitsbedingte Kündigung, S. 81 Rdn. 38; APS/*Dörner*, § 1 KSchG Rdn. 184; *Löwisch*, KSchG, § 1 Rdn. 182; siehe auch MünchArbR/*Wank*, § 120 Rdn. 102 zu § 626 Abs. 1 BGB.

[604] BAG (2.3.89) DB 1989, 1679; LAG Köln (12.3.02) NZA-RR 2002, 519 f.; *Stahlhakke/Preis/Vossen*, Rdn. 1185; KPK-*Schiefer*, § 1 KSchG Rdn. 278; *U. Preis*, Arbeitsrecht, S. 697; APS/*Dörner*, § 626 Rdn. 112, § 1 KSchG Rdn. 435 ff.; ErfK/*Ascheid*, § 1 KSchG Rdn. 324; *Rolfs*, Anm. zu BAG EzA Nr. 47 zu § 1 KSchG Krankheit, S. 14, 17; *Bengelsdorf*, NZA 2001, 1001; *von Hoyningen-Huene/Linck*, KSchG, § 1 Rdn. 278 a – **anders** BAG (27.2.97) BB 1997, 1949; *Kittner/Däubler/Zwanziger*, KSchR, § 1 KSchG Rdn. 169; *Kittner/Zwanziger/Appel*, § 94 Rdn. 12; *Bader/Bram/Dörner/Wenzel*, KSchG, § 1 Rdn. 195a; *Hromadka/Maschmann*, S. 396 Rdn. 184a; KR-*Etzel*, § 1 KSchG Rdn. 411.

[605] Dazu auch *K. Gamillscheg*, S. 95; siehe auch LAG Hamburg (30.6.99) LAGE Nr. 30 zu § 1 KSchG Krankheit.

[606] *Pauly*, AuA 1997, 146 – **anders** KR-*Spilger*, § 10 KSchG Rdn. 52 m.w.N.

[607] Bundesrats-Drucks. 293/95 und 671/96.

§ 123 Abs. 3 die Berücksichtigung dieses Gesichtspunktes im Rahmen der Interessenabwägung nicht vorsehen.

Demgegenüber vertritt das BAG in einer Entscheidung vom 20. 1. 2000[608] weiterhin die Ansicht, die Unterhaltspflichten des Arbeitnehmers könnten nicht völlig unberücksichtigt bleiben. Je mehr Unterhaltspflichten den Arbeitnehmer träfen um so höher sei seine soziale Schutzbedürftigkeit. Die Aufteilung in vertragsbezogene und nur der Privatsphäre des Arbeitnehmers zurechenbare Interessen, die voneinander abzugrenzen schwierig sei, könne nur bei der Gewichtung der Interessen im Einzelfall von Bedeutung sein. Führe die Abwägung der stark arbeitsvertraglich relevanten Interessen zu einem eindeutigen Ergebnis, können aber die Unterhaltspflichten vernachlässigt werden[609], könnten in Grenzfällen aber auch den Ausschlag geben. Diese Argumentation vermag nicht zu überzeugen. Dass es zwischen vertragsbezogenen und privaten Interessen des Arbeitnehmers u Abgrenzungsschwierigkeiten kommen kann, mag im Einzelfall ausnahmsweise zutreffen. Abgrenzungsprobleme sind aber geradezu typisch für die Entlassung aus krankheitsbedingten Gründen, wobei beispielhaft nur die von der Rechtsprechung und Literatur gebildeten drei bzw. vier Fallgruppen einer krankheitsbedingten Entlassung genannt seien, aber auch das vom BAG favorisierte dreistufige Prüfungsschema, ohne dass eine klare und eindeutige Trennung der verschiedenen Stufen in der Praxis ohne weiteres möglich erscheint.[610] Entgegen der Auffassung des BAG muss es für den Arbeitgeber keineswegs immer erkennbar sein, dass der betreffende Arbeitnehmer mit dem Abschluss eines Arbeitsvertrages in der Regel auch den Zweck verfolgt, seine Unterhaltspflichten erfüllen zu können, jedenfalls was deren Umfang betrifft, der sich ohne Einflussnahme des Arbeitgebers erhöhen kann, wie der vom BAG zu beurteilenden Sachverhalt eindrucksvoll belegt. Im Zeitpunkt der Kündigung hatte der Kläger fünf Kinder im Alter von 1, 6, 8, 14, und 17 Jahren Unterhalt zu gewähren, also drei Kindern mehr als beim Abschluss des Arbeitsvertrages im August 1986.

ee) Betriebsgröße und Störung des Betriebsablaufes

147 Wie dargelegt, können im konkreten Einzelfall die schutzwürdigen Interessen des Arbeitgebers, sich von einem erkrankten Arbeitnehmer zu trennen, ein größeres Gewicht als die des Arbeitnehmers am Fortbestand des Arbeitsverhältnisses haben. Dabei ist maßgeblich von Bedeutung, wie die krankheitsbedingten Ausfälle den

---

[608] BB 2000, 1300 = DB 2000, 1079 = EzA Nr. 47 zu § 1 KSchG Krankheit mit **ablehnender** Anm. von *Rolfs*; zust. *Schiefer*, FA 2000, Heft 5, S. VI; *Elsner*, S. 65, 74, 90; *Lingemann*, BB 2000, 1836; *Jüngst*, b + p 2000, 417; HK-KSchG/*Weller/Dorndorf*, § 1 Rdn. 421a (anders Rdn. 431); FA-ArbR/*Kümpel*, S. 467 Rdn. 203, S. 477 Rdn. 249; *Kittner/Zwanziger/Appel*, § 93 Rdn. 10, 33; *Hummel*, S. 28; *Kittner/Däubler/Zwanziger*, KSchR, § 1 KSchG Rdn. 94; *Bader/Bram/Dörner/Wenzel*, KSchG, § 1 Rdn. 137a; *Feichtinger*, ArbR-*Blattei*, Krankheit I, Rdn. 168; *Busemann/Schäfer*, S. 266 Rdn. 485; KR-*Etzel*, § 1 KSchG Rdn. 275, 356; *von Hoyningen-Huene/Linck*, KSchG, § 1 Rdn. 251, 183; *Dörner/Luczak/Wildschütz*, D, Rdn. 1144 – **kritisch** *Bengelsdorf*, NZA-RR 2002, 63; **ablehnend** *Stahlhacke/Preis/Vossen*, Rdn. 1201.
[609] BAG (27.2.97) AP Nr. 36 zu § 1 KSchG 1969 Verhaltensbedingte Kündigung.
[610] Dazu nur *Kraft*, Anm. zu BAG EzA Nr. 46 zu § 1 KSchG Krankheit, S. 13.

Arbeitgeber wirtschaftlich belasten, wie sie sich konkret auf den Betriebsablauf[611], etwa durch den Stillstand von Maschinen[612] und Produktionsausfall, sowie auf die Zusammenarbeit der übrigen Beschäftigten auswirken, die unter Umständen für den erkrankten Arbeitnehmer einspringen, ggf. eingearbeitet werden und dessen Arbeit miterledigen müssen. Dabei erscheint noch nicht jede sich aus der Ungewissheit über die Dauer einer langanhaltenden Arbeitsunfähigkeit oder eine Wiederholungsgefahr bei häufigen Erkrankungen ergebende betriebliche Beeinträchtigung geeignet, eine deshalb ausgesprochene Kündigung als begründet anzuerkennen, zumal der Arbeitsplatz des Arbeitnehmers weder durch ein vertragswidriges Verhalten gefährdet noch gar weggefallen ist. Es muss sich vielmehr um eine erhebliche Betriebsablaufstörung handeln. In diesem Zusammenhang weist das BAG[613] zu Recht darauf hin, dass – jedenfalls bei einer langanhaltenden Krankheit – ein ruhig und verständig urteilender Arbeitgeber nicht schon bei kleineren Beeinträchtigungen der betrieblichen Interessen, sondern erst bei unzumutbaren[614] betrieblichen oder wirtschaftlichen Belastungen kündigt. Allerdings muss ein Arbeitnehmer je länger seine Krankheit dauert im Allgemeinen um so eher mit dem Verlust seines Arbeitsplatzes rechnen, weil langfristige Überbrückungsmaßnahmen immer schwieriger werden, auf Dauer niemand unersetzlich ist und aufgrund der derzeitigen Situation auf dem Arbeitsmarkt arbeitslose Arbeitnehmer auf die nicht besetzten Arbeitsplätze drängen.[615] Kann aber durch eine betriebliche Umorganisation eine nachteilige Beeinflussung des Betriebsablaufes vermieden werden, dann muss der Arbeitgeber den Arbeitsplatz des erkrankten Arbeitnehmers längere Zeit freihalten. Ob und inwieweit sich solche Fehlzeiten störend auf die Produktion auswirken, kann nur nach der Gruppe der Arbeitnehmer beurteilt werden, die gleichartige Tätigkeiten wie der erkrankte Arbeitnehmer verrichten.[616] Der Umfang der betrieblichen Störung infolge krankheitsbedingter Fehlzeiten wird in einem Großbetrieb[617] ein anderer als in einem mittleren oder gar kleinen Betrieb sein, ohne dass die Größe des Betriebes allein schon etwas über die Art und den Umfang der Störung des betrieblichen Ablaufs im konkreten Einzelfall aussagt. Freilich können auch in einem wirtschaftlich gesunden Großbetrieb erhebliche

---

[611] So auch BAG DB 1980, 1447; (25. 11. 82) E 40, 361 (367); (6. 9. 89) NZA 1990, 307; LAG Düsseldorf/Köln DB 1980, 1078; eingehend LAG Hamm (17. 2. 81) DB 1981, 1193; *Bleistein*, S. 165; *Denck*, JuS 1978, 159; *Gaul*, Bd. II, S. 144 Rdn. 55; *Schaub*, S. 1460 Rdn. 14; *Hueck/Hueck*, KSchG, § 1 Rdn. 83b; *U. Preis*, Prinzipien, S. 228; verfehlt LAG Hamm (29. 7. 82) BB 1983, 701, wenn es auf die allgemein schlechte Lage z.B. der Textilindustrie abstellt; **kritisch** dazu auch *U. Preis*, Prinzipien, S. 438 Fußn. 30.
[612] BAG (23. 6. 83) AP Nr. 10 zu § 1 KSchG 1969 Krankheit.
[613] (25. 11. 82) AP Nr. 7 zu § 1 KSchG 1969 Krankheit; zust. *U. Preis*, DB 1988, 1445; siehe auch BAG (29. 4. 99) BB 2000, 51; LAG Rheinland-Pfalz (22. 5. 92) BB 1992, 2219.
[614] Siehe dazu aber *U. Preis*, Prinzipien, S. 441, der auf das Merkmal „unzumutbar" verzichten möchte, weil dadurch bereits das Ergebnis einer Interessenabwägung gekennzeichnet werde; MünchArbR/*Berkowsky*, § 134 Rdn. 35–36.
[615] Vgl. dazu BAG (21. 3. 96) AP Nr. 8 zu § 626 BGB Krankheit, mit Anm. von *Bezani*.
[616] BAG (10. 3. 77) AP Nr. 4 zu § 1 KSchG 1969 Krankheit; LAG Berlin (19. 3. 79) – 9 Sa 113/78 – unv.; *Neumann*, NJW 1978, 840.
[617] BAG AP Nr. 4 zu § 1 KSchG 1969 Krankheit; *Birk*, JuS 1986, 377; (13. 8. 99) – 2 AZR 431/98 –; *Liebig*, S. 130, 132; dazu auch *Fromm*, S. 585; *Stahlhacke/Preis/Vossen*, Rdn. 1232 – **anders** *Ascheid*, Krankheitsbedingte Kündigung, S. 77 Rdn. 30: in rechtlicher Hinsicht.

wirtschaftliche Beeinträchtigungen eine durch Krankheit bedingte Kündigung sozial rechtfertigen.[618] Jedoch ist in einem Kleinbetrieb[619] der längere und/oder wiederholte Ausfall einer Arbeitskraft in der Regel schwerer auszugleichen als in einem Großbetrieb, in dem zusätzliche Arbeitskräfte eher beschäftigt werden, die – ggf. als Arbeitsreserve – die Arbeiten erkrankter Arbeitnehmer vertretungsweise übernehmen können. Dagegen wird vor allem in einem Kleinbetrieb vielfach die Arbeit von den übrigen Mitarbeitern miterledigt werden müssen, was zu einer sog. Arbeitsverdichtung führt und in der Regel durch die Bezahlung von Überstunden bzw. Mehrarbeit oder Leistungsprämien zusätzliche Kosten verursacht[620], die keineswegs unberücksichtigt bleiben dürfen[621], zumindest aber die Verärgerung der betroffenen Mitarbeiter über die zusätzlich zu verrichtenden Tätigkeiten zur Folge haben kann.[622,623] Zunehmend wird die Arbeitsleistung in einem Team erbracht, das ggf. – etwa im Zu-Bergbau – nur bei Anwesenheit aller Teammitglieder voll funktionsfähig ist.[624] Der Ausfall eines Arbeitnehmers führt in der Regel zu einer Mehrbelastung der anderen Mitarbeiter, sofern die Arbeit nicht liegen bleiben kann.[625] Auch im Rahmen des Direktionsrechts[626] kann die Arbeit des erkrankten Arbeitnehmers nicht ohne weiteres auf die mit denselben Aufgaben befassten Mitarbeiter aufgeteilt werden, zumal bei der Ausübung des Direktionsrechts stets die Grundsätze billigen Ermessens, § 315 As. 1 BGB, beachtet werden müssen.[627] Die berechtigten Belange der anderen Arbeitskollegen dürfen im Rahmen der gebote-

---

[618] Ebenso *Bauer/Röder/Lingemann*, S. 93, 96; *Bauer/Röder*, Kündigung, S. 127; BAG (15. 2. 84) BB 1984, 1429; siehe auch *Leinemann/Ascheid*, GewO, § 105 Rdn. 13064 – **unrichtig** ArbG Wuppertal, DB 1976, 395; ähnlich *Aden*, RdA 1981, 280.

[619] Vgl. LAG Baden-Württ./Mannheim, *Sabel*, EEK II/063: Dienststelle mit nur zwei Schreibkräften; LAG Hamm DB 1976, 825: In einem Betrieb von dreißig Mitarbeitern fehlte der Gekündigte 1/2 der Dauer des Arbeitsverhältnisses; LAG Düsseldorf/Köln (15. 9. 72) DB 1972, 2216: sechs bis neun Beschäftigte; LAG Berlin (28. 4. 86) – 9 Sa 9/86 – unv.: Eine anhaltend an einer psychischen Erkrankung leidende alleinige Angestellte im Bürobereich eines Betriebes mit 13 gewerblichen Arbeitnehmern wurde zu Recht fristgerecht entlassen, weil eine Ersatzkraft nur in einer Dauerstellung eingestellt werden konnte – **anders** LAG Düsseldorf, *Sabel*, EEK II/067: Der Arbeitgeber hätte bei insgesamt acht Beschäftigten den vorübergehenden Arbeitsausfall des kranken Arbeitnehmers überbrücken können.

[620] Siehe dazu auch LAG Baden-Württ. (29. 4. 86) NZA 1987, 28; *Bezani*, S. 118; *Derr*, S. 13f.

[621] So auch BAG AP Nr. 20 zu § 1 KSchG 1969 Krankheit; *Stein*, BB 1985, 610; *U. Preis*, Prinzipien, S. 441; MünchArbR/*Berkowsky*, § 136 Rdn. 54f.; *Bezani*, S. 82.

[622] Vgl. BAG DB 1984, 831 = EzA Nr. 13 zu § 1 KSchG Krankheit; LAG Düsseldorf (4. 5. 95) LAGE Nr. 20 zu § 1 KSchG Krankheit, S. 3; ArbG Ludwigshafen (7. 6. 72) ARSt 1972, S. 175 Nr. 1228: Ein Müllarbeiter fehlte jedes Jahr häufig wegen Krankheit – **anderer Ans.** *Stevens-Bartol*, BlStSozArbR 1982, 355.

[623] Haltlos ist die von *Stein*, BlStSozArbR 1979, 164, aufgestellte, durch nichts bewiesene Behauptung, dass die Personalkapazität – etwa bei der Personalbedarfsplanung – durch den Arbeitgeber schon zu niedrig angesetzt werde.

[624] Siehe LAG Hamm (15. 12. 81) NJW 1982, 713.

[625] Vgl. auch LAG München (4. 2. 80) Baye.ABl. 1980, Teil C 40, falls mehr als 50 % der regulären Arbeitszeit krankheitsbedingt ausfallen.

[626] So aber *U.Preis*, Prinzipien, S. 314.

[627] Vgl. BAG (19. 6. 85) AP Nr. 11 zu § 4 BAT = NZA 1985, 811; (24. 5. 89) NZA 1990, 144; LAG Berlin (25. 4. 88) BB 1988, 1228; *Hromadka*, RdA 1992, 234 (240).

nen Interessenabwägung keineswegs zu gering bewertet werde.[628] Bei einem im Linienverkehr eingesetzten Busfahrer wird es dem Arbeitgeber in aller Regel nicht möglich sein, beim Ausfall von solchen Arbeitskräften die Arbeit des fehlenden Arbeitnehmers anderen zuzuteilen oder gar „liegen" zu lassen, bis der Erkrankte seine Arbeit wieder aufnimmt.[629] Ein kleines, personalintensiv ausgerichtetes Unternehmen wird im Allgemeinen von der Verfügbarkeit und Leistungsfähigkeit seines Personals mehr abhängig sein als ein Großbetrieb, der mit einem geringeren Anteil an manueller Arbeitskraft produziert und bessere Dispositionsmöglichkeiten bezüglich des Arbeitskräfteeinsatzes hat. Eine Aushilfskraft[630] einzustellen, wird zwar vom Arbeitgeber je nach den Umständen des konkreten Einzelfalles vielfach verlangt werden können.[631] Ein solches Bemühen muss aber nicht immer zum Erfolg führen, insbesondere wenn eine Dauerkraft gebraucht wird und eine solche auf dem Arbeitsmarkt auch nur zu gewinnen ist. Die Möglichkeit der Einstellung von Aushilfskräften besteht bei Kurzerkrankungen freilich nur eingeschränkt[632], bei langanhaltenden Erkrankungen hingegen eher.[633] So ist aber zu Recht die Kündigung eines Vertrauensarztes als personenbedingt angesehen worden[634], der bei einer Dienstfahrt einen Unfall erlitten hatte und dadurch auf unabsehbare Zeit arbeitsunfähig krank geworden war, da der Arbeitgeber für eine bloße Vertretertätigkeit keine Aushilfe hat finden können. Ebenso wurde im Falle eines türkischen Arbeiters in einer Möbel- und Spanplattenfabrik entschieden[635], der als alleinige Arbeitskraft an einem Dübelautomaten gearbeitet hatte und damit wesentliche Funktionen für die gesamte Produktion erfüllen musste. Eine Fachkraft wird in al-

---

[628] So auch *Meisel*, Anm. zu BAG SAE 1980, 345; *Bezani*, S. 80 – **anderer Ans.** *Ide*, AuR 1980, 230; wohl auch *Meisel*, DB 1981, 1725.
[629] Zutreffend LAG München (8.11.89) ZTR 1990, 165.
[630] Zum Begriff Aushilfsarbeitsverhältnis: BAG (25.11.92) AP Nr. 150 zu § 620 BGB Befristeter Arbeitsvertrag; MünchArbR/*Richardi*, § 144 Rdn. 65.
[631] Vgl. BAG (25.11.82) AP Nr. 7 zu § 1 KSchG 1969 Krankheit: Einstellung auf unbestimmte Zeit – **kritisch** zu Recht *Rohlfing/Rewolle/Bader*, KSchG, § 1 Anm. 18a, S. 40d, 42b; *Liebig*, S. 135, 234a; BAG (16.2.89) AP Nr. 20 zu § 1 KSchG 1969 Krankheit; (6.9.89) AP Nr. 23 zu § 1 KSchG 1969 Krankheit; (29.4.99) BB 2000, 51; *U. Preis*, Prinzipien, S. 450f.; *Bezani*, S. 114, aber einschränkend; zur Zulässigkeit befristeter Arbeitsverträge im Hinblick auf eine erforderliche Krankheitsvertretung siehe BAG (13.4.83) DB 1984, 935; (8.5.85) NZA 1986, 569; *Brox/Rüthers*, S. 161 Rdn. 218; *Staudinger/Preis*, BGB § 620 Rdn. 105; siehe auch BAG (6.6.84) NZA 1985, 90; LAG Berlin (7.10.85) – 9 Sa 61/85 – unv.; LAG Köln (8.7.94) ZTR 1995, 41: Zweckbefristung; LAG Hamm (15.3.88) MDR 1988, 891; LAG Bremen (18.1.89) DB 1990, 331 = BB 1989, 1411; *Schwedes*, S. 139 Rdn. 261; *Erman/Hanau*, BGB, 9. Aufl., § 620 Rdn. 78; *Schwerdtner*, in: Müko-BGB, § 620 Rdn. 63, 65; MünchArbR/*Wank*, § 116 Rdn. 66; siehe aber ArbG Hamburg (6.11.89) BB 1990, 633: Aushilfskraft für immer wiederkehrende Fehlzeiten durch Krankheiten; BAG (11.12.91) NZA 1992, 883; *Hönch/Natzel*, S. 42 Rdn. 107.
[632] Ebenso BAG (23.6.83) AP Nr. 10 zu § 1 KSchG 1969 Krankheit; (16.2.89) NZA 1989, 923; siehe auch LAG Köln (8.8.83) DB 1984, 620.
[633] BAG (25.11.82) AP Nr. 7 zu § 1 KSchG 1969 Krankheit, mit Anm. von *Meisel*.
[634] ArbG Emden (8.4.71) ARSt 1971, S. 127 Nr. 1164; ähnlich ArbG Bamberg/Coburg ARSt 1974, S. 143: Für eine mehr als vier Wochen erkrankte Raumpflegerin konnte trotz ernsthafter Bemühungen des Arbeitgebers keine Aushilfskraft gefunden werden – **anderer Ans.** *Stevens-Bartol*, BlStSozArbR 1982, 355.
[635] LAG Berlin (19.3.79) – 9 Sa 113/78 –.

ler Regel jedenfalls schwerer zu ersetzen sein als ein un- oder angelernter Arbeitnehmer[636], der nur einfache Arbeiten verrichtet. Unter diesem Gesuchtspunkt führt beispielsweise das häufig nachhaltige Fehlen eines in der Gießerei beschäftigten Fahrers eines Gabelstaplers zu erheblichen Störungen des Betriebsablaufes, da die Arbeitsgruppe immer vollzählig und der Metallfluss gewährleistet sein müssen.[637] Nichts anderes gilt für einen Arbeitnehmer mit einem hoch technisierten Arbeitsbereich, dessen Tätigkeit eine lange Einarbeitungszeit und besondere Kenntnisse der EDV erfordern.[638] Die Einstellung einer schwer zu gewinnenden Ersatzkraft für die Dauer der jeweiligen Krankheitszeit kann vom Arbeitgeber in einem solchen Falle im Allgemeinen nicht verlangt werden, wenn und soweit es sich um Dauerarbeitsplätze handelt. Im Übrigen kann der Auffassung[639] nicht zugestimmt werden, dass eine Kündigung aus krankheitsbedingten Gründen, insbesondere bei einer langanhaltenden Krankheit, dann gerechtfertigt sei, wenn die Ersatzkraft infolge einer Beschäftigungsdauer unter den Geltungsbereich des KSchG fiele. Besteht die Möglichkeit, die Arbeiten des kranken Arbeitnehmers durch einen anderen vertretungsweise verrichten zu lassen, dann besteht weder für die Kündigung des erkrankten Arbeitnehmers noch für die Ersatz- oder Aushilfskraft ein sachlich gerechtfertigter Grund, zumal der in § 162 BGB zum Ausdruck gekommene allgemeine Rechtsgrundsatz[640] nicht unberücksichtigt bleiben darf. Rechtlich unproblematisch erscheint es jedenfalls, wenn die Ersatz- oder Aushilfskraft während der Dauer der Vertretung für den erkrankten Arbeitnehmer nicht länger als sechs Monate beschäftigt wird, da sie noch keinen allgemeinen Bestandsschutz nach dem KSchG genießt, allerdings der Arbeitgeber bei einer betriebsbedingten Kündigung eines anderen Arbeitnehmers auch nicht mit Erfolg geltend machen kann, jener Arbeitnehmer sei im Sinne von § 1 Abs. 3 KSchG sozial schutzbedürftiger.[641] Arbeitnehmer mit einer Betriebszugehörigkeit von weniger als sechs Monaten sind nämlich in die soziale Auswahl nicht einzubeziehen; sie sind unabhängig von ihrer sozialen Schutzbedürftigkeit als erste zu entlassen. Im Übrigen ist der Befristung des Arbeitsvertrages mit einer Aushilfskraft im Hinblick auf § 14 Abs. 1 Nrn. 1 und 3 TzBfG keine nennenswerte rechtliche Bedeutung mehr beizumessen.[642] Hat der Arbeitgeber während einer längeren Krankheitsdauer den Arbeitsplatz neu besetzt und gibt es für den wieder gesunden Arbeitnehmer ent-

---

[636] BAG (29.4.77) AP Nr. 111 zu Art. 3 GG; siehe auch LAG Baden-Württ. (22.5.80) DB 1980, 1852; LAG Köln DB 1984, 620; (2.3.95) LAGE Nr. 19 zu § 1 KSchG Krankheit, S. 4; LAG Düsseldorf LAGE Nr. 20 zu § 1 KSchG Krankheit.
[637] Vgl. LAG Baden-Württ./Mannheim AP Nr. 3 zu § 1 KSchG 1969 Krankheit; siehe auch BAG DB 1977, 2457.
[638] LAG Köln LAGE Nr. 19 zu § 1 KSchG Krankheit, S. 4.
[639] *Schaub*, S. 1462 Rdn. 17; dazu auch *Schwerdtner*, in: Müko-BGB, § 622 Anh. Rdn. 407 – **anderer Ans.** *Stevens-Bartol*, BlStSozArbR 1982, 354.
[640] Dazu insbesondere BAG (20.9.57) AP Nr. 34 zu § 1 KSchG, mit Anm. von *A. Hueck*.
[641] BAG (25.4.85) DB 1985, 2205 = SAE 1986, 110, unter Aufgabe der bisherigen gegenteiligen Rechtsprechung; *Löwisch*, Arbeitsrecht, S. 368 Rdn. 1337; ders., KSchG, § 1 Rdn. 321; *Kittner/Däubler/Zwanziger*, KSchR, § 1 KSchG Rdn. 441; HK-KSchG/*Dorndorf*, § 1 Rdn. 1057; MünchArbR/*Berkowsky*, § 139 Rdn. 61 – **anders** *Oetker*, FS für *Wiese*, S. 333 (337 m.w.N.).
[642] Dazu auch *Kittner/Däubler/Zwanziger*, KSchR, § 1 KSchG Rdn. 100 m.w.N.

sprechend dem Arbeitsvertrag keine andere geeignete Beschäftigungsmöglichkeit, dann wird in der Regel die neu eingestellte Ersatzkraft gekündigt werden müssen, wenn sie die Wartezeit des § 1 Abs. 1 KSchG noch nicht erfüllt hat.[643] Aus den genannten Gründen wird auch die Einstellung eines Leiharbeitnehmers nur ausnahmsweise vom Arbeitgeber verlangt werden können[644], was nicht der Fall ist, wenn eine Aushilfskraft nur von Zeitunternehmen zu erhalten und deshalb erheblich teurer als die endgültige Neubesetzung des fraglichen Arbeitsplatzes wäre. Im Übrigen kann der Verleiher sowohl die negativen betrieblichen Auswirkungen krankheitsbedingter Fehlzeiten in den einzelnen Entleiherbetrieben als auch diejenigen im Verleiherbetrieb zur sozialen Rechtfertigung einer solchen Kündigung heranziehen.[645]

Allgemein lässt sich sagen, dass bei einem schon lange Zeit tätigen Arbeitnehmer vom Arbeitgeber ein längerer Zeitraum für die Durchführung von betrieblichen Überbrückungsmaßnahmen zu verlangen ist als bei einem erst kurze Zeit dem Betrieb angehörenden Arbeitnehmer. Bei kürzeren und von Anfang an mit krankheitsbedingten Fehlzeiten belasteten Arbeitsverhältnissen genügen folglich geringere Beeinträchtigungen der betrieblichen Interessen zur sozialen Rechtfertigung einer solchen Kündigung.[646] Für Überbrückungsmaßnahmen ist freilich begrifflich nur dann Raum, wenn Anhaltspunkte dafür gegeben sind, dass am Ende eines etwaigen Überbrückungszeitraumes eine Änderung der Verhältnisse in Betracht kommt.[647] Steht hingegen fest, dass der Arbeitnehmer seine Vertragspflichten in Zukunft gar nicht mehr erfüllen kann, können vom Arbeitgeber entsprechende Überbrückungsmaßnahmen nicht verlangt werden[648], weil das Syallagma unwiederbringlich gestört ist.

Wer allerdings meint[649], das betriebliche Problem des „Liegenbleibens" der Arbeit werde nicht durch die Entlassung des kranken Arbeitnehmers, sondern erst durch die Neueinstellung eines anderen Arbeitnehmers gelöst, so dass eine nur möglicherweise drohende künftige Entlassung des arbeitsunfähigen Arbeitnehmers unberechtigterweise als Kündigungsgrund herangezogen werde, verwechselt Ursache und Wirkung, ohne den damit verbundenen vielschichtigen Aspekten einer allseitigen Interessenabwägung gerecht zu werden. Ungeachtet dessen muss es dem Arbeitgeber grundsätzlich freistehen, im Hinblick auf die betrieblichen und wirtschaftlichen Gegebenheiten des Unternehmens in eigener Verantwortung zu entscheiden, in welchem Umfange die übliche betriebliche Fehlquote, verursacht durch Krankheit oder sonstige Umstände, durch sog. Vorhaltepersonal abgedeckt

148

---

643 Ebenso *Bopp*, S. 157; dazu auch ErfK/*Ascheid*, § 1 KSchG Rdn. 217 m. N.
644 Zutreffend LAG Köln (21. 2. 89) DB 1989, 1295; *Bezani*, S. 117; siehe auch *Gamillscheg*, S. 610.
645 Ebenso *Tschöpe/Hiekel*, Teil 6 D, Rz. 39.
646 So auch BAG (15. 2. 84) NZA 1984, 86; (12. 4. 84) DB 1985, 873; (18. 10. 84) BB 1985, 661; *U. Preis*, Prinzipien, S. 442; *ders.*, DB 1988, 1445.
647 Zutreffend LAG Hamm (24. 6. 99) NZA 2000, 320.
648 So auch *Hako-Gallner*, § 1 KSchG Rdn. 541 – siehe aber BAG (21.5.92) AP Nr. 30 zu § 1 KSchG 1969.
649 So aber *Stevens-Bartol*, BlStSozArbR 1982, 354.

werden soll⁶⁵⁰, zumal das KSchG eine Personalreserve nicht verlangt.⁶⁵¹ Vom Arbeitgeber kann in der Regel nicht verlangt werden, jeden Arbeitsplatz etwa doppelt zu besetzen⁶⁵², was für Führungs- und Spezialistenpositionen ohnehin nicht in Betracht kommt. Ob der Arbeitgeber eine ausreichende Personalreserve vorhält, kann vom Gericht in Anlehnung an die Rechtsprechung des BAG zur betriebsbedingten Kündigung⁶⁵³ ohnehin nur insoweit überprüft werden, ob die diesbezügliche unternehmerische Maßnahme als offenbar unsachlich, unvernünftig oder willkürlich angesehen werden muss.⁶⁵⁴ Zudem wird eine etwaige Personalreserve in der Hauptvurlaubszeit weitgehend „aufgezehrt" sein.⁶⁵⁵ Eine dauernde Erhöhung des Personalbestandes über die übliche Personalreserve hinaus kann vom Arbeitgeber nicht verlangt werden.⁶⁵⁶ Hält der Arbeitgeber jedenfalls eine Personalreserve in Höhe der durchschnittlichen Arbeitsunfähigkeitsrate in seinem Betrieb bereit⁶⁵⁷, dann muss dieser Umstand zu seinen Gunsten Berücksichtigung finden. Deshalb erscheint es gerechtfertigt, von ihm weniger Überbrückungsmaßnahmen zu verlan-

---

⁶⁵⁰ Zutreffend LAG Hamm (9. 10. 80) ARSt 1982, S. 174 Nr. 1225; (17. 2. 81) DB 1981, 1193; *Bauer/Röder/Lingemann*, S. 91, 99; *Bezani*, S. 117; *Gentges*, S. 174; *Löwisch*, KSchG, § 1 Rdn. 202; *Knorr/Bichlmeier/Kremhelmer*, S. 443 Rdn. 61; FA-ArbR/*Kümpel*, S. 475 Rdn. 241; *Busemann/Schäfer*, S. 180 Rdn. 199 c; siehe auch ArbG Wuppertal (27. 11. 80) BB 1981, 977: 10 % mehr Belegschaft als an sich notwendig sei ausreichend; LAG Hamm (15. 12. 81) DB 1982, 283: Eine Vorhaltequote von 14–15 % sei jedenfalls nicht zu beanstanden; vgl. auch LAG Schleswig-Holst. (6. 4. 81) DB 1981, 1574 = BB 1981, 1468; LAG Düsseldorf (2. 12. 83) DB 1984, 619; LAG Frankfurt/M. (3. 12. 87) DB 1988, 1704; *Hunold*, S. 323 – **anderer Ans.** *Ide*, AuR 1980, 225; LAG Baden-Württ. (22. 2. 80) DB 1980, 1852; siehe auch *U. Preis*, Prinzipien, S. 442f. m.w.N.: Die zusätzliche Personalreserve ermittle sich anhand des durchschnittlichen betrieblichen Krankenstandes bzw. nach dem Durchschnittswert aller Betriebe einer bestimmten Branche; siehe auch *Liebig*, S. 136.
⁶⁵¹ Zutreffend *Schaub*, NZA 1987, 217 (219); *Ascheid*, Kündigungsschutz, S. 228 Rdn. 415; *Stahlhacke*, DB 1994, 1361 (1366); *von Hoyningen-Huene/Linck*, KSchG, § 1 Rdn. 231; KPK-*Schiefer*, § 1 KSchG Rdn. 192; *Hako-Gallner*, § 1 Rdn. 515; BAG (29. 7. 93) AP Nr. 27 zu § 1 KSchG 1969 Krankheit; (15. 12. 94) NZA 1995, 521, 662 = SAE 1996, 120; LAG Köln (2. 3. 95) LAGE Nr. 19 zu § 1 KSchG Krankheit, S. 4.
⁶⁵² Zust. *Popp*, Handbuch, Rdn. 46; siehe auch BAG (13. 6. 96) – 2 AZR 497/95 – unv.; LAG Düsseldorf LAGE Nr. 20 zu § 1 KSchG Krankheit, S. 4: Der Arbeitgeber hatte eine Personalreserve von insgesamt etwa 32 % vorgehalten, wovon 19 % auf Urlaub/Freischichten, 7 % auf lange Krankheiten und Unfallausfälle sowie 6 % auf Kurzerkrankungen entfielen.
⁶⁵³ Vgl. etwa BAG (18. 1. 90), (26. 1. 95) AP Nrn. 27 und 36 zu § 2 KSchG 1969; (6. 11. 97) AP Nr. 42 zu § 1 KSchG 1969 = NZA 1998, 144 m.w.N.; (5. 2. 98) EzA Nr. 2 zu § 626 BGB Unkündbarkeit, S. 7; (3. 12. 98) NZA 1999, 431; (17. 6. 99) NZA 1999, 1095; *Stahlhacke/Preis/Vossen*, Rdn. 944; MünchArbR/*Berkowsky*, § 138 Rdn. 8ff., 35ff.; *Gamillscheg*, S. 626; *Löwisch*, Arbeitsrecht, S. 364 Rdn. 1326; KR-*Etzel*, § 1 KSchG Rdn. 522.
⁶⁵⁴ Zust. *Knorr/Bichlmeier/Kremhelmer*, S. 443 Rdn. 61; *Stahlhacke/Preis/Vossen*, Rdn. 944; *Fromm*, S. 584; BAG (29. 7. 93) DB 1993, 2439; LAG Düsseldorf DB 1984, 618f.; dazu auch *Boewer*, NZA 1988, 685 – **anders wohl** *Popp*, DB 1981, 2614.
⁶⁵⁵ LAG Köln DB 1984, 620.
⁶⁵⁶ So auch *U. Preis*, Kündigung, S. 100; siehe auch ErfK/*Ascheid*, § 1 KSchG Rdn. 241.
⁶⁵⁷ Vgl. BAG DB 1985, 874: 10 %; (16. 2. 89) DB 1989, 2075; (6. 9. 89) NZA 1990, 307; (5. 7. 90) NZA 1991, 185; zust. *Popp*, Handbuch Rdn. 47; *Knorr/Bichlmeier/Kremhelmer*, S. 433 Rdn. 61; siehe auch *Liebig*, S. 134f.

gen⁶⁵⁸ als von einem Arbeitgeber derselben Branche ähnlicher Größenordnung und Auftrags- sowie Ertragslage, der eine Personalreserve nicht vorhält.⁶⁵⁹ Seine Personalreserve dermaßen „aufzublähen", dass auch überdurchschnittliche Krankheitszeiten ohne weiteres ausgeglichen werden, dazu ist der Arbeitgeber nicht verpflichtet.⁶⁶⁰

In den Fällen, in denen sich die Krankheit des Arbeitnehmers auf den Betriebsablauf jedoch nicht nachteilig auswirkt, in denen die Krankheitszeiten ohne wesentliche wirtschaftliche und betriebliche Auswirkungen für den Betrieb bleiben, wird eine Kündigung des Arbeitnehmers wegen langanhaltender Krankheit oder häufiger krankheitsbedingter Fehlzeiten im Allgemeinen nicht als sozial gerechtfertigt anerkannt werden können. Die Krankheiten für sich genommen sind kündigungsrechtlich zunächst irrelevant.⁶⁶¹ Deshalb erweist sich eine solche Kündigung als unbegründet, wenn die konkrete betriebliche Tätigkeit ohne die Einstellung einer Ersatzkraft ohne weiteres fortgeführt werden kann⁶⁶², weil die Zahl der Montagebänder, an denen der Erkrankte bisher gearbeitet hat, verringert wird und diese Tendenz für den Arbeitgeber erkennbar anhält, weil ohnehin kurzgearbeitet wird oder weil die beiderseitigen Hauptpflichten aus dem Arbeitsverhältnis ruhen. Indessen kann es entgegen einer vereinzelt geäußerten Ansicht⁶⁶³ entscheidungserheblich nicht darauf ankommen, ob der betreffende Arbeitnehmer eine „existentielle Schlüsselposition" im Betrieb inne hat. Gleichwohl steht außer Frage, dass Arbeitsausfälle von Arbeitnehmern in sog. Schlüsselpositionen häufiger als bei anderen Mitarbeitern zu erheblichen Betriebsablaufstörungen führen werden, die nicht ohne weiteres durch organisatorische Umstellungen oder Aushilfskräfte beseitigt werden können.⁶⁶⁴ *149*

Dass hinsichtlich der wirtschaftlichen und betrieblichen Auswirkungen von krankheitsbedingten Fehlzeiten eine gewisse Unterscheidung zwischen langanhal- *150*

---

⁶⁵⁸ BAG DB 1985, 874; NZA 1989, 924; *Weller*, S. 77 (87); *Hunold*, S. 322; MünchArbR/*Berkowsky*, § 136 Rdn. 45; ders., NZA-RR 2001, 399; *Bauer/Röder/Lingemann*, S. 91; *Bekker-Schaffner*, ZTR 1997, 51; zu weitgehend *Mohr*, DB 1984, 45, wenn er meint, eine krankheitsbedingte Kündigung sei dann in der Regel sozial gerechtfertigt.
⁶⁵⁹ Siehe dagegen LAG Düsseldorf (2.12.83) DB 1984, 618, das den Begriff „ausreichende Personalreserve" als unbrauchbar ansieht und deshalb ablehnt; **kritisch** auch *Gola*, BlStSozArbR 1984, 328; *U. Preis*, Prinzipien, S. 442.
⁶⁶⁰ Ebenso LAG München (8.11.89) ZTR 1990, 165.
⁶⁶¹ So auch *Berkowsky*, BB 1981, 910ff.; *Popp*, DB 1981, 2613; *U. Preis*, Prinzipien, S. 173; *Dorndorf*, ZfA 1989, 370; LAG Rheinland-Pfalz (24.9.92) AuR 1993, 61 = ARSt 1993, S. 89 Nr. 40: langanhaltende Krankheit.
⁶⁶² Vgl. LAG Frankfurt/M. (9.12.83) AuR 1984, 285 = ARSt 1984, S. 111 Nr. 1168.
⁶⁶³ *Ide*, AuR 1980, 230; *Haberkorn*, Arbeitsrecht, S. 196; LAG Hamm (11.7.91) LAGE Nr. 16 zu § 1 KSchG Krankheit; (27.2.92) LAGE Nr. 10 zu § 1 KSchG Personenbedingte Kündigung; ArbG Herne (3.9.80) MDR 1981, 346f.; ArbG Arnsberg (29.10.81) BB 1982, 496; siehe auch ArbG Münster (20.1.83) BB 1983, 700 = EzA Nr. 11 zu § 1 KSchG Krankheit mit **ablehender** Anm. von *Herschel*.
⁶⁶⁴ Siehe dazu auch *von Maydell/Eylert*, Anm. zu BAG EzA Nr. 5 zu § 1 KSchG Krankheit; *U. Preis*, Prinzipien, S. 448; *Stahlhacke/Preis/Vossen*, Rdn. 1230; KR-*Rost*, § 14 KSchG Rdn. 43 m.N.

tenden und häufigen Erkrankungen geboten erscheint, darauf hat das BAG[665] überzeugend hingewiesen. Langfristige Ausfallzeiten, soweit sie voraussehbar sind, werden sich nämlich organisatorisch in der Regel leichter überbrücken lassen als häufige, unerwartet auftretende Kurzerkrankungen. Wenn das BAG bei einem durch langanhaltende Krankheit oder durch häufige Kurzerkrankungen[666] bedingten Arbeitsausfall darauf abstellt, ob die Durchführung von Überbrückungsmaßnahmen dem Arbeitgeber nicht möglich oder nicht mehr zumutbar sei, sollten seine Ausführungen nicht missverstanden werden.[667] Auf die Unzumutbarkeitskriterien des § 626 Abs. 1 BGB kann es sicherlich nicht ankommen, da anderenfalls der Unterschied zwischen einer fristgerechten und einer fristlosen Kündigung weitgehend aufgehoben wäre, was nunmehr vom BAG[668] auch klargestellt worden ist. Der Arbeitgeber muss freilich Rücksicht darauf nehmen, dass der Arbeitnehmer – anders als bei einer verhaltensbedingten Kündigung – seinen Arbeitsplatz nicht dadurch gefährdet hat, dass er sich vertragswidrig verhält. Ansonsten muss auch insoweit auf die jeweiligen Umstände des konkreten Einzelfalles Bedacht genommen werden[669], ohne allerdings übertriebene Anforderungen an die noch zumutbaren Überbrückungsmaßnahmen des Arbeitgebers zu stellen. Erhebliche betriebliche Beeinträchtigungen müssen deshalb als ausreichend angesehen werden.[670] Liegt allerdings dauernde Arbeitsunfähigkeit des Arbeitnehmers vor und kann er die vertraglich geschuldete Arbeitsleistung nicht mehr erbringen, braucht der Arbeitgeber erhebliche betriebliche Beeinträchtigungen nicht mehr darzulegen[671], weil dieser Umstand regelmäßig zu einer erheblichen betrieblichen Beeinträchtigung führt. Ist dem Arbeitnehmer aber nur eine Erwerbsunfähigkeitsrente auf Zeit bewilligt worden, steht die dauernde Arbeitsunfähigkeit noch nicht fest.[672] Der (feststehenden) dauernden Arbeitsunfähigkeit muss der Fall gleichgesetzt werden, dass im Zeit-

---

[665] (22. 2. 80) AP Nr. 6 zu § 1 KSchG 1969 Krankheit.
[666] BAG DB 1983, 2524; (18. 10. 84) BB 1985, 662; betreffend AIDS: *Heemann*, S. 108 f.
[667] Vgl. jedoch *Hanau*, ZfA 1984, 560, der meint, das BAG übertrage die grundlegenden Voraussetzungen für die außerordentliche auf die ordentliche Kündigung; auch *Peterek*, Anmerkung zu BAG EzA Nr. 13 zu § 1 KSchG Krankheit; *Boewer*, NZA 1988, 686; *Erman/Hanau*, BGB, 9. Aufl., § 626 Rdn. 40, 68 – **demgegenüber** *Herschel*, DB 1984, 1524; siehe auch *U. Preis*, Prinzipien, S. 140; BGB-RGRK, vor § 620 Rdn. 172.
[668] (30. 1. 86) NZA 1987, 556.
[669] Dazu auch *Popp*, DB 1981, 2614.
[670] Ebenso *Mohr*, DB 1984, 45; *Neyses*, Anm. zu BAG AP Nr. 10 zu § 1 KSchG 1969 Krankheit; siehe auch *Schwerdtner*, DB 1990, 377.
[671] BAG (30. 1. 86) NZA 1987, 555; (7. 2. 90) AP Nr. 14 zu § 1 KSchG 1969 Personenbedingte Kündigung; (28. 2. 90) NZA 1990, 727; (29. 10. 98) BB 1999, 2193; (29. 4. 99) BB 2000, 51; (12. 4. 02) DB 2002, 1944; LAG Nürnberg (19. 12. 95) LAGE Nr. 23 zu § 1 KSchG Krankheit, S. 3; *Stahlhacke/Preis/Vossen*, Rdn. 1236; *Brox/Rüthers*, S. 158 Rdn. 199; *Hunold*, S. 315; *Basedau*, AuR 1991, 301; *Schwerdtner*, in: Müko-BGB, § 622 Anh. Rdn. 281; HK-KSchG/*Weller/Dorndorf*, § 1 Rdn. 432; KR-*Etzel*, § 1 KSchG Rdn. 376, wenn der Arbeitsplatz für den Arbeitgeber keinen Wert hat, überflüssig ist; *Weber/Hoß*, DB 1993, 2431; *Wenzel*, Kündigung, S. 70 Rdn. 208; *Bezani*, S. 130; *Roos*, NZA-RR 1999, 619; ungenau *Haug*, S. 154 – **kritisch** *Busemann/Schäfer*, S. 181 f. Rdn. 199d.
[672] LAG Rheinland-Pfalz (22. 5. 92) BB 1992, 2220.

punkt der Kündigung die Wiederherstellung der Arbeitsfähigkeit völlig ungewiss ist und die Krankheit bereits längere Zeit angedauert hat.[673]

Bei einer Kündigung wegen krankheitsbedingter Einschränkung der Leistungsfähigkeit des Arbeitnehmers werden die unternehmerischen Interessen des Arbeitgebers hauptsächlich auch deshalb beeinträchtigt, weil – gemessen an arbeitswissenschaftlichen Grundsätzen – der Zahlung des vollen Arbeitsentgelts keine adäquate Arbeitsleistung gegenübersteht.[674] Da wie bei anderen Fallgruppen einer krankheitsbedingten Entlassung aber nicht schon jede geringfügige Störung des Äquivalenzverhältnisses zur Rechtfertigung einer solchen Kündigung ausreicht, muss die Leistungsminderung schon von einem gewissen Gewicht sein[675], verbunden mit einer erheblichen Beeinträchtigung betrieblicher Interessen.[676]

151

ff) Insbesondere Vergütungsfortzahlungskosten

Dass eine wegen häufiger Erkrankungen fristgerecht ausgesprochene Kündigung auch dann – neben den sonstigen Voraussetzungen – sozial gerechtfertigt sein kann, wenn die unzumutbaren wirtschaftlichen Beeinträchtigungen in besonders hohen Belastungen für den Arbeitgeber durch Vergütungsfortzahlungskosten liegen, kann ernsthaft nicht in Abrede gestellt werden.[677] Welche ungewöhnliche finanzi-

152

---

[673] BAG (21.5.92) AP Nr. 30 zu § 1 KSchG 1969 Krankheit = NZA 1993, 497 = SAE 1994, 1 ff., mit zust. Anm. von *Hromadka*; zust. auch *Weber/Hoß*, DB 1993, 2433; BAG (19.5.93) – 2 AZR 539/92 – unv.; (29.4.99) BB 2000, 49f.

[674] BAG (26.9.91) AP Nr. 28 zu § 1 KSchG 1969 Krankheit = NZA 1992, 1073.

[675] Ebenso KR-*Becker*, 3. Aufl., § 1 KSchG Rdn. 217; U. Preis, Kündigung, S. 107; *Bezani*, S. 139; KR-*Etzel*, § 1 KSchG Rdn. 379; BAG NZA 1992, 1073.

[676] BAG (26.9.91) BB 1992, 1930 = NZA 1992, 1073 – **zweifelnd** *Bauer/Röder*, Kündigung, S. 133.

[677] Ebenso BAG (17.6.99) BB 1999, 1437; (20.1.00) BB 2000, 1300; LAG Düsseldorf (13.12.00) LAGE Nr. 31 zu § 1 KSchG Krankheit; *Gamillscheg*, S. 608; *Schaub*, S. 1463 Rdn. 22; *von Hoyningen-Huene/Linck*, KSchG, § 1 Rdn. 233; *Hanau/Adomeit*, S. 269 Rdn. 876; Kasseler Handbuch/*Isenhardt*, 6.3 Rz. 485; APS/*Dörner*, § 1 KSchG Rdn. 159; *Gitter/Michalski*, S. 98; *Busemann/Schäfer*, S. 263 Rdn. 476, S. 267 Rdn. 486; *Bengelsdorf*, NZA-RR 2002, 61; *Dütz*, Arbeitsrecht, S. 157 Rdn. 332; *Meisel*, S. 514 Rdn. 870; *Haberkorn*, Arbeitsrecht, S. 200, 205; *Tschöpe*, BB 2001, 2112; *Hako-Gallner*, § 1 Rdn. 517; *Elsner*, S. 72, 87; FA-ArbR/*Kümpel*, S. 476 Rdn. 244; *Bader/Bram/Dörner/Wenzel*, KSchG § 1 Rdn. 130 ff.; KR-*Etzel*, § 1 KSchG Rdn. 361; *Dörner/Luczak/Wildschütz*, D, Rdn. 1131 ff.; weitere Nachw. bei *Lepke*, 10. Aufl., S. 208 Fußn. 580 – **anderer Ans.** *Mezger/Richter/Wahsner*, Dem.u.R. 1979, 280 ff.; *Ide*, AuR 1980, 228; *Stevens-Bartol*, BlStSozArbR 1982, 356; *Pachtenfels*, BB 1983, 1480; *Coen*, AuR 1984, 320; *Stein*, BB 1985, 605 ff.; *U. Preis*, Prinzipien, S. 440; *ders.*, Anm. zu BAG AP Nr. 20 zu § 1 KSchG 1969 Krankheit; *ders.*, RdA 1992, 394; ders. Arbeitsrecht, S. 673; *Heilmann*, BB 1989, 1416: verfehltes monetäres Belastungsargument; *Kothe*, AiB 1990, 127 f.; *Ascheid*, Kündigungsschutz, S. 229 Rdn. 419; ErfK/*Ascheid*, § 1 KSchG Rdn. 229; MünchArbR/*Berkowsky*, § 136 Rdn. 46 ff.; *Berkowsky*, NZA-RR 2001, 398; *Schuster*, AuA 1993, 170; *Hennige*, AuA 1995, 146; *Backmeister/Trittin*, KSchG, § 611 BGB Rdn. 238; *Hummel*, S. 45; *Kittner/Däubler/Zwanziger*, KSchR, § 1 KSchG Rdn. 84b; LAG Hamm (11.7.91) LAGE Nr. 16 zu § 1 KSchG Krankheit; ArbG Rheine (15.7.81) DB 1981, 2288; ArbG Münster BB 1983, 700 = EzA Nr. 11 zu § 1 KSchG Krankheit; siehe auch LAG Frankfurt/M. (8.12.87) DB 1988, 1704; wohl auch *Brox/Rüthers*, S. 158 Rdn. 199; siehe auch *Hanau*, Gutachten, S. C 89, der vorschlägt, Entgeltfortzahlungskosten nicht in die Interessenabwägung einzubeziehen.

elle Negativposten insoweit für einen Betrieb entstehen können, soll durch einige Beispiele aus der Rechtsprechung verdeutlicht werden. Ein in einem Betrieb von 400 Arbeitnehmern seit Ende August 1978 tätiger, 1931 geborener Maschinenführer verursachte bis zum Ablauf der Kündigungsfrist am 21. 11. 1980 Lohnfortzahlungskosten in Höhe von insgesamt 17.291,96 DM[678], während ein anderer Arbeitgeber zwischen 1977 und 1981 als Lohnkosten für den gekündigten Arbeitnehmer 29.771,72 DM aufwenden musste.[679] In einem anderen Falle[680] betrugen die diesbezüglichen Aufwendungen des Arbeitgebers bei einer Belegschaft von 700 Mitarbeitern während eines Zeitraumes von 1977 bis zum 28. 4. 1981 insgesamt 12.895,25 DM. Für einen 48jährigen, seit 1964 bei der Beklagten tätigen Kontrolleur im Bereich der Rohrfertigung belief sich der Krankenlohn in den letzten fünf Jahren auf 28.213,54 DM[681], was bedeutete, dass jährlich 20 % der Bruttovergütung in die Lohnfortzahlung flossen. Ein 35 Jahre alter Kläger war seit März 1982 bei der Beklagten als Bediener, Entgrater und zuletzt an einer Läppmaschine tätig. Bis zum 31. 7. 1985 leistete der Arbeitgeber insgesamt 18.540 DM als Lohnfortzahlung, davon seit 1984 allein 15.300 DM.[682] Für einen erst 30jährigen Fräser musste der Arbeitgeber von 1979 bis 1986 insgesamt 53.499 DM als Lohnfortzahlungskosten aufbringen. Das LAG Baden-Württ.[683] hat gemeint, derartig hohe Kosten hätten für den Arbeitgeber einen unzumutbaren Umfang angenommen, zumal die Krankheiten wesentlich durch Sportverletzungen des Arbeitnehmers beim Fußballspielen bedingt gewesen seien und der Kläger nicht zu erkennen gegeben habe, dass er das Fußballspielen aufgeben werde. Ein weiterer Fall: Der Kläger arbeitete seit 1978 als „Deckenmacher" in einem Großbetrieb der Reifenindustrie. Ab 1983 fehlte er zunehmend krankheitsbedingt, und zwar 1983 24,0 %, 1984 29,6 %, 1985 21,3 %, 1986 42,6 % und 1987 41,8 %. Bis zum 8. März 1987 gewährte der Arbeitgeber insgesamt 33.318,08 DM als Lohnfortzahlung und zahlte weitere 6.011,90 DM an Arbeitgeberbeiträgen zur Sozialversicherung. Die von der Beklagten fristgerecht ausgesprochene Kündigung hat das ArbG als sozial gerechtfertigt angesehen, während das LAG Frankfurt/M. dem Feststellungsantrag des Arbeitnehmers entsprochen hat. Die Revision[684] führte zur Aufhebung des zweitinstanzlichen Urteils und zur Zurückverweisung der Sache an das Berufungsgericht.[685] Ein 1969 geborener, lediger, als Mechaniker ausgebildeter Arbeitnehmer stand seit September 1985 in den

---

[678] Vgl. BAG (25. 5. 83) AP Nr. 53 zu § 1 LohnFG, mit Anm. von *Herschel*.
[679] Siehe BAG (15. 2. 84) AP Nr. 14 zu § 1 KSchG 1969 Krankheit = NZA 1984, 86; dazu LAG Kiel DB 1981, 1574.
[680] BAG DB 1985, 873.
[681] Dazu BAG (7. 11. 85) AP Nr. 17 zu § 1 KSchG 1969 Krankheit = NZA 1986, 359.
[682] LAG Baden-Württ./Mannheim (29. 4. 86) NZA 1987, 27.
[683] (15. 12. 87) NZA 1988, 437.
[684] BAG (16. 2. 89) DB 1989, 2075 = BB 1990, 422ff. = NZA 1989, 923ff.
[685] Siehe auch BAG (6. 9. 89) BB 1990, 553 = ZTR 1990, 118: Innerhalb von mehr als sechs Jahren entstanden Lohnfortzahlungskosten von über 80.000 DM für einen 25jährigen Lackschleifer; BAG (5. 7. 90) DB 1990, 2274: Einschließlich der Arbeitgeberanteile für die Zeit vom 18. 12. 1980 bis zum 22. 2. 1988 insgesamt 57.264,69 DM; LAG München (8. 11. 89) ZTR 1990, 165: Von 1981 bis 1988 für einen verheirateten 41jährigen Busfahrer Lohnfortzahlungskosten und andere Leistungen von insgesamt rund 89.000 DM.

Diensten der Beklagten, die Kraftfahrzeuge herstellt. Seit 28. 2. 1989 war er krank und befand sich in psychotherapeutischer Behandlung. Bis 30. 10. 1990 entstanden krankheitsbedingt Lohn- und Lohnnebenkosten in Höhe von insgesamt 16.276,20 DM. Die zum 31. 3. 1991 fristgerecht ausgesprochene Kündigung sah das BAG[686] als sozial gerechtfertigt an. Ein weiteres Beispiel: Der Kläger war seit 1. 5. 1996 als Bezirksstellenleiter einer Versicherungsgruppe gegen ein Monatsgehalt von zuletzt 11.000,- DM tätig, jedoch seit 28. 2. 1989 infolge eines Herzinfarktes durchgehend arbeitsunfähig krank. Von 1989 bis 1991 erbrachte die Beklagte an den Kläger krankheitsbedingte Leistungen in Höhe von insgesamt 206.544,26 DM. Sie kündigte deshalb den Arbeitsvertrag fristgerecht am 26. 6. 1991.[687] Auch das LAG Köln[688] bestätigte die fristgerechte Kündigung wegen allergiebedingter Arbeitsausfälle. In den letzten dreieinhalb Jahren musste der Arbeitgeber Lohnfortzahlungskosten in Höhe von ca. 140.000,- DM aufbringen. Ein 1940 geborener, seit 1968 als Sigmaschweißer tätiger Kläger fehlte in der Zeit von 1970 bis zum 31. 10. 1993 krankheitsbedingt an durchschnittlich 64 Arbeitstagen pro Jahr. Von Januar 1984 bis Oktober 1993 beliefen sich die Lohnfortzahlungskosten auf insgesamt 138.460,- DM.[689] Ein 1957 geborener, seit 1986 beschäftigter Maschinenarbeiter fehlte krankheitsbedingt von 1995 bis 1997 jährlich an 67, 109 bzw. 104 Arbeitstagen. Von 1990 bis 1997 entstanden Entgeltfortzahlungskosten in Höhe von mehr als 60 000,- DM. Das LAG Berlin[690] bestätigte die deswegen am 3. 2. 1998 fristrecht ausgesprochene Kündigung, während das BAG[691] das Urteil mit der Begründung aufhob, im Rahmen der Interessenabwägung hätten zugunsten des Klägers dessen Schwerbehinderteneigenschaft und seine Unterhaltspflichten gegenüber seiner Ehefrau und ihren fünf Kindern berücksichtigt werden müssen. Eine fristrecht unkündbare Arzthelferin in einem Krankenhaus hatte infolge krankheitsbedingter Abwesenheitszeiten von etwa 160–180 Arbeitstagen jährlich Gehaltsfortzahlungskosten von 213 977,24 DM in den Jahren von 1990 bis 1994 verursacht. Das LAG Niedersachsen[692] sah die mit einer Auslauffrist ausgesprochene außerordentliche Kündigung als rechtmäßig an.

Es ist bereits darauf hingewiesen worden[693], dass es dem Arbeitgeber kündigungsrechtlich nicht verwehrt sein kann, sich einseitig von einem Arbeitnehmer zu trennen, wenn auf Dauer Leistung und Gegenleistung in einem krassen Missverhältnis stehen. Zwar handelt es sich bei den gesetzlichen Bestimmungen über die Entgeltfortzahlung im Krankheitsfalle um Schutzgesetzte zur Verbesserung der wirtschaftlichen Lage der Arbeitnehmer. Auch wäre es mit dem Zweck der fraglichen Normen nicht vereinbar, wollte man die sechswöchige Inspruchnahme des

153

---

[686] (21. 5. 92) BB 1993, 727 = NZA 1993, 497 = AP Nr. 30 zu § 1 KSchG 1969 Krankheit.
[687] Vgl. BAG (19. 5. 93) – 2 AZR 539/92 – unv.; RzK I 5g Nr. 53 (Ls).
[688] (2. 3. 95) LAGE Nr. 19 zu § 1 KSchG Krankheit.
[689] Siehe BAG (12. 12. 96) EzA Nr. 41 zu § 1 KSchG Krankheit.
[690] (15. 2. 99) BB 1999, 1120 = *Schüssler*, Nr. 127 zu § 1 KSchG.
[691] (20. 1. 00) BB 2000, 1300ff. = DB 2000, 1079ff.
[692] (24. 8. 99) DB 2000, 524 (Ls.); siehe auch BAG (18.10.00) BB 2001, 418: von 1995 bis 30. 6. 1998 Entgeltfortzahlungskosten von 130 206,60 DM.
[693] Vgl. *Lepke*, S. 190f. Rdnr. 114.

Arbeitgebers durch den Arbeitnehmer für den Ausspruch einer fristgerechten Kündigung genügen lassen.[694] Jedoch kann diesen gesetzlichen Bestimmungen nicht der Rechtssatz entnommen werden, der Arbeitgeber müsse ohne Rücksicht auf die Gefährdung anderer Arbeitsplätze bzw. des Bestandes und der Konkurrenzfähigkeit seines Betriebes jedwede finanzielle Belastung durch die Entgeltfortzahlung tragen.[695] Arbeitsrechtlicher Sozialschutz ist, wenn er wirksam sein und bleiben soll, an die Funktionsgrenzen des sozialen, ökonomischen und politischen Gesamtsystems gebunden.[696] In diesem Kontext kann Sozialschutz nicht der einzige bzw. der allezeit vorrangige Zweck des Arbeitsrechts sein. Überdies beruhen die gesetzlichen Vorschriften über die Entgeltfortzahlung im Krankheitsfalle einerseits und den Bestandsschutz nach dem KSchG andererseits auf unterschiedlichen, keineswegs gleichgerichteten Regelungszwecken.[697] Hätte der Gesetzgeber mit dem EFZG irgendwelche bestandsschützenden Zwecke verfolgen wollen, wäre dies eindeutig zum Ausdruck gebracht worden.[698] Zu Recht weist in diesem Zusammenhang *Oetker*[699] darauf hin, dass es nicht die Aufgabe juristischer Hermeneutik sei, rechts- und sozialpolitische Defizite einer gesetzlichen Regelung zu korrigieren. Freilich werden die Vergütungsfortzahlungskosten nur einer von mehreren „Rechnungsposten"[700] bei der kündigungsrechtlichen Beurteilung sein, also in der Regel nicht allein eine solche Kündigung rechtfertigen können.[701] Demgegenüber meint das BAG nach anfänglichen Missverständnissen in nunmehr ständiger Rechtsprechung[702]: „Allein die zu erwartende Belastung des Arbeitgebers mit außergewöhn-

---

[694] Zutreffend LAG Berlin (4.7.88) – 9 Sa 45/88 – unv.; siehe auch BAG (16.2.89) NZA 1989, 923; (6.9.89) NZA 1990, 307; (5.7.90) NZA 1991, 185.
[695] Ebenso BAG (25.5.83) AP Nr. 53 zu § 1 LohnFG, mit Anm. von *Herschel*; LAG Schleswig-Holst., (6.4.81) DB 1981, 1574; *Weller*, S. 85; *Mohr*, DB 1984, 45; *Bengelsdorf*, NZA 1985, 617; *Liebig*, S. 55f., 62f.; *Bezani*, S. 43; *Gentges*, S. 168; siehe dazu auch *Schmidt*, RdA 1991, 296, der sich für eine versicherungsrechtliche Lösung ausgesprochen hat, nach der die Krankenkassen vom ersten Tage der Arbeitsunfähigkeit an zur Entgeltfortzahlung verpflichtet sein sollen, was aber abgelehnt werden muss.
[696] Im Einzelnen dazu *Rüthers*, in: Zeugen des Wissens, S. 740, 749ff.
[697] BAG (16.2.89) NZA 1989, 925; LAG Hamm (29.7.82) BB 1983, 701; KR-*M. Wolf*, 3. Aufl., Grunds. Rdn. 500 – **anderer Ans.** *Ide*, AuR 1980, 229; *Stein*, BB 1985, 609; *Popp*, (noch) DB 1986, 1467; LAG Frankfurt/M. (8.12.87) DB 1988, 1704.
[698] Zum bisherigen Recht ausführlich *Bezani*, S. 85ff.
[699] Anm. zu BAG EzA Nr. 28 zu § 1 KSchG Krankheit, S. 25.
[700] So auch *Grunsky*, Anm. zu BAG EzA Nr. 54 zu § 102 BetrVG, S. 465.
[701] Ebenso LAG Köln (21.2.89) DB 1989, 1295; *Hako-Gallner*, § 1 Rdn. 518; *Busemann/Schäfer*, S. 263 Rdn. 478; wohl auch ErfK/*Ascheid*, § 1 KSchG Rdn. 230ff.
[702] BAG (15.2.84) NZA 1984, 86; (16.2.89) DB 1989, 2075ff. = NZA 1989, 923; (6.9.89) BB 1990, 553, 558; (5.7.90) NZA 1991, 185; (13.12.90) – 2 AZR 342/90 – unv.; (29.7.93) NZA 1994, 67; (20.1.00) BB 2000, 1300ff.; LAG Düsseldorf (13.12.00) LAGE Nr. 31 zu § 1 KSchG Krankheit; ebenso *Gamillscheg*, S. 608; *Bauer/Röder*, Kündigung, S. 127; KPK-Schiefer, § 1 KSchG Rdn. 184, 206; *Oetker*, Anm. zu BAG EzA Nr. 28 zu § 1 KSchG Krankheit, S. 21; Kasseler Handbuch/*Isenhardt*, 6.3 Rz. 485; *Knorr/Bichlmeier/Kremhelmer*, S. 442 Rdn. 57, S. 465 Rdn. 111; siehe aber BAG (12.12.96) EzA Nr. 41 zu § 1 KSchG Krankheit, S. 3: neben Betriebsablaufstörungen – **kritisch** *Weber/Hoß*, DB 1993, 2432, die die Vorgehensweise des BAG zwar als für die Praxis nachvollziehbare, nicht aber dogmatisch einwandfreie Lösung ansehen; *Kittner/Däubler/Zwanziger*, KSchR, § 1 KSchG Rdn. 84 m.

lich hohen Entgeltfortzahlungskosten stelle einen Kündigungsgrund dar", was bedeute, dass neben den Entgeltfortzahlungskosten als Voraussetzung für eine unzumutbare betriebliche und/oder wirtschaftliche Belastung nicht auch noch Betriebsablaufstörungen oder weitere belastende Auswirkungen vorliegen müssen. Das gelte auch, wenn der Arbeitgeber eine Personalreserve nicht vorhalte.[703] Ob allein die Belastungen mit Entgeltfortzahlungskosten für den Arbeitgeber zu einer unzumutbaren wirtschaftlichen Beeinträchtigung seiner betrieblichen Interessen führe, sei erst im Rahmen der Interessenabwägung, also in der dritten Prüfungsstufe[704], von entscheidungserheblicher Bedeutung, wobei bei Störungen auch Krankheitszeiten bis zu sechs Wochen im Kalenderjahr in Betracht zu ziehen seien.[701] Die unzumutbare wirtschaftliche Belastung gehöre nicht zum Kündigungsgrund, was *Kittner*[705] zu der Bemerkung veranlasst hat, die neuere Rechtsprechung des BAG laufe auf eine unzulässige Vermischung von Entlassungsgrund und Interessenabwägung hinaus.

Soweit das Verwertungsverbot der Vergütungsfortzahlungskosten darüber hinaus mit § 612a BGB begründet wird[706], wonach der Arbeitgeber einen Arbeitnehmer bei einer Maßnahme nicht benachteiligen darf, weil er in zulässiger Weise seine Rechte ausübt, vermag dieser Hinweis gleichfalls nicht zu überzeugen.[707] Zwar handelt es sich bei diesem, einen Sonderfall sittenwidrigen[708] bzw. rechtsmissbräuchlichen Verhaltens darstellenden Maßregelungsverbot, das auch Kündigung erfasst[709], um ein gesetzliches Verbot im Sinne von § 134 BGB, so dass eine gleichwohl ausgesprochene Kündigung rechtsunwirksam wäre. Nach dem Sinn und Zweck des § 612a BGB[710], der ein allgemeines Diskriminierungsverbot enthält und

154

---

[703] BAG (5.7.90) AP Nr. 26 zu § 1 KSchG 1969 Krankheit; (29.7.93) NZA 1994, 67.
[704] BAG (13.8.92) EzA Nr. 36 zu § 1 KSchG Krankheit; siehe dazu aber *Fromm*, S. 586 Fußn. 93.
[705] *Kittner/Däubler/Zwanziger*, KSchR, § 1 KSchG Rdn. 82.
[706] *U. Preis*, RdA 1990, 247; *ders.*, Anm. zu BAG AP Nr. 20 zu § 1 KSchG 1969 Krankheit; *Ascheid*, Kündigungsschutz, S. 229 Rdn. 419; LAG Hamm (17.1.91) LAGE Nr. 16 zu § 1 KSchG Krankheit; *Kittner/Däubler/Zwanziger*, KSchR, § 1 KSchG Rdn. 84o; § 611a BGB Rdn. 19; *Backmeister/Trittin*, KSchG, § 611 BGB Rdn. 238; *Kittner/Zwanziger/Appel*, § 88 Rdn. 23; wohl auch *Schuster*, AuA 1993, 181; einschränkend jetzt ErfK/*Preis*, § 612a BGB Rdn. 12; *U. Preis*, Arbeitsrecht, S. 673; *Stahlhacke/Preis/Vossen*, Rdn. 1223.
[707] Ebenso BAG NZA 1989, 927; DB 1990, 431; BB 1990, 553, 558; *Oetker*, Anm. zu EzA Nr. 28 zu § 1 KSchG Krankheit, S. 27; BGB-RGRK, § 612a Rdn. 9; *Bezani*, S. 88f.; *Schwerdtner*, in: Müko-BGB, § 622 Anh. Rdn. 277; *Löwisch*, KSchG, § 1 Rdn. 203; *Soergel/Raab*, BGB, § 612a Rdn. 18; HK-KSchG/*Weller/Dorndorf*, § 1 Rdn. 406; KR-*Pfeiffer*, § 612a BGB Rdn. 7; KR-*Etzel*, § 1 KSchG Rdn. 341, 361; APS/*Dörner*, § 1 KSchG Rdn. 159; *Elsner*, S. 87; *Hako-Gallner*, § 1 Rdn. 517; *Dörner/Luczak/Wildschütz*, D, Rdn. 1134.
[708] BAG (2.4.87) AP Nr. 1 zu § 612a BGB, mit Anm. von *Pröbsting*; *U. Preis*, NZA 1997, 1265 m.w.N.; *ders.*, Arbeitsrecht, S. 583; *ders.*, Arbeitsvertrag, S. 105.
[709] BAG (2.4.87) E 55, 190 (197); (16.2.89) NZA 1989, 923 (926); (25.4.01) NZA 2002, 87 (89); LAG Hamm (18.12.87) DB 1988, 917; NZA 1988, 586; *Palandt/Putzo*, BGB, § 612a Rdn. 1, § 611a Rdn. 8; *Schaub*, in: Müko-BGB, § 612a Rdn. 8; *Staudinger/Richardi*, BGB, § 612a Rdn. 14; *Erman/Hanau*, BGB, § 612a Rdn. 1; *Ascheid*, Kündigungsschutz, S. 32 Rdn. 11; BGB-RGRK, § 612a Rdn. 4; *Soergel/Raab*, BGB, § 612a Rdn. 16.
[710] Dazu insbesondere *Thüsing*, NZA 1994, 728; KR-*Pfeiffer*, § 612a BGB Rdn. 2.

die Willensfreiheit des Arbeitnehmers bei der Entscheidung darüber schützt, ob er ein Recht ausüben will oder nicht, kann diese Norm nur Platz greifen, wenn sich die Geltendmachung von Vergütungsfortzahlungsansprüchen im Krankheitsfall als tragender Beweggrund, als wesentliches Motiv für den Kündigungsausspruch durch den Arbeitgeber erweist, was der Arbeitnehmer darzulegen und zu beweisen hätte.[711] Davon kann freilich in der Regel nicht ausgegangen werden, weil bei einer krankheitsbedingten Kündigung, die für Fehlzeiten in der Vergangenheit keinen Sanktionscharakter hat[712], Grund dafür die Fehlzeiten in der Vergangenheit und die in der Zukunft zu erwartenden sowie künftige erhebliche Störungen des Betriebsablaufs sind. Eine nach § 1 Abs. 2 KSchG sozial gerechtfertigte Kündigung kann nicht zugleich gegen das Maßregelungsverbot des § 612a BGB verstoßen, zumal der Gesetzgeber durch diese Regelung eine Erweiterung des allgemeinen gesetzlichen Bestandsschutzes nicht beabsichtigt hat.[713] Der Zweck der Norm besteht folglich nur darin, im bestehenden Arbeitsverhältnis die wirtschaftliche Existenz des Arbeitnehmers auch im Krankheitsfalle abzusichern, ohne dass eine Aussage darüber gemacht wird, ob der Bestand des Arbeitsverhältnisses von der Höhe der Entgeltforzahlungskosten abhängig gemacht werden darf.[714] Auch erscheint es zweifelhaft, ob ein Arbeitnehmer, der arbeitsunfähig krank ist und deswegen nicht arbeitet, in zulässiger Weise seine Rechte ausübt. Ihm wird die geschuldete Arbeitsleistung unmöglich und er damit von seiner Leistungsverpflichtung frei, § 275 Abs. 1 BGB.[715] Zu Recht hat auch die Abteilung Arbeits- und Sozialrecht des 63. Deutschen Juristentages vom 26.–29. 9. 2000 in Leipzig einen Antrag abgelehnt, in keinem Falle sollen Entgeltfortzahlungskosten eine Kündigung rechtfertigen können.

155 Wann die finanziellen Belastungen durch Vergütungsfortzahlungskosten kündigungsrelevant sind, lässt sich generell nicht sagen[716], was *Schwerdtner*[717] zu der Äußerung veranlasst hat, für den Praktiker im betrieblichen Alltag stelle die fragliche Rechtsprechung des BAG angesichts der Vagheit der Entscheidungskriterien eine Katastrophe dar. Wenn das BAG[718] in diesem Zusammenhang von „besonders

---

[711] Vgl. BAG (16. 2. 89) NZA 1989, 923; LAG Hamm DB 1988, 917; *Schaub*, in: Müko-BGB, § 612a Rdn. 11; *Staudinger/Richardi*, BGB, § 612a Rdn. 24.
[712] BAG (23. 6. 83) AP Nr. 10 zu § 1 KSchG 1969 Krankheit, mit Anm. von *Neyses*; (12. 4. 02) DB 2002, 1945; *Weller*, S. 79; *Popp*, DB 1981, 2611; *Berkowsky*, BB 1981, 911; *ders.*, Personenbedingte Kündigung, S. 87 Rdn. 8; *Herbst/Wohlfarth*, DB 1990, 1816; *U. Preis*, NZA 1997, 1076; *Walter*, S. 95; BGB-RGRK, vor § 620 Rdn. 167; *Fromm*, S. 578; *Voigt*, DB 1996, 526; HK-KSchG/*Weller/Dorndorf*, § 1 Rdn. 366; *von Hoyningen-Huene/Linck*, KSchG, § 1 Rdn. 176a, 222; *Gitter*, Anm. zu BAG SAE 2000, 19.
[713] Bundestags-Drucks. 8/3317, S. 10.
[714] So auch *Soergel/Raab*, BGB, § 612a Rdn. 18.
[715] BAG (16. 2. 89) AP Nr. 20 zu § 1 KSchG 1969 Krankheit; (26. 10. 94) AP Nr. 18 zu § 611 BGB Anwesenheitsprämie; dazu aber Gotthardt/Greiner, DB 2002, 2106ff.
[716] Ebenso KR-*Etzel*, § 1 KSchG Rdn. 347 m.w.N.; LAG Berlin (15. 2. 99) *Schüssler*, Nr. 127 zu § 1 KSchG.
[717] DB 1990, 376 – gegen ihn *Fromm*, S. 576.
[718] (16. 2. 89) NZA 1989, 923; (5. 7. 90) NZA 1991, 185; DB 1993, 2439; so auch *Herschel/Löwisch*, KSchG, § 1 Rdn. 143; KR-*Becker*, 3. Aufl., § 1 KSchG Rdn. 216; im Einzelnen dazu auch *Oetker*, Anm. zu BAG EzA Nr. 28 zu § 1 KSchG Krankheit, S. 29ff.; KR-*Etzel*, § 1 KSchG Rdn. 341.

hohen Belastungen", von „außergewöhnlichen" bzw. „extrem" hohen Lohnfortzahlungskosten spricht, so sind dies in der Tat nur schwer zu fixierende Umstände. Wenigstens hat aber das BAG[719] klargestellt, dass die soziale Rechtfertigung einer solchen Kündigung nicht davon abhängig sei, ob andere Arbeitsplätze oder gar die Existenz des Betriebes konkret gefährdet seien. Was der Arbeitgeber insoweit noch hinzunehmen hat, soll wesentlich vom Lebensalter des betreffenden Arbeitnehmers[720], der Dauer seiner Betriebszugehörigkeit und auch davon abhängen, ob das Arbeitsverhältnis krankheitsbedingt einen ungestörten oder gegenteiligen Verlauf genommen hat.[721] Als „ungestört" in diesem Sinne kann ein Arbeitsverhältnis freilich nur dann angesehen werden, wenn es überhaupt keine krankheitsbedingten Fehlzeiten aufweist.[722] Bei der Interessenabwägung müssen unabhängig von ihrer Dauer sämtliche Krankheitszeiten berücksichtigt werden, auch wenn die Ausfallzeiten auf einmaligen und somit für die negative Gesundheitsprognose nicht zu berücksichtigenden Erkrankungen beruhen oder wenn in einzelnen Kalenderjahren die Entgeltfortzahlungskosten den Sechs-Wochen-Zeitraum des § 3 Abs. 1 EZFG nicht überschritten haben. Einem Arbeitnehmer, der lange Zeit zur Zufriedenheit des Arbeitgebers seine Arbeitsleistung erbracht hat und der dann häufiger oder langanhaltend der Arbeit krankheitsbedingt fernbleiben muss, schuldet aber der Arbeitgeber aus dem Gedanken der Fürsorge erheblich mehr Rücksichtnahme als einem erst kurze Zeit beschäftigten Arbeitnehmer mit steigenden krankheitsbedingten Fehlzeiten.[723] Einem Fehlzeitenvergleich mit anderen Arbeitnehmern, die gleichartige Arbeiten wie der Gekündigte verrichten, wird insoweit indizielle Bedeutung zukommen.[724] Insoweit verschlechtert ein verstärktes Auftreten von krankheitsbedingten Fehlzeiten in einer bestimmten Abteilung des Betriebes allerdings die Kündigungsmöglichkeiten des Arbeitgebers.[725] Allerdings kann sich der betreffende Arbeitnehmer entgegen der Ansicht von *Berkowksy*[726] nicht mit Erfolg auf die Verletzung des arbeitsrechtlichen Gleichbehandlungsgrundsatzes berufen, falls der Arbeitgeber einen anderen Arbeitnehmer mit vergleichbaren krankheitsbedingten Fehlzeiten nicht entlässt. Ob dieser Grundsatz bei der Beurteilung der Sozialwidrigkeit zur Anwendung kommt, mag dahinstehen.[727] Aus ihm lässt sich jedenfalls bei einer personenbedingten Kündigung deren Rechtsunwirksamkeit

---

[719] (15. 2. 84) BB 1984, 1430.
[720] Etwa LAG Köln (17. 6. 94) RzK I 5 g Nr. 59.
[721] Vgl. BAG DB 1985, 874; BB 1985, 662; DB 1986, 863; DB 1990, 943; *U. Preis*, Prinzipien, S. 438; *Knorr/Bichlmeier/Kremhelmer*, S. 448 ff. Rdn. 72–77.
[722] BAG (6. 9. 89) AP Nr. 23 zu § 1 KSchG 1969 Krankheit = NZA 1990, 307.
[723] Zutreffend BAG (15. 2. 84) NZA 1984, 86; *U. Preis*, Prinzipien, S. 374; *Gentges*, S. 199.
[724] BAG NZA 1984, 86; DB 1989, 2075; (10. 5. 90) EzA Nr. 31 zu § 1 KSchG Krankheit; *Kothe*, AiB 1990, 130; *von Hoyningen-Huene/Linck*, KSchG, § 1 Rdn. 236; *Weber/Hoß*, DB 1993, 2434; *Gentges*, S. 197 m.w.N.; KR-*Etzel*, § 1 KSchG Rdn. 361; KPK-*Schiefer*, § 1 KSchG Rdn. 197; *U. Preis*, Arbeitsrecht, S. 675. *Kittner/Däubler/Zwanziger*, KSchR, § 1 KSchG Rdn. 94; *Leinemann/Ascheid*, GewO, § 105 Rdn. 13067 – **kritisch** *Schwerdtner*, DB 1990, 378; *Fromm*, S. 586 Fußn. 93, will diesen Umstand bereits in der zweiten Prüfstufe beachtet wissen.
[725] BAG (10. 5. 90) EzA Nr. 31 zu § 1 KSchG Krankheit; *Kothe*, AiB 1990, 130 f. – **anderer Ans.** *Schwerdtner*, DB 1990, 378 f.
[726] MünchArbR, § 134 Rdn. 104.
[727] Dazu nur KR-*Etzel*, § 1 KSchG Rdn. 233 m. N.; *Schaub*, S. 1219 Rdn. 47.

nicht unmittelbar herleiten[728], zumal die konkreten Kündigungssachverhalte in der Regel nicht identisch sein werden. Lediglich im Rahmen der Interessenabwägung kann diesem Aspekt rechtliche Bedeutung zukommen.

Im Grundsatz ist bei der Prüfung, ob die in der Vergangenheit aufgewendeten Vergütungsfortzahlungskosten eine unzumutbare wirtschaftliche Belastung für den Arbeitgeber darstellen, auf die Krankenvergütung des gekündigten Arbeitnehmers, nicht hingegen auf die Gesamtbelastung bzw. die Ertragslage des Betriebes[729] oder gar auf die wirtschaftliche Lage des Unternehmens[730] abzustellen. Auch auf die Größe des Betriebes kann es insoweit ankommen.[731] Anderenfalls bliebe der schuldrechtliche Austauschcharakter des Arbeitsverhältnisses weitgehend unberücksichtigt, was in gleicher Weise zu beanstanden wäre. Auch unter wirtschaftlichen Aspekten darf der Bezug zum konkreten Arbeitsverhältnis nicht verloren gehen.[732] Deshalb steht auch die Teilnahme des Arbeitgebers am Lohnausgleichsverfahren der zeitlichen Begrenzung der Entgeltfortzahlung nicht entgegen.[733]

156   Von außergewöhnlich hohen Vergütungsfortzahlungskosten kann nur gesprochen werden, wenn über einen Zeitraum von mindestens zwei Jahren in jedem Jahr Entgeltfortzahlung für mehr als sechs Wochen zu gewähren war und solche Kosten künftig für einen Zeitraum von mehr als sechs Wochen, also 30 Arbeitstagen, aufzuwenden sind[734], wobei für den Sechs-Wochen-Zeitraum alle Erkrankungen mit negativer Gesundheitsprognose im Jahreszeitraum zusammenzurechnen sind.[735]

---

[728] Vgl. BAG (28. 4. 82) AP Nr. 3 zu § 2 KSchG 1969; *Stahlhacke/Preis/Vossen*, Rdn. 319 m.w.N.
[729] So auch BAG NZA 1984, 86; (12.4.84) – 2 AZR 77/83 – unv.; BB 1986, 596; (16.2.89) NZA 1989, 923; (6.9.89) NZA 1990, 307; (5.7.90) DB 1990, 2274; *U. Preis*, Prinzipien, S. 228; *Schwedes*, S. 306 Rdn. 617; *Hunold*, 2. Aufl., S. 287; *Stahlhacke/Preis/Vossen*, Rdn. 1224; *Hennige*, AuA 1995, 147; HK-KSchG/*Weller/Dorndorf*, § 1 Rdn. 410; KR-*Etzel*, § 1 KSchG Rdn. 361; ErfK/*Ascheid*, § 1 KSchG Rdn. 239f.; *Kittner/Däubler/Zwanziger*, KSchR, § 1 KSchG Rdn. 90; weitergehend *Gola*, BlStSozArbR 1984, 328, der auch die konkrete Ertragslage des Betriebes berücksichtigt wissen will; ähnlich *Herbst/Wohlfarth*, DB 1990, 1819; *Kittner*, Anm. zu BAG EzA Nr. 27 zu § 1 KSchG Krankheit, S. 20: konkrete Ertragslage und -aussichten.
[730] Ebenso BAG (15.2.84) NZA 1984, 86; (7.11.85) NZA 1986, 359; LAG Hamm (18.4.84) DB 1985, 525; *von Hoyningen-Huene/Linck*, KSchG, § 1 Rdn. 233c; *Knorr/Bichlmeier/Kremhelmer*, S. 448 Rdn. 71 – **anders** *Däubler*, S. 585 Rdn. 1087.
[731] BAG (26.6.86) NZA 1988, 161; *U. Preis*, Prinzipien, S. 228.
[732] BAG (15.2.84) NZA 1984, 86; (7.11.85) NZA 1986, 359; *U. Preis*, Prinzipien, S. 439.
[733] LAG Düsseldorf (13. 12. 00) LAGE Nr. 31 zu § 1 KSchG Krankheit.
[734] BAG DB 1989, 2075; BB 1990, 553, 558; DB 1990, 2274; EzA Nr. 37 zu § 1 KSchG Krankheit; (29.7.93) NZA 1994, 67; (12.12.96) EzA Nr. 41 zu § 1 KSchG Krankheit; (17.6.99) EzA Nr. 47 zu § 1 KSchG Krankheit; LAG Berlin (15.2.99) BB 1999, 1120; *Leinemann/Ascheid*, GewO, § 105 Rdn. 13066; ErfK/*Ascheid*, § 1 KSchG Rdn. 233; *Roos*, NZA-RR 1999, 618; *von Hoyningen-Huene/Linck*, KSchG, § 1 Rdn. 233a; *Oetker*, Anm. zu BAG EzA Nr. 28 zu § 1 KSchG Krankheit, S. 29f.; siehe auch LAG Baden-Württ. (3.11.89) – 5 Sa 43/89 –: zu erwartende Lohnfortzahlungskosten von jährlich mindestens 10 bis 12 Wochen seien ungewöhnlich hoch – **kritisch** *Kittner/Däubler/Zwanziger*, KSchR, § 1 KSchG Rdn. 84m: Mit dieser Begründung sei das BAG in die Nähe eines unzulässigen absoluten Kündigungsgrundes gerückt; siehe auch *Berkowsky*, NZA-RR 2001, 398.
[735] BAG (29.7.93) AP Nr. 27 zu § 1 KSchG 1969 Krankheit – **anderer Ans.** *Weber/Hoß*, DB 1993, 2431ff.; *Herbst*, PersR 1994, 506.

So hat das BAG die Überschreitung der Sechs-Wochen-Frist um 50 % als erheblich[736] bzw. eine Verdoppelung des gesetzlichen Zeitraumes als „außerordentlich" hoch angesehen.[737] Die zeitliche Mindestgrenze für die Vergütungsfortzahlungskosten von mehr als sechs Wochen gilt allerdings nur dann, wenn diese Kosten die einzige störende Auswirkung der Krankheit auf das Arbeitsverhältnis darstellen. Unberücksichtigt bleiben aber Ausfallzeiten, für die eine Entgeltfortzahlungspflicht nicht mehr besteht[738], da dieser Zeitraum für die wirtschaftliche Belastung des Arbeitgebers mit Entgeltfortzahlungskosten bedeutungslos ist. Bei gleichzeitigen Störungen des Betriebsablaufes können auch schon jährliche Ausfallzeiten von weniger als sechs Wochen kündigungsrelevant sein.[739] Je jünger der Arbeitnehmer ist, um so höher wird die durch Vergütungsfortzahlungskosten zu erwartende erhebliche Belastung sein.[740] Soweit für den Arbeitgeber durch einen Tarifvertrag eine zeitlich weitergehende Zuschusspflicht besteht, erweist sich dieser Umstand für die Bestimmung der für den Arbeitgeber noch zuzumutenden Mindestbelastung als unerheblich und darf auch im Rahmen der abschließenden Interessenabwägung nicht zugunsten des Arbeitnehmers berücksichtigt werden.[741] Zu den berücksichtigungsfähigen weiteren wirtschaftlichen Belastungen des Arbeitgebers gehören auch die die Vergütung des Arbeitnehmers übersteigenden Mehrkosten für eine Ersatzkraft[742] und aufs Jahr berechnete Zahlungen[743], wie Urlaubsgeld oder Weihnachtsgratifikationen, hingegen nicht die Kosten für eine Personalvorhaltereserve.[744] Letztere als Wertungsfaktor zu Lasten des Arbeitnehmers anzusehen, würde bedeuten, das allgemeine wirtschaftliche Risiko teilweise auf den Arbeitnehmer abzuwälzen, wofür es keine sachliche Rechtfertigung gibt, zumal durch entsprechende Maßnahmen auch andere betriebliche Risiken minimiert werden sollen und Teil einer unternehmerischen Gesamtkonzeption sind. Es fehlt an dem notwendigen Bezug auf das konkrete Arbeitsverhältnis des gekündigten Arbeitnehmers. Anders als bei häufigen Kurzerkrankungen ist aber bei langanhaltenden Erkrankungen das Vergütungsfortzahlungsrisiko wegen der Anspruchsbegrenzung auf sechs Wochen in der Regel für den Arbeitgeber durchaus zumutbar.[745] *Dör-*

---

[736] BAG (6. 9. 90) – 2 AZR 19/89 – unv.
[737] BAG (5. 7. 90) NZA 1991, 185; (29. 7. 93) NZA 1994, 67.
[738] BAG (7. 12. 89) EzA Nr. 30 zu § 1 KSchG Krankheit; *Stahlhacke/Preis/Vossen*, Rdn. 1224.
[739] BAG (6. 9. 89) AP Nr. 23 zu § 1 KSchG 1969 Krankheit; *Oetker*, Anm. zu BAG EzA Nr. 28 zu § 1 KSchG Krankheit; *von Hoyningen-Huene/Linck*, KSchG, § 1 Rdn. 233 c; *Knorr/Bichlmeier/Kremhelmer*, S. 467 Rdn. 115.
[740] BAG (10. 5. 90) EzA Nr. 31 zu § 1 KSchG Krankheit.
[741] Zu Recht BAG (6. 9. 89) EzA Nr. 28 zu § 1 KSchG Krankheit, mit **kritischer** Anm. von *Oetker*, S. 39 ff.; zust. *Bezani*, S. 46; *von Hoyningen-Huene/Linck*, KSchG, § 1 Rdn. 234; KR-*Etzel*, § 1 KSchG Rdn. 343 – **anders** *Stein*, BB 1985, 610; *Schaub*, S. 1462 Rdn. 19; *Berkowsky*, NZA-RR 2001, 398.
[742] KR-*Etzel*, § 1 KSchG Rdn. 344; *Knorr/Bichlmeier/Kremhelmer*, S. 443 Rdn. 61.
[743] *von Hoyningen-Huene/Linck*, KSchG, § 1 Rdn. 234a – **anders** *Kittner/Däubler,Zwanziger*, KSchR, § 1 KSchG Rdn. 84 n.
[744] KR-*Etzel*, § 1 KSchG Rdn. 344; *Kittner/Däubler,Zwanziger*, KSchR, § 1 KSchG Rdn. 87 – **anderer Ans.** *Knorr/Bichlmeier/Kremhelmer*, S. 443 Rdn. 61; BAG (6. 9. 89) NZA 1990, 307; (29. 7. 93) NZA 1994, 68 = AP Nr. 27 zu § 1 KSchG 1969 Krankheit.
[745] Ebenso KR-*Becker*, 3. Aufl., § 1 KSchG Rdn. 213b; dazu auch *Oetker*, Anm. zu BAG EzA Nr. 28 zu § 1 KSchG Krankheit, S. 18; *Heemann*, S. 109; KR-*Etzel*, § 1 KSchG Rdn. 373.

ner[746] hat sich in diesem Zusammenhang dafür ausgesprochen, bei allen durch Krankheit bedingten Kündigungen erhebliche betriebliche Beeinträchtigungen immer dann anzunehmen, wenn mit entsprechenden Fehlzeiten von mehr als 30 Arbeitstagen gerechnet werden muss.

gg) Ver- oder Umsetzung vor der Kündigung

157 Als Ausprägung des Verhältnismäßigkeitsprinzips[747] stellt es einen Grundsatz des Kündigungsschutzrechts dar, dass der Arbeitgeber zu einer Kündigung nur als letztem Mittel greifen soll und, falls dadurch die Entlassung vermieden werden kann, zu prüfen hat, ob – das gilt auch bei einer Kündigung aus personenbedingten Gründen[748] – eine Ver- oder Umsetzung des Arbeitnehmers auf einen anderen Arbeitsplatz im selben Betrieb, wenn auch ggf. in einer anderen Betriebsabteilung oder in einem anderen Betrieb desselben Unternehmens[749] in Betracht kommt[750], sei es nach einer Umschulung, Fortbildungsmaßnahme[751], die § 2 Abs. 1 Satz 2 Nr. 1 SGB III in die besondere Verantwortung des Arbeitgebers einbezieht, ohne allerdings eine selbständige Anspruchsgrundlage zu begründen[752], oder zu anderen Arbeitsbedingungen im Wege einer Änderungskündigung.[753,754] Dies gilt insbesondere bei dauernder krankheitsbedingter Arbeitsunfähigkeit, wenn der Arbeitnehmer eine ärztliche Bescheinigung vorlegt, dass bei einer Weiterbeschäftigung zu den bis-

---

[746] APS, § 1 KSchG Rdn. 223.
[747] BAG (27.9.84) NZA 1985, 455; (30.11.89) NZA 1990, 529; (28.2.90) NZA 1990, 727; LAG Düsseldorf (4.5.95) LAGE Nr. 20 zu § 1 KSchG Krankheit, S. 5 – **kritisch** *U. Preis*, Prinzipien, S. 300; *Basedau*, AuR 1991, 304; *von Hoyningen-Huene/Linck*, DB 1993, 1185 m.w.N.
[748] BAG (28.2.90) NZA 1990, 727; *U. Preis*, Prinzipien, S. 449; *Stahlhacke/Preis/Vossen*, Rdn. 1249; MünchArbR/*Berkowsky*, § 140 Rdn. 9; KR-*Etzel*, § 1 KSchG Rdn. 381.
[749] BAG (17.5.84) NZA 1985, 489; *Popp*, Handbuch Rdn. 3; *Schaub*, S. 1521 Rdn. 9ff.; *von Hoyningen-Huene/Linck*, DB 1993, 1186 m.N.; *B. Gaul*, BB 1995, 2422 m.w.N.; KR-*Etzel*, § 1 KSchG Rdn. 381.
[750] Vgl. *Herschel/Steinmann*, KSchG, § 1 Anm. 41a; *von Hoyningen-Huene/Linck*, KSchG, § 1 Rdn. 391; *Monjau*, DB 1964, 186f.; *U. Preis*, Prinzipien, S. 451; *Liebig*, S. 187; *Hunold*, S. 318; *Schaub*, S. 1521 Rdn. 9ff.; *Kasper*, NJW 1994, 2987; *Bezani*, S. 110f.; *Schwerdtner*, in: Müko-BGB, § 622 Anh. Rdn. 272; BAG (18.12.86) AP Nr. 2 zu § 297 BGB = NZA 1987, 377.
[751] So auch *Löwisch*, Arbeitsrecht, S. 361 Rdn. 1322; im Einzelnen dazu MünchArbR/*Berkowsky*, § 140 Rdn. 19; *Kittner/Däubler/Zwanziger*, KSchR, § 1 KSchG Rdn. 401; *Schiefer*, NZA 1994, 535; *Bezani*, S. 111ff.; *B. Gaul*, BB 1995, 2422; BAG (7.2.91) NZA 1991, 806 – **kritisch** zum Umfang *U. Preis*, NZA 1997, 1078.
[752] Vgl. etwa *Beckschulze*, BB 1998, 791 m.N.
[753] Etwa *von Hoyningen-Huene/Linck*, KSchG, § 2 Rdn. 70b; *Pauly*, DB 1997, 2382; HK-KSchG/*Weller/Hauck*, § 2 Rdn. 151; *Kittner/Däubler/Zwanziger*, KSchR, § 2 KSchG Rdn. 148,150; KR-*Etzel*, § 1 KSchG Rdn. 272; KR-*Rost*, § 2 KSchG Rdn. 100; *Löwisch*, KSchG, § 2 Rdn. 53; § 1 Rdn. 186; *Stück*, MDR 2000, 377; *Bauer/Röder*, Kündigung, S. 187; *U. Preis*, Arbeitsrecht, S. 736; *Hako-Pfeiffer*, § 2 Rdn. 51, APS/*Künzl*, § 2 KSchG Rdn. 229; *Bader/Bram/Dörner/Wenzel*, KSchG, § 2 Rdn. 56.; *U. Preis*, NZA 1997, 1077; *Knorr/Bichlmeier/Kremhelmer*, S. 761 Rdn. 20; zur Herabgruppierung siehe *Kanz*, ZTR 1989, 219ff.
[754] Zu den Anforderungen an die soziale Rechtfertigung einer solchen Kündigung siehe etwa Kasseler Handbuch/*Isenhardt*, 6.3 Rz. 429 m.w.N.

herigen Arbeitsbedingungen eine Verschlechterung seines Gesundheitszustandes zu befürchten sei.[755] In derartigen Fällen aus der Fürsorgepflicht einen Grund zur Entlassung durch den Arbeitgeber herzuleiten[756], wäre jedoch verfehlt[757], da sich der Arbeitgeber nicht als Vormund des Arbeitnehmers gerieren darf. Anderenfalls könnte sich der Arbeitgeber, der seinen Arbeitnehmer möglicherweise jahrelang unter gesundheitsschädlichen Arbeitsbedingungen beschäftigt hat, einseitig unter Berufung auf seine Fürsorgepflicht von ihm trennen. Eine solche Handlungsweise des Kündigenden stünde im Widerspruch zu seinem bisherigen Verhalten (venire contra factum proprium). Überdies kann weder dem Wortlaut noch dem Sinn und Zweck des § 618 BGB eine entsprechende Entlassungsberechtigung entnommen werden.[758] § 618 BGB enthält eine Anspruchsgrundlage nur zugunsten des einzelnen Arbeitnehmers, nicht aber zu dessen Lasten. Ausnahmsweise anders muss die Rechtslage dann beurteilt werden, wenn die Fortsetzung der geschuldeten Tätigkeit zu einer ganz erheblichen Verschlechterung des Gesundheitszustandes des Arbeitnehmers führen würde[759], wenn dessen Gesundheitszustand schon derart schlecht ist, dass er objektiv seine arbeitsvertraglichen Pflichten nicht mehr erfüllen kann, der Arbeitnehmer aber nach einer längeren Arbeitspause weiterarbeiten möchte.[760]

Auch in Ausübung seines Direktionsrechtes, § 106 GewO, darf der Arbeitgeber einen arbeitsunfähig kranken Arbeitnehmer nicht zu einer anderen, vertraglich nicht geschuldeten Arbeitsleistung heranziehen, etwa einem wegen einer Handverletzung erkrankten Dreher für einige Stunden arbeitstäglich den Telefondienst im Materiallager übertragen.[761] Ansonsten kann sich die Notwendigkeit einer Versetzung auch aus der Fürsorgepflicht des Arbeitgebers ergeben, wenn eine solche Maßnahme dem Arbeitgeber unter Berücksichtigung der wechselseitigen Verpflichtungen möglich und zumutbar erscheint. Auch die Weiterbeschäftigung in ei- *158*

---

[755] BAG (12. 7. 95) AP Nr. 7 zu § 626 BGB Krankheit; (17. 2. 98) NZA 1999, 33; *von Hoyningen-Huene/Linck*, KSchG, § 1 Rdn. 252 c; *Stück*, MDR 2000, 37; APS/*Dörner*, § 1 KSchG Rdn. 147 ff.; *Kleinebrink*, NZA 2002, 716 (722 ff.).

[756] So wohl LAG München (31. 5. 89) – 7 Sa 844/88 –; ähnlich LAG München (14. 8. 91) LAGE Nr. 9 zu § 1 KSchG; LAG Hamm (2. 11. 89) LAGE Nr. 6 zu § 1 KSchG Personenbedingte Kündigung.

[757] BAG (12.7.95) AP Nr. 7 zu § 626 Krankheit, Bl. 759 R, mit zust. Anm. von *Bezani*; *Kania*, Anm. zu BAG EzA Nr. 156 zu § 626 BGB n.F., S. 14 ff.; LAG Rheinland-Pfalz (15. 7. 88) BB 1988, 2033; LAG Köln (21.12.95) NZA-RR 1997, 51; LAG Frankfurt/M. (11. 2. 97) NZA 1998, 151; *Basedau*, AuR 1991, 299 (303); *Berkowsky*, NZA-RR 2001, 401; *Meisel*, S. 516 Rdn. 871 b; *Kittner/Däubler/Zwanziger*, KSchR, § 1 KSchG Rdn. 140; ErfK/*Preis*, § 611 BGB Rdn. 787; *von Hoyningen-Huene/Linck*, KSchG, § 1 Rdn. 252 c; *Kleinebrink*, NZA 2002, 716 (723).

[758] So auch MünchArbR/*Berkowsky*, § 136 Rdn. 65; APS/*Dörner*, § 1 KSchG Rdn. 149.

[759] LAG Frankfurt/M. (11.2. 97) NZA 1998, 151; KPK-*Schiefer*, § 1 KSchG Rdn. 172 a.

[760] BAG (29. 10. 98) EzA Nr. 90 zu § 615 BGB; APS/*Dörner*, § 626 BGB Rdn. 311, siehe auch *Kleinebrink*, NZA 2002, 716 (723 f.).

[761] Zutreffend LAG Hamm (20.7. 88) DB 1989, 1293; *D. Gaul*, DB 1992, 2190 f.; zust. Kasseler Handbuch/*Künzl*, 2.1 Rz. 13; *Hunold*, Direktionsrecht, S. 23 Rdn. 117; siehe auch *Künzl/Weinmann*, AuR 1996, 306; *Gruber*, S. 129 ff.; *Kittner/Däubler/Zwanziger*, KSchR, § 1 KSchG Rdn. 45; *Kaiser/Dunkl/Hold/Kleinsorge*, EFZG, § 3 Rdn. 42.

nem Teilzeit-Arbeitsverhältnis kann in Frage kommen[762], insbesondere bei nur noch teilweiser Arbeitsfähigkeit. Lehnt jedoch der Arbeitnehmer eine ihm zumutbare Teilzeitbeschäftigung ab – ein zuletzt in einem Bestattungsinstitut als Fahrer und Einsarger beschäftigter Arbeitnehmer sollte aus orthopädischer Sicht Tätigkeiten vermeiden, die mit Heben und Tragen verbunden sind und statt dessen nur beurkundende Schreibarbeiten erledigen – kann er personenbedingt fristgerecht entlassen werden.[763]

Legt ein Arbeitnehmer dem Arbeitgeber ein ärztliches Attest vor, aus dem sich ergibt, dass er seine bisherige Tätigkeit nicht mehr uneingeschränkt verrichten könne, weigert sich jedoch beharrlich, anderweitige, ihm zumutbare Tätigkeiten zu erledigen, kann nach entsprechender Abmahnung eine verhaltensbedingte Kündigung gerechtfertigt sein.[764] Voraussetzung ist aber stets, dass der Arbeitnehmer tatsächlich verpflichtet war, die ihm nunmehr zugewiesene Arbeit zu verrichten. Macht er einen unverschuldeten Rechtsirrtum geltend, weil er etwa das Bestehen eines Leistungsverweigerungsrechts annahm, muss er nachweisen, dass er sich besonders sorgfältig über die Rechtslage hinsichtlich seiner vermeintlichen Berechtigung zur Arbeitsverweigerung informiert hat.[765] Zutreffend sah das LAG Hamburg[766] eine fristlose Kündigung als begründet an. Ein seit drei Jahren teilzeitbeschäftigter Umschlagmitarbeiter hatte einen Arbeitsunfall erlitten. Er legte eine ärztliche Bescheinigung vor, derzufolge er bestimmte Lasten nicht mehr heben und tragen dürfe und verlangte eine anderweitige Tätigkeit als Dokumentensortierer. Obwohl die Beklagte seinem Wunsch entsprach, lehnte er diese Arbeit ab. Dem Kläger sei es, so befand das LAG, ersichtlich nur darum gegangen, als Teilzeitbeschäftigter keine mit Verantwortung verbundene Tätigkeit mehr zu verrichten. Er habe vielmehr allein eine Vollzeitbeschäftigung erzwingen wollen, der Arbeitsunfall im Herbst 1999 habe ihm nur als Vorwand gedient.

159 Will der Arbeitgeber eine Kündigung wegen Krankheit, insbesondere wegen einer berufsbezogenen Krankheit[767] aussprechen, dann wird von ihm verlangt werden müssen, dass er gewissenhaft die Möglichkeit einer anderweitigen Beschäftigung des

---

[762] Dazu *Klages*, BB 1983, 1223; *Gola*, BlStSozArbR 1984, 328; *U. Preis*, Prinzipien, S. 299; *Gola*, EFZG, S. 47; KR-*Etzel*, § 1 KSchG Rdn. 381; *Löwisch*, KSchG, § 1 Rdn. 206; *Buschmann/Dieball/Stevens-Bartol*, TZA § 1 KSchG Rdn. 4; siehe auch BAG (2.2.73) AP Nr. 1 zu § 626 BGB Krankheit, mit Anm. von *Schnorr von Carolsfeld*; LAG Rheinland-Pfalz (4.11.91) NZA 1992, 169; LAG Köln (1.2.95) BB 1995, 1853.
[763] Vgl. LAG Berlin (13.3.98) – 6 Sa 41/97 und 60/97; siehe aber *Schaub*, S. 382 Rdn. 74.
[764] Vgl. etwa KR-*Etzel*, § 1 KSchG Rdn. 433 m. N.; *von Hoyningen-Huene/Linck*, KSchG, § 1 Rdn. 316 m. N.
[765] LAG Berlin (6.12.93) LAGE Nr. 42 zu § 1 KSchG Verhaltensbedingte Kündigung; *Schaub/Linck*, S. 1419 Rdn. 67; *von Hoyningen-Huene/Linck*, KSchG, § 1 Rdn. 317.
[766] (19.9.01) – 8 Sa 56/01 – unv.
[767] Siehe LAG Köln BB 1982, 1731: zurechenbare Kenntnis des Betriebsarztes; *U. Preis*, Prinzipien, S. 450; *B. Gaul*, BB 1995, 2426.

Arbeitnehmers auf einen anderen, „leidensgerechten"[768] Arbeitsplatz[769] oder die Möglichkeit einer Umschulung[770] prüft.[771] Das gilt vor allem dann, wenn der Arbeitnehmer durch die Erkrankung ganz oder teilweise für die bisher verrichteten Arbeiten nicht mehr leistungsfähig ist[772], insbesondere, wenn dessen Einsatzfähigkeit infolge eines von ihm nicht verschuldeten Arbeitsunfalles, § 8 SGB VII, oder einer Berufskrankheit i.S. der BerufskrankheitenVO eine Minderung erfahren hat[773], es sei denn, der Arbeitnehmer lehnt eine ihm zumutbare Ver- oder Umsetzung bzw. Umschulungsmaßnahme ohne triftigen Grund ab.[774] Eine Versetzung auf einen anderen Arbeitsplatz kann auch geboten sein, wenn sich der Gesundheitzustand des Arbeitnehmers beim Verbleiben auf seinem bisherigen Arbeitsplatz noch verschlechtern[775] oder gar andere krankheitsbedingte Leiden verursachen würde. Liegt eine entsprechende ärztliche Empfehlung zum Wechsel des Arbeitsplatzes vor, hat der Arbeitgeber in der Regel zu prüfen, ob eine Ver- oder Umsetzung auf einen anderen „leidensgerechten" Arbeitsplatz in Betracht kommt und eine solche Maßnahme auch durchzuführen[776], was § 6 Abs. 4 Buchst. a) ArbZG für Nacht-Arbeitnehmer ausdrücklich bestimmt. Die Versetzung auf einen anderen Arbeitsplatz kommt allerdings nur in Frage, wenn dadurch eine Besserung des Gesamtzustandes des Arbeitnehmers zu erwarten ist[777] oder die fehlzeitenbedingten nachteiligen Auswirkungen auf den Betrieb wenigstens vermindert werden können. Stets muss die Ver-

---

[768] Siehe dazu BAG (14.1.93) – 2 AZR 343/92 –; (21.3.96) NZA 1996, 871; (29.1.97) NZA 1997, 709 = BB 1997, 894 = SAE 1998, 15ff., mit zust. Anm. von *K. Gamillscheg* = EzA Nr. 42 zu § 1 KSchG 1969 Krankheit, mit Anm. von *Streckel*, S. 4; zust. auch *Lingemann*, BB 1998, 1106; *Hoß*, MDR 2000, 563; ErfK/*Preis*, § 611 BGB Rdn. 787; BAG (17.2.98) DB 1999, 100; (29.10.98) NZA 1999, 379; LAG Köln (19.12.95) NZA-RR 1996, 252; LAG Düsseldorf (4.5.95) LAGE Nr. 20 zu § 1 KSchG Krankheit, S. 6; LAG Hamm (20.1.00) NZA-RR 2000, 239.
[769] BAG (25.3.59) AP Nr. 27 zu § 611 BGB Fürsorgepflicht; DB 1968, 1273; SAE 1974, 47 = DB 1973, 927; (5.8.76) BB 1976, 1516; DB 1977, 1463; (22.2.80) AP Nr. 6 zu § 1 KSchG 1969 Krankheit; (30.1.86) NZA 1987, 555; (5.7.90) DB 1990, 2274; LAG Bremen SAE 1958, 101; DB 1956, 623; LAG Düsseldorf DB 1952, 932; 1956, 260; BB 1966, 1395; LAG Hamm (22.7.81) BlStSozArbR 1982, 17; LAG Baden-Württ./Mannheim NZA 1987, 28; LAG Düsseldorf (4.5.95) BB 1995, 1678; LAG Frankfurt/M. (12.12.89) LAGE Nr. 7 zu § 1 KSchG Personenbedingte Kündigung; *Becker-Schaffner*, BlStSozArbR 1976, 100; *Weisemann*, BB 1977, 1769; *Schukai*, DB 1976, 2015; *Palme*, BlStSozArbR 1978, 228; *Gamillscheg*, S. 610; *Schaub*, S. 1464 Rdn. 23, S. 1461 Rdn. 17; *U. Preis*, Prinzipien, S. 449; *Hunold*, S. 318; *Bezani*, S. 111.
[770] BAG (7.2.91) NZA 1991, 806 = BB 1992, 214.
[771] Allgemein dazu *Schwerdtner*, in: Müko-BGB, § 622 Anh. Rdn. 95 m.N.
[772] BAG (13.6.89) NZA 1989, 937; (28.2.90) NZA 1990, 727; LAG Frankfurt/M. (30.11.76) ARSt 1977, S. 142 Nr. 1143; S. 143 Nr. 1157; LAG Köln (8.7.82) BB 1982, 1731; (21.12.95) LAGE Nr. 24 zu § 1 KSchG Krankheit, S. 6; *Haberkorn*, MuA 1966, 133; *U. Preis*, Prinzipien, S. 450; *Basedau*, AuR 1991, 302f.
[773] BAG (29.1.97) AP Nr. 32 zu § 1 KSchG 1969 Krankheit = NZA 1997, 709.
[774] Vgl. LAG Baden-Württ. (15.12.87) NZA 1988, 437: Ein Fräser hatte eine sitzende Tätigkeit als Staplerfahrer abgelehnt.
[775] Ebenso *Popp*, AuR 1979, 49; *Kittner/Däubler/Zwanziger*, KSchR, § 1 KSchG Rdn. 366; *U. Preis*, Prinzipien, S. 297, 449; LAG Berlin (2.9.90) – 10 Sa 57/90 – unv.
[776] BAG (17.2.98) BB 1998, 2477ff. = AP Nr. 27 zu § 618 BGB; KPK-*Schiefer*, § 1 KSchG Rdn. 172 d; *von Hoyningen-Huene/Linck*, KSchG, § 11 Rdn. 6a.
[777] Ebenso *Kittner/Däubler/Zwanziger*, KSchR, § 1 KSchG Rdn. 366.

oder Umsetzungsmöglichkeit als Teil des Kündigungsgrundes[778] als geeignetes Mittels erscheinen, um eine Kündigung zu vermeiden. Hingegen ist der Arbeitnehmer in der Regel nicht verpflichtet, auf Vermittlung des Arbeitgebers mit einem anderen Arbeitgeber einen Arbeitsvertrag mit tätigkeitsbezogenen günstigeren gesundheitlichen Arbeitsbedingungen abzuschließen.[779] Ebensowenig besteht eine Verpflichtung des Arbeitgebers, den Arbeitnehmer auf einem freien Arbeitsplatz zu besseren Konditionen als bisher weiterzubeschäftigen.[780] Eine solche Verpflichtung wird vom Regelungsgehalt des § 1 Abs. 2 KSchG nicht erfasst; denn das KSchG dient nur dem Bestandsschutz des konkreten Arbeitsverhältnisses, ohne dem Arbeitnehmer einen Anspruch auf Beförderung einzuräumen.[781]

160 Grundsätzlich ist es nicht erforderlich, dass für den erkrankten Arbeitnehmer eigens ein dafür geeigneter Arbeitsplatz geschaffen[782], auf das Freiwerden eines solchen gewartet wird[783], es sei denn, dessen Freiwerden ist bis zum Ablauf der Kündigungsfrist oder zum Zeitpunkt des Abschlusses der Umschulungs- bzw. Fortbildungsmaßnahmen vorhersehbar bzw. steht mit hinreichender Wahrscheinlichkeit fest.[784] Auch kann nicht verlangt werden, dass anstelle des erkrankten oder minderleistungsfähigen Arbeitnehmers ein anderer Arbeitnehmer entlassen wird[785], damit

---

[778] So auch BAG (5.7.90) NZA 1991, 185; (9.4.87) AP Nr. 18 zu § 1 KSchG 1969 Krankheit; (2.11.89) – 2 AZR 366/89 – unv.; LAG Düsseldorf (4.5.95) LAGE Nr. 20 zu § 1 KSchG Krankheit, S. 5; siehe aber *Basedau*, AuR 1991, 304.
[779] LAG Berlin (4.7.88) – 9 Sa 45/88 – unv.
[780] Ebenso BAG (29.3.90) NZA 1991, 181, betreffend eine betriebsbedingte Kündigung; *von Hoyningen-Huene/Linck*, KSchG, § 1 Rdn. 398b – **anderer Ans.** *Kittner/Däubler/Zwanziger*, KSchR, § 1 KSchG Rdn. 377, 412.
[781] BAG (10.11.94) NZA 1995, 568; (5.10.95) NZA 1996; 528; ErfK/*Ascheid*, § 1 KSchG Rdn. 556; Hoß, MDR 2000, 563.
[782] BAG (30.1.86) NZA 1987, 557; (29.3.90) AP Nr. 50 zu § 1 KSchG Betriebsbedingte Kündigung; (28.4.98) NZA 1999, 152f.; LAG Düsseldorf BB 1958, 1209; LAG Berlin (11.6.79) EzA Nr. 7 zu § 12 SchwerbG; (3.11.97) MDR 1998, 661; (3.11.97) MDR 1998, 661; LAG Köln (19.12.95) NZA-RR 1996, 252; *Haberkorn*, MuA 1966, 116; *Meisel*, Anm. zu BAG SAE 1978, 163 (170); *U. Preis*, Prinzipien, S. 461; *von Hoyningen-Huene/Linck*, DB 1993, 1186 m.N.; HK-KSchG/*Weller/Dorndorf*, § 1 Rdn. 368; *Kittner/Däubler/Zwanziger*, KSchR, § 1 KSchG Rdn. 371; *Stück*, MDR 2000, 377; siehe auch BAG (17.5.84) NZA 1985, 489; (27.9.84) NZA 1985, 455, allerdings für eine betriebsbedingte Kündigung; ArbG Wilhelmshaven (30.5.80) ARSt 1981, S. 4 Nr. 4 – **anderer Ans.** ArbG Verden (4.7.80) ARSt 1981, S. 81 Nr. 67, im Falle eines nur noch fristlos kündbaren Schwerbehinderten; *Däubler*, S. 588 Rdn. 1093, bei arbeitsbedingter Erkrankung; KR-*Etzel*, § 1 KSchG Rdn. 337, wenn der Arbeitgeber einen Arbeitsunfall verschuldet hat.
[783] BAG (25.9.56) AP Nr. 18 zu § 1 KSchG, mit Anm. von *Herschel*; LAG Berlin EzA Nr. 7 zu § 12 SchwerbG.
[784] LAG Köln (31.5.89) DB 1989, 2234 = BB 1989, 1900; LAG Hamm (20.1.00) NZA-RR 2000, 239; BAG (29.3.90) NZA 1991, 181 = SAE 1991, 203ff., mit zust. Anm. von *Pottmeyer*; (7.2.91) DB 1991, 1730 = BB 1992, 214; (15.12.94) DB 1995, 878 = SAE 1996, 120, mit **kritischer** Anm. von *Oetker*, S. 124f.; (28.6.95) DB 1995, 2377; *B. Gaul*, BB 1995, 2423 m.w.N.
[785] BAG (7.2.85) SAE 1988, 145, mit Anm. von *Färber*; (29.1.97) NZA 1997, 709; LAG Düsseldorf, BB 1958, 1209; DB 1961, 576; *Schwerdtner*, in: Müko-BGB, § 622 Anh. Rdn. 281; *Haberkorn*, MuA 1966, 116; *U. Preis*, Prinzipien, S. 318; *Stück*, MDR 2000, 377; HK-KSchG/*Weller/Dorndorf*, § 1 Rdn. 368a – **anderer Ans.** LAG Dortmund ARS 28, S. 96; *Herbst/Wohlfarth*, DB 1990, 1818; *Däubler*, S. 588 Rdn. 1093; siehe auch BAG (18.10.00) BB 2001, 476 = SAE 2002, 1ff. mit ablehnender Anm. von *Wank*: betriebsbedingte Kündigung von betriebsverfassungsrechtlichen Mandatsträgern.

jener seinen Arbeitsplatz freimacht. Anderenfalls würde in unzulässiger Weise einseitig in Rechtspositionen anderer Arbeitnehmer eingegriffen werden. Den gesetzlichen Kündigungsschutz hat der Gesetzgeber nämlich individualrechtlich und strikt arbeitsvertragsbezogen konzipiert. Ansonsten kommt nur die Ver- oder Umsetzung auf einen freien vergleichbaren (gleichwertigen[786]) bzw. in absehbarer Zeit frei werdenden Arbeitsplatz in Betracht.[787] Diese Grundsätze finden selbst dann Beachtung, wenn die leichteren Arbeitsplätze für Schwerbehinderte, für Arbeitnehmerinnen, die unter das MuSchG fallen, oder für schon lange beschäftigte Arbeitnehmer und solche, die einen Arbeitsunfall erlitten haben, reserviert und von ihnen ständig besetzt sind.[788] Anstelle des Schwerbehinderten muss der Arbeitgeber nicht einen anderen Arbeitnehmer entlassen.[789] Als freier Arbeitsplatz, auf dem eine Weiterbeschäftigung möglich erscheint, muss auch ein solcher angesehen werden, auf dem ein Leih-Arbeitnehmer tätig ist.[790] Zum einen bestehen bei legaler Arbeitnehmerüberlassung zwischen dem Entleiher und dem Leih-Arbeitnehmer keine arbeitsvertraglichen Beziehungen.[791] Zum anderen ist die Beschäftigung bestimmungsgemäß nur vorübergehender Art, § 3 Abs. 1 Nr. 6 AÜG, so dass die Beschäftigung des an sich zu Kündigenden nach dem Ende der kurzfristigen Dauer des Leiharbeitsverhältnisses denkbar ist. Die Verdrängung des Leih-Arbeitnehmers durch den Stamm-Arbeitnehmer kann deshalb arbeitsrechtlich nicht beanstandet werden. Anders verhält es sich aber, wenn der dauerhafte Einsatz von Leih-Arbeitnehmern auf bestimmten Arbeitsplätzen zum unternehmerischen Konzept gehört.[792] Da der rationelle Einsatz von Arbeitskräften zum Kernbereich unternehmerischen Handelns gehört, läge ein unzulässiger Eingriff in die Entscheidungsfreiheit des Arbeitgebers vor. Es wir aber auch die Auffassung vertreten[793], dass dann, wenn die Ausfallzeiten des gekündigten Arbeitnehmers von Leih-Arbeitnehmern überbrückt werden, bereits objektiv keine Betriebsablaufstörung vorliege.

---

[786] Ebenso KR-*Becker*, 3. Aufl., § 1 KSchG Rdn. 305 ff.; *Schaub*, S. 1498 Rdn. 28; *von Hoyningen-Huene/Linck*, DB 1993, 1187; KR-*Etzel*, § 1 KSchG Rdn. 217; BAG (29.3.90) NZA 1991, 181 m.w.N.; (15.12.94) DB 1995, 979; LAG Köln DB 1989, 2234.

[787] Dazu auch BAG (29.1.97) NZA 1997, 709; LAG Düsseldorf (4.5.95) LAGE Nr. 20 zu § 1 KSchG Krankheit.

[788] LAG Düsseldorf DB 1960, 1072; LAG Berlin (21.2.62) DB 1962, 1147; (15.11.73) ARSt 1974, S. 90 Nr. 107.

[789] Zutreffend BAG (28.4.98) NZA 1999, 152; OVG Hamburg (27.11.87) BB 1989, 221; LAG Hamm (20.1.00) NZA-RR 2000, 240.

[790] Ebenso *von Hoyningen-Huene/Linck*, KSchG, § 1 Rdn. 396; *Stahlhacke/Preis/Vossen*, Rdn. 1023; *Kittner/Däubler/Zwanziger*, KSchR, § 1 KSchG Rdn. 373; HK-KSchG/*Weller/Dorndorf*, § 1 Rdn. 910; KR-*Etzel*, § 1 KSchG Rdn. 219; ErfK/*Ascheid*, § 1 KSchG Rdn. 449; LAG Bremen (2.12.97) BB 1998, 1211; ArbG Stuttgart (5.6.96) AuR 1996, 458 – **anders** wohl *Bauer/Röder*, Kündigung, S. 151; *K. Gamillscheg*, S. 116.

[791] Siehe nur KR-*Etzel*, § 1 KSchG Rdn. 219; Kasseler Handbuch/*Düwell*, 4.5 Rz. 442; ErfK/*Wank*, Einl. AÜG Rdn. 25, 44; *Stahlhacke/Preis/Vossen*, Rdn. 1006; BAG (8.7.98) AP Nr. 214 zu § 1 TVG Tarifverträge: Bau.

[792] Vgl. *von Hoyningen-Huene/Linck*, KSchG, § 1 Rdn. 383.

[793] *von Hoyningen-Huene/Linck*, KSchG, § 1 Rdn. 231, unter Hinweis auf BAG (17.6.99) – 2 AZR 574/98 – unv.

In aller Regel beschränkt sich die Auswahl der Arbeitsplätze für eine Ver- oder Umsetzung auf den jeweiligen Betrieb[794], wenngleich auch die Versetzung in einen anderen Betrieb desselben Unternehmens in Frage kommen kann. Eine Pflicht zur Beschäftigung mit unproduktiven Arbeiten besteht freilich nicht.[795] Räumt der Arbeitnehmer selbst ein, dass sein Gesundheitszustand insgesamt schlecht sei[796], dann kommt in der Regel die Versetzung auf einen anderen Arbeitsplatz nicht in Betracht. Auf keinen Fall darf der Arbeitgeber dem Arbeitnehmer solche Arbeiten zuweisen, durch die die Krankheit verschlimmert oder andere krankheitsbedingte Leiden verursacht werden.[797] Beim Scheitern einer Versetzung kann der Arbeitgeber ergänzend auf die betrieblichen Belastungen vor dem Arbeitsplatzwechsel zurückgreifen[798], da anderenfalls derjenige Arbeitgeber, der einem krankheitsanfälligen Arbeitnehmer eine besondere Rücksichtnahme entgegenbringt, benachteiligt wäre. In den Fällen, in denen der Arbeitnehmer auf seinem bisherigen Arbeitsplatz aus gesundheitlichen Gründen nicht mehr eingesetzt werden kann, jedoch eine andere geeignete Beschäftigungsmöglichkeit besteht, wird man ausnahmsweise den Arbeitgeber als verpflichtet ansehen müssen, den diesbezüglichen Arbeitsplatz für ihn notfalls freizumachen. Das gilt aber nur dann, wenn sich der bisherige Arbeitsplatzinhaber mit dem Wechsel einverstanden erklärt oder er im Rahmen seines Arbeitsvertrages durch Ausübung des Direktionsrechtes auf einen anderen freien, gleichwertigen und ihm zumutbaren Arbeitsplatz umgesetzt werden kann.[799] Aus den dargelegten Gründen kann auch bei Berufskrankheiten und Arbeitsunfällen vom Arbeitgeber im Allgemeinen nicht verlangt werden, einen weniger schutzbedürftigen Mitarbeiter auf einen anderen Arbeitsplatz zu versetzen.[800] Noch weniger trifft die Annahme von *Pflüger*[801] zu, in solchen Fällen liege eine betriebsbedingte Kündigung vor, so dass eine soziale Auswahl nach § 1 Abs. 3 KSchG vorzunehmen sei. Bei einer solchen Konstellation erfolgt die Kündigung nicht aus

---

[794] BAG (25.9.56) AP Nr. 18 zu § 1 KSchG; DB 1968, 1273; LAG Düsseldorf DB 1973, 2307; *Staudinger/Neumann*, BGB, 11. Aufl., vor § 620 Anm. 133; *Hueck/Hueck*, KSchG, § 1 Rdn. 115; siehe auch *U. Preis*, Prinzipien, S. 319ff.
[795] LAG Düsseldorf DB 1973, 2307; LAG Baden-Württ. (15.6.77) – 3 Sa 10/77 – unv.; *Schaub*, S. 1464 Rdn. 23.
[796] Vgl. LAG Berlin (.12.79) – 9 Sa 81/79 – unv.: Der ausländische Arbeitnehmer, ein Bohrer, hatte selbst vorgetragen, dass infolge seiner allgemeinen Konstitutionsschwäche und seines chronischen Erschöpfungszustandes künftig mit häufigen Krankheiten gerechnet werden müsse; siehe auch BAG (22.2.80) DB 1980, 1446ff.; ArbG Wesel, DB 1977, 961.
[797] LAG Hamm (23.10.80) ARSt 1982, S. 174 Nr. 1226; siehe auch *U. Preis*, Prinzipien, S. 449; *Kleinebrink*, NZA 2002, 716ff.; BAG (13.12.01) DB 2002, 1508.
[798] BAG (10.11.83) AP Nr. 11 zu § 1 KSchG 1969 Krankheit = NJW 1984, 1417.
[799] So auch BAG (29.1.97) NZA 1997, 709 = BB 1997, 895; (29.10.98) BB 1999, 2193; ArbG Celle (8.4.97) AuR 1997, 290; MünchArbR/*Berkowsky*, § 136 Rdn. 70ff.; KPK-*Schiefer*, § 1 KSchG Rdn. 172d; *Kania*, Anm. zu BAG EzA Nr. 156 zu § 626 BGB n.F., S. 11; *Schwerdtner*, in: Müko-BGB, § 622 Anh. Rdn. 272; *Kittner/Däubler/Zwanziger*,, KSchR, § 1 KSchG Rdn. 372; KR-*Etzel*, § 1 KSchG Rdn. 296: Betriebsunfall; *Knorr/Bichlmeier/Kremhelmer*, S. 445 Rdn. 65; *Bernardi*, NZA 1999, 683ff.; zweifelnd *Streckel*, Anm. zu BAG EzA Nr. 42 zu § 1 KSchG Krankheit, Bl. 14 – **kritisch** *von Hoyningen-Huene/Linck*, KSchG, § 1 Rdn. 178b; *Lingemann*, BB 1998, 1106.
[800] BAG NZA 1997, 709; jetzt auch KR-*Etzel*, § 1 KSchG Rdn. 296.
[801] DB 1995, 1764f; siehe auch *Däubler*, S. 588 Rdn. 1093.

„dringenden betrieblichen Erfordernissen" im Sinne von § 1 Abs. 2 KSchG, wie im Einzelnen dargelegt.⁸⁰²

Soweit es sich bei den genannten Maßnahmen um eine Versetzung gemäß §§ 95 Abs. 3, 99 Abs. 1 BetrVG handelt, muss sich der Arbeitgeber auch um die Zustimmung des Betriebsrates bemühen. Im Falle der Zustimmungsverweigerung bedarf es jedoch nicht der Durchführung eines gerichtlichen Zustimmungsersetzungsverfahrens, § 99 Abs. 4 BetrVG⁸⁰³, da ein mit der Versetzung verbundener Nachteil des bisherigen Arbeitsplatzinhabers weder aus Gründen in seiner Person gerechtfertigt erscheint noch unmittelbare betriebliche Gründe, § 99 Abs. 2 Nr. 4 BetrVG, dagegen sprechen. 161

Ebensowenig ist der Arbeitgeber bei längerer Arbeitsunfähigkeit des Arbeitnehmers verpflichtet, ihm im Rahmen eines Wiedereingliederungsverhältnisses, § 74 SGB V, eine Beschäftigung anzubieten.⁸⁰⁴ Beim Wiedereingliederungsverhältnis handelt es sich um ein Rechtsverhältnis sui generis, § 311 BGB⁸⁰⁵, bei dem nicht die Arbeitsleistung, sondern Aspekte der Rehabilitation im Vordergrund stehen. Dem Arbeitnehmer steht folglich kein Anspruch zu, stufenweise wieder im Rahmen arbeitsvertraglicher Beziehungen ins Arbeitsleben eingegliedert zu werden. 161a

Eine krankheitsbedingt ausgesprochene Kündigung ist jedoch noch nicht deshalb sozialwidrig, weil der Arbeitgeber vor der Entlassung die Möglichkeit einer Ver- oder Umsetzung des Arbeitnehmers nicht geprüft hat. Entscheidend kommt es allein darauf an, ob eine Ver- oder Umsetzung des Arbeitnehmers objektiv möglich war oder nicht.⁸⁰⁶ Soweit das BAG⁸⁰⁷ den Arbeitgeber für verpflichtet hält, vor jeder ordentlichen Beendigungskündigung von sich aus dem Arbeitnehmer eine zumutbare Weiterbeschäftigung auf einem freien Arbeitsplatz, ggf. zu geänderten Bedingungen, anzubieten, wird daraus nicht gefolgt werden können, die insoweit 162

---

⁸⁰² *Lepke*, S. 156 Rdnr. 86; BAG NZA 1997, 709.
⁸⁰³ BAG (29.1.97) NZA 1997, 709; zust. *Lingemann*, BB 1998, 1107; BAG (29.10.98) BB 1999, 2193; *Hoß*, MDR 2000, 563; *Berkowsky*, NZA-RR 2001, 402; *Roos*, NZA-RR 1999, 620 – **kritisch** *Streckel*, Anm. zu BAG EzA Nr. 42 zu § 1 KSchG Krankheit.
⁸⁰⁴ Ebenso *Schaub/Linck*, S. 1033 Rdn. 18; *von Hoyningen-Huene/Linck*, KSchG, § 1 Rdn. 143 b.
⁸⁰⁵ BAG (29.1.92) DB 1992, 1478 = SAE 1992, 353 (354) mit Anm. von *Misera*; (19.4.94) NZA 1995, 123; (28.7.99) AP Nr. zu § 74 SGB V, Bl. 343.
⁸⁰⁶ Vgl. BAG (10.3.77) AP Nr. 4 zu § 1 KSchG 1969 Krankheit; (18.1.90) DB 1990, 1335; *Schaub*, NZA 1987, 218; *Liebig*, S. 138; KR-*Becker*, 3. Aufl., § 1 KSchG Rdn. 190; *Stahlhacke/Preis/Vossen*, 7. Aufl., Rdn. 636; *von Hoyningen-Huene/Linck*, KSchG, § 1 Rdn. 395 m.w.N.; *von Hoyningen-Huene/Linck*, DB 1993, 1187, betreffend betriebsbedingte Kündigung; *Schwerdtner*, in: Müko-BGB, § 622 Anh. Rdn. 447; Becker-*Schaffner*, ZTR 1997, 54; HK-KSchG/*Weller/Dorndorf*, § 1 Rdn. 907; ErfK/*Ascheid*, § 1 KSchG Rdn. 446; *Knorr/Bichlmeier/Kremhelmer*, S. 406 Rdn. 32; *Küttner/Eisemann*, Personalbuch, Kündigung, personenbedingte, Rz. 4; *Gamillscheg*, S. 639; *Elsner*, S. 56; siehe auch BAG (22.7.82) AP Nr. 5 zu § 1 KSchG Verhaltensbedingte Kündigung – **anders** *Hunold*, S. 318; wohl auch *Gruber*, S. 130; *Kittner/Däubler/Zwanziger*, KSchR, § 1 KSchG Rdn. 384a; *Bengelsdorf*, NZA 2001, 999, obwohl er nur eine Obliegenheitsverletzung annimmt.
⁸⁰⁷ Etwa BAG (27.4.85) DB 1985, 1187 = BAGE 47, 26ff.; (28.2.90) BB 1990, 1207 = AP Nr. 25 zu § 1 KSchG 1969 Krankheit; (5.7.90) BB 1990, 2265; wohl auch LAG Düsseldorf (4.5.95) LAGE Nr. 20 zu § 1 KSchG Krankheit.

unterbliebene Prüfung durch den Arbeitgeber bedinge deshalb schon die Sozialwidrigkeit der Kündigung. Es kann sich insoweit nur um eine „Verpflichtung" sich selbst gegenüber, um eine Obliegenheit handeln.[808] So spricht das BAG in diesem Zusammenhang zu Recht auch nur von einer „Initiativlast".[809]

6. Zwischenbetrachtung

163 Die Vielzahl der bei der Abwägung der beiderseitigen Interessen zu berücksichtigenden Faktoren hat deutlich gemacht, wie schwer es ist, im Einzelfall zu bestimmen oder gar für eine gerichtliche Entscheidung vorherzusagen, ob eine Kündigung wegen Krankheit rechtlichen Bestand haben wird oder nicht. Auch *Schwerdtner*[810] meint, die neuere Rechtsprechung erlaube kaum noch eine Prognose des Prozessausganges in Kündigungsschutzsachen. Gleichwohl sind aus den im Einzelnen aufgezeigten Grundsätzen Maßstäbe herzuleiten, an denen die soziale Rechtfertigung einer jeden aus krankheitsbedingten Gründen ausgesprochenen ordentlichen fristgerechten Kündigung gemessen werden muss, jedenfalls insoweit als signifikant ist, was zur sozialen Rechtfertigung einer krankheitsbedingten Kündigung nicht ausreicht.[811] Durch die Verwendung des unbestimmten Rechtsbegriffes „Sozialwidrigkeit" einer Kündigung hat der Gesetzgeber bewusst ein Spannungsfeld von Rechtssicherheit einerseits und Einzelfallgerechtigkeit andererseits geschaffen. Bei einer Kündigung aus krankheitsbedingten Gründen kollidieren persönlichkeitsrelevante Interessen des einzelnen Arbeitnehmers mit betrieblichen und wirtschaftlichen Belangen des Arbeitgebers, die sich mit einer kasuistischen Kodifikation nicht lösen lassen.[812] Vor allem der 2. Senat des BAG hat jedoch in den letzten Jahren die Anforderungen an eine solche Kündigung konkretisiert und seine diesbezügliche Rechtsprechung verfeinert und gefestigt.[813] Deshalb erweist sich die immer wieder an der höchstrichterlichen Rechtsprechung mehrfach geäußerte Kritik[814], die an den Besonderheiten des Einzelfalles orientierte Prüfung der Sozialwidrigkeit einer solchen Kündigung sei unberechenbar und könne nicht kalkuliert werden oder die Anforderungen an die Zulässigkeit einer krankheitsbedingten Kündigung seien immer noch zu hoch[815] bzw. die Recht-

---

[808] Ebenso MünchArbR/*Berkowsky*, § 140 Rdn. 40; *Kiel*, S. 52; von *Stebut*, FS für *Kissel*, S. 1142, 1151, 1154; *Dörner/Luczak/Wildschütz*, D, Rdn. 1698; APS/*Dörner*, § 1 KSchG Rdn. 110; APS/*Kiel*, § 1 KSchG Rdn. 585.
[809] BAG DB 1985, 1187; (7.2.91) NZA 1991, 806; siehe auch BAG (26.9.91) NZA 1992, 1073: „Das **Gericht** hat ... ferner geprüft, ob die Klägerin auf einem anderen freien Arbeitsplatz eingesetzt werden könnte".
[810] Müko-BGB, § 622 Anh. Rdn. 4, 250.
[811] So auch *Stahlhacke/Preis/Vossen*, Rdn. 1188; *Ascheid*, Kündigungsschutz, S. 223 Rdn. 402.
[812] Zutreffend die Begründung zum Entwurf eines Arbeitsvertragsgesetzes des Landes Brandenburg, Bundesrats-Drucks. 671/96, S. 233.
[813] Dazu auch *U. Preis*, Kündigung, S. 94, 111; *Weber/Hoß*, DB 1993, 2429; *Tschöpe*, BB 2001, 2114.
[814] Siehe etwa *Schukai*, DB 1976, 2015; *Weisemann*, BB 1977, 1767; *Palme*, BlStSozArbR 1978, 225; *Aden*, RdA 1981, 280ff.; *Birkner-Kuschyk/Tschöpe*, DB 1981, 264ff.; *Osthold*, BB 1982, 1306; *Tschöpe*, DB 1987, 1042; *Bezani*, S. 1; *Bauer*, Aufhebungsverträge, S. 73 Rdn. 181: Kündigungen wegen häufiger Fehlzeiten – **anders** *Gola*, BlStSozArbR 1984, 826; *Neyes*, Anm. zu BAG AP Nr. 10 zu § 1 KSchG 1969 Krankheit.
[815] So *Eich*, BB 1988, 203 ff.

sprechung des BAG weise sehr unsichere Konturen auf[816], als nur teilweise berechtigt[817] und zwar deshalb, weil es entscheidungserheblich immer auf die Gesamtumstände des konkreten Einzelfalles ankommt und ankommen muss.[818] Indessen kann entgegen den Mutmaßungen von *Stein*[819] keine Rede davon sein, dass das BAG angesichts der besonders hohen Arbeitslosigkeit die sozialpolitische Tendenz verfolge, kranke Arbeitnehmer der Sozialversicherung zuzuweisen und deren Arbeitsplätze für Gesunde freizumachen.

7. Soziale Auswahl bei betriebsbedingter Kündigung?

Kündigt ein Arbeitgeber den Arbeitsvertrag aus dringenden betrieblichen Gründen, § 1 Abs. 2 KSchG, war nach bis zum 30. 9. 1996 geltendem Recht eine solche Kündigung gleichwohl sozial nicht gerechtfertigt, wenn der Arbeitgeber bei der Auswahl des Arbeitnehmers soziale Gesichtspunkte nicht oder nicht ausreichend berücksichtigt hatte, § 1 Abs. 3 Satz 1 KSchG. Auf diese Weise wollte der Gesetzgeber sicherstellen, dass derjenige Arbeitnehmer seinen Arbeitsplatz behält, der mehr auf ihn angewiesen war. Das KSchG enthielt jedoch keinen Katalog der zu berücksichtigenden sozialen Umstände und erst recht keine Kriterien für deren Bewertung und Gewichtung. Dennoch entsprach es allgemeiner Auffassung[820], dass alle sozial beachtenswerten Umstände des konkreten Einzelfalles in die Prüfung einzubeziehen waren.

164

In der Neufassung des § 1 Abs. 3 KSchG aufgrund des am 1. 10. 1996 in Kraft getretenen Arbeitsrechtlichen Beschäftigungsförderungsgesetzes vom 25. 9. 1996[821] wurden die Worte „soziale Gesichtspunkte" nicht mehr verwendet und statt dessen die Dauer der Betriebszugehörigkeit, das Lebensalter und die Unterhaltspflichten des Arbeitnehmers als berücksichtigungsnotwendig angesehen. Durch die Konkretisierung der sozialen Gesichtspunkte auf diese drei Aspekte sollte eine bessere Berechenbarkeit der Zulässigkeit einer betriebsbedingten Kündigung sowohl für den Arbeitgeber als auch für den Arbeitnehmer erreicht werden.[822] Ob der Arbeitgeber darüber hinaus weitere Auswahlkriterien berücksichtigen durfte, wurde allerdings zunehmend bejaht[823], so dass beispielsweise auch Berufskrankheiten oder im Betrieb erlittene, unverschuldete Arbeitsunfälle hätten zugunsten des betreffenden Arbeitnehmers Beachtung finden können.[824] Im Übrigen bestimmte § 1 Abs. 3

165

---

[816] So *Däubler*, S. 590 Rdn. 1098.
[817] Dazu auch *Trieschmann*, BArbBl. 1996, Heft 11, S. 29.
[818] So auch etwa *Kittner/Däubler/Zwanziger*, KSchR, § 1 KSchG Rdn. 71, 76 m.w.N.
[819] AuR 1987, 388.
[820] Vgl. BAG (11. 3. 76) E 28, 40 (42); (24. 3. 83) DB 1983, 1825; *Müller*, DB 1975, 2132; *Weng*, DB 1978, 885; *Berkowsky*, Betriebsbedingte Kündigung, 3. Aufl. 1994, S. 67 ff. Rdn. 86 ff.; *Vogt*, DB 1984, 1467 ff.; *Jobs*, DB 1986, 538 ff.; *B. Preis*, DB 1986, 746 ff.; *Rass*, S. 33; einschränkend *Linck*, S. 69 ff.
[821] BGBl. I, S. 1476.
[822] Begründung zum Gesetzentwurf, Bundestags-Drucks. 13/4612 zu Art. 1 Nr. 1 Buchstabe a.
[823] Siehe die Nachweise bei *U. Preis*, NZA 1997, 1083; *Schwerdtner*, in: Müko-BGB, § 622 Anh. Rdn. 414 b.
[824] So etwa *Schwerdtner*, in: Müko-BGB, § 622 Anh. Rdn. 413, 414 b.

Satz 2 KSchG: In die soziale Auswahl ... sind Arbeitnehmer nicht einzubeziehen, deren Weiterbeschäftigung, insbesondere wegen ihrer Leistungen oder zur Sicherung einer ausgewogenen Personalstruktur des Betriebes, im berechtigten betrieblichen Interesse liegt.

166 Durch das am 1.1.1999 in Kraft getretene „Gesetz zu Korrekturen in der Sozialversicherung und zur Sicherung der Arbeitnehmerrechte" vom 19.12.1998[825] ist die frühere Rechtslage zum Kündigungsschutz wiederhergestellt worden, so u. a. auch § 1 Abs. 3 Sätze 1 und 2 KSchG in der bis zum 30.9.1996 geltenden Fassung. Zur Begründung heißt es dazu im Gesetzentwurf[826], die Begrenzung der Auswahlkriterien habe das Ziel, mehr Rechtssicherheit herzustellen und Kündigungen besser berechenbar zu machen, nicht erreicht, und die 1996 geänderte Fassung des § 1 Abs. 3 Satz 2 KSchG habe hinsichtlich der vorzunehmenden Abwägung zwischen dem sozialen Schutzinteresse des Arbeitnehmers und dem Interesse des Arbeitgebers an der Weiterbeschäftigung bestimmter Arbeitnehmer aus betrieblichen Gründen die Gewichtung zu weitgehend zugunsten des Arbeitgebers verschoben.

Angesichts der wechselhaften gesetzlichen Regelungen in diesem Bereich erscheint es geboten, die dazu vertretenen Ansichten im Einzelnen darzustellen.

a) § 1 Abs. 3 Sätze 1 und 2 KSchG in der bis zum 30.9.1996 geltenden Fassung

167 Problematisch erschien in diesem Zusammenhang, ob ein erkrankter Arbeitnehmer aus dringenden betrieblichen Gründen gekündigt werden durfte. Dazu wurde die Ansicht vertreten, dass kranke Arbeitnehmer nicht entlassen werden dürften[827], weil sie ohnehin nicht tätig seien, durch ihre Entlassung folglich auch keine Änderung der betrieblichen Arbeitsleistung eintrete. Im Rahmen der sozialen Auswahl könnten nur tätige Arbeitnehmer miteinander verglichen werden. Eine Kündigung treffe den arbeitsunfähig kranken Arbeitnehmer besonders hart, weil er sich im Anschluss an seine Krankheit finanziell wieder erholen müsse und deshalb auf seinen Arbeitsplatz angewiesen sei. Mithin müsse sich die Krankheit des Arbeitnehmers im Vergleich zu den gesunden Mitarbeitern zu seinem Vorteil auswirken.[828] Es konnte keinem Zweifel unterliegen, dass eine Kündigung aus betriebsbedingten Gründen auch einem erkrankten Arbeitnehmer gegenüber wirksam erklärt werden konnte, schon um bei erforderlichen Rationalisierungsmaßnahmen oder Arbeitsmangel dem erkrankten Arbeitnehmer wie jedem anderen Klarheit zu verschaffen, dass er nach seiner Genesung keine Beschäftigungsmöglichkeit im Betrieb mehr findet.

168 Umstritten war ferner, ob sich der Arbeitgeber, wenn mehrere vergleichbare Arbeitnehmer zur Auswahl stehen, zunächst von demjenigen Arbeitnehmer im Wege

---

[825] BGBl. I, S. 3843, vom 28.12.1998.
[826] Bundestags-Drucks. 14/45, S. 16, 23.
[827] LAG Düsseldorf (22.4.55) – 4 Sa 151/54 –; *Osthold*, BB 1982, 1308 – **anderer Ans.** ArbG Kiel (18.12.56) DB 1957, 439.
[828] ArbG Ulm AP Nr. 10 zu § 1 KSchG = BB 1962, 802; so auch ArbG Lahn-Wetzlar (7.3.78) AuR 1978, 279; siehe auch *Berkowsky*, Betriebsbedingte Kündigung, 4. Aufl., S. 111 Rdn. 141: Die soziale Schutzbedürftigkeit eines Arbeitnehmers bei erhöhter Krankheitsanfälligkeit erhöhe sich; MünchArbR/*Berkowsky*, 1. Aufl., § 135 Rdn. 74f., „wenn die Gesundheitsbeeinträchtigung einen unmittelbaren betrieblichen Bezug" habe.

einer Kündigung trennen darf, der, wenn auch unverschuldet, die längsten krankheitsbedingten Fehlzeiten aufzuweisen hat. Während die einen[829] die Frage bejahten, im Einzelfall jedoch eine durch längere Krankheit hervorgerufene Notlage des Arbeitnehmers zu seinen Gunsten berücksichtigen wollten[830], wurde sie von anderen[831] dann verneint, wenn die Krankheitszeiten für sich genommen auch eine personenbedingte fristgerechte Kündigung nicht rechtfertigen würden.[832] Nach einer Entscheidung des BAG vom 24. 3. 1983[833] waren krankheitsbedingte Fehlzeiten bei der sozialen Auswahl nicht zu berücksichtigen. Gesundheitliche Leistungsmängel stünden einer Vergleichbarkeit der einzelnen Arbeitnehmer nicht entgegen. Erhebliche Leistungsunterschiede seien nur bei der Prüfung beachtlich, ob der sozialen Auswahl nach § 1 Abs. 3 Satz 2 KSchG berechtigte betriebliche Bedürfnisse entgegenstünden. Das sei bei krankheitsbedingten Fehlzeiten nur dann zu bejahen, wenn eine objektiv begründete Wiederholungsgefahr bestehe und die Fehlzeiten zu einer unzumutbaren Beeinträchtigung betrieblicher Interessen führten. Auf krankheitsbedingte Fehlzeiten könne sich der Arbeitgeber nur insoweit berufen, als zugleich die Voraussetzungen einer krankheitsbedingten Kündigung erfüllt seien.[834] Im We-

---

[829] Vgl. LAG Hamm (11. 12. 75) DB 1976, 489; LAG Bayern (4. 8. 65) Baye.ABl. 1966, Teil C S. 25; LAG Düsseldorf DB 1976, 1113; *Foltyn*, S. 107; *Becker-Schaffner*, BlStSozArbR 1976, 100; *Weisemann*, BB 1977, 1770; *Neumann*, NJW 1978, 1840; *Hessel/Marienhagen*, S. 108; *Feichtinger*, S. 170f.; *Stahlhacke*, BlStSozArbR 1983, 37; *Vogt*, DB 1984, 1467 (1475); *Linck*, NZA 1996, 1024; siehe auch *Bauer/Röder/Lingemann*, S. 107.

[830] *Neumann*, Kündigung bei Krankheit, 3. Aufl., S. 25; *Auffarth/Müller*, KSchG, § 1 Anm. 173; *Hueck/Hueck*, KSchG, § 1 Rdn. 84.

[831] *W. Müller*, DB 1975, 2130 ff.; LAG Hamm (9. 7. 76) DB 1976, 1822; ArbG Wetzlar BB 1977, 797, das die Krankheit sogar zugunsten des Arbeitnehmers berücksichtigen will; KR-*Becker*, 3. Aufl., § 1 KSchG Rdn. 360.

[832] Vgl. auch *Bleistein*, S. 182, wonach der Gesundheitszustand (im Betrieb erlittene Gesundheitsschäden) als Auswahlgesichtspunkt in Betracht komme. Unklar bleibt, ob allein dieser Umstand zugunsten des jeweiligen Arbeitnehmers Berücksichtigung finden solle; ähnlich *Rohlfing/Rewolle/Bader*, KSchG, § 1 Anm. 23c.

[833] AP Nr. 12 zu § 1 KSchG 1969 Betriebsbedingte Kündigung = SAE 1984, 43 ff., mit **ablehnender** Anm. von *Löwisch*; zust. *Klinkhammer*, AuR 1984, 58; *Däubler*, 10. Aufl., S. 533; *Schwedes*, S. 324 Rdn. 649; *Birk*, JuS 1987, 114; *Gamillscheg*, S. 611; *Wenzel*, Kündigung und Kündigungsschutz, S. 90 Rdn. 261; *Heither*, ZGR 1984, 216 f.; *U. Preis*, Prinzipien, S. 428; *Schwerdtner*, in: Müko-BGB, 2. Aufl., vor § 620 Rdn. 523; KR-*Becker*, 3. Aufl., § 1 KSchG Rdn. 360 ff.; *Erman/Hanau*, BGB, 9. Aufl., § 620 Rdn. 141; *Stahlhacke/Preis*, S. 316 Rdn. 674; *Ascheid*, Kündigungsschutz, S. 190 Rdn. 330; *Künzl*, ZTR 1996, 391; *Seidel*, ZTR 1996, 452; *Schaub*, S. 1514 Rdn. 14; KR-*Etzel*, 4. Aufl. § 1 KSchG Rdn. 594; BAG (18. 10. 84) AP Nr. 18 zu § 1 KSchG 1969 Betriebsbedingte Kündigung – **kritisch** *Berkowsky*, Betriebsbedingte Kündigung, 3. Aufl., S. 73 Rdn. 119 (anders noch BB 1983, 2062): Gesundheitsbeeinträchtigungen ohne Betriebsbezug seien im Rahmen der sozialen Auswahl nicht zu berücksichtigen; MünchArbR/*Berkowsky*, 1. Aufl., § 135 Rdn. 49 f.; *Linck*, S. 107 f.; *Buchner*, DB 1984, 504 f.; *Rüthers/Henssler*, ZfA 1988, 34 f.; APS/*Kiel*, § 1 KSchG Rdn. 747; siehe auch *Bütefisch*, S. 299 ff., 308 f. – **anderer Ans.** *Meisel*, Anm. zu BAG AP Nr. 12 zu § 1 KSchG 1969 Betriebsbedingte Kündigung, Bl. 475; *Ehmann*, BlStSozArbR 1984, 209; *Rass*, S. 105 ff.; *Meisel*, DB 1991, 93; *Herschel/Löwisch*, KSchG, § 1 Rdn. 238; *Rost*, ZIP 1982, 1401; *Bauer/Röder/Lingemann*, S. 107.

[834] Ebenso *Jobs*, DB 1986, 538 (540); *Rohlfing/Rewolle/Bader*, KSchG, § 1 Anm. 23; *Schaub*, S. 1516 Rdn. 21; *B. Preis*, DB 1984, 2244 (2246); *Schwerdtner*, ZIP 1984, 10 (15); KR-*Becker*, 3. Aufl., § 1 KSchG, Rdn. 360 m.w.N; siehe auch Kasseler Handbuch/*Isenhardt*, 6.3 Rz. 577; *Hako-Gallner*, § 1 Rdn. 736, 766 – **kritisch** *Linck*, S. 123 m.w.N.; *von Hoyningen-Huene*, NZA 1994, 1015.

sentlichen dieselben Grundsätze sollten bei betriebsbedingten Kündigungen aufgrund von mit dem Betriebsrat vereinbarten Auswahlrichtlinien gelten[835], sei es gemäß § 95 BetrVG oder im Rahmen eines Interessenausgleichs, § 112 Abs. 1 BetrVG.

169 Wenn Krankheit sogar ein Grund für eine personenbedingte Kündigung darstellen kann, musste es rechtlich auch als zulässig angesehen werden, die Tatsache einer nicht nur vorübergehenden Erkrankung bei der sozialen Auswahl im Rahmen des § 1 Abs. 3 KSchG gleichfalls zu berücksichtigen.[836] Der Arbeitgeber durfte deshalb bei einer betriebsbedingten Entlassung einem krankheitsmäßig anfälligen Arbeitnehmer eher kündigen als einem gesunden, mit dessen krankheitsbedingtem Arbeitsausfall nicht oder nicht so häufig gerechnet werden muss; denn Leistungsgesichtspunkte mussten bei der sozialen Auswahl keineswegs unberücksichtigt bleiben.[837] Die gegenteilige Ansicht ließ sich weder mit dem Wortlaut noch mit dem Sinn und Zweck des § 1 Abs. 3 Satz 2 KSchG vereinbaren, da bei der Auswahl der zu kündigenden Arbeitnehmer neben sozialen auch betriebliche Gesichtspunkte, also vor allem leistungsbezogene Aspekte des jeweiligen Arbeitnehmers, gegeneinander abzuwägen waren. Die Zulässigkeit der Berücksichtigung von Leistungsunterschieden im Rahmen des § 1 Abs. 3 Satz 2 KSchG, für deren Vorliegen der Arbeitgeber die Darlegungs- und Beweislast trug[838], ergab sich bereits aus dem Wortlaut des Gesetzes. Während nach § 1 Abs. 2 Satz 1 KSchG nur „dringende" betriebliche Erfordernisse eine Kündigung rechtfertigten, reichten nach § 1 Abs. 3 Satz 2 KSchG schon „berechtigte" betriebliche Bedürfnisse aus, um von der Auswahl nach sozialen Gesichtspunkten abweichen zu können. Ferner sprach die Entstehungsgeschichte dieser Norm für die hier vertretene Ansicht. Der Gesetzgeber wollte ermöglichen, dass der Arbeitgeber „bei erheblichen Leistungsunterschieden zunächst den Leistungsschwächsten entlässt".[839] Der Arbeitgeber konnte nicht gezwungen werden, einen leistungsschwachen Arbeitnehmer zu behalten und statt seiner eine besser einsetzbare Arbeitskraft zu entlassen.[840] Dass vor allem krankheitsbedingte Fehlzeiten häufig zu nicht unwesentlichen betrieblichen Störungen

---

[835] BAG (20.10.83) DB 1984, 563f. = SAE 1985, 215 (218), mit Anm. von *Otto*; siehe auch BAG (18.10.84) DB 1985, 974.
[836] *Lepke*, 9. Aufl., S. 106f.; zust. *Bezani*, RdA 1997, 249.
[837] Siehe *Herschel*, Anm. zu BAG AP Nr. 46 zu § 1 KSchG; *Weng*, DB 1978, 887; *Hueck/von Hoyningen-Huene*, KSchG, 11. Aufl. 1992, § 1 Rdn. 476; *Stahlhacke/Preis*, S. 314 Rdn. 672; *Buchner*, DB 1983, 388 ff.; m.w.N.; *Berkowsky*, BB 1983, 206f.; *Ehmann*, BlStSozArbR 1984, 209f.; *Vogt*, BB 1985, 1147; *Schröder*, S. 132; BAG (6.3.86) – 2 AZR 277/85 – unv.; LAG Düsseldorf (3.6.82) DB 1982, 1937; LAG Berlin (2.1.84) ARSt 1985, S. 94 Nr. 1104; **kritisch** *U. Preis*, Prinzipien, 428f. – **anderer Ans.** *W. Müller*, DB 1975, 2132; *Becker-Schaffner*, BlStSozArbR 1978, 49f.; *Matthes*, in: *Bleistein/Matthes*, Einstellung – Urlaub – Krankheit – Kündigung, S. 327; *Dudenbostel*, DB 1984, 826 (828); BAG DB 1983, 1825; BAG SAE 1985, 218; LAG Hamm (9.7.76) DB 1976, 1822; ArbG Solingen (12.5.80) ARSt 1981, S. 31 Nr. 1035.
[838] Vgl. *Ascheid*, Beweislastfragen, S. 181 m.N.
[839] Vgl. Bundestags-Drucks. I/2090, S. 12.
[840] BAG (6.7.55) AP Nr. 1 zu § 20 BetrVG Jugendvertreter; (13.12.56) AP Nr. 5 zu § 7 KSchG; AP Nr. 25 zu § 1 KSchG; (20.1.61) AP Nr. 7 zu § 1 KSchG Betriebsbedingte Kündigung; *U. Preis*, Prinzipien, S. 429.

führen, erscheint evident. Etwas anderes konnte nur dann gelten, wenn der Arbeitnehmer die gesundheitliche Beeinträchtigung ohne sein Verschulden in Erfüllung seiner arbeitsvertraglichen Pflicht erlitten hatte[841], also insbesondere bei unverschuldeten Betriebs- oder Arbeitsunfällen.

Dass ansonsten eine möglichst geringe Belastung durch krankheitsbedingte Ausfälle im betrieblichen Interesse liegt, bedarf keiner näheren Darlegung. Gerade in wirtschaftlich angespannten Zeiten wirken sich „unproduktive" Kosten besonders nachteilig auf das betriebliche Gesamtergebnis aus. Ein Betrieb, der in einer betriebswirtschaftlichen Krisenzeit einen überproportionalen Krankenstand aufweist, kann in seiner noch verbliebenen Konkurrenzfähigkeit erheblich beeinträchtigt sein, was sogar eine Gefährdung der übrigen Arbeitsplätze mit sich bringen kann.[842] Auf jeden Fall wären die betrieblichen Belange, insbesondere Leistungsunterschiede und Belastungen des Betriebes aufgrund krankheitsbedingter Fehlzeiten im Rahmen der Prüfung gemäß § 1 Abs. 3 Satz 2 KSchG beachtlich gewesen. Entgegen der älteren Rechtsprechung des BAG wurde insoweit nicht mehr das Vorliegen einer Zwangslage im Sinne einer unbedingten Notwendigkeit verlangt.[843] Vielmehr reichte es aus, wenn im Interesse eines geordneten Betriebsablaufes die Weiterbeschäftigung eines bestimmten Arbeitnehmers erforderlich war, wobei auch Leistungsgesichtspunkte eine Rolle spielen konnten. Darauf, dass zugleich die Voraussetzungen einer krankheitsbedingten Kündigung erfüllt waren, konnte es indessen entgegen der Rechtsprechung des BAG entscheidungserheblich nicht ankommen, weil durch die vom BAG vorgenommene Einschränkung des § 1 Abs. 3 Satz 2 KSchG die unterschiedliche Interessenlage bei einer personen- und einer betriebsbedingten Kündigung nicht hinreichend berücksichtigt worden war. 170

Konnten krankheitsbedingte Fehlzeiten bei einer betriebsbedingten Kündigung im Rahmen der sozialen Auswahl durchaus zum Nachteil des Arbeitnehmers berücksichtigt werden, so kam in solchen Fällen in der Person des Arbeitnehmers liegende Grund zu den Umständen, die aus dringenden betrieblichen Gründen die Entlassung rechtfertigen, noch hinzu.[844] 171

b) § 1 Abs. 3 Sätze 1 und 2 KSchG in der Fassung vom 1.10.1996

Nach der Neufassung des § 1 Abs. 3 KSchG konnte die krankheitsbedingte Arbeitsunfähigkeit eines Arbeitnehmers in die soziale Auswahl gemäß § 1 Abs. 3 Satz 1 Halbs. 1 KSchG weder zu seinen Gunsten[845] noch zu seinen Lasten unmit- 172

---
841 Ähnlich LAG Düsseldorf BB 1955, 898; LAG Frankfurt/M. BB 1954, 687; *Neumann*, NJW 1978, 1840; zust. *Rass*, S. 109; *Linck*, S. 108f.
842 Zutreffend LAG Hamm, DB 1976, 489.
843 BAG DB 1983, 1825; SAE 1985, 218; zust. *Linck*, S. 120; BAG (25. 4. 85) NZA 1986, 64; (6. 3. 86) – 2 AZR 277/85 – unv.; KR-*Becker*, 3. Aufl., § 1 KSchG Rdn. 364; siehe auch *Rumpenhorst*, NZA 1991, 214 ff.
844 Nach österreichischem Recht zust. *Runggaldier*, ZAS 1982, 130 (139).
845 Ebenso *Stahlhacke/Preis*, WiB 1996, 1030; HK-KSchG/*Dorndorf*, 3. Aufl., § 1 Anh. 3 Rdn. 1062 – **anders** etwa *Kittner*, AuR 1997, 184; *Däubler*, S. 573 Rdn. 1057; *Feichtinger*, ArbR-*Blattei*, Krankheit I, Rz. 223; Berkowsky, Betriebsbedingte Kündigung, S. 180 Rdn. 164, falls betriebliche Bezug.

telbar berücksichtigt werden, weil die Prüfung der sozialen Gesichtspunkte ausschließlich auf die drei Grunddaten reduziert war[846] so dass andere soziale Aspekte, etwa Krankheiten, insoweit außer Betracht bleiben mussten.[847] Dennoch waren krankheitsbedingte Fehlzeiten auch weiterhin nach § 1 Abs. 3 Satz 2 KSchG von kündigungsrechtlicher Erheblichkeit.

Während nur „dringende" betriebliche Erfordernisse eine betriebsbedingte Kündigung rechtfertigen, § 1 Abs. 2 Satz 1 KSchG, reichten gemäß § 1 Abs. 3 Satz 2 KSchG a.F. schon „berechtigte betriebliche Bedürfnisse" aus, um von der Auswahl nach sozialen Gesichtspunkten abweichen zu können. Mithin waren die Anforderungen geringer.[848] Nunmehr genügte bereits ein „berechtigtes betriebliches Interesse", dem der Gesetzgeber gegenüber der Sozialauswahl größeres Gewicht beigemessen hatte.[846] Ein Interesse ist begrifflich weniger als ein Bedürfnis.[849] So konnte eine berechtigtes betriebliches Interesse bejaht werden, wenn der betreffende Arbeitnehmer vielseitig und flexibel einsetzbar ist. Deshalb konnte auch eine erheblich geringere Krankheitsanfälligkeit bestimmter Arbeitnehmer ein berechtigtes betriebliches Interesse an deren Weiterbeschäftigung begründen[850], ohne dass die Voraussetzungen für die Zulässigkeit einer krankheitsbedingten Entlassung vorliegen mussten. Die „soziale Auswahl" darf jedenfalls nicht dazu führen, dass in den Betrieben nur noch kranke und in ihrer Leistungsfähigkeit geminderte Arbeitnehmer verbleiben.[851] Deshalb erschien es gerechtfertigt, den Begriff „Sicherung einer ausgewogenen Personalstruktur" im Sinne von § 1 Abs. 3 Satz 2 KSchG zu interpretieren[852], da zur Personalstruktur auch die unterschiedliche Leistungsstärke der Belegschaft gehört.[853]

c) *Aktuelle Fassung des § 1 Abs. 3 Sätze 1 und 2 KSchG*

173 Da durch das sog. Korrekturgesetz hinsichtlich der Regelungen in § 1 Abs. 3 Sätze 1 und 2 KSchG die bis zum 30.9.1996 geltende Rechtslage wiederhergestellt

---

[846] Bundestags-Drucks., 13/4612, S. 13; *Giesen*, ZfA 1997, 148.
[847] So auch *Ascheid*, RdA 1997, 337; *Knorr/Bichlmeier/Kremhelmer*, S. 619 Rdn. 170.
[848] Dazu nur KR-*Etzel*, 4. Aufl., § 1 KSchG Rdn. 595; siehe auch MünchArbR/*Berkowsky*, 1. Aufl., § 135 Rdn. 39ff.; *Hako-Gallner*, § 1 Rdn. 760.
[849] So auch *Bader*, NZA 1996, 1129; *von Hoyningen-Huene/Linck*, DB 1997, 43; *Fischermeier*, NZA 1997, 1092; *Ascheid*, RdA 1997, 337, 338 – anders *Löwisch*, NZA 1996, 1011.
[850] Ebenso *Bader*, NZA 1996, 1129; *Künzl*, ZTR 1996, 396; *Pauly*, MDR 1997, 516; *Lakies*, NJ 1997, 124; *Fischermeier*, NZA 1997, 1092; *Hueck/von Hoyningen-Huene*, KSchG, § 1 Rdn. 479a; ErfK/*Ascheid*, 1. Aufl., § 1 KSchG Rdn. 557; *Knorr/Bichlmeier/Kremhelmer*, S. 625 Rdn. 182 – anders *U. Preis*, NZA 1997, 1084; *Löwisch*, KSchG, 7. Aufl., § 1 Rdn. 351ff.; *Kittner*, AuR 1997, 188, *Matthiessen*, NZA 1998, 1156, 1157; *Hako-Gallner*, § 1 Rdn. 760.
[851] Vgl. *Löwisch*, KSchG. 7. Aufl. § 1 Rdn. 359; *Schaub*, 9. Aufl., S. 1430 Rdn. 30.
[852] So auch *Löwisch*, KSchG, § 1 Rdn. 382; *Heise/Lessenich/Merten*, Rdn. 40; *Ascheid*, RdA 1997, 338; KR-*Etzel*, 5. Aufl., § 1 KSchG Rdn. 662 – anders etwa *Kittner/Trittin*, KSchR, § 1 KSchG Rdn. 495e–i; *U. Preis*, NZA 1997, 1984; *Stahlhacke/Preis/Vossen*, 7. Aufl. Rdn. 674.
[853] KR-*Etzel*, 5. Aufl., § 1 KSchG Rdn. 660; *Wlotzke*, BB 1997, 414 (418).

worden ist[854], kommt den zur ursprünglichen Gesetzesregelung in Literatur und Rechtsprechung vertretenen unterschiedlichen Auffassungen wieder aktuelle Bedeutung zu.[855] Gesundheitliche Leistungsmängel des betreffenden Arbeitnehmers stehen auch nach neuem Recht der Vergleichbarkeit von Arbeitnehmers in der Regel nicht entgegen.[856] Andernfalls fände von vornherein nur unter den leistungsschwachen Arbeitnehmern eine Sozialauswahl statt. Das Interesse des Arbeitgebers an einer leistungsstarken Belegschaft muss deshalb im Rahmen der Abwägung zwischen sozialen Gesichtspunkten nach § 1 Abs. 3 Satz 1 und den berechtigten betrieblichen Belangen nach Satz 2 KSchG Beachtung finden. Dann aber können jedenfalls im Rahmen von § 1 Abs. 3 Satz 2 KSchG „erhebliche Leistungsunterschiede" sowie häufige krankheitsbedingte Fehlzeiten der Arbeitnehmer berücksichtigt werden, ohne dass die Voraussetzungen einer krankheitsbedingten Kündigung vorliegen müssen.[857] Auch *Ascheid*[858] erscheint es mehr als bedenklich, bei der sozialen Auswahl einen kranken mit einem gesunden Arbeitnehmer als nicht vergleichbar zu erachten; denn die Vergleichbarkeit richte sich allein nach dem Inhalt des konkreten Arbeitsvertrages. Im Übrigen können gesundheitliche Beeinträchtigungen außerbetrieblichen Ursprungs im Rahmen der sozialen Auswahl nach § 1 Abs. 3 Satz 1 KSchG auch nicht zugunsten des betreffenden Arbeitnehmers von entscheidungserheblicher Bedeutung sein.[859]

8. Darlegungs- und Beweislast

Die früher heftig umstritten gewesene Frage nach der Darlegungs- und Beweislast im Kündigungsschutzprozess ist durch die Fassung des KSchG im Wesentlichen gegenstandslos geworden.[860] § 1 Abs. 2 Satz 4 KSchG bestimmt ausdrücklich, dass der Arbeitgeber die Tatsachen zu beweisen und folglich auch darzulegen hat, die die Kündigung rechtfertigen sollen. Hingegen muss der Arbeitnehmer im Prozess

174

---

[854] Vgl. dazu *B. Gaul*, DB 1998, 2467f.; *Schiefer*, DB 1999, 48ff.; *Riester*, AuR 1999, 1ff.; *Hinrichs*, AiB 1999, 1ff.; *Löwisch*, BB 1999, 102ff.; *Marschner*, MDR 1999, 209; *Bader*, NZA 1999, 64ff.; *Lakies*, NJ 1999, 74ff.; *Däubler*, NJW 1999, 601ff.
[855] So auch *Bader*, NZA 1999, 64 (68); *Hako-Gallner*, § 1 Rdn. 769; *Schaub*, 9. Aufl., S. 1430 Rdn. 31; Kasseler Handbuch/*Isenhardt*, 6.3 Rz. 579; MünchArbR/*Berkowsky*, § 139 Rdn. 8, 119; ErfK/*Ascheid*, § 1 KSchG Rdn. 503, 512 (siehe aber Rdn. 498, 502); wohl auch *Gamillscheg*, S. 653.
[856] Ebenso *von Hoyningen-Huene/Linck*, KSchG, § 1 Rdn. 452; KR-*Etzel*, § 1 KSchG Rdn. 619 m.w.N. – anders *Lück*, S. 104f.; siehe auch *Stahlhacke/Preis/Vossen*, Rdn. 1083 m.w.N.
[857] Ebenso *Löwisch*, BB 1999, 102 (193); *U. Preis*, RdA 1999, 311 (318, 319); *Bütefisch*, S. 186f.; APS/*Kiel*, § 1 KSchG Rdn. 676; *Backmeister/Trittin*, KSchG, § 1 Rdn. 328; *Brox/Rüthers*, S. 162 Rdn. 202; *von Hoyningen-Huene/Linck*, KSchG, § 1 Rdn. 479a, 452; KPK/*Meisel*, § 1 KSchG Rdn. 534; KR-*Etzel*, § 1 KSchG Rdn. 676; *Stahlhacke/Preis/Vossen*, Rdn. 1127; siehe auch *Dörner/Luczak/Wildschütz*, D, Rdn. 1470 – **anderer Ans.** *Lakies*, NJ 1999, 74 (75); *Kittner/Däubler/Zwanziger*, KSchR, § 1 KSchG Rdn. 459, 495; *Gamillscheg*, S. 611, 653; HK-KSchG/*Dorndorf*, § 1 Rdn. 1114, 1088, 1050, 1080; *Bader/Bram/Dörner/Wenzel*, KSchG, § 1 Rdn. 327a; *Schaub*, S. 1516 Rdn. 21.
[858] FS für *Alfred Söllner*, S. 665 (675); siehe aber ErfK/*Ascheid*, § 1 KSchG Rdn. 503.
[859] Dazu im Einzelnen *Bütefisch*, S. 246f., 266f.
[860] Dazu im Einzelnen *Prütting*, S. 296ff.; *Ascheid*, Beweislastfragen, S. 61ff.; *Becker-Schaffner*, BB 1992, 557ff.

die klagebegründenden Tatsachen des Bestehens eines Arbeitsverhältnisses, des Ausspruches der Kündigung durch den Arbeitgeber sowie das Vorliegen der persönlichen und sachlichen Voraussetzungen für die Anwendung des KSchG vortragen und erforderlichenfalls beweisen.[861] Die darlegungspflichtige Partei braucht jedoch nicht von vornherein alle nur denkbaren Umstände, die die Kündigung rechtfertigen sollen, zum Gegenstand ihres Vorbringens zu machen. Der Umfang ihrer Behauptungslast richtet sich vielmehr danach, wie sich der Prozessgegner auf einen bestimmten Vortrag einlässt.[862] Erst bei einem zulässigen Bestreiten der Gegenpartei bedarf es der Ergänzung eines nur pauschalen Vorbringens durch die darlegungspflichtige Partei. Bei dieser „abgestuften Darlegungs- und Beweislast" handelt es sich nicht um ein Rechtsinstitut eigener Art des Kündigungsschutzprozesses, sondern um eine Kombination verschiedener zivilprozessualer Verfahrensweisen[863], die auch anderen zivilrechtlichen Streitigkeiten nicht wesensfremd ist.[864]

175   Es ist zunächst Sache des Arbeitgebers, im Kündigungsschutzprozess substantiiert darzulegen und ggf. den Beweis dafür zu erbringen, dass in der Person des Arbeitnehmers eine die Kündigung rechtfertigende langanhaltende Krankheit oder häufige Erkrankungen verbunden mit der Gefahr ihrer Wiederholung[865] oder eine Minderung der Leistungsfähigkeit infolge krankheitsbedingter Arbeitsunfähigkeit vorliegen und dass dadurch unzumutbare betriebliche Störungen eingetreten sind. Vielfach wird das Gericht – für den Arbeitgeber gilt nichts anderes – diese Feststellung aus eigener Sachkunde gar nicht treffen können, so dass die Mithilfe durch medizinische Sachverständige als Gutachter, § 402 ZPO, oder sachverständige Zeugen, § 414 ZPO, in der Regel unumgänglich notwendig erscheint[866], ggf. durch die Zu-

---

[861] Statt vieler *von Hoyningen-Huene/Linck*, KSchG, § 1 Rdn. 94; KR-*Becker*, 3. Aufl., § 1 KSchG Rdn. 75, 92, § 23 KSchG Rdn. 80; *Ascheid*, Beweislastfragen, S. 44 ff.; KR-*Etzel*, § 1 KSchG Rdn. 89; KR-*Weigand*, § 23 KSchG Rdn. 54; BAG (9.9.82) AP Nr. 1 zu § 611 BGB Hausmeister, mit Anm. von *Jahnke*; (23.3.84) EzA Nr. 7 zu § 23 KSchG; LAG Berlin (26.6.89) LAGE Nr. 5 zu § 23 KSchG, aber umstritten, im Einzelnen dazu etwa *Schaub*, Arbeitsgerichtsverfahren, S. 286f. Rdn. 49; *Germelmann/Matthes/Prütting/Müller-Glöge*, ArbGG, § 58 Rdn. 91, S. 911.
[862] Vgl. BAG (22.11.73) AP Nr. 22 zu § 1 KSchG 1969 Betriebsbedingte Kündigung; (12.8.76) AP Nr. 3 zu § 1 KSchG 1969, mit Anm. von *E. Schneider*; (3.2.77) AP Nr. 4 und (7.12.78) Nr. 6 zu § 1 KSchG 1969 Betriebsbedingte Kündigung; (25.11.82) AP Nr. 7 zu § 1 KSchG 1969 Krankheit.
[863] Zum Versuch einer dogmatischen Begründung siehe *Altrock*, DB 1987, 433 ff.; *Bitter/Kiel*, RdA 1994, 340; KR-*Etzel*, § 1 KSchG Rdn. 262.
[864] Vgl. etwa BGH (3.6.80) NJW 1981, 577; (1.12.82) NJW 1983, 687 (688); (12.7.84) NJW 1984, 2888 (2889).
[865] **Anders** *Kasper*, NJW 1994, 2981 ff., unter Hinweis auf die Gesetzessystematik und die Normenfunktion des § 1 Abs. 2 Sätze 1 und 4 KSchG: Es genüge der Hinweis auf die eingetretenen „Störungen" in der Vergangenheit.
[866] Ebenso BAG (6.9.89) NZA 1990, 307; (28.2.90) NZA 1990, 727; (29.7.93) NZA 1994, 67; *von Hoyningen-Huene/Linck*, KSchG, § 1 Rdn. 225, 230; *Berkowsky*, Personenbedingte Kündigung, S. 89 Rdn. 15; *Däubler*, S. 583 Rdn. 1083; KR-*Etzel*, § 1 KSchG Rdn. 278; HK-KSchG/*Weller/Dorndorf*, § 1 Rdn. 397.

sammenarbeit mehrerer Spezialisten der verschiedensten Fachgebiete.[867] Ob ihm die notwendige Sachkunde zur Wertung fehlt, entscheidet das Tatsachengericht nach pflichtgemäßem Ermessen.[866] Im Einzelfall kann auch die Einholung eines arbeitsmedizinischen Gutachtens geboten sein[868], während bei einer exorbitanten Steigerung der Fehlzeiten und deren klarer Indizwirkung für die Zukunft die Erstattung eines medizinischen Sachverständigengutachtens im Allgemeinen nicht notwendig erscheinen wird.[869] Allerdings meinte *Nierhoff*, Facharzt für Innere Medizin und Bezirksstellenleiter Münster der Kassenärztlichen Vereinigung Westfalen-Lippe, auf einer Fachtagung 1994[870], der einzelne Arzt sei nicht in der Lage, bei der Vielzahl der Faktoren, die auf die Arbeitsunfähigkeit Einfluss nehmen, eine Prognose über die zukünftige Entwicklung der Fehlzeiten eines einzelnen Arbeitnehmers abzugeben. Ähnlich äußerte sich *Kasper*[871] bezüglich eines gerichtlich bestellten medizinischen Sachverständigen, der hinsichtlich zukünftiger Tatsachen als Kündigungsgrund überfordert sei, weil er kein „Hellseher" wäre.[872] *Stückmann*[873] meint sogar, den Medizinern könne hinsichtlich der Feststellung einer krankheitsbedingten Arbeitsunfähigkeit kaum größere Sachkunde zugemessen werden als anderen Beteiligten, etwa dem Arbeitnehmer. Fast 60 % der befragten Ärzte hätten angegeben, dass es für sie unzumutbar sei, die einzelnen Tätigkeiten des betreffenden Arbeitnehmers vor der „Krankschreibung" genau zu ermitteln. Dagegen steht die Aussage von *Löffler*[874], Ärzte seien generell in der Lage, mit an Sicherheit grenzender Wahrscheinlichkeit eine krankheitsbedingte Arbeitsverhinderung zuverlässig festzustellen.

Die Schwierigkeit der Feststellung zukünftiger Umstände sowie die Beweisführung darüber sollen keineswegs verkannt werden. Wie auch sonst kommt es aber wesentlich auf die notwendige Konkretisierung des Beweisthemas und die Sachkunde des medizinischen Gutachters an, der damit – trotz der Entscheidungshoheit des Gerichts – zum Dreh- und Angelpunkt des Prozesses werden kann. Dass entsprechende Prognosen sehr wohl zur Überzeugung des Gerichts gestellt werden können, belegt die gerichtliche Spruchpraxis in vielfältiger Weise. Im Übrigen unterliegt auch ein (medizinisches) Gutachten wie jedes andere Beweismittel der frei-

---

[867] Dazu etwa *Müller*, Der Sachverständige, S. 106 Rdn. 193 – **unrichtig** *Schuster*, AuA 1993, 170, nur ein Arzt mit entsprechender Zusatzqualifikation könne eine solche Prognoseentscheidung treffen.
[868] BAG (12.1.95) – 2 AZR 366/94 – unv; *Kittner/Däubler/Zwanziger*, KSchR, § 1 Rdn. 106: in der Regel; ebenso Tschöpe, BB 2001, 2110 – **unrichtig** *Hennige*, AuA 1995, 145: Es komme nur ein Arbeitsmediziner in Frage; so wohl auch *Boewer*, Kündigungsschutzprozess, S. 302 Rdn. 135.
[869] Dazu LAG Köln (17.6.94) RzK I 5g Nr. 59.
[870] in: *Rieder*, Krankheit im Arbeitsverhältnis, S. 144.
[871] NJW 1994, 2980.
[872] Dazu auch *Tschöpe*, DB 1987, 1042 (1043, Fußn. 21).
[873] AuA 1996, 198.
[874] ErsK 1989, 181; so auch *Angel*, S. 160.

en Beweiswürdigung durch das Gericht, § 286 ZPO[875], wobei es Äußerungen medizinischer Sachverständiger auf ihre Vollständigkeit und Widerspruchsfreiheit zu überprüfen hat.[876] Maßgebend für die diesbezügliche Beurteilung sind alle zurückliegenden Erkrankungen, wenn und soweit sie medizinische Rückschlüsse auf die künftige Gesundheitsentwicklung des Arbeitnehmers zulassen. Das Gericht darf auch von einem medizinischen Gutachten abweichen, sofern es dies umfassend und sachkundig begründen kann.[877] Es sollte jedoch die Grenzen der eigenen Sachkunde nicht aus den Augen verlieren. Entgegen der Ansicht von *Herbst/Wohlfarth*[878] lässt sich eine Beschränkung der Begutachtung auf Erkrankungen der letzten 12 Monate aus dem Grundsatz der Verhältnismäßigkeit nicht herleiten.[879] Sie stünde auch der Erstattung eines fundierten Sachverständigengutachtens entgegen. Will der Tatrichter in einer medizinischen Frage seine Beurteilung ohne Hinzuziehung eines Sachverständigen allein auf seine Erkenntnisse aus der medizinischen Fachliteratur stützen, muss er in der gerichtlichen Entscheidung darlegen, dass er für die Auswertung dieser Literatur die erforderliche Sachkunde besitzt.[880]

177   Aus den eben genannten Gründen wird man die Anforderungen an die Darlegungs- und Beweisführungslast des Arbeitgebers jedoch nicht überspannen dürfen. Der Arbeitgeber kann aufgrund der ihm bekannt gewordenen Umstände oder der Tatsachen, über die er sich hätte Gewissheit verschaffen können, und aufgrund der Einlassungen des Arbeitnehmers regelmäßig nur dartun und behaupten, aus den und den Gründen sei die Annahme gerechtfertigt, dass der Arbeitnehmer noch auf unabsehbare Zeit arbeitsunfähig krank sein oder auch in Zukunft wiederholt nicht unwesentliche Zeit häufig krankheitsbedingt ausfallen werde.[881] Zwar trägt der Arbeitnehmer – jedenfalls bei einer Kündigung wegen langanhaltender Erkrankung – das Risiko einer Fehlprognose des in behandelnden Arztes.[882] Sprechen aber schon im Zeitpunkt der Kündigung objektive Umstände dafür, dass die Arbeitsunfähigkeit unabhängig von einer solchen Fehldiagnose voraussichtlich oder möglicherweise (nur) von absehbarer Dauer sein wird, kann im Ergebnis von einer negativen Gesundheitsprognose nicht ausgegangen werden.[882]

---

[875] Vgl. nur *Baumbach/Lauterbach/Hartmann*, ZPO, § 286 Rdn. 50; *Rosenberg/Schwab/Gottwald*, § 123 VI, S. 276 m.N.; *Stein/Jonas/Leipold*, ZPO, § 412 Rdn. 1; *Ehlers*, S. 39 Rdn. 122; BAG (21.11.96) AP Nr. 1 zu § 2 BAT SR 2d = BB 1997, 1644; BGH (3.12.96) NJW 1997, 803; (7.3.01) BB 2001, 1012; BVerfG (7.10.96) FamRZ 1997, 152.
[876] BGH (14.12.93) NJW 1994, 1597; (9.1.96) MDR 1996, 1180; *Stein/Jonas/Leipold*, ZPO, § 412 Rdn. 3.
[877] BGH (21.7.94) NJW 1997, 1446; *Stein/Jonas/Leipold*, ZPO, § 412 Rdn. 2; *Ehlers*, S. 2 Rdn. 6, S. 14 Rdn. 38.
[878] DB 1990, 1816 (1820).
[879] Ebenso *von Hoyningen-Huene/Linck*, KSchG, § 1 Rdn. 225; *Hako-Gallner*, § 1 Rdn. 511.
[880] BGH (2.3.93) VersR 1993, 749; (23.2.99) NJW 1999, 1861; *Deutsch*, Medizinrecht, S. 226 Rdn. 322.
[881] Siehe auch LAG Hamm DB 1976, 826; *Schwerdtner*, in: Müko-BGB, § 622 Anh. Rdn. 433.
[882] BAG (21.2.01) NZA 2001, 1071 = EzA Nr. 48 zu § 1 KSchG Krankheit.

Wenn in diesem Zusammenhang *Berkowsky*[883] unter Hinweis auf *Ascheid*[884] äußert, die Formulierung, an die Darlegung der Prognose dürften „keine strengen Anforderungen"[885] gestellt werden, sei unangemessen und ohne Aussagewert, verkennt er den Umfang der Substantiierungslast bei einer Prognoseentscheidung. In der überwiegenden Mehrzahl der denkbaren Fälle ist selbst bei sorgfältiger ärztlicher Begutachtung eine solche, fast mathematisch nachzuprüfende Sicherheit nicht zu erlangen.[886] Dann aber kann dies hinsichtlich der Prognoseentscheidung auch vom Arbeitgeber nicht verlangt werden. Angesichts der Unzulänglichkeit der menschlichen Erkenntnismöglichkeiten ist eine jeden Zweifel ausschließende Gewissheit kaum je erreichbar, so dass sie auch prozessrechtlich nicht verlangt werden kann. Es kommt vielmehr auf die persönliche Überzeugung des entscheidenden Richters an, der sich in zweifelhaften Fällen mit einem für das praktische Leben brauchbaren Grad von Gewissheit begnügen muss.[887] Es wäre deshalb aus richterlicher Sicht rechtsfehlerhaft, einen Beweis deswegen als nicht erbracht anzusehen, weil keine absolute, über jeden denkbaren Zweifel erhabene Gewissheit gewonnen werden konnte.[888] Grundsätzlich deckt sich die Behauptungslast nach Gegenstand und Umfang mit der Beweislast.[889] Die Darlegungslast kann aber vom möglichen Kenntnisstand der beweispflichtigen Partei nicht völlig losgelöst betrachtet werden.

178

Ansonsten können sich die Parteien aller nach der ZPO zulässigen Beweismittel bedienen, um die Voraussetzungen für das Vorliegen einer krankheitsbedingten Kündigung nachzuweisen bzw. diese zu erschüttern. Allerdings ist es dem Arbeitgeber ohne ausdrückliche Einwilligung des Arbeitnehmers verwehrt, Umstände um oder in der Person des Mitarbeiters mit Hilfe einer DNA-Analyse (genetischer Fingerabdruck) zu ermitteln.[890] Andernfalls wäre sein allgemeines Persönlichkeitsrecht, insbesondere seine vom GG geschützte Privatsphäre verletzt. Ein rechtswidrig erlangtes Beweismittel darf prozessual in der Regel nicht verwertet werden.[891]

178a

Um die krankheitsbedingten Fehlzeiten in der Vergangenheit zu dokumentieren und nachzuweisen, aber auch, um die betrieblichen Einflussfaktoren zu analysieren und möglichst zu beseitigen[892], erstellen vor allem größere Unternehmen sog.

179

---

[883] MünchArbR, § 154 Rdn. 42; Personenbedingte Kündigung, S. 286 Rdn. 22.
[884] Beweislastfragen, S. 87f.
[885] So ausdrücklich etwa KR-*Becker*, 3. Aufl., § 1 KSchG Rdn. 213a.
[886] Vgl. nur BAG (26. 8. 93) NZA 994, 63 = SAE 1994, 217ff., mit Anm. von *Walker*.
[887] Siehe BGH (14. 1. 93) NJW 1993, 935 (937); (13. 11. 98) NJW 1999, 488; BAG (19. 2. 97) NZA 1997, 652ff.; *Rosenberg/Schwab/Gottwald*, § 115 I 1, S. 657ff.; *Baumbach/Lauterbach/Hartmann*, ZPO, § 286 Rdn. 18; ErfK/*Ascheid*, 1. Aufl., § 1 KSchG Rdn. 219; *Bengelsdorf*, NZA-RR 2002, 59.
[888] BGH (17. 2. 70) Z 53, 245 (256); (6. 6. 73) Z 61, 165 (169); (13. 11. 98) NJW 1999, 488; BAG (19. 2. 97) NZA 1997, 652ff.; *Zöller/Greger*, ZPO, § 286, Rdn. 19.
[889] *Rosenberg/Schwab/Gottwald*, § 117, S. 677.
[890] Ebenso *Berkowsky*, NZA-RR 2001, 461; siehe auch BVerfG (14.12.00) NJW 2001, 879.
[891] Vgl. etwa *Baumbach/Lauterbach/Hartmann*, ZPO, § 286 Rdn. 68 m.w.N.; *Germelmann/Matthes/Prütting/Müller-Glöge*, ArbGG, § 58 Rdn. 34ff. m.N.; BVerfG (9. 10. 02) EzA Nr. 15 zu § 611 BGB Persönlichkeitsrecht; VGH Baden-Württ. (28. 11. 00) AuR 2001, 469ff. mit zust. Anm. von *Roos*.
[892] Vgl. *Brosowske*, in: *Hromadka*, Krankheit im Arbeitsverhältnis, S. 9ff.; *Derr*, S. 71.

Fehlzeitenstatistiken[893, 894] bzw. -protokolle, was ihnen verschiedentlich[895] zu Recht angeraten wird, oder versenden an die betreffenden Arbeitnehmer entsprechende Anhörungsbögen[896, 897], die in der Regel zu deren Personalakten genommen werden. Wenn in diesem Zusammenhang *Wohlgemuth*[898] meint, derartige Statistiken könnten zur „Disziplinierung der Beschäftigten" eingesetzt werden und sie dienten letztlich auch der systematischen Selektion der sozial schwachen Arbeitnehmer in der Form von Kündigungen kranker Mitarbeiter, so darf doch nicht unberücksichtigt bleiben, dass die Verteilung der Darlegungs- und Beweislast im Prozess dem Arbeitgeber kaum eine andere Wahl lässt. Auch unter datenschutzrechtlichen Aspekten bestehen gegen die Sammlung bzw. Speicherung krankheitsbedingter Fehlzeiten keine Bedenken[899], da diese Daten nicht zum engeren Persönlichkeitsbereich es Arbeitnehmers zählen, wohl aber für die Rechte und Pflichten des Arbeitgebers relevant sind. Durch die Novellierung des BDSG hat

---

[893] Für deren Zulässigkeit auch *Hunold*, S. 66, 296; *Meisel*, S. 297 Rdn. 472; *Broich/Ropertz*, in: *Rieder*, Krankheit im Arbeitsverhältnis, S. 227ff.; siehe auch *Dütz*, RdA 1992, 394; *ders.*, AuA 1993, 179, 245; zum Berechnungsschema für eine betriebliche Krankenstandsstatistik siehe *Müller/Berenz*, EFZG, Anhang 2, S. 289ff.

[894] Zur Frage, ob dem Betriebsrat nach § 87 Abs. 1 Nr. 6 BetrVG ein Mitbestimmungsrecht zusteht, wenn die Einführung und Anwendung eines Personalinformationssystems auch dazu dient, krankheitsbedingte Fehlzeiten der Arbeitnehmer zu erfassen, siehe LAG Frankfurt/M. (1.9.83) DB 1984, 61 = BB 1984, 402; BAG (11.3.86) NZA 1986, 526 = BB 1986, 1292 = RDV 1986, 191, mit zust. Anm. von *Gola* = SAE 1987, 94 mit zust. Anm. von *Meisel*; dazu *Gast*, BB 1986, 1712; *Ehmann*, NZA 1986, 657ff.; *ders.*, ZfA 1986, 355 (370); *Richardi*, BetrVG, § 87 Rdn. 512; *Staudinger/Richardi*, BGB, Vorbem. zu §§ 611ff. Rdn. 1164; *Wiese*, GK-BetrVG, § 87 Rdn. 528ff.; *Stege/Weinspach/Schiefer*, BetrVG, § 87 Rdn. 47a, 109a; *Hunold*, S. 296; *Wlotzke*, BetrVG, § 87 Anm. 6c, S. 271; *Löwisch/Kaiser*, BetrVG, § 87 Rdn. 43, 107; Kasseler Handbuch/*Striegan*, 2.10 Rz. 244, 612; *Gola*, BB 1995, 2319, 2323; *Meisel*, S. 645 Rdn. 1089; *Däubler/Kittner/Klebe*, BetrVG, § 87 Rdn. 150; *Hess/Schlochauer/Glaubitz*, BetrVG, § 87 Rdn. 301; *Fitting/Kaiser/Heither/Engels/Schmidt*, BetrVG, § 87 Rdn. 222, 238f.; *HanauAdomeit*, S. 136 Rdn. 479; ErfK/*Wank*, § 28 BDSG Rdn. 18.

[895] Siehe *Hanau/Kramer*, DB 1995, 97f.; *Edenfeld*, DB 1997, 2276; *Boewer*, Kündigungsschutzprozess, S. 303 Rdn. 137.

[896] Zum zulässigen Inhalt solcher generellen Anschreiben siehe LAG Köln (19.2.88) DB 1989, 1341; zust. *Schuster*, AuA 1993, 169, aber **unrichtig**, der Betriebsrat könne auf Unterlassung „klagen"; als Bestandteil der Personalakten: BAG (15.7.87) SAE 1989, 42ff., mit Anm. von *Krause* = AP Nr. 14 zu § 611 BGB Persönlichkeitsrecht.

[897] Zur Frage, ob und inwieweit dem Betriebsrat ein Mitbestimmungsrecht zusteht, §§ 87 Abs. 1 Nr. 1, 94 BetrVG: verneinend ArbG Berlin (3.4.74) DB 1974, 1167, mit zutreffender Begründung; zust. *Fitting/Auffarth/Kaiser*, BetrVG, 13. Aufl. 1981, § 87 Rdn. 17b; *Hunold*, DB 1982, Beilage Nr. 18, S. 6; *Wiese*, GK-BetrVG, § 87 Rdn. 225; *Hess/Schlochauer/Glaubitz*, BetrVG, § 87 Rdn. 114; *Stege/Weinspach/Schiefer*, BetrVG § 87 Rdn. 47a; LAG Berlin (15.10.74) – 8 Ta BV 4/74 –; LAG Hamm (16.4.86) BB 1986, 1359; siehe auch VGH Baden-Württ. (20.4.93) PersV 1995, 131 – **anderer Ans.** *Gola*, BB 1995, 2324; *Däubler/Kittner/Klebe*, BetrVG, § 87 Rdn. 52; ArbG Offenbach (20.6.90) DB 1991, 554; wohl auch Hess. LAG (7.12.93) BB 1994, 1711 = ZTR 1994, 348; zur Bekanntgabe von solchen Fehlzeiten am „Schwarzen Brett" vgl. ArbG Verden (4.4.89) BB 1989, 1405 = NZA 1989, 943; *Gola*, BB 1995, 2322 m.N.

[898] AuR 1981, 269 (270); auch *Osthold*, BB 1982, 1307.

[899] MünchArbR/*Blomeyer*, § 99 Rdn. 33; ErfK/*Wank*, § 28 BDSG Rdn. 20; BAG (11.3.86) AP Nr. 14 zu § 87 BetrVG Überwachung; ArbG Frankfurt/M. (2.7.97), AuA 1997, Heft 10, S. VI.

sich die Rechtslage insoweit nicht geändert[900], was sich aus § 28 Abs. 6 Nr. 3 BGSG herleiten lässt.

Hat sich der Arbeitgeber beim Arbeitnehmer oder bei dem ihn behandelnden Arzt vergeblich[901] um entsprechende Auskünfte über die Art und die voraussichtliche Dauer der Erkrankung bemüht, sich insbesondere nach den Ursachen von Vorerkrankungen erkundigt, ohne freilich zur Einholung eines medizinischen Sachverständigengutachtens vor dem Kündigungsausspruch verpflichtet zu sein[902], oder ist der Arbeitnehmer einer zulässigerweise erklärten Aufforderung, er möge sich (vertrauens-)ärztlich untersuchen lassen, ohne entschuldbaren Grund nicht nachgekommen[903], dann wird man an die Darlegungs- und Beweislast keine übertriebenen Anforderungen stellen dürfen. Dies gilt um so mehr, wenn der Arbeitnehmer auf Befragen des Arbeitgebers vor dem Ausspruch der Kündigung erklärt hat, mit der Wiederherstellung seiner Gesundheit könne nicht gerechnet werden[904] oder gar ein entsprechendes ärztliches Attest vorgelegt hat. Das Gericht kann in diesen Fällen je nach den Umständen hieraus durchaus Schlussfolgerungen bezüglich der Krankheitsprognose herleiten. Nicht wesentlich anders gestaltet sich die Darlegungs- und Beweislast, falls die Kündigung auf die dauernde Unfähigkeit des Arbeitnehmers gestützt wird, die vertraglich geschuldete Leistung erbringen zu können.[905] Aus der Tatsache, dass der Arbeitnehmer noch auf seinem Arbeitsplatz tätig ist, kann nicht zwingend die gegenteilige Folgerung gezogen werden, weil sehr wohl die Gefahr einer wesentlichen Verschlimmerung seines Zustandes bestehen kann.[906] Der Beweis des ersten Anscheins, eine langanhaltende Krankheit in der Vergangenheit lasse auf eine negative gesundheitliche Konstitution in der Zukunft schließen, kommt in der Regel aber nicht in Betracht.[907]

180

Beruft sich der Arbeitgeber etwa auf die bisherigen krankheitsbedingten Fehlzeiten des Arbeitnehmers, legt er insbesondere bei häufigen Erkrankungen, deren Vorliegen er notfalls beweisen muss, dar, dass aufgrund objektiver Tatsachen mit wiederholten zukünftigen Krankheiten gerechnet werden müsse[908], wobei vor allem der Art, der Dauer und der Häufigkeit der bisherigen Erkrankungen indizielle

181

---

900 Vgl. *Thüsing/Lambrich*, BB 2002, 1146 (1151 m. N.)
901 Dazu LAG Düsseldorf (15. 7. 81) ARSt 1982, S. 143 Nr. 1180: Der Arbeitnehmer reagiert auf entsprechende Anfragen nicht; *Haug*, S. 156.
902 Ebenso LAG Hamm (18. 3. 82) ARSt 1983, S. 78 Nr. 1098 = BB 1983, 1600.
903 Zust. *Uhmann*, AuA 2000, 117 (120); siehe auch ArbG Ludwigshafen (5. 6. 72) ARSt 1973, S. 85 Nr. 110; ArbG Kaiserslautern (26. 2. 75) ARSt 1976, S. 47, Nr. 1060; ArbG Hannover (12. 12. 80) BB 1981, 791 = AuR 1981, 283.
904 LAG Hamm (26. 8. 80) DB 1981, 1194; LAG Köln (2. 3. 95) LAGE Nr. 19 zu § 1 KSchG Krankheit, S. 2, 8 – **anderer Ans.** *Popp*, DB 1981, 2615.
905 Ebenso *Berkowsky*, Personenbedingte Kündigung, S. 288 Rdn. 31.
906 LAG München (14. 8. 91) LAGE Nr. 9 zu § 1 KSchG Personenbedingte Kündigung; *Hunold*, S. 312 – **anders** LAG Rheinland-Pfalz (15. 7. 88) BB 1988, 2033.
907 Ebenso BAG (25. 11. 82) AP Nr. 7 zu § 1 KSchG 1969 Krankheit; *Löwisch*, Arbeitsrecht, S. 370 Rdn. 1344.
908 Vgl. BAG DB 1977, 1463, 2455; zust. *Konzen*, ZfA 1978, 538; *von Hoyningen-Huene/Linck*, KSchG, § 1 Rdn. 130d, 227; BAG (23. 6. 83) DB 1983, 2524; *Mohr*, DB 1985, 43 (44).

Bedeutung[909] zukommt, etwa einem Lendenwirbelsyndrom, das auf Verschleißerscheinungen altersbedingter Art zurückzuführen ist, hat der Arbeitgeber seinen prozessualen Mitwirkungspflichten zunächst Genüge getan. Das ist um so eher anzunehmen, wenn sich eine labile Konstitution des Arbeitnehmers in einem bestimmten Grundleiden offenbart. Auch der Umstand, dass der Arbeitnehmer an sehr differenzierten Krankheitserscheinungen leidet, kann die Besorgnis künftiger Erkrankungen als begründet erscheinen lassen. Ähnliches gilt für eine Kündigung aus Anlass einer langanhaltenden krankheitsbedingten Arbeitsunfähigkeit.[910] Nunmehr hat der Arbeitnehmer nach § 138 Abs. 2 ZPO im Einzelnen vorzutragen und erforderlichenfalls zu beweisen, dass aus den vom Arbeitgeber vorgetragenen Umständen einer negativen Indizwirkung, nicht gefolgert werden könne, auch künftig müsse mit weiteren Erkrankungen in seiner Person gerechnet werden[911] bzw. weshalb mit seiner baldigen Genesung zu rechnen sei[912], um die Indizwirkung zu erschüttern. Der allgemeine Hinweis, bei der derzeitigen Behandlung bestehe eine konkrete Heilungschance, genügt in der Regel nicht.[913] Der Arbeitnehmer muss vielmehr konkret angeben, dass die ihn behandelnden Ärzte bestätigen können, mit Fehlzeiten im bisherigen Umfange sei künftig mit großer Wahrscheinlichkeit nicht mehr zu rechnen.[914] Unterlässt der Arbeitnehmer gar ein entsprechendes Vorbringen, gilt die Behauptung des Arbeitgebers, künftig sei mit gleich hohen Fehlzeiten zu rechnen, als zugestanden, § 138 Abs. 3 ZPO.[915] Gleiches gilt, wenn der Arbeitnehmer die Indizwirkung der Fehlzeiten unsubstantiiert bestrei-

---

[909] So auch BAG (16. 2. 89) NZA 1989, 923; (6. 9. 89) NZA 1990, 307; (17.6.99) BB 1999, 1437; (12. 4. 02) DB 2002, 1944; LAG Köln (2. 3. 95) LAGE Nr. 19 zu § 1 KSchG Krankheit, S. 2; KR-*Becker*, 3. Aufl., § 1 KSchG Rdn. 213; *Hunold*, S. 304; *Ascheid*, Beweislastfragen, S. 93; ErfK/*Ascheid*, § 1 KSchG Rdn. 204; APS/*Dörner*, § 1 KSchG Rdn. 205 ff.; U. *Preis*, Prinzipien, S. 326 ff., 446; *Löwisch*, KSchG, § 1 Rdn. 198; *Stahlhacke/Preis/Vossen*, Rdn. 1228; *Schwerdtner*, in: Müko-BGB, § 622 Anh. Rdn. 433; KR-*Etzel*, § 1 KSchG Rdn. 330: Zeitraum von mindestens zwei Jahren; BAG (19. 5. 93) RzK I 5 g Nr. 54: 15 Monate – **anderer Ans.** *Weller*, S. 80; *Gentges*, S. 193 f.; zu eng auch *Herbst/Wohlfarth*, DB 1990, 1821, dass nur Fortsetzungserkrankungen eine Indizwirkung hätten; siehe auch *Berkowsky*, Personenbedingte Kündigung, S. 56 Rdn. 61 ff.: nur chronische Krankheiten oder wenn den Erkrankungen ein wie auch immer gearteter Ursachenzusammenhang zugrunde liegt.
[910] BAG (25. 11. 82) AP Nr. 7 zu § 1 KSchG 1969 Krankheit, mit Anm. von *Meisel*.
[911] BAG DB 1977, 1463; DB 1983, 1047; DB 1983, 2524; BB 1999, 1437; LAG Schleswig-Holst. DB 1981, 1574; LAG Frankfurt/M. BB 1981, 2072; LAG Köln (8. 8. 83) DB 1984, 619; *Rohlfing/Rewolle/Bader*, § 1 Anm. 18 a; S. 41; *Bleistein*, S. 165; *Weber/Ehrich/Burmester*, S. 80 Rdn. 217; KR-*Etzel*, § 1 KSchG Rdn. 333.
[912] So auch BAG (16. 2. 89), (6. 9. 89) AP Nrn. 20 und 21 zu § 1 KSchG 1969 Krankheit; (29. 7. 93) NZA 1994, 67; (13. 6. 96) RzK I 5 g Nr. 64; (12. 12. 96) EzA Nr. 41 zu § 1 KSchG Krankheit, S. 2; (17.6.99) BB 1999, 1437; *von Hoyningen-Huene/Linck*, KSchG, § 1 Rdn. 228; KR-*Etzel*, § 1 KSchG Rdn. 370 – **anders** *Schwerdtner*, in: Müko-BGB, § 622 Anh. Rdn. 434: voller Beweis des Arbeitgebers hinsichtlich der Besorgnis weiterer krankheitsbedingter Fehlzeiten in der Zukunft.
[913] BAG (19. 5. 93) RzK I 5 g Nr. 53; (17.6.99) BB 1999, 1437; KR-*Etzel*, § 1 KSchG Rdn. 370.
[914] BAG (13. 6. 96) RzK I 5 g Nr. 63; (12. 12. 96) EzA Nr. 41 zu § 1 KSchG Krankheit, S. 2; LAG Rheinland-Pfalz (28. 8. 98) ZTR 1998, 472; *Schwerdtner*, in: Müko-BGB, § 622 Anh. Rdn. 433; KR-*Etzel*, § 1 KSchG Rdn. 333; HK-KSchG/*Weller/Dorndorf*, § 1 Rdn. 395; *Knorr/Bichlmeier/Kremhelmer*, S. 463 Rdn. 105.
[915] BAG (2. 11. 89) RzK I 5 g Nr. 32.

tet.⁹¹⁶ Zur Begründung einer negativen Fehlzeitenprognose kann der Arbeitgeber sowohl auf vergangenheitsbezogene häufige Kurzerkrankungen als auch auf langanhaltende Krankheiten zurückgreifen.⁹¹⁷ Unter Umständen können auch aus der Anknüpfung der Krankheitszeiten an die jeweils vorhergehenden Urlaubszeiten des Arbeitnehmers negative Rückschlüsse gezogen werden.⁹¹⁸ Sind freilich Krankheiten, die für die bisherigen Fehlzeiten ursächlich waren, nicht ausgeheilt oder gar nicht heilbar, dann hat sich der Gesundheitszustand des Arbeitnehmers nicht gebessert, sondern nur nicht verschlimmert. Dann muss aber auch in Zukunft von ähnlichen krankheitsbedingten Abwesenheitszeiten wie in der Vergangenheit ausgegangen werden. Andererseits kommt eine solche Indizwirkung nicht in Betracht, wenn den Zeiten der Arbeitsunfähigkeit Erkrankungen des Arbeitnehmers zugrunde lagen, die keine Wiederholungsgefahr in sich bergen.⁹¹⁹

Auch die Bewilligung eines Heilverfahrens sowie der erfolgte Antritt einer Kur vor dem Kündigungsausspruch vermögen die durch überdurchschnittliche krankheitsbedingte Fehlzeiten indizierte negative Gesundheitsprognose im Allgemeinen nicht in Frage zu stellen⁹²⁰, jedenfalls dann nicht, wenn es sich um eine zweite oder dritte Maßnahme der medizinischen Rehabilitation handelt und die erste Maßnahme nicht zu einer grundlegenden Verbesserung des körperlichen Zustandes des Arbeitnehmers, insbesondere nicht zu einer erkennbaren Reduzierung seiner krankheitsbedingten Fehlzeiten geführt hat. *182*

Für die Annahme, dass die bisher aufgetretenen Fehlzeiten die Besorgnis künftiger Erkrankungen rechtfertigen, steht dem Tatsachengericht im Rahmen der §§ 144, 286 ZPO ein in der Revisionsinstanz nur eingeschränkt überprüfbarer Ermessensspielraum zu.⁹²¹ *183*

Hatte der Arbeitgeber wegen häufiger Erkrankungen des Arbeitnehmers in der Vergangenheit einen Kündigungsgrund, ohne davon Gebrauch gemacht zu haben, kann ihm, wenn er wegen erneuter krankheitsbedingter Fehlzeiten nunmehr kündigt, nicht mit Erfolg entgegengehalten werden, er habe eine negative Gesundheitsprognose nicht gestellt oder mangels Sachkenntnis nicht stellen können.⁹²² *184*

Bei Tatsachen, die nur dem Arbeitnehmer bekannt sind, hat er gemäß § 138 Abs. 2 ZPO nähere Angaben zu den vom Arbeitgeber aufgestellten Behauptungen *185*

---

⁹¹⁶ LAG Köln (17. 6. 94) LAGE N. 18 zu § 1 KSchG Krankheit; KR-*Etzel*, § 1 KSchG Rdn. 335.
⁹¹⁷ MünchArbR/*Berkowsky*, § 154 Rdn. 44 – **unrichtig** ArbG Passau/Deggendorf (30. 9. 91) BB 1991, 2224.
⁹¹⁸ Vgl. dazu den Sachverhalt, der einer Entscheidung des LAG Köln (8. 8. 83) DB 1984, 620, zugrunde lag; zust. *Gola*, BlStSozArbR 1984, 327; *von Hoyningen-Huene/Linck*, KSchG, § 1 Rdn. 342.
⁹¹⁹ BAG (14.1.93) NZA 1994, 309; *von Hoyningen-Huene/Linck*, KSchG, § 1 Rdn. 130d.
⁹²⁰ Vgl. BAG (12. 12. 96) EzA Nr. 41 zu § 1 KSchG Krankheit, S. 4.
⁹²¹ BAG (7. 12. 89) EzA Nr. 30 zu § 1 KSchG Krankheit; (5. 7. 90) NZA 1991, 186; (14. 1. 93) NZA 1994, 310; (12. 12. 96) EzA Nr. 41 zu § 1 KSchG Krankheit, S. 5; *von Hoyningen-Huene/Linck*, KSchG, § 1 Rdn. 224.
⁹²² BAG (12. 12. 96) EzA Nr. 41 zu § 1 KSchG Krankheit; LAG Hamm (18. 3. 82) BB 1983, 1600; zust. *Hunold*, 2. Aufl., S. 283.

zu machen[923], dass diese Tatsachen nicht vorliegen. Es genügt im Allgemeinen auch nicht, wenn der Arbeitnehmer im Kündigungsschutzprozess die Behauptung des Arbeitgebers bestreitet und lediglich erklärt, er sei bereit, den ihn behandelnden Arzt von dessen Schweigepflicht zu entbinden.[924] Dem Arbeitnehmer wird es in der Regel nämlich möglich sein, den ihn behandelnden Arzt und die Krankenkasse zu befragen und entsprechende Informationen über seine Erkrankung zu erhalten.[925] Etwas anderes kann nur dann gelten, wenn ihm gleichwohl der ärztliche Befund sowie die voraussichtliche Entwicklung seiner Krankheit nicht bekannt sind und nicht sein können[926], was der Arbeitnehmer darzulegen und zu beweisen hat. Jede andere Betrachtungsweise käme einem unzulässigen Ausforschungsbeweis[927] gleich. Ansonsten muss der Arbeitnehmer offenlegen, welche Krankheiten den in der Vergangenheit entstandenen Fehlzeiten zugrunde lagen und/oder welche ärztlichen Maßnahmen getroffen worden sind, aus denen gefolgert werden kann, dass sein Leiden geheilt ist.[928] Weigert sich der Arbeitnehmer, die ihn behandelnden Ärzte von ihrer Schweigepflicht zu befreien, wobei in der Benennung des Arztes als Zeugen, § 383 Nr. 6 ZPO, durch den Rechtsträger konkludent die Entbindung

---

[923] Siehe dazu auch *Keller*, NZA 1988, 566: Nur Mitteilung solcher Daten und Befunde, die für eine arbeitsplatzbezogene Überprüfung unumgänglich seien.

[924] BAG DB 1977, 1463; LAG Berlin (3. 12. 79) – 9 Sa 81/70 – unv.; LAG Hamm (7. 8. 85) DB 1985, 2516 = BB 1986, 735; KR-*Becker*, 3. Aufl., § 1 KSchG Rdn. 213a, 216a; *Hönsch/Natzel*, S. 200 Rdn. 215; *Haug*, S. 156; *Popp*, Handbuch Rdn. 31 (anders noch DB 1981, 2616); *von Hoyningen-Huene/Linck*, KSchG, § 1 Rdn. 228, 228a; KPK-*Schiefer*, § 1 KSchG Rdn. 202, 225; APS/*Dörner*, § 1 KSchG Rdn. 211; FA-ArbR/*Kümpel*, S. 468 Rdn. 208 (anders S. 474 Rdn. 235) – **anderer Ans.** *Weller*, S. 90; *Coen*, AuR 1984, 320; *Däubler*, S. 583 Rdn. 1084; *Boewer*, NZA 1988, 686; *Berkowsky*, Personenbedingte Kündigung, S. 286 Rdn. 24; *Schwerdtner*, in: Müko-BGB, § 622 Anh. Rdn. 433; *Ascheid*, Beweislastfragen, S. 100 ff.; einschränkend *ders.*, Kündigungsschutz, S. 214 Rdn. 381; *Herbst/Wohlfarth*, DB 1990, 1821; *Mummenhoff*, S. 168; *Hunold*, S. 299; *Koberski*, AuA 1993, 297; *Bezani*, S. 52; *Kittner/Däubler/Zwanziger*, KSchR, § 1 KSchG Rdn. 104; *Hennige*, AuA 1995, 146; *Roos*, AiB 1995, 660; ders., NZA-RR 1999,622; *Weber/Ehrich/Burmester*, S. 80 Rdn. 217; HK-KSchG/*Weller/Dorndorf*, § 1 Rdn. 393; *Stahlhacke/Preis/Vossen*, Rdn. 1228; KR-*Etzel*, § 1 KSchG Rdn. 333; *Elsner*, S. 93; *Hako-Gallner*, § 1 Rdn. 54a, 557; *Kittner/Zwanziger/Appel*, § 93 Rdn. 29, 41; BAG (23. 6. 83) AP Nr. 14 zu § 7 BUrlG Abgeltung; (2. 11. 83) AP Nr. 12 zu § 1 KSchG 1969 Krankheit; (16. 2. 89) NZA 1989, 923; (6. 9. 89) NZA 1990, 367; (12. 1. 95) RzK I 5 g Nr. 58; (17.6.99) BB 1999, 1437; LAG Düsseldorf (4. 5. 95) LAGE Nr. 20 zu § 1 KSchG Krankheit.

[925] Zust. *Becker-Schaffner*, ZTR 1997, 53; *von Hoyningen-Huene/Linck*, KSchG, § 1 Rdn. 228b; APS/*Dörner*, § 1 KSchG Rdn. 211; ähnlich *Tschöpe*, DB 1987, 1043.

[926] Ebenso *Gola*, BlStSozArbR 1984, 329; *Löwisch*, KSchG, § 1 Rdn. 404; ders., Arbeitsrecht, S. 371 Rdn. 1344; *Schwedes*, S. 305 Rdn. 616; *Schaub*, S. 1463 Rdn. 21; *Berkowsky*, NZA-RR 2001, 460; BAG (6. 9. 89) NZA 1990, 307.

[927] Dazu etwa *Rosenberg/Schwab/Gottwald*, § 118 II, S. 682 ff.; *Baumbach/Lauterbach/Hartmann*, ZPO, Einf. § 284 Rdn. 27; *Zöller/Greger*, ZPO, vor § 284 Rdn. 5; BAG (25. 8. 82) AP Nr. 2 zu § 1 TVG Tarifliche Übung = SAE 1983, 348, mit Anm. von *Koch*; BGH (12. 7. 84) NJW 1984, 2289; (8. 11. 95) NJW 1996, 394; (11. 7. 96) NJW 1996, 3150; (25.11.98) NJW-RR 1999, 360.

[928] So auch *Schwerdtner*, in: Müko-BGB, § 622 Anh. Rdn. 433.

von der Schweigepflicht liegt[929], gilt das gegenteilige Vorbringen des Arbeitgebers als zugestanden, § 138 Abs. 3 ZPO.[930] Wohl auch sonst wird man im Rahmen eines anhängigen Kündigungsschutzprozesses den Arbeitnehmer als verpflichtet ansehen müssen, die ihn behandelnden Ärzte von der Schweigepflicht zu entbinden[931], da anderenfalls der Arbeitgeber außerstande wäre, den ihm nach § 1 Abs. 2 letzter Satz KSchG obliegenden Beweis einer negativen Gesundheitsprognose zu führen. Verhindert der Arbeitnehmer die gerichtliche Nachprüfung seiner Einlassungen, wird die Unaufklärbarkeit des entscheidungserheblichen Sachverhaltes in aller Regel zu seinen Lasten gehen.[932] Das gilt insbesondere, falls sich der Arbeitnehmer weigert, sich einer ärztlichen Begutachtung zu unterziehen und/oder dem Gutachter nicht die erforderlichen Krankenunterlagen zur Verfügung stellt.[933]

Hat der Arbeitnehmer unmittelbar vor dem Ausspruch der Kündigung trotz ausdrücklichen Befragens dem Arbeitgeber Umstände nicht mitgeteilt, die für eine alsbaldige Genesung sprechen, ist der Arbeitnehmer im Kündigungsrechtsstreit mit diesem Vorbringen nicht ausgeschlossen.[934] Es genügt, wenn sich der Arbeitnehmer im Prozess auf die fraglichen Umstände beruft.[935, 936] Mit der Berufung auf Treu und Glauben lässt sich die gegenteilige Ansicht nicht überzeugend begründen. Das Vorbringen des Arbeitnehmers kann nur dann als verspätet zurückgewiesen werden, wenn die dafür erforderlichen prozessualen Voraussetzungen, §§ 61a Abs. 5 und 6, 67, 46 Abs. 2 ArbGG, gegeben sind. Hat sich jedoch der Arbeitgeber beim erkrankten Arbeitnehmer über den Grund und die voraussichtliche Dauer der Arbeitsunfähigkeit erkundigt, wird der Arbeitnehmer im Prozess in der Regel an seine diesbezüglichen Angaben gebunden sein.[937]

186

---

[929] BAG (12.1.95) RzK I 5g Nr. 58; OLG München (17.9.92) VersR 1993, 1357; OLG Karlsruhe (28.10.93) MedR 1994, 155; *Baumbach/Lauterbach/Hartmann*, ZPO, § 385 Rdn. 10; *Zöller/Greger*, ZPO, § 385 Rdn. 11; *Stein/Jonas/Schumann*, ZPO, § 385 Rdn. 27; **einschränkend** MünchKomm-ZPO/*Damrau*, § 385 Rdn. 10; *Deutsch*, Medizinrecht, S. 267 Rdn. 381 m.w.N. – anders *von Hoyningen-Huene/Linck*, KSchG, § 1 Rdn. 229.

[930] BAG (6.9.89) AP Nr. 21 zu § 1 KSchG 1969 Krankheit; *Ascheid*, Beweislast, S. 102; *Elsner*, S. 94; APS/*Dörner*, § 1 KSchG Rdn. 212; *von Hoyningen-Huene/Linck*, KSchG, § 1 Rdn. 229; *Löwisch*, Arbeitsrecht, S. 371 Rdn. 1344: Es bleibe bei der Indizwirkung.

[931] Ebenso *von Hoyningen-Huene/Linck*, KSchG, § 1 Rdn. 229, 252; *Hako-Gallner*, § 1 Rdn. 549.

[932] So auch LAG München (12.2.81) BB 1982, 496; siehe auch HK-KSchG/*Weller/Dorndorf*, § 1 Rdn. 396: Beweisvereitelung.

[933] Allgemein dazu ErfK/*Ascheid*, § 1 KSchG Rdn. 207; *von Hoyningen-Huene/Linck*, KSchG, § 1 Rdn. 229, 252.

[934] Ebenso BAG (12.4.02) DB 2002, 1944 = BB 2002, 2675 ff.; schon *Herschel*, DB 1984, 1524; *Bezani*, S. 74f.; *Knorr/Bichlmeier/Kremhelmer*, S. 455 Rdn. 89 – **anderer Ans.** *Mohr*, DB 1984, 44; *Gola*, BlStSozArbR 1984, 327; *Bauer/Röder/Lingemann*, S. 102; *Bauer/Röder*, Kündigung, S. 126; *Schaub*. S. 1463 Rdn. 22.

[935] Allgemein zu dieser Problematik: BAG (22.8.79) AP Nr. 11 zu § 4 TVG Übertarifliche Lohn- und Tariflohnerhöhung.

[936] Zum Nachschieben von Beweismitteln im Prozess siehe BAG (18.9.97) AP Nr. 138 zu § 626 BGB = NZA 1998, 95.

[937] BAG (12.3.68) E 20, 345; *Elsner*, S. 70; *Tschöpe/Nägele*, Teil 3 D, Rz. 78.

187   In einer Entscheidung vom 25. 3. 1976⁹³⁸ vertritt das Arbeitsgericht Berlin die Ansicht, wenn ein Arbeitnehmer seit zwei Jahren infolge mehrfacher Erkrankungen jährlich mehr als 50 % der Arbeitstage fehle, dann spreche in der Regel eine tatsächliche Vermutung dafür, dass er auch in Zukunft in demselben Umfange aus krankheitsbedingten Gründen der Arbeit fernbleiben werde. Das LAG Rheinland-Pfalz⁹³⁹ ließ im Durchschnitt der Jahre 1981 bis 1985 ca. 35 % der Kalendertage pro Jahr als Indiz für eine Wiederholungsgefahr genügen, während *Hunold*⁹⁴⁰ meint, in der Regel müssten über mehrere Jahre Fehlzeiten in Höhe eines Viertels der „Sollarbeitszeit" vorliegen. Erheblich niedriger setzt *Weisemann*⁹⁴¹ bei häufigen Krankheitszeiten in der Vergangenheit die Quote der Fehlzeiten – bezogen auf den Durchschnitt der letzten drei⁹⁴² Kalenderjahre – an, nämlich auf 15 bis 20 %.⁹⁴³ Nach Ansicht von *Kasper*⁹⁴⁴ sollen Fehlzeiten von ca. 12 % der Gesamtvertragsdauer als nicht unerheblich anzusehen sein, was für die typisierte Form des Wegfalls des Vertragserfüllungsinteresses des Arbeitgebers

---

⁹³⁸ DB 1976, 2072; ähnlich LAG Hamm BB 1979, 1350, bei einer Fehlquote von etwa 50 %; LAG Rheinland-Pfalz (15. 5. 81) BB 1981, 1152: Fehlquote zwischen 30 und 40 % infolge eines Bandscheibenleidens – **anderer Ans.** *Popp*, BB 1980, 684.

⁹³⁹ (14. 10. 86) LAGE Nr. 7 zu § 1 KSchG Krankheit; *Roos*, NZA-RR 1999, 617: ca. 20–30 % der Jahresarbeitszeit unter Hinweis auf BAG (23.9.92) – 2 AZR 63/92 – unv.

⁹⁴⁰ S. 294; siehe auch *Schwedes*, S. 305 Rdn. 616: 25 % der Arbeitstage in den vergangenen drei Jahren; *Hennige*, AuA 1995, 146: 20–25 % der Arbeitstage.

⁹⁴¹ BB 1977, 1767; zust. *Bleistein*, S. 165; *Hanel*, Personal 1980, 31; *Liebig*, S. 114, nennt eine „Regelmindestquote" von 13 %; so auch *Schukai*, DB 1976, 2015ff.

⁹⁴² So auch LAG Köln (25. 8. 95) NZA-RR 1996, 249; ArbG Wilhelmshaven, ARSt 1980, S. 15 Nr. 1016; *Schaub*, S. 1462 Rdn. 19; *Backmeister/Trittin*, KSchG, § 1 Rdn. 171; FA-ArbR/*Kümpel*, S. 473 Rdn. 231; *Gaul*, Bd. II, S. 146, Rdn. 50, will sogar einen Zeitraum von fünf Jahren sowie eine Fehlquote von 25 % und mehr zugrunde legen; *Weber*, NZA 1989, 51; KR-*Etzel*, § 1 KSchG Rdn. 330: in der Regel mindestens zwei Jahre; LAG Hamm (4. 12. 96) LAGE Nr. 26 zu § 1 KSchG Krankheit; KPK-*Schiefer*, § 1 KSchG Rdn. 180a; *Bauer/Röder*, Kündigung, S. 124: Referenzzeit von mindestens zwei bis drei Jahren; *Brill*, b+p 1992, 307: mindestens drei Jahre, es sei denn, bereits im ersten Jahr der Beschäftigung extrem hohe Krankheitszeiten; siehe auch APS/*Dörner*, § 1 KSchG Rdn. 207, 223: mindestens vier Jahre; demgegenüber *Herbst/Wohlfarth*, DB 1990, 1820, dass nur solche Krankheiten herangezogen werden dürfen, die in den letzten 12 Monaten vor dem Kündigungsausspruch aufgetreten sind; so auch *Herbst*, PersR 1994, 505.

⁹⁴³ Vgl. auch LAG Hamm (8. 12. 75) DB 1976, 825: 14 %; ebenso noch BAG DB 1977, 1463; LAG Köln LAGE Nr. 30 zu § 4 KSchG = NZA-RR 1996, 249: mindestens 14 % überschreitend; ArbG Kaiserslautern/Pirmasens (5. 6. 81) ARSt 1982 S. 8 Nr. 8: mehr als 13 % der Arbeitstage; so auch *Bezani*, S. 44; LAG Hamm (8. 5. 96) LAGE Nr. 25 zu § 1 KSchG Krankheit: mehr als 13,5 %; *Weber/Hoß*, DB 1993, 2429: über mehrere Jahre 15–20 % der jährlichen Arbeitstage; *Hoß*, MDR 1999, 778; *Denck*, JuS 1978, 159: 20 %; *Salowsky*, Fehlzeiten (1991), S. 92: 25 % der vertraglichen Arbeitszeit; ebenso LAG Schleswig-Holst. (6. 4. 81) DB 1981, 1574; LAG Hamm (15. 12. 81) BB 1982, 310; LAG Köln (6. 10. 83) AiB 1984, 43: 28 %; siehe *Palme*, BlStSozArbR 1978, 227: Fehlquote von 13 % reicht in der Regel nicht aus; *Schmitt*, ZTR 1990, 229: mehr als 14 %; ebenso *Adomeit/Spinti*, unter C II 2b; siehe auch *Bauer/Röder/Lingemann*, S. 97; LAG Hamm (4. 12. 96) LAGE Nr. 26 zu § 1 KSchG Krankheit: unterhalb von 12 bis 14 % im Allgemeinen kündigungsirrelevant; *Backmeister/Trittin*, KSchG, § 1 Rdn. 171: mindestens 14 % überschreitend.

⁹⁴⁴ NJW 1994, 2987; *Boemke*, Arbeitsrecht, S. 328 Rdn. 56: mehr als 10 % der gesamten Arbeitszeit.

genüge. *Etzel*⁹⁴⁵ verlangt zu erwartende Fehlzeiten von insgesamt sechs Wochen jährlich. Das LAG Köln⁹⁴⁶ nimmt an: „Wer in den letzten zwei Jahren in elf verschiedenen Krankheitszeiträumen arbeitsunfähig gewesen ist und dabei im letzten gut zweimonatigen Zeitraum an vier schiedenen Krankheitsursachen leidet, bei dem ergebe sich bereits nach allgemeinen Erfahrungssätzen die berechtigte Vermutung, dass auch in Zukunft mit weiteren Erkrankungen zu rechnen sein wird." *Isenhardt*⁹⁴⁷ meint, eine Fehlquote von 25% sei so erheblich, dass eine Kündigung in Erwägung gezogen werden könne. Nach § 123 Abs. 3 Satz 5 ArbVG und § 133 Abs. 3 des Entwurfs eines ArbVG des Freistaates Sachen soll ein Arbeitnehmer, der während der letzten drei Jahre mehr als 25% der Arbeitstage infolge Krankheit arbeitsunfähig war, die Beweislast dafür tragen, dass künftig nicht mit erheblichen Fehlzeiten zu rechnen sei.⁹⁴⁸

Eine vermutete Tatsache braucht weder behauptet noch bewiesen zu werden. **188** Die gesetzliche Tatsachenvermutung – nur eine solche wäre insoweit prozessrechtlich relevant – hat nicht den Charakter einer Beweisregel, sondern stellt eine Beweislastnorm dar.⁹⁴⁹ In Wahrheit liegt jedoch in bezug auf mehrfache Erkrankungen in der Vergangenheit und deren Wiederholungsgefahr keine gesetzliche Tatsachenvermutung und schon gar keine Rechts- oder Rechtszustandsvermutung⁹⁵⁰ vor. Es ist eine weit verbreitete, aber keineswegs zutreffende Vorstellung, Erfahrungssätze als tatsächliche Vermutung zu bezeichnen und sie dadurch den gesetzlichen Vermutungen anzunähern. Wenn überhaupt, könnte allenfalls an die Anwendung des Anscheins- oder prima-facie-Beweises⁹⁵¹ gedacht werden, der jedoch insoweit ebenfalls außer Betracht bleiben muss. Beim Anscheinsbeweis handelt es sich nicht um ein besonderes Beweismittel, sondern um die Beachtung von Sätzen der allgemeinen Lebenserfahrung im Rahmen der freien Beweiswürdigung gemäß § 286 ZPO. Es erscheint an sich nicht ausgeschlossen, die Fortdauer tatsächlicher Zustände zu vermuten, was zur Folge hätte, dass das Gericht von der Fortdauer eines einmal bestehenden Zustandes ausgehen dürfte, und zwar solange der Eintritt einer Veränderung nicht behauptet bzw. festgestellt ist. Die Anwendung dieses Erfahrungssatzes darf freilich nur mit größter Zurückhaltung erfolgen; denn die Erfahrung lehrt, dass bei vielen tatsächlichen Verhältnissen Veränderungen nach einiger Zeit nicht unüblich sind.⁹⁵² Hinzu kommt weiter, dass der maßgebliche Erfahrungssatz geeignet sein muss, die volle Überzeugung des Gerichts von der

---

[945] AuR 1981, 281 – siehe aber KR-*Etzel*, § 1 KSchG Rdn. 347: Es gibt keine generellen Maßstäbe zur Ermittlung der zeitlichen Umstände, die der Arbeitgeber noch hinnehmen muss; dazu auch *Hako-Gallner*, § 1 KSchG Rdn. 507.
[946] (8.8.83) DB 1984, 619; siehe auch LAG Köln (19.12.95) NZA-RR 1996, 250.
[947] Kasseler Handbuch, 6.3 Rz. 481.
[948] Dazu auch *Bezani*, 55: überlegenswert.
[949] Vgl. etwa *Rosenberg/Schwab/Gottwald*, § 114 I 4, S. 655f.; *Baumbach/Lauterbach/Hartmann*, ZPO, § 292 Rdn. 6.
[950] Zum Begriff der Vermutung und seiner begrifflichen Unterscheidung: *Rosenberg*, S. 199ff., 203, 210; *Rosenberg/Schwab/Gottwald*, § 114 I 4, S. 655ff.
[951] Dazu *Rosenberg*, S. 183ff.; *Rosenberg/Schwab/Gottwald*, § 115 III, S. 661; BVerwG (23.2.79) NJW 1980, 252; BGH (3.7.90) NJW 1991, 230f. m.w.N.
[952] *Rosenberg*, S. 185.f.

Wahrheit einer Tatsachenvermutung zu begründen[953], und zwar ohne dass es der Mithilfe von Sachverständigen bedarf.[954] Wie dargelegt, wird das Gericht in aller Regel aber ohne medizinischen Sachverständigen nicht auskommen[955], jedenfalls wenn es um die Gesundheitsprognose geht, so dass von einem typischen Geschehensablauf nicht gesprochen werden kann. Deshalb kann aus krankheitsbedingten Fehltagen des Arbeitnehmers in der Vergangenheit bzw. einer bestimmten Fehlzeitenquote nur bedingt auf die voraussichtliche Entwicklung in der nahen Zukunft geschlossen werden.[956] Insoweit verbietet sich jede generalisierende Betrachtungsweise bzw. „Fehlzeitenarithmetik".[957] Die Beweisanforderungen für die Feststellung der nicht absehbaren Dauer der Arbeitsunfähigkeit können also nicht mit Hilfe des Anscheinsbeweises erleichtert werden[958]; denn es gibt keinen Erfahrungssatz, dass jemand der häufig für kurze Zeiten erkrankt war auch künftig wiederholt in nicht unerheblichem Umfange der Arbeit fernbleiben wird.[959] Als wenig brauchbar erweist sich insoweit eine Formulierung des LAG München[960], dass bei wiederholten Fehlzeiten eine Kündigung dann nicht sozial gerechtfertigt sei, wenn die Anzahl der Erkrankungen den normalen Durchschnitt – was ist in diesem Bereich schon als normal zu bezeichnen? – nicht übersteigt.[961] Ebensowenig kann entgegen einer vereinzelt vertretenen Ansicht[962] auf betriebs- bzw. branchenspezi-

---

[953] Statt vieler BGH (17.6.97) NJW 1998, 79 (81, m.w.N.).
[954] *Rosenberg/Schwab*, § 114 II, S. 693.
[955] In diesem Sinne auch *Herschel*, Anm. zu BAG AP Nrn. 2 und 3 zu § 1 KSchG 1969 Krankheit; BAG (25.11.82) AP Nr. 7 zu § 1 KSchG 1969 Krankheit; *Popp*, BB 1980, 684; *ders.*, DB 1981, 2618, aber zu weitgehend: Die Besorgnis künftiger Erkrankungen lasse sich „nur" unter Zuhilfenahme eines medizinischen Sachverständigengutachters feststellen; *U. Preis*, Prinzipien, S. 327, 339; zutreffend auch LAG Baden-Württ. (15.12.87) NZA 1988, 437.
[956] Zust. *Stein*, BlStSozArbR 1979, 165f.; *Popp*, DB 1981, 2618; *Birkner-Kuschyk/Tschöpe*, DB 1981, 265; *Feichtinger*, S. 162; *Weller*, S. 92; *Liebig*, S. 115; *Schwerdtner*, in: MüKo-BGB, § 622 Anh. Rdn. 286; HK-KSchG/*Weller/Dorndorf*, § 1 Rdn. 382; *Kittner/Däubler/Zwanziger*, KSchR, § 1 KSchG Rdn. 84b; *Tschöpe/Nägele*, Teil 3 D, Rz. 107, 112; *Knorr/Bichlmeier/Kremhelmer*, S. 464 Rdn. 108; BAG (25.11.82) AP Nr. 7 zu § 1 KSchG 1969 Krankheit; LAG Hamm (15.12.87) NZA 1988, 436; (26.8.80) DB 1981, 1194 = EzA Nr. 6 zu § 1 KSchG Krankheit; (15.12.81) NJW 1982, 714; (17.2.81) DB 1981, 1193: Fehlquote von mehr als 43 % in den letzten 2 Jahren; LAG Berlin (7.9.81) EzA Nr. 7 zu § 1 KSchG Krankheit; vgl. auch *Denck*, JuS 1978, 157, aber widersprüchlich, S. 159, wenn eine Fehlquote von 20 % bereits ausreichen soll; widersprüchlich auch *Baumann*, BB 1982, 1308, wenn er meint, die negative Prognose ergebe sich prima facie aus der Vielzahl der Erkrankungen in der Vergangenheit – **anderer Ans.** *Osthold*, BB 1982, 1308; *Becker-Schaffner*, BlStSozArbR 1976, 99.
[957] So auch *U. Preis*, Prinzipien, S. 435, 446; MünchArbR/*Berkowsky*, § 136 Rdn. 19; siehe auch *Ascheid*, Kündigungsschutz, S. 214 Rdn. 380.
[958] Ebenso BAG (25.11.82) AP Nr. 7 zu § 1 KSchG 1969 Krankheit; *Mohr*, DB 1984, 43; KR-*Becker*, 3. Aufl., § 1 KSchG Rdn. 215, 216a; *Liebig*, S. 116; *Herbst/Wohlfarth*, DB 1990, 1822; *Bezani*, S. 53; *Gentges*, S. 193; *Löwisch*, KSchG, § 1 Rdn. 403; ErfK/*Ascheid*, § 1 KSchG Rdn. 272, 273; APS/*Dörner*, § 1 KSchG Rdn. 216.
[959] Ebenso LAG Hamm (8.5.96) LAGE Nr. 25 zu § 1 KSchG Krankheit, S. 7; (4.12.96) LAGE Nr. 26 zu § 1 KSchG Krankheit; siehe auch *Däubler*, S. 583 Rdn. 1084.
[960] AuR 1979, 220.
[961] Nach der Statistik der Ortskrankenkassen sollen Fehlzeiten von 6–7 % als normal gelten, siehe dazu *Schaub*. S. 1462 Rdn. 19; *Elsner*, S. 84.
[962] *Birkner-Kuschyk/Tschöpe*, DB 1981, 265; *Osthold*, BB 1982, 1307.

fische „Fehlzeiten" abgestellt werden. Für die Beurteilung der zeitlichen Zumutbarkeitsgrenze lassen sich allgemeingültige Maßstäbe nicht aufstellen.⁹⁶³ Deshalb bestehen gewisse Bedenken gegen die Auffassung von Etzel⁹⁶⁴, der Arbeitgeber müsse krankheitsbedingte Fehlzeiten in der Vergangenheit über einen Zeitraum von mindestens zwei Jahren darlegen. Auch schon einem kürzeren Zeitraum kann indizielle Bedeutung für eine negative Gesundheitsprognose zu Lasten des betreffenden Arbeitnehmers zukommen⁹⁶⁵, insbesondere wenn das Arbeitsverhältnis noch nicht so lange besteht. Fehlt allerdings der Arbeitnehmer über einen längeren Zeitraum in deutlich zunehmendem Maße mit einer gewissen Häufig- und Regelmäßigkeit⁹⁶⁶, wobei auf die Arbeitstage⁹⁶⁷ abzustellen ist, so wird dadurch manifestiert, dass es sich um ernsthafte Erkrankungen handeln muss⁹⁶⁸, die nicht nur auf einem vorübergehenden Unwohlsein des Arbeitnehmers beruhen.⁹⁶⁸ Gleiches gilt, wenn der zu Kündigende nach dem Wechsel auf einen leichteren Arbeitsplatz annähernd gleich viele Fehlzeiten wie vor der Versetzung aufweist.⁹⁶⁹ Trägt der Arbeitnehmer etwa selbst vor, er könne aus gesundheitlichen Gründen die bisherige Tätigkeit längerfristig nicht mehr ausüben⁹⁷⁰, etwa infolge einer allgemeinen Konstitutionsschwäche oder eines chronischen Erschöpfungszustandes, müsse künftig mit weiteren Erkrankungen gerechnet werden, bedarf es in bezug auf die Prognose keines weiteren Beweises mehr.

Aus den oben dargelegten Gründen kommen auch bei der Feststellung der Besorgnis weiterer Arbeitsunfähigkeit auf unabsehbare Zeit, also bei langanhaltenden Krankheiten, die Grundsätze des Anscheinsbeweises in der Regel nicht zur Anwendung.⁹⁷¹

---

⁹⁶³ Ebenso BAG (22.2.80) AP Nr. 6 zu § 1 KSchG 1969 Krankheit; ArbG Hannover BB 1981, 790; jetzt auch KR-*Etzel*, § 1 KSchG Rdn. 347.
⁹⁶⁴ KR-*Etzel*, § 1 KSchG Rdn. 330; zust. *Hako-Gallner*, § 1 Rdn. 507; *Berkowsky*, NZA-RR 2001, 460; HK-KSchG/*Dorndorf*, § 1 Rdn. 391; LAG Hamm (14.12.96) LAGE Nr. 26 zu § 1 KSchG Krankheit; noch weitergehend ArbG Herne, MDR 1981, 346: mindestens drei Jahre; ebenso Feichtinger ArbR-*Blattei*, Krankheit I, Rdn. 147; siehe auch BAG (17.6.99) BB 1999, 1437 – **anders** *von Hoyningen-Huene/Linck*. KSchG, § 1 Rdn. 227a – b: Zeitraum von einem Jahr; kritisch auch *Bengelsdorf*, NZA-RR 2002, 60.
⁹⁶⁵ Vgl. BAG (19.7.93) RzK I 5g Nr. 54: 15 Monate; zust. *Kittner/Däubler/Zwanziger*, KSchR, § 1 KSchG Rdn. 84c.
⁹⁶⁶ BAG (6.9.89) NZA 1990, 307; APS/*Dörner*, § 1 KSchG Rdn. 208 m.w.N.
⁹⁶⁷ So auch *Schukai*, DB 1976, 2017; *Palme*, BlStSozArbR 1978, 227; *Falkenberg*, Anm. zu BAG EzA Nr. 4 zu § 1 KSchG Krankheit; *Weber*, NZA 1989, 51; *Weber/Hoß*, DB 1993, 2429; wohl auch BAG (5.7.90) NZA 1991, 185 – **anders** *Bleistein*, S. 165 Rdn. 199; BAG (5.12.63) AP Nr. 2 zu § 1 TVG Dienstzeiten, die an Kalendertage anknüpfen.
⁹⁶⁸ Vgl. dazu insbesondere LAG Hamm (20.12.83) BB 1984, 473: krankheitsbedingte Fehlquote von 46,7% und weitere Erkrankungen nach dem Ausspruch der Kündigung von über 35%, wobei der Arbeitnehmer an den Wochenenden eine Nebentätigkeit als Aushilfstaxifahrer ausübte; siehe dazu auch LAG Köln DB 1984, 619.
⁹⁶⁹ BAG (10.11.83) AP Nr. 11 zu § 1 KSchG 1969 Krankheit.
⁹⁷⁰ BAG (28.2.90) AP Nr. 25 zu §1 KSchG 1969 Krankheit = NZA 1990, 727.
⁹⁷¹ So auch BAG (25.11.82) AP Nr. 7 zu § 1 KSchG 1969 Krankheit; (12.4.02) DB 2002, 1944; *Mohr*, DB 1984, 43; *Gola*, BlStSozArbR 1984, 329; KR-*Becker*, 3. Aufl., § 1 KSchG Rdn. 213a; *Ascheid*, Beweislastfragen, S. 105f.; ErfK/*Ascheid*, § 1 KSchG Rdn. 203, 272; *Elsner*, S. 76; *Tschöpe/Nägele*, Teil 3 D, Rz. 107; KPK-*Schiefer*, § 1 KSchG Rdn. 225 – **anderer Ans.** *Tschöpe*, DB 1987, 1043.

189   In welcher Weise sich die krankheitsbedingten Fehltage des Arbeitnehmers bereits jetzt und möglicherweise in naher Zukunft⁹⁷² störend auf den Betriebsablauf auswirken sowie dass und in welcher Weise eine beiderseitige Interessenabwägung vorgenommen worden ist, hat der Arbeitgeber – bezogen auf die konkrete betriebliche Situation – im Einzelnen darzulegen und zu beweisen⁹⁷³, wobei er seiner Darlegungs- und Beweislast noch nicht genügt, wenn er lediglich die üblichen Auswirkungen krankheitsbedingter Fehlzeiten auf den betrieblichen Ablauf und die Produktion hervorhebt und sich primär auf Allgemeinplätze zurückzieht.⁹⁷⁴ Allein der Hinweis des Arbeitgebers auf die hohen krankheitsbedingten Fehlzeiten des Arbeitnehmers⁹⁷⁵ oder auf eine bestimmte Krankheitsquote des Arbeitnehmers, die erheblich von der im Betrieb üblichen abweicht⁹⁷⁶, reicht insoweit noch nicht aus, wenngleich diesem Umstand eine gewisse indizielle Bedeutung zukommen mag. Ebensowenig kann allein die Darlegung eines durch die krankheitsbedingten Fehlzeiten des Arbeitnehmers eingetretenen Produktionsausfalles die Kündigung rechtfertigen. Vielmehr muss im Einzelnen vorgetragen und ggf. bewiesen werden, welche konkreten Überbrückungsmaßnahmen der Arbeitgeber ergriffen hat bzw. dass solche nicht möglich oder nicht mehr zumutbar erscheinen.⁹⁷⁷ Das gilt in gleicher Weise für die unterbliebene befristete und unbefristete Einstellung einer Aushilfskraft im Falle der Kündigung wegen einer langanhaltenden Krankheit des Arbeitnehmers.⁹⁷⁸ Wegen der Sachnähe und -kenntnis sind an die Darlegungen des Arbeitgebers bezüglich der betrieblichen Störungen und Beeinträchtigungen keine zu geringen Anforderungen zu stellen.⁹⁷⁹ Die Darstellung der mit den Fehlzeiten verbundenen betrieblichen Auswirkungen muss so konkret wie möglich erfolgen, um den Arbeitnehmer in die Lage zu versetzen, das Vorbringen des Arbeitgebers substantiiert zu bestreiten. Dazu gehört auch, in welcher Weise der Arbeitgeber den Arbeitsausfall bisher überwunden hat und warum die bisherigen Maßnahmen

---

972 Vgl. *Kraft*, Anm. zu BAG EzA Nr. 12 zu § 1 KSchG Krankheit, der drohende erhebliche betriebliche Beeinträchtigungen ausreichen lässt.
973 BAG (23. 6. 83), (2. 11. 83), (6. 9. 89) AP Nrn. 10, 12 und 22 zu § 1 KSchG 1969 Krankheit; LAG Düsseldorf/Köln DB 1980, 1078; LAG Baden-Württ. (2. 10. 79) BB 1960, 1425; LAG Hamm (17. 2. 81) DB 1981, 1193; LAG Frankfurt/M. (5. 10. 81) BB 1983, 61; LAG Berlin(23. 8. 82) AuR 1983, 121; *Berkowsky*, BB 1981, 910; *Popp*, DB 1981, 2617; *Ascheid*, Beweislastfragen, S. 108, 111; *Haug*, S. 157; *Boewer*, NZA 1988, 686; *Becker-Schaffner*, BB 1992, 558; *von Hoyningen-Huene/Linck*, KSchG, § 1 Rdn. 232a; APS/*Dörner*, § 1 KSchG Rdn. 217; *Bezani*, S. 93 f.; *Schwerdtner*, in: Müko-BGB, § 622 Anh. Rdn. 435; vgl. auch ArbG Wilhelmshaven (27. 4. 79) ARSt 1980, S. 31 Nr. 1048.
974 LAG Köln (27. 9. 88) AiB 1989, 57; *Hunold*, S. 306.
975 BAG BB 1984, 1666; BB 1985, 662 – **anderer Ans.** LAG Hamm (22. 7. 81) BlStSozArbR 1982, 17: *Osthold*, BB 1982, 1308; *Peterek*, Anm. zu BAG EzA Nr. 13 zu § 1 KSchG Krankheit: z.B. Fehlquote von 40 % in vier Jahren mit steigender Tendenz; siehe auch *Liebig*, S. 139 f., 147: Bei besonders hoher Fehlquote – mehr als 18 Monate bzw. 50 % bei häufigen krankheitsbedingten Fehlzeiten – komme dem Arbeitgeber der Anscheinsbeweis zugute.
976 Vgl. BAG (2. 11. 83) AP Nr. 12 zu § 1 KSchG 1969 Krankheit: Fehlquote von fast 40 %; zust. *Hunold*, S. 305.
977 Siehe BAG (16. 2. 89) NZA 1989, 923; LAG Köln (21. 2. 89) LAGE Nr. 12 zu § 1 KSchG Krankheit; *Hunold*, S. 306.
978 BAG (25. 11. 82) AP Nr. 7 zu § 1 KSchG 1969 Krankheit; (29.4.99) BB 2000, 51.
979 BAG DB 1993, 1047, 2524; DB 1984, 831; *Weller*, S. 91.

nicht fortgesetzt werden können. Wurden bisher abwesende Arbeitnehmer durch Leih-Arbeitnehmer „vertreten", hat der Arbeitgeber darzulegen, aus welchen Gründen der erkrankte Arbeitnehmer nicht oder nicht mehr durch solche Mitarbeiter ersetzt werden kann.[980] Um all den genannten Anforderungen zu genügen, erscheint es zweckmäßig, wenn sich der Arbeitgeber zum Nachweis der konkreten betrieblichen Beeinträchtigungen gerichtlich nachprüfbare Beweismittel, etwa schriftliche Aufzeichnungen, beschafft. Ansonsten kann sich der Arbeitnehmer in der Regel darauf beschränken, die diesbezüglichen Behauptungen des Arbeitgebers zu bestreiten, um seiner prozessualen Mitwirkungspflicht zu genügen.[981] Nach allem lassen sich die durch die krankheitsbedingten Fehlzeiten zu erwartenden oder bereits eingetretenen unzumutbaren betrieblichen Störungen nicht im Wege des Anscheinsbeweises feststellen.[982] Indessen ist es dem Gericht verwehrt, im Kündigungsrechtsstreit nachzuprüfen, ob die dem Arbeitsamt genannten Qualifikationsmerkmale für das Aushilfspersonal angemessen sind.[983] Die Zusammensetzung und Auswahl des Personals liegt allein in der Entscheidungssphäre des Arbeitgebers, es sei denn, er verlangt erkennbar eine Qualifikation, die im Hinblick auf den aushilfsweise zu besetzenden Arbeitsplatz aus keinem vernünftigen Grund zu rechtfertigen ist. Bei dauernder Unfähigkeit des Arbeitnehmers, die vertraglich geschuldete Arbeitsleistung zu erbringen, braucht der Arbeitgeber eine darüber hinausgehende erhebliche Betriebsbeeinträchtigung aber nicht darzulegen.[984] Dass durch die krankheitsbedingte Minderung der Leistungsfähigkeit eine erhebliche Beeinträchtigung der betrieblichen Interessen eingetreten ist, hat der Arbeitgeber darzulegen und zu beweisen.[985]

Soweit sich der Arbeitgeber zur Rechtfertigung einer krankheitsbedingten Kündigung auf unzumutbare wirtschaftliche Belastungen durch besonders hohe Vergütungsfortzahlungskosten beruft, genügt er seiner Darlegungs- und Beweisführungslast noch nicht, wenn er lediglich die Höhe der für den gekündigten Arbeitnehmer aufgewendeten Vergütungsfortzahlungskosten beziffert und deren Prozentsatz vom produktiven Lohn angibt[986], da es rechtserheblich auf die jeweilige Struktur des betreffenden Betriebes ankommt. Je nach der allgemeinen Belastung durch Vergütungsfortzahlungskosten können die „unproduktiven" Löhne bzw. Gehälter bei dem einzelnen Arbeitnehmer durchaus mehr oder weniger ins

190

---

[980] Siehe LAG Köln (21. 2. 89) DB 1989, 1295; *Schwerdtner*, in: Müko-BGB, § 622 Anh. Rdn. 436; *Dörner/Luczak/Wildschütz*, D, Rdn. 1128; *Däubler*, S. 584 Rdn. 1086.
[981] Zust. *Bezani*, S. 95; siehe auch BAG (25. 11. 82) AP Nr. 7 zu § 1 KSchG 1969 Krankheit.
[982] Ebenso *Popp*, DB 1981, 2618; *Haug*, S. 157; siehe ferner LAG Düsseldorf (13. 10. 82) BB 1983, 575 – **anderer Ans.** *Birkner-Kuschyk/Tschöpe*, DB 1981, 269; *Baumann*, BB 1982, 1310.
[983] Zutreffend LAG Hamm DB 1981, 1194.
[984] Vgl. BAG (30. 1. 86) NZA 1987, 555; (28. 2. 90) NZA 1990, 727; (29. 10. 98) BB 1999, 324; (29. 4. 99) BB 1999, 1768; *U. Preis*, DB 1988, 1445; *Hunold*, S. 312; *Brox/Rüthers*, S. 158 Rdn. 199; KR-*Etzel*, § 1 KSchG Rdn. 376; *Schwerdtner*, in: Müko-BGB, § 622 Anh. Rdn. 281; ungenau *Haug*, S. 154.
[985] BAG (29.9.91) BB 1992, 1930 = NZA, 1992, 1073 – **zweifelnd** *Bauer/Röder*, Kündigung, S. 133.
[986] So auch LAG Hamm (18. 4. 84) BB 1985, 525; dazu auch *Berkowsky*, Personenbedingte Kündigung, S. 287 Rdn. 90; APS/*Dörner*, § 1 KSchG Rdn. 218.

Gewicht fallen.[987] Darüber hinaus sind sie auch in der dritten Prüfungsstufe, bei der Interessenabwägung, von entscheidungserheblicher Bedeutung, so dass der Arbeitgeber auch die Ausfallquote der vergleichbaren Arbeitnehmer darzulegen hat.[988] Eines spezifischen Vorbringens, auf welchen Betrag sich der den Zeitraum von mehr als sechs Wochen übersteigenden Entgeltfortzahlungsanteil beläuft, bedarf es jedoch nicht[989], wenngleich eine Kostenaufschlüsselung zweckmäßig erscheint.

191 Dass der betreffende Arbeitnehmer nicht versetzt oder anderweitig im Betrieb oder Unternehmen beschäftigt werden kann, dafür trifft den Arbeitgeber ebenfalls die Darlegungs und Beweislast.[990] Der einzelne Arbeitnehmer wäre überfordert, wenn er im Kündigungsschutzprozess bestimmte freie Arbeitsplätze im Betrieb angeben müsste. Behauptet jedoch der Arbeitgeber, keine geeignete anderweitige Beschäftigungsmöglichkeit zu haben, muss der Arbeitnehmer allerdings zu dem diesbezüglichen Vorbringen des Arbeitgebers substantiiert Stellung nehmen, wobei er konkret aufzeigen muss, wie er sich seine weitere Beschäftigung vorstellt und welche Art der Tätigkeit für ihn in Betracht kommen kann.[991] Dazu gehört auch die ggf. zu beweisende Behauptung, seine Krankheitsanfälligkeit auf einem anderen Arbeitsplatz sei nicht oder nicht in gleichem Umfang zu erwarten oder der zu befürchtende erneute Arbeitsausfall infolge Krankheit wirke sich auf die Beschäftigung auf dem in Betracht kommenden Arbeitsplatz nicht oder nicht erheblich aus.[992]

---

[987] Weitergehend MünchArbR/*Berkowsky*, § 136 Rdn. 55; ders., NZA-RR 2001, 399, der vom Arbeitgeber primär die Darlegung der ihm zur Überbrückung des Produktionsausfalls infolge der Fehlzeiten des erkrankten Arbeitnehmers entstehenden Kosten verlangt.

[988] BAG (10. 5. 90) EzA Nr. 31 zu § 1 KSchG Krankheit; KPK-*Schiefer*, § 1 KSchG Rdn. 205.

[989] BAG (13. 12. 90) RzK I 5g Nr. 42; KR-*Etzel*, § 1 KSchG Rdn. 345; KPK-*Schiefer*, § 1 KSchG Rdn. 205.

[990] So auch BAG (30. 5. 78) AP Nr. 70 zu § 626 BGB; (22. 7. 82) AP Nr. 5 zu § 1 KSchG 1969 Verhaltensbedingte Kündigung; (27. 9. 84) AP Nr. 8 zu § 2 KSchG 1969; (29. 10. 98) NZA 1999, 379; *Becker-Schaffner*, BlStSozArbR 1976, 101; KR-*Becker*, 3. Aufl., § 1 KSchG Rdn. 238a; *Ascheid*, Beweislastfragen, S. 109, 151ff.; *Haug*, S. 157; *Schwerdtner*, in: Müko-BGB, § 622 Anh. Rdn. 437; *Berkowsky*, Personenbedingte Kündigung, S. 292 Rdn. 45ff.; KR-*Etzel*, § 1 KSchG Rdn. 412, 558; *von Hoyningen-Huene/Linck*, DB 1993, 1190, betreffend eine betriebsbedingte Kündigung; *Bernardi*, NZA 1999, 685f. – **teilweise abweichend** LAG Düsseldorf DB 1973, 2307: Ein Arbeitnehmer, der seine Beschäftigung mit leichteren Arbeiten fordere, müsse substantiiert darlegen, wie die bis dahin mit diesen Arbeiten beschäftigten Arbeitnehmer sinnvoll eingesetzt werden könnten.

[991] Vgl. BAG (28. 2. 90) AP Nr. 25 zu § 1 KSchG 1969 Krankheit = NZA 1990, 727; (7. 2. 91) DB 1991, 1730; (29. 10. 98) NZA 1999, 379 = BB 1999, 324; (12.8.99) NZA 1999, 1268; LAG Rheinland-Pfalz (15. 5. 81) BB 1981, 1152; *Neumann*, NJW 1978, 1840; *Gamillscheg*, S. 637; Boewer, NZA 1988, 686; *von Hoyningen-Huene/Linck*, KSchG, § 1 Rdn. 550; *Bezani*, S. 122; *Berkowsky*, Personenbedingte Kündigung, S. 293 Rdn. 48ff.; beachte auch die entsprechenden Gesichtspunkte, die bei einer betriebsbedingten Kündigung gelten; dazu BAG (27. 9. 84) AP Nr. 8 zu § 2 KSchG 1969; (20. 1. 94) DB 1994, 1627 = BB 1995, 933; KR-*Becker*, 3. Aufl., § 1 KSchG Rdn. 314; *von Hoyningen-Huene/Linck*, DB 1993, 1190; KR-*Etzel*, § 1 KSchG Rdn. 558.

[992] Ebenso LAG Baden-Württ./Mannheim (10. 6. 86) NZA 1987, 28; *Bengelsdorf*, NZA-RR 2002, 57 (68).

Wenn man mit dem BAG als dritte Prüfungsstufe eine allseitige Interessenabwägung für erforderlich hält, erscheint es nur folgerichtig, insoweit die Darlegung- und Beweislast dem Arbeitgeber aufzuerlegen.[993] Bei der vorzunehmenden Interessenabwägung steht allerdings dem Tatsachenrichter ein weiter Beurteilungsspielraum zu.[994]

192

III. Fristlose Kündigung durch den Arbeitgeber

1. Allgemeines

Es hat sich gezeigt, dass eine ordentliche fristgerechte Kündigung wegen Arbeitsunfähigkeit infolge Krankheit nicht schlechthin als sozial gerechtfertigt im Sinne von § 1 Abs. 2 KSchG anerkannt werden kann. Dann gilt dies erst recht für eine außerordentliche fristlose Entlassung nach § 626 Abs. 1 BGB. Diese Norm enthält in Gestalt einer regulativen Generalklausel[1] die Kündigungsvoraussetzungen und verlangt ausdrücklich eine umfassende richterliche Interessenabwägung. Findet der Begriff des wichtigen Grundes in kündigungsrelevanten tarifvertraglichen Regelungen Verwendung, muss im Zweifel davon ausgegangen werden, dass ihm dieselbe rechtliche Bedeutung wie dem in § 626 Abs. 1 BGB zukommt.[2]

193

Bei der Auslegung innerstaatlichen Rechts sind auch völkerrechtliche Abkommen, denen Deutschland beigetreten ist, zu beachten.[3] Art. 4 Nr. 4 der Europäischen Sozialcharta vom 18. 10. 1961 gibt jedem Arbeitnehmer das Recht auf eine angemessene Kündigungsfrist. Nach dem amtlichen Anhang zu dieser Bestimmung ist eine fristlose Entlassung „im Falle einer schweren Verfehlung" nicht verboten. Daraus wird vereinzelt gefolgert[4], sie sei in allen anderen Fällen ausgeschlossen. Eine so weitgehende Konsequenz erscheint jedoch sachlich nicht gerechtfertigt. Ungeachtet dessen stellt die Sozialcharta kein unmittelbar geltendes Recht dar[5], auch wenn sich die Bundesrepublik zur Durchführung der Charta verpflichtet hat, so dass ihr bei der Gesetzesauslegung, der Lückenausfüllung, aber auch bei der Rechtsfortbildung durchaus eine gewisse Bedeutung zukommen kann.

193a

---

[993] So auch BAG (6. 8. 89) AP Nr. 22 zu § 1 KSchG 1969 Krankheit; LAG Hamm (24. 5. 83) BB 1985, 210; *Ascheid*, Beweislastfragen, S. 109; *Becker-Schaffner*, BB 1992, 557; *Bezani*, S. 123; *Roos*, AiB 1995, 661; *Stahlhacke/Preis/Vossen*, Rdn. 1235; KR-*Etzel*, § 1 KSchG Rdn. 363; APS/*Dörner*, § 1 KSchG Rdn. 219; *Hako-Gallner*, § 1 Rdn. 555; KPK-*Schiefer*, § 1 KSchG Rdn. 207.
[994] Etwa BAG (12. 12. 96) EzA Nr. 41 zu § 1 KSchG Krankheit, S. 5; KR-*Etzel*, § 1 KSchG Rdn. 364.
[1] *U. Preis*, Prinzipien, S. 101, 309, 475 ; KR-*Fischermeier*; § 626 BGB Rdn. 78 ff.;
[2] BAG (6.11.97) NZA 1998, 833; (16.9.99) BB 2000, 206 f = AP Nr. 159 zu § 626 BGB; (18.1.01) NZA 2002, 458.
[3] Vgl. BAG (12.9.84) NZA 1984, 393 (398).
[4] So *Däubler*, NJW 1999, 3537; *Kittner/Däubler/Zwanziger*, KSchR, § 626 BGB Rdn. 31.
[5] Dazu nur ErfK/*Preis*, § 611 BGB Rdn. 235 m.w.N.

193b Die außerordentliche fristlose Kündigung wegen Krankheit des Arbeitnehmers erscheint zwar nicht grundsätzlich ausgeschlossen[6], wird aber nur in besonderen Ausnahmefällen in Betracht kommen[7], obwohl bei einer personenbedingten Entlassung das Vorliegen eines wichtigen Grundes nicht notwendig ein Verschulden des Gekündigten voraussetzt.[8] Auch unverschuldete Umstände können eine außerordentliche Kündigung rechtfertigen, was sich mittelbar aus § 628 Abs. 1 BGB ergibt. Grundsätzlich wird es aber dem Arbeitgeber zugemutet werden können, die gesetzliche, die tarifvertragliche oder die einzelvertraglich vereinbarte Kündigungsfrist einzuhalten.[9] Indessen ergeben sich Schwierigkeiten, wenn der betreffende Arbeitnehmer nur noch außerordentlich fristlos gekündigt werden kann, wie das etwa nach § 53 Abs. 3 BAT[10], § 52 Abs. 1 BMT-G, § 58 MT Arb, § 6 Abs. 5 MTV für die Arbeitnehmer der Deutschen Bahn AG[11], § 4,4 MTV für Arbeiter und Angestellte der Metallindustrie Nordwürttemberg/Nordbaden[12], § 22 Abs. 2 MTV für das Kabinenpersonal der Deutschen Lufthansa vom 27.4.1995 i.d.F. vom 31.3.2000[13], im Berufsausbildungsverhältnis nach dem Ablauf der Probezeit, § 15

---

[6] BAG (9.9.92) BB 1993, 291f. = NZA 1993, 600; (18.2.93) NZA 1994, 74; (12.7.95) NZA 1995, 1100; LAG Hamm (24.11.88) LAGE Nr. 2 zu § 626 BGB Unkündbarkeit: (11.11.95) LAGE Nr. 92 zu § 626 BGB; *Koberski*, AuA 1993, 298; *Staudinger/Preis*, BGB, § 626 Rdn. 217, 279; KPK-*Schiefer*, § 1 KSchG Rdn. 240; *Tschöpe/Nägele*, Teil 3 D, Rz. 117; *Hromadka/Maschmann*, S. 360 Rdn. 112.

[7] Ebenso BAG (16.9.99) BB 2000, 206f. = NZA 2000, 141; (18.10.00) BB 2001, 418ff. = DB 2001, 338f.; (18.1.01) NZA 2001, 458; *Brox/Rüthers*, S. 146 Rdn. 192 a; Kasseler Handbuch/*Isenhardt*, 6.3 Rz. 347; *Löwisch*, KSchG, § 1 Rdn. 139ff.; *Bauer/Röder*, Kündigung, S. 211; *Schaub/Linck*, S. 1426 Rdn. 90; ErfK/*Müller-Glöge*, § 626 BGB Rdn. 179; MünchArbR/*Wank*, § 120 Rdn. 45; *Dütz*, Arbeitsrecht, S. 187 Rdn. 391; APS/*Dörner*, § 626 BGB Rdn. 62, 308; *Tschöpe*, BB 2001, 2113; *Roos*, NZA 1999, 619; *Backmeister/Trittin*, KSchG, § 626-628 BGB Rdn. 35; *Hako-Gallner*, § 1 Rdn. 445; *Künzl*, Anm. zu BAG AuR 2000, 146; *Busemann/Schäfer*, S. 132 Rdn. 155; *Stahlhacke/Preis/Vossen*, Rdn. 754; *Dörner/Luczak/Wildschütz*, D, Rdn. 760; siehe ferner *Däubler*, S. 607 Rdn. 1131, einschränkend aber, wenn der Arbeitgeber bei Einhaltung der Kündigungsfrist in größte wirtschaftliche Schwierigkeiten geraten würde; ähnlich *Bezani*, S. 148: nur wenn mit der Krankheit außergewöhnlich hohe Belastungen (welcher Art?) verbunden seien; BGB-RGRK, § 626 Rdn. 100: nur beim Ausschluss der ordentlichen Kündbarkeit – **unrichtig** *Rudhardt*, S. 78 Rdn. 116: Ende der Krankheit nicht absehbar oder es müsse mit einer längeren Krankheitsdauer gerechnet werden; dagegen auch *Adomeit/Spinti*, unter C 1 2a Rdn. 121.

[8] Vgl. nur BAG (30.11.72) AP Nr. 66 zu § 626 BGB; (9.9.92) AP Nr. 3 zu § 626 BGB Krankheit; *Stahlhacke/Preis/Vossen*, Rdn. 615; *Brox/Rüthers*, S. 137 Rdn. 192a; *Schwerdtner*, in: Müko-BGB, § 626 Rdn. 46; KR-*Fischermeier*, § 626 BGB Rdn. 129; ErfK/*Müller-Glöge*, § 626 Rdn. 42; *Büdenbender*, Anm. zu BAG SAE 2000, 91; *Erman/Belling*, BGB, § 626 Rdn. 33; APS/*Dörner*, § 626 BGB Rdn. 83.

[9] Statt vieler *Schwerdtner*, in: Müko-BGB, § 626 Rdn. 107; KR-*Fischermeier*, § 626 BGB Rdn. 132; *Lepke*, DB 1970, 489.

[10] Dazu BAG (18.1.01) DB 2002, 100 (101).

[11] Betreffend § 30 Abs. 2 Ziff. 3 a aa) LTV für Arbeiter der Deutschen Bundesbahn: BAG (9.9.92) AP Nr. 3 zu § 626 Krankheit; zust. *Dörner/Luczak/Wildschütz*, D, Rdn. 760 – **dagegen** *Kittner/Trittin*, KSchR, § 626 BGB Rdn. 168.

[12] Dazu BAG (4.2.93) EzA Nr. 144 zu § 626 BGB n.F.

[13] Dazu BAG (9.7.98) – 2 AZR 201/98 – unv.

Abs. 2 Nr. 2 BBiIG, oder bei Arbeitnehmern der Fall ist, die einen besonderen Bestandsschutz wegen ihrer betriebsverfassungs- oder personalvertretungsrechtlichen Funktionen genießen, §§ 15 KSchG, 103 BetrVG[14], 47 Abs. 1, 108 Abs. 1 BPersVG.

Da nach bisher geltendem Recht[15] der Arbeitgeber unter bestimmten Voraussetzungen sogar ausdrücklich befugt war, im Zusammenhang mit krankheitsbedingten Fehlzeiten vom Recht einer außerordentlichen fristlosen Entlassung Gebrauch zu machen, kann auch nach der jetzigen Rechtslage eine deswegen ausgesprochene fristlose Kündigung nicht schlechthin unzulässig sein.[16] Deshalb erscheint es geboten, die in der Vergangenheit maßgeblichen Rechtsgrundsätze stichwortartig zusammenzufassen.

2. Grundsätze nach bisherigem Recht

Kaufmännische und gewerbliche Angestellte durften ohne Einhaltung einer Frist gekündigt werden, wenn sie durch anhaltende Krankheit an der Verrichtung ihrer Dienste verhindert wurden, §§ 72 Nr. 3 HGB, 133c Abs. 1 Nr. 4 GewO, 85 Nr. 5 Alllg.Preuß.BergG.[17] Die Tatsache, dass die Erkrankung des Arbeitnehmers bereits lange Zeit angedauert hatte, reichte zur fristlosen Entlassung jedoch noch nicht aus.[18] Es wurde vielmehr – ähnlich wie bei der fristgerechten Kündigung – weiter verlangt, dass im Zeitpunkt des Kündigungszuganges feststand, der Angestellte werde wegen seiner Erkrankung auf nicht absehbare Zeit die vertraglich geschuldete Arbeit nicht erbringen können. Auch war es nicht erforderlich, dass der Arbeitnehmer dauernd oder vollständig zur Fortsetzung des Arbeit unfähig geworden war.[19]

194

Häufige Erkrankungen, durch die der Angestellte nur mit Unterbrechungen seinen Dienstpflichten nachkommen konnte, fielen in Abweichung von Artikel 64 Nr. 4 ADHGB begrifflich zwar nicht unter § 72 Nr. 4 HGB. Dennoch wurde teilweise angenommen[20], dass in einem solchen Falle, auch Entlassung wegen Kränklichkeit genannt, ein wichtiger Grund im Sinne von § 70 HGB – jetzt § 626 Abs. 1

195

---

14 Dazu insbesondere BAG (18.2.93) DB 1994, 1426f.; (15.3.01) NZA-RR 2002, 20 (21) = ARSt 2002, 29; LAG Baden-Württ. (15.5.95) LAGE Nr. 12 zu § 103 BetrVG; ArbG Hagen (5.8.93) BB 1993, 2381.
15 Siehe §§ 72 Abs. 1 Ziff. 3 HGB, 123 Abs. 1 Ziff. 8, 133c Abs. 1 Ziff. 4 GewO, § 82 Abs. 1 Ziff. 8, § 89 Ziff. 5 Allg.Preuß.BergG.
16 *Lepke*, DB 1970, 489ff.; *Stahlhacke*, Kündigung, S. 150 Rdn. 417; *Hoppe*, BlStSozArbR 1975, 134; *Becker-Schaffner*, BlStSozArbR 1976, 100; KR-*Hillebrecht*, 4. Aufl., § 626 BGB Rdn. 105, 320; *Conze*, ZTR 1987, 99 (102).
17 Im Einzelnen dazu *Jedzig*, S. 32ff.
18 Vgl. LAG Düsseldorf (6.10.53) DB 1953, 1016; LAG Berlin (2.9.60) ARSt Bd. XXV, S. 172 Nr. 514; ArbG Stade (27.2.59) ARSt Bd. XXII, S. 170 Nr. 474.
19 Siehe BAG (9.12.54) AP Nr. 1 zu § 123 GewO; LAG Frankfurt/M. DB 1953, 555; LAG Bayern (27.4.66) Baye.ABl. 1967, Teil C 42; *Lepke*, DB 1970, 489 m.w.N.; *Hueck/Nipperdey*, Bd. I, S. 606; siehe auch BVerfG (23.1.90) NZA 1990, 161 (167).
20 LAG Baden-Württ. DB 1962, 1015; LAG Düsseldorf DB 1962, 1015; *Hessel*, S. 36; *Palme*, BlStSozArbR 1966, 142; weitergehend *Schlegelberger/Gessler/Hefermehl*, HGB, 1. Bd., 4. Aufl. 1960, § 72 Rdn. 7: Fall „anhaltender" Krankheit.

BGB – vorliegen konnte, jedenfalls dann, wenn der Einfluss der Krankheit auf die Leistungen des Angestellten das dem Arbeitgeber zumutbare Maß an Rücksichtnahme überschritten hatte. Die wohl überwiegende Anzahl der Autoren[21] vertrat indessen den Standpunkt, dass es dem Arbeitgeber bei häufigen Erkrankungen in der Regel zugemutet werden könnte, wenigstens die ordentliche Kündigungsfrist einzuhalten.

Gewerbliche Arbeitnehmer konnten aus krankheitsbedingten Gründen nur fristlos entlassen werden, wenn sie zur Fortsetzung der Arbeit unfähig[22] oder wenn sie mit einer abschreckenden Krankheit[22] behaftet waren § 123 Abs. 1 Nr. 8 GewO, wozu auch ekelerregende Krankheiten[23], wie Krätze, Flechten, Ekzeme und sichtbare Geschlechtskrankheiten[24], aber auch ansteckende[23] Erkrankungen gezählt wurden. Für eine Unfähigkeit im Sinne von § 123 Abs. 1 Nr. 8 GewO war eine vollständige oder dauernde Arbeitsunfähigkeit im Sinne von Invalidität nicht erforderlich.[25] Es reichte allerdings auch nicht jede Arbeitsunfähigkeit aus. Vielmehr musste im Zeitpunkt der Kündigung eine Arbeitsunfähigkeit vorliegen, die in absehbarer Zeit nicht wieder behoben werden konnte oder die von erheblicher Dauer war.[26] Ferner war der Arbeitgeber zur fristlosen Kündigung von Bergleuten befugt, die nach ärztlicher Bescheinigung zur Fortsetzung ihrer Arbeit voraussichtlich für längere Zeit unfähig oder die mit einer abschreckenden Krankheit behaftet waren, § 82 Allg.Preuß.BergG.

Trotz des teilweise von den Kündigungsvorschriften für Angestellte abweichenden Gesetzestextes bestand im Wesentlichen Einigkeit[27] darüber, dass bei Arbeitern dieselben Grundsätze wie bei den Angestellten Beachtung fanden.

3. Grundsätze nach geltendem Recht

196 Die eben skizzierten Umstände sind beim Ausspruch einer fristlosen Kündigung wegen der Erkrankung des Arbeitnehmers auch weiterhin zu beachten[28]; denn die Vorschrift des § 626 Abs. 1 BGB übernimmt die damals vor allem in der GewO und im HGB aufgeführten Sachverhalte und die seit langem in der Rechtspre-

---

21 Vgl. *Neumann*, DB 1962, 1644; *Lepke*, DB 1970, 490; *Foltyn*, S. 159 m.w.N.
22 Im Einzelnen *Jedzig*, S. 5 ff.; siehe auch *Söllner*, S. 298.
23 *Rewolle*, DB 1953, 62; *Neumann*, Kündigung bei Krankheit, 3. Aufl., S. 28; *Lepke*, DB 1970, 491 – anderer Ans. *Foltyn*, S. 161; *Schelp/Trieschmann*, S. 247.
24 *Heimeier*, DB 1953, Beilage Nr. 2.
25 Statt vieler *Hessel*, S. 34.
26 BAG (9. 12. 54) AP Nr. 1 zu § 123 GewO, mit zust. Anm. von *A. Hueck* = ArbR-Blattei, Kündigung VIII, Entscheidung Nr. 3 mit zust. Anm. von *E. Molitor*.
27 Vgl. *Nikisch*, Bd. I, S. 739; *Tiedemann*, BB 1963, 1137; *Gumpert*, BB 1962, 1289; *Lepke*, DB 1970, 491.
28 Vgl. *Lepke*, DB 1970, 489 ff.; *Bleistein*, S. 135; *Hoppe*, BlStSozArbR 1975, 134; *Becker-Schaffner*, BlStSozArbR 1976, 100; Kasseler Handbuch/*Isenhardt*, 6.3 Rz. 311; APS/*Dörner*, § 626 BGB Rdn. 57; BAG (15. 11. 84) AP Nr. 87 zu § 626 BGB = BB 1985, 1917; LAG Berlin (19. 7. 85) – 9 Sa 56/85 – unv.; im Ergebnis nicht überzeugende Bedenken äußern *U. Preis*, Prinzipien, S. 479; ders., DB 1990, 631: methodisch unzulässig; *Bezani*, S. 144; siehe auch *Brox/Rüthers*, S. 145 Rdn. 192a.

chung anerkannten Grundsätze zum Begriff des wichtigen Grundes[29], die als Orientierungshilfe bei der Auslegung des unbestimmten Rechtsbegriffes des wichtigen Grundes von rechtserheblicher Bedeutung sein können. Durch die Neuregelung des § 626 BGB sollte lediglich eine Vereinheitlichung und Zusammenfassung der verstreuten Normen herbeigeführt werden. Eine grundlegende sachliche Änderung hat der Gesetzgeber dadurch nicht bezweckt.[30] Mithin ist im Allgemeinen nach objektiven Gesichtspunkten, bezogen auf den Zeitpunkt des Zuganges der Kündigung[31], zunächst zu prüfen, also in der ersten Stufe, ob ein bestimmter Sachverhalt an sich geeignet ist, einen wichtigen Kündigungsgrund abzugeben[32], wobei es entscheidungserheblich auch darauf ankommt, ob der maßgebliche Sachverhalt geeignet wäre, eine krankheitsbedingte ordentliche Kündigung zu rechtfertigen.[33] Allgemein formuliert: Eine außerordentliche Kündigung erweist sich in der Regel schon dann als rechtsunwirksam, wenn sie hinsichtlich des Entlassungsgrundes nicht den Anforderungen an einen ordentliche fristgerechte Kündigung genügt.[34] Das Verhältnis der ordentlichen zur außerordentlichen Kündigung ist nicht grundsätzlicher, sondern nur gradueller Natur.[35] In der zweiten Stufe bedarf es der weiteren Prüfung, ob die Fortsetzung des Arbeitsverhältnisses unter Berücksichtigung der konkreten Umstände des Einzelfalles und unter Abwägung der Interessen beider Vertragspartner noch zumutbar erscheint oder nicht.[36] Im Rahmen der umfassenden Interessenabwägung[37] sind die Dauer des Arbeitsverhältnisses, das Lebensalter des Arbeitnehmers, die Art und Dauer der krankheitsbedingten Arbeitsunfähigkeit, aber auch deren betriebliche

---

[29] BAG (27.1.72) DB 1972, 1246; (17.3.88) NZA 1989, 261 (264); LAG Rheinland-Pfalz (1.12.97) NZA-RR 1998, 497; *Staudinger/Neumann*, BGB, 12. Aufl., § 626 Anm. 23f.; *Jedzig*, S. 412 m.N.; *Soergel/Kraft*, BGB, § 626 Rdn. 24 – **kritisch** *Staudinger/Preis*, BGB, § 626 Rdn. 52; *Gentges*, S. 281f. m.w.N.; *Kittner/Däubler/Zwanziger*, KSchR, § 626 BGB Rdn. 2.

[30] BVerfG (23.1.90) NZA 1990, 161 (167); BGB-RGRK, § 626 Rdn. 7 m.w.N.; *Schwerdtner*, in: Müko-BGB, § 626 Rdn. 4; siehe auch *Hromadka/Maschmann*, S. 368 Rdn. 109.

[31] Siehe nur *Gamillscheg*, S. 573; *Erman/Belling*, BGB § 626 Rdn. 31 m.N.

[32] Dazu insbesondere *Bitter/Kiel*, RdA 1995, 34 m.N.; *Brox/Rüthers*, S. 328 Rdn. 476; *Dörner/Luczak/Wildschütz*, D, Rdn. 662; ErfK/*Müller-Glöge*, § 626 BGB Rdn. 34, 62; *Knorr/Bichlmeier/Kremhelmer*, S. 189 Rdn. 14; APS/*Dörner*, § 626 BGB Rdn. 28; *Gamillscheg*, S. 557; *Erman/Belling*, BGB, § 626 Rdn. 37; *Kittner/Däubler/Zwanziger*, KSchR, § 626 BGB Rdn. 37ff. – **kritisch** *Stahlhacke/Preis/Vossen*, Rdn. 453; *Bezani*, S. 145ff.; *Söllner*, S. 297; *Leinemann/Ascheid*, GewO, § 105 Rdn. 11091; *U. Preis*, Arbeitsrecht, S. 703; *Zöllner/Loritz*, S. 282: Scheinobjektivierung.

[33] Zutreffend *Bezani*, S. 145 m.N.; dazu auch *Staudinger/Preis*, BGB, § 626 Rdn. 7; ErfK/*Müller-Glöge*, § 626 Rdn. 37; allgemein dazu *Stahlhacke/Preis/Vossen* Rdn. 453; *Berkowsky*, Anm. zu BAG RdA 2000, 113.

[34] Dazu etwa *U. Preis*, Arbeitsrecht, S. 705; APS/*Dörner*, § 626 BGB Rdn. 25 – **anders** KR-*Fischermeier*, § 626 BGB Rdn. 101.

[35] BAG (21.1.99) DB 1999, 1400 = BB 1999, 1819.

[36] Siehe dazu BAG (17.5.84) AP Nr. 14 zu § 626 BGB Verdacht strafbarer Handlung; (2.3.89) AP Nr. 101 zu § 626 BGB = NZA 1989, 755; (11.3.99) BB 1999, 1167; LAG Baden-Württ. (25.6.98) NZA-RR 1998, 493; LAG Köln (17.11.00) NZA-RR 2001, 367; LAG Nürnberg (26.4.01) BB 2001, 1906; *U. Preis*, Prinzipien, S. 135ff.; *Schwerdtner*, in: Müko-BGB, § 626 Rdn. 53, 74; *Dütz*, Arbeitsrecht, S. 176 Rdn. 388 – **kritisch** *Ascheid*, Kündigungsschutz, S. 87 Rdn. 119–125 m.N.; MünchArbR/*Wank*, § 120 Rdn. 37ff.; *Stahlhacke/Preis/Vossen*, Rdn. 453 m.N.

[37] Dazu etwa APS/*Dörner*, § 626 BGB Rdn. 96ff.; KR-*Fischermeier*, § 626 BGB Rdn. 235ff.

Auswirkungen in die Betrachtung mit einzubeziehen, nicht jedoch etwaige (gesetzliche) Unterhaltspflichten[38], da ihnen in der Regel der unmittelbare Bezug zum Arbeitsverhältnis fehlt, sie nicht betriebsbezogen sind. Nur wenn die Interessen der Kündigenden an der sofortigen Lösung des Arbeitsverhältnisses schutzwürdiger erscheinen als die des Gekündigten am Fortbestehen des Arbeitsverhältnisses, sind die Voraussetzungen des § 626 Abs. 1 BGB erfüllt.[39, 40] In einer Entscheidung vom 7.12.1995 ist das BAG[41] im Bereich der außerordentlichen Kündigung wegen Krankheit folgerichtig von diesem zweistufigen Prüfungsschema abgewichen und prüft wie bei einer fristgerechten Entlassung aus krankheitsbedingten Gründen diese in den dargelegten drei Stufen.[42]

197 Grundsätzlich kommen nur ganz spezielle, besonders gelagerte Ausnahmefälle in Betracht, etwa bei einem unheilbar kranken, dauernd an der Arbeitsleistung verhinderten Arbeitnehmer.[43] Wie bereits erwähnt, muss neben dem Vorliegen eines wichtigen Grundes dem Arbeitgeber auch die Fortsetzung des Arbeitsverhältnisses bis zum Ablauf der ordentlichen Kündigungsfrist unzumutbar sein, wobei zugunsten des Arbeitnehmers aber ins Gewicht fallen kann, dass ihm bis zum Ablauf der Kündigungsfrist keine Entgeltfortzahlungsansprüche mehr zustünden.[44] Sind jedoch weitere erhebliche Entgeltfortzahlungskosten zu erwarten und kommen erhebliche, nur durch die baldige Neubesetzung des Arbeitsplatzes vermeidbar Betriebsablaufstörungen hinzu, wird sich ausnahmsweise eine außerordentliche fristlose Kündigung als sachlich gerechtfertigt erweisen.[44] Ansonsten kann es nicht allein darauf ankommen[45], ob tarif- oder einzelvertraglich eine ordentliche Kündi-

---

[38] Ebenso BAG (28.2.89) EzA Nr. 118 zu § 626 BGB n.F.; Kasseler Handbuch/*Isenhardt*, 6.3 Rz. 316; MünchArbR/*Wank*, § 120 Rdn. 102; siehe auch APS/*Dörner*, § 626 BGB Rdn. 108, 112 – **anders** ErfK/*Müller-Glöge*, § 626 BGB Rdn. 68; KR-*Fischermeier*, § 626 BGB Rdn. 236, 238, 241; LAG Köln (17.4.02) MDR 2002, 1130.
[39] Zust. LAG Nürnberg (13.10.78) Baye.ABl. 1979, Teil C 27; *Neumann*, NJW 1978, 1841; *Palme*, BlStSozArbR 1978, 228; *Foltyn*, S. 159; *Zöllner/Loritz*, S. 283: Schwere Krankheit, die eine alsbaldige Wiederherstellung der Gesundheit nicht erwarten lässt.
[40] Zu allgemein *Söllner*, S. 298, der ein Recht des Arbeitgebers zur fristlosen Kündigung annimmt, falls der Arbeitnehmer zur Fortsetzung der Arbeit, zum Beispiel durch Krankheit, unfähig wird.
[41] AP Nr. 7 zu § 626 BGB Krankheit, mit zust. Anm. von *Bezani*; (16.9.99) BB 2000, 206f.
[42] So auch LAG Hamm (11.7.96) ARSt 1997, S. 69 (Ls); *Erman/Belling*, BGB, § 626 Rdn. 72; APS/*Dörner*, § 626 BGB Rdn. 72; *Dörner/Luczak/Wildschütz*, D, Rdn. 760.
[43] Ebenso *Schwedes*, S. 261 Rdn. 526; *Löwisch*, Arbeitsrecht, S. 338 Rdn. 1240; Tschöpe, BB 2001, 2113; *Brox/Rüthers*, S. 146 Rdn. 192a; *Kania/Kramer*, RdA 1995, 287 (296); U. *Preis/Hamacher*, Arbeitsrecht und Arbeitsgerichtsbarkeit, S. 245 (265); *Bauer/Röder/Lingemann*, S. 106, aber weitergehend: besonders gravierende Betriebsstörungen und Abwarten der ordentlichen Kündigungsfrist unzumutbar; siehe auch BAG (12.7.95) BB 1995, 2064; (29.10.98) BB 1999, 2192 – **anders** *Staudinger/Preis*, BGB, § 626 Rdn. 217; *Schwerdtner*, in: Müko-BGB, § 626 Rdn. 107; Kasseler Handbuch/*Isenhardt*, 6.3 Rz. 347.
[44] BAG (18.10.00) BB 2001, 419. mit zust. Anm. *von Heidsiek*.
[45] So auch *Schwerdtner*, in: Müko-BGB, § 626 Rdn. 109; Kasseler Handbuch/*Isenhardt*, 6.3 Rz. 347; *Schaub/Linck*, S. 1426 Rdn. 90; *Junker*, Arbeitsrecht, S. 235 Rdn. 401; wohl auch *Dütz*, Arbeitsrecht, S. 187 Rdn. 391; MünchArbR/*Wank*, § 120 Rdn. 45; KR-*Etzel*, § 1 KSchG Rdn. 321 – **anders** BAG (9.9.92) AP Nr. 3 zu § 626 BGB Krankheit; (18.10.00) BB 2001, 418f.; (18.1.01) DB 2002, 102: in der Regel; LAG Köln (4.5.95) BB 1995, 2064;

gung unzulässig wäre, weil das Arbeitsverhältnis nur noch fristlos beendbar ist. Im Zweifel dürfte deshalb eine aus krankheitsbedingten Gründen ausgesprochene fristlose Kündigung rechtsunwirksam sein, jedenfalls wenn das Arbeitsverhältnis mit einer ordentlichen Kündigungsfrist aufgelöst werden kann.[46] Das gilt insbesondere dann, wenn die Erkrankung im Betrieb eingetreten ist und auf ungenügendem Gesundheits- bzw. Unfallschutz oder auf einem schuldlosen Arbeitsunfall beruht.[47] Bei einer unverschuldeten Krankheit muss ein strengerer Maßstab als bei verhaltensbedingten Entlassungsgründen angelegt werden.[48]

Kürzere Erkrankungen werden ausnahmsweise nur dann einen wichtigen Grund im Sinne von § 626 Abs. 1 BGB darstellen, wenn sie abschreckend, ansteckend[49] oder ekelerregend[50] sind, es sei denn, die Krankheit kann in verhältnismäßig kurzer Zeit zu Hause ausgeheilt werden und besondere gesundheitspolizeiliche Vorschriften sind vom Arbeitgeber nicht zu beachten. Lang anhaltende Krankheiten berechtigen den Arbeitgeber zur sofortigen Entlassung, wenn die ordentliche fristgerechte Kündigung ganz ausgeschlossen[51] und der Arbeitnehmer infolge seiner Erkrankung für unabsehbare Zeit nicht in der Lage ist, die vertraglich geschul- 198

LAG Rheinland-Pfalz (6.1.99) MDR 2000, 166; BGB-RGRK, § 626 Rdn. 100; *Bezani*, S. 146; *Staudinger/Preis*, BGB, § 626 Rdn. 218; *Stahlhacke/Preis/Vossen*, Rdn. 753; KR-*Fischermeier*, § 626 BGB Rdn. 132; *Dörner/Luczak/Wildschütz*, D, Rdn. 761; *Knorr/Bichlmeier/Kremhelmer*, S. 217 Rdn. 66. *U. Preis*, Arbeitsrecht, S. 708; APS/*Dörner*, § 626 BGB Rdn. 308ff.; *Tschöpe/Nägele*, Teil 3 D, Rz. 117; *Tschöpe/Kappelhoff*, Teil 3 H, Rz. 40; *Hummel*, S. 62; *Ascheid*, Krankheitsbedingte Kündigung, S. 82 Rdn. 40; FA-ArbR/*Kümpel*, S. 471 Rdn. 222; *Kittner/Däubler/Zwanziger*, KSchR, § 626 BGB Rdn. 143; wohl auch *Künzl*, Anm. zu BAG AuR 2000, 146.

[46] So auch BAG (9.9.92) AP Nr. 3 zu § 626 BGB; (18.10.00) BB 2001, 418; (15.3.01) NZA-RR 2002, 21.

[47] *Lepke*, DB 1970, 490f.; LAG Düsseldorf BB 1963, 41; ArbG Kiel (10.12.59) ARSt Bd. XXIV, S. 72 Nr. 187 – **anderer Ans.** LAG Baden-Württ./Stuttgart (26.6.63) DB 1963, 1436; *Wallmeyer*, S. 42.

[48] Ebenso *Feichtinger/Huep*, ArbR-Blattei, Kündigung VIII, Rdn. 128 m.w.N.

[49] So auch KR-*Hillebrecht*, 4. Aufl., § 626 BGB Rdn. 105; Kasseler Handbuch/*Isenhardt*, 1.3 Rz. 347; *Schaub*, 9. Aufl., S. 1347 Rdn. 90; KR-*Fischermeier*, § 626 BGB Rdn. 132; *Palandt/Putzo*, BGB, § 626 Rdn. 51; *Knorr/Bichlmeier/Kremhelmer*, S. 217 BGB Rdn. 66; einschränkend *Schwerdtner*, in: Müko-BGB, § 626 Rdn. 77; *Feichtinger/Huep*, ArbR-Blattei, Kündigung VIII, Rdn. 251: extreme Fälle; *Gitter/Michalski*, S. 79; siehe auch Hess. LAG (18.2.99) ARSt 1999, 266 – **anders** *Staudinger/Preis*, BGB, § 626 Rdn. 217, bei AIDS; siehe auch *Schwerdtner*, in: Müko-BGB, § 626 Rdn. 109; *Stahlhacke/Preis/Vossen*, Rdn. 753; *Erman/Belling*, BGB § 626 Rdn. 75.

[50] Ebenso *Foltyn*, S. 161; *Becker-Schaffner*, BlStSozArbR 1976, 100; *Neumann*, NJW 1978, 1841; *Staudinger/Neumann*, BGB, 12. Aufl., § 626 Anm. 46; *Schaub*, 9. Aufl., S. 1347 Rdn. 90; *Schwedes*, S. 261 Rdn. 527; *Liebig*, S. 159; KR-*Hillebrecht*, 4. Aufl., § 626 BGB Rdn. 105; *Feichtinger*, ArbR-Blattei, Krankheit I, Rdn. 197; MünchArbR/*Wank*, § 120 Rdn. 45; Kasseler Handbuch/*Isenhardt*, 6.3 Rz. 347; *Feichtinger/Huep*, ArbR-Blattei, Kündigung VIII, Rdn. 251: extreme Fälle – **anders** *Derleder*, AK-BGB, § 626 Rdn. 5; *Schwerdtner*, in: Müko-BGB, § 626 Rdn. 109; *Erman/Hanau*, 9. Aufl., BGB, § 626 Rdn. 68: nur fristgerecht.

[51] *Hueck/Nipperdey*, Bd. I, S. 594; *Nikisch*, Bd. I, S. 746; *Palandt/Putzo*, BGB, § 626 Rdn. 51; *Liebig*, S. 160f.; teilweise weitergehend die Rechtsprechung, Nachw. bei KR-*Becker*, 3. Aufl., § 1 KSchG Rdn. 213 – **anderer Ans.** BAG (4.6.64) AP Nr. 3 zu § 133b GewO; dagegen aber *A. Hueck*, DB 1964, 1067.

dete Leistung zu erbringen[52], wobei jedoch die bloße Ungewissheit, wann der Arbeitnehmer wieder arbeitsfähig sein wird, im Allgemeinen nicht ausreicht. Gleiches gilt, wenn eine ungewöhnlich lange Kündigungsfrist besteht und in naher Zukunft mit der baldigen Wiederherstellung der Gesundheit nicht gerechnet werden kann oder der Arbeitsplatz des kranken Arbeitnehmers aus besonders dringenden betrieblichen Gründen sofort anderweitig mit einer nicht nur zur Aushilfe beschäftigten Arbeitskraft besetzt werden muss.

199 Im Rahmen eines Berufsausbildungsverhältnisses ergeben sich aus dessen Sinn und Zweck maßgebliche Einschränkungen hinsichtlich des Rechts zur außerordentlichen Kündigung durch den Ausbilder.[53] Bei einer Kündigung nach § 15 Abs. 2 Nr. 1 BBilG muss deshalb die Krankheit des Auszubildenden den Erfolg des Berufsausbildungsverhältnisses ernsthaft in Frage stellen[54]; es muss feststehen, dass der Zweck des Ausbildungsverhältnisses nicht mehr erreichbar ist. Aus § 14 Abs. 3 BBiG lässt sich der gesetzgeberische Wille entnehmen, ein Berufsausbildungsverhältnis nach Möglichkeit erfolgreich abzuschließen, weshalb es geboten erscheint, diese Norm dann analog anzuwenden, wenn der Auszubildende wegen krankheitsbedingter Arbeitsunfähigkeit an der Abschlussprüfung nicht teilnehmen konnte[55], sich also das Ausbildungsverhältnis auf sein Verlangen bis zur nächsten Wiederholungsprüfung, jedoch höchstens um ein Jahr verlängert. Konnte sich ein Auszubildender durch den Aufenthalt in einer Heilstätte von seiner Trunksucht befreien und will er die Ausbildung fortsetzen, so erscheint trotz langer Abwesenheit eine fristlose Kündigung im Allgemeinen nicht vertretbar.[56] Eine unheilbare Krankheit, die zur dauernden Arbeitsunfähigkeit des Mitarbeiters führt, wird dagegen in der Regel einen wichtigen Kündigungsgrund darstellen[57], während *Schwerdtner*[58] meint, die Einhaltung der ordentlichen Kündigungsfrist sei auch dann geboten, wenn dem Arbeitnehmer aufgrund eines vertrauensärztlichen Gutachtens die weitere Tätigkeit untersagt werde und eine dauernde Erkrankung vorliege.

200 Abweichend von der Vorschrift des § 626 Abs. 1 BGB kann das Heuerverhältnis eines Besatzungsmitgliedes mit sofortiger Wirkung beendet werden, wenn der Ar-

---

52 BAG (2. 2. 73) AP Nr. 1 zu § 626 BGB Krankheit; LAG Berlin (13. 3. 98) – 6 Sa 41/97 –.
53 Vgl. etwa *U. Preis*, Prinzipien, S. 177 m.w.N.; Kasseler Handbuch/*Taubert*, 5.1 Rz. 270-272; KR-*Weigand*, §§ 14, 15 BBiG Rdn. 46: APS/*Biebl*, § 15 BBiG Rdn. 14; *Leinemann/Taubert*, 15 BBiG Rdn. 69.
54 So auch *Foltyn*, S. 72; *Kittner/Trittin*, KSchR, § 15 BBiG Rdn. 14; KR-*Weigand*, §§ 14, 15 BBiG Rdn. 65; *Kittner/Zwanziger/Lakies*, § 134 Rdn. 157; *Kittner/Däubler/Zwanziger*, KSchR, § 15 BBiG Rdn. 27: aber nur mit tariflicher oder gesetzlicher Kündigungsfrist; *Backmeister/Trittin*, KSchG, §§ 14-17 BBiG Rdn. 26; Kasseler Handbuch/*Taubert*, 5.1 Rz. 299; *Leinemann/Taubert*, § 15 BBiG Rdn. 68-69.siehe ferner LAG Düsseldorf (24. 1. 68) DB 1968, 401; ArbG Heidelberg (23. 5. 57) ARSt Bd. XIX, S. 19 Nr. 55.
55 BAG (30. 9. 98) AP Nr. 9 zu § 14 BBiG = BB 1999, 214f. = NZA 1999, 434.
56 BAG (20. 1. 77) AP Nr. 1 zu § 1 TVG Ausbildungsverhältnis; *Kittner/Däubler/Zwanziger*, KSchR, § 15 BBiG Rdn. 27; APS/*Biebl*, § 15 BBiG Rdn. 18.
57 LAG Schleswig-Holst. (21. 8. 69) DB 1969, 2091; *Röhsler*, unter B III 3b; *Becker-Schaffner*, BlStSozArbR 1976, 100.
58 in: Müko-BGB, § 626 Rdn. 107; ähnlich *Derleder*, AK-BGB, § 626 Rdn. 5 – **anderer Ans.** *Staudinger/Neumann*, BGB, 12. Aufl., § 626 Rdn. 52; ArbG Wilhelmshaven (18. 2. 60) BB 1960, 1060.

beitnehmer für den übernommenen Schiffsdienst aus Gründen, die schon vor der Begründung des Heuerverhältnisses bestanden, untauglich ist, § 64 Abs. 1 Nr. 1 SeemG, wozu auch eine fortdauernde Erkrankung gehören kann[59], oder wenn der Arbeitnehmer eine ihm bekannte ansteckende Krankheit verschweigt, durch die andere Personen gefährdet werden, oder falls er nicht mitteilt, dass er Dauerausscheider von Erregern des Typhus oder Paratyphus ist, § 64 Abs. 1 Nr. 2 SeemG. Für die unter den Geltungsbereich des SeemG fallenden Arbeitnehmer gilt also ausnahmsweise nicht die Generalklausel des § 626 Abs. 1 BGB. Die Nrn. 1–3 und 5 des § 64 Abs. 1 SeemG enthalten als noch geltende Sonderregelungen absolute Kündigungsgründe[60], so dass in derartigen Fällen weder eine Zumutbarkeitsprüfung noch eine Interessenabwägung stattfindet.

Nachfolgend seien einige Beispiele fristloser Kündigungen aus der Spruchpraxis der Gerichte für Arbeitssachen angeführt. Auffallenderweise sind nach dem Inkrafttreten des Ersten Arbeitsrechtsbereinigungsgesetzes nur wenige hier einschlägige Gerichtsentscheidungen veröffentlicht worden. Offenbar wird in der betrieblichen Praxis in solchen Fällen hauptsächlich von dem Rechtsinstitut der ordentlichen fristgerechten Kündigung Gebrauch gemacht. 201

4. Beispiele aus der Rechtsprechung

a) Fristgerecht kündbare Arbeitnehmer

Das LAG Frankfurt/M.[61] hatte zu prüfen, ob eine Verkäuferin, die seit dem 1. 8. 1950 bei der Beklagten beschäftigt und in der Zeit vom 3. 5. bis 31. 7. 1952 an Grippe, Nervenerschöpfung und Gelenkrheumatismus erkrankt war, am 26. 6. 1952 fristlos entlassen werden durfte. Das Gericht sah in seinem überzeugend begründeten Urteil die Kündigung als rechtsunwirksam an, weil der die Arbeitnehmerin behandelnde Arzt im Zeitpunkt des Kündigungsausspruches die Krankheitsdauer auf nur noch drei bis vier Wochen geschätzt hatte und weil nur eine einmalige und akute, im Abklingen begriffene Erkrankung diagnostiziert worden war. Auch das Bundesarbeitsgericht hielt in einer Entscheidung vom 16. 12. 1960[62] die fristlose Entlassung eines bereits sieben Jahre beschäftigten Ingenieurs, der seit neun Monaten erkrankt war, für unbegründet. Dem Arbeitgeber sei, so hat das BAG ausgeführt, ein Festhalten am Arbeitsverhältnis bis zum Ablauf der verhältnismäßig kurzen Kündigungsfrist zuzumuten gewesen. Gleiches solle für einen schon längere Zeit tätigen Arbeiter gelten, der nur siebzehn Tage zur Fortsetzung der Arbeit infolge Krankheit unfähig gewesen war.[63] Als untere Grenze für eine verhältnismäßig erhebliche Zeit könne etwa ein Monat angesehen werden. Auch das ArbG 202

---

[59] Ungenau KR-*Weigand*, § 64 SeemG Rdn. 115: Untauglich, wenn ein Besatzungsmitglied krank ist.
[60] BAG (30. 11. 78) AP Nr. 1 zu § 64 SeemG mit zust. Anm. von *Fettback*; KR-*Weigand*, § 64 SeemG Rdn. 114; KR-*Fischermeier*, § 626 Rdn. 8. – verfassungsrechtliche Bedenken äußern *Kittner/Däubler/Zwanziger*, KSchR, Vorb. §§ 62-68, 71-74 SeemG Rdn. 10.
[61] AP Nr. 1 zu § 72 HGB = DB 1953, 555.
[62] AP Nr. 3 zu § 133c GewO = DB 1961, 310 = BB 1961, 253.
[63] BAG (10. 6. 65) E 17, 186; siehe auch LAG Düsseldorf (22. 11. 60) DB 1961, 208: Das Ende der Krankheit eines Betriebsratsmitgliedes war innerhalb von zwei Wochen abzusehen.

Landau[64] stellte es darauf ab, inwieweit sich das Fehlen des Arbeitnehmers nachteilig im Betrieb ausgewirkt hatte. Eine empfindliche Störung liege beispielsweise vor, wenn die Einstellung einer Ersatzkraft erforderlich sei und aus betrieblichen Gründen über den Bestand des Arbeitsverhältnisses Gewissheit geschaffen werden müsse. Ebenfalls nicht bestätigt hat das LAG Bremen[65] die sofortige Entlassung einer auf einem Bahnhof beschäftigten Raumpflegerin, die bedingt durch eine Schilddrüsenoperation und ein Unterleibsleiden mehrfach und im Zeitpunkt der Kündigung bereits zehn Wochen gefehlt hatte, jedoch nach mehr als zwei Monaten wieder voll einsatzfähig gewesen war. Zugunsten der Klägerin hat die Kammer primär eine vierjährige Betriebszugehörigkeit, die Tatsache, dass es sich um ein typisches Frauenleiden gehandelt habe, und ihr besonderes Schutzbedürfnis als Kriegerwitwe, die auf die Erhaltung ihres Arbeitsplatzes als einziger Verdienstquelle angewiesen war, berücksichtigt. Auch nicht gebilligt worden ist die außerordentliche Kündigung einer Kontoristin.[66] Sie war immerhin zwei Drittel der Dauer ihres Arbeitsverhältnisses arbeitsunfähig krank, jedoch nicht schlechthin zur Arbeitsleistung unfähig. Zu demselben Ergebnis ist das ArbG Berlin[67] bei einem epileptischen Leiden[68] gekommen, das aber lediglich zu einer zweiwöchigen Arbeitsunfähigkeit des Arbeitnehmers geführt hatte. Die fristlose Kündigung einer bei einem Facharzt für Nerven- und Gemütsleiden tätigen und wegen Geistesschwäche entmündigten Arbeitnehmerin sei, so hat das ArbG Düsseldorf[69] entschieden, unbegründet, da dem Arbeitgeber dieser Zustand der Klägerin beim Abschluss des Arbeitsvertrages bekannt gewesen sei. Im Gegensatz zur Vorinstanz[70] hat das Bundesarbeitsgericht[71] die außerordentliche Entlassung eines an einer Knieverletzung leidenden kriegsbeschädigten Arbeitnehmers nicht bestätigt. Wegen seiner Verletzung war er im Zeitpunkt der Kündigung bereits vier Monate arbeitsunfähig gewesen und hatte dem Arbeitgeber mitgeteilt, dass er nur dann seine Arbeit wieder aufnehmen könnte, wenn ihm eine Kniehülse bewilligt werden würde. Das Revisionsgericht hat das Vorliegen einer dauernden, überhaupt nicht behebbaren Arbeitsunfähigkeit verneint, sondern gemeint, die Arbeitsfähigkeit könne nach der Bewilligung einer Kniehülse wiederhergestellt werden. Erkläre ein bereits zehn Jahre tätiger Arbeitnehmer wahrheitswidrig dem Arbeitgeber, er unterziehe sich zur Behandlung eines Bandscheibenleidens einer Kur, während es sich tatsächlich um eine Entziehungskur wegen Gamma-Alkoholismus gehandelt hatte, so sei die

---

64 (8. 12. 53) ARSt Bd. XII, S. 171 Nr. 479.
65 BB 1958, 159 = SAE 1958, 100 ff., mit im Wesentlichen zust. Anm. von *Bohn*.
66 LAG Frankfurt/M. (13. 10. 72) *Sabel*, EEK II/049.
67 (2. 11. 65) Berliner Entscheidungskalender Nr. 9/1966, S. 138; siehe aber ArbG Mosbach (26. 6. 52) ARSt Bd. VIII, S. 214 Nr. 696; weitergehend *Schönberger/Mehrtens/Valentin*, 5. Aufl. 1993, S. 243: grundsätzlich keine außerordentliche Kündigung.
68 In Deutschland leiden etwa 800.000 Menschen oder 0,5 % der Bevölkerung an wiederholten epileptischen Anfällen; siehe dazu DtÄrzteBl 94 (1997), Heft 3, B-64; *Schönberger/Mehrtens/Valentin*, S. 267 m.N.; zu durch Alkohol ausgelösten Anfällen vgl. *Forster/Joachim*, S. 9f.; *Schönberger/Mehrtens/Valentin*, S. 272; *Lindenmeyer*, S. 58.
69 (29. 4. 70) *Sabel*, EEK II/013.
70 LAG Hannover (26. 10. 53) BB 1954, 97f.
71 (9. 12. 54) AP Nr. 1 zu § 123 GewO = DB 1955, 220.

darauf gestützte Kündigung rechtsunwirksam.[72] Die Entscheidung verdient insoweit allein schon deshalb Zustimmung, weil die Erkrankung als solche nicht kündigungsrelevant war. In einem Urteil vom 24. 1. 1955 stellte das LAG Hamburg[73] in erster Linie auf die Dauer der Betriebszugehörigkeit ab: Bei einem Arbeitnehmer, der etwa 13 Jahre dem Betrieb angehöre, sei die „angemessene" Zeit für die Wiederherstellung der Arbeitsfähigkeit eine andere als bei einem Arbeitnehmer, der dort erst kurze Zeit tätig sei. Ebenso sah das LAG Hamm[74] bei folgendem Sachverhalt eine fristlose Kündigung vom 17. 8. 1995 zu Recht als unbegründet an: Der 1939 geborene Kläger war seit 1976 bei der Beklagten als Pflasterer tätig, jedoch vom 30. 8. 1994 bis zum 20. 8. 1995 durchgehend krank. Er erhielt rückwirkend ab 1. 5. 1995 eine Berufsunfähigkeitsrente. Anders als bei einer Erwerbsunfähigkeit könne ein solcher Arbeitnehmer, so führte das Berufungsgericht aus, noch imstande sein, andere Tätigkeiten ohne Einschränkungen zu verrichten, zumal eine Berufsunfähigkeitsrente keine Lohnersatz-, sondern nur eine Lohnausgleichsfunktion habe. Liege ein befristeter Arbeitsvertrag ohne ordentliche Kündigungsmöglichkeit vor, so sei, wie das LAG Berlin[75] meint, eine fristlose Kündigung eines Profi-Eishockeyspielers nur dann wirksam, wenn sich die negative Gesundheitsprognose auf den gesamten Befristungszeitraum erstrecke, was vorliegend nicht der Fall gewesen sei. Besteht wegen einer ansteckenden Krankheit (Dauerausscheider von Salmonellen) ein behördliches Beschäftigungsverbot nach § 17 BSeuchG, – jetzt § 42 IfSG –, so ist nach Ansicht des ArbG Kaiserslautern/Pirmasens[76] die fristlose Entlassung gerechtfertigt. Auch das BAG[77] meint, ein Arbeitnehmer könne dann vorzeitig entlassen werden, wenn er infolge einer Erkrankung für unabsehbare Zeit nicht in der Lage ist, seine vertraglich übernommene Arbeit zu verrichten. Anders verhält es sich, wenn der Arbeitnehmer bis zum Wirksamwerden einer Schutzimpfung vorübergehend die Arbeit mit der Begründung verweigert, die Erfüllung der Arbeitspflicht bringe für ihn und seine Angehörigen eine Ansteckungsgefahr mit sich. In dem vom ArbG Kaiserslautern/Pirmasens entschiedenen Prozess[78] war die Klägerin als Reinigungskraft in einem Krankenhaus tätig. Sie hatte Zimmer zu reinigen, in denen an infektiöser Hepatitis Erkrankte untergebracht waren.

b) Fristgerecht unkündbare Arbeitnehmer

Auch bei sog. „unkündbaren" Arbeitnehmern, die fristgerecht nicht mehr entlassen werden können, ist eine außerordentliche Kündigung aus krankheitsbedingten

---

[72] LAG Baden-Württ. (7. 7. 81) DB 1982, 707.
[73] ARSt Bd. XIV, S. 380 Nr. 406.
[74] (11. 7. 96) ARSt 1997, S. 69 (Ls).
[75] (10. 4. 95) ARSt 1995, S. 251 = SpuRt 1998, 200; zust. *Schwerdtner*, in: Müko-BGB, § 626 BGB Rdn. 109.
[76] (22. 11. 84) ARSt 1986, S. 170 Nr. 109.
[77] (2. 2. 73) AP Nr. 1 zu § 626 BGB Krankheit; siehe auch ArbG Celle (22. 10. 74) ARSt 1974, S. 79 Nr. 1108.
[78] (28. 1. 87) ARSt 1988, S. 72 Nr. 53.

Gründen nicht schlechthin ausgeschlossen.[79] So hat das ArbG Ludwigshafen[80] die fristlose Kündigung eines fristgerecht unkündbaren Angestellten als rechtswirksam angesehen, der innerhalb von drei Jahren nur insgesamt sechs Wochen gearbeitet hatte. Ebenso entschied das LAG Niedersachsen[81] im Falle einer 52jährigen Arzthelferin in einem Krankenhaus, die überwiegend an einer Lungenembolie sowie Kreislaufinsuffiziens litt und von 1990-1994 mal kürzer mal länger krankheitsbedingt jeweils an 160-180 Arbeitstagen im Jahr gefehlt hatte. Die Gesundheitsprognose sah das Gericht zu Recht als ungünstig an. Auch das BAG[82] hat die außerordentliche Kündigung eines nach § 52 Abs. 1 BMT-G unkündbaren Arbeitnehmers wegen dessen krankhafter Trunksucht für rechtens gehalten, weil der Arbeiter alkoholbedingt fast täglich außerstande war, eine hinreichende Arbeitsleistung zu erbringen. Das gelte auch[83], wenn der Arbeitnehmer überhaupt nicht mehr in der Lage sei, die vertraglich geschuldete Arbeitsleistung zu erbringen. Sie komme jedoch nur in Ausnahmefällen in Betracht.[84] Die Erkrankung müsse von einem solchen Gewicht sein, dass sie einer dauernden Arbeitsunfähigkeit gleichstehe.[85] Bei einer krankheitsbedingten Minderung der Leistungsfähigkeit des Arbeitnehmers habe der Arbeitgeber, so führt das BAG[84] aus, vor allem bei älteren Mitarbeitern zu prüfen, ob diesem Umstand nicht durch organisatorische Maßnahmen, wie die Änderung des Arbeitsablaufes, die Umgestaltung des Arbeitsplatzes oder die Umverteilung der Aufgaben begegnet werden könne. Die Klage einer 56jährigen, seit 1972 in der Gießerei der Beklagten beschäftigten Kernputzerin, die bei ihrer Arbeit Gewichte zwischen 2 und 30 kg heben und tragen musste, war in allen Instanzen erfolgreich. Sie hatte eine ärztliche Bescheinigung vorgelegt, nach der das Heben und Tragen von Lasten über 10 kg vermieden werden sollte. Eine 1945 geborene Büroangestellte, beschäftigt seit Juli 1964 in einem Kreiswehrersatzamt, fehlte von 1985-1998 jährlich krankheitsbedingt zwischen 29 und 302 Kalendertagen. Zahlreiche ambulante Therapie- und Rehabilitationsmaßnahmen waren erfolglos geblieben. Während die Instanzgerichte die am 15. 5. 1998 unter Gewährung einer sozialen Ausdlauffrist zum 30. 6. 1998 ausgesprochene außerordentliche

---

[79] BAG (9.9.92) NZA 1993, 598; (4.2.93) EzA Nr. 144 zu § 626 BGB n.F.; (12.7.95) DB 1995, 1469 = NZA 1995, 1101 = AP Nr. 7 zu § 626 BGB Krankheit; ; (29.10.98) BB 1999, 2192; (16.9.99) BB 2000, 206f.; (18.1.01) DB 2002, 100ff.; Hess. LAG (18.2.99) ARSt 1999, 266; LAG Rheinland-Pfalz (6.1.99) MDR 2000, 166; *Hunold*, S. 316; *Löwisch*, KSchG, § 1 Rdn. 177; Roos, NZA-RR 1999, 620; *Kittner/Däubler/Zwanziger*, KSchR, § 626 BGB Rdn. 143; *Gitter/Michalski*, S. 79; KPK-*Schiefer*, § 1 KSchG Rdn. 240; *U. Preis*, Arbeitsrecht, S. 719; *Hako-Gallner*, § 1 Rdn. 446; Buchner, Anm. zu LAG München (3.11.00) LAGE Nr. 131 zu § 626 BGB, S. 13f.; *Stahlhacke/Preis/Vossen*, Rdn. 753 – **anderer Ans.** *Kittner/Trittin*, KSchR, § 626 BGB Rdn. 68, 165.
[80] (17.5.67) ARSt 1967, S. 142 Nr. 1199; zust. *Conze*, ZTR 1987, 99 /102).
[81] (24.8.99) DB 2000, 524; bestätigt vom BAG (18.1.01) DB 2002, 100ff.
[82] (14.11.84) AP Nr. 88 zu § 626 BGB; siehe auch BAG (9.7.98) – 2 AZR 201/98 – unv.
[83] BAG (12.7.95) BB 1995, 2063 = AP Nr. 7 zu § 626 BGB Krankheit = NZA 1995, 1100; (29.1.97) AP Nr. 32 zu § 1 KSchG 1969 Krankheit; (29.10.98) NZA 1999, 379 = BB 1999, 324; zust. KR-*Fischermeier*, § 626 BGB Rdn. 425; ErfK/*Ascheid*, § 1 KSchG Rdn. 208; siehe auch BAG (21.3.96) AP Nr. 8 zu § 626 BGB Krankheit.
[84] BAG (12.7.95) NZA 1995, 1101; (9.7.98) – 2 AZR 201/98 – unv.; *Busemann/Schäfer*, S. 196 Rdn. 373.
[85] BAG (9.9.92) AP Nr. 3 zu § 626 BGB Krankheit; (9.7.98) – 2 AZR 201/98 – unv.

Kündigung als unwirksam angesehen hatten, stellte das BAG[86] klar, dass auch Sachverhalte zur außerordentlichen Kündigung berechtigen können, die eine Weiterbeschäftigung bis zum Ablauf einer fiktiven ordentlichen Kündigungsfrist unzumutbar erscheinen lassen.

c) Stellungnahme zur Fallgruppe b)

Die höchstrichterliche Rechtsprechung verdient Zustimmung[87], da anderenfalls der jeweilige Schutzzweck der tarif- oder einzelvertraglichen Regelungen vereitelt werden und sich in sein Gegenteil umkehren würde. Nach Ansicht des BAG[88] soll aber auch der Arbeitsvertrag eines Betriebsratsmitgliedes nicht wegen häufiger krankheitsbedingter Fehlzeiten nach den §§ 15 Abs. 1 Satz 1 KSchG, 103 Abs. 1 BetrVG wirksam außerordentlich fristlos gekündigt werden dürfen, abgesehen von den Fällen des § 15 Abs. 4 und 5 KSchG. Hätte der Gesetzgeber im Rahmen des § 15 Abs. 1 KSchG einen anderen (zeitlichen) Bezugspunkt für die Zumutbarkeitsprüfung gewollt, hätte eine ergänzende oder eigenständige Regelung des wichtigen Grundes nahe gelegen. Gleiches soll bei einem Betriebsratsmitglied, das langanhaltend erkrankt ist[89], der Fall sein, und zwar auch für den Zeitraum des nachwirkenden Bestandsschutzes gemäß § 15 Abs. 1 Satz 2 KSchG.[90] Es sei dem Arbeitgeber grundsätzlich zumutbar, erst den Ablauf des einjährigen bzw. bei Mitgliedern der Bordvertretung den sechsmonatigen Kündigungsschutz abzuwarten und sodann ordentlich zu kündigen.

203a

Bei Arbeitnehmern, die aufgrund einer ordentlichen fristgerechten Kündigung nicht oder nicht mehr entlassen werden können, wie das etwa im öffentlichen Dienst nach § 53 Abs. 3 BAT, aber auch in der Privatwirtschaft[91] der Fall ist, muss

204

---

[86] (18.10.00) BB 2001, 418.
[87] Ebenso *Schaub*, 9. Aufl., S. 1347 Rdn. 90; *Schwerdtner*, in: Müko-BGB § 626 Rdn. 107, 109; *Löwisch*, KSchG, § 1 Rdn. 206; *Bezani*, Anm. zu BAG AP Nr. 7 zu § 626 Krankheit; *Kania*, Anm. zu BAG EzA Nr. 156 zu § 626 BGB n.F.; KR-*Etzel*, § 1 KSchG Rdn. 378; *Dörner/Luczak/Wildschütz*, D, Rdn. 563. *U. Preis*, Arbeitsrecht, S. 719.
[88] (18.2.93) BB 1993, 2381 = AP Nr. 35 zu § 15 KSchG 1969; zust. *Schwerdtner*, in: Müko-BGB, § 626 Rdn. 109; *Weber/Ehrich/Hörchens*, S. 355 Rdn. 183; *von Hoyningen-Huene/Linck*, KSchG, § 15 Rdn. 86a; *Schaub*, S. 1464 Rdn. 23, S. 1592 Rdn. 28; *KPK-Bengelsdorf*, § 15 KSchG Rdn. 119; *Rohlfing/Rewolle/Bader*, KSchG, § 15 Erl. 8; *Dörner/Luczak/Wildschütz*, D, Rdn. 360; KR-*Hillebrecht*, 4. Aufl., § 626 BGB Rdn. 105; KR-*Fischermeier*, § 626 BGB Rdn. 133; KR-*Etzel*, § 15 KSchG Rdn. 28a; *Etzel*, Betriebsverfassungsrecht, S. 421 Rdn. 1194; *Fitting/Kaiser/Heither/Engels/Schmidt*, BetrVG, § 103 Rdn. 29; *Ascheid*, Krankheitsbedingte Kündigung, S. 84 Rdn. 46; *Bauer/Röder*, Kündigung, S. 251; *Erman/Belling*, BGB § 626 Rdn. 88; *Hako-Fiebig*, § 15 Rdn. 161; APS/*Böck*, § 15 KSchG Rdn. 135; APS/*Dörner*, § 626 BGB Rdn. 313; FA-ArbR/*Kümpel*, S. 471 Rdn. 222; *Kittner/Däubler/Zwanziger*, KSchR, § 626 BGB Rdn. 144; *Weber/Lohr*, BB 1999, 2353; *Gnade/Kehrmann/Schneider/Klebe/Rataycak*, BetrVG, § 103 Rdn. 19; *Stahlhacke/Preis/Vossen*, Rdn. 754, 1651 Fußn. 81; *Hoß*, MDR 1999, 784; BAG (9.7.98) – 2 AZR 201/98 – unv.
[89] ArbG Hagen (5.8.93) BB 1993, 2381 = EzA Nr. 34 zu § 103 BetrVG 1972; zust. KR-*Etzel*, § 15 KSchG Rdn. 28a ; Kasseler Handbuch/*Etzel*, 9.1 Rz. 1155 – **anders** *Tschöpe/Schipp*, Teil 3 F, Rz. 84.
[90] BAG (15.3.01) NZA-RR 2002, 21 – **kritisch** KR-*Fischermeier*, § 626 BG Rdn. 133.
[91] BAG (21.3.96) AP Nr. 8 zu § 626 BGB Krankheit; zust. *Löwisch*, KSchG, § 1 Rdn. 192.

freilich der wichtige Grund im Sinne von § 626 Abs. 1 BGB besonders schwerwiegend sein, muss ein besonders strenger Maßstab[92] angelegt werden, was auch hinsichtlich einer außerordentlichen Änderungskündigung gilt.[93] Andernfalls ergäbe sich die paradoxe Situation, dass fristgerecht unkündbare Arbeitnehmer einfacher und schneller fristlos entlassen werden könnten als ordentlich kündbare.[94] Die tarifliche oder einzelvertragliche Unkündbarkeit stellt für den Arbeitnehmer eine verstärkte Sicherheit und längere Erhaltung seines Arbeitsplatzes dar. Ihm soll der Arbeitsplatz, wenn kein wichtiger Grund für eine außerordentliche Kündigung vorliegt, bis zum Eintritt in den Ruhestand gesichert sein.[95] Durch den Ausschluss der ordentlichen Kündigungsmöglichkeit wird eine besonders enge und dauerhafte Bindung zwischen den Vertragsparteien geschaffen, was sich in einer besonderen sozialen Absicherung manifestiert. Sie schafft einen besonderen schutzwürdigen Vertrauenstatbestand.[96] Bei Dauertatbeständen wird dem Arbeitgeber die Fortsetzung des Arbeitsverhältnisses aber eher unzumutbar sein als bei einem ordentlich kündbaren Arbeitnehmer.[97]

Bei der Auslegung einzel- und tarifvertraglicher Unkündbarkeitsregelungen bzw. solchen in Betriebsvereinbarungen muss mangels Eindeutigkeit[98] auf den Sinn und Zweck derartiger Bestimmungen abgestellt werden, ob bei einer personen-, insbesondere krankheitsbedingten Kündigung eine nicht anderweitig korrigierbare Störung des schuldrechtlichen Austauschverhältnisses vorliegt.[99] So lässt etwa § 4.4 MTV für Arbeiter und Angestellte der Metallindustrie Nordwürttemberg/Nordbaden vom 5.5.1990[100] deutlich erkennen, dass altersbedingte Einschränkungen des Arbeitnehmers primär nicht durch eine Kündigung, sondern andere Maßnah-

---

[92] Vgl. dazu KR-*Hillebrecht*, 4. Aufl., § 626 BGB Rdn. 205 ff.; *Feichtinger*, S. 171; *Schaub/Linck*, S. 1426; Rdn. 90; *Hunold*, S. 321; MünchArbR/*Wank*, § 120 Rdn. 20, 45; *Schmalz*, PK-BAT, § 55 Rdn. 2; *Conze*, ZTR 1987, 99 (102); *Däubler*, S. 613 Rdn. 1140; KR-*Fischermeier*, § 626 BGB Rdn. 301; *von Koppenfels*, S. 80 ff., 90 f.; BAG (3.11.55) AP Nr. 4 zu § 626 BGB; (5.2.98) SAE 1998, 214 ff; (12.8.99) NZA 1999, 1268; (8.6.00) NZA 2000, 1282; siehe auch LAG München (15.2.74) ARSt 1976 S. 1 Nr. 1; LAG Berlin (1.12.86) AP Nr. 94 zu § 626 BGB; (2.12.96) *Schüssler*, Entscheidungen zum BetrVG § 1 KSchG Nr. 71, S. 8; LAG Hamm (22.1.88) DB 1988, 715; ArbG Kaiserslautern/Pirmasens (18.12.87) ARSt 1988, S. 145 Nr. 96; **kritisch** *U. Preis*, Prinzipien, S. 485 ff. – **anders** LAG Düsseldorf (24.8.01) BB 2001, 2588.
[93] LAG München (28.10.88) ZTR 1989, 358.
[94] Siehe BAG (15.11.01) – 2 AZR 605/00 –.
[95] So auch *Conze*, ZTR 1987, 100 f. m.w.N.; siehe auch *von Koppenfels*, S. 78 ff.; *Preis/Hamacher*, Arbeitsrecht und Arbeitsgerichtsbarkeit, S. 265.
[96] Dazu *von Koppenfels*, S. 105.
[97] BAG (11.2.92), (4.2.93) EzA Nrn. 142 und 144 zu § 626 BGB n.F., (15.11.01) FA 2002, 62; *Weng*, DB 1977, 677; *Knorr/Bichlmeier/Kremhelmer*, S. 194 Rdn. 24; KR-*Fischermeier*, § 626 BGB Rdn. 301 – anders *von Koppenfels*, S. 62 m.N., 76 f., 82.
[98] Im Einzelnen dazu *Kania/Kramer*, RdA 1995, 290 ff.; *von Koppenfels*, S. 143 f.
[99] So auch *Preis/Hamacher*, Arbeitsrecht und Arbeitsgerichtsbarkeit, S. 264 f.; siehe auch *Kania/Kramer*, RdA 1995, 295.
[100] Dazu *Lepke*, S. 146 Rdn. 78.

men des Arbeitgebers zu bewältigen sind, etwa eine Ver- oder Umsetzung.[101] Wird dem Arbeitnehmer auf Dauer infolge Krankheit die geschuldete Arbeitsleistung unmöglich, muss im Zweifel angenommen werden, dass ein solcher Sachverhalt von einer entsprechenden Unkündbarkeitsklausel miterfasst wird[102], da andernfalls ihr Schutzzweck verfehlt werden würde.

Im Rahmen der erforderlichen Zumutbarkeitsprüfung nach § 626 Abs. 1 BGB ist bei der vom Arbeitgeber erklärten außerordentlichen Kündigung nicht auf die fiktive Frist für die ordentliche Kündigung[103], sondern auf die tatsächliche künftige Vertragsbindung abzustellen.[104]

Wollte man in den Fällen fristgerecht unkündbarer Arbeitsverträge dem Arbeitgeber jegliche Entlassungsmöglichkeit versagen, würde ein solches Rechtsverhältnis bis zum Erreichen des Rentenalters des betreffenden Arbeitnehmers bestehen bleiben, ggf. verbunden mit entsprechenden Leistungen, die lediglich vom rechtlichen Bestand des Arbeitsverhältnisses abhängig sind, ohne dass vom Arbeitnehmer noch einen brauchbare wirtschaftliche Gegenleistung beansprucht werden könnte und auch nicht zu erwarten wäre.[105] Eine derartige überobligationsmäßige rechtliche Verhaltensweise[106] kann dem Arbeitgeber gerechterweise von unserer Rechtsordnung nicht abverlangt werden.[107]

---

[101] BAG (12.7.95) BB 1995, 2063.
[102] Sie dazu auch *von Koppenfels*, S. 145 f.
[103] So aber BAG (15.3.01) NZA-RR 2002, 21 m.w.N.; LAG Berlin (3.10.83) DB 1984, 671; *Schmalz*, PK-BAT, § 55 Rdn. 2 – **anders** *U. Preis*, Prinzipien, S. 489.
[104] BAG (14. 11. 84) DB 1985, 1398; zust. LAG Hamm DB 1988, 715; BAG (9. 9. 92) AP Nr. 3 zu § 626 BGB Krankheit; *Erman/Hanau*, BGB, 9. Aufl., § 626 Rdn. 80; *Knorr/Bichlmeier/Kremhelmer*, S. 194 Rdn. 24; APS/*Dörner*, § 626 BGB Rdn. 35; Backmeister/*Trittin*, KSchG, § 15 Rdn. 53, §§ 626-628 BGB Rdn. 8 (anders Rdn. 9); *Hako-Gallner*, § 1 Rdn. 450; *Bader/Bram/Dörner/Wenzel*, KSchG, § 626 BGB Rdn. 24a; *Erman/Belling*, § 626 BGB Rdn. 75, 87; *Gitter/Michalski*, S. 81; KR-*Fischermeier*, § 626 BGB Rdn. 302; *Stahlhacke/Preis/Vossen*, Rdn. 754 – **kritisch** *U. Preis*, a. a. O., S. 486, der diese Rechtsprechung als unausgereift bezeichnet; siehe aber auch BAG (28. 3. 85) BB 1985, 1915 = NZA 1985, 559, für den Fall einer Betriebsstillegung: Es ist die gesetzliche oder tarifvertragliche Kündigungsfrist einzuhalten, die gelten würde, wenn die ordentliche Kündigungsfrist nicht ausgeschlossen wäre (anders BAG [21. 6. 95] AP Nr. 36 zu § 15 KSchG 1969 mit ablehnender Anm. von *U. Preis* = AiB 1996, 43 mit **kritischer** Anm. von *Nielebock*, für den Fall einer außerordentlichen betriebsbedingten Änderungskündigung eines Betriebsratsmitgliedes; siehe jetzt aber BAG (10.2.99) NZA 1999, 708; (27.9.01) – 2 AZR 487/00 –). (27.9.01) – 2 AZR 487/00 –). Diese Entscheidung kann freilich auf außerordentliche Kündigungen wegen personen- oder verhaltensbedingter Gründe nicht übertragen werden, da die „Störquelle" allein im Bereich des Arbeitnehmers liegt; so auch LAG Hamm DB 1988, 716 – **anderer Ans.** *Conze*, ZTR 1987, 101, bei Arbeitnehmern, die durch § 15 KSchG geschützt sind; ebenso KR-*Hillebrecht*, 4. Aufl., § 626 BGB Rdn. 206; *Hako-Fiebig*, § 15 Rdn. 152; BAG (18. 2. 93) AP Nr. 35 zu § 15 KSchG 1969 m. w. N. = NZA 1994, 74.; (10.2.99) AP Nr. 42 zu § 15 KSchG 1969; zust. *Fitting/Kaiser/Heither/Engels/Schmidt*, BetrVG, § 103 Rdn. 27; BAG (15.11.01) FA 2002, 61 f.
[105] BAG (12.7.95) BB 1995, 2063; siehe auch *Lieb*, S. 126 Rdn. 381.
[106] Allgemein dazu etwa BGH (11.10.00) MDR 2001, 274 = NJW 2001, 1943 f.; *Esser/Schmidt*, § 22 I, S. 3 ff.
[107] Kritisch dazu *von Koppenfels*, S. 122 ff.: Art Wegfall der Geschäftsgrundlage.

Mit dem LAG Berlin[108] wird im Allgemeinen zu fordern sein, dass eine dauernde Arbeitsunfähigkeit vorliegt, dass erfahrungsgemäß mit einem langwierigen Heilungsprozess zu rechnen ist oder eine so weitgehende Einschränkung der Arbeitsfähigkeit besteht, dass diese zeitlich die geschuldete Arbeitsleistung erheblich übersteigt und dies auch in Zukunft der Fall sein wird. Berufsunfähigkeit muss jedoch nicht vorliegen.[109] Eine unheilbare Erkrankung, die sich auf die zu erbringende Arbeitsleistung maßgeblich auswirkt, rechtfertigt regelmäßig die sofortige einseitige Beendigung des Arbeitsverhältnisses, es sei denn, der Arbeitnehmer ist etwa bei einer in Schüben auftretenden Erkrankung, einer Zyklothymie[110], außerhalb der Schübe voll arbeits- und einsatzfähig.[111] Insbesondere bei Schwerbehinderten wird aber der Arbeitgeber gehalten sein, wenigstens für eine gewisse Übergangszeit einen anderen geeigneten Arbeitsplatz zur Verfügung zu stellen.[112]

205   Bedenklich erscheint indessen die Auffassung des ArbG Hagen[89], dass ein Betriebsratsmitglied bei dauernder krankheitsbedingter Leistungsunfähigkeit nicht fristlos entlassen werden dürfe. Sie lässt sich weder aus dem Wortlaut des § 626 Abs. 1 BGB noch aus § 15 Abs. 1 KSchG noch aus dem Sinn und Zweck des Sonderkündigungstatbestandes der fraglichen Normen herleiten. Betriebsratsmitglieder dürfen wegen ihrer Tätigkeit zwar nicht benachteiligt, aber auch nicht begünstigt werden, § 78 Satz 2 BetrVG[113], worauf der 2. Senat des BAG in einer Entscheidung vom 21. 6. 1995[114] im Hinblick auf eine außerordentliche betriebsbedingte Änderungskündigung gegenüber einem Betriebsratsmitglied zu Recht hingewiesen hat. Durch § 78 Satz 2 BetrVG wird diesem Personenkreis kein Privileg eingeräumt[115], sondern nur sichergestellt, dass diese Arbeitnehmer nicht anders behandelt werden als die übrigen Mitarbeiter des Betriebes auch.[116] Zudem hat das ArbG in einem etwaigen Zustimmungsersetzungsverfahren nach § 103 Abs. 2 BetrVG uneingeschränkt zu prüfen, ob ein wichtiger Grund im Sinne von § 626

---

[108] (3.12.68) AuR 1969, 314 = PersV 1972, 282; zust. *Conze*, ZTR 1987, 99 (102); ähnlich *U. Preis*, Arbeitsrecht, S. 719; KPK-*Schiefer*, § 1 KSchG Rdn. 240; *Kania/Kramer*, RdA 1995, 287 (295f.); *von Koppenfels*, S. 99ff., 133f., 146; siehe auch BAG (9.9.92) AP Nr. 3 zu § 626 BGB Krankheit.

[109] **Anders** *Derleder*, AK-BGB, § 626 Rdn. 5; siehe auch ArbG Verden (4.7.80) ARSt 1981, S. 71 Nr. 67.

[110] Dazu im Einzelnen *Langelüddeke/Bresser*, Gerichtliche Psychiatrie, 4. Aufl. 1976, S. 189f.; *Pschyrembel*, S. 1826.

[111] LAG Kiel (21.8.69) DB 1969, 2091 = *Sabel*, EEK II/49; siehe auch BAG (28.3.74) AP Nr. 3 zu § 119 BGB; *Schwedes*, S. 261 Rdn. 527.

[112] Vgl. ArbG Verden ARSt 1981, S. 81 Nr. 67.

[113] Ebenso LAG Berlin (3.8.98) BB 1999, 421f.; zust. *Backmeister/Trittin*, KSchG, §§ 626 – 628 BGB, Rdn. 9; APS/*Künzl*, § 78 BetrVG Rdn. 35ff.; *Tschöpe/Schipp*, Teil 3 F, Rz. 83; *Fitting/Kaiser/Engels/Schmidt*, BetrVG, § 103 Rdn. 29.

[114] AP Nr. 36 zu § 15 KSchG 1969.

[115] Dazu etwa *Fitting/Kaiser/Heither/Engels/Schmidt*, BetrVG, § 78 Rdn. 14; siehe auch MünchArbR/*Joost*, § 308 Rdn. 146, 151; BAG (11.5.76) AP Nr. 2 zu § 76 BetrVG 1972.

[116] Etwa *Hess/Schlochauer/Glaubitz*, BetrVG, § 78 Rdn. 11.

Abs. 1 BGB vorliegt[117], während eine „Offensichtlichkeit" nicht ausreicht, was das ArbG Hagen verkannt hat. Inhaltlich dieselben rechtlichen Bedenken sind auch dem Urteil das BAG vom 18. 2. 1993[88] entgegenzuhalten. In diesem Zusammenhang muss erst Recht eine Entscheidung des BAG vom 15. 3. 2001[90] auf Widerspruch stoßen, wonach eine Kündigung erst nach dem Ablauf des nachwirkenden Kündigungsschutzes ausgesprochen werden dürfe. Zutreffend hat hingegen das LAG Berlin[113] die vom Betriebsrat verweigerte Zustimmung zur fristlosen Entlassung eines Betriebsratsmitgliedes ersetzt, das trotz seiner Krankschreibung an einem Cricket-Spiel teilgenommen hatte, nachdem seine Versuche, für diesen Tag einen Vertreter im Betrieb zu finden, fehlgeschlagen waren.

Dass eine außerordentliche Kündigung mit einer sozialen Auslauffrist zulässigerweise ausgesprochen werden darf, aber nicht muss, entspricht zu Recht allgemeiner Auffassung[118], wobei allerdings der Kündigende unmissverständlich zum Ausdruck bringen muss, er wolle eine außerordentliche, wenn auch befristete Kündigung erklären.[119] Eine Verpflichtung zur Einhaltung der ordentlichen Kündigungsfrist besteht entgegen der Auffassung des LAG Hamm[120] jedoch weder bei einer dauernden krankheitsbedingten Leistungsschwäche noch, wie wohl *Hunold*[121] meint, bei dauernder Unfähigkeit, die vertraglich geschuldete Arbeitsleistung zu erbringen.[122] Freilich kommt eine außerordentliche Kündigung aus wichtigem Grund unter Gewährung einer Auslauffrist nur beim Vorliegen eines Kündigungssachverhaltes in Betracht, der die Kündigung auch zur Beendigung des Arbeitsverhältnisses mit sofortiger Wirkung berechtigen würde.[123] Dabei genügt es, dass im Kündigungszeitpunkt mit hinreichender Sicherheit feststeht, dass eine Weiterbeschäftigung des betreffenden Arbeitnehmers zwar nicht sofort, wohl aber ab einem bestimmten Zeitpunkt unzumutbar wird, der noch vor der ersten Möglichkeit der ordentlichen Beendigung liegt.

206

---

[117] Vgl. nur BAG (22. 8. 74) AP Nr. 1 zu § 103 BetrVG 1972; (10. 2. 99) DB 1999, 1121; (11.5.00) DB 2001, 205; KR-*Etzel*, § 103 BetrVG Rdn. 115; *Stahlhacke/Preis/Vossen*, Rdn. 1645; *Fitting/Kaiser/Heither/Engels*/Schmidt, BetrVG, § 103 Rdn. 24; Raab, GK-BetrVG, § 103 Rdn. 61; *Löwisch/Kaiser*, BetrVG, § 103 Rdn. 19; APS/*Böck*, § 103 BetrVG Rdn. 24; *von Hoyningen-Huene/Linck*, KSchG, § 15 Rdn. 123.

[118] Vgl. BAG (4.10.90) NZA 1991, 468; (31.1.96) NZA 1996, 581; (13.4.00) DB 2000, 1820; LAG Berlin (25.1.88) DB 1988, 866; *Knorr/Bichlmeier/Kremhelmer*, S. 185 Rdn. 5; *Meisel*, S. 480 Rdn. 821; *Löwisch*, Arbeitsrecht, S. 339 Rdn. 1245; ErfK/*Müller-Glöge*, § 626 BGB Rdn. 225; FA-ArbR/*Rühl*, S. 559 Rdn. 515; *Schaub/Linck*, S. 1403 Rdn. 3; KR-*Fischermeier*, § 626 BGB Rdn. 29; *Stahlhacke/Preis/Vossen* Rdn. 588. – kritisch Schwerdtner, in: Müko-BGB, § 626 Rdn. 32.

[119] Etwa *Schwerdtner*, in: Müko-BGB, § 626 Rdn. 32; KR-*Fischermeier*, § 626 BGB Rdn. 30 m. w. N.; *Stahlhacke/Preis/Vossen* Rdn. 588; BAG (12.9.74) AP Nr. 1 zu § 44 TV AL II; (16.11.79) AP Nr. 1 zu § 154 BGB; LAG Köln (29.4.94) DB 1994, 2632.

[120] (31.1.90) BB 1990, 927 = DB 1990, 943; *Gussone*, AiB 1996, 7; *Bauer/Röder*, Kündigung, S. 214: bei jedweder krankheitsbedingten Kündigung; ebenso *von Hoyningen-Huene/Linck*, KSchG, § 1 Rdn. 217 – **dagegen** KR-*Hillebrecht*, 4. Aufl., § 626 BGB Rdn. 23, 208; KR-*Fischermeier*, § 626 BGB Rdn. 29.

[121] S. 329.

[122] Dazu auch *Schwerdtner*, in: Müko-BGB, § 626 Rdn. 37.

[123] BAG (13.4.00) DB 2000, 1819 (1820); (18.10.00) BB 2001, 418 f. = NZA 2001, 219 ff. m. w. N.

206a   Besonders problematisch erscheinen indessen die Fälle, in denen ein Arbeitnehmer nur noch außerordentlich fristlos gekündigt werden darf, sei es aufgrund tarifvertraglicher Regelungen oder einzelvertraglicher Abmachungen. Nunmehr hat sich weitgehend die Auffassung durchgesetzt[124], die Zustimmung verdient[125], bei sog. ordentlich unkündbaren Arbeitnehmern, und zwar auch im Falle krankheitsbedingter Entlassungen[126], sei eine solche Kündigung grundsätzlich nur mit einer Frist (Auslauffrist) zulässig, die auch einzuhalten gewesen wäre, wenn der Arbeitnehmer nicht „unkündbar" gewesen wäre. Es entstünde sonst ein Wertungswiderspruch, wenn ein Arbeitnehmer mit besonderem tarif- oder einzelvertraglichem Bestandsschutz durch eine fristlose Entlassung stärker beeinträchtigt werden dürfte als ein Arbeitnehmer, dessen Arbeitsverhältnis ordentlich kündbar ist[127], wobei auch der Gedanke des Verschlechterungsverbotes[128] hervorgehoben wird. Ferner wird zur Begründung dieser Meinung auf den personenrechtlichen Charakter des Arbeitsverhältnisses, die Fürsorgepflicht sowie die Konzeption des Arbeitsrechts als Arbeitnehmerschutzrecht hingewiesen.[129] Bedenkt man, dass Kündigungsfristen neben der Dispositions- auch eine Kündigungs- und zeitliche Bestandsfunktion zukommt, erscheint es vertretbar, insoweit § 626 Abs. 1 BGB im Wege einer teleologischen Reduktion zu ergänzen.[130] Im Hinblick auf die Rechtssicherheit und die Einhaltung des Grundsatzes der Gewaltenteilung, Art. 20 Abs. 2 Satz 2, 137

---

[124] Ältere Nachw. bei *Lepke*, 10. Aufl., S. 257 Fußn. 93 und 94; ferner BAG (4.2.93) EzA Nr. 144 zu § 626 BGB n.F.; (5.2.98) BB 1999, 1330 = SAE 1998, 214ff. mit zust. Anm. von *Schleusener* = AP Nr. 143 zu § 626 BGB mit zust. Anm. von *Höland*; (11.3.99) NZA 1999, 818; (18.1.01) NZA 2002, 458; (21.6.01) PersR 2002, 261; (15.11.02) FA 2002, 61f.; APS/ *Dörner*, § 626 BGB Rdn. 41; KR-*Etzel*, § 15 KSchG Rdn. 22; KR-*Fischermeier*, § 626 BGB Rdn. 304; *Erman/Belling*, BGB, § 626 Rdn. 87 (siehe aber Rdn. 24); *Maurer/Schüßler*, BB 2001, 466ff.; *Tschöpe*, BB 2001, 2113; MünchArbR/*Wank*, § 120 Rdn. 20; *von Koppenfels*, S. 69, 160ff. (179); *Löwisch*, Arbeitsrecht, S. 338 Rdn. 1240; *U. Preis*, Arbeitsrecht, S. 719; *Lieb*, S. 126 Rdn. 381; *Kittner/Däubler/Zwanziger*, KSchR, § 626 BGB Rdn. 143; *Stahlhacke/Preis/Vossen*, Rdn. 588; *Staudinger/Preis*, BGB, § 626 Rdn. 282; *Dörner/ Luczak/Wildschütz*, D, Rdn. 671; ErfK/*Möller-Glöge*, § 626 BGB Rdn. 228 – **anders** *Liebig*, S. 161; *Bezani*, S. 147; BGB-RGRK, § 626 Rdn. 28.
[125] Die gegenteilige Auffassung in den Voraufl. wird aufgegeben.
[126] Vgl. BAG (9.9.92) AP Nr. 3 zu § 626 BGB Krankheit; (18.10.00) BB 2001, 418; (18.1.01) NZA 2002, 458 = DB 2002, 100ff.; *Kania/Kramer*, RdA 1995, 287 (296); *Roos*, NZA-RR 1999, 617 (619); *Hummel*, S. 65; KR-*Etzel*, § 1 KSchG Rdn. 378; *Preis/Hamacher*, S. 264ff.; *Bader/Bram/Dörner/Wenzel*, KSchG, § 626 BGB Rdn. 49; *Kittner/Zwanziger/ Appel*, § 96 Rdn. 29f.; *Bengelsdorf*, NZA-RR 2002, 69; *von Hoyningen-Huene/Linck*, KSchG, § 1 Rdn. 217; *Busemann/Schäfer*, S. 153 Rdn. 335, S. 195 Rdn. 373; *Feichtinger*, ArbR-Blattei, Krankheit I, Rdn. 198; *Stahlhacke/Preis/Vossen*, Rdn. 754; *Schaub*, S. 1456 Rdn. 5a – **anders** BAG (15.3.01) NZA-RR 2002, 21: § 15 Abs. 1 Satz 2 KSchG bei dauernder Arbeitsunfähigkeit; KR-*Fischermeier*, § 626 BGB Rdn. 133: bei Betriebsratsmitgliedern.
[127] Dazu auch *Preis/Hamacher*, S. 246; BAG (15.11.01) FA 2002, 62.
[128] Siehe *Höland*, Anm. zu BAG AP Nr. 143 zu § 626 BGB, Bl. 1932 m.N.
[129] Vgl. *von Koppenfels*, S. 168, 171, 173f.; siehe auch APS/*Dörner*, § 626 BGB Rdn. 41.
[130] Im Einzelnen *von Koppenfels*, S. 189ff. (207) – **anders** *Bröhl*, S. 55, 65f., der die Problematik über eine entsprechende verfassungskonforme Auslegung von Unkündbarkeitsklauseln lösen will; zust. *Mauer/Schüßler*, BB 2001, 466 (470); siehe auch *Hromadka/Maschmann*, S. 369 Rdn. 113.

Abs. 1 GG, §§ 5 ff. AbgG[131], sollte der Gesetzgeber jedoch alsbald die gebotene Veränderung bei ordentlich unkündbaren Arbeitnehmern herbeiführen.

5. Kündigungserklärungsfrist

Nach § 626 Abs. 2 BGB muss die fristlose Kündigung – für eine Verdachtskündigung gilt nichts anderes[132] – innerhalb der materiell-rechtlichen Ausschlussfrist von zwei Wochen erklärt werden. Anderenfalls kann der Kündigungsberechtigte von seinem Gestaltungsrecht keinen rechtswirksamen Gebrauch mehr machen. Die Frist beginnt mit dem Zeitpunkt, in dem der Arbeitgeber von den für die Kündigung maßgebenden Tatsachen sichere positive und möglichst vollständige Kenntnis erlangt hat[133], wobei die Kenntnis eines gesetzlichen oder rechtsgeschäftlichen Vertreters, der in Erfüllung der ihm übertragenen Aufgaben zum Ausspruch von Kündigungen befugt ist, der eigenen gleichsteht.[134] Dem Kündigungsberechtigten muss eine Gesamtwürdigung des Sachverhalts nach Zumutbarkeitsgesichtspunkten möglich sein. Auch darf er Ermittlungen über den Sachverhalt, der zur Kündigung führen soll, anstellen und den Betreffenden zum Zwecke der Aufklärung anhören. Für die Vorermittlungen gibt es keine Regelfrist.[135] Auch durch die sachdienliche Anhörung des Arbeitnehmers wird der Lauf der Ausschlussfrist gehemmt.[136] Um den Schutz des Kündigungsempfängers durch die Ausschlusswirkung des § 626 Abs. 2 BGB nicht zu umgehen, muss die Anhörung des Arbeitnehmers aber innerhalb einer knapp bemessenen Frist erfolgen, die im Allgemeinen nicht länger als eine Woche betragen sollte.[136] Diese Frist darf nur aus sachlich erheblichen bzw. verständigen Gründen überschritten werden.[137]

207

Bei einer fristlosen Kündigung wegen anhaltender Krankheit des Arbeitnehmers – einem nicht abgeschlossenen Dauertatbestand – wird die genannte Ausschlussfrist zu dem Zeitpunkt in Lauf gesetzt, zu dem der Arbeitgeber sichere Kenntnis hat, dass der Arbeitnehmer für längere, nicht absehbare Zeit oder dauernd

208

---

[131] Dazu im Einzelnen etwa *Dreier/Schulze-Fielitz*, GG, Art. 20 Rdn. 62 ff.
[132] Eingehend dazu *Hoefs*, S. 223 ff.
[133] Statt vieler: BAG (10.6.88) NZA 1989, 105; (31.3.93) DB 1994, 839 = NZA 1994, 409 f.; (29.7.93) AP Nr. 31 zu § 626 BGB Ausschlußfrist; BGH (26.2.96) DB 1996, 1030 = NJW 1996, 1403; MünchArbR/*Wank*, § 120 Rdn. 131; APS/*Dörner*, § 626 BGB Rdn. 125; *Stahlhacke/Preis/Vossen*, Rdn. 839.
[134] Vgl. dazu insbesondere BAG (9.10.75) SAE 1976, 216 ff., mit **kritischer** Anm. von *Lepke* und w.N.; (5.5.77) AP Nr. 11 zu § 626 BGB Ausschlußfrist; *Stahlhacke/Preis/Vossen*, Rdn. 850 ff.
[135] BAG (10.6.88) BB 1989, 1062 = AP Nr. 27 zu § 626 BGB Ausschlußfrist. – **anders** LAG Köln (27.7.95) LAGE Nr. 8 zu § 626 BGB Ausschlußfrist m.w.N.: eine Woche.
[136] Siehe BAG (11.3.76) AP Nr. 9 zu § 626 BGB Ausschlußfrist; (10.6.88) NZA 1989, 105; (31.3.93) NZA 1994, 409; *Schaub/Linck*, S. 1410, Rdn. 27a; MünchArbR/*Wank*, § 120 Rdn. 131 m.w.N.; APS/*Dörner*, § 626 BGB Rdn. 130; m.w.N.; *Staudinger/Preis*, BGB, § 626 Rdn. 290; vgl. auch LAG Frankfurt/M. (8.10.79) DB 1980, 1079 = ARSt 1980, S. 88 Nr. 81; LAG Köln (27.7.95) NZA-RR 1996, 317.
[137] Vgl. LAG Köln (27.7.95) NZA-RR 1996, 318.

wegen seiner Erkrankung arbeitsunfähig sein wird.[138] Die Frist des § 626 Abs. 2 BGB läuft also auch während einer krankheitsbedingten Arbeitsunfähigkeit, die sich nicht fristhemmend auswirkt, ohne dass es entgegen der Auffassung von *Röhsler*[139] auf das Vorliegen eines konkreten ärztlichen Befundes ankommt. Anders als bei einem vertragswidrigen Verhalten des Arbeitnehmers in der Gestalt eines echten Dauergrundes, etwa einem eigenmächtigen Urlaubsantritt[140] oder sonstigem unerlaubten Fernbleiben vom Arbeitsplatz, beginnt die Ausschlussfrist nicht erst mit der Beendigung der Krankheit. Liegt nämlich im Zeitpunkt der Kündigung eine langanhaltende Krankheit nicht vor, fehlt es schon an einem wichtigen Kündigungsgrund. Anders wird die Rechtslage nur bei einer dauernden Unfähigkeit eines ordentlich unkündbaren Arbeitnehmers sein, die vertraglich geschuldete Leistung erbringen zu können.[141] In derartigen Fällen liegt ein Dauer-Störtatbestand vor, bei dem zusätzliche Umstände fortwirkend eintreten, so dass der Beginn der Frist des § 626 Abs. 2 BGB nicht eindeutig fixierbar erscheint. Folglich wird die Frist erst mit der Beendigung dieses Zustandes in Lauf gesetzt.

209 Soweit die Kündigung der Zustimmung einer Behörde, etwa in den Fällen der §§ 9 Abs. 3 MuSchG, 15, 91 SGB IX,, oder des Betriebs- bzw. Personalrates, §§ 102

---

[138] Zust. LAG Nürnberg (13.10.78) Baye.ABl. 1979, Teil C 27; ebenso *Röhsler*, ArbR-*Blattei*, Krankheit des Arbeitnehmers I, unter B III 3 a; *Hanel*, Personal 1980, 31, unter Hinweis auf LAG Düsseldorf (28.3.77) – 10 Sa 1527/76 –; *Feichtinger*, ArbR-Blattei, Krankheit I, Rdn. 205; KR-*Hillebrecht*, 4. Aufl., § 626 BGB Rdn. 228; *Stahlhacke/Preis*, S. 211 Rdn. 481, unter Hinweis auf BAG (12.4.78) AP Nr. 13 zu § 626 BGB Ausschlußfrist; *Becker-Schaffner*, DB 1987, 2151; *Liebig*, S. 163f.; *Erman/Hanau*, BGB, 9. Aufl., § 626 Rdn. 89; *Popp*, Handbuch Rdn. 12; *Langer*, S. 21 Rdn. 42; BGB-RGRK, § 626 Rdn. 211; *Hunold*, S. 321; *Bleistein*, b + p 1993, 348; *Bezani*, S. 150; *Staudinger/Preis*, BGB, § 626 Rdn. 294; *Bauer/Röder/Lingemann*, S. 106; *Kittner/Trittin*, KSchG, § 626 BGB Rdn. 285; ErfK/*Müller-Glöge*, § 626 BGB Rdn. 271; *Hromadka/Maschmann*, S. 375 Rdn. 127; *Backmeister/Trittin*, KSchG, §§ 626 – 628 BGB Rdn. 71; *Erman/Belling*, BGB § 626 Rdn. 96; APS/*Dörner*, § 626 BGB Rdn. 137; siehe auch *Gerauer*, BB 1988, 2032; BAG (9.7.64) AP Nr. 52 zu § 626 BGB – **anders** *Schwerdtner*, in: Müko-BGB, § 626 Rdn. 200; *Schaub/Linck*, S. 1410 Rdn. 28, 29; KR-*Fischermeier*, § 626 BGB Rdn. 327; *Zöllner/Loritz*, S. 286, die annehmen, die Entstehung des wichtigen Grundes dauere während der Krankheit an, so daß die Frist des § 626 Abs. 2 BGB überhaupt nicht in Lauf gesetzt werde; ArbG Wilhelmshaven (30.5.80) ARSt 1981, S. 4 Nr. 4; siehe auch BAG (3.11.77) – 2 AZR 400/76 – für den Fall einer krankhaften Trunksucht als Dauertatbestand; LAG Schleswig-Holst. (5.8.92) – 5 Sa 146/92 –; ferner *Kapische*, BB 1989, 1061; BAG (9.9.92) BB 1993, 291f. = NZA 1993, 601: maßgebend sei der Zeitpunkt des endgültigen Kündigungsentschlusses; so auch *Schwerdtner*, in: Müko-BGB, § 626 Rdn. 221; *Tschöpe/Kappelhoff*, Teil 3 E, Rz. 75; unklar *Foltyn*, S. 146.

[139] ArbR-Blattei, unter B III 3 c.

[140] Dazu BAG (25.2.83) AP Nr. 14 zu § 626 BGB Ausschlußfrist; (22.1.98) BB 1998, 1213; *Bopp*, S. 93; *Kapische*, BB 1989, 1061; APS/*Dörner*, § 626 BGB Rdn. 135. – **anders** *Gerauer*, BB 1988, 2023 m.w.N.

[141] BAG (21.3.96) BB 1996, 1722 = AP Nr. 8 zu § 626 BGB Krankheit; (5.2.98) AP Nr. 143 zu § 626 BGB = NZA 1998, 771; (18.10.00) BB 2001, 419; *Dörner/Luczak/Wildschütz*, D, Rdn. 639; ErfK/*Müller-Glöge*, § 626 BGB Rdn. 182, 267; *Knorr/Bichlmeier/Kremhelmer*, S. 201 Rdn. 33; *Stahlhacke/Preis/Vossen*, Rdn. 845; Kasseler Handbuch/*Isenhardt*, 6.3 Rz. 277; *Bauer/Röder*, Kündigung, S. 216; *U. Preis*, Arbeitsrecht, S. 716; MünchArbR/*Wank*, § 120 Rdn. 133; *Boemke*, Arbeitsrecht, S. 303 Rdn. 107; *Staudinger/Preis*, BGB, § 626 Rdn. 294; *Tschöpe/Kappelhoff*, Teil 3 E, Rz. 75 – **kritisch** *Kittner/Däubler/Zwanziger*, KSchG, § 626 BGB Rdn. 215; APS/*Dörner*, § 626 BGB Rdn. 138; *Hummel*, S. 68.

Abs. 6, 103 Abs. 1 BetrVG, §§ 47, 69 BPersVG, bedarf, reicht es in entsprechender Anwendung der in § 91 Abs. 5 SGB IX getroffenen Regelung zur Fristwahrung aus, wenn die Zustimmung innerhalb der Frist des § 626 Abs. 2 BGB beantragt wird.[142]

6. Darlegungs- und Beweislast

Wer eine außerordentliche Kündigung erklärt hat, muss im Prozess alle Umstände darlegen und ggf. beweisen, die als wichtiger Grund im Sinne von § 626 Abs. 1 BGB geeignet sind. Die Darlegungs- und Beweislast bezieht sich nicht nur auf die objektiven Merkmale des wichtigen Grundes und die bei der Interessenabwägung für den Gekündigten ungünstigen Tatsachen, sondern auch auf diejenigen Umstände, die einen vom Gekündigten behaupteten Rechtfertigungsgrund[143] ausschließen.[144] Der Arbeitgeber hat mithin nicht nur darzulegen und nachzuweisen, dass der Arbeitnehmer der Arbeit ferngeblieben ist, sondern auch, dass er zu Unrecht gefehlt hat.[145] Trägt jedoch der Arbeitgeber vor, der Arbeitnehmer habe unentschuldigt gefehlt, muss der Arbeitnehmer substantiiert darlegen, § 138 Abs. 2 ZPO, aus welchen Gründen sein Fehlen als entschuldigt anzusehen sei. Beruft sich insoweit der Arbeitnehmer auf eine krankheitsbedingte Arbeitsunfähigkeit, ist es seine Sache darzulegen, welche tatsächlichen physischen oder psychischen Umstände vorgelegen haben oder wo er sich in der fraglichen Zeit aufgehalten hat[145], jedenfalls solange er ein ordnungsgemäß ausgestelltes ärztliches Attest nicht vorlegt. 210

Dass die Ausschlussfrist des § 626 Abs. 2 BGB eingehalten worden ist, dafür trägt der Kündigende die Darlegungs- und Beweislast[146]; denn dieser Umstand fällt in den Einfluss- und Kontrollbereich des Kündigenden. 211

---

[142] Vgl. BAG (22.1.87) DB 1987, 1743 = NZA 1987, 563f.; (8.6.00) BB 2001, 47; LAG Berlin (21.4.97) ZTR 1997, 468f.; BGB-RGRK, § 626 Rdn. 221-223; ErfK/*Müller-Glöge*, § 626 BGB Rdn. 287 m.w.N.

[143] Dass dieser Begriff seinen Anwendungsbereich vor allem im Strafrecht hat, erscheint entgegen der Auffassung von *Berkowsky*, MünchArbR, § 154 Rdn. 49; unschädlich, da in der Sache dasselbe gemeint ist und auch das bürgerliche Recht ihn kennt; siehe nur *Fikentscher*, § 52 III, S. 308; *Erman/Hefermehl*, BGB, § 227 Rdn. 1-2.

[144] Statt vieler BAG (24.11.83), (22.9.94) AP Nrn. 30 und 68 zu § 102 BetrVG 1972; *Berkowsky*, NZA 1996, 1065; *Hümmerich/Mauer*, DB 1997, 165 m.w.N.; *Hoß*, MDR 1998, 870; *Ascheid*, Beweislastfragen, S. 199 m.w.N.; *Stahlhacke/Preis/Vossen*, Rdn. 620; BGB-RGRK, § 626 Rdn. 252; MünchArbR/*Wank*, § 120 Rdn. 148; *Staudinger/Preis*, BGB, § 626 Rdn. 314; *Dörner/Luczak/Wildschütz*, D, Rdn. 790; KR-*Fischermeier*, § 626 BGB Rdn. 380, 382; ErfK/*Müller-Glöge*, § 626 BGB Rdn. 302.

[145] BAG (26.8.93) NZA 1994, 63; (16.3.00) BB 2000, 1678; LAG Berlin LAGE Nr. 55 zu § 1 KSchG Verhaltensbedingte Kündigung; *Schwerdtner*, in: Müko-BGB, § 622 Anh. Rdn. 439; *Knorr/Bichlmeier/Kremhelmer*, S. 205 Rdn. 41, S. 219 Rdn. 66; Kasseler Handbuch/*Isenhardt*, 6.3 Rz. 499; *Hako-Fiebig*, § 1 Rdn. 301; APS/*Dörner*, § 626 BGB Rdn. 173, 175.

[146] Etwa KR-*Hillebrecht*, 4. Aufl., § 626 BGB Rdn. 280; *Ascheid*, Beweislastfragen, S. 203ff.; *Stahlhacke/Preis/Vossen*, Rdn. 856; *Schaub/Linck*, S. 1412 Rdn. 38; *Erman/Hanau*, BGB, 9. Aufl., § 626 Rdn. 91; BGB-RGRK, § 626 Rdn. 256; *Bezani*, S. 150; ErfK/*Müller-Glöge*, § 626 BGB Rdn. 305; BAG AP Nrn. 3, 4 und 7 zu § 626 BGB Ausschlußfrist – **anderer Ans.** *Brill*, AuR 1971, 170; *Adomeit/Spinti*, ArbR-Blattei, SD 1010.9 Rdn. 39.

IV. Anhörung des Betriebsrates

212 § 102 Abs. 1 BetrVG schreibt zwingend vor, dass der Betriebsrat vor dem Ausspruch einer Kündigung des Arbeitgebers gehört werden muss. Auch der Personalrat hat bei einer Kündigung des Arbeitgebers mitzuwirken, § 79 Abs. 1 BPersVG[1], wobei insoweit die zu § 102 BetrVG ergangene Rechtsprechung Beachtung zu finden hat.[2] Bei leitenden Angestellten ist deren Sprecherausschuss vor jeder Kündigung zu hören, § 31 Abs. 2 SprAuG. Die Nicht- oder nicht ordnungsgemäße[3] Anhörung des Betriebs-, Personalrates bzw. Sprecherausschusses hat die Rechtsunwirksamkeit der vom Arbeitgeber ausgesprochenen Kündigung zur Folge, §§ 102 Abs. 1 Satz 3 BetrVG, 79 Abs. 1 BPersVG, 31 Abs. 2 Satz 2 SprAuG.

213 Das Anhörungsverfahren muss unabhängig davon durchgeführt werden, ob der Arbeitnehmer den Schutz nach dem KSchG genießt[4] oder ob es sich um eine ordentliche fristgerechte oder eine außerordentliche fristlose Kündigung handelt. Auch vor dem Ausspruch einer Druck- oder Verdachtskündigung[5] bedarf es der Anhörung der betreffenden Arbeitnehmervertretung. Im Rahmen des Anhörungsverfahrens nach § 102 Abs. 1 BetrVG – für das Personalvertretungsrecht gilt im Grundsatz nicht anderes – sind dem Betriebsrat nicht nur die wichtigsten Kündigungsgründe, sondern alle Gesichtspunkte (Tatsachen und subjektive Vorstellungen) mitzuteilen, die den Arbeitgeber zur Kündigung veranlassen.[6] Der Arbeitgeber muss freilich nicht notwendigerweise alle Einzelheiten, etwa in substantiierter Form einer Klageerwiderung, angeben. Die Informationspflicht gegenüber dem Betriebsrat geht jedenfalls nicht so weit wie die Darlegungslast des Arbeitgebers im Kündigungsschutzprozess[7], zumal sich die Anhörung des Betriebsrates nicht als

---

[1] Dazu im Einzelnen *Herbst*, PersR 1994, 505 ff.; BAG (6.2.97) EzA Nr. 95 zu § 102 BetrVG, S. 3; LAG Rheinland-Pfalz (6.1.99) MDR 2000, 165 f.; LAG Niedersachsen (24.8.99) – 13 Sa 2831/98 - , S. 7-9.

[2] Siehe etwa BAG (28.2.90) AP Nr. 25 zu § 1 KSchG 1969 Krankheit = DB 1990, 2430.

[3] Vgl. BAG (16.9.93) AP Nr. 62 zu § 102 BetrVG 1972 = NZA 1994, 311; (22.9.94) AP Nr. 68 zu § 102 BetrVG 1972 = NZA 1995, 363 = SAE 1996, 22, mit Anm. von *Boecken*; (15.12.94) NZA 1995, 521; (6.2.97) NZA 1997, 656; (12.8.99) NZA 1999, 1269; (17.2.00) BB 2000, 1408; (23.11.00) NZA 2001, 601; *Stahlhacke/Preis/Vossen*, Rdn. 379; *Raab*, GK-BetrVG, § 102 Rdn. 77 ff.; *Richardi/Thüsing*, BetrVG, § 102 Rdn. 111; *Fitting/Kaiser/Heither/Engels/Schmidt*, BetrVG, § 102 Rdn. 56; einschränkend *Hess/Schlochauer/Glaubitz*, BetrVG, § 102 Rdn. 58: nur schwerwiegende Verfahrensfehler.

[4] BAG (13.7.78), (2.11.83) AP Nrn. 18 und 29 zu § 102 BetrVG 1972; (8.9.88) NZA 1989, 852; *Schaub/Linck*, S. 1375 Rdn. 97; KR-*Etzel*, § 102 BetrVG Rdn. 10; *Hess/Schlochauer/Glaubitz*, BetrVG, § 102 Rdn. 6 m.w.N.; *Fitting/Kaiser/Heither/Engels/Schmidt*, BetrVG, § 102 Rdn. 6, 47; *Löwisch/Kaiser*, BetrVG, § 102 Rdn. 5; *Raab*, GK-BetrVG, § 102 Rdn. 19, 32, 58.

[5] Dazu nur *Hoefs*, S. 209 ff. m.w.N.; KR-*Etzel*, § 102 Rdn. 64b.

[6] Vgl. *Becker-Schaffner*, BlStSozArbR 1974, 209; *Raab*, GK-BetrVG, § 102 Rdn. 55; KR-*Etzel*, § 102 BetrVG Rdn. 62; *Fitting/Kaiser/Heither/Engels/Schmidt*, BetrVG, § 102 Rdn. 41; *Berkowsky*, NZA 1996, 1067 ff.

[7] BAG (8.9.88) NZA 1989, 852; (15.6.89) AP Nr. 18 zu § 1 KSchG 1969 Soziale Auswahl; (22.9.94) DB 1995, 477 = NZA 1995, 363; LAG Hamm (19.1.88) NZA 1988, 554; *Haug*, S. 175; *Richardi/Thüsing*, BetrVG, § 102 Rdn. 57; *Hess/Schlochauer/Glaubitz*, BetrVG, § 102 Rdn. 1 m.w.N.; *Rinke*, NZA Sonderheft 1998, 54 ff.; bedenklich *Berkowsky*, Personenbedingte Kündigung, 2. Aufl. 1995, S. 147 Rdn. 13.

vorgeschalteter Kündigungsschutzprozess darstellt. An den Umfang der mitzuteilenden Tatsachen können keine höheren Anforderungen, als sie zur Begründung der Kündigung selbst tatsächlich vorgebracht werden müssen, gestellt werden.[8] Der Arbeitgeber ist deshalb auch nicht verpflichtet, dem Betriebsrat Beweismaterial und sonstige Unterlagen zur Verfügung zu stellen[9] oder Einsicht in die Personalakten des Arbeitnehmers zu gewähren oder diese ihm gar auszuhändigen. Das gilt selbst dann, wenn der Kündigungssachverhalt ungewöhnlich komplex ist.[10] Der Betriebsrat hat lediglich die Kündigungsabsicht des Arbeitgebers, hingegen nicht die Erfolgsaussichten der Kündigung in einem etwaigen Kündigungsschutzprozess zu beurteilen. § 102 BetrVG enthält insoweit im Verhältnis zu § 80 Abs. 2 BetrVG eine abschließende Sonderregelung.[11]

Soweit zur Kündigung eines Schwerbehinderten die Zustimmung des Integrationsamtes notwendig ist, kann die Anhörung des Betriebsrates auch schon vor der Durchführung des behördlichen Zustimmungsverfahrens erfolgen.[12] Unter mutterschutzrechtlichen Aspekten kann im Grundsatz nichts anderes gelten.

In Literatur und Rechtsprechung war und ist streitig, wie weit die Informationspflicht des Arbeitgebers im Falle einer von ihm beabsichtigten Kündigung wegen krankheitsbedingter Fehlzeiten des Arbeitnehmers reicht. Ganz überwiegend wurde bisher die Auffassung vertreten, eine ordnungsgemäße Anhörung des Betriebsrates liege bereits dann vor, wenn der Arbeitgeber dem Betriebsrat die krankheitsbedingten Fehlzeiten des zu Kündigenden in der Vergangenheit verbunden mit der von ihm getroffenen Prognoseentscheidung mitteilt.[13] Ande-

214

---

[8] LAG Berlin (19. 8. 88) LAGE Nr. 23 zu § 102 BetrVG 1972; LAG Hamm (2. 2. 95) LAGE Nr. 3 zu § 67 ArbGG 1979, S. 4.
[9] Vgl. im Einzelnen *Haug*, S. 175 m.N.; KR-*Etzel*, § 102 BetrVG Rdn. 68 m.N.; *Stahlhakke/Preis/Vossen*, Rdn. 411 m.N.; *Hümmerich/Mauer*, BB 1995, 166 m.w.N.; *Schwerdtner*, in Müko-BGB, § 622 Anh. Rdn. 47; *Rinke*, NZA 1998, 82; APS/*Koch*, § 102 BetrVG Rdn. 68; *Bader/Bram/Dörner/Wenzel*, KSchG, § 1 Rdn. 358a; BAG (26. 1. 95) NZA 1995, 672; (6.2.97) NZA 1997, 656; LAG Hamm LAGE Nr. 3 zu § 67 ArbGG 1979; LAG Frankfurt/M. (22.5.84) NZA 1985, 97 – anders *Hoefs*, S. 218 betreffend eine Verdachtskündigung.
[10] BAG (6. 2. 97) AP Nr. 85 zu § 102 BetrVG 1972 = NZA 1997, 656.
[11] BAG (26.1.95) NZA 1995, 672; (6.2.97) BB 1997, 1311, *Hümmerich/Mauer*, DB 1997, 165; *Rinke*, NZA 1998, 77 (83); *Kutzki*, ZTR 1000, 499; ErfK/*Hanau/Kania*, § 102 BetrVG Rdn. 4; KR-*Etzel*, § 102 BetrVG Rdn. 68 m.w.N. – anderer Ans. *Däubler/Kittner/Klebe*, BetrVG, § 102 BetrVG Rdn. 47; *Kittner*, Anm. zu BAG EzA Nr. 87 zu § 102 BetrVG: auf Verlangen; ebenso *Fitting/Kaiser/Heither/Engels/Schmidt*, BetrVG § 102 BetrVG Rdn. 26; LAG Hamm (6.1.94) LAGE Nr. 40 zu § 102 BetrVG 1972; *Kittner/Däubler/Zwanziger*, KSchR, § 102 BetrVG Rdn. 47: Teile der Personalakten.
[12] BAG (11.3.98) RzK III 1a Nr. 96; (20.1.00) BB 2000, 1300 = DB 2000, 1079; ErfK/*Hanau/Kania*, § 102 BetrVG Rdn. 3; KR-*Etzel*, § 102 BetrVG Rdn. 60, 78; *Stahlhacke/Preis/Vossen*, Rdn. 255.
[13] LAG Düsseldorf/Köln (19. 9. 79 DB 1980, 117; LAG Düsseldorf (21. 10. 82) DB 1983, 723 = BB 1983, 899; LAG Rheinland-Pfalz (15. 5. 81) BB 1981, 1152; LAG Hamm (3. 3. 82) DB 1982, 1624; ArbG Wiesbaden (29. 7. 82) DB 1983, 181; wohl auch ArbG Bochum (4. 8. 83) DB 1984, 131; *Lepke*, 6. Aufl. 1984, S. 61; KR-*Etzel*, 1. Aufl. 1981, § 102 BetrVG Rdn. 63; *Stege/Weinspach*, BetrVG, 4. Aufl. 1981, § 102 Rdn. 56; *Meisel*, Mitwirkung und Mitbestimmung, S. 189 Rdn. 443; *Sieg*, Anm. zu BAG SAE 1984, 21 (26); wohl auch *Kammann/*
Fortsetzung siehe nächste Seite

re[14] verlangten zusätzliche Angaben darüber, inwieweit sich die Fehlzeiten wirtschaftlich und betrieblich nachteilig auf den Betriebsablauf auswirken. Mit der fraglichen Problematik hat sich das BAG erstmalig in einer Entscheidung vom 24.11.1983[15] befasst und seine Rechtsprechung in weiteren Urteilen[16] bestätigt. Der Arbeitgeber habe, so führt das BAG aus, dem Betriebsrat im Anhörungsverfahren nicht nur mitzuteilen, dass eine Kündigung wegen wiederholter Krankheitszeiten bzw. einer langanhaltenden Krankheit beabsichtigt sei, sondern neben der Anzahl und Dauer der bisherigen einzelnen Arbeitsunfähigkeitszeiten sowie der Art der Erkrankungen auch die Beeinträchtigung der wirtschaftlichen und betrieblichen Interessen. Sowohl die negative Prognose bezüglich der Krankheitsentwicklung als auch die wirtschaftlichen Belastungen und betrieblichen Beeinträchtigungen seien nämlich Teil des Kündigungsgrundes. Diese höchstrichterliche Rechtsprechung hat weitgehend Zustimmung gefunden[17], wenn auch vereinzelt mit kritischen Einwendungen[18], während sie von anderen abgelehnt worden ist.[19]

215   Nach dem Sinn und Zweck des Anhörungsverfahrens, das primär dem kollektiven Interessenschutz dient, soll der Betriebsrat in die Lage versetzt werden, eigenverantwortlich zu prüfen, ob die vom Arbeitgeber beabsichtigte Kündigung aus

---

Hess/Schlochauer, BetrVG, § 102 Rdn. 37; *Käppler*, Anm. zu BAG EzA Nr. 30 zu § 102 BetrVG 1972, S. 208, aber mit Einschränkungen.

14 LAG Nürnberg (30.10.81) AuR 1982, 355; LAG Hamm (24.5.83) BB 1984, 210; (7.2.84) AuR 1984, 254; ArbG Heilbronn (7.12.81) BB 1982, 396; *Bopp*, S. 110, *Coen*, Anm. zu BAG AuR 1984, 319; *Gnade/Kehrmann/Schneider/Blanke*, BetrVG, 2. Aufl., 1983, § 102 Rdn. 29.

15 DB 1984, 1149 = BB 1984, 725, 1045 = NZA 1984, 93 = AP Nr. 30 zu § 102 BetrVG 1972 = EzA Nr. 54 zu § 102 BetrVG, mit Anm. von *Grunsky*.

16 (18.10.84) BB 1985, 661; (30.1.86) NZA 1987, 557; (9.4.87) AP Nr. 18 zu § 1 KSchG 1969 Krankheit; (18.9.86) – 2 AZR 638/85 – unv.; (5.7.90) NZA 1991, 185: unrichtige Angaben hinsichtlich der Auswirkungen der Fehlzeiten auf den Betriebsablauf; (26.9.91) AP Nr. 28 zu § 1 KSchG 1969 Krankheit; (23.9.92) EzA Nr. 37 zu § 1 KSchG Krankheit.

17 Nachweise bei *Lepke*, 10. Aufl., S. 262 f Fußn. 10; ferner *Etzel*, Betriebsverfassungsrecht, S. 310 Rdn. 842; *Schaub*, 9. Aufl., S. 1301 Rdn. 101; *Brox/Rüthers*, S. 280 Rdn. 383; *Kittner/Däubler/Zwanziger*, KSchR, § 102 BetrVG Rdn. 86; *Stege/Weinspach/Schiefer*, BetrVG, § 102 Rdn. 58c; *Elsner*, S. 43; *Kutzki*, ZTR 1999, 492 f.; *Roos*, NZA-RR 1999, 621; HK-KSchG/*Höland*, § 1 Anh. 1 Rdn. 22; Kasseler Handbuch/*Isenhardt*, 6.3 Rz. 133; *Fitting/Kaiser/Heither/Engels/Schmidt*, BetrVG, § 102 Rdn. 23; *Löwisch/Kaiser*, BetrVG, § 102 Rdn. 11; *von Hoyningen – Huene/Linck*, KSchG, § 1 Rdn. 241; MünchArbR/*Berkowsky*, § 147 Rdn. 30; APS/*Koch*, § 102 BetrVG Rdn. 121; *Dütz*, Arbeitsrecht, S. 168 Rdn. 342; *Stahlhacke/Preis/Vossen*, Rdn. 415; Raab, GK-BetrVG, § 102 Rdn. 66; *Dörner/Luczak/Wildschütz*, Rdn. 294; *Schaub/Linck*, S. 1378, Rdn. 101c; ErfK/*Hanau/Kania*, § 102 BetrVG Rdn. 9; siehe auch LAG Hamm (25.11.87) NZA 1988, 483: Fehlzeiten anhand von EDV-Ausdrucken (ablehnend *Gnade/Kehrmann/Schneider/Klebe/Rataysczak*, BetrVG § 102 Rdn. 8); (27.2.92) LAGE Nr. 10 zu § 1 KSchG Personenbedingte Kündigung; LAG Berlin (24.6.91) NZA 1992, 79; (3.11.97) LAGE Nr. 27 zu § 1 KSchG Krankheit.

18 Vgl. *Grunsky*, Anm. zu BAG EzA Nr. 54 zu § 102 BetrVG; *Rummel*, NZA 1984, 76; *Rinke*, NZA 1998, 81: Alle im Grundsatz aber zust.; *Hess/Schlochauer/Glaubitz*, BetrVG, § 102 Rdn. 39: Das Anhörungsverfahren werde de facto zu einem kündigungsschutzrechtlichen Vorverfahren; *Zöllner/Loritz*, S. 587 Fußn. 59: „etwas zu streng".

19 *Peterek*, Anm. zu BAG EzA Nr. 13 zu § 1 KSchG Krankheit, S. 118; *Stege/Weinspach*, BetrVG, 5. Aufl. 1984, § 102 Rdn. 58a.

seiner Sicht berechtigt erscheint oder ob der ordentlichen Kündigung gemäß § 102 Abs. 3 BetrVG widersprochen wird.[20] Auch der Grundsatz der vertrauensvollen Zusammenarbeit, der in § 2 Abs. 1 BetrVG seinen Ausdruck findet, gebietet es, den Betriebsrat[21] vollständig über die kündigungsrelevanten Umstände zu informieren.[22] Deshalb muss der Arbeitgeber dem Betriebsrat die die Kündigung begründenden Tatsachen so genau und umfassend darlegen, dass er ohne zusätzliche eigene Nachforschungen[22, 23] eine sachgerechte Stellungnahme zur beabsichtigten Entlassung abgeben kann. Das bewusste Verschweigen von Tatsachen, die gegen die Kündigung sprechen, bzw. eine bewusst unrichtige und unvollständige Sachverhaltsdarstellung lässt die Anhörung des Betriebsrates als nicht ordnungsgemäß erscheinen.[24] So darf der Arbeitgeber nicht bewusst durch die Art seiner Darstellung eine unrichtige Vorstellung beim Betriebsrat über den Umfang der krankheitsbedingten Fehlzeiten des zu kündigenden Arbeitnehmers erwecken.[25] Als unschädlich erweist sich aber die objektiv fehlerhafte Unterrichtung der Arbeitnehmer-Vertretung, wenn es sich um eine lediglich vermeidbare oder unbewusste Fehlinformation handelt.[26] Das ist etwa der Fall, wenn der Arbeitgeber dem Betriebsrat Fehlzeiten als Arbeits- statt als Kalendertage bezeichnet[27], nicht aber, wenn die krankheitsbedingten Fehlzeiten zu hoch angesetzt worden sind, beispielsweise in einer Größenordnung von 30 %.[28]

Freilich braucht der Arbeitgeber dem Betriebsrat gegenüber zu seiner von ihm betroffenen ungünstigen Prognose bezüglich des Gesundheitszustandes des Arbeitnehmers keine besondere Stellungsnahme abzugeben.[29] Häufige krankheitsbedingte Fehlzeiten in der Vergangenheit können nämlich – jedenfalls indiziell – für ein entsprechendes Erscheinungsbild in der nahen Zukunft sprechen. In der voll-

---

[20] Siehe *Dietz/Richardi*, BetrVG, § 102 Rdn. 110; BAG (10.3.82) AP Nr. 2 zu § 2 KSchG 1969; (24.11.83) AP Nr. 30 zu § 102 BetrVG 1972; (8.9.88) SAE 1989, 299 ff., mit Anm. von *Oetker* = NZA 1989, 852.
[21] Zum berechtigten Personenkreis für solche Mitteilungen des Arbeitgebers siehe BAG (27.6.85) DB 1986, 333; KR-*Etzel*, § 102 BetrVG Rdn. 46-52 m.w.N.
[22] BAG (2.11.83) AP Nr. 29 zu § 102 BetrVG 1972; (26.7.85) DB 1986, 332; (20.9.94) DB 1994, 190; KR-*Etzel*, § 102 BetrVG Rdn. 62a m.w.N.
[23] Zu Recht hat das BAG seine frühere Rechtsprechung (BAG E 30, 370) zum Umfang der Mitteilungspflicht des Arbeitgebers hinsichtlich der sozialen Auswahl aufgegeben. Es verlangt jetzt (BAG [29.3.94] BB 1984, 1426 ff.), dass der Arbeitgeber unaufgefordert und ohne entsprechendes Verlangen des Betriebsrates die Umstände mitteilen muss, die ihn zur sozialen Auswahl des betreffenden Arbeitnehmers veranlasst haben.
[24] BAG (23.9.92) EzA Nr. 37 zu § 1 KSchG Krankheit; (22.9.94) DB 1995, 477; (9.3.95) NJW 1995, 3005; (18.5.94) NZA 1995, 24; LAG Baden-Württ. (24.6.97) DB 1997, 1825; *Hümmerich/Mauer*, DB 1995, 166 m.w.N.; KR-*Etzel*, § 102 BetrVG Rdn. 62 m.N.
[25] BAG (31.5.90) – 2 AZR 78/89 – unv.
[26] Vgl. BAG (22.9.94) NZA 1995, 363; dazu auch ArbG Berlin (24.11.00) NZA-RR 2001, 199.
[27] BAG (31.5.90) RzK III 1a Nr. 45.
[28] ArbG Berlin (24.11.00) NZA-RR 2001, 198 (202).
[29] So schon *Lepke*, 6. Aufl. 1984, S. 61; ferner BAG DB 1984, 1149; *Rummel*, NZA 1984, 77; *Becker-Schaffner*, DB 1996, 426 (427); KPK-*Schiefer*, § 1 KSchG Rdn. 213; *Stege/Weinspach/Schiefer*, BetrVG, § 102 Rdn. 58c; wohl auch HK-KSchG/*Höland*, § 1 Anh. 1 Rdn. 22 – **anders** *Schumann*, DB 1984, 1880; *Däubler/Kittner/Klebe*, BetrVG, § 102 Rdn. 86; siehe auch *Raab*, GK-BetrVG, § 102 Rdn. 66; KR-*Etzel*, § 102 BetrVG Rdn. 63a.

ständigen Auflistung solcher Abwesenheitszeiten nach deren zeitlicher Lage, der Dauer der einzelnen Fehlzeiten[30] und wie sie sich im Reverenzraum mindestens der letzten zwei Jahre[31]verteilen, verbunden mit der erklärten Kündigungsabsicht des Arbeitgebers liegt konkludent die Behauptung der für eine fortbestehende bzw. sich wiederholende gesundheitliche Beeinträchtigung sprechenden Umstände. Mehr muss der Arbeitgeber im Kündigungsschutzprozess zunächst auch nicht dartun.[32] Im Rahmen der Betriebsratsanhörung muss der Arbeitgeber aus den Fehlzeitenperioden in der Regel nicht die Arbeitstage herausrechnen[33], jedoch verdeutlichen, ob es sich um Arbeits- oder Kalendertage handelt[34], wobei grundsätzlich Kalendertage anzugeben sind.[35]Sollte der Betriebsrat der Ansicht sein, dass es darauf ankomme, kann er dies problemlos selbst überschlägig – Krankheitstage dividieren durch 7 multipliziert mit 5 – oder aber durch exaktes Nachrechnen anhand von Kalendern bzw. der Personaleinsatzplanung vergangener Jahre tun.

Die Art der Erkrankung ist dem Betriebsrat nur mitzuteilen, soweit sie dem Arbeitgeber bekannt ist.[36] Das gilt auch hinsichtlich einer Alkoholerkrankung des Arbeitnehmers.[37]Entlastende Umstände dürfen dem Betriebsrat aber nicht vorenthalten werden, so etwa, dass bestimmte Fehlzeiten auf einen schuldlosen Arbeitsunfall zurückzuführen sind.[38] Bei einer langanhaltenden Erkrankung muss dem Betriebsrat mitgeteilt werden, ob der Arbeitnehmer noch arbeitsunfähig ist und aus welchen Umständen geschlossen wird, der Zeitpunkt der Wiederherstellung seiner Arbeitsfähigkeit sei nicht absehbar[39], insbesondere, ob Fortsetzungserkrankungen vorlägen bzw. ob mit ihnen zu rechnen sei.[40] Stellt sich im Laufe des Kündigungsschutzprozesses heraus, dass eine vom Arbeitgeber angenommene Dauererkran-

---

[30] So auch *Hümmerich*, RdA 2000, 352; LAG Hamm (25. 11. 87) NZA 1988, 483 – **anders** LAG Schleswig-Holst. (24. 7. 01) EzA SD Nr. 23/2001, S. 14, unter Hinweis auf LAG Schleswig-Holst. (8. 10. 98) – 4 Sa 239/98 –
[31] Siehe Stück, MDR 2000, 1058.
[32] *Lepke*, 6. Aufl., S. 65; BAG (10. 3. 77) E 29, 49; (25. 11. 82) DB 1983, 1047, 2524.
[33] So auch *Rinke*, NZA 1998, 81; siehe auch *Becker-Schaffner*, DB 1996, 427; *Tschöpe/Seitz*, Teil 3 K, Rz. 53: EDV-Ausdruck; LAG Hamm (25. 11. 87) NZA 1988, 483: EDV-Ausdruck; ArbG Dortmund (14. 3. 91) EzA Nr. 80 zu § 102 BetrVG.; *Stege/Weinspach/Schiefer*, BetrVG, § 102 Rdn. 58c.
[34] BAG (24. 11. 83) BB 1984, 1045; LAG Rheinland-Pfalz (26. 4. 95) – 4 Sa 1343/94 – unv.; *Schiefer*, FA 2000, Heft 5, S. VIII.
[35] BAG (18. 9. 86) RzK III 1 b Nr. 8; LAG Berlin (14. 1. 93) – 7 Sa 90/92 – unv.
[36] Ebenso KR-*Etzel*, § 102 BetrVG Rdn. 63; *Rummel*, NZA 1984, 77; *Berkowsky*, NZA 1996, 1069, insbes. bei AIDS; *Becker-Schaffner*, DB 1996, 429; KPK-*Schiefer*, § 1 KSchG Rdn. 226; *Däubler/Kittner/Klebe*, BetrVG, § 102 Rdn. 86; zu weit gefaßt der 1. Leitsatz des BAG AP Nr. 30 zu § 102 BetrVG 1972; auch *Schumann*, DB 1984, 1880.
[37] BAG (17. 6. 99) EzA Nr. 47 zu § 1 KSchG Krankheit; *Fitting/Kaiser/Heither/Engels/Schmidt*, BetrVG, § 102 Rdn. 23.
[38] Zutreffend *Kraft*, FS für *Kissel*, S. 611 (619); *Berkowsky*, NZA 1996, 1069; *Däubler/Kittner/Klebe*, BetrVG, § 102 Rdn. 86, aber ohne Unterscheidung, ob Arbeitsunfall schuldhaft oder schuldlos erlitten.
[39] BAG (25. 11. 82) AP Nr. 7 zu § 1 KSchG 1969 Krankheit; *Leinemann/Ascheid*, GewO, § 105 Rdn. 12045; *Kittner/Däubler/Zwanziger*, KSchR, § 102 BetrVG Rdn. 86; KPK-*Schiefer*, § 1 KSchG Rdn. 226.
[40] So auch *Herbst/Wohlfarth*, DB 1990, 1818f.; KPK-*Schiefer*, § 1 KSchG Rdn. 226.

kung nicht vorliegt, ist die Betriebsratsanhörung nicht fehlerhaft erfolgt[41]; denn es gilt der Grundsatz der subjektiven Determination.[42]

Soll wegen krankheitsbedingter Minderung der Leistungsfähigkeit des Arbeitnehmers die Entlassung ausgesprochen werden, erstreckt sich die Informationslast des Arbeitgebers zunächst auf die ungünstige Prognose hinsichtlich des Gesundheitszustandes und deren Auswirkung auf die Leistungsfähigkeit des Arbeitnehmers. Überdies muss gegenüber dem Betriebsrat klargestellt werden, ob der Kündigungsgrund eine lang anhaltende Krankheit, häufige Kurzerkrankungen, eine feststehende dauernde Leistungsunmöglichkeit oder eine für nicht absehbare Zeit andauernde Leistungsunfähigkeit sein soll.[43] Wird die Entlassung auf die völlige Ungewissheit der Genesung gestützt, muss dieser Umstand nicht wörtlich angegeben werden. Es genügt, wenn unter Bezugnahme auf die konkreten Fehltage und die dadurch bedingten Entgeltfortzahlungskosten darauf hingewiesen wird, der Arbeitnehmer werde auch künftig auf unabsehbare Zeit arbeitsunfähig krank sein.[44] Ob insoweit vom Arbeitgeber der richtige Rechtsbegriff verwendet worden ist, erweist sich als unschädlich, weil dem Betriebsrat nur die Tatsachen bekannt zu geben sind, die der Arbeitgeber der Kündigung zugrunde legen will. Der Arbeitgeber ist in der Regel nicht verpflichtet, im Anhörungsverfahren dem Betriebsrat eine rechtliche Qualifikation des beanstandeten Arbeitnehmerverhaltens zu übermitteln[45], so dass er sich im Prozess auch noch auf eine Verzögerung des Heilungsverlaufs berufen kann.[46]

Bei einer auf Alkohol- oder Drogensucht gestützten Kündigung sind gegenüber dem Betriebsrat auch Angaben darüber zu machen, ob der Arbeitnehmer bereit ist, sich Entwöhnungsmaßnahmen zu unterziehen.[47] Bei derartigen Entlassungen sollte der Arbeitgeber den Betriebsrat auch darüber informieren, dass die personelle Einzelmaßnahme wegen einer Alkohol- bzw. Drogenabhängigkeit erfolgen soll und sowohl die möglichen verhaltens- als auch die personenbedingten Kündigungsgründe zum Gegenstand der Mitteilung machen.[48]

216

---

[41] Ebenso LAG Rheinland-Pfalz (18. 3. 99) ARSt 1999, S. 220 f.
[42] Siehe nur BAG (20. 1. 00) BB 2000, 1300 m. N.; *Löwisch/Kaiser*, BetrVG, § 102 Rdn. 9; KR-*Etzel*, § 102 BetrVG Rdn. 62 m.w.N.; *Raab*, GK-BetrVG, § 102 Rdn. 56.
[43] BAG (19. 5. 1993) – 2 AZR 539/92 – unv.; LAG Berlin (3. 11. 97) LAGE Nr. 27 zu § 1 KSchG Krankheit; LAG Hamm (4. 12. 96) LAGE Nr. 26 zu § 1 KSchG Krankheit; (17. 11. 97) LAGE Nr. 63 zu § 102 BetrVG 1972; (24. 6. 99) NZA 2000, 320; *Bader*, NZA-RR 2000, 57 (61); Schiefer, DB 2000, 671; KPK-Schiefer, § 1 KSchG Rdn. 122a, 211a; *Stahlhacke/Preis/Vossen*, Rdn. 415; *Becker-Schaffner*, DB 1996, 428.
[44] LAG Hamm (24. 6. 99) NZA 2000, 320 = LAGE Nr. 39 zu § 1 KSchG Krankheit.
[45] Vgl. *Bader*, NZA-RR 2000, 57 (61 m. N.).
[46] LAG München (3.11.00) LAGE Nr. 131 zu § 626 BGB.
[47] BAG (9.4.87) NZA 1987, 811; LAG Saarland (12.2.92) LAGE Nr. 65 zu § 626 BGB; LAG Nürnberg (16.2.94) – 3 Sa 762/93 – unv.; *Feichtinger*, ArbR-*Blattei*, Krankheit I, Rdn. 230; *Becker-Schaffner*, DB 1996, 428.
[48] Vgl. dazu auch *von Hoyningen-Huene*, DB 1995, 142; *Künzl*, AuR 1995, 206; *Schwerdtner*, in: Müko-BGB, § 622 Anh. Rdn. 59; *Fitting/Kaiser/Heither/Engels/Schmidt*, BetrVG, § 102 Rdn. 23; *Stahlhacke/Preis/Vossen*, Rdn. 415.

216a Besteht aus der Sicht des Arbeitgebers keine Möglichkeit, den zu Kündigenden auf einem anderen geeigneten Arbeitsplatz weiter zu beschäftigen, § 1 Abs. 2 Sätze 1 b und 2 b KSchG, genügt der Arbeitgeber seiner Anhörungspflicht in der Regel schon durch den ausdrücklichen oder konkludenten Hinweis auf fehlende Weiterbeschäftigungsmöglichkeiten.[49]

217 Hinsichtlich der wirtschaftlichen Belastungen und betrieblichen Beeinträchtigungen durch die krankheitsbedingten Fehlzeiten des Arbeitnehmers gilt folgendes: Wenn eine Kündigung aus krankheitsbedingten Gründen – neben den anderen Voraussetzungen – nur dann sozial gerechtfertigt ist, falls durch eine Fortsetzung des Arbeitsverhältnisses die betrieblichen Interessen des Arbeitgebers erheblich beeinträchtigt werden, dieser Aspekt also Teil des Kündigungsgrundes ist[50], dann kann der Betriebsrat die ihm im Anhörungsverfahren vom Gesetzgeber eingeräumten Rechte nur unter der Voraussetzung ordnungsgemäß wahrnehmen, dass ihn der Arbeitgeber – bezogen auf den Einzelfall – auch über die konkreten Tatsachen informiert, die die betrieblichen Störungen des Betriebsablaufes belegen sollen, etwa durch die Vorlage sog. Störfallprotokolle. In der Auflistung der bisherigen krankheitsbedingten Fehlzeiten liegt zwar unausgesprochen die Erklärung, es müsse auch in Zukunft mit krankheitsbedingten Abwesenheitszeiten des Arbeitnehmers gerechnet werden, die zu einer erheblichen Beeinträchtigung der betrieblichen Interessen führen. Jedoch setzt eine solche pauschale Mitteilung den Betriebsrat in der Regel noch nicht in die Lage, die Stichhaltigkeit dieses Gesichtspunktes umfassend zu prüfen. So kann er beispielsweise nicht zu einer möglichen Ver- oder Umsetzung des Arbeitnehmers Stellung nehmen, wenn der Betriebsrat nicht weiß, welche konkreten betrieblichen Störungen durch die Entlassung des kranken Arbeitnehmers behoben werden sollen. Auch hat der Arbeitgeber gegenüber dem Betriebsrat zu begründen, weshalb eine Weiterbeschäftigung des Arbeitnehmers auf einem anderen, von ihm oder dem Betriebsrat vorgeschlagenen Arbeitsplatz nicht möglich ist.[51] Anders muss die Rechtslage dann beurteilt werden, wenn der Betriebsrat, der Betriebsratsvorsitzende oder ein zur Entgegennahme von Erklärungen gemäß § 26 Abs. 3 Satz 2 BetrVG berechtigtes Betriebsratsmitglied[52] den betreffenden Arbeitsplatz sowie die betrieblichen Beeinträchtigungen infolge der krankheitsbedingten Fehlzeiten kennt.[53,54] Freilich gibt es keinen Erfahrungssatz (prima-facie) des Inhalts, dem Betriebsrat seien die betrieblichen Störungen infolge der Fehlzeiten des betreffenden Arbeitnehmers bekannt.[55] Im Falle des Bestreitens

---

[49] BAG (17. 2. 00) BB 2000, 1407 f.
[50] Siehe die Nachweise, bei *Lepke*, S. 218 Fußn. 508; ferner KR-*Etzel*, § 102 BetrVG Rdn. 63a. – **anders** *Schlochauer*, Brennpunkte des Arbeitsrechts, S. 273 (281).
[51] Zutreffend ArbG Hameln (21. 9. 89) DB 1989, 52; *Bezani*, S. 159; *Becker-Schaffner*, DB 1996, 427.
[52] Vgl. BAG (26. 9. 91) BB 1992, 1648 = AP Nr. 28 zu § 1 KSchG 1969 Krankheit = SAE 1993, 225, mit zust. Anm. von *Schiefer/Köster*.
[53] BAG DB 1984, 1150; LAG Rheinland-Pfalz BB 1981, 1151; KR-*Etzel*, 2. Aufl. 1984, § 102 BetrVG, Rdn. 62c – **kritisch** *Rummel*, NZA 1984, 78, der meint, das BAG habe den Sachverhalt unzutreffend erfasst.
[54] Allgemein dazu BAG (26. 9. 91) NZA 1992, 1073; (19. 5. 93) NZA 1993, 1075; (15. 12. 94) NZA 1995, 521; *Hess/Schlochauer/Glaubitz*, BetrVG, § 102 Rdn. 33.
[55] Zutreffend BAG (24. 11. 83) AP Nr. 30 zu § 102 BetrVG 1972.

ist es deshalb Sache des Arbeitgebers, substantiiert darzulegen und ggf. zu beweisen, dass er sich wegen einer bereits vorhandenen Kenntnis des Betriebsrates als Gremium oder eines zuständigen Vertreters, § 26 Abs. 3 BetrVG, oder eines anderen Betriebsratsmitgliedes, das sein Wissen vor oder nach der Einleitung des Anhörungsverfahrens dem Betriebsrat vermittelt haben muss[56], mit einer knappen Mitteilung insoweit begnügen durfte. Da außergewöhnlich hohe Entgeltfortzahlungskosten erhebliche wirtschaftliche Belastungen für den Arbeitgeber darstellen, was zu einer erheblichen Beeinträchtigung seiner betrieblichen Interessen führt, und diese Teil des Kündigungsgrundes sind, ist der Arbeitgeber auch verpflichtet, dem Betriebsrat die Höhe der bisher entstandenen Vergütungsfortzahlungskosten mitzuteilen[57], wobei es im Allgemeinen ausreicht, wenn er die insgesamt pro Monat angefallenen Entgeltfortzahlungskosten ausweist.[58] Hingegen ist die Unzumutbarkeit der betrieblichen oder wirtschaftlichen Belastungen nicht Teil des Kündigungsgrundes[59], sondern allein im Rahmen der Interessenabwägung zu berücksichtigen. Kennt der Arbeitgeber die Umstände, die im Rahmen der Interessenabwägung zugunsten des Arbeitnehmers zu berücksichtigen sind und hat er sie auch bedacht, etwa die Fehlzeiten vergleichbarer Arbeitnehmer[60], muss er sie dem Betriebsrat mitteilen.[61] Im Falle einer krankheitsbedingten Kündigung wegen dauernder Unmöglichkeit, die geschuldete Arbeitsleistung zu erbringen, bedarf es hinsichtlich der betrieblichen Beeinträchtigungen jedoch keiner weiteren Darlegungen gegenüber dem Betriebsrat.[62]

Da dem Betriebsrat auch die Art der beabsichtigten Kündigung mitgeteilt werden muss[63], hat der Arbeitgeber bei der außerordentlichen Entlassung eines „un-

---

[56] Dazu im Einzelnen BAG DB 1986, 333; siehe auch LAG München (11.5.88) NZA 1989, 280.
[57] Ebenso *Schumann*, DB 1984, 1879; *von Hoyningen-Huene/Linck*, KSchG, § 1 Rdn. 241; *Stege/Weinspach/Schiefer*, BetrVG, § 102 Rdn. 58c; *Hunold*, 2. Aufl., S. 288; *Etzel*, Betriebsverfassungsrecht, S. 310 Rdn. 842; KR-*Etzel*, § 102 BetrVG, Rdn. 63a; BGB-RGRK, vor § 620 Rdn. 106; *Schwerdtner*, in: Müko-BGB, § 622 Anh. Rdn. 59; *Becker-Schaffner*, DB 1996, 428; HK-KSchG/*Höland*, § 1 Anh. 1 Rdn. 22; KPK-*Schiefer*, § 1 KSchG Rdn. 215; APS/*Koch*, § 102 BetrVG Rdn. 121; FA-ArbR/*Kümpel*, S. 473 Rdn. 232; siehe auch BAG (6.9.89) DB 1990, 431; LAG Hamm (25.11.87) NZA 1988, 483f.
[58] Im Einzelnen dazu *Rinke*, NZA 1998, 91f.; KPK-*Schiefer*, § 1 KSchG Rdn. 218; LAG Rheinland-Pfalz (26.4.95) – 4 Sa 1343/94 – unv.: nicht als Jahressumme; siehe aber BAG (17.6.99) EzA Nr. 47 zu § 1 KSchG Krankheit: nach Jahren und Kostenbestandteilen spezifizierte Entgeltfortzahlungskosten.
[59] BAG (7.11.85) NZA 1986, 359; (16.2.89) NZA 1989, 923; (6.9.89) NZA 1990, 434; *Lepke*, 7. Aufl. 1987, S. 80; KR-*Becker*, 3. Aufl., § 1 KSchG Rdn. 213; *Hunold*, 2. Aufl., S. 292; siehe auch *Oetker*, Anm. zu BAG EzA Nr. 28 zu § 1 KSchG Krankheit, S. 20f.; HK-KSchG/*Weller/Dorndorf*, § 1 Rdn. 431.
[60] *Schiefer*, FA 2000, Heft 5, S. VIII.
[61] BAG (2.3.89) NZA 1989, 755; *Stahlhacke/Preis/Vossen*, Rdn. 405; *Däubler/Kittner/Klebe*, BetrVG, § 102 Rdn. 86; Roos, NZA-RR 1999, 621; Stück, MDR 2000, 1059; *Kittner/Däubler/Zwanziger*, KSchR, § 102 BetrVG Rdn. 86; siehe auch *Herbst*, PersR 1994, 506; KR-*Etzel*, § 102 BetrVG Rdn. 63a.
[62] BAG (30.1.86) NZA 1987, 557; LAG Berlin LAGE Nr. 27 zu § 1 KSchG Krankheit; *Löwisch/Kaiser*, BetrVG, § 102 Rdn. 11; *Bopp*, in: *Rieder*, Krankheit im Arbeitsverhältnis, S. 287; KR-*Etzel*, § 102 BetrVG Rdn. 63b.
[63] Siehe nur *Raab*, GK-BetrVG, § 102 Rdn. 48; *Fitting/Kaiser/Heither/Engels/Schmidt*, BetrVG, § 102 Rdn. 25 m.w.N.

kündbaren" Arbeitnehmers deutlich zum Ausdruck zu bringen, wenn und soweit die außerordentliche Kündigung mit einer sog. Auslauffrist ausgesprochen werden soll.[64]

218a Ob sich bei (tarifvertraglich) unkündbaren Arbeitnehmern die Betriebs- bzw. Personalratsbeteiligung nach den gesetzlichen Bestimmungen richtet, die für eine außerordentliche fristlose Kündigung gelten oder nach denen, die für eine ordentliche fristgerechte Entlassung zu beachten sind, ist zweifelhaft. Der Gesetzgeber hat diese Konstellation nicht ausdrücklich geregelt.

Während der Personalrat bei einer außerordentlichen Kündigung nur anzuhören ist, § 79 Abs. 3 BPersVG, hat er bei einer ordentlichen Entlassung mitzuwirken, § 79 Abs. 1 BPersVG. Die Beteiligung des Personalrates gemäß § 79 Abs. 1 BPersVG ist als Mitwirkungsverfahren, § 72 BPersVG, ausgestaltet. So kann der Personalrat gegen die beabsichtigte Kündigung Einwendungen mit der Folge erheben, dass der Dienststellenleiter die Kündigung zunächst nicht aussprechen darf. Der Gesetzgeber hat den Schutzmechanismus zugunsten der im öffentlichen Dienst beschäftigten Arbeitnehmer unterschiedlich ausgestaltet. Der Zweck des besonderen tarifvertraglichen Kündigungsschutzes würde jedoch verfehlt, wäre die kollektivrechtliche Mitwirkung in beiden Fällen unterschiedlich. Um einen Wertungswiderspruch zu vermeiden, erscheint es deshalb gerechtfertigt, die §§ 102 Abs. 3-5 BetrVG, 79 Abs. 1-2 BPersVG auf Fälle von außerordentlichen Kündigungen mit notwendiger Auslauffrist analog anzuwenden.[65]

219 Problematisch erscheint es auch, ob der Arbeitgeber berechtigt ist, sich weitere Darlegungen im Rahmen des Anhörungsverfahrens dadurch zu ersparen, dass er der Arbeitnehmervertretung die Personalakten des zu entlassenden Arbeitnehmers aushändigt, aus denen sich beispielsweise die krankheitsbedingten Fehlzeiten, das Krankheitsbild und weitere entlassungsrelevante Umstände ergeben.[66]

Hinsichtlich der maßgeblichen Kündigungsfrist hat das BAG[67] in einem obiter dictum gemeint, der Betriebsrat sei nicht gehalten, sich die notwendigen Daten aus irgendwelchen Unterlagen herauszusuchen und selbst zu erschließen. Dass der Arbeitgeber nicht verpflichtet ist, im Rahmen des Anhörungsverfahren der Arbeit-

---

[64] BAG (29.8.91) NZA 1992, 416 = BB 1992, 144.; ErfK/*Hanau/Kania*, § 102 BetrVG Rdn. 5; *Walker*, Anm. zu BAG (5.2.98) EzA Nr. 2 zu § 626 BGB Unkündbarkeit.

[65] So auch BAG (5.2.98) AP Nr. 143 zu § 626 BGB mit zust. Anm. von *Höland* = EzA Nr. 2 zu § 626 BGB Unkündbarkeit mit zust. Anm. von *Walker* = SAE 1998, 214 ff. mit zust. Anm. von *Schleusener*; KR-*Etzel*, §§ 72, 79, 108 Abs. 2 BPersVG Rdn. 67, § 102 BetrVG Rdn. 92a; BAG (18.10.00) BB 2001, 419 = NZA 2001, 219; zust. *Müller*, Arbeitsrecht, S. 105 Rdn. 283; *Busemann/Schäfer*, S. 105 Rdn. 241; *Fitting/Kaiser/Heither/Engels/Schmidt*, BetrVG § 102 Rdn. 40; *Dörner/Luczak/Wildschütz*, D, Rdn. 325; *Staudinger/Preis*, BGB, § 626 Rdn. 283; BAG (18.1.01) DB 2002, 101 = NZA 2002, 457; LAG Rheinland-Pfalz (13.1.00) ZTR 2000, 334 – **kritisch** *Stahlhacke/Preis/Vossen*, Rdn. 823.

[66] **Bejahend** *Rinke*, NZA 1998, 82 – **verneinend** *Hümmerich*, RdA 2000, 352 f.; *Berkowsky*, NZA-RR 2001, 460; LAG Hamm (24.10.91) LAGE Nr. 32 zu § 102 BetrVG 1972; *Stege/Weinspach/Schiefer*, BetrVG, § 102 Rdn. 58c.

[67] (29. 3. 90) NZA 1990, 894 = AP Nr. 56 zu § 102 BetrVG 1972, Bl. 825; ebenso ArbG Gießen (1. 8. 95) – 5 Ca 80/95 –.

nehmervertretung entsprechende schriftliche Unterlagen vorzulegen, darauf ist bereits hingewiesen worden.[68] Zwar ließe sich aus dem Grundsatz der vertrauensvollen Zusammenarbeit, § 2 Abs. 1 BetrVG, aus dem sich auch Verhaltenspflichten ergeben[69], sehr wohl eine Pflicht herleiten, sich in zumutbarem Umfang durch Einsichtnahme in die Personalakten des betreffenden Arbeitnehmers Kenntnisse über den Kündigungssachverhalt zu verschaffen. Besser und umfassender als durch die Lektüre solcher Unterlagen wird man den Betriebsrat in der Regel kaum informieren können, vor allem bei ärztlich festgestellten gesundheitlichen Leistungseinschränkungen. Zusätzliche eigene Nachforschungen muss der Betriebsrat freilich nicht anstellen. Ungeachtet dessen ist der Arbeitgeber jedoch ohne die Einwilligung des betroffenen Arbeitnehmers nicht befugt, der Arbeitnehmervertretung die Personalakten auszuhändigen. Das folgt mittelbar aus den §§ 83 Abs. 1 BetrVG, 26 Abs. 2 SprAuG, 68 Abs. 2 BPersVG, wonach der Betriebs- bzw. Personalrat oder der Sprecherausschuss nur auf Wunsch des Arbeitnehmers Einblick in dessen Personalakten nehmen darf. Ein eigenes Einsichtsrecht steht der jeweiligen Arbeitnehmervertretung nicht zu.[70]

Will der Arbeitgeber im Kündigungsschutzprozess weitere Kündigungsgründe „nachschieben", die ihm im Zeitpunkt der Unterrichtung des Betriebsrates bekannt waren, ohne dass diese dem Betriebsrat mitgeteilt worden sind, kann er sich auf solche Umstände nachträglich nicht berufen[71], es sei denn, der Arbeitgeber hört den Betriebsrat nachträglich zu dem nachgeschobenen Grund an.[72] Da die Anhörung des Betriebsrates vor dem Ausspruch einer Kündigung zu deren Wirksamkeitsvoraussetzung gehört, trägt der Arbeitgeber die Darlegungs- und Beweislast dafür, dass die Anhörung ordnungsgemäß durchgeführt worden ist.[73] Die Ordnungsmäßigkeit der Anhörung des Betriebsrates kann der Arbeitnehmer auch mit Nichtwis-

220

---

[68] *Lepke* S. 305 Rdn. 213.
[69] Siehe nur *Fitting/Kaiser/Heither/Engels/Schmidt*, BetrVG, § 2 Rdn. 17; MünchArbR/*von Hoyningen-Huene*, § 301 Rdn. 17 m.w.N.; *Tschöpe/Hennige*, Teil 4 A, Rz. 332.
[70] BAG (20.12.88) AP Nr. 5 zu § 92 ArbGG 1979; LAG Hamm (16.10.74) BB 1975, 183; LAG Frankfurt/M. (22.5.84) NZA 1985, 97; *Wiese*, GK-BetrVG, § 83 Rdn. 45 m.w.N.; *Kraft*, GK-BetrVG; § 80 Rdn. 84; *Hümmerich*, RdA 2000, 353; siehe auch *Etzel*, Betriebsverfassungsrecht, S. 503 Rdn. 1458; *Kammerer*, S. 147 Rdn. 286.
[71] Vgl. *Fitting/Kaiser/Heither/Engels/Schmidt*, BetrVG, § 102 Rdn. 43; *Linck*, S. 157; KR-*Etzel*, § 102 BetrVG Rdn. 70; *Raab*, GK-BetrVG, § 102 Rdn. 139; *Hess/Schlochauer/Glaubitz*, BetrVG, § 102 Rdn. 46ff.; BAG (1.4.81) AP Nr. 23 zu § 102 BetrVG 1972; LAG Berlin (30.9.80) DB 1981, 275f.; siehe aber auch ArbG Bochum DB 1984, 131, wenn ein dem Arbeitgeber nicht bekanntes chronisches Leiden des Arbeitnehmers, das er in Personalfragebogen wahrheitswidrig verschwiegen hat, zu den hohen krankheitsbedingten Abwesenheitszeiten hinzukommt; BAG (28.2.90) DB 1990, 2430f.: Täuschung über gesundheitliche Leistungsfähigkeit bei Vertragsabschluss; (11.7.91) NZA 1992, 38 = BB 1991, 2372.
[72] BAG (11.4.85) AP Nr. 39 zu § 102 BetrVG 1972; (26.9.91) NZA 1992, 1073 = BB 1992, 1930; (27.2.97) NZA 1997, 761; *Fitting/Kaiser/Heither/Engels/Schmidt*, BetrVG, § 102 Rdn. 43 m.w.N. – **kritisch** *Rinke*, NZA Sonderheft 1998, S. 54 (57 m.N.).
[73] Siehe BAG (23.6.83) AP Nr. 10 zu § 1 KSchG 1969 Krankheit; (18.10.84) BB 1985, 661; *Hess/Schlochauer/Glaubitz*, BetrVG, § 102 Rdn. 64 m.N.; *Fitting/Kaiser/Heither/Engels/Schmidt*, BetrVG, § 102 Rdn. 57; *Reinecke*, S. 175; *Raab*, GK-BetrVG, § 102 Rdn. 88 m.N.; *Stahlhacke/Preis/Vossen*, Rdn. 378.

sen bestreiten, § 138 Abs. 4 ZPO[74], wenngleich im Einzelfall ein solches unsubstantiiertes Bestreiten unbeachtlich sein kann.[75]

221 Hinsichtlich des Inhalts und Umfanges der Anhörung des Sprecherausschusses der leitenden Angestellten bei krankheitsbedingten Entlassungen nach § 31 Abs. 2 SprAuG gelten dieselben Grundsätze wie für die Anhörung des Betriebsrates.[76]

222 Soweit die Auffassung vertreten wird, auch bei einer Kündigung in den ersten sechs Monaten des Bestehens eines Arbeitverhältnisses seien an die Mitteilungspflicht des Arbeitgebers nach § 102 Abs. 1 BetrVG keine geringeren Anforderungen zu stellen[77], kann dieser Ansicht nur mit Einschränkungen gefolgt werden.[78] Wäre der Arbeitgeber gezwungen, dem Betriebsrat auch bei fehlendem Kündigungsschutz des Arbeitnehmers im Anhörungsverfahren in jedem Fall substantiierte Kündigungsgründe darzulegen, so würde ihm die von der Rechtsprechung zugebilligte Berechtigung, das Arbeitsverhältnis auch grundlos zu beenden, entzogen werden. Er müsste in diesem Fall dem Betriebsrat entweder fiktive Entlassungsgründe nennen oder aber, weil ihm die Darlegung von Kündigungsgründen nicht möglich ist, auf das ihm zustehende Recht, das Arbeitsverhältnis auch grundlos bzw. aus rein subjektiven Erwägungen kündigen zu dürfen, „verzichten". Sinn des § 102 Abs. 1 BetrVG ist es aber nicht, dem Arbeitnehmer einen zusätzlichen, über die Kündigungsschutznormen hinausgehenden Bestandsschutz zu verschaffen. Durch diese Vorschrift soll lediglich das Mitwirkungsrecht des Betriebsrates als Repräsentant der Arbeitnehmer des Betriebes sichergestellt werden. Genießt aber der Arbeitnehmer keinen allgemeinen gesetzlichen Bestandsschutz, muss es genügen, wenn der Arbeitgeber im Anhörungsverfahren nach § 102 Abs. 1 BetrVG darauf hinweist, er beabsichtige das Arbeitsverhältnis zu beenden. Die dem Betriebsrat insoweit mitzuteilenden Tatsachen hinsichtlich des Entlassungsgrundes

---

[74] Ebenso BAG AP Nr. 10 zu § 1 KSchG 1969 Krankheit; *Kraft,* Anm. zu BAG EzA Nr. 12 zu § 1 KSchG Krankheit; *Oetker,* BB 1989, 419 m.w.N. – anders *Sieg,* Anm. zu BAG SAE 1984, 26.

[75] Dazu BAG BB 1985, 661; (16.3.00) BB 2000, 1677 (1679) = NZA 2000, 1332; *Oetker,* BB 1989, 419.

[76] BAG (19.5.93) – 2 AZR 539/92 – unv.; siehe auch *Stahlhacke/Preis/Vossen,* Rdn. 460; *Raab,* GK-BetrVG, § 102 Rdn. 19; *Weber/Ehrich/Hörchens,* S. 260 Rdn. 784; ErfK/*Oetker,* § 31 SprAuG Rdn. 8; *Kittner/Däubler/Zwanziger,* KSchR, § 31 SprAuG; MünchArbR/*Joost,* § 324 Rdn. 81.

[77] Vgl. BAG (13.7.78), (28.9.78) AP Nrn. 17 und 19 zu § 102 BetrVG 1972; (2.11.83) DB 1984, 467; LAG Düsseldorf (12.4.91) PersR 1991, 380, mit insoweit zust. Anm. von *Hohmeister; Hess/Schlochauer/Glaubitz,* BetrVG, § 102 Rdn. 42 m.w.N.; *Schaub,* 9. Aufl., S. 1301 Rdn. 101; *Stahlhacke/Preis/Vossen,* Rdn. 370; *Kittner/Trittin,* KSchR, § 102 BetrVG Rdn. 104; *Fitting/Kaiser/Heither/Engels/Schmidt,* BetrVG, § 102 Rdn. 47; *Berkowsky,* NZA 1996, 1070.

[78] Ebenso LAG Berlin (19.8.88) DB 1989, 129 = BB 1988, 2386; (28.11.88) – 9 Sa 83(88 – unv.; (28.10.96) *Schüssler,* BetrVG, Entscheidung Nr. 26 zu § 102; (22.1.98) LAGE Nr. 68 zu § 102 BetrVG; LAG Baden-Württ. (23.7.97) LAGE Nr. 67 zu § 102 BetrVG 1972; Hess. LAG (12.6.95) DB 1996, 282: Kündigung eines Ober- auf Wunsch des Chefarztes; ArbG Köln (23.3.77) DB 1977, 1275, mit **ablehnender** Anm. von *Klebe/Schumann;* ArbG Berlin (10.6.88) – 34 Ca 471/87 –; *Schwerdtner,* ZIP 1983, 409; *ders.,* in: Müko-BGB, § 622 Anh. Rdn. 38; *Richardi,* BetrVG, § 102 Rdn. 72; *Raab,* GK-BetrVG, § 102 Rdn. 60; ErfK/*Hanau/Kania,* § 102 BetrVG Rdn. 7.

können nicht umfangreicher sein als diejenigen, die vom Arbeitgeber in einem etwaigen Kündigungsschutzprozess dargelegt werden müssten. Die Mitteilung von Werturteilen erscheint deshalb in aller Regel ausreichend.[79] Im Falle einer krankheitsbedingten Kündigung eines nicht unter den Geltungsbereich des KSchG fallenden Arbeitnehmers kann im Grundsatz nichts anderes gelten.[80] So hat es das BAG in einer Entscheidung vom 8. 9. 1988[81] zu Recht genügen lassen, wenn bei einer in den ersten sechs Monaten des Bestehens eines Arbeitsverhältnisses u. a. wegen „krankheitsbedingter Fehlzeiten" ausgesprochenen Kündigung der Betriebsratsanhörung (nur) eine Aufstellung über die Fehlzeiten des Arbeitnehmers beigefügt war. In einem anderen Fall[82] sollte der Arbeitnehmer mit der Begründung entlassen werden, er sei „nicht geeignet". Der Arbeitnehmer hatte sich zur Rechtfertigung seiner Leistungsschwäche auf krankheitsbedingte Gründe berufen, was dem Betriebsrat im Rahmen des Anhörungsverfahrens nicht mitgeteilt worden war. Das BAG verneinte gleichwohl die Verletzung von § 102 Abs. 1 BetrVG und wies zutreffend darauf hin, dass die Ursachen der feststehenden Leistungsschwäche für den Kündigungsentschluss des Arbeitgebers ohne jede Bedeutung gewesen seien.

Ob ein vom Betriebsrat frist- und ordnungsgemäß erklärter Widerspruch, § 102 Abs. 3 BetrVG, den Weiterbeschäftigungsanspruch gemäß § 102 Abs. 5 BetrVG auslöst[83, 84], vorausgesetzt der Arbeitnehmer ist nach dem Ablauf der Kündigungsfrist und bis zum rechtskräftigen Abschluss seines Kündigungsschutzprozesses überhaupt arbeitsfähig, hängt von der Beantwortung der umstrittenen Frage ab, ob bei einer personenbedingten Kündigung ein Widerspruch des Betriebsrates zuläs- *223*

---

[79] So jetzt auch BAG (8. 9. 88) NZA 1989, 852 = SAE 1989, 299 ff., mit zust. Anm. von *Oetker*; (11.7.91) NZA 1992, 38 = BB 1991, 2372; (18.5.94) NZA 1995, 24 = BB 1994, 1783; (3.12.98) NZA 1999, 477; Kasseler Handbuch/*Etzel*, 9.1 Rz. 806; KR-*Etzel*, § 102 BetrVG Rdn. 62a; KPK-*Schiefer*, § 1 KSchG Rdn. 115; *Hümmerich/Mauer*, DB 1995, 167; *Hess/Schlochauer/Glaubitz*, BetrVG, § 102 Rdn. 42; HK-KSchG/*Höland*, § 1 Anh. 1 Rdn. 18; *Richardi*, BetrVG, § 102 Rdn. 72; *Stahlhacke/Preis/Vossen*, Rdn. 370; *Schaub/Linck*, S. 1377 Rdn. 101 b – **teilweise anders** u. a. *Berkowsky*, NZA 1996, 1070: Werde die Kündigung auf subjektive Werturteile gestützt, müssten dafür dem Betriebsrat die feststellbaren Tatsachen mitgeteilt werden.

[80] Zutreffend LAG Berlin (19.8.88) DB 1989, 129; dazu *Fitting/Kaiser/Heither/Engels/Schmidt*, BetrVG, § 102 Rdn. 48.

[81] AP Nr. 49 zu § 102 BetrVG = NZA 1989, 852 = SAE 1989, mit zust. Anm. von *Oetker*; zust. auch *Fitting/Kaiser/Heither/Engels/Schmidt*, BetrVG, § 102 Rdn. 48; *Rinke*, NZA 1998, 87.

[82] BAG (11.7.91) AP Nr. 57 zu § 102 BetrVG 1972 = NZA 1992, 38; zust. *Rinke*, NZA 1998, 87; *Fitting/Kaiser/Heither/Engels/Schmidt*, BetrVG, § 102 Rdn. 48.

[83] Vgl. etwa BAG (17.6.99) NJW 2000, 236 f.; LAG Schleswig-Holst. (22.11.99) BB 2000, 203 f.; zur Frage, ob die Zwangsvollstreckung aus einem entsprechenden Beschäftigungstitel bei einer krankheitsbedingten Kündigung einstweilen einzustellen ist, siehe LAG Berlin (26.9.80) DB 1980, 2448; LAG Frankfurt/M. (28.7.83) DB 1983, 2257 f. = BB 1984, 538; allgemein dazu LAG München Baye.ABl. 1984, Teil C 19; LAG Frankfurt/M. (5.3.85) BB 1985, 871; (28.1.85) DB 1985, 1139; LAG Rheinland-Pfalz (7.1.86) NZA 1986, 196; *Baur*, ZTR 1989, 427 ff.; *Schwerdtner*, in: Müko-BGB, § 622 Anh. Rdn. 522; KR-*Etzel*, § 102 BetrVG Rdn. 222c, 292–295.

[84] Zum Weiterbeschäftigungsanspruch des gekündigten Arbeitnehmers außerhalb der Regelung des § 102 Abs. 5 BetrVG siehe BAG-GS (27.2.85) AP Nr. 14 zu § 611 BGB Beschäf-
Fortsetzung siehe nächste Seite

Krankheit als Kündigungsgrund

sigerweise in Betracht kommt. Einerseits wird nur bei betriebsbedingten Kündigungsgründen ein Widerspruch des Betriebsrates für statthaft gehalten.[85] Andererseits wird zu Recht die Ansicht vertreten[86], dass ein Widerspruch zwar in der Regel bei betriebsbedingten Gründen, jedoch auch bei personenbedingten Entlassungen

---

tigungspflicht = NZA 1985, 702 = SAE 1986, 37, mit Anm. von *Lieb*; (2.4.87) AP Nr. 96 zu § 626 BGB = NZA 1987, 808 = SAE 1988, 119 ff., mit zust. Anm. von *Coester*; (8.4.88) AP Nr. 4 zu § 611 BGB Weiterbeschäftigung = NZA 1988, 741; 1989, 207; (18.1.90) BB 1990, 1634; LAG Rheinland-Pfalz (12.3.87) NZA 1987, 535; LAG Köln (7.1.93) LAGE Nr. 69 zu § 626 BGB; LAG Hamm (8.5.96) NZA-RR 1997, 51; BGB-RGRK, § 611 BGB Rdn. 1693; *Hanau/Adomeit*, S. 268 Rdn. 875; *Stahlhacke/Preis/Vossen*, Rdn. 2113 ff.; *Gitter/Michalski*, S. 178; *Löwisch*, Arbeitsrecht, S. 379 f. Rdn. 1376 ff.; *Löwisch/Kaiser*, BetrVG, § 102 Rdn. 63; Kasseler Handbuch/*Künzl*, 2.1 Rz. 794; *Bobke*, S. 394; KR-*Etzel*, § 102 BetrVG Rdn. 274; HK-KSchG/*Dorndorf*, § 1 Anh. 2 Rdn. 3–6, *Däubler/Kittner/Klebe*, BetrVG, § 102 Rdn. 242; *Fitting/Kaiser/Heither/Engels/Schmidt*, BetrVG, § 102 Rdn. 108; KPK-*Meisel*, § 1 KSchG Rdn. 581; *Bauer/Röder*, Kündigung, S. 279 ff.; *U. Preis*, Arbeitsrecht, S. 755; *Brox/Rüters*, S. 164 Rdn. 204; *Kittner/Zwanziger/Appel*, § 102 Rdn. 15 ff.; *Tschöpe/Holthöwer*, Teil 5 A, Rz. 148 ff.; *Krieg*, S.13 ff. – dagegen LAG Köln (9.6.82) DB 1982, 2092 = NJW 1984, 255; LAG Niedersachsen (7.2.86) DB 1986, 1126 m.w.N.; LAG Berlin (6.6.86) LAGE Nr. 7 zu § 888 ZPO; LAG Köln (26.9.86) BB 1987, 199; ArbG Düsseldorf (9.7.85) NJW 1985, 2975; ArbG Koblenz (21.5.87) BB 1987, 1606; *Adomeit*, NJW 1986, 901; *Berkowsky*, BB 1986, 795; *Bengelsdorf*, DB 1989, 2020 ff., 2433 ff.; *Wank*, RdA 1987, 129 (149 ff.); *Schukai*, DB 1986, 482; *Bauer*, BB 1986, 799; *Dütz*, NZA 1986, 209; *Heinze*, DB 1985, 222; *Lieb*, S. 129, Rdn. 390; *von Hoyningen-Huene*, BB 1988, 264 ff.; *Hess/Schlochauer/Glaubitz*, BetrVG, § 102 Rdn. 175; *von Hoyningen-Huene/Linck*, KSchG, § 4 Rdn. 99; *Pallasch*, BB 1993, 2227 f.; MünchArbR/*Blomeyer*, § 95 Rdn. 14 m.w.N.; MünchArbR/*Wank*, § 121 Rdn. 85 ff.; *Hönsch/Natzel*, S. 273 Rdn. 497; *Berkowsky*, Personenbedingte Kündigung, S. 271 Rdn. 11–14; *Schwerdtner*, in: Müko-BGB, § 622 Anh. Rdn. 503; *Raab*, GK-BetrVG, § 102 Rdn. 193; *Richardi*, BetrVG, § 102 Rdn. 260 ff.; APS/*Koch*, § 102 BetrVG Rdn. 236; *Gamillscheg*, S. 645; *Boemke*, Arbeitsrecht, S. 359 Rdn. 16.

[85] Vgl. LAG Berlin (11.6.74) DB 1974, 1629; (11.6.74) AuR 1975, 189; (22.8.74) ARSt 1975, S. 101 Nr. 103; LAG Düsseldorf (2.9.75) DB 1975, 1995; LAG Frankfurt/M. (20.10.76) ARSt 1977, S. 130 Nr. 126; ArbG Aalen (31.5.72), ArbG Siegburg (24.7.72), ArbG Saarbrücken (13.4.72) EzA Nrn. 2–4 zu § 102 BetrVG 72; ArbG Bochum (20.4.73) DB 1973, 1558 = BB 1973, 1071; ArbG Flensburg (26.11.80) ARSt 1981, S. 83 Nr. 69; *Stege/Weinspach/Schiefer*, BetrVG, § 102 Rdn. 114.

[86] Siehe *Richardi*, BetrVG, §. 102 Rdn. 161; *Galperin/Löwisch*, BetrVG, § 102 Anm. 64; *Hess/Schlochauer/Glaubitz*, BetrVG, § 102 Rdn. 96; KR-*Etzel*, § 102 BetrVG Rdn. 146 m.w.N.; *Etzel*, Betriebsverfassungsrecht, S. 328 Rdn. 899; KR-*Etzel*, § 1 KSchG Rdn. 718; *Fitting/Kaiser/Heither/Engels/Schmidt*, BetrVG, § 102 Rdn. 77; *Däubler/Kittner/Klebe*, BetrVG, § 102 Rdn. 182; *Lepke*, DB 1975, 498 (503); *Schwerdtner*, in: Müko-BGB, § 622 Anh. Rdn. 84; *Raab*, GK-BetrVG, § 102 Rdn. 118; KPK-*Sowka*, Teil B, Rdn. 33; Kasseler Handbuch/*Isenhardt*, 6.3 Rz. 588; HK-KSchG/*Höland*, § 1 Anh. 1 Rdn. 68; *Kittner/Däubler/Zwanziger*, KSchR, § 102 BetrVG Rdn. 182; § 1 KSchG Rdn. 355; APS/*Koch*, § 102 BetrVG Rdn. 190 m.w.N.; *Däubler*, S. 595 Rdn. 1106; LAG Berlin (15.9.80) DB 1980, 2449; LAG Düsseldorf (21.5.76) DB 1977, 121; LAG Frankfurt/M. ARSt 1977, S. 130 Nr. 126; ArbG Frankfurt/M. (18.4.77) BB 1977, 1302 – weitergehend *Klebe*, BB 1980, 838 ff.: Der Betriebsrat könne uneingeschränkt bei personen- und verhaltensbedingten ordentlichen Kündigungen nach § 102 Abs. 3 BetrVG widersprechen; so auch LAG Berlin (15.9.80) DB 1980, 2449; BAG (22.7.82) BB 1983, 834 = DB 1983, 180; *Gnade/Kehrmann/Schneider/Klebe/Ratayczak*, BetrVG, § 102 Rdn. 21; *Moritz*, DB 1985, 229 ff.; *Berkowsky*, Personenbedingte Kündigung, 2. Aufl., S. 149 Rdn. 29; *Stege/Weinspach/Schiefer*, BetrVG, § 102 Rdn. 114–116; *Löwisch/Kaiser*, BetrVG, § 102 Rdn. 36; MünchArbR/*Matthes*, § 357 Rdn. 3.

in Frage kommen kann, und zwar in den Fällen des § 102 Abs. 3 Nr. 3–5 BetrVG, so wenn der erkrankte Arbeitnehmer mit oder ohne Fortbildungs- oder Umschulungsmaßnahmen auf einem anderen „leidensgerechten"Arbeitsplatz weiterbeschäftigt werden kann.[87] Es kann nämlich nicht ernsthaft in Zweifel gezogen werden, dass die Rechtswirksamkeit einer ordentlichen, auf personenbedingte Gründe gestützten Kündigung genauso wie eine betriebsbedingte davon abhängig sein kann, ob andere Beschäftigungsmöglichkeiten für den betreffenden Arbeitnehmer vorhanden sind.[88] Weder der Wortlaut noch der gesetzestechnische Aufbau der insoweit einschlägigen Norm lassen den zwingenden Schluss einer Beschränkung des Widerspruchs auf lediglich betriebsbezogene Umstände zu[89], wenngleich diese den Regelfall bilden. Deshalb kann der Betriebsrat auch bei einer krankheitsbedingten Kündigung rechtswirksam widersprechen[90], und zwar mit den sich daraus ergebenden Rechtsfolgen, u. a. der Weiterbeschäftigungspflicht.[91] Eine solche kann freilich nur bestehen, wenn und soweit der Arbeitnehmer nicht mehr arbeitsunfähig krank ist, es sei denn, der Arbeitgeber hat erneut eine krankheitsbedingte Kündigung ausgesprochen[92], oder wenn die Entlassung wegen krankheitsbedingter Minderung der Leistungsfähigkeit des Arbeitnehmers erfolgt ist und das Arbeitsverhältnis unter körperlich leichteren Arbeitsbedingungen fortgesetzt werden kann.[93] Eine Weiterbeschäftigung kann auch bei einer verhaltensbedingten Kündigung in Betracht kommen, etwa im Falle einer unerlaubten Nebentätigkeit während der Krankschreibung[94], beim Verdacht, die Arbeitsunfähigkeit nur vorgetäuscht zu haben[95] oder bei einer mit Billigung des Betriebsrates erfolglos ausgesprochenen ordentlichen krankheitsbedingten Kündigung, zwar unter dem Gesichtspunkt eines allgemeinen Weiterbeschäftigungsanspruches[96], wenn und soweit man einen solchen anerkennt.

---

[87] So BAG AP Nr. 4 zu § 1 KSchG 1969 Krankheit = EzA Nr. 4 zu § 1 KSchG Krankheit, mit zust. Anm. von *Falkenberg*; BAG (22. 7. 82) AP Nr. 5 zu § 1 KSchG 1969 Verhaltensbedingte Kündigung; *Meisel*, S. 501 Rdn. 850; siehe auch *Schaub/Linck*, S. 1382 Rdn. 115: soziale Auswahlgesichtspunkte – **anderer Ans.** noch ArbG Bochum BB 1973, 1071; wohl auch *Schukai*, Anm. zu BAG SAE 1978, 26f.

[88] Vgl. dazu auch *Lepke*, S. 252ff., Rdn. 159.

[89] Dazu auch ArbG Düsseldorf (20. 10. 81) NJW 1982, 1303.

[90] Zust. *Liebig*, S. 166; *Rüthers*, Arbeitsrecht und Arbeitsmarkt, S. 751; *Raab*, GK-BetrVG, § 102 Rdn. 110; siehe auch BAG (12. 7. 95) AP Nr. 7 zu § 626 BGB Krankheit, Bl. 419 R; ArbG München (16. 6. 88) – 11 Ca 1902/88 – unv.

[91] Dazu BAG (18. 2. 93) NZA 1994, 74; (29. 7. 93) NZA 1994, 67; LAG Düsseldorf/Köln (19. 3. 80) DB 1980, 1078; LAG München (14. 8. 91) LAGE Nr. 9 zu § 1 KSchG Personenbedingte Kündigung; LAG Köln (19. 12. 95) LAGE Nr. 22 zu § 1 KSchG Krankheit, S. 8; LAG Nürnberg (19. 12. 95) LAGE Nr. 23 zu § 1 KSchG Krankheit, S. 4; LAG Hamm (8. 5. 96) NZA-RR 1997, 51; Hess. LAG (13.3.01) NZA-RR 2002, 21 (23); *Däubler*, S. 595 Rdn. 1106; *Etzel*, Betriebsverfassungsrecht, S. 334 Rdn. 918.

[92] Vgl. LAG Hamm (8. 5. 96) LAGE Nr. 25 zu § 1 KSchG Krankheit, S. 9f.

[93] Siehe dazu den Sachverhalt BAG (12. 7. 95) AP Nr. 7 zu § 626 BGB Krankheit; im Einzelnen *Gruber*, S. 139-147.

[94] Vgl. LAG Hamm (2. 2. 95) LAGE Nr. 3 zu § 67 ArbGG 1979, S. 14.

[95] Insbesondere LAG Köln (7. 1. 93) LAGE Nr. 69 zu § 626 BGB.

[96] Vgl. etwa LAG Hamm (15. 1. 99) NZA 1999, 1221.

V. Insbesondere Kündigung durch den Arbeitgeber bei Suchterkrankungen des Arbeitnehmers

1. Kündigung wegen Trunksucht

a) Allgemeines

224 Nach *Jellinek*[1] wird das Trinkverhalten in Bezug auf Alkohol wie folgt eingeteilt:

Alpha-Trinker	Alkoholkonsum ohne Kontrollverlust zur Bewältigung psychischer oder körperlicher Probleme (Konflikts- und Erleichterungstrinker)
Beta-Trinker	Alkoholkonsum aus Anpassung und Gewohnheit, eventuell körperliche Folgen (Gelegenheitstrinker)
Gamma-Trinker	Alkoholkonsum mit Kontrollverlust, Abhängigkeit und körperliche sowie soziale Probleme (Süchtiger Trinker)
Delta-Trinker	Alkoholkrankheit mit Abhängigkeit und Abstinenzunfähigkeit (Spiegel- oder Gewohnheitstrinker)
Epsilon-Trinker	Exzessiver Alkoholkonsum mit Kontrollverlust, eventuell wochen- und monatelanger Alkoholkonsum (Episodischer oder Quartalstrinker mit periodischen Trinkexzessen)

225 Nach allgemeiner Erkenntnis[2,3] wird die Entstehung der Alkoholkrankheit von vielen Faktoren und deren Zusammenwirken bestimmt, hat eine komplexe Ätiolo-

---

[1] „Phases in the drinking history of alcoholics" 1946; zur Typologie der Alkoholkranken siehe auch *Pschyrembel*, S. 42; *Schmidt*, Alkoholkrankheit, S. 30 ff.; *Feuerlein*, Alkoholismus – Mißbrauch und Abhängigkeit, S. 205 ff.; *Luderer*, in: *Baer*, Psychiatrie für Juristen (1988) S. 92; *Schlüter-Dupont*, Alkoholismus-Therapie (1990), S. 14 ff.; *Classen/Diehl/Kochsiek*, S. 1040; *Jellinek*, in *Claussen/Czapski*, S. 8, 69 ff.; *Dietze*, S. 25–39; *Lenfers*, S. 41–43; *Schanz* et al. S. 37 f.; *Schäfer*, Jürgen, S. 18 ff.; *Felderhoff*, S. 37 f. m.w.N.; *Renz-Polster/Braun*, S. 1143; *Lindenmeyer*, S. 72 ff.; *Feuerlein/Dittmar/Soyka*, S. 22 ff.; OVG Münster (19. 4. 93) NJW 1993, 3015. Neuerdings werden bei Frauen Alkoholkranke vom Typ I und II unterschieden, dazu „Der Tagesspiegel" Nr. 14389 vom 23. 11. 1992, S. 14; *Schanz* et al., S. 41 f.; zu den aktuellen Klassifikationssystemen siehe etwa *Soyka*, Alkoholismus, S. 12 ff.

[2] Vgl. etwa *Antons/Schulz*, S. 193-228, 255 ff.; *Bleuler*, Lehrbuch der Psychiatrie, 15. Aufl. 1983, S. 294 f.; *Feuerlein*, Entstehungsbedingungen und Therapie des Alkoholismus, 2. Aufl. 1973, S. 6 ff, 15; ders., in: Alkoholismus, Bedingungen, Auswirkungen, Behandlung (1971), S. 18, 27; *Lundquist/Wieser*, in Psychiatrie der Gegenwart, 2. Aufl. 1972, Band II/2, S. 367 ff., 434; *Rotter*, Die Rehabilitation Alkoholkranker (1967) S. 3, 8, 12 f.; *Steinbrecher/Solms*, Sucht und Mißbrauch, 2. Aufl. 1975, S. I/11 f.; *Feuerlein*, Alkoholismus, S. 58 ff., 67 ff., 92 ff.; *Feuerlein/Dittmar/Soyka*, S. 70 ff.; *Schlüter-Dupont*, S. 207 ff.; *Classen/Diehl/Kochsiek*, S. 1040; *Soyka*, Alkoholkrankheit, S. 112 ff.; *Felderhoff*, S. 40, 151; *Renz-Polster/Braun*, S. 1138, 1139.

[3] Siehe demgegenüber *Schmidt*, Alkoholkrankheit, S. 19: Die Ursachen der Alkoholkrankheit sind bisher nicht bekannt, erbliche Dispositionen spielen jedoch eine wichtige Rolle; ausführlich dazu *Schmidt*, S. 110 ff.; *Feuerlein*, Alkoholismus, S. 59: direkte Vererbung sei weder erwiesen noch wahrscheinlich.

gie, was in gleicher Weise für die Rückfälligkeit (Relaps) gilt[4], den Wiederbeginn des Trinkens, nachdem der Alkoholabhängige schon kürzere oder längere Zeit abstinent gelebt hatte.[5] Die Entstehungsursachen können soziologischer, psychologischer, physiologischer bzw. neurobiologischer, aber auch genetischer Art sein.[6, 7] Alkoholismus fungiert häufig auch als Indikator unzulänglicher sozialer Integration.[8] Die Erkrankung des betreffenden Arbeitnehmers ist mithin von einem multifaktoriellen Entstehungsgefüge abhängig.[9] Alkoholismus kann auch nicht losgelöst vom Missbrauch und von der Abhängigkeit von anderen Drogen gesehen werden.[10] Viele Süchtige sind bekanntermaßen mehrfach abhängig. Die Polytoxikomanie hat in den letzten Jahrzehnten offenbar zugenommen. Jedoch muss selbst lebenslanger Alkoholmissbrauch nicht zwangsläufig zur Trunksucht führen, wenn auch der Übergang vom Problemtrinken zum Alkoholismus, zum schweren Dauerabusus, fließend ist. Beim krankhaften Alkoholmissbrauch handelt es sich um eine unheilbare Krankheit[11] in dem Sinne, dass der Alkoholkranke niemals wieder Alkohol trinken darf, dass er dauerhaft sein ganzes weiteres Leben ohne Alkohol auskommen muss. Nur eine bedingungslose und völlige Alkoholabstinenz bringt die Krankheitserscheinungen anhaltend zum Verschwinden, ohne die Krankheit selbst jemals zu beseitigen. Angesichts dessen überrascht es schon, dass erstmals in Deutschland im Sommersemester 1999 an der Universität Heidelberg ein Lehrstuhl für Suchtforschung eingerichtet worden ist.[12]

b) Statistisches

In der betrieblichen Praxis haben die durch Trunksucht bedingten Erkrankungen von Arbeitnehmern nachweisbar zugenommen, auch wenn über den Umfang der Suchtproblematik in der Bundesrepublik Deutschland keine wissenschaftlich exakten Zahlen vorliegen. Zwar trinkt die Masse der Bevölkerung relativ wenig, wohl aber trinken wenige große Mengen Alkohol, und zwar schwerpunktmäßig die 30- bis 39jährigen.[13] Felduntersuchungen mit randomisierten Stichproben ergaben, dass

---

[4] Etwa *Fleck/Körkel*, DB 1990, 276f.; *Feuerlein*, Alkoholismus, S. 214, 315. – anders *Lindenmeyer*, S. 159: Ereignisse nach der Entlassung aus einer Suchtbehandlung sind offenbar entscheidend; siehe auch *Fleck/Körkel*, Mit Bl. 93/2001, S. 49ff.
[5] Vgl. *Feuerlein/Dittmar/Soyka*, S. 123; *Lindenmeyer*, S. 157ff.; *Felderhoff*, S. 42.
[6] Dazu *Rotter*, S. 3ff., 22; *Dietze*, S. 24f.; *Schäfer, Jürgen*, S. 25ff.; *Antons/Schulz*, S. 220ff.; *Olbricht/Rist*, DtÄrzteBl 94 (1997), Heft 5, B-194ff.; *Pschyrembel*, S. 42; *Feuerlein*, Alkoholismus, S. 58ff., 92ff.; *Reker/Arolt*, DtÄrzteBl 97 (2000), Heft 36, C-1767; *Renz-Polster/Braun*, S. 1143; *Feuerlein/Dittmar/Soyka*, S. 79f.; *Gastpar/Mann/Rommelspacher*, S. 17, 28ff.; *Mann*, DtÄrzteBl. 98 (2001), Heft 36, A-2279 ff.; *Lindenmeyer*, S.77.
[7] Zum sozialen Umfeld des Alkoholikers siehe *Classen/Diehl/Kochsiek*, S. 1040; *Feuerlein*, Alkoholismus, S. 75f.
[8] Siehe etwa *Zeiler*, DtÄrzteBl 94 (1997), Heft 10, B-483.
[9] Etwa *Pschyrembel*, S. 42; *Schmidt*, Alkoholkrankheit, S. 20, 59ff., 186; BVerwG (9.1.80) NJW 1980, 1347; BAG (1.6.83) AP Nr. 53 zu § 1 LohnFG.; *Künzl*, Anm. zu BAG AuR 2000, 147.
[10] Vgl. Jahrbuch Sucht '94, S. 45; *Forster/Joachim*, S. 90ff.; *Feuerlein*, Alkoholismus, S. 52ff.
[11] Dazu nur BAG (26.1.95) NZA 1995, 517; LAG Hamm (15.1.99) NZA 1999, 1221; *Bengelsdorf*, NZA-RR 2002, 60.
[12] Vgl. *Mann*, DtÄrzteBl 97 (2000), Heft 11, C-555; *Bühring*, DtÄrzteBl 99 (2002), Heft 50, A-3381.
[13] *Feuerlein*, Alkoholismus, S. 112 m.N.; Aktuell '95, S. 45. ; *Honsa*, S. 217.

sich 1985 etwa 1,8 Millionen behandlungsbedürftige Alkoholkranke in der Bundesrepublik befanden, unter ihnen etwa 500.000 Frauen und etwa 150.000–180.000 Jugendliche bzw. junge Erwachsene bis zu 24 Jahren.[14] Nach Schätzungen soll es 1988 in der Bundesrepublik etwa 1,5 bis 1,8 Mio., 1989 ungefähr 1,5 bis 2,0 Mio. und 1990 bis 2000 jeweils 2,5 Mio. behandlungsbedürftige Alkoholkranke gegeben haben[15], von denen etwa 500.000 Kinder und Jugendlich von 12 bis 21 Jahren sowie ein Drittel Frauen[16] waren. Nach Angaben der DHS galten in Deutschland Ende der 90er Jahre weitere 3 Mio. Menschen als alkoholgefährdet.[17] Medizinischen Schätzungen zufolge soll in den Jahren 1997 und 1998 die Zahl der Alkoholkranken in Deutschland sogar bei rund 8 Mio. gelegen haben.[18] Jüngere Studien[19] ermittelten – bezogen auf das Jahr 2000 – eine aktuelle Alkoholabhängigkeit (Zwölf-Monatsprävalenz) bei 1,6 Mio. Menschen (2,4 %) und eine remittierte Alkoholabhängigkeit bei 3,2 Mio. (4,9 %). Bei 2,65 Mio. Personen habe ein aktueller Alkoholmissbrauch vorgelegen. Im Jahre 2001 sollen in Deutschland rund 4,3 Mio. Menschen mit behandlungsbedürftigen Alkoholproblemen gelebt haben.[20] Die Zahl der Alkoholabhängigen wurde auf 3,0 Mio. geschätzt.[21] Dies betraf etwa 5 % der erwachsenen Männer und 2 % der erwachsenen Frauen. Im zuletzt genannten Jahr war Alkoholmissbrauch bei etwa 9 % der 16- bis 17-jährigen Jugendlichen festzustellen, wobei 4 % als alkoholabhängig angesehen werden mussten.

Missbrauch und Abhängigkeit ist in den westlichen Ländern, sieht man von der Nikotinabhängigkeit ab, auch die häufigste seelische Störung.[22]

---

[14] Nachweise bei *Schmidt*, Alkoholkrankheit, S. 38; siehe auch Aktuell '87, S. 89: 2,0 Mio.; *Schlüter-Dupont*, S. 31–38; *Lenfers*, S. 59ff.
[15] Vgl. Jahresstatistik 1988 der DHS vom November 1989, S. 4; Aktuell '91, S. 15; weitere Nachweise bei *Schlüter-Dupont*, S. 27; „Der Tagesspiegel" Nr. 13542 vom 10.4.1990, S. 23; Nr. 13634 vom 1.8.1990, S. 13; *Willemsen/Brune*, DB 1988, 2304; *Feuerlein*, Alkoholismus, S. 111 m.N.; Aktuell '92, S. 15; *Hertel*, ZBR 1993, 298 m.N.; *Claussen/Czapski*, S. 11 m.N.; Aktuell '94, S. 53; Aktuell '95, S. 45; *Pschyrembel*, S. 42: 2,5–3,0 Mio; Jahrbuch Sucht '94, S. 23, 44, 48; Jahrbuch Sucht '95, S. 31, 153; Aktuell '99, S. 22; *Mann* et al., DtÄrzteBl 92 (1995), Heft 11, C-1991; *Svensson*, PersR 1996, 191; Aktuell '97, S. 16; *Fuchs/Resch*, S. 2; Aktuell '98, S. 22; DtÄrzteBl 98 (2001), Heft 33, A-2109; *Lindenmeyer*, S. 36; *Bleich* et al., S. 180; Drogen- und Suchtbericht 2001, S. 8, 54: 1,6 Mio.; *Forster/Joachim*, S. 96: 1996 knapp 3 Mio.; so auch DtÄrzteBl 95 (1998), Heft 15, B-711; UPI-Bericht Nr. 46; S. 42; *Estler*, S. 769: mehr als 1 Mio., davon 20 % Frauen (*Schanz* et al., S. 12: 30 %) und 10 % Jugendliche; DtÄrzteBl. 96 (1999), Heft 28/29, B-1492.; DtÄrzteBl 98 (2001), Heft 47, A-3092: etwa 1,5 Mio.
[16] Vgl. *Gastpar/Mann/Rommelspacher*, S. 144f.
[17] Aktuell '98, S. 22.; DtÄrzteBl 98 (2001), Heft 33, A-2109: mehr als 9 Mio.
[18] „Der Tagesspiegel" Nr. 16274 vom 10.3.1998, S. 32. Die DHS geht nur von 4,4 Mio. Menschen im Alter von 18 bis 69 Jahren aus; vgl. „Der Tagesspiegel" Nr. 16551 vom 18.12.1998, S. 36; Drogen- und Sachbericht 1998, S. 9: 4 Mio. Erwachsene durch Alkoholmißbrauch oder -abhängigkeit gefährdet.
[19] Nachw. bei *Küfner/Krause*, DtÄrzteBl 99 (2002), Heft 14, A-938f.; siehe auch DtÄrzteBl 98 (2001), Heft 10, A-569.
[20] Siehe *Mann*, DtÄrzteBl 99 (2002), Heft 10, A-632.
[21] *Remschmidt*, DtÄrzteBl 99 (2002), Heft 12, A-787; Aktuell 2003, S. 132: 1,6 Mio.
[22] Siehe *L. G. Schmidt*, DtÄrzteBl 94 (1997), Heft 44, B-2355.

Gemäß einer Mitteilung der „Gemeinnützigen Beratungsstelle für Alkoholprobleme in der Arbeitswelt" waren 1980[23] ca. 5 bis 10 % aller Beschäftigten in der Bundesrepublik Deutschland alkoholkrank oder zumindest alkoholgefährdet. 1992 sollen in den Alt-Bundesländern fast 1,5 Mio. Beschäftigte Alkoholiker und jeder zehnte Erwerbstätige akut gefährdet gewesen sein.[24] Der „Fachverband Freier Einrichtungen in der Suchtarbeit" München schätzte, dass 1993 etwa 5–8 % aller Arbeitnehmer alkoholgefährdet oder schon abhängig gewesen sind[25], während die Bundesregierung in einem Bericht vom 16. 7. 1986[26] von einem Erfahrungssatz ausging, dass in den Betrieben mit rund 5 % alkoholgefährdeten und -abhängigen Mitarbeitern gerechnet werden müsse. 1995–2001wurde die Zahl der alkoholabhängigen Arbeitnehmer mit etwa 5 bis 8 % der Belegschaft angegeben[27], wobei Großbetriebe mit mehr als 1000 Mitarbeitern von einem Prozentsatz der Alkoholkranken bis zu 8 % ausgehen.[28] Die deutschen Trinkgewohnheiten am Arbeitsplatz sind im weltweiten Vergleich sicherlich als „funktionsgestört" zu bezeichnen.[29] Betroffen sind alle Berufsgruppen[30], wenngleich es überrascht, dass beispielsweise 5 bis 7 % der Berufspiloten alkoholabhängig oder -gefährdet sind.[31] Alkohol ist die von Ärzten am häufigsten genommene Substanz mit Abhängigkeitspotential. Deren Alkoholkonsum schlägt sich in Deutschland in einer zwei- bis fünfprozentigen Alkoholismusprävalenzrate nieder.[32] Geht man 1994 von einer Ärztezahl von 327.000 aus, hieße dies, dass 6500 bis 16.000 Ärzte in der Bundesrepublik alkoholabhängig waren. Neuerdings wird die Prävalenzrate bei Ärzten sogar auf 7 % geschätzt.[33] Wegen des Sicherheitsrisikos für die Patienten erscheint es nur folgerichtig, im Einzelfall das Ruhen der ärztlichen Approbation behördlicherseits anzuordnen.[34] Auch bei Seeleuten, Priestern und Militärangehörigen lässt sich ein Zusammenhang zwischen der Arbeitssituation und deren Trinkverhalten nachweisen.[35] Allerdings sollen bei weniger qualifizierten Mitarbeitern mehr Alkoholprobleme auftreten als bei höher qualifizierten Arbeitnehmern.[36] Herrschte zeit-

---

[23] Vgl. „Der Tagesspiegel" Nr. 10942 vom 22. 9. 1981, S. 19; Jahrbuch zur Frage der Suchtgefahren 1981, S. 47, 1983, S. 43: 1975–81 jeweils 1,5 Mio. behandlungsbedürftige Alkoholkranke; so auch für 1986: AuA 1992, 272.
[24] „Der Tagesspiegel" Nr. 14594 vom 24. 6. 1993, S. 27.; *Bengelstorf*, Alkohol, S. 1: 10%.
[25] „Der Tagesspiegel" Nr. 15000 vom 13. 8. 1994, S. 22.
[26] Bundestags-Drucks. 10/5856, S. 16; so auch DHS, in: MMW 1990, Heft 49, S. 52/778; *Olderog*, RdA 1992, 394.
[27] Siehe *Bengelsdorf*, Alkohol, S. 1; *Schmidt*, Alkoholkrankheit, S. 171: 5 %.; *Honsa*, S. 56: 5 – 7 %.
[28] Vgl. *Bengelsdorf*, NZA 1999, 1304.
[29] Vgl. *Lenfers*, S. 5; *Schäfer, Jürgen*, S. 13.
[30] Im Einzelnen dazu *Schlüter-Dupont*, S. 30; *Schäfer*, S. 19ff.; *Künzl*, in: *Rieder*, Krankheit im Arbeitsverhältnis, S. 167; *Schäfer, Jürgen*, S. 14; *Felderhoff*, S. 29f., 40; *Feuerlein*, Alkoholismus, S. 81f.
[31] Vgl. *Mäulen/Lasar*, MMW 1990, Heft 49, S. 52/778.
[32] Dazu *Leesemann*, DtÄrzteBl 92 (1995), Heft 46, C-2080ff.; *Soyka*, Alkoholkrankheit, S. 311.
[33] *Jacobowski*, Berliner Ärzte Nr. 10/2001, S. 25.
[34] Dazu OVG Magdeburg (5.11.98) NJW 1999, 3427.
[35] Siehe *Fuchs/Resch*, S. 109 m.N., S. 116.
[36] Vgl. *Fuchs/Resch*, S. 109 m.N., aber **kritisch**.

weise die Auffassung vor, der Alkoholismus sei ein Produkt der wirtschaftlichen Not, der sozialen Schutzlosigkeit und des Wohnungselends, änderte sich dieses Bild nach dem 2. Weltkrieg, als man dazu überging, aus Gründen der Repräsentativität auch die sozial gehobenen Schichten auf das Vorkommen und auf die Merkmale der Alkoholabhängigkeit zu überprüfen.[37]

228   Alkoholkranke Arbeitnehmer fehlen statistisch gesehen 16mal häufiger als gesunde, sind 2,5mal häufiger krank und 3,5mal häufiger in Betriebsunfälle verwickelt.[38] Die Vergütungsfortzahlung im Krankheitsfalle ist bei ihnen etwa 4mal höher als bei anderen Arbeitnehmern.[38] Für den Bereich des öffentlichen Dienstes gilt im Grundsatz nichts anderes.[39] Allein bei den Rentenversicherungsträgern beliefen sich die Therapiekosten im Jahre 1989 auf 438 Mio. DM.[40] Für die Behandlung von Alkoholkranken wurden in Deutschland jedes Jahr etwa 4,5 Mrd. DM ausgegeben.[41] Die deutschen Arbeitgeberverbände haben 1993 den wirtschaftlichen Gesamtschaden durch die „Droge Nummer eines"[42] allein in den alten Bundesländern mit jährlich 30 Mrd. DM beziffert[43], während es in den Jahren 2000 und 2001 bundesweit jeweils sogar 40 Mrd. DM gewesen sein sollen.[44] Andere[45] haben für 1992, 1993, 1995, 1996, 1997, 1998 und 1999 die direkten und indirekten volkswirtschaftlichen Folgekosten durch Alkoholmissbrauch von Arbeitnehmern sogar mit jeweils 80 Mrd. DM angegeben. Für 1997 wurde von 1,085 Mrd. DM Reproduktions- und von 3,437 Mrd. DM Ressourcen-Ausfallkosten pro Jahr ausgegangen.[46] Im Jahre 2000 sollen die direkten Kosten – Ressourcenverbrauch ca. 40 % der Gesamtkosten – bei 15,833 Mrd. DM und die indirekten Kosten – Verlust an Produktivität ca. 60 % der Gesamtkosten – bei 23, 372 Mrd. DM gelegen haben[47], wobei es sich eher um eine Untergrenze für die tatsächlichen Kosten gehandelt haben

---

[37] Dazu *Antons/Schulz*, S. 625, unter Hinweis auf *Bacon*.
[38] Siehe nur *Feuerlein*, Alkoholismus, S. 201; *Willemsen/Brune*, DB 1988, 2304; *Salowsky*, Fehlzeiten (1991), S. 57; *Künzl*, BB 1993, 1581; BKK 1994, 19; *Schanz* et al., S. 117; *Bengelsdorf*, Alkohol, S. 1; ders., NZA 1999, 1304; *Schmidt*, Alkoholkrankheit, S. 169. *Lindenmeyer*, S. 36, 129.
[39] Dazu insbesondere *Claussen/Czapski*, S. V, S. 1, 12: zeitweise 67 % aller Dienstvergehen, aber rückläufig auf 49 %, S. 10; *Honsa*, S. 54 ff. Rdn. 40 ff.
[40] Nachweise bei *Claussen/Czapsi*, S. 13.
[41] DtÄrzteBl 91 (1994), Heft 41, B-2024; weitere Einzelheiten bei *Feuerlein*, Alkoholismus, S. 201 ff.
[42] Siehe aber „Der Tagesspiegel" Nr. 17065 vom 28. 5. 2000, S. W2: nach Kaffee „Volksdroge Nummer zwei."
[43] Vgl. „Der Tagesspiegel" Nr. 14594 vom 24. 6. 1993, S. 27; Jahrbuch Sucht '94, S. 35, 93; *Felderhoff*, S. 29: 17–30 Mrd. DM; *Bleich* et al., S. 180: 20-30 Mrd. DM.
[44] „Der Tagesspiegel" Nr. 17498 vom 5.8.2001, S. 25; *Mann*, DtÄrzteBl 99 (2002), Heft 10, A-633; DtÄrzteBl 97 (2000), Heft 7, C-284, Heft 27, C-1395 = BB 2000, Heft 31, S. VI; DtÄrzteBl 98 (2001), Heft 10, A-569; Drogen- und Suchtbericht 2001, S. 55.
[45] Aktuell '94, S. 53; Aktuell '95, S. 45; BKK 1994, S. 9; Aktuell '97, S. 17; *Schanz* et al., S. 3 ff.; *Schmidt*, DtÄrzteBl 94 (1997), Heft 44, B-2355; *Gastpar/Mann/Rommelspacher*, S. 105: 50-80 Mrd. DM; „Der Tagesspiegel" Nr. 17607 vom 3.12.2001, S. 28.
[46] Siehe UPI-Bericht Nr. 46, S. 43.
[47] Nachw. bei *Küfner/Kraus*, DtÄrzteBl 99 (2002), Heft 14, A-945.

dürfte. Weltweit schätzt die WHO, dass 6 % des Bruttosozialproduktes einer Industrienation für die alkoholassoziierten Folgeschäden verwendet werden.[48]

Auch von gewerkschaftlicher Seite[49] wird die diesbezügliche Entwicklung in den Betrieben und in unserer Gesellschaft als bedrohlich angesehen. Nach Einschätzung der IG Metall[50] habe 1991 jeder siebente Arbeitnehmer in Deutschland Alkoholprobleme gehabt. Die dadurch entstandenen Sozialkosten hätten sich jährlich zwischen 50 und 120 Mrd. DM bewegt.

c) Rechtsprechungsübersicht

Um so erstaunlicher ist die Feststellung, dass deswegen vom Arbeitgeber ausgesprochene Entlassungen und damit im Zusammenhang stehende arbeitsgerichtliche und rechtswissenschaftliche Auseinandersetzungen in der Vergangenheit nur vereinzelt bekannt geworden sind[51], ohne dass daraus allerdings gefolgert werden darf, Entlassungen unter diesem Gesichtspunkt würden nur ganz selten ausgesprochen. Vielmehr haben sich die Gerichte für Arbeitssachen in jüngster Zeit in zunehmendem Umfange mit derartigen Problemen befassen müssen, wie nachfolgend gezeigt werden soll, ohne dass aber – entgegen der nicht nachgewiesenen Behauptung von *Mathern*[52] – von einer „erschreckend hohen" Zahl von Kündigungen im Zusammenhang mit Alkoholabhängigkeit ausgegangen werden kann. Nach einer Studie des Max-Planck-Instituts für ausländisches und internationales Privatrecht in Hamburg aus dem Jahre 1981[53] stützten die befragten Arbeitgeber nur ca. 15 % der personen- und verhaltensbedingten Kündigungen auf Alkoholmissbrauch. Es liegen keine Anhaltspunkte dafür vor, dass sich die Situation wesentlich geändert hätte.

aa) Instanzgerichte

So hat das LAG Niedersachsen[54] eine fristgerecht erklärte Kündigung aus betriebsbedingten (!) Gründen als gerechtfertigt angesehen. Der 61jährige Kläger war seit 1930 – zuletzt als Schichtmeister – in einem Hochofenwerk in einer besonders gefährlichen Kohlenwerkstoffanlage tätig. Er hatte sich 1960 und 1962 Alkoholentziehungskuren unterzogen, ohne dass eine nachhaltige Besserung eingetreten war. Bei der Gefährlichkeit der vom Arbeitnehmer zu beaufsichtigenden Anlage, so hat das LAG Niedersachsen ausgeführt, könne es sich die Beklagte nicht leisten, noch abzuwarten, ob sich der Kläger nach der zweiten Entziehungskur mehr in der „Hand" habe als er es bisher bewiesen habe. Der Arbeitgeber brauche nicht zuzu-

---

[48] DtÄrzteBl 98 (2001); Heft 33, A-2109; allgemein zu den ökonomischen Aspekten: *Gastpar/Mann/Rommelspacher/Rehm*, S. 118 ff.
[49] Vgl. *Hexel/Löffert*, BetrR 1983, S. 5: Empfehlungen zur Vermeidung von Mißbrauchs- und Suchtproblemen für Alkohol-, Medikamenten- und Drogenabhängige in der Arbeitswelt, PersR 1989, 3 ff.
[50] Vgl. „Der Tagesspiegel" Nr. 13839 vom 4. 4. 1991, S. 40.
[51] Siehe *Lepke*, RdA 1986, 399; *Schäfer, Jürgen*, S. 210.
[52] NJW 1996, 818.
[53] Zitiert bei *Felderhoff*, S. 31, 233; siehe auch *Hohn*, S. 15, unter Berufung auf die Hauptfürsorgestelle Köln aus dem Jahre 1986: 17 %; *Feuerlein*, Alkoholismus, S. 209: 15 %.
[54] (7. 3. 63) WA 1963, S. 110 Nr. 162; zutreffend *Felderhoff*, S. 243, dass es sich begrifflich nicht um eine betriebsbedingte Kündigung handeln kann.

sehen, wie das Leben und die Gesundheit anderer Arbeitnehmer sowie die materiellen Werte des Hochofenwerkes, von dem bei einer Beschädigung oder Zerstörung die Versorgung weiter Kreise der Bevölkerung mit Gas abhänge, aber auch für viele Arbeitnehmer der Arbeitsplatz entfallen könnte, gefährdet würden. Desgleichen hat beispielsweise das ArbG Berlin in einer unveröffentlichten Entscheidung vom 10. 3. 1981[55] zu Recht die ordentliche Kündigung eines 1925 geborenen, jugoslawischen Galvaniseurs bestätigt, der seit nahezu neun Jahren bei der Beklagten tätig gewesen war. Der Arbeitnehmer musste in den letzten beiden Jahren wegen übermäßigen Alkoholgenusses – während des Kündigungsschutzprozesses hatte er angegeben, an chronischem Alkoholismus (delirium tremens) zu leiden – sechsmal bei mindestens 0,81 ‰ Alkoholgehalt aus dem Betrieb nach Hause geschickt werden. Wiederholte schriftliche Abmahnungen hatten keinen Erfolg gehabt. Vom Arbeitgeber veranlasste Röntgen- und Laboruntersuchungen hatten keine Anhaltspunkte dafür erbracht, dass der Arbeitnehmer aus arbeitsmedizinischer Sicht nicht einsatzfähig im Betrieb gewesen sei. Infolge der Verhaltensweise des Klägers war es zu erheblichen Störungen im Produktionsablauf gekommen. Auch das LAG Frankfurt/M.[56] verneinte wie das Erstgericht die Sozialwidrigkeit einer vom Arbeitgeber fristgerecht erklärten Kündigung. Der seit sechs Jahren tätige, geschiedene Arbeitnehmer musste innerhalb eines Jahres zweimal zur „Entgiftung", hatte jedoch die zweite stationäre Entziehungskur nach 65 Tagen abgebrochen. Zur Rechtfertigung der Entlassung berief sich der Arbeitgeber darauf, dass die alkoholbedingte Minderung der Leistungsfähigkeit des Klägers so erheblich sei, dass er selbst einfachste Arbeiten nicht mehr habe erledigen können; er sei nur noch eine Belastung für seine Vorgesetzten gewesen und seine Arbeitskollegen hätten „rebelliert", weil der Gekündigte ständig nach Alkohol gerochen habe und sie seine Arbeiten hätten miterledigen müssen. Ebenso bejahte das LAG Berlin[57] die vom Arbeitgeber aus verhaltensbedingten Gründen, hilfsweise fristgerecht ausgesprochene Kündigung mit überzeugender Begründung. Ein 1930 geborener Bürobote, seit Juli 1978 in den Diensten der Beklagten stehend, der sich seiner krankheitsbedingten Alkoholabhängigkeit bewusst gewesen war, war häufig durch alkoholbedingte Pflichtverletzungen während der Arbeitszeit aufgefallen. Mehrfach ausgesprochene schriftliche und mündliche Abmahnungen hatte er unbeachtet gelassen. Eine Alkoholentziehungskur in einer namhaften Berliner Spezialklinik war von ihm grundlos abgebrochen worden. Ein anderer Fall: Der 1947 geborene Kläger, Vater von vier minderjährigen Kindern, trat am 1. 1. 1973 als Verwaltungsangestellter in die Dienste der Beklagten und war zuletzt als Leiter des Sozialamtes tätig. Seit 1982 war er wieder-

---

[55] – 6 Ca 389/80 –. Die Berufung des Arbeitnehmers vor dem LAG Berlin – 9 Sa 51/81 – hätte ebenfalls keinen Erfolg gehabt. Nur aus sozialen Erwägungen sah sich der Arbeitgeber auf Vorschlag des Gerichts veranlasst, eine Abfindung in Höhe von 2000 DM zu zahlen, so daß das Rechtsmittelverfahren durch einen Prozessvergleich beendet werden konnte.

[56] (27. 9. 84) DB 1985, 768 = BB 1985, 662 = LAGE Nr. 3 zu § 1 KSchG Verhaltensbedingte Kündigung – **demgegenüber** *Gaul*, Bd. I, S. 679 Anm. 17, der ohne Begründung die Entscheidung für bedenklich hält.

[57] (1. 7. 85) DB 1985, 2690 = LAGE Nr. 4 zu § 1 KSchG Verhaltensbedingte Kündigung; zust. *Hunold*, S. 159; dazu auch *Schwerdtner*, in: Müko-BGB, § 622 Anh. Rdn. 292, aber unentschieden – **anders** ArbG Hannover (22. 4. 80) BetrR 1983, S. 139.

holt dadurch im Dienst aufgefallen, dass er seine Aufgaben infolge alkoholischer Beeinflussung nicht oder nicht ordnungsgemäß erfüllte. Nachdem alle förmlichen Abmahnungen und mündlichen Ermahnungen erfolglos geblieben waren, kündigte die Beklagte am 28. 3. 1983 den Arbeitsvertrag fristlos, hilfsweise fristgerecht zum 30. 9. 1983. Das LAG Hamm vertrat in einem Urteil vom 30. 8. 1985[58] die Auffassung, das Arbeitsverhältnis sei aus verhaltensbedingten Gründen nicht fristlos beendet worden, da der Kläger die ihm vorgeworfenen Pflichtwidrigkeiten nicht schuldhaft begangen habe, weil er alkoholkrank gewesen sei. Die Entlassung sei jedoch als fristgerechte aus personenbedingten Gründen wegen langanhaltender Erkrankung des Arbeitnehmers sozial gerechtfertigt. Als Alkoholkranker habe er die geschuldete Arbeitsleistung als Leiter des Sozialamtes nicht mehr erbringen können. Ähnliche Tendenzen zeigen sich in Entscheidungen des LAG Frankfurt/M.[59] Eine verhaltensbedingte Kündigung sei zwar nicht schon deshalb sozialwidrig, weil beim Arbeitnehmer im Zeitpunkt des Kündigungszuganges objektiv eine Alkoholkrankheit vorgelegen habe. Auch sei der Arbeitgeber nicht gehalten, von sich aus vor dem Kündigungsausspruch Erhebungen über die Art und Schwere des beim Arbeitnehmer aufgetretenen Alkoholproblems anzustellen. Berufe sich jedoch der Arbeitnehmer alsbald nach dem Zugang der Kündigung auf eine bei ihm vorliegende Alkoholerkrankung, wobei der Arbeitgeber die Vorlage einer entsprechenden ärztlichen Bestätigung oder die Befreiung des den Arbeitnehmer behandelnden Arztes von der Schweigepflicht[60] für die Einholung einer entsprechenden Auskunft verlangen könne, dann müsse der Arbeitgeber ggf. den Ausspruch einer neuerlichen und personen-(krankheits-)bedingten Kündigung in Betracht ziehen. Im Ergebnis ebenso urteilte das LAG Hamm[61] im Falle eines 1945 geborenen Konstrukteurs, der seit Oktober 1969 in einem Arbeitsverhältnis bei der Beklagten stand und seit Mai 1997 trotz entsprechender Abmahnungen immer wieder unentschuldigt der Arbeit ferngeblieben war. Eine aus verhaltensbedingten Gründen ausgesprochene Kündigung gegenüber einem Arbeitnehmer, der Seit Jahren an Chronischer Alkoholsucht leide, sei, so meinte das Gericht, in der Regel sozialwidrig, wenn die Fehltage ihre Ursache in der „krankhaften Alkoholabhängigkeit" hätten und er Arbeitnehmer infolge seiner nicht beherrschbaren Alkoholkrankheit sein Verhalten nicht zu kontrollieren vermag. Mangels eines Verschuldens des Klägers sei ein verhaltensbedingter Entlassungsgrund ausgeschlossen. Das ArbG Bo-

---

[58] – 16 (11) Sa 920/84 –; so auch LAG Düsseldorf (17. 10. 90) – 11 Sa 773/90 –; LAG Saarland (12. 2. 92) LAGE Nr. 65 zu § 626 BGB; im Ergebnis ebenso *Berkowsky*, Personenbedingte Kündigung, S. 162 Rdn. 27, der meint, in den Fällen, in denen Alkoholismus die Ursache für arbeitsspezifische Verfehlungen sei, kämen allein die für eine krankheitsbedingte Kündigung entwickelten Grundsätze zur Anwendung; ähnlich *Rohlfing/Rewolle/Bader*, KSchG, § 1 Anm. 8 c, S. 44a; siehe aber LAG Hamm (22. 1. 88) DB 1988, 715: Außerordentliche Entlassung eines „unkündbaren" Kraftfahrers sei aber aus personen(krankheits-)bedingten Gründen gerechtfertigt.

[59] (20. 3. 86) BB 1986, 2271; (26. 6. 86) BB 1986, 2201 = LAGE Nr. 8 zu § 1 KSchG Verhaltensbedingte Kündigung = NZA 1987, 24; zust. *Willemsen/Brune*, DB 1988, 2309.

[60] BAG (1. 6. 83) DB 1983, 2420; *Willemsen/Brune*, DB 1988, 2307; siehe auch *Olderog*, Arbeitsrechtliche Aspekte, S. 27.

[61] (15.1.99) NZA 1999, 1221 ff.

chum⁶² sah eine Kündigung als sozial nicht gerechtfertigt an, die gegenüber einem Verkäufer ausgesprochen worden war, dem der Arbeitgeber lediglich vorgeworfen hatte, es hätten sich zwei Kunden über ihn beschwert, da sie von ihm mit einer Alkoholfahne bedient worden seien, die der Arbeitgeber aber auch auf krankheitsbedingte Ausfallzeiten aufgrund eines stationären Krankenhausaufenthaltes wegen einer bestehenden Alkoholabhängigkeit (Entgiftung) gestützt hatte. Hingegen bestätigte das LAG Köln in einer Entscheidung vom 6. 2. 1987⁶³ die fristgerecht ausgesprochene Kündigung. Der seit 1963 beschäftigte Kläger war wegen eigenmächtiger Urlaubsnahme und Fehlzeiten am 13. 8. 1984, 20. 8. 1985 und 14. 1. 1986 abgemahnt worden. Auf Anraten der Beklagten hatte sich der Kläger noch im Januar 1986 einer Alkoholentziehungskur unterzogen, diese jedoch bereits nach zwei Tagen abgebrochen. Am 3. 2. 1986 war er erneut wegen Fehlens abgemahnt worden. Gleichwohl fehlte er erneut am 21./22. 7. 1986. Darauf erfolgte die fristgerechte Kündigung zum 31. 10. 1986. Zwar schließe, so führt das LAG Köln aus, die körperliche und psychische Abhängigkeit vom Alkohol ein Verschulden des Erkrankten an seinem Zustand aus. Das bedeute jedoch nicht, dass damit eine Kündigungsmöglichkeit generell ausgeschlossen sei. Die Beklagte habe über einen Zeitraum von zwei Jahren wiederholte offensichtlich alkoholbedingte Fehlzeiten des Arbeitnehmers hingenommen. Sie habe nach dem Offenbarwerden seiner Krankheit von sich aus die Initiative ergriffen und für die Durchführung einer Entziehungskur gesorgt, die vom Kläger grundlos abgebrochen worden sei. Damit habe der Arbeitgeber alles ihm Zumutbare getan, um dem Kläger über seine Alkoholprobleme hinwegzuhelfen. Auch das Arbeitsgericht Frankfurt/M.⁶⁴ sah eine am 12.5. zum 30. 6. 1999 ausgesprochene ordentliche Kündigung gegenüber einer am 15. 5. 1995 eingestellten Sachbearbeiterin bei einer Kreditversicherung als gerechtfertigt an. Die alkoholkranke Mitarbeiterin hatte in der Zeit vom 1. 8. 1995 bis zum 16. 4. 1999 an insgesamt 307 Tagen wegen Arbeitsunfähigkeit gefehlt, davon allein an 269 Tagen wegen Alkoholmissbrauchs. Eine Langzeittherapie 1998 sowie zwei stationäre Entziehungsmaßnahmen waren erfolglos geblieben. Auch ein anderer vernünftig und verständig denkender Arbeitgeber hätte sich, so führte das ArbG aus, unter Berücksichtigung der alkoholbedingten Fehlzeiten der Klägerin und der nachgewiesenen negativen Prognose durch eine ordentliche personenbedingte Kündigung (von einer solchen Arbeitnehmerin) getrennt. Das LAG München⁶⁵ bestätigte eine außerordentliche Änderungskündigung, § 55 Abs. 1 BAT, gegenüber einem fristgerecht unkündbaren Dienststellenleiter wegen alkoholbedingten Fehlverhaltens sowohl in der Behörde als auch außerhalb seines Dienstes. Das LAG Schleswig-Holstein⁶⁶ meinte, ein alkoholkranker Mitarbeiter sei weder tatsächlich noch rechtlich in der Lage, seine Arbeitsleistung als Maschinenführer an

---

62 (9. 12. 93) RzK I 5g Nr. 56.
63 b + p 1987, S. 163; siehe auch LAG Köln (11. 9. 87) LAGE Nr. 14 zu § 1 KSchG Verhaltensbedingte Kündigung.
64 (1.10.99) NZA-RR 2000, 192f.; siehe auch ArbG Frankfurt/M. (10.2.99) NZA-RR 1999, 475f.
65 (28. 10. 88) ZTR 1989, 357f.
66 (28. 11. 88) BB 1989, 224, betreffend Annahmeverzug des Arbeitgebers; siehe auch LAG Schleswig-Holst. (9. 5. 90) – 5 Sa 63/90 –.

einer mit einem Druck von 500 atü arbeitenden Stanze ordnungsgemäß anzubieten. Demgegenüber stellte sich das LAG Köln in einem Urteil vom 4. 5. 1995[67] auf den Standpunkt, die Vorinstanz bestätigend, dass ein fristgerecht nicht mehr kündbarer Alkoholiker, der in der Gepäckermittlung auf einem Flughafen tätig ist, jedenfalls dann nicht mehr fristlos entlassen werden dürfe, wenn er therapiebereit sei und eine vom Arzt angeordnete ambulante Behandlung durchführen lasse. Zwei vorherige mehrmonatige Entziehungs- bzw. Entgiftungsmaßnahmen waren allerdings ohne Erfolg geblieben. Als der Arbeitnehmer am 15. 2. 1994 seine Arbeit wieder aufnehmen wollte, musste er nach Hause geschickt werden, weil er im alkoholisierten Zustand im Betrieb erschienen war. Es gebe, so führte das LAG Köln aus, keinen Erfahrungssatz, dass jemand, der zwei Entziehungsmaßnahmen erfolglos durchgeführt habe, „unheilbar" sei, zumal der Arbeitnehmer auch zum Kündigungszeitpunkt weiterhin therapiebereit gewesen sei.

Einen Berufskraftfahrer treffe, so meinte das ArbG Kiel[68], bei Einstellungsverhandlungen in Bezug auf seine Alkoholkrankheit eine Offenbarungspflicht. Das Verschweigen seiner Trunksucht stelle eine vorvertragliche Pflichtverletzung dar, die jedenfalls den Ausspruch einer ordentlichen fristgerechten Kündigung rechtfertige.

bb) Bundesarbeitsgericht

Aus der Rechtsprechung des BAG sei in diesem Zusammenhang auf folgende Entscheidungen hingewiesen: Der 1929 geborene, fristgerecht nicht mehr kündbare Kläger, der alkoholkrank war, stand seit Mai 1959 in den Diensten der Beklagten, die u. a. eine städtische Gasversorgung betreibt. Trotz einer Alkoholentziehungskur war er zuletzt fast täglich alkoholbedingt nicht mehr in der Lage, seiner Arbeit nachzukommen. Die am 23. 12. 1981 außerordentlich fristlos ausgesprochene Kündigung wurde vom BAG[69] als sachlich begründet angesehen, weil es sich um einen Sachverhalt handele, der unabhängig von den Ursachen dieser Unfähigkeit als wichtiger Grund für eine außerordentliche Kündigung geeignet sei. Ebenso wie die Vorinstanzen sah das BAG in einer Entscheidung vom 9. 4. 1987[70] die fristgerechte Kündigung eines Alkoholkranken als sozial gerechtfertigt an. Der in einem Großbetrieb seit 1963 tätige Kläger war seit 1976 wiederholt wegen starken Alkoholgenusses aufgefallen und deshalb des öfteren verwarnt worden. An einem Tag im April 1984 stand er wiederum unter starkem Alkoholeinfluss und musste deshalb vom Werkschutz nach Hause gebracht werden. Eine Betreuung durch den Sozial-

---

[67] DB 1995, 2276 = BB 1995, 2064 = LAGE Nr. 85 zu § 626 BGB.
[68] (21.1.82) BB 1982, 804; zust. *Gola*, BB 1987, 539; *Willemsen/Brune*, DB 1988, 2304; KR-*Becker*, 3. Aufl. § 1 KSchG Rdn. 194, 244; *Bengelsdorf*, Alkohol, S. 2; MünchArbR/*Berkowsky*, § 137 Rdn. 150; *Hönch/Natzel*, S. 192 Rdn. 177; KR-*Etzel*, § 1 KSchG Rdn. 287, 425.
[69] (14. 11. 84) AP Nr. 88 zu § 626 BGB.
[70] NZA 1987, 811; zust. *Fleck*, BB 1987, 2029; *Hagen/de Vivie*, ZTR 1988, 37; *Conze*, ZTR 1989, 9; *Hinrichs*, AiB 1987, 267; *von Hoyningen-Huene*, Anm. zu BAG EzA Nr. 18 zu § 1 KSchG Krankheit; *Fleck/Körkel*, BB 1995, 722; *Fecker*, S. 123 ff.; *Schäfer, Jürgen*, S. 211; LAG Düsseldorf (17. 10. 90) LAGE Nr. 15 zu § 1 KSchG Krankheit; siehe auch BAG (13. 12. 90) EzA Nr. 33 zu § 1 KSchG Krankheit; (17. 6. 99) BB 1999, 1437.

dienst der Beklagten hatte der Arbeitnehmer wiederholt abgelehnt. Erst nach dem Ausspruch der Kündigung zum 30. 9. 1984 unterzog er sich einer Entziehungskur. Von Interesse ist auch eine Entscheidung des BAG vom 7. 12. 1989.[71] Der 1942 geborene, verheiratete und zwei Kindern zum Unterhalt verpflichtete Kläger war seit 21 Jahren zuletzt als Leiter einer Dienststelle einer bundesunmittelbaren Körperschaft des öffentlichen Rechts tätig. Er war bereits 1976/77 alkoholabhängig und hatte mehrfach im Zustand der Trunkenheit Mitarbeiter der übergeordneten Dienststelle beleidigt. Eine 1977 durchgeführte Entziehungsmaßnahme hatte keinen dauerhaften Erfolg. Ab 1985 kam es immer wieder zu alkoholbedingten Ausfällen des Arbeitnehmers während der Arbeitszeit. So erschien er am 27. 2. 1986 alkoholisiert in Begleitung von zwei ebenfalls unter Alkoholeinfluss stehenden Männern im Amt. Gleiches wiederholte sich am 3. 4. 1986. Der Kläger verließ die Dienststelle, setzte sich auf eine Bank, trank wieder, pöbelte Passanten an und urinierte mehrmals in die auf dem Marktplatz aufgestellten Blumenkübel. Daraufhin wurde sein Arbeitsvertrag von der Beklagten gemäß §§ 55 Abs. 1, 53 Abs. 3 BAT im Wege einer Änderungskündigung fristlos gekündigt, indem ihm eine andere, geringer vergütete Tätigkeit angeboten worden war. Das BAG bestätigte die unter Vorbehalt angenommene Änderungskündigung aus verhaltensbedingten Gründen. Den Arbeitnehmer treffe nämlich an seiner erneuten Alkoholabhängigkeit und damit mittelbar an den im Zustand akuter Trunkenheit begangenen Arbeitsvertragspflichtverletzungen ein Verschulden. Ein Arbeitnehmer, der wie der Kläger eine stationäre Entziehungskur durchgemacht habe, kenne die Gefahren des Alkohols sehr genau. Missachte er die ihm erteilten Ratschläge und wende sich erneut dem Alkohol zu, handele er schuldhaft.

Ausnahmsweise soll nach Auffassung des BAG in einem Urteil vom 30. 9. 1992[72] eine verhaltensbedingte Kündigung dann in Betracht kommen, wenn ein Arbeitnehmer, der während der gesamten Dauer der von ihm behaupteten Alkoholabhängigkeit im Betrieb nie mit Krankheitssymptomen aufgefallen war, während der Arbeitszeit gegenüber Werkschutzmitarbeitern Tätlichkeiten begeht. Voraussetzung sei aber, dass er sein Verhalten insofern steuern könne, als er rechtzeitig vor der jeweiligen Arbeitsaufnahme mit dem Trinken habe aufhören können.

Eine 1953 geborene, seit dem 8. Juli 1973 bei der Beklagten beschäftigte Flugbegleiterin ist seit 1988 alkoholabhängig. Im März 1988 unterzog sie sich einer Langzeittherapie und nach einem Rückfall 1990 einer zweimonatigen Auffangbehandlung in einer Kurklinik. Von Mai bis August 1993 veranlasste die Beklagte einen weiteren Kuraufenthalt. In den Jahren 1988, 1990 und 1992 wurde die vorübergehende Fluguntauglichkeit der Arbeitnehmerin festgestellt. Ende Februar 1994 versah sie erneut ihren Dienst unter Alkoholeinfluss, was auch am 23. Mai 1994 der Fall war. Bei einem Gespräch über das Geschehene am 27. Mai 1994 stand die Arbeitnehmerin so stark unter Alkohol, dass das Gespräch abgebrochen werden musste. Die Beklagte nahm die letzten Vorfälle zum Anlass, den nur noch fristlos kündbaren Arbeitsvertrag am 6. Juni 1994 außerordentlich mit einer sozialen Auslauf-

---

[71] – 2 AZR 134/89 –, teilweise veröffentlicht: AiB 1991, 278.
[72] NZA 1994, 761 = AP Nr. 4 zu § 20 BMT-G II; zust. APS/*Dörner*, § 1 KSchG Rdn. 229.

frist zum 31. Dezember 1994 zu beenden. Während das ArbG Frankfurt/M. die Kündigung als rechtmäßig ansah, gab das Hess. LAG der Feststellungsklage statt. In einem Urteil vom 9. Juli 1998[73] hob das BAG das zweitinstanzliche Urteil unter Zurückverweisung des Rechtsstreites an das Berufungsgericht auf. Im Rahmen der Interessenabwägung seien die Vordergerichte fehlerhafterweise von einer dauernden Arbeitsunfähigkeit der Klägerin ausgegangen, während die Beklagte die Kündigung nicht darauf, sondern auf immer wieder auftretende Ausfallzeiten, also häufige krankheitsbedingte Fehlzeiten gestützt habe.

Der 1958 geborene, verheiratete Kläger war seit 1990 bei der Beklagten, einer Kaffeerösterei mit etwa 2000 Arbeitnehmern, als Maschinenführer – die zu bedienenden Geräte haben einen Wert von 1,3 bis 4,0 Mio. DM – gegen einen Monatsverdienst von 4 000,- DM tätig. Er ist seit 16 Jahren alkoholkrank. 1993 ergeben sich krankheitsbedingte Fehlzeiten von 42, 1994 von 38, 1995 von 43 und 1996 von 15 Arbeitstagen bis zum Ausspruch der fristgerechten Kündigung am 1.4. zum 30.6.1996, und zwar von 1993 bis 1995 fünfmal jährlich mit zumeist ein- bis dreimonatigem zeitlichen Abstand. Für die genannten Fehlzeiten leistete die Beklagte ohne anteiliges Urlaubs- und Weihnachtsgeld insgesamt 32 347,24 DM Entgeltfortzahlung einschließlich der Arbeitgeberanteile zur Sozialversicherung. Die Beklagte hatte vor dem Kündigungsausspruch wegen der Fehlzeiten mit dem Kläger mehrere Gespräche geführt, in denen er seine Alkoholabhängigkeit aber nicht offenbart hatte. Wie die Vorinstanzen sah das BAG[74] die Kündigung als sozial gerechtfertigt an.

Seit 1980 stand der unter den Geltungsbereich des BAT fallende Kläger, der gegen ein monatliches Bruttogehalt von 5 762,50 DM als Heimerzieher pflegebedürftige Menschen zu betreuen hatte, in den Diensten der Beklagten. Der alkoholkranke Arbeitnehmer hatte wiederholt an stationären Heilbehandlungen und einer mehrmonatigen Entziehungskur teilgenommen, wurde 1995 aber rückfällig und war mehrfach alkoholisiert im Wohnheim der Beklagten erschienen. Im März 1996 unterzog er sich erneut einem Klinikaufenthalt, war danach jedoch erneut mit einer „Alkoholfahne" zum Dienst erschienen. Daraufhin kündigte die Beklagte den Arbeitsvertrag außerordentlich mit einer sozialen Auslauffrist zum 31.12.1996 mit der Begründung, aufgrund seiner Alkoholkrankheit und der sich darauf ergebenden Verhaltensweisen sei er nicht mehr in der Lage, seinen Pflichten als Erzieher und der damit verbundenen Verantwortung gegenüber den ihm anvertrauten Menschen nachzukommen. Das BAG[75] befand, die Vorinstanzen hätten zutreffend entschieden, dass das Arbeitsverhältnis des Klägers aufgrund der Kündigung der Beklagten rechtswirksam beendet worden sei.

---

[73] – 2 AZR 201/98 – unv.
[74] (17.6.99) BB 1999, 1437 = EzA Nr. 47 zu § 1 KSchG Krankheit; zust. KPK-*Schiefer*, § 1 KSchG Rdn. 179a; *Nicolai*, Anm. zu BAG SAE 2000, 98 ff.
[75] (16.9.99) BB 2000, 206f. = DB 2000, 03 = AuR 2000, 144 mit teilweise krit. Anm. von *Künzl* = AP Nr. 159 zu § 626 BGB mit zust. Anm. von *Fleck*.

d) *Ordentliche fristgerechte Entlassung*

aa) Allgemeines

232 Dass Alkoholismus[76, 77, 78, 79, 80], der chronische Alkoholmissbrauch, ein vorwiegend psychiatrischer Begriff, verbunden mit somatischen und psychosozialen alkoholbezogenen Schäden sowie körperlicher Abhängigkeit[81], je nach dem Grad und der Schwere der Erkrankung wie bei jeder anderen langanhaltenden Erkrankung bzw. bei häufigen Krankheiten den Ausspruch einer ordentlichen fristgerechten Kündigung sozial rechtfertigen kann, lässt sich nicht in Abrede stellen[82], wobei im

---

[76] Zur Problematik einer Kündigung wegen des Alkoholgenusses des Arbeitnehmers innerhalb und außerhalb der Arbeitszeit, ohne dass bereits eine Trunksucht vorliegt, siehe die Nachw. bei *Lepke*, 10. Aufl., S. 281 Fußn. 58; ferner von *Hoyningen-Huene/Linck*, KSchG, § 1 Rdn. 309ff.; Kasseler Handbuch/*Künzl*, 2.1 Rz. 954-962; *Bengelsdorf*, NZA 2001, 994; ders., NZA 1999, 1308, 1309; KPK-*Schiefer*, § 1 KSchG Rdn. 285 ff.; KR-*Etzel*, § 1 KSchG Rdn. 421; *Stahlhacke/Preis/Vossen*, Rdn. 682ff.

[77] Zur Ausübung entsprechender Disziplinarbefugnisse im öffentlichen Dienst siehe *Claussen*, DÖD 1984, 233ff.; ders., ZBR 1986, 223 (237); *Conze*, DÖD 1986, 238ff.; *Fischer*, DÖD 1988, 173ff.; *Brühl*, S. 249ff.; *Sträter*, ZBR 1992, 295f.; *Hertel*, ZBR 1993, 297ff.; BVerwG (23.5.89) DÖD 1990, 143; (4.7.90) ZBR 1991, 91; OVG Münster (19.4.93) NJW 1993, 3015.

[78] Zur Zulässigkeit betrieblicher Alkoholverbote siehe etwa *Willemsen/Brune*, DB 1988, 2305f.; *Hunold*, S. 142ff.; *Hagen/de Vivie*, ZTR 1988, 39; *Lenfers*, S. 115ff., 205ff.; *Olderog*, Alkohol, S. 64f.; *Claussen/Czapski*, S. 16ff.; MünchArbR/*Blomeyer*, § 53 Rdn. 6ff.; *Künzl*, BB 1993, 1581; *Schwan/Zöller*, ZTR 1996, 65; *Schäfer, Jürgen*, S. 100ff.; *Schanz et al.*, S. 193: Bedenken aber gegen ein absolutes; *Wiese*, GK-BetrVG § 87 Rdn. 216; *Berkowsky*, Personenbedingte Kündigung, S. 163 Rdn. 29f.; *Felderhoff*, S. 69ff.; *Bengelsdorf*, NZA 1999, 1305; *Graefe*, BB 2001, 1252; BAG (23.9.86) NZA 1987, 250; (10.11.87) NZA 1988, 255; LAG Hamm (23.8.90) MDR 1991, 654: betriebserhebliches Alkoholverbot im Steinkohlenbergbau.

[79] Zum Mitbestimmungsrecht bei der Einführung und Durchsetzung betrieblicher Alkoholverbote siehe *Felderhoff*, S. 94ff. m.w.N., S. 119f.; *Wiese*, GK-BetrVG, § 87 Rdn. 216.

[80] Zur Frage, ob dem Betriebsrat beim Einsatz von Detektiven zur Feststellung von Verstößen gegen ein betriebliches Alkoholverbot, ein Mitbestimmungsrecht zusteht, § 87 Abs. 1 Nr. 1 und 6 BetrVG, vgl. LAG Hamm (28.5.86) DB 1986, 1830 = BB 1986, 1575 – **dagegen** BAG (10.11.87) NZA 1988, 255; siehe auch BAG (26.3.91) NZA 1991, 729; *Hess/Schlochauer/Glaubitz*, BetrVG, § 102 Rdn. 110, 114; *Lingemann/Göpfert*, DB 1997, 374; *Felderhoff*, S. 123f.; *Wiese*, GK-BetrVG, § 87 Rdn. 216.

[81] Siehe *Feuerlein*, Alkoholismus, S. 7f.; *Estler*, S. 769; *Antons/Schulz*, S. 151, 187ff. Entgegen der Auffassung von *Berkowsky*, Personenbedingte Kündigung, S. 104 Rdn. 2; *Kittner/Däubler/Zwanziger*, KSchR, § 1 KSchG Rdn. 112, hat Alkoholismus (Alkoholsucht) immer einen Krankheitswert; dazu auch *Lepke*, S. 130 Fußn. 12.

[82] Ebenso *Lepke*, DB 1982, 174; ders., DB 2001, 273; *Löwisch*, Arbeitsrecht, S. 361 Rdn. 1320; MünchArbR/*Berkowsky*, § 136 Rdn. 76; *Berkowsky*, NZA-RR 2001, 402; *Schaub*, S. 1465 Rdn. 28, S. 1473 Rdn. 17; von *Hoyningen-Huene/Linck*, KSchG, § 1 Rdn. 190; *Hromadka/Maschmann*, S. 392 Rdn. 173; *Tschöpe/Nägele*, Teil 3 D, Rz. 119; *Tschöpe/Kappelhoff*, Teil 3 H, Rz. 7; KPK-*Schiefer*, § 1 KSchG Rdn. 131; *Hako-Gallner*, § 1 Rdn. 458; *Gamillscheg*, S. 609; HK-KSchG/*Weller/Dorndorf*, § 1 Rdn. 440; *Kittner/Däubler/Zwanziger*, KSchR, § 1 KSchG Rdn. 112, 113; § 626 BGB Rdn. 145; *Backmeister/Trittin*, KSchG, § 1 Rdn. 190, §§ 626-628 BGB Rdn. 24; *Feichtinger*, ArbR-Blattei, Krankheit I, Rdn. 192; *Bengelsdorf*, NZA-RR 2002, 57ff.; *Stahlhacke/Preis/Vossen* Rdn. 1204; LAG Schleswig-Holst. (24.7.01) – 3 Sa 317/01 – EzA SD Nr. 23/2001, S. 13; ArbG Frankfurt/M. (1.10.99) NZA-RR 2000, Heft 3, S. VI; ältere Literatur- und Rechtsprechungsnachw. bei *Lepke*, 10. Aufl., S. 282 Fußn. 60.

fortgeschrittenen Stadium des Alkoholismus in der Regel von einer langanhaltenden Erkrankung auszugehen sein wird.[83] Alkoholbedingten Fehlzeiten in der Vergangenheit kommt gegenüber allgemeinen krankheitsbedingten Abwesenheitszeiten eine verstärkte Indizwirkung zu, da der Alkoholabhängigkeit die Tendenz zur weiteren Eskalation innewohnt[84] und eine Vielzahl von Folgekrankheiten auslösen oder doch wesentlich mit verursachen kann.[85] Kaum ein Organ des menschlichen Körpers wird durch den chronischen Gebrauch von Alkohol nicht geschädigt. Komorbidität, das Vorliegen einer oder mehrerer weiterer Störungen neben der Alkoholerkrankung, stellt sich überdies als weiteres Phänomen dieser Krankheit dar.[86] Nach dem im Mai 2002 vorgelegten Jahresbericht der Salus-Klinik Lindow[87] lautete bei 98,3 % der 945 entlassenen Suchtpatienten die Hauptdiagnose – primäre Abhängigkeitsdiagnose – Alkoholabhängigkeit und die weitere Abhängigkeitsdiagnose bei 80,8 % Tabakabhängigkeit sowie bei 1,2 % schädlicher Gebrauch von Medikamenten. Bei 7,6 % lagen weitere Suchtprobleme mit Medikamenten bzw. Drogen vor.

Alkoholkranke Arbeitnehmer fehlen, worauf bereits hingewiesen worden ist, im Vergleich zu anderen Mitarbeitern häufiger und auch länger.[38] Freilich müssen wie auch sonst die schutzwürdigen Interessen beider Vertragsparteien sorgsam gegeneinander abgewogen werden, wobei zugunsten des alkoholkranken Arbeitnehmers darauf Bedacht genommen werden muss, dass er im besonderen Maße auf unser Verständnis und unsere tätige Hilfe angewiesen ist. Ihn wird der Verlust des Arbeitsplatzes in der Regel besonders hart treffen, weil er nur schwer eine andere geeignete Beschäftigungsmöglichkeit finden wird. Die Arbeitslosenquote Alkoholabhängiger liegt erheblich über der der Gesamtbevölkerung.[88] Arbeitslosigkeit gilt als zentraler Indikator für die Verstärkung oder Chronifizierung von Alkoholproblemen.[89] Die gebotene Interessenabwägung hat auch die Umstände zu berücksichtigen, die zur Trunksucht geführt haben.[90, 91]

Dennoch: Eine fristgerecht wegen Trunksucht ausgesprochene Kündigung wird im Allgemeinen dann sozial gerechtfertigt sein, ohne dass es einer erfolglosen vor-

---

[83] So auch BAG (16.9.99) BB 2000, 206 f.
[84] So auch *Willemsen/Brune*, DB 1988, 2309; *Schäfer, Jürgen*, S. 218.
[85] Dazu etwa *Langelüddeke/Bresser*, Gerichtliche Psychiatrie, S. 152, 154 f.; *Feuerlein*, Alkoholismus, S. 125–190 m.w.N.; *Schlüter-Dupont*, S. 45–78, 83–146; *Classen/Diehl/Kochsiek*, S. 1042; *Kruse*, DtÄrzteBl 91 (1994), Heft 14, B-743; *Estler*, S. 769 ff.; *Feuerlein/Dittmar/Soyka*, S. 36 ff.; *Renz-Polster/Braun*, S. 1142; *Küfner/Kraus*, DtÄrzteBl 99 (2002) Heft 14, A-941 ff.; *Soyka*, Alkoholismus, S. 43-73; *Schmidt*, Alkoholkrankheit, S. 132 ff.
[86] Siehe nur *Reker/Arolt*, DtÄrzteBl (2000), Heft 36, C-1767; *Gastpar/Mann/Rommelspacher*, S. 83 ff.
[87] S. 15 f.
[88] Vgl. *Russland*, Suchtverhalten und Arbeitswelt (1988), S. 107; *Schanz* et al.; S. 2; *Feuerlein*, Alkoholismus, S. 201: 44 % gegenüber 7 % der Gesamtbevölkerung.
[89] Siehe etwa *Gastpar/Mann/Rommelspacher*, S. 63 m.N.
[90] Vgl. nur *Schaub*, S. 1465 Rdn. 28 m.N.; *Lepke*, DB 2001, 273; APS/*Dörner*, § 1 KSchG Rdn. 234.
[91] Zur Frage, ob dienstlich veranlasster Alkoholgenuss (Überschreiten der Missbrauchsgrenze) im Rahmen der Kundenbetreuung zur Anerkennung als Berufskrankheit führt, siehe SG Bremen (28.6.96) AuR 1997, 40.

herigen Abmahnung bedarf[92], wenn es sich um eine langanhaltende Erkrankung handelt und wenn bei objektiver Betrachtung die Wiederherstellung der Gesundheit und der Arbeitsfähigkeit nicht abgesehen werden kann[93], also die Voraussetzungen einer Kündigung wegen Krankheit vorliegen, wobei sich, worauf das BAG[94] zu Recht hinweist, unter Berücksichtigung der jeweiligen Aufgabenstellung des Arbeitnehmers die Notwendigkeit ergeben kann, an die Prognose geringere Anforderungen als bei einer anderen Krankheit zu stellen.[95] Im Vergleich zu anderen Krankheiten spricht eine erhöhte Wahrscheinlichkeit dafür, dass die Arbeitsfähigkeit des alkoholkranken Arbeitnehmers in Zukunft beeinträchtigt sein wird. Die Gesundheitsprognose wird deshalb in der Regel negativ ausfallen. Es gibt einen Erfahrungssatz, dass ein Alkoholabhängiger in absehbarer Zeit ohne fremde Hilfe nicht „geheilt" werden kann[96], zumal die Alkoholkrankheit als solche nicht heilbar ist.[97] Das gilt jedenfalls dann, wenn die Erkrankung zu einem Kontrollverlust[98] mit zwanghafter Abhängigkeit vom Alkohol geführt hat und wenn dadurch der Arbeitnehmer die vertraglich geschuldete Arbeitsleistung nicht oder nicht mehr ordnungsgemäß

---

[92] Ebenso *Hunold*, S. 152, 157; *Claussen/Czapski*, S. 63 Rdn. 134; *Bengelsdorf*, Alkohol, S. 9; ders., NZA 1999, 1308; ders. NZA 2001, 998; *Künzl*, BB 1993, 1586; *Beckerle/Schuster*, S. 20 Rdn. 11; *von Hoyningen-Huene*, RdA 1990, 201; *Schwan/Zöllner*, ZTR 1996, 63; *Steinmeyer/Waltermann*, Casebook, S. 146; *Kittner/Däubler/Zwanziger*, KSchR, Einl. Rdn. 97; *Adam*, AuR 2001, 44; *Künzl*, Rechte und Pflichten, S. 303 Rdn. 1140; Kasseler Handbuch/*Kleinebrink*, 6.2. Rz. 37, 78; KPK-*Schiefer*, § 1 KSchG Rdn. 131; FA-ArbR/*Korte*, S. 161 Rdn. 739; BAG (26.1.95) EzA Nr. 46 zu § 1 KSchG Verhaltensbedingte Kündigung – **unrichtig** LAG Düsseldorf (6. 3. 86) NZA 1986, 431; *Lenfers*, S. 167f; abzulehnen auch *Zwanziger*, BB 1997, 44, falls der Arbeitgeber sicheres Wissen über die Erkrankung hat und weiß, dass es dem Arbeitnehmer möglich ist, sie durch sein Verhalten zu beeinflussen.
[93] So auch *Lepke*, DB 1982, 173ff.; *Schäfer*, S. 99; *Schaub*, S. 1465 Rdn. 28; *Erman/Hanau*, BGB, 9. Aufl., § 626 Rdn. 65; *Hunold*, S. 157; ErfK/*Müller-Glöge*, § 626 BGB Rdn. 169; *Elsner*, S. 101; *Bengelsdorf*, NZA-RR 2002, 64; BAG (9.4.87) NZA 1987, 811; (13.12.90) EzA Nr. 33 zu § 1 KSchG Krankheit; LAG Berlin (1. 7. 85) DB 1985, 2690 ; LAG Düsseldorf (17.10.90) EzA Nr. 35 zu § 1 KSchG Krankheit; LAG Schleswig-Holst. (24.7.01) EzA SD Nr. 23/2001, S. 13f. – **anderer Ans.** *Hexel/Löffert*, BetrR 1983, S. 57, die Ausnahmen nur zulassen wollen, wenn der Arbeitnehmer trotz mehrfach wiederholter Entziehungs- und begleitender Therapieangebote rückfällig wird oder er sich hartnäckig und über längere Zeit weigert, Therapieangebote wahrzunehmen.
[94] (9. 4. 87) NZA 1987, 811; zust. *Schwedes*, S. 303 Rdn. 611; *Schwerdtner*, in: Müko-BGB, § 622 Anh. Rdn. 282; *Boewer*, NZA 1988, 684; *Schäfer, Jürgen*, S. 218; *von Hoyningen-Huene*, Anm. zu BAG EzA Nr. 18 zu § 1 KSchG Krankheit; KR-*Becker*, 3. Aufl., § 1 KSchG Rdn. 213a; *Felderhoff*, S. 252; *Roos*, NZA-RR 1999, 621; siehe auch BAG (16.2. 89) AP Nr. 20 zu § 1 KSchG 1969 Krankheit; (6.9. 89) AP Nr. 21 zu § 1 KSchG 1969 Krankheit.
[95] Ebenso BAG (9. 4. 87) NZA 1987, 811; (13.12. 90) EzA Nr. 33 zu § 1 KSchG Krankheit; (17.6.99) EzA Nr. 47 zu § 1 KSchG Krankheit; (16.9.99) BB 2000, 206f.; LAG Schleswig-Holst. (24.7.91) EzA SD Nr. 23/2001, S. 14; *Nicolai*, Anm. zu BAG SAE 2000, 100; *Fekker*, S. 185f.; *von Hoyningen-Huene/Linck* KSchG, § 1 Rdn. 190a; *Schäfer, Jürgen*, S. 219; *Bauer/Röder/Lingemann*, S. 109; KR-*Etzel*, § 1 KSchG Rdn. 284 – **anders** *Künzl*, Anm. zu BAG AuR 2000, 146; *Fleck/Körkel*, BB 1995, 722; APS/*Dörner*, § 1 KSchG Rdn. 233, *Berkowsky*, NZA-RR 2001, 402.
[96] BGB-RGRK, vor § 620 Rdn. 181; *Lepke*, DB 2001, 273; dazu auch *Schäfer, Jürgen*, S. 218f.
[97] Dazu nur *Herold*, Innere Medizin (1997), S. 719; einschränkend *Feuerlein/Dittmar/Soyka*, S. 89f.
[98] Dazu insbesondere *Dietze*, S. 33.

erfüllen kann. Die Einnahme von Alkoholika erweist sich objektiv als leistungsfeindlich.[99] Alkoholkranke erbringen im Durchschnitt nur 75 % der sonst üblichen Arbeitsleistung.[100] In einer Veränderung der Arbeitsaffinität, der Arbeitsintensität und der Arbeitskontinuität drückt sich auch eine Störung der Sozialanpassung[101] aus, die sich im unentschuldigten Fernbleiben oder Verlassen des Arbeitsplatzes, in Arbeitsunlust, rascher Ermüdbarkeit, Reizbarkeit, Streit mit anderen Mitarbeitern und Vorgesetzten, fehlerhafter Arbeit sowie in Arbeitsunfällen äußern kann. Freilich können als Kündigung auch häufige, suchtbedingte Kurzerkrankungen oder die alkoholbedingte Minderung der Leistungsfähigkeit von Bedeutung sein.[102]

Nicht nur die intellektuellen Leistungen, sondern auch das Gedächtnis und die Lernfähigkeit verschlechtern sich erheblich.[103] Man spricht in diesem Zusammenhang auch von alkoholbedingter „Kurzsichtigkeit", d.h. der Betroffene kann die längerfristigen Konsequenzen seines Verhaltens nicht mehr richtig einschätzen.

Eine der wenigen allgemeinen gesetzlichen Reglementierungen des Alkoholkonsums finden sich im StVG. Dort sind die Grenzwerte festgelegt, die das Fahren eines Kraftfahrzeuges ab einer BAK von 0,5 ‰ unter Strafe stellen, § 24 a StVG. Bei der Anwendung der §§ 315 c Abs. 1 Nr. 1 a, 316 StGB wird bei allen Kraftfahrern von einer (absoluten) Fahruntüchtigkeit bei einer BAK von 1,1 ‰ ausgegangen.[104] Für Radfahrer gilt ein Grenzwert von 1,5 ‰.[105] Die genannten Bestimmungen verdeutlichen, dass unter strafrechtlichen Gesichtspunkten der Gesetzgeber den Genuss geringerer Alkoholmengen (noch) toleriert. Diese auf die Besonderheiten des Straßenverkehrs zugeschnittenen Werte lassen sich jedoch nicht ohne weiteres auf die differenzierten Bedingungen der Arbeitswelt übertragen[106], in der vielfach eher niedrigere Grenzwerte angebracht sein dürften. Es ist erwiesen[107], dass selbst geringe Mengen von Alkohol, und zwar bereits ab einer Blutalkoholkonzentration von 0,5 ‰[108], die Arbeitsleistung negativ beeinflussen sowie die Unfallgefahr, ins-

---

[99] Eingehend dazu *Antons/Schulz*, S. 106 ff.
[100] „Der Tagesspiegel" Nr. 14594 vom 24.6.1993, S. 27; *Dietze*, S. 17; „Der Tagesspiegel" Nr. 15000 vom 13.8.1994 S. 22; *Schmidt*, Alkoholkrankheit, S. 171; *Feuerlein*, Alkoholismus, S. 201.
[101] Dazu *Feuerlein*, Alkoholismus, S. 192 f.; *Schanz* et al., S. 108 ff.
[102] Eingehend dazu *Bengelsdorf*, NZA-RR 2002, 57 (59 ff., 65 ff.)
[103] *Feuerlein*, Alkoholismus, S. 41 f., 192; *Fuchs/Resch*, S. 23 ff.; *Bengelsdorf*, NZA 1999, 1306.
[104] Vgl. nur *Tröndle/Fischer*, StGB, § 316 Rdn. 6 m.w.N.
[105] *Künzl*, Rechte und Pflichten, S. 292 Rdn. 1099; *Tröndle/Fischer*, StGB, § 316 Rdn. 6: 1,6 ‰.
[106] Zutreffend *Bengelsdorf*, Alkohol, S. 3.
[107] Im Einzelnen *Sparrer*, in: Suchterkrankung am Arbeitsplatz, Früherkennung und Behandlung, S. 21 ff.; *von Ohlen*, ebenda S. 53 ff.; *Schmidt*, Alkoholkrankheit, S. 129 ff, 169 ff.; *Hartmann*, Alkoholeinwirkung beim Menschen (1987), S. 5; *Luderer*, in: *Baer*, Psychiatrie für Juristen, S. 100 f.; *Feuerlein*, Alkoholismus, S. 192 ff.; *Böcker*, MMW 1990, S. 357; BVerwG (20.6.74) E 46, 272; (16.12.80) E 73, 116; OVG Münster (4.5.87) NJW 1988, 931 m.w.N.; *Fuchs/Resch*, S. 13 ff.
[108] Vgl. etwa *Hertel*, ZBR 1993, 304; *Schanz* et al., S. 109; *Schäfer, Jürgen*, S. 30; *Bengelsdorf*, Alkohol, S. 3: schon ab 0,2 ‰; *Felderhoff*, S. 61: ab 0,3 ‰; so auch *Lindenmeyer*, S. 116; *Bengelsdorf*, NZA 1999, 1306.

Krankheit als Kündigungsgrund

besondere am zugewiesenen Arbeitsplatz[109], drastisch beeinflussen können, während bei einem Blutalkoholgehalt von 1,3 ‰ absolute Arbeitsunfähigkeit angenommen werden muß.[110] Der Anteil alkoholbedingter Unfälle am Arbeitsplatz und auf dem Weg zur Arbeit wird auf 25 bis 30 % geschätzt.[111] Die Frage des Zusammenhanges von Alkohol und Arbeitssicherheit spielt im Rahmen der betrieblichen Aktivitäten aber immer noch eine untergeordnete Rolle[112], obwohl es auch schon unterhalb der genannten Promillegrenze zur Beeinträchtigung der Arbeitssicherheit kommt.[113] So verlängern sich ab 0,4 ‰ die Reaktionszeiten um mindestens 5 %.[114] Ab 0,3 ‰ lassen sich Störungen der Aufmerksamkeit nachweisen.[115] Eine feste Grenze der zulässigen Alkoholmenge kann freilich nicht festgelegt werden. Sie entspräche auch nicht den Anforderungen des Arbeitsrechts. Maßgeblich kommt es vielmehr auf die auszuübende Tätigkeit und branchenspezifische Aspekte an.[116] Während bei einem operierenden Chirurgen oder einem Berufspiloten schon eine geringe Alkoholisierung kündigungsrelevant sein wird, muss dies bei einem Bauarbeiter nicht ohne weiteres der Fall sein.

bb) Personen- und/oder verhaltensbedingte Entlassungsgründe

234 Nach § 38 Abs. 1 der Allgemeinen Unfallverhütungsvorschriften, UVV 1.0, einer autonomen Rechtsnorm[117] der zuständigen Berufsgenossenschaft, § 15 Abs. 1 Nr. 1 SGB VII, darf sich ein Arbeitnehmer nicht in einen Zustand versetzen, durch den er sich und andere gefährden kann.[118] Ein absolutes Alkoholverbot enthält die genannte Bestimmung allerdings nicht.[119] Demgegenüber statuiert aber beispielsweise § 5 VBG für das Bewachungsgewerbe ein absolutes Alkoholverbot.[120] Für Jugendliche verbietet § 31 Abs. 2 Satz 2 JArbSchG dem Arbeitgeber, unter 16-jäh-

---

[109] Beispielhaft LAG Hamm (11.11.96) LAGE Nr. 56 zu § 1 KSchG Verhaltensbedingte Kündigung, S. 5: Tätigkeit an einer Wickelmaschine.
[110] Vgl. LSG Rheinland-Pfalz (31.5.95) BB 1995, 2483; *Bleistein*, b+p 1998, 547 /(549).
[111] Siehe *Willemsen/Brune*, DB 1988, 2304; DHS, in: „Der Tagesspiegel" Nr. 14594 vom 24.6.1993, S. 27; *Salowsky*, Fehlzeiten (1991), S. 57; *Hunold*, S. 138; *Lenfers*, S. 85; *Fuchs/Resch*, S. 66–69, 95; *Bengelsdorf*, Alkohol, S. 1; *Schäfer, Jürgen*, S. 36; L.G. Schmidt, DtÄrzteBl 94 (1997), Heft 44; ders. in: *Zerdiek*, Entwicklungen in der Suchtmedizin (1999), S. 24; B-2355; *Felderhoff*, S. 31; *Schanz* et al., S. 115 m.N.: 15–25 %.
[112] Etwa *Fuchs/Resch*, S. 4.
[113] Im Einzelnen *Fuchs/Resch*, S. 13.
[114] Nachw. bei *Fuchs/Resch*, S. 16f.
[115] Nachweise bei *Fuchs/Resch*, S. 13f.; *Feuerlein*, Alkoholismus, S. 41.
[116] So auch *Tschöpe/Kappelhoff*, Teil 3 H, Rz. 6; *Bengelsdorf*, Alkohol, S. 3, 5, 11; ders., NZA 2001, 994; ähnlich HK-KSchG/*Dorndorf*, § 1 Rdn. 786.
[117] Etwa *Staudinger/Oetker*, BGB § 618 Rdn. 85 m.N.; Kasseler Handbuch/*Lorenz*, 2.6 Rz. 529; MünchArbR/*Wlotzke*, § 207 Rdn. 25, 27.
[118] Dazu im Einzelnen *Hunold*, S. 140f.; *Leinemann/Lorenz*, GewO, Vorb. vor §§ 120 b–f Rdn. 465ff.
[119] Ebenso *Hagen/de Vivie*, ZTR 1988, 34; *Hunold*, S. 142; *Olderog*, Alkohol, S. 64; *Bengelsdorf*, Alkohol, S. 3; ders., NZA 1999, 1305; 2001, 995; *Künzl*, BB 1993, 1581; *Schanz* et al., S. 191; *Schäfer, Jürgen*, S. 100; Kasseler Handbuch/*Künzl*, 2.1 Rz. 911; *Felderhoff*, S. 50 m.w.N.; *Lepke*, DB 2001, 274; BAG (23.9.86) NZA 1987, 250; LAG Schleswig-Holst. (28.11.88) LAGE Nr. 17 zu § 615 BGB – **anderer Ans.** *Speicker*, AuA 1994, 21.
[120] Zutreffend *Künzl*, in: *Rieder*, Krankheit im Arbeitsverhältnis, S. 175; Kasseler Handbuch/*Künzl*, 2.1 Rz. 912; *Felderhoff*, S. 27.

rigen alkoholische Getränke, also auch Bier, bzw. älteren Jugendlichen Branntwein abzugeben. Der Arbeitgeber muss deshalb auch sicherstellen, dass Jugendliche sich nicht aus einem etwa vorhandenen Getränkeautomaten bedienen können. Unter Branntwein sind alle durch Destillation gewonnenen Flüssigkeiten zu verstehen, insbesondere Kornbrände, Whisky, Rum, Weinbrände, ob pur oder verdünnt, aber auch Liköre und andere branntweinhaltige Mischgetränke mit einem Alkoholgehalt von knapp 30 %.[121] Arbeitnehmer, die infolge Alkoholgenusses nicht mehr in der Lage sind, ihre Arbeit ohne Gefahr für sich oder andere auszuführen, dürfen nicht beschäftigt werden, § 38 Abs. 2 UVV 1.0. Insoweit handelt es sich um ein absolutes Beschäftigungsverbot.[122] Ungeachtet dessen wäre ein solcher Arbeitnehmer auch aufgrund der allgemeinen Fürsorgepflicht des Arbeitgebers vom Arbeitsplatz zu entfernen[123] und für dessen sichere Heimkehr zu sorgen[124], allerdings auf Kosten des Arbeitnehmers, §§ 670, 677, 683 BGB. In derartigen Fällen können insoweit nebeneinander sowohl personen- als auch verhaltensbedingte Entlassungsgründe von selbständiger kündigungsrechtlicher Bedeutung sein.[125] Zwar soll es für die Qualifizierung und den Prüfungsmaßstab einer Kündigung bei sog. Mischtatbeständen auf die gemeinsame primäre „Störquelle" ankommen, die der Kündigung das Gepräge gebe.[126] Das hätte allerdings zur Folge, dass bei betrieblichen

---

[121] Vgl. etwa *Zmarzlik/Anzinger*, JArbSchG, § 31 Rdn. 10; *Felderhoff*, S. 26 m.w.N.
[122] BAG (23. 9. 86) NZA 1987, 250; LAG Schleswig-Holst. DB 1989, 630 = NZA 1989, 472; *Bengelsdorf*, Alkohol, S. 4; ders., NZA 2001, 995: Kasseler Handbuch/*Künzl*, 2.1 Rz. 929; *Lepke*, DB 2001, 274.
[123] Ebenso *Glaubitz*, BB 1979, 579; *Willemsen/Brune*, DB 1988, 2304; *Olderog*, Alkohol, S. 67; *Lenfers*, S. 91; *Bengelsdorf*, Alkohol, S. 6; ders., NZA 1999, 1306; siehe auch *Dietze*, S. 230; *Schanz* et al.; S. 206; *Schäfer, Jürgen*, S. 115.
[124] Etwa *Schäfer, Jürgen*, S. 117 m.w.N.; Kasseler Handbuch/*Künzl*, 2.1 Rz. 932_934; *Bengelsdorf*, NZA 1999, 1306, 1307.
[125] Ebenso *Lepke*, 6. Aufl. 1984, S. 65; ders., DB 2001, 274; DB 1982, 174; LAG Frankfurt/ M. DB 1985, 768; LAG Berlin DB 1985, 2691; LAG Schleswig-Holst. (28. 11. 88) DB 1989, 630 = NZA 1989, 472; *Schäfer*, S. 101; *Ortlepp*, Anm. zu BAG SAE 1988, 250; *Hunold*, S. 159; *Erman/Hanau*, BGB, 9. Aufl., § 626 Rdn. 65; *Bengelsdorf*, Alkohol, S. 12; ders., NZA 1999, 1309; 2001, 993, 995; NZA-RR 2002, 57 (70); *Röhsler*, Inf 1982, 325; wohl auch *Olderog*, RdA 1992, 394; *Knorr/Bichlmeier/Kremhelmer*, S. 487 Rdn. 37; siehe auch *Hönsch/Natzel*, S. 191 Rdn. 175, die aber die Grundsätze über mangelnde Eignung des Arbeitnehmers anwenden wollen – **anderer Ans.** *Däubler*, S. 546; *Ascheid*, Kündigungsschutz, S. 241 Rdn. 454; *Rohlfing/Rewolle/Bader*, KSchG, § 1 Anm. 18c, S. 44c; *Lenfers*, S. 157; *Felderhoff*, S. 246 f.; *Künzl*, in: *Rieder*, Krankheit im Arbeitsverhältnis, S. 191.
[126] Dazu im Einzelnen KR-*Etzel*, § 1 KSchG Rdn. 256; KR-*Hillebrecht*, 4. Aufl., § 626 BGB Rdn. 121 c–j; *Schaub*, S. 1456 Rdn. 4; *Löwisch*, KSchG, § 1 Rdn. 66 ff.; *Birk*, JuS 1986, 375; *Knorr/Bichlmeier/Kremhelmer*, S. 398 Rdn. 10–12; *Gitter/Michalski*, S. 97; *U. Preis*, Arbeitsrecht, S. 640; BAG (21. 11. 85) NZA 1986, 713 = BB 1986, 2199 = SAE 1987, 188 ff., mit zust. Anm. von *Gitter*; (23. 9. 92) EzA Nr. 37 zu § 1 KSchG Krankheit, S. 7; (6. 11. 97) NZA 1998, 144 = DB 1998, 424 = BB 1998, 375; (20. 11. 97) DB 1998, 108, 2227 = NZA 1998, 323 = NJW 1998, 2157 – siehe demgegenüber *Schwedes*, S. 298 Rdn. 604: Gesamtbetrachtung; *Meisel*, Anm. zu BAG AP Nr. 12 zu § 1 KSchG 1969 Betriebsbedingte Kündigung, Bl. 475: Grundsätze, die für mehrere Kündigungssachverhalte gelten; siehe auch *von Hoyningen-Huene*, RdA 1990, 199 f.; *Ascheid*, Kündigungsschutz, S. 143 Rdn. 224, anders aber S. 241 Rdn. 454; *Fromm*, S. 148 Fußn. 27: Scheinproblem; *U. Preis*, NZA 1997, 1078; *von Hoyningen-Huene/Linck*, KSchG, § 1 Rdn. 174; *Dörner/Luczak/Wildschütz*, D, Rdn. 1707.

Verhaltensstörungen des Arbeitnehmers infolge seiner Alkoholabhängigkeit allein die Grundsätze der personenbedingten Kündigung wegen Krankheit maßgeblich wären.[127] Es macht jedoch kündigungsrechtlich einen Unterschied, ob der betreffende Arbeitnehmer wegen der durch seine Alkoholabhängigkeit bedingten Fehlzeiten und der dadurch aufgetretenen betrieblichen Störungen entlassen werden soll oder deshalb, weil er aufgrund seiner Trunksucht die ihm obliegenden arbeitsvertraglichen Pflichten während seiner Anwesenheit im Betrieb nicht oder nicht ordnungsgemäß erfüllt.[128] Auch bei anderen Autoren[129] ist die insoweit vom BAG vertretene sog. Sphärentheorie auf Ablehnung bzw. Kritik gestoßen. Statt dessen wird zu Recht eine exakte Abgrenzung der jeweils in Betracht kommenden Kündigungsgründe verlangt.

235 Neuerdings hat sich *Gottwald*[130] für die Zulässigkeit verhaltensbedingter Kündigungen bei fehlender Therapiebereitschaft alkoholkranker, therapiefähiger Arbeitnehmer ausgesprochen. Er meint, aus ihrer arbeitsvertraglichen Treuepflicht, § 242 BGB, treffe sie eine Nebenpflicht, sich um ihre Wiedergesundung zu bemühen. Es gehe nicht an, nicht therapiebereite alkoholkranke Arbeitnehmer kündigungsrechtlich besser als solche Arbeitnehmer zu stellen, die es wenigstens versucht hätten, vom Alkohol loszukommen. Zwar kann dem Ergebnis, nicht jedoch der Begründung zugestimmt werden. Zu Recht weist *Gottwald* allerdings auf die Wertungswidersprüche der überwiegenden Meinung in der Literatur und Rechtsprechung hin. Wenn, wie an anderer Stelle dargelegt[131], eine Pflicht des Arbeitnehmers zu gesundheits- und heilungsförderndem Verhalten nicht besteht, dann kann auch keine arbeitsvertragliche Pflicht anerkannt werden, sich therapieren zu lassen, insbesondere eine Alkoholentziehungskur anzutreten und diese auch durchzustehen. Wenn überhaupt, stellt sich die Weigerung, sich einer erforderlichen Therapiemaßnahme zu unterziehen, als Teil des personenbedingten Entlassungsgrundes dar,

---

[127] So *Berkowsky*, NZA-RR 2001, 15; *Fleck*, Anm. zu BAG AP Nr. 159 zu § 626 BGB; *von Hoyningen-Huene/Linck*, KSchG, § 1 Rdn. 191; *Kittner/Däubler/Zwanziger*, KSchR, § 1 KSchG Rdn. 183; *Künzl*, Anm. zu BAG AuR 2000, 147; *Schaub*, S. 1473 Rdn. 17; ErfK/ *Ascheid*, § 1 KSchG Rdn. 342; KPK-*Schiefer*, § 1 KSchG Rdn. 130, 129 a, 286 a, 291; *Löwisch*, KSchG, § 1 Rdn. 144, 207; *Elsner*, S. 102; *Kittner/Zwanziger/Appel*, § 193 Rdn. 52; *Bader/Bram/Dörner/Wenzel*, KSchG, § 1 Rdn. 199; *Fleck/Körkel*, Mit Bl. 93/2001, S. 44, 46; *Feuerlein/Dittmar/Soyka*, S. 64; KR-*Etzel*, § 1 KSchG Rdn. 287, 421; *Tschöpe/Nägele*, Teil 3 D, Rz. 119, 185; *Tschöpe/Kappelhoff*, Teil 3 H Rz. 3; *Boemke*, Arbeitsrecht, S. 325 Rdn. 44; *U. Preis*, Arbeitsrecht, S. 667; *Erman/Belling*, BGB § 626 Rdn. 54, 72; *Gamillscheg*, S. 623; *Hako-Fiebig*, § 1 Rdn. 197, 322; *Stahlhacke/Preis/Vossen*, Rdn. 685; *Dörner/ Luczak/Wildschütz*, D, Rdn. 1196; *Staudinger/Preis*, BGB, § 626 Rdn. 129; BAG (16.9.99) DB 2000, 93; ältere Nachw. bei *Lepke*, 10. Aufl., S. 286 Fußn. 94.
[128] Zust. *Erman/Hanau*, BGB, 9. Aufl., § 626 Rdn. 65; *Hönsch/Natzel*, S. 190 Rdn. 165, S. 204 Rdn. 229.
[129] *Rüthers/Henssler*, ZfA 1988, 31 (36f.); *U. Preis*, DB 1988, 1449; *Stahlhacke/Preis/Vossen*, Rdn. 925; *von Hoyningen-Huene/Linck*, KSchG, § 1 Rdn. 169ff.; HK-KSchG/*Dorndorf*, § 1 Rdn. 340. KR-*Fischermeier*, § 626 BGB Rdn. 162.
[130] AuR 1997, 237ff.; NZA 1997, 635ff.; NZA 1999, 180ff.; KR-*Etzel*, § 1 KSchG Rdn. 421; siehe auch *Bengelsdorf*, NZA 2001, 994 – **anders** *Künzl*, NZA 1999, 744f.; Kasseler Handbuch/*Künzl*, 2.1 Rz. 918; APS/*Dörner*, § 1 KSchG Rdn. 231; *Erman/Belling*, BGB § 626 Rdn. 72.
[131] *Lepke*, S. 497 Rdn. 411; zust. *Künzl*, NZA 1999, 745.

der nicht in einen verhaltensbedingten „umfunktioniert" werden darf.[132] Ebensowenig kann die Verweigerungshaltung des Alkoholkranken kündigungsrechtlich als schuldhaftes Fehlverhalten qualifiziert werden, das eine verhaltensbedingte Entlassung rechtfertigen könnte.[133] Es kann sich insoweit allenfalls um eine Obliegenheit des Alkoholkranken handeln.

Dass dem Arbeitnehmer die infolge seiner Alkoholabhängigkeit aufgetretenen Fehlleistungen und Vertragsverletzungen nicht als schuldhaftes Fehlverhalten zuzurechnen seien, wie die Landesarbeitsgerichte Köln, Hamm und Düsseldorf[134], das BAG[135], aber auch mehrere Autoren[136] meinen, darauf kann es entscheidungserheblich nicht ankommen, zumal das LAG Köln und das BAG zu Recht darauf hinweisen, dass eine Kündigung seitens des Arbeitgebers nicht in jedem Falle ein Verschulden des Arbeitnehmers voraussetzt, jedenfalls nicht bei einer personenbedingten Kündigung.[137] Im Unterschied zur verhaltensbedingten setzt eine personenbedingte Entlassung nicht die Störung des Arbeitsverhältnisses durch ein willensgesteuertes Handeln des Arbeitnehmers voraus[138], ein rechtlicher Gesichtspunkt, der bisher viel zu wenig Beachtung gefunden hat. Da primär objektive Umstände bzw. Pflichtverstöße für die Rechtfertigung einer Kündigung maßgebend sind, ist ein Verschulden des Arbeitnehmers im Allgemeinen keine notwendige Entlassungsvoraussetzung.[139] Die Vorwerfbarkeit eines vertragswidri- 236

---

[132] *Lepke*, DB 2001, 274; *Künzl*, NZA 1998, 125 ff.
[133] Zutreffend LAG Düsseldorf (25. 2. 97) LAGE Nr. 57 zu § 1 KSchG Verhaltensbedingte Kündigung; *Künzl*, NZA 1998, 123; *von Hoyningen-Huene/Linck*, KSchG, § 1 Rdn. 311a.
[134] LAG Köln (6. 2. 87) b + p 1987, 163; (4. 5. 95) DB 1995, 2276; LAG Hamm (11. 11. 96) LAGE Nr. 56 zu § 1 KSchG Verhaltensbedingte Kündigung; LAG Düsseldorf (17. 10. 90) LAG Nr. 15 zu § 1 KSchG Krankheit.
[135] BAG (9. 4. 87) NZA 1987, 811; (7. 12. 89) AiB 1991, 278; (26. 1. 95) NZA 1995, 517.
[136] Etwa *Hako-Gallner*, § 1 Rdn. 458; APS/*Dörner*, § 1 KSchG Rdn. 228; HK-KSchG/*Dorndorf*, § 1 Rdn. 444; Kasseler Handbuch/*Künzl*, 2.1 Rz. 918, 963; *Fleck/Körkel*, Mit Bl. Nr. 93/2001; S. 44; *Hoefs*, S. 332.
[137] Vgl. nur *Stahlhacke/Preis/Vossen*, Rdn. 1189; *Kittner/Däubler/Zwanziger*, KSchR, § 1 KSchG Rdn. 69; KR-*Etzel*, § 1 KSchG Rdn. 268; KPK-*Schiefer*, § 1 KSchG Rdn. 111 a, 272, 272 a; *Hako-Gallner*, § 1 Rdn. 427; *Bengelsdorf*, NZA 1999, 1309; BAG (21.1.99) NZA 1999, 863.
[138] Zutreffend HK-KSchG/*Weller/Dorndorf*, § 1 Rdn. 359 m.w.N.
[139] Vgl. die Nachweise bei *U. Preis*, Prinzipien, S. 333 Fußn. 85; KR-*Etzel*, § 1 KSchG Rdn. 396f., 400; *Tschöpe/Nägele*, Teil 3 D, Rz. 132: ausnahmsweise auch schuldloses Verhalten bei verhaltensbedingter Entlassung; *Berkowsky*, Personenbedingte Kündigung, S. 134 Rdn. 27 ff.; *Bengelsdorf*, NZA 2001, 996f.; *Picker*, JZ 1984, 1046; *Adomeit/Spinti*, unter C I 2b, C II 2c; BGH (24. 5. 84) NJW 1984, 2093; BAG (29. 11. 83) AP Nr. 78 zu § 626 BGB; (21. 1. 99) DB 1999, 1400; – **anders** etwa *Löwisch*, KSchG, § 1 Rdn. 133, 192; *Däubler*, S. 598 Rdn. 1112, die bei verhaltensbedingten Kündigungen ein Verschulden des Arbeitnehmers verlangen; siehe auch *Bitter/Kiel*, RdA 1995, 33, mit Rechtsprechungsnachweisen; *Schwerdtner*, in: Müko-BGB, § 622 Anh. Rdn. 316; *Becker-Schaffner*, ZTR 1997, 4; *Kittner/Däubler/Zwanziger*, KSchR, § 1 KSchG Rdn. 156; *Kittner/Zwanziger/Appel*, § 94 Rdn. 6; Kasseler Handbuch/*Isenhardt*, 6.3 Rz. 497; *Büdenbender*, Anm. zu BAG SAE 2000, 91f. BAG (21.5.92) NZA 1993, 115; (10.12.92) AP Nr. 41 zu Art. 140 GG; (14.2.96) NZA 1996, 873 = BB 1996, 486 = NJW 1996, 2254; Hess. LAG (18.2.99) ARSt 1999, 266 – **unrichtig** *Fleck/Körkel*, BB 1995, 722.

gen Verhaltens ist begriffsnotwendig nicht erforderlich.[140] Eine Berücksichtigung des Verschuldens lediglich im Rahmen der Interessenabwägung lässt sich entgegen der Auffassung des BAG[135] nicht überzeugend begründen. Die diesbezügliche Rechtsprechung des 2. Senats des BAG steht auch nicht im Einklang mit einer Entscheidung des 7. Senats vom 14. 11. 1984.[69] Danach können Pflichtverletzungen eines alkoholkranken Arbeitnehmers unabhängig von den Ursachen dieser Unfähigkeit als Kündigungsgrund geeignet sein. Freilich wird es in solchen Fällen einer verhaltensbedingten Kündigung in der Regel einer vorherigen Abmahnung bedürfen[141], es sei denn, der Arbeitnehmer ist infolge seiner Alkoholabhängigkeit nicht mehr in der Lage, sein arbeitsvertragswidriges Verhalten zu ändern. Gefährdet sich der betreffende Arbeitnehmer bei der Ausführung der ihm übertragenen Aufgaben gar selbst[142] oder auch andere Mitarbeiter des Betriebes[143], dann wird dieser Umstand eine Kündigung noch eher rechtfertigen. Gleiches gilt, wenn beispielsweise ein Alkoholkranker als Berufskraftfahrer tätig ist. Alkoholabhängigkeit lässt einen solchen Arbeitnehmer für diese Tätigkeit als absolut ungeeignet erscheinen. Ein solcher Kraftfahrer ist nicht nur verpflichtet, die maßgeblichen Vorschriften der StVO einzuhalten[144], sondern er hat auch jeden seine Fahrtüchtigkeit beeinträchtigenden Alkoholgenuss während der Arbeit und kurz vor Dienstantritt zu unterlassen[145], und zwar auch deshalb, weil der Arbeitgeber ihm mit dem Fahrzeug und ggf. der Ladung Sachwerte anvertraut, die vor Schäden bewahrt werden müssen. Insoweit ist der Arbeitnehmer verpflichtet, seine Arbeitsfähigkeit durch außerdienstlichen Alkoholgenuss nicht zu beeinträchtigen.[146] Es ist seit langem wissenschaftlich erwiesen, dass die die Leistungsfähigkeit in dieser oder jener Form vermindernden Folgen des Alkoholgenusses nicht etwa erst dann eintreten, wenn

---

[140] *Rüthers/Henssler*, ZfA 1988, 44; KR-*Etzel*, § 1 KSchG Rdn. 400; siehe auch BAG (21.1.99) EzA Nr. 178 zu § 626 BGB n. F.

[141] Ebenso *Beckerle/Schuster*, S. 20 Rdn. 11; *Künzl*, BB 1993, 1585; *von Hoyningen-Huene*, DB 1995, 145; *Kittner/Däubler/Zwanziger*, KSchR, § 1 KSchG Rdn. 183 a; *Schaub*, 9. Aufl., S. 521 f. Rdn. 51; *Bengelsdorf*, NZA 2001, 999; BAG (26. 1. 95) NZA 1995, 519f.; siehe auch Kasseler Handbuch/*Künzl*, 2.1 Rz. 953: zweckmäßig und sinnvoll – **unrichtig** *Hagen/de Vivie*, ZTR 1988, 35.

[142] Im Einzelnen dazu *Naeve*, in: Suchterkrankung am Arbeitsplatz und Behandlung, S. 65 ff.; siehe auch BAG (13. 12. 90) EzA Nr. 33 zu § 1 KSchG Krankheit.

[143] Vgl. LAG Düsseldorf (17. 8. 67) BB 1967, 1425; *Künzl*, BB 1993, 1581; zur Problematik des Alkoholgenusses als betriebliches Risiko siehe etwa *Wick*, in: *Maul*, Alkohol am Arbeitsplatz, S. 238 f.

[144] Vgl. BAG (28. 5. 60) AP Nr. 19 zu § 611 BGB Haftung des Arbeitnehmers; (10. 8. 67) AP Nr. 37 zu § 4 TVG Ausschlußfristen; ArbG Passau (31. 3. 89) BB 1989, 1202; siehe auch BAG (12. 11. 98) DB 1999, 288 = EzA Nr. 65 zu § 611 BGB Arbeitnehmerhaftung.

[145] BAG (23. 9. 86) NZA 1987, 250; KR-*Etzel*, § 1 KSchG Rdn. 425; *Claussen/Czapski*, S. 55 Rdn. 115; APS/*Dörner*, § 1 KSchG Rdn. 310; *Stahlhacke/Preis/Vossen*, Rdn. 700; *Bengelsdorf*, NZA-RR 2002, 58; betreffend einen Betriebsbeamten im Eisenbahndienst siehe BVerwG (10. 8. 83) – 1 D 85.82/56.83 – unv.; (26. 10. 82) Dok.Ber.B 1983, 21; (23. 5. 89) DÖD 1990, 143; einen Hubschrauberpiloten bei der Bundeswehr: BVerwG (8. 11. 90) NJW 1991, 1317; Sächs. LAG (26.5.00) DB 2001, 1208: Rettungsdienstfahrer – **anderer Ans.** *Felderhoff*, S. 60f.: kein absolutes Alkoholverbot.

[146] BAG (26. 1. 95) NZA 1995, 517; LAG Hamm (11. 11. 96) LAGE Nr. 56 zu § 1 KSchG Verhaltensbedingte Kündigung; *Künzl*, BB 1993, 1581; *Stahlhacke/Preis/Vossen*, Rdn. 683; *Lepke*, DB 2001, 275.

bereits äußere Ausfallerscheinungen sichtbar oder gar unverkennbar geworden sind, sondern dass ein bis zur Fahruntüchtigkeit reichender Leistungsabfall schon viel früher erreicht wird.[147] Ferner können sich haftungs-[148] und versicherungsrechtliche Konsequenzen aus der Beschäftigung eines unter Alkoholeinfluss stehenden Kraftfahrers ergeben. Ein alkoholabhängiger Arbeitnehmer bietet im Allgemeinen keine Gewähr dafür, während der Arbeitszeit stets frei von alkoholischer Beeinflussung zu sein. Diese Überlegungen sind kündigungsrechtlich immer dann relevant, wenn es sich um die Ausübung einer Tätigkeit handelt, die eine Alkoholabstinenz während der Arbeitszeit einschränkungslos voraussetzt.

In den genannten Fällen kann eine verhaltensbedingte Kündigung jedenfalls dann rechtlichen Bestand haben, wenn aufseiten des Alkoholkranken noch die Einsichtsfähigkeit in die Vertragswidrigkeit seines noch steuerbaren Verhaltens besteht.[149] So sind bei Gamma-Trinkern mit etwa 66 % der Abhängigen und Epsilon-Alkoholikern mit etwa 5 – 10 % der Süchtigen durchaus noch alkoholfreie Räume festzustellen. Bei Delta-Trinkern verlieren etwa 20 % überhaupt nicht ihre Kontrolle über ihr Trinkverhalten.[150] Überdies kommt es bei einem Fehlverhalten, das über typisch suchtbedingte Ausfallerscheinungen hinausgeht, ohnehin nicht darauf an, ob der Arbeitnehmer schuldhaft gehandelt hat.[151]

Mit der Wiederherstellung der Arbeitskraft in absehbarer Zeit ist objektiv auch dann nicht zu rechnen, wenn der alkoholkranke Arbeitnehmer zum Zeitpunkt der Kündigung nicht bereit ist, sich einer Entziehungskur zu unterziehen.[152] In derartigen Fällen muss im Allgemeinen von einer negativen Gesundheitsprognose ausgegangen werden.[153] Eine Therapiebereitschaft, die erst nach dem Kündigungszugang zutage tritt, vermag an der negativen Prognose nichts zu ändern[154], da es für

237

---

[147] Vgl. BVerwG (10. 8. 83) – 1 D 85.82/56.83 – unv.; (16. 12. 80) E 73, 115; *Claussen/Czapski*, S. 33 Rdn. 67.
[148] Allgemein dazu *Felderhoff*, S. 185 ff.; Kasseler Handbuch/*Künzl*, 2.1 Rz. 977 ff.
[149] So auch *Bengeldorf*, NZA 1999, 1309; ders., NZA 2001, 996; *Stahlhacke/Preis/Vossen*, Rdn. 700; LAG Köln (11.9.87) LAGE Nr. 14 zu § 1 KSchG Verhaltensbedingte Kündigung; LAG Saarland (12.12.92) LAGE Nr. 65 zu § 626 BGB; LAG Düsseldorf (15.12.97) LAGE Nr. 116 zu § 626 BGB.
[150] Siehe *Bengelsdorf*, NZA 2001, 996.
[151] Zutreffend LAG Köln (12.3.02) NZA-RR 2002, 520.
[152] Zutreffend LAG Hamm (30. 8. 85) – 16 (11) Sa 920/84 –; BAG (9. 4. 87) NZA 1987, 811; (13. 12. 90) EzA Nr. 33 zu § 1 KSchG Krankheit; *Olderog*, Alkohol, S. 71; *Hunold*, S. 157; *Roos*, NZA-RR 1999, 621; *Schaub*, S. 1465 Rdn. 28; *von Hoyningen-Huene/Linck*, KSchG, § 1 Rdn. 192.
[153] BAG (13. 12. 90) EzA Nr. 33 zu § 1 KSchG Krankheit; (17. 6. 99) AP Nr. 37 zu § 1 KSchG 1969 Krankheit; siehe auch HK-KSchG/*Weller/Dorndorf*, § 1 Rdn. 441.; *Lepke*, DB 2001, 275; KPK-*Schiefer*, § 1 KSchG Rdn. 134.
[154] Ebenso BAG (9. 4. 87) NZA 1987, 811; (13. 12. 90) EzA Nr. 33 zu § 1 KSchG Krankheit; (17. 6. 99) BB 1999, 1437; LAG Schleswig-Holst. (24. 7. 01) EzA SD Nr. 23/2001, S. 14; *von Hoyningen-Huene/Linck*, KSchG, § 1 Rdn. 192a; *Weber/Ehrich/Burmester*, S. 87 Rdn. 236; HK-KSchG/*Weller/Dorndorf*, § 1 KSchG Rdn. 442; *Künzl*, NZA 1998, 124.; Kasseler Handbuch/*Künzl*, 2.1 Rz. 967; *Hemming*, BB 1998, 1999; KPK-*Schiefer*, § 1 KSchG Rdn. 136; *Nicolai*, Anm. zu BAG SAE 2000, 98.

die Beurteilung allein auf die Umstände im Zeitpunkt des Zugangs der Kündigung ankommt.

238 Hat der Arbeitnehmer bei seiner Einstellung den Arbeitgeber auf seine chronische Erkrankung, wozu auch die Trunk- und Drogensucht gehören können, hingewiesen, dann soll nach der Rechtsprechung des Bundesarbeitsgerichts[155] der Arbeitgeber von vornherein längere krankheitsbedingte Fehlzeiten des Arbeitnehmers als üblich in Kauf nehmen müssen.

cc) Alkoholsucht und Verschulden

239 Bei der rechtlichen Beurteilung einer vom Arbeitgeber wegen Trunksucht des Arbeitnehmers ausgesprochenen Kündigung kann aber auch nicht völlig außer Betracht bleiben, dass Alkoholismus im Allgemeinen nicht ohne zurechenbares Verschulden des Arbeitnehmers entsteht[156], wobei auf den Zeitpunkt des Beginns des

---

[155] (10.6.69) NJW 1969, 1871 – **kritisch** dazu *Lepke*, S. 197 Rdn. 118; siehe auch *Gitter*, Anm. zu BAG AP Nr. 2 zu § 1 KSchG Krankheit; *Berkowsky*, Personenbedingte Kündigung, 1. Aufl., S. 33 Rdn. 122 – **ablehnend** zu Recht *Hönsch/Natzel*, S. 192 Rdn. 178; *Fecker*, S. 216 f.; *Schäfer, Jürgen*, S. 229 f.

[156] Vgl. BAG (7.12.72), (22.3.73) AP Nrn. 26 und 31 zu § 1 LohnFG; LAG Düsseldorf/Köln (24.5.72) DB 1972, 1973; LAG Bayern (25.10.73) ARSt 1975, S. 46 Nr. 1054; LAG Baden-Württ. (21.4.77) AP Nr. 39a zu § 1 LohnFG; LAG Frankfurt/M. (28.4.86) LAGE Nr. 12 zu § 1 LohnFG; LAG Berlin (24.9.79) EzA Nr. 57 zu § 1 LFG; (1.7.85) LAGE Nr. 4 zu § 1 KSchG Verhaltensbedingte Kündigung; OVG Saarland (26.2.75) EEK I/541; OVG Münster (26.8.81) NJW 1982, 1343; ArbG Ludwigshafen (25.6.69) ARSt 1969, S. 166 Nr. 165; ArbG Aachen (25.11.70) DB 1971, 1676; *Ortlepp*, Anm. zu BAG SAE 1973, 228; *Soergel/Kraft*, BGB, § 616 Rdn. 26; *Marburger*, RdA 1977, 297; *Dreesbach*, in: *Maul*, Alkohol am Arbeitsplatz, S. 301; *Hessel/Marienhagen*, S. 37; *Hönsch/Natzel*, S. 92 Rdn. 100; *Pachtenfels*, BB 1983, 1482; *Schaffer/Werndl*, ZBR 1983, 228; *Zöllner/Loritz*, S. 232; *Thome*, S. 188 f.; *Etzel*, GK-HGB, 3. Aufl. 1980, § 63 Rdn. 13 (anders jetzt 4. Aufl.); *Lepke*, DB 2001, 275; *Bengelsdorf*, NZA 2001, 993; siehe auch *Richter*, in Müko-BGB, § 1579 Rdn. 22; *Hanau/Adomeit*, S. 237 Fußn. 39; *Geyer/Knorr/Krasney*, EFZG, § 3 Rdn. 136; *Schwerdtner*, in: Müko-BGB, § 622 Anh. Rdn. 316 – **anderer Ans.** BVerwG (9.1.80) JZ 1980, 316 = NJW 1980, 1347; OVG Münster (19.4.93) NJW 1993, 3015; LAG Frankfurt/M. (6.2.91) DB 1992, 533; LAG Düsseldorf (19.4.72) DB 1972, 1073; LAG Rheinland-Pfalz (24.5.72) EEK I/248; LAG Stuttgart (7.7.81) NJW 1982, 1348; OLG Hamm (12.1.96) FamRZ 1996, 1017; ArbG Rheine (22.10.70) EEK I/096; ArbG Heide (28.1.71) ARSt 1972, S. 40 Nr. 46; ArbG Wetzlar (23.4.71) BB 1971, 1056; ArbG Ulm (16.7.71) DB 1971, 1675; *Brill*, BB 1971, 1374; *Becker-Schaffner*, BlStSozArbR 1974, 104; *Töns*, DOK 1975, 232; *Krasney*, in: FS für Karl Sieg (1976), S. 313 ff.; *Lipke*, DB 1978, 1543; *Schulte-Mimberg/Sabel*, in: EEK-Register C (Stand: Oktober 1989), S. 195 f.; *Liebig*, S. 153; *Conze*, ZTR 1989, 8; *Russland/Plogstedt*, Sucht – Alkohol und Medikamente in der Arbeitswelt (1986), S. 180 f.; *Hagen/de Vivie*, ZTR 1988, 34, 38; *Brühl*, S. 251, 263; *Claussen/Czapski*, S. 57 Rdn. 119; *Hintz/Wolf*, S. 21; MünchArbR/*Schulin*, 1. Aufl., § 81 Rdn. 93; *Künzl*, BB 1993, 1583, 1586; *Viethen*, EFZG, S. 19; *Kittner/Däubler/Zwanziger*, KSchR, § 1 KSchG Rdn. 112; *Feichtinger*, ArbR-Blattei, Krankheit III, Rdn. 129; *Schäfer, Jürgen*, S. 135 ff.; *Götz*, S. 96 Rz. 134; *Schwan/Zöller*, ZTR 1996, 66; *Brox/Rüthers*, S. 122 Rdn. 167b; KR-*Etzel*, § 1 KSchG Rdn. 285; *Gottwald*, NZA 1997, 637; *Müller/Berenz*, EFZG, § 3 Rdn. 50; *Schanz* et al., S. 215 f., 231 f. (teilweise anders S. 232); Kasseler Handbuch/*Künzl*, 2.1 Rz. 942; Kasseler Handbuch/*Vossen*, 2.2 Rz. 90; *Schaub*, S. 1465 Rdn. 28; *Backmeister/Trittin*, KSchG, § 1 Rdn. 190; *Bengelsdorf*, NZA 1999, 1308; MünchArbR/*Boecken*, § 83 Rdn. 104; *Worzalla/Süllwald*, EFZG, § 3 Rdn. 38;

Alkoholmissbrauchs abgestellt werden muss.[157] Sieht man das Wesen einer Suchterkrankung im Verlust der Selbstkontrolle, in dem „Nicht-mehr-aufhören-können", so liegt dieses Merkmal bereits in der Anfangsphase der Trunksucht vor, wenn es auch nach außen hin noch nicht so deutlich erkennbar sein mag. Bereits in diesem Stadium muss heute jeder verständige Mensch in Betracht ziehen, dass der übermäßige Genuss alkoholischer Getränke nicht nur zu organischen Schäden, wie etwa Leberleiden und Übergewicht, sondern auch zur chronischen Trunksucht und sich daraus ergebenden Folgeerkrankungen führen kann.[158] Statistisch gesehen bedeutet die Alkoholkrankheit eine Verkürzung der Lebenserwartung um durchschnittlich 15 bis 25 Jahre und eine gegenüber gleichaltrigen Nichttrinkern vervielfachte Sterblichkeit.[159] Rund 40.000 Menschen starben 1998 wie in den Vorjahren an den Folgen übermäßigen Alkoholgenusses[160], – 1999, 2000 und 2001 sollen es jeweils sogar 42.000 gewesen sein[161] –, während im Straßenverkehr „nur" etwa 10.000 Menschen pro Jahr getötet wurden[162], wenngleich 1997 trotz gestiegenen Verkehrsaufkommens die Zahl der Verkehrstoten um 2,8 % auf 8511 gesunken war und damit den niedrigsten Stand seit Einführung der Statistik im Jahre 1953 erreichte.[163] Es entspricht allgemeiner Erfahrung, dass übermäßiger Alkoholgenuss während eines längeren Zeitraumes Trunksucht bedingen kann.[164] Angesichts der umfassenden Informationen im Fernsehen, in Zeitungen und Schriften, insbesondere der Krankenkassen kann an der Erkennbarkeit der Gefahren des Alkohol-

---

Löwisch, Arbeitsrecht, S. 284 Rdn. 1048; *Erman/Belling*, BGB, § 616 Rdn. 117; *Felderhoff*, S. 143 ff., aber einschränkend S. 158; *Schmitt*, EZFG, § 3 Rdn. 111; *Kaiser/Dunkl/Hold/Kleinsorge*, EFZG, § 3 Rdn. 113 ff.; *Dörner/Luczak/Wildschütz*, C, Rdn. 1477; *Geyer/Knorr/Krasney*, EFZG, § 3 Rdn. 152; *Bader/Bram/Dörner/Wenzel*, KSchG, § 1 Rdn. 203; zweifelnd ferner *Bleistein*, Einstellung S. 205; einschränkend auch LAG Baden-Württ. (7.7.81) DB 1982, 708 = NJW 1982, 1348; siehe auch *Rüthers*, in: Zeugen des Wissens, S. 750, der von vertretbaren, wenn auch sehr frag- und diskussionswürdigen Gründen spricht; dazu auch *Hunold*, S. 149.

[157] Insbesondere BAG (7.12.72) AP Nr. 26 zu § 1 LohnFG; *Ortlepp*, Anm. zu BAG SAE 1973, 228; *Ottow*, Anm. zu BAG SAE 1983, 317; *Bauer/Röder/Lingemann*, S. 26; *Schmitt*, EFZG, § 3 Rdn. 111; *Feichtinger*, ArbR-Blattei, Krankheit III, Rdn. 129; *Fuchs/Resch*, S. 83; *Dörner/Luczak/Wildschütz*, C, Rdn. 1479; *Olderog*, Alkohol, S. 68; MünchArbR/*Schulin*, 1. Aufl., § 81 Rdn. 95; *Brecht*, EFZG, § 3 Rdn. 37; Kasseler Handbuch/*Vossen*, 2.2 Rz. 91 – kritisch *Birk*, GK-EFZR, § 1 LFZG Rdn. 254; *Korkhaus*, BB 1979, 378; *Schäfer, Jürgen*, S. 137 ff.

[158] Ähnlich *Giese*, BB 1972, 362 f.; *Thome*, S. 188; *Etzel*, GK-HGB, 4. Aufl., § 63 Rdn. 13; siehe auch BAG (11.3.87) NZA 1987, 452; (30.3.88) NZA 1988, 537; dazu *Künzl*, BB 1989, 62 ff.

[159] Vgl. *Böcker*, MMW 1990, S. 357; siehe auch *Feuerlein*, Alkoholismus, S. 120 f.

[160] Etwa Aktuell '98, S. 22; DtÄrzteBl 97 (2000), Heft 27, C-284; Drogen- und Suchtbericht 2001, S. 8. *Feuerlein*, Alkoholismus, S. 123: ca. 50.000 im Jahre 1993.

[161] DtÄrzteBl 97 (2000), Heft 27, C-1395; „Der Tagesspiegel" Nr. 17607 vom 3.12.2001, S. 28; Drogen- und Suchtbericht 2001, S. 55; siehe aber auch *Lindenmeyer*, S. 36: 70 000 im Jahre 2000; DtÄrzteBl 99 (2002), Heft 12, A-749: 40 000 im Jahre 2001.

[162] Statistisches Bundesamt (1993): Gesundheitswesen – Todesursachen in Deutschland 1990, Fachserie 12, Reihe 4, S. 34, 48, 68; *Brockhoff*, in: Jahrbuch Sucht '95, S. 31, *L. G. Schmidt*, DtÄrzteBl 94 (1997), Heft 44, B-2355.

[163] Vgl. „Der Tagesspiegel" Nr. 16256 vom 20.2.1998, S. 1; UPI-Bericht Nr. 46, S. 9, 1996: 8758 Tote.

[164] Siehe nur LAG Berlin (26.2.79) – 9 Sa 104/78 – unv.; *Classen/Diehl/Kochsiek*, S. 1039.

missbrauchs für die Entstehung der Abhängigkeit kein Zweifel bestehen.[165] Handelt der Arbeitnehmer dieser allgemeinen Erkenntnis zuwider, nimmt er seine spätere Alkoholerkrankung und deren Folgen mindestens fahrlässig in Kauf. Das muss vor allem dann angenommen werden, wenn wegen der Trunksucht bereits eine stationäre oder sonstige therapeutische Behandlung des Arbeitnehmers verbunden mit entsprechenden Belehrungen stattgefunden hat[166], der Arbeitnehmer sein diesbezügliches Verhalten jedoch nicht grundlegend ändert. Mit seinen Möglichkeiten zur Gestaltung der Lebensführung ist der Alkoholiker stets auch mitverantwortlich für das, was er aus sich macht und was aus ihm geworden ist.[167] Erfahrungsgemäß hindert den Alkoholiker nicht einmal die Gefahr, arbeitslos[168], berufs- oder erwerbsunfähig zu werden, am Konsum von Alkoholika. Ein Eigenverschulden des Arbeitnehmers ist in der Regel nicht an subjektiven, sondern an objektiven Kriterien zu messen. Das ergibt sich eindeutig daraus, dass auf das von einem verständigen Menschen zu erwartende Verhalten abzustellen ist. Freilich wird es auch hier immer auf den konkreten Einzelfall ankommen.[169] So können erbliche Belastungen und Milieuschädigungen die Schuldfähigkeit des Arbeitnehmers ganz oder teilweise ausschießen. Gleiches gilt, wenn die Trunksucht lediglich Ausdruck oder Begleitsymptom einer krankhaften Geistesstörung ist.[170] Häufig tritt Alkoholismus als sog. sekundäre Trunksucht auf.[171] So weist *Laubenthal*[172] auf die hohe Zahl der an Trunksucht Erkrankten hin, die vor der Suchterkrankung bereits Psychopathen waren. Dass Alkoholismus auch als Symptom einer schizophrenen Psychose auftreten kann, wird heute nicht mehr in Abrede gestellt.[173] Immerhin haben bis zu 80 % der Alkoholabhängigen psychiatrische Zusatzdiagnosen, insbesondere Angsterkrankungen oder Depressionen.[174] Unter Hinweis auf neuere medizinische Erkenntnisse nimmt das BAG in einer Entscheidung von 1. 6. 1983[175] nun-

---

[165] Dazu auch *Felderhoff*, S. 155.
[166] Ebenso BVerwG JZ 1980, 316; (23. 3. 82) – 1 D 63/81 –; (14. 10. 81) – 1 D 61/80 – unv. – **anders** ArbG Hamburg (10. 4. 94) RzK I 5g Nr. 57.
[167] *Langelüddeke/Bresser*, S. 157.
[168] Zu den ätiologischen und rehabilitativen Zusammenhängen zwischen Arbeitslosigkeit und Alkoholismus siehe *Henkel*, in: DHS, Süchtiges Verhalten (1985) S. 221 ff.
[169] Dazu *Hofmann*, ZfA 1979, 275 (324).
[170] LAG Frankfurt/M. (13. 12. 71) EEK I/251; LAG Baden-Württ. (21. 4. 77) AP Nr. 39a zu § 1 LohnFG.
[171] Vgl. etwa *Herold*, S. 716; UPI-Bericht Nr. 46, S. 43.
[172] Sucht und Mißbrauch (1964), S. 19; siehe auch *Feuerlein*, Alkoholismus, S. 67 ff.; *Felderhoff*, S. 158; zum pathologischen Rausch siehe *Forster/Joachim*, S. 76 f., 79, 83; *Feuerlein*, Alkoholismus, S. 129 f.
[173] Vgl. nur *Zeiler*, DtÄrzteBl 94 (1997), Heft 10, B-482; *Feuerlein*, Alkoholismus, S. 71, 261; *Soyka*, Alkoholismus, S. 40 ff.
[174] *L. G. Schmidt*, DtÄrzteBl 94 (1997) Heft 24, B-2358.; *Soyka*, Alkoholismus, S. 29-33.
[175] AP Nr. 52 zu § 1 LohnFG; zust. LAG Frankfurt/M. (28. 4. 86) LAGE Nr. 12 zu § 1 LFG; LAG Rheinland-Pfalz (1. 4. 85) EEK I/812; LAG Hamm (22. 4. 87) EEK I/901; OVG Münster (19. 4. 93) NJW 1993, 3015; *Schaub*, S. 1465 Rdn. 28; *Bader/Bram/Dörner/Wenzel*, KSchG, § 1 Rdn. 204; *Bauer/Röder/Lingenmann*, S. 28; *Schäfer, Jürgen*, S. 135 ff.; *Gola*, BlStSozArbR 1984, 36; *Erman/Hanau*, BGB, 9. Aufl., § 616 Rdn. 41; *Olderog*, Alkohol, S. 68; *Feichtinger*, ArbR-Blattei, Krankheit I, Rdn. 46; *Geyer/Knorr/Krasney*, EFZG, § 3 Rdn. 136; KPK-*Schiefer*, § 1 KSchG Rdn. 131; APS/*Dörner*, § 1 KSchG Rdn. 230, 232;

mehr an, dass die Alkoholabhängigkeit regelmäßig auf ein Ursachenbündel zurückzuführen sei, dessen Komponenten für das Abgleiten in die Alkoholabhängigkeit von dem Betroffenen häufig nicht erkannt und in ihrer Bedeutung nicht gewertet werden könnten. Es gebe keinen Erfahrungssatz des Inhalts, dass eine krankhafte Alkoholabhängigkeit in der Regel selbst verschuldet sei. Für das Verschulden des Arbeitnehmers – in bezug auf die Entgeltfortzahlung – treffe in der Regel die Darlegungs- und Beweislast deshalb den Arbeitgeber. Das gelte auch bei einem durch „Rückfall" in den Alkoholmissbrauch erkrankten Arbeitnehmer nach einer Entziehungskur, obwohl der Rückfall in der Regel selbst verschuldet sei.[176] Es sei dann allerdings Sache des Arbeitnehmers, die Beweisführung des Arbeitgebers zu widerlegen und im Einzelnen darzulegen, aus welchen Gründen sein Verhalten als nicht schuldhaft anzusehen sei. Hinsichtlich der Verschuldensfrage hat sich auch das BVerwG[177] im obigen Sinne geäußert. Gleichwohl obliege dem Arbeitnehmer eine Pflicht zur Mitwirkung an der Aufklärung aller für die Entstehung des (Lohnfortzahlungs-) Anspruches erheblichen Umstände[178], wobei jedoch die Entbindung des den Arbeitnehmer behandelnden Arztes von seiner Schweigepflicht ohne nähere Angaben nicht ausreiche.[179] Ungeachtet dessen meint das BAG

MünchArbR/*Boecken*, § 83 Rdn. 104; BAG (7. 8. 91) NZA 1992, 69 = BB 1991, 2224; (9. 4. 87) NZA 1987, 811; (27. 5. 92) EEK I/1048; (26. 1. 95) NZA 1995, 517.

[176] BAG (11. 11. 87) NZA 1988, 197 = BB 1988, 407; (7. 12. 89) AiB 1991, 278; (27. 5. 92) EzA Nr. 123 zu § 1 LohnFG; *Schanz* et al., S. 217; *Feichtinger*, ArbR-Blattei, Krankheit III, Rdn. 134; *Löwisch*, KSchG, § 1 Rdn. 144; *Schmitt*, EFZG, § 3 Rdn. 112; *Vossen*, S. 60 Rdn. 146; KPK-*Schiefer*, § 1 KSchG Rdn. 131; *Bengelsdorf*, NZA 2001, 996; schon BVerwG (9. 1. 80) NJW 1980, 1348; LAG Frankfurt/M. (28. 4. 86) LAGE Nr. 11 zu § 1 LFG; LAG Hamm (22. 4. 87) EEK I/901 – **anderer Ans.** *Fleck/Körkel*, DB 1990, 275f.; *dies.*, BB 1995, 722ff.; *Fecker*, S. 154ff.; *Hinrichs*, Anm. zu BAG, AiB 1991, 278; MünchArbR/ *Schulin*, 1. Aufl., § 81 Rdn. 94; MünchArbR/*Boecken*, § 83 Rdn. 105; *Schäfer, Jürgen*, S. 144ff., 215; *Kittner/Däubler/Zwanziger*, KSchR, § 1 KSchG Rdn. 183; Hako-Fiebig, § 1 Rdn. 324; *Hako-Gallner*, § 1 Rdn. 460; APS/*Dörner*, § 1 KSchG Rdn. 230; *Graefe*, BB 2001, 1254; *Geyer/Knorr/Krasney*, EFZG, § 3 Rdn. 152: ausnahmsweise aber Anscheinsbeweis; LAG Stuttgart (7. 7. 81) NJW 1982, 1349; LAG Frankfurt/M. (6. 2. 91) DB 1992, 533; siehe auch ArbG Marburg (21. 6. 91) DB 1992, 533; ArbG Hamburg (10. 1. 94) RzK I 5g Nr. 57; zweifelnd *Olderog*, Alkohol, S. 69; **kritisch** *Künzl*, NZA 1998, 127; *Felderhoff*, S. 146: maßgeblich sei der Einzelfall; siehe auch *Fleck*, Anm. zu BAG AP Nr. 159 zu § 626 BGB, der meint, das BAG habe sich inzident von seiner bisherigen Rechtsprechung abgewandt. Damit sei „die rational-kognitive Sichtweise von Rückfälligkeit, unterströmt ... von moralisch-moralisierenden Wertungen, überwunden".

[177] (9. 1. 80) ZBR 1980, 319 = NJW 1980, 1347; (9. 11. 83) – 1 D 40.83 –; siehe auch BVerwG (10. 2. 87) – 1 D 67.86 – Dok.Ber. 1987, 117; dazu auch *Conze*, ZTR 1989, 9, der diese Disziplinarrechtsprechung zur Trunksucht nicht immer für bedenkfrei hält; ferner BVerwG (4. 7. 90) ZBR 1991, 91.

[178] BAG (11. 11. 87) AP Nr. 76 zu § 616 BGB = NZA 1988, 197; (7. 8. 91) NZA 1992, 69; zust. LAG Hamm (13. 2. 85) DB 1985, 1538 = BB 1985, 595; *Willemsen/Brune*, DB 1988, 2307; *Schäfer, Jürgen*, S. 157.

[179] Zutreffend LAG Hamm (7. 8. 85) DB 1985, 2516 = BB 1986, 735; siehe dazu auch *Lepke*, S. 274 Rdn. 185.

in einer Entscheidung vom 30.3.1988[180] zu Recht, Alkoholkranke seien nicht schlechthin schuldunfähig. Alkoholabhängigkeit schließt nämlich nicht automatisch, worauf bereits hingewiesen worden ist[181], ein Verschulden des Arbeitnehmers aus.[182]

240   Spätestens aber im Rahmen der vorzunehmenden Interessenabwägung kann ein Verschulden des Arbeitnehmers an seiner Alkoholabhängigkeit zu dessen Lasten angemessen berücksichtigt werden.[183] Allerdings darf nicht außer Betracht bleiben, dass je nach den Umständen ausnahmsweise selbst ein schuldloses, arbeitsvertraglich aber relevantes Verhalten des Arbeitnehmers dessen fristgerechte Entlassung rechtfertigen kann[184], was das LAG Baden-Württ./Stuttgart[185], die ArbG Hannover[186] und Hamburg[187] sowie *Hagen/de Vivie*[188] verkennen, wenn sie zudem noch verlangen, dass dem Arbeitgeber durch das Verhalten des Arbeitnehmers ein nicht unwesentlicher Schaden entstanden sein muss oder Wiederholungen zu befürchten sind.

---

[180] NZA 1988, 537 = BB 1988, 1464; zust. *Meisel*, S. 307 Rdn. 490; *Schwerdtner*, in: Müko-BGB, § 622 Anh. 316; Kasseler Handbuch/*Vossen*, 2.2 Rz. 91; BAG (30.9.93) EzA Nr. 152 zu § 626 BGB n. F.; zust. *Staudinger/Preis*, BGB § 626 Rdn. 129; siehe auch KPK-*Schiefer*, § 1 KSchG Rdn. 131, 137, 291, 301; *Bengelsdorf*, NZA 2001, 996; Hess. LAG (23.7.97) LAGE Nr. 1 zu § 3 EFZG.

[181] S. 337f. Rdn. 236.

[182] Ebenso *Bengelsdorf*, NZA 1999, 1307, 1309; *Stahlhacke/Preis/Vossen*, Rdn. 700; *Knorr/Bichlmeier/Kremhelmer*, S. 487 Rdn. 37; BAG (30.9.93) EzA Nr. 152 zu § 626 BGB n. F.; LAG Düsseldorf (15.12.97) LAGE Nr. 116 zu § 626 BGB – **anders** *Künzl*, NZA 1998, 12 f.

[183] Ebenso BAG (7.11.85) AP Nr. 17 zu § 1 KSchG Krankheit; (9.4.87) AP Nr. 18 zu § 1 KSchG Krankheit = DB 1987, 2156; *Weller*, S. 77, 89; *Hagen/de Vivie*, ZTR 1988, 38; KR-*Becker*, 3. Aufl., § 1 KSchG Rdn. 194; *U. Preis*, Kündigung, S. 126; *Weber/Hoß*, DB 1993, 2434; *Berkowsky*, NZA-RR 2001, 403; MünchArbR/*Berkowsky*, § 136 Rdn. 83; *Schäfer*, S. 101; *Künzl*, BB 1993, 1585; *Fleck/Körkel*, BB 1995, 723; *Schanz* et al., S. 321; KR-*Etzel*, § 1 KSchG Rdn. 285; *Becker-Schaffner*, ZTR 1997, 55; *Felderhoff*, S. 249; *Dörner/Luczak/Wildschütz*, D, Rdn. 1198; *Kittner/Däubler/Zwanziger*, KSchR, § 1 KSchG Rdn. 113; *Hemming*, BB 1998, 1999; *Backmeister/Trittin*, KSchG, § 1 Rdn. 190; APS/*Dörner*, § 1 KSchG Rdn. 232; *Elsner*, S. 104; KPK-*Schiefer*, § 1 KSchG Rdn. 196; *Lepke*, DB 2001, 276; *Büdenbender*, Anm. zu BAG SAE 2000, 92; *Bengelsdorf*, NZA-RR 2002, 63; *Stahlhacke/Preis/Vossen*, Rdn. 1204 – **anders** *Gottwald*, NZA 1998, 637.

[184] Vgl. *Hueck/Nipperdey*, Bd. I, S. 636; Stahlhacke, Kündigung, S. 175 Rdn. 479; *Schaub*, S. 1469 Rdn. 6; *von Hoyningen-Huene/Linck*, KSchG, § 1 Rdn. 279; KR-*Etzel*, § 1 KSchG Rdn. 396; *Erman/Hanau*, BGB, 9. Aufl., § 626 Rdn. 30; *Adomeit/Spinti*, unter C IIc Rdn. 133; BGB-RGRK, vor § 620 Rdn. 166; MünchArbR/*Berkowsky*, § 137 Rdn. 32 ff.; *Hoß*, MDR 1998, 869; BAG (14.11.84) AP Nr. 88 zu § 626 BGB; (21.1.99) DB 1999, 1400 = RdA 2000, 109 ff. mit zust. Anm. von *Berkowsky*: betreffend eine fristlose Kündigung; (7.9.88) AP Nr. 2 zu § 611 BGB Abmahnung; (30.5.96) NZA 1997, 145; LAG Berlin LAGE Nr. 4 zu § 1 KSchG Verhaltensbedingte Kündigung; (1.12.86) AP Nr. 94 zu § 626 BGB, Bl. 151 – einschränkend BAG (16.3.61) NJW 1961, 1421; *Stahlhacke/Preis/Vossen*, Rdn. 625 – **anders** BAG (14.2.96) AP Nr. 26 zu § 626 BGB Verdacht strafbarer Handlung; *Hako-Fiebig*, § 1 Rdn. 195 m.w.N.

[185] (7.7.81) DB 1982, 708; siehe auch LAG Frankfurt/M. (27.9.84) DB 1985, 768; LAG Hamm (30.8.85) LAGE Nr. 2 zu § 1 KSchG Personenbedingte Kündigung.

[186] (22.4.80) BetrR 1983, 139.

[187] (10.1.94) RzK I 5g Nr. 57.

[188] ZTR 1988, 38; auch *Fleck/Körkel*, BB 1995, 723; *Dörner/Luczak/Wildschütz*, D, Rdn. 1196; *Hemming*, BB 1998, 1998. ; APS/*Dörner*, § 1 KSchG Rdn. 311.

Bei einer personenbedingten Kündigung muss ein schuldhafter Verstoß gegen arbeitsvertragliche Pflichten nicht notwendigerweise vorliegen.[189] Bei toxisch oder als Entzugsdelirium[190] bedingtem Alkoholismus[191] – etwa 5 bis 15 % der Alkoholiker leiden an Alkoholpsychosen[192], deren am weitesten verbreitete das delirium tremens ist – wird zudem je nach den körperlichen Begleitkrankheiten, insbesondere bei einer zerebralen Vorschädigung, auch die Zukunftserwartung in der Regel ungünstig sein.[193] Bei 20–30 % aller Alkoholabhängigen treten epileptische Anfälle auf.[194]

Bei der Interessenabwägung ist zu Lasten des Arbeitgebers auch zu berücksichtigen, ob die Alkoholabhängigkeit durch betriebliche Umstände wesentlich mitverursacht worden ist.[195] Dabei ist an Berufsgruppen zu denken mit traditionell herausgehobener Alkoholgefährdung, etwa Alkohol- (Brauereimitarbeiter, Kellner) und Kontaktberufe, vor allem Handelsvertreter. In der Regel wird diesen Faktoren aber keine entscheidungserhebliche Bedeutung zukommen.[196] Zum einen sind die Gefahren eines übermäßigen Alkoholgenusses allseits bekannt. Zum anderen beruht die Alkoholsucht auf einem Ursachenbündel.[197] Anders ist die Rechtslage nur dann zu beurteilen, wenn die Krankheit infolge der vertragsgemäß geschuldeten Arbeitsleistung eingetreten ist.[198] Das ist beispielsweise bei einem Spirituosenverkäufer der Fall, der in Ausübung seiner beruflichen Tätigkeit alkoholkrank geworden ist, nicht aber bei einem Bauarbeiter, der bei Gelegenheit seiner Beschäftigung alkoholische Getränke zu sich nimmt und dadurch seine Alkoholkrankheit auslöst oder wesentlich beeinflusst. Für einen Mitarbeiter in einer Brauerei gilt entgegen der Auffassung des ArbG Celle[199] im Grundsatz nichts anderes, es sei denn, die Alkoholabhängigkeit betrifft einen Brauereivertreter.[200]

240a

Entgegen der Auffassung von *Brill*[201] trifft den Arbeitgeber auch keine Rechtspflicht, sich vor dem Ausspruch einer Kündigung durch die Einholung ärztlicher

241

---

[189] Vgl. *Hueck/Nipperdey*, Bd. I, S. 636; *Kittner/Däubler/Zwanziger*, KSchR, § 1 KSchG Rdn. 69; *Bitter/Kiel*, RdA 1995, 27; *Knorr/Bichlmeier/Kremhelmer*, S. 420 Rdn. 8.
[190] Nach dem Jahresbericht 2001 der Salos-Klinik Lindow litten 19,9 % der in diesem Jahr entlassenen 945 Suchtpatienten an mindestens einem Alkoholentzugsdelirium, S. 18.
[191] Im Einzelnen dazu *Schanz* et al., S. 57f. m.N.; *Roche*-Lexikon Medizin, S. 42; *Classen/Diehl/Kochsiek*, S. 1044f.; *Feuerlein*, Alkoholismus, S. 179ff.; *Estler*, S. 771; *Körkel/Kruse*, S. 43; *Lindenmeyer*, S. 58; *Feuerlein/Dittmar/Soyka*, S. 46.
[192] Nachweise bei *Schäfer, Jürgen*, S. 33.
[193] *Pschyrembel*, Klinisches Wörterbuch, 256. Aufl. 1990, S. 334; *Herold*, S. 719; *Soyka*, Alkoholkrankheit, S. 223 – siehe aber *Pschyrembel*, 259. Aufl., S. 344: Letalität bei rascher Intensivbehandlung nur noch ca. 1 %; *Estler*, S. 771: unbehandelt 70 % tödlich.
[194] Siehe etwa *Lindenmeyer*, S. 58; *Schönberger/Mehrtens/Valentin*, S. 272.
[195] *Pflüger*, DB 1995, 1761 m.w.N.; *Bengelsdorf*, NZA-RR 2002, 57 (62); *Stahlhacke/Preis/Vossen*, Rdn. 1201.
[196] Ebenso *Bengelsdorf*, NZA-RR 2002, 57 (62).
[197] Siehe nur BAG (1. 6. 83) AP Nr. 52 zu § 1 LohnFG; *Lepke*, S. 318f. Rdn. 225 m.w.N.
[198] Zutreffend *Pflüger*, DB 1995, 1761 (1765); *Bengelsdorf*, NZA-RR 2002, 57 (62).
[199] (12. 12. 78) ARSt 1978, S. 174 Nr. 1259.
[200] Vgl. LAG Hamburg (8. 6. 37) ARS 30, 140ff.; siehe aber OLG Hamm (14. 2. 01) MDR 2001, 690.
[201] DOK 1972, 934; *ders.*, in: Suchterkrankung am Arbeitsplatz, Früherkennung und Behandlung, S. 115.

Auskünfte und/oder durch Befragen des Arbeitnehmers Gewissheit darüber zu verschaffen, wie lange die durch Trunksucht bedingte Arbeitsunfähigkeit des Arbeitnehmers voraussichtlich noch andauern wird, weil es für die soziale Rechtfertigung einer solchen Kündigung allein auf die objektive Rechtslage im Zeitpunkt des Kündigungszuganges ankommt.[202]

dd) Therapieangebot durch den Arbeitgeber?

242 Die Frage, ob der Arbeitgeber vor dem Ausspruch einer derartigen Kündigung unter dem Gesichtspunkt der allgemeinen Fürsorgepflicht gehalten ist, erst das Ergebnis medizinischer oder sonstiger Rehabilitationsmaßnahmen, insbesondere von Entziehungskuren abzuwarten bzw. dem Alkoholabhängigen klarzumachen, dass er sich zur eventuellen Heilung der Krankheit einer Entziehungskur/-maßnahme unterziehen müsse[203], wird ausnahmsweise im Frühstadium der Alkoholkrankheit bejaht werden können[204, 205], während das BAG in einem Judikat vom

---

[202] Näheres dazu *Lepke*, S. 162ff. Rdn. 93ff. m.w.N.
[203] So insbesondere *Leinemann/Ascheid*, GewO, § 105 Rdn. 13072.
[204] Vgl. *Lepke*, DB 1982, 173 (175); zust. LAG Berlin (1.7.85) LAGE Nr. 4 zu § 1 KSchG Verhaltensbedingte Kündigung; *Bengelsdorf*, Alkohol, S. 13; *Nicolai*, Anm. zu BAG SAE 2000, 101; *Lepke*, DB 2001, 277; siehe auch LAG München (28.10.88) ZTR 1989, 358: Es spiele keine Rolle, wie groß die Erfolgsaussichten therapeutischer Maßnahmen im Zeitpunkt des Kündigungsausspruches waren; zust. auch *Berkowsky*, Personenbedingte Kündigung, S. 195 Rdn. 8; MünchArbR/*Berkowsky*, § 136 Rdn. 82; *Berkowsky*, NZA-RR 2001, 402; LAG Köln (12.3.02) NZA-RR 2002, 519; unentschieden *Hagen/de Vivie*, ZTR 1988, 38.
[205] Weitergehend *Löwisch*, KSchG, § 1 Rdn. 209; *Conze*, ZTR 1989, 10; ErfK/*Ascheid*, § 1 KSchG Rdn. 247; *Däubler*, S. 589 Rdn. 1096; *Roos*, NZA-RR 1999, 621: regelmäßig zumutbar; *Neubert/Becke*, SchwerbG, § 15 Rdn. 11, S. 185, 194; *Gaul*, Bd. II, S. 148 Rdn. 64; *Stahlhacke/Preis/Vossen*, Rdn. 1204: grundsätzlich ja, sofern nicht zwingende betriebliche Gründe für die Neubesetzung des Arbeitsplatzes vorliegen; ebenso *Schäfer*, S. 99, aber nur in besonders gelagerten Fällen, etwa bei einem langjährig beschäftigten Arbeitnehmer; zu weitgehend ArbG Celle (4.4.79) ARSt 1979, S. 136 Nr. 130, im Falle einer 7 bis 8 Monate dauernden Entziehungskur; problematisch auch ArbG Celle (12.12.78) ARSt 1978, S. 174 Nr. 1259, wonach ein 15 Jahre tätiger Brauereiarbeiter, der zum Alkoholiker geworden ist, nicht fristgerecht gekündigt werden dürfe, da der Arbeitgeber zur Rehabilitation des Arbeitnehmers verpflichtet (!) sei; dazu auch LAG Hamburg (8.6.37) ARS 30, 140ff.: Brauereivertreter, der sich bei seiner Tätigkeit eine Leberschwellung zugezogen hatte; siehe auch *Lipke*, DB 1978, 1544: Der Arbeitgeber habe vor dem Kündigungsausspruch dem Arbeitnehmer zunächst eine Entziehungskur anzuraten und diese abzuwarten; so auch *von Hoyningen-Huene/Linck*, KSchG, § 1 Rdn. 192; *Künzl*, BB 1993, 1587; *ders.*, NZA 1998, 124; Kasseler Handbuch/*Künzl*, 2.1 Rz. 966; *Künzl*, Anm. zu BAG AuR 2000, 146; *Schwerdtner*, in: Müko-BGB, § 622 Anh. Rdn. 282; Kittner/*Däubler/Zwanziger*, KSchR, § 1 KSchG Rdn. 114, Einl. Rdn. 97; Backmeister/Trittin, KSchG, § 1 Rdn. 191; *Sprecker*, AuA 2001, 259; Bader/Bram/Dörner/Wenzel, KSchG, § 1 Rdn. 144; *Hoß*, MDR 1999, 912; *Felderhoff*, S. 253: Obliegenheit; *Seidel*, MDR 1997, 807; ArbG Frankfurt/M. (6.8.80) BetrR 1983, S. 137; ArbG Düsseldorf (13.3.90) DB 1990, 1387; siehe auch ArbG Hannover (22.4.80) BetrR 1983, S. 140: Der Arbeitgeber habe eine Entziehungsbehandlung des Arbeitnehmers abzuwarten; KR-*Becker*, 3. Aufl., § 1 KSchG Rdn. 194a, 220: Der Arbeitgeber sei grundsätzlich dazu verpflichtet, dem Arbeitnehmer vor dem Ausspruch einer Kündigung zunächst die Durchführung einer Entziehungskur zu ermöglichen; so auch KR-*Etzel*, § 1 KSchG Rdn. 286, 383; *Gottwald*, NZA 1997, 636

17. 6. 1999[206] meint, der Arbeitgeber habe dem alkoholkranken Arbeitnehmer nach dem Grundsatz der Verhältnismäßigkeit in der Regel vorher die Chance zu einer Alkoholentziehungskur zu geben. Die Therapie des Alkoholismus begegnet jedoch vielen Schwierigkeiten[207], die in der Art der zu therapierenden Krankheit bzw. Verhaltensstörung, in der Einstellung des Patienten und in der Einstellung des Therapeuten begründet sein können. In der Regel ist die Einstellung des Alkoholikers gegenüber der notwendigen Therapie zunächst ablehnend. Die häufigsten Abwehrmechanismen Alkoholabhängiger sind Verleugnung, Verharmlosung, Projektion, Rationalisierung, Verdrängung und Regression.[208] Auch bei späterer Kooperationsbereitschaft bleibt die Einstellung des Kranken dem Grunde nach ambivalent.[209] Die Widerstände zeigen sich u. a. in der hohen Abbruchsquote der Therapie, die durchschnittlich bei etwa 49 % liegen soll.[210] Bei allen chronischen Erkrankungen sind nach medizinischer Erkenntnis[211] zudem prognostische Aussagen schwierig und meistens auch nur bedingt zutreffend, zumal für den Gesundungsprozess Alkoholkranker in der Regel eine langfristige, insgesamt mehrere Jahre[212] dauernde Behandlung notwendig ist, die sich in vier, nicht streng vonein-

---

Fußn. 27; HK-KSchG/*Weller/Dorndorf*, § 1 Rdn. 444; *Hoch/Ohm*, AiB 1998, 440; *Fekker*, S. 205; *Elsner*, S. 103; *Kittner/Zwanziger/Appel*, § 93 Rdn. 46; *Hummel*, S. 50; *Tschöpe/Nägele*, Teil 3 D, Rz. 121; ArbG Berlin (24. 1. 85) – 22 Ca 138/84 – unv.; ArbG Hamburg (10. 1. 94) AuR 1994, 200; LAG Hamm (30. 8. 85) LAGE Nr. 2 zu § 1 KSchG Personenbedingte Kündigung; (19. 9. 86) NZA 1987, 669; LAG Frankfurt/M. (26. 6. 86) DB 1986, 2608 = BB 1986, 2201; zust. *Willemsen/Brune*, DB 1988, 2309; *Hunold*, S. 157, 160: vorschlagen; LAG Köln (6. 2. 87) b + p 1987, 163; (4. 5. 95) DB 1995, 2276; siehe auch LAG Baden-Württ. (7. 7. 81) DB 1982, 707, das wegen der fast zehnjährigen Betriebszugehörigkeit des Arbeitnehmers eine fristgerechte Kündigung als unwirksam ansah, obwohl der Gekündigte eine Entziehungskur verschwiegen und wahrheitswidrig angegeben hatte, er unterziehe sich der Behandlung eines Bandscheibenleidens; *Spiecker*, AG 1989, 66: je nach den Umständen des Einzelfalles; *Dietze*, S. 239: Therapieangebot in ausreichender Form dem Arbeitnehmer nahegebracht, aber von ihm abgelehnt; siehe auch MünchArbR/*Berkowsky*, § 136 Rdn. 78: Bei ernsthafter Therapiebereitschaft und gewisser Erfolgsaussicht seien längere Überbrückungsmaßnahmen dem Arbeitgeber zumutbar – **einschränkend** *Hohmeister*, AuSozR 1995, 103 (105); *Schwan/Zöller*, ZTR 1996, 63: nur bei langjährig Beschäftigten und erstmaliger Fehlbehandlung.

206 EzA Nr. 47 zu § 1 KSchG Krankheit = BB 1999, 1437; zust. *Künzl*, Anm. zu BAG AuR 2000, 146 m.w.N.; *Tschöpe*, BB 2001, 2111; *Hako-Gallner*, § 1 Rdn. 461; *Tschöpe/Kappelhoff*, Teil 3 H, Rz. 7; *Hromadka/Maschmann*, S. 392 Rdn. 173; APS/*Dörner*, § 1 KSchG Rdn. 233; *von Hoyningen-Huene/Linck*, KSchG, § 1 Rdn. 192, siehe auch KPK-*Schiefer*, § 1 KSchG Rdn. 133; *Bauer/Röder*, Kündigung, S. 134 – **kritisch** *Nicolai*, Anm. zu BAG SAE 2000, 101.
207 Einzelheiten dazu bei *Feuerlein*, Alkoholismus, S. 243f.; *Luderer*, in: *Baer*, Psychiatrie für Juristen, S. 103f.; *Schmidt*, Alkoholkrankheit, S. 185ff.
208 Im Einzelnen dazu *Schlüter-Dupont*, S. 286ff.; *Classen/Diehl/Kochsiek*, S. 1042; *Felderhoff*, S. 44 m.N.; *Antons/Schulz*, S. 264.
209 Vgl. etwa *Feuerlein*, Alkoholismus, S. 243ff.; *Schlüter-Dupont*, S. 298, 302; *Schmidt*, Alkoholkrankheit, S. 187; *Gastpar/Mann/Rommelspacher*, S. 94, 98.
210 Siehe die Nachweise bei *Feuerlein*, Alkoholismus, S. 244, 328f.; Jahresbericht 2001 der Salus-Klinik Lindow, S. 26: 12,9 %.
211 Dazu beispielsweise *Rotter*, S. 96f.-; *Feuerlein*, Alkoholismus, S. 304ff.
212 Vgl. *Feuerlein*, Alkoholismus, S. 249ff., 304; *Classen/Diehl/Kochsiek*, S. 1044; *Körkel/Kruse*, Mit dem Rückfall leben, 3. Aufl. 1997; S. 69f.; *Schmidt*, Alkoholkrankheit, S. 200f., 202; *Renz-Polster/Braun*, S. 1145; *Feuerlein/Dittmar/Soyka*, S. 102ff.

ander zu trennenden Phasen (Kontakt-, Entgiftungs- oder Entziehungs-, Entwöhnungs- und Weiterbehandlungs- sowie Nachsorgephase) vollzieht.[212] Immerhin waren nach dem Jahresbericht 2001 der Salus-Klinik Lindow[213] von 945 entlassenen Suchtpatienten 51,5 % innerhalb der letzten 12 Monate mehr als sechs Wochen arbeitsunfähig krank, bei Psychosomatikpatienten sogar 64,6 %. Nach allem sind die Erfolgsaussichten einer Alkoholentziehungskur, die als stationäre Langzeittherapie, die insbesondere bei langjähriger Abhängigkeit, bei schweren körperlichen oder psychischen Problemen, schweren sozialen Folgeschäden, Mehrfachabhängigkeit und Suizidversuchen angezeigt erscheint, im Allgemeinen mehrere Monate dauert, generell nicht sonderlich günstig[214], so dass auch bei der Bereitschaft, eine ärztliche Therapie einschließlich begleitender Maßnahmen durchzuführen, die Gesundheitsprognose nicht ohne weiteres positive ausfallen wird.[215] Ausnahmen sind nur dann in Betracht zu ziehen, wenn sich der Patient krankheitseinsichtig zeigt und sich vor dem Ausspruch der Kündigung Erfolg versprechenden ärztlichen Entgiftungsmaßnahmen unterzieht.[216] Aber auch in solchen Fällen kommt es auf den Grad der Wesensänderung und auf das Ausmaß der alkoholbedingten Schädigung an. Dem Jahresbericht 2001 der Salus-Klinik Lindow zufolge[217] wurde der Therapieverlauf allerdings bei 41,1 % der 525 behandelten Patienten als erfolgreich eingestuft, und zwar auch bei solchen Patienten mit anderen Abhängigkeitsdiagnosen. Im Übrigen sind alle noch so intensiv durchgeführten Entziehungsmaßnahmen auf Dauer erfolglos, wenn danach der trockene Alkoholiker sich selbst überlassen bleibt. Die ausschließlich medizinische Behandlung des akuten Entzuges führt ohne psychotherapeutische Maßnahmen häufig zu Rückfällen, bei deren Entstehung mehrere, sich wechselseitig beeinflussende Faktoren eine Rolle spielen[218], und weiterer Chronifizierung.[219] Deshalb kommt auch der sozialen Einbindung

---

[213] S. 18, 33.
[214] So auch BVerwG JZ 1980, 316; siehe ferner LAG Niedersachsen WA 1963, S. 110 Nr. 162; *Hoegg*, in: *Maul*, Alkohol am Arbeitsplatz, S. 94 f.; *Revenstorf/Metsch*, in: *Feuerlein*, Theorie der Sucht (1986), S. 121 (139 f.); *Luderer*, a. a. O, S. 109 f.; *Schlüter-Dupont*, S. 317; *Soyka*, Alkoholkrankheit, S. 299 ff.; *Schanz* et al., S. 242; *Lepke*, DB 2001, 277 – siehe **demgegenüber** *Schmidt*, Alkoholkrankheit, S. 270 ff.: die meisten Alkoholkranken können erfolgreich behandelt werden; *Felderhoff*, S. 252: Die Erfolgsquoten seien bei Therapiewilligkeit als gut einzustufen; *Mann*, DtÄrzteBl 97 (2000), Heft 11, C-556: ca. 2/3 aller Alkoholabhängigen könne kurzfristig geholfen werden, mittel- und langfristig lägen die Erfolgsraten bei etwa 50 %; siehe auch *Gastpar/Mann/Rommelspacher*, S. 193 f.: hochsignifikanter Anstieg trinkfreier Tage.
[215] **Anderer Ans.** LAG Hamm (30. 8. 85) LAGE Nr. 2 zu § 1 KSchG Personenbedingte Kündigung, obwohl bereits zwei mehrmonatige Entziehungsmaßnahmen erfolglos geblieben waren; *Schäfer, Jürgen*, S. 219 f., 222.
[216] Ebenso *von Hoyningen-Huene/Linck*, KSchG, § 1 Rdn. 192; KR-*Etzel*, § 1 KSchG Rdn. 286; HK-KSchG/*Weller/Dorndorf*, § 1 Rdn. 444; ähnlich *Bengelsdorf*, NZA 19999, 1309.
[217] S. 38
[218] Vgl. nur *Körkel/Kruse*, S. 95 ff.
[219] *Mann* et al., DtÄrzteBl 92 (1995), Heft 41, C-1991; zur Alkoholepilepsie, die nach dem Entzug von Alkohol entsteht, *Schönberger/Mehrtens/Valentin*, S. 272.

des Alkoholikers, vor allem den Selbsthilfe und Selbsterfahrungsgruppen[220], aber auch familientherapeutischen Ansätzen[221] große praktische Bedeutung zu, ohne dass jedoch den Arbeitnehmer eine arbeitsvertragliche Pflicht trifft, sich nach einer erfolgreichen Entziehungskur einer Selbsthilfegruppe anzuschließen[222]; denn eine solche Entscheidung betrifft ausschließlich den privaten Lebensbereich des alkoholabhängigen Arbeitnehmers.

ee) Rückfallgefahr

Nach wie vor ist jedoch die Rückfallgefahr[223], die bei behandelten ebenso wie bei unbehandelten Alkoholikern die Regel ist – Rückfälle[224] gehören geradezu zum Krankheitsbild und sind Teil des Genesungsprozesses[225] –, sehr groß, und zwar auch deshalb, weil die trotz freiwilliger und bewusster Alkoholabstinenz im Verborgenen weiterbestehende unheilbare Krankheit jederzeit – ausgelöst schon durch geringste Mengen von Alkohol[226] – wieder in Erscheinung tritt, wieder „an die Oberfläche" gelangt. Die psychische Abhängigkeit besteht auch nach einer Therapie fort.[227] Nach allgemeiner Erfahrung reicht selbst der Abschluss einer stationären Entziehungskurz nicht aus, um kurzfristig eine Rückfallgefahr auszuschließen.

242a

---

[220] Dazu *Schmidt*, in: Körkel, Der Rückfall des Suchtkranken, 2. Aufl. 1992, S. 187; *Luderer*, S. 105ff.; *Schlüter-Dupont*, S. 377ff.; *Feuerlein*, Alkoholismus, S. 318; *Scheerer/Vogt*, S. 431ff.; *Claussen/Czapski*, S. 25 Rdn. 50; *Dietze*, S. 54, 56, 87; Jahrbuch Sucht '99, S. 170; DtÄrzteBl 96 (1999), Heft 7, B-323; *Schmidt*, Alkoholkrankheit, S. 206ff.; *Gastpar/Mann/Rommelspacher*, S: 95, 102, 111; Jahresbericht 2001 der Salus-Klinik Lindow, S. 23, 25, 51 – anders *Zeiler*, DtÄrzteBl 94 (1997), Heft 10, B-483, bei schizophrenen Patienten.
[221] *Schlüter-Dupont*, S. 314; *Feuerlein*, Alkoholismus, S. 278ff.; *Fleck/Körkel*, DB 1990, 276; *Dietze*, S. 253; *Gastpar/Mann/Rommelspacher*, S. 100; Richter, DtÄrzteBl 97 (2000), Heft 21, C-1084.
[222] Zutreffend LAG Düsseldorf (25.2.97) BB 1997, 1799 = FA 1998, 97 = NZA-RR 1997, 381; zust. KR-*Etzel*, § 1 KSchG Rdn. 483; *Gamillscheg*, S. 282; ErfK/*Preis*, § 611 BGB Rdn. 1016; *Bengelsdorf*, NZA 2001, 994; HK-KSchG/Dorndorf, § 1 Rdn. 790; Kittner/Däubler/Zwanziger, KSchR, § 1 KSchG Rdn. 181 a; APS/*Dörner*, § 1 KSchG Rdn. 236.
[223] Dazu im Einzelnen *Körkel/Lauer*, in: Körkel, a.a.O., S. 44ff.; *Schlüter-Dupont*, S. 312; *Dietze*, S. 58, 262; *Künzl*, BB 1993, 1582, 1585; *Fleck/Körkel*, BB 1995, 724f.; *Mann* et al., DtÄrzteBl 92 (1995) Heft 41, C-1991; *Feuerlein*, Alkoholismus, S. 213ff.; *Renz-Polster/Braun*, S. 1145; LAG Köln (5.3.98) MDR 1998, 1298; siehe aber *Gottwald*, NZA 1997, 638, der einerseits von einer hohen Rückfallquote ausgeht, andererseits aber von einer „guten" Prognose nach Rückfälligkeit hinsichtlich einer raschen Rückkehr zur Abstinenz spricht.
[224] Siehe aber *Körkel/Kruse*, S. 86: Es gibt nicht „den" Rückfall.
[225] Vgl. insb. *Marlatt*, Lifestyle modifiction, in: *Marlatt/Gordon*, Relapse prevention: Maintenance strategies in the treatment of addictive behaviors. 1986, S. 280–348; *Feuerlein*, Alkoholismus, S. 213; *Dietze*, S. 169, 262; *Schanz* et al., S. 178; *Soyka*, Alkoholkrankheit, S. 304; *Körkel/Kruse*, S. 38; *Hako-Fiebig*, § 1 Rdn. 324; LAG Frankfurt/M. (6.2.91) ARSt 1993, S. 42 Nr. 17.
[226] Dazu etwa *Körkel/Kruse*, S. 108 FF., die aber meinen, S. 111, größere Schwierigkeiten nach dem ersten Schluck entstünden erst dann, wenn Abhängige ihre innere Zuversicht, abstinent leben zu können, aufgeben und nicht mehr an sich selbst glauben.
[227] BAG (1.6.83) AP Nr. 52 zu § 1 LohnFG mit Anm. von *Baumgärtel*; BVerwG (16.6.92) – 1 D 76.90 –, DOK.Ber.B 1992, 329; LAG Hamm (15.1.99) NZA 1999, 1223; *Claussen/Czapski*, S. 21 Rdn. 40; *Hertel*, ZBR 1993, 305; *Künzl*, BB 1993, 1582 m.w.N.; *Schmidt*, Alkoholkrankheit, S. 119.

Auch nach vielen Jahren der Abstinenz ist der Proband nicht viel weiter vom Rückfall entfernt als am ersten Tage.[228] Rückfälligkeit ist selbst nach intensiver Behandlung wahrscheinlicher als Abstinenz.[229] Das BAG[230] meint sogar, es sei allgemein bekannt und damit auch gerichtsbekannt, dass bei Alkoholikern auch nach einer zunächst erfolgreichen Entziehungskur eine hohe Rückfallquote bestehe. Allerdings soll in der Vergangenheit die Quote der dauerhaft Abstinenten in der Bundesrepublik bei 46,4 % (4 Jahre nach dem Therapieende) bzw. bei 34,8 % (kognitives Schätzen) und bei einer Katamnesedauer von 5 Jahren bei 34 % bzw. nach 7 Jahren bei 15 % gelegen haben.[231] Zu ähnlichen Ergebnissen, nämlich einer Abstinenzquote von 46 % bei 1068 Patienten aus verschiedenen Einrichtungen, kam eine 1988 veröffentlichte Studie des Max-Planck-Instituts in München.[232] Übrigens werden stationär therapierte alkoholabhängige Frauen deutlich schneller rückfällig als entsprechende Männer.[233] In langfristigen Studien[234] soll sich gezeigt haben, dass über die Hälfte von jungen Erwachsenen, die einmal als Problemtrinker eingestuft worden waren, dieses Trinkmuster später nicht mehr zeigten. Rückfälle böten auch Entwicklungschancen.[235] Während nach herkömmlichen ambulanten Therapien, so schätzt man[236], nur 20 bis 30 % der Teilnehmer „trocken" bleiben, soll nach einer von der Klinik für Psychiatrie der Universität Göttingen 1994 begonnenen ambulanten Langzeit-Intensivtherapie für Alkoholkranke über die Hälfte der Patienten nach Beendigung der zweijährigen Therapie vollkommen abstinent gewesen sein.[236] Bis April 2001 wurden 150 Suchtpatienten mit „Alita" behandelt. Neu an der Therapie ist die kombinierte „biopsychosoziale" Vorgehensweise, aber auch eine aggressive Nachsorge. Neueren wissenschaftlichen Untersuchungen zufolge[237] soll je länger eine Person abstinent bleibe um so geringer die Wahrscheinlichkeit eines Rückfalls sein. Innerhalb der ersten drei Monate sei das Rückfallrisiko am Größten (60-80 %). Aktuelle Evaluationen aus den Jahren 1995 bis 2001[238]

---

[228] Dazu auch *Dietze*, S. 37, 42; *Lepke*, DB 2001, 269; *Bengelsdorf*, NZA-RR 2002, 58.
[229] Etwa *Körkel/Kruse*, S. 31, 35; *Körkel*, in: *Zerdiek*, Entwicklungen in der Suchtmedizin (1999), S. 161.
[230] (17. 6. 99) BB 1999, 1437 = EzA Nr. 47 zu § 1 KSchG Krankheit; zust. von *Hoyningen-Huene/Linck*, KSchG, § 1 Rdn. 190 a; *Bengelsdorf*, NZA-RR 2002, 62.
[231] Vgl. *Körkel/Lauer*, S. 58; *Körkel/Kruse*, S. 49 ff.; *Soyka*, Alkoholismus, S. 105 (108);*Classen/Diehl/Kochsiek*, S. 1044: 40 % endgültig geheilt; *Feuerlein*, Alkoholismus, S. 213: 50 %, 326 ff.; *Schlüter-Dupont*, S. 317: etwa 50–60 % seien rückfallgefährdet; *Renz-Polster/Braun*, S. 1145: nach 2 Jahren etwa noch 40-50% trocken. Diese Rate halbiere sich im Laufe der Zeit; *Dietze*, S. 58ff., 100: 2/3 mindestens einmal rückfällig; *Hunold*, S. 139: etwa 80 %; *Bengelsdorf*, Alkohol, S. 2, 13: etwa 90 % rückfällig.
[232] Nachweise bei *Claussen/Czapski*, S. 25 Fußn. 35; dazu auch *Körkel/Kruse*, S. 145.
[233] Vgl. *Körkel/Kruse*, S. 59, 50f.
[234] Dazu DtÄrzteBl 91 (1994), Heft 14, B-743; *Feuerlein*, Alkoholismus, S. 326 ff.
[235] *Körkel/Kruse*, S. 153 ff.
[236] Siehe „Der Tagesspiegel" Nr. 17410 vom 17. 5. 2001, S. 42.
[237] Etwa *Lindenmeyer*, S. 158f.
[238] Nachw. bei *Mann*, DtÄrzteBl 99 (2002), Heft 10, A-633; siehe auch Jahresbericht 2001 der Salus-Klinik Lindow, S. 44 ff., hinsichtlich der 1-Jahres Katamnese des Entlassungsjahrganges 2000: Erfolgsquote nach der liberalen Berechnungsform 12 Monate nach dem Behandlungsende bei 65,8 % (abstinent 49,4 %, abstinent nach Rückfall: 16,4 %, rückfällig: 34,4 %) und nach der konservativsten Berechnungsform bei 54,4 % (abstinent: 40,9 %, abstinent nach Rückfall: 13,5 %, rückfällig: 45,7 %).

sollen die generelle Wirksamkeit therapeutischer Maßnahmen belegen, insbesondere durch individuelle Kombination und den Teilweise auch wiederholten Einsatz Ambulanter, teilstationärer oder stationärer Maßnahmen. Der wohnortnahen Behandlung von Menschen mit Alkoholproblemen wird nunmehr Vorrang eingeräumt. Beim qualifizierten Entzug schwanken die Abstinenzraten zwischen 48 und 32 %[239] und bei der stationären Entwöhnungsbehandlung zwischen 60 und 68 %.

Indessen muss darauf hingewiesen werden, dass die meisten Arbeiten und Untersuchungen über Verläufe von mehreren Jahren nach der Indexbehandlung in methodischer Hinsicht als problematisch anzusehen sind.[240] Auch in den Betrieben existieren noch keine zuverlässigen Daten über Rückfallquoten, wenngleich feststeht, dass die Rückfallquote höher als diejenige ist, dass ein Gesunder alkoholabhängig wird.[241] Zudem dürfen statistische Auswertungen von Korrelationen der Behandlungsergebnisse mit faßbaren Patienten-, Umfeld- und Therapeutenvariablen nicht überbewertet werden[242], da stets auch nicht fassbare Variablen, wie etwa genetische Dispositionen berücksichtigt werden müssen, die die Prognose beeinflussen.

Hat der Arbeitnehmer etwa anlässlich eines Krankengesprächs vor dem Ausspruch der Kündigung seine Alkoholabhängigkeit verheimlicht, muss aus diesem Umstand geschlossen werden, dass der Arbeitnehmer nicht therapiebereit ist.[243] Falls er eine ambulante oder stationäre Alkoholentziehungskur ablehnt[244] oder grundlos vorzeitig abbricht[245], kann vom Arbeitgeber auf keinen Fall verlangt werden, einen weiteren Therapieversuch abzuwarten.[246] Was den möglichen Zeitpunkt für die Beurteilung betrifft, ob die Heilbehandlung des therapiewilligen Arbeitnehmers mit hoher Wahrscheinlichkeit zu seiner dauernden Abkehr vom Alkoholismus führt, kann es – wie auch sonst bei einer krankheitsbedingten Kündigung – nur auf den Zeitpunkt des Kündigungszuganges, nicht hingegen darauf ankommen, ob sich im weiteren Verlauf des Kündigungsprozesses herausstellt, dass die Rückfallprognose günstig ist.[247] Hinsichtlich des Zeitpunktes für die Beurteilung der Therapiebereitschaft des Arbeitnehmers, wenn und soweit ein solcher Umstand über-

242b

---

[239] *Mann*, DtÄrzteBl 99 (2002), Heft 10, A-633, 636.
[240] Dazu insb. *Feuerlein*, Alkoholismus, S. 325; *Soyka*, Alkoholkrankheit, S. 299ff.
[241] Siehe *Schäfer, Jürgen*, S. 59.
[242] *Schmidt*, Alkoholkrankheit, S. 271; zum Umgang mit statistischen Kennwerten siehe auch *Antons/Schulz*, S. 273 ff.
[243] BAG (17. 6. 99) AP Nr. 37 zu § 1 KSchG 1969 Krankheit; *von Hoyningen-Huene/Linck*, KSchG, § 1 Rdn. 192; *Stahlhacke/Preis/Vossen*, Rdn. 1204.
[244] So auch *Schäfer*, S. 100; *Knorr/Bichlmeier/Kremhelmer*, S. 421 Rdn. 11; *Schwedes*, S. 302 Rdn. 611; *Willemsen/Brune*, DB 1988, 2310; KPK-*Schiefer*, § 1 KSchG Rdn. 134; *Bengelsdorf*, NZA 1999, 1309; *Hako-Gallner*, § 1 Rdn. 461; siehe auch LAG Hamm (30. 8. 85) LAGE Nr. 2 zu § 1 KSchG Personenbedingte Kündigung.
[245] Dazu auch BVerwG (8. 2. 83) – 1 D 57/82; (21. 2. 84) – 1 D 58/83; *Lipke*, DB 1978, 1543; *Willemsen/Brune*, DB 1988, 2310; *Schäfer, Jürgen*, S. 223; KPK-*Schiefer*, § 1 KSchG Rdn. 135; Hemming, BB 1998, 1999; *Knorr/Bichlmeier/Kremhelmer*, S. 422 Rdn. 12.
[246] Ebenso LAG Berlin (1. 7. 85) DB 1985, 2691; zust. LAG Köln (6. 2. 87) – 9 Sa 1208/86 –; *Becker-Schaffner*, ZTR 1997, 55; einschränkend *Schäfer, Jürgen*, S. 224: auf den konkreten Einzelfall abstellend.
[247] So auch BAG (9. 4. 87) AP Nr. 18 zu § 1 KSchG 1969 Krankheit = NZA 1987, 811; *Felderhoff*, S. 253 – anders LAG Frankfurt/M. (26. 6. 86) BB 1986, 2201.

haupt Berücksichtigung finden muss, kann im Grundsatz nichts anderes gelten.[248] Eine von ihm nach dem Ausspruch der Kündigung durchgeführte Therapie und deren Ergebnis können nicht zur Korrektur der Prognose herangezogen werden. Im Übrigen ergibt sich aus der Besonderheit der Alkoholabhängigkeit, worauf bereits hingewiesen worden ist[249], die Notwendigkeit, an die Prognose hinsichtlich der weiteren Entwicklung der Krankheit geringere Anforderungen als sonst zu stellen. Insbesondere muss im Anschluss an mehrfache Rückfälle des alkoholkranken Arbeitnehmers nach entsprechenden Therapien davon ausgegangen werden, dass sich hieran auch in Zukunft nichts ändern, es erneut zu suchtbedingten Reaktionen und Ausfällen kommen wird.[250] Deshalb kann entgegen der Auffassung des ArbG Hamburg[251] ein Rückfall nach einer zunächst erfolgreichen Entzugsmaßnahme durchaus jedenfalls eine ordentliche fristgerechte Kündigung sozial rechtfertigen, ohne dass der Arbeitgeber vom Arbeitnehmer eine erneute Entgiftungsmaßnahme verlangen und deren „Erfolg" abwarten muss.

ff) Unkenntnis des Arbeitgebers von der Sucht des Arbeitnehmers

243 Kannte der Arbeitgeber die Alkoholerkrankung des zu kündigenden Arbeitnehmers nicht und war sie für ihn auch nicht erkennbar, kann von ihm ohnehin nicht verlangt werden, erst den Erfolg oder Misserfolg einer derartigen, in der Regel langwierigen medizinischen Behandlung abzuwarten. Bei einer solchen Konstellation soll aber nach Ansicht des LAG Frankfurt/M.[252] der Arbeitnehmer im eigenen Interesse gehalten sein, sich seinem Arbeitgeber rechtzeitig zu offenbaren, und zwar unverzüglich, § 121 BGB, nach dem Zugang der Kündigung. Allerdings bestreiten nicht selten Alkoholiker selbst noch im fortgeschrittenen Stadium ihrer Krankheit nicht nur Dritten, sondern auch sich selbst gegenüber die zwanghafte Abhängigkeit vom Alkohol im Rahmen ihres subjektiven Abwehrsystems.[253]

Richtigerweise kann sich ein solcher Arbeitnehmer nur dann auf die zur krankheitsbedingten Kündigung entwickelten Grundsätze berufen, wenn er vor dem

---

[248] BAG (13. 12. 90) EzA Nr. 33 zu § 1 KSchG Krankheit; LAG Schleswig-Holst. (24. 7. 01) EzA SD Nr. 23/2001, S. 13 f.; *Willemsen/Brune*, DB 1988, 2310; *Schäfer, Jürgen*, S. 226 f. *Hemming*, BB 1998, 1999; *Bengelsdorf*, NZA 1999, 1309; *Künzl*, Anm. zu BAG AuR 2000, 146; APS/*Dörner*, § 1 KSchG Rdn. 233; *von Hoyningen-Huene/Linck*, KSchG, § 1 Rdn. 192 b; *Stahlhacke/Preis/Vossen* Rdn. 1205.
[249] *Lepke*, S. 332 Rdnr. 233.
[250] So auch BAG (16. 9. 99) AuR 2000, 144 mit **kritischer** Anm. von *Künzl*.
[251] (10. 1. 94) AuR 1994, 200; zust. *Kittner/Däubler/Zwanziger*, KSchR, § 1 KSchG Rdn. 115; siehe auch *Fleck/Körkel*, BB 1995, 722; Kasseler Handbuch/*Künzl*, 2.1 Rz. 973 – **kritisch** KPK-*Schiefer*, § 1 KSchG Rdn. 135.
[252] (27. 9. 84) DB 1985, 768; (20. 3. 86) NZA 1987, 24; ebenso Kasseler Handbuch/*Isenhardt*, 6.3 Rz. 455, 456; siehe auch BAG (17.6.99) SAE 2000, 93 ff.; *Künzl*, Rechte und Pflichten, S. 308 Rdn. 1159: neue krankheitsbedingte Kündigung sei erforderlich.
[253] Dazu *Feuerlein*, Suchtgefahren (1973), Heft 4, S. 115 f.; ders. Alkoholismus, S. 244.

Ausspruch der Kündigung seine Alkoholabhängigkeit gegenüber seinem Arbeitgeber zugegeben und seine Bereitschaft erklärt hat, sich therapeutisch behandeln zu lassen.[254] Zwar kommt es für die soziale Rechtfertigung einer solchen Kündigung auf die objektiven Umstände im Zeitpunkt des Kündigungszuganges und nicht auf den subjektiven Kenntnisstand des Arbeitgebers an.[255] Ein Arbeitnehmer handelt jedoch treuwidrig, § 242 BGB, wenn er den Arbeitgeber bei einer solchen Konstellation vor dem beabsichtigten Kündigungsausspruch im Ungewissen über seine Suchterkrankung gelassen hat.

gg) Geeignete und zulässige Beweismittel

Dass sich der Arbeitgeber zur Feststellung des Alkoholgenusses und ggf. des Alkoholisierungsgrades aller zulässigen Beweismittel, vor allem des Zeugenbeweises, §§ 373 ff. ZPO, bedienen kann, bedarf keiner näheren Darlegungen.[256] Der Zeugenbeweis wird sich im Allgemeinen aber auf die Wiedergabe von Indizien, die zweckmäßigerweise dokumentiert werden sollten, beschränken[257], etwa eine Alkoholfahne, eine lallende oder verwaschene Sprache, das Ausbalancieren des Gewichts, einen schwankenden Gang, ein verquollenes Gesicht, gerötete Augen, Lethargie oder aggressives Verhalten gegenüber anderen Mitarbeitern und/oder Vorgesetzten. Auch die Weigerung des Arbeitnehmers, den Verdacht einer Alkoholisierung zu widerlegen, erscheint geeignet, vorhandene Indizien zu verstärken.[258] Allerdings soll aus medizinischer Sicht[259] die Methode, durch Feststellung einer Alkoholfahne (Foetor alcoholicus) Alkoholkonsum nachzuweisen, wegen einer auch geringen, aber doch vorhandenen Fehlerquote als unsicher gelten.

243a

---

[254] Siehe dazu auch BAG (9. 4. 87) AP Nr. 18 zu § 1 KSchG 1969 Krankheit; (13. 12. 90) EzA Nr. 33 zu § 1 KSchG Krankheit; LAG Düsseldorf (17. 10. 90) EzA Nr. 35 zu § 1 KSchG Krankheit; LAG Frankfurt/M. (11. 3. 96) – 11 Sa 1471/95 – unv.; im Ergebnis so auch *Bengelsdorf*, NZA-RR 2002, 57 (70); *Stahlhacke/Preis/Vossen*, Rdn. 1204.
[255] *Lepke*, S. 168 Rdn. 97 m.w.N.
[256] Dazu nur LAG Schleswig-Holst. (28. 11. 88) BB 1989, 224; *Hunold*, S. 145; *Felderhoff*, S. 108; *Schanz* et al., S. 205; *Bengelsdorf*, Alkohol, S. 4, 6f.; ders., NZA 1999, 1306; *Lepke*, DB 2001, 278.
[257] BAG (26. 1. 95) NZA 1995, 517; LAG Schleswig-Holst. (28. 11. 88) DB 1989, 630; *Hunold*, S. 145; *Künzel*, BB 1993, 1484; *Spiecker*, AuA 1994, 22; *Fuchs/Resch*, S. 88f.; Kasseler Handbuch/*Künzl*, 2.1 Rz. 936; *Schwerdtner*, in: Müko-BGB, § 622 Anh. Rdn. 440; *Fleck*, Anm. zu BAG AP Nr. 34 zu § 1 KSchG 1969 Verhaltensbedingte Kündigung, Bl. 1347; *Schwan/Zöller*, ZTR 1996, 66; KR-*Etzel*, § 1 KSchG Rdn. 426; *Knorr/Bichlmeier/Kremhelmer*, S. 491 Rdn. 44; APS/*Dörner*, § 1 KSchG Rdn. 313; *Tschöpe/Kappelhoff*, Teil 3 H, Rz. 6; *Bengelsdorf*, NZA 2001, 1002.
[258] LAG Hamm (11. 11. 96) LAGE Nr. 56 zu § 1 KSchG Verhaltensbedingte Kündigung; APS/*Dörner*, § 1 KSchG Rdn. 313; *Hoefs*, S. 333; *Bengelsdorf*, NZA 2001, 1002; KR-*Etzel*, § 1 KSchG Rdn. 426.
[259] *N. Krasney*, AuR 2000, 125 ff. m.N.

Ohne sein Einverständnis ist ein Arbeitnehmer zur Durchführung eines Atem-Alkoholtestes in der Regel nicht verpflichtet.[260, 261] Gleiches gilt für die Entnahme einer Blutprobe zum Zwecke der Untersuchung seines Blutalkoholwertes[262] und erst recht für Routineuntersuchungen dieser Art im Rahmen eines bestehenden Arbeitsverhältnisses, um vorbeugend zu klären, ob der betreffende Arbeitnehmer alkoholsüchtig ist.[263] Einem solchen Zwangseingriff stehen das verfassungsrechtlich garantierte Grundrecht auf körperliche Integrität, das Selbstbestimmungsrecht über den eigenen Körper, und das damit eng verknüpfte allgemeine Persönlichkeitsrecht, Art. 1 Abs. 1, 2 Abs. 2 Satz 1 GG, entgegen. Der Eingriff in den Körper eines Menschen ist in der Regel nur mit dessen Einwilligung statthaft.[264] Auch eine Betriebsvereinbarung, § 77 Abs. 2 BetrVG, die die Duldung einer Blutalkoholuntersuchung regelt, kann trotz ihres normativen Charakters nicht als förmliches Gesetz im Sinne von Art. 2 Abs. 2 Satz 3 GG[265] angesehen werden, so dass eine entsprechende Verpflichtung des Arbeitnehmers nicht rechtswirksam begründet werden kann.[266]

---

[260] Ebenso BAG (26. 1. 95) AP Nr. 34 zu § 1 KSchG 1969 Verhaltensbedingte Kündigung, Bl. 1343; (23. 1. 97) BB 1998, 107 (108); (16. 9. 99) AuR 2000, 145; *Ziegler*, S. 102; *Fleck*, BB 1987, 2029; ders., Anm. zu BAG AP Nr. 34 zu § 1 KSchG 1969 Verhaltensbedingte Kündigung, Bl. 1346; *Fuchs/Resch*, S. 89; *Claussen/Czapski*, S. 58 Rdn. 122; *Künzl*, in: *Rieder*, Krankheit im Arbeitsverhältnis, S. 191; ders., AuR 1995, 209; ders., Anm. zu BAG AuR 2000, 146; Kasseler Handbuch/*Künzl*, 2.1 Rz. 935; *von Hoyningen-Huene*, DB 1995, 145; *von Hoyningen-Huene/Linck*, KSchG, § 1 Rdn. 310 a; *Kittner/Däubler/Zwanziger*, KSchR, § 1 KSchG Rdn. 182; HK-KSchG/*Dorndorf*, § 1 Rdn. 791; *Berkowsky*, Personenbedingte Kündigung, S. 163 Rdn. 28, S. 296 Rdn. 62; *Schwan/Zöller*, ZTR 1996, 66; *Felderhoff*, S. 110; ErfK/*Dieterich*, GG, Art. 2 Rdn. 124; *Fitting/Kaiser/Heither/Engels/Schmidt*, BetrVG, § 94 Rdn. 25, § 87 Rdn. 71; *Hoß*, MDR 1999, 911; *Bauer/Röder*, Kündigung, S. 134; *Bengelsdorf*, NZA 1999, 1306; ders., NZA 2001, 1002; *Lepke*, DB 2001, 279; *Spiecker*, AuA 2001, 258; *Hunold*, S. 144, wohl aber aufgrund einer Betriebsvereinbarung; so auch *Fekker*, S. 269; *Schäfer*, S. 57; *Schäfer, Jürgen*, S. 57; *Hinrichs*, AiB 1983, 186; *Olderog*, Rauchen und Alkohol, S. 316; *Schanz* et al., S. 202; *Knorr/Bichlmeier/Kremhelmer*, S. 491 Rdn. 45 – **anders** *Fleck*, BB 1987, 2031; ders., Anm. zu BAG AP Nr. 34 zu § 1 KSchG 1969 Verhaltensbedingte Kündigung, Bl. 1346 R; HK-KSchG/*Dorndorf*, § 1 Rdn. 791.

[261] Zum Beweiswert eines Testes durch ein Atem-Alkoholtestgerät siehe LAG Nürnberg (11. 7. 94) DB 1994, 2456; BAG (26. 1. 95) NZA 1995, 517: in Zweifelsfragen sowohl zur Be- als auch Entlastung des Arbeitnehmers; zust. *Fleck*, Anm. zu BAG AP Nr. 34 zu § 1 KSchG 1969 Verhaltensbedingte Kündigung; OLG Hamm (17. 2. 94) NJW 1995, 2425 – **kritisch** *Künzl*, AuR 1995, 210; LAG München (21. 9. 95) LAGE Nr. 20 zu § 611 BGB Arbeitnehmerhaftung.

[262] BAG (26. 1. 95) NZA 1995, 517; (23. 1. 97) BB 1998, 108; *Willemsen/Brune*, DB 1988, 2308; *von Hoyningen-Huene*. DB 1995, 145; *von Hoyningen-Huene/Linck*, KSchG, § 1 Rdn. 310 a; *Schäfer, Jürgen*, S. 87f.; Kasseler Handbuch/*Künzl*, 2.1 Rz. 935; *Berkowsky*, Personenbedingte Kündigung, S. 163 Rdn. 28, S. 296 Rdn. 62; *Kittner/Däubler/Zwanziger*, KSchR, § 1 KSchG Rdn. 182, HK-KSchG/*Dorndorf*, § 1 Rdn. 791; *Hemming*, BB 1998, 2000; ErfK/*Dieterich*, GG, Art. 2 Rdn. 124; *KR-Etzel*, § 1 KSchG Rdn. 426; *Bengelsdorf*, NZA 2001, 1002; *Knorr/Bichlmeier/Kremhelmer*, S. 490 Rdn. 43; *Hoß*, MDR 1999, 911.

[263] BAG (12. 8. 99) BB 1999, 2564 = DB 1999, 2369; *Hako-Gallner*, § 1 Rdn. 462; *Bengelsdorf*, NZA 2001, 994; *Lepke*, DB 2001, 279; *von Hoyningen-Huene/Linck*, KSchG, § 1 Rdn. 310 c.

[264] Vgl. nur BGH (9. 12. 58) Z 29, 46 (49, 54); (14. 2. 89) Z 106, 391 (397f.).

[265] Dazu BVerG (18. 7. 67) E 22, 219; BGH (23. 10. 57) St 11, 250.

[266] So Auch *Fecker*, S. 269; *Schäfer, Jürgen*, S. 88; *Bengelsdorf*, NZA 2001, 1002; *Lepke*, DB 2001, 279; *Graefe*, BB 2001, 1252.

Will sich der Arbeitnehmer bei einem aufgrund objektiver Anhaltspunkte bestehenden Verdacht seiner Alkoholisierung während der Arbeitszeit durch einen Alkoholtest bzw. die Entnahme einer Blutprobe entlasten, bleibt es ihm unbenommen, einen entsprechenden Wunsch gegenüber dem Arbeitgeber zu äußern.[267] Die Initiative für eine solche Maßnahme braucht der Arbeitgeber nicht zu ergreifen, wenngleich dies im Einzelfall aus Beweisgründen zweckmäßig sein kann. Die Weigerung des Arbeitnehmers, eine Blutentnahme zu dulden, kann aber als Indiz für einen erheblichen Alkoholkonsum angesehen werden. Jedenfalls muss die diesbezügliche Weigerung des Arbeitnehmers im Rahmen der Beweiswürdigung vom Gericht beachtet werden.[268]

e) Außerordentliche fristlose Kündigung

Unter denselben Voraussetzungen wie bei einer sonstigen Erkrankung[269] kann ausnahmsweise eine außerordentliche fristlose Kündigung, § 626 Abs. 1 BGB, wegen Trunksucht gerechtfertigt sein[270], insbesondere bei fristgerecht unkündbaren Arbeitnehmern.[271] Das gilt vor allem für solche Arbeitnehmer, die aufgrund ihrer arbeitsvertraglich geschuldeten Leistung sich vor und während der Arbeitszeit jeglichen Alkoholgenusses zu enthalten haben, wie etwa Berufskraftfahrer. Ansonsten wird vom Arbeitgeber aber grundsätzlich verlangt werden müssen, das Arbeitsverhältnis bis zum Ablauf der maßgeblichen ordentlichen Kündigungsfrist fortzusetzen und eine fristgerechte Kündigung auszusprechen[272], es sei denn, die ordentli-

244

---

[267] BAG (26. 1. 95) AP Nr. 34 zu § 1 KSchG 1969 Verhaltensbedingte Kündigung; (16. 9. 99) DB 2000, 93 = AP Nr. 159 zu § 626 B mit zust. Anm. von *Fleck*; *Lepke*, DB 2001, 279; siehe auch KPK-*Schiefer*, § 1 KSchG Rdn. 299: Fürsorgepflicht.
[268] LAG Hamm (11. 11. 96) LAGE Nr. 56 zu § 1 KSchG Verhaltensbedingte Kündigung; KPK-*Schiefer*, § 1 KSchG Rdn. 298; HK-KSchG/*Dorndorf*, § 1 Rdn. 792.
[269] Einzelheiten bei *Lepke*, S. 286 ff. Rdnr. 196 ff.; siehe auch *Schwedes*, S. 261 Rdn. 526; MünchArbR/*Wank*, § 120 Rdn. 61; *Erman/Belling*, BGB § 626 Rdn. 54.
[270] Im Ergebnis ebenso *Lipke*, DB 1978, 1544; *Schäfer*, S. 102; *Schaub*, 9. Aufl., S. 1354 Rdn. 124; KR-*Hillebrecht*, 4. Aufl., § 626 BGB Rdn. 105; *Hunold*, S. 158; *Stahlhacke/Preis/Vossen*, 7. Aufl., Rdn. 504; *Bengelsdorf*, Alkohol, S. 14; BGB-RGRK, § 626 Rdn. 91; *Staudinger/Preis*, BGB, § 626 Rdn. 212; *Bengelsdorf/Müller-Wichards/Ruhberg/Sparta*, S. 34; *Schanz* et al., S. 243; *Schwan/Zöller*, ZTR 1996, 64; *Felderhoff*, S. 251; *Tschöpe*, BB 2001, 2113; *Kittner/Däubler/Zwanziger*, KSchR, § 626 BGB Rdn. 102, es sei denn, der Arbeitnehmer ist therapiebereit; FA-ArbR/*Röhl*, S. 569 Rdn. 563; LAG Hamm (30. 8. 85) LAGE Nr. 2 zu § 1 KSchG Personenbedingte Kündigung – ungenau *Rudhardt*, S. 71 Rdn. 82: Trunksucht könne die Kündigung rechtfertigen, „wenn sie das Arbeitsverhältnis berührt"; siehe auch ErfK/*Müller-Glöge*, § 626 BGB Rdn. 98, 130, 161.
[271] *Lepke*, S. 293 ff. Rdnr. 203 ff. m. w. N.; KR-*Hillebrecht*, 4. Aufl., § 626 BGB Rdn. 205; *Bengelsdorf*, Alkohol, S. 14,12; *Felderhoff*, S. 251; *Künzl*, Anm. zu BAG AuR 2000, 146; *Brox/Rüthers*, S. 146 Rdn. 192 a; APS/*Dörner*, § 626 BGB Rdn. 299; *Kittner/Däubler/Zwanziger*, KSchR, § 626 BGB Rdn. 145: nur bei ihnen; *Busemann/Schäfer*, S. 182 Rdn. 365; *Bengelsdorf*, NZA-RR 2002, 69; *Staudinger/Preis*, BGB, § 626 Rdn. 212, 218; BAG (14. 11. 84) AP Nr. 88 zu § 626 BGB; (12. 7. 95) NZA 1995, 1100; (9. 7. 98) – 2 AZR 201/98 – unv.; (16. 9. 99) BB 2000, 206 f. = AP Nr. 159 zu § 626 BGB mit zust. Anm. von *Fleck*; LAG Hamm (22. 1. 87) ARSt 1989, S. 59 Rdn. 1054; LAG Köln (4. 5. 95) LAGE Nr. 85 zu § 626 BGB.
[272] *Lepke*, DB 1982, 175; *Schäfer*, S. 126; *Willemsen/Brune*, DB 1988, 2310; *Fecker*, S. 231; *Schäfer, Jürgen*, S. 234; *Bengelsdorf*, NZA-RR 2002, 57 (69).

che Kündigungsfrist ist außergewöhnlich lang.[273] So hat beispielsweise das ArbG Oldenburg[274] zu Recht entschieden, dass ein langjähriger Büroangestellter, der mehrfach vergeblich versucht hatte, der Trunksucht „Herr" zu werden, nicht fristlos, sondern nur fristgerecht entlassen werden dürfe, und zwar selbst dann, wenn er den Beginn seiner Alkoholerkrankung selbst verschuldet hat. Auch wenn der Arbeitnehmer eine Entziehungskur grundlos abbricht oder sich weigert, eine solche anzutreten, wird dieser Umstand im Allgemeinen noch nicht den Ausspruch einer außerordentlichen fristlosen Kündigung rechtfertigen.[275] In diesem Zusammenhang verdient eine Entscheidung des BAG vom 20.1.1977[276] Zustimmung. Ein Auszubildender, der sich durch den Aufenthalt in einer Heilstätte vom Alkoholismus befreien konnte und nach erfolgreicher Rehabilitation den festen Willen zur Wiederholung seiner Ausbildung hat, darf nicht fristlos entlassen werden. Dem Ausbilder ist vielmehr in der Regel eine Wiederholung der Ausbildung zuzumuten. Auch der Abbruch einer Entziehungskur wird in der Regel eine außerordentliche fristlose Kündigung nicht ohne weiteres rechtfertigen.[277]

2. Kündigung wegen Drogensucht

a) Allgemeines

245 Während Alkoholismus überwiegend bei Erwachsenen festzustellen ist, erwies sich bis jetzt der Missbrauch von insbesondere harten Drogen[278] in erster Linie als ein vielschichtiges Problem bei Jugendlichen[279], wobei immer jüngere Menschen, zunehmend auch weibliche Jugendliche, in die Drogenszene verwickelt sind. Neuerdings wird aber die Zunahme älterer Drogenabhängiger beobachtet.[280] Im Jahre 1989 waren ca. 65 % der Drogenabhängigen, der Abhängigen von Betäubungsmitteln und Medikamenten, älter als 25 Jahre[281], 1993 waren die Gruppen der 21–25jährigen (28,5 %) und der 25–30jährigen (28,3 %) sog. Erstkonsumenten am stärksten belastet.[282] Für einen früher behaupteten Trend eines ständig sinkenden Einstiegsalters liegt derzeit keine Bestätigung vor.[282]

---

[273] Zustimmend *Schäfer, Jürgen*, S. 287.
[274] (27.8.75) AuR 1976, 185; zust. *Schäfer*, S. 103; *Schäfer, Jürgen*, S. 286.
[275] Ebenso *Schäfer, Jürgen*, S. 285 - **anders** *Lipke*, DB 1978, 1544; *Hohmeister*, AuSozR 1995, 106; *Schwan/Zöller*, ZTR 1996, 64.
[276] AP Nr. 1 zu § 1 TVG Ausbildungsverhältnis; zust. *Schäfer, Jürgen*, S. 126; *Kittner/Däubler/Zwanziger*, KSchR, § 15 BBiG Rdn. 27: nur nach erfolgloser Entziehungskur.
[277] Ebenso *Schäfer, Jürgen*, S. 285f. – **anderer Ans.** *Lipke*, DB 1978, 1544; *Schäfer*, S. 103; *Willemsen/Brune*, DB 1988, 2310.
[278] Zur Typologie Drogenabhängiger siehe *Langelüddeke/Bresser*, S. 157ff.; *Luderer*, in: *Baer*, Psychiatrie für Juristen, S. 112ff.; *Scheerer/Vogt*, Drogen und Drogenpolitik (1989), S. 21ff.
[279] Dazu *Knaak*, Sucht (1983), S. 106ff.; *Lettieri/Welz*, Drogenabhängigkeit – Ursachen und Verlaufsfolgen (1983), S. 89, 131ff., 210f., insbes. S. 225ff.; *Kindermann*, in: DHS, Süchtiges Verhalten, S. 293ff.; *Reuband*, DHS, Informationsdienst 1987, S. 43f.; Aktuell '99, S. 122; *Schulz/Remschmidt*, DtÄrzteBl 96 (1999), Heft 7, B-328ff.; Drogen- und Suchtbericht 1998, S. 3; Drogen- und Suchtbericht 2000 der Bundesregierung vom 9.5.2001, S. 3.
[280] Vgl. *Ladewig/Graw*, in: *Feuerlein*, Theorie der Sucht, S. 58.
[281] Aktuell '91, S. 114; siehe auch Jahrbuch Sucht '94, S. 41, 45; Jahrbuch Sucht '99, S. 129ff.
[282] Jahrbuch Sucht '95, S. 95f.

Insbesondere Kündigung durch den Arbeitgeber bei Suchterkrankungen des Arbeitnehmers

Nach Angaben der UNO nahmen 1989/90 weltweit 50 Mio. Menschen regelmäßig Drogen[281], deren Zahl sich 1992 und 1993 noch erhöhte.[283] Auch 1995 nahm der Drogenmissbrauch und -handel verbunden mit einer entsprechenden Drogenkriminalität international zu.[284] Schätzungen der Drogenkontrollprogramm-Behörde der UNO (UNDCP) zufolge[285], die Mitte 1997 ihren ersten Bericht vorlegte, betrug der Anteil des Rauschgifthandels am gesamten Welthandel 8 %, was einem jährlichen Umsatz von 700 Mrd. Dollar entsprach. 1997 konsumierten weltweit 140 Mio. Menschen sog. weiche Drogen (Marihuana oder Haschisch). 30 Mio. nahmen Amphetamine[286] und 8 Mio. die harte Droge Heroin.[287] Auch 1998/99 nahm der Drogenkonsum weltweit zu[288]; Heroin wurde zunehmender geraucht als injiziert. Allgemein zeigte sich, dass Männer höhere Prävalenzraten für die Drogenmissbrauch und die -abhängigkeit aufwiesen als Frauen.[289]

246

Seit der Rauschmittelwelle von 1968/69 hat auch in Deutschland die Zahl der Behandlungsbedürftigen im Alter von etwa 15 bis 25 Jahren ständig zugenommen. Waren es 1968 schätzungsweise erst 160.000, so erhöhte sich bis 1971 diese Zahl auf 380.000, von denen mindestens 7000 bis 10.000 sog. Schießer waren.[290] Etwa 12.000 Jugendliche sollen damals infolge des Missbrauchs von Drogen arbeitsunfähig krank gewesen sein.[291] Auch in den Jahren von 1979 bis 1985 war auf dem Gebiet des Drogen- und Medikamentenmissbrauchs keine entscheidende Wende zum Besseren zu erkennen[292], was auch für 1992 galt[293], obwohl in Deutschland die Zahl der Drogentoten gegenüber 1991 erstmals nach 1985 stagnierte und leicht zurückgegangen war. Auch 1993 konnte ein Rückgang der Drogentoten festgestellt werden.[294] Auf der Basis unterschiedlicher Schätzverfahren kann für das Jahr 1995 angenommen werden, dass es in Deutschland zwischen 126 000 und 152 000 Heroinabhängige gegeben hat.[295] 1995 registrierte die Polizei insgesamt 15230

247

---

[283] Vgl. Aktuell '94, S. 171; Aktuell '95, S. 150.
[284] Aktuell '97, S. 113.
[285] Aktuell '98, S. 121; Aktuell '99, S. 122; für 1998 siehe DtÄrzteBl 97 (2000), Heft 7, C-284: 400 Mrd. Dollar.
[286] Eingehend dazu *Gastpar/Mann/Rommelspacher*, S. 228 ff.
[287] Vgl. Aktuell '99, S. 122 ; siehe auch *Soyka*, Drogen- und Medikamentenabhängigkeit, S. 21 f. m. N.
[288] Aktuell 2000, S. 147.
[289] Vgl. *Soyka*, Drogen- und Medikamentenabhängigkeit, S. 26.
[290] Siehe die statistischen Angaben in: DOK 1972, 932.
[291] DOK 1972, 932; *Giese*, BB 1972, 360, schätzte die Zahl der „Haschinvaliden" 1971 in der Bundesrepublik auf 60.000; 1996 wurde von 500.000 Haschisch-Konsumenten ausgegangen, siehe dazu *Forster/Joachim*, S. 96. Im Jahre 2000 gaben 26 % von 3000 jungen Befragten an, Haschisch bereits probiert zu haben (BKK 2001, Heft 7, S. 303).
[292] Im Einzelnen dazu *Keup*, in: Jahrbuch der Suchtgefahren 1981, S. 22 ff.; 1983, S. 61 ff.; 1984, S. 12 ff.; 1985, S. 10; *Seifert-Schröder*, in: Jahrbuch zur Frage der Suchtgefahren 1987, S. 37 ff.; *Scheerer/Vogt*, S. 287 f.; *Gastpar/Mann/Rommelspacher*, S. 8 f.; – **anders** *Schmerl*, Drogenabhängigkeit (1984), S. 1, der annimmt, die Drogenepidemie in Westeuropa habe begonnen, sich bei einer bestimmten Größe „einzupendeln"; *Kreuzer*, NJW 1989, 1505.
[293] Aktuell '94, S. 26, 172.
[294] Jahrbuch Sucht '95, S. 102; Aktuell '95, S. 14.
[295] Vgl. *Krausz* et al., in: *Zerdick*, Suchtmedizin im Dialog (2001), S. 55.

Erstkonsumenten „harter Drogen".[296] Im Jahre 2000 ging man in der Bundesrepublik von 250 000 bis 300 000 Konsumenten harter Drogen (Heroin, andere Opiate, Kokain, Amphetamin, Ecstasy) aus.[297]

248 Erschreckend hoch ist auch die Zahl der Medikamentenabhängigen[298], wobei die Pharmakodynamik des sog. Alkohol-Medikamenten-Kombinationseffektes (AMKE) besondere toxische Wirkungen auf das Zentralnervensystem hat.[299] Lagen die Schätzungen 1991 noch bei 500.000 Personen in Deutschland[300], sollen es 1995 bereits 1,4 Mio., davon etwa zwei Drittel Frauen[301], sowie 1996, 1998 und 1999 sogar 1,5 Mio. Menschen gewesen ein.[302] In einer Repräsentativerhebung bezogen auf das Jahr 2000 gaben 17 % der Frauen und 12 % der Männer an, sie hätten in den letzten 30 Tagen zumindest einmal pro Woche Medikamente mit psychoaktiver Wirkung eingenommen.[303] Bei 3,1 % der 18- bis 59 Jährigen wurde eine aktuelle Medikamentenabhängigkeit diagnostiziert. Hochgerechnet auf diese Bevölkerungsgruppe waren das 1,48 Mio. Menschen.

Stark im Kommen ist vor allem die zu anhaltenden neurotoxischen Schäden führende[304] synthetische Modedroge „Ecstasy", die besonders bei Erstkonsumenten immer häufiger Anklang findet (43,5 %).[305] Im Jahre 2000 lag der Anteil der Ecstasy- und Amphetamine-Konsumenten unter den Jugendlichen wie in den Vorjahren konstant bei 3 % bis 4 %.[306]

1997 war die Zahl der Drogentoten wieder rückläufig. 1501 starben an ihrer Sucht.[307] Jedoch nahm bei den Erst-. 1997 war die Zahl der Drogentoten allerdings wieder rückläufig. Jedoch nahm bei den Erstkonsumenten der Anstieg um 20 % auf 20.594 Personen zu. 1998 verstarben bundesweit 1674 Menschen im Zusammenhang mit dem Missbrauch von Betäubungsmitteln, was gegenüber dem Vorjahr ein Anstieg um 173 Fälle oder 11,5 % bedeutete.[308] Im Jahre 2000 stieg die Zahl der Drogentoten auf den höchsten Stand seit 1992, nämlich auf 2023 Menschen. Das

---

[296] Etwa *L. G. Schmidt*, in: *Zerdick*, Entwicklungen in der Suchtmedizin (1999), S. 26.
[297] DtÄrzteBl 98 (2001), Heft 47, A-3092.
[298] Zum Begriff und den Erscheinungsformen nur *Lindenmeyer*, S. 91 ff.
[299] Dazu etwa *Forster/Joachim*, S. 90 ff., 96; Aktuell '98, S. 121; *Lindenmeyer*, S. 186.
[300] Vgl. *Staak*, in: *Oehmichen* et al., Drogenabhängigkeit, S. 191.
[301] Dazu etwa *Dietze*, S. 19; *Svensson*, PersR 1996, 190; Aktuell '97, S. 113; *Fuchs/Resch*, S. 2, geben – bezogen auf 1991 – 800.000 an; *Gastpar/Mann/Rommelspacher*, S. 145 f.: 2 % aller Frauen waren 1996/98 medikamentenabhängig.
[302] *Forster/Joachim*, S. 96; Aktuell '98, S. 120: 1,4 Mio.; ebenso Jahrbuch Sucht '99, S. 158; *Lindenmeyer*, S. 86; DtÄrzteBl 98 (2001), Heft 47, A-3092.
[303] Siehe DtÄrzteBl 98 (2001); Heft 18, A-1145, Heft 24, A-1626; „Der Tagesspiegel" Nr. 17223 vom 5. 11. 2000, S. W 2: 1,4 Mio.
[304] Vgl. *Obrick* et al., DtÄrzteBl 98 (2001), Heft 47, A-3132 ff.
[305] Etwa Aktuell 2000, S. 149, 152.
[306] DtÄrzteBl 98 (2001), Heft 18, A-1145; BKK 2001, Heft 7, S. 303; Drogen- und Suchtbericht 2000 der Bundesregierung vom 9.5.2001, S. 5; Aktuell 2003, S. 133.
[307] Etwa DtÄrzteBl 95 (1998), Heft 26, B-1328; Jahrbuch Sucht '99, S. 87.
[308] Drogen- und Suchtbericht 1998 der Bundesregierung, S. 2; Jahrbuch Sucht '99, S. 83; Aktuell 2000, S. 148.

waren fast 12 % mehr als 1999.³⁰⁹ 2001 sank jedoch erstmalig seit 3 Jahren die Zahl der Drogentoten wieder. Insgesamt starben 1835 Menschen am Konsum illegaler Drogen.³¹⁰ Das waren 9,6 % weniger als im Vorjahr. Dennoch kann von einer Trendwende nicht gesprochen werden.

1998 beliefen sich die durch die Einnahme illegaler Substanzen entstandenen Folgeschäden in Deutschland auf 13 Mrd. DM.³¹¹

Für alle Drogenabhängigen gilt die Trias: Droge – Persönlichkeit – Umwelt, wobei sich diese drei Faktoren gegenseitig beeinflussen können.²⁹² Wie bei der Trunksucht sind die Ursachen der Drogenabhängigkeit multifaktorell.³¹² Die mit dem Drogenumgang verbundenen Gefahren sind vielschichtig, unsicher und stetem Wandel unterworfen, wobei derzeit den Ersatzdrogen³¹³ qualitativ und quantitativ größere Bedeutung zukommt.

249

b) Kündigung durch den Arbeitgeber

Soweit die pharmakologische Abhängigkeit eines Arbeitnehmers im arbeitsrechlichen Schrifttum überhaupt und vereinzelt in der Rechtsprechung der Gerichte für Arbeitssachen behandelt wird, erfolgt dies ganz überwiegend in Bezug auf die Frage, ob dem Arbeitnehmer ein Vergütungsfortzahlungsanspruch im Krankheitsfalle zusteht, wobei die Problematik des Verschuldens des Arbeitnehmers eindeutig im Vordergrund steht.³¹⁴ Mitunter beschränkt sich die Stellungnahme lediglich darauf, dass das, was für die Trunksucht gelte, gleichermaßen bei der Drogensucht Beachtung finden müsse.³¹⁵

250

Das LAG Düsseldorf hat in einer Entscheidung vom 19. 4. 1972³¹⁶ in diesem Zusammenhang zutreffend darauf hingewiesen, dass Rauschmittel aus den unter-

251

---

³⁰⁹ „Der Tagesspiegel" Nr. 17330 vom 23. 2. 2001, S. 5; BKK 2001, 209; DtÄrzteBl 98 (2001), Heft 11, A-653.
³¹⁰ DtÄrzteBl 99 (2002), Heft 19, A-1265; Drogen- und Suchtbericht 2001, S. 12, 107.
³¹¹ Vgl. DtÄrzteBl 97 (2000), Heft 7, C-284.
³¹² Siehe nur *Gastpar/Mann/Rommelspacher*, S. 50 ff.
³¹³ Im Einzelnen *Keup*, in: *Oehmichen* et al., Drogenabhängigkeit, S. 99 ff.; DtÄrzteBl 97 (2000), Heft 7, C-284.
³¹⁴ Siehe etwa *Korkhaus*, BB 1979, 377; *Hofmann*, ZfA 1979, 322 m. w. N.; *Geyer/Knorr/Krasney*, EFZG, § 3 Rdn. 136; *Bleistein*, Einstellung, S. 202; *Brecht*, LFG, § 1 Rdn. 37; *Kehrmann/Pelikan*, LFG, § 1 Rdn. 4; *Doetsch/Schnabel/Paulsdorff*, LFG, § 1 Rdn. 16a; *Hunold*, S. 124.
³¹⁵ So etwa *Kehrmann/Pelikan*, LFG, § 7 Rdn. 4; *Geyer/Knorr/Krasney*, EFZG, § 3 Rdn. 137; *von Hoyningen-Huene/Linck*, KSchG, § 1 Rdn. 193; *Götz*, S. 186 Rz. 278; *Vossen*, S. 60 Rdn. 145; ErfK/*Ascheid*, § 1 KSchG Rdn. 247; *Däubler*, S. 589 Rdn. 1096; KR-*Etzel*, § 1 KSchG Rdn. 288; *Kittner/Däubler/Zwanziger*, KSchR, § 1 KSchG Rdn. 128, 208 a; *Hako-Gallner*, § 1 Rdn. 463; *Leinemann/Ascheid*, GewO, § 105 Rdn. 13072; *Bekker-Schaffner*, ZTR 1997, 55; *Tschöpe/Nägele*, Teil 3 D, Rz. 119; *Tschöpe/Kappelhoff*, Teil 3 H, Rz. 6 a; KPK-*Schiefer*, § 1 KSchG Rdn. 154; *Hummel*, S. 52; *Schaub*, S. 1459 Rdn. 14, erwähnt die Drogensucht in der Textüberschrift; siehe auch *Knorr/Bichlmeier/Kremhelmer*, S. 419 Rdn. 7; etwas ausführlicher *Berkowsky*, Personenbedingte Kündigung, 1. Aufl., S. 34 Rdn. 124 a – 127; *Hönsch/Natzel*, S. 194 Rdn. 184–185; siehe auch *Heemann*, S. 118; *Schmalz*, PK-BAT, § 53 Rdn. 12; MünchArbR/*Berkowsky*, § 136 Rdn. 75, aber jetzt zusammen behandelnd, S. 105 Rdn. 6.
³¹⁶ DB 1972, 1073 = EEK I/249.

schiedlichsten Gründen genommen werden, sei es vereinzelt zur Schmerzlinderung aufgrund ärztlicher Verordnung, sei es aus Neugier oder aus grobem Leichtsinn. Offenbar meinen sehr viele der Rauschgiftabhängigen, ihre Lebensprobleme anders nicht bewältigen zu können. Bei einem erst 17 Jahre alten Arbeitnehmer könne, so hat das LAG Düsseldorf ausgeführt, der Genuss von Rauschmitteln (Haschisch) aber nicht ohne weiteres als grober Verstoß gegen die von ihm im eigenen Interesse objektiv zu erwartende Sorgfalt angesehen werden. In einem Urteil vom 1.7.1971 hat es das ArbG Duisburg[317] sogar abgelehnt, jeglichen Konsum von Rauschgift als eine Form des Verschuldens anzusehen. Vielmehr habe der Arbeitgeber nachzuweisen, dass dem Arbeitnehmer der Kausalzusammenhang zwischen dem Rauschgiftgenuss und seiner krankheitsbedingten Arbeitsunfähigkeit bekannt gewesen sei. Demgegenüber hat sich das ArbG Arnsberg[318] auf den Standpunkt gestellt, dass Arbeitsunfähigkeit infolge Drogenabhängigkeit einen Lohnfortzahlungsanspruch nach den §§ 6 Abs. 1, 1 Abs. 1 LFG ausschließe. Die Gefahren des Drogenmissbrauchs seien allgemein bekannt. Handele der Arbeitnehmer dieser allgemeinen Erkenntnis zuwider und werde er wegen seiner Drogensucht arbeitsunfähig krank, dann sei seine Arbeitsunfähigkeit auch dann selbst verschuldet, wenn seine Intelligenz bzw. Einsichtigkeit unter dem Durchschnitt liege. Der gerichtlichen Entscheidung lag folgender Sachverhalt zugrunde: Der Arbeitgeber hatte eine von der Arbeitnehmerin offenbar gerichtlich nicht angegriffene fristlose Kündigung ausgesprochen, nachdem sie seit Herbst 1972 Schlaftabletten aufgelöst und sich die Lösung injiziert hatte, so dass ihre Arbeitsleistungen merklich nachgelassen hatten. Infolge des Tablettenmissbrauches hatte sich die Klägerin einer dreiwöchigen stationären Entgiftungsbehandlung unterziehen müssen. In anderem Zusammenhang hat auch das BVerwG in einem Urteil vom 22.10.1980[319] die Ansicht vertreten, dass derjenige, der über einen längeren Zeitraum hinweg Rauschgifte, wie etwa Haschisch und Marihuana konsumiere, fahrlässig seine Dienst- und Einsatzfähigkeit untergrabe. Kündigungsrechtlich relevant ist auch eine rechtskräftige Entscheidung des ArbG Wilhelmshaven vom 16.4.1982[320] zur fristlosen Kündigung eines Auszubildenden wegen des Missbrauchs von Drogen. Ausgehend davon, dass ein Verstoß gegen das Betäubungsmittelgesetz, insbesondere bei einer Vielzahl von Auszubildenden, Auswirkungen auf das Ausbildungsverhältnis hat, wird dem Ausbilder (zu Recht) die Befugnis eingeräumt, aus einem konkreten Anlaß nach eventuellen Verurteilungen wegen des Missbrauchs von Drogen zu fragen. Für die Frage, so führt das Gericht aus, ob einem Auszubildenden wegen einer einmaligen Verurteilung nach dem Betäubungsmittelgesetz und wegen des pflichtwidrigen Leugnens dieser Verurteilung gekündigt werden könne, komme es rechtserheblich darauf an, wie groß im konkreten Fall die vom Auszubildenden ausgehende Gefährdung für die anderen Jugendlichen und die sonstigen Mitarbeiter im Betrieb

---

[317] – 1 Ca 174/71 – unv.
[318] (4.8.73) ARSt 1973, S. 187 Nr. 217; ähnlich *Thome*, S. 190.
[319] ZBR 1981, 354; siehe auch *Terhorst*, MDR 1982, 368, zur verminderten Schuldfähigkeit infolge Drogensucht.
[320] ARSt 1983, S. 61 Nr. 1071 = EzB Nr. 47 zu § 15 Abs. 2 Nr. 1 BBiG.

sei.³²¹ Nur in mittelbarem Zusammenhang mit Drogenabhängigkeit steht eine Entscheidung des ArbG Berlin vom 19.12.1989.³²² Ein seit längerer Zeit drogenabhängiger Laborant in der Qualitätskontrolle eines Kaffee verarbeitenden Betriebes, der sich in den Betriebsräumen auch schon früher Heroin³²³ gespritzt hatte, war während der Nachtschicht beim Abpacken von zum Verkauf bestimmten Heroin mit einem Reinheitsgrad von 16,5–17 % beobachtet worden. Das ArbG bestätigte die fristlos ausgesprochene Kündigung und führte zur Begründung aus: Das Handeln mit Heroin sei jedenfalls dann kündigungsrelevant, wenn es dadurch vorbereitet werde, dass während der betrieblichen Arbeitszeit die Heroinbriefchen abgewogen und verpackt werden. Zum einen habe sich der Kläger gemäß § 29 Abs. 1 Ziff. 1 BtMG strafbar gemacht. Zum anderen habe er auch eine erhöhte gesundheitliche Gefahr nicht nur für die anderen Mitarbeiter des Betriebes, sondern auch für Kunden seines Arbeitgebers heraufbeschworen, da sich Heroin auch an Lebensmitteln, insbesondere an Kaffee, der bei der Beklagten verarbeitet werde, anlagern könne. Demgegenüber meinte das ArbG Berlin in einer Entscheidung vom 5.11.1992³²⁴, dass ein 21jähriger Montierer/Packer, der regelmäßig Heroin geraucht und deshalb an einer Polytoxikomanie erkrankt war und sich einer Entziehungstherapie unterzogen hatte, nicht fristgerecht entlassen werden dürfe. Es seien vom Arbeitgeber keine konkreten Anhaltspunkte vorgetragen worden, dass der Kläger auch weiterhin erheblich aufgrund Heroingebrauchs krankheitsbedingt ausfallen werde. Konsumiere ein als Zeitungszusteller beschäftigter Betriebsratsvorsitzender, der mehr als 14 Jahre beanstandungsfrei dem Betrieb angehört, angeblich mehrfach im Büro des Betriebsrates Haschisch, ohne dass sich dies auf seine betriebliche Tätigkeit ausgewirkt habe, soll nach Ansicht des LAG Baden-Württ.³²⁵ eine außerordentliche fristlose Kündigung nicht gerechtfertigt sein.

---

[321] Dazu auch LAG Berlin (17.12.70) EzB Nr. 31 zu § 15 Abs. 2 Nr. 1 BBiG; Kasseler Handbuch/*Taubert*, 5.1 Rz. 295; OVG Saarland (11.12.98) AiB 1999, 463 ff.: Verdacht einer Drogenabhängigkeit wegen Cannabis-Konsum.

[322] – 27 Ca 314/89 – unv. Bedenklich hingegen ArbG Bad Hersfeld (2.12.88) ARSt 1989, S. 66 Nr. 36, wonach in einem vergleichbaren Fall nicht einmal die fristgerechte Kündigung gerechtfertigt sei.

[323] Zu den Gesundheitsrisiken siehe etwa *Scheerer/Vogt*, S. 292 f.

[324] – 10 Ca 12486/92 – ; siehe auch BAG (18.10.00) DB 2001, 1044 (Ls) = NZA 2001, 383 ff.: eine (verhaltensbedingte) fristlose Kündigung gegenüber einen Jugend- u. Heimerzieher betreffend, der für einen 22 jährigen Internatsbewohner zwei Mal eine Haschischzigarette drehte und anzündete; zust. *KR-Fischermeier*, § 626 BGB Rdn. 407; *Stahlhacke/Preis/Vossen*, Rdn. 682.

[325] (19.10.93) NZA 1994, 175 ff.; zust.; *Kittner/Däubler/Zwanziger*, KSchR, § 626 BGB Rdn. 106; *Backmeister/Trittin*, KSchG, §§ 626-628 BGB Rdn. 24; *KR-Fischermeier*, § 626 BGB Rdn. 407; *Feichtinger/Huep*, ArbR-Blattei, Kündigung VIII, Rdn. 170; ErfK/*Müller-Glöge*, § 626 BGB Rdn. 167; *Berkowsky*, Personenbedingte Kündigung, S. 184 Rdn. 111, S. 191 Rdn. 6, wohl aber nach Abmahnung fristgerecht; dazu *Besgen*, b+p 1994, 262, der zutreffend darauf hinweist, dass aber eine fristgerechte Kündigung beim Haschischkonsum während der Arbeitszeit oder mit innerbetrieblichen Auswirkungen gerechtfertigt gewesen wäre; so auch MünchArbR/*Berkowsky*, § 137 Rdn. 254; ders., NZA-RR 2001, 63, 68; **kritisch** auch *Dörner/Luczak/Wildschütz*, D, Rdn. 733; *Hanau/Adomeit*, S. 269 Fußn. 44; APS/*Dörner*, § 626 BGB Rdn. 184 f.; KPK-*Schiefer*, § 1 KSchG Rdn. 154.

252 Wie bei einer Trunksucht wird man in der Regel davon ausgehen müssen, dass heute jeder verständige Mensch bei gehöriger und ihm zumutbarer Überlegung erkennen kann, dass die längere Einnahme von illegalen Drogen zur Sucht und damit zur Erkrankung führt. Der Konsum von insbesondere harten Drogen hat erfahrungsgemäß auch schon in der Anfangsphase erhebliche schädliche Auswirkungen, so dass heute ein Verschulden im Allgemeinen nicht ausgeschlossen werden kann.[326] Wissenschaftliche Untersuchungen haben ergeben, daß der Genuß von Rauschgiften, auch von Cannabisprodukten[327], insbesondere Haschisch, den sog. weichen Drogen, zu Unlust, Gereiztheit, Willens- und Konzentrationsschwäche, Wesensveränderungen mit Vernachlässigung der persönlichen Belange, Gedächtnisstörungen und zum Nachlassen der Leistungsfähigkeit, sogar zu ihrem Verlust führen kann und regelmäßig auch führt.[328] Nach der Einschätzung des Bundesgesetzgebers[329] sind die auch schon vom Genuss von Cannabisprodukten ausgehenden gesundheitlichen Gefahren erheblich. Vor allem bei Jugendlichen wird der Cannabis-Probierkonsum immer häufiger. Fast jeder Zweite in der Altersgruppe der 18- bis 20 jährigen hat entsprechende Erfahrungen[330], wobei die Zahl der exzessiv konsumierenden Jugendlichen wächst. Die Möglichkeit einer psychischen Abhängigkeit wird auch derzeit nicht in Abrede gestellt.[331] Selbst wenn man der Meinung des BVerfG[331] folgt, die von Cannabisprodukten ausgehenden Gesundheitsgefahren seien aus heutiger Sicht gering, bleiben doch nicht unbeträchtliche Gefahren und Risiken bestehen. So wurde auf dem 25. Bundes-Drogenkongress in Niederhausen/Taunus vom 5.–7.6.2002 die Behauptung, der Cannabiskonsum sei

---

[326] Ebenso *Marburger*, DB 1980, 400; *Soergel/Kraft*, BGB, 11. Aufl., § 616 Rdn. 26; *Thome*, S. 190; *Künzl*, in: Rieder, Krankheit im Arbeitsverhältnis, S. 178: eher als bei Alkoholismus; siehe auch *Hönsch/Natzel*, S. 92 Rdn. 100; *Knorr/Bichlmeier/Kremhelmer*, S. 420 Rdn. 8; *Palandt/Putzo*, BGB, § 616 Rdn. 15; *Berkowsky*, NZA-RR 2001, 403; MünchArbR/*Berkowsky*, § 136 Rdn. 84 – **anders** BAG (17. 4. 85) DB 1986, 976; *Hunold*, S. 124; *Viethen*, EFZG, S. 19; *Bauer/Röder/Lingemann*, S. 29; *Müller/Berenz*, EFZG, § 3 Rdn. 50; *Kaiser/Dunkl/Hold/Kleinsorge*, EZFG, § 3 Rdn. 116; *Schmitt*, EFZG, § 3 Rdn. 110; *Worzalla/Süllwald*, EFZG, § 3 Rdn. 38, 39; Kasseler Handbuch/*Vossen*, 2.2 Rz. 91; APS/*Dörner*, § 1 KSchG Rdn. 232; *Ermann/Belling*, BGB, § 616 Rdn. 117 (anders bei übermäßigem Rauchen); siehe auch *Börgmann*, RdA 1993, 285: Nikotinabhängigkeit; differenzierend *Gerchow*, in: Oehmichen et al., S. 175: Unter Berücksichtigung des Grades und der Dauer der Abhängigkeit sei gelegentlich auch Schuldunfähigkeit anzunehmen.
[327] Zu deren Wirkungen und Risiken: *Geschwinde*, Rauschdrogen, 4. Aufl 1998, S. 27 ff. Rdn. 93 ff.; S. 51 Rdn. 199 ff.; *Scheerer/Vogt*, S. 379 ff.; *Gastpar/Mann/Rommelspacher*, S. 217 ff.
[328] Zur Beeinträchtigung der Arbeitsleistungen durch Medikamente siehe etwa *Fuchs/Resch*, S. 32 f.
[329] Regierungsvorlage zum BtMG 1971, Bundesrats-Drucks. 8/3551, S. 24; siehe auch Jahrbuch Sucht '99, S. 151: am häufigsten konsumierte Droge.
[330] Vgl. Drogen- und Suchtbericht 2000 der Bundesregierung vom 9. 5. 2001, S. 3; 1998 waren es in der Bundesrepublik ca. 2 Mio. Menschen zwischen 12 und 59 Jahren, Drogen- und Suchtbericht 1998 der Bundesregierung 1999, S.5.
[331] BVerfG (9. 3. 94) NJW 1994, 1580 = JZ 1994, 852 ff.; BAG (18. 10. 00) NZA 2001, 384; OVG Saarland (11. 12. 98) AiB 1999, 463 ff. – **kritisch** *Honsa*, S. 43 Rdn. 29; zur Fahruntüchtigkeit im akuten Haschischrausch siehe BVerfG (20.6.02) NJW 2002, 2379; (8. 7. 02) NJW 2002, 2381.

gesundheitlich unbedenklich, als falsch bezeichnet.³³² Überdies darf die Strafbarkeit des unerlaubten Umganges mit Cannabisprodukten nicht unberücksichtigt bleiben. Auch der gelegentliche Eigenverbrauch geringer Mengen bleibt eine mit Strafe bedrohte Handlung³³¹, selbst wenn nunmehr die einzelnen Bundesländer gewisse Richtwerte festgesetzt haben oder dies noch tun werden.

Angesichts dessen wird eine ordentliche fristgerechte Kündigung vielfach bereits aus verhaltensbedingten Gründen im Sinne von § 1 Abs. 2 KSchG sozial gerechtfertigt sein. Ansonsten sind kündigungsrechtlich dieselben Rechtsgrundsätze wie bei einer langanhaltenden Krankheit bzw. bei häufig wiederkehrenden Erkrankungen zu beachten.³³³ Mithin ist es dem Arbeitgeber in der Regel nicht verwehrt, wegen Drogensucht des Arbeitnehmers eine fristgerechte Kündigung unter den sonst maßgeblichen Voraussetzungen auszusprechen, wenn und soweit durch die Drogenabhängigkeit die Erfüllung der arbeitsvertraglichen Pflichten unmöglich oder doch wesentlich beeinträchtigt wird. Ein „Recht auf Rausch" kann es auch unter verfassungsrechtlichen Aspekten in Deutschland nicht geben.³³⁴ Auch insoweit ist bei der Beurteilung der Schuldfähigkeit auf den Beginn des Drogenmissbrauchs und nicht auf die letzte zur Arbeitsunfähigkeit führende Krankheitsphase der Drogenabhängigkeit abzustellen, in der durchaus eine völlige oder wenigstens verminderte Zurechnungsfähigkeit vorliegen kann. Freilich hat bei der Beurteilung der Begründetheit einer vom Arbeitgeber ausgesprochenen Kündigung die Verschuldungsfrage wie auch sonst keinen absoluten kündigungsrechtlichen Stellenwert. Vielmehr kommt es auch insoweit jeweils auf die konkreten Umstände des Einzelfalles entscheidungserheblich an. Vor allem bei noch jugendlichen drogenabhängigen Arbeitnehmern erscheint es aber geboten, eine besonders sorgfältige Abwägung der beiderseitigen Interessen vorzunehmen, da bei ihnen eher die Einsichtsfähigkeit in ihre Handlungsweise durch schädliche äußere Einflüsse und persönliche Entwicklungsstörungen beeinflusst sein kann. Ansonsten ergibt sich aus der Besonderheit der Drogen- wie der Alkoholsucht, an die negative Gesundheitsprognose keine zu hohen Anforderungen zu stellen.³³⁵ 253

Hinsichtlich des Nachweises einer Drogen- oder Medikamentenabhängigkeit des Arbeitnehmers im Rahmen eines Kündigungsschutzprozesses gilt im Grund- 254

---

332 DtÄrzteBl 99 (2002), Heft 25, A-1709; siehe aber *Nedelmann*, DtÄrzteBl 97 (2000), Heft 43, C-2138 ff.: Die von Cannabis ausgehenden Gefahren seien geringer als die der legalen Drogen Alkohol und Nikotin.
333 Ebenso im Ergebnis *Brill*, in: Suchterkrankung am Arbeitsplatz, Früherkennung und Behandlung, S. 114; KR-*Becker*, 3. Aufl., § 1 KSchG Rdn. 194a; MünchArbR/*Berkowsky*, § 136 Rdn. 75; ders., NZA-RR 2001, 402; *Heemann*, S. 118f.; *Löwisch*, Arbeitsrecht, S. 361 Rdn. 1320; ders., KSchG, § 1 Rdn. 207; *Backmeister/Trittin*, KSchG, § 1 Rdn. 190; *Hönsch/Natzel*, S. 194 Rdn. 185; *Bauer/Röder/Lingemann*, S. 109, KR-*Etzel*, § 1 KSchG Rdn. 288; *Elsner*, S. 101; KPK-*Schiefer*, § 1 KSchG Rdn. 154; FA-ArbR/*Kümpel*, S. 485 Rdn. 291; HK-KSchG/*Weller/Dorndorf*, § 1 Rdn. 376, 440; *Hromadka/Maschmann*, S. 392 Rdn. 173; *Knorr/Bichlmeier/Kremhelmer*, S. 419 Rdn. 7; LAG Baden-Württ./Freiburg (19. 10. 93) NZA 1994, 175 = LAGE Nr. 76 zu § 626 BGB.
334 BVerfG (9. 3. 94) NJW 1994, 1577; *Schmidt-Bleibtreu/Klein*, GG, Art. 2 Rdn. 3.
335 Ebenso *Bauer/Röder/Lingemann*, S. 109.

satz nichts anderes als bei einer Kündigung wegen Alkoholismus.[336] Der Arbeitgeber kann sich aller zulässigen Beweismittel einschließlich des Zeugenbeweises bedienen. Letzterer wird sich freilich in der Regel auf die Wiedergabe von Hilfstatsachen, also Indizien, beschränken.[337] Aufgrund einer Haar- oder Urinprobe kann Drogenkonsum über einen Zeitraum von mehreren Wochen oder Monaten mit hoher Sicherheit festgestellt werden. Ohne seine Einwilligung ist ein drogenabhängiger Arbeitnehmer aber nicht verpflichtet, sich entsprechenden Tests oder der Entnahme einer Blutprobe zu unterziehen, um zu klären, ob eine Drogenabhängigkeit vorliegt.[338] Die Zustimmung zu regelmäßigen Drogentests kann der Arbeitnehmer aber bereits im Arbeitsvertrag erklären. Beim Neuabschluss eines solchen Vertrages muss freilich ein berechtigtes Interesse des Arbeitgebers an der Einwilligung des Arbeitnehmers vorliegen.[339] Seine Weigerung, die Zustimmung zu erteilen, kann allerdings im Rahmen der freien Beweiswürdigung, § 286 ZPO, indiziell gegen ihn sprechen.[340]

255 Was die Frage betrifft, ob der Arbeitgeber vor dem Ausspruch einer Kündigung erst das Ergebnis von therapeutischen Behandlungen, insbesondere von Drogenentziehungskuren abwarten muss, gelten dieselben Überlegungen wie bei Alkoholkranken. Der Arbeitgeber ist folglich im Allgemeinen nicht verpflichtet, dem Arbeitnehmer zunächst die Durchführung einer Entziehungskur zu ermöglichen, bevor er eine Kündigung ausspricht.[341] Auch beim Missbrauch von Drogen können die Ziele zur Behandlung Drogenabhängiger nicht kurzfristig oder allein durch ambulante medizinische Behandlungen erreicht werden.[342] Eine solche Behandlung vollzieht sich in mehreren Stufen der stationären körperlichen Entgiftung, des Entzuges, der Behandlung eventueller Abstinenzerscheinungen und der Behandlung anderer körperlicher und/oder seelischer Erkrankungen. Die Eingangsphase bei einer stationären Therapie drogenabhängiger Patienten umfasst in der Regel etwa 1 – 3 Monate, die Stammphase 6 Monate und die Adaptionsphase weiter 3 Monate, insgesamt also 12 Monate.[343] Erst danach kann mit dem Versuch der Wiedereingliederung des Patienten in die Gesellschaft außerhalb des Krankenhau-

---

[336] So auch *Berkowsky*, Personenbedingte Kündigung, S. 296 Rdn. 60.
[337] Siehe dazu *Lepke*, S. 353 Rdn. 243 a.
[338] Vgl. dazu auch BAG (12. 8. 99) BB 1999, 2564 = NZA 1999, 1209; *Diller/Powietzka*, NZA 2001, 1231.
[339] Im Einzelnen dazu *Diller/Powietzka*, NZA 2001, 1232.
[340] BAG (26. 1. 95) AP Nr. 34 zu § 1 KSchG 1969 Verhaltensbedingte Kündigung; *von Hoyningen-Huene*, DB 1995, 142; *Berkowsky*, Personenbedingte Kündigung, S. 296 Rdn. 63.
[341] *Lepke*, DB 1982, 175; zust. *Hönsch/Natzel*, S. 194 Rdn. 185 – **anderer Ans.** *Lipke*, DB 1978, 1544; KR-*Becker*, 3. Aufl, § 1 KSchG Rdn. 194a; *von Hoyningen-Huene/Linck*, KSchG, § 1 Rdn. 193; KR-*Etzel*, § 1 KSchG Rdn. 285, 288; *Kittner/Däubler/Zwanziger*, KSchR, § 1 KSchG Rdn. 114, 128; *Löwisch*, KSchG, § 1 Rdn. 209; *Kittner/Trittin*, KSchR, § 626 BGB Rdn. 102; ArbG Celle (4. 4. 79) ARSt 1979, S. 136 Nr. 130.
[342] Dazu vor allem *Stübing*, S. 97 ff.; *Scheerer/Vogt*, S. 44; Jahrbuch Sucht '94, S. 34; zu den Erfolgsaussichten entsprechender Rehabilitationsmaßnahmen siehe auch BSG (1. 12. 83) BlStSozArbR 1984, 172; BGH (23. 5. 89) MDR 1989, 832; mehr als bedenklich ArbG Berlin (5. 11. 92) – 10 Ca 12486/92 –.
[343] Vgl. *Soyka*, Drogen- und Medikamentenabhängigkeit, S. 156.

ses, insbesondere in das betriebliche Alltagsleben begonnen werden. Die Suchtverläufe haben durchschnittlich eine Dauer von über zehn Jahren, wobei auch 20- bis 30jährige und sogar lebenslange Verläufe keine Seltenheit sind.[344] Selbst die notwendige Nachbehandlung kann sich über Jahre erstrecken. Bei allen noch so wirksamen therapeutischen Behandlungsmethoden darf nicht außer Betracht bleiben, dass es einen noch unbekannten Prozentsatz nicht behandlungsfähiger oder nicht behandlungswilliger Patienten gibt.[345] Überdies entscheidet das rechtzeitige Erkennen einer Drogengefahr weitgehend über die Prognose von Rehabilitationsversuchen.[346] Je älter der Proband ist, um so schwieriger wird die Rehabilitation. Die Therapie Drogenabhängiger[347] ist in vielfacher Hinsicht jedenfalls mit größeren Schwierigkeiten behaftet als die alkohol- und medikamentenabhängiger Patienten.[348] Auch prognostische Aussagen erweisen sich bei Drogenabhängigkeit als außerordentlich schwieriger und unsicherer als dies bei somatischen Krankheiten der Fall ist.[349] Die allgemeine Rückfallgefahr wird auch sonst als erheblich angesehen.[350] *Wanke*[351] zufolge sollen die Therapieergebnisse jedoch wesentlich günstiger sein als allgemein angenommen wird. Nach seinen Erfahrungen – er hat 1967 die erste Drogenberatungsstelle in der Bundesrepublik Deutschland gegründet – bleiben etwa 30 % der ehemals Opiat- und Mehrfachabhängigen nach der Entwöhnung abstinent. Noch größer seien die Erfolge bei Alkoholikern. Nach einer anderen Untersuchung[352] ergab sich bei 100 Opiatabhängigen der Zugangsjahre 1969–1974 jedoch folgendes Bild: Bis Ende 1983 waren 20 Klienten gestorben. Frei von Spritzen waren 39. Der größere Anteil dieser Abstinenten war voll rehabilitiert, seit Jahren drogenfrei, ohne Delinquenz und beruflich integriert. Indessen war die Hälfte der 80 Überlebenden noch als gefährdet einzustufen. Trotz unterschiedlicher Therapie- und Interventionsstrategien nähert sich die Abstinenzquote nach dem 30. Lebensjahr dem Wert von 40 % bei steigender Tendenz mit zunehmendem Alter. Die Effizienz von Drogenentwöhnungstherapien wird auch derzeit noch unterschiedlich, teilweise kritisch beurteilt.[353] Abstinenzraten in Langzeitkatamnesen von deutlich über 20 % sind in den meisten Untersuchungen jedoch eher selten.

Freilich kann der Drogenmissbrauch bei Jugendlichen vereinzelt eine Episode bleiben, wenn er eine der vielen möglichen Facetten dieser Entwicklungsphase darstellt, wobei allerdings Jugendliche mit einer unvollständigen Berufsausbildung die höchsten Gebrauchsraten aller erreichbaren Drogen zeigen.[354]

256

---

[344] Vgl. *Ulmer*, DtÄrzteBl 91 (1994), Heft 16, B-839.
[345] *Stübing*, S. 98, 106.
[346] Siehe *Knaak*, S. 110.
[347] Aus juristischer Sicht dazu etwa *Kamps*, DtÄrzteBl 94 (1997), Heft 49, B-2701.
[348] Im Einzelnen dazu *Luderer*, in: *Baer*, Psychiatrie für Juristen, S. 116
[349] *Bschor*, in: *Oehmichen* et al. Drogenabhängigkeit, S. 156.
[350] Vgl. *Knaak*, S. 114; *Lettieri/Welz*, S. 30; *Luderer*, a.a.O., S. 116; *Körkel/Kruse*, S. 54: stationäre Rückfallquote von 23,4 % bei regulär entlassenen Patienten.
[351] „Der Tagesspiegel" Nr. 11600, vom 20.11.1983, S. 32; siehe auch *Schmerl*, S. 129 ff.; *Kampf*, in: DHS, Süchtiges Verhalten, S. 331 ff.
[352] *Bschor/Schommer/Wessel*, DMW 1984, S. 101 ff.
[353] Dazu *Soyka*, Drogen- und Medikamentenabhängigkeit, S. 158 ff.
[354] Dazu DtÄrzteBl 91 (1994), Heft 14, B-743.

257 Soweit das Rauchen von Tabak zu einer Nikotin- bzw. Tabakabhängigkeit geführt hat, also eine Suchterkrankung vorliegt[355], können die dadurch bedingten Fehlzeiten eine ordentliche Kündigung rechtfertigen.[356] Es gelten dieselben Grundsätze wie bei jeder anderen Kündigung wegen Krankheit. Zur Raucherentwöhnung stehen nicht-medikamentöse und medikamentöse Programme zur Verfügung[357], wobei sich verhaltenstherapeutische Gruppenprogramme in Verbindung mit der transdermalen Nikotinsubstitution als am erfolgreichsten erwiesen haben.[358] Die meisten Raucher werden aber innerhalb einer kurzen Zeit nach Beendigung der Therapie wieder rückfällig. Nach einem Jahr sind in der Regel nur noch 10 bis 20 % der Entwöhnungsbereiten abstinent.[359] Aufgrund alleinigen ärztlichen Ratschlages oder ambulanter ärztlicher Behandlung bleiben langfristig nur etwa 5 % aller Raucher abstinent.[360] Die Arzneimittelkommission der deutschen Ärzteschaft hat aber vor schweren Nebenwirkungen des Raucherentwöhnungsmittels „Zyban" gewarnt.[361] Es könne zu schweren allergischen Reaktionen sowie zu Störungen des zentralen und peripheren Nervensystems kommen.

257a Auch bei einer krankhaften Spielleidenschaft kann unter Beachtung der für eine krankheitsbedingten Entlassung maßgeblichen Kriterien eine personenbedingte ordentliche fristgerechte Kündigung rechtlichen Bestand haben.[362]

3. Resümee

258 Dass durch die Entlassung eines alkohol- oder drogenabhängigen Arbeitnehmers dessen Probleme nicht gelöst, sondern vielfach sogar noch vergrößert werden können[363], ist eine nicht zu bestreitende Tatsache.[364] Deshalb sollte auch von Seiten des Arbeitgebers stets der Versuch unternommen werden, von anderen geeigneten arbeitsrechtlichen Gestaltungsmöglichkeiten Gebrauch zu machen. Aus Gründen der Rehabilitation wird jedenfalls die Entlassung eines suchtkranken Arbeitneh-

---

[355] Im Einzelnen dazu *Batra*, S. 18f.
[356] Ebenso *Börgmann*, RdA 1993, 285 ; *Künzl*, ZTR 1999, 536.
[357] Ausführlich dazu *Batra*, S. 28 ff.; *Gastpar/Mann/Rommelspacher*, S. 212f.
[358] Siehe *Batra*, S. 38; *Estler*, S. 804; *Renz-Polster/Braun*, S. 1147.
[359] So *Estler*, S. 804; von 1% - 3 % gehen aus: *Gastpar/Mann/Rommelspacher*, S. 213; *Batra*, in: *Zerdick*, Suchtmedizin – aktuell (2000), S. 266.
[360] Vgl. *Batra*, S. 40, 82 ff., 119.
[361] DtÄrzteBl 99 (2002), Heft 8, A-464.
[362] Ebenso KR-*Etzel*, § 1 KSchG Rdn. 288; *Stahlhacke/Preis/Vossen*, Rdn. 685; LAG Köln (12.3.02) NZA-RR 2002, 519f.; ArbG Bremen (21.7.98) AiB NL 1999 Nr. 3, S. 13 = RzK I 5 h Nr. 44.
[363] Etwa zur Frage des Wegfalls des Unterhaltsanspruches gegen den geschiedenen Ehegatten infolge Erwerbsunfähigkeit durch chronischen Alkoholismus, §§ 1361 Abs. 2, 1579 Abs. 1 Nr. 3 BGB, siehe BGH (8.7.81) JZ 1981, 749 = FamRZ 1981, 944; OLG Hamm (16.3.94) NJW-RR 1994, 965; *Maurer*, in: Müko-BGB, § 1579 Rdn. 20; *Palandt/Brudermüller*, BGB, § 1579 Rdn. 18; BGH (13.1.88) FamRZ 1988, 375: Chronischer Drogenmissbrauch; siehe auch OLG Karlsruhe (30.4.92) NJW-RR 1992, 1412; OLG Schleswig (1.11.93) NJW-RR 1994, 1095; OLG Düsseldorf (14.1.94) NJW-RR 1994, 1097: Leistungsunfähigkeit aufgrund leichtfertigen Verlustes des Arbeitsplatzes; OLG Hamm (12.1.96) FamRZ 1996, 1017f.; dazu auch BGH (12.5.93) MDR 1993, 982.
[364] So auch Kasseler Handbuch/*Künzl*, 2.1 Rz. 972; *Bengelsdorf*, NZA-RR 2002, 57 (61, 63).

mers allgemein als ungünstig bezeichnet[365], so dass er, wenn irgend möglich, auf seinen bisherigen oder einen anderen Arbeitsplatz sollte zurückkehren können. Der Arbeitsplatz ist vielen sogar wichtiger als die Familie.[366] Der Arbeit kommt insoweit eine bedeutsame Sozialisationsfunktion zu.[367] Es ist deshalb nachhaltig zu begrüßen, obwohl eine arbeitsvertragliche Verpflichtung des Arbeitgebers zu einer derart umfangreichen Betreuung des Alkohol- oder Drogenkranken bzw. -gefährdeten nicht besteht[368], wenn sich Betriebe durch gezielte Aktionen und Programme der Betreuung suchtkranker Arbeitnehmer annehmen[369], wie das etwa bei den Firmen Voith und Thyssen[370], der Hamburgischen Electricitäts-Werke AG[371], bei der Industriegewerkschaft Metall[372], der BASF oder der Schering-AG der Fall ist. Bezogen auf das Jahr 1995 wurden die betrieblichen Suchtpräventionsprogramme in Deutschland auf 1500 bis 2000 geschätzt.[373] Für entsprechende Regelungen kommen vor allem Betriebsvereinbarungen, § 77 BetrVG[374], bzw. im öffentlich Dienst, § 64 BPersVG, Dienstvereinbarungen[375] in Betracht, wobei jedoch vor allem im öffentlichen Dienst das Problembewusstsein offensichtlich immer noch unterentwickelt und realitätsfremd ist.[376] Je geringer allerdings das Problembewusstsein und das Verständnis ist, mit dem Vorgesetzte und die anderen Mitarbeiter dem „abstinent" gewordenen Arbeitnehmer begegnen, um so höher muss die Rückfallgefahr eingeschätzt werden. Zu denken wäre auch an eine vertragliche Vereinbarung, dass das Arbeitsverhältnis zu einem bestimmten Zeitpunkt endet, sich der Arbeitnehmer aber verpflichtet, eine Entziehungskur anzutreten und dass für den Fall einer erfolgreichen Therapie ein neuer befristeter Arbeitsvertrag zur Probe abgeschlossen wird, verbunden mit einem unbefristeten Vertrag bei Bewährung des

---

[365] Siehe etwa *Feuerlein*, Alkoholismus, S. 298, 316; *Schäfer, Jürgen*, S. 231; *Zeiler*, DtÄrzteBl 94 (1997), Heft 10, B-483 ; *Künzl*, Rechte und Pflichten, S. 307 Rdn. 1155; *Feuerlein/Dittmar/Soyka*, S. 131, 139.
[366] Vgl. *Lenfers*, S. 72; *Schäfer, Jürgen, S.* 222.
[367] Siehe nur *Gastpar/Mann/Rommelspacher*, S. 62.
[368] Zutreffend *Hagen/de Vivie*, ZTR 1988, 36.
[369] Ebenso *Hunold*, S. 139; empfehlenswert die Musterbetriebsvereinbarung, in: DHS Süchtiges Verhalten, S. 243 ff.; ausführlich dazu *Dietze*, S. 76 ff., 139 ff.; *Schanz* et al., S. 127 ff.; *Fuchs/Resch*, S. 107 ff ; *Graefe*, BB 2001, 1251 ff.
[370] Dazu Nachweise bei *Schäfer*, S. 37 ff.
[371] Vgl. *Schumacher*, Personalführung 1982, Heft 5, S. 110 f.
[372] Betriebsvereinbarung über die Bekämpfung des Suchtmißbrauchs vom 6. 9. 1988, RdA 1989, 182 f.
[373] Siehe *Fuchs/Resch*, S. 3; *Felderhoff*, S. 31: 29.800 Unternehmen und Verwaltungen, S. 45 f.
[374] Im Einzelnen *Dietze*, S. 78 f., 82 f., 88, 100, 102, 130, 196; *Schanz* et al., S. 181, 183–185, 187; *Burdich*, AiB 1996, 152 f.; *Hoch/Ohm*, AiB 1998, 437 ff.; *Bleistein*, b + p 1998, 547 ff.; *Lindenmeyer*, S. 102 f.; *Graefe*, BB 2001, 1252 f.
[375] Dazu etwa *Svensson*, PersR 1996, 191; *Honsa*, S. 50 Rdn. 33, S. 138 ff. Rdn. 187 ff., S. 222 ff. Rdn. 245 f.; siehe auch den Runderlass des niedersächsischen MS und der übrigen Ministerien vom 19. 1. 1998 – 406.2 – 41585 – 23.1 –; dazu *Graefe*, BB 2001, 1252, 1254.
[376] So *Honsa*, S. 51 Rdn. 36 m.N.

Arbeitnehmers.³⁷⁷,³⁷⁸ Nach § 14 Abs. 1 Satz 2 Nr. 8 TzBfG erscheint jedenfalls eine derartige Befristung in einem gerichtlichen Vergleich rechtlich unbedenklich. In diesem Zusammenhang verdient ein Urteil des LAG Köln vom 5. 3. 1998³⁷⁹ Zustimmung. Das Gericht sah eine Befristung auf zwei Jahre zwecks Erprobung der Rückfallgefahr als sachlich gerechtfertigt an; denn die Beurteilung der Rückfallgefahr bedürfe wegen der Besonderheit der Krankheit einer längeren Beobachtungszeit. Nach allgemeiner Lebenserfahrung reicht der Abschluss einer stationären Entziehungskur keineswegs aus, um kurzfristig eine Rückfallgefahr auszuschließen. Zudem wird die Wirksamkeit der meisten betrieblichen Suchtpräventionsprogramme, die vielfach auch nur auf den „unteren Ebenen" funktionieren, als eingeschränkt beschrieben.³⁸⁰

259   Zum Ausspruch einer vor allem fristlosen Kündigung darf der Arbeitgeber nur als letztem Mittel (ultima ratio) greifen. Ob allerdings eine sozial gerechtfertigte Kündigung, wie *Sparrer*³⁸¹ meint, den Kranken doch noch zur persönlichen Einsicht führt und ihn behandlungswillig macht, erscheint sehr zweifelhaft. *Sparrer* zufolge besteht die beste Hilfe für einen uneinsichtigen Alkoholkranken – für Drogenkranke könnte folglich nichts anderes gelten – häufig im „Nicht-Helfen"; seine Entlassung könne aus rein therapeutischer Sicht nützlicher sein als dessen „Beschützen". Soweit demgegenüber *Dietze*³⁸² geltend macht, ein Betrieb, der einem Rückfall nach erfolgter Therapie die Kündigung folgen lasse, handele wenig fürsorglich und „gegen seine eigenen Interessen", wird es immer auf die konkreten Umstände des Einzelfalles ankommen. Auf jeden Fall verkennt er die Grenzen

---

³⁷⁷ So ein vor der Kammer 8 des ArbG Berlin am 13. 6. 1983 protokollierter Prozessvergleich; dazu auch *Schanz* et al., S. 241 f.; *Graefe*, BB 2001, 1253; *Bengelsdorf*, NZA-RR 2002, 67 – siehe **demgegenüber** aber die kontraproduktive Entscheidung des LAG München (29. 10. 87) BB 1988, 348: Die Vereinbarung mit einem alkoholgefährdeten Arbeitnehmer, das Arbeitsverhältnis ende, wenn dieser Alkohol zu sich nehme, sei ein unzulässiger Verzicht auf den gesetzlichen Kündigungsschutz und deshalb nichtig; zust. *Stahlhacke/Preis/Vossen*, Rdn. 38, 132; *Brühl*, S. 268; *Bengelsdorf*, Aufhebungsvertrag, S. 11; *Bleistein*, b + p 1994, 213; *Felix*, NZA 1994, 1116; *Schaub/Linck*, S. 1341 Rdn. 10; KR-*Lipke*, 5. Aufl., § 620 BGB Rdn. 57a; *Bauer*, Aufhebungsverträge, S. 10 Rdn. 24; *Backmeister/Trittin*, KSchG, § 611 BGB Rdn. 122; *Kittner/Däubler/Zwanziger*, KSchR, § 21 TzBfG Rdn. 19, Einl. Rdn. 259; Kasseler Handbuch/*Schütz*, 4.4 Rz. 140; HK-KSchG/*Höland*, Anh. Rdn. 72; *Tschöpe/Schulte*, Teil 3 B, Rz. 10; FA-ArbR/*Diller*, S. 628 Rdn. 1972; KR-*Fischermeier*, § 626 BGB Rdn. 48; *Felderhoff*, S. 234; *Weber/Ehrich/Burmester*, Aufhebungsverträge, S. 11 Rdn. 35; *Däubler*, S. 658 Rdn. 1237; Kasseler Handbuch/*Welslau*, 6.1 Rz. 35; *Leinemann/Schütz*, GewO, § 105 Rdn. 3063; *Knorr/Bichlmeier/Kremhelmer*, S. 68 Rdn. 18; siehe auch *Schwerdtner*, in: Müko-BGB, vor § 620 Rdn. 38 – **kritisch** zu Recht *Ernst*, S. 150 ff.; *Wieskirchen/Worzalla*, DB 1994, 577 (579); *Gamillscheg*, S. 233.
³⁷⁸ Zur Frage, ob ein Aufhebungsvertrag mit einem Alkoholiker gemäß § 105 Abs. 2 BGB rechtsunwirksam ist: BAG (14. 2. 96) EzA Nr. 21 zu § 611 BGB Aufhebungsvertrag; *Bauer*, Aufhebungsverträge, S. 42 Rdn. 114; APS/*Schmidt*, AufhebungsVtr. Rdn. 48.
³⁷⁹ MDR 1998, 1298 = NZA 1999, 321 (Ls); zust. *Hunold*, NZA-RR 2000, 510; *Bengelsdorf*, Alkohol, S. 3.
³⁸⁰ So etwa *Dietze*, S. 10.
³⁸¹ In: Suchterkrankung am Arbeitsplatz, Früherkennung und Behandlung, S. 28; auch LAG Frankfurt/M. DB 1985, 768; zur Bedeutung des Leidensdruckes bei der Therapie: *Schmidt*, Alkoholkrankheit, S. 193 ff.
³⁸² S. 58, 169.

rechtlichen „Müssens". Das als schuldrechtliches Austauschverhältnis konzipierte Arbeitsverhältnis kann den Arbeitgeber nicht verpflichten, sozialpolitisch wünschenswerte Aufgaben zu erfüllen. Das schließt nicht aus, auf den Alkohol- oder Drogenabhängigen konstruktiven Druck durch verbindliche Regelungen, einvernehmliches Handels aller Beteiligten sowie die konsequente Anwendung der etwa in einer Betriebsvereinbarung vorgesehenen Handlungsschritte, verbunden mit den notwendigen Hilfsangeboten anzuwenden.[383]

Sollten sich freilich aufgrund neuer medizinischer Behandlungsmethoden die Therapieerfolge bei Alkohol- und Drogenkranken eindeutig verbessern, dann wird allerdings ernsthaft in Erwägung zu ziehen sein, vom Arbeitgeber zu verlangen, dass er vor dem Ausspruch einer Kündigung erst den Erfolg oder Misserfolg entsprechender Therapiemaßnahmen abwartet. Neuen Erkenntnissen auf diesem Gebiet darf sich weder die Rechtsprechung noch die Rechtswissenschaft verschließen.[384] So wurde im Februar 1990 an der Psychiatrischen Universitätsklinik Tübingen eine Modellstation zur qualifizierten Entzugsbehandlung von Alkoholabhängigen eingerichtet und von Beginn an wissenschaftlich evaluiert.[385] Eine Katamnese sechs Monate nach der Entlassung der Probanden zeigte, dass mehr als 40 % von zunächst krankheitsuneinsichtigen und unmotivierten Patienten tatsächlich eine weiterführende Behandlung antraten. Im Vergleich der letzten drei Jahre zeigte sich insbesondere für Alkoholabhängige auch ein deutlicher Rückgang der stationären Behandlungsdauer. Während der Anteil 1995 der Behandlungen mit mehr als viermonatiger Dauer noch bei 36 % lag, reduzierte er sich 1997 auf 18,4 %.[386] Nach einer Marburger Studie[387] habe sich „Tiaprid", ein Wirkstoff, der auch bei nervlich bedingten Bewegungsstörungen verwendet wird, zur Alkoholtherapie als gut geeignet erwiesen. Wie überhaupt die pharmakogestützte Rückfallprophylaxe Alkoholabhängiger mit Antidipsotropika seit Anfang der 90iger Jahre erhebliche Fortschritte gemacht haben soll.[388] Durch einen in den USA zugelassenen Opiat-Antagonisten (Naltrexon) vermindere sich, so wird berichtet[389], das Verlangen nach Alkohol. Auch könne die Rückfallquote deutlich gesenkt werden. Seit 1996 ist in Deutschland mit dem Medikament „Acamprosat" (Campral) eine sog. Anticravingsubstanz zugelassen, die das Verlangen nach Alkohol wirksam bekämpfe.[390] Beide Medikamente verringern das Verlangen nach einer Droge, indem sie Übertragung von Bodenstoffen des Gehirns beeinflussen.

---

[383] Zutreffend *Graefe*, BB 2001, 1252.
[384] Allgemein zu dieser Problematik *Pawlowski*, S. 237 ff. Rdn. 531 ff.
[385] Im Einzelnen *Mann* et al., DtÄrzteBl 92 (1995), C-1992-95; *Feuerlein*, Alkoholismus, S. 326 f.
[386] Vgl. *Simon*, Jahresstatistik der professionellen Suchtkrankenhilfe, in: Jahrbuch Sucht '99, S. 175 (187 f.); siehe auch *Classen/Diehl/Kochsiek*, S. 1044; zur Behandlungsdauer und den Abstinenz- bzw. Besserungsraten auch *Feuerlein*, Alkoholismus, S. 332 ff.; *Schmidt*, Alkoholkrankheit, S. 221 ff.
[387] Vgl. „Der Tagesspiegel" Nr. 17498 vom 15. 8. 2001, S. 25.
[388] Siehe *Soyka*, in: *Zerdick*, Suchtmedizin – aktuell (2000), s. 233 ff.
[389] Vgl. *Vetter*, DtÄrzteBl 93 (1996), Heft 16, B-807; *Gastpar/Mann/Rommelspacher*, S. 35; *Soyka*, Alkoholismus, S. 129 f.; „Der Tagesspiegel" Nr. 17607 vom 3. 12. 2001, S. 28.
[390] Dazu *Lindenmeyer*, S. 52; *Feuerlein/Dittmar/Soyka*, S. 107 f.

VI. AIDS als Beendigungsgrund

1. Vorbemerkungen

260 AIDS, ein in den USA geschaffenes Kunstwort, steht für „Acquired Immune Deficiency Syndrome"[1], eine durch Viren hervorgerufene Immunschwäche. Das körpereigene Abwehrsystem wird durch die Infektion so sehr geschwächt, dass selbst harmlose Erreger, die sonst vom menschlichen Körper unschädlich gemacht werden, zu schweren Krankheiten und zum Tode führen können. Auslöser, wenn auch nicht der einzige der inzwischen weltweit verbreiteten Krankheit[2] ist das Retro-Virus HIV (Human Immunodeficiency Virus).[3] 1986 wurde ein neues HIV-Virus entdeckt, das als „HIV-2" bezeichnet wird.[4] Eine Infektion durch dieses Virus soll jedoch in Europa sehr selten sein.[5] Neuerdings verstärkt sich allerdings die Diskussion darüber, ob das 1986 entdeckte Lo-Mycoplasma als möglicher Kofaktor oder gar als echt pathogenes Agens bei der Entwicklung von AIDS in Betracht kommt.[6] Französische Wissenschaftler stellten Ende 1993 fest, dass ein weiterer Faktor, das Eiweißmolekül CD 26, das Eindringen des AIDS Erregers in das menschliche Immunsystem ermöglicht.[7] Ende 1996 fanden amerikanische und belgische Forscher heraus, dass die HIV-Infektion nicht, wie bisher angenommen, eine, sondern zwei Andokstellen (Rezeptoren) benötigt, um in Immunzellen eindringen und sich dort vermehren zu können.[8]

261 Trotz intensiver und breit angelegter, weltweiter Forschung sind alle Bemühungen, gegen AIDS einen prophylaktischen Impfstoff oder/und ein wirksames antiretrovirales Medikament zur Verfügung zu stellen, bisher erfolglos geblieben.[9] In

---

[1] Statt vieler: *Classen/Diehl/Kochsiek*, S. 419; *Pschyrembel*, S. 30; *Hoffmann*, in: *Goebel/Wagner*, Innere Medizin (1992) S. 1008; *Fritze*, S. 338.
[2] Nach Ansicht von *Duesberg* gibt es AIDS als Krankheit nicht. Es handele sich nur um einen Sammelbegriff für 20 bekannte Viruskrankheiten; *Classen/Diehl/Kochsiek*, S. 420f.: Reihe von Krankheitsmanifestationen; dazu aber *Habermehl*, in: „Die Welt" vom 7.6.1993, S. 9.
[3] Auf dem 2. Internationalen AIDS-Kongress in Paris im Juni 1986 einigte man sich darauf, für die bisher gebräuchliche Bezeichnung „LAV/HTLV-III" künftig die Abkürzung „HIV-1" zu verwenden und alle weiteren Viren als HIV-2 usw. zu klassifizieren; dazu *Schönberger/Mehrtens/Valentin*, S. 734; *Hahn/Falke/Kaufmann/Ullmann*, Medizinische Mikrobiologie und Infektiologie, 4. Aufl. 2001, S. 597; *Siegenthaler*, Differentialdiagnose innerer Krankheiten, 18. Aufl. 2000, S. 137; Vom HIV-1 kennt man weltweit 9 verschiedene Subtypen, dazu *Herold*, Innere Medizin (1997), S. 702.
[4] Vgl. „Der Tagesspiegel" Nr. 13452 vom 22.12.1989, S. 18; *Hahn/Falke/Kaufmann/Ullmann*, S. 601.
[5] *Simon/Stille*, Antibiotika-Therapie, 10. Aufl. 2000, S. 621.
[6] Dazu MMW 1990, Heft 43, S. 73.
[7] Aktuell '95, S. 44.
[8] Vgl. DtÄrzteBl 93 (1996), Heft 23, B-1172; Aktuell '98, S. 18.
[9] Etwa *Krautkrämer*, Fortschritte der Medizin 1990, Heft 16, S. 5; MMW 1991, Heft 18, S. 13; *Hahn/Falke/Kaufmann/Ullmann*, S. 607; *Laufs*, NJW 1992, 1536; *Biesert/Rübsamen-Waigmann*, in: *Gallwas* et al., AIDS und Recht (1992), S. 92ff.; *Pschyrembel*, S. 716; AIFO 1995, 9; *Classen/Diehl/Kochsiek*, S. 420; Aktuell '97, S. 16; Aktuell '98, S. 18f.; Aktuell '99, S. 15; *Fritze*, S. 341, *Jassoy/Wagner*, DtÄrzteBl 99 (2002), Heft 28/29, A-1962ff.

medizinischen Fachkreisen[10] geht man derzeit davon aus, dass ein zur Massenanwendung geeigneter Impfstoff im günstigsten Falle erst in einigen Jahren zur Verfügung steht, und zwar nicht zuletzt wegen der Eigenschaft des Virus, sich eigenständig genetisch zu verändern. Seit Mitte 1990 wird in den USA ein Impfstoff an rund 650 Menschen erprobt, der nach bisherigen Erkenntnissen einer AIDS-Ansteckung vorbeugen und bei bereits Infizierten das Immunsystem stärken soll.[11] Die amerikanische Gesundheitsbehörde FDA hat den ersten großangelegten Test eines Impfstoffes gegen den AIDS-Erreger HIV genehmigt, der in den USA, in Kanada und in Thailand durchgeführt werden soll und im Juni 1998 begann.[12] Der Impfstoff „Aidsvax" wurde in San Francisco entwickelt. Nach Jahren der Stagnation hat die Impfstoffentwicklung im Bereich AIDS wichtige Etappenziele mit entscheidender Unterstützung deutscher Wissenschaftler erreicht.[13] Es ist jedoch deutlich zwischen therapeutischer und präventiver Impfung zu unterscheiden.[14] Entgegen der ursprünglichen Einschätzung der frühen 90er-Jahre gilt es derzeit als fraglich, ob es prinzipiell möglich ist, einen Impfstoff zu entwickeln, der die HIV-Infektion verhindert.

Die Entwicklung der Therapie der HIV-1-Infektion hat seit 1995 einen stürmischen Verlauf genommen. Derzeit stehen mehrere Substanzen aus drei Wirkstoffgruppen zur Verfügung[15]: Nukleosidanaloga, Protease-Inhibitoren und nicht nukleosidale Inhibitoren der reserven Transkriptase (NNRTI). Ähnlich wie bei der Therapie der chronischen Hepatitis C[16] sind mit Hilfe einer Dreifachkombinationstherapie – die Formel gegen AIDS heißt „hochaktive antiretrovirale Therapie" (HAART)[17] –, für deren Zusammensetzung derzeit 20 Medikamente zum Einsatz kommen, starke antivirale Effekte bis hin zur Negativierung der viralen Replikationsparameter im peripheren Blut zu erreichen. Das hat eine substantiell positive Veränderung des Verlaufs der Krankheit zur Folge, deren Auswirkungen bezüglich Morbidität und Mortalität bereits deutlich erkennbar werden. Die Hoffnung auf Heilung ist signifikant gewachsen, auch wenn von einer dauerhaften Heilung der-

262

---

[10] Nachweise bei *Lepke*, 8. Aufl., S. 146; *Habermehl*, S. 9; *Specker*, DtÄrzteBl 91 (1994), Heft 24, B-1266; ferner DtÄrzteBl 91 (1994), Heft 30, B-1535; „Der Spiegel" Nr. 2/1997, S. 124; *Kirchhoff* et al., DtÄrzteBl 95 (1998), Heft 13, B-619; *Renz-Polster/Braun*, S. 1101.
[11] Siehe DtÄrzteBl 86 (1989), Heft 51/52, A-3945; Aktuell '91, S. 13; Aktuell '94, S. 52.
[12] Vgl. „Der Tagesspiegel" Nr. 16359 vom 8.6.1998, S. 28.
[13] Dazu *Zylka-Menhorn*, DtÄrzteBl 98 (2001), Heft 49, A-3247; *Jassoy/Wagner*, DtÄrzteBl 99 (2002), Heft 28/29, A-1970.
[14] Vgl. DtÄrzteBl 99 (2002); Heft 18, A-1192; *Jassoy/Wagner*, DtÄrzteBl 99 (2002), Heft 28/29, A-1971.
[15] Siehe etwa *Stellbrink*, DtÄrzteBl 94 (1997), Heft 39, B-2040; *Pschyrembel*, S. 715; *Brockmeyer*, DtÄrzteBl 95 (1998), Heft 8, B-339ff.; *Kirchhoff* et al. DtÄrzteBl 95 (1998), Heft 13, B-615ff.; DtÄrzteBl 96 (1999), Heft 6, B-256; *Chr. G. Lange*, DtÄrzteBl 99 (2002), Heft 9, A-570 (572f.).
[16] Dazu *Heintges* et al., DtÄrzteBl 99 (2002), Heft 18, A-1239ff.
[17] Dazu nur *Simon/Stille*, S. 626ff.; *M. Müller* et al., Chirurgie für Studium und Praxis, 4. Aufl. 1998/99, S. 42; *Goebel/Schubert*, in: Husstedt, HIV und AIDS (1998), S. 1, 19ff.; DtÄrzteBl 96 (1999), Heft 3, B-90f., 107; *Hartl*, DtÄrzteBl 98 (2001), Heft 26, A-1761; *Zylka-Menhorn*, DtÄrzteBl 99 (2002), Heft 10, A-610; *Pschyrembel*, S. 715; *Chr. G. Lange*, DtÄrzteBl 99 (2002), Heft 9, A-570ff.; Aktuell 2003, S. 264.

zeit noch nicht gesprochen werden kann.[18] Die neuen Therapien[19] haben die Krankheit jedoch beherrschbarer gemacht. Durch sie hat die Zeitspanne von der HIV-Infektion, die immer mehr zu einer chronischen Krankheit wird[20], bis zum Auftreten AIDS-definierender Erkrankungen deutlich zugenommen.[21] Gleichwohl ist der Optimismus hinsichtlich der Therapierbarkeit der HIV-Infektion verflogen, zumal die Protease-Inhibitoren auch ein neues, heterogenes Bild an Nebenwirkungen, insbesondere Stoffwechselstörungen, Diabetes mellitus, Dyslipidämie, Lipodystrophie oder frauenspezifische Infektionen hervorgerufen haben.[22] Zur Unterdrückung der viralen Replikation erweist sich eine lebenslange Therapie als notwendig. Wie auf dem 12. Welt-AIDS-Kongress, der 1998 in Genf stattfand, berichtet, haben sich die hohen Erwartungen an die antiretrovirale Tripeltherapie mit Integration eines Proteasehemmers nicht in dem erhofften Maße erfüllt[23], wenngleich sie sich in den Jahren ab 1999 aufgrund neuer Therapieoptionen und -strategien deutlich gewandelt hat.[24] Während in vielen Industrieländern aufgrund von umfassenden Aufklärungskampagnen und geändertem Sexualverhalten die Zahl der Neuinfektionen zurückgegangen ist, verbreitet sich die Pandemie in den Entwicklungs- und Schwellenländern nach wie vor ungebremst, zumal in diesen Ländern 95 % der HIV-Infizierten ohne Zugang zu medizinischer und sozialer Versorgung leben.[23]

Auf dem 14. Welt-AIDS-Kongress im Juli 2002 in Barcelona sind im Kampf gegen die Immunschwäche neue Hoffnungen geweckt worden. Von Neu- und Weiterentwicklungen der bisher verfügbaren Medikamente war die Rede[25], und zwar zwei Medikamentengruppen, die wie die etablierte Dreifach-Therapie auf dem Prinzip der Hemmung beruhen. Vor allem ein Fusionshemmer mit dem Wirkstoff T 20 ist im Gespräch.

263   Die ersten AIDS-Fälle wurden 1981 in den USA[26] und 1982 in der Bundesrepublik Deutschland registriert[27], obwohl die Immunschwäche bereits in den 50er Jah-

---

[18] Vgl. u.a. AIDS/HIV 1996, S. 7; *Kirchhoff* et al., a.a.O., B-615ff.; „Der Tagesspiegel" Nr. 16380 vom 29.6.1998, S. 28; *Classen/Diehl/Kochsiek*, S. 420, 423ff.; DtÄrzteBl 99 (2002), Heft 43, A-2868; BGH (10.7.96) NJW 1996, 3075.
[19] Dazu aus juristischer Sicht *Kamps*, DtÄrzteBl 94 (1997), Heft 49, B-2700.
[20] Siehe etwa „Der Tagesspiegel" Nr. 16116 vom 29.9.1997, S. 28; Nr. 16293 vom 29.3.1998, S. 24.
[21] AIDS/HIV, Quartalsbericht IV/1997 (1998), S. 20; Quartalsbericht IV/1998 (1999), S. 20; zu den nachweisbaren Erfolgen der AIDS-Behandlung in den USA zwischen 1993 und 1997 siehe DtÄrzteBl 98 (2001), Heft 31/32, A-2034.
[22] Siehe nur *Exner*, DtÄrzteBl 97 (2000), Heft 9, C-1151; *Marcus*, BGesBl. 2001, Heft 11, S. 1101ff.; *Chr. G. Lange*, DtÄrzteBl 99 (2002), Heft 9, A-573.
[23] DtÄrzteBl 95 (1998), Heft 28/29, B-1416; 97 (2000), Heft 31/32, C-1577; „Der Tagesspiegel" Nr. 17821 vom 13.7.2002, S. 8.
[24] Im Einzelnen dazu *Brockmeyer* et al., DtÄrzteBl 98 (2001), Heft 4, C-144ff.; *Marcus*, BGesBl. 2001, Heft 11, S. 1099ff.
[25] Vgl. „Der Tagesspiegel" Nr. 17820 vom 12.7.2002, S. 29.
[26] Vgl. *Classen/Diehl/Kochsiek*, S. 419; *Hahn/Falke/Kaufmann/Ullmann*, S. 600; *Hoffmann*, in: Goebel/Wagner, S. 1009, Pschyrembel, S. 30, 714.
[27] Aktuell '84, S. 21; AIDS-Nachrichten des BGA, Sondernummer 5/1990, S. 1 – **teilweise anders** die Angaben bei *Teichner*, MedR 1986, S. 111; *Koch*, a.a.O., S. 5: 1976.

ren erstmals in Afrika aufgetreten[28] und in Großbritannien schon 1959 ausgebrochen sein soll.[29]

Im Jahre 2000 infizierten sich weltweit rund 5,3 Mio. Menschen neu mit dem Retro-Virus, von denen 600 000 Kinder unter 15 Jahren waren.[30] Über 36 Mio. lebten insgesamt mit der Immunschwäche-Krankheit. 14 Mio. waren an AIDS gestorben. In Bezug auf die Krankheitshäufigkeit und Mortalität nahm wiederum Afrika eine herausgehobene Position mit steigender Tendenz ein.[31] AIDS war in Südafrika die häufigste Todesursache, nämlich 40 % der Todesfälle von Menschen im Alter zwischen 15 bis 49 Jahren.[32]

264

Bezogen auf das Jahr 2001 waren weltweit 40 Mio. Menschen mit HIV infiziert.[33] Täglich kamen 14 000 Neuinfektionen hinzu.

Während in der Bundesrepublik Deutschland bis Dezember 1983 erst 47 Fälle von AIDS festgestellt wurden, waren bis zum 31. Dezember 1986 schon 826 AIDS-Kranke registriert.[34] Nach dem Stand vom 31. Dezember 1992[35] waren dem BGA – bezogen auf das gesamte Bundesgebiet – insgesamt 9205 AIDS-Fälle bekannt, darunter 8395 männliche Personen. Der Anteil der von AIDS betroffenen Frauen hat sich in der Zeit von 1984 bis 1992 mehr als verdoppelt.[36] Waren Ende Dezember 1984 erst 3,7 % der Erkrankten weiblich, betrug ihr Anteil Ende 1992 schon 8,8 %. Bis zum 31. Dezember 1994[37] waren dem BGA bzw. dem AIDS-Zentrum im Robert-Koch-Institut Berlin für das gesamte Bundesgebiet insgesamt 12.379 AIDS-Fälle, davon 90,2 % männlichen Geschlechts, gemeldet. 7522 oder 60,8 % von ihnen waren verstorben. Bis Ende 1996 wurden vom AIDS-Zentrum im Robert-Koch-Institut insgesamt 15.682 AIDS-Fälle registriert. Davon waren 89 % Männer, 11 % Frauen und 0,7 % Kinder unter 13 Jahren.[38] Von ihnen waren seit 1982 insgesamt 10.181 Menschen verstorben. Im Vergleich zum Vorjahr war die Zahl der Neuerkrankungen um 8 % gesunken.[39] Zum Jahresabschluss 1998 betrug die Gesamtzahl der gemeldeten AIDS-Fälle 17.955, von denen 11.502 Menschen verstorben waren.[40] Die Verteilung nach Geschlechtern blieb unverändert. Ende 2001 waren in Deutschland seit Beginn der Epidemie insgesamt 23 500 Menschen – darunter allein 500 im Jahre 2001 – am Vollbild von AIDS erkrankt.[41]

265

---

28 Nachweise bei *Heemann*, S. 24; DtÄrzteBl 95 (1998), Heft 13, B-580.
29 Vgl. „Der Tagesspiegel" Nr. 13613 vom 7. 7. 1990, S. 19.
30 Siehe „Der Tagesspiegel" Nr. 17247 vom 29. 11. 2000, S. 1, 32.
31 Vgl. „Der Tagesspiegel" Nr. 17105 vom 9. 7. 2000, S. 2, 32.
32 DtÄrzteBl 98 (2001), Heft 38, A-2389.
33 Vgl. *Zylka-Menhorn*, DtÄrzteBl 99 (2002), Heft 10, A-611, Heft 30, A-2012, Heft 43 A-2868; *Jassoy/Wagner*, DtÄrzteBl 99 (2002), Heft 28/29, A-1962: mehr als 60 Mio. Menschen.
34 AIFO 1986, 677; 1987, 56, 64, 88; Aktuell '87, S. 14.
35 AIFO 1993, 51.
36 AIFO 1992, 53; 1993, 54.
37 AIFO 1995, 47 ff.; AIDS/HIV 1994, S. 7, 19, 67.
38 DtÄrzteBl 93 (1996), Heft 50, B-2582; AIDS/HIV 1996, S. 81.
39 Vgl. Aktuell '98, S. 19.
40 Siehe AIDS/HIV, Quartalsbericht IV/98 (1999), S. 5, 9, 20; Aktuell 2000, S. 335: 16 000.
41 Robert-Koch-Institut, AIDS-Zentrum, Epidemiologisches Bulletin Nr. 47/2001.

266   In der Zeit von 1989 bis 1994 lagen insgesamt 104.741 Meldungen über HIV-Infektionen vor, und zwar mit deutlich abnehmender Tendenz. Waren es 1989 noch 37.666, lag die Zahl Ende 1994 bei 7073.[42] Insgesamt wurden jedoch bis Anfang 1991 zwischen 60.000 und 150.000 HIV-infizierte Personen vermutet[43], wobei die Dunkelziffer nach wie vor sehr hoch war.[44] Das BGA und die Deutsche AIDS-Hilfe Berlin schätzten 1994, dass sich die Zahl der Infizierten Anfang der 90er Jahre um 1500 bis 4000 pro Jahr erhöht habe.[45] Im Jahre 1996 ging man von 2000 bis 3000 und in den Jahren von 1997 bis 2001 von jeweils nur noch 2000 bis 2500 Neuinfektionen jährlich in Deutschland aus[46], wobei in den Jahren 1997 und 1998 das AIDS-Zentrum im Robert-Koch-Institut die Gesamtzahl der seit dem Beginn der Epidemie HIV-infzierten Personen auf 50000 bis 60000 schätzte, von denen jeweils bis zu 80 % Männer, bis zu 20 % Frauen und etwa 1 % Kinder unter 13 Jahren waren. Als wichtige Infektionswege wurden homosexuelle Kontakte mit Männern (bis zu 55 %) sowie Drogenmissbrauch (bis zu 15 %) genannt. Mit einer gewissen Berechtigung konnte angenommen werden, dass sich die HIV/AIDS-Epidemie in Deutschland – bezogen auf die Jahre 1996 und 1997 – weitgehend einem Gleichgewichtszustand angenähert hatte[47], wenngleich Ende 1999 bzw. 2000 die Zahl der in Deutschland lebenden HIV-Infizierten mit 37.000 Personen einen neuen Höchststand erreichte, von denen 22 % Frauen waren.[48] Ende 2001 lebten in der Bundesrepublik etwa 38 000 mit HIV infizierten Menschen[49], von denen 29 500 Männer, 8 300 Frauen und weniger als 400 Kinder waren. Es gab ca. 2 000 Neuinfektionen, 700 AIDS-Neuerkrankungen und 600 Todesfälle.[50]

267   In den anderen europäischen Ländern stellte sich die Seuchensituation nicht wesentlich anders dar.[51] So wurden 1996 in den europäischen Ländern der WHO-Region Europa 24.920 neue AIDS-Fälle gemeldet, was einer Gesamtzahl von 185.808 Menschen entsprach.[52] In den Industrieländern Nordamerikas und Europas lebten im Jahre 2001 ungefähr 1,5 Mio. HIV-infizierte Menschen.[53] Die Zahlen der Neu-

---

[42] AIFO 1995, 51.
[43] AIDS, Informationsbroschüre des Bundesministers für Forschung und Technologie, 1986, S. 20; MMW 1987, Heft 14, S. 5: mindestens 100.000 (April 1987); *Stille/Helm*, DtÄrzteBl 84 (1987), Heft 6, S. 54: 100.000 bis 150.000; *von Hippel*. ZRP 1987, S. 124; 100.000 bis 200.000; „Der Spiegel" Nr. 18/1986: 400.000; *Holzgreve*, MMW 1990, Heft 24, S. 27: 100.000–150.000; AIDS/HIV 1994, S. 67: 50.000–60.000; *Pschyrembel*, 258. Aufl., S. 683: bundesweit ca. 80.000 Fälle 1996.
[44] Vgl. Bericht des BGA, BGesBl. 1991, Heft 6, S. 205: 20–30 %.
[45] Nachweise bei Aktuell '95, S. 44; AIDS/HIV 1994, S. 7: 2000–3000.
[46] Siehe AIDS/HIV 1996, S. 73; AIDS/HIV, Quartalsbericht IV/97 (1998), S. 20; Quartalsbericht IV/98, S. 20; DtÄrzteBl 97 (2000), Heft 33, C-1624, Heft 49, C-2491; DtÄrzteBl 99 (2002), Heft 26, A-1804.
[47] Vgl. AIDS/HIV 1996, S. 11; AIDS/HIV, Quartalsbericht IV/97, S. 20.
[48] „Der Tagesspiegel" Nr. 16594 vom 2. 2. 1999, S. 32; *Exner*, DtÄrzteBl 97 (2000), Heft 9, C-1151; Heft 49, C-2461; Aktuell 2001, S. 275; *Pschyrembel*, S. 714.
[49] Vgl. DtÄrzteBl 99 (2002), Heft 8, A-464, Heft 26, A-1804; Aktuell 2003, S. 263.
[50] Siehe DtÄrzteBl 99 (2002), Heft 8, A-464; Robert-Koch-Institut, AIDS-Zentrum, Epidemiologisches Bulletin Nr. 47/2001.
[51] Dazu im Einzelnen *Horn*, in: *Gallwas* et al., AIDS und Recht, S. 197 ff.
[52] AIDS/HIV 1996, S. 31; per 30. 9. 1998 siehe AIDS/HIV, Quartalsbericht IV798, S. 19.
[53] Robert-Koch-Institut, AIDS-Zentrum, wie Fußnote [50].

infektionen und der an AIDS verstorbenen verringerten sich in den letzten Jahren deutlich.[53]

Die hauptbetroffene Risikogruppe[54] von AIDS sind promiskuitiv lebende männliche Homo-[55] und Bisexuelle mit wechselnden Intimpartnern. Aber auch andere Personengruppen mit häufig wechselndem Geschlechtsverkehr, etwa Prostituierte, sind erkrankt. Die Häufigkeit von Ansteckungen durch heterosexuellen Geschlechtsverkehr nahm deutlich zu[56], wobei Frauen vermehrt betroffen waren. Ebenso sind Empfänger von Samen-, Ei-, Embryonen- und Organspenden involviert. Hingegen stellt seit 1985 mit dem Beginn des HIV-Antikörper-Screenings eine Bluttransfusion in der Regel kein HIV-Risiko dar. In Deutschland lag 1993 die Wahrscheinlichkeit einer solchen Infektion insgesamt bei 1,5 je 100.000 Spenden (1992: 1,9).[57] Bis zum 31.12.1996 lagen insgesamt 273 Fälle über AIDS-Erkrankungen vor.[58] Die Häufigkeit HIV-infektiöser Blutpräparate wurde für jenes Jahr auf 1:1 Mio. geschätzt.[59] Soweit in der Bundesrepublik in jüngster Zeit Erkrankungen durch AIDS-verseuchte Blutprodukte bekannt geworden sind, vor allem bei Blutern (Hämophilen), fällt dies primär in die Verantwortungssphäre der Hersteller von Blutprodukten.[60] Bei diesen Personengruppen ist aber kaum noch mit Neuinfektion zu rechnen.[61] Neben der Risikogruppe der Bluter sind Abhängige

268

---

[54] Zur Verteilung, deren Entwicklung und dem Umfang der Risikogruppen siehe die Nachw. des VGH München (9.11.88) NJW 1989, 791; *Hübner/Rohlfs*, Jahrbuch der Bundesrepublik Deutschland 1989/90, S. 20; Aktuell '91, S. 13; *Hahn/Falke/Kaufmann/ Ullmann*, S. 601f.; AIDS/HIV 1994, S. 7. *Redfield*, AIFO 1987, 116, hält den Begriff „Risikogruppen" allerdings für überholt. Es gebe nur eine Risikogruppe, nämlich die Personen, die sich durch sexuellen Kontakt einer Virusexposition aussetzen.

[55] Dazu etwa *G. Frösner*, AIFO 1991, 533f.; *Classen/Diehl/Kochsiek*, S. 419f.; AIDS/HIV 1994, S. 8; AIDS/HIV 1996, S. 12; DtÄrzteBl 97 (2000), Heft 33, C-1625; DtÄrzteBl 99 (2002), Heft 8, A-464: 50 % im Jahre 2001; siehe auch *Marcus*, BGesBl. 2001, Heft 11, S. 1096f.: steigend.

[56] Vgl. *Simon/Stille*, S. 621; AIFO 1993, 56; *Finger*, DtÄrzteBl 91 (1994) B-904; Aktuell '94, S. 51: 1993 = 40 %; Aktuell '95, S. 44: weltweit 75 %; *Classen/Diehl/Kochsiek*, S. 419; AIDS/HIV 1994, S. 10f.; Aktuell '97, S. 15; Aktuell '98, S. 17: weltweit 1995 und 1996 75 %, in Deutschland 10 %; *M. Müller* et al., Chirurgie, S. 40: 7 % in Deutschland; *Marcus*, BGesBl. 2001, Heft 12, S. 1096: ca. 40 % in Deutschland im Jahre 2000.

[57] Siehe nur *Simon/Stille*, 9. Aufl. 1997, S. 571; *Kretschmer*, DtÄrzteBl 90 (1993), Heft 48, B-2373; AIFO 1995, 12; AIDS/HIV 1994, S. 53; *Pschyrembel*, S. 716: extrem unwahrscheinlich.

[58] AIDS/HIV 1996, S. 19, 59.

[59] Vgl. *Hecker/Weinmann*, VersR 1997, 534 m.N.; *Schönberger/Mehrtens/Valentin*, S. 736; *Durst*, Chirurgie Compakt-Lehrbuch (1994), S. 83 = 1:500.000 bis 3 Mio., *M. Müller* et al., S. 42 = 1:493.000; *Altwein*, Aktuelle Urologie 2001, Heft 2, S. 88 = 1:493 000; *Renz-Polster/Braun*, S. 1094 = 1:500 000; „Der Tagesspiegel" Nr. 16725 vom 18.6.1999, S. 18 = 1:3.000.000 Blutkonserven.

[60] Siehe Zweite Beschlussempfehlung und Schlussbericht des 3. Untersuchungsausschusses „HIV-Infektion durch Blut und Blutprodukte" des 12. Deutschen Bundestages vom 21.10.1994, Bundestags-Drucks. 12/8591.

[61] *Simon/Stille*, S. 621.

von intravenös injizierten Suchtmitteln[62], die Fixerbestecke gemeinsam mit HIV-Infizierten benutzen, besonders stark gefährdet, aber auch Transvestiten.[63] Derzeit überwiegen intravenös Drogenabhängige.[64] Ferner sind risikobehaftet Kinder[65] von HIV-infizierten Müttern. Ein Ansteckungsrisiko besteht jedoch nicht nur innerhalb der genannten Personengruppen. Es werden mehr Frauen und Männer infiziert, die keiner der fraglichen Risikogruppen zugeordnet werden können.

269 Die extrem unterschiedliche Latenzzeit zwischen der akuten Infektion und dem ersten Auftreten der Krankheitssymptome kann bis zu 15 Jahre und mehr betragen.[66] Die schleichend beginnende Infektionskrankheit bricht durchschnittlich erst nach zehn Jahren der Infektion aus. Bereits während dieser langen Inkubationszeit hat der Infizierte Milliarden dieser Viren in seinem Blut, obwohl er sich beschwerdenfrei und subjektiv gesund fühlt, auch wenn gelegentlich vorübergehende „drüsenfieberartige" Symptome feststellbar sind. Die mit dem Erreger von AIDS Infizierten sind vom Beginn ihrer Infektion an lebenslang mit einem ansteckenden Virus behaftet[67], und zwar auch dann, wenn es nicht zum Ausbruch der Krankheit kommen sollte, was aber nach jüngsten Forschungen[68] in Abrede gestellt wird, so dass jeder mit dem Retrovirus HIV Infizierte AIDS entwickele. Als besonders heimtückisch erweist sich bei AIDS nicht nur die lange Inkubationszeit, sondern auch die Ungewissheit, ob die Krankheit mit ihrem „Vollbild" der gefährlichen Immunschwäche überhaupt ausbricht. Nach den Verlaufsbeobachtungen in der Bundesrepublik Deutschland, die bis Ende 1984 durchgeführt wurden, kam es „nur" in 3–20 % der seropositiven Infektion zur Ausbildung des Vollbildes der Erkrankung.[69] Derzeit geht man davon aus, dass zwischen 58 und 78 % der Antikörperträger innerhalb der nächsten sechs bis acht Jahre erkranken werden.[70]

---

[62] Dazu vor allem *Knapp*, S. 106f., 292ff.; *Classen/Diehl/Kochsiek*, S. 419; zur Drogen- und Medikamentenabhängigkeit und AIDS: *Duesberg*, AIFO 1992, 631 ff.; *Kurth*, AIFO 1992, 619ff.; *Bschor*, in: *Lettieri/Welz*, Drogenabhängigkeit, S. 157; 1990 waren etwa 20 % der injizierenden Drogenabhängigen HIV-infiziert; AIDS/HIV 1994, S. 9; DtÄrzteBl 94 (1997), Heft 11, B-516: 1996 europaweit 43 %; siehe auch *Soyka*, a.a.O., S. 122ff.
[63] Dazu „Der Spiegel" Nr. 9/1987, S. 176.
[64] Vgl. *Hahn/Falke/Kaufmann/Ullmann*, S. 601.
[65] *Grosch-Wörner/Vocks-Hauck*, Pädiatrie, in: *Jäger*, AIDS und HIV-Infektionen (1993), unter V-6, S. 1; *Blanche*, DtÄrzteBl 91 (1994), Heft 38, B-1856; *Classen/Diehl/Kochsiek*, S. 419; AIDS/HIV 1994, S. 18; 1996, S. 22; *Schäfer/Friese*, DtÄrzteBl 93 (1996), Heft 36, B-1764.
[66] Vgl. Aktuell '94, S. 52; *Hahn/Falke/Kaufmann/Ullmann*, S. 600; siehe auch „Focus" Nr. 29 vom 18.7.1994, S. 100: Nach 15 Jahren haben 30 % der Infizierten keine Symptome von AIDS entwickelt; andere gehen von bis zu 10 Jahren aus: *Pschyrembel*, S. 715; Roche-Lexikon Medizin, S. 30; *Herold*, S. 707.
[67] Siehe *Laufs* et al., DtÄrzteBl 82 (1985), B-3593ff.; *Gürtler* et al., MMW 1986, S. 267ff.; ders., MMW 1987, Heft 21, S. 73; weitere Nachweise bei *Bruns*, NJW 1987, 694 Anm. 17; ders., MDR 1987, 353; *Stille*, in: *Gallwas* et al.; AIDS und Recht, S. 72; *Habermehl*, S. 9.
[68] Vgl. „Der Spiegel" Nr. 49/1991, S. 286; dazu auch *Heemann*, S. 38 m.N.; *Classen/Diehl/Kochsiek*, S. 420, 423.
[69] BGA, Merkblatt Nr. 43 (Ausgabe Juli 1985), S. 3; *Hehlmann*, Internist 29, 112–123 (1988).
[70] Vgl. *Mölling*, AIFO 1986, S. 581; *Goebel*, Saarländ. Ärztebl. 1987, S. 33; *Maas*, DMW 1987, Heft 30, S. 1187: 1o bis 30 %; *Heilmann*, Med. Klinik 1987, S. 163: 25 bis 50 % und mehr; *Hehlmann*, Internist 29, 112–113 (1986); *Goebel/Gauweiler*, Bd. II, 1.5.1, S. 99.

AIDS als Beendigungsgrund

Der Patient erkrankt zunehmend häufiger und schwerer an Infektionskrankheiten, die bei einem Gesunden nie aufgetreten wären. Das HIV-Virus greift auch die Nervenzellen an, überschreitet die Blut-Hirn-Schranke und kann zu Schädigungen des Hirngewebes führen. Die Viren befallen immunkompetente und Nervenzellen gleichzeitig.[71] Die Erkrankung verläuft in folgenden vier klinischen Phasen, wobei von der CDC-Klassifikation (Centers for Disease Control) ausgegangen wird.[72] Als Erstmanifestation wird ein mononukleose- bzw. grippaler infektähnliches Krankheitsbild beschrieben, das ein bis drei Wochen nach der Infektion auftreten kann und spontan abklingt. Dieses akute Initialstadium kann durch Fieber, Abgeschlagenheit, Leistungsabfall, Übelkeit, Appetitlosigkeit, Gelenk-, Muskel-, Kopf- und Halsschmerzen, Hautausschlag und eine generalisierende Lymphknotenschwellung gekennzeichnet sei. Die zweite Phase wird durch asymptomatische Infektionen bestimmt. Während dieses seropositiven Latenzzustandes bleiben viele Patienten mehrere Jahre symptomfrei, also ohne klinischen Befund. Im dritten Stadium zeigt sich eine mehrere Monate bestehende Lymphknotenvergrößerung (Lymphadenopathiesyndrom [LAS]) an mindestens zwei extrainguinalen Körperstellen. Das vierte, sog. ARC-Stadium (AIDS Related Complex), ist durch Leistungsabfall, Müdigkeit, Nachtschweiß, ungeklärtes Fieber und ungeklärten Gewichtsverlust, Durchfälle, Hautausschläge und Lymphdrüsenschwellungen gekennzeichnet. Schließlich bricht die körpereigene Abwehr zusammen. Der Patient leidet an sog. opportunistischen Infektionen[73], wie speziellen Lungenentzündungen, Darminfektionen, Neuropathien, Hirnhaut- und Gehirnentzündungen sowie an verschiedenen Formen von Tumoren, die zum Exitus im Koma führen. In der Spätphase treten bei 40 – 50 % der Erkrankten zerebrale und medulläre Symptome sowie solche des peripheren Nervensystems aus. Als charakteristisch gilt die chronische HIV-Enzephalopathie mit zunehmender Verlangsamung, Merk- und Konzentrationsschwäche, Nachlassen der intellektuellen Fähigkeiten, Störungen der Feinmotorik mit Übergang in Mutismus, Paraplegie und Inkontinenz.[74] 1998 starben innerhalb von zwei Jahren mehr als 80 % derjenigen Patienten, bei denen das vierte Stadium der Erkrankung eingetreten war.[75] Die 5-Jahresfrist überlebte niemand. Neuerdings fällt aber die Prognose günstiger aus.[76] Trotz Resistenz des HIV-Virus bewirken neue Substanzen im Rahmen von Kombinationstherapien jedenfalls eine Lebensverlängerung der Erkrankten. In vielen Regionen Europas dürfte AIDS in der Altersgruppe der 24–40jährigen bis zum Jahr 2000 zu einer der

---

[71] Vgl. nur *Fritze*, S. 739.
[72] Dazu im Einzelnen *Simon/Stille*, S. 622; *Siegenthaler*, Differentialdiagnose innerer Krankheiten, S. 139; *Schäffler/Braun/Renz*, Klinikleitfaden Innere Medizin, 5. Aufl. 1994, S. 575; *Classen/Diehl/Kochsiek*, S. 421; *Walter*, S. 5 ff.; *Heemann*, S. 27 f.; *Hoffmann*, in: *Goebel/Wagner*, S.1011; *Hahn/Falke/Kaufmann/Ullmann*, S. 604f.; *Herold*, S. 702; *Müller* et al., Chirurgie, S. 40f.; *Schönberger/Mehrtens/Valentin*, S. 737; *Renz-Polster/Braun*, S. 1097ff.
[73] Im Einzelnen dazu *Pfäffl*, in: *Jäger*, AIDS und HIV-Infektionen, unter IV-2, S. 1ff.
[74] Eingehend dazu *Fritze*, S. 739.
[75] Siehe *Hahn/Falke/Kaufmann/Ullmann*, 3. Aufl. 1999, S. 606.
[76] Vgl. nur *Hahn/Falke/Kaufmann/Ullmann*, 4. Aufl. 2001, S. 606.

häufigsten Todesursachen geworden sein.[77] AIDS, das irreversible Endstadium der Krankheit, kann aber auch die erste und einzige klinische Manifestation der Infektion mit HIV sein.[78]

1993 haben die CDC ein Klassifikationssystem zur klinischen Einteilung der verschiedenen Stadien der HIV-Infektion eingeführt, das von der WHO übernommen wurde. Es werden nunmehr insgesamt drei klinische (asymptomatische HIV-Infektion; Erkrankungen, die auf eine Störung der zellulären Immunität hinweisen; AIDS definierende Erkrankungen) und drei Laborkategorien unterschieden.[79]

270   Das Virus wurde im lymphatischen Gewebe, im Blut, in Samenflüssigkeit, Vaginalsekret, Muttermilch, Tränen, Schweiß, Rückenmarkflüssigkeit und im Speichel infizierter Personen nachgewiesen und vermag anscheinend auch in zellfreien Körperflüssigkeiten zu überleben.[80] Der Erreger von AIDS ist aber so empfindlich, dass er durch Tröpfcheninfektion und Kontakt mit von infizierten Personen benutzten Gegenständen nicht übertragen werden kann. Im täglichen Umgang sind mithin HIV-Träger vergleichbar wenig ansteckend. Bei AIDS gibt es keine aerogene Übertragung. Außerhalb des Körpers erweist sich das Virus als instabil. Das bedeutet, dass der körperliche Kontakt mit einem AIDS-Kranken allein noch keine Infektionsgefahr bedeutet. Weder die gemeinsame Benutzung von Essgeschirren oder von Bestecken noch eines Bades, einer Sauna oder einer Toilette noch sonstige alltägliche soziale Kontakte, etwa Streicheln, Umarmen, Anhusten und Anniesen oder der „soziale" Kuss, sind nach dem derzeitigen Erkenntnisstand[81] geeignet, das Retro-Virus auf andere Personen zu übertragen. Auch durch die Zusammenarbeit und das Zusammenwohnen, die Pflege von AIDS-Kranken bzw. testpositiven Personen wird das Virus normalerweise nicht übertragen. Die Infektion erfolgt vielmehr primär durch parenterale Inokulation von erregerhaltigen Körperflüssigkeiten, Blut bzw. Blutbestandteilen und durch Injektionen[82], während eine Übertragung des HIV durch Blutkonserven heute durch spezifische Antikörpertests und den freiwilligen Selbstausschluss von Angehörigen der bekannten Risikogruppen weitgehend ausgeschlossen ist[61, 83], wenngleich eine absolute Sicherheit

---

[77] Vgl. „Der Tagesspiegel" Nr. 13450 vom 7. 4. 1990, S. 19; siehe dazu auch BGA-Schriften 3/1990, AIDS und HIV in der Bundesrepublik Deutschland, S. 35 ff.
[78] *Mölling,* Das AIDS-Virus (1988), S. 203.
[79] Einzelheiten dazu bei *Classen/Diehl/Kochsiek,* S. 422 f.; *Herold,* S. 702 f., 705; *Brodt/Helm/Kamps,* AIDS 1998 – Diagnostik und Therapie, 8. Aufl., S. 37, 39; *Pschyrembel,* S. 714; *Renz-Polster/Braun,* S. 1095 f.; *Hahn/Falke/Kaufmann/Ullmann,* S. 604 f.
[80] Siehe nur *Hahn/Falke/Kaufmann/Ullmann,* S. 600, 601 f.; *Pschyrembel,* S. 714.
[81] Vgl. *Schumacher/Meyn,* BSeuchG, S. 31; weitere Nachweise bei *Eberbach,* Rechtsprobleme der HTLV-III-Infektion (AIDS) 1986, S. 3; siehe auch MMW 1987, Heft 21, S. 74; *Hoffmann,* in: *Goebel/Wagner,* S. 1009; *Heemann,* S. 41, 65; *Schönbergrer/Mehrtens/Valentin,* S. 734; *Sedelies,* S. 13 m.N.; *Costard,* S. 25 m.w.N.; *Hahn/Falke/Kaufmann/Ullmann,* S. 602; siehe aber *G. Frösner,* AIFO 1991, 477 ff.: oraler Sex.
[82] Etwa *Hahn/Falke/Kaufmann/Ullmann,* S. 601 f.; *Pschyrembel,* S. 714; *Classen/Diehl/Kochsiek,* S. 419.
[83] AIDS/HIV 1994, S. 13 ff.; *Hecker/Weinmann,* VersR 1997, 534 m.w.N.; siehe auch *Brodt/Helm/Kamps,* S. 50 f.; *Flegel* et al., DtÄrzteBl 93 (1996) Heft 13, C-578 – **anders** noch *Gürtler/Eberle/Deinhardt,* DMW 110 (1985), S. 1639 f.

AIDS als Beendigungsgrund

auch insoweit nicht besteht[84], wie die jüngsten Ereignisse in Deutschland deutlich gemacht haben.[85] Ein entsprechendes „Gesetz zur Regelung des Transfusionswesens", das Grundsätze und konkrete Handlungsziele festlegt, die einen klaren Rahmen für die Blut- und Plasmaspenden bilden und die die Blutprodukte sicherer machen sollen, ist am 7. Juli 1998 in Kraft getreten.[86, 87] Dem Gesetzesauftrag folgend, hat die Bundesärztekammer Anfang Juni 2000 „Richtlinien zur Gewinnung von Blut und Blutbestandteilen und zur Anwendung von Blutprodukten (Hämotherapie)" erlassen.[88] Ansonsten wird das Virus nur übertragen, wenn es mit kleinsten Haut- oder Schleimhautverletzungen eines Menschen in Berührung kommt. Die häufigste Übertragung erfolgt durch Geschlechtsverkehr[82], wobei vor allem der Analverkehr oft zu winzigen Schleimhautverletzungen und damit zur Weitergabe des AIDS-Erregers führt. Nach den Angaben der WHO[55, 89] treten aber zunehmend HIV-Infektionen beim Geschlechtsverkehr unter Heterosexuellen auf. In besonderen Fällen kann eine Infektion mit dem HIV-Virus auch durch Arbeitsunfälle entstehen.[90]

2. Fristgerechte Kündigung durch den Arbeitgeber

a) Rechtstatsächliches

Im rechtswissenschaftlichen Schrifttum sind in den letzten Jahren die im Zusammenhang mit AIDS signifikanten Rechtsfragen unter arbeits-, insbesondere unter kündigungsrechtlichen Gesichtspunkten in zunehmendem Umfang behandelt worden, während zivil-, öffentlich- und strafrechtliche Spezialarbeiten zu diesem Thema in größerer Zahl bereits früher veröffentlicht worden sind.[91] Dass sich auch die Gerichte für Arbeitssachen mit AIDS-relevanten Sachverhalten auseinandersetzen müssen, wird niemanden überraschen. So hatte das Arbeitsgericht Berlin in einem Urteil vom 6.11.1986[92] über die Sozialwidrigkeit der Kündigung gegenüber einem 25 Jahre alten, verheirateten, mit AIDS infizierten Kunsteisbahnwart zu befinden, der seit dem 1.8.1983 in einem Arbeitsverhältnis zum beklagten Land stand. Die Kündigung wurde auf häufige krankheitsbedingte Fehlzeiten mit Wie-

---

[84] BGH (17.12.91) JZ 1992, 422 m.N.; siehe aber auch AIFO 1993, 53. 1996 sind in England 3 Menschen bei einer Bluttransfusion infiziert worden, DtÄrzteBl 94 (1997), Heft 19, B-996.
[85] Zur Haftung für HIV-kontaminierte Blutkonserven siehe BGH (30.4.91) NJW 1991, 1948; OLG Düsseldorf (7.3.96) NJW 1996, 1599; *Deutsch*, Medizinrecht, S. 629 Rdn. 924; *Hecker/Weinmann*, VersR 1997, 532 (534f.); siehe auch „Gesetz über die humanitäre Hilfe für durch Blutprodukte HIV-Infizierte" vom 24.7.1995 (BGBl. I S. 972); dazu etwa *Deutsch*, NJW 1996, 755ff.; *ders.*, Medizinrecht, S. 467 Rdn. 688.
[86] BGBl. I, S. 1752.
[87] Zu den Einzelheiten der gesetzlichen Regelung siehe etwa *von Auer*, DtÄrzteBl 95 (1998), Heft 30, B-1475; *Deutsch*, NJW 1998, 3377ff.
[88] Dazu DtÄrzteBl 97 (2000), Heft 27, C-1443.
[89] Siehe „der Tagesspiegel" Nr. 13429 vom 25.11.1989, S. 28.
[90] Beispiele bei *Wolber*, NZA 1988, 793f.
[91] Vgl. die Nachweise bei *Lepke*, 8. Aufl., S. 151 Fußn. 1; ferner *Costard*, S. 29ff.; *Gallwas/Riedel/Schenke*, AIDS und Recht (1992), S. 11ff.
[92] – 53 Ca 28/86 –. Durch Urteil vom 10.6.1987 hat das LAG Berlin – 10 Sa 11/87 – die erstinstanzliche Entscheidung bestätigt.

derholungsgefahr gestützt. Die Feststellung, so hat der Kläger vorgetragen, er sei Träger des HIV-Virus, habe bei ihm eine tiefe psychische Krise ausgelöst. Sobald sein Krankheitszustand offenbar gewesen sei, habe seine Umwelt panikartig darauf reagiert, und zwar nicht nur in seinem persönlichen Umfeld, sondern auch an seinem Arbeitsplatz. Das ArbG bestätigte gleichwohl die ordentliche fristgerecht ausgesprochene Kündigung. Als entscheidend sah es die bisherigen krankheitsbedingten Fehlzeiten des Klägers sowie die insoweit ungünstige Prognose an, ohne der HIV-Infektion als solcher entscheidungserhebliche Bedeutung beizumessen. Der Arbeitgeber hatte nämlich beim Ausspruch der Kündigung keine Kenntnis von der Feststellung des HIV-Virus beim Arbeitnehmer und folglich die Kündigung darauf auch nicht gestützt. Kündigungsrechtlich von größerem Interesse ist ein anderer Sachverhalt, der einem weiteren Rechtsstreit vor dem ArbG Berlin zugrunde lag: Ein als kaufmännischer Angestellter in der Versandabteilung eines Betriebes für Damenoberbekleidung seit 1972 beschäftigter lediger, 1935 geborener Arbeitnehmer hatte nach einem positiven HIV-Antikörpertest[93] – noch immer gibt es keinen HIV-Test, sondern nur Methoden zum Nachweis einer HIV-Infektion[94] – seinem Abteilungsleiter im Oktober 1986 mitgeteilt, Träger des HIV-Virus zu sein. Darauf informierte der Arbeitgeber die Mitarbeiter des Klägers – nach dessen Behauptung alle Betriebsangehörigen – über dessen HIV-Infektion. Das hatte zur Folge, dass sieben Arbeitnehmer jede weitere Zusammenarbeit mit dem Kläger ablehnten, verbunden mit der Androhung, selbst zu kündigen, falls der betreffende Arbeitnehmer nicht entlassen werde. Gegen die dann fristlos, hilfsweise fristgerecht ausgesprochene Kündigung setzte sich der Kläger gerichtlich zur Wehr. In einem am 16.6. 1987 verkündeten Urteil befand das ArbG Berlin[95], weder die fristlose noch die fristgerechte Kündigung habe rechtlichen Bestand. Zwar sei durch die ernsthaft angekündigten Eigenkündigungen der anderen Arbeitnehmer eine bedrohliche Situation für den Betrieb entstanden. Diese habe der Arbeitgeber jedoch selbst herbeigeführt, ohne die Belegschaft darüber aufgeklärt zu haben, dass eine akute

---

[93] Zu dessen Wert oder Unwert siehe etwa *Löwisch*, DB 1987, 937 m.N.; *Bruns*, MDR 1987, 354; *Sedelies*, S. 14f.; *Habermehl*, in: „Die Welt" vom 7.6.1993, S. 9: Zuverlässigkeit von 99,8 %; ebenso *Knapp*, S. 122 m.w.N.; *Specker*, DtÄrzteBl 91 (1994) B-1265: begrenzte Aussagekraft; siehe auch „Der Tagesspiegel" Nr. 14265 vom 20.7.1992, S. 18, wonach in den USA mindestens 11 AIDS-Fälle trotz negativer Test bekannt geworden sind; Eurosentinel-Studie (1991) betr. die Beratung wegen eines HIV-Antikörpertests in Allgemeinpraxen: Gesundh.-Wesen (1993) S. 46–52, Sonderheft 1; heimliche Tests zu Recht ablehnend: *Eberbach*, NJW 1987, 1470; *Perels/Teyssen*, MMW 1987, Heft 20, S. 50ff.; *Hinrichs*, AiB 1988, 11; *Deutsch*, Medizinrecht, S. 79f. Rdn. 104; *U. Preis*, Arbeitsvertrag, S. 843; *Klöcker*, MedR 2001, 184 unter Hinweis auf Anh. IV zu § 15 Abs. 1 BioStoffVO; EuGH (5.10.94) NJW 1994, 3005; zum Test bei Einstellungsuntersuchungen: *Heemann*, S. 86f.; *Walter*, S. 45ff., 60f., 66; *Klak*, BB 1987, 1384f.; *Haesen*, RdA 1988, 161; ders., ZRP 1989, 16 Anm. 14; *Schmalz/Rzadkowski*, PersR 1989, 88f.; VGH München (9.11.88) NJW 1989, 790ff.

[94] Vgl. „Therapie der Gegenwart" 1990, Heft 5, S. 42. Britische und amerikanische Wissenschaftler entwickelten jedoch 1999 einen verbesserten AIDS-Test; Aktuell 2001, S. 325.

[95] NJW 1987, 2325 = NZA 1987, 637; zust. *Besgen*, b+p 1987, S. 357. Das Urteil ist rechtskräftig, nachdem sich die Parteien außergerichtlich über die Beendigung des Arbeitsverhältnisses gegen Zahlung einer Abfindung geeinigt haben und die Beklagte die beim LAG Berlin eingelegte Berufung – 14 Sa 70/87 – zurückgenommen hat.

AIDS als Beendigungsgrund

Anstekkungsgefahr nicht bestehe. Ferner sei auf folgenden Rechtsstreit hingewiesen: Ein 39jähriger Florist stand seit dem 15. 8. 1987 in den Diensten des Beklagten, der fünf Einzelhandelsgeschäfte mit insgesamt 25 Floristen sowie 5 Auszubildenden beschäftigt. Der Kläger hatte einen Selbstmordversuch unternommen, nachdem ihm mitgeteilt worden war, dass er mit dem HIV-Virus infiziert sei. Seitdem war er arbeitsunfähig krank. Die deswegen vom Arbeitgeber am 15. 11. 1987 fristgerecht ausgesprochene Kündigung, die der Kläger für sittenwidrig und diskriminierend hielt, wurden in allen Instanzen als rechtswirksam angesehen.[96]

Nachfolgend soll erörtert werden, ob und ggf. unter welchen Voraussetzungen der Arbeitgeber bei einer beim Arbeitnehmer manifestierten Immunschwäche der genannten Art berechtigterweise eine ordentliche fristgerechte Kündigung im Sinne von § 1 Abs. 2 KSchG aussprechen darf. Die These von *Borelli*[97], trotz einer sich immer mehr verbreitenden Verunsicherung im Allgemeinen und vor allem am Arbeitsplatz werden bislang im Berufsbereich keine besonderen AIDS-Probleme gesehen, lässt sich für die Zukunft wohl nicht aufrecht halten, was *Borelli* auch selbst einräumt. Vieles spricht dafür, dass Entlassungen dieser Personengruppe zahlenmäßig zugenommen haben.[98] Davon ging auch der Deutsche Städtetag in einer Entschließung vom 19. 9. 1989 in Kempten/Allgäu aus.[99] Die finanziellen Auswirkungen sind spürbar. So sind der deutschen Volkswirtschaft allein in den Jahren von 1986 bis 1989 durch AIDS-Patienten Produktionsausfälle von immerhin 4,95 Mrd. DM entstanden.[100] Im Jahre 2000 beliefen sich in Deutschland allein die Kosten für die ambulante Therapie von 26 000 HIV-Infizierten auf 1,5 Mrd. DM.[101]

272

b) Gerechtfertigte oder sozialwidrige Kündigung

Dass es sich bei AIDS – davon wird amtlich erst gesprochen, wenn das letzte, tödliche Stadium der HIV-Infektion[102] erreicht ist – um eine Krankheit im medizinischen, sozialversicherungs- und arbeitsrechtlichen Sinne handelt, steht heute außer Frage[103] und bedarf keiner weiteren Darlegung. Nach derzeitigem Erkenntnisstand[104] wird eine HIV-Infektion immer mehr zu einer chronischen Krankheit, wie etwa eine Diabetes oder eine Koronarstenose. Freilich darf nicht außer Betracht bleiben, dass die HIV-Infektion, solange die Krankheit noch nicht zu ihrem „Vollbild" entwickelt ist, also vor allem in den ersten klinischen Phasen, die Arbeitsfähigkeit des Arbeitnehmers in der Regel nicht herabsetzt. Anders verhält es

273

---

[96] Vgl. ArbG Düsseldorf (11. 2. 88) NJW 1988, 1548; LAG Düsseldorf (10. 5. 88) NZA 1988, 658; BAG (16. 2. 89) DB 1989, 2382 = BB 1990, 209 = NZA 1989, 962.
[97] MMW 128, Heft 15 (1986) S. 281 ff. = *Goebel/Gauweiler*, a.a.O., Psychosoziale Aspekte von AIDS, unter X 1 e, S. 1.
[98] So auch *Heemann*, S. 105.
[99] Vgl. *Goebel/Gauweiler*, AIDS, Bd. II, unter 4.12.1, S. 7.
[100] Siehe *Exner-Freisfeld/Stille*, AIFO 1991, 415 ff.
[101] DtÄrzteBl 98 (2001), Heft 28/29, A-1863.
[102] Nachweise bei *Heemann*, S. 32; *Peters*, § 27 SGB V Rdn. 147; *Brodt/Helm/Kamps*, S. 23, 31.
[103] Dazu nur *Brocke*, in: *Gallwas/Riedel/Schenke*, AIDS und Recht (1992), S. 185 ff.; MünchArbR/*Schulin*, § 81 Rdn. 26; KR-*Etzel*, § 1 KSchG Rdn. 280; *Lepke*, RdA 2000, 89 m.w.N.
[104] Vgl. „Der Tagesspiegel" Nr. 16116 vom 2. 9. 1997, S. 28; Nr. 16293 vom 29. 3. 1998, S. 24.

sich hingegen in den letzten Stadien der Infektion[105] Will der Arbeitgeber den Arbeitsvertrag wegen krankheitsbedingter Fehlzeiten des Arbeitnehmers infolge der erworbenen Immunschwäche kündigen, wobei die Gesundheitsprognose derzeit im Allgemeinen ungünstig ausfallen muss, jedenfalls im vierten Stadium der Krankheit, dann handelt es sich wie bei jeder anderen krankheitsbedingten Entlassung rechtsdogmatisch um eine personenbedingte Kündigung, § 1 Abs. 2 KSchG, so dass die von der Literatur und Rechtsprechung zur Kündigung bei Krankheit entwickelten Grundsätze uneingeschränkt zur Anwendung kommen.[106] Ein AIDS-Kranker kann kündigungsrechtlich insoweit nicht anders beurteilt werden, zumal ein Verschulden an einer HIV-Infektion in der Regel nicht vorliegt.[107] Mindestens im Endstadium der Krankheit, in dem das Leistungsvermögen des Arbeitnehmers in körperlicher und geistiger Hinsicht nicht nur deutlich eingeschränkt, sondern in der Regel vollkommen aufgehoben ist, werden auch die Voraussetzungen einer Schwerbehinderung nach dem SGB IX vorliegen[108], so dass auch der besondere Bestandsschutz nach diesem Gesetz Platz greift.

274   Im Vordergrund für den Kündigungsentschluss des Arbeitgebers wird in der Regel jedoch ein anderer Gesichtspunkt stehen, ob er den HIV-infizierten Arbeitnehmer deshalb entlassen darf, weil er an einer Krankheit leidet, die vom Beginn der Infektion an ansteckend ist und bleibt[109], ohne dass es der medizinischen Wissenschaft bisher gelungen ist, wirksame Heilmethoden, insbesondere Impfstoffe zu entwickeln. Die tatsächliche oder vermeintliche Ansteckungsgefahr der übrigen Mitarbeiter des Betriebes, des Arbeitgebers oder seiner Geschäftspartner bei der Erfüllung der geschuldeten Arbeitsleistung schafft eine ernst zu nehmende Konfliktsituation, die im konkreten Einzelfall einer angemessenen Lösung bedarf.

275   Bedenkt man, dass die Infektion mit banalen Viren, etwa dem Grippe-Virus, durchaus als sozialadäquat angesehen werden muss[110], dann erscheint ein solches Risiko im normalen mitmenschlichen Zusammenleben im Allgemeinen hinnehm-

---

[105] Eingehend dazu *Schönberger/Mehrtens/Valentin*, S. 741.
[106] Ebenso *Schaub*, S. 1465 Rdn. 27; *Kittner/Däubler/Zwanziger*, KSchR, § 1 KSchG Rdn. 111; *Hromadka/Maschmann*, S. 392 Rdn. 173; *Lepke*, RdA 2000, 89; *Backmeister/Trittin*, KSchG, § 1 Rdn. 189; *Kittner/Zwaniger/Appel*, § 93 Rdn. 12; *Berkowsky*, NZA-RR 2001, 403; *von Hoyningen-Huene/Linck*, KSchG, § 1 Rdn. 187; *Tschöpe/Nägele*, Teil 3 D, Rz. 122; *Ascheid*, Krankheitsbedingte Kündigung, S. 66 Rdn. 4; KR-*Etzel*, § 1 KSchG Rdn. 280; *U. Preis*, Arbeitsrecht, S. 667; *Hako-Gallner*, § 1 Rdn. 457; APS/*Dörner*, § 1 KSchG Rdn. 236; FA-ArbR/*Kümpel*, S. 480 Rdn. 266, 269; *Elsner*, S. 105; *Weber*, ZfA 2001, 451 (581); *Dörner/Luczak/Wildschütz*, D, Rdn. 1207; ältere Nachw. bei *Lepke*, 10. Aufl., S. 323 Fußn. 95.
[107] So auch *Bauer/Röder/Lingemann*, S. 28; MünchArbR/*Boecken*, § 83 Rdn. 103; *Kunz/Wedde*, EFZR, § 3 EFZG Rdn. 104.
[108] Dazu *Exner-Freisfeld*, in: AIDS und Recht, S. 180f.; *Reuter-Krauss/Schmidt*, S. 17, 88f.; *Heemann*, S. 48, 31; *Wambach*, DtÄrzteBl 91 (1994), Heft 14, B-747; *Fritze*, S. 342ff.; *Weber*, ZfA 2001, 451 (581).
[109] Vgl. *Laufs/Laufs*, NJW 1987, 2257; *Frösner*, AIFO 1987, 61; *Buchborn*, MedR 1987, 260; BGH (4.11.88) MDR 1989, 274 m.w.N.; *Hoffmann*, in: Goebel/Wagner, S. 1010; *Costard*, S. 23 m.N.
[110] So auch *Deutsch*, NJW 1987, 701.

bar. Nach dem bisherigen Wissensstand[111] besteht im Rahmen der Erfüllung arbeitsvertraglicher Pflichten praktisch keine Gefahr der Übertragung des Erregers von AIDS auf andere Personen, also keine ernstliche Besorgnis nachteiliger Folgen, wenn die vorhandenen hygienischen Bestimmungen genau beachtet werden. Der EuGH[112] meint sogar, die Gefahr einer Ansteckung bei normalen Beziehungen am Arbeitsplatz sei ausgeschlossen. Als potentiell gefährdet sind lediglich alle beruflichen Tätigkeiten anzusehen, bei denen die Gefahr einer Kontaminierung mit Blut, Körpersekret und -flüssigkeiten besteht[113], insbesondere bei Operationen von HIV-Patienten.[114] Das gilt in erster Linie für medizinische Berufe, etwa Ärzte, Zahnärzte und Mitarbeiter des gesundheitlichen Pflegedienstes sowie der ärztlichen Praxen[115], für die aber vom Bundesgesundheitsamt[116] entsprechende Vorschläge zur Prophylaxe veröffentlicht worden sind. Dazu gehören auch die „Anforderungen der Hygiene an die Infektionsprävention bei übertragbaren Krankheiten", insbesondere bei HIV-infizierten Patienten.[117] Nützlich sind auch die gemeinsamen Hinweise und Empfehlungen zur HIV-Infektion der Bundesärztekammer und der Deutschen Krankenhausgesellschaft.[118] sowie das vom Robert-Koch-Institut für Ärzte herausgegebene Merkblatt „Die HIV-Infektion (AIDS)".[119] Von den Unfallverhütungsvorschriften sind in erster Linie die UVV Gesundheitsdienst vom September 1982 (VBG 103) einschlägig.[120] Sie gelten für Unternehmen, in denen Menschen stationär oder ambulant medizinisch untersucht, gepflegt oder behandelt werden, in denen Körpergewebe, -flüssigkeiten und -ausscheidungen von Menschen oder Tieren untersucht oder Arbeiten mit Krankheitserregern ausgeführt werden. Diese UVV gelten auch unmittelbar für den betriebsärztlichen Dienst und entsprechend für vergleichbare Tätigkeiten und Gefährdungen in anderen Betrieben oder Betriebsteilen. Nach diesen UVV hat der Arbeitgeber alle Personen, die mit den in § 1 UVV Gesundheitsdienst genannten Tätigkeiten beschäftigt werden sollen, arbeitsmedizinisch vor Aufnahme der Tätig-

---

[111] Im Einzelnen dazu *Borelli*, MMW 128, Heft 15 (1986), S. 281 ff.; siehe auch *Bruns*, MDR 1987, 355 (357); MMW 1987, Heft 13, S. 71; *Gürtler*, MMW 1987, Heft 21, S. 74; *Lichtenberg/Schücking*, NZA 1990, 41.
[112] (5. 10. 94) NJW 1994, 3006.
[113] Ebenso *Haesen*, RdA 1988, 159; *Heemann*, S. 114 f.
[114] Dazu *Lemmen*, DtÄrzteBl 92 (1995), Heft 48, C-2131.
[115] Im Einzelnen dazu *Jarke*, MedR 1996, 501 (505 ff.); *Schönberger/Mehrtens/Valentin*, S. 738–740; *Classen/Diehl/Kochsiek*, S. 425.
[116] BGesBl. 27, Nr. 3 (März 1984); Bundesgesundheitsministerium, Merkblatt Nr. 119 vom 26. 8. 1985; siehe ferner AIFO 1987, S. 143 f.; *Rudolph/Werner*, MMW 1987, Heft 28, S. 43; Merkblatt Nr. 43 (Oktober 1990) des BGA; AIFO 1991, S. 32 (36).
[117] BGesBl. 1994, Sonderheft 11, S. 1 (20); *Rüden/Daschner/Gastmeier*, Krankenhausinfektionen (2000), S. 99 ff.
[118] Nachweise bei *Laufs*, NJW 1988, 1503 Anm. 73; siehe auch MMW 1991, Heft 18, S. 16.
[119] BGesBl. 2000, S. 1021 ff.
[120] Im Einzelnen dazu *Löwisch*, DB 1987, 937; *Wollenschläger/Kressel*, AuR 1988, 199; *Lichtenberg/Schücking*, NZA 1990, 42; *Mummenhoff*, S. 160; BGB-RGRK, § 618 Rdn. 103.

keit untersuchen zu lassen.[121] Diese Eingangs- und auch gebotenen Nachuntersuchungen haben sich auf das Vorliegen von Infektionskrankheiten zu erstrecken und damit auch auf eine mögliche HIV-Infektion, § 2a Abs. 1 UVV Gesundheitsdienst. Im Übrigen bestehen für Tätigkeiten, mit denen die Gefahr der Aufnahme von erregerhaltigen Körperflüssigkeiten in das Blut des Arbeitnehmers nicht verbunden ist, keine besonderen Unfallverhütungsvorschriften oder hygienischen Regeln. Auch aus den fürsorgerechtlichen Generalklauseln, wie etwa § 2 Abs. 1 ArbSchG, lassen sich keine weitergehenden Pflichten des Arbeitgebers herleiten.[122] Ungeachtet dessen können sich die oben genannten Berufsgruppen auch selbst gegen die Infektion schützen, indem sie sich sorgfältig vor der Berührung mit Blut oder gefährlichen Sekreten schützen und sich bei jeder Behandlung die Hände mit handelsüblichen Desinfektionsmitteln reinigen. Das HIV-Virus lässt sich mit denselben Desinfektionsmitteln inaktivieren, die auch gegen das Hepatitis-B-Virus[123] Anwendung finden.[124] Die viralen Hepatiden und die HIV-Infektion sind u.a. durch einen gemeinsamen Übertragungsweg gekennzeichnet, nämlich parenteral, sexuell und vertikal.[125] In Betracht kommen sowohl thermische Desinfektionsverfahren als auch chemische Desinfektionsmittel, insbesondere auf der Grundlage von Alkohol und Formaldehyd. Im Hinblick auf prophylaktische Maßnahmen sollten freilich auch Friseure, Kosmetiker/innen, Fußpfleger/innen und Masseure/Masseurinnen besonders informiert und geschult werden.[126] Im Übrigen haben selbst mehrjährige Überwachungen von Angehörigen der medizinischen Berufe in den USA ergeben[127], dass auch in den mehr als 350 Fällen, in denen sich das Pflegepersonal zufällig Verletzungen zugezogen hatte, etwa durch den Stich mit der Kanüle eines AIDS-Kranken, in keinem Falle eine Infektion nachgewiesen werden konnte, obwohl in derartigen Fällen zunächst mit einem erhöhten Infektionsrisiko

---

[121] Zum Umfang und den Grenzen einer Einstellungsuntersuchung wegen einer HIV-Infektion bzw. AIDS siehe *Sedelies*, S. 39ff.; *Klein*, in: *Jäger*, AIDS und HIV-Infektionen, unter XI-2, S. 5ff.; *Schaub*, S. 188 Rdn. 14; BGB-RGRK, § 611 Rdn. 1229 Fußn. 913; *Wiese*, RdA 1986, 124; EuGH (5. 10. 94) E 94 I, 4780 – dagegen *Hinrichs*, AiB 1988, 10.
[122] Zu kollektiv-rechtlichen Aspekten des Arbeitsschutzes siehe etwa *Lichtenberg/Schücking*, NZA 1990, 42 m.w.N.; *Löwisch/Kaiser*, BetrVG, § 87 Rdn. 117.
[123] Zu neuen Hepatitis-Viren siehe etwa *Tillmann/Manns*, in: *Zerdick*, Suchtmedizin – aktuell (2000), S. 79ff.; *Pschyrembel*, S. 676.
[124] Vgl. *Laufs* et al., ZBl.Rechtsmed. 27 (1985), S. 884; *Goebel*, Saarländ. Ärztebl. 1987, S. 30; AIDS – Eine Herausforderung an die Wissenschaft. Broschüre des Bundesministers für Forschung und Technologie 1986, S. 57f.; *Pschyrembel*, S. 715.
[125] Siehe nur *Rockstroh*, in: *Zerdick*, Suchtmedizin im Dialog (2001), S. 109.
[126] Vgl. etwa die Hygiene-VO der Bayerischen Staatsregierung vom 11. 8. 1987 (GVBl. 1987, S. 291ff.), i.d.F. vom 10. 7. 1989 (GVBl. S. 363), die für Friseure, Tätowierer, Ohrlochstecher und Akupunkteure einen Hygienekatalog enthält. Dazu auch Bericht des Staatssekretärausschusses AIDS der Bayerischen Staatsregierung vom November 1989, auszugsweise in: *Goebel/Gauweiler*, Bd. II, Bayern 4.2.14, S. 9ff., 57.
[127] Siehe *Daschner*, in: *Goebel/Gauweiler*, a.a.O., Medizinischer Teil, unter II 3c, S. 1; *Brede*, in: *Goebel/Gauweiler*, a.a.O., unter X 1g, S. 1; AIFO 1987, S. 111; *Daschner*, MMW 1987, Heft 10, S. 20; dazu auch *Maas*, DMW 1987, Heft 30, S. 1187.

AIDS als Beendigungsgrund

gerechnet worden war.[128] Bis zum Januar 1987 wurden in den USA 1186 Medizinalpersonen registriert, die eine Nadelstich- oder sonstige Schnittverletzung mit HIV-infektiösem Material erlitten hatten. Lediglich bei zwei Personen von ihnen war der Antikörpertest positiv ausgefallen.[129] Weltweit sind bis Mitte 1990 insgesamt nur 18 HIV-Übertragungsfälle beim medizinischen Personal durch Stichverletzungen beschrieben worden[130], wobei besonders spektakulär der im Sommer 1990 bekannt gewordene Fall eines homosexuellen Zahnarztes aus Florida war, der nachweislich 5 seiner ca. 1400 Patienten angesteckt hatte.[131] Bis zum 13. 5. 1992 lagen den amerikanischen CDC (Centers of Disease Control) Untersuchungsergebnisse von mehr als 15.000 Patienten vor, die von 32 HIV-infizierten Ärzten, überwiegend Chirurgen und Zahnärzten, behandelt worden waren. Ärztlichen Eingriffen zuzuordnende HIV-Infektionen konnten dabei aber nicht festgestellt werden.[132] Nach einer 1983 begonnenen Studie der amerikanischen CDC wurden nach dem Zwischenstand von 1993 bei 4 von 1103 Mitarbeitern, die perkutan mit infektiösem Material Kontakt hatten, Antikörper gegen HIV festgestellt. Somit betrug die Konversionsrate insgesamt 0,36 %. Keiner der 142 Teilnehmer, die entweder Schleimhautkontakt oder Berührung von verletzten Hautpatienten mit HIV-infektiösem Material hatten, zogen sich dadurch eine Infektion zu.[133] In den USA wurden bis zum Sommer 1997 durch akzidentielle Nadelstichverletzungen lediglich 52 Infektionen als Berufskrankheit anerkannt.[134] Bis Ende 1995 waren weltweit 223 beruflich erworbene HIV-Infektionen registriert.[135] Bei einem Drittel galt der ursächliche Zusammenhang mit einer beruflichen Exposition zu infektiösem Blut als sicher, bei den übrigen als wahrscheinlich. Über die Hälfte der Betroffenen kannte den Serostatus ihrer Patienten und mindestens ein Drittel hatte die bekannten Vorsichtsmaßnahmen außer Acht gelassen.

---

[128] Auf dem 3. Internationalen AIDS-Kongress sorgte allerdings eine Dokumentation des amerikanischen Center for Disease Control für Aufregung, vgl. MMW 1987, Heft 27, S. 20; dazu „Der Spiegel" Nr. 30 vom 29.7.1987, S. 67; *Rudolph*, MMW 1987, Heft 28, S. 11f.; *Schettler*, DtÄrzteBl 84 (1987), Heft 27, B-1302. Bekannt wurden Serokonversionen beim medizinischen Personal nach Haut- und Schleimhautkontakten mit Blut von AIDS-Infizierten ohne Stichverletzungen. In drei Fällen wurde eine größere Menge von infiziertem Patientenblut auf die ungeschützten Hände, Arme, den Kopf oder in den Mund von Krankenschwestern gespritzt. Das BGA, vgl. „Der Tagesspiegel" Nr. 12680 vom 13.6.1987, S. 22, sah gleichwohl „keinen Anlaß für einen Alarm". Es sei seit Jahren bekannt, dass bei der Pflege von AIDS-Patienten ein äußerst geringes Infektionsrisiko bestehe.

[129] Vgl. *Goebel*, DtÄrzteBl 84 (1987), B-57–60; *Henderson*, MMW 1991, Heft 8, S. 30: Das Infektionsrisiko beträgt 0,3 % pro Ereignis; siehe auch *Duesberg*, AIFO 1989, 115ff.

[130] Siehe *Goebel/Gauweiler*, Bd. II, 1.5.1, S. 89; siehe auch *Naumann*, DMW 113, 1162–1166 (1988); *Rossi*, MMW 1990, Heft 41, S. 26; *Goebel/Schubert*, in: HIV und AIDS, S. 16; *Brodt/Helm/Kamps*, S. 51 f., 133; *Schönberger/Mehrtens/Valentin*, S. 735.

[131] Science 256 (1992), 1165–1171; MMW 1992, Heft 34, S. 26 – kritisch *Habermehl*, a.a.O., S. 9; *G. Frösner*, AIFO 1991, 477ff.

[132] Vgl. *Koch*, MMW 1992, Heft 34, S. 15.

[133] Siehe DtÄrzteBl 1993, Heft 50, B.2505 – **teilweise anders** der Bericht in: „Der Tagesspiegel" Nr. 14484 vom 1.3.1993, S. 12; siehe aber *Classen/Diehl/Kochsiek*, S. 425: Verletzung mit einer HIV-Blut-kontaminierten Kanüle dürfte bei ca. 0,2–0,5 % liegen.

[134] Vgl. *Renz-Polster/Braun*, S. 1094.

[135] Etwa *Jarke*, MedR 1996, 506 m.N.

276 Von den beim BGA bis Januar 1991 registrierten über 40.000 HIV-Infektionen sind allerdings 45 als berufsbedingt gemeldet worden.[136] Aus diesen Zahlen errechnet sich eine mittlere Angehwahrscheinlichkeit der Infektion von etwa 1 : 200, während aus den USA ein Risiko in der Größenordnung von 1 : 330 gemeldet wird. Im Bericht zur epidemiologischen Situation in Deutschland zum 31. 12. 1996[137] wird eine berufliche Exposition bzw. ein Risiko im Rahmen der medizinischen Versorgung insgesamt bei 13 AIDS-Fällen vom meldenden Arzt als möglicher oder wahrscheinlicher Infektionsweg genannt. Bei einer Krankenschwester, die sich bereits im Jahre 1982 bei einer Blutentnahme von einem Patienten, der später an AIDS verstorben war, infiziert hatte, wurde dieser Übertragungsweg als überwiegend wahrscheinlich angesehen. Publiziert worden sind zwei weitere gesicherte Fälle und ein wahrscheinlicher Fall von HIV-Infektionen bei medizinischem Personal, bei denen bisher aber keine AIDS-definierenden Erkrankungen aufgetreten sind. Über diese insgesamt vier Fälle hinaus sind sechs von den Unfallversicherungen anerkannte Fälle und neun weitere gut dokumentierte Fallgeschichten beschrieben worden.[138] In den Jahren von 1982 bis Anfang 1997 kam es in Deutschland zu 25 wahrscheinlich berufsbedingten HIV-Infektionen bei Beschäftigten im Gesundheitswesen.[139] Von diesen wurden 6 Fälle als gesichert, 19 als wahrscheinlich berufsbedingt angesehen. Nach Angaben des Robert-Koch-Instituts[140] führen Unfälle beispielsweise mit HIV-kontaminierten Injektionsnadeln, Skalpellen oder Scheren nur in etwa einem von 300 Fällen zur Ansteckung, wobei sich das Risiko einer HIV-Infektion durch eine schnelle Behandlung mit den Medikamenten AZT (Azidothymidin), Zidovudin, Lamivudin oder Saquinaviv (Invirase) um weitere 40 bis 90 % reduzieren lasse.[141]

277 Nach dem derzeitigen medizinischen Erkenntnisstand[142] wird man deshalb annehmen können, dass auch für die medizinischen Berufsgruppen eine besondere Ansteckungsgefahr äußerst gering ist, wenn und soweit die maßgeblichen hygienischen Verhaltenshinweise strikt beachtet werden. Insgesamt gesehen ist die Kontagiosität des HIV-Virus sogar geringer als die des Hepatitis-B-Virus.[143, 144] Dass das

---

[136] Vgl. MMW 1991, Heft 18, S. 16; AIDS/HIV 1994, S. 21: 10 Fälle.
[137] AIDS/HIV 1996, S. 24.
[138] Im Einzelnen dazu AIDS/HIV 1996, S. 24 m.N.
[139] Siehe *Fritze*, S. 340.
[140] Vgl. DtÄrzteBl 94 (1997), Heft 1/2, B-20; siehe auch *Bleich* et al., S. 57: < 0,4 %, im Vergleich zum Risiko bei Hepatitis-B: > 5 %.
[141] Dazu etwa *Hahn/Falke/Kaufmann/Ullmann*, S. 607; zur Postexpositions-Prophylaxe siehe nur *Simon/Stille*, S. 629 ff.; BGesBl. 2001, Heft 12, S. 1220 f.; *Marcus*, BGesBl. 2001, Heft 12, S. 1099.
[142] Nachweise bei *Schönberger/Mehrtens/Valentin*, S. 735; *Naumann*, DMW 113, 1162–1166 (1988), *Rossi*, MMW 1990, Heft 41, S. 28; MMW 1991, Heft 16, S. 10; *Hoffmann*, in: Goebel/Wagner a.a.O., S. 1009; *Koch*, MMW 1992, Heft 34, S. 15, 26; *Specker*, DtÄrzteBl 91 (1994), Heft 24, B-1265; siehe auch den Endbericht der Enquette-Kommission vom 26. 5. 1990, in: *Goebel/Gauweiler*, Bd. II, 1.5.2, S. 87 f.; *Jarke*, MedR 1996, 506; *Fritze*, S. 338; *Bales/Baumann*, IfSG, § 31 Rdn. 4 – **kritisch** Stille, in: AIDS und Recht, S. 76.
[143] So *Rossi*, MMW 1990, Heft 41, S. 28; *Jarke*, MedR 1996, 506; *Hahn/Falke/Kaufmann/Ullmann*, S. 602; *Klöcker*, MedR 2001, 184; *Pschyrembel*, S. 715.
[144] Zur Epidemiologie und Prävention von Hepatitis C siehe etwa *Schreier/Höhne*, BGesBl. 2001, 554 ff.; vom Hepatitis-A-Virus: BGesBl. 2001, 844 ff.

Risiko einer Ansteckung eines Patienten bei diagnostischen und therapeutischen Maßnahmen insbesondere unter dem Aspekt der Übertragung von HIV durch einen HIV-infizierten Arzt außerordentlich gering ist, ergibt sich auch aus einer gemeinsamen Empfehlung des Bundesgesundheitsministeriums und der Spitzenorganisationen der deutschen Ärzteschaft vom Juli 1991, die auch aus heutiger Sicht ihre Gültigkeit nicht verloren hat.[145] Hinzu kommt ein weiteres: Weder gehörte AIDS zu den meldepflichtigen Erkrankungen nach § 3 BSeuchG[146] noch bestand, obwohl AIDS zu den übertragbaren Krankheiten im Sinne von § 1 BSeuchG gehörte[147], für diesen Personenkreis ein Tätigkeits- und Beschäftigungsverbot im Sinne von § 17 BSeuchG. Dennoch eröffnete § 38 BSeuchG die Möglichkeit, einem Virusausscheider im Einzelfall die Ausübung bestimmter Tätigkeiten zu untersagen, wobei die Voraussetzungen des § 17 BSeuchG – Beschäftigungsverbot für bestimmte berufliche Tätigkeiten – nicht vorliegen mussten.[148] Da die Träger des Retro-Virus als Ausscheider im Sinne von § 2 Nr. 4 BSeuchG anzusehen waren[149], kamm für sie grundsätzlich eine Maßnahme nach § 38 BSeuchG in Betracht[150], konnte also die Ausübung beruflicher Tätigkeiten ganz oder teilweise untersagt werden[151], wozu aber im Regelfall keine Veranlassung bestanden haben dürfte, während dies etwa für Chirurgen, Zahnärzte und OP-Personal sehr wohl in Betracht kommen konnte. Auch das am 1.1.2001 in Kraft getretene IfSG, durch das u.a. das BSeuchG und die Laborberichts-Verordnung vom 18.12.1987 aufgehoben worden sind, normiert keine namentliche Meldepflicht bei Krankheitsverdacht, bei der Erkrankung oder beim Tod durch eine HIV-Infektion. Lediglich zur Beurteilung der epidemiologischen Lage sieht § 7 Abs. 3 Nr. 2 IfSG eine nichtnamentliche Meldepflicht an das Robert-Koch-Institut bei direkten bzw. indirekten Erregernachweis vor. Das nunmehr in § 31 IfSG geregelte Tätigkeitsverbot entspricht im Wesentlichen dem des § 38 BSeuchG. Die Legaldefinition „übertragbare Krankheit" nimmt die Definition des § 1 BSeuchG auf[152], so dass auch HIV/AIDS unter den Geltungsbereich des IfSG fällt.

Nach allem muss derzeit angenommen werden, dass angestellte Ärzte, sei es in Krankenhäusern oder in freien Arztpraxen, sowie medizinische Pflege- und Hilfskräfte auch nicht die Behandlung HIV-positiver bzw. AIDS-erkrankter Patienten

---

[145] Vgl. Robert-Koch-Institut, Epidemiologisches Bulletin Nr. 34/1999, S. 252; *Bales/Baumann*, IfSG, § 31 Rdn. 4.
[146] Vgl. dazu BVerfG (28.7.87) NJW 1987, 2288; *Seewald*, NJW 1988, 2928; *Gallwas*, in: AIDS und Recht, S. 30; *Costard*, S. 91 f. m.w.N.; *Schumacher/Meyn*, BSeuchG, § 3 Erl. 15 – **kritisch** *Finger*, DtÄrzteBl 91 (1994), B.-905.
[147] So auch *Gallwas*, in: AIDS und Recht (1992), S. 28; *Schenke*, ebenda, S. 36; *Bachmann*, AIFO 1987, 101; *Schenke*, DVBl. 1988, 167; *Schumacher/Meyn*, BSeuchG, § 10, Erl. S. 35; *Costard*, S. 82; *Rübsaamen*, AIFO 1987, S. 166; *Bruns*, MDR 1987, 353; *Loschelder*, NJW 1987, 1467; *Bender*, NJW 1987, 2904; *Wollenschläger/Kressel*, AuR 1988, 199; VGH München (19.5.88) NJW 1988, 2315; Baye. AIDS-Richtlinien vom 19.5.1987, NJW 1988, 758.
[148] Siehe *Schumacher/Meyn*, BSeuchG, § 38, Erl. S. 112; *Seewald*, NJW 1987, 2269.
[149] Vgl. *Costard*, S. 86 m.N.
[150] Ebenso *Gallwas*, AIFO 1986, 33; *Schenke*, in: AIDS und Recht, S. 49 ff.; *Costard*, S. 109.
[151] Dazu insbesondere *Costard*, S. 109, 131; *Klöcker*, MedR 2001, 184.
[152] Siehe *Bales/Baumann*, IfSG, § 2 Rdn. 7.

ablehnen dürfen.[153] Ob Arbeitnehmer mit Strafvollzugsaufgaben, die zu einem körperlichen Kontakt mit Verletzungsfolgen führen können, als konkret gefährdet gelten[154], ist derzeit nicht bewiesen. Eine zusammenfassende, auf aktuellem Stand gehaltene Statistik über die Prävalenz von HIV-Infektionen im deutschen Strafvollzug ist jedenfalls bislang nicht verfügbar.[155]

278   Im Rahmen arbeitsvertraglich begründeter Rechtsbeziehungen wird deshalb ein Arbeitgeber einen solchen Arbeitnehmer in aller Regel jedenfalls dann nicht entlassen dürfen, wenn und soweit er seine arbeitsvertraglichen Pflichten unbeanstandet erfüllt und weder der Arbeitgeber noch seine Geschäftspartner noch die übrigen Mitarbeiter des Betriebes durch das Retro-Virus angesteckt werden können.[156] Deshalb kann ein anderer Arbeitnehmer im Allgemeinen auch nicht verlangen, dass Arbeitskontakte mit HIV-infizierten Arbeitnehmern an seinem Arbeitsplatz unterbleiben.[157] Überlegungen zum „Recht auf die eigene Krankheit" für AIDS-Betroffene[158] bringen insoweit kündigungsrechtlich allerdings keine verwertbaren Erkenntnisse. Gleiches gilt für die vereinzelt vertretene Auffassung[159], die Unzulässigkeit einer solchen Kündigung ergebe sich aus der Pflicht des Staates, diesen Personenkreis vor menschenunwürdiger Diskriminierung zu schützen. Sollte jedoch für den genannten Personenkreis eine konkrete Infektionsgefahr bestehen, was in einem Kündigungsrechtsstreit regelmäßig ohne die Hinzuziehung eines medizinischen Sachverständigen, §§ 403 ff. ZPO, 46 Abs. 2 ArbGG, nicht wird geklärt werden können, dann darf es dem Arbeitgeber nicht verwehrt sein, sich von einem solchen Arbeitnehmer, der eine infektionsgefährdete Tätigkeit ausübt, im Wege einer Kündigung zu trennen[160], etwa von einem praktizierenden Chirurgen. Auch seinen anderen Mitarbeitern gegenüber ist nämlich der Arbeitgeber zur Fürsorge verpflichtet und hat sie vor gesundheitlichen Schäden durch eine ansteckende Krankheit zu schützen, §§ 618 BGB, 62 HGB.[161]

---

153 Ebenso *Eberbach*, in: Jäger, AIDS und HIV-Infektionen, unter IX-2.2.1, S. 6 ff.; *Specker*, DtÄrzteBl 91 (1994), B-1267.
154 So aber *Haesen*, RdA 1988, 159; allgemein dazu *Knapp*, S. 196–207, 236 ff; zum Infektionsrisiko im Strafvollzug siehe *Kappler*, in: *Zerdick*, Suchtmedizin im Dialog (2001), S. 215 ff.
155 Siehe *Knapp*, S. 6; zur HIV-Testpolitik im Strafvollzug: *Voß*, BGesBl. 2000, 683 (689).
156 Ebenso *Schaub*, S. 1465 Rdn. 27; *Kittner/Däubler/Zwanziger*, KSchR, § 1 KSchG Rdn. 111; *Lepke*, RdA 2000, 91; *von Hoyningen-Huene/Linck*, KSchG, § 1 Rdn. 187; *Berkowsky*, NZA-RR 2001, 403; *Hako-Gallner*, § 1 Rdn. 454; APS/*Dörner*, § 1 KSchG Rdn. 224; *Elsner*, S. 104 f.; ErfK/*Ascheid*, § 1 KSchG Rdn. 245; *Feichtinger*, ArbR-Blattei, Krankheit I, Rdn. 194; KR-*Etzel*, § 1 KSchG Rdn. 281; *Weber/Ehrich/Burmester*, S. 88 Rdn. 242; weitere Nachw. bei *Lepke*, 10. Aufl., S. 328 Fußn. 135.
157 Ebenso *Haesen*, RdA 1988, 159; *Lichtenberg/Schücking*, NZA 1990, 41 f.; *Staudinger/Oetker*, BGB, § 618 Rdn. 190.
158 Vgl. *Heilmann*, BB 1989, 1419.
159 Siehe *Costard*, S. 78.
160 Ebenso *Mummenhoff*, S. 167 m.w.N.; *Sedelies*, S. 157 m.w.N.; *Lepke*, RdA 2000, 90 f.; KR-*Etzel*, § 1 KSchG Rdn. 281.
161 Vgl. *Palandt/Putzo*, BGB, § 618 Rdn. 4; insbesondere *Löwisch*, DB 1987, 937 f.; *Eich*, NZA 1987, Beilage Nr. 2 S. 14; *Lichtenberg/Schücking*, NZA 1990, 41; *Walter*, S. 65 ff., 71 ff.; *Exner-Freisfeld*, in: AIDS und Recht, S. 173; BGB-RGRK, § 618 Rdn. 102; *Staudinger/Oetker*, BGB, § 618 Rdn. 190; *Erman/Belling*, BGB, § 618 Rdn. 19.

Nach § 3 Abs. 1 ArbSchG muss der Arbeitgeber unter Berücksichtigung der Umstände die erforderlichen Maßnahmen des Arbeitsschutzes treffen, die die Gesundheit der Beschäftigten bei der Arbeit beeinflussen. Damit wird eine umfassende und prospektive Handlungspflicht gesetzlich festgelegt, die über die bisherige Verpflichtung des aufgehobenen § 120a GewO hinausgeht.[162] In diesem Zusammenhang darf auch nicht § 75 Abs. 2 BetrVG unerwähnt bleiben, wonach der Arbeitgeber und der Betriebsrat die freie Entfaltung der Persönlichkeit der im Betrieb beschäftigten Arbeitnehmer zu schützen und zu fördern haben. Die sich daraus ergebende Gesundheitsförderungspflicht geht über einen bloßen Gesundheitsschutz und die bloße Gefahrenabwehr hinaus.[163] Bereits die Infizierung eines anderen mit dem Retro-Virus HIV, etwa durch ungeschützten Geschlechtsverkehr[164], kann mindestens eine versuchte Körperverletzung, §§ 223a, 23 Abs. 1 StGB, und haftungsrechtlich eine Gesundheits- bzw. Körperverletzung[165] darstellen, so dass das Recht der Arbeitnehmers ausgelöst werden kann, seine Arbeitsleistung nach § 273 BGB zurückzuhalten.[166] § 3 Abs. 1 Nr. 1 Arbeitsstättenverordnung verpflichtet überdies den Arbeitgeber u.a. dazu, die Arbeitsstätte nach den UVV und den anerkannten hygienischen Regeln einzurichten und zu betreiben. Folglich hat er für den Schutz der Arbeitnehmer vor Ansteckungsgefahren im Betrieb zu sorgen.[167] Zudem enthält § 81 Abs. 1 Satz 2 BetrVG hinsichtlich Gesundheitsgefahren am Arbeitsplatz eine allgemeine Unterrichtungs- und Abwendungspflicht gegenüber dem einzelnen Arbeitnehmer.[168] Die Nichtbeachtung der §§ 618 Abs. 1 BGB, 62 Abs. 1 HGB kann auch Schadensersatzansprüche aus positiver Forderungsverletzung – jetzt kodifiziert in den §§ 280–282 BGB n.F. – sowie unerlaubter Handlung auslösen, §§ 62 Abs. 3 HGB, 618 Abs. 3, 823 Abs. 1 BGB.[169,170] Allerdings be-

279

---

[162] Siehe nur *Kittner/Pieper*, ArbSchR Rdn. 5 zu § 3 ArbSchG.
[163] BAG (19.1.99) DB 1999, 963; *Künzl*, ZTR 1999, 534.
[164] Dazu *Teichner*, NJW 1986, 761; ders., MedR 1986, 114; *Eberbach*, ZRP 1987, 396; *Bruns*, NJW 1987, 693; ders., MDR 1987, 356; ders., MDR 1989, 119ff.; *Herzberg*, NJW 1987, 1461; ders., JuS 1987, 777; *Schlehofer*, NJW 1989, 2017ff.; *Prittwitz*, NJW 1988, 2942; Kasseler Handbuch/*Vossen*, 2.2 Rz. 84; OLG Frankfurt/M. (8.7.99) MDR 1999, 1444; (5.10.99) MedR 2000, 196ff.; BayObLG (15.9.89) JR 1990, 473; (26.10.89) NJW 1990, 781; BGH (4.11.88) NJW 1989, 781; zust. *Schünemann*, JR 1989, 89ff.; BGH (12.10.89) NJW 1990, 129f.; *Bottke*, AIFO 1989, 468ff.; *Meurer*, in: AIDS und Recht, S. 118f.; *Feichtinger*, ArbR-Blattei, Krankheit III, Rdn. 100; *Geyer/Knorr/Krasney*, EFZG, § 3 Rdn. 106.
[165] BGH (30.4.91) NJW 1991, 1948; zust. *Giesen*, JR 1991, 487; *Deutsch*, NJW 1991, 1937; siehe auch BSG (18.10.95) NJW 1996, 1619: Opferentschädigung bei HIV-Infektion.
[166] Ebenso BAG (8.5.96) AP Nr. 23 zu § 618 BGB; (17.2.98) AP Nr. 27 zu § 618 BGB = BB 1998, 2477 = DB 1999, 100.
[167] Vgl. dazu MünchArbR/*Blomeyer*, 1. Aufl., § 94 Rdn. 16; *Staudinger/Oetker*, BGB, § 618 Rdn. 190, 191.
[168] Etwa *Egger*, BB 1992, 629ff.; *Wiese*, GK-BetrVG, § 81 Rdn. 12ff.; *Fitting/Kaiser/Heither/Engels/Schmidt*, BetrVG, § 81 Rdn. 2, 9.
[169] Vgl. nur *Staudinger/Oetker*, BGB, § 618 Rdn. 286ff. m.N., 318; *Erman/Belling*, BGB, § 618 Rdn. 26ff.
[170] Ob § 618 Abs. 1 BGB ein Schutzgesetz im Sinne von § 823 Abs. 2 BGB ist – zur Dogmatik der Schutzgesetzverletzung *Dörner*, JuS 1987, 522 –, wird unterschiedlich beantwortet, vgl. etwa *Palandt/Putzo*, BGB, § 618 Rdn. 8; *Mertens*, in: Müko-BGB, § 823 Rdn. 167; *Staudinger/Oetker*, BGB, § 618 Rdn. 319ff.; bejahend RAG (12.10.35) ARS 25, 115; BGB-RGRK, § 618 Rdn. 185; verneinend etwa *Staudinger/Nipperdey/Mohnen*, BGB, 611 Anm. 49; *Staudinger/Oetker*, BGB, § 618 Rdn. 320 m.w.N; *Erman/Belling*, BGB, § 618 Rdn. 30.

schränken sich die aus den §§ 62 Abs. 1 HGB, 618 Abs. 1 BGB folgenden Schutzpflichten zur Vermeidung einer Infektion mit dem HIV-Virus im Allgemeinen nur auf entsprechende Informationen und Aufklärungen sowie die Einhaltung der maßgeblichen Unfallverhütungsvorschriften und der entsprechenden Hygieneregeln.[171] Nach dem Infektionsschutzgesetz gilt im Grundsatz nicht anderes.[172] Dass in diesem Zusammenhang die Beeinträchtigung der Wettbewerbsfähigkeit des Unternehmens entscheidungserheblich sein kann, lässt sich nicht ernsthaft bezweifeln. Freilich muss der Arbeitgeber vor der in Aussicht genommenen Beendigungskündigung stets die Möglichkeit einer anderen Beschäftigung des betreffenden Arbeitnehmers in Betracht ziehen, etwa durch eine Um- oder Versetzung[173] und notfalls, wen eine solche personelle Einzelmaßnahme vom Direktionsrecht des Arbeitgebers, § 106 GewO, nicht mehr gedeckt ist, eine Änderungskündigung aussprechen. Auch sonst sind HIV-infizierte Arbeitnehmer nach Möglichkeit so zu beschäftigen, dass ihnen nicht solche körperlichen und seelischen Belastungen zugemutet werden, die die Krankheit zum Ausbruch bringen bzw. verschlimmern.

c) Insbesondere Druckkündigung

280 Es erscheint möglich[174], dass die Belegschaft des Betriebes oder die Kunden des Arbeitgebers, nachdem die erworbene Immunschwäche des betreffenden Arbeitnehmers offenbar geworden ist, aus Angst vor Ansteckung den Arbeitgeber ultimativ auffordern, den mit AIDS Infizierten zu entlassen und ihm gleichzeitig für den Fall der Nichtentlassung betriebliche Nachteile in Aussicht stellen, beispielsweise in Form von Eigenkündigungen. In solchen Fällen erscheint es nicht ausgeschlossen, dass eine sog. Druckkündigung, sei es eine fristgerechte[175] oder fristlose, die als Rechtsinstitut weitgehende Anerkennung gefunden hat[176], zumal § 4 Abs. 2 BeschSchG für den Fall sexueller Belästigungen am Arbeitsplatz von der Zulässig-

---

[171] Ebenso *Staudinger/Oetker*, BGB, § 618 Rdn. 189 m.w.N; *Tschöpe/Schmalenberg*, Teil 2 A, Rz. 720 m.N.; siehe auch MünchArbR/*Blomeyer*, § 96 Rdn. 22.
[172] Vgl. *Nassauer*, BGesBl. 2001, 491 ff.
[173] *Lepke*, DB 1987, 1300; *Richardi*, NZA 1988, 78; *Hunold*, Direktionsrecht, S. 33 Rdn. 159; *von Hoyningen-Huene/Linck*, KSchG, § 1 Rdn. 187; HK-KSchG/*Weller/Dorndorf*, § 1 Rdn. 449; *Leinemann/Ascheid*, GewO, § 105 Rdn. 13072.
[174] Vgl. den Sachverhalt, den das ArbG Berlin, NJW 1987, 2325f., zu beurteilen hatte.
[175] Unter rechtsdogmatischen Gesichtspunkten **kritisch** dazu *Blaese*, DB 1988, 178ff.; siehe auch *Stahlhacke/Preis/Vossen*, Rdn. 747, 985; *Ascheid*, Kündigungsschutz, S. 177 Rdn. 168; *Gentges*, S. 154ff.; *Fromm*, S. 593; *von Hoyningen-Huene/Linck*, KSchG, § 1 Rdn. 205: personenbedingt; jetzt auch BAG (31. 1. 96) DB 1996, 990f. = NZA 1996, 581; ebenso HK-KSchG/*Dorndorf*, § 1 Rdn. 818, 997; *Berkowsky*, Personenbedingte Kündigung, S. 214 Rdn. 13–16: allenfalls personenbedingt, nicht aber fristlos.
[176] Siehe nur *Erman/Hanau*, BGB, 9. Aufl., § 626 Rdn. 76 m.w.N.; *Dütz*, Arbeitsrecht, S. 151 Rdn. 333; *Fromm*, S. 593f.; *Brox/Rüthers*, S. 146 Rdn. 192a; *Schaub/Linck*, S. 1423 Rdn. 82; *Löwisch*, KSchG, § 1 Rdn. 323; *Soergel/Kraft*, BGB, § 626 Rdn. 65; *Zöllner/Loritz*, S. 284; ErfK/*Müller-Glöge*, § 626 BGB Rdn. 220; ErfK/*Ascheid*, § 1 KSchG Rdn. 276ff.; *Däubler*, S. 606 Rdn. 1130; KR-*Etzel*, § 1 KSchG Rdn. 473; KR-*Fischermeier*, § 626 BGB Rdn. 204ff.; *Hromadka/Maschmann*, S. 373 Rdn. 123; *Kittner/Däubler/Zwanziger*, § 626 BGB Rdn. 168ff.; Kasseler Handbuch/*Isenhardt*, 6.3 Rz. 529–530; *Git-*

keit einer Druckkündigung ausgeht[177], durchaus rechtlichen Bestand haben kann[178, 179], ohne dass es der vorherigen Anhörung des Arbeitnehmers bedarf.[180]

Das bloße Verlangen der Belegschaft oder eines Teiles von ihr[181] bzw. von Dritten, einen bestimmten Arbeitnehmer zu entlassen, rechtfertigt jedoch nicht ohne weiteres eine Kündigung durch den Arbeitgeber.[182] Vielmehr hat er aufgrund seiner Fürsorgpflicht sorgfältig zu prüfen, ob das diesbezügliche Verlangen der Belegschaft oder von Dritten objektiv begründet und betrieblich unausweichlich erscheint.[183] Liegt tatsächlich ein personen- oder verhaltensbedingter Kündigungsgrund vor, dann ist eine vom Arbeitgeber ausgesprochene ordentliche Kündigung ohnehin sozial gerechtfertigt, ohne dass es rechtserheblich auf die Drucksituation als Kündigungsgrund ankommt. Ansonsten wird von der Rechtsordnung ein von der Belegschaft oder Dritten ausgeübter Druck in aller Regel als Kündigungsgrund

281

---

ter/Michalke, S. 79, 80; *KPK-Schiefer*, § 1 KSchG Rdn. 355 ff.; MünchArbR/*Wank*, § 120 Rdn. 84; APS/*Dörner*, § 626 BGB Rdn. 339; *Erman/Belling*, BGB, § 626 Rdn. 83; BAG (4.10.90) AP Nr. 12 zu § 626 BGB Druckkündigung = NZA 1991, 468; (10.12.92) DB 1993, 137; (31.1.96) AP Nr. 13 zu § 626 BGB Druckkündigung = NZA 1996, 581; (8.6.00) NZA 2001, 91 (92); LAG Berlin (27.11.95) NZA-RR 1996, 285 – **anderer Ans.** *Berkowsky*, NZA-RR 2001, 452; *Schwerdtner*, in: Müko-BGB, § 626 Rdn. 177; *Kittner/Trittin*, KSchR, § 626 BGB Rdn. 162, § 1 KSchG Rdn. 333; siehe auch *Stahlhacke/Preis/Vossen*, Rdn. 747, 985.

[177] Ebenso *Hemming*, BB 1998, 2001.
[178] So auch *Löwisch*, DB 1987, 942; *Bruns*, MDR 1987, 357; *Lepke*, DB 1987, 1301; ders. RdA 2000, 92; *Eich*, NZA 1987, Beilage Nr. 2 S. 19; *Rohlfing/Rewolle/Bader*, KSchG, § 1 Anm. 18 d, S. 45; Bleistein, b + p 1988, 328; *Haesen*, RdA 1988, 163; *Wollenschläger/Kressel*, AuR 1988, 205; *Bauer/Röder/Lingemann*, S. 109; *Hinrichs*, AiB 1988, 14; *Walter*, S. 104; *Sedelies*, S. 172f.; *Mummenhoff*, S. 166ff.; *Heemann*, S. 115ff., 127; *Exner-Freisfeld*, in: AIDS und Recht, S. 176; *Schwedes*, S. 249 Rdn. 498; *Schaub*, S. 1465 Rdn. 27; *von Hoyningen-Huene/Linck*, KSchG, § 1 Rdn. 189; BGB-RGRK, § 626 Rdn. 88; MünchArbR/*Berkowsky*, § 136 Rdn. 95 (anders aber § 143 Rdn. 15ff.); *Heilmann*, BB 1989, 1417; *Hönsch/Natzel*, S. 217 Rdn. 277; *KR-Becker*, 3. Aufl., § 1 KSchG Rdn. 210, 270; *Dörner/Luczak/Wildschütz*, D, Rdn. 1209; ErfK/*Ascheid*, § 1 KSchG Rdn. 280; *Knorr/Bichlmeier/Kremhelmer*, S. 114f. Rdn. 30, S. 471 Rdn. 125; KR-*Etzel*, § 1 KSchG Rdn. 283, 586; *Backmeister/Trittin*, KSchG, § 1 Rdn. 157; *KPK-Schiefer*, § 1 KSchG Rdn. 123; *Hromadka/Maschmann*, S. 373 Rdn. 123; APS/*Dörner*, § 1 KSchG Rdn. 227; *Palandt/Putzo*, BGB, § 626 Rdn. 52 – **anderer Ans.** *Lichtenberg/Schücking*, NZA 1990, 46; *Kittner/Däubler/Zwanziger*, KSchR, § 1 KSchG Rdn. 111a.
[179] Zu etwaigen Schadensersatzansprüchen des Arbeitnehmers siehe BAG (4.6.98) NZA 1998, 1113; *Schleusener*, NZA 1999, 1078ff.
[180] Vgl. BAG wie Fußn 174; *Ascheid*, Kündigungsschutz, S. 118 Rdn. 169; *von Hoyningen-Huene/Linck*, KSchG, § 1 Rdn. 203 – **anderer Ans.** *Kittner/Trittin*, § 626 BGB Rdn. 159; einschränkend aber *Kittner/Däubler/Zwanziger*, KSchR, § 626 BGB Rdn. 171.
[181] Allgemein dazu LAG Köln (17.1.96) NZA 1996, 1100.
[182] So auch etwa *Schaub*, S. 1478 Rdn. 38–39; *Berkowsky*, Personenbedingte Kündigung, S. 213 Rdn. 9ff.; *Schwerdtner*, in: Müko-BGB, § 626 Rdn. 177; *Schwedes*, S. 249 Rdn. 498; KR-*Hillebrecht*, 4. Aufl., § 626 BGB Rdn. 149; KR-*Becker*, 3. Aufl., § 1 KSchG Rdn. 270; *Stahlhacke/Preis/Vossen*, 7. Aufl., Rdn. 541; *von Hoyningen-Huene/Linck*, KSchG, § 1 Rdn. 189; KR-*Etzel*, § 1 KSchG Rdn. 473.
[183] BAG (21.2.57) AP Nr. 22 zu § 1 KSchG; (18.9.75) AP Nr. 10 zu § 626 BGB Drückkündigung = DB 1976, 634; (4.10.90) AP Nr. 12 zu § 626 BGB Drückkündigung = NZA 1991, 468 – **kritisch** *K. Gamillscheg*, S. 118.

nicht anerkannt und stellt sich als rechtswidrig dar.[184] Deshalb sind an die Rechtfertigung einer objektiv nicht begründeten Druckkündigung, soll sie ausnahmsweise zulässig sein, besonders strenge Anforderungen zu stellen.[185] Einem solchen Druck darf der Arbeitgeber nur nachgeben, wenn er alle möglichen und ihm zumutbaren Mittel ausgeschöpft hat, um die Drucksituation zu beseitigen. Er darf einem ernst gemeinten Verlangen nur entsprechen, wenn ihm anderenfalls unbillige und unzumutbare schwere Nachteile wirtschaftlicher Art erwachsen[186], er wirtschaftlich schwer geschädigt, etwa durch größere Streiks oder Massenkündigungen, oder gar in seiner Existenz bedroht wird, was stets Tatfrage ist und von den Umständen des konkreten Einzelfalls abhängt. Hat allerdings der Arbeitgeber die Drucksituation selbst herbeigeführt, dann wird eine Druckkündigung in der Regel rechtsunwirksam sein.[187] Das gilt insbesondere dann, wenn der Arbeitgeber die HIV-Infektion des Arbeitnehmers in ihm zurechenbarer Weise erst der Belegschaft bekannt gemacht hat.[188] Die genannten Grundsätze finden auch Anwendung, wenn Kunden oder Geschäftspartner des Arbeitgebers die Entlassung eines bestimmten Arbeitnehmers unter der Androhung des Abbruches der Geschäftsbeziehungen verlangen[189], zumal der Arbeitgeber in der Regel keine geeigneten Möglichkeiten hat, entsprechend auf seine Kunden einzuwirken, will er nicht den Abbruch der Geschäftsbeziehungen riskieren. Inwieweit ein Eigenverschulden des Arbeitnehmers an seiner HIV-Infektion zu seinen Lasten bei einer Druckkündigung zu berücksichtigen ist, erscheint zweifelhaft.[190] Dieser Umstand wird indessen kaum praktische Bedeutung haben, da der Arbeitgeber in der Regel einen solchen Nachweis nicht wird führen können.

282 Zum Teil hysterischen Angstreaktionen in der Bevölkerung, mit HIV infiziert zu werden[191], die von manchen bewusst überbewertet werden – der amerikanische Anthropologe *Gayle Rubin*[192] hat in diesem Zusammenhang den Begriff „Moralpanik" geprägt –, muss auch und vor allem unter kündigungsrechtlichen Aspekten nachhaltig begegnet werden. Das gilt jedenfalls dann, wenn für die übrige Belegschaft, die bei der Erfüllung ihrer betrieblichen Aufgaben unmittelbaren Kontakt

---

[184] Siehe *Mayer-Maly*, RdA 1979, 356.
[185] BAG (19. 6. 86) DB 1986, 2499; HK-KSchG/*Weller/Dorndorf*, § 1 Rdn. 450.
[186] Vgl. BAG (10.10.57), (11.2.60) AP Nrn. 1 und 3 zu § 626 BGB Druckkündigung; (21. 3. 74) AP Nr. 14 zu § 611 BGB Bühnenengagementsvertrag; *Schaub*, S. 1479 Rdn. 39; *Bauer/Röder/Lingemann*, S. 109; KR-*Etzel*, § 1 KSchG Rdn. 586; KR-*Fischermeier*, § 626 BGB Rdn. 204 ff.
[187] BAG (26. 1. 62) AP Nr. 8 zu § 626 BGB Druckkündigung = DB 1962, 744 = BB 1962, 598; *Wenzel*, Kündigung und Kündigungsschutz, S. 89; *Schwerdtner*, in: Müko-BGB, § 626 Rdn. 177; KR-*Hillebrecht*, 4. Aufl., § 626 BGB Rdn. 151; HK-KSchG/*Weller/Dorndorf*, § 1 Rdn. 451; APS/*Dörner*, § 1 KSchG Rdn. 227; *Berkowsky*, NZA-RR 2001, 404.
[188] *Lepke*, DB 1987, 1301; *Haesen*, RdA 1988, 162 f.; *Löwisch*, in: *Schünemann/Pfeiffer*, Rechtsprobleme von AIDS, S. 324; *Mummenhoff*, S. 166; *Heemann*, S. 117; *Sedelies*, S. 174; *Reuter-Krauss/Schmidt*, S. 18 f.; ArbG Berlin NJW 1987, 2325.
[189] Ebenso BAG DB 1986, 2499; LAG Düsseldorf (7. 3. 57) DB 1957, 460; LAG Berlin (18. 8. 80) DB 1980, 2195; LAG Hamm (15. 3. 88) DB 1988, 2158; *Lichtenberg/Schücking*, NZA 1990, 46.
[190] Vgl. einerseits *Eich*, NZA 1987, Beilage Nr. 2, S. 19, 20, und andererseits *Sedelies*, S. 175.
[191] Dazu etwa *Bruns*, MDR 1987, 355; *Bühring*, DtÄrzteBl 99 (2002), Heft 26, A-1804.
[192] Vgl. „Der Spiegel" Nr. 13/1987, S. 192.

mit dem HIV-Träger hat, eine konkrete Ansteckungsgefahr nicht besteht, was nach dem derzeitigen Erkenntnisstand regelmäßig der Fall sein wird, und zwar auch bei medizinischen Berufen. In solchen Fällen hat sich der Arbeitgeber vielmehr schützend vor den an dem Retro-Virus erkrankten Arbeitnehmer zu stellen, damit er in einer besonders schwierigen Phase seines Lebens, die oft auch mit einer psychischen Krise für ihn und seine Angehörigen einhergeht[193], nicht auch noch seine wirtschaftliche Existenzgrundlage verliert. Für viele Menschen, die mit dieser Krankheit leben müssen, hat sich in den letzten Jahren die soziale Situation deutlich verschlechtert.[194] Die zunehmende soziale Isolation AIDS-Kranker ist ein schon jetzt oft beobachtetes Phänomen. *Seidler*[195] spricht zutreffend von der Gefahr der progressiven „Entsolidarisierung von Kranken und Gesunden". Einer Ausgrenzung der AIDS-Betroffenen aus der Gesellschaft, insbesondere aus dem Arbeitsleben, muss deshalb mit aller Deutlichkeit entgegengewirkt werden.[196] Die Angst vor einer Ansteckung durch das Retro-Virus[197] beruht nicht selten auf weit verbreiteten Vorurteilen, häufiger jedoch auf einer falschen oder unzureichenden Aufklärung[198] über die tatsächliche Ansteckungsgefahr einer HIV-Infektion. Das belegen 1990 und 1991/92 durchgeführte Repräsentativbefragungen des Forschungsprojektes „AIDS und die gesellschaftlichen Folgen".[199] Dabei weisen die AIDS-Vorstellungen und Ängste im Beitrittsgebiet eine ähnliche Ausprägung und Verteilung wie in den alten Bundesländern auf. Sie variieren nach denselben zentralen soziodemographischen Merkmalen Alter und Bildungsstatus. Der Versuch, durch breit angelegte Aufklärungsaktionen, sei es – wie allgemein § 3 IfSG entnommen werden kann – durch staatliche Maßnahmen[200], zu denen der Staat verfassungsrechtlich sogar verpflichtet sein kann[201], und/oder private Initiativen, Verhaltensänderungen in

---

[193] Zu den psychischen Problemen der AIDS-Betreuer siehe *Seidl*, MMW 1987, Heft 34, S. 53; *Leiberich*, AIFO 1992, 575 ff.
[194] Im Einzelnen dazu *Marcus*, BGesBl. 2001, Heft 11, S. 1107; *Bühring*, DtÄrzteBl 99 (2002), Heft 26, A-1804.
[195] Freiburger Universitätsblatt 97 (1987), S. 67 ff.; dazu auch *Laufs*, NJW 1988, 1503.
[196] Vgl. auch die Entschließung der Konferenz der Gesundheitsminister und -senatoren der Länder (GMK) vom 27. 3. 1987, in: *Süßmuth*, AIDS – Wege aus der Angst (1988), S. 162; *Haesen*, ZRP 1989, 16; *Hinrichs*, AiB 1988, 9; *Walter*, S. 2 m.N., S. 16 ff., 57.
[197] Im Einzelnen dazu: Erster Zwischenbericht der Enquette-Kommission „Gefahren von AIDS und wirksame Wege zu ihrer Eindämmung" des Deutschen Bundestages (1988), in: *Goebel/Gauweiler*, Bd. II, Organisation/Verwaltung/Recht 1.5.1, S. 34 ff.; *Exner-Freisfeld*, in: AIDS und Recht, S. 178; Endbericht der Enquette-Kommission vom 26. 5. 1990, Bundestags-Drucks. 11/7200 = MedR 1991, 25 ff.
[198] Zu den Grenzen staatlicher Aufklärung siehe *Gram*, NJW 1989, 2917.,
[199] Eingehend dazu *Hahn/Eirmter/Jacob*, Krankheitsvorstellungen in Deutschland (1996), S. 7 ff. (47).
[200] 1999/2000 stellte die Bundesregierung für die Aufklärung jeweils 18 Mio. DM zur Verfügung. Der Ausbau der klinischen Forschung sollte bis zum Jahre 2005 mit 70 Mio. DM und die Entwicklung von Impfstoffen mit 50 Mio. DM gefördert werden, vgl. „Der Tagesspiegel" Nr. 17104 vom 8. 7. 2000, S. 4. Im Jahre 2001 wurden in Deutschland die Mittel für die HIV- und AIDS-Forschung jedoch stark gekürzt, siehe DtÄrzteBl 98 (2001), Heft 19, A-1232. Allerdings will die Bundesregierung die Mittel für bilaterale Projekte in der AIDS-Bekämpfung von 40 Mio. auf 140 Mio. DM aufstocken, DtÄrzteBl 98 (2001), Heft 28/29, A-1853.
[201] So auch *Costard*, S. 52 ff.

der Bevölkerung herbeizuführen, kann keineswegs als aussichtslos bezeichnet werden.[202] So sah auch die Enquete-Kommission AIDS des 11. Deutschen Bundestages[203] die Aufklärung zu Recht als die entscheidende Strategie bei der AIDS-Prävention an. Auch das UN-Hochkommissariat für Menschenrechte veröffentlichte 1997/98 einen „Internationalen Leitfaden gegen Intoleranz"[204], der der Diskriminierung AIDS-kranker Menschen entgegenwirken soll. Dass die AIDS-Aufklärung in Deutschland Wirkungen zeigt, lässt sich statistisch nachweisen.[205] So verringerte sich die Zahl der Neuinfektionen 1996 auf 2000 bis 3000 und von 1997 bis 2001 jeweils sogar auf 2000 bis 2500. Auch hat sich die Wahrnehmung von AIDS als bedrohlicher Krankheit verändert. Bezeichneten zu Beginn der 90-Jahre noch 60 % der Bevölkerung AIDS als eine der gefährlichsten Krankheiten, waren es im Jahre 2000 nur noch 37 %.[206] Sich insoweit sachkundig zu machen und die den erkrankten Arbeitnehmer ablehnende Belegschaft umfassend aufzuklären, dass eine Ansteckungsgefahr nicht besteht, gehört zu den arbeitsvertraglichen Pflichten des Arbeitgebers aus dem Gedanken der Fürsorge. Derartige Aufklärungs- und Beratungsaufgaben hat ggf. auch der Betriebsrat wahrzunehmen.[207] Es besteht deshalb auch keine Veranlassung, zu Gunsten HIV-infizierter oder -kranker Arbeitnehmer die geltenden kündigungsrechtlichen Normen zu ändern[208] oder gar insoweit ein Anti-Diskriminierungsgesetz einzuführen.[209] Auch im ArbVG '92 ist deshalb zu Recht für diese Arbeitnehmer kein besonderer Bestandsschutz vorgesehen. Bereits die Enquete-Kommission AIDS vertrat die Auffassung[203], dass unter den heutigen Gegebenheiten die geltenden Rechtsvorschriften insgesamt als ausreichend angesehen werden könnten.

In Zeiten der antiretroviralen Therapiemöglichkeiten, durch die die meisten Betroffenen bessere Zukunftserwartungen entwickeln können, muss dem Verbleiben auf dem bisherigen Arbeitsplatz größere arbeitsrechtliche Bedeutung als früher beigemessen werden. Arbeit als wichtiger Teil des eigenen Lebens kann als nicht unwesentlicher Faktor der Lebensbewältigung nicht hoch genug bewertet werden. Zu Recht sind deshalb die ökonomischen und sozialen Probleme von HIV/AIDS-Patienten ausführlich beispielsweise auf dem 8. Deutschen AIDS-Kongress in Berlin vom 4. bis 7.7.2001 behandelt worden.[210]

---

[202] Siehe die Nachweise bei *Bruns*, NJW 1987, 695 Anm. 29; aber auch *von Hippel*, ZRP 1987, 125; DtÄrzteBl 84 (1987), B-1229; MMW 1987, Heft 27, S. 22; *Goebel/Gauweiler*, a.a.O., S. 43, 120, 148; *Steinbach*, in: *Gallwas/Riedel/Schenk*, AIDS und Recht, S. 65; *Hahn/Eirmter/Jacob*, S. 65ff.; Sozialbericht 1997, Bundestags-Drucks. 13/10142, S. 74 – **kritisch** „Der Spiegel" Nr. 49/1991, S. 293.
[203] Bundestags-Drucks. 11/7200 = MedR 1991, 25ff.; neuestens *Töppich* et al., BGesBl. 2001, 788ff.
[204] Vgl. DtÄrzteBl 95 (1998), Heft 11, B-478.
[205] Siehe AIDS/HIV 1996, S. 73; Quartalsbericht IV/97 (1998) S. 20.
[206] Vgl. DtÄrzteBl 98 (2001), Heft 24, A-1581.
[207] Im Einzelnen dazu *Klein*, in: *Jäger*, AIDS und HIV-Infektionen, unter XI-2, S. 1ff.
[208] So aber in den USA in Los Angeles, dazu *Walter*, S. 18, 107.
[209] Ebenso *Lepke*, S. 144 Rdnr. 75; *Lichtenberg/Schücking*, NZA 1990, 47; siehe auch *Haese*, RdA 1988, 163; *Walter*, S. 109 – **anderer Ans.** *Bruns*, MDR 1988, 95 (98); siehe auch *Helm/Stille*, MMW 129 (1987) Heft 5, S. 18.
[210] Siehe Tagungsbericht von *Marcus*, BGesBl. 2001, Heft 11, S. 1095 (1107f.).

d) Kündigung von Arbeitsverhältnissen ohne allgemeinen Bestandsschutz

Wie dargelegt[211], darf der Rückgriff auf allgemeine gesetzliche Normen nicht dazu führen, den durch das KSchG gewährleisteten Bestandsschutz auf dem Umweg auf solche Arbeitsverhältnisse auszudehnen, die dem KSchG nicht unterworfen sind. Dann aber kann die Sittenwidrigkeit einer Kündigung, § 138 BGB, nicht auf solche Umstände gestützt werden, die in den Schutzbereich des KSchG fielen. Eine vom Arbeitgeber wegen einer HIV-Infektion gegenüber dem Arbeitnehmer ausgesprochene fristgerechte Kündigung erweist sich gewiss dann nicht als sittenwidrig, wenn der Arbeitnehmer nach Kenntnis von seiner Infektion einen Selbsttötungsversuch unternommen hat, danach längere Zeit arbeitsunfähig krank war und dieser Umstand für den Kündigungsentschluss des Arbeitgebers jedenfalls mitbestimmend war.[212] Selbst wenn die HIV-Infektion bisher ohne konkrete Auswirkungen auf die Arbeitsleistung des Arbeitnehmers und/oder das Betriebsklima geblieben ist, wird man die Absicht des Arbeitgebers, die mit der Beschäftigung eines solchen Arbeitnehmers verbundenen Probleme zu vermeiden, in der Regel nicht als sittenwidrig ansehen können.[213] Ebensowenig verstößt eine derartige Kündigung bei einer symptomlosen HIV-Infektion gegen das Diskriminierungsverbot des Art. 3 Abs. 3 GG[214], und zwar allein schon deshalb, weil eine Erkrankung in dem abschließenden Katalog der fraglichen Verfassungsnorm nicht enthalten ist. Auch greift das Maßregelungsverbot des § 612a BGB, das als lex specialis zu § 138 BGB angesehen werden muss[215], nicht Platz.[214] Solange sich ein Arbeitnehmer nicht oder noch nicht auf den allgemeinen Bestandsschutz nach dem KSchG berufen kann, also der Grundsatz der Kündigungsfreiheit durchgreift, kann sich eine vom

283

---

[211] Vgl. *Lepke*, S. 151 Rdnr. 85.
[212] Ausführlich dazu BAG (16. 2. 89) DB 1989, 435; LAG Düsseldorf (10. 5. 85) DB 1988, 1499; zust. *Bleistein*, b + p 1988, 327; *Hunold*, 2. Aufl., S. 296; ArbG Düsseldorf (11. 2. 88) NJW 1988, 1548; dazu auch MünchArbR/*Wank*, § 119 Rdn. 117; *Schaub*, S. 1465 Rdn. 27; *von Hoyningen-Huene/Linck*, KSchG, § 13 Rdn. 64; HK-KSchG/*Dorndorf*, § 13 Rdn. 97; KPK-*Schiefer*, § 1 KSchG Rdn. 65; KPK-*Bengelsdorf*, § 13 KSchG Rdn. 32; *Dörner/Luczak/Wildschütz*, D, Rdn. 1012; *Knorr/Bichlmeier/Kremhelmer*, S. 471 Rdn. 126; *Tschöpe/Nägele*, Teil 3 D, Rz. 52; *Boemke*, Arbeitsrecht, S. 284 Rdn. 39; *Stahlhacke/Preis/Vossen*, Rdn. 298.
[213] *Lepke*, DB 1987, 1299 (1301); *Haesen*, RdA 1988, 158 (163); *Lücke*, S. 147; *Lichtenberg/Schücking*, NZA 1990, 45; *Palandt/Putzo*, BGB, Vorbem. vor § 620 Rdn. 48; *Däubler*, S. 590 Rdn. 1097; *Walter*, S. 89, 93; *Brühl*, S. 265; *Heemann*, S. 121 ff.; *Sedelies*, S. 143, 158; *Schaub*, S. 1465 Rdn. 27; *Ascheid*, Kündigungsschutz, S. 32 Rdn. 12; *von Hoyningen-Huene/Linck*, KSchG, § 1 Rdn. 188, § 13 Rdn. 64; MünchArbR/*Berkowsky*, § 136 Rdn. 89, 93; *Bauer/Röder/Lingemann*, S. 108; *Hako-Fiebig*, § 13 Rdn. 54; wohl zweifelnd *Kittner/Trittin*, § 138 BGB Rdn. 9 – **anders** *Berkowsky*, Personenbedingte Kündigung, S. 108 Rdn. 8, falls die Entlassung ausschließlich wegen der HIV-Infektion erfolgt ist; so auch *Kittner/Däubler/Zwanziger*, KSchR, § 138 BGB Rdn. 13; APS/*Dörner*, § 1 KSchG Rdn. 225.
[214] So auch BAG (16. 2. 89) AP Nr. 46 zu § 138 BGB, mit Anm. von *Kramer* = NZA 1989, 962; LAG Düsseldorf DB 1988, 1499; *Sedelies*, S. 144, 154; *von Hoyningen-Huene/Linck*, KSchG, § 1 Rdn. 188; *Lepke*, RdA 2000, 87 (93); siehe auch KR-*Friedrich*, § 13 KSchG Rdn. 141 – **anders** das französische Schrifttum und die U.S.-amerikanische höchstrichterliche Rechtsprechung, dazu *Thüsing*, ZfA 2001, 402.
[215] BAG (2. 4. 87) AP Nr. 1 zu § 612a BGB; *von Hoyningen-Huene/Linck*, KSchG, § 13 Rdn. 65 m.w.N.; KR-*Friedrich*, § 13 KSchG Rdn. 141a.

Arbeitgeber ausgesprochene Kündigung nicht als Reaktion auf eine vorausgegangene Wahrnehmung von Arbeitnehmerrechten erweisen. Schließlich ist eine solche Kündigung im Allgemeinen auch nicht treuwidrig, § 242 BGB.[216]

3. Fristlose Kündigung

284 Es hat sich gezeigt, dass sich eine ordentliche fristgerechte Kündigung des Arbeitgebers wegen der Ansteckungsgefahr durch das HIV-Virus nur in Ausnahmefällen als sozial gerechtfertigt, § 1 Abs. 2 KSchG, erweist. Dann wird erst recht eine außerordentliche fristlose Kündigung, § 626 Abs. 1 BGB, nicht in Betracht kommen. In der Regel wird es dem Arbeitgeber zugemutet werden können, die gesetzliche, tarifvertragliche oder einzelvertraglich vereinbarte Kündigungsfrist einzuhalten.[217, 218]

285 Nach bis 1969 geltendem Recht konnten gewerbliche Arbeitnehmer unter anderem allerdings fristlos entlassen werden, wenn sie mit einer abschreckenden Krankheit behaftet waren, § 123 Abs. 1 Nr. 8 GewO, worunter auch ansteckende Krankheiten verstanden wurden.[219] Wie bereits ausgeführt, sind die diesbezüglichen Wertentscheidungen des früheren Gesetzgebers bei der Auslegung des unbestimmten Rechtsbegriffes des wichtigen Grundes im Sinne von § 626 Abs. 1 BGB als Orientierungshilfe nicht völlig bedeutungslos. Dennoch kann im Ergebnis bei der kündigungsrechtlichen Bedeutung von AIDS auf die fragliche Norm aus der GewO nicht zurückgegriffen werden. Zwar handelt es sich bei der erworbenen Immunschwäche um eine ansteckende Krankheit. Sie wird nach dem gegenwärtigen Wissensstand im Rahmen der Erfüllung arbeitsvertraglicher Pflichten jedoch auf andere Personen im Allgemeinen nicht übertragen. Deshalb kommt selbst bei einer nicht auszuschließenden Ansteckungsgefahr des HIV-Infizierten gegenüber Dritten im in der Regel eine außerordentliche fristlose Kündigung nicht in Betracht.[220]

286 Soweit wegen AIDS ausnahmsweise eine ordentliche Kündigung rechtlich zulässig und begründet wäre, kann die „Unkündbarkeit" eines solchen Arbeitnehmers im Ergebnis nicht dazu führen, dass dieser überhaupt nicht entlassen werden darf.[221] Wenn feststeht, dass der Arbeitnehmer mit an Sicherheit grenzender Wahr-

---

[216] *Lepke*, DB 1987, 1301; *Haesen*, RdA 1988, 163; *Kramer*, Anm. zu BAG AP Nr. 46 zu § 138 BGB; *von Hoyningen-Huene/Linck*, KSchG, § 1 Rdn. 188; *Berkowsky*, NZA-RR 2001, 403 (anders S. 404, falls ausschließliches Motiv) – **anderer Ans.** KR-*Etzel*, § 1 KSchG Rdn. 282; *Wank*, Anm. zu BAG EzA Nr. 23 zu § 138 BGB; *Elsner*, S. 104; *Hako-Gallner*, § 1 Rdn. 454.
[217] Im Einzelnen dazu *Lepke*, S. 284 Rdnr. 193 b m.N.; sieh auch *Eich*, NZA 1987, Beilage Nr. 2, S. 17; ebenso *Heilmann*, BB 1989, 1417; *Lichtenberg/Schücking*, NZA 1990, 46; *Heemann*, S. 126; *Sedelies*, S. 144; BGB-RGRK, § 626 Rdn. 88; *Bauer/Röder/Lingemann*, S. 107.
[218] Weitergehend *Schwedes*, S. 261 Rdn. 527, wenn der Arbeitnehmer an AIDS arbeitsunfähig erkrankt ist oder wenn ein mit dem HIV-Virus infizierter Arbeitnehmer bei seiner Arbeit mit dem offenen Blutkreislauf Dritter in Berührung kommt.
[219] *Rewolle*, DB 1953, 62; *Lepke*, DB 1970, 491 – **anderer Ans.** *Schelp/Trieschmann*, S. 247; *Foltyn*, S. 161.
[220] So auch *Heemann*, S. 127; *Sedelies*, S. 145.
[221] Ebenso BGB-RGRK, § 626 Rdn. 88; *Sedelies*, S. 146; *Lepke*, RdA 2000, 93 f.

scheinlichkeit weder die vertraglich geschuldete Leistung erbringen noch eine andere ihm zumutbare Tätigkeit verrichten kann, wird in der Regel eine außerordentliche Kündigung sachlich gerechtfertigt sein. Um in solchen Fällen soziale Härten möglichst zu vermeiden und „unkündbare" Arbeitnehmer nicht schlechter als ordentlich kündbare Mitarbeiter zu stellen[222], sollte aus sozialen Erwägungen wenigstens eine angemessene Schonfrist vom Arbeitgeber eingehalten werden, was wohl jetzt verlangt werden muss.

4. Vertragsanfechtung

Ob ein Arbeitgeber den Arbeitsvertrag mit einem Arbeitnehmer, der HIV-Träger ist, wegen arglistiger Täuschung, § 123 Abs. 1 BGB, anfechten kann, hängt rechtserheblich von der Zulässigkeit der Frage nach AIDS ab. 287

Ausgehend davon, dass der Arbeitgeber nach ansteckenden Krankheiten, durch die die Leistungsfähigkeit des Arbeitnehmers nicht beeinträchtigt wird, nur fragen darf, wenn durch diese Erkrankung die künftigen Mitarbeiter und/oder Kunden des Arbeitgebers gefährdet sind[223], können für normale, nicht besonders infektionsgefährdete Tätigkeiten in bezug auf AIDS eine Fragerecht des Arbeitgebers und eine entsprechende Auskunftspflicht des infizierten Arbeitnehmers nicht anerkannt werden.[224] Gleiches gilt bei der Einstellung von Küchenpersonal oder Arbeitnehmern in der Lebensmittelherstellung, jedenfalls in der Regel.[225] Folglich kommt eine Anfechtung des Arbeitsvertrages nach § 123 Abs. 1 BGB im Allgemei- 288

---

[222] *Lepke*, 8. Aufl., S. 160; zust. *Lichtenberg/Schücking*, NZA 1990, 46; *Heemann*, S. 128; *Sedelies*, S. 146 f.
[223] Vgl. BAG (7. 6. 84) NJW 1985, 645 = AP Nr. 26 zu § 123 BGB; im Einzelnen *Lepke*, S. 100 Rdnr. 32.
[224] Ebenso *Löwisch*, DB 1987. 939f.; ders., Arbeitsrecht, S. 325 Rdn. 1198; *Haesen*, RdA 1988, 161; *Keller*, NZA 1988, 563; *Wollenschläger/Kressel*, AuR 1988, 201; *Bruse*, PK-BAT, § 7 Rdn. 17; *Brox/Rüthers*, S. 62 Rdn. 63; *Heilmann*, BB 1989, 1414; *Schwedes*, S. 39 Rdn. 40; *Hunold*, S. 56; *Staudinger/Richardi*, BGB, § 611 Rdn. 95; *Erman/Hanau*, BGB, § 611 Rdn. 263; *Brühl*, S. 260; *Schal*, S. 130; *Feichtinger*, ArbR-Blattei, Krankheit I, Rdn. 65; ders., ArbR-Blattei, Krankheit II, Rdn. 17; *Fitting/Kaiser/Heither/Engels/Schmidt*, BetrVG, § 94 Rdn. 25; *Lichtenberg/Schücking*, NZA 1990, 44; *Palandt/Putzo*, BGB, § 611 Rdn. 6; *Walter*, S. 37; *Hinrichs*, AiB 1988, 10; *Lieb*, S. 45 Rdn. 127; *Gitter/Michalski*, S. 60; *Mummenhoff*, S. 156 ff.; *Heemann*, S. 63, 65 f.; *Sedelies*, S. 32; *Janker*, AuA 1991, 265; *Richardi*, BetrVG, § 94 Rdn. 14; *Hess/Schlochauer/Glaubitz*, BetrVG, § 94 Rdn. 10; MünchArbR/*Buchner*, § 41 Rdn. 69; *Corts*, in: Handbuch Betrieb und Personal, Fach 4 Rdn. 75; *Hönsch/Natzel*, S 22 Rdn. 12–13; *Hanau/Adomeit*, S. 176 Fußn. 8; *Götz*, S. 17 Rz. 19; Kasseler Handbuch/*Striegan*, 2.10 Rz. 149; Kasseler Handbuch/*Künzl*, 2.1 Rz. 80; BGB-RGRK, § 611 Rdn. 1196; *Weber/Ehrich/Hörchens*, S. 567 Rdn. 47; *Kittner/Trittin*, KSchR, § 123 BGB Rdn. 17; *Däubler*, S. 99 Rdn. 65; *Tschöpe/Wisskirchen*, Teil 1 C, Rz. 80; *Tschöpe/Hennige*, Teil 4 A, Rz. 662; ErfK/*Preis*, § 611 BGB Rdn. 344; *U. Preis*, Arbeitsrecht, S. 188; *Kraft*, GK-BetrVG, § 94 Rdn. 20; *Kittner/Zwanziger/Becker*, § 29 Rdn. 47; *Kittner/Däubler/Zwanziger*, KSchR, §§ 123, 124 BGB Rdn. 26 – **anderer Ans.** *Eich*, NZA 1987, Beilage Nr. 2, S. 12; *Klak*, BB 1987, 1384; *Zeller*, BB 1987, 1523; *Stege/Weinspach/Schiefer*, BetrVG, § 94 Rdn. 16b.
[225] Ebenso *Lichtenberg/Schücking*, NZA 1990, 44; *Hess/Schlochauer/Glaubitz*, BetrVG, § 94 Rdn. 10; *Gitter/Michalski/Frotscher*, S. 109 – **anderer Ans.** *Zeller*, BB 1987, 1523; *Keller*, NZA 1988, 563; *Richardi*, NZA 1988, 75; *Ehrich*, DB 2000, 423; zu weitgehend *Corts*, in: Handbuch Betrieb und Personal, Fach 4, Rdn. 75: auch bei Friseuren und Optikern.

nen nicht in Frage.²²⁶ Anders verhält es sich bei der Einstellung für solche Arbeitsleistungen, die die Gefahr mit sich bringen, dass Blut und andere Körperflüssigkeiten des zu beschäftigenden Arbeitnehmers in Kontakt mit anderen Mitarbeitern des Betriebs oder auch Dritten kommen, was vornehmlich bei den medizinischen und artverwandten Berufsgruppen der Fall sein wird. Zu Recht weist *Löwisch*²²⁴ darauf hin, dass bei solchen Tätigkeiten eine gewisse Ansteckungsgefahr gegenüber den künftigen Mitarbeitern und/oder Dritten, mit denen der mit dem Retro-Virus Infizierte bei der Wahrnehmung seiner arbeitsvertraglichen Aufgaben in Kontakt kommt, nicht geleugnet, jedenfalls nicht ausgeschlossen werden kann. Deshalb lässt sich ein berechtigtes und schutzwürdiges Interesse des Arbeitgebers an einer wahrheitsgemäßen Beantwortung der Frage nach dem Vorhandensein einer HIV-Infektion in solchen Fällen, etwa bei einem Bewerber um eine Stelle im Krankenhaus (Operations-Bereich), nicht in Abrede stellen.²²⁷ Da nach dem derzeitigen Erkenntnisstand bei einer Infektion nicht ausgeschlossen werden kann, dass wegen der Affinität des Retro-Virus zum zentralen Nervensystem bereits Fehlhandlungen oder Beurteilungsfehler auftreten, bevor andere Symptome das Krankheitsbild prägen, wird auch bei solchen Tätigkeiten ein Fragerecht anzuerkennen sein, bei denen Fehlhandlungen oder Beurteilungsfehler zu einem erheblichen Schaden an Rechtsgütern des Arbeitgebers oder Dritter führen.²²⁸ Man denke etwa an den Piloten eines Jumbojets, Kraftfahrer, die gefährliche Güter transportieren, oder Personen, die sehr verantwortungsvolle Kontrollfunktionen ausüben, beispielsweise in einem Atomkraftwerk.

289   Gleiches gilt, falls die Krankheit im Zeitpunkt des Vertragsabschlusses bereits ihr akutes Stadium erreicht hat²²⁹, sich der Kranke in der dritten oder gar vierten klinischen Phase befindet. Dann ist auch bei normalen Tätigkeiten ohne Ansteckungsrisiko die Frage nach AIDS zulässig und muss vom Bewerber korrekt beantwortet werden. Der Verlauf der Krankheit in dieser Phase bedingt nämlich regel-

---

²²⁶ *Löwisch*, DB 1987, 940; *Keller*, NZA 1988, 563; *Haesen*, RdA 1988, 161; *Heilmann*, BB 1989, 1414; *Schal*, S. 130; *Hinrichs*, AiB 1988, 10; *Heemann*, S. 134 – **anderer Ans.** *Eich*, a.a.O., S. 18; *Brühl*, 260.

²²⁷ So auch *Löwisch*, DB 1987, 940; *Bleistein*, b + p 1988, S. 327; *Brox/Rüthers*, S. 62 Rdn. 63; *Keller*, NZA 1988, 563; *Hunold*, S. 56; *Erman/Hanau*, BGB, § 611 Rdn. 263; *Mummenhoff*, S. 157; *Heemann*, S. 67f.; *Sedelies*, S. 34; *Feichtinger*, ArbR-Blattei, Krankheit I, Rdn. 66; BGB-RGRK, § 611 Rdn. 1196; Kasseler Handbuch/*Striegan*, 2.10 Rz. 149; *Tschöpe/Wisskirchen*, Teil 1 C, Rz. 80; *Ehrich*, DB 2000, 423 – **anderer Ans.** *Bruns*, MDR 1987, 357; *Hinrichs*, AiB 1988, 10; *Heilmann*, BB 1989, 1415; *Walter*, S. 41; *Lichtenberg/Schücking*, NZA 1990, 44.

²²⁸ So schon *Richardi*, NZA 1988, 33; zust. *Keller*, NZA 1988, 563; *Exner-Freisfeld*, in: AIDS und Recht, S. 175; siehe auch *Mummenhoff*, S. 156; *Heemann*, S. 63f.; *Sedelies*, S. 36.

²²⁹ Ebenso *Brox/Rüthers*, S. 62 Rdn. 63; *Kraft*, GK-BetrVG, § 94 Rdn. 20; *Fitting/Kaiser/Heither/Engels/Schmidt*, BetrVG, § 94 Rdn. 25; *Löwisch/Kaiser*, BetrVG, § 94 Rdn. 8; *Gitter/Michalski*, S. 60; *Feichtinger*, ArbR-Blattei, Krankheit I, Rdn. 67; MünchArbR/*Buchner*, § 41 Rdn. 68; *Tschöpe/Wisskirchen*, Teil 1 C, Rz. 80; *Ehrich*, DB 2000, 423; *Kittner/Däubler/Zwanziger*, KSchR, §§ 123, 124 BGB Rdn. 26; FA-ArbR/*Wohlfeil*, S. 87 Rdn. 303; *Dörner/Luczak/Wildschütz*, B, Rdn. 242; ältere Nachw. bei *Lepke*, 10. Aufl., S. 338 Fußn. 201 – **anderer Ans.** wohl *Bruns*, MDR 1987, 357, der aber eine Differenzierung nicht vornimmt.

AIDS als Beendigungsgrund

mäßig, dass die Eignung für die geschuldete Arbeitsleistung entweder von vornherein oder doch in naher Zukunft eingeschränkt, wenn nicht sogar ganz aufgehoben ist. Bei einer solchen Sachlage kann auch eine Irrtumsanfechtung nach § 119 Abs. 2 BGB in Betracht kommen.[230] Zum einen ist der HIV-Infizierte lebenslang infiziert, bleibt also kontagiös, und zum anderen muss im letzten Stadium der derzeit noch unheilbaren, tödlichen Krankheit von einer langanhaltenden Erkrankung, einer sog. Fortsetzungskrankheit, gesprochen werden, während für das ARC-Stadium häufig Kurzerkrankungen signifikant sind.

Eine Offenbarungspflicht des Arbeitnehmers ohne Befragen des Arbeitgebers 290 wird man nur bejahen können, wenn der betreffende Arbeitnehmer bereits arbeitsunfähig krank ist bzw. demnächst wird[231]; denn ein von vornherein arbeitsunfähiger Vertragspartner kann den Vertragszweck auf unabsehbare Zeit nicht erfüllen. Die bloße Möglichkeit, dass die Infektion demnächst die letzten Stadien der Krankheit erreichen wird, vermag jedoch noch keine entsprechende Offenbarungspflicht zu begründen.[232]

Auch während eines bestehenden Arbeitsverhältnisses erscheint es geboten und 291 rechtlich nicht unzulässig[233], im oben genannten Umfange ein Fragerecht des Arbeitgebers zu bejahen.[234, 235]

Wenn und soweit ein Arbeitnehmer der Frage nach dem Bestehen einer HIV-In- 292 fektion bzw. AIDS falsch beantwortet hat, obwohl er entsprechende wahrheitsgemäße Angaben machen musste, kann aus verhaltensbedingten Gründen auch eine ordentliche Kündigung sachlich gerechtfertigt sein.[236] Es müssen sich allerdings nachteilige Folgen hinsichtlich der ordnungsgemäßen Vertragserfüllung ergeben.

---

[230] So auch *Brox/Rüthers*, S. 60 Rdn. 62, etwa HIV-Infektion bei einer Operationsschwester; dazu auch *Eich*, NZA 1987, Beilage Nr., S. 17, der allerdings bei allen „einschlägigen" Arbeitsverhältnissen im Sinne von § 17 Abs. 1 und 2 BSeuchG ohne Rücksicht auf den konkreten Verlauf der Krankheit eine verkehrswesentliche Eigenschaft im Sinne des § 119 Abs. 2 BGB annimmt; im Einzelnen *Wollenschläger/Kressel*, AuR 1988, 200f.; *Heemann*, S. 133.
[231] Ebenso *Wollenschläger/Kressel*, AuR 1986, 200; ähnlich *Eich*, NZA 1987, Beilage Nr. 2, S. 10ff.; *Gaul*, Bd. I, S. 60f.; *Heilmann*, BB 1989, 1414; *Walter*, S. 28f.; *Sedelies*, S. 31.
[232] So auch *Hinrichs*, AiB 1988, 9; *Heemann*, S. 98f.; siehe auch *Wiese*, RdA 1986, 122.
[233] Für den öffentlichen Dienst im Geltungsbereich des Einigungsvertrages siehe BAG (26. 8. 93) BB 1994, 434 = NZA 1994, 25; (7. 9. 95) NZA 1996, 637; (13. 9. 95) DB 1996, 435 = NZA 1996, 202; (2.12.99) NJW 2000, 2444ff.; (6.7.00) NJW 2001, 701ff.; Berliner VerfGH (12. 10. 94) NJ 1995, 373; LAG Berlin (22. 6. 92) NZA 1992, 1132; *Hoefs*, S. 70f.
[234] Dazu im Einzelnen *Eich*, NZA 1987, Beilage Nr. 2, S. 12; Sedelies, S. 93ff., 97ff., 111ff.; *Künzl*, Rechte und Pflichten, S. 11 Rdn. 36 – **anderer Ans.** *Hinrichs*, AiB 1988, 11.
[235] Allgemein zu dieser Problematik etwa *Künzl*, Rechte und Pflichten, S. 3ff. Rdn. 5ff., S. 6 Rdn. 16, S. 10 Rdn. 33f., S. 14 Rdn. 56, S. 20 Rdn. 79; Kasseler Handbuch/*Künzl*, 2.1 Rz. 61, 122–124; *Müller*, FS für *Söllner*, S. 809 (829f.); *Boemke*, Arbeitsrecht, S. 250 Rdn. 31–33.
[236] Zutreffend *Sedelies*, S. 166; zur vergleichbaren Problematik der Falschbeantwortung hinsichtlich der Tätigkeit für das Ministerium für Staatssicherheit der DDR siehe BAG (26. 8. 93) NZA 1994, 25 = BB 1994, 434; (2.12.99) NJW 2000, 2444ff.; Berliner VerfGH (12. 10. 94) NJ 1995, 373; LAG Berlin (13. 2. 95) – 9 Sa 105/94 – unv.

VII. Kündigung durch den Arbeitnehmer

293 Auch der Arbeitnehmer kann aus Gründen seiner krankheitsbedingten Arbeitsunfähigkeit das Arbeitsverhältnis grundsätzlich fristlos kündigen.[1] Die fristgerechte Kündigung steht ihm ohnehin frei, es sei denn, das Arbeitsverhältnis ist auf eine bestimmte Zeit eingegangen worden. Im befristeten Arbeitsverhältnis ist eine ordentliche Kündigung in der Regel ausgeschlossen. Ein befristetes Arbeitsverhältnis unterliegt nur dann der ordentlichen Kündigung, wenn dies einzelvertraglich oder im anwendbaren Tarifvertrag vereinbart ist, § 15 Abs. 3 TzBfG.

294 In den aufgehobenen Bestimmungen der §§ 71 Ziff. 1 HGB, 124 Abs. 1 Ziff. 1 GewO, 83 Abs. 1 Ziff. 1 Allg.Preuß.BergG war als Grund zur fristlosen Lösung des Arbeitsverhältnisses durch den Arbeitnehmer ausdrücklich der Fall genannt, dass er zur Fortsetzung der Arbeit unfähig wird. Wenn auch jetzt bei der Prüfung des Grundes zur fristlosen Kündigung grundsätzlich § 626 Abs. 1 BGB Anwendung findet, sind doch, wie dargelegt, die bisher geltenden Kündigungsgrundsätze nicht völlig bedeutungslos.

295 Stellt man an die Rechtswirksamkeit einer vom Arbeitgeber wegen der Erkrankung des Arbeitnehmers ausgesprochenen fristlosen Kündigung besonders strenge Anforderungen, dann kann im umgekehrten Falle nichts anderes gelten. Die fristlose Kündigung durch den Arbeitnehmer muss denselben Maßstäben wie die durch den Arbeitgeber unterliegen.[2]

296 Unter § 626 Abs. 1 BGB fällt nicht nur die dauernde Arbeitsunfähigkeit, sondern auch eine solche, die den Arbeitnehmer an der Verrichtung der zu leistenden Tätigkeit auf nicht absehbare Zeit hindert. Die Unfähigkeit zur Arbeit braucht keineswegs eine vollständige zu sein.[3] Entscheidend kommt es vielmehr darauf an, ob der Arbeitnehmer zu der ihm vertraglich obliegenden Arbeit unfähig wird, es sei denn, es liegt nur eine verhältnismäßig nicht erhebliche Behinderung im Sinne von

---

[1] So auch BAG (2. 2. 73) DB 1973, 927 = AP Nr. 1 zu § 626 BGB Krankheit, mit zust. Anm. von *Schnorr von Carolsfeld* = SAE 1974, 46f., mit im wesentlichen zust. Anm. von *Lepke*; *Becker-Schaffner*, BlStSozArbR 1976, 100; *Bleistein*, S. 144; *Neumann*, NJW 1978, 1841; *Söllner*, S. 297; KR-*Hillebrecht*, 4. Aufl., § 626 BGB Rdn. 118; BGB-RGRK, § 626 Rdn. 187; MünchArbR/*Wank*, § 120 Rdn. 98; *Schaub/Linck*, S. 1438 Rdn. 142; *Kittner/Trittin*, KSchR, § 626 BGB Rdn. 246; *Backmeister/Trittin*, KSchG, §§ 626–628 BGB Rdn. 61; *Kittner/Däubler/Zwanziger*, KSchR, § 626 BGB Rdn. 189; einschränkend *Schwerdtner*, in: Müko-BGB, § 626 Rdn. 163: Dauerzustand und die Krankheit bedingt die volle Arbeitsunfähigkeit; *Feichtinger*, ArbR-Blattei, Krankheit I, Rdn. 221; *Staudinger/Preis*, BGB, § 626 Rdn. 244; Kasseler Handbuch/*Isenhardt*, 6.3 Rz. 376; ErfK/*Müller-Glöge*, § 626 Rdn. 199; KR-*Fischermeier*, § 626 BGB Rdn. 473.

[2] BAG (25. 7. 63) AP Nr. 1 zu § 448 ZPO; LAG Berlin (30. 11. 88) BB 1989, 1121; (22. 3. 89) DB 1989, 1826 = NZA 1989, 968; *Schnorr von Carolsfeld*, Anm. zu BAG AP Nr. 1 zu § 626 BGB Krankheit; *Lepke*, Anm. zu BAG SAE 1974, 48; *Feichtinger*, S. 175; *Dörner/Luczak/Wildschütz*, D, Rdn. 2044; *Stahlhacke/Preis/Vossen*, Rdn. 772; APS/*Dörner*, § 626 Rdn. BGB Rdn. 394; *Tschöpe/Kappelhoff*, Teil 3 E, Rz. 65; Kasseler Handbuch/*Kleinebrink*, 6.2 Rz. 393 – anders *Erman/Belling*, BGB, § 626 BGB Rdn. 85: weniger strenge Anforderungen; siehe auch *Schwerdtner*, in: Müko-BGB, § 626 Rdn. 159ff.

[3] Zur Teilarbeitsunfähigkeit siehe *Breuer*, RdA 1984, 332ff.; *Krock*, MEDSACH 1989, 76; *Künzl/Weinmann*, AuR 1996, 306.

§ 616 BGB vor. Daraus folgt, dass zur fristlosen Kündigung auch eine nur teilweise, aber dauernde krankheitsbedingte Arbeitsunfähigkeit genügen kann, auch wenn das Entgeltfortzahlungsrecht im Krankheitsfall den Begriff der teilweisen Arbeitsunfähigkeit nicht kennt.[4] Im Allgemeinen schuldet der Arbeitnehmer den Einsatz der vollen Arbeitskraft innerhalb der üblichen oder vereinbarten Arbeitszeit. Zwar wird der Arbeitnehmer in einem solchen Falle je nach den Umständen gehalten sein, dem Arbeitgeber wenigstens die verminderte Arbeitskraft zur Verfügung zu stellen.[5] Entgegen der vom Bundesarbeitsgericht[6] vertretenen Auffassung ist jedoch die fristlose Kündigung des Arbeitnehmers nicht allein schon deshalb unwirksam, weil der Arbeitnehmer dem Arbeitgeber nicht angeboten hat, ihn nach Maßgabe seiner verbliebenen Arbeitskraft weiterzubeschäftigen.[7] Wenn nämlich der Arbeitgeber nicht verpflichtet ist, sich vor dem Ausspruch einer Kündigung über den Stand und den Verlauf der Krankheit des Arbeitnehmers zu informieren, dann lässt sich im umgekehrten Falle eine vergleichbare Pflicht des Arbeitnehmers auch nicht begründen.

Ferner kann der Arbeitnehmer mit sofortiger Wirkung kündigen, wenn er sich bei Fortsetzung der Arbeit einer Gefahr für seine Gesundheit aussetzen würde, die beim Abschluss des Arbeitsvertrages nicht erkennbar war.[8] Das gilt vor allem dann, wenn der Arbeitnehmer gegen bestimmte, bei der Arbeit zu berührende Stoffe oder Materialien empfindlich oder allergisch reagiert, aber auch bei einer Ansteckungsgefahr durch andere Arbeitnehmer oder den Arbeitgeber[9], was auch im Rahmen eines Berufsausbildungsverhältnisses gilt.[10] Eine Kündigung ohne Einhaltung der maßgeblichen Frist ist aber nicht schon dann berechtigt, weil der Arbeitgeber angeblich an einer Tuberkulose erkrankt sein soll, der Arbeitnehmer sich darüber aber keine Gewissheit verschafft hat und im Zeitpunkt des Kündigungsausspruches eine Ansteckungsgefahr ohnehin nicht mehr besteht.[9] Will sich der Arbeitnehmer bei einem solchen Verdacht Gewissheit verschaffen, muss ihm vom Arbeitgeber Auskunft erteilt werden, ggf. durch die Vorlage einer entsprechenden ärztlichen Bescheinigung, dass eine Ansteckungsgefahr nicht oder nicht mehr bestehe. Verzögert der Arbeitgeber die fraglichen Auskünfte ohne hinreichenden Grund, dann steht

297

---

[4] BAG (29.1.92) BB 1993, 143 = AP Nr. 1 zu § 74 SGB V = NZA 1992, 643.
[5] So auch BAG (26.8.93) NZA 1994, 63; zust. *Hunold*, S. 36 – kritisch *Künzl/Weinmann*, AuR 1996, 306f.
[6] DB 1973, 927; zust. *Ascheid*, Kündigungsschutz, S. 102 Rdn. 140; *Staudinger/Preis*, wie Fußn. 1; siehe auch *Schnorr von Carolsfeld*, Anm. zu BAG AP Nr. 1 zu § 626 Krankheit; *Becker-Schaffner*, BlStSozArbR 1976, 101; *Bleistein*, S. 144; *Schaub/Linck*, S. 1438 Rdn. 142; *Stahlhacke/Preis/Vossen*, Rdn. 789; BGB-RGRK, § 626 Rdn. 52, 187; APS/*Dörner*, § 626 BGB Rdn. 398; ArbG Flensburg (6.3.58) ARSt Bd. XX Nr. 174; siehe auch *Kittner/Trittin*, KSchR, § 626 BGB Rdn. 246, aber ungenau: durch Krankheit an der Arbeitsleistung gehindert; ferner *Erman/Belling*, BGB, § 626 Rdn. 86.
[7] Dazu *Lepke*, Anm. zu BAG SAE 1974, 48.
[8] Siehe die 1969 aufgehobene Norm des § 133d Ziff. 3 GewO.
[9] Ebenso *Schwerdtner*, in: Müko-BGB, § 626 Rdn. 164; Kasseler Handbuch/*Isenhardt*, 6.3 Rz. 376; KR-*Fischermeier*, § 626 BGB Rdn. 473; LAG Düsseldorf (20.10.60) BB 1961, 49.
[10] So auch *Backmeister/Trittin*, KSchG, §§ 14–17 BBiG Rdn. 34.

die Kündigungsbefugnis des Arbeitnehmers außer Frage.[11] Im Übrigen kann in der Mitteilung des Arbeitnehmers, er sei dauernd voll erwerbsgemindert, ausnahmsweise, gleichzeitig eine Kündigungserklärung, §§ 113, 157 BGB, gesehen werden[12], wobei es aber auf die Umstände des Einzelfalles ankommt.

298   Die Last, vertragswidriges Verhalten zunächst abzumahnen, trifft nicht nur den Arbeitgeber, sondern in gleicher Weise den Arbeitnehmer[13], jedenfalls bei Störungen im Leistungsbereich.

VIII. Besondere Arbeitnehmergruppen

1. Schwerbehinderte

a) Ordentliche Kündigung

299 Schwerbehinderte Menschen im Sinne des SGB IX, die in besonderem Maße von Arbeitslosigkeit betroffen sind – zum Jahresbeginn 2000 waren in Deutschland bei den Versorgungsämtern 6,6 Mio. Personen als Schwerbehinderte registriert[1] – genießen neben dem allgemeinen Kündigungsschutz – von den erschöpfend aufgezählten Ausnahmen des § 90 SGB IX abgesehen – noch einen besonderen nach den §§ 85–92 SGB IX, der allerdings erst Platz greift, wenn das Arbeitsverhältnis im Zeitpunkt des Zuganges der Kündigungserklärung ohne Unterbrechung länger als sechs Monate besteht, § 90 Abs. 1 Nr. 1 SGB IX. Eine Kündigung des Arbeitgebers bedarf der schriftlichen[2] Zustimmung durch das Integrationsamt, § 85 SGB IX, das vor seiner Entscheidung eine Stellungnahme des zuständigen Arbeitsamtes[3], des Betriebs- oder Personalrates und des/der Vertrauensmannes/frau der Schwerbehinderten einholt. Wie schon bisher gilt der besondere Bestandsschutz auch für „Gleichgestellte". Nunmehr wirkt die Gleichstellung aufgrund konstitutiven Verwaltungsaktes auf den Zeitpunkt der Antragstellung zurück, § 68 Abs. 2 Satz 2 SGB IX, um dem Arbeitnehmer schon von diesem Zeitpunkt an den besonderen Kündigungsschutz zu verschaffen. An die versorgungsamtliche Feststellung des Schwerbehindertenstatus seines Arbeitnehmers ist auch der Arbeitgeber gebunden;

---

11   LAG Düsseldorf BB 1961, 49.
12   LAG Düsseldorf DB 1954, 229; *Hessel*, S. 34; *Schelp/Trieschmann*, S. 256.
13   BAG (19. 6. 67) AP Nr. 1 zu § 124 GewO, mit Anm. von *A. Hueck* = SAE 1968, 37, mit Anm. von *Söllner*; LAG Berlin (22.3.89) DB 1989, 1826; LAG Baden-Württ. (10. 10. 90) BB 1991, 415; LAG Hamm (18. 6. 91) BB 1991, 2017 = NZA 1992, 314; *Beckerle/Schuster*, S. 168 Rdn. 228; *Walker*, NZA 1995, 603; *Kleinebrink*, Abmahnung, S. 4 Rdn. 5, S. 12 Rdn. 34, S. 131 Rdn. 523; Kasseler Handbuch/*Kleinebrink*, 6.2 Rz. 393.
1   Vgl. BArbBl 2001, Heft 11, S. 11.
2   Zutreffend LAG Schleswig-Holst. (22. 2. 85) DB 1985, 1648 = NZA 1985, 534; *Cramer*, SchwerbG, § 18 Rdn. 4; KR-*Etzel*, §§ 85–90 SGB IX Rdn. 97; *Stahlhacke/Preis/Vossen*, Rdn. 1526; *Neumann/Pahlen*, SchwerbG, § 18 Rdn. 7; *Großmann/Steinbrück*, GK-SchwbG, § 18 Rdn. 52 m.w.N.; *Bethmann* et al. SchwerbG, § 18 Rdn. 2 – **anderer Ans.** ArbG Heilbronn (17. 9. 84) BB 1985, 1000 = NZA 1985, 364; BAG (15. 11. 90) NZA 1991, 553; (18. 5. 94) NZA 1995, 392; (12.8.99) NZA 1999, 1269: Telefonische Zustimmung zur außerordentlichen Kündigung genügt; siehe aber BAG (16. 10. 91) NZA 1992, 503.
3   Dazu BVerwG (28. 9. 95) NZA-RR 1996, 290.

sie entfaltet Bindungswirkung gegenüber jedermann[4], so dass sie der Arbeitgeber auch verwaltungsgerichtlich nicht überprüfen lassen kann.[5]

Die Kündigung muss gegenüber dem schwerbehinderten Menschen erklärt werden, so dass allein der beim Integrationsamt eingereichte Antrag auf Zustimmungserteilung selbst dann nicht als Kündigung angesehen werden kann, wenn das Integrationsamt den Schwerbehinderten zum Antragsbegehren des Arbeitgebers gehört hat, wozu es nach dem Gesetz ohnehin verpflichtet ist, § 87 Abs. 2 SGB IX. *300*

Während nach älterem Recht die Zustimmung auch noch nachträglich erteilt werden konnte[6], muss jetzt in Anlehnung an das MuSchG die Zustimmung vor dem Ausspruch der Kündigung vorliegen, wodurch der gesetzliche Bestandsschutz für die Arbeitsverhältnisse mit Schwerbehinderten erheblich verbessert worden ist. Eine ohne vorherige Zustimmung des Integrationsamtes erklärte Kündigung des Arbeitgebers erweist sich als unheilbar nichtig, §§ 85 SGB IX, 134 BGB.[7] Kündigt der Arbeitgeber schon vor der förmlichen Zustellung des Zustimmungsbescheides, etwa aufgrund einer fernmündlichen oder schriftlich per Telefax erfolgten Benachrichtigung vom für ihn positivem Ausgang des Verwaltungsverfahrens, erweist sich die Kündigung auch dann als rechtsunwirksam, wenn sie gemäß § 1 Abs. 2 KSchG sozial gerechtfertigt gewesen wäre.[8] *301*

Selbst wenn dem Arbeitgeber die Schwerbehinderteneigenschaft im Zeitpunkt der Kündigung nicht bekannt ist, bedarf die Kündigung der behördlichen Zustimmung[9]; denn die Schwerbehinderteneigenschaft ist nicht von der behördlichen Feststellung oder gar Anerkennung abhängig, sie ist also nicht konstitutiv, sondern ergibt sich unmittelbar aus dem Gesetz.[10] Der besondere Schutz für Schwerbehinderte aufgrund der §§ 85 ff. SGB IX greift aber dann nicht ein, wenn im Zeitpunkt des Kündigungszuganges die Schwerbehinderteneigenschaft des Arbeitnehmers *302*

---

[4] BVerwG (17.12.82) E 66, 315, (318); (11.7.85) E 72, 8ff.; BSG (22.10.86) AP Nr. 1 zu § 3 SchwbG; BGH (29.4.93) BB 1993, 1313.
[5] BSG DB 1987, 284 = AP Nr. 1 zu § 3 SchwbG; *Großmann/Steinbrück*, GK-SchwbG, § 15 Rdn. 103, 348; *Bethmann* et al., SchwerbG, § 4 Rdn. 20.
[6] Vgl. BAG (13.3.61) AP Nr. 6 zu § 15 SchwerBeschG = DB 1961, 747; *Wilrodt/Neumann*, SchwerBeschG, 3. Aufl. 1973, § 14 Anm. 61, § 19 Anm. 41a.
[7] Siehe nur BVerwG (7.3.91) BB 1991, 1121; *Großmann/Steinbrück*, GK-SchwbG, § 15 Rdn. 192 m.w.N.
[8] BAG (16.10.91) NZA 1992, 503 = AP Nr. 1 zu § 18 SchwerbG 1986.
[9] So BAG (3.1.57), (7.5.57) AP Nrn. 4 und 9 zu § 14 SchwerBeschG; (20.3.69) NJW 1969, 1456; LAG Frankfurt/M. (9.2.77) ARSt 1977, S. 136 Nr. 135; *Schaub*, S. 1866 Rdn. 3; KR-*Etzel*, §§ 85–90 SGB IX Rdn. 13 m.w.N.; *Cramer*, SchwerbG, § 15 Rdn. 4 m.w.N.; *Neumann/Pahlen*, SchwerbG, § 15 Rdn. 40: Der Arbeitnehmer müsse sich aber unverzüglich nach dem Kündigungsausspruch auf den Schwerbeschädigtenschutz berufen und ihn im Streitfall nachweisen; aber umstritten, siehe insbesondere LAG Schleswig-Holstein (18.11.76) DB 1977, 125: Verwirkung der Schwerbehinderteneigenschaft, wenn sie dem Arbeitgeber verspätet – nach dem Ausspruch der Kündigung – mitgeteilt wird; ähnlich LAG Düsseldorf (7.10.76) AuR 1977, 125; ArbG Ludwigshafen (9.10.78) BB 1979, 835f.; *Jung/Cramer*, SchwerbG, § 15 Rdn. 4.
[10] Statt vieler: BVerwG (15.12.88) NZA 1989, 554; BAG (25.6.96) NZA 1996, 1153; *Großmann/Steinbrück*, GK-SchwbG, § 15 Rdn. 53ff.; APS/*Vossen*, § 15 SchwbG Rdn. 8; *Knorr/Bichlmeier/Kremhelmer*, S. 827 Rdn. 3, S. 831 Rdn. 11.

weder gemäß § 69 Abs. 1 SGB IX „festgestellt" war noch der Arbeitnehmer zu diesem Zeitpunkt einen Antrag auf Erteilung eines entsprechenden Bescheides gestellt hatte.[11] Neben anderen Gründen, die das Bundesarbeitsgericht in einer Entscheidung vom 17. 2. 1977[11, 12, 13] ausführlich und überzeugend dargelegt hat – leider sind die in diesem Zusammenhang aufgetretenen Streitfragen weder im Ersten Gesetz zur Änderung des SchwerbG vom 24. 7. 1986, das an vielfachen juristischen Mängeln litt und manche rechtsdogmatischen Ungereimtheiten aufwies[14], noch im SGB IX geklärt worden –, spricht vor allem, dass in den Fällen der vorliegenden Art das in § 85 SGB IX vorgesehene Zustimmungsverfahren nicht durchführbar ist. Es setzt notwendigerweise voraus, dass die Schwerbehinderteneigenschaft oder doch ihre wesentliche Voraussetzung, der Grad der Behinderung, nach Maßgabe des § 69 Abs. 1 SGB IX entweder bereits festgestellt oder darüber wenigstens bei der zuständigen Behörde ein Verfahren anhängig ist, zumal ein Antrag auf Feststellung des Grades der Behinderung nicht ohne oder gar gegen den Willen des Behinderten gestellt werden kann. Hinzu kommt weiter, dass nunmehr die Zustimmung nach dem Kündigungsausspruch nicht rechtswirksam nachgeholt werden kann. Nach allem bedarf in diesen Fällen eine vom Arbeitgeber ausgesprochene Kündigung im Allgemeinen nicht der vorherigen Zustimmung des Integrationsamtes, es

---

[11] So auch BVerwG NZA 1989, 554; BAG (17. 2. 77) AP Nr. 42 zu § 1 LohnFG = ArbR-Blattei, Schwerbehinderte, Entscheidung Nr. 38, mit insoweit zust. Anm. von *Herschel* = SAE 1977, 214 ff., mit zust. Anm. von *Meisel* = AP Nr. 1 zu § 12 SchwerbG mit **kritischer** Anm. von *Brox*: Der Arbeitgeber soll nur berechtigt sein, nach Kenntniserlangung von der Schwerbehinderteneigenschaft des Arbeitnehmers unverzüglich die Zustimmung der Hauptfürsorgestelle nachträglich einzuholen. Nach deren Erteilung sei die Kündigung wirksam; **kritisch** ferner *Rewolle*, DB 1977, 1700, der meint, die Entscheidung des BAG sei contra legem ergangen und sie verstoße gegen den Gleichheitsgrundsatz. Das BAG habe nicht erkannt, dass insoweit eine unbewusste Gesetzeslücke vorliege; der Rechtsprechung des BAG zust. *Großmann/Steinbrück*, GK-SchwbG, § 15 Rdn. 85 ff.; MünchArbR/*Cramer*, Erg. Bd., § 236 Rdn. 69 m. N.; *Neumann*, ArbR-Blattei, Schwerbehinderte II, unter B III 4 Rdn. 19; teilweise anders jedoch *Neumann/Pahlen*, SchwerbG, § 15 Rdn. 41 ff.; BAG (5.7.90) DB 1991, 2676; siehe auch ArbG Kiel (26. 2. 76) DB 1986, 780, das Verwirkung annimmt; LAG Nürnberg (29. 11. 76) ARSt 1977, S. 144 Nr. 1162: Feststellung habe keine rückwirkende Kraft – **anderer Ans.** *Großmann*, NZA 1992, 244 f.; *Kittner/Trittin*, KSchR, § 15 SchwbG Rdn. 40 f.; *Kittner/Däubler/Zwanziger*, KSchR, § 15 SchwbG Rdn. 26; LAG Niedersachsen (15.6.00) DB 2001, 874; KR-*Etzel*, §§ 85–90 SGB IX Rdn. 23 f.: In Anlehnung an § 9 MuSchG sei der Arbeitnehmer verpflichtet, dem Arbeitgeber innerhalb von 2 Wochen nach Zugang der Kündigung seine Schwerbehinderteneigenschaft mitzuteilen.
[12] Bestätigt BAG (20. 10. 77) DB 1978, 589, mit überzeugender Auseinandersetzung der gegenteiligen Ansicht = ArbR-Blattei, Schwerbehinderte, Entscheidung Nr. 43, mit zust. Anm. von *Herschel* = AP Nr. 2 zu § 12 SchwerbG mit **kritischer** Anm. von *Brox*; **kritisch** auch *Neumann/Pahlen*, SchwerbG, § 15 Rdn. 41 ff.; BAG (23. 2. 78) DB 1978, 1227 ff. = AP Nr. 3 zu § 12 SchwerbG, mit zust. Anm. von *Meisel*; zust. auch *Schaub*, S. 1866 Rdn. 3; BAG (7.3.02) BB 2002, 2184; siehe ferner BAG (20. 10. 77) AP Nr. 1 zu § 10 SchwerbG: Versetzung eines unerkannt gebliebenen schwerbehinderten Dienstordnungsangestellten in den Ruhestand wegen Dienstunfähigkeit; siehe auch OVG Münster (10. 11. 78) BB 1980, 526.
[13] Zur Verfassungsmäßigkeit der diesbezüglichen Rechtsprechung des BAG siehe BVerfG (9. 4. 87) NZA 1987, 563.
[14] Vgl. dazu im Einzelnen *Großmann*, NZA 1989, 702.

sei denn, die Schwerbehinderteneigenschaft ist offenkundig[15], zum Beispiel bei Blindheit oder beim Verlust von Gliedmaßen. Spricht der Arbeitgeber in Kenntnis einer körperlichen Beeinträchtigung des Arbeitnehmers und seiner beabsichtigten Antragstellung die Kündigung aus, muss er sich jedoch je nach den Umständen des Einzelfalles so behandeln lassen, als sei vom Arbeitnehmer die „Festellung" bereits beantragt worden.[16] Hat der Arbeitnehmer seinen Antrag auf Feststellung der Schwerbehinderteneigenschaft schon vor dem Ausspruch der Kündigung gestellt und ergeht ein entsprechende Feststellungsbescheid erst später, dann greift der besondere Kündigungsschutz in Gestalt des Zustimmungserfordernisses voll durch[17], was auch hinsichtlich des erweiterten Beendigungsschutzes nach § 92 SGB IX der Fall ist.[18] Das Integrationsamt ist berechtigt, bei noch ungewisser, weil zwar beantragter, aber noch nicht festgestellter Schwerbehinderung über einen Antrag des Arbeitgebers auf Zustimmung zu einer beabsichtigten Kündigung zu entscheiden.[19] Der Grundsatz der Rechtssicherheit gebietet es jedoch, dass der Arbeitnehmer, will er sich den besonderen Kündigungsschutz nach dem SGB IX erhalten, gehalten ist, dem Arbeitgeber innerhalb einer angemessenen Frist[20, 21] die bereits festgestellte oder beantragte Feststellung seiner Schwerbehinderteneigenschaft anzuzeigen. Es handelt sich insoweit um eine Obliegenheit.[22] Auch nach der Neufassung des SchwerbG[23] bzw. dem In-Kraft-Treten des SGB IX gilt insoweit nichts anderes. Unterlässt er dies, so ist eine solche Kündigung nicht deshalb unwirksam,

---

[15] BVerfG (9. 4. 87) – 1 BVR 1406/86 – S. 2, unv.; BAG DB 1978, 991; (28.6.95) NZA 1996, 374; *Großmann/Steinbrück*, GK-SchwbG, § 15 Rdn. 58ff.; *Weber*, SchwerbG, § 15 Anm. 20 m.w.N.; *Cramer*, SchwerbG, § 15 Rdn. 4; siehe auch BAG (28. 6. 95) AP Nr. 6 zu § 59 BAT = NZA 1996, 374.

[16] BAG (7.3.02) EzA Nr. 1 zu § 85 SGB IX.

[17] Ebenso BAG (23. 2.78) DB 1978, 1227ff. = AP Nr. 3 zu § 12 SchwerbG, mit zust. Anm. von *Meisel*; (19. 4. 79) AP Nr. 5 zu § 12 SchwerbG; (7.3.02) BB 2002, 2184 = DB 2002, 2114; LAG Baden-Württ./Mannheim (5. 12.79) BB 1980, 581; ArbG Ludwigshafen BB 1979, 835; MünchArbR/*Cramer*, § 236 Rdn. 46, 51; weitergehend *Großmann/Steinbrück*, GK-SchwbG, § 15 Rdn. 72: Antrag könne auch noch später gestellt werden.

[18] BAG (28. 6. 95) BB 1996, 1012 = NZA 1996, 374.

[19] Siehe BVerwG (15. 12. 88) NZA 1989, 554.

[20] Vgl. BAG (23. 2.78) AP Nr. 3 zu § 12 SchwerbG: Regelfrist von einem Monat; (14. 5. 82) AP Nr. 4 zu § 18 SchwerbG; (2. 6. 82) NJW 1983, 360; (31. 8. 89) DB 1989, 890 = NZA 1990, 612; (5. 7. 90) NZA 1991, 667; zust. *Stahlhacke/Preis/Vossen*, Rdn. 1478; BAG (16. 8. 91) NZA 1992, 23; LAG Berlin (24. 6. 91) NZA 1992, 80; *Feichtinger*, S. 177; *Cramer*, SchwerbG, § 15 Rdn. 4; *Großmann/Steinbrück*, GK-SchwbG, § 15 Rdn. 5; *Schaub*, S. 1867 Rdn. 3, KR-*Friedrich*, § 13 KSchG Rdn. 211a; *Schwerdtner*, in: Müko-BGB, § 622 Anh. Rdn. 654, 657, 658; *Hauck/Noftz/Griebeling*, SGB IX Rdn. 15: als vom Gesetzgeber akzeptiert anzusehen; BAG (16. 1. 85) DB 1985, 2106: Der Arbeitnehmer darf die „Regelfrist" voll ausschöpfen – **anderer Ans.** ArbG Ludwigshafen BB 1979, 835; *Neumann/Pahlen*, SchwerbG, § 15 Rdn. 40, 42: Der Arbeitnehmer müsse sich unverzüglich auf den Bestandsschutz nach dem SchwbG berufen; so auch *Brox/Rüthers*, S. 170 Rdn. 213; zu Unrecht gegen jedwede Mitteilungspflicht: ArbG Darmstadt (27. 8. 87) BB 1987, 2375 = ARSt 1988, S. 74 Nr. 55.

[21] Nach BAG (19. 1. 83) AP Nr. 9 zu § 12 SchwerbG, gilt die einmonatige Regelfrist auch für eine Wiederholungskündigung.

[22] So auch APS/*Vossen*, § 15 SchwbG Rdn. 16 m.w.N.; *Pahlen*, RdA 2001, 146.

[23] Zutreffend LAG Frankfurt/M. (1. 2. 88) ARSt 1988, S. 119 Nr. 81; *Schwerdtner*, in: Müko-BGB, vor § 620 Rdn. 730, 733; *Großmann/Steinbrück*, GK-SchwbG, § 15 Rdn. 71.

weil die vorherige Zustimmung des Integrationsamtes nicht vorliegt. Indessen soll die im Zeitpunkt der Kündigung bestehende Schwerbehinderteneigenschaft nicht völlig bedeutungslos sein. Sie müsse vielmehr bei der Prüfung der sozialen Rechtfertigung der Kündigung besonders berücksichtigt werden.[24] Hat hingegen das Integrationsamt den Antrag des Arbeitnehmers auf „Anerkennung" als Schwerbehinderter oder Gleichgestellter zurückgewiesen, darf der Arbeitgeber die Kündigung ohne behördliche Zustimmung selbst dann aussprechen, wenn der Arbeitnehmer gegen den ablehnenden Verwaltungsakt Widerspruch und Klage vor dem VerwG erhoben hat, ohne dass bereits eine anderweitige rechtskräftige Entscheidung vorliegt. Insoweit darf der Arbeitgeber auf die Tatbestandswirkung des ablehnenden Bescheides vertrauen[25], zumal das Integrationsamt von seinem Standpunkt aus die Zustimmung zur beabsichtigten Kündigung für entbehrlich halten musste. Dies gilt jedenfalls dann, wenn der Arbeitnehmer den Arbeitgeber auf einen zwischenzeitlich eingelegten Widerspruch[26] oder auf eine von ihm erhobene Anfechtungsklage nicht hingewiesen hat. Im Übrigen bestimmt § 88 Abs. 4 SGB IX wie schon § 18 Abs. 4 SchwbG, dass der Widerspruch und die Anfechtungsklage gegen die behördliche Zustimmung zur Kündigung keine aufschiebare Wirkung haben.

303 Auch bei dauernd völliger Arbeitsunfähigkeit des Schwerbehinderten in dem Sinne, dass es ihm unmöglich ist, die vertraglich geschuldete Leistung zu erbringen, hat der Arbeitgeber vor dem Ausspruch der erforderlichen Kündigung die Zustimmung des Integrationsamtes einzuholen.[27] Die gegenteilige Auffassung[28], der bsondere Bestandsschutz des SchwbG beziehe sich nur auf solche Arbeitnehmer, die auch arbeitsfähig seien, kann nach geltendem Recht nicht mehr aufrecht erhalten werden.[29] § 92 SGB IX sieht ausdrücklich vor, dass die Beendigung des Arbeitsverhältnisses eines Schwerbehinderten auch dann der behördlichen Zustimmung bedarf, wenn sie im Falle des Eintritts der teilweisen Erwerbsminderung, der Erwerbsminderung auf Zeit, der Berufsunfähigkeit oder der Erwerbsunfähigkeit auf Zeit ohne Kündigung erfolgt.

---

[24] BAG (23.2.78) AP Nr. 3 zu § 12 SchwerbG; Kasseler Handbuch/*Thiele*, 3.1 Rz. 220–221 mit Nachw. auch der gegenteiligen Ans.
[25] Ebenso LAG Berlin (24.6.91) NZA 1992, 80.
[26] BAG (2.6.82) BB 1983, 836 = AP Nr. 8 zu § 12 SchwerbG.
[27] Ebenso KR-*Etzel*, §§ 85–90 SGB IX Rdn. 36; *Neubert/Becke*, SchwerbG, § 22 Rdn. 3; *Cramer*, SchwerbG, § 15 Rdn. 5; *Neumann/Pahlen*, SchwerbG, § 15 Rdn. 48 m.w.N.; ArbG Arnsberg (3.6.81) ARSt 1981, S. 189 Nr. 169; ArbG Wetzlar (30.12.87) ARSt 1988, S. 160 Nr. 108; wohl auch *Weber*, SchwerbG, § 15 Rdn. 49; siehe auch BAG (28.6.95) NZA 1996, 374 = BB 1996, 1013.
[28] Vgl. BAG (13.2.58) AP Nr. 11 zu § 14 SchwerBeschG; LAG Düsseldorf (24.4.59) BB 1959, 1241; LAG Nürnberg (13.10.78) ARSt 1979, S. 175 Nr. 1183; *Neumann/Pahlen*, SchwerbG, 8. Aufl. 1992, § 15 Rdn. 48; *Gröninger/Thomas*, SchwerbG, § 15 Rdn. 18; *Feichtinger*, S. 177; *Lepke*, 6. Aufl. S. 76; *Schaub*, S. 1869 Rdn. 11, für den Fall, dass die Arbeitsleistung durch völlige Arbeitsunfähigkeit dauernd unmöglich wird: Erlöschen des Arbeitsverhältnisses, § 275 BGB.
[29] So jetzt auch *Neumann/Pahlen*, SchwerbG, § 15 Rdn. 48 m.w.N.

Der Zustimmung durch das Integrationsamt zur Kündigung bedarf es hingegen nicht, wenn der Schwerbehinderte dadurch sozial abgesichert ist, dass er entweder nach der Vollendung des 58. Lebensjahres Anspruch auf Leistungen aus einem Sozialplan hat oder Knappschaftsausgleichsleistungen nach dem SGB VI oder Anpassungsgeld für entlassene Arbeitnehmer des Bergbaus beanspruchen kann, § 90 Abs. 1 Nr. 3 a SGB IX. In diesen Fällen muss jedoch der Arbeitgeber dem Arbeitnehmer seine Kündigungsabsicht rechtzeitig mitgeteilt haben, ohne dass dieser der beabsichtigten Kündigung bis zu deren Ausspruch widersprochen hat. Der Zustimmung bedarf es auch nicht, wenn Schwerbehinderte auf Stellen im Sinne von § 73 Abs. 2 Nrn. 2–6 SGB IX beschäftigt werden, § 90 Abs. 1 Nr. 2 SGB IX, oder bei Entlassungen aus Witterungsgründen, sofern die Wiedereinstellung des Schwerbehinderten bei der Wiederaufnahme der Arbeit gewährleistet ist, § 90 Abs. 2 SGB IX. Entlassungen aus Witterungsgründen kommen vor allem auf Baustellen, in der Land- und Forstwirtschaft, im Gartenbau sowie im Tagebergbau in Betracht. Im Baugewerbe bestand allerdings während der gesetzlichen Schlechtwetterzeit insoweit ein tarifvertragliches Kündigungsverbot[30], das auch für Schwerbehinderte galt.

304

Ebenfalls entbehrlich ist die Zustimmung des Integrationsamtes, falls das Arbeitsverhältnis auf andere Weise als durch Kündigung endet[31], etwa durch Anfechtung des Arbeitsvertrages oder bei einer rechtswirksamen Befristung. In Betracht kommt auch die Beendigung des Arbeitsverhältnisses im Wege eines Aufhebungsvertrages.[32] Wegen des besonderen Schutzbedürfnisses des Schwerbehinderten müssen jedoch bei der Prüfung der Frage, ob es zu einer beiderseitigen einverständlichen Vertragsauflösung gekommen ist, strenge Maßstäbe angelegt werden.[33] Hingegen bedarf die Beendigung des Arbeitsverhältnisses eines Schwerbehinderten der Zustimmung des Integrationsamtes, wenn sie im Falle des Eintritts der teilweisen Erwerbsminderung, der vollen Erwerbsminderung auf Zeit, der Berufsunfähigkeit oder der Erwerbsunfähigkeit auf Zeit ohne Kündigung erfolgt, § 92 SGB IX. Die gesetzliche Regelung bezieht sich insbesondere auf die Fälle, in denen das Arbeitsverhältnis bei Gewährung einer Berufsunfähigkeitsrente oder einer befristeten Rente wegen verminderter Erwerbsfähigkeit aufgrund tarifvertraglicher Normen ohne Kündigung endet. In diesem Zusammenhang seien für den Bereich des öffentlichen Dienstes die §§ 59 BAT, 56 BMT-G, 62 MT Arb erwähnt, die nicht nur dem Schutz des Arbeitnehmers, sondern auch dem Interesse des Arbeitgebers an

305

---

[30] Siehe § 4 Nr. 5.4 des für allgemeinverbindlich erklärten Bundesrahmentarifvertrages für das Baugewerbe, BRTV-Bau vom 3.2.1981 i.d.F. vom 27.4.1990; dazu *Neubert/Becke*, SchwerbG, § 20 Rdn. 5 m.N. Der BRTV-Bau i.d.F. vom 15.5.2001 enthält die Regelung nicht mehr

[31] Einzelheiten dazu bei *Neumann/Pahlen*, SchwerbG, § 15 Rdn. 49–57; *Schaub*, S. 1867f. Rdn. 5; *Neubert/Becke*, SchwerbG, § 15 Rdn. 12; *Cramer*, SchwerbG, § 15 Rdn. 8 – **anders** LAG Berlin (10.8.76) ARSt 1977, S. 63 Nr. 1973.

[32] Etwa KR-*Etzel*, § 92 SGBIX Rdn. 6, *Stahlhacke/Preis/Vossen*, Rdn. 1503; wohl auch *Hauck/Noftz/Griebeling*, SGB IX, K § 29 Rdn. 3.

[33] Vgl. BAG (27.3.58) AP Nr. 12 zu § 14 SchwerBeschG, *Neumann*, ArbR-Blattei, Schwerbehinderte II, unter C III Rdn. 42; *Großmann/Steinbrück*, GK-SchwbG, § 15 Rdn. 174 m.N.

Rechtsklarheit und Rechtssicherheit für weitere Personalentscheidungen dienen. Nach diesen Normen endet das Arbeitsverhältnis eines vermindert erwerbsfähigen Arbeitnehmers ohne Kündigung und ohne besondere Erklärung des Arbeitgebers.[34] Jedoch sind die genannten Bestimmungen mit Wirkung vom 1.1.1985 dahingehend geändert worden, dass bei der Gewährung einer Rente auf Zeit, § 101 SGB VI, das Arbeitsverhältnis nicht mehr endet, sondern für die Dauer der Zeitrente mit allen Rechten und Pflichten ruht.[35] Die von § 92 SGB IX erfasste „Tarifautomatik" ist folglich im Tarifbereich des öffentlichen Dienstes auf die Fälle der Berufsunfähigkeit begrenzt. In den genannten Fällen ist aber die vorherige Zustimmung des Integrationsamtes dann nicht erforderlich, wenn im Zeitpunkt der Versetzung in den Ruhestand infolge Berufs- oder Dienstunfähigkeit die Schwerbehinderteneigenschaft des Arbeitnehmers weder gemäß § 69 SGB IX festgestellt war noch der Arbeitnehmer einen entsprechenden Feststellungsantrag gestellt hatte.[36] Der Eintritt einer Erwerbsunfähigkeit auf Dauer wird von § 92 SGB IX nicht erfaßt.[37]

306　Hat der Arbeitgeber Zweifel, ob zur Beendigung des Arbeitsverhältnisses die Zustimmung des Integrationsamtes erforderlich ist und beantragt er vorsorglich die Zustimmung, erteilt ihm die Behörde bei fehlender Zustimmungsbedürftigkeit in der Regel ein sog. Negativattest. Ein solcher Verwaltungsakt entspricht in bezug auf seine Rechtswirkungen der gegebenen Zustimmung.[38]

307　Abgesehen von den Fällen, in denen das Integrationsamt nach den §§ 89 Abs. 1, 91 Abs. 4 SGB IX die Zustimmung zu erteilen hat bzw. soll, also aus einem Grunde, der nicht mit der Behinderung im Zusammenhang steht, entscheidet die Behörde über den Antrag des Arbeitgebers nach freiem, aber pflichtgemäßen Ermessen.[39] Jede Ermessensausübung hat pflichtgemäß zu erfolgen[40], was bedeutet, dass die Entscheidung aufgrund objektiver, sachgemäßer und irrtumsfreier Erwägungen, frei von Willkür und Belieben, dem Zweck des Gesetzes entsprechend und unter Beachtung des Gleichheitssatzes ergehen muss.[41] Da jedoch das SGB IX auch den

---

[34] *Neumann/Pahlen*, SchwerbG, § 21 Rdn. 24; *Schmalz*, PK-BAT, § 59 Rdn. 2 – **anders** BAG AP Nr. 3 zu § 18 TAO.
[35] 52. ÄnderungsTV zur Änderung des BAT, ÄnderungsTV Nr. 40 zum MTL II.
[36] BAG (20.10.77) DB 1978, 990 = ArbR-Blattei, Schwerbehinderte, Entscheidung Nr. 42, mit zust. Anm. von *Herschel* = AP Nr. 1 zu § 19 SchwerbG.
[37] Ebenso *Cramer*, SchwerbG, § 22 Rdn. 1; *Großmann/Schimanski*, GK-SchwbG, § 22 Rdn. 40; KR-*Etzel*, § 92 SGB IX Rdn. 11 m.N.
[38] BAG (27.5.83) AP Nr. 12 zu § 12 SchwerbG, KR-*Etzel*, §§ 85–90 SGB IX Rdn. 56 m.w.N.; *Schwerdtner*, in: Müko-BGB, § 622 Anh. Rdn. 659; *Cramer*, SchwerbG, § 15 Rdn. 12a m.w.N.; *Schaub*, S. 1872 Rdn. 20.
[39] So auch OVG Hamburg (27.11.87) BB 1989, 220ff.; VGH Mannheim (4.3.02) NZA-RR 2002, 420; *Neumann*, ArbR-Blattei, Schwerbehinderte II, unter D II 1 Rdn. 63; *Schaub*, S. 1870 Rdn. 14; *Seidel*, DB 1996, 1412; *Neubert/Becke*, SchwerbG, § 15 Rdn. 9 m.N.; *Cramer*, SchwerbG, § 19 Rdn. 1; *Weber*, SchwerbG, § 15 Anm. 56; KR-*Etzel*, §§ 85–90 SGB IX, Rdn. 82; *Neumann/Pahlen*, SchwerbG, § 19 Rdn. 1, § 15 Rdn. 74; *Stahlhacke/Preis/Vossen*, Rdn. 1527; siehe auch BVerwG (10.9.92) NZA 1994, 420.
[40] Vgl. BVerfG (16.2.65) E 18, 353 (363); (17.12.69) E 27, 297 (307); BGH (15.2.79) Z 74, 144 (155).
[41] BGH (25.11.82) VersR 1983, 241.

Charakter eines Fürsorgegesetzes hat, wenngleich nunmehr die Teilhabe am Arbeitsleben erklärtes Gesetzesziel ist, und dem Schwerbehinderten nach Möglichkeit seinen Arbeitsplatz erhalten und ihn deshalb vor Kündigungen aus Gründen seiner Schädigung schützen soll, ist der behördliche Ermessensspielraum erheblich eingeschränkt.[42] Vor allem müssen bei der behördlichen Entscheidung die Behinderung und die Folgen, die die Ursachen für die Kündigung bilden, gesteigerte Beachtung finden. Das Integrationsamt hat von Amts wegen, § 20 SGB X, all das zu ermitteln, was erforderlich ist, um die gegensätzlichen Interessen des Arbeitgebers und des Schwerbehinderten abwägen zu können.[43] So sind etwa die behindertengerechte Gestaltung des betreffenden Arbeitsplatzes, die anderweitige Verwendbarkeit des Arbeitnehmers im Betrieb sowie die Erfüllung der gesetzlichen Beschäftigungspflicht, § 81 Abs. 3 SGB IX, in die Beurteilung durch das Integrationsamt unter Berücksichtigung des besonderen Schutzzweckes des Schwerbehindertenrechts gegen die Interessen des Schwerbehinderten abzuwägen.[44] Gleichwohl wird die Zustimmung dann zu erteilen sein, wenn wesentliche Gründe der Leistungsfähigkeit und die wirtschaftliche Lage des zur Beschäftigung verpflichteten Betriebes der Weiterbeschäftigung entgegenstehen.[45] Ein „Durchschleppen" des Schwerbehinderten kann dem Arbeitgeber im Allgemeinen nicht zugemutet werden.[46] Es gehört nicht zu den Aufgaben des Integrationsamtes, im Rahmen des Zustimmungsverfahrens die allgemeinen arbeitsrechtlichen Belange des Arbeitnehmers wahrzunehmen.[47] Ihm obliegt nur die Pflicht, die aus der Behinderung resultierenden Benachteiligungen auf dem Arbeitsmarkt auszugleichen und dadurch eine Wettbewerbsfähigkeit mit Nichtbehinderten herzustellen.[48] Eine verwaltungsmäßige Überprüfung der Rechtswirksamkeit der beabsichtigten Kündigung aufgrund sonstiger Normen des bürgerlichen oder des öffentlichen Rechts ist ent-

---

[42] Vgl. BVerwGE 18, 216; 29, 140; 39, 36; OVG Berlin (9.11.64) DB 1965, 288; Baye. VGH (14.2.74) BB 1974, 511; VGH Mannheim (4.3.02) NZA-RR 2002, 420; LAG Frankfurt/M. (28.6.77) AuR 1978, 124 = NJW 1978, 445: Tätliche Auseinandersetzungen mit Arbeitskollegen.

[43] BVerwG (19.10.95) BB 1996, 1443 = NZA-RR 1996, 288; *Seidel*, DB 1996, 1409; *Kittner/Trittin*, KSchR, § 21 SchwbG Rdn. 24.

[44] Siehe auch VGH Kassel (17.11.92) NZA 1993, 946 = AuR 1993, 148.

[45] Siehe BVerwG (17.12.58) BB 1959, 234, 780; ferner *Neumann/Pahlen*, SchwerbG, § 15 Rdn. 75; *Siegler*, DB 1977, 1947, 1948f. m.w.N.

[46] Ebenso BVerwG (28.2.68) EzA Nr. 3 zu § 14 SchwerBeschG; OVG Hamburg (27.11.87) BB 1989, 220; KR-*Etzel*, §§ 85–90 SGB IX Rdn. 82a; *Schwerdtner*, in: Müko-BGB, § 622 Anh. Rdn. 664; *Schaub*, S. 1870 Rdn. 15 – kritisch *Däubler*, S. 762 Rdn. 1476: Es sei hinzunehmen, dass das Arbeitsverhältnis für den Arbeitgeber zu einem „Verlustgeschäft" werde.

[47] So auch *Neumann*, ArbR-Blattei, Schwerbehinderte II, unter D II 2 Rdn. 64; *Weber*, SchwerbG, § 15 Rdn. 56; *Seidel*, MDR 1997, 805; KPK-*Meisel*, Teil A Rdn. 55; *Dörner/Luczak/Wildschütz*, D, Rdn. 457; siehe auch *Schröcker*, S. 25f.; *U. Preis*, Prinzipien, S. 75, 81f.; APS/*Vossen*, § 15 SchwbG Rdn. 2; APS/*Preis*, Grundlagen G Rdn. 34; OVG Hamburg (14.11.86) NZA 1987, 567; (27.11.87) BB 1989, 220; OVG Lüneburg (12.7.89) NZA 1990, 66; OVG Nordrhein-Westf. (23.1.92) BB 1992, 926; VGH Mannheim, NZA-RR 2002, 419; BVerwG (7.3.91) BB 1991, 1121; (2.7.92) BB 1992, 2291 – **anderer Ans.** *Neubert/Becke*, SchwerbG, § 15 Rdn. 10 m.N.; *Bethmann* et al., SchwerbG, § 15 Rdn. 7, 9.

[48] Vgl. etwa *Seidel*, DB 1996, 1412; siehe auch BVerwG (2.7.92) E 90, 287 = NZA 1993, 123ff.

gegen der Auffassung von *Kittner/Trittin*[49] dem Integrationsamt versagt. Es darf folglich die von ihm zu treffende Entscheidung nicht an den allgemeinen arbeitsrechtlichen Beziehungen zwischen dem Arbeitgeber und dem Arbeitnehmer ausrichten. Ein Schwerbehinderter soll nicht schlechter als ein Nichtbehinderter gestellt werden, aber hinsichtlich des allgemeinen Bestandsschutzes auch nicht besser. Dagegen haben die Gerichte für Arbeitssachen die Kündigung eines Schwerbehinderten allein unter arbeitsrechtlichen Gesichtspunkten zu überprüfen, während andere, insbesondere wohlfahrtspflegerische Aspekte außer Betracht bleiben müssen.[50] Insoweit besteht keine deckungsgleiche Prüfungszuständigkeit für die Behörde einerseits und die Gerichte für Arbeitssachen andererseits.

308 Unter diesen Voraussetzungen handelt die Behörde im Rahmen ihres Ermessens, wenn sie bei einer besonders langanhaltenden oder immer wiederkehrenden Erkrankung, falls mit einer sinnvollen Arbeitsleistung des schwerbehinderten Menschen nicht mehr zu rechnen ist, die Zustimmung zur ordentlichen Kündigung erteilt[51], wobei selbstverständlich jeder Einzelfall stets sorgfältig geprüft werden muss. Gleiches gilt beim Eintritt der Berufsunfähigkeit und der befristeten Erwerbsunfähigkeit, die mit einer längerfristigen krankheitsbedingten Arbeitsunfähigkeit vergleichbar erscheint.[52] Zu Recht stimmte die Hauptfürsorgestelle einer fristgerechten Kündigung mit der Begründung zu, der schwerbehinderte Arbeitnehmer, der an mehreren Erkrankungen des Bewegungsapparates litt und trotz einer Schulteroperation am 13. 5. 1992 seit dem 18. 11. 1991 an insgesamt 471 Tagen bis zum 22. 11. 1992 arbeitsunfähig krank war, könne der Tätigkeit eines Abbrucharbeiters nicht mehr oder nur noch eingeschränkt nachkommen.[53]

309 Bei der Zustimmung des Integrationsamtes handelt es sich um einen den Arbeitgeber begünstigenden und den Schwerbehinderten belastenden privatrechtsgestaltenden Verwaltungsakt mit Doppelwirkung[54], um eine öffentlich-rechtliche Wirksamkeitsvoraussetzung für die Kündigung, der, wenn er einmal erlassen ist, von der

---

[49] KSchR, § 21 SchwbG Rdn. 24; siehe auch *Seidel*, DB 1996, 1415: Versagung der Zustimmung, wenn es offensichtlich sei, dass die beabsichtigte Kündigung einer arbeitsgerichtlichen Prüfung nicht standhalten werde; ders., PersR 2002, 115; siehe auch VGH Mannheim (4.3.02) NZA-RR 2002, 417 (420).

[50] So auch *Brox*, Anm. zu BAG AP Nr. 1 zu § 12 SchwerbG; *Herschel*, Anm. zu BAG ArbRBlattei, Schwerbehinderte, Entscheidung Nr. 38 – **anderer Ans.** BAG DB 1977, 636ff., für den Fall, dass vor dem Kündigungsausspruch noch kein Antrag auf Feststellung der Schwerbehinderteneigenschaft gestellt worden ist.

[51] Zust. *Feichtinger*, S. 178; APS/*Vossen*, § 15 SchwbG Rdn. 3; *Feldes* et al., § 85 SGB IX Rdn. 9a; *Neumann/Pahlen*, Schwerbg, § 21 Rdn. 22; siehe aber *U. Preis*, Prinzipien, S. 83; *Großmann/Steinbrück*, GK-SchwbG, § 15 Rdn. 300, 302, § 19 Rdn. 139; KR-*Etzel*, §§ 85–90 SGB IX Rdn. 82a; *Seidel*, MDR 1997, 705; ders. PersR 2002, 115f.; einschränkend *Kittner/Däubler/Zwanziger*, KSchR, § 19 SchwbG Rdn. 8: Das Arbeitsverhältnis müsse entgegen OVG Hamburg (27.11.98), BB 1989, 220, schon sehr deutlich gestört sein.

[52] Dazu *Seidel*, DB 1996, 1413, ders., PersR 2002, 115.

[53] Vgl. LAG Köln (21. 12. 95) LAGE Nr. 24 zu § 1 KSchG Krankheit, S. 3, das die Entscheidung der Hauptfürsorgestelle aber als fragwürdig und widersprüchlich angesehen hat, S. 6.

[54] BAG (17. 2. 82) AP Nr. 1 zu § 15 SchwerbG; (12. 7. 90) NZA 1991, 348; (16. 10. 91) NZA 1992, 503; LAG Berlin (11. 6. 79) EzA Nr. 7 zu § 12 SchwerbG; *U. Preis*, Prinzipien, S. 76 m. w. N.; *Seidel*, DB 1996, 1412; ders., MDR 1997, 805.

Behörde grundsätzlich nicht widerrufen und dessen Rechtmäßigkeit im verwaltungsgerichtlichen Verfahren im Wege einer Anfechtungsklage, § 42 Abs. 1 VwGO, überprüft werden kann. Hat das Integrationsamt die Zustimmung erteilt und wendet sich der Schwerbehinderte gegen diese Entscheidung, indem er Widerspruch und Klage erhebt, so darf der Arbeitgeber die Kündigung dennoch aussprechen[55], wobei es lediglich auf den Zustellungszeitpunkt gegenüber dem Arbeitgeber und nicht auf den gegenüber dem Schwerbehinderten ankommt.[56] Das ergibt sich schon aus der Vorschrift des § 88 Abs. 3 SGB IX, nach der der Arbeitgeber nach der erteilten Zustimmung die Kündigung nur innerhalb eines Monats nach der Zustellung erklären kann. Dass zu diesem Zeitpunkt noch nicht bestandskräftig feststeht, ob die Zustimmung zu Recht erfolgt ist, beeinträchtigt das Recht des Arbeitgebers zum Kündigungsausspruch nicht. Es genügt insoweit die Tatbestandswirkung des erlassenen Verwaltungsaktes.[57] Im Übrigen hat der Gesetzgeber klargestellt, dass der Widerspruch und die Anfechtungsklage gegen die Zustimmung des Integrationsamtes auch zur ordentlichen Kündigung keine aufschiebende Wirkung haben, § 88 Abs. 4 SGB IX.

b) Außerordentliche und fristlose Kündigung

Nach § 91 Abs. 1 in Verbindung mit § 85 SGB IX muss der Arbeitgeber auch vor dem Ausspruch einer jeden außerordentlichen und fristlosen Kündigung die Zustimmung des Integrationsamtes einholen. Das gilt auch für Dienstentfernungen von Dienstordnungsangestellten im Sinne des § 351 RVO aufgrund eines Dienststrafbescheides[58] bzw. der vorzeitigen Versetzung in den Ruhestand ohne Einhaltung der maßgeblichen Kündigungsfrist; denn die Entfernung aus dem Dienst im Wege einer Dienststrafe und die fristlose Entlassung stimmen insofern überein, als durch eine einseitige rechtsgestaltende Willenserklärung ein privatrechtliches Rechtsverhältnis für die Zukunft beendet werden soll. Die funktionelle Gleichheit beider Rechtsinstitute rechtfertigt die entsprechende Anwendung des § 91 SGB IX. Sonstige Entlassungen als Disziplinarmaßnahme sind mangels einer gesetzlichen Grundlage rechtswidrig und deshalb unzulässig[59], so dass sich die Frage der Zustimmung des Integrationsamtes zu einer solchen Maßnahme nicht stellt.

310

---

[55] BAG (17.2.82) AP Nr. 1 zu § 15 SchwerbG, mit zust. Anm. von *Gröninger*; LAG Berlin (24.9.79) EzA Nr. 4 zu § 611 BGB Beschäftigungspflicht, mit Nachweisen auch der gegenteiligen Ansicht; VerwG Saarlouis (24.10.79) NJW 1980, 721; *Neumann*, ArbR-Blattei, Schwerbehinderte II, unter F V 1; KR-*Etzel*, §§ 85–90 SGB IX Rdn. 35; *Jung/Cramer*, SchwerbG, § 18 Rdn. 6; *Knorr/Bichlmeier/Kremhelmer*, S. 833 Rdn. 12.

[56] Vgl. LAG Berlin (11.6.79) EzA Nr. 7 zu § 12 SchwerbG m.w.N.; zust. *Stahlhacke/Preis/Vossen*, Rdn. 1535; ebenso BAG (17.2.82) DB 1982, 1329; (16.10.91) NZA 1992, 503; *Neumann/Pahlen*, SchwerbG, § 18 Rdn. 10 – **anderer Ans.** *Neubert/Becke*, SchwerbG, § 15 Rdn. 8; siehe aber auch *Neumann/Pahlen*, SchwerbG, § 18 Rdn. 7.

[57] Ob insoweit die Vorfragenkompetenz der Verwaltungsgerichte bei der Kündigung Schwerbehinderter verfassungswidrig ist, siehe dazu LAG Hamm (19.12.85) BB 1986, 670, das dies bejaht, aber zu Unrecht.

[58] BAG (29.6.61) AP Nr. 3 zu § 19 SchwerBeschG, mit zust. Anm. von *Gotzen*; siehe auch KR-*Etzel*, § 91 SGB IX Rdn. 3.

[59] Vgl. BAG (25.8.77) DB 1978, 258; (28.4.82) AP Nr. 4 zu § 87 BetrVG 1972, Betriebsbuße = DB 1983, 775.

311 Das Integrationsamt muss über einen Antrag des Arbeitgebers auf Zustimmung zur außerordentlichen Kündigung innerhalb von zwei Wochen entscheiden, § 91 Abs. 3 SGB IX. Wird innerhalb dieser Frist, die mit dem Eingang eines zulässigen und formgerechten Antrages in Lauf gesetzt wird, § 187 BGB, eine Entscheidung nicht herbeigeführt, gilt die Zustimmung als erteilt, § 91 Abs. 3 Satz 2 SGB IX. Die Zustimmungsfiktion greift automatisch aber noch nicht Platz, wenn die bereits zuvor gefällte ablehnende Entscheidung am letzten Tag der Frist zur Post gegeben worden ist.[60]

312 Eine ohne vorherige Zustimmung des Integrationsamtes ausgesprochene Kündigung entbehrt der Rechtswirksamkeit.[61] Die Behörde soll die Zustimmung zur Kündigung erteilen, wenn die Kündigung aus einem Grund ausgesprochen werden soll, der nicht im Zusammenhang mit der Behinderung steht, § 91 Abs. 4 SGB IX.[62] In diesem Falle hat Integrationsamt die Zustimmung zu erteilen[63], wenn und soweit die vom Arbeitgeber vorgebrachten, die ermittelten oder die evidenten Tatsachen das Arbeitsverhältnis mit dem Gewicht eines wichtigen Grundes im Sinne von § 626 Abs. 1 BGB belasten können[64], ohne dass die Behörde allerdings die Rechtswirksamkeit der beabsichtigten fristlosen Kündigung prüfen darf[65], was aus § 91 Abs. 3 SGB IX folgt. Dass eine langanhaltende Krankheit oder häufige und wiederkehrende Erkrankungen, die weder auf die Gesundheitsbeschädigung noch auf die Arbeit im Betrieb zurückzuführen sind, die Zustimmung rechtfertigen können, aber nicht müssen, ergibt sich aus der Vorschrift des § 91 Abs. 4 SGB IX. Ansonsten wird die Behörde bei Erkrankungen, die im Zusammenhang mit der Beschädigung des Arbeitnehmers stehen, besonders aufmerksam prüfen müssen, ob sie die Zustimmung erteilt.[66] Gerade in diesem Zusammenhang darf der Zweck des dem Schwerbehinderten gewährten Schutzes nicht aus dem Auge verloren werden. Die frühere Unterscheidung, ob ein unmittelbarer oder nur ein mittelbarer Zusammenhang mit der Beschädigung besteht, ist jetzt nicht mehr maßgebend[67], so dass auch bei einem nur mittelbaren Zusammenhang zwischen Kündigung und Gesundheitsschädigung die behördliche Zustimmung erforderlich ist. Auch in diesen Fällen erfährt der verwaltungsrechtlich eingeräumte Ermessensspielraum keine Einschränkungen.[66] Freilich wird ein nur mittelbarer Zusammenhang eher dazu führen, dem

---

[60] BAG (9.2.94) BB 1994, 1074 = NZA 1994, 1030ff.; (12.8.99) DB 1999, 2424 = NZA 1999, 1267; OVG Nordrhein-Westf. (5.9.89) BB 1990, 1909f.; *Knorr/Bichlmeier/Kremhelmer*, S. 846 Rdn. 48; KR-*Etzel*, § 91 SGB IX Rdn. 18, 16 m.w.N. – **anders** LAG Köln (20.3.90) LAGE Nr. 1 zu § 21 SchwbG mit ablehnender Anm. von *Rüthers/Heilmann*: förmliche Zustellung erforderlich.

[61] BAG (20.12.76) AP Nr. 1 zu § 18 SchwerbG; (17.2.77) AP Nr. 1 zu § 12 SchwerbG; *Neumann/Pahlen*, SchwerbG, § 15 Rdn. 78, § 21 Rdn. 16.

[62] Vgl. dazu BVerwG (2.7.92) NZA 1993, 123; VGH Baden-Württ. (5.7.89) BB 1989, 2400.

[63] BVerwG (2.7.92) BB 1992, 2291.

[64] Vgl. *Zimmermann*, in: *Rieder*, Krankheit im Arbeitsverhältnis, S. 261; *Seidel*, MDR 1997, 809; siehe auch BVerwG (10.9.92) EzA Nr. 4 zu § 21 SchwerbG.

[65] BVerwG (2.7.92) MDR 1992, 1157; *Seidel*, MDR 1997, 809; ders. PersR 2002, 119: Offensichtlichkeitskontrolle; APS/*Vossen*, § 21 SchwbG Rdn. 18 m.w.N.

[66] *Neumann/Pahlen*, SchwerbG § 21 Rdn. 22; siehe auch *Zimmermann*, a.a.O., S. 262; *Seidel*, DB 1996, 1414f.

[67] **Unrichtig** *Jäger*, Krankheit des Arbeitnehmers, 5. Aufl. 1975, S. 119.

Zustimmungsbegehren des Arbeitgebers zu entsprechen. Nicht ohne weiteres kann ein unmittelbarer Zusammenhang angenommen werden, wenn beispielsweise ein Schwerbehinderter an einer Mitarbeiterin unsittliche Belästigung verübt und sich insoweit entschuldigend auf seine Hirnverletzung beruft.[68] Dennoch wird das Integrationsamt in einem solchen oder ähnlichen Falle nach der jetzt maßgeblichen Zustimmungsbedürftigkeit im konkreten Einzelfall die Zustimmung auch versagen können[69], ohne deshalb ermessensfehlerhaft zu handeln. Das gilt vor allem, wenn die Hirnverletzung ausschließlich oder doch im Wesentlichen für die verhaltensbedingte Verfehlung ursächlich ist. Im Allgemeinen darf die Behörde die Zustimmung zu einer Kündigung, jedenfalls zu einer fristlosen, nicht erteilen, wenn die langanhaltende oder die sich häufig wiederholende Krankheit gerade auf der Gesundheitsbeschädigung des Arbeitnehmers beruht[70], es sei denn, eine ordentliche fristgerechte Kündigung erscheint gesetzlich, tarif- oder einzelvertraglich ausgeschlossen. Hat der Arbeitgeber beim Ausspruch der außerordentlichen Kündigung keine Kenntnis davon, dass der Arbeitnehmer die Feststellung seiner Schwerbehinderteneigenschaft beantragt hat oder dass eine behördliche Feststellung bereits getroffen worden ist, dann greift der besondere Bestandsschutz nach dem SGB IX nur ein, wenn der Arbeitnehmer dem Arbeitgeber innerhalb einer Regelfrist von einem Monat eine entsprechende Mitteilung gemacht hat.[71] Wenn in diesem Zusammenhang das ArbG Celle[72] unter Hinweis auf § 18 Abs. 2 SchwerbG a. F. (jetzt § 91 Abs. 2 SGB IX) auf die Geltendmachung innerhalb von zwei Wochen abstellt, so lässt sich diese gesetzliche Norm verfassungskonform durchaus in der Weise interpretieren, dass der Arbeitgeber innerhalb von zwei Wochen nach Kenntniserlangung von einer bereits festgestellten oder beantragten Schwerbehinderteneigenschaft gemäß § 91 Abs. 2 SGB IX die Zustimmung zu einer außerordentlichen Kündigung beim Integrationsamt beantragen kann.[73]

Die Entscheidung des Integrationsamtes kann mit dem Widerspruch und der Anfechtungsklage, § 42 Abs. 1 VwGO, vor dem VerwG angegriffen werden. Das gilt auch im Falle der fingierten Zustimmung nach § 91 Abs. 3 Satz 2 SGB IX.[74] *313*

c) *Kündigung nach erteilter Zustimmung*

Erteilt das Integrationsamt die Zustimmung zur vorgesehenen Kündigung des Arbeitgebers, wobei es darauf ankommt, dass diese Entscheidung vor der vom Arbeitgeber erklärten Kündigung getroffen worden ist[75], hat es dadurch nur die notwen- *314*

---

68 *Hueck/Nipperdey*, Bd. I, S. 784; *Nikisch*, Bd. I, S. 834 Anm. 157; *Lepke*, DB 1970, 492; siehe auch BVerwG (26. 10. 77) ZBR 1978, 338 – **anderer Ans.** BAG (17. 5. 56) AP Nr. 1 zu § 19 SchwerBeschG mit **ablehnender** Anm. von *Gotzen*.
69 Siehe aber *Neumann/Pahlen*, SchwerbG, § 21 Rdn. 23.
70 Vgl. demgegenüber *Neumann/Pahlen*, SchwerbG, § 21 Rdn. 22: pflichtgemäßes Ermessen.
71 BAG (14. 5. 82) AP Nr. 4 zu § 18 SchwerbG = SAE 1983, 62 ff., mit **kritischer** Anm. von *Braasch*,
72 (6. 3. 80) ARSt 1980, S. 185 Nr. 173.
73 So auch BAG (17. 3. 82) AP Nr. 110 zu § 611 BGB Gratifikation.
74 BVerwG (10. 9. 92) NZA 1993, 76; *Knorr/Bichlmeier/Kremhelmer*, S. 852 Rdn. 59.
75 Siehe BAG (15. 11. 90) NZA 1991, 553; (18. 5. 94) NZA 1995, 392; LAG Niedersachsen (24. 8. 99) – 13 Sa 2831/98 –, S. 9.

dige Voraussetzung für den Ausspruch der Kündigung geschaffen, nicht aber darüber entschieden, wozu es auch gar nicht legitimiert wäre, ob die Kündigung als solche nach arbeitsrechtlichen Gesichtspunkten Bestand hat. Es entspricht vielmehr allgemeiner Auffassung[76], dass die behördliche Zustimmung nach dem SGB IX und der allgemeine Kündigungsschutz nach dem KSchG nebeneinander bestehen. Die Rechtfertigung einer wegen Krankheit vom Arbeitgeber erklärten Kündigung richtet sich allein nach den allgemeinen kündigungsrechtlichen Grundsätzen wie sie auch für andere Arbeitnehmer gelten. Die Schwerbehinderteneigenschaft kann also bei der beiderseitigen Interessenabwägung nicht mehr besonders berücksichtigt werden[77], da das spezielle Schutzbedürfnis des Schwerbehinderten im vorgeschalteten Zustimmungsverfahren bereits Beachtung findet. Allenfalls bei der Frage, welche Überbrückungsmaßnahmen vom Arbeitgeber noch verlangt werden können, erscheint es gerechtfertigt, die Besonderheiten des zu beurteilenden Einzelfalles mit zu berücksichtigen[78] oder dann, wenn die Schwerbehinderung mit dem Kündigungsgrund in einem inneren Zusammenhang steht.[79] So hat das LAG Berlin in einer rechtskräftigen Entscheidung vom 1.7.1980[80] zu Recht die fristgerechte Kündigung einer türkischen, schwerbehinderten Hausreinigerin bestätigt. Sie hatte von 1971–1978 insgesamt dreizehnmal jeweils eine längere Zeit krankheitsbedingt gefehlt. Ärztlicherseits war eine erhebliche Stehbehinderung festgestellt worden, die die dauernde Einbuße ihrer körperlichen Beweglichkeit zur Folge gehabt hatte. Die Fehlzeiten, mit denen auch in der Zukunft gerechnet werden musste, hatten zu nicht mehr vertretbaren Mehrbelastungen des übrigen Personals geführt, ohne dass für die Arbeitnehmerin eine andere geeignete Beschäftigungsmöglichkeit, etwa eine sitzende Tätigkeit, bestanden hatte. Auch in einem anderen Falle ist die Kündigung eines schwerbehinderten italienischen Hilfsschlossers mit überzeugender Begründung als sozial gerechtfertigt anerkannt worden.[81]

---

[76] Vgl. *Hueck/Nipperdey*, Bd I, S. 776f.; *Nikisch*, Bd. I, S. 821; *Neumann/Pahlen*, SchwerbG, § 15 Rdn. 8 m.N.; *Neubert/Becke*, SchwerbG, § 15 Rdn. 10; LAG Berlin (11.6.79) EzA Nr. 7 zu § 12 SchwerbG; (15.2.99) *Schüssler*, Nr. 127 zu § 1 KSchG; siehe aber *Cramer*, SchwerbG, § 21 Rdn. 7 m.w.N.; *Weber*, SchwerbG, § 15 Anm. 56, 79, 82; *Gröninger/Thomas*, SchwerbG, § 15 Rdn. 26; siehe auch BVerwG (15.12.88) NZA 1989, 554; *Großmann/Steinbrück*, GK-SchwbG, § 15 Rdn. 292 m.w.N.; *Seidel*, DB 1996, 1409.

[77] Ebenso *Schukai*, DB 1976, 2016; *U. Preis*, Prinzipien, S. 85; *Stahlhacke/Preis/Vossen*, Rdn. 1202; siehe auch *Herschel*, Anm. zu BAG SAE 1979, 144; LAG Berlin (15.2.99) BB 1999, 1120 = FA 1999, 340; ähnlich ErfK/*Ascheid*, § 1 KSchG Rdn. 187 – einschränkend *Bleistein*, S. 246 Rdn. 318; *Meisel*, Anm. zu BAG (24.3.83) AP Nr. 12 zu § 1 KSchG 1969 Betriebsbedingte Kündigung, Bl. 474 – anderer Ans. BAG (20.1.00) BB 2000, 1300ff. = AP Nr. 38 zu § 1 KSchG 1969 Krankheit; zust. HK-KSchG/*Weller/Dorndorf*, § 1 Rdn. 421a; FA-ArbR/*Kümpel*, S. 477 Rdn. 249; *Hauck/Noftz/Griebeling*, SGB IX, K § 85 Rdn. 45; *Großmann/Steinbrück*, GK-SchwbG, § 15 Rdn. 302; *Feichtinger*, ArbR-Blattei, Krankheit I, Rdn. 168; KR-*Etzel*, § 1 KSchG Rdn. 275, 357; *Bengelsdorf*, NZA-RR 2002, 62; *Busemann/Schäfer*, S. 266 Rdn. 484; *von Hoyningen-Huene/Linck*, KSchG, § 1 Rdn. 183; *Bader/Bram/Dörner/Wenzel*, KSchG, § 1 Rdn. 137a; *Dörner/Luczak/Wildschütz*, D, Rdn. 1144; *Schaub*, S 1464 Rdn. 23, S. 1462 Rdn. 17.

[78] So auch ErfK/*Ascheid*, § 1 KSchG Rdn. 187.

[79] Ebenso *Rolfs*, Anm. zu BAG EzA Nr. 47 zu § 1 KSchG Krankheit, S. 18.

[80] – 3 Sa 28/80 –

[81] LAG Berlin (11.6.79) EzA Nr. 7 zu § 12 SchwerbG; zust. BAG (17.2.82) DB 1982, 1329 = AP Nr. 1 zu § 15 SchwerbG, Bl. 305 R.

Der Kläger litt an einer Blutkrankheit, die 1977 zu insgesamt 91 und im Jahre 1978 in der Zeit vom 5. 1. bis zum 6. 10. zu weiteren 100 krankheitsbedingten Fehltagen geführt hatte. Nach den eigenen Angaben des Arbeitnehmers was das Ende seiner Erkrankung nicht abzusehen. Durch seine Fehlzeiten war es im Arbeitsablauf in der Schlosserei zu Betriebsstörungen von erheblichem Ausmaß gekommen, zumal die Aufgaben des Gekündigten während seiner krankheitsbedingten Abwesenheit von anderen, höher qualifizierten Arbeitnehmern und Fachkräften miterledigt werden mussten. Es muss jedoch ausdrücklich darauf hingewiesen werden, dass die Schwerbehinderteneigenschaft als solche nicht als Indikator für eine krankheitsbedingte Arbeitsunfähigkeit verstanden werden darf. Die krankheitsbedingte, nicht nur vorübergehende Funktionsbeeinträchtigung dieser Arbeitnehmer bedeutet nicht zwangsläufig, dass bei ihnen hohe und/oder häufige krankheitsbedingte Fehlzeiten auftreten müssen.

Liegt die Zustimmung des Integrationsamtes zu einer außerordentlichen Kündigung eines Schwerbehinderten vor dem Ablauf der Zwei-Wochen-Frist des § 626 Abs. 2 BGB vor, kann die Kündigungserklärungsfrist vom Arbeitgeber voll ausgeschöpft werden. Die Kündigung muss nicht unverzüglich erfolgen.[82] *314a*

Hat der Schwerbehinderte gegen die vom Arbeitgeber nach Zustimmung des Integrationsamtes ausgesprochene Kündigung vor dem ArbG eine entsprechende Feststellungsklage, § 256 Abs. 1 ZPO, erhoben, ist aber im verwaltungsgerichtlichen Parallelverfahren noch keine rechtskräftige Entscheidung ergangen, steht es im pflichtgemäßen Ermessen der Gerichte für Arbeitssachen, ob der Kündigungsschutzprozess solange nach § 148 ZPO ausgesetzt wird.[83] Gleiches gilt, solange eine rechtskräftige gerichtliche Entscheidung über die „Anerkennung" als Schwerbehinderter oder das Gleichstellungsbegehren des Arbeitnehmers, §§ 2 Abs. 3, 68, 69 SGB IX, nicht vorliegt.[84] *315*

---

[82] BAG (15. 11. 01) BB 2002, 2284 f.
[83] Zutreffend BAG (26. 9. 91) NZA 1992, 1073 = SAE 1993, 225, mit zust. Anm. von *Schiefer/Köster*; (13. 9. 95) AP Nr. 25 zu § 626 BGB Verdacht strafbarer Handlung, S. 5, mit zust. Anm. von *Kraft*, S. 11; (20.1.00) BB 2000, 1300 = DB 2000, 1079; Hess. LAG (12. 11. 93) NZA 1994, 576; LAG Köln (3. 2. 97) NZA 1997, 1290; LAG Rheinland-Pfalz (9. 10. 97) MDR 1998, 724 f.; *Knorr/Bichlmeier/Kremhelmer*, S. 853 Rdn. 62; *Seidel*, DB 1994, 1286; *Gröninger/Thomas*, SchwerbG, § 15 Rdn. 29; *Cramer*, SchwerbG, § 15 Rdn. 20; *Dörner/Luczak/Wildschütz*, L, Rdn. 467; *Neumann/Pahlen*, SchwerbG, § 15 Rdn. 23 f.; *U. Preis*, Arbeitsrecht, S. 740; APS/*Vossen*, § 15 SchwbG Rdn. 38; *Tschöpe/Holthöwer*, Teil 5 C, Rz. 47; *Kittner/Däubler/Zwanziger*, KSchR, Einl. Rdn. 614; MünchArbR/*Cramer*, Erg. Bd., § 236 Rdn. 822; *Zimmermann*, in: *Rieder*, Krankheit im Arbeitsverhältnis, S. 263, teilweise aber als bedenklich angesehen hinsichtlich der Verweisung des Arbeitnehmers auf § 580 Nr. 6 ZPO – anders *Großmann/Steinbrück*, GK-SchwbG, § 15 Rdn. 356; KR-*Etzel*, §§ 85–90 SGB IX Rdn. 143; *Kittner/Trittin*, KSchR, § 15 SchwbG Rdn. 71; *Berkowsky*, Personenbedingte Kündigung, S. 37 Rdn. 50; *Stahlhacke/Preis/Vossen*, Rdn. 1494; *Schwerdtner*, in: Müko-BGB, § 622 Anh. 689; *Däubler*, S. 764 Rdn. 1480: ArbG muss aussetzen.
[84] LAG Köln (19. 12. 95) NZA-RR 1996, 252; LAG Berlin (24. 6. 91) NZA 1992, 79 (80); (7. 6. 99) – 9 Sa 426/99 – unv; *Kittner/Däubler/Zwanziger*, KSchR, Einl. Rdn. 615, APS/*Vossen*, § 15 SchwbG Rdn. 39.

2. Mutterschutz und Elternzeit

316 Nach § 9 Abs. 1 MuSchG ist die Kündigung einer Frau während der Schwangerschaft und bis zum Ablauf von vier Monaten nach der Entbindung unzulässig, wenn dem Arbeitgeber zur Zeit der Kündigung die Schwangerschaft oder Entbindung bekannt war oder innerhalb von zwei Wochen nach dem Zugang der Kündigung mitgeteilt wird. Eine trotzdem ausgesprochene Kündigung, sei es eine fristgerechte[85], fristlose[85] oder Änderungskündigung[86], ist nichtig, § 134 BGB. Die Vorschrift des § 9 Abs. 1 MuSchG normiert ein absolutes, wenn auch zeitlich begrenztes Kündigungsverbot, das im Einklang mit dem GG steht und weder gegen Artikel 3 GG noch gegen Artikel 20 GG noch gegen Europarecht verstößt.[87]

317 Nach der Rechtsprechung des Bundesverfassungsgerichts[88] war es mit Artikel 6 Abs. 4 GG unvereinbar, den besonderen Kündigungsschutz des § 9 Abs. 1 MuSchG solchen Arbeitnehmerinnen zu entziehen, die im Zeitpunkt der Kündigung schwanger sind, ihren Arbeitgeber hierüber jedoch unverschuldet nicht innerhalb der Zwei-Wochenfrist des § 9 Abs. 1 Satz 1 MuSchG – die Norm gilt unabhängig davon, ob die Arbeitnehmerin beim Zugang der Kündigung Kenntnis von ihrer Schwangerschaft hatte[89] – unterrichten, dies aber unverzüglich nachholen. Der Gesetzgeber hat der Rechtsprechung des BVerfG Rechnung getragen. Nach § 9 Abs. 1 Satz 1, Halbsatz 2 MuSchG ist das Überschreiten der zweiwöchigen Frist unschädlich, wenn es auf einem von der Frau nicht zu vertretenden Grund beruht und die Mitteilung unverzüglich nachgeholt wird. Der Arbeitgeber muss der Mitteilung entnehmen können, dass im Zeitpunkt des Kündigungszuganges eine Schwangerschaft besteht oder vermutet werde, ohne dass sich die Arbeitnehmerin ausdrücklich auf den besonderen Kündigungsschutz nach dem MuSchG berufen muss.[90] Selbst die Mitteilung einer noch unsicheren Diagnose hat fristwahrende Wirkung.[91]

318 Zu vertreten hat die Arbeitnehmerin an sich Vorsatz und Fahrlässigkeit, § 276 BGB. Jedoch muss der an die Fahrlässigkeit anzulegende Maßstab im Hinblick auf Art. 6 Abs. 4 GG und unter Berücksichtigung des IAO-Übereinkommens Nr. 3 verfassungskonform bestimmt werden, so dass eine fahrlässige Fristversäumung der Arbeitnehmerin erst dann vorliegt, wenn diese auf einem gröblichen Verstoß gegen das von einem verständigen Menschen im eigenen Interesse billigerweise zu

---

[85] BAG GS (26. 4. 56) AP Nr. 5 zu § 9 MuSchG; (8. 12. 55) AP Nr. 4 zu § 9 MuSchG; Schaub, S. 1770 Rdn. 18; *Buchner/Becker*, MuSchG, § 9 Rdn. 17, 23; *Zmarzlik/Zipperer/Viethen*, MuSchG, § 9 Rdn. 42; *Meisel/Sowka*, MuSchG, § 9 Rdn. 79; Kasseler Handbuch/*Klemt*, 3.4 Rz. 77.

[86] BAG (7. 4. 70) AP Nr. 3 zu § 615 BGB Kurzarbeit; *Meisel/Sowka*, MuSchG, § 9 Rdn. 77; *Zmarzlik/Zipperer/Viethen*, MuSchG, § 9 Rdn. 42; Kasseler Handbuch/*Klempt*, 3.4 Rz. 77; KR-*Etzel*, § 9 MuSchG Rdn. 73, 80.

[87] BVerfG (22. 10. 80) E 55, 154 (158); BAG (11. 9. 79) AP Nr. 6 zu § 9 MuSchG 1968 = BB 1980, 207 f.; KR-*Etzel*, vor §§ 9, 10 MuSchG Rdn. 2, 29, § 9 MuSchG Rdn. 4 c-d. 95; *Buchner/Becker*, MuSchG, § 9 Rdn. 156 ff.

[88] (13. 11. 79) DB 1980, 402 = BB 1980, 208; (22. 10. 80) DB 1980, 2525 = BB 1980, 1745 f.; (14. 7. 81) DB 1981, 139.

[89] BAG (13. 6. 96) AP Nr. 22 zu § 9 MuSchG 1968 = NZA 1996, 1154.

[90] BAG (15. 11. 90) SAE 1992, 105 (108) = AP Nr. 17 zu § 9 MuSchG 1968; *Gröninger/Thomas*, MuSchG, § 9 Rdn. 19.

[91] BAG NZA 1991, 669; MünchArbR/*Heenen*, § 226 Rdn. 90 m. w. N.

erwartenden Verhalten beruht.[92] Eine fahrlässige Fristversäumung wird beispielsweise anzunehmen sein, wenn die Kündigung der Frau zugeht, sie aber keine ärztliche Untersuchung zur Feststellung der Schwangerschaft durchführen lässt, obwohl sie zwingende Anhaltspunkte dafür hat.[93] Einer Arbeitnehmerin kann aber nicht ohne weiteres ein gröblicher Verstoß vorgeworfen werden, falls sie nach dem Ausbleiben der Menstruation erst nach einer gewissen Zeit des Abwartens zur Feststellung der Schwangerschaft einen Arzt aufsucht.[94] Auch die Unkenntnis vom Beginn der Schwangerschaft kann eine schuldhafte Verzögerung der Schwangerschaftsmitteilung ausschließen.[95] Gleiches gilt, wenn die Arbeitnehmerin trotz Kenntnis vom Bestehen ihrer Schwangerschaft mit der Mitteilung an den Arbeitgeber solange wartet, bis sie von ihrem Arzt eine Schwangerschaftsbestätigung erhalten hat, aus der sie den Schwangerschaftsbeginn entnehmen kann.[96]

Beruht die Fristüberschreitung auf einem von der Frau nicht zu vertretenden Grund, kann sie sich auf den besonderen kündigungsrechtlichen Bestandsschutz jedoch nur berufen, falls sie dem Arbeitgeber von ihrer Schwangerschaft oder Entbindung unverzüglich, also ohne schuldhaftes Zögern, § 121 BGB[97], Mitteilung gemacht hat. Dabei kann weder auf eine Mindest- noch auf eine Höchstfrist abgestellt werden. Maßgeblich kommt es vielmehr auf die besonderen Umstände des konkreten Einzelfalles an.[98] Die Darlegungs- und Beweislast für das Vorliegen einer unverschuldeten Versäumung der Zwei-Wochen-Frist sowie die unverzügliche Nachholung der Mitteilung nach Kenntnis einer bestehenden Schwangerschaft trägt die Arbeitnehmerin.[99]

319

---

[92] Vgl. BAG (6.10.83) AP Nr. 12 zu § 9 MuSchG 1968; (15.11.90) NZA 1991, 669 = SAE 1992, 105ff., mit zust. Anm. von *Reiff*; (13.6.96) NZA 1996, 1154; *Zmarzlik*, NJW 1992, 2679; *Gröninger/Thomas*, MuSchG, § 9 Rdn. 24; MünchArbR/*Heenen*, § 226 Rdn. 91 m.N.; *Zmarzlik/Zipperer/Viethen*, MuSchG, § 9 Rdn. 34; *Meisel/Sowka*, MuSchG, § 9 Rdn. 91.
[93] BAG (6.10.83) AP Nr. 12 zu § 9 MuSchG 1968; *Zmarzlik*, NJW 1992, 2679; *Zmarzlik/Zipperer/Viethen*, MuSchG, § 9 Rdn. 36.
[94] BAG (6.10.83) AP Nr. 12 zu § 9 MuSchG 1968; *Zmarzlik/Zipperer/Viethen*, MuSchG, § 9 Rdn. 36.
[95] BAG (20.5.88) BB 1988, 1963; *Dörner/Luczak/Wildschütz*, D, Rdn. 415.
[96] LAG Nürnberg (17.3.92) BB 1993, 1009 = NZA 1993, 946.
[97] Dazu BAG NZA 1988, 799 = SAE 1989, 122, mit zust. Anm. von *U. Preis*; *Stahlhacke/Preis/Vossen*, Rdn. 1380ff.
[98] Vgl. *Zmarzlik*, NJW 1992, 2680 m.w.N.; LAG Baden-Württ. (9.4.80) DB 1980, 1127; LAG Berlin (17.8.81) DB 1982, 440 = BB 1981, 2072; LAG Hamm (25.3.82) DB 1982, 1678; LAG Frankfurt/M. (26.7.82) ARSt 1983, S. 86 Nr. 56; LAG Berlin (30.3.84) DB 1984, 2046: 2 Wochen ist äußerste Grenze; siehe auch BAG (6.10.83) AP Nr. 12 zu § 9 MuSchG 1968 = SAE 1985, 21, mit **kritischer** Anm. von *Fenn*; (27.10.83) AP Nr. 13 zu § 9 MuSchG 1968 = SAE 1985, 100, mit **kritischer** Anm. von *Eich*; (20.5.88) NZA 1988, 799; KR-*Etzel*, § 9 MuSchG Rdn. 57b; siehe auch LAG Berlin (26.4.88) BB 1988, 1392; *Meisel/Sowka*, MuSchG, § 9 Rdn. 93–98a.
[99] BAG (13.1.82) AP Nr. 9 zu § 9 MuSchG 1968; (6.10.83) DB 1984, 1044; (20.5.88) NZA 1988, 799; LAG Berlin (5.7.93) NZA 1994, 319; *Zmarzlik*, NJW 1992, 2680; MünchArbR/*Heenen*, § 226 Rdn. 93; *Zmarzlik/Zipperer/Viethen*, MuSchG, § 9 Rdn. 40 m.w.N.; *Meisel/Sowka*, MuSchG, § 9 Rdn. 98a; *Stahlhacke/Preis/Vossen*, Rdn. 1393; KR-*Etzel*, § 9 MuSchG Rdn. 58; *Dörner/Luczak/Wildschütz*, D, Rdn. 422; *Tschöpe/Schipp*, Teil 3 F, Rz. 8; *Buchner/Becker*, MuSchG, § 9 Rdn. 126.

Krankheit als Kündigungsgrund

320 § 9 Abs. 1 MuSchG findet freilich in den Fällen keine Anwendung, in denen das Arbeitsverhältnis auf andere Weise als durch eine Kündigung des Arbeitgebers endet[100], so wenn der Arbeitsvertrag erfolgreich angefochten, in zulässiger Weise befristet, auflösend bedingt abgeschlossen, einverständlich aufgelöst worden oder nichtig ist bzw. aufgrund einer Eigenkündigung[101] der Arbeitnehmerin endet.

321 Um in besonders gelagerten Fällen das absolute Kündigungsverbot zu mildern, sieht das Gesetz allerdings die Möglichkeit vor, dass die für den Arbeitsschutz zuständige oberste Landesbehörde, die in der Regel ihre Befugnis auf die Gewerbeaufsichtsämter delegiert, § 139b GewO, die Kündigung ausnahmsweise für zulässig erklärt, § 9 Abs. 3 MuSchG. Damit hat der Gesetzgeber ein Kündigungsverbot mit Erlaubnisvorbehalt[102] geschaffen. Durch die behördliche Erlaubnis wird die grundsätzliche Kündigungssperre beseitigt und erst auf die Weise die Voraussetzung für eine zulässige Ausübung des Kündigungsrechts bewirkt. Die behördliche Zustimmung zur Kündigung muss stets vor dem Ausspruch der Kündigung erteilt sein[103], so dass eine nachträgliche Zustimmung (Genehmigung) die bereits erklärte Kündigung weder rückwirkend noch für die Zukunft rechtswirksam werden lässt. Folglich darf das arbeitsgerichtliche Verfahren, in dem die Nichtigkeit der Kündigung nach § 9 Abs. 1 MuSchG geltend gemacht wird, nicht nach § 148 ZPO ausgesetzt werden.[104]

322 Der unbestimmte Rechtsbegriff des „besonderen Falles" im Sinne von § 9 Abs. 3 MuSchG, der in vollem Umfange der verwaltungsgerichtlichen Überprüfung unterliegt[105], ist nicht identisch mit dem des „wichtigen Grundes" nach § 626 Abs. 1

---

[100] Vgl. *Buchner/Becker*, MuSchG, § 9 Rdn. 28 ff.; KR-*Etzel*, § 9 MuSchG Rdn. 133 ff.; *Meisel/Sowka*, § 9 Rdn. 76; *Zmarzlik/Zipperer/Viethen*, MuSchG, § 9 Rdn. 81 ff.; BAG (23.10.91) NZA 1992, 925: Nichtverlängerungsanzeige bei befristeten Verträgen mit Bühnenangehörigen; ebenso *Knorr/Bichlmeier/Kremhelmer*, S. 801 Rdn. 28; *Lepke*, UFITA, Bd. 138 (1999) S. 315; MünchArbR/*Pallasch*, § 199 Rdn. 90; KR-*Etzel*, § 9 MuSchG Rdn. 140; siehe auch BAG (6.8.97) NZA 1998, 220.
[101] Zu den Anforderungen an eine solche siehe LAG Frankfurt/M. (19.7.89) DB 1990, 1288; *Zmarzlik/Zipperer/Viethen*, MuSchG, § 9 Rdn. 121; *Meisel/Sowka*, MuSchG, § 9 Rdn. 67 ff. m.N.; *Stahlhacke/Preis/Vossen*, Rdn. 1359.
[102] Etwa *Buchner/Becker*, MuSchG, § 9 Rdn. 140 m.w.N.; *Schaub*, S. 1770 Rdn. 18; *Zmarzlik/Zipperer/Viethen*, MuSchG, § 9 Rdn. 42; *Stahlhacke/Preis/Vossen*, Rdn. 1400; KR-*Etzel*, § 9 MuSchG Rdn. 7, 68, 95.
[103] BAG (31.3.93) NZA 1993, 647; *Schaub*, S. 1771 Rdn. 23; *Zmarzlik/Zipperer/Viethen*, MuSchG, § 9 Rdn. 74; KR-*Etzel*, § 9 MuSchG Rdn. 97, 98; *Buchner/Becker*, MuSchG, § 9 Rdn. 161.
[104] Siehe nur *Buchner/Becker*, MuSchG, § 9 Rdn. 164 m.w.N.; *Zmarzlik/Zipperer/Viethen*, MuSchG, § 9 Rdn. 74.
[105] BVerwG (29.10.58) AP Nr. 14 zu § 9 MuSchG; (18.8.77) AP Nr. 5 zu § 9 MuSchG 1968; OVG Lüneburg (26.6.57) AP Nr. 19 zu § 9 MuSchG; OVG Hamburg (10.9.82) NJW 1983, 1748; *Meisel/Sowka*, MuSchG, § 9 Rdn. 112; *Stahlhacke/Preis/Vossen*, Rdn. 1405; MünchArbR/*Heenen*, § 226 Rdn. 109; KR-*Etzel*, § 9 MuSchG Rdn. 120; Kasseler Handbuch/*Klempt*, 3.4 Rz. 101; *Zmarzlik/Zipperer/Viethen*, MuSchG, § 9 Rdn. 73a; APS/*Rolfs*, § 9 MuSchG Rdn. 74.

BGB.[106] Es sind vielmehr wesentlich strengere Anforderungen zu stellen. Maßgebend für die Beurteilung, ob ein „besonderer Fall" vorliegt, sind nicht primär arbeitsvertragliche Überlegungen, sondern in erster Linie mutterschutzrechtliche Erwägungen[107], ob die grundsätzlich vorrangigen Belange des Mutterschutzes ausnahmsweise aufgrund einer anzuerkennenden besonderen Sachlage zurücktreten müssen.[108] Der besondere mutterschaftsrechtliche Bestandsschutz dient jedenfalls nicht der Versorgung der betreffenden Arbeitnehmerin.[109] Gleichwohl können auch Gründe in der Person oder im Verhalten der Arbeitnehmerin, wie vorsätzliche Pflichtverletzungen oder strafbare Handlungen im betrieblichen Bereich rechtserheblich sein. Dass hingegen die bestehende Schwangerschaft oder die erfolgte Entbindung der Arbeitnehmerin noch keinen „besonderen Fall" darstellen, versteht sich von selbst[110], da diese Umstände gerade den besonderen gesetzlichen Bestandsschutz auslösen, was der Gesetzgeber in der seit dem 1.1.1997 geltenden Fassung des § 9 Abs. 3 MuSchG[111] ausdrücklich klargestellt hat, wonach die „besonderen Fälle" nicht mit dem Zustand einer Frau während der Schwangerschaft oder ihrer Lage nach der Entbindung im Zusammenhang stehen dürfen.[112] Auch gehört die Erkrankung der Arbeitnehmerin nicht dazu, jedenfalls dann, wenn sie in einem unmittelbaren Zusammenhang mit der Schwangerschaft bzw. der Entbindung steht.[113]

Hat die zuständige Behörde die Erlaubnis zur Kündigung erteilt, und zwar für jede Art von Kündigung[114], wobei dann, wenn die Voraussetzungen eines „besonderes Falles" gegeben sind, in der Regel kein fehlerhaftes Behördenermessen vorliegt[115], kann der Arbeitgeber die Arbeitnehmerin wegen Krankheit unter denselben Voraussetzungen entlassen, wie sie auch für andere Arbeitnehmer erfüllt sein müssen. Die Bestandskraft des Verwaltungsaktes muss nicht abgewartet wer- 323

---

[106] *Buchner/Becker*, MuSchG, § 9 Rdn. 177 m.N.; KR-*Etzel*, § 9 MuSchG Rdn. 120; *Zmarzlik/Zipperer/Viethen*, MuSchG, § 9 Rdn. 68; *Meisel/Sowka*, MuSchG, § 9 Rdn. 112; *Stahlhacke/Preis/Vossen*, Rdn. 1408; MünchArbR/*Heenen*, § 226 Rdn. 106; *Dütz*, Arbeitsrecht, S. 137 Rdn. 295; *Schwerdtner*, in: Müko-BGB, § 622 Anh. Rdn. 591, 622; *Dörner/Luczak/Wildschütz*, D, Rdn. 424; *Tschöpe/Schipp*, Teil 3 F, Rz. 10; OVG Lüneburg (5.12.90) AP Nr. 18 zu § 9 MuSchG 1968; VGH Baden-Württ. (7.12.93) BB 1994, 940.
[107] BVerwG AP Nr. 14 zu § 9 MuSchG; OVG Hamburg NJW 1983, 1748; Hess. VGH (24.1.89) DB 1989, 2080; *Buchner/Becker*, MuSchG, § 9 Rdn. 179, 183ff., mit Beispielen; KR-*Etzel*, § 9 MuSchG Rdn 120 – **weitergehend** BAG (31.3.93) NZA 1993, 649; *Zmarzlik/Zipperer/Viethen*, MuSchG, § 9 Rdn. 73a.
[108] Vgl. dazu *Dörner/Luczak/Wildschütz*, D, Rdn. 427.
[109] BVerwG (18.8.77) AP Nr. 5 zu § 9 MuSchG 1968.
[110] Zust. *Feichtinger*, S. 176; KR-*Becker*, 3. Aufl., § 9 MuSchG Rdn. 122; KR-*Etzel*, § 9 MuSchG Rdn. 122.
[111] Änderungsgesetz vom 20.12.1996, BGBl. I S. 2110.
[112] Dazu nur *Buchner/Becker*, MuSchG, § 9 Rdn. 181.
[113] So auch *Hessel*, S. 38; *Lepke*, DB 1970, 489; *Foltyn*, S. 77; *Buchner/Becker*, MuSchG, § 9 Rdn. 183; KR-*Becker*, 3. Aufl., § 9 MuSchG Rdn. 122; APS/*Rolfs*, § 9 MuSchG Rdn. 75; siehe auch EuGH (30.6.98) NZA 1998, 871.
[114] BAG AP Nr. 5 zu § 9 MuSchG; LAG Düsseldorf (24.8.60) DB 1960, 1368; *Buchner/Becker*, MuSchG, § 9 Rdn. 177; KR-*Etzel*, § 9 MuSchG Rdn. 121.
[115] Vgl. OVG Hamburg (10.9.82) NJW 1983, 1748.

den.[116] In analoger Anwendung von § 88 Abs. 4 SGB IX[117] kommt einem Widerspruch der Arbeitnehmerin gegen die behördliche Zustimmung keine aufschiebende Wirkung zu. Die Kündigung erweist sich als schwebend wirksam, so dass eine Verfahrensaussetzung nach § 148 ZPO in der Regel nicht in Betracht kommt[118], wenn und soweit die Arbeitnehmerin die behördlich erteilte Zustimmung im Verwaltungsrechtsweg angreift. Nach der Neufassung des § 80 Abs. 1 Satz 2 VwGO soll allerdings der Widerspruch der Arbeitnehmerin gegen die sie belastende Zulässigkeitserklärung der Kündigung aufschiebende Wirkung haben.[119] Die Behörde könne jedoch auf Antrag die sofortige Vollziehung des Verwaltungsaktes anordnen, § 80a Abs. 1 Ziff. 1 VwGO.[120]

Die mutterschaftsrechtlich für zulässig erklärte Kündigung hat nicht die Vermutung ihrer Rechtmäßigkeit unter arbeitsrechtlichen Gesichtspunkten für sich.[121] Bei der arbeitsgerichtlichen Überprüfung der vom Arbeitgeber erklärten Kündigung darf jedoch die besondere Situation einer schwangeren Frau oder Wöchnerin nicht mehr besonders berücksichtigt werden.[122] Die allgemeinen und besonderen gesetzlichen Kündigungsschutzbestimmungen stehen nämlich selbstständig neben denen des MuSchG.[123] Auch Artikel 5 Abs. 1 in Verbindung mit Artikel 2 Abs. 1 der Richtlinie 76/207/EWG des Rates vom 9. 2. 1976/2001 zur Verwirklichung des Grundsatzes der Gleichbehandlung von Männern und Frauen hinsichtlich des Zugangs zur Beschäftigung, zur Berufsbildung und zum beruflichen Aufstieg sowie in bezug auf Arbeitsbedingungen steht Entlassungen aufgrund von Fehlzeiten infolge einer durch Schwangerschaft oder Entbindung verursachten Krankheit nicht entgegen.[124]

324   Nach § 9 Abs. 3 Satz 2 MuSchG bedarf die Kündigung nunmehr der Schriftform, und zwar unter Angabe des „zulässigen" Kündigungsgrundes. Es handelt sich insoweit um ein konstitutives Formerfordernis im Sinne von § 126 BGB.[125]

---

[116] Zutreffend LAG Rheinland-Pfalz (14.2.96) DB 1996, 1291 = NZA 1996, 984 = LAGE Nr. 21 zu § 9 MuSchG; *Tschöpe/Schipp*, Teil 3 F, Rz. 14; *Knorr/Bichlmeier/Kremhelmer*, S. 807 Rdn. 35; *Zmarzlik/Zipperer/Viethen*, MuSchG, § 9 Rdn. 74 – **anders** KR-*Etzel*, § 9 MuSchG Rdn. 127; dazu auch *Stahlhacke/Preis/Vossen*, Rdn. 1411.
[117] Ebenso *Dörner/Luczak/Wildschütz*, D, Rdn. 436; *Kittner/Däubler/Zwanziger*, KSchR, § 9 MuSchG Rdn. 44 m.w.N.; LAG Rheinland-Pfalz (14.2.96) LAGE Nr. 21 zu § 9 MuSchG n.F.; siehe aber *Buchner/Becker*, MuSchG, § 9 Rdn. 166ff.
[118] Ebenso *Kittner/Däubler/Zwanziger*, KSchR, Einl. Rdn. 616 – **anders** APS/*Rolfs*, § 9 MuSchG Rdn. 87.
[119] So MünchArbR/*Heenen*, § 226 Rdn. 110; KR-*Etzel*, § 9 MuSchG Rdn. 127.
[120] Siehe auch FA-ArbR/*Will*, S. 248 Rdn. 1210; FA-ArbR/*Zirnbauer*, S. 589 Rdn. 724.
[121] Etwa *Buchner/Becker*, MuSchG, § 9 Rdn. 222;*Meisel/Sowka*, MuSchG, § 9 Rdn. 110; ArbG Mannheim (18.1.55) ARSt Bd. XI Nr. 487.
[122] Ebenso *U. Preis*, Prinzipien, S. 85; *Meisel/Sowka*, MuSchG, § 9 Rdn. 123 – **anderer Ans.** *Gröninger/Thomas*, MuSchG, § 9 Anm. 115.
[123] Statt vieler *Buchner/Becker*, MuSchG, § 9 Rdn. 224ff.
[124] EuGH (8.11.90) NZA 1991, 171 – **anders** EuGH (30.6.98) NZA 1998, 871.
[125] Im Einzelnen dazu *Buchner/Becker*, MuSchG, § 9 Rdn. 216ff; MünchArbR/*Heenen*, § 226 Rdn. 112.

Besonderen Bestandsschutz gemäß § 18 Abs. 1 BErzGG genießen auch Mütter, 325
Väter und andere im Arbeitsverhältnis stehende Personen mit einem personensorgeberechtigten Kind, wenn sie es betreuen und erziehen, § 15 Abs. 1 BErzGG. Die Norm enthält ein dem § 9 Abs. 1 MuSchG vergleichbares Verbot gegenüber Arbeitgeberkündigungen jedweder Art.[126] Der Zweck des BErzGG, die ständige Betreuung des Kindes in der ersten Lebensphase durch einen Elternteil zu fördern und mehr Wahlfreiheit für die Entscheidung zwischen Tätigkeit in der Familie und Berufsleben zu schaffen, kann nur erreicht werden, wenn die Mutter oder der Vater während der Elternzeit eine Kündigung nicht befürchten muss.[127] Das absolute Kündigungsverbot mit Erlaubnisvorbehalt gilt uneingeschränkt für Vollzeitbeschäftigte, während für Teilzeitarbeitskräfte erforderlich ist, § 18 Abs. 2 BErzGG, dass sie während der Elternzeit bei ihrem Arbeitgeber Teilzeitarbeit leisten. Der besondere Bestandsschutz gilt ab dem Zeitpunkt, von dem ab die Elternzeit verlangt worden ist, höchstens jedoch 8 Wochen vor dem Beginn und während der Elternzeit.

Grundsätzlich wird Elternzeit maximal bis zur Vollendung des dritten Lebensjahres des Kindes gewährt. Er beginnt frühestens am Tage der Geburt des Kindes und endet spätestens mit der Vollendung des dritten Lebensjahres des Kindes, § 15 BErzGG. Der Arbeitgeber darf gemäß § 18 Abs. 1 BErzGG das Arbeitsverhältnis während und unmittelbar vor Antritt der Elternzeit nicht kündigen, es sei denn, die Kündigung wurde ausnahmsweise vorher von der zuständigen Behörde für zulässig erklärt.[128] 326

Da die Kündigungsverbote nach § 9 Abs. 1 MuSchG und § 18 Abs. 1 BErzGG 327
selbständig nebeneinander bestehen[129], hat der Arbeitgeber beim Vorliegen einer Schwangerschaft und zusätzlich Elternzeit für eine Kündigung die Zulässigkeitserklärung der Arbeitsschutzbehörde sowohl nach dem MuSchG als auch nach dem BErzGG einzuholen.[130]

---

[126] Im Einzelnen KR-*Etzel*, § 18 BErzGG Rdn. 10; *Zmarzlik/Zipperer/Viethen*, BErzGG, § 18 Rdn. 6; *Stahlhacke/Preis/Vossen*, Rdn. 1426; *Buchner/Becker*, BErzGG, § 18 Rdn. 1, 16; BAG (17. 2. 94) BB 1994, 1149; (11. 3. 99) BB 1999, 1711.
[127] Vgl. Bundestags-Drucks. 10/3792, S. 20.
[128] Im Einzelnen dazu etwa MünchArbR/*Heenen*, Erg. Bd., § 229 Rdn. 53–54.
[129] Siehe nur *Buchner/Becker*, MuSchG, § 9 Rdn. 233 m.w.N.; MünchArbR/*Heenen*, § 229 Rdn. 27.
[130] BAG (31. 3. 93) AP Nr. 20 zu § 9 MuSchG 1968 = NZA 1993, 646 = SAE 1994, 226, mit zust. Anm. von *Hönsch*; *Zmarzlik/Zipperer/Viethen*, BErzGG, § 18 Rdn. 5; *Meisel/Sowka*, BErzGG, § 18 Rdn. 11; *Schaub*, 9. Aufl., S. 1070 Rdn. 210; *Schaub/Linck*, S. 1138, Rdn. 198; *Stahlhacke/Preis/Vossen*, Rdn. 1287; KR-*Etzel*, § 18 BErzGG Rdn. 40; *Buchner/Becker*, BErzGG, § 18 Rdn. 28; ErfK/*Ascheid*, § 18 BErzGG Rdn. 1; *Knorr/Bichlmeier/Kremhelmer*, S. 821 Rdn. 25.

D. Kündigung wegen Pflichtverletzungen bei Krankheit

Der Arbeitnehmer hat bei einer Erkrankung verschiedene Pflichten zu erfüllen, die sich aus dem Arbeitsvertrag und der damit verbundenen Treuepflicht[1] – § 241 Abs. 2 BGB spricht generell von Rücksichtnahmepflichten – ergeben, teilweise aber auch unmittelbar aus gesetzlichen oder tarifvertraglichen Normen folgen. Ein Verstoß dagegen kann nicht nur zum Wegfall des Vergütungszahlungsanspruches[2] führen, sondern je nach den Umständen aus verhaltensbedingten Gründen auch eine fristgerechte oder gar fristlose Entlassung, §§ 1 Abs. 2 KSchG, 626 Abs. 1 BGB, rechtfertigen.

328

I. Krankmeldung

1. Vorbemerkungen

Während der Gesetzgeber bisher eine entsprechende Mitteilungspflicht nur für die Gruppe der Arbeiter normiert hatte, § 3 Abs. 1 LFG, gilt das am 1. 6. 1994 in Kraft getretene Entgeltfortzahlungsgesetz – EFZG – auch für die Angestellten und die zur Berufsausbildung Beschäftigten, § 1 Abs. 2 EFZG.

329

2. Einzelheiten

Nach § 5 Abs. 1 Satz 1 EZFG[1] ist der Arbeitnehmer verpflichtet, dem Arbeitgeber die Arbeitsunfähigkeit und deren voraussichtliche Dauer unverzüglich, also ohne schuldhaftes Zögern, § 121 Abs. 1 BGB, mitzuteilen, wobei ihm unter Umständen ein entschuldbarer Irrtum über die Umstände der Mitteilungspflicht zugute gehalten werden kann.[2] Von einem schuldhaften Zögern kann beispielsweise nicht gesprochen werden, wenn der Arbeitnehmer durch eine längere Bewusstlosigkeit oder eine besonders schwere Erkrankung nicht in der Lage ist, den Arbeitgeber persönlich oder durch Dritte zu informieren.[3] Die Arbeitsunfähigkeit ist in der Regel jeweils am ersten Tag der Arbeitsverhinderung während der üblichen Betriebsstunden, möglichst in den ersten Arbeitsstunden, zu melden.[4] Eine anderweitige für den Arbeitnehmer belastende vertragliche Abmachung, etwa sechs Stunden vor

330

---

[1] In der neueren Literatur werden vielfach andere Begriffe verwendet, etwa „Pflicht zur Rücksichtnahme", *Dütz*, Arbeitsrecht, S. 72, Rdn. 153; *Lieb*, S. 15 Rdn. 38; *Brox/Rüthers*, S. 73 Rdn. 87: „Verhaltens- und Interessenwahrungspflicht"; siehe auch MünchArbR/ *Blomeyer*, § 51 Rdn. 2; aber auch *Gamillscheg*, Arbeitsrecht, S. 283.
[2] Dazu u. a. *Lepke*, DB 1974, 430 ff.; *Galahn*, S. 91 ff.
[1] Inhaltsgleich etwa §§ 37a Abs. 1 Unterabs. 1 Satz 1 BAT, 35 Abs. 1 Unterabs. 1 Satz 1 BMT-G, 42a Abs. 1 Unterabs. 1 Satz 1 MT Arb.
[2] Zutreffend LAG Köln (2. 2. 83) DB 1983, 1771; zust. *Hunold*, S. 77.
[3] Ebenso *Müller/Berenz*, EFZG, § 5 Rdn. 16.
[4] BAG (31. 8. 89) NZA 1990, 433; *Müller/Berenz*, EFZG, § 5 Rdn. 13; *Worzalla*, NZA 1996, 62; *Staudinger/Oetker*, BGB, § 616 Rdn. 300; *Becker-Schaffner*, ZTR 1997, 10; *von Hoyningen-Huene/Linck*, KSchG, § 1 Rdn. 336; *Schmitt*, EFZG, § 5 Rdn. 14; *Geyer/ Knorr/Krasney*, EFZG, § 5 Rdn. 18; *Stückmann*, AuA 1998, 227; Kasseler Handbuch/ *Vossen*, 2.2 Rz. 170.

dem Schichtbeginn eine entsprechende Mitteilung abgeben zu müssen, wäre rechtsunwirksam[5], weil sie gegen die §§ 5 Abs. 1, 12 EZFG verstößt. Hingegen wird eine briefliche Mitteilung wegen der möglichen Beförderungsverzögerung im Allgemeinen nicht als unverzüglich anzusehen sein[6], während dies bei einer Übermittlung per Telefon, Telefax oder E-Mail der Fall ist.[7] Der Arbeitnehmer darf aber nicht solange warten, bis eine ärztliche Diagnose vorliegt.[8]

331   Die Anzeigepflicht haben alle Arbeitnehmer unabhängig davon zu erfüllen, ob ihnen ein Entgeltfortzahlungsanspruch zusteht oder nicht.[9] Das folgt nicht nur aus dem Wortlaut des Gesetzes, sondern auch aus dem Sinn und Zweck der Norm, den Arbeitgeber möglichst frühzeitig und zuverlässig zu informieren, um die erforderlichen betrieblichen Dispositionen treffen zu können und bei begründeten Zweifeln an der Arbeitsunfähigkeit des Arbeitnehmers die gesetzliche Krankenkasse zu veranlassen, ggf. eine medizinische Überprüfung, § 275 SGB V, vornehmen zu lassen. Die Informationspflicht besteht nicht nur nach dem Ablauf der Sechswochenfrist des § 3 Abs. 1 Satz 1 EFZG, sondern auch bei Erkrankungen des Arbeitnehmers bis zum Ablauf der vierwöchigen Wartezeit des § 3 Abs. 3 EZFG[10], obwohl der Entgeltfortzahlungsanspruch erst danach entsteht.[11] Im Zweifel besteht auch kein tarifvertraglicher Entgeltfortzahlungsanspruch während der Wartezeit des § 3 Abs. 3 EFZG.[12] Ist ein Arbeitsvertrag auf vier Wochen befristet abgeschlossen

---

[5] Ebenso ArbG Oldenburg (19. 1. 82) ARSt 1982, S. 105 Nr. 75; Kasseler Handbuch/*Vossen*, 2.2 Rz. 171.

[6] BAG (31. 8. 89) NZA 1990, 433; (16. 8. 91) AP Nr. 27 zu § 1 KSchG 1969 Krankheit = EzA Nr. 41 zu § 1 KSchG Verhaltensbedingte Kündigung, mit **kritischer** Anm. von *Rüthers/Müller*; (23. 9. 92) EzA Nr. 44 zu § 1 KSchG Verhaltensbedingte Kündigung; *Lepke*, NZA 1995, 1085; *Worzalla*, NZA 1996, 62; *Schmitt*, EFZG, § 5 Rdn. 17; *von Hoyningen-Huene/Linck*, KSchG, § 1 Rdn. 336; *Müller/Berenz*, EFZG, § 5 Rdn. 12; *Kaiser/Dunkl/Hold/Kleinsorge*, EFZG, § 5 Rdn. 7; *Tschöpe/Kappelhoff*, Teil 2 B, Rz. 173; *Tschöpe/Nägele*, Teil 3 D, Rz. 183.

[7] Vgl. *Kunz/Wedde*, EFZR, § 5 EFZG Rdn. 14; ErfK/*Dörner*, § 5 EFZG Rdn. 13.

[8] BAG NZA 1990, 433; *Marburger*, S. 53; *Lepke*, NZA 1995, 1085; *von Hoyningen-Huene/Linck*, § 1 KSchG Rdn. 336a; *Geyer/Knorr/Krasney*, EFZG, § 5 Rdn. 24; *Müller/Berenz*, EFZG, § 5 Rdn. 13; *Erman/Belling*, BGB, § 616 Rdn. 140.

[9] LAG Hamm (23. 3. 71) BB 1971, 616; LAG Köln (2. 11. 88) DB 1989, 1294; LAG Sachsen-Anh. (24. 4. 96) BB 1996, 2307; *Geyer/Knorr/Krasney*, EFZG, § 5 Rdn. 11; *Kaiser/Dunkl/Hold/Kleinsorge*, EFZG, § 5 Rdn. 1; *Schmitt*, EFZG, § 5 Rdn. 7; *Staudinger/Oetker*, BGB, § 616 Rdn. 295; *Wedde/Gerntke/Kunz/Platow*, EFZG, § 1 Rdn. 7, § 5 Rdn. 6; *Brecht*, EFZG, § 5 Rdn. 2; *Müller/Berenz*, EFZG, § 5 Rdn. 7; *von Hoyningen-Huene/Linck*, KSchG, § 1 Rdn. 336c; MünchArbR/*Boecken*, § 85 Rdn. 3; ErfK/*Dörner*, § 5 EFZG Rdn. 5 – **widersprüchlich** *Töns*, C § 3 LFG A II 5, C VI 3.

[10] *Staudinger/Oetker*, BGB, § 616 Rdn. 295; *Giesen*, RdA 1997, 194; *Hanau*, RdA 1997, 207; *Tschöpe/Kappelhoff*, Teil 2 B, Rz. 173; *Feichtinger*, ArbR-Blattei, Krankheit II, Rdn. 3; FA-ArbR/*Worzalla*, S. 273 Rdn. 1364; Kasseler Handbuch/*Vossen*, 2.2 Rz. 162; *Kaiser/Dunkl/Hold/Kleinsorge*, EFZG, § 5 Rdn. 1.

[11] Vgl. Bundestags-Drucks. 13/14612, S. 15; siehe auch *Giesen*, RdA 1997, 194; *Hanau*, RdA 1997, 207; *Vossen*, NZA 1998, 355; ErfK/*Dörner*, § 3 EFZG Rdn. 68; *Erman/Belling*, BGB, § 616 Rdn. 125; *Kaiser/Dunkl/Hold/Kleinsorge*, EFZG, § 3 Rdn. 125 m.w.N.; *Schaub/Linck*, S. 1410 Rdn. 59; BAG (26. 5. 99) DB 1999, 2268 = BB 1999, 1329; LAG Niedersachsen (19. 1. 96) DB 1998, 1238 – **anders** *Buschmann*, AuR 1996, 290.

[12] BAG (12. 12. 01) DB 2002, 748.

worden, hat der Arbeitnehmer gleichwohl seine Anzeigepflicht zu erfüllen.[13] Eine solche existiert nach § 5 Abs. 1 EFZG auch dann, falls die ursprünglich angezeigte Erkrankung über den zunächst angegebenen Zeitpunkt hinaus andauert.[14] Allerdings enthält das EFZG ebensowenig wie § 3 Abs. 1 LFG darüber eine ausdrückliche Regelung. Es entsprach aber zu Recht bisheriger Auffassung[15], dass insoweit eine inhaltsgleiche Anzeigepflicht bestand. Durch die gesetzliche Neuregelung hat sich die Rechtslage nicht erkennbar geändert. Bei einer Fortdauer der Arbeitsunfähigkeit stellt sich die Sach- und Interessenlage als gleichartig dar. Folglich erscheint die entsprechende Anwendung der Norm gerechtfertigt.[16] Ausnahmsweise bedarf es einer Mitteilung nicht, wenn der Arbeitnehmer davon ausgehen kann, dass dem Arbeitgeber die Arbeitsunfähigkeit und das Ausmaß seiner Erkrankung, etwa nach einem Arbeitsunfall, bekannt sind[17], der Arbeitgeber einzelvertraglich auf die Erfüllung der Anzeigepflicht verzichtet hat oder eine dahingehende tarifvertragliche Regelung besteht.

Die Mitteilungspflicht nach § 5 Abs. 1 Satz 1 EFZG haben uneingeschränkt auch Teilzeitbeschäftigte zu erfüllen[18], und zwar auch dann, wenn für sie der Tag der Arbeitsunfähigkeit kein Arbeitstag ist. Das Gegenteil ergibt sich weder aus dem Wortlaut noch aus dem Zweck der gesetzlichen Regelung. Bei einem ruhenden Arbeitsverhältnis, etwa während des Erholungsurlaubs besteht eine entsprechende Informationspflicht gegenüber dem Arbeitgeber dann, wenn zu erwarten steht, dass die Arbeitsunfähigkeit auch noch am Tag der vorgesehenen Arbeitsaufnahme andauert.[19] Nur so wird der Arbeitgeber in die Lage versetzt, rechtzeitig betrieblich notwendige Dispositionen zu treffen. *331a*

Eine besondere Form hat der Gesetzgeber für die Krankmeldung nicht vorgeschrieben. Sie kann daher mündlich, telefonisch, schriftlich, per Telefax[20], E-Mail, *332*

---

[13] Ebenso *Bauer/Lingemann*, BB 1996, Beilage Nr. 17, S. 9 – **anderer Ans.** *Buschmann*, AuR 1996, 290.
[14] Ebenso *Schliemann*, AuR 1994, 322; *Gola*, EFZG, § 5 Rdn. 6; *Wedde/Gerntke/Kunz/Platow*, EFZG, § 5 Rdn. 47; *Hanau/Kramer*, DB 1995, 94; *Staudinger/Oetker*, BGB, § 616 Rdn. 296; *Lepke*, NZA 1995, 1085; *Dörner/Luczak/Wildschütz*, C, Rdn. 1592; *Kaiser/Dunkl/Hold/Kleinsorge*, EFZG, § 5 Rdn. 13; *Schmitt* EFZG, § 5 Rdn. 99; Kasseler Handbuch/*Vossen*, 2.2 Rz. 169; *Worzalla/Süllwald*, EFZG, § 5 Rdn. 77; *Angel*, S. 128; *Erman/Belling*, BGB, § 616 Rdn. 140; LAG Rheinland-Pfalz (22. 1. 96) – 9 (11) 1134/95 – unv. – **anderer Ans.** *Geyer/Knorr/Krasney*, EFZG, § 5 Rdn. 24, falls Nachweispflicht besteht.
[15] Siehe die Nachweise bei *Lepke*, 8. Aufl., S. 177; BAG (16. 8. 91) NZA 1993, 17.
[16] *Schmitt*, EFZG, § 5 Rdn. 99; *Kunz/Wedde*, EFZR, § 5 EFZG Rdn. 61 m. N.; *Lepke*, NZA 1995, 1084 – **anders** *Geyer/Knorr/Krasney*, EFZG, § 5 Rdn. 34.
[17] *Schmitt*, EFZG, § 5 Rdn. 13; *Staudinger/Oetker*, BGB, § 616 Rdn. 301; MünchArbR/*Boecken*, § 85 Rdn. 8; *Kunz/Wedde*, EFZR, § 5 EFZG Rdn. 12 m. w. N.; Kasseler Handbuch/*Vossen*, 2.2 Rz. 171; *Geyer/Knorr/Krasney*, EFZG, § 5 Rdn. 18 – **anders** ErfK/*Dörner*, § 5 EFZG Rdn. 6.
[18] So auch Kasseler Handbuch/*Linck*, 4.2 Rz. 175 m.N.; *U. Preis*, Arbeitsrecht, S. 469; MünchArbR/*Boecken*, § 85 Rdn. 13; ErfK/*Dörner*, § 5 EFZG Rdn. 13; Staudiger/Oetker, BGB, § 616 Rdn. 300 – **anders** *Kittner/Zwanziger/Schoof*, § 58 Rdn. 220.
[19] Ebenso *Worzalla/Süllwald*, EFZG, § 5 Rdn. 11 f.; *Kaiser/Dunkl/Hold/Kleinsorge*, EFZG, § 5 Rdn. 7.
[20] Hess. LAG (13. 7. 99) AuR 2000, 75 f.

aber auch durch Angehörige oder Arbeitskollegen erfolgen.[21, 22] Der Arbeitnehmer ist also nicht verpflichtet, seine Arbeitsunfähigkeit persönlich anzuzeigen.[23] Die Mitteilung ist gegenüber dem Arbeitgeber abzugeben, wobei es ausreicht, dass sie gegenüber Personen erfolgt, die zur Entgegennahme solcher Erklärungen funktionell zuständig sind, wie etwa dem Leiter oder Sachbearbeiter der Personalabteilung, ggf. auch gegenüber dem Dienstvorgesetzten. Die Mitteilung gegenüber dem Vorarbeiter wird regelmäßig aber nicht ausreichen, der allerdings als Erklärungsbote des Arbeitnehmers angesehen werden muss[24], der auch das Übermittlungsrisiko trägt.[25] Leih-Arbeitnehmer haben entsprechende Mitteilungen gegenüber dem Verleiher und nicht gegenüber dem Entleiher zu machen[26], da letzterer nicht Arbeitgeber des betreffenden Arbeitnehmers und dieser nicht zugleich Arbeitnehmer des Entleiherbetriebes ist.[27]

333 Als Grund für die Arbeitsunfähigkeit braucht nur angegeben zu werden, dass sie krankheitsbedingt ist. Die Art und die Ursache der Erkrankung muss der Arbeitnehmer in der Regel jedenfalls nicht mitteilen.[28] Nur ausnahmsweise besteht auch ohne besondere Rechtsgrundlage, wie betriebliche, einzel- oder tarifvertragliche Regelungen, aufgrund der aus dem Arbeitsverhältnis folgenden Treuepflicht des Arbeitnehmers eine Verpflichtung, Angaben über die Art der Erkrankung zu machen, so wenn die Art der krankheitsbedingten Arbeitsunfähigkeit besondere betriebliche Dispositionen des Arbeitgebers erforderlich macht, etwa bei ansteckenden Krankheiten[29], die Maßnahmen zum Schutz der anderen Mitarbeiter oder

---

[21] Vgl. *Kehrmann/Pelikan*, LFG, § 3 Anm. 2; *Doetsch/Schnabel/Paulsdorff*, LFG, § 3 Anm. 3; *Schaub/Linck*, S. 1051 Rdn. 121; *Geyer/Knorr/Krasney*, EFZG, § 5 Rdn. 19; früher schon LAG Baden-Württ./Mannheim DB 1954, 476; ArbG Heidelberg (7. 9. 51) BB 1951, 954.

[22] Zum Mitbestimmungsrecht des Betriebsrates nach § 87 Abs. 1 Nr. 1 BetrVG bei Regelungen über das Verfahren bei Krank- und Rückmeldungen sowie des Nachweises der Arbeitsunfähigkeit siehe LAG Frankfurt/M. (30. 10. 90) DB 1991, 920; *Wiese*, GK-BetrVG, § 87 Rdn. 226 – **anders** Kasseler Handbuch/*Etzel*, 9.1 Rz. 502.

[23] BAG (31. 8. 89) NZA 1990, 433 = AP Nr. 23 zu § 1 KSchG 1969 Verhaltensbedingte Kündigung.

[24] BAG (18. 2. 65) AP Nr. 26 zu § 9 MuSchG, mit Anm. von *Bulla*; *Wedde/Gerntke/Kunz/Platow*, EFZG, § 5 Rdn. 18; *Lepke*, NZA 1995, 1085; *Staudinger/Oetker*, BGB, § 616 Rdn. 299; *Schmitt*, EFZG, § 5 Rdn. 27; *Vossen*, S. 107 Rdn. 250.

[25] So auch LAG Berlin (15. 9. 95) – 2 Sa 13/95 –.

[26] Ebenso *Schmitt*, EFZG, § 5 Rdn. 29.

[27] Vgl. *Löwisch*, BB 2001, 1734 (1737); *Etzel*, Betriebsverfassungsrecht, S. 11 Rdn. 29.

[28] *Schaub/Linck*, S. 1051 Rdn. 121; *Schmitt*, EFZG, § 5 Rdn. 22; *Staudinger/Oetker*, BGB, § 616 Rdn. 297; *Geyer/Knorr/Krasney*, EFZG, § 5 Rdn. 20 m. N.

[29] *Weiland*, BB 1979, 1100; *Lepke*, DB 1983, 449; *Schaub/Linck*, S. 1052 Rdn. 122; *Schmitt*, EFZG, § 5 Rdn. 23; *Kaiser/Dunkl/Hold/Kleinsorge*, EFZG, § 5 Rdn. 10; *Geyer/Knorr/Krasney*, EFZG, § 5 Rdn. 21; *Viethen*, EFZG, S. 25; *Worzalla*, NZA 1996, 62; FA – ArbR/*Worzalla*, S. 274 Rdn. 1370; *Vossen*, S. 108 Rdn. 252; *Staudinger/Oetker*, BGB, § 616 Rdn. 297; *Gruber*, S. 137; MünchArbR/*Boecken*, § 85 Rdn. 10; *Kunz/Wedde*, EFZR, § 5 EFZG Rdn. 20; *Feichtinger*, ArbR-Blattei, Krankheit II, Rdn. 15; LAG Berlin (27. 11. 89) DB 1990, 1621 – **anders** *Angel*, S. 94ff., es sei denn, durch die Bekanntgabe der Diagnose könne der Ausbruch oder die Verschlimmerung der Krankheit bei Mitarbeiten verhindert werden.

sonstiger Personen bedingen, oder bei Fortsetzungskrankheiten[30], soweit dafür durch Tatsachen erhärtete Anhaltspunkte vorliegen. Nach § 69 Abs. 4 SGB X sind die Krankenkassen befugt, wenn auch nicht verpflichtet, dem Arbeitgeber mitzuteilen, ob die Fortdauer einer Arbeitsunfähigkeit oder eine erneute Arbeitsunfähigkeit eines Arbeitnehmers auf derselben Krankheit beruht. Vom Bestehen einer HIV-Infektion braucht der Arbeitnehmer dem Arbeitgeber aber keine Mitteilung zu machen[31], da eine Ansteckungsgefahr gegenüber Mitarbeitern oder Geschäftspartnern des Arbeitgebers in der Regel nicht besteht.[32]

Die Vorschriften der §§ 5 ff. EFZG gelten unmittelbar[33] auch für die Arbeitnehmer des öffentlichen Dienstes. Soweit § 18 Nr. 1 LFG für den öffentlichen Dienst eine Ausnahmeregelung enthält, bezieht sich diese nur auf den Ausgleich der Arbeitgeberaufwendungen. Allerdings entsprechen die einschlägigen Tarifnormen inhaltlich insoweit der gesetzlichen Regelung.[34]   *334*

Nach § 9 Abs. 2 EFZG hat der Arbeitnehmer den Arbeitgeber unverzüglich, § 121 BGB, über den Zeitpunkt des Antritts, deren voraussichtliche Dauer und über eine eventuelle Verlängerung einer stationären Maßnahme der medizinischen Vorsorge oder Rehabilitation[35] formlos[36] zu informieren. Eine inhaltsgleiche Regelung enthält beispielsweise § 37a Abs. 2 BAT. Die Anzeigepflicht bezieht sich auch auf eine ärztlich verordnete Maßnahme.[37] Die Anzeigepflicht beginnt mit dem Zugang des Bewilligungsbescheides bzw. mit dem Zeitpunkt, zu dem der Arbeitnehmer vom Antrittstermin bzw. der Verlängerung der Maßnahme Kenntnis erlangt hat.[38]   *335*

Dass es sich bei der Anzeigepflicht nicht um eine Haupt-, sondern lediglich um eine unselbständige arbeitsrechtliche Nebenpflicht[39] handelt, deren Erfüllung ge-   *336*

---

30 *Weiland*, BB 1979, 1100; *Lepke*, DB 1983, 449; *Hunold*, S. 76; *Galahn*, S. 46; *Schaub/Linck*, S. 1052 Rdn. 122; *Worzalla*, NZA 1996, 62; *Vossen*, S. 108 Rdn. 252; *Schmitt*, EFZG, § 5 Rdn. 23; *Müller/Berenz*, EFZG, § 5 Rdn. 10; *Staudinger/Oetker*, BGB, § 616 Rdn. 297; *Geyer/Knorr/Krasney*, EFZG, § 3 Rdn. 21; *Marienhagen/Künzl*, EFZG, § 5 Rdn. 1 – **anderer Ans.** *Brecht*, EFZG, § 5 Rdn. 12, 16; *Angel*, S. 92 ff.; *Kaiser/Dunkl/Hold/Kleinsorge*, EFZG, § 5 Rdn. 11, weil der Arbeitgeber entsprechende Auskünfte von den Krankenkassen erhalten könne; dagegen *Lepke*, DB 1983, 449; siehe auch *Marburger*, RdA 1986, 308.
31 Ebenso *Feichtinger*, ArbR-Blattei, Krankheit II, Rdn. 16–18.
32 Im Einzelnen *Lepke*, S. 378 Rdn. 270, S. 382f. Rdn. 274 ff., S. 397f. Rdn. 288.
33 **Unrichtig** zum LFG: *Marburger*, PersV 1982, 274 – **anders** jetzt *ders.*, DÖD 1995, 217 (219).
34 Siehe etwa §§ 37a Abs. 1 Unterabs. 1 BAT, 35 Abs. 1 Unterabs. 1 BMT-G, 42a Abs. 1 Unterabs. 1 MT Arb.
35 Nicht erfasst werden Maßnahmen der beruflichen Rehabilitation, siehe nur *Schmitt*, RdA 1996, 5 (10); *Worzalla/Süllwald*, EFZG, § 9 Rdn. 5.
36 Vgl. etwa Kasseler Handbuch/*Vossen*, 2.2 Rz. 319; *Schmitt*, EFZG, § 9 Rdn. 71; *Geyer/Knorr/Krasney*, EFZG, § 9 Rdn. 38; MünchArbR/*Boecken*, § 86 Rdn. 28; *Kaiser/Dunkl/Hold/Kleinsorge*, EFZG, § 9 Rdn. 34.
37 MünchArbR/*Boecken*, § 86 Rdn. 28.
38 So auch Kasseler Handbuch/*Vossen*, 2.2 Rz. 318 m. N.; *Schmitt*, EFZG, § 9 Rdn. 71.
39 Vgl. BAG; (31.8.89) NZA 1990, 433; (16.8.91) NZA 1993, 17; LAG Hamm DB 1971, 872; LAG Berlin (14.5.90) – 9 Sa 10/90 –; LAG Köln (12.11.93) ARSt 1994, S. 57; ; Hess. LAG (13.7.99) AuR 2000, 76; *Palme*, BlStSozArbR 1967, 123; *Lepke*, DB 1970, 495;
Fortsetzung siehe nächste Seite

richtlich nicht erzwingbar ist, wird zutreffend allgemein angenommen. Die Kosten für die Mitteilung der Arbeitsunfähigkeit gegenüber dem Arbeitgeber fallen dem Arbeitnehmer zur Last.[40]

II. Nachweis der Krankheit

1. Allgemeines

337 Da bisher für Angestellte entsprechende gesetzliche Vorschriften wie sie für Arbeiter galten, § 3 Abs. 1 Satz 1 LFG, fehlten, es sei denn, es bestanden diesbezügliche tarifvertragliche Regelungen[1], betriebliche Vereinbarungen, eine betriebliche Übung[2] oder einzelvertragliche Abmachungen[3], war in der Vergangenheit streitig[4], ob in analoger Anwendung von § 3 Abs. 1 LFG eine Vorlagepflicht auch für Angestellte bestand. Seit dem Inkrafttreten des EFZG wird insoweit zwischen beiden Arbeitnehmergruppen arbeitsrechtlich kein Unterschied mehr gemacht, was einen weiteren Schritt zur Angleichung der Rechtsstellung von Arbeitern und Angestellten bedeutet. Die Rechtslage entspricht jetzt weitgehend derjenigen, die in den neu-

---

Kaiser/Dunkl/Hold/Kleinsorge, EFZG, § 5 Rdn. 84; *Becher*, LFG, § 3 Rdn. 2; *Geyer/Knorr/Krasney*, EFZG, § 5 Rdn. 12; *Kehrmann/Pelikan*, LFG, § 3 Anm. 1: *Doetsch/Schnabel/Pausldorff*, LFG, § 3 Anm. 9; *Feichtinger*, ArbR-Blattei Krankheit II, Rdn. 1; MünchArbR/*Boecken*, § 85 Rdn. 1; *Galahn*, S. 5 m.w.N.; *Schaub/Linck*, S. 1051 Rdn. 119; BGB-RGRK, § 611 Rdn. 1514; *Zöllner/Loritz*, S. 176; Kasseler Handbuch/*Vossen*, 2.2 Rz. 161; *Staudinger/Oetker*, BGB, § 616 Rdn. 292; *Hromadka/Maschmann*, S. 204 Rdn. 99; *Sommer/Schaub*, unter A I 1, 2, anders aber unter C III 2b: Die Verletzung der Nachweispflicht sei eine bloße Ordnungswidrigkeit – **anderer Ans.** *Marienhagen*, LFG, § 3 Rdn. 1a; *ders.*, BB 1970, 587; Loseblatt-Sammlung, § 3 Rdn. 1: bloße Ordnungsvorschrift; so auch *Brill*, Wege zur Sozialversicherung 1980, 69 (71); *Wedde/Gerntke/Kunz/Platow*, EFZG, § 15 Rdn. 20; *Kunz/Wedde*, EFZR, § 5 EFZG Rdn. 25 – **unrichtig** *Stückmann*, DB 1996, 1823; ErfK/*Dörner*, § 5 EFZG Rdn. 49: Obliegenheit.

[40] So auch *Kaiser/Dunkl/Hold/Kleinsorge*, EFZG, § 5 Rdn. 80–82; *Angel*, S. 131.

[1] Siehe etwa § 37a Abs. 1 Unterabs. 1 Satz 2 BAT: Dauert die Arbeitsunfähigkeit länger als drei Kalendertage, so hat der Angestellte eine ärztliche Bescheinigung über das Bestehen der Arbeitsunfähigkeit sowie deren voraussichtliche Dauer an dem darauf folgenden allgemeinen Arbeitstag vorzulegen; vgl. dazu *Paschmann*, ZTR 1991, 152; *Zetl*, PersV 1993, 442; § 5 Nr. 1 MTV für Redakteurinnen und Redakteure an Tageszeitungen vom 21.5.1986 i.d.F. vom 1.11.1989: Innerhalb von drei Arbeitstagen Vorlage einer ärztlichen Bescheinigung. Allerdings kann durch Tarifvertrag die Vorlage eines ärztlichen Attestes nicht als Anspruchsvoraussetzung für den Gehaltsfortzahlungsanspruch normiert werden; BAG (7.11.84) AP Nr. 38 zu § 63 HGB = NZA 1985, 257. Die Entscheidung wird von *Becher*, Lohnfortzahlung, S. 65, missverstanden. Hinsichtlich der Vorlagefrist für eine Folgebescheinigung kann § 29 Abs. 3 TVAL II nicht anders ausgelegt werden als es § 3 Abs. 1 Satz 1 LFG vorsah; ArbG Kaiserslautern/Pirmasens (17.4.85) ARSt 1986, S. 188 Nr. 1194.

[2] *Lepke*, 8. Aufl., S. 183; ArbG Berlin BB 1970, 924.

[3] BAG (15.1.86) NZA 1987, 93. Soweit das LAG Düsseldorf, BB 1965, 1273, eine Vereinbarung als zulässig ansah, nach der bei krankheitsbedingter Arbeitsunfähigkeit binnen 24 Stunden ein ärztliches Attest einzureichen sei, konnte dem nur gefolgt werden, wenn in begründeten Fällen, so bei Erkrankung an Sonn- und Feiertagen, Ausnahmen gemacht wurden.

[4] Siehe die Nachw. bei *Lepke*, DB 1993, 2025; *Galahn*, S. 84f. m.N.; *Schmitt*, ZTR 1991, 3 (6); BGB-RGRK, § 616 Rdn. 131.

en Bundesländern nach dem Recht der DDR galt. Durch Art. 54 PflegeVG wurde § 115a AGB-DDR aufgehoben. Damit hat der Gesetzgeber im Hinblick auf Art. 30 des Einigungsvertrages, das Arbeitsvertragsrecht möglichst bald zu kodifizieren, einen weiteren Beitrag zur Rechtsangleichung arbeitsrechtlicher Normen im wiedervereinigten Deutschland geleistet.

2. Einzelheiten
a) Art, Umfang und Zeitpunkt der Nachweispflicht

Nach § 5 Abs. 1 Satz 2 EFZG[5] hat der Arbeitnehmer unter bestimmten Voraussetzungen dem Arbeitgeber eine Bescheinigung über das Bestehen einer krankheitsbedingten Arbeitsunfähigkeit sowie deren voraussichtlicher Dauer vorzulegen.[6] Einer Attestvorlage bedarf es auch, falls der Arbeitnehmer aufgrund seiner Krankheit stationär in ein Krankenhaus aufgenommen wird.[7] Steht die krankheitsbedingte Arbeitsunfähigkeit zwischen den Arbeitsvertragsparteien unstreitig fest, erscheint die Vorlage eines entsprechenden Attestes enbehrlich.[8] Hat der Arbeitgeber einzelvertraglich oder aufgrund einer betrieblichen Übung auf eine Attestvorlage verzichtet, was rechtlich zulässig erscheint[9] entfällt für den betreffenden Arbeitnehmer eine entsprechende Nachweispflicht. 338

Dass der Nachweis der krankheitsbedingten Arbeitsunfähigkeit der Schriftform bedarf[10], ergibt sich zwingend aus dem Wortlaut des Gesetzes, aber auch aus dem systematischen Zusammenhang dieser Norm, so dass eine mündliche Stellungnahme des Arztes nicht genügt. 339

Ob dem gesetzlichen Schriftformerfordernis bei der Übermittlung eines Attestes durch Telefax (Fernkopie)[11] entsprochen wird, ist streitig. Für die Übersendung einer Fotokopie[12], dem bloßen Abbild/Lichtbild der formgerecht errichteten Willens- oder Wissenserklärung, könnte im Grundsatz nichts anderes gelten. Der Empfänger erhält nämlich nicht die Originalurkunde, sondern nur deren Kopie. Ein Computerfax[13] stellt nach derzeit geltendem Recht mangels Schriftlichkeit nicht einmal eine Urkunde dar.[14] Auf jeden Fall geht dem Empfänger nicht die formgerecht erklärte Willenserklärung zu. Das Hess. LAG[15] meint deshalb, aus der

---
[5] Inhaltsgleich etwa die §§ 37a Abs. 1 Unterabs. 1 Satz 2 BAT, 35 Abs. 1 Unterabs. 1 Satz 2 BMT-G, 42a Abs. 1 Unterabs. 1 Satz 2 MT Arb.
[6] Zur Anordnung der Attestvorlage bei Beamten siehe etwa *Lopacki*, ZBR 1992, 193ff.
[7] Vgl. dazu *Müller/Berenz*, EFZG, § 5 Rdn. 20.
[8] BAG (12.6.96) AP Nr. 4 zu § 611 BGB Werkstudent; *U. Preis*, Arbeitsrecht, S. 470.
[9] Siehe etwa *Müller/Berenz*, EFZG, § 5 Rdn. 23, 27; *Kunz/Wedde*, EFZR, § 5 EFZG Rdn. 27.
[10] *Staudinger/Oetker*, BGB, § 616 Rdn. 320; im Einzelnen dazu *Kleinebrink*, S. 10 m.w.N.
[11] Vgl. etwa BGH (28.1.93) Z 121, 224; (30.7.97) NJW 1997, 3169; *Palandt/Heinrichs*, BGB, § 126 Rdn. 11 m.w.N.; *Schwab*, Arbeitsrecht und Arbeitsgerichtsbarkeit, S. 719 (735).
[12] Siehe nur KR-*Spilger*, § 623 BGB Rdn. 120.
[13] Etwa KR-*Spilger*, § 623 BGB Rdn. 122; GmS-OGB (5.4.00) BB 2000, 1645 m.N.
[14] Zum Urkundenbegriff siehe *Rosenberg/Schwab/Gottwald*, § 121 I, S. 697.
[15] (13.7.99) AuR 2000, 75f. mit zust. Anm. von *Dübbers*; zust. auch KR-*Fischermeier*, § 626 BGB Rdn. 426; siehe auch *Özcan*, S. 111: Original müsse nachgesendet werden – **anders** *Kunz/Wedde*, EFZG, § 5 Rdn. 32.

gesetzlichen Formulierung „vorzulegen" folge zwingend, dass sich die Vorlagepflicht auf das Original beziehe. Dabei wird aber nicht hinreichend bedacht, dass § 126 Abs. 1 BGB unmittelbar nur für Rechtsgeschäfte bzw. Willenserklärungen gilt, nicht hingegen für geschäftsähnliche Handlungen[16], die auf einen tatsächlichen Erfolg gerichtet sind, deren Rechtsfolgen kraft Gesetzes eintreten. Das gilt erst recht für die Abgabe von Wissenserklärungen, zu denen die entsprechenden Erklärungen eines Arztes in einer Arbeitsunfähigkeitsbescheinigung gehören.[17] Wissenserklärungen bringen keinen rechtsgeschäftlichen Willen zum Ausdruck.[18] Überdies wird nunmehr die elektronische Form als Schriftformersatz ausdrücklich anerkannt, §§ 126 Abs. 3, 126a BGB[19], wobei der Anwendungsbereich der elektronischen Form grundsätzlich dem des § 126 BGB entspricht.[20] Die elektronische Form kann die Schriftform allerdings nur dann ersetzen, wenn die Beteiligten ausdrücklich oder konkludent ihre Anwendung billigen und mit ihrem Zugang rechnen müssen.[21] Zwar wird der Beweis durch die Vorlegung der Urkunde angetreten, § 420 ZPO, und zwar bei Privaturkunden durch die Vorlage der Urschrift, so dass die Vorlegung etwa einer Fotokopie nicht genügt[22], wenngleich sie der freien Beweiswürdigung durch das Gericht unterliegt, § 286 ZPO. Prozessrechtliche Normen können jedoch nicht ohne weiteres auf das materielle Recht übertragen werden. Folglich kann auch nicht § 292 a ZPO, wonach ein „Beweis des ersten Anscheins" zugunsten des Signaturempfängers angenommen wird, zur Anwendung kommen. Wenn und soweit aber das betreffende Gesetz bei gesetzlicher Schriftform die Nutzung elektronischer Medien nicht (ausdrücklich) verbietet, wie vorliegend, wird man aber die Abgabe von Willens- und erst recht von Wissenserklärungen auf elektronischem Wege zulassen müssen, sofern sich der Absender des akkreditierten qualifizierten Signaturverfahrens, § 2 Nr. 3 SigG, bedient.[23]

Das Attest muss von einem approbierten Arzt stammen, so dass beispielsweise die Bescheinigung eines Heilpraktikers, eines Masseurs oder gar von medizinischen Hilfskräften des Arztes nicht ausreicht.[24] Dass Aussteller eines solchen Attestes ein Arzt sein muss, folgt zwingend aus § 5 Abs. 1 Sätze 2 und 3 EFZG. Die Regelungen für Ärzte, §§ 72ff. SGB V, gelten entsprechend auch für Zahnärzte, § 72 Abs. 1 SGB V. Das EFZG enthält ebensowenig wie § 3 Abs. 1 LFG Bestimmungen darüber, ob der attestierende Arzt ein Kassenarzt sein muss. Wegen der Gleichwertig-

---

[16] BAG (11.10.00) DB 2001, 387f. = JR 2001, 263 mit zust. Anm. von *Anschütz/Kothe* = SAE 2001, 304ff. mit krit. Anm. von *Schmitt*; zust. *Palandt/Heinrichs*, BGB, § 126 Rdn. 1; *Beckschulze/Henkel*, DB 2001, 1491 (1503).
[17] Zutreffend *Angel*, S. 116, unzutreffend aber seine Annahme, ich hätte (NZA 1995, 1086) ein ärztliches Attest rechtlich als Willenserklärung qualifiziert.
[18] Etwa *Mayer-Maly/Busche*, in: Müko-BGB, § 133 Rdn. 41.
[19] Dazu nur *Roßnagel*, NJW 2001, 1817 (1825).
[20] Statt vieler *Palandt/Heinrichs*, BGB, § 126a Rdn. 2.
[21] Bundestags-Drucks. 14/4987, S. 15; 14/5561, S. 19.
[22] Vgl. *Baumbach/Lauterbach/Hartmann*, ZPO, § 420 Rdn. 4 m.w.N.
[23] Siehe dazu auch *Roos*, AiB 2002, 133 (135).
[24] So auch BayObLG (3. 4. 84) NJW 1984, 2643; *Feichtinger*, ArbR-Blattei, Krankheit II, Rdn. 61; *Galahn*, S. 12ff.; *Lepke*, NZA 1995, 1085; *Bauer/Röder/Lingemann*, S. 66; *Staudinger/Oetker*, BGB, § 616 Rdn. 320; MünchArbR/*Boecken*, § 85 Rdn. 26; Kasseler Handbuch/*Vossen*, 2.2 Rz. 203.

keit ärztlicher Dienstleistungen wird aber davon auszugehen sein, dass entsprechende Bescheinigungen auch von solchen Ärzten zulässigerweise ausgestellt werden dürfen, die weder zur kassenärztlichen Vereinigung zugelassen sind noch an ihr teilnehmen.[25] Da § 5 Abs. 1 Satz 5 EFZG bestimmt, dass die Arbeitsunfähigkeitsbescheinigung von dem Arzt ausgestellt werden muss, der den Arbeitnehmer behandelt hat, kann nur die Schlussfolgerung gezogen werden, dass ein als Arzt beschäftigter Arbeitnehmer sich nicht selbst rechtswirksam ein entsprechendes Attest erteilen kann. Es muss sich vielmehr um einen fremden Arzt handeln, dessen Patient der Arbeitnehmer aufgrund eines entsprechenden Behandlungsvertrages[26] ist oder war. Zudem kann niemand Gutachter und Begutachteter in einer Person sein. Insoweit kann auf den Rechtsgedanken des § 181 BGB zurückgegriffen werden.

Die Verpflichtung nach § 5 Abs. 1 Satz 2 EFZG hat der Arbeitnehmer auch dann zu erfüllen, wenn ihm ein Vergütungsfortzahlungsanspruch nicht oder nicht mehr zusteht[27], also sowohl während der vierwöchigen Wartezeit des § 3 Abs. 3 EFZG[28] als auch nach dem Ablauf der Sechs-Wochenfrist des § 3 Abs. 1 Satz 1 EFZG.[29] Der Nachweis dient nämlich nicht nur der Verwirklichung des Entgeltfortzahlungsanspruches, sondern soll auch sicherstellen, dass der Arbeitgeber von der Tatsache und der voraussichtlichen Dauer der krankheitsbedingten Arbeitsunfähigkeit möglichst bald zuverlässige Kenntnis durch die Vorlage einer entsprechenden Bescheinigung erlangt. 340

Um die missbräuchliche Ausnutzung der Vergütungsfortzahlung im Krankheitsfall wirksamer bekämpfen zu können, sah der Regierungsentwurf zum EFZG[30] eine Verschärfung der Nachweispflicht vor. Wie nach dem bisher für Arbeiter geltenden LFG sollten nunmehr alle Arbeitnehmer eine ärztliche Bescheinigung bereits ab dem ersten Kalendertag vorlegen müssen. Wegen der Mehrheitsverhältnisse im Bundesrat konnte der ursprüngliche Regierungsentwurf parlamentarisch jedoch nicht durchgesetzt werden.[31]

Anders als bisher nach § 3 Abs. 1 LFG bedarf es einer Attestvorlage durch den Arbeitnehmer im Allgemeinen erst dann, wenn seine Arbeitsunfähigkeit länger als 341

---

[25] Zutreffend *Kleinebrink*, S. 15 m.w.N.
[26] Dazu auch *Kleinebrink*, S. 16.
[27] So auch *Gola*, EFZG, § 5 Rdn. 4.1, S. 203; *Wedde/Gerntke/Kunz/Platow*, EFZG, § 5 Rdn. 6, 21; *Bleistein*, b+p 1995, 20; *Schmatz/Fischwasser/Geyer/Knorr*, EFZG, § 5 Rdn. 11, 27; *Helml*, EFZG, § 5 Rdn. 4; *Brecht*, EFZG, § 5 Rdn. 2; *Bauer/Röder/Lingemann*, S. 65; *Müller/Berenz*, EFZG, § 5 Rdn. 19; *Kaiser/Dunkl/Hold/Kleinsorge*, EFZG, § 5 Rdn. 1; MünchArbR/*Boecken*, § 85 Rdn. 3. – allgemeine Auffassung schon zu § 3 Abs. 1 LFG, Nachw. bei *Lepke*, 8. Aufl., S. 181 Fußn. 10; *ders.*, NZA 1995, 1085.
[28] Ebenso *Bauer/Lingemann*, BB 1996, Beilage Nr. 17, S. 9; *Hanau*, RdA 1997, 207; *Giesen*, RdA 1997, 194; *Staudinger/Oetker*, BGB, § 616 Rdn. 307; *Vossen*, NZA 1998, 356; *Boecken*, NZA 1999, 677; *Worzalla/Süllwald*, EFZG, § 5 Rdn. 4a, 16; *Kaiser/Dunkl/Hold/Kleinsorge*, EFZG. § 5 Rdn. 1; *Tschöpe/Kappelhoff*, Teil 2 B, Rz. 174.
[29] LAG Sachsen-Anh. (24. 4. 96) NZA 1997, 772 = BB 1996, 2307; *Lepke*, NZA 1995, 1085; *Schmitt*, EFZG, § 5 Rdn. 32; *Vossen*, S. 103 Rdn. 235; *Tschöpe/Kappelhoff*, Teil 2 B, Rz. 174.
[30] Bundestags-Drucks. 12/5263, S. 4, 12ff.
[31] Dazu im Einzelnen *Kleinsorge*, NZA 1994, 640f.; siehe auch die Kritik von *Boecken*, MünchArbR, § 85 Rdn. 24.

drei Kalendertage dauert, § 5 Abs. 1 Satz 2 EFZG. Daraus folgt, dass für eine Erkrankung während der ersten drei Kalendertage eine Nachweispflicht in der Regel nicht besteht[32, 33]; denn die Formulierung „dauert die Arbeitsunfähigkeit länger als drei Kalendertage" hat die Bedeutung eines gesetzlichen Tatbestandsmerkmales. Dem Vorschlag des Arbeits- und Sozialausschusses des Deutschen Bundestages folgend[34] ist es zu der gesetzlichen Regelung gekommen, weil anderenfalls die Zunahme ärztlicher Untersuchungen und damit höhere Kosten für die Krankenkassen zu befürchten gewesen wären. Immerhin war 1991 jeder fünfte Arbeitnehmer maximal nur drei Tage arbeitsunfähig krank[35], während 1996 etwa 11 % aller mit Krankheit begründeten Fehlzeiten auf Kurzerkrankungen von maximal drei Tagen fielen.[36] So erhielten im Jahre 2000 etwa 40 % der beschäftigten BKK-Pflichtmitglieder überhaupt keine Arbeitsunfähigkeitsbescheinigung.[36] Aufgrund der in der betrieblichen Praxis gemachten negativen Erfahrungen mit nicht berechtigten Fehlzeiten muss jedoch bezweifelt werden, dass sich die Erwartungen der Krankenkassen erfüllen. Diejenigen Arbeitnehmer, die gewillt sind, die gesetzliche Entgeltfortzahlung zu missbrauchen, werden nunmehr eher ermutigt als von einem solchen Vorhaben abgehalten, so dass aller Wahrscheinlichkeit nach die Aufwendungen der gesetzlichen Krankenkassen nicht unwesentlich zunehmen könnten, was sich zwischenzeitlich auch bestätigt hat. Zu dieser Erkenntnis war offenbar auch der damalige Gesetzgeber gelangt, wenn er bei der Änderung des EFZG 1996 die Beschränkung des fortzuzahlenden Arbeitsentgelts auf 80 %, § 4 EFZG a.F., u.a. damit begründete, dass auf diese Weise das missbräuchliche Ausnutzen der Entgeltfortzahlung bekämpft werden sollte.[37]

342 Durch § 5 Abs. 1 Satz 2 EFZG hat sich die bisherige Streitfrage zu § 3 Abs. 1 LFG erledigt, ob auch schon bei kurzfristigen, drei Tage nicht überschreitenden Krankheiten eine Attestvorlagepflicht für Arbeiter bestand[38] und ob Vereinbarun-

---

[32] So auch *Diller*, NJW 1994, 1692; *Hanau/Kramer*, DB 1995, 95; *Lepke*, NZA 1995, 1086; *Kramer*, BB 1996, 1662; *Worzalla*, NZA 1996, 61f.; *Schmitt*, EFZG, § 5 Rdn. 36; *Kaiser/Dunkl/Hold/Kleinsorge*, EFZG, § 5 Rdn. 15; Kasseler Handbuch/*Vossen*, 2.2 Rdn. 176, 182; *Gola*, EFZG, § 5 Rdn. 4.2; *Staudinger/Oetker*, BGB, § 616 Rdn. 308 m.w.N.; *Schaub*, in: Müko-BGB, § 616 Rdn. 140; *Boecken*, NZA 1999, 679; MünchArbR/*Boecken*, § 85 Rdn. 40; *Angel*, S. 104; *Feichtinger*, ArbR-Blattei, Krankheit II, Rdn. 23 – **anders** *Berenz*, DB 1995, 2170: Die bisherige Rechtslage habe nicht verändert werden sollen; siehe auch *Worzalla/Süllwald*, EFZG, § 5 Rdn. 19 (anders Rdn. 54); **anders** jetzt *Müller/Berenz*, EFZG, § 5 Rdn. 18.

[33] Zur Frage, in welcher Weise der Arbeitnehmer seine krankheitsbedingte Arbeitsunfähigkeit während der ersten drei Kalendertage nachweisen muss, um die Entgeltfortzahlung verlangen zu können, siehe Kasseler Handbuch/*Vossen*, 2.2 Rz. 252–255; FA-ArbR/*Worzalla*, S. 277 Rdn. 1382.

[34] Vgl. Bundestags-Drucks. 12/5798, S. 26.

[35] Umfrage der BDA, Betrieblicher Krankenstadt: Probleme und Maßnahmen (1991) S. 3; *Gola*, EFZG, S. 24.

[36] Siehe *Wersdörfer*, AG 1997, 716; Arbeitsberichte 17 der BDA, S. 2; BKK 2002, 223.

[37] Vgl. Begründung des Gesetzentwurfes, Allgemeiner Teil II, Bundestags-Drucks. 13/4612.

[38] Im Einzelnen dazu *Lepke*, 8. Aufl., S. 180 m.N.; *Schmitt*, LFZG, § 3 Rdn. 28; *Schaub*, 7. Aufl. 1992, S. 853ff.

gen, die sich in den Betrieben allgemein bewährt hatten[39], zulässig waren[40], nach denen bei Kurzerkrankungen unter bestimmten Voraussetzungen die Vorlage eines ärztlichen Attestes entbehrlich sein sollte.

Auf den ersten Blick erscheint unklar, an welchem Tag seiner Erkrankung der Arbeitnehmer ein Attest vorlegen muss. Nach dem Gesetzeswortlaut wäre dies wohl erst am fünften Tag nach dem Krankheitsbeginn notwendig.[41] Länger als drei Tage dauert eine Krankheit am vierten Tag, so dass der darauf folgende Tag der fünfte Tag sein müsste. Dass die Nachweispflicht aber bereits ab dem vierten Krankheitstag besteht, ergibt sich unmissverständlich aus den Gesetzesmaterialien.[42] Nichts anderes folgt aus dem Sinn und Zweck der Norm[43], die Kontrolle der Arbeitsunfähigkeit durch den Arbeitgeber jedenfalls nicht einzuschränken, sondern ausnahmsweise sogar zu verschärfen.

343

Anders als nach bisherigem Recht[44] gilt für die Fristenberechnung nicht mehr § 187 Abs. 1 BGB[45], wonach der Tag der Erkrankung unberücksichtigt bliebe. § 5 Abs. 1 Satz 2 EFZG stellt auf einen bestimmten Zeitpunkt ab, nämlich auf den „darauf folgenden Tag". Erkrankt der Arbeitnehmer beispielsweise am Dienstag morgen, ist der Dienstag der erste und der Donnerstag der dritte Tag, so dass bei Fortdauer der Erkrankung ein Attest dem Arbeitgeber am Freitag vorgelegt werden muss.[46] Da das EFZG ausdrücklich von Arbeits-, nicht hingegen von Werktagen[47] spricht – Werktage sind alle Kalendertage, die nicht Sonntage oder gesetzliche Feiertage sind[48] –, verlängert sich die Vorlagefrist durch arbeitsfreie Werk-,

344

---

[39] Siehe *Lepke*, 8. Aufl., S. 180; *Meisel*, S. 311 Rdn. 499; *Staudinger/Oetker*, BGB, Aufl. 1997, § 616 Rdn. 310; LAG Berlin (25.1.88) NZA 1988, 434; LAG Nürnberg (18.6.97) ARSt 1997, S. 281 – **abratend** *Hunold*, S. 63; *Salowsky*, Fehlzeiten (1991), S. 32f.

[40] Zum Mitbestimmungsrecht des Betriebsrates nach § 87 Abs. 1 Nr. 1 BetrVG siehe BAG (27.6.90) NZA 1991, 103 = AP Nr. 107 zu § 7 LohnFG; (5.5.92) EzA Nr. 19 zu § 87 BetrVG 1972 Betriebliche Ordnung; *Brox/Rüthers*, S. 264 Rdn. 368.

[41] So *Müller/Berenz*, EFZG, 1. Aufl. 1994, § 5 Rdn. 7; *Wedde/Gerntke/Kunz/Platow*, EFZG, § 5 Rdn. 26.

[42] Bundestags-Drucks. 12/5798, S. 2, 21, 24.

[43] Ebenso *Diller*, NJW 1994, 1691; *Schaub*, BB 1994, 1629; *Schaub/Linck*, S. 1052 Rdn. 125; *Lepke*, NZA 1995, 1086; *Schliemann*, AuR 1994, 322f.; *Viethen*, EFZG, S. 26; *Hanau/Kramer*, DB 1995, 95; *Geyer/Knorr/Krasney*, EFZG, § 5 Rdn. 26; *Kramer*, BB 1996, 1663; *Staudinger/Oetker*, BGB, § 616 Rdn. 310; *Tschöpe*, MDR 1996, 1085; *Schmitt*, EFZG, § 5 Rdn. 44; Kasseler Handbuch/*Vossen*, 2.2 Rz. 183; *Worzalla/Süllwald*, EFZG, § 5 Rdn. 54; *Feichtinger*, ArbR-Blattei, Krankheit II, Rdn. 23.

[44] Vgl. *Lepke*, 8. Aufl., S. 180; *Schmitt*, LFZG, § 3 Rdn. 30; *Galahn*, S. 7.

[45] So auch *Diller*, NJW 1994, 1691; *Lepke*, NZA 1995, 1086; *Hanau/Kramer*, DB 1995, 95; *Kramer*, BB 1996, 1663; *Bauer/Röder/Lingemann*, S. 65; *Staudinger/Oetker*, BGB, § 616 Rdn. 309; *Schmitt*, EFZG, § 5 Rdn. 39 (anders aber § 3 Rdn. 125ff.); *Erman/Belling*, BGB, § 616 Rdn. 141; MünchArbR/*Boecken*, § 85 Rdn. 41; *Feichtinger*, ArbR-Blattei, Krankheit II, Rdn. 23 – **anderer Ans.** *Gola*, EFZG, § 5 Rdn. 4.2; *Berenz*, DB 1995, 2169; *Müller/Berenz*, EFZG, § 5 Rdn. 30; *Soergel/Kraft*, BGB, § 616 Rdn. 56; *Kaiser/Dunkl/Hold/Kleinsorge*, EFZG, § 5 Rdn. 16; Kasseler Handbuch/*Vossen*, 2.2 Rz. 178; *Feichtinger*, ArbR-Blattei, Krankheit II, Rdn. 23; *Wedde/Gerntke/Kunz/Platow*, EFZG, § 5 Rdn. 26; *Angel*, S. 107ff.; *Kunz/Wedde*, EFZR, § 5 EFZG Rdn. 29.

[46] Ebenso etwa *Schmitt*, EFZG, § 5 Rdn. 47.

[47] Zutreffend *Kramer*, BB 1996, 1663; *Staudinger/Oetker*, BGB, § 616 Rdn. 311 – **unrichtig** *Schneider*, ZfS 1994, 263; *Schwedes*, in: FS für Stahlhacke, S. 499.

[48] Vgl. etwa Kasseler Handbuch/*Schliemann*, 2.5 Rz. 138.

Sonn oder Feiertage. Es kommt nicht darauf an, ob der Vorlagetag für den betreffenden Arbeitnehme ein Arbeitstag ist, sondern ob an diesem Tag im Betrieb gearbeitet wird.[49] Für die Fristberechnung ändert sich auch dadurch nichts, dass der Arbeitnehmer erst nach dem täglichen Arbeitsende, aber vor 24.00 Uhr erkrankt[50], er sich beispielsweise beim abendlichen Freizeitsport verletzt hat. Wird ein Arbeitnehmer, in dessen Betrieb die 5-Tage-Woche gilt, etwa am Mittwoch arbeitsunfähig krank, muss er das Attest am folgenden Montag vorlegen. Allerdings hat der ihn behandelnde Arzt[51] die Erkrankung ab Samstag zu bestätigen.

345   Für die Fristberechnung kommt es auf den Zugang beim Arbeitgeber während der betriebsüblichen Arbeitszeit entsprechend § 130 BGB, nicht hingegen auf den Zeitpunkt der Absendung an.[52] Deshalb muss der Arbeitnehmer im eigenen Interesse alle notwendigen Vorkehrungen treffen, um das Attest dem Arbeitgeber rechtzeitig zugehen zu lassen.

345a   Auch im Rahmen eines Teilzeit-Arbeitsverhältnisses besteht eine uneingeschränkte Nachweispflicht.[53] Wenn es nach § 5 Abs. 1 Satz 2 EFZG auf Arbeitstage unabhängig davon ankommt, ob der arbeitsunfähige Arbeitnehmer an diesem Tag zu arbeiten hat, kann nicht maßgeblich darauf abgestellt werden, ob für den Teilzeit-Beschäftigten für den bescheinigten Zeitraum eine Arbeitspflicht besteht oder nicht.

b) Frühere Attestvorlage

346   Gemäß § 5 Abs. 1 Satz 3 EFZG ist der Arbeitgeber berechtigt, die Vorlage einer ärztlichen Bescheinigung auch schon früher zu verlangen, mithin auch bei einer Erkrankung von weniger als drei Tagen. Es handelt sich insoweit um einen sog. verhaltenen Anspruch[54], um einen Anspruch, dessen Erfüllung jederzeit, aber nur auf Verlangen des Berechtigten zu bewirken ist. Ob der Begriff „früher" einschränkend dahingehend auszulegen ist, dass die Bescheinigung erst ab dem zweiten Kalender-

---

[49] So auch *Schliemann*, AuR 1994, 323; *Hanau/Kramer*, DB 1995, 95; *Lepke*, NZA 1995, 1086; *Kramer*, BB 1996, 1663; Kasseler Handbuch/*Vossen*, 2.2 Rz. 184; *Gola*, BB 1995, 2319; *Schmitt*, EFZG, § 5 Rdn. 46; *Staudinger/Oetker*, BGB, § 616 Rdn. 311; MünchArbR/*Boecken*, § 85 Rdn. 42; *Müller/Berenz*, EFZG, § 5 Rdn. 29 – **anderer Ans.** *Diller*, NJW 1994, 1692; *Berenz*, DB 1995, 2170; *Kaiser/Dunkl/Hold/Kleinsorge*, EFZG, § 5 Rdn. 17, 18; ErfK/*Dörner*, § 5 EFZG Rdn. 20.
[50] *Kramer*, BB 1996, 1664, mit eingehender Begründung; *Müller/Berenz*, EFZG, § 5 Rdn. 31; *Feichtinger*, ArbR-Blattei, Krankheit II, Rdn. 23 – **anders** *Vossen*, HzA, Gruppe 2 Rdn. 246.
[51] Zum Begriff insbesondere *Galahn*, S. 14.
[52] *Lepke*, NZA 1995, 1086; *Worzalla*, NZA 1996, 64; *Kramer*, BB 1996, 1663 m.w.N.
[53] So auch Kasseler Handbuch/*Linck*, 4.2 Rz. 178; *Özcan*, S. 110 – **anders** *Feichtinger*, ArbR-Blattei, Krankheit II, Rdn. 24a; *Schmitt*, FS für *Gitter*, S. 847 (852f.); *Kaiser/Dunkl/Hold/Kleinsorge*, EFZG, § 5 Rdn. 17, 18.
[54] Der Begriff geht auf *Langheineken*, S. 101f., zurück.

tag verlangt werden kann, ist streitig.[55] Aus Zweckmäßigkeitsgründen verdient die Auffassung den Vorzug, die ein solches Verlangen erst vom zweiten Erkrankungstag an bejaht. Das BAG[56] meint jedoch, den Arbeitnehmer treffe insoweit eine Obliegenheit, rechtzeitig einen Arzt aufzusuchen. Verlange der Arbeitgeber eine Arbeitsunfähigkeitsbescheinigung bereits für den ersten Tag der Erkrankung, müsse sich der Arbeitnehmer einer ärztlichen Untersuchung so rechtzeitig stellen, dass es dem Arzt möglich sei, die Arbeitsunfähigkeit bereits für den ersten Tag zu attestieren. 1997 nutzte die Hälfte der deutschen Unternehmen die gesetzliche Möglichkeit der früheren Attestvorlage, wobei 87,1 % der Unternehmen „gute" Erfahrungen damit gemacht haben sollen.[57]

Das an keine Form gebundene Verlangen des Arbeitgebers hat der Gesetzgeber nicht vom Vorliegen besonderer Voraussetzungen abhängig gemacht, etwa einem „sachlichen" Grund[58], ob eine schon länger dauernde Krankheit oder nur Kurzerkrankungen vorliegen.[59] Auch besteht keine Begründungspflicht.[60] Zwar soll dadurch dem Arbeitgeber auch eine flexible Bekämpfung der missbräuchlichen Inanspruchnahme krankheitsbedingter Entgeltfortzahlung möglich sein. Der Gesetzgeber hat ausdrücklich vor allem in der Höhe des Krankenstandes und der Zahl der Kurzerkrankungen ein Anzeichen für den Missbrauch gesehen[61], der die Betriebe vor erhebliche Probleme sowohl bei den Kosten als auch bei der Personaleinsatzplanung und der Mitarbeitermotivation stellt. Gleichwohl erscheint es nicht

347

---

[55] So *Hanau/Kramer*, DB 1995, 95; *Lepke*, NZA 1995, 1086; *Kramer*, BB 1996, 1666; Kasseler Handbuch/*Vossen*, 2.2 Rz. 197 (siehe aber Rz. 190); MünchArbR/*Berkowsky*, § 137 Rdn. 208; *Angel*, S. 122ff.; *Palandt/Putzo*, BGB, § 616 Rdn. 27; *Kunz/Wedde*, EFZR, § 5 EFZG Rdn. 33; LAG Köln (17.11.00) NZA-RR 2001, 367: darauf folgender Arbeitstag – **anders** *Feldgen*, DB 1994, 1290; *Hallmann*, BKK 1994, 611; *Viethen*, KrV 1994, 152; *Schliemann*, AuR 1994, 324; *Müller/Berenz*, EFZG, § 5 Rdn. 32; *Geyer/Knorr/Krasney*, EFZG, § 5 Rdn. 28; *Helml*, EFZG, § 5 Rdn. 1; *Brecht*, EFZG, § 5 Rdn. 11; *Feichtinger*, ArbR-Blattei, Krankheit II, Rdn. 27; Kasseler Handbuch/*Vossen*, 2.2 Rz. 190; *Schmitt*, EFZG, § 5 Rdn. 56; ErfK/*Dörner*, § 5 EFZG Rdn. 23; *Knorr/Bichlmeier/Kremhelmer*, S. 511 Rdn. 92; *Boecken*, NZA 1999, 679; *Worzalla/Süllwald*, EFZG, § 5 Rdn. 60; *Helml*, Arbeitsrecht, S. 86; *Löwisch*, Arbeitsrecht, S. 285 Rdn. 1050; *Tschöpe/Kappelhoff*, Teil 2 B, Rz. 175; *Zirnbauer/Köhne*, B II 1.4, S. 18; BAG (1.10.97) DB 1998, 580.
[56] (1.10.97) AP Nr. 4 zu § 5 EntgeltFG = NZA 1998, 369ff.
[57] Vgl. Arbeitsberichte 17 der DBA, S. 2.
[58] Zutreffend *Diller*, NJW 1994, 1692; *Hanau/Kramer*, DB 1995, 95; *Helml*, EFZG, § 5 Rdn. 6, 12; *Berenz*, DB 1995, 2170; *Lepke*, NZA 1995, 1086; *Worzalla*, NZA 1996, 65; *Bauer/Röder/Lingemann*, S. 66; *Dörner/Luczak/Wildschütz*, C, Rdn. 1619; *Kaiser/Dunkl/Hold/Kleinsorge*, EFZG, § 5 Rdn. 22; *Geyer/Knorr/Krasney*, EFZG, § 5 Rdn. 28; *Staudinger/Oetker*, BGB, § 616 Rdn. 316, 317; *Boecken*, NZA 1999, 679; *Erman/Belling*, BGB, § 616 Rdn. 141; MünchArbR/*Berkowsky*, § 137 Rdn. 208; siehe auch *Schaub*, BB 1994, 1629, aber widersprüchlich zu S. 1630; *Schaub/Linck*, S. 1053 Rdn. 128, 129.
[59] *Staudinger/Oetker*, BGB, § 616 Rdn. 314 m.w.N.
[60] Etwa *Vossen*, S. 115 Rdn. 272 m.w.N.; *Feichtinger*, ArbR-Blattei, Krankheit II, Rdn. 27.
[61] Siehe Bundestags-Drucks. 12/5263, S. 10.

vertretbar[62], die individuelle Nachweispflicht des Arbeitnehmers von „ernsthaften und objektiv begründeten Zweifeln am tatsächlichen Bestehen einer Arbeitsunfähigkeit" abhängig zu machen. Bei der Schaffung des § 5 Abs. 1 Satz 3 EFZG war dem Gesetzgeber die Missbrauchsproblematik sehr wohl bekannt[61], ohne dass er auf konkrete Verdachtsmomente für eine missbräuchliche Rechtsausübung im Einzelfall abgestellt hat, wie dies etwa für die Einschaltung des Medizinischen Dienstes auf Antrag des Arbeitgebers, § 275 Abs. 1 lit. 3b SGB V, notwendig ist. Während bisher der Arbeitgeber „begründete" Zweifel an der behaupteten Arbeitsunfähigkeit des Arbeitnehmers darlegen musste, genügen nach der Neufassung der Norm schon „Zweifel". Auch in § 18 Abs. 3 BAT a.F. hieß es wie etwa in den §§ 18 Abs. 3 BMT-G II, 20 Abs. 3 MTL II ausdrücklich, dass der Arbeitgeber (nur) in „besonderen Einzelfällen"[63] berechtigt ist, früher die Vorlage einer ärztlichen Bescheinigung zu verlangen. Nach § 9 Abs. 1 des MTV für die Arbeitnehmer der Deutschen Bahn AG vom 27.12.1993 i.d.F. des 30. ÄndTV vom 17.12.1997/21.12.1998 kann der Arbeitgeber in „begründeten" Fällen vom Arbeitnehmer bereits vom ersten Tage an die Vorlage einer ärztlichen Bescheinigung verlangen. Ebenso bestimmte etwa § 9b Abs. 2 Satz 5 AVR (1985), dass der Arbeitgeber eine Dienstunfähigkeitsbescheinigung in „besonderen Fällen" bereits ab dem ersten Krankheitstag verlangen kann.[64] Nunmehr heißt es in der Anl. 1 XII a Abs. a Satz 4 AVR: „Der Dienstherr ist berechtigt, in Einzelfällen die Vorlage der ärztlichen Bescheinigung früher zu verlangen." Die diesbezüglichen tarifvertraglichen Regelungen für den Bereich des öffentlichen Dienstes, §§ 37a Abs. 1 Unterabs. 1 Satz 2 BAT, 35 Abs. 1 Unterabs. 1 Satz 3 BMT-G, 42a Abs. 1 Unterabs. 1 Satz 3 MT Arb, entsprechen inhaltlich nunmehr weitgehend § 5 Abs. 1 Unterabs. 1 Satz 3 EFZG. Das Merkmal „besondere" Einzelfälle ist weggefallen. Es wird nur noch auf den „Einzelfall" abgestellt. Damit steht fest, dass die fraglichen tarifvertraglichen Regelungen etwas enger sind als das gesetzliche Vorbild, wenn auch gegenüber der bisherigen Rechtslage eine deutliche Lockerung eingetreten ist.[65] Wenn aber § 5 Abs. 1 Satz 3 EFZG insoweit keine ausdrückliche Einschränkung enthält, muss im Wege des Umkehrschlusses (argumentum e contrario) gefolgert werden, dass das diesbezügliche Verlangen des Arbeitgebers an besondere Voraussetzungen nicht gebunden ist. Einer Beteiligung des Betriebs- oder Personalrates bedarf es in diesen Fällen nicht[66], weil § 5 Abs. 1 Satz 3 EFZG ein Mitbestimmungsrecht gemäß §§ 87 Abs. 1 Einleitungssatz

---

[62] Ebenso BAG (1.10.97) AP Nr. 4 zu § 5 EntgeltFG; *Hanau/Kramer*, DB 1995, 95; *Lepke*, NZA 1995, 1086; *Bauer/Röder/Lingemann*, S. 66; *Gola*, EFZG, § 5 Rdn. 5.2; *Schaub*, Müko-BGB, § 616 Rdn. 141; MünchArbR/*Boecken*, § 85 Rdn. 43 – **anderer Ans.** *Wedde/Gerntke/Kunz/Platow*, EFZG, § 5 Rdn. 25; *Kunz/Wedde*, EFZR, § 5 EFZG Rdn. 34; *Pieper*, PersR 1995, 474.

[63] Vgl. nur *Pieper*, PK-BAT, § 18 Rdn. 19: allein dann, wenn konkrete Umstände den dringenden Verdacht begründen, dass der Angestellte die attestfreie Zeit rechtsmissbräuchlich ausnutzt, um „blau" zu machen.

[64] Siehe dazu LAG Nürnberg (18.6.97) NZA-RR 1998, 51f.

[65] So auch *Uttlinger* u.a., BAT, § 37a Erl. 9.

[66] Im Ergebnis ebenso *Diller*, NJW 1994, 1692; *Gola*, BB 1995, 2325; *Kramer*, BB 1996, 1667; *Worzalla*, NZA 1996, 66; *Staudinger/Oetker*, BGB, § 616 Rdn. 319 m.w.N.; *Schmitt*, EFZG, § 5 Rdn. 54; Kasseler Handbuch/*Vossen*, 2.2 Rz. 202; *Angel*, S. 118; *Gaumann*, FA 2001, 724; MünchArbR/*Boecken*, § 85 Rdn. 45; *Stege/Weinspach/Schiefer*, BetrVG, § 87

BetrVG, 75 Abs. 3 Einleitungssatz BPersVG ausschließt. Zwar handelt es sich bei einer solchen Anordnung um eine Frage der betrieblichen Ordnung im Sinne von § 87 Abs. 1 Nr. 1 BetrVG.[67] Die Anordnung des Arbeitgebers bezieht sich nämlich nicht auf die Arbeitsleistung im engeren Sinne, sondern auf die davon zu unterscheidende Nebenpflicht des Arbeitnehmers in Form der Nachweispflicht. Deshalb kann ein allgemeines betriebliches Ordnungsproblem nicht ernsthaft in Zweifel gezogen werden. Allerdings räumt der Wortlaut des § 5 Abs. 1 Satz 3 EFZG dem Arbeitgeber ein einseitiges Bestimmungsrecht gegenüber dem Arbeitnehmer ein. Gleichwohl können auch einseitig bestehende originäre Bestimmungsrecht des Arbeitgebers durch eine gleichberechtigte Teilhabe des Betriebsrates in sozialen Angelegenheiten eingeschränkt sein.[68] Wenn auch § 5 Abs. 1 Satz 3 EFZG im Verhältnis zu § 5 Abs. 1 Satz 2 EFZG eine Ausnahmeregelung darstellt, lassen sich daraus jedoch noch keine zwingenden Rechtsfolgen in der einen oder anderen Richtung herleiten. Der Sinn und Zweck der Norm, die rechtsmissbräuchliche Inanspruchnahme der Entgeltfortzahlung effektiv zu bekämpfen, spricht indessen dafür, ein uneingeschränktes einseitiges Bestimmungsrecht des Arbeitgebers zu bejahen.[69]

Bei der Ausübung der Befugnis nach § 5 Abs. 1 Satz 3 EFZG, die im freien Ermessen des Arbeitgebers steht[70], hat er allerdings die allgemeinen Grenzen der Rechtsausübung zu beachten, insbesondere den arbeitsrechtlichen Gleichbehandlungsgrundsatz.[71] So erscheint es beispielsweise sachgerecht, wenn der Arbeitgeber nur von Arbeitnehmern ab einer bestimmten Krankheitsquote oder in Abteilungen mit einem überdurchschnittlichen Krankenstand eine frühere Attestvorlage verlangt[72], während eine Differenzierung nach Arbeitern und Angestellten problema-

348

Rdn. 479; *Worzalla/Süllwald*, EFZG, § 5 Rdn. 64ff.; *Hess/Schlochauer/Glaubitz*, BetrVG, § 87 Rdn. 114; *Hromadka/Maschmann*, 1. Aufl., S. 279 Rdn. 87 – **anderer Ans.** *Schaub*, BB 1994, 1630; *Schaub/Linck*, S. 1053 Rdn. 136; *Schaub/Koch*, S. 2395 Rdn. 8; *Wedde/Gerntke/Kunz/Platow*, EFZG, § 5 Rdn. 25a; *Däubler/Kittner/Klebe*, BetrVG, § 87 Rdn. 25, 52; *Knorr/Bichlmeier/Kremhelmer*, S. 512 Rdn. 92; *Feichtinger*, ArbR-Blattei, Krankheit II, Rdn. 30; Krankheit I, Rdn. 253; *Kaiser/Dunkl/Hold/Kleinsorge*, EFZG § 5 Rdn. 22; *Erman/Belling*, BGB § 616 Rdn. 141; BAG (25.1.00) DB 2000, 1128ff. = BB 2000, 1195ff.; zust. *Mauer/Schüßler*, FA 2000, 211 (213); *Kunz/Wedde*, EFZR, § 5 EFZG Rdn. 21; ErfK/*Hanau/Kania*, § 87 BetrVG Rdn. 21; ErfK/*Dörner*, § 5 EFZG Rdn. 22; *Kittner/Zwanziger/Schoof*, § 58 Rdn. 236, 355; *Marienhagen/Künzl*, EFZG, § 5 Rdn. 3b; *Müller/Berenz*, EFZG, § 5 Rdn. 37; *Etzel*, Betriebsverfassungsrecht, S. 198 Rdn. 511; *Löwisch/Kaiser*, BetrVG, § 87 Rdn. 37; *Wiese*, GK-BetrVG, § 87 Rdn. 226; *Tschöpe/Kappelhoff*, Teil 2 B, Rz. 175; LAG Hamm (19.9.95) LAGE Nr. 28 zu § 98 ArbGG 1979 = NZA-RR 1996, 335; ArbG Bielefeld (27.11.96) – 4 Ca 1174/96 –.
[67] BAG (25.1.00) BB 2000, 1195ff. m.w.N.; *Löwisch/Kaiser*, BetrVG, § 87 Rdn. 43 – **kritisch** *Rebhahn*, Anm. zu BAG SAE 2002, 134 (139ff.).
[68] BAG (3.12.91) E 69, 134 (146).
[69] Zutreffend *Gaumann*, FA 2001, 72 (73f.); siehe auch *Rebhahn*, Anm. zu BAG SAE 2002, 134 (141).
[70] Bundestags-Drucks. 12/5798, S. 24, 26.
[71] *Diller*, NJW 1994, 1692; *Schaub*, BB 1994, 1629; *Gola*, EFZG, § 5 Rdn. 5.5, S. 208; *Wedde/Gerntke/Kunz/Platow*, EFZG, § 5 Rdn. 25; *Staudinger/Oetker*, BGB, § 616 Rdn. 317; *Worzalla*, NZA 1996, 65; *Schmitt*, EFZG, § 5 Rdn. 64; *Kaiser/Dunkl/Hold/Kleinsorge*, EFZG, § 5 Rdn. 22; Kasseler Handbuch/*Vossen*, 2.2 Rz. 195; *Boecken*, NZA 1999, 679; BAG (1.10.97) DB 1998, 580.
[72] Kasseler Handbuch/*Vossen*, 2.2 Rz. 195; siehe auch Hess. LAG (6.9.01) DB 2002, 1224.

tisch erscheint.[73] Ebenso wird § 315 Abs. 1 BGB entsprechende Anwendung finden müssen.[74] Die Entscheidung hat also billigem Ermessen zu entsprechen.[75] Ein stichprobenartiges Vorgehen des Arbeitgebers erscheint im Allgemeinen jedoch ebenso zulässig[76] wie ein generelles Verlangen im Einzelarbeitsvertrag gegenüber allen Arbeitnehmern[77, 78] oder durch Aushang am „Schwarzen Brett".[79] Auch eine temporäre Beschränkung der Pflicht zur früheren Attestvorlage kann in Betracht kommen.[80] Anders muss hingegen die Rechtslage nach den §§ 37a Abs. 1 Satz 3 BAT, 35 Abs. 1 Unterabs. 1 Satz 3 BMT-G, 42a Abs. 1 Unterabs. 1 Satz 3 MTArb beurteilt werden, wonach der Arbeitgeber (nur) in Einzelfällen berechtigt ist, die Vorlage einer ärztlichen Bescheinigung früher zu verlangen. Folglich kann die Anordnung immer nur hinsichtlich eines bestimmten Arbeitnehmers erfolgen, sei es vorübergehend oder generell, ohne dass sie einer besonderen Begründung bedarf.[81] Wenn aber § 5 Abs. 1 Satz 3 EFZG für ein antizipiertes Verlangen des Arbeitgebers keine diesbezüglichen Einschränkungen normiert hat, kann entgegen der Auffassung von *Schaub*[82] auch der Unabdingbarkeitsgrundsatz des § 12 EFZG nicht verletzt sein.

349 Der Arbeitnehmer muss auf Verlangen des Arbeitgebers ein ärztliches Attest auch dann vorlegen, wenn er während der Arbeitszeit einen Arzt aufsuchen

---

[73] Ebenso *Kunz/Wedde*, EFZR, § 5 EFZG Rdn. 35 – **anders** *Schmitt*, EFZG, § 5 Rdn. 60f.
[74] *Schliemann*, AuR 1994, 324; *Gola*, EFZG, § 5 Rdn. 5, S. 208; *Schaub*, BB 1994, 1629; *Hanau/Kramer*, DB 1995, 95; *Gola*, BB 1995, 2320; Kasseler Handbuch/*Vossen*, 2.2 Rz. 194.
[75] Dazu im Einzelnen etwa *Palandt/Heinrichs*, BGB, § 315 Rdn. 8, 10ff.; BAG (20.12.1984) NZA 1986, 21; (29.8.91) NZA 1992, 67; (23.6.93) NZA 1993, 1127.
[76] So auch *Diller*, NJW 1994, 692; *Gola*, BB 1995, 2320; *Hanau/Kramer*, DB 1995, 96; *Lepke*, NZA 1995, 1086; *Vossen*, S. 115 Rdn. 272; *Schmitt*, EFZG, § 5 Rdn. 63; *Staudinger/Oetker*, BGB, § 616 Rdn. 317 – zweifelnd *Schaub*, 9. Aufl., S. 984 Rdn. 127.
[77] Ebenso *Diller*, NJW 1994, 1962; *Hanau/Kramer*, DB 1995, 96; *Lepke*, NZA 1995, 1087; *Worzalla*, NZA 1996, 65; *Kramer*, BB 1996, 1666; *Tschöpe*, MDR 1996, 1085; Kasseler Handbuch/*Vossen*, 2.2 Rz. 192; *Geyer/Knorr/Krasney*, EFZG, § 5 Rdn. 28; *Staudinger/Oetker*, BGB, § 616 Rdn. 318; *Stückmann*, AuA 1998, 227; *Feichtinger*, ArbR-Blattei, Krankheit II, Rdn. 27; *Dörner/Luczak/Wildschütz*, C, Rdn. 1621; *Müller/Berenz*, EFZG, § 5 Rdn. 36, 37; BAG (1.10.97) BB 1998, 485 = NZA 1998, 369f.; LAG Köln (17.11.00) NZA-RR 2001, 367 – **anderer Ans.** *Schaub*, BB 1994, 1630; *ders.*, Arbeitsrechts-Handbuch, 9. Aufl., S. 985 Rdn. 132 (siehe aber Rdn. 130); *Angel*, S. 119; *Kittner/Zwanziger/Schoof*, § 58 Rdn. 237; *Gola*, BB 1995, 2320.
[78] Zur Zulässigkeit kollektiver Maßnahmen und eines etwaigen Mitbestimmungsrechtes des Betriebsrates siehe *Worzalla*, NZA 1996, 65f.; *Worzalla/Süllwald*, EFZG, § 5 Rdn. 66ff.; *Stege/Weinspach/Schiefer*, BetrVG, § 87 Rdn. 44b, 47a m.w.N., und *Kramer*, BB 1996, 1667, die ein solches zu Recht verneinen – **anders** *Schaub*, 9. Aufl., S. 985 Rdn. 136; *Schaub/Linck*, S. 1053 Rdn. 136; *Kaiser/Dunkl/Hold/Kleinsorge*, EFZG, § 5 Rdn. 25.
[79] So auch *Meisel*, S. 311 Rdn. 497; Kasseler Handbuch/*Vossen*, 2.2 Rz. 192 m.N.; *Knorr/Bichlmeier/Kremhelmer*, S. 512 Rdn. 92; *Worzalla/Süllwald*, EFZG, § 5 Rdn. 59; *Schaub/Linck*, S. 1052 Rdn. 127 – **anders** *Angel*, S. 119f.
[80] *Müller/Berenz*, EFZG, § 5 Rdn. 35.
[81] *Scheuring/Steingen/Banse/Thivessen*, MTArb, § 42a Erl. 4; *Uttlinger* u.a., BAT, § 37a Erl. 9; *Scheuring/Lang/Hoffmann*, BMT-G, § 35 Erl. 7.
[82] BB 1994, 1630; *Schaub*, 9. Aufl., S. 985 Rdn. 132; *Schliemann*, AuR 1994, 324 – **anders** zu Recht *Diller*, NJW 1994, 1692; *Gola*, EFZG, § 5 Rdn. 5, S. 208; *Hanau/Kramer*, DB 1995, 96; *Bleistein*, b+p 1995, 19; *Berenz*, DB 1995, 2170; *Geyer/Knorr/Krasney*, EFZG, § 5 Rdn. 28; Kasseler Handbuch/*Vossen*, 2.2 Rz. 214; BAG (1.10.97) NZA 1998, 369ff.

Nachweis der Krankheit

will[83], was sich mittelbar nunmehr aus § 5 Abs. 1 Satz 3 EFZG ergibt. Das gilt insbesondere in den Fällen, in denen begründete Zweifel bestehen, ob die gewünschte Freizeit auch tatsächlich zum Arztbesuch verwendet wird.[84, 85] In aller Regel muss der Arbeitgeber die Freizeit zum Besuch eines Arztes gewähren. Das gilt jedenfalls dann, wenn der Arbeitnehmer während der Arbeitszeit, etwa infolge eines Unfalls erkrankt. Ein Arztbesuch kann ferner erforderlich sein, falls der Arbeitnehmer einen Arzt aus medizinischen Gründen während der Arbeitszeit aufsuchen muss oder der Arzt ihn während der Arbeitszeit zur Untersuchung bzw. Behandlung in seine Praxis bestellt und der Arbeitnehmer auf die Termingestaltung keinen Einfluss auszuüben vermag.[86] Als Anspruchsgrundlage kommen § 275 Abs. 1 BGB – eine Unterscheidung zwischen anfänglicher und nachträglicher sowie objektiver und subjektiver Unmöglichkeit findet jetzt nicht mehr statt –, aber auch tarifvertragliche Regelungen[87] in Betracht. In anderen Fällen, also bei bestehender Arbeitsfähigkeit, richtet sich der Freistellungsanspruch nach § 616 Abs. 1 BGB.[88] Jedoch können zwingende betriebliche Gründe einer Freizeitgewährung zum Zwecke des Arztbesuches während der Arbeitszeit entgegenstehen.[89] Ein Freistellungsanspruch kommt ansonsten immer dann nicht in Frage, wenn der Arztbesuch auch außerhalb der Arbeitszeit möglich und dem Arbeit-

---

[83] Zust. BAG (21.1.97) NZA 1998, 785 = BB 1997, 1690; *Schwerdtner*, in: Müko-BGB, § 626 Rdn. 110; *Schmitt, EFZG, § 616 BGB Rdn. 16.*
[84] Vgl. auch ArbG Elmshorn (12.8.76) BB 1979, 246.
[85] Zur Frage, ob und in welchem Umfang dem Betriebsrat bei der Verwendung von Formularen zum Nachweis des Arztbesuches während der Arbeitszeit ein Mitbestimmungsrecht zusteht, § 87 Abs. 1 Nr. 1 BetrVG, siehe etwa BAG (21.1.97) NZA 1997, 785; LAG Düsseldorf (27.4.81) BB 1981, 1336; OVG NRW (3.2.00) PersV 2000, 567 = PersR 2000, 517ff.; *Fitting/Kaiser/Heither/Engels/Schmidt*, BetrVG, § 87 Rdn. 71; *Wiese*, GK-BetrVG, § 87 Rdn. 224; *Schaub/Koch*, S. 2394 Rdn. 8; MünchArbR/*Matthes*, § 333 Rdn. 7; *Tschöpe/Hennige*, Teil 4 A, Rz. 544; *Kittner/Zwanziger/Schoof*, § 58 Rdn. 356; *Meisel*, S. 637 Rdn. 1073; *Löwisch/Kaiser*, BetrVG, § 87 Rdn. 43 – **kritisch** *Fenge*, BB 1981, 1577; *Hess/Schlochauer/Glaubitz*, BetrVG, § 87 Rdn. 114; *Stege/Weinspach/Schiefer*, BetrVG, § 87 Rdn. 47a – **anders** LAG Köln (15.5.96) b+p 1997, 5, da ausschließlich die arbeitsvertraglichen Beziehungen betroffen seien, siehe auch *Richardi*, BetrVG, § 87 Rdn. 193.
[86] BAG (29.2.84) NZA 1984, 33; (21.1.86) DB 1986, 1631 = BB 1986, 1296; dazu auch *Brill*, NZA 1984, 281; KR-*Becker*, 3. Aufl., § 1 KSchG Rdn. 252; *Schulin*, ZfA 1978, 215 (253); BGB-RGRK, § 616 Rdn. 27; *Schwerdtner*, in: Müko-BGB, § 626 Rdn. 112; KR-*Etzel*, § 1 KSchG Rdn. 439; *Berkowsky*, NZA-RR 2001, 11; wegen zahnärztlicher Behandlung siehe BAG (29.2.84) DB 1984, 1687.
[87] Etwa § 11 Abs. 1 Buchst. i) MTV für die Arbeitnehmer der Deutschen Bahn AG; vom 1.1.1994; weitere Beispiele bei *Hunold*, S. 47f.; siehe auch BAG (7.3.90) AP Nr. 83 zu § 616 BGB = NZA 1990, 567; (27.6.90) AP Nr. 89 zu § 616 BGB = NZA 1990, 894; *Geyer/Knorr/Krasney*, EFZG, § 3 Rdn. 292 m.w.N.; *Bauer/Röder/Lingemann*, S. 24.
[88] Dazu *Schmitt*, EFZG, § 3 Rdn. 41, § 616 BGB Rdn. 14ff.; BGB-RGRK, § 616 Rdn. 27; *Schaub/Linck*, S. 1022 Rdn. 5; *Reinecke*, AuA 1996, 339ff.; *Gutzeit*, BB 1997, 737; *Geyer/Knorr/Krasney*, EFZG, § 3 Rdn. 292; ErfK/*Dörner*, § 616 BGB Rdn. 12, § 3 EFZG Rdn. 20; Kasseler Handbuch/*Künzl*, 2.1 Rz. 548; *Feichtinger*, ArbR-Blattei, Krankheit I, Rdn. 54; *Erman/Belling*, BGB, § 616 Rdn. 27; MünchArbR/*Boewer*, § 80 Rdn. 15; BAG (21.1.97) NZA 1997, 785.
[89] Ebenso LAG Baden-Württ. (4.6.64) BB 1964, 1008; *Petersmeier*, Personalführung 1981, S. 261 m.N.; siehe auch KR-*Hillebrecht*, 4. Aufl., § 626 BGB Rdn. 308; *Kittner/Trittin*, KSchR, § 626 BGB Rdn. 126.

nehmer zumutbar ist.[90] In Betrieben mit gleitender Arbeitszeit[91] – § 3 Satz 2 ArbZG enthält einen Rahmen für qualifizierte Gleitzeitregelungen – kann der Arbeitgeber im Allgemeinen darauf bestehen, dass der Arbeitnehmer den Arzt in der arbeitsfreien Zeit aufsucht[92], was ebenso für die übrigen medizinisch notwendigen Behandlungen gilt, soweit dies dem Arbeitnehmer möglich und zumutbar ist. Bei einem Arztbesuch in der Gleitzeit wird die Erbringung der Arbeitsleistung nicht unmöglich. Der Arbeitnehmer kann in der Regel im Gleitzeitraum versäumte Arbeitszeit im Rahmen des zulässigen Ausgleichszeitraumes nachholen.[93] Für Teilzeitarbeit gilt im Grundsatz nichts anderes.[94]

c) Folgebescheinigung

350 Dauert die attestierte Arbeitsunfähigkeit länger als zunächst angegeben, muss der Arbeitnehmer eine weitere ärztliche Bescheinigung dem Arbeitgeber vorlegen, § 5 Abs. 1 Satz 4 EFZG.[95]

351 Wie schon zu § 3 Abs. 1 Satz 2 LFG hat auch der Gesetzgeber des EFZG keine ausdrückliche Regelung darüber getroffen, innerhalb welcher Frist der Arbeitnehmer seinem Arbeitgeber ein Folgeattest vorlegen muss. Die Frage ist umstritten. Während die einen[96] im Anschluss an die überwiegend zu § 3 Abs. 1 Satz 2 LFG vertretene Auffassung[97] meinen, nach dem Sinn und Zweck der gesetzlichen Regelung, aber auch aus praktischen Erwägungen komme nur die analoge Anwendung des § 5 Abs. 1 Satz 2 EFZG in Betracht, muss der Arbeitnehmer nach anderer Ansicht[98] eine ärztliche Folgebescheinigung seinem Arbeitgeber vorlegen, sobald feststeht, dass die Arbeitsunfähigkeit länger dauert als erwartet und der Arzt dies dem Arbeitnehmer bescheinigt hat, spätestens jedoch am ersten Arbeitstag nach dem Ablauf der vorhergehenden Arbeitsunfähigkeitsbescheinigung. Die zuletzt genannte Meinung verdient Zustimmung. Ein Rückgriff auf § 3 Abs. 1 Satz 2 LFG

---

[90] BAG (29. 2. 84) AP Nr. 22 zu § 1 TVG Tarifverträge: Metallindustrie; *Schaub*, AuA 1996, 83; *Schmitt*, EFZG, § 616 BGB Rdn. 16; *Staudinger/Oetker*, BGB, § 616 Rdn. 55.
[91] Zur Begriffbestimmung: *Schmidt*, DB 1971, 46; *Schaub*, S. 1677 Rdn. 1; MünchArbR/*Schüren*, § 168 Rdn. 5ff., 23ff.; Kasseler Handbuch/*Schliemann*, 2.5 Rz. 179–183.
[92] BAG (27. 6. 90) AP Nr. 89 zu § 616 BGB = NZA 1990, 894; *Gola*, EFZG, § 12 Rdn. 2.1; MünchArbR/*Schüren*, § 168 Rdn. 43; siehe auch LAG Köln (10. 2. 93) b + p 1993, 445.
[93] LAG Köln (10. 2. 93) b + p 1993, 445.
[94] Ebenso *Thome*, S. 73.
[95] Inhaltsgleich etwa die §§ 37a Abs. 1 Unterabs. 1 Satz 4 BAT, 35 Abs. 1 Unterabs. 1 Satz 4 BMT-G, 42a Abs. 1 Unterabs. 1 Satz 4 MTArb.
[96] *Lepke*, 9. Aufl. S. 200; *Wedde/Gerntke/Kunz/Platow*, EFZG, § 5 Rdn. 48; *Marburger*, S. 52; *Bleistein*, b + p 1995, 20; *Schaub/Linck*, S. 1054 Rdn. 140; *Götz*, S. 99 Rz. 138; Kasseler Handbuch/*Vossen*, 2.2 Rz. 211; *Schmitt*, EFZG, § 5 Rdn. 100; *Staudinger/Oetker*, BGB, § 616 Rdn. 323; *Tschöpe/Kappelhoff*, Teil 2 B, Rz. 176; *Dörner/Luczak/Wildschütz*, C, Rdn. 1611; *Kunz/Wedde*, EFZR, § 5 EFZG Rdn. 61, 63; *Angel*, S. 126f.; *Kittner/Zwanziger/Schoof*, § 58 Rdn. 259.
[97] Siehe die Nachweise bei *Lepke*, 9. Aufl., S. 200 Fußn. 42, S. 181 Fußn. 8.
[98] *Kaiser/Dunkl/Hold/Kleinsorge*, EFZG, § 5 Rdn. 26; *Bauer/Röder/Lingemann*, S. 67; *Berkowsky*, NZA-RR 2001, 58; ähnlich *Brecht*, EFZG, § 5 Rdn. 16; *Gola*, EFZG, § 5 Rdn. 6, S. 208; *Feichtinger*, ArbR-Blattei, Krankheit II, Rdn. 34; *Kleinebrink*, S. 52ff.; *Müller/Berenz*, EFZG, § 5 Rdn. 41; *Geyer/Knorr/Krasney*, EFZG, § 5 Rdn. 34; *Worzalla/Süllwald*, EFZG, § 5 Rdn. 77; MünchArbR/*Boecken*, § 85 Rdn. 46.

bzw. die dazu vertretene Auffassung erscheint nach geltendem Recht schon deshalb sachlich nicht (mehr) gerechtfertigt, weil seinerzeit eine Attestvorlagepflicht bereits vom ersten Krankheitstage an bestand, was jetzt nicht mehr der Fall ist. Wegen der Nichtvergleichbarkeit der Sach- und Rechtslage kann deshalb die analoge Anwendung des § 5 Abs. 1 Satz 2 EFZG nicht befürwortet werden. Die Frist beginnt mit dem Ende der zunächst bescheinigten Dauer der Arbeitsunfähigkeit, § 187 Abs. 2 BGB.[99] Bei einer unbefristet bescheinigten Arbeitsunfähigkeit kann der Arbeitgeber aber nicht allmonatlich ein neues Attest oder nach der Beendigung der Entgeltfortzahlungspflicht die Vorlage entsprechender Auszahlungsbelege der Krankenkasse verlangen.[100] Eine derartige Nebenpflicht ergibt sich weder aus den §§ 241 Abs. 2, 242 BGB noch für den Bereich des öffentlichen Dienstes etwa aus § 37a Abs. 1 BAT, der diese Konstellation erkennbar nicht geregelt hat, sondern nur den Fall, dass die Arbeitsunfähigkeit länger dauert als im Attest angegeben.

d) Inhalt und Kosten des Attestes

Im Allgemeinen hat der Arbeitgeber keinen Anspruch drauf, dass die Bescheinigung außer der Bestätigung der Arbeitsunfähigkeit und deren voraussichtlicher Dauer Einzelheiten über die Art[101] und die Ursachen der Erkrankung enthält. Auch durch kollektiv- oder einzelvertragliche Vereinbarungen wird eine entsprechende Nachweispflicht regelmäßig nicht wirksam begründet werden können[102], da sie einen übermäßigen Eingriff in die geschützte Individual- und Geheimhaltungssphäre des Arbeitnehmers darstellen würde. Eine Ausnahme, und zwar auch ohne ausdrückliche Vereinbarung, besteht nur dann, wenn die Angaben über Art der Erkrankung für die weitere betriebliche Disposition des Arbeitgebers im Hinblick auf die künftige Einsatzfähigkeit des Arbeitnehmers notwendig sind, was insbesondere bei ansteckenden oder wiederholt gleichartigen Krankheiten der Fall sein kann.[103]

352

In der Praxis wird in der Regel ein nach dem BMV-Ä vereinbarter Mustervordruck vom Arzt verwendet, dessen Gebrauch aber nicht zwingend vorgeschrieben ist.[104] Folglich kann als Bescheinigung auch ein „Privatrezept" genügen, wenn und soweit es die vom Gesetz geforderten Angaben enthält. Ist der Arbeitnehmer Mitglied einer gesetzlichen Krankenkasse, hat die ärztliche Bescheinigung einen Vermerk darüber zu enthalten, dass der Krankenkasse unverzüglich eine Bescheinigung über die Arbeitsunfähigkeit mit Angaben über den Befund und die

353

---

[99] Zur Rechtslage nach dem LFG siehe BAG (29. 8. 80) AP Nr. 18 zu § 6 LohnFG.
[100] Ebenso LAG Köln (9. 6. 95) LAGE Nr. 48 zu § 1 KSchG Verhaltensbedingte Kündigung; LAG Sachsen-Anh. (24. 4. 96) LAGE Nr. 99 zu § 626 BGB; *Kittner/Däubler/Zwanziger*, KSchR § 1 KSchG Rdn. 216; *Feichtinger*, ArbR-Blattei, Krankheit II, Rdn. 36; *Kaiser/ Dunkl/Hold/Kleinsorge*, EFZG, § 5 Rdn. 1.
[101] Vgl. *Lepke*, 8. Aufl., S. 182 m.N.; *Galahn*, S. 45 m.N.; *Kleinbrink*, S. 23, 31.
[102] Siehe *Lepke*, 8. Aufl., S. 182 m.N.; *Kleinbrink*, S. 33; dazu auch *Schmitt*, EFZG, § 5 Rdn. 48, aber differenzierend.
[103] Etwa *Lepke*, 8. Aufl., S. 182 m.N.; *Galahn*, S. 45; zust. *Knorr/Bichlmeier/Kremhelmer*, S. 454 Rdn. 85; *Kleinbrink*, S. 27–30.
[104] *Kleinbrink*, S. 13f. m.N.; *Lepke*, NZA 1995, 1087; *Staudinger/Oetker*, BGB, § 616 Rdn. 322 m.w.N.; *Kaiser/Dunkl/Hold/Kleinsorge*, EFZG, § 5 Rdn. 28.

voraussichtliche Dauer der Arbeitsunfähigkeit übersandt wird, § 5 Abs. 1 Satz 5 EFZG. Soweit verschiedentlich[105] vorgeschlagen worden ist, die inhaltlichen Anforderungen einer Arbeitsunfähigkeitsbescheinigung zu erhöhen, etwa hinsichtlich der Krankheitsdiagnose oder der Tätigkeiten, die der Arbeitnehmer nicht verrichten kann, sind diese Anregungen vom Gesetzgeber bisher nicht aufgegriffen worden. Ist jedoch der Arbeitnehmer nach ärztlicher Feststellung teilweise in der Lage, seine bisherige Tätigkeit zu verrichten, soll dies der Arzt auf der Bescheinigung vermerken, § 74 SGB V, sowie die Art und den Umfang der möglichen Tätigkeiten angeben.

Sind die in einem ärztlichen Attest verwendeten medizinischen Fachausdrücke dem Arbeitgeber nicht bekannt, ist es seine Sache, an geeigneter Stelle die notwendigen Erkundigungen einzuholen.[106]

354 Die Nachweispflicht ist ebenso wie die Anzeigepflicht rechtlich als unselbständige arbeitsvertragliche Nebenpflicht[107] zu qualifizieren.

355 Die Kosten für die Erteilung einer ärztlichen Arbeitsunfähigkeitsbescheinigung durch einen Kassenarzt trägt die Krankenkasse, § 85 Abs. 1 SGB V. Die Ausstellung entsprechender Atteste gehört zur vertragsärztlichen Versorgung, § 73 Abs. 2 Nr. 9 SGB V.[108] Eine Kostenübernahme durch den Arbeitnehmer kommt nur in Betracht, wenn die Leistungspflicht der Krankenkasse entfällt, der Arbeitnehmer ohne zwingenden Grund einen Kassenarzt nicht in Anspruch genommen hat oder eine Versicherungspflicht nicht besteht.[109] Die Kosten für weitere Arbeitsunfähigkeitsbescheinigungen nach dem Ablauf der Sechs-Wochenfrist des § 3 Abs. 1 EFZG hat der Arbeitgeber ebensowenig zu tragen[110] wie diejenigen für die Zeit davor.

e) Auszubildende

356 Für in der Berufsausbildung im Sinne des § 1 Abs. 1 BBiG befindlichen Personen gelten im Falle ihrer krankheitsbedingten Arbeitsunfähigkeit keine besonderen

---

[105] Nachw. bei *Kleinebrink*, S. 4; *Stückmann*, AuA 1998, 88; dazu auch *Gruber*, S. 138; *Angel*, S. 158.
[106] BAG (13.4.56) E 2, 355 = AP Nr. 9 zu § 9 MuSchG; *Lepke*, NZA 1995, 1087, *Kleinebrink*, S. 11.
[107] *Lepke*, 8. Aufl., S. 182; MünchArbR/*Boecken*, § 85 Rdn. 1; *Kehrmann/Pelikan*, LFG, § 3 Anm. 1; *Doetsch/Schnabel/Paulsdorff*, LFG, § 3 Anm. 9; Kasseler Handbuch/*Vossen*, 2.2 Rz. 161; *Kaiser/Dunkl/Hold/Kleinsorge*, EFZG, § 5 Rdn. 84; *Hromadka/Maschmann*, S. 204 Rdn. 99; *Gamillscheg*, S. 353; BAG (15.7.92) AP Nr. 98 zu § 1 LohnFG = NZA 1993, 23; LAG Düsseldorf (14.11.61) BB 1962, 373; LAG Hamm DB 1971, 872; LAG Köln DB 1989, 1294; Hess. LAG (13.7.99) AuR 2000, 76; siehe auch BAG AP Nr. 1 zu § 7 LohnFG: Vorlage einer Kurbescheinigung – **unrichtig** *Borchert*, AuR 1990, 376; *Stückmann*, DB 1996, 1823; *Edenfeld*, DB 1997, 2277; ErfK/*Dörner*, § 5 EFZG Rdn. 44, 49; *Backmeister/Trittin*, KSchG, §§ 14–17 BBiG Rdn. 16, 26; LAG Baden-Württ. (5.1.90) DB 1990, 588: Obliegenheit.
[108] Dazu nur *Schmitt*, EFZG, § 5 Rdn. 77; *Kaiser/Dunkl/Hold/Kleinsorge*, EFZG, § 5 Rdn. 80; *Angel*, S. 131.
[109] Ebenso *Schmitt*, EFZG, § 5 Rdn. 29; *Kaiser/Dunkl/Hold/Kleinsorge*, EFZG, § 5 Rdn. 81 f. – **anders** *Kunz/Wedde*, EFZR, § 5 EFZG Rdn. 48.
[110] Etwa *Müller/Berenz*, EFZG, § 5 Rdn. 45; *Angel*, S. 131.

Mitteilungs- und Nachweispflichten, da § 12 Abs. 1 Satz 2 BBiG das EFZG für anwendbar erklärt und damit auch § 5 Abs. 1 und 2 EFZG.[111]

f) Kapitäne und Besatzungsmitglieder von Schiffen

§ 5 EFZG gilt für Kapitäne und Besatzungsmitglieder von Kauffahrteischiffen nur insoweit, als die Arbeitsunfähigkeit und ihre voraussichtliche Dauer dem Arbeitgeber unverzüglich § 121 Abs. 1 Satz 1 BGB, mitgeteilt werden müssen, ohne dass dafür eine bestimmte Form vorgeschrieben ist. Als Adressat der Mitteilung kommen entweder der Reeder als Arbeitgeber oder ein Vorgesetzter, insbesondere der Kapitän in Betracht.[112] Solange sich der genannte Personenkreis an Bord eines Schiffes auf See oder im Ausland aufhält, braucht ein ärztliches Attest nicht vorgelegt zu werden, §§ 78 Abs. 1, 48 Abs. 2 Satz 2 SeemG. 357

g) Maßnahmen der medizinischen Vorsorge oder Rehabilitation

Entsprechende Nachweispflichten gelten nunmehr für alle Arbeitnehmer für Maßnahmen der medizinischen Vorsorge oder Rehabilitation, § 9 Abs. 2 EFZG, die ein Träger der gesetzlichen Renten-, Kranken- oder Unfallversicherung, eine Verwaltungsbehörde oder Kriegsopferversorgung oder ein sonstiger Sozialleistungsträger bewilligt hat und in einer solchen Einrichtung durchführt, § 9 Abs. 1 Satz 1 EFZG. Die stationäre Durchführung einer solchen Maßnahme setzt voraus, dass in der Einrichtung Unterbringung, Verpflegung und medizinische Anwendungen erbracht werden. Deren tatsächliche Durchführung muss zu einer maßgeblichen Gestaltung der Lebensführung des Arbeitnehmers während seines Aufenthalts in der Einrichtung geführt haben.[113] 358

Der Arbeitnehmer hat dem Arbeitgeber den Bewilligungsbescheid des Sozialleistungsträgers, soweit die Maßnahme von einem öffentlich-rechtlichen Sozialleistungsträger bewilligt worden ist, oder, falls der Arbeitnehmer nicht Mitglied einer gesetzlichen Krankenkasse oder nicht in der gesetzlichen Rentenversicherung versichert ist, eine ärztliche Bescheinigung über die Erforderlichkeit der Maßnahme, wenn sie von einem Arzt verordnet worden ist, unverzüglich, § 121 BGB, vorzulegen, § 9 Abs. 2 EFZG. Es gilt ausdrücklich nicht die Frist des § 5 Abs. 1 Satz 2 EFZG. Die Rechtslage entspricht derjenigen nach § 7 Abs. 2 LFG.[114] Die Vorlagefrist beginnt mit dem Zugang des Bescheides des Sozialleistungsträgers bzw. dem Erhalt der ärztlichen Bescheinigung.[115]

Ob bei der Verlängerung der Maßnahme eine Folgebescheinigung vorgelegt werden muss, ist anders als nach § 7 LFG nicht mehr ausdrücklich geregelt. Gleichwohl gebietet es die Gleichartigkeit der Interessenlage, dass auch insoweit den Ar-

---

[111] Siehe dazu etwa *Schmitt*, EFZG, § 12 BBiG Rdn. 78–79.
[112] *Schmitt*, EFZG, § 48 SeemG Rdn. 52 m. N.
[113] BAG (19.1.00) BB 2000, 1526f. betr. Entgeltfortzahlungsanspruch.
[114] Siehe dazu nur MünchArbR/*Boecken*, § 86 Rdn. 27 – **anders** *Schaub*, 7. Aufl., S. 757: 3-Tage-Frist.
[115] *Geyer/Knorr/Krasney*, EFZG, § 9 Rdn. 39; siehe auch *Schmitt*, EFZG, § 9 Rdn. 71.

beitnehmer eine entsprechende Nachweispflicht trifft[116], die er unverzüglich – bezogen auf den Eingang des Folgebescheides bzw. der -bescheinigung – zu erfüllen hat; denn auch insoweit liegt eine Bewilligung im Sinne von § 9 Abs. 2 lit. a und lit. b EFZG vor.

h) Unabdingbarkeit

359 Dass zugunsten des Arbeitnehmers von der Regelung des § 5 Abs. 1 Satz 2 EFZG abgewichen werden kann, folgt aus § 12 EFZG. Zahlreiche, früher in Kraft getretene tarifvertragliche Normen[117] sehen eine partielle Befreiung des Arbeitnehmers von der Nachweispflicht durch Vorlage eines Attestes vor, und zwar generell in den ersten drei Krankheitstagen. Nach § 49 Abs. 2 PflegeVG bleiben im Zeitpunkt des In-Kraft-Tretens dieses Gesetzes bestehende, von den zwingenden Normen des EFZG abweichende Vereinbarungen, worunter Tarifverträge und Betriebsvereinbarungen[118] zu verstehen sind, unberührt. Es muss sich aber jeweils um konstitutive, also eigenständige Regelungen handeln.[119] Bei lediglich deklaratorischen betrieblichen Normen werden diese durch die gesetzliche Neuregelung verdrängt.

359a Bestehen zu seinen Gunsten anderweitige Vereinbarungen, dann ersetzt die bloße Mitteilung des Arbeitnehmers über seine Arbeitsunfähigkeit den Nachweis derselben durch ein ärztliches Attest.[120] Nimmt ein Arbeitnehmer, für den eine entsprechende tarifvertragliche oder betriebliche Regelung besteht, zu Beginn seiner Krankheit zunächst berechtigterweise an, er werde höchstens drei Kalendertage krank sein, stellt sich später aber heraus, dass die Arbeitsunfähigkeit länger dauert, bleibt er von der Pflicht zur Attestvorlage für die ersten Tage befreit, wenn er für sie rückwirkend keine ärztliche Bescheinigung erhalten kann.[121] Im Übrigen muss auch § 5 Abs. 1 Satz 3 EFZG als tarifdispositiv angesehen werden[122], was sich aus § 12 EFZG ergibt, so dass auf die Vorlage einer Arbeitsunfähigkeitsbescheinigung bzw. deren spätere Vorlage ganz „verzichtet" werden kann. Ebensowenig bestehen rechtliche Bedenken gegen die Zulässigkeit einer tarifvertraglichen Regelung, nach der Arbeitnehmer die Arbeitsunfähigkeitsbescheinigung ab dem ersten Krank-

---

[116] Ebenso *Brecht*, EFZG, § 9 Rdn. 11; Kasseler Handbuch/*Vossen*, 2.2 Rz. 324; *Schliemann*, AuR 1994, 325; *Wedde/Gerntke/Kunz/Platow*, § 9 Rdn. 48; *Schmitt*, EFZG, § 9 Rdn. 69, 72; ErfK/*Dörner*, § 9 EFZG Rdn. 36; MünchArbR/*Boecken*, § 86 Rdn. 31; *Worzalla/Süllwald*, EFZG, § 9 Rdn. 25; *Kunz/Wedde*, EFZR, § 9 EFZG Rdn. 95.
[117] Im Einzelnen dazu *Lepke*, 8. Aufl., S. 180 Fußn. 4; *Staudinger/Oetker*, BGB, § 616 Rdn. 332; etwa § 10 MTV für die Arbeitnehmer im Groß- und Außenhandel Nordrhein-Westfalen vom 9.7.1997; § 9b Abs. 2 AVR, a.F., dazu LAG Nürnberg (18.6.97) NZA-RR 1998, 51 ff.
[118] Siehe die Begründung zur gleichlautenden Vorschrift in Art. 12 des Ersten Regierungsentwurfes vom 24.6.1993, Bundestags-Drucks. 12/5263, S. 17.
[119] Dazu insbes. *Broich/Ropertz*, in: *Rieder*, Krankheit im Arbeitsverhältnis, S. 244f.; *Diller*, NJW 1994, 1692f.; *Schmitt*, RdA 1996, 12; *Vossen*, S. 126 Rdn. 298.
[120] LAG Berlin (25.1.88) NZA 1988, 434; zust. *Hunold*, S. 83.
[121] Ebenso LAG Frankfurt/M. (31.10.90) DB 1991, 1179; zust. *Hunold*, S. 83.
[122] *Kaiser/Dunkl/Hold/Kleinsorge*, EFZG, § 12 Rdn. 43, *Schaub*; BB 1994, 1630 – **anderer Ans.** *Berenz*, DB 1995, 2170f.; *Müller/Berenz*, EFZG, § 5 Rdn. 40; *Worzalla/Süllwald*, EFZG, § 5 Rdn. 68f.

heitstag vorzulegen haben.[123] Auch ein einzelvertraglicher „Verzicht" auf Vorlage einer Arbeitsunfähigkeitsbescheinigung über den Zeitraum von drei Kalendertagen hinaus erscheint rechtlich zulässig[124], da die Vorlagepflicht allein im Interesse des Arbeitgebers normiert worden ist. Hingegen erweisen sich alle sonstigen Abreden als unzulässig, §§ 12 EFZG, 134 BGB, die die Anzeige- und Nachweispflichten entgegen den Regelungen in § 5 EZFG zu Lasten des Arbeitnehmers verschärfen.[125] So weicht eine tarifvertragliche Norm, die eine unentgeltliche Nacharbeit im Anschluss an krankheitsbedingte Fehlzeiten vorsieht, zu Ungunsten der Arbeitnehmer von § 4 Abs. 1 EFZG ab und ist deshalb unwirksam, §§ 134 BGB, 12 EFZG.[126]

3. Bedeutung der ärztlichen Arbeitsunfähigkeitsbescheinigung

a) Beweiswert

aa) inländischer Atteste

In der Regel wird der Arbeitnehmer die zu seiner Arbeitsunfähigkeit führende Krankheit durch die Vorlage eines ärztlichen Zeugnisses nachweisen, wozu er unter bestimmten Voraussetzungen auch gesetzlich verpflichtet ist. Dabei handelt es sich um ein Massenphänomen. So haben die Kassenärzte in Deutschland allein im ersten Quartal 1992 insgesamt 8,4 Mio. Arbeitsunfähigkeitsatteste ausgestellt.[127] Besondere Bedeutung kommt deshalb der Frage zu, welchen Beweiswert die vom Arbeitnehmer vorgelegte ärztliche Bescheinigung – vor allem im arbeitsgerichtlichen Verfahren – hat. In der betrieblichen und gerichtlichen Praxis drängt sich mitunter der Verdacht auf, der Arbeitnehmer sei, obwohl eine entsprechende Bescheinigung vorliegt, gar nicht arbeitsunfähig krank. Es ist eine nicht zu bestreitende Tatsache, dass gelegentlich sog. Gefälligkeitsatteste erteilt werden.[128] Auch gibt es Fälle, in denen der Patient den ihn behandelnden Arzt bewusst über seine „Krankheit" zu täuschen vermag, was das LAG Frankfurt/M.[128] bei einer Anwaltssekretärin als erwiesen ansah: Weder die Labor- noch die Röntgenuntersuchung hatten „Wesentliches" erbracht, das zur Arbeitsunfähigkeit der Klägerin hätte führen können. Die Arbeitnehmerin habe, so heißt es in der Entscheidung, „bei dem an sich wohlwollenden und hilfsbereiten" Arzt als Zeugen den Eindruck hervorgerufen, sie sei ernstlich krank und könne deswegen ihrer beruflichen Tätigkeit nicht nachgehen. Das ArbG Berlin meint in einem Urteil vom 4.12.1979[129] sogar, es sei gerichtsbekannt, dass es keine großen Schwierigkeiten bereite, einem Arzt eine Krankheit

360

---

[123] LAG Nürnberg (22.1.02) LAGE Nr. 5 zu § 5 EFZG = AiB 2002, 326.
[124] So auch *Kleinebrink*, S. 77; *Staudinger/Oetker*, BGB, § 616 Rdn. 331.
[125] Siehe nur *Staudinger/Oetker*, BGB, § 616 Rdn. 469; *U. Preis*, Arbeitsvertrag, S. 236f.
[126] BAG (26.9.01) BB 2002, 732 = MDR 2002, 525.
[127] Vgl. RdA 1992, 394; siehe auch *Bausch*, S. 23.
[128] Siehe *Kalb*, S. 94; *Lepke*, DB 1993, 2026; *Kleinebrink*, S. 2; LAG Berlin (27.5.91) NZA 1991, 897; LAG Frankfurt/M. (4.10.84) – 3 Sa 1389/83 –; ArbG Nürnberg (28.7.98) NZA-RR 1999, 80ff.; insbesondere LAG München (9.11.88) DB 1989, 631f.; im Einzelnen „Der Spiegel" Nr. 18/1991, S. 56; ferner: BGH (29.4.93) BB 1993, 1313.
[129] DB 1980, 599; ähnlich LAG Düsseldorf (3.6.81) DB 1981, 1731; LAG München (9.9.82) DB 1983, 1931; LAG Hamm (12.4.89) ARSt 1989, S. 186 Nr. 83; *Gola*, BB 1995, 2318; *Vossen*, S. 144 Rdn. 337.

vorzutäuschen. Auch das BAG weist in einem Beschluss vom 27. 4. 1994[130] darauf hin, dass ärztliche Atteste, die eine Arbeitsunfähigkeit bescheinigen, unrichtig oder missbräuchlich erstellt oder erlangt worden sein können. Dann und wann krank zu feiern, also unberechtigt der Arbeit fernzubleiben[131], erscheint manchem sogar als „sozialer Besitzstand"[132], wobei dabei nicht wenigen jegliches Unrechtsbewusstsein fehlt. So erschien schon 1980/84 eine anonyme Broschüre mit dem Titel „Wege zu Wissen und Wohlstand oder lieber krankfeiern als gesundschuften", die für die gängigen Krankheitsbilder genaue Anleitungen enthält, mit welchen Tricks der begehrte „gelbe" Schein vom „Weißkittel" zu erlangen sei, ohne als Schwindler eingestuft zu werden. Ein weiterer Gesichtspunkt kommt hinzu: Der den Arbeitnehmer untersuchende und therapeutisch behandelnde Arzt hat grundsätzlich auch die Feststellung zu treffen, ob der Arbeitnehmer in der Lage ist, die geschuldete Tätigkeit im Betrieb zu verrichten.[133] Nach dem Ergebnis seiner Diagnose hat sich der Arzt mit der Frage auseinanderzusetzen, wie sich die Krankheit des Arbeitnehmers auf die Erbringung seiner Arbeitsleistung auswirkt[134], weshalb der Arzt nach Nr. 2 der AURL[135] den Arbeitnehmer über die Art und den Umfang der tätigkeitsbedingten Anforderungen und Belastungen zu befragen hat. Nicht selten werden dem Arzt aber die berufsspezifischen Kenntnisse, das sog. Anforderungsprofil, über die dem Arbeitgeber vom Arbeitnehmer geschuldete Leistung[136] und vielfach auch die notwendige Zeit fehlen, um unter diesem Aspekt eine Krankschreibung vorzunehmen, so dass er mehr oder weniger auf die Angaben des Arbeitnehmers über seinen Arbeitsplatz und die Art und Weise der Beschäftigung angewiesen ist, wenn und soweit er sich überhaupt dieser Mühe unterzieht.[137] Eine Verkennung des Rechtsbegriffes der krankheitsbedingten Arbeitsunfähigkeit wird dann die Folge sein, was auch der Fall ist, wenn ein Arzt einen Arbeitnehmer allein zur Untersuchung (Diagnostik) krankschreibt.[138] Immerhin sollen nahezu 50 % der von *Stückmann*[139] befragten Ärzte die Krankheit und nicht die Arbeitsunfähigkeit des Arbeitnehmers als maßgebliche Anspruchsvoraussetzung für die Entgeltfortzahlung angesehen haben. Fast 60 % von ihnen haben gemeint, es sei ihnen unzumutbar, sich die konkreten beruflichen Tätigkeiten ihrer Patienten schildern zu lassen. Die Unkenntnis der konkreten Arbeitsbedingungen und die sich daraus ergebende Fehleinschätzung des Arztes, was dem Patienten ohne Gefahr für seine Gesundheit arbeitsmä-

---

[130] AP Nr. 100 zu § 1 LohnFG, mit Anm. von *Blomeyer/Bramigk* = BB 1994, 1525.
[131] Siehe *Blanke/Diederich*, AuR 1991, 321 (328) – **unrichtig** die Begriffsverwendung: BAG (15. 2. 90) SAE 1991, 267 (268).
[132] Vgl. „Der Spiegel" Nr. 18/1991, S. 65; *U. Preis*, in: *Hromadka*, Krankheit im Arbeitsverhältnis, S. 93 – **dagegen** *Priester*, AiB 1991, 305; wohl auch *Wedde/Gerntke/Kunz/Platow*, EFZG, Einl. Rdn. 28, die meinen, die von Arbeitgeberseite immer wieder beschworene „Krankfeiermentalität" finde in der Realität keinen Widerhall.
[133] Ebenso LAG Niedersachsen (12. 6. 90) NZA 1990, 691; Hess. LAG (11. 6. 93) BB 1994, 939; LAG Berlin (3. 8. 98) BB 1999, 421; *Lepke*, DB 1993, 2026; *Galahn*, S. 19f., 52 m. N.
[134] BAG (25. 6. 81) AP Nr. 52 zu § 616 BGB.
[135] BArbBl. 1991, Heft 11, S. 28ff.; dazu auch *Reinecke*, DB 1998, 132.
[136] Dazu vor allem *D. Gaul*, DB 1992, 2190f.; *Angel*, S. 159f.
[137] Siehe auch *Stückmann*, AuA 1996, 197.
[138] ArbG Berlin (21.11.00) NZA-RR 2001, 529.
[139] AuA 1998, 84f.

ßig zugemutet werden kann, ist freilich nur eine der möglichen Ursachen für eine zu Unrecht bescheinigte Arbeitsunfähigkeit.[140] Es sind auch Fälle denkbar, in denen sich der Arzt ohne Zutun des Arbeitnehmers im medizinischen Bereich über das Vorliegen einer Krankheit bzw. über den Heilungsverlauf geirrt hat oder dem Druck des Arbeitnehmers ausgesetzt war, ihn krankzuschreiben oder ihn als Patienten zu verlieren.[141] Weitere Teilaspekte lassen sich unter dem Sammelbegriff „Arbeitsunzufriedenheit" zusammenfassen. So machen vor allem Arbeitnehmer, die auf einem wenig attraktiven Arbeitsplatz eingesetzt werden, von „Krankmeldungen" Gebrauch.[142] Ebenso kann ein gestörtes Betriebsklima[143] mitursächlich für hohe Fehlzeiten sein, wenn etwa die Mitarbeiter mit ihrem direkten Vorgesetzten unzufrieden sind. Auch vom „Recht auf Faulheit" bzw. vom „Volkssport Krankfeiern"[132], dem bewussten und gewollten Fernbleiben von der Arbeit trotz bestehender Vertragspflicht zum Erscheinen, ist gelegentlich die Rede. Bisher wurden Montage und Freitage, sog. Brückentage, als die häufigsten Krankentage[144] genannt. In jedem dritten Fall traten Krankheitszeiten zum Wochenbeginn (33 %) ein und endeten in 46 von 100 Krankmeldungen an einem Freitag. So wurden bezogen auf 100 Fälle 1996 bzw. 2000 für den Bereich der Betriebskrankenkassen montags 8, dienstags 9, mittwochs 14, donnerstags 7 und freitags 46 Krankmeldungen registriert[145], die allerdings nach Ansicht der BKK[146] darauf zurückzuführen gewesen sein sollen, dass Arztpraxen über das Wochenende in der Regel nicht geöffnet sind. Zwar treffen statistisch gesehen montags die meisten Krankmeldungen ein. Doch waren nach den Angaben des Wissenschaftlichen Instituts der Ortskrankenkassen Berlin[147] davon bereits zwei Drittel der Arbeitnehmer am Sonnabend bzw. am Sonntag erkrankt. Deshalb soll der Dienstag mit fast 20 % der Tag in der Woche mit den meisten Krankmeldungen sein. Nicht selten häufen sich die Fehlzeiten auch im Zusammenhang mit dem Urlaub und Schulferien.[148] Es gibt eine Reihe von Untersuchungen[149], nach denen der Anteil solcher Missbrauchsfälle zwischen 3 und 5 % liegt. Teilweise wird aber auch von höheren Prozentsätzen ausgegangen.[150] Dass diesem Problem auch volkswirtschaftlich eine nicht unerhebliche Bedeutung zu-

---

[140] Etwa *Franke*, BlStSozArbR 1982, 115; *Salowsky*, Fehlzeiten (1991), S. 34ff.; *Stückmann*, AuA 1996, 198.
[141] Vgl. *Stückmann*, AuA 1998, 86: 2/3 der befragten Ärzte.
[142] Dazu auch *Heinze/Giesen*, BB 1996, 1830.
[143] Dazu *Wersdörfer*, AG 1997, 716; *Ledesma*, PersR 1999, 46.
[144] Siehe nur *Dütz*, AuA 1993, 179 m.w.N.; BArbBl. 1993, Heft 7, S. 63; Aktuell, '94, S. 300; *Gola*, EFZG, S. 24; Arbeitsberichte 17 der DBA (1997), S. 3.
[145] DtÄrzteBl 94 (1997), Heft 49, B-2692 – **anders** *Kador/Brock*, S. 19: zum Wochenende hin nehme die Zahl der Arbeitsunfähigkeitsmeldungen kontinuierlich ab.
[146] Vgl. *Zoike*, BKK 1991, 261; dies, BKK 2002, 223.
[147] Vgl. „Der Tagesspiegel" Nr. 16675 vom 26.4.1999, S. 11.
[148] *Salowsky*, Fehlzeiten (1991), S. 13, 77ff.
[149] Vgl. die Nachweise bei *Schmitt*, ZTR 1990, 223; *Dütz*, RdA 1992, 394; *Edenfeld*, DB 1997, 2273.
[150] Siehe *Hamer*, nach: „Der Spiegel" Nr. 18/1991, S. 41: Ca. 1/3 aller krank geschriebenen Arbeitnehmer seien Simulanten; *Niederer*, ebenda: 15–35 %; *Salowsky*, Fehlzeiten (1991), S. 28: 5–20 %; Umfrage der BDA: 2/3 der befragten Betriebe meinten, dass der Missbrauch erheblich sei; so auch Arbeitsberichte 17 der BDA (1997), S. 2 – **kritisch** *Derr*, S. 25–27; *Hummel*, S. 94: „... eine ideologisch gespeiste ... Debatte".

kommt, kann nicht ernsthaft in Zweifel gezogen werden.[151] Im Einzelfall mag es sich bei einer nicht gerechtfertigten Krankschreibung um eine Angelegenheit von geringer wirtschaftlicher Tragweite handeln. In ihrer Gesamtheit hat jedoch die Krankschreibungspraxis aller Ärzte eine weitreichende volkswirtschaftliche Relevanz. In diesem Zusammenhang darf freilich nicht ausser Betracht bleiben, dass weder der Arbeitnehmer als Patient noch der ihn behandelnde Arzt ein unmittelbares wirtschaftliches Interesse daran hat, die Krankheitszeiten zu minimieren.[152] Das geltende System, so bemerkt *Heinze*[153], prämiere den Missbrauch und führe zu einer finanziellen Belastung der Arbeitgeber wie der Allgemeinheit, die untragbar erscheine. Es könne niemand mehr den erschreckend hohen Missbrauchstatbestand leugnen. Bedenkt man jedoch, dass in den letzten Jahren die Krankenstände eindeutig rückläufig sind, müssen solche Aussagen relativiert werden. Immerhin erreichten die krankheitsbedingten Fehlzeiten 1998 nach der Wiedervereinigung Deutschlands ein Rekordtief. Die Arbeitnehmer waren insgesamt nur 4,13 % ihrer Sollarbeitszeit krank gemeldet. Im Jahre 2000 lag die Krankenquote ebenfalls bei 4,1 %, während es 1995 noch 5,08 %, dem Jahr mit dem höchsten Krankenstand seit der Einheit, waren.[154]

361   Nach allem zeigt sich, dass aus den verschiedensten Gründen nicht nur Zweifel an der attestierten Krankheit bestehen können, sondern auch, ob der Arbeitnehmer deswegen arbeitsunfähig ist. Von der Unfähigkeit, die vertraglich geschuldeten Leistungen erbringen zu können, wird nur gesprochen werden können, wenn dem behandelnden Arzt der Arbeitsunfähigkeitsbegriff im Sinne von § 44 Abs. 1 Satz 1 SGB V bei der Ausfertigung des Attestes über die krankheitsbedingte Arbeitsunfähigkeit des Arbeitnehmers bewusst gewesen ist.[155]

362   Dennoch: Legt der Arbeitnehmer dem Arbeitgeber ein entsprechendes ärztliches Attest vor, dann muss er zunächst davon ausgehen, dass der Arbeitnehmer auch tatsächlich arbeitsunfähig krank und nicht in der Lage ist, die vertraglich geschuldete Leistung zu erbringen. Eine insoweit ordnungsgemäß ausgestellte ärztliche Bescheinigung begründet in der Regel den Beweis für die Tatsache der arbeitsunfähigen Erkrankung.[156, 157, 158] Sie hat – auch bei psychischen Erkrankungen[159]

---

[151] Im Einzelnen dazu *Galahn*, S. 88 ff.; siehe auch *Bleich* et al., S. 210.
[152] Vgl. dazu auch *Bausch*, S. 34.
[153] NZA 1996, 787.
[154] Siehe AuA 1999, 99; BKK 2002, 219 ff.
[155] BAG (21.4.61) AP Nr. 32 zu § 1 ArbKrankhG, mit zust. Anm. von *Trieschmann*.
[156] Vgl. BAG (11.8.71) AP Nr. 2 zu § 3 LohnFG, mit Anm. von *Brecht* = SAE 1977, 132, mit zust. Anm. von *Sieg*; (15.12.87) AP Nr. 9 zu § 9 BUrlG; (15.7.92) NZA 1993, 23; (26.8.93) NZA 1994, 63; (27.4.94) AP Nr. 100 zu § 1 LohnFG; (21.3.96) NZA 1996, 1030 ff.; (19.2.97) AP Nr. 4 zu § 3 EntgeltFG = NZA 1997, 652; (1.10.97) NZA 1998, 372 ff. = AP Nr. 5 zu § 5 LohnFG; BGH (16.10.01) NZA 2002, 41; LAG Berlin (12.6.78) EzA Nr. 54 zu § 1 LFG; (27.5.91) NZA 1991, 897; LAG Hamm (12.4.89) DB 1989, 1473; LAG Düsseldorf (25.8.99) NZA-RR 2000, 13 = BB 1999, 2614; ArbG Berlin DB 1980, 598; ArbG Düsseldorf (10.5.89) DB 1989, 1628; *Galahn*, S. 155 f.; *Lepke*, DB 1993, 2026; BGB-RGRK, § 616 Rdn. 140; *Geyer/Knorr/Krasney*, EFZG, § 5 Rdn. 36; *Schaub/Linck*, S. 1054 Rdn. 142; *Olderog*, BB 1989, 1686; *Clausen*, AuR 1989, 331; *Hunold*, S. 97;

– einen hohen Beweiswert; denn sie ist der gesetzlich vorgesehene und gewichtigste Beweis für die Tatsache der krankheitsbedingten Arbeitsunfähigkeit.[160] Allerdings gelten insoweit für die Arbeitsunfähigkeitsbescheinigung nicht die Grundsätze des Urkundenbeweises.[161] Echte – wie vorliegend – bezeugende Privaturkunden liefern ohnehin nur den vollen Beweis für die Abgabe der darin enthaltenen Erklärung, § 416 ZPO. Diese Beweisregel erstreckt sich nicht auf den Inhalt der niedergelegten Erklärung.[162] Ebensowenig handelt es sich um eine gesetzliche Tatsachenvermutung[156, 163], so dass auch der Beweis des Gegenteils, § 292 ZPO, entfällt. Der Arbeitnehmer braucht im Bestreitensfalle zunächst nur zu behaupten und zu beweisen, dass der ihn behandelnde Arzt das Attest ordnungsgemäß ausgestellt hat.

Die sog. „Vermutung für die Richtigkeit und Vollständigkeit einer Urkunde" gibt jedoch die Erfahrung wider, dass das, was in der Urkunde enthalten, vollständig und richtig ist.[164] Auch der Beweiswert einer ärztlichen Bescheinigung ergibt sich aus der allgemeinen – bisher empirisch allerdings nicht abgesicherten – Lebens-

363

Feichtinger, ArbR-Blattei, Krankheit II, Rdn. 111 ff.; *Schmitt*, Anm. zu BAG, WiB 1997, 818; Kasseler Handbuch/*Vossen*, 2.2 Rz. 242; KPK-*Schiefer*, § 1 KSchG Rdn. 324; *Dütz*, Arbeitsrecht, S. 105 Rdn. 226 – **anderer Ans.** LAG München DB 1989, 631 f.

[157] Einem die Schwangerschaft bescheinigenden ärztlichen Attest, §§ 5, 9 Abs. 1 MuSchG, kommt derselbe Beweiswert zu; vgl. ArbG Kassel BB 1980, 417 = DB 1980, 790; siehe aber LAG Rheinland-Pfalz (26. 1. 95) BB 1995, 2430 = DB 1995, 2380. Einer ordnungsgemäß nach § 3 Abs. 1 MuSchG ausgestellten ärztlichen Bescheinigung soll sogar ein höherer Beweiswert als einem Attest nach § 5 Abs. 1 EFZG beizumessen sein, so BAG (31. 7. 96) BB 1996, 2467 = SAE 1997, 332ff., mit zust. Anm. von *Schulin*; (12. 3. 97) BB 1997, 1485; (1. 10. 97) NZA 1998, 302; (13.2.02) BB 2002, 1760; dazu LAG Bremen (28. 8. 96) NZA-RR 1997, 201 = BB 1997, 527; LAG Düsseldorf (1.4.99) NZA-RR 1999, 348; LAG Schleswig-Holst. (7.12.99) NZA-RR 2000, 118 f.; LAG Köln (13.12.01) BB 2002, 1205; *Buchner/Becker*, MuSchG, § 3 Rdn. 16b, c; *Zmarzlik/Zipperer/Viethen*, MuSchG, § 3 Rdn. 12; *U. Preis*, Arbeitsrecht, S. 511; BAG (21.3.01) BB 2001, 2430f. = DB 2001, 1939; siehe aber BAG (13.3.02) EzA Nr. 8 zu § 3 MuSchG: nicht näher begründetes Beschäftigungsverbot.

[158] Anders im Sozialversicherungsrecht: Ein ärztliches Attest, in dem die Arbeitsunfähigkeit bescheinigt wird, hat lediglich die Bedeutung eines medizinischen Gutachtes, das die Grundlage für den zu erlassenden Verwaltungsakt des Versicherungsträgers über die Bewilligung von Krankengeld bildet, vgl. LSG Darmstadt (22. 10. 80) DB 1981, 1523 = BB 1981, 115.

[159] Vgl. LAG Sachsen-Anh. (8. 9. 98) DB 1999, 1561 f. = MDR 1999, 1006; zust. *Kaiser/Dunkl/Hold/Kleinsorge*, EFZG, § 5 Rdn. 53.

[160] Siehe auch *Töns*, Teil C, § 3 LFG Anm. C V 2g; BAG (21. 3. 96) AP Nr. 42 zu § 123 BGB = NZA 1996, 1030 ff.

[161] Schon RG (7.7.30) HRR 1930, Nr. 1864.

[162] Vgl. BGH (24. 6. 93) BB 1993, 1911; *Kleinebrink*, S. 119; *Angel*, S. 147 m.w.N.

[163] Ausführlich dazu *Kleinebrink*, S. 102–108, 188 f.; *Angel*, S. 147 m.w.N. – teilweise **anders** *Leipold*, in: FS für Kissel, S. 638 f.: Denkmöglichkeit der Figur einer gesetzlichen Vermutung mit erleichterter Widerlegbarkeit; so auch MünchArbR/*Brehm*, § 390 Rdn. 68.

[164] *Rosenberg*, S. 185, allerdings zur Vertragsurkunde; BGH (14. 10. 88) NJW 1989, 898; LAG Hamm (12. 4. 89) BB 1989, 1473; (2. 2. 95) LAGE Nr. 3 zu § 67 ArbGG 1979, mit zust. Anm. von *Brehm*, S. 16; ArbG Stuttgart (13. 4. 89) DB 1989, 2130; ArbG Düsseldorf DB 1989, 1628; *Lepke*, DB 1993, 2026 – **anders** *Kleinebrink*, S. 129.

erfahrung[165], genauer aus einem Erfahrungsgrundsatz[166], also aus Handlungsabläufen, die nicht ausnahmslos gelten, die aber mit hoher Wahrscheinlichkeit zutreffen.[167] Wird also ein Arbeitnehmer von einem Arzt ordnungsgemäß krankgeschrieben, wird durch ein entsprechendes Attest prima facie[168] der Nachweis geführt, dass der Arbeitnehmer tatsächlich arbeitsunfähig krank ist oder war, während *D. Gaul*[169] zu Unrecht meint, die generelle Akzeptanz sei nicht überzeugend. Der Anscheinsbeweis stellt sich als besondere Form des Indizienbeweises dar.[170] Die Vorlage einer solchen Arbeitsunfähigkeitsbescheinigung führt freilich nicht zu einer Umkehrung der Beweislast.[171] Es ist deshalb missverständlich, wenn vielfach[172] davon gesprochen wird, dass die Arbeitsunfähigkeitsbescheinigung die tat-

---

[165] BAG (15.7.92) AP Nr. 98 zu § 1 LohnFG = NZA 1993, 23; (1.10.97) AP Nr. 5 zu § 5 LohnFG = NZA 1998, 372; LAG Berlin (3.8.98) BB 1999, 421; *Brill*, AuA 1993, 197; *Hanau/Kramer*, DB 1995, 97; *Kaiser/Dunkl/Hold/Kleinsorge*, EFZG, § 5 Rdn. 50, 52; *U. Preis*, Arbeitsrecht, S. 472; *Hromadka/Maschmann*, S. 293 Rdn. 92 – **kritisch** Weth, Arbeitsrecht und Arbeitsgerichtsbarkeit, S. 145 (152f.); *Özcan*, S. 143f.

[166] Eingehend dazu *Angel*, S. 155 ff.

[167] Vgl. Müko-ZPO/*Prütting*, § 286 Rdn. 57 f.; *Galahn*, S. 165 f. m.w.N.

[168] Ältere Nachw. bei *Lepke*, 10. Aufl., S. 383 Fußn. 140; ferner LAG Düsseldorf (25.8.99) NZA-RR 2000, 13; *Brox/Rüthers*, S. 123 Rdn. 167 e; *Schmitt* EFZG, § 5 Rdn. 85; *Kaiser/Dunkl/Hold/Kleinsorge*, EFZG, § 5 Rdn. 52; *Feichtinger*, ArbR-Blattei, Krankheit II, Rdn. 113; *Hromadka/Maschmann*, S. 293 Rdn. 92; MünchArbR/*Boecken*, § 85 Rdn. 49; *Schaub*, Arbeitsgerichtsverfahren, S. 289 Rdn. 56; *Künzl*, Rechte und Pflichten, S. 170 Rdn. 644; *Angel*, S. 168; *Olzen*, Anm. zu BGH (3.5.00) JR 2001, 151 (155) – **anderer Ans.** *Erman/Belling*, BGB, § 616 Rdn. 156; *Galahn*, S. 167 ff.: Indizienbeweis; *Reinecke*, DB 1989, 2072: Regeln der Beweiswürdigung; zust. *Keil*, S. 46 f.; *Gift/Baur*, S. 688 Rdn. 1170; *Kleinebrink*, S. 101, 178 ff., 191 f. (anders S. 161: Anscheinsbeweis); Kasseler Handbuch/*Vossen*, 2.2 Rz. 240; *Özcan*, S. 144 f.; *Stück*, JuS 1996, 154 m.N.: Die Beweiswürdigungstheorie entspreche im Zivilprozess der überwiegenden Ansicht; siehe auch LAG München (5.4.91) NZA 1991, 899: Würdigung nach den Grundsätzen des Zeugenbeweises.

[169] DB 1992, 2189.

[170] Vgl. *Rosenberg/Schwab/Gottwald*, § 115 III 1, S. 661; *Baumbach/Lauterbach/Hartmann*, ZPO, Anh. § 286 Rdn. 15; *Stein/Jonas/Leipold*, ZPO, § 286 Rdn. 88; BGH (17.6.97) NJW 1998, 79 (81).

[171] Vgl. BGH (17.4.51) Z 2, 1; BGH (12.2.63) Z 63, 103; *Reinecke*, DB 1989, 2071; *Clausen*, AuR 1989, 332; *Thomas/Putzo*, ZPO, § 286 Rdn. 13; *Rosenberg/Schwab/Gottwald*, § 115 III 3, S. 663; *Baumbach/Lauterbach/Hartmann*, ZPO, Anh. zu § 286 Rdn. 21.

[172] Vgl. *Schaub*, 7. Aufl., S. 748; *Becher*, LFG, § 3 Anm. 3; *Kehrmann/Pelikan*, LFG, § 3, Anm. 27; *Doetsch/Schnabel/Paulsdorff*, LFG, § 3 Anm. 8; *Barwasser*, DB 1976, 1334; *Hunold*, S. 96; *Eich*, BB 1988, 202; *Schmitt*, ZTR 1990, 223; *Grunsky*, ArbGG, § 58 Rdn. 7; *Borchert*, AuR 1990, 378; *Lopacki*, ZBR 1992, 193 (198); *D. Gaul*, NZA 1993, 866; *Löwisch*, Arbeitsrecht, S. 285 Rdn. 1051; *Besgen/Jüngst*, Betrieb und Personal, Fach 6 Rdn. 366; *Gitter*, ZfA 1995, 123 (173); ErfK/*Dörner*, § 5 EFZG Rdn. 33; *Hanau/Adomeit*, S. 239 Rdn. 792; KPK-*Schiefer*, § 1 KSchG Rdn. 324; *Kittner/Zwanziger/Schoof*, § 58 Rdn. 247; LAG Düsseldorf (2.5.52) DB 1952, 576; (26.8.55) BB 1956, 339; LAG Berlin (11.1.72) ARSt 1973, S. 73 Nr. 108; LAG Hamm (9.3.71) DB 1971, 970; (20.12.74) DB 1975, 841; LAG Baden-Württ./Freiburg DB 1975, 2044; LAG Schleswig-Holst. (3.9.75), *Sabel*, EEK II/071; LAG Hamm (12.4.89) DB 1989, 1473; LAG Köln (16.8.90) LAGE Nr. 6 zu § 616 BGB; (16.6.89) BB 1989, 2048; ArbG Düsseldorf (10.5.89) DB 1989, 1628 = BB 1989, 1270; ArbG Odesloe (12.9.72) ARSt 1973, S. 110 Nr. 1119; ArbG Hannover (29.5.74) ARSt 1974, S. 158 Nr. 1198; ArbG Herford (30.3.76) AuR 1976, 285; zweifelhaft ArbG Wilhelmshaven (20.12.73) ARSt 1974, S. 158 Nr. 1190 – **kritisch** *Angel*, S. 150 f.

sächliche, jederzeit widerlegbare Vermutung für die Richtigkeit der in ihr gemachten Angaben begründet[173]; denn der Terminus „tatsächliche Vermutung" umfasst alle Erfahrungssätze und damit auch die Grundlage des weit geringer wirkenden Beweisanzeichens.[174] Während es sich beim Anzeichenbeweis (Indizienbeweis) um den indirekten Beweis eines Tatbestandsmerkmals durch den Beweis anderer tatbestandsfremder Tatsachen (Anzeichen) handelt, von deren Bestehen nach der Erfahrung auf das Bestehen des maßgeblichen Tatbestandsmerkmals geschlossen werden kann, ist der Anscheins- dann ein Anzeichenbeweis, wenn der Schluss von den bewiesenen Anzeichen auf das entscheidungserhebliche Tatbestandsmerkmal auf Erfahrungssätzen über typische Geschehensabläufe beruht. Ansonsten gilt: Da sich ein Arbeitnehmer in der Regel auf ein Attest verlassen kann, in dem ihm der ihn behandelnde Arzt bescheinigt, er sei arbeitsunfähig krank, kann ihm im Allgemeinen kündigungsrechtlich nicht ohne weiteres angelastet werden, wenn der Arzt nicht in der Lage war, die arbeitsrechtliche Bedeutung der krankheitsbedingten Arbeitsunfähigkeit zu erkennen.[175]

Soweit demgegenüber die Kammer 5 des LAG München in einem Urteil vom 9. 11. 1988[176] in Abweichung von der gefestigten Auffassung in Literatur und Rechtsprechung meint, es erscheine ausgeschlossen, einer ärztlichen Arbeitsunfähigkeitsbescheinigung hinsichtlich ihres Inhalts einen nennenswerten Beweiswert zuzuerkennen, kann dieser Ansicht nicht gefolgt werden.[177] Auch der 5. Senat des 364

---

[173] **Unrichtig** ArbG Celle (18. 10. 74) ARSt 1975, S. 78 Nr. 1104, das vom Rechtsschein der Arbeitsunfähigkeitsbescheinigung spricht; dazu *Liebig*, S. 39f.
[174] Vgl. dazu BGH (15. 12. 94) BB 1995, 644 = NJW 1995, 1094; (4. 12. 97) NJW 1998, 1562 (1565); (22. 4. 98) NJ 1998, 439; (11.10.00) NJW 2001, 1943; *Baumbach/Lauterbach/Hartmann*, ZPO, Anhang zu § 286 Rdn. 25; *Liebig*, S. 42; *Baumgärtel*, S. 43ff.; *Schneider*, S. 87 Rdn. 331; *Rosenberg/Schwab/Gottwald*, § 114 I 4c, S. 656; *Kleinebrink*, S. 163.
[175] Ebenso LAG Hamm (18. 1. 85) BB 1985, 1919; ArbG Berlin (21.11.00) NZA-RR 2001, 529; siehe aber *Lepke*, S. 268 Rdn. 177.
[176] DB 1989, 631 = NZA 1989, 597 = BB 1989, 844, mit im Wesentlichen zust. Anm. von *Hunold*; zurückhaltender *ders.*, Krankheit, S. 99f.; zust. auch *Lopacki*, ZBR 1992, 199; *Kleinebrink*, S. 95ff. (199); wohl auch Weth, Arbeitsrecht und Arbeitsgerichtsbarkeit, S. 145 (151ff.); ähnlich *Stückmann*, AuA 1996, 198: Wahrscheinlichkeitsbeweis; siehe auch *Gift/Bauer*, S. 688 Rdn. 1170; schon LAG Frankfurt/M. (24.7.86) ARSt 1987, S. 102 Nr. 60; wiederum LAG München (27. 3. 91) BB 1991, 1494 = ZTR 1991, 305 = LAGE Nr. 9 zu § 3 LohnFG; siehe auch *Gruber*, S. 68: § 286 ZPO.
[177] Ebenso LAG Hamm (12. 4. 89) DB 1989, 1473 = BB 1989, 1270; LAG Köln (16. 6. 89) BB 1989, 2048; (27. 9. 89) ARSt 1990, S. 38 Nr. 1024; LAG Berlin (7. 7. 89) – 13 Sa 38/89 –; (17. 7. 89) – 9 Sa 40/89 –; (27. 5. 91) NZA 1991, 897; LAG Köln (16. 8. 90) LAGE Nr. 6 zu § 616 BGB; LAG München (5. 4. 91) BB 1991, 1494; *Rühle*, BB 1989, 2046ff.; *Reinecke*, DB 1989, 2069ff.; *Clausen*, AuR 1989, 330ff.; *Lambeck*, NZA 1990, 89; *Schmitt*, ZTR 1990, 227; *Borchert*, AuR 1990, 378; *Palandt/Putzo*, BGB, § 616 Rdn. 27; *Geyer/Knorr/Krasney*, EFZG, § 5 Rdn. 36; *Schmitt*, EFZG, § 5 Rdn. 84; *Meisel*, S. 314 Rdn. 504; *Raab*, NZA 1993, 193; *Lepke*, DB 1993, 2027; *Löwisch*, Arbeitsrecht, S. 285 Rdn. 1051; *Gola*, EFZG, § 5 Rdn. 11.1, S. 217; *Wedde/Gerntke/Kunz/Platow*, EFZG, § 5 Rdn. 39; *Baumbach/Lauterbach/Hartmann*, ZPO, Anh. zu § 286 Rdn. 41; *Grunsky*, ArbGG, § 58 Rdn. 7; *Kaiser/Dunkl/Hold/Kleinsorge*, EFZG, § 5 Rdn. 51, 52; *Kunz/Wedde*, EFZR, § 5 EFZG Rdn. 50; MünchArbR/*Boecken*, § 85 Rdn. 51; *Knorr/Bichlmeier/Kremhelmer*, S. 514f. Rdn. 100.

BAG hat in einer Entscheidung vom 15. 7. 1992[178] die Ansicht des LAG München verworfen. Die vom LAG München vertretene Meinung verstößt gegen den in den §§ 3, 5 LFG – jetzt §§ 5, 7 EFZG – manifestierten Willen des Gesetzgebers[179], dass für den „Normalfall" die Vorlage eines ordnungsgemäß ausgestellten ärztlichen Attestes ausreicht, um die Vergütungsfortzahlungspflicht des Arbeitgebers als begründet anzuerkennen. Es spricht nichts dafür, dass § 7 EFZG nur die negative Funktion hat, die Beweismöglichkeiten des Arbeitnehmers gegenüber denen des allgemeinen Zivilprozesses einzuschränken. Vielmehr soll auf diese Weise dem Anspruchsberechtigten ein taugliches Beweismittel zur Verfügung stehen. Auch die materiell-rechtlichen Wertentscheidungen der §§ 75 Abs. 2, 81 Abs. 5, 106 und 275 Abs. 1 Nr. 3 SGB V[180] über die Stellung des Hausarztes bei der Beurteilung der krankheitsbedingten Arbeitsunfähigkeit sprechen für die hier vertretene Auffassung. Mögliche Missbrauchsfälle – die ganz überwiegende Zahl der Arbeitnehmer verhält sich redlich[181] – machen auch nur einen verhältnismäßig geringen Bruchteil der Summe rechtmäßig in Anspruch genommener Leistungen aus, so dass der dem Anscheinsbeweis zugrunde liegende allgemeine Erfahrungsgrundsatz tatsächlich besteht.[182, 183]

365 Bezweifelt der Arbeitgeber die Arbeitsunfähigkeit, beruft er sich insbesondere darauf, der Arbeitnehmer habe den die Bescheinigung ausstellenden Arzt durch Simulation getäuscht oder der Arzt habe den Begriff der krankheitsbedingten Arbeitsunfähigkeit verkannt bzw. sich nicht mit der Frage auseinandergesetzt, wie sich die Krankheit des Arbeitnehmers auf die Erfüllung der geschuldeten Arbeitsleistung auswirkt, dann muss er die Umstände, die gegen die Arbeitsunfähigkeit sprechen, näher darlegen und notfalls beweisen[184], um dadurch die Beweiskraft des

---

[178] AP Nr. 98 zu § 1 LohnFG = NZA 1993, 23; zust. *Zetl*, PersV 1993, 443ff.; *Dörner/Luczak/Wildschütz*, C, Rdn. 1644 – **dagegen** *Hunold*, DB 1992, 2633, der die Leitgedanken der Entscheidung für nicht überzeugend hält; wohl auch *Stückmann*, AuA 1995, 44f., aber zu Unrecht.

[179] Vgl. *Lepke*, 8. Aufl., S. 188 m.N.; *Özcan*, S. 147f.

[180] Dazu *Clausen*, AuR 1989, 334 – **anders** *Wank*, BB 1992, 1996; *Kleinebrink*, S. 108ff.

[181] So auch *Reinecke*, DB 1989, 2074; *Lambeck*, NZA 1990, 89; *Edenfeld*, DB 1997, 2273.

[182] So auch *Angel*, S. 155-172 mit eingehender Begründung.

[183] Zum Beweiswert von Arbeitsunfähigkeitsbescheinigungen nach französischem und britischem Recht siehe *Peter*, RdA 1999, 374 (377ff.).

[184] BAG (15. 7. 92) NZA 1993, 23; (26. 8. 93) AP Nr. 112 zu § 626 BGB = SAE 1994, 224, mit zust. Anm. von *Walker*; (27. 4. 94) AP Nr. 100 zu § 1 LohnFG; (21. 3. 96) NZA 1996, 1030; (19. 2. 97) NZA 1997, 652; LAG Baden-Württ. (6. 11. 70) DB 1971, 245; LAG Schleswig-Holst. *Sabel*, EEK II/071; LAG Hamm DB 1971, 970; (20. 12. 74) DB 1975, 841; (26. 6. 84) BB 1985, 273; LAG Frankfurt/M. (15. 1. 79) BB 1979, 1200 = NJW 1979, 2363; LAG Berlin EzA Nr. 54 zu § 1 LFG; NZA 1991, 898; LAG München NZA 1991, 900; LAG Düsseldorf (16. 12. 80) DB 1981, 900; *Kehrmann/Pelikan*, LFG, § 3 Anm. 27; *Lepke*, DB 1974, 478; MünchArbR/*Boecken*, § 85 Rdn. 49; *Brill*, DOK 1985, 65; *Clausen*, AuR 1989, 336; *Hunold*, S. 98, 104; *Olderog*, BB 1989, 1686; *Erman/Hanau*, BGB, 9. Aufl., § 616 Rdn. 107; *Lambeck*, NZA 1990, 90; *Staudinger/Oetker*, BGB, § 616 Rdn. 478 ff.; *Schaub*, in: Müko-BGB, § 616 Rdn. 149; *Edenfeld*, DB 1997, 2273; *Geyer/Knorr/Krasney*, EFZG, § 5 Rdn. 38; *Kittner/Däubler/Zwanziger*, KSchR, § 1 KSchG Rdn. 222.

Attests zu erschüttern[185], während ein bloßes Bestreiten der Arbeitsunfähigkeit, etwa durch Nichtwissen, § 138 Abs. 4 ZPO, nicht ausreicht.[186] Zu diesem Zweck hat der Arbeitgeber im konkreten Einzelfall Tatsachen im Prozess vorzutragen, die ernsthafte und begründete Zweifel an dem Bestehen der attestierten Arbeitsunfähigkeit aufkommen lassen. Erst dann ist es Sache des Arbeitnehmers, weiteren Beweis für die Richtigkeit der Arbeitsunfähigkeitsbescheinigung zu führen. Hat er allerdings während der Krankschreibung anderweitig gearbeitet, muss der Arbeitnehmer konkret darlegen, weshalb er gesundheitlich nicht in der Lage gewesen sei, in seinem „Haupt-Arbeitsverhältnis" zu arbeiten.[187] Neben der Art seiner Krankheit hat er im Einzelnen darzulegen, welche Verhaltensregeln ihm der Arzt auferlegt hat und welche Medikamente bewirkt haben sollen, dass er zwar immer noch nicht die seinem Arbeitgeber geschuldete Arbeit verrichten konnte, wohl aber die, die er anderweitig tatsächlich erbracht hat.[188] Ansonsten muss er substantiiert darlegen, woran er – aus der Sicht eines medizinischen Laien – erkrankt gewesen ist und dafür Beweis antreten. Die bloße Behauptung des Arbeitnehmers, er sei arbeitsunfähig krank gewesen und die Benennung des ihn behandelnden Arztes reicht in der Regel nicht aus. Insoweit läge ein unzulässiger Ausforschungsbeweis vor.[189] Der Arbeitnehmer kann auch jedes andere zulässige Beweismittel in den Prozess einführen, um seine krankheitsbedingte Arbeitsunfähigkeit zu beweisen.[190] Dazu gehört auch die ärztliche Dokumentation über den Behandlungsverlauf des Arbeitnehmers[191], die Patientenkartei u. ä., im Wege des Urkundenbewei-

---

[185] Zutreffend BAG NZA 1993, 23; 1994, 63; AP Nr. 100 zu § 1 LohnFG; (19.2.97) BB 1997, 1313; *Schwedes*, S. 256 Rdn. 515; *Thome*, S. 225; *Brill*, AuR 1993, 197f.; *Dütz*, AuR 1993, 244; *Müller/Berenz*, EFZG, § 5 Rdn. 49; *Schmitt* EFZG, § 5 Rdn. 86; *Kaiser/Dunkl/Hold/Kleinsorge*, EFZG, § 5 Rdn. 57; im Ergebnis ebenso *Kleinebrink*, S. 189, aber geringere Anforderungen stellend; siehe auch *Gamillscheg*, S. 620: Der Arbeitgeber trage die Last des Gegenbeweises; so auch *Becher*, Lohnfortzahlung S. 105; missverständlich LAG Frankfurt/M. BB 1979, 1200; *Brecht*, EFZG, § 5 Rdn. 9: widerlegen; so auch *Derr*, S. 116, *Meisel*, S. 314 Rdn. 504; *Cramer*, S. 25; *Angel*, S. 173ff.; FA-ArbR/*Worzalla*, S. 276 Rdn. 1376; *Erman/Belling*, BGB, § 616 Rdn. 156; *Heinze/Giesen*, BB 1996, 1832; *Vossen*, S. 140 Rdn. 334, S. 143 Rdn. 348 – **unrichtig** *Liebig*, S. 42, 98, der Arbeitgeber müsse den Anschein „zerstören"; siehe auch *Boecken*, NZA 1999, 680; MünchArbR/*Boecken*, § 85 Rdn. 51: Bloße Zweifel reichen aus.
[186] Ebenso LAG Hamm (12.4.89) DB 1989, 1374; LAG Köln (16.6.89) BB 1989, 2048; (16.8.90) LAGE Nr. 6 zu § 616 BGB; LAG Berlin (7.7.89) – 13 Sa 38/89 –; (17.7.89) – 9 Sa 40/89 –; ArbG Düsseldorf DB 1989, 1628; *Hunold*, S. 98; *Reinecke*, DB 1989, 2073; *Feichtinger*, ArbR-Blattei, Krankheit II, Rdn. 117; *Keil*, S. 48; *Lepke*, DB 1993, 2027; ders., NZA 1995, 1088 – **anders** LAG München (9.11.88) DB 1989, 631; (29.11.88) BB 1989, 847; LAG Frankfurt/M. (24.7.86) ARSt 1987, S. 102 Nr. 60; *Kleinebrink*, S. 199.
[187] BAG (26.8.93) NZA 1994, 63; (7.12.95) – 2 AZR 849/94 – unv.
[188] BAG NZA 1994, 63; (7.12.95) – 2 AZR 849/94 – unv.; LAG Berlin (3.8.98) BB 1999, 421; *Kittner/Däubler/Zwanziger*, KSchR, § 1 KSchG Rdn. 222.
[189] Dazu auch *Feichtinger*, ArbR-Blattei, Krankheit II, Rdn. 162.
[190] BAG (23.1.85) NZA 1985, 427 m.N.; (27.6.90) AP Nr. 7 zu § 1 LohnFG; (26.8.93) NZA 1994, 63; (1.10.97) NZA 1998, 372; *Feichtinger*, ArbR-Blattei, Krankheit II, Rdn. 21, 159; *Weiland*, BB 1979, 1097; *Stückmann*, AuA 1996, 198; *Vossen*, S. 138 Rdn. 329, S. 144 Rdn. 351 – **anderer Ans.** *Kleinebrink*, S. 43f.
[191] Siehe BAG (7.12.95) – 2 AZR 849/94 – unv.; OLG Köln (7.2.94) MDR 1995, 53; *Kittner/Däubler/Zwanziger*, KSchR, § 1 KSchG Rdn. 223; *Erman/Belling*, BGB, § 616 Rdn. 156; *Özcan*, S. 168.

ses, § 416 ZPO. Erst wenn der Arbeitnehmer insoweit seiner Substantiierungspflicht nachgekommen ist und den ihn behandelnden Arzt von seiner Schweigepflicht befreit hat, muss der Arbeitgeber die vom Arbeitnehmer behauptete Arbeitsunfähigkeit widerlegen. Hat allerdings der Arbeitgeber den Arbeitnehmer aufgrund eigener Beobachtung über dessen schlechten Gesundheitszustand von der Arbeit befreit und nach Hause geschickt, kann er später im Allgemeinen nicht mehr mit Erfolg die krankheitsbedingte Arbeitsunfähigkeit in Frage stellen. Soweit *Kunz/Wedde*[192] unter Hinweis auf die Rechtsprechung des EuGH für im EU-Ausland ausgestellte Arbeitsunfähigkeitsbescheinigungen[193] bezweifeln, dass der Beweiswert der im Inland gefertigten Atteste zulässigerweise erschüttert werden könne, verkennen sie die rechtliche Tragweite der ohnehin problematischen Rechtsprechung des EuGH in diesem Zusammenhang.

366 Der Beweiswert eines solchen ärztlichen Attests ist beispielsweise erschüttert, wenn der Arbeitnehmer vor der Krankmeldung unmissverständlich zu erkennen gibt, dass er gar nicht arbeitswillig sei[194], oder eine bevorstehende Krankheit ankündigt, falls seinem Verlangen auf Urlaubsgewährung nicht entsprochen werde.[195] So hat etwa das LAG Berlin in einer Entscheidung vom 30.4.1979[196] zu Recht den Beweiswert einer ärztlichen Bescheinigung als erschüttert angesehen, wenn abweichend vom Ausstellungsdatum der Beginn der krankheitsbedingten Arbeitsunfähigkeit für einen späteren Zeitpunkt „bescheinigt" worden ist, und zwar in einem Fall, in dem der Arbeitgeber die Gewährung von unbezahltem Sonderurlaub zu Ostern abgelehnt, der Arbeitnehmer zusammen mit seiner Freundin aber gleichwohl eine zweiwöchige Flugreise nach Gran Canaria angetreten hatte.[197]

---

[192] EFZR, § 5 EFZG Rdn. 53.
[193] Im Einzelnen dazu *Lepke*, S. 461 ff. Rdn. 370 ff.
[194] So auch LAG Saarbrücken (11.12.63)DB 1964, 115; LAG Bayern (11.12.70) ARSt 1972, S. 123 Nr. 147; ArbG Rheine BB 1967, 1484; *Schmitt*, EFZG, § 5 Rdn. 90; *Kaiser/Dunkl/Hold/Kleinsorge*, EFZG, § 5 Rdn. 60.
[195] Vgl. BAG DB 1979, 653; zust. *Hunold*, S. 107; BAG (5.11.92) AP Nr. 4 zu § 626 BGB Krankheit; (27.4.94) AP Nr. 100 zu § 1 LohnFG; ArbG Hagen (16.10.86) ARSt 1987, S. 133 Nr. 79; ArbG Kiel (31.10.74) DB 1975, 841: Krankheitsandrohung für den Fall einer Versetzung; siehe auch LAG Frankfurt/M. (24.2.75) ARSt 1976, S. 38 Nr. 34, allerdings den Lohnfortzahlungsanspruch betreffend; ArbG Würzburg/Schweinfurt (27.1.81) ARSt 1982, S. 53 Nr. 40; ArbG Hamm (29.7.86) BB 1986, 2127; ArbG Nürnberg (28.7.98) NZA-RR 1999, 79 f. (**dagegen** *Kunz/Wedde*, EFZR, § 5 EFZG Rdn. 51); *Gaul*, Bd. I, S. 696 Rdn. 48; *Vossen*, S. 142 Rdn. 341; *Schaub/Linck*, S. 1055 Rdn. 143; LAG Köln (17.4.02) MDR 2002, 1130 f.; bedenklich LAG Hamm (13.5.87) AuR 1988, 186.
[196] EzA Nr. 67 zu § 626 BGB n.F.; zust. *Liebig*, S. 45, 47; *Vossen*, S. 142 Rdn. 345.
[197] Aufgrund der Vernehmung des den Arbeitnehmer behandelnden Arztes sah das Berufungsgericht aber als erwiesen an, dass der Arbeitnehmer in der fraglichen Zeit tatsächlich arbeitsunfähig krank gewesen war, zumal der Arzt gegen eine Reise in den Süden vom ärztlichen Standpunkt aus keine Bedenken erhoben hatte. Gleichwohl deutete das LAG die unwirksame fristlose Kündigung in eine fristgerechte um, § 140 BGB, da aus der Sicht des Arbeitgebers der dringende Verdacht einer simulierten Krankheit bestanden habe. Der Arbeitgeber kann eine Kündigung auch noch nachträglich auf einen Verdacht stützen (dazu nur BAG (3.4.86) NZA 1986, 677; *Hoefs*, S. 143, aber gegen eine Umdeutung, S. 144).

Nachweis der Krankheit

Gleiches gilt für rückdatierte Atteste[198], es sei denn, die Arbeitsunfähigkeit hat mit Sicherheit schon vorher bestanden[199], etwa bei einem Arbeits- oder Verkehrsunfall. Zweifel am Beweiswert eines ärztlichen Attestes bestehen ferner, wenn der den Arbeitnehmer behandelnde Arzt dieses für einen längeren Zeitraum als in der Arztpraxis üblich erteilt hat, weil diese Handlungsweise den ärztlichen Urlaubsplänen entgegen kam.[200] Die Beurteilung, ob eine krankheitsbedingte Arbeitsunfähigkeit vorliegt, hat allein nach objektiven medizinischen Kriterien, nicht aber nach den privaten Aspekten des Arztes zu erfolgen. Als erschüttert hat das LAG Schleswig-Holstein[201] die Arbeitsunfähigkeitsbescheinigung bei einem Arbeitnehmer angenommen, der während seiner Krankschreibung in der Gaststätte seiner Ehefrau gearbeitet hatte. Es müsse in einem solchen Falle davon ausgegangen werden, dass er dann auch für den Arbeitgeber hätte tätig sein können. Bei einer Gesamtbetrachtung können auch erst mehrere Einzelumstände den Beweiswert einer vorgelegten Arbeitsunfähigkeitsbescheinigung beeinträchtigen. Zu diesem Ergebnis kam das BAG[202] bei einem mit Schlosserarbeiten beschäftigten Arbeiter, der während seiner Krankschreibung bei einem anderen Arbeitgeber jeweils nachts von 22.00 bis 5.00 Uhr Reinigungsarbeiten erledigt hatte bzw. bei einem Arbeiter, der im Betrieb an fertig montierten Teleskopstangen mit Hilfe von Druckluft jeweils einen Gelenkkopf anzubringen, aber während seiner Krankschreibung Aufbauarbeiten am Imbissstand seiner Ehefrau verrichtet hatte.[203] Das LAG Niedersachsen[204] bejahte Zweifel am Beweiswert einer ärztlichen Bescheinigung bei einem Arbeitnehmer, der Versicherungsleistungen seiner gesetzlichen Krankenkasse nicht in Anspruch genommen, sondern die Kosten „privat" getragen hatte. Nichts anderes gelte, falls bei bloß subjektiven Angaben des Arbeitnehmers das Attest von einem Arzt außerhalb seines Fachgebietes ausgestellt worden ist[205], etwa bei angeblichen Hüftschmerzen (Lumbago) durch einen Pathologen. In einer Entscheidung vom 3.8.1998 sah das LAG Berlin[206] ein ärztliches Attest bei folgender Konstellation als erschüttert an: Ein Schichtleiter wollte am 3.8.1997 an einem Cricket-Punktspiel seiner Mannschaft teilnehmen, fand aber im Betrieb niemanden, der seinen Dienst vertretungsweise übernehmen wollte. Am 31.7.1997 legte er für die Zeit bis zum 3.8.1997 eine Arbeitsunfähigkeitsbescheinigung vor. Zwar erschien er nicht zum Dienst, wohl aber betätigte er sich 20–30 Minuten als Cricket-Spieler. Darüber hinaus hatte er bei seiner Anhörung zu dem Vorfall im Beisein des Betriebsrates zu-

---

[198] Zutreffend LAG Hamm (25.11.78) DB 1978, 2180; *Hunold*, S. 103; siehe auch *Lepke*, DB 1993, 2028; *Kaiser/Dunkl/Hold/Kleinsorge*, EFZG, § 5 Rdn. 59 m.w.N.
[199] Ebenso ArbG Ludwigshafen (25.10.71) – 2 Ca 10421/71 –.
[200] *Kaiser/Dunkl/Hold/Kleinsorge*, EFZG, § 5 Rdn. 59; APS/*Dörner*, § 626 BGB Rdn. 189; ArbG Nürnberg (28.7.98) NZA-RR 1999, 81.
[201] (7.6.77) BB 1977, 1762, allerdings einen Lohnfortzahlungsanspruch nach § 1 Abs. 1 LFG betreffend.
[202] (26.8.93) AP Nr. 112 zu § 626 BGB = NZA 1994, 63.
[203] BAG (7.12.95) – 2 AZR 849/94 – unv.
[204] (14.5.96) LAGE Nr. 1 zu § 7 EFZG; zust. *Kaiser/Dunkl/Hold/Kleinsorge*, EFZG, § 5 Rdn. 61.
[205] LAG Düsseldorf (25.8.99) NZA-RR 2000, 13; *Kaiser/Dunkl/Hold/Kleinsorge*, EFZG, § 5 Rdn. 71.
[206] BB 1999, 421 ff. = LAGE Nr. 17 zu § 15 KSchG.

nächst kategorisch in Abrede gestellt, an dem fraglichen Spiel teilgenommen zu haben. Erst nachdem ihm entsprechende Fotos und der Filmbericht eines Detektivs zur Kenntnis gebracht worden waren, räumte er seine sportlichen Aktivitäten ein. Ebenso befand das ArbG Berlin[207] bei einem jugoslawischen Baufachhandwerker. Wie im Vorjahr hatte der Arbeitnehmer für jeweils nur eine Woche Erholungsurlaub genommen, war in seine Heimat geflogen und hatte sich jeweils alsbald für längere Zeit arbeitsunfähig krank gemeldet. Ferner hatte er jeweils am letzten Arbeitstag vor dem Urlaubsbeginn vorzeitig seinen Arbeitsplatz verlassen, um private Angelegenheiten zu erledigen. In diesem Zusammenhang hat das Gericht zu Lasten des Arbeitnehmers vor allem die näheren Umstände der Reise berücksichtigt, nämlich die Kosten- und Zeitrelation bezogen auf die besonders kurze Urlaubsdauer. Wer sich in der Vergangenheit während des jährlichen Erholungsurlaubes im Ausland wiederholt für längere Zeit krank gemeldet hat, der ruft im Falle einer weiteren Krankmeldung aus seiner Heimat begründete Zweifel an seiner tatsächlichen Arbeitsunfähigkeit hervor[208], dann jedenfalls, wenn der deutsche Vertrauensarzt schon bei einer aktenmäßigen Begutachtung des Falles zu dem Ergebnis kommt, dass eine mit Arbeitsunfähigkeit verbundene Krankheit nicht vorliegt. Eine Erschütterung der Beweiskraft hat das BAG[209] zu Recht auch angenommen, wenn einem jugoslawischen Arbeitnehmer innerhalb von 7 Jahren zum fünften Male gegen Ende seines Heimaturlaubes oder in unmittelbarem Anschluss daran Arbeitsunfähigkeit „bescheinigt" worden ist, da Zufälle dieser Art der Lebenserfahrung widersprächen. Das gilt aber in der Regel dann nicht, wenn ein Arbeitnehmer fünf Jahre nach seiner letzten Erkrankung im Urlaub erneut erkrankt ist.[210] Häufige Urlaubserkrankungen haben für sich allein jedoch noch nicht eine Attesterschütterung zur Folge.[211] Ferner wird man die Beweiskraft eines ärztlichen Attestes als erschüttert ansehen müssen, wenn der krank geschriebene Arbeitnehmer verreist und Restaurants oder Vergnügungsstätten aufsucht.[212] Wird ein Arbeiter auf seinem landwirtschaftlichen Anwesen bei der Arbeit angetroffen und bittet er, deswegen zur Rede gestellt, noch einmal „ein Auge zuzudrücken", da er am nächsten Tage wieder zur Arbeit kommen wolle[213], muss gleiches gelten. Ebenso ist der Beweiswert einer Arbeitsunfähigkeitsbescheinigung zu beurteilen, wenn ein Arbeitnehmer unter dem Vorwand teilweise Dienstbefreiung erhält, er wolle an einer Party teilnehmen, in

---

[207] DB 1980, 598f.; zust. *Vossen,* S. 142 Rdn. 342.
[208] BAG (20. 2. 85) E 48, 115 = AP Nr. 4 zu § 1 LohnFG = NZA 1985, 737; ArbG Stuttgart / 16. 2. 82) BB 1983, 125; siehe auch *Özcan,* S. 163.
[209] (20. 2. 85) NZA 1985, 738; zust. *Hunold,* S. 106; BAG (27. 4. 94) AP Nr. 100 zu § 1 LohnFG.
[210] BAG (19. 2. 97) AP Nr. 4 zu § 3 EntgeltFG = NZA 1997, 652.
[211] Vgl. LAG Düsseldorf (15.1.86) DB 1986, 1180; *Kittner/Däubler/Zwanziger,* KSchR, § 1 KSchG Rdn. 220a.
[212] Ein ähnlicher Sachverhalt lag einer Entscheidung des LAG Leipzig (6. 12. 38) ARS Bd. 34, 223, zugrunde; siehe auch LAG Berlin EzA Nr. 54 zu § 1 LFG: Eine Dekorateurin wurde von einem Facharzt für Inneres „gesund" geschrieben. Sie ließ sich jedoch wegen derselben Symptome (Kreislaufstörungen) von einem Facharzt für Frauenleiden arbeitsunfähig krank schreiben und nahm an einer Faschingsfeier teil, auf der sie lange und ausdauernd tanzte.
[213] Vgl. LAG Hamm, DB 1970, 2379.

Nachweis der Krankheit

Wahrheit aber das Arbeitsamt aufsucht, am folgenden Tag im Betrieb fehlt und zugleich mit der Arbeitsunfähigkeitsbescheinigung sein Kündigungsschreiben überreicht.[214] Ferner wurde der Beweiswert eines Attestes als erschüttert angesehen, falls sich 8 von 15 Arbeitern einer Baukolonne[215] oder alle 10 gekündigten Arbeitnehmer[216] spontan krankschreiben lassen, ohne dass außergewöhnliche Umstände, etwa eine Epidemie oder ein Massenunfall, vorliegen. Eine ärztliche Bescheinigung, derzufolge der Arbeitnehmer wegen Rückenneuralgien, eines LWS-Syndroms und eines Bandscheibenschadens arbeitsunfähig krank gewesen sei, wird dadurch widerlegt – jedenfalls erschüttert –, dass der Arbeitnehmer während der Krankschreibung regelmäßig Fahrunterricht genommen und sich auf die Fahrprüfung vorbereitet hat.[217] Gleiches gilt, wenn ein Arbeitnehmer seinen Arzt mit Erfolg veranlasst, ihn weiter krankzuschreiben, da er aus Anlass eines islamischen Opferfestes ein Lamm schlachten müsse.[218] Ein Arbeitnehmer, der sich während einer für die Dauer von mehr als sechs Wochen vom Arzt bescheinigten Arbeitsunfähigkeit überwiegend und ganztägig in Arbeitskleidung auf einer Baustelle aufhält und dort beim Bau seines Hauses mithilft, bringt dadurch zum Ausdruck, dass er an der Erbringung seiner Arbeitsleistung infolge Krankheit nicht verhindert sein könne.[219] Zweifel an der Arbeitsunfähigkeitsbescheinigung ergeben sich ferner, wenn etwa eine Arbeitnehmerin, die im Wesentlichen mit handschriftlichen Schreib- und Lesearbeiten befasst ist und mit der rechten Hand schreibt, lediglich den linken Arm in Gips trägt.[220] Dagegen sah das BAG[221] den Beweiswert eines ärztlichen Attestes allein durch die Tatsache, dass die Arbeitnehmerin ins Ausland gereist war und dort die Führerscheinprüfung abgelegt hatte, noch nicht als erschüttert an. Es habe (lediglich) ein gewisser Anfangsverdacht bestanden. Dann aber, so meint das BAG, sei der Arbeitgeber regelmäßig verpflichtet, die Verdachtsmomente näher aufzuklären, etwa durch Befragung des Arbeitnehmers über die Art seiner Erkrankung. Dieses Urteil erscheint in jeder Hinsicht bedenklich, da die unstreitige Tatsache, dass der Führerschein am 24. 6. 1991 ausgestellt worden ist, zu einer Zeit, als die Arbeitnehmerin noch krankgeschrieben war, Anlaß zu ernsthaften Zweifeln an ihrer „Arbeitsunfähigkeit" hätte geben müssen. Dieselben Einwendungen sind gegen eine Entscheidung des ArbG Berlin vom 21. 11. 2000[175] zu erheben. Ein 57 Jahre alter Anwendungsprogrammierer, bei der Beklagten seit Januar 1982 tätig, war vom 5.5. bis zum 19. 5. 2000 wegen einer Magen-Darm-Infektion krank geschrieben. Er hielt

---

[214] Siehe LAG Hamm, *Sabel*, EEK I/143. Das Gericht hatte allerdings nur über die Begründetheit des Lohnfortzahlungsanspruches zu entscheiden.
[215] ArbG Berlin (5. 6. 80) BB 1980, 1105; zust. *Hunold*, S. 103; *Schmitt*, EFZG, § 5 Rdn. 90.
[216] ArbG Elmshorn (9. 11. 82) BB 1983, 125; zust. *Hunold*, S. 104; *Feichtinger*, ArbR-Blattei, Krankheit II, Rdn. 155; *Schmitt*, EFZG, § 5 Rdn. 90; *Kaiser/Dunkl/Hold/Kleinsorge*, EFZG, § 5 Rdn. 60.
[217] ArbG Iserlohn (22. 10. 80) ARSt 1981, S. 142 Nr. 1178 = AuR 1981, 319, zust. *Liebig*, S. 46; *Feichtinger*, ArbR-Blattei, Krankheit II, Rdn. 135.
[218] ArbG Wuppertal (25. 2. 82) BB 1982, 740.
[219] LAG Düsseldorf (16. 12. 80) DB 1981, 900; zust. *Hunold*, S. 109.
[220] ArbG Hannover (4. 5. 92) ARSt 1993, S. 104 Nr. 48.
[221] (21. 3. 96) NZA 1996, 1030ff. = AP Nr. 42 zu § 123 BGB = EWiR § 123 BGB 3/96, S. 965f., mit zust. Anm. von *Künzl*; zust. *Busemann/Schäfer*, S. 124 Rdn. 147 – **kritisch** zu Recht MünchArbR/*Boecken*, § 85 Rdn. 51.

sich jedoch in seinem Ferienhaus in Schweden auf, was er zunächst in Abrede gestellt hatte, und verrichtete dort Gartenarbeiten, was von einer Detektei ermittelt worden war. Eine weitere Arbeitsunfähigkeitsbescheinigung legte der Kläger für die Zeit vom 19. bis 26. 5. 2000 der Beklagten vor. Dennoch meinte das ArbG, der Beweiswert des Attestes sei durch die Auslandsreise des Arbeitnehmers nicht erschüttert, wenn sie auch „bei der Kammer auf völliges Unverständnis" in Anbetracht der attestierten Arbeitsunfähigkeit gestoßen sei. Wenn es an anderer Stelle des fraglichen Urteils hinsichtlich eines geltend gemachten Schadensersatzanspruches heißt, aufgrund eines „konkreten Tatverdachts" gegenüber dem Kläger habe die Beklagte einen Detektiv beauftragen dürfen, dann überzeugt es nicht, den Beweiswert des Attestes als nicht erschüttert anzusehen.

Der Beweiswert eines entsprechenden ärztlichen Attestes kann jedenfalls dann erschüttert sein, wenn sich der Arzt ersichtlich nicht mit den Auswirkungen der Krankheit auf die vom Arbeitnehmer geschuldete Tätigkeit auseinandergesetzt hat und der Arbeitgeber insoweit konkrete Umstände vorbringt. Das ist etwa der Fall, wenn eine Thorax- (Brustkorb) Prellung diagnostiziert worden ist, ohne dass der Arzt Feststellungen darüber getroffen hat, ob diese Prellung so schmerzhaft war, dass dem Arbeitnehmer seine Tätigkeit als kaufmännischer Angestellter nicht zugemutet werden konnte.[222]

367 Andererseits kann im Allgemeinen aber noch nicht daraus, dass sich der Arbeitnehmer trotz seiner Krankmeldung nicht zu Hause aufhält, eo ipso der Schluss gezogen werden, die Krankheit sei nur vorgetäuscht und die ärztliche Bescheinigung unrichtig.[223] Hat der Arzt keine Bettruhe angeordnet, kann ein Spaziergang oder der Besuch von Verwandten und Bekannten zur Wiedergenesung durchaus angezeigt sein.[224] Das gilt generell auch für während des Laufens der Kündigungsfrist attestierte Krankheiten.[225] Verrichtet der Arbeitnehmer trotz bescheinigter Arbeitsunfähigkeit aus Entgegenkommen weiterhin zunächst seine Arbeit im Betrieb, kann der Arbeitgeber diesen Umstand später in der Regel nicht als Argument gegen die Richtigkeit der ärztlichen Bescheinigung ins Feld führen.[226] Aus der beharrlichen Weigerung des Arbeitnehmers, sich von dem vom Arbeitgeber benannten Arzt ein weiteres Mal untersuchen zu lassen, darf ebenfalls nicht ohne weiteres gefolgert werden, eine krankheitsbedingte Arbeitsunfähigkeit liege gar nicht vor.[227] Selbst eine diesbezügliche tarifvertragliche Bestimmung könnte die allein durch das Gericht vorzunehmende Beweiswürdigung, ob der Arbeitnehmer tatsächlich arbeitsunfähig krank war, nicht ersetzen.[227] Dieser Umstand schließt

---

[222] Hess. LAG (11. 6. 93) NZA 1994, 886 = LAGE Nr. 74 zu § 626 BGB; zust. *Feichtinger*, ArbR-Blattei, Krankheit II, Rdn. 143.
[223] Ebenso *Schaub/Linck*, S. 1054 Rdn. 143; *Edenfeld*, DB 1997, 2278.
[224] Vgl. *Feichtinger/Pohl*, DB 1984, Beilage Nr. 4, S. 1 (5); *Galahn*, S. 135 m. w. N.
[225] Zutreffend LAG Frankfurt/M. BB 1979, 1200.
[226] LAG Düsseldorf (23. 8. 55) DB 1955, 1191; siehe aber LAG Rheinland-Pfalz (15. 7. 88) DB 1988, 2368: Ein Arbeitnehmer dokumentiere durch tatsächliche Arbeit beweiskräftig seine Arbeitsfähigkeit – **kritisch** nunmehr *Hunold*, S. 312.
[227] BAG (4. 10. 78) AP Nr. 3 zu § 3 LohnFG; siehe auch *Galahn*, S. 131 m. w. N.; *Edenfeld*, DB 1997, 2277.

indessen nicht aus, dass das angerufene Gericht gleichwohl unter Beachtung der gesamten Umstände des konkreten Einzelfalles für den Arbeitnehmer nachteilige Rückschlüsse bezüglich seiner behaupteten krankheitsbedingten Arbeitsunfähigkeit zieht. Auch der bloße Hinweis des Arbeitgebers auf ein Nichtbefolgen einer angeordneten Begutachtung durch den Medizinischen Dienst bedeutet nicht zwangsläufig, dass bei Nichtbeachtung ernsthafte Zweifel an der Arbeitsunfähigkeit des Arbeitnehmers vorliegen müßten[228], wenngleich die Missachtung einer solchen Vorladung den Beweiswert einer Arbeitsunfähigkeitsbescheinigung erschüttern kann.[229] Wechselt der Arbeitnehmer den Arzt, nachdem ihm der zunächst aufgesuchte Arzt nicht oder nicht weiter krank geschrieben hat, so beeinträchtigt dieser Umstand für sich genommen nicht ohne weiteres den Beweiswert des vom „neuen" Arzt erteilten Attestes[230]; denn für einen Arztwechsel kann es durchaus stichhaltige Gründe geben. Das gilt auch dann, wenn der nunmehr aufgesuchte Arzt dafür bekannt ist, „großzügig" Arbeitsunfähigkeitsbescheinigungen auszustellen. In derartigen Fällen gehört es primär zu den Aufgaben der Ärztekammern und Sozialversicherungsträger bzw. des MDK, dagegen vorzugehen.[231] Ferner lässt der Umstand, dass eine Sekretariatsmitarbeiterin die Vertretung in einem anderen Sekretariat ablehnt und zwei weitere Arbeitnehmerinnen, die diese Aufgaben übernehmen sollten, sich nacheinander krank melden, nicht schlechthin auf ein kollusives Verhalten und die Annahme schließen, die fraglichen Mitarbeiter seien nicht arbeitsunfähig krank.[232]

bb) ausländischer Atteste

aaa) aus Staaten, die nicht Mitglieder der Europäischen Union sind

Arbeitsunfähigkeitsbescheinigungen ausländischer Ärzte sind als Beweismittel dann anzuerkennen, wenn sie ordnungsgemäß ausgestellt worden sind und darin eindeutig zum Ausdruck gebracht wird, dass nicht nur eine Krankheit, sondern auch eine dadurch bedingte Arbeitsunfähigkeit vorliegt.[233] Das gilt im Allgemeinen für im Ausland ausgestellte Atteste, die über den zuständigen Sozialversicherungsträger der deutschen Krankenkasse unter Beachtung der jeweiligen sozialrechtli-

368

---

[228] LAG Hamm BB 1985, 274; zust. *Hunold*, S. 105.
[229] Vgl. BAG (11. 8. 76) AP Nr. 2 zu § 3 LohnFG; LAG Hamm (26. 6. 84) BB 1985, 273; *Hunold*, S. 104; *Kaiser/Dunkl/Hold/Kleinsorge*, EZFG, § 5 Rdn. 61; *Angel*, S. 179 f.
[230] Dazu *Feichtinger*, ArbR-Blattei, Krankheit II, Rdn. 150; LAG Köln (27. 9. 89) ARSt 1990, S. 38 Nr. 1024.
[231] So auch *Feichtinger*, ArbR-Blattei, Krankheit II, Rdn. 151.
[232] LAG Düsseldorf (17. 6. 97) BB 1997, 1902; *Feichtinger*, ArbR-Blattei, Krankheit II, Rdn. 125 a; *Kaiser/Dunkl/Hold/Kleinsorge*, EFZG, § 5 Rdn. 63.
[233] Siehe BAG (20. 2. 85) AP Nr. 4 zu § 3 LohnFG = NZA 1985, 737; (15. 12. 87) AP Nr. 9 zu § 9 BUrlG; (19. 2. 97) NZA 1997, 652 = SAE 1998, 81 ff., mit Anm. von *Oetker*; (1. 10. 97) NZA 1998, 372; LAG Hamm (1. 12. 81) DB 1982, 232; LAG Berlin (12. 12. 83) ARSt 1984, S. 86 Nr. 77; LAG Düsseldorf (25.8.99) NZA-RR 2000, 13; *Kaiser/Dunkl/Hold/Kleinsorge*, EFZG, § 5 Rdn. 54, 59; siehe auch ArbG Stuttgart (16. 9. 82) BB 1983, 125; *Schaub*, 9. Aufl., S. 987 Rdn. 144; *Erman/Belling*, BGB § 616 Rdn. 157; MünchArbR/*Boecken*, § 85 Rdn. 53; *Özcan*, S. 143, 163 f.; *Lepke*, DB 1993, 2027; *Vossen*, S. 148 Rdn. 358; *Staudinger/Oetker*, BGB, § 616 Rdn. 479; zurückhaltend *Gift/Baur*, S. 689 Rdn. 1171.

chen Gegenseitigkeitsabkommen mitgeteilt werden.[234] Derartige ärztliche Gutachten und Bescheinigungen sind in der Regel inhaltlich so abgefasst, dass zwischen einer bloßen Erkrankung und einer mit Arbeitsunfähigkeit verbundenen Krankheit unterschieden wird. Dennoch werden solche Atteste in der Regel besonders kritisch zu würdigen sein[235], vor allem wenn es sich um Krankschreibungen während eines Erholungsurlaubes im Ausland handelt. Bei ausländischen Ärzten kann nämlich nicht ohne weiteres davon ausgegangen werden, dass ihnen die arbeits- und versicherungsrechtliche Bedeutung des Begriffes der Arbeitsunfähigkeit im Sinne des deutschen Rechts bekannt ist.[236] Stellt beispielsweise ein Privatarzt in einem privaten Krankenhaus in der Türkei eine Arbeitsunfähigkeitsbescheinigung aus und wird diese von der Sozialversicherungsanstalt nicht ausdrücklich bestätigt, kann allein dieser formale Aspekt genügen, um den Beweiswert dieser Bescheinigung zu erschüttern. Zutreffend hat auch das LAG Hamm[237] bei einer von einem marokkanischen Arzt wegen Nierenerkrankung bzw. chronischer Nierenbeschwerden erfolgten Krankschreibung erhebliche Zweifel deshalb angenommen, weil aufgrund einer nachträglich erfolgten speziellen Untersuchung in Deutschland weder laborchemisch noch bakteriologisch noch röntgenologisch ein organisches Leiden im Bereich der harnableitenden Organe nachgewiesen werden konnte. Ferner muss der Beweiswert einer von einem türkischen Arzt gefertigten Arbeitsunfähigkeitsbescheinigung als erschüttert angesehen werden, wenn der Arbeitnehmer in der Vergangenheit wiederholt während, insbesondere gegen Ende des Erholungsurlaubes krankgeschrieben worden war[238] und eine Untersuchung durch einen deutschen Arzt zwei Tage vor dem Ablauf des in der Türkei bestätigten Krankheitszeitraumes die dortige Diagnose nicht bestätigt hatte.[239] Zufälle dieser Art widersprechen der allgemeinen Lebenserfahrung. Gleiches gilt hinsichtlich eines entsprechenden Attestes aus Palästina, wenn die verordnete Therapie – sofortige vierwöchige Bettruhe wegen eines LWS-Syndroms – atypisch erscheint.[240] Hingegen meinte das BAG in einem Urteil vom 19. 2. 1997[233], der Beweiswert eines in der Türkei ausgestellten Attestes für einen türkischen Arbeitnehmer, der 1994 seinen Urlaub in seiner Heimat verbrachte, und dem am 25. 8. 1994 wegen einer Dünn-

---

[234] BAG (19.2.97) NZA 1997, 652 = SAE 1998, 81ff., mit Anm. von *Oetker;* LAG Hamm (15.6.79) BB 1980, 1158; (18.3.81) DB 1981, 1680; (12.4.89) DB 1989, 1473; LAG Düsseldorf (31.7.80) BB 1980, 1215; (15.1.86) DB 1986, 1180; LAG Schleswig-Holst. (28.11.83) DB 1984, 1355; *Lepke,* DB 1993. 2027; eingehend *Özcan,* S. 153–161.
[235] *Lepke,* DB 1993, 2027; *Müller/Berenz,* EFZG, § 5 Rdn. 94; *Helml,* EFZG, § 5 Rdn. 32.
[236] Hessisches LSG (22.10.80) DB 1981, 1155; LAG Hamm DB 1982, 232; *Becker/Braasch,* S. 107 Rdn. 231; *Lepke,* DB 1993, 2027; *Özcan,* S. 143f.; siehe auch LAG Schleswig-Holst. DB 1984, 1355.
[237] (1.12.81) DB 1982, 22; ähnlich LAG Berlin (12.12.83) ARSt 1984, S. 86 Nr. 77; zust. *Brill,* DOK 1985, 67; Kasseler Handbuch/*Braasch,* 1.2 Rz. 235; *Geyer/Knorr/Krasney,* EFZG, § 5 Rdn. 42; *Özcan,* S. 165.
[238] Vgl. BAG (18.9.85) – 5 AZR 240/84 – unv.: innerhalb von sechs Jahren zum vierten Mal während des Heimaturlaubes erkrankt; LAG Schleswig-Holst. (24.9.86) RzK I 8c Nr. 12; LAG München (29.11.88) LAGE Nr. 3 zu § 3 LFZG; LAG Köln (2.3.94) – 2 Sa 1192/93 – unv.; LAG Hamm (20.2.01) MDR 2001, 1248: zum dritten Mal innerhalb der letzten 5 Jahre; dazu auch *Gaul,* Bd. I, S. 1789 Rdn. 49; *Özcan,* S. 172.
[239] Ebenso ArbG Wuppertal (28.6.84) SAE 1984, 356.
[240] LAG München (29.11.88) BB 1989, 847.

darmentzündung Arbeitsunfähigkeit bescheinigt worden war, sei nicht deshalb erschüttert, weil er es unterlassen habe, seine ausländische Urlaubsanschrift mitzuteilen und er sich bereits 1987 und 1989 während seines Heimaturlaubes krank gemeldet habe.

Ansonsten gelten bei der Erkrankung eines deutschen oder ausländischen Arbeitnehmers bezüglich der Darlegungs- und Beweislast, dass in Wahrheit eine krankheitsbedingte Arbeitsunfähigkeit nicht vorgelegen habe, dieselben Grundsätze wie für eine im Inland ausgestellte ärztliche Arbeitsunfähigkeitsbescheinigung.[241] Einer von einem ausländischen Arzt ordnungsgemäß ausgestellten Arbeitsunfähigkeitsbescheinigung kommt im Allgemeinen derselbe Beweiswert wie einem von einem deutschen Arzt erteilten Attest zu.[242]

369

bbb) aus Mitgliedstaaten der Europäischen Union bzw. EWR-Staaten

Nach einer Entscheidung des EuGH vom 12. 3. 1987[243] soll der deutsche Sozialversicherungsträger bei der Beurteilung von Ansprüchen auf Zahlung von Krankengeld an die Arbeitsunfähigkeitsbescheinigung des Heimatlandes des Versicherten gebunden sein, wenn die Arbeitsunfähigkeit nach innerstaatlichem Recht der EU ordnungsgemäß ausgestellt worden ist. In einem weiteren Judikat vom 3. 6. 1992 hat der EuGH[244] die Anwendbarkeit des koordinierten Sozialrechts der Gemeinschaft für sog. Wanderarbeitnehmer bejaht und unter Hinweis auf Art. 18 Abs. 1–4 VO (EWG) Nr. 574/72 über die Durchführung der VO Nr. 1408/71 sogar gemeint, eine ordnungsgemäß ausgestellte (ausländische) Arbeitsunfähigkeitsbescheinigung sei nicht nur für die gesetzliche Krankenkasse, sondern auch für den

370

---

[241] So auch LAG München (18. 12. 81), *Sabel*, EEK I/720; (21. 7. 88) DB 1989, 280; LAG Berlin (12. 12. 83) – 9 Sa 102/83 –; (7. 7. 89) – 13 Sa 38/89 –; ArbG Stuttgart (13. 4. 89) DB 1989, 2130; *Oetker*, Anm. zu BAG SAE 1998, 87 – **anderer Ans.** LAG Schleswig-Holst. (21. 4. 83) ARSt 1984, S. 22 Nr. 25; (28. 11. 83) DB 1984, 1355.
[242] Ebenso BAG (20. 2. 85) NZA 1985, 737; (19.2.97) BB 1997, 1313; BSG (26. 2. 92) DB 1992, 1780; KR-*Becker*, 3. Aufl., § 1 KSchG Rdn. 253a; *Hunold*, S. 88, 105; *Liebig*, S. 43; *Feichtinger*, ArbR-Blattei, Krankheit II, Rdn. 172; *Lepke*, DB 1993, 2027; *Geyer/Knorr/Krasney*, EFZG, § 5 Rdn. 42; Kasseler Handbuch/*Vossen*, 2.2 Rz. 249; *Däubler*, S. 860 Rdn. 1684; KR-*Etzel*, § 1 KSchG Rdn. 443; FA-ArbR/*Worzalla*, S. 281 Rdn. 1400; einschränkend *Schmitt*, EFZG, § 5 Rdn. 122: geringerer Beweiswert; *Özcan*, S. 144: freie Beweiswürdigung gemäß § 286 ZPO.
[243] BB 1987, 1254 = NJW 1988, 2171; ihm folgend BSG (10. 9. 87) BB 1988, 485 = NJW 1988, 2200; eingehend mit ausführlicher Begründung *Angel*, S. 264–269.
[244] DB 1992, 1577 = BB 1992, 1721 = NZA 1992, 735; zust. *Brill*, AuA 1993, 199; *Feichtinger*, ArbR-Blattei, Krankheit II, Rdn. 169–170; *Marschner*, Anm. zu EuGH EzA Nr. 16 zu § 3 LohnFG; *Staudinger/Oetker*, BGB, § 616 Rdn. 480; *Bobke = von Camen/Veit*, RdA 1993, 333f.; *Zuleeg*, AuR 1994, 82; *Blank*, AuR 1994, 290; *Eichenhofer*, JZ 1995, 1047 (1051); *Blanpain/Schmidt/Schweigert*, S. 228; *Schmidt*, AuR 1997, 465; *Erman/Hanau*, BGB, 9. Aufl., § 616 Rdn. 107; BAG (19. 2. 97) AP Nr. 3 zu Art. 18 EWG-VO Nr. 574/72 – **kritisch** *D. Gaul*, DB 1992, 2189; *ders.*, NZA 1993, 866; *Keil*, RdA 1992, 394; *Berenz*, DB 1992, 2442ff.; *Schiefer*, DB 1993, 42; *Lepke*, DB 1993, 2028; *Blomeyer*, NZA 1994, 639; *Hunold*, S. 117ff.; *Erasmy*, AG 1992, 859, *Helml*, EFZG, § 5 Rdn. 36; *Buchner*, ZfA 1993, 304; *Gift/Baur*, S. 689 Rdn. 1171; *Schmitt*, EFZG, § 5 Rdn. 125; *Junker*, NJW 1994, 2527; *Leipold*, a.a.O., S. 641f.; *U. Preis*, ZIP 1995, 897; *Schlachter*, S. 44ff.; *Brox/Rüthers*, S. 116 Rdn. 167e.

(deutschen) Arbeitgeber verbindlich[245], sofern er die betreffende Person nicht durch einen Arzt seiner Wahl untersuchen lasse, wozu ihn Art. 18 Abs. 5 ermächtige. Demgegenüber sollen weder die Krankenkassen noch die Arbeitgeber an die Feststellung einer Arbeitsunfähigkeit in Staaten außerhalb der EU gebunden sein, etwa durch das Attest eines Arztes im ehemaligen Jugoslawien oder an die Meldung des damaligen jugoslawischen Versicherungsträgers.[246]

371   Die Auffassung des EuGH zur Bindungswirkung eines ausländischen Attestes gegenüber einem (deutschen) Arbeitgeber vermag nicht zu überzeugen. Es gehört nicht zu den Aufgaben des EuGH, nationales Recht auszulegen und anzuwenden.[247] Vielmehr hat er lediglich das europäische Recht bei der Anwendung und Auslegung des EWG-Vertrages zu sichern[248], was sich unmissverständlich aus Art. 220 EG ergibt. Auf diese Weise kann der EuGH das ihm zugewiesene „Auslegungsmonopol" bezüglich aller gemeinschaftsrechtlichen Fragen verwirklichen. Durch die Rechtsprechung des EuGH soll nur gewährleistet sein, dass das Gemeinschaftsrecht in allen Mitgliedstaaten einheitlich ausgelegt und angewendet wird.[249] Im Vorabentscheidungsverfahren, Art. 234 EG[250], beurteilt der EuGH nicht unmittelbar nationales Recht, sondern legt Gemeinschaftsrecht aus oder entscheidet über dessen Gültigkeit. Dann aber entfaltet eine gerichtliche Entscheidung im Rahmen eines Verfahrens nach Art. 234 EG Bindungswirkungen nur im Hinblick auf die erfolgte Auslegung des Rechts der EU[251], so dass die Bindungswirkung einer Arbeitsunfähigkeitsbescheinigung im Bereich der EU nicht weitergehen kann als im Geltungsbereich des jeweiligen nationalen Rechts. Die Bedeutung von nationalen Rechts- und Verwaltungsnormen muss zudem unter Berücksichtigung der Auslegung beurteilt werden, die die nationalen Gerichte diesen Vorschriften geben bzw. gegeben haben[252], ohne dass dadurch die Verpflichtung der nationalen Gerichte zur gemeinschaftskonformen Auslegung des nationalen Rechts[253] in Frage gestellt wird. Der auf diese Weise noch verbleibende Gestaltungsfreiraum des nationalen Gesetzgebers darf durch das europäische Gemeinschaftsrecht nicht elimi-

---

[245] So schon *Borchert*, AuR 1990, 376; auch LAG Baden-Württ. (9.5.00) NZA-RR 2000, 515 – anders *Marburger*, BB 1988, 559; ArbG Stuttgart (13. 4. 89) DB 1989, 2130; *Kleinebrink*, S. 172; *Leipold*, in: FS für Kissel, S. 629 (644).
[246] BSG (26. 2. 92) DB 1992, 1780; siehe auch *Oetker*, Anm. zu BAG SAE 1998, 87.
[247] So u.a. auch *Schaub*, NJW 1994, 82; ders., Handbuch, S. 32 Rdn. 71; ErfK/*Wißmann*, Art. 234 EG Rdn. 6; siehe auch *Blomeyer/Bramigk*, Anm. zu BAG (27.4.94) AP Nr. 100 zu § 1 LohnFG; *Angel*, S. 242, der aber meint, der EuGH habe nationales Recht nicht angewandt, S. 247f.
[248] Siehe nur *Veelken*, JuS 1993, 265ff.; *Wieseler/Schmitz*, MDR 1993, 723ff.; *Blomeyer*, NZA 1994, 635; *Behrens/Fritzsche*, NJW 2000, 1626 – siehe aber *Lenz*, NJ 1993, 193ff. m.N.; KR-*Pfeiffer*, EG-Recht Rdn. 13.
[249] EuGH EuZW 1991, 319; siehe auch *Hirsch*, RdA 1999, 49.
[250] Allgemein dazu etwa *Maschmann*, NZA 1995, 920ff.
[251] Vgl. nur MünchArbR/*Birk*, § 18 Rdn. 126, 129; *Lenz/Borchardt*, Art. 234 Rdn. 51; *D. Gaul*, NZA 1993, 867; *Lepke*, DB 1993, 2028 m.w.N.; *Kleinebrink*, S. 175f.
[252] EuGH (16. 12. 92) AP Nr. 97 zu § 613a BGB = NZA 1993, 169, 635.
[253] Dazu nur *Veelken*, JuS 1993, 271 m.w.N.; *Brox/Rüthers*, S. 34 Rdn. 41; *Löwisch*, Arbeitsrecht, S. 51 Rdn. 169; *Junker*, Arbeitsrecht, S. 21 Rdn. 37; BAG (27. 6. 95) NZA 1996, 164; BGH (24. 10. 95) BB 1996, 1902.

niert werden.²⁵⁴ Das Gemeinschaftsrecht nimmt die Verschiedenheit der nationalen Rechtsordnungen in Kauf.²⁵⁵ Das Subsidiaritätsprinzip, Art. 5 Abs. 2 EG, verbietet eine vollständige Harmonisierung, wenngleich eine Entscheidung des EuGH vom 6. 6. 2000²⁵⁶ zur Bindungswirkung des Diskriminierungsverbotes des Art. 39 EG auch für private Rechtsbeziehungen einen weiteren Einbruch des Gemeinschaftsrechts in das nationale Arbeitsrecht darstellt. Dennoch bleibt es Aufgabe der deutschen (Arbeits-) Gerichtsbarkeit, darüber zu befinden, ob deutsches Recht im Einklang mit dem der EU steht.²⁵⁷ Überdies entfaltet im Vorabentscheidungsverfahren ein Spruch des EuGH unmittelbare Bindungswirkung nur für das jeweilige Ausgangsverfahren²⁵⁸, ohne die nationalen Arbeitsgerichte zu präjudizieren. Es fehlt insoweit im EG eine § 31 Abs. 1 BVerfGG vergleichbare normative Regelung.

Des weiteren erscheint es nicht unproblematisch, einen Arbeitgeber, der einem Arbeitnehmer im Falle seiner Erkrankung Entgeltfortzahlung zu gewähren hat, als „Sozialleistungsträger" im Sinne des Rechts der EU zu qualifizieren²⁵⁹; denn Rechtsgrund für eine solche Leistungspflicht ist letztlich der konkrete Einzelarbeitsvertrag. Gleichwohl spricht nach dem mit der „Geldleistung" verfolgten Zweck²⁶⁰, auch sozialversicherungsrechtliche Aspekte einfließen zu lassen, so dass von einem Doppelcharakter der Entgeltfortzahlung ausgegangen werden kann, manches dafür, den Arbeitgeber als „zuständigen Sozialleistungsträger" im Sinne von Art. 22 Abs. 1 Buchstabe a VO (EWG) 1408/71 anzusehen. Jedenfalls wird sich zweckmäßigerweise die Rechtspraxis daran zu orientieren haben, dass die Entgeltfortzahlung im Krankheitsfall eine Sozialleistung im Sinne der VO Nr. 1408/71 und der Arbeitgeber als „zuständige Behörde" zu verstehen sind.²⁶¹

Bei einer gemeinschaftskonformen Auslegung des Art. 18 VO Nr. 574/72 kann auch kaum angenommen werden, dass der Arbeitgeber nur die Möglichkeit hat, 372

---

²⁵⁴ *Buchner,* ZfA 1993, 279 (291ff.); *Özcan,* S. 221; siehe auch BVerfG (12.10.93) E 89, 155 (182–186).
²⁵⁵ So auch *Claus Weber,* kritische Anm. zu EuGH (6.6.00) RdA 2001, 180 (184).
²⁵⁶ RdA 2001, 180.
²⁵⁷ Dazu etwa *Wöhlermann,* S. 77 m.w.N. auch betreffend den EuGH.
²⁵⁸ Siehe *Lenz,* NJ 1993, 195; *Bertelsmann,* NZA 1993, 775 (782); *Nenstiel,* JR 1993, 492; *Schiefer,* DB 1993, 1823; *Lepke,* DB 1993, 2028; *Schaub,* NJW 1994, 84; KR-*Pfeiffer,* EG-Recht Rdn. 13; ErfK/*Wißmann,* Art. 234 EG Rdn. 36, 37; *Schaub,* Arbeitsgerichtsverfahren, S. 687 Rdn. 39; BAG (8. 8. 96) NZA 1997, 436 = AP Nr. 22 zu Art. 48 EWG-Vertrag; LAG Baden-Württ. (11.12.92) DB 1993, 1826 – **anders** BAG (29.7.92) NZA 1993, 181; (27.4.94) DB 1994, 1524; *Veit,* AuA 1995, 52 (53); *Dötsch,* AuA 1997, 160; *Wöhlermann,* S. 85ff. (88, 90 m.N.); wohl auch *Schweitzer/Hummer,* S. 127; *Hanau/Adomeit,* S. 36 Rdn. 112: präjudizielle Bindung.
²⁵⁹ Dazu im Einzelnen *Berenz,* DB 1992, 2443ff.; *Schiefer,* DB 1993, 43; *Franzen,* Anm. zu BAG SAE 1995, 63; *Leipold,* in: FS für Kissel, S. 629 (644ff.); *Abele,* NZA 1996, 632; *Özcan,* S. 201–204 – **anders** BAG DB 1994, 1524; *Steinmeyer,* in: FS für Kissel, S. 1172; *Kleinebrink,* S. 171 m.w.N.; *Heinze/Giesen,* BB 1996, 1833; *Staudinger/Oetker,* BGB, § 616 Rdn. 328.
²⁶⁰ Eingehend dazu *Angel,* S. 271–275; EuGH (27.3.85) – Rs C 249/83 – Slg. 1985, 973 (986) Rdn. 11.
²⁶¹ Vgl. *Oetker,* Anm. zu BAG SAE 1998, 85.

den Arbeitnehmer bei Zweifeln an der Arbeitsunfähigkeit durch einen Arzt seiner Wahl untersuchen zu lassen.[262] Die diesbezügliche Regelung hat keinen enumerativen Charakter, so dass dem deutschen Arbeitgeber bei Zweifeln an der Richtigkeit eines solchen Attestes weiterhin alle geeigneten Beweismittel zur Verfügung stehen müssen. Jede andere Betrachtungsweise würde zu einer Besserstellung der im Ausland der EU erkrankten Arbeitnehmer führen[263], den Grundsatz der Verhältnismäßigkeit verletzen, wofür es keinen sachlich gerechtfertigten Grund gibt. Wenn schon einem deutschen Arzt das Anforderungsprofil des vom einzelnen Arbeitnehmer auszuübenden Tätigkeitsbereiches vielfach nicht bekannt ist, gilt dies erst für ausländische Ärzte. Dass bei ausländischen Arbeitsunfähigkeitsbescheinigungen, insbesondere nach einigen Sozialversicherungsabkommen, Kontrolluntersuchungen vorgesehen sind, belegt eindrucksvoll, dass eine durch einen ausländischen Arzt festgestellte und bescheinigte Arbeitsunfähigkeit nicht zwangsläufig der Realität entsprechen muss. So wird die fragliche Rechtsprechung des EuGH wohl nicht zu Unrecht als „weltfremd und praxisfern"[264] bezeichnet. Wenn der genaue Aufenthaltsort des Arbeitnehmers im Ausland nicht bekannt ist, obwohl nunmehr eine entsprechende Anzeigepflicht besteht, § 5 Abs. 2 EFZG, der Arbeitgeber jedenfalls die am Aufenthaltsort des Arbeitnehmers tätigen Ärzte nicht kennt oder kennen kann – vom Faktor Zeit ganz abgesehen –, dann bedeutet es für den Arbeitgeber einen Pyrrhussieg, wenn ihm der EuGH das Recht einräumt, den Arbeitnehmer durch einen Arzt seiner Wahl untersuchen zu lassen, zumal nach deutschem Recht ganz überwiegend die Auffassung vertreten wird, der Arbeitnehmer sei in der Regel nicht verpflichtet, sich auf Geheiß des Arbeitgebers einer ärztlichen Untersuchung zu unterziehen.[265] Schließlich wird in der Literatur[266] auch zu Recht darauf hingewiesen, dass eine etwaige Bindungswirkung einer ärztlichen Bescheinigung auch gegenüber dem Arbeitgeber mit seinem Anspruch auf effektiven Rechtsschutz und ein faires Verfahren nicht vereinbar wäre.

373 Offenbar hatte die genannte Entscheidung des EuGH auch den 5. Senat des BAG nicht überzeugt, da er durch Beschluss vom 27. 4. 1994[267] erneut den EuGH anrief, um klären zu lassen, ob dem Arbeitgeber der Missbrauchseinwand völlig abgeschnitten sei, was der Fall wäre, wenn den Vorschriften der genannten VO die Bedeutung einer Beweisregel im Sinne von § 286 Abs. 2 ZPO zukäme. Auch *Die-*

---

[262] Ebenso *Berenz*, DB 1992, 2443.
[263] So auch *Erasmy*, AG 1992, 856 (860); *Berenz*, DB 1992, 863; *Müller/Berenz*, EFZG, § 5 Rdn. 98; *Lepke*, DB 1993, 2028; *Buchner*, ZfA 1993, 304; *Kleinebrink*, S. 174f.; *Feichtinger*, ArbR-Blattei, Krankheit II, Rdn. 170; siehe auch Kasseler Handbuch/*Vossen*, 2.2 Rz. 247; *Peter*, RdA 1999, 376 – **kritisch** *Leipold*, in: FS für Kissel, S. 629 (641).
[264] *Gift/Baur*, S. 689 Rdn. 1171; *Heinze/Giesen*, BB 1996, 1831: kaum praktizierbar; so auch *Oetker*, Anm. zu BAG SAE 1998, 86.
[265] Siehe dazu *Lepke*, S. 484f. Rdnr. 398; BGB-RGRK, § 616 Rdn. 137, § 618 Rdn. 99, 101; MünchArbR/*Blomeyer*, § 97 Rdn. 18; MünchArbR/*Buchner*, § 41 Rdn. 225ff.; *Hunold*, DB 1993, 229.
[266] *Leipold*, in: FS für Kissel, S. 629 (649f.); *Kleinebrink*, S. 175; *Özcan*, S. 217–218.
[267] AP Nr. 100 zu § 1 LohnFG, mit Anm. von *Blomeyer/Bramigk* = SAE 1995, 55, mit Anm. von *Franzen* – **kritisch** *U. Preis*, ZIP 1995, 897.

terich[268] meinte, das fragliche Judikat des EuGH laufe darauf hinaus, dass „gegen Gefälligkeitsatteste kein Kraut gewachsen ist".

In einem Urteil vom 2. 5. 1996[269], das teils Zustimmung[270] aber auch Kritik erfahren hat[271], ist nunmehr vom EuGH klargestellt worden, es sei dem (deutschen) Arbeitgeber nicht verwehrt, „Nachweise zu erbringen, anhand derer das nationale Gericht ggf. feststellen kann, dass der Arbeitnehmer missbräuchlich oder betrügerisch eine nach Art. 18 der Verordnung Nr. 574/72 festgestellte Arbeitsunfähigkeit gemeldet hat, ohne krank gewesen zu sein". Ansonsten dürfe der Arbeitgeber einem Arbeitnehmer, der ein ärztliches Attest aus einem EU-Staat vorlegt, die Entgeltfortzahlung nur dann verweigern, wenn er nachweise, dass der Arbeitnehmer tatsächlich nicht krank gewesen sei, also missbräuchlich oder betrügerisch seine Arbeitsunfähigkeit mitgeteilt habe.

374

Welche Anforderungen an den Nachweis des Missbrauchs zu stellen sind, hat der EuGH nicht dargelegt, wenngleich er darauf hinweist, dass die Rechtsprechung des BAG zur Erschütterung eines solchen Attestes nicht mit den Zielen des Art. 18 der VO Nr. 574/72 vereinbar sei. Im Allgemeinen handelt ein Arbeitnehmer jedoch missbräuchlich oder betrügerisch, wenn er sich arbeitsunfähig krankschreiben lässt, obwohl dies nicht der Fall ist.[272] Aus der fraglichen Formulierung des EuGH wird jedenfalls deutlich, dass der Arbeitgeber nicht den Nachweis der Nichterkrankung des Arbeitnehmers erbringen muss, so dass der EuGH entgegen der Auffassung von *Lörcher*[273] hinsichtlich dieser Problematik noch keinen „Schlussstein" gesetzt haben dürfte, wenngleich *Oetker*[274] meint, ein nochmaliges Hinterfragen der vom EuGH getroffenen Aussagen sei wenig sinnvoll. Indessen vertritt nunmehr auch das BAG in einer Entscheidung vom 19. 2. 1997[275] die Auffassung, es reiche nicht aus, dass ernsthafte Zweifel an der Richtigkeit der Arbeitsunfähigkeitsbescheinigung dargelegt werden. Der Arbeitgeber müsse vielmehr die missbräuchliche Krank-

---

[268] NZA 1996, 673 (678).
[269] NZA 1996, 635 = NJW 1996, 1881 = EzA Nr. 1 zu § 5 EFZG = SAE 1998, 76ff.
[270] Vgl. etwa *Heinze/Giesen*, BB 1996, 1832f.; *Lörcher*, AuR 1996, 235; *Staudinger/Oetker*, BGB, § 616 Rdn. 482; *Schmidt*, AuR 1997, 465; *Dörner/Luczak/Wildschütz*, C, Rdn. 1653; *Wedde/Gerntke/Kunz/Platow*, EFZG, § 5 Rdn. 42; *Geyer/Knorr/Krasney*, EFZG, § 5 Rdn. 43; *Kaiser/Dunkl/Hold/Kleinsorge*, EFZG, § 5 Rdn. 56; *Zirnbauer*, Köhne, B II 1.4, S. 18; BAG (19. 2. 97) NZA 1997, 705 = BB 1997, 525.
[271] *Abele*, NZA 1996, 632; ErfK/*Dörner*, § 5 EFZG Rdn. 63; *Angel*, S. 281ff.
[272] So auch *Heinze/Giesen*, BB 1996, 1833; *Staudinger/Oetker*, BGB, § 616 Rdn. 484; *Feichtinger*, ArbR-Blattei, Krankheit II, Rdn. 171; BAG NZA 1997, 705ff.
[273] AuR 1996, 235 – **anders** KPK-*Schiefer*, § 1 KSchG Rdn. 324; *Peter*, RdA 1999, 376.
[274] Anm. zu BAG SAE 1998, 85.
[275] AP Nr. 3 zu Art. 18 EWG-Verordnung Nr. 574/72 = NZA 1997, 705; zust. *Schmidt*, AuR 1997, 465; *Schmitt*, WiB 1997, 818f.; *ders.*, EFZG, § 5 Rdn. 127; *Abele*, NZA 1996, 632; *Staudinger/Oetker*, BGB, § 616 Rdn. 484; *Schlachter*, Anm. zu BAG EWiR, Art. 18 VO (EWG) Nr. 574/72, 1/97 S. 767f.; Kasseler Handbuch/*Vossen*, 2.2 Rz. 248; ErfK/*Dörner*, § 5 EFZG Rdn. 65; *Knorr/Bichlmeier/Kremhelmer*, S. 515 Rdn. 101; *Hirsch*, MDR 1999, 1 (5); *ders.*, RdA 1999, 50; *Feichtinger*, ArbR-Blattei, Krankheit II, Rdn. 171; *Kaiser/Dunkl/Hold/Kleinsorge*, EFZG, § 5 Rdn. 56; MünchArbR/*Boecken*, § 85 Rdn. 54; *Özcan*, S. 220; LAG Baden-Württ. (9.5.00) DB 2000, 1570 = RDV 2001, 105 – **anderer Ans.** *Heinze/Giesen*, BB 1996, 1832; *Müller/Berenz*, EFZG, § 5 Rdn. 98.

schreibung voll beweisen. Diese Voraussetzungen sieht das BAG in der Regel als erfüllt an, wenn sich der Arbeitnehmer arbeitsunfähig krankschreiben lässt, obwohl er es nicht war. So sah das LAG Düsseldorf[276] zu Recht das von einem griechischen Arzt ohne Einschaltung des ausländischen Sozialversicherungsträgers ausgestellte Attest als erschüttert an, weil mehrere Umstände zu Lasten des Arbeitnehmers zusammengewirkt hatten. Sie betrafen die teilweise Nichtgewährung des erbetenen Urlaubs, die gemeinsame Urlaubsreise mit dem Ehepartner, der zeitgleich Urlaub erhalten hatte, widersprüchliche Angaben des Ehepartners zur Krankheitsursache und dass die ärztliche Diagnose im Wesentlichen auf Grund subjektiver Angaben des Mitarbeiters durch einen Arzt außerhalb seines Fachgebietes, nämlich einem Pathologen getroffen worden war.[277] Im sog. Paletta-Fall meinte auch das LAG Baden-Württemberg[278], ein Arbeitgeber dürfe ärztliche Bescheinigungen anzweifeln und sei zur Entgeltfortzahlung nur verpflichtet, wenn die Arbeitsunfähigkeit über das Attest hinaus nachgewiesen werde. Nach dem Sachverhalt hatten sich vier Familienmitglieder gleichzeitig aus dem Erholungsurlaub in Italien beim gemeinsamen Arbeitgeber wiederholt arbeitsunfähig krank gemeldet.

375 Die in der Rechtsprechung des EuGH und des BAG zum Ausdruck gekommene Ansicht vermag nicht uneingeschränkt zu überzeugen. Sie führt nämlich zu unterschiedlichen Rechtsfolgen, einer umgekehrten Diskriminierung[279], bei im Wesentlichen gleichgelagerten Sachverhalten. Während es bei im Inland ausgestellten Attesten sowie solchen, die von einem Arzt in einem Nicht-EU-Staat erteilt worden sind, ausreicht, dass deren Beweiswert durch ernsthafte Zweifel erschüttert ist, soll dies für den Bereich der EU nicht gelten, was sich sachlich nicht rechtfertigen lässt und auch gegen fundamentale Grundsätze des Gemeinschaftsrechts verstößt.[280] Dies gilt um so mehr, weil die genannten Rechtsprechungsgrundsätze nur dann zum Tragen kommen, wenn die amtliche Bescheinigung aufgrund einer vom Träger des Wohn- und Aufenthaltsortes nach Art. 18 Abs. 3 VO (EWG) Nr. 574/72 angeordneten Kontrolluntersuchung ausgestellt worden ist. Liegt hingegen ein Attest des behandelnden ausländischen Arztes vor, richtet sich dessen Beweiswert auch im EU-Bereich allein nach den allgemeinen, nicht einschränkenden Beweisgrundsätzen nach nationalem Recht.[281] Eine solche Differenzierung selbst innerhalb der EU muss auf Unverständnis stoßen.[282] *Angel*[283] hat im Einzelnen überzeugend dargelegt, dass der EuGH nationale (deutsche) Normen und die in ihnen vorgesehene Möglichkeit der Missbrauchskontrolle nicht hinreichend berücksichtigt hat. Ein

---

[276] (25.8.99) NZA-RR 2000, 13 f.
[277] Dazu auch *Kaiser/Dunkl/Hold/Kleinsorge*, § 5 EFZG Rdn. 71.
[278] (9.5.00) BB 2000,1630 = DB 2000, 1570 – **kritisch** *Hummel*, S. 98.
[279] So auch Weth, Arbeitsrecht und Arbeitsgerichtsbarkeit, S. 145 (151); dazu auch *Kaiser/Dunkl/Hold/Kleinsorge*, EFZG, § 5 Rdn. 56.
[280] Dazu im Einzelnen *Müller/Berenz*, EFZG, § 5 Rdn. 98 m.w.N. – **anders**, *Angel*, S. 276.
[281] So auch *Staudinger/Oetker*, BGB, § 616 Rdn. 480, 485; *Oetker*, Anm. zu BAG SAE 1998, 87; *Vossen*, S. 146 Rdn. 353; *Özcan*, S. 222; LAG Düsseldorf (25.8.99) NZA-RR 2000, 13 f.
[282] Zur Frage, ob diese differenzierende Rechtsprechung gegen Art. 3 Abs. 1 GG verstößt, siehe einerseits *Oetker*, Anm. zu BAG SAE 1998, 88 m.N. und andererseits ErfK/*Dörner*, § 5 EFZG Rdn. 35.
[283] S. 277 ff.

Leistungsanspruch kann sich nämlich nicht allein aus dem Gemeinschaftsrecht, sondern nur in Verbindung mit dem nationalen Recht des betreffenden Mitgliedsstaates ergeben.[284] Durch die VO der EU sollen keine neuen Anspruchsgrundlagen geschaffen werden.[285] Angesichts dessen ist es jedenfalls zu begrüßen, wenn das BAG[275] zum Nachweis, dass der Arbeitnehmer missbräuchlich oder betrügerisch eine nach Art. 18 VO (EWG) Nr. 574/72 festgestellte Arbeitsunfähigkeit gemeldet hat, eventuelle Indiztatsachen für die Wahrheit einer Behauptung zulässt, wobei sich der Richter bei deren Würdigung „mit einem für das praktische Leben brauchbaren Grad von Gewißheit" begnügen müsse. Im Ergebnis bedeutet dies aber, dass nicht wie sonst an die Erbringung des Vollbeweises[286] dieselben hohen Anforderungen gestellt werden, was Zustimmung verdient. Auf diese Weise hat das BAG die fragliche Rechtsprechung des EuGH erheblich relativiert und die ihm zustehenden Spielräume der Beweiswürdigung sachgerecht genutzt[287], so dass sie halbwegs praktikabel erscheint. Wenn in diesem Zusammenhang *Oetker*[288] jedoch meint, dem Arbeitgeber sei die Führung des Gegenbeweises gestattet, wird der Unterschied zwischen dem Gegenbeweis und dem Beweis des Gegenteils[289] nicht hinreichend beachtet. Der Gegenbeweis ist ein Beweis, der den Hauptbeweis so erschüttern muss, dass er die richterliche Überzeugung nicht mehr herbeiführen kann. Gegenüber dem Anscheinsbeweis bezieht sich der Gegenbeweis auf die ernsthafte Möglichkeit eines untypischen Geschehensablaufs. Der Gegenbeweis ist bereits dann geführt, wenn er die Wahrheit einer Tatsache wieder zweifelhaft macht.[290] Demgegenüber stellt sich der Beweis des Gegenteils, §§ 167, 292 ZPO, als Hauptbeweis dar. Bei ihm muss das Gegenteil einer gesetzlichen Vermutung zur vollen Überzeugung des Gerichts bewiesen werden.[291] Soweit *Dötsch*[292] ausführt, die unterschiedliche und unbefriedigende Behandlung in- und ausländischer Atteste könne nur durch die Fortbildung des deutschen Rechts entsprechend dem Gebot der Gleichbehandlung überwunden werden, dürfte eher das Gegenteil vonnöten sein, nämlich eine diesbezügliche Änderung der Rechtsprechung des EuGH. Dass diese Veränderungen unterliegen kann, zeigt eindrucksvoll die sog. Hyse-Suzen-Entscheidung des EuGH vom 11. 3. 1997.[293] Allerdings wird auch die Ansicht vertreten,

---

[284] Vgl. Lenz/Erhard, Art. 42 Rdn. 6.
[285] EuGH (15.1.86) – Rs C 41/84 – Slg. 1986, 1 (24) Rdn. 20; (27.9.88) – Rs C 313/86 – Slg. 1988, 5391 (5423) Rdn. 13; Franzen, Anm. zu BAG SAE 1995, 59; Angel, S. 278.
[286] Dazu nur *Rosenberg/Schwab/Gottwald*, § 115 I 1, S. 657; LAG Berlin (7. 4. 97) – 9 Sa 80/96 – unv.
[287] So auch *Hirsch*, MDR 1999, 1 (5); LAG Baden-Württ. (9.5.00) BB 2000, 1630.
[288] Anm. zu BAG SAE 1998, 86 m. w. N.; *Staudinger/Oetker*, BGB, § 616 Rdn. 484; auch Özcan, S. 214, 219.
[289] Dazu nur *Rosenberg/Schwab/Gottwald*, § 112 II 4, S. 640; *Schaub*, Arbeitsgerichtsverfahren, S. 267 Rdn. 5.
[290] RGZ 134, 242; BGH (14. 4. 78) BB 1978, 1232; (23. 3. 83) NJW 1983, 1740; *Zöller/Greger*, ZPO, vor § 284 Rdn. 29; *Stein/Jonas/Leipold*, ZPO, § 284 Rdn. 7; Müko-ZPO/*Prütting*, § 284 Rdn. 21.
[291] Siehe nur *Stein/Jonas/Leipold*, ZPO, § 284 Rdn. 6, § 292 Rdn. 16; Müko-ZPO/*Prütting*, § 284 Rdn. 22.
[292] AuA 1997, 161; ebenso ErfK/*Dörner*, § 5 EFZG Rdn. 35, 64; *Kittner/Zwanziger/Schoof*, § 58 Rdn. 274.
[293] NJW 1997, 2039 = BB 1997, 735 = NZA 1997, 433.

t. 18 VO (EWG) Nr. 574/72 und die dazu ergangene Rechtsprechung des EuGH ide auf deutsche Arbeitnehmer keine Anwendung[294], weil nach Art. 24 der genannten VO diese nur für Arbeitnehmer gelte, die während ihres Aufenthalts in einem anderen Mitgliedsstaat erkranken. Dabei wird aber verkannt, dass der Wortlaut der fraglichen Norm auch deutsche Arbeitnehmer mit einschließt.

cc) Zwischenbetrachtung

376 Bereits an dieser Stelle sei darauf hingewiesen, dass es anders als bei der gerichtlichen Geltendmachung des Vergütungsfortzahlungsanspruches[295] im Rahmen eines Kündigungsschutzprozesses nicht allein um die bloße Erschütterung der Beweiskraft der vom Arbeitgeber beanstandeten Arbeitsunfähigkeitsbescheinigung, sondern um den Nachweis einer dem Arbeitnehmer in diesem Zusammenhang zum Vorwurf gemachten Pflichtwidrigkeit geht.[296]

b) § 31 Bundesmantelvertrag-Ärzte/Arbeitsunfähigkeitsrichtlinien

377 Beachtung verdient in diesem Zusammenhang die Vorschrift des § 31 des BMV-Ä in der ab 1. 7. 2000 gültigen Fassung[297], die für die gesetzlichen Krankenkassen und deren Vertragsärzte verbindlich ist, § 87 SGB V. Danach darf die Beurteilung der Arbeitsunfähigkeit und ihrer voraussichtlichen Dauer sowie die Ausstellung der Bescheinigung nur aufgrund einer ärztlichen Untersuchung erfolgen. Zu Recht weist das LG Darmstadt[298] in diesem Zusammenhang darauf hin, dass ein Arzt im Verhältnis zu seinem Patienten ein entsprechendes Attest nur ausstellen darf, wenn er sich mit der notwendigen Sorgfalt und in nachvollziehbarer, vertretbarer Weise seine ärztliche Überzeugung vom Vorliegen der Voraussetzungen einer krankheitsbedingten Arbeitsunfähigkeit verschafft hat.

378 In Erfüllung des § 92 Abs. 1 Nr. 7 SGB V sind in Ergänzung des § 27 BMV-Ä a.F. seit dem 1. 10. 1991 „Richtlinien des Bundesausschusses der Ärzte und Krankenkassen"[299] in Kraft, die Bestandteile des BMV-Ä sind, § 1 Abs. 3 BMV-Ä. Sie richten sich in erster Linie an die Vertragsärzte, für die sie verbindlich sind, § 81 Abs. 3 Nr. 2 SGB V.

In den Arbeitsunfähigkeitsrichtlinien werden weitgehend die bisher im BMV-Ä enthaltenen Grundsätze zur Feststellung der Arbeitsunfähigkeit sowie der von der

---

[294] Vgl. Abele, NZA 1996, 631 (632); *Tschöpe/Kappelhoff*, Teil 2 B, Rz. 204 – **anders** *Blomeyer/Bramigk*, Anm. zu BAG (27.4.94) AP Nr. 100 zu § 1 LohnFG; wohl auch *Schlachter*, Anm. zu EuGH (2.5.96) EuZW 1996, 375 (377).
[295] Dazu *Lepke*, DB 1974, 435.
[296] Vgl. insbesondere BAG (26. 8. 93) NZA 1994, 63 = BB 1994, 142; (7. 12. 95) – 2 AZR 849/94 – unv.; LAG Frankfurt/M. (22. 1. 90) AuR 1991, 152; *Kaiser/Dunkl/Hold/Kleinsorge*, EFZG, § 5 Rdn. 58; *U. Preis*, Arbeitsrecht, S. 698f.; *Lepke*, S. 548 Rdn. 460.
[297] Abgedruckt in: DtÄrzteBl 92 (1995), Heft 9, B-455 ff.; ergänzt mit Wirkung vom 1.7.1999, DtÄrzteBl 96 (1999), Heft 12, B-613 ff.; DtÄrzteBl 98 (2001), Heft 26, A-1776 ff.
[298] (19. 9. 90) NJW 1991, 757.
[299] BArbBl 1991, Heft 11, S. 28 ff. = RdA 1992, 208 f. = *Müller/Berenz*, EFZG, Anh. 5 S. 296 ff.

Rechtsprechung und Literatur entwickelte Begriff der krankheitsbedingten Arbeitsunfähigkeit übernommen.³⁰⁰ Grundsätzlich soll die Arbeitsunfähigkeit nicht für eine vor der Inanspruchnahme des Arztes liegende Zeit attestiert werden. Eine Rückdatierung der Arbeitsunfähigkeit auf einen vor der Behandlung liegenden Tag soll nur ausnahmsweise und nach gewissenhafter Prüfung sowie in der Regel nur bis zu zwei Tagen³⁰¹ erfolgen. Dasselbe gilt für eine rückwirkende Bescheinigung über die Fortdauer der Arbeitsunfähigkeit. Die schriftliche Bescheinigung der Arbeitsunfähigkeit gemäß den Mustervordrucken umfasst jetzt auch die arbeitsfreien Tage. Ferner stellen die Richtlinien klar, dass Arbeitsunfähigkeit auch für Samstage, Sonn-, Feier-, Urlaubs- oder arbeitsfreie Tage aufgrund einer flexiblen Arbeitszeitregelung zu bescheinigen ist. Die in § 74 SGB V vorgesehene stufenweise Wiedereingliederung von Arbeitnehmern dient der Verbesserung der Wiederherstellung der vollen Arbeitsfähigkeit. Dem Arzt obliegt nunmehr die Aufgabe anzugeben, welche Tätigkeit der Arbeitnehmer nach Art und Umfang teilweise erledigen kann. In diesem Zusammenhang verdient der Vorschlag von *D. Gaul*³⁰² uneingeschränkte Zustimmung, die bisher verwendeten Arbeitsunfähigkeitsformulare so zu verändern, dass der Arbeitgeber erkennen kann, ob der Arbeitnehmer außerstande ist, jedwede vertraglich geschuldete Tätigkeit zu verrichten oder inwieweit er in der Lage ist, ganz oder teilweise andere gleichartige Arbeiten zu erledigen. Der Gesetzgeber hat diesen Vorschlag bisher nicht verwirklicht.

Verletzt der den Arbeitnehmer behandelnde Arzt bei der Ausstellung der Arbeitsunfähigkeitsbescheinigung die ihm aus dem Arztvertrag obliegenden nebenvertraglichen Pflichten³⁰³ – das gilt vor allem, wenn der Arzt den Beginn der Erkrankung mehr als zwei Tage rückwirkend bescheinigt, es sei denn, die Arbeitsunfähigkeit hat mit Sicherheit schon vorher bestanden, etwa bei einem Arbeits- oder Verkehrsunfall –, so kann der Arbeitgeber im Prozess den Einwand des nicht ordnungsgemäßen Nachweises der krankheitsbedingten Arbeitsunfähigkeit erheben.³⁰⁴ Ärztliche Zeugnisse, die unter Verstoß gegen die Grundsätze des § 31 BMV-Ä bzw. die AURL ausgestellt worden sind, stellen keine ordnungsgemäße Bescheinigung im Sinne von § 5 Abs. 1 EFZG dar.³⁰⁵

379

---

300 Dazu im Einzelnen *Wanner,* DB 1992, 93 ff.
301 Siehe dazu auch LAG München (29.3.76) Bay.ABl. 1977 Teil C 11; zu weitgehend *Bleistein,* Einstellung, S. 237, dass einem zurückdatierten Attest „jeder" Beweiswert abzusprechen sei.
302 DB 1992, 2192; *ders., NZA 1993,* 865 (868); zust. *Hunold,* S. 86; *ders.,* BB 1989, 845; *Reinecke,* DB 1998, 132.
303 Vgl. Anders/Gehle, in: ArbR BGB, § 611 Rdn. 346 m.w.N.
304 So schon zum alten Recht: *Lepke,* DB 1993, 2028 m.w.N.; zum neuen Recht: *Vossen,* S. 141 Rdn. 338, 339; *Kleinebrink,* S. 191.
305 Zust. *Feichtinger,* ArbR-Blattei, Krankheit II, Rdn. 70; *Lepke,* NZA 1995, 1088; *Schmitt,* EFZG, § 5 Rdn. 89; *Müller/Berenz,* EFZG, § 5 Rdn. 113; *Kaiser/Dunkl/Hold/Kleinsorge,* EFZG, § 5 Rdn. 59; *Geyer/Knorr/Krasney,* EFZG, § 5 Rdn. 113; schon *Weiland,* BB 1979, 1097; *Kaiser/Dunkl,* LFG, § 3 Rdn. 42; *Otten,* DB 1976, 390; *Lambeck,* NZA 1990, 89; *Lepke,* DB 1993, 2028; LAG Berlin (27.5.91) NZA 1991, 898; Hess. LAG (11.6.93) ARSt 1994, S. 70f. – **kritisch** *Brecht,* Anm. zu BAG AP Nr. 2 zu § 3 LohnFG; *Kleinebrink,* S. 35f.

380 Der durch das Haushaltsbegleitgesetz vom 17.12.1982 (BGBl. I S. 1890) neu eingefügte § 368n Abs. 5 Satz 4 RVO sah überdies vor – nunmehr ersetzt durch §§ 81 Abs. 3, 92 Abs. 1 Nr. 7 SGB V –, dass zwischen den kassenärztlichen Vereinigungen und den Verbänden der Krankenversicherungsträger neben § 31 BMV-Ä Regelungen zur Überwachung der Ausstellung solcher Atteste zu vereinbaren sind. Zudem erweitern die §§ 75 Abs. 2 Satz 2, 81 Abs. 5 SGB V die Disziplinarbefugnisse der kassenärztlichen Vereinigungen. Unberechtigte Krankschreibungen verstoßen ebenso gegen die Pflichten des Kassenarztes wie die Nichtbeachtung der für ihn verbindlichen vertraglichen Bestimmungen. Überdies können auch Geldstrafen verhängt werden. So wurde ein Kassenarzt, der einen Patienten krankgeschrieben hatte, ohne ihn zu untersuchen, zu einer Geldstrafe von 2500,– DM verurteilt.[306] Wer unrichtige Gesundheitszeugnisse zum Gebrauch bei einer Behörde oder Versicherungsgesellschaft wider besseres Wissen ausstellt, macht sich strafbar, § 278 StGB. Beispielsweise hat das AmtsG München[307] einen Internisten, der nach einem Telefonat mit dem Patienten, ohne diesen zu untersuchen, in einem Attest dessen Verhandlungsunfähigkeit bescheinigt hatte, zu einer Geldstrafe von 36.000 DM verurteilt. Die ärztliche Selbstverwaltung tut sich allerdings schwer, in den gemeinsamen Prüfgremien die „schwarzen Schafe" unter den Ärzten zu erfassen und sie zur „Raison" zu bringen. Indessen normiert § 106 Abs. 3a SGB V jetzt erstmals eine Schadensersatzpflicht des Arztes gegenüber dem Arbeitgeber bzw. der Krankenkasse, wenn er grob fahrlässig oder vorsätzlich die Arbeitsunfähigkeit festgestellt hat, obwohl die medizinischen Voraussetzungen nicht vorlagen. Der Schadensersatzanspruch umfasst die zu Unrecht gewährte Vergütungsfortzahlung bzw. das entsprechende Krankengeld.[308]

c) *Widersprüchliche Atteste*

381 Liegen hinsichtlich der krankheitsbedingten Arbeitsunfähigkeit einander widersprechende ärztliche Bescheinigungen vor, dann kann sich der Arbeitnehmer im Allgemeinen auf das Attest, in dem ihm die Arbeitsunfähigkeit attestiert wird, verlassen.[309] Es kann dem Arbeitnehmer, der in der Regel seinen Gesundheitszustand vom medizinischen Standpunkt aus gar nicht abschließend beurteilen kann, nicht angelastet werden, wenn verschiedene Ärzte seine Arbeitsunfähigkeit unterschiedlich beurteilen und er sich der für ihn „günstigsten" Feststellung anschließt. Das gilt nicht nur, wenn etwa ein Amtsarzt die Arbeitsunfähigkeit bescheinigt, sich aber später herausstellt, dass der Arbeitnehmer doch arbeitsfähig ist[310], sondern auch im umgekehrten Falle.[311] Bei den zuletzt angeführten Konstellationen erscheint bei

---
[306] LSG Niedersachsen (14.3.84) – Ls Ka 9/83 –.
[307] – 433 Cs 308 Js 20 385/89 – MMW 1991, Heft 41, S. 66.
[308] Im Einzelnen dazu *Müller/Berenz*, EZFG, § 5 Rdn. 119.
[309] Zust *Feichtinger/Pohl*, DB 1984, Beilage Nr. 4, S. 8; *Feichtinger*, ArbR-Blattei, Krankheit II, Rdn. 152; *Brill*, DOK 1985, 66 m.N.; *Vossen*, S. 144 Rdn. 349; LAG Baden-Württ. (24.6.82) – 11 Sa 34/82 – unv.; LAG Hamm (18.1.85) DB 1985, 928; (28.8.91) LAGE Nr. 34 zu § 1 KSchG Verhaltensbedingte Kündigung.
[310] LAG Düsseldorf (4.3.52) DB 1952, 452; vgl. auch LAG Baden-Württ./Mannheim (18.4.78) AuR 1979, 27.
[311] ArbG Oberhausen (1.8.68) DB 1968, 1908 = BB 1968, 1042; ArbG Berlin (21.11.00) NZA-RR 2001, 529.

der Beweiswürdigung aber eine gewisse Vorsicht am Platze. Bescheinigt der Hausarzt trotz bestehender Arbeitsfähigkeit auf Wunsch des Arbeitnehmers dessen „Arbeitsunfähigkeit", so kommt einem solchen Zeugnis freilich keinerlei positiver Beweiswert zu.[312] Im Übrigen hat das Ergebnis einer amtsärztlichen Untersuchung im Allgemeinen objektiv größere beweisrechtliche Bedeutung als eine vom Arbeitnehmer beigebrachte privatärztliche Bescheinigung.[313] Als staatliche Behörde muss das Gesundheitsamt seine ihm übertragenen Aufgaben nach Recht und Gesetz erfüllen. Vor allem haben die dort tätigen Amtsärzte die ihnen obliegenden Pflichten unparteiisch und gerecht zu erledigen, § 35 Abs. 1 Satz 2 BRRG. Das alles und der spezielle zusätzliche Sachverstand dieser Ärzte sprechen dafür, solchen gutachtlichen Äußerungen eine größere Bedeutung beizumessen. Aus denselben Erwägungen kommt auch dem Attest des betriebsärztlichen oder arbeitsmedizinischen Dienstes beweisrechtlich größere Bedeutung als einem davon abweichenden ärztlichen Privatgutachtens/Attest etwa bei der Frage zu, ob eine gesundheitliche Eignung im Sinne von § 7 BAT oder ein auflösender Bedingungseintritt hinsichtlich der Beendigung eines Arbeitsverhältnisses vorliegen.[314] Dies gilt auch, wenn ein fachärztliches Attest zeitnah durch einen unabhängigen Arzt, beispielsweise durch einen Gutachter des MDK, bestätigt wird.[315]

d) Ärztliches Attest als Parteierklärung im Prozess

Verlässt sich der Arzt bei der Feststellung der krankheitsbedingten Arbeitsunfähigkeit allein auf die Angaben des Arbeitnehmers[316] oder gar dessen fernmündliche Mitteilung[317] bzw. die seiner Ehefrau[318] oder anderer Personen, ohne eigene Untersuchungen durchgeführt zu haben[319], obwohl dies möglich gewesen wäre, dann ist die im Prozess vorgelegte Arbeitsunfähigkeitsbescheinigung ohne Beweiswert und hat lediglich die Bedeutung einer Parteierklärung.[320] Es gehört grundsätzlich zu den Aufgaben eines Arztes, sich von dem Leiden des Patienten ein eigenes Bild

382

---

312 LAG Frankfurt/M. DB 1972, 2359.
313 So auch BVerwG (20.1.76) E 53, 118ff.; OVG Rheinland-Pfalz (15.9.00) DÖD 2001, 101f.; siehe auch OLG Düsseldorf (3.4.80) ZBR 1980, 389; LAG Hamm BB 1971, 1155; LAG Rheinland-Pfalz (16.11.01) DB 2002, 1113 = ZTR 2002, 346 = NZA-RR 2002, 354; BAG DB 1977, 119; *Gola*, BlStSozArbR 1984, 329; *Lopacki*, ZBR 1992, 198; *Angel*, S. 258.
314 ArbG Marburg (11.5.00) ZTR 2001, 76f. = ARSt 2001, 67 (Ls.); BVerwG (8.3.01) DÖD 2002, 147 (148): Dienstfähigkeit eines Beamten.
315 LAG Köln (13.12.01) BB 2002, 1205 betr. Beschäftigungsverbot nach § 3 Abs. 1 MuSchG.
316 Vgl. *Geyer/Knorr/Krasney*, EFZG, § 5 Rdn. 39; *Vossen*, S. 141 Rdn. 336; *Weiland*, BB 1979, 1097; LAG Düsseldorf (3.10.72) BB 1973, 88; (19.10.73) DB 1973, 2533; LAG Baden-Württ./Freiburg NJW 1975, 2267; ArbG Wilhelmshaven ARSt 1974, S. 158 Nr. 1190 – anders *Hunold*, S. 102: nur bei berechtigten Zweifeln an der Richtigkeit der Arbeitsunfähigkeitsbescheinigung.
317 Siehe *Doetsch/Schnabel/Paulsdorff*, LFG, § 3 Anm. 15a; LAG Hamm DB 1975, 1228.
318 BAG (11.8.76) AP Nr. 2 zu § 3 LohnFG, mit Anm. von *Brecht* = NJW 1977, 350; LAG Hamm DB 1975, 1228; *Hunold*, S. 101; *Feichtinger*, ArbR-Blattei, Krankheit II, Rdn. 140.
319 BAG NJW 1977, 350; LAG Hamm DB 1971, 970; (15.8.78) DB 1978, 2180; ArbG Herford, AuR 1976, 285; *Hunold*, S. 101; *Vossen*, S. 141 Rdn. 336.
320 Ebenso *Kalb*, S. 96 m.N.; *Lepke*, DB 1970, 496; *ders.*, DB 1974, 479; *Feichtinger*, ArbR-Blattei, Krankheit II, Rdn. 142; wohl auch *Palme*, BlStSozArbR 1967, 125; LAG Düsseldorf (19.10.73) DB 1973, 2533; LAG Hamm ARSt 1976, S. 127 Nr. 1177; siehe auch *Schmitt*, EFZG, § 5 Rdn. 88: Erschütterung der Richtichkeitsvermutung.

zu machen und dabei die Angaben Dritter sowie die des Patienten nicht ungeprüft zu übernehmen sowie wichtige Befunde selbst zu erheben. Ferndiagnosen aufgrund fernmündlicher Berichte von Angehörigen oder vom Patienten selbst reichen in solchen Fällen nur ausnahmsweise aus.[321] Das schließt nicht aus, dass sich der Arzt in gewissem Umfange auf die Angaben des Arbeitnehmers über die Art und den Umfang der Beschwerden verlassen kann, um überhaupt eine Diagnose stellen zu können. Entscheidend kommt es darauf an, dass der Arzt aufgrund seiner Ausbildung und Erfahrung in der Lage ist, zu beurteilen, inwieweit er den – gelegentlich objektiv nicht nachprüfbaren – Angaben seines Patienten über Schmerzen und sonstige Beschwerden Glauben schenken darf.[322]

e) Untersuchung durch den Medizinischen Dienst

383   Des weiteren besteht sei dem 1.1.1995 die erleichterte Möglichkeit für den Arbeitgeber, beim Verdacht einer Gefälligkeitskrankschreibung bzw. Simulation die Krankenkassen einzuschalten, die ihrerseits verpflichtet sind, ihren Medizinischen Dienst zu beauftragen und von ihm eine gutachtliche Stellungnahme einzuholen, vorausgesetzt, der Arbeitnehmer ist in der gesetzlichen Krankenversicherung oder bei einer Ersatzkasse versichert.[323] Nur ausnahmsweise kann die Krankenkasse von der Einholung einer gutachtlichen Stellungnahme des MDK absehen, wenn sich die medizinischen Voraussetzungen der Arbeitsunfähigkeit eindeutig aus den der Krankenkasse vorliegenden ärztlichen Unterlagen ergeben, § 275 Abs. 1a Sätze 3 und 4 SGB V.

384   Bisher musste der Arbeitgeber „begründete Zweifel", die medizinische, rechtliche oder sonstige Ursachen haben konnten, darlegen. Dabei reichte es aus, wenn der Arbeitgeber der Krankenkasse einen Sachverhalt unterbreitete, der aus sich heraus einen Außenstehenden zu Zweifeln an der Arbeitsunfähigkeit veranlasste[324], allerdings aufgrund konkreter Umstände.[325] Unzulässig erschien hingegen das Verlangen des Arbeitgebers, wenn die Zweifel erst durch die Untersuchung geschaffen werden sollten oder wenn allgemein bei einem bestimmten Prozentsatz des Krankenstandes die Maßnahme angeordnet werden sollte.[326] Nach dem Richtlinienkatalog der Krankenkassen vom 27.8.1990[327] lagen „begründete Zweifel" etwa vor, wenn die Arbeitsunfähigkeitsbescheinigung keine eindeutige Diagnose enthielt.

---

[321] Vgl. auch BGH (20.2.79) NJW 1979, 1248ff.; LG Darmstadt (19.9.90) NJW 1991, 758.
[322] Siehe LAG Hamm (20.12.74), *Sabel*, EEK II/058: Feststellung eines Wirbelsäulenleidens durch einen praktischen Arzt; dazu auch *Bausch*, S. 28; betreffend psychische Erkrankungen: LAG Sachsen-Anh. (8.9.98) DB 1999, 1561f. = MDR 1999, 1006.
[323] Siehe BAG (25.6.92) NZA 1993, 81; *Wedde/Gerntke/Kunz/Platow*, EFZG, § 5 Rdn. 57a; *Weth*, Arbeitsrecht und Arbeitsgerichtsbarkeit, S. 150 m.N.
[324] Dazu im Einzelnen *Doetsch/Schnabel/Paulsdorff*, LFG, § 3, § 369b RVO Anm. 22ff.; *Marburger*, BB 1987, 131ff.; *Schmitt*, LFZG, § 3 Rdn. 80ff.; *Brill*, AuA 1993, 198.
[325] So auch *Hanau/Kramer*, DB 1995, 97.
[326] *Lepke*, 8. Aufl., S 195; *Feichtinger/Pohl*, DB 1984, Beilage Nr. 4, S. 5 m.w.N.
[327] Auszugsweise abgedruckt bei *Müller/Berenz*, EFZG, Anh. 8, S. 309ff.; im Einzelnen dazu *Galahn*, S. 106f.

Nachweis der Krankheit

Nach der Neufassung des § 275 Abs. 1 Nr. 3b SGB V genügen nunmehr einfache „Zweifel", wobei freilich wie bisher ein nur subjektiver, durch objektive Umstände nicht erhärteter Verdacht nicht ausreicht.[328] Der Arbeitgeber muss aber weiterhin sein Verlangen zumindest durch die Angabe von Zweifeln – bezogen auf den konkreten Einzelfall – begründen[329], kann es jedoch auf die exemplarische Aufzählung in § 275 Abs. 1a SGB V stützten[330], ohne insoweit konkrete und schlüssige Tatsachen vorbringen zu müssen, wenngleich allgemeine Zweifel bzw. ein unbestimmter Verdacht nicht ausreichen. Nach § 275 Abs. 1a lit. a 1. und 2. Altern. SGB V vermutet das Gesetz das Vorliegen von Zweifeln beispielsweise, also nicht enumerativ[331], wenn der Versicherte auffällig häufig oder auffällig häufig für kurze Dauer arbeitsunfähig ist, der Beginn der Arbeitsunfähigkeit häufig auf einen Arbeitstag am Beginn oder Ende einer Woche fällt.[332] Von einer „auffälligen Häufigkeit" muss ausgegangen werden, wenn eine Wiederholung vorliegt, die nach allgemeiner Lebenserfahrung nicht plausibel erscheint.[333] Eine solche, nicht plausible Wiederholung wird angenommen werden können, wenn der Arbeitnehmer um 50 % erhöhte krankheitsbedingte Fehltage aufweist wie der Durchschnitt seiner Vergleichsgruppe, also der übrigen Arbeitnehmer seines Betriebes, seiner Abteilung oder Altersgruppe.[334] Vermutete Zweifel bestehen ferner, wenn die Arbeitsunfähigkeit durch einen Arzt attestiert wird, der durch die Häufigkeit der von ihm ausgestellten Bescheinigungen auffällig geworden ist.[335] Beim Vorliegen der Regelbeispiele des § 275 Abs. 1a SGB V wird zugleich der arbeitsrechtliche Beweiswert entsprechender Arbeitsunfähigkeitsbescheinigung erschüttert.[336]

Die Krankenkassen haben in den gesetzlich bestimmten Fällen oder wenn es nach Art, Schwere, Dauer oder Häufigkeit der Krankheit oder deren Verlauf erforderlich ist, eine entsprechende Begutachtung der Arbeitsunfähigkeit des betreffenden Arbeitnehmers durch den MDK einzuholen, § 275 Abs. 1 SGB V. Im Interesse der Erhaltung des Arbeitsfriedens zwischen dem Arbeitgeber und Arbeitnehmer

385

---

[328] Ebenso *Hanau/Kramer*, DB 1995, 97; *Bauer/Röder/Lingemann*, S. 77.
[329] *Staudinger/Oetker*, BGB, § 616 Rdn. 519; *Müller/Berenz*, EFZG, § 5 Rdn. 138; Kasseler Handbuch/*Vossen*, 2,2 Rz. 221; *Kaiser/Dunkl/Hold/Kleinsorge*, EFZG, § 5 Rdn. 72; ungenau *Cramer*, S. 24: Die Darlegung von Anhaltspunkten, die Zweifel an der Arbeitsunfähigkeit entstehen lassen, sei nicht mehr erforderlich. Jedoch müssten dem Arbeitgeber Verdachtsmomente vorliegen
[330] *Hanau/Kramer*, BB 1995, 97; *Lepke*, NZA 1995, 1089; *Vossen*, S. 128 Rdn. 304.
[331] So auch *Kaiser/Dunkl/Hold/Kleinsorge*, EFZG, § 5 Rdn. 71; Kasseler Handbuch/*Vossen*, 2.2 Rz. 225; *Cramer*, S. 24, 27; *Feichtinger*, ArbR-Blattei, Krankheit II, Rdn. 92.
[332] Dazu Kasseler Handbuch/*Vossen*, 2.2 Rz. 222f. m.w.N.
[333] Bundestags-Drucks. 12/5262, S. 157; siehe auch *Hanau/Kramer*, DB 1995, 97; *Müller/Berenz*, EFZG, § 5 Rdn. 140; *Edenfeld*, DB 1997, 2276.
[334] Vgl. *Hanau/Kramer*, DB 1995, 98; *Lepke*, NZA 1995, 1089; *Bauer/Röder/Lingemann*, S. 77; *Edenfeld*, DB 1997, 2276 – **zweifelnd** Kasseler Handbuch/*Vossen*, 2.2 Rz. 223; siehe auch *Schmitt*, EFZG, § 5 Rdn. 155: keine Vergleichsgruppe, sondern nur Krankheitsverhalten des betroffenen Arbeitnehmers; **weitergehend** *Gola*, BB 1995, 2321: auch Abweichungen von den allgemeinen Durchschnittswerten – **kritisch** *Angel*, S. 194: unzureichende Differenzierung.
[335] Im Einzelnen dazu *Cramer*, S. 26f.
[336] Ebenso *Hanau/Kramer*, DB 1995, 98; *Hunold*, DB 1995, 676; *Vossen*, S. 143 Rdn. 347; *Gola*, BB 1995, 2321; *Kleinebrink*, S. 191.

hat der Gesetzgeber zwar davon abgesehen, dem Arbeitgeber ein eigenes Antragsrecht gegenüber dem MDK einzuräumen[337], ihm jedoch gegenüber der Krankenkasse einen Rechtsanspruch zugebilligt, dass sie eine gutachtliche Stellungnahme beim MDK einholt, § 275 Abs. 1a Satz 3 SGB V. Bei Untätigkeit der Krankenkasse kann der Arbeitgeber gegen sie vor dem Sozialgericht seinen Anspruch im Wege einer Leistungsklage, § 54 Abs. 5 SGG, durchsetzen[338], was wegen des Zeitfaktors praktisch aber wenig sinnvoll erscheint.

386   Nach § 275 Abs. 1a Satz 2 SGB V muss die Prüfung unverzüglich nach Vorlage der ärztlichen Feststellung über die Arbeitsunfähigkeit erfolgen. Diese Gesetzesänderung war deshalb erforderlich, weil von den Begutachtungen durch den MDK – bezogen auf das Jahr 1991 – bislang nur 3,7 % in den ersten beiden Wochen der Arbeitsunfähigkeit stattfanden.[333] An dieser Quote hat sich mindestens bis zum Jahre 1999 nichts Wesentliches geändert.[339] Stimmt das Gutachten des MDK – dabei handeln die Ärzte des MDR in Ausübung eines öffentlichen Amtes[340] – nicht mit der Bescheinigung des Kassenarztes überein, ist die Krankenkasse verpflichtet, nicht hingegen der MDK dem Arbeitgeber das Ergebnis der Untersuchung mitzuteilen[341], § 277 Abs. 2 SGB V. Eine solche Mitteilungspflicht besteht aber nur dann, wenn die Prüfung entsprechend dem Auftrag der Krankenkasse darauf abzielt, festzustellen, ob die bescheinigte Arbeitsunfähigkeit tatsächlich besteht.[342]

Unterlässt es der Arbeitgeber, bei Zweifeln an der Krankschreibung des Arbeitnehmers, den MDK im Verlauf des Krankschreibungszeitraumes einzuschalten, kann sich ein solches Verhalten nicht zu seinem Nachteil auswirken.[343] Aus dem Antragsrecht des Arbeitgebers erwächst noch keine Obliegenheit oder gar eine Antragspflicht. Nur für die Krankenkassen besteht eine gesetzliche Verpflichtung, in bestimmten Fällen eine gutachtliche Stellungnahme des MDK einzuholen. Durch § 275 SGB V werden lediglich Verfahrensregelungen für Versicherte der gesetzlichen Krankenversicherung getroffen, ohne dass dadurch arbeitsrechtliche Folgen entstehen sollen.[344]

---

[337] Dazu *Cramer*, S. 26.
[338] *Becker*, DB 1983, 1253; *Staudinger/Oetker*, BGB, § 616 Rdn. 521; *Kaiser/Dunkl/Hold/Kleinsorge*, EFZG, § 5 Rdn. 74; *Feichtinger*, ArbR-Blattei, Krankheit II, Rdn. 97.
[339] Vgl. *Peter*, RdA 1999, 381.
[340] OLG Karlsruhe (8.1.01) MedR 2001, 368.
[341] Zur Frage, ob dem Arbeitnehmer gegen seinen Arbeitgeber ein Anspruch auf Widerruf gegenüber der Krankenkasse wegen geäußerter, aber unbegründeter Zweifel an der Arbeitsunfähigkeit zusteht, siehe ArbG Iserlohn (24.8.88) ARSt 1989, S. 86 Nr. 46.
[342] Siehe *Cramer*, S. 71.
[343] Ebenso ArbG Hannover (4.5.92) ARSt 1993, S. 105 Nr. 48; zust. *Hunold*, S. 115; *ders.*, DB 1995, 676; *Lepke*, DB 1993, 2029; *ders.*, NZA 1995, 1089; *Schmidt*, AuR 1997, 464; *Schmitt*, RdA 1996, 5, 13; *Edenfeld*, DB 1997, 2276; ErfK/*Dörner*, § 5 EZFG Rdn. 43; *Feichtinger*, ArbR-Blattei, Krankheit II, Rdn. 94, 120a; MünchArbR/*Boecken*, § 85 Rdn. 52; *Angel*, S. 198f.; *Kittner/Zwanziger/Schoof*, § 58 Rdn. 254, aber einschränkend – – **teilweise anders** *Hanau/Kramer*, DB 1995, *Vossen*, S. 144 Rdn. 350; *Geyer/Knorr/Krasney*, EFZG, § 5 Rdn. 57.
[344] Zutreffend *Cramer*, S. 25.

Nachweis der Krankheit

Nach § 62 SGB I soll sich der Versicherte, der Leistungen beantragt oder erhält, auf Verlangen der Krankenkasse einer sozialmedizinischen Untersuchung unterziehen, soweit diese für die Entscheidung über die Leistung erforderlich ist. Verhindert der Arbeitnehmer ohne triftigen Grund die ärztliche Begutachtung, indem er etwa der Aufforderung zur Untersuchung unentschuldigt keine Folge leistet, wobei die Krankenkasse gegenüber dem Arbeitgeber eine Benachrichtigungspflicht trifft[345], dann verletzt der Arbeitnehmer zwar keine arbeitsvertragliche Pflicht. Sobald die Tatbestandsvoraussetzungen der gesetzlichen Krankenversicherung, die im SGB V geregelt sind, vorliegen, wird kraft Gesetzes ein öffentlich-rechtliches Mitgliedschaftsverhältnis begründet.[346] Die Normen des SGB V und der Krankenkassen bzw. der Krankenordnung gelten nur im Verhältnis zwischen der Krankenkasse und ihren Mitgliedern[347], wenngleich auch der Arbeitgeber neben dem Versicherten und dem Versicherungsträger als „Dritter" zu den sonstigen Beteiligten des öffentlich-rechtlichen Sozialversicherungsverhältnisses gehört.[348] Insoweit verletzt der Arbeitnehmer aber lediglich entsprechende Nebenpflichten bzw. Obliegenheiten gegenüber dem Sozialversicherungsträger. Deshalb steht dem Arbeitgeber in entsprechender Anwendung von § 7 Abs. 1 Nr. 1 EFZG auch kein Leistungsverweigerungsrecht zu.[349] Doch kann dieser Umstand beim Streit über die Richtigkeit einer Arbeitsunfähigkeitsbescheinigung nicht völlig unberücksichtigt bleiben[350], auch wenn der Regierungsentwurf zu § 5a EFZG, der dem Arbeitnehmer die Obliegenheit auferlegt hatte, bei der Prüfung seiner Arbeitsunfähigkeit durch den MDK mitzuwirken, nicht Gesetz geworden ist. Er kann neben anderen Faktoren mit dafür sprechen, dass der Arbeitnehmer nicht oder nicht mehr arbeitsunfähig krank war oder ist.[351]

---

[345] So auch *Becker,* DB 1983, 1255; *Marburger,* BB 1987, 1314; *Lambeck,* NZA 1990, 91; *Galahn,* S. 116ff.

[346] Statt vieler *Muckel,* JuS 1998, 408 m.w.N.; KR-*Wolff,* SozR Rdn. 1

[347] BAG (3.10.72) AP Nr. 1 zu § 5 LohnFG = DB 1973, 144; LAG Schleswig-Holst., *Sabel,* EEK I/115; LAG Hamm (26.6.84) BB 1985, 273; LAG Berlin (27.11.89) DB 1990, 1622; *Lepke,* DB 1974, 479; *ders.,* DB 1993, 2029; *Feichtinger,* ArbR-Blattei, Krankheit II, Rdn. 110; *Galahn,* S. 120, 123; *Geyer/Knorr/Krasney,* EFZG, § 5 Rdn. 45; wohl auch *Dütz,* AuA 1993, 244; siehe auch *Bley/Kreikebohm/Marschner,* S. 122ff. Rdn. 321ff. – **unrichtig** *Schneider,* ZfS 1994, 264.

[348] Vgl. etwa *Bley/Kreikebohm/Marschner,* S. 152 Rdn. 422.

[349] *Kleinebrink,* S. 69 m.w.N.; *Feichtinger,* ArbR-Blattei, Krankheit II, Rdn. 110; *Vossen,* S. 127 Rdn. 301 – **anderer Ans.** *Bauer/Röder/Lingemann,* S. 78, sogar einen Entlassungsgrund bildend, S. 112.

[350] BAG DB 1973, 144; *Weiland,* BB 1979, 1097; *Feichtinger/Pohl,* DB 1984, Beilage Nr. 4, S. 8; *Brill,* BlStSozArbR 1984, 1 (3); *Schmitt,* EFZG, § 5 Rdn. 92; *Brill,* DOK 1985, 67; *Feichtinger,* ArbR-Blattei, Krankheit II, Rdn. 148; *Liebig,* S. 48; *Hunold,* S. 104; *Lepke,* DB 1993, 2029; *Dütz,* Krankfeiern, S. 83; *Bleistein,* b+p 1995, 21; *Sieg,* BB 1996, Beilage Nr. 17, S. 19; *Schaub,* in: Müko-BGB, § 616 Rdn. 151; *Edenfeld,* DB 1997, 2276; *Geyer/Knorr/Krasney,* EFZG, § 5 Rdn. 45 – **anders** *Däubler,* S. 488 Rdn. 859; *Wedde/Gerntke/Kunz/Platow,* EFZG, § 5 Rdn. 44, 54.

[351] Ebenso *Lepke,* NZA 1995, 1089; *Vossen,* S. 127 Rdn. 301; *Edenfeld,* DB 1997, 2276; *Geyer/Knorr/Krasney,* EFZG, § 5 Rdn. 45; schon *Brecht,* LFG, § 3 Anm. 9; *Dütz,* AuA 1993, 244; *Lepke,* DB 1974, 479; siehe auch BAG (4.10.78) DB 1979, 653; LAG Hamm (7.5.81) BlStSozArbR 1982, 18 = ARSt 1983, S. 78 Nr. 1097, aber weitergehend: Komme der Arbeitnehmer der Aufforderung des Sozialversicherungsträgers zu einer Kontrolluntersu-
Fortsetzung siehe nächste Seite

Entgegen der Auffassung des ArbG Kaiserslautern/Pirmasens[352] ist die Überwachung der Arbeitsunfähigkeit des Arbeitnehmers keineswegs ausschließlich dem Medizinischen Dienst übertragen[353], zumal nicht alle Arbeitnehmer Mitglieder einer gesetzlichen Krankenkasse sind und dieses Verfahren bisher weitgehend als ineffektiv angesehen worden ist[354], weil es, wenn überhaupt, zu spät greift. Ob die gesetzliche Neuregelung eine andere Beurteilung rechtfertigt, bleibt abzuwarten, muss aber wohl bezweifelt werden.[355, 356] Zwar meinte auch das BAG[357], durch die Einschaltung des damaligen vertrauensärztlichen Dienstes nach § 369b RVO stehe dem Arbeitgeber ein sozial adäquates Mittel zur Verfügung, um seine Interessen durchzusetzen und „nur auf diese Weise" könne der Arbeitgeber einem befürchteten Missbrauch der Entgeltfortzahlung entgegentreten. Indessen kann aus § 275 Abs. 1 Nr. 3b SGB V nicht gefolgert werden, dass sonstige Untersuchungsmöglichkeiten oder Kontrollmittel nicht mehr zulässig sind. Weder der Gesetzestext noch der Gesamtzusammenhang, in dem die Norm steht, noch die Rechtsnatur des öffentlich-rechtlichen Versicherungsverhältnisses[358], an dem der Arbeitgeber als Vertragspartner nicht beteiligt ist, tragen die gegenteilige Auffassung, zumal § 275 SGB V unter kündigungsrechtlichen Aspekten erkennbar keine Regelung getroffen hat. Die Begutachtung der Arbeitsunfähigkeit nach § 275 SGB V kommt lediglich als zusätzliche betriebliche Maßnahme zur Verminderung von Fehlzeiten in Betracht, ohne allein an ihre Stelle zu treten.[359] Andere geeignete Maßnahmen des Arbeitgebers sind mithin nicht schlechthin unzulässig. Sog. Krankenbesucher des Arbeitgebers, die neben Mitarbeitergesprächen zunehmend eingesetzt werden[360],

---

chung nicht nach, so könne dies eine fristgerechte Kündigung rechtfertigen, ohne dass aber bereits eine Beweisvereitelung (so aber *Löwisch*, Arbeitsrecht, S. 285 Rdn. 1051) vorliege – **anders** LAG Hamm, BB 1985, 273: Bei Verletzung der §§ 369b RVO, 66 SGB I durch den Versicherten seien arbeitsrechtliche Sanktionen nicht möglich.

[352] (20.4.77) ARSt 1978, S. 57 Nr. 55; *Borchert*, AuR 1990, 378; siehe auch *Schaub/Linck*, S. 1058 Rdn. 155.
[353] Zust. *Galahn*, S. 130; *Gola*, BB 1995, 2322; *Bauer/Röder/Lingemann*, S. 78; *Edenfeld*, DB 1997, 2276; *Hromadka/Maschmann*, S. 294 Rdn. 97; wohl auch *Schaub*, BB 1994, 1630 (anders in: Müko-BGB, § 616 Rdn. 157); *Schaub/Linck*, S. 1058 Rdn. 155: Hausbesuche und dergleichen möglich.
[354] *Wank*, in: *Hromadka*, Krankheit im Arbeitsverhältnis, S. 149; siehe auch *Hunold*, S. 101; *Dütz*, Krankfeiern, S. 83; *Galahn*, S. 127f.; *Kleinebrink*, S. 147ff.; *Peter*, RdA 1999, 375.
[355] So auch *Edenfeld*, DB 1997, 2276; *Tschöpe*, MDR 1996, 1081 (1085); siehe auch Weth, Arbeitsrecht und Arbeitsgerichtsbarkeit, S. 145 (150).
[356] Siehe aber die Ergebnisse des von dem MDK durchgeführten Modellversuchs „Projekt Arbeitsunfähigkeit Länderübergreifende Auswertung", wonach die Effektivität und Effizienz der Begutachtung durch den MDK durch gezielte Auswahl von Arbeitsunfähigen erheblich gesteigert werden könne, dazu *Cramer*, S. 28 m.N.
[357] BAG (19.5.82) AP Nr. 12 zu § 611 BGB Anwesenheitsprämie; (9.6.82) AP Nr. 51 zu § 242 BGB Gleichbehandlung; zust. LAG Düsseldorf (15.1.86) DB 1986, 1180; *Gola*, BB 1987, 541; *Gola*, EFZG, § 5 Rdn. 11.5.3, S. 227; *Hunold*, S. 114.
[358] Vgl. *Lepke*, DB 1983, 449 m.w.N.; *Bley/Kreikebohm/Marschner*, S. 34 Rdn. 53 m.N.
[359] Ebenso *Ortlepp*, Anm. zu BAG (19.5.82) AP Nr. 12 zu § 611 BGB Anwesenheitsprämie; *Edenfeld*, DB 1997, 2276; siehe aber *Schmitt*, EFZG, § 5 Rdn. 141: ausschließliche Begutachtung durch den MDK, wenn der Versicherte der Einladung zur Begutachtung Folge leistet – **anders** *Kleinebrink*, S. 156, betreffend ärztliche Kontrolluntersuchung.
[360] Siehe die Umfrage der BDA, S. 6; *Meisel*, S. 301 Rdn. 480; *Derr*, S. 106.

können durchaus im Prozess verwertbare Tatsachen sammeln[361, 362], aus denen Zweifel an der attestierten oder sonst behaupteten Arbeitsunfähigkeit hergeleitet werden sollen, auch wenn diesen Personen in der Regel die notwendigen medizinischen Sachkenntnisse fehlen werden, ob ein krankgeschriebener Arbeitnehmer tatsächlich krank und sein außerbetriebliches Verhalten im konkreten Einzelfall der Gesundheitsförderung hinderlich ist. Gleichwohl können sie Tatsachen feststellen, die gegen eine krankheitsbedingte Arbeitsunfähigkeit sprechen. Das ist beispielsweise anzunehmen, wenn der Arbeitnehmer, dem vom Arzt Bettruhe verordnet worden ist, nicht zu Hause, wohl aber in einer Bar oder einem Restaurant angetroffen wird und dort gar Kellnerdienste verrichtet; wenn ein an „schweren Verletzungen leidender" Arbeitnehmer seine Wohnung tapeziert bzw. renoviert oder bei nasskaltem Wetter seiner Ehefrau auf einem Wochenmarkt aushilft und ein solches Verhalten bei einem Personalgespräch bisher geleugnet hatte.[363] Liegen hingegen keine diesbezüglichen konkreten Anhaltspunkte vor, gebietet der Schutz des allgemeinen Persönlichkeitsrechtes, Art. 2 Abs. 1 i. V. mit Art. 1 Abs. 1 GG, generelle Nachforschungen in bezug auf die Privatsphäre des Arbeitnehmers zu unterlassen.[364] Ansonsten wird gegen gelegentliche Hausbesuche durch den Arbeitgeber oder eines von ihm Beauftragten nichts einzuwenden sein.[365] Freilich ist der Arbeitnehmer grundsätzlich nicht verpflichtet, den Zutritt zu seiner Wohnung zu gestatten und/oder entsprechende Auskünfte zu erteilen.[366]

Dass unter besonderen Voraussetzungen auch der Einsatz von Detektiven bzw. entsprechenden Auskunfteien zulässigerweise in Betracht kommen kann, muss bejaht werden[367], auch wenn damit ein Eingriff in die Privatsphäre des krankgeschrie- *388*

---

[361] Ebenso *Brill*, DOK 1985, 67; *Feichtinger/Pohl*, DB 1984, Beilage Nr. 4, S. 4; *Feichtinger*, ArbR-Blattei, Krankheit II, Rdn. 84; *Hunold*, S. 110; *Schaub/Linck*, S. 1058 Rdn. 155; *Kaiser/Dunkl/Hold/Kleinsorge*, EFZG, § 5 Rdn. 64; *Edenfeld*, DB 1997, 2278; *Kleinebrink*, S. 159; *Stückmann*, AuA 1998, 225; *Galahn*, S. 135: nur gelegentliche, nicht aber kontinuierliche Krankenbesuche oder gar die Einschaltung von Auskunfteien; gegen jedwede Krankenbesuche *Meisel*, S. 301 Rdn. 480; offenbar auch LAG Berlin (20. 2. 78) DB 1978, 1748; *Becker*, DB 1983, 1256 ff.

[362] Hinsichtlich der Verwertung heimlicher Tonbandaufnahmen siehe BGH (15.1.97) NJW 1997, 1018; BayObLG (20.1.94) NJW 1994, 1671; LAG Berlin (15.2.88) DB 1988, 1024; LAG Rheinland-Pfalz (18.9.96) NZA 1997, 826; OLG Köln (15.2.93) MDR 1994, 408; OLG Karlsruhe (25.2.00) NJW 2000, 1577; *Galahn*, S. 136f.; *Lingemann/Göpfert*, DB 1997, 376 m.w.N.; betr. Aufnahmen mit verdeckter Videokamera: LAG Baden-Württ. (6.5.99) BB 1999, 1439 (1440).

[363] Eindrucksvoll LAG Hamm (2.2. 95) LAGE Nr. 3 zu § 67 ArbGG 1979, S. 10 ff.

[364] Dazu insbesondere *Becker*, DB 1983, 1256 ff.; *Edenfeld*, DB 1997, 2278.

[365] Siehe auch *Edenfeld*, DB 1997, 2278; *Feichtinger*, ArbR-Blattei, Krankheit II, Rdn. 84.

[366] So auch *Dütz*, AuA 1993, 180; *Galahn*, S. 134; *Meisel*, S. 301 Rdn. 480; *Edenfeld*, DB 1997, 2278; *Müller-Glöge*, in: Müko-BGB, § 611 Rdn. 441; *Stückmann*, AuA 1998, 226; *Geyer/Knorr/Krasney*, EFZG, § 5 Rdn. 57.

[367] Ebenso LAG Rheinland-Pfalz (15.6.99) BB 2000, 155 = NZA 2000, 260; *Hunold*, S. 111; *Becker*, DB 1983, 1257 ff.; *Brill*, AOK 1985, 68; *Feichtinger/Pohl*, DB 1984, Beilage Nr. 4, S. 4; *Lepke*, DB 1985, 1231; *Galahn*, S. 136; *Gola*, BB 1995, 2323; *Kleinebrink*, S. 158; *Fröhlich*, NZA 1996, 467; *Edenfeld*, DB 1997, 2279; *Berkowsky*, Personenbedingte Kündigung, S. 295 Rdn. 56; *Meisel*, S. 316 Rdn. 506; *Hoefs*, S. 243, aber nicht routinemäßig; siehe auch *Däubler*, S. 305 Rdn. 490: dringender Verdacht schwerer Pflichtverletzung und andere Möglichkeiten ausscheiden – **anderer Ans.** *Borchert*, AuR 1990, 380; *Gola/Wronka*, S. 123.

benen Arbeitnehmers verbunden ist. Dann aber erscheint die Kontrolle krankgeschriebener Arbeitnehmer durch Detektive nur dann sachlich gerechtfertigt[368], wenn Tatsachen vorliegen, die den dringenden Verdacht begründen, der betreffende Arbeitnehmer sei nicht arbeitsunfähig krank.[369, 370]

Wenn und soweit die Beweismittelbeschaffung durch Krankenbesucher des Arbeitgebers zulässig ist, kann sie bei Detektiven nicht deshalb verneint werden, weil sie ihre Tätigkeit gewerblich und professionell betreiben. Der Unterschied besteht allein in der Effektivität und Eingriffsqualität der Kontrollmaßnahmen.[371] Über seine Beobachtungen kann ein Detektiv ebenso wie ein Krankenbesucher als Zeuge vernommen werden, §§ 373ff. ZPO. Soweit der Arbeitgeber schriftliche Berichte über die gemachten Beobachtungen in den Kündigungsschutzprozess einführt, stellen diese noch keinen Beweis dar, sondern haben prozessual zunächst nur die Bedeutung eines Parteivorbringens.

f) Arzt als Zeuge im Prozess

389 Wie ausgeführt, muss der Arbeitgeber bei einem ihm vorgelegten ärztlichen Attest zunächst von dessen Richtigkeit ausgehen. Bezweifelt er die krankheitsbedingte Arbeitsunfähigkeit, hat er die Beweiskraft zu erschüttern. Der Arbeitgeber wird sich deshalb mangels anderer geeigneter Beweismittel auf die Vernehmung des Arztes, der das Attest erteilt hat, als Zeugen, §§ 373ff. ZPO, einschließlich der fallbezogenen Angaben in der Patientenkartei berufen.[372] Der Zeugenbeweis kann allerdings in Frage gestellt sein, da dem Arzt insoweit ein Zeugnisverweigerungsrecht, §§ 383 Abs. 1 Nr. 6 ZPO, 53 Abs. 1 Nr. 3 StPO, zusteht, das nur beseitigt wird, wenn der Arbeitnehmer seinen Arzt von der Schweigepflicht entbindet, § 385 Abs. 2 ZPO. Das Zeugnisverweigerungsrecht des Arztes und seiner Berufsgehilfen erstreckt sich auch auf die Anbahnung des Beratungs- und Behandlungsverhältnis-

---

[368] Zum Mitbestimmungsrecht des Betriebsrates nach § 87 Abs. 1 Nr. 1 BetrVG siehe BAG (26. 3. 91) NZA 1991, 729; *Edenfeld*, DB 1997, 2279; *Hess/Schlochauer/Glaubitz*, BetrVG, § 87 Rdn. 110, 114; ErfK/*Hanau/Kania*, § 87 BetrVG Rdn. 21; Kasseler Handbuch/*Etzel*, 9.1 Rz. 504; *Wiese*, GK-BetrVG, § 87 Rdn. 194; *Löwisch/Kaiser*, BetrVG, § 87 Rdn. 102, die ein solches zu Recht verneinen – **anderer Ans.** *Däubler/Kittner/Klebe*, BetrVG, § 87 Rdn. 51; *Fitting/Kaiser/Heither/Engels/Schmidt*, BetrVG, § 87 Rdn. 74.
[369] Siehe etwa den Sachverhalt, der einer Entscheidung des LAG Berlin (3.8.98) BB 1999, 421, zugrunde lag.
[370] Zur Erstattung von Detektivkosten als Schadensersatz siehe *Lepke*, DB 1985, 1231ff.; *Dütz*, AuA 1993, 245; *Kramer*, BB 1996, 1666; *Edenfeld*, DB 1997, 2279; *Lingemann/Göpfert*, DB 1997, 374ff.; BAG (3. 12. 85) BB 1987, 689; (17. 9. 98) AP Nr. 133 zu § 611 BGB Haftung des Arbeitnehmers; LAG Hamm (28. 8. 91) DB 1992, 431; (7. 11. 95) DB 1996, 278f.; LAG Düsseldorf (4. 4. 95) Jur Büro 1995, 1995; LAG Nürnberg (12. 9. 94) Jur Büro 1995, 90; LAG Hamburg (7. 11. 95) NZA-RR 1996, 226ff.; LAG Rheinland-Pfalz BB 2000, 155; ArbG Berlin (21.11.00) NZA-RR 2001, 530.
[371] Zutreffend *Edenfeld*, DB 1997, 2279.
[372] Dazu auch BAG (7. 12. 95) – 2 AZR 849/94 – unv.; *Kaiser/Dunkl/Hold/Kleinsorge*, EFZG, § 5 Rdn. 65, unter Hinweis auf LAG Stuttgart (30. 10. 80) – 11 Sa 77/80 – unv.; zum Schutz von digitalen Patientendaten siehe *Heyers/Heyers*, MDR 2001, 1209ff.

ses[373], so dass es sich u. a. auch auf die Identität des Patienten und die Tatsache seiner Beratung und Behandlung bezieht. In diesem Zusammenhang erscheint es problematisch, ob und unter welchen Voraussetzungen der Arbeitnehmer seinen Arzt von der Schweigepflicht entbinden muss.

Grundsätzlich braucht der Arbeitnehmer dem Arbeitgeber über die Art seiner Erkrankung keine Angaben zu machen.[374] Insoweit bleibt auch die ärztliche Schweigepflicht, die zu den traditionellen Berufspflichten eines Arztes[375], aber auch zu dessen Vertragspflichten[376] gehört und die zutreffend als die älteste bestehende Datenschutzregelung bezeichnet wird[377], gewahrt, von der der Arbeitnehmer den ihn behandelnden Arzt nicht zu entbinden braucht.[378] Das folgt daraus, dass der Arbeitnehmer aufgrund des Arbeitverhältnisses nicht verpflichtet ist, dem Arbeitgeber seine privaten Angelegenheiten zu offenbaren, da sonst in unzulässiger Weise in die rechtlich geschützte Individual- und Geheimnissphäre des Arbeitnehmers eingegriffen werden würde. 390

Es soll nicht verkannt werden, dass der etwa in § 8 Abs. 1 Satz 3 ASiG für den Betriebsarzt erwähnten Schweigepflicht[379], die die Krankheit des Patienten, die Diagnose, die Therapie, die Prognose und alles umfasst, was an Unterlagen dazu entsteht, etwa Krankenblätter[380] oder aufgrund elektronischer Datenverarbeitung[381], wegen der Wahrung des persönlichen Vertrauensverhältnisses zwischen dem Arzt und dem Patienten eine stets zu beachtende rechtliche Wichtigkeit zukommt. Die Schweigepflicht des Betriebsarztes hat keine geringere Bedeutung als 391

---

[373] Vgl. BGH (20. 2. 85) NStZ 1985, 372 = NJW 1985, 220; *Deutsch*, Medizinrecht, S. 262 Rdn. 371.
[374] Vgl. LAG Baden-Württ./Freiburg NJW 1975, 2267; LAG Berlin ARSt 1973, S. 83 Nr. 108; ArbG Hannover ARSt 1974, S. 174 Nr. 191; *Kehrmann/Pelikan*, LFG, § 3 Anm. 10; *Geyer/Knorr/Krasney*, EFZG, § 5 Rdn. 20.
[375] LAG Hamburg (7. 11. 95) NZA-RR 1996, 226 ff.; siehe jetzt § 9 Berufsordnung für die deutschen Ärztinnen und Ärzte (MBO-Ä 1997), DtÄrzteBl 94 (1997), Heft 37, B-1920 ff., i.d.F. der Beschlüsse des 103. Deutschen Ärztetages 2000 in Köln, DtÄrzteBl 97 (2000), Heft 41, C-206.
[376] Vgl. *Schal*, S. 7 m.w.N.; *Deutsch*, Medizinrecht, S. 20 Rdn. 27, S. 51 Rdn. 69, S. 262 Rdn. 371; MünchArbR/*Richardi*, § 203 Rdn. 52: Nebenpflicht.
[377] *Borchert*, CR 1988, 391.
[378] *Schelp/Trieschmann*, S. 31; *Lepke*, DB 1974, 479.
[379] Allgemein zu deren Inhalt und Umfang *Fischer*, DÖD 1985, 165 ff.; *Budde/Witting*, MedR 1987, 23 ff.; *Däubler*, BB 1989, 282 f.; *Anzinger/Bieneck*, ASiG, § 8 Rdn. 22–23; siehe auch *Kittner*, Diss. S. 10 ff., der zu Recht eine allgemeine Schweigepflicht des Betriebsarztes annimmt, es sei denn, der Arbeitnehmer willigt ein, es besteht eine gesetzliche Meldepflicht oder wenn im Falle einer Interessen- und Pflichtenkollision ein höheres Interesse auf dem Spiel steht, so wenn der Arbeitnehmer andere Personen an Leib oder Leben gefährdet, S. 23; ähnlich *Eiermann*, BB 1980, 214 f., der allerdings bei arbeitsmedizinischen Vorsorgeuntersuchungen die Entbindung von der Schweigepflicht durch konkludente Einwilligung des Probanden annimmt; so auch *Klöcker*, MedR 2001, 185 f.; siehe auch *Hinrichs*, DB 1980, 2287 ff.; *Schal*, S. 103 ff., 126 – dagegen *Däubler*, BB 1989, 284; allgemein zur Verwendung und Weitergabe arbeitsmedizinischer Informationen: *Kilian*, BB 1981, 985 ff.; *Budde*, DB 1985, 1529 ff.; BGH (4. 7. 84) JR 1985, 112 f.
[380] Vgl. BVerfG (8. 3. 72) NJW 1972, 1124.
[381] Siehe *Schal*, S. 9, 135 ff.; *Anzinger/Bieneck*, ASiG, § 8 Rdn. 21.

diejenige eines beliebigen anderen Arztes.[382] Nicht ohne Grund hat deshalb der Gesetzgeber den Bruch der ärztlichen Schweigepflicht, deren hohe Bedeutung auch in der neueren Rechtsprechung[383] ausdrücklich anerkannt wird, unter Strafe gestellt, § 203 Abs. 1 Nr. 1 StGB. Diese Strafrechtsnorm gilt uneingeschränkt auch für den Betriebsarzt.[384] Das durch § 203 StGB zu schützende Rechtsgut ist der vom Geheimhaltungswillen der Betroffenen getragene Lebens- und Geheimbereich, der gerade von Trägern solcher sozial bedeutsamen Berufe nicht verletzt werden soll, denen sich der Einzelne weitgehend anvertrauen muss und denen die Allgemeinheit besonderes Vertrauen entgegenbringt.[385] Geschützt wird in erster Linie das individuelle Geheimhaltungsinteresse des Einzelnen.[386] Daneben greifen bei Verstößen des Arztes gegen seine Verschwiegenheitspflicht auch berufsrechtliche Sanktionen Platz. Ebenso kommen Schadensersatzansprüche in Betracht, etwa im Falle der Weitergabe einer AIDS-Diagnose an den Arbeitgeber.[387]

392   Ungeachtet dessen steht es jedoch dem Patienten frei, den ihn behandelnden Arzt von dessen Schweigepflicht zu entbinden[388], was rechtswirksam gegenüber dem Zeugen, der Gegenpartei oder dem Gericht erklärt werden kann[389], und zwar auch durch einen Prozessbevollmächtigten.[390] Die Befreiung von der ärztlichen Schweigepflicht kann auch konkludent erfolgen, etwa dadurch, dass der Arzt vom Patienten als Zeuge benannt wird.[391] Darüber hinaus wird man im konkreten Einzelfall ausnahmsweise eine aus Treu und Glauben, §§ 241 Abs. 2, 242 BGB, folgende Pflicht des Arbeitnehmers, die ihn behandelnden Ärzte zu nennen und sie von ihrer Schweigepflicht zu entbinden, bejahen müssen, wenn der Arbeitgeber ein berechtigtes Interesse an der Mitteilung und dem Nachweis der ärztlichen Diagnose hat, das über sein allgemeines Interesse an der Kenntnis der Art der Erkrankung

---

382 So auch *Däubler*, BB 1989, 283; *Schal*, S. 97; siehe auch LAG Hamm (25. 1. 90) DB 1991, 556; *Klöcker*, MedR 2001, 183 ff.; *Fritze*, S. 159.
383 Vgl. BGH (31. 5. 83) NJW 1983, 2626; (4. 7. 84) JR 1985, 112; (10. 7. 91) NJW 1991, 2956.
384 Siehe *Schal*, S. 84 m.w.N.; *Schönke/Schröder*, StGB, § 203 Rdn. 35 m.N.; *Anzinger/Bieneck*, ASiG, § 8 Rdn. 20.
385 Im Einzelnen *Schönke/Schröder*, StGB, § 203 Rdn. 3 m.N.; *Tröndle/Fischer*, StGB, § 203 Rdn. 1b; *Schal*, S. 17–21.
386 Vgl. BGH (10. 7. 91) NJW 1991, 753 m.w.N.
387 Vgl. LG Braunschweig (2. 11. 89) – 4 O 240/89, in: Herz und Gefäße 1990, S. 280; dazu auch OLG Frankfurt/M. (8.7.99) MDR 1999, 1444 f. mit Anm. von Vogels; (5.10.99 MedR 2000, 195 ff.; 2001, 143: unterlassene Mitteilung des Arztes an Lebenspartner des HIV-Infizierten – **kritisch** Parzeller/Bratzke, DtÄrzteBl 97 (2000), Heft 37, C-1793 ff.
388 Dazu auch LAG Hamm (25. 1. 90) DB 1991, 556 m.w.N.; *Deutsch*, Medizinrecht, S. 267 Rdn. 381 m.w.N.
389 Siehe nur *Baumbach/Lauterbach/Hartmann*, ZPO, § 385 Rdn. 10; *Zöller/Greger*, ZPO, § 385 Rdn. 11; *Thomas/Putzo*, ZPO, § 385 Rdn. 5; BAG (12. 1. 95) RzK I 5g Nr. 58 (Ls).
390 *Wieczorek*, ZPO, § 385 Anm. C I b 1; BAG RzK I 5g Nr. 58; siehe aber Müko-ZPO/*Damrau*, § 385 Rdn. 10.
391 Vgl. *Deutsch*, Medizinrecht, S. 267 Rdn. 381 m.N.; *Stein/Jonas/Schumann*, ZPO, § 385 Rdn. 27 – **anders** etwa *von Hoyningen-Huene/Linck*, KSchG, § 1 Rdn. 229.

hinausgeht³⁹², so hinsichtlich der betrieblichen Einsatzfähigkeit des Arbeitnehmers. Dann, ist der Arbeitnehmer verpflichtet, den ihn behandelnden Arzt insoweit von dessen Schweigepflicht zu entbinden.³⁹³ Diese Voraussetzungen sind nicht nur erfüllt, wenn der Arbeitgeber organisatorische Maßnahmen zum Schutz des Arbeitnehmers oder anderer Personen treffen muss oder wenn der begründete Verdacht einer Fortsetzungskrankheit besteht³⁹⁴, sondern auch dann, wenn objektiv begründete Anhaltspunkte an der Unrichtigkeit des ärztlichen Zeugnisses vorliegen³⁹⁵ oder wenn es um die Aufklärung wesentlicher Umstände für die Entstehung einer Alkoholabhängigkeit geht.³⁹⁶ Im Vorfeld einer Kündigung ist jedoch der Arbeitnehmer im Allgemeinen nicht verpflichtet, eine entsprechende Schweigepflichtentbindungserklärung abzugeben.³⁹⁷

Weigert sich der Arbeitnehmer, den Arzt, auf dessen Zeugnis sich der Arbeitgeber im Prozess berufen hat, von seiner Schweigepflicht zu befreien, obwohl und soweit er dazu nach dem Arbeitsvertrag verpflichtet wäre, dann muss er sich nach erfolgloser Belehrung und Fristsetzung, § 356 ZPO, prozessrechtlich so behandeln lassen wie jemand, der dem anderen die Beweisführung bzw. -erschütterung unmöglich gemacht hat³⁹⁸, wenn er also durch eine Handlung oder ein pflichtwidriges Unterlassen die Beweisführung durch die beweisbelastete Partei schuldhaft vereitelt. Bei einer Beweisvereitelung – einem pflichtwidrigen Tun oder Unterlassen der

393

---

³⁹² So auch BAG (23. 6. 83) AP Nr. 10 zu § 1 KSchG 1969 Krankheit; (6. 11. 97) AP Nr. 142 zu § 626 BGB = NZA 1998, 326; Schelp/*Trieschmann*, S. 31; *Denecke*, BB 1951, 279; *Hessel*, S. 20f.; *Lepke*, DB 1970, 494; *ders.*, DB 1974, 479; *Küchenhoff*, RdA 1972, 340; *Galahn*, S. 188; weitergehend *Bleistein*, S. 163, der annimmt, dass der Arbeitnehmer bei einer langanhaltenden Krankheit regelmäßig verpflichtet sei, seinen ihn behandelnden Arzt von der Schweigepflicht zu entbinden; siehe auch LAG Frankfurt/M. (27. 9. 84) DB 1985, 768, falls sich der Arbeitnehmer auf Alkoholismus beruft; *Fischer*, DÖD 1985, 168; siehe auch *Bopp*, S. 155, allerdings ohne Begründung bei einer Kündigung wegen häufiger Erkrankungen, wenn im Prozess über die Art der Erkrankungen Streit besteht – **anderer Ans.** *Schal*, S. 83ff., es sei denn, durch die Erkrankung sei beim Arbeitgeber ein extrem höher Vermögensschaden zu befürchten, S. 117, oder die Gesundheit Dritter, insbesondere der Mitarbeiter, sei gefährdet, S. 119f.; siehe auch *Olderog*, S. 27: bei Alkoholabhängigkeit.
³⁹³ *Lepke*, DB 1970, 494; *ders.*, DB 1974, 479; zust. *Feichtinger/Pohl*, DB 1984, Beilage Nr. 4, S. 6; LAG Berlin LAGE Nr. 2 zu § 242 BGB.
³⁹⁴ *Schelp/Trieschmann*, S. 33; *Lepke*, DB 1974, 479; *ders.*, DB 1983, 447f.; *Bleistein*, Einstellung, S. 238; *Hunold*, S. 76; *Bauer/Röder/Lingemann*, S. 47; *Reinecke*, DB 1989, 2073; *Vossen*, S. 99 Rdn. 227; *Müller/Berenz*, EFZG, § 3 Rdn. 106; *Geyer/Knorr/Krasney*, EFZG, § 3 Rdn. 246, 247; siehe auch BAG (19. 3. 86) DB 1986, 1877 = EWiR § 4 TVG 1/86 *(Lepke)* = AP Nr. 67 zu § 1 LohnFG; (6. 9. 89) BB 1990, 553; LAG Berlin DB 1990, 1622; *Herbst/Wohlfarth*, DB 1990, 1821: Obliegenheit.
³⁹⁵ *Lepke*, DB 1974, 479; *Galahn*, S. 188; *Kaiser/Dunkl/Hold/Kleinsorge*, EFZG, § 5 Rdn. 64; *Özcan*, S. 167.
³⁹⁶ BAG (1. 6. 83) AP Nr. 52 zu § 1 LohnFG; (11. 11. 87) NZA 1987, 197; *Willemsen/Brune*, DB 1988, 2307.
³⁹⁷ Ebenso *Hunold*, S. 303; LAG Berlin (27. 11. 89) DB 1990, 1621.
³⁹⁸ Im Einzelnen dazu *Lepke*, DB 1974, 479; ebenso LAG Berlin DB 1990, 1621; zust. *Becker-Schaffner*, ZTR 1997, 53; *Feichtinger*, ArbR-Blattei, Krankheit II, Rdn. 120; siehe auch *Haug*, S. 156; *Kaiser/Dunkl/Hold/Kleinsorge*, EFZG, § 5 Rdn. 64; *Ascheid*, Beweislast, S. 101f.; *von Hoyningen-Huene/Linck*, KSchG, § 1 Rdn. 229, 252; *Galahn*, S. 189; BAG (19. 2. 97) NZA 1997, 705f.

nicht beweispflichtigen Partei, ohne das die Klärung des maßgeblichen Sachverhalts möglich gewesen wäre[399] – kehrt sich die Beweislast um.[400, 401] Soweit *Bezani*[402] meint, das LAG Berlin habe sich in einer Entscheidung vom 27. 11. 1989[403] bei der Verletzung einer „vorprozessualen" Auskunftspflicht des Arbeitnehmers für die Anwendung der Grundsätze der Beweisvereitelung ausgesprochen, hat er das Urteil insoweit missverstanden. Zum einen verneint das LAG Berlin ausdrücklich eine entsprechende vorprozessuale Auskunftspflicht des Arbeitnehmers. Zum anderen bezieht sich die „prozessuale Sanktion" allein auf ein entsprechendes Verhalten des Arbeitnehmers während des Kündigungsschutzprozesses.

4. Ärztliche Untersuchungen auf Geheiß des Arbeitgebers

394 Es steht an sich im freien Belieben des Arbeitnehmers, den Arzt auszuwählen, der ihn untersucht, behandelt und der ihm die krankheitsbedingte Arbeitsunfähigkeit bescheinigt. Dieser Grundsatz der freien Arztwahl[404], der in Artikel 1 Abs. 1 GG in Verbindung mit Artikel 2 Abs. 1 GG wurzelt, findet vor allem in der Vorschrift des § 76 SGB V seinen Niederschlag. In aller Regel wird freilich der krankenversicherungspflichtige Arbeitnehmer einen Kassenarzt aufsuchen, da er anderenfalls in Abweichung von § 76 Abs. 2 SGB V die Kosten für das ärztliche Zeugnis möglicherweise selbst tragen muss.

395 Zahlreiche Gesetze, etwa §§ 32 ff. JArbSchG, § 81 Abs. 2 und 3 SeemG, §§ 28, 31 Abs. 2 GefahrstoffVO, §§ 37–41 RöntgenVO, § 67 StrahlenschutzVO, §§ 14, 15 SGB VII in Verbindung mit VBG 100, § 6 BildschirmarbeitsVO, § 6 Abs. 3 ArbZG, § 10 DruckluftVO, § 3 Abs. 1 ASiG, Tarifverträge, z. B. §§ 7 Abs. 2 BAT, 10 Abs. 2 BMT-G, 10 Abs. 2 MTArb, 4 Ziff. 4 TV AL II[405], oder Unfallverhütungs-

---

[399] Vgl. nur BGH (14.7.60) VersR 1960, 844 (846); BAG (24.6.99) NZA 1999, 1275; *Rosenberg/Schwab/Gottwald*, § 117 II 6a, S. 674 m.N.
[400] Vgl. BGH (9.11.82) NJW 1983, 332; (3.2.87) NJW 1987, 1482; (17.6.97) NJW 1998, 81 m.w.N.; BAG NZA 1997, 705f.; *Stein/Jonas/Leipold*, ZPO, § 286 Rdn. 121; *Schaub*, Arbeitsgerichtsverfahren, S. 278 Rdn. 20; *Bezani*, S. 51, anders wohl S. 75; *Belling/Riesenhuber*, ZZP 108 (1995), 466; *Becker-Schaffner*, ZTR 1997, 53; *Thomas/Putzo*, ZPO, § 286 Rdn. 18; *Kaiser/Dunkl/Hold/Kleinsorge*, EFZG, § 5 Rdn. 64; wohl auch *Knorr/Bichlmeier/Kremhelmer*, S. 463 Rdn. 106; weitere Nachw. bei *Prütting*, S. 187 Fußn. 33; MükoZPO/*Prütting*, § 286 Rdn. 88 ff., aber **kritisch**: analog §§ 427 Satz 2, 441 Abs. 3, 444, 446, 453 Abs. 2 ZPO; zust. *Galahn*, S. 190 f.; *Germelmann/Matthes/Prütting/Müller-Glöge*, ArbGG, § 58 Rdn. 70 – **anders** *Zöller/Greger*, ZPO, § 286 Rdn. 14: Frage der Beweiswürdigung; ebenso *Baumbach/Lauterbach/Hartmann*, ZPO, Anh. zu § 286 Rdn. 27; *Rosenberg/Schwab/Gottwald*, § 117 II 6a, S. 674; siehe auch BGH NJW 1998, 81.
[401] Zur Beweisvereitelung im Falle der Nichtentbindung von der ärztlichen Schweigepflicht siehe insbesondere BAG (14.8.74) AP Nr. 3 zu § 13 KSchG 1969; OLG Frankfurt/M. (19.9.79) NJW 1980, 2758; *Baumbach/Lauterbach/Hartmann*, ZPO, Anh. § 286 Rdn. 31; *Prütting*, S. 186 ff. m.w.N.; siehe auch LAG Schleswig-Holst. (15.3.89) b+p 1989, S. 285; LAG Hamm (8.5.96) NZA-RR 1997, 49f.
[402] S. 75.
[403] DB 1990, 1622.
[404] Siehe BSG (19.10.71) E 33, 159; (9.3.82) E 53, 144; LAG Berlin (27.11.89) DB 1990, 1621; *Kittner*, Diss., S. 144 m.N.; *Vossen*, S. 120 Rdn. 283; *Bley/Kreikebohm/Marschner*, S. 230 Rdn. 665.
[405] Dazu BAG (12.8.99) BB 1999, 2564.

Nachweis der Krankheit

vorschriften der Berufsgenossenschaften, u.a. §§ 2, 4f. UVV Arbeitsmedizinische Vorsorge, schreiben während des Bestehens eines Arbeitsverhältnisses bestimmte tätigkeitsbezogene ärztliche Untersuchungen vor oder erlauben sie unter gewissen Voraussetzungen. In den Fällen, in denen die ärztliche Untersuchung Beschäftigungsvoraussetzung ist, weil sie anderenfalls nicht erlaubt ist, besteht auch eine arbeitsvertragliche Nebenpflicht des Arbeitnehmers, sich ärztlich untersuchen zu lassen.[406]

Ansonsten gilt folgendes: Wird durch bestimmte Tatsachen der dringende Verdacht begründet, dass der Arbeitnehmer infolge seines Gesundheitszustandes auf seinem bisherigen Arbeitsplatz nicht mehr eingesetzt werden kann[407] oder hat der Arbeitgeber an der Erkrankung des Arbeitnehmers ernsthafte und begründete Zweifel, insbesondere wenn der dringende Verdacht besteht, es handle sich um ein Gefälligkeitsattest, dann wird man dem Arbeitgeber auch ohne eine besondere Vereinbarung das Recht zubilligen und das Bestehen einer entsprechenden arbeitsvertraglichen Nebenpflicht, §§ 241 Abs. 2, 242 BGB[408], mit Ausnahme einer genetischen Analyse[409] anerkennen müssen, dass sich der Arbeitnehmer auf Geheiß des Arbeitgebers einer Untersuchung durch einen von ihm benannten Arzt unterzieht[410, 411], soweit ihm die Untersuchung zumutbar erscheint. Sie wäre bei- 396

---

[406] Im Einzelnen dazu *Wiese*, RdA 1986, 120 (125); BGB-RGRK, § 618 Rdn. 99, 101; MünchArbR/*Blomeyer*, § 53 Rdn. 41, § 97 Rdn. 18; *Klöcker*, MedR 2001, 183f.; LAG Düsseldorf (31.5.96) BB 1996, 2099 – **anderer Ans.** *Schal*, S. 79 m.w.N.; *Kittner/Däubler/Zwanziger*, KSchR, § 1 KSchG Rdn. 229: nur bei ausdrücklicher gesetzlicher Ermächtigung.

[407] Zust. *Bezani*, S. 63; KR-*Etzel*, § 1 KSchG Rdn. 483; *Knorr/Bichlmeier/Kremhelmer*, S. 453 Rdn. 95; *Feichtinger*, Entgeltfortzahlung, Rdn. 560, 561; *Diller/Powietzka*, NZA 2001, 1229; siehe auch LAG Berlin (27.11.89) DB 1990, 1621; LAG Frankfurt/M. (5.7.79) ARSt 1981, S. 31 Nr. 1034, betreffend eine psychisch erkrankte Krankenschwester, die sich weigert, sich einer ärztlichen Untersuchung zu unterziehen; *Gaul*, Bd. I, S. 683 Rdn. 12; siehe auch *Zöllner*, Daten- und Informationsschutz, S. 37; *Keller*, NZA 1988, 564; *Feichtinger*, ArbR-Blattei, Krankheit II, Rdn. 81; *Hunold*, S. 113; ArbG Passau (17.9.90) BB 1990, 2266: Im Rahmen seiner Mitwirkungspflicht treffe den Arbeitnehmer die Obliegenheit, eine notwendige arbeitsmedizinische Untersuchung durchführen zu lassen; *Gola*, EFZG, § 5 Rdn. 11.5.2, S. 226: durch erfahrenen Spezialisten mit ggf. entsprechenden technischen Einrichtungen.

[408] Zur Begründung von Nebenpflichten aufgrund § 242 BGB siehe nur Roth, in: MükoBGB, § 242 Rdn. 61, 82, 123, 141.

[409] *Wiese*, RdA 1986, 120 (127); MünchArbR/*Blomeyer*, § 53 Rdn. 45, § 97 Rdn. 20; MünchArbR/*Buchner*, § 41 Rdn. 229; *Hunold*, DB 1993, 229.

[410] LAG Berlin (27.11.89) DB 1990, 1621 = LAGE Nr. 2 zu § 242 BGB; zust. *Becker-Schaffner*, BB 1992, 558; *Bezani*, S. 69; *Bauer/Röder/Lingemann*, S. 76; *Schmitt*, AuA 1999, 211; wohl auch *Schuster*, AuA 1993, 168; ähnlich LAG Bremen (28.3.56) AP Nr. 17 zu § 626 BGB; LAG Berlin (3.6.69) DB 1970, 838; LAG Düsseldorf/Köln (10.9.70) DB 1970, 1936; LAG Hamm (25.1.91) MDR 1991, 649; ArbG Berlin (7.11.68) Berliner Entscheidungskalender Nr. 7/1969, S. 107f.; *Götz Hueck*, Anm. zu LAG Berlin AP Nr. 4 zu § 611 BGB Treuepflicht; *Hessel*, S. 20; *Schelp/Trieschmann*, S. 26f.; *Fauth*, BlStSozArbR 1961, 205; *Palme*, BlStSozArbR 1967, 124; *Lepke*, DB 1970, 494; *Foltyn*, S. 127ff.; *Staudinger/Nipperdey/Mohnen*, BGB, 11. Aufl., § 616 Anm. 25a; *Nikisch*, Bd. I, S. 620; *Hueck/Nipperdey*, Bd. I, S. 338 Anm. 63: besonderer Anlass; *Soergel/Siebert/Kraft*, BGB, § 616 Anm. 36; *Ide*, AuR 1980, 225 (230); *Meisel*, DB 1981, 1725; *Liebig*, S. 49; *Feichtinger*, S. 89: überwiegendes Interesse des Arbeitgebers, nicht aber bei ernsthaft begründeten Zweifeln an

Fortsetzung siehe nächste Seite

spielsweise unzumutbar, wenn ihre Durchführung mit schmerzhaften oder risikobeladenen Eingriffen verbunden ist. Sachlich begründete Bedenken gegen die Neutralität oder die fachliche Qualifikation des vom Arbeitgeber beauftragten Arztes kann der Arbeitnehmer grundsätzlich geltend machen.[412] Zur Duldung einer ärztlichen Untersuchung ist der Arbeitnehmer aufgrund seiner Rücksichtnahmepflicht, §§ 241 Abs. 2, 242 BGB, auch dann gehalten, wenn er durch seine Tätigkeit das Leben oder die Gesundheit Dritter, bedeutende Sachwerte des Arbeitgebers gefährdet oder eine Haftung des Arbeitgebers begründen kann[413], etwa bei Seuchengefahr, ansteckenden gefährlichen Krankheiten oder bei begründetem Verdacht auf unkontrolliertes Handeln. Unter Hinweis auf die allgemeine Treuepflicht des Arbeitnehmers erkennt nunmehr auch das BAG[414] beim Vorliegen eines berechtigten Interesses des Arbeitgebers eine Pflicht des Arbeitnehmers an, eine ärztliche Untersuchung seines Gesundheitszustandes zu dulden, wenn etwa begründete Zweifel an der Tauglichkeit des Arbeitnehmers bestehen den Anforderungen seines Arbeitsplatzes aus gesundheitlichen Gründen auf Dauer gerecht zu werden.

397 Folgt man der Rechtsprechung des EuGH[415], dass Sozialleistungsträger im Sinne der VO (EWG) Nr. 1408/71[416] auch der Arbeitgeber sei, dann ergäbe sich aus Art. 18 Abs. 5 der VO (EWG) Nr. 574/72 bei Zweifeln an der Richtigkeit einer ausländischen Arbeitsunfähigkeitsbescheinigung wohl zwingend, dass dem Arbeitgeber die Möglichkeit offenstehen soll, die „betreffende Person durch einen Arzt seiner Wahl" untersuchen zu lassen. Überdies sieht auch § 58 Abs. 3 des Arbeitsvertragsgesetzentwurfes 1992 für den Arbeitnehmer eine Obliegenheit vor, sich auf Verlangen des Arbeitgebers eine weiteren Untersuchung durch den Medizinischen Dienst oder bei einem Arzt, auf den sich der Arbeitgeber und der Arbeitnehmer einigen müssen, zu unterziehen und eine Bescheinigung über das Ergebnis vorzulegen.

398 Wenn und soweit der Arbeitnehmer zur Duldung einer solchen ärztlichen Untersuchung verpflichtet ist, hat er auch den Arzt von seiner Schweigepflicht zu ent-

---

der Arbeitsunfähigkeit; ebenso *Feichtinger/Pohl,* DB 1984, Beilage Nr. 4, S. 4; *Feichtinger,* ArbR-Blattei, Krankheit II, Rdn. 81; KR-*Hillebrecht,* 4. Aufl., § 626 BGB Rdn. 320: begründeter Verdacht, die Krankheit sei nur vorgetäuscht und Zweifel konnten durch eine vertrauensärztliche Untersuchung der Sozialversicherung nicht ausgeräumt werden; siehe auch *Paulsen,* AuR 1961, 206 (207 f.), wenn schwierige, die Verwendung des Arbeitnehmers betreffende Fragen zu beurteilen sind und offenkundig ist, dass der Gutachter nur wegen seines besonderen Wissens und seiner besonderen Erfahrung ausgewählt wurde; *Knorr/Bichlmeier/Kremhelmer,* S. 454 Rdn. 86: Ausnahmefälle.

[411] Zur Zulässigkeit unter dem Gesichtspunkt des Datenschutzes siehe *Zöller,* Daten- und Informationsschutz, S. 37; Kasseler Handbuch/*Striegan,* 2.10 Rz. 167 ff.
[412] Vgl. BAG (8. 5. 69) AP Nr. 1 zu § 59 BAT; *Keller,* NZA 1988, 565.
[413] Ebenso MünchArbR/*Blomeyer,* § 53 Rdn. 41.
[414] BAG (6.11.97) AP Nr. 142 zu § 626 BGB; (12.8.99) BB 1999, 2564 = NZA 1999, 1209.
[415] DB 1992, 1577.
[416] Abgedruckt u. a. bei *Oetker/Preis,* Europäisches Arbeits- und Sozialrecht (EAS), Stand: November 2001, Teil A, 2020, S. 1 ff.

binden.[417] Die hier vertretene Ansicht ist allerdings umstritten. Zum Teil wird einerseits die Meinung vertreten, dass dem Arbeitgeber auch ohne besonderen Anlass das Recht zustehe, die Person des den Arbeitnehmer untersuchenden Arztes zu bestimmen[418] und andererseits, dass für den Arbeitnehmer keine arbeitsvertragliche Verpflichtung bestehe, sich einer Untersuchung durch einen Arzt, der das Vertrauen des Arbeitgebers besitzt, zu unterziehen.[419] Man könne dem Arbeitnehmer, so wird argumentiert, eine entsprechende Verpflichtung deshalb nicht einseitig auferlegen, weil kein Mensch gezwungen werden könne, sich von einem bestimmten Arzt untersuchen zu lassen oder Dritten Einblick in die Intimsphäre zu geben. Anderenfalls wäre Art. 1 Abs. 2 GG verletzt[420], obwohl eine entsprechende Eingriffsnorm, die geboten erscheint, verfassungsmäßig wäre. Auch wird das Prinzip der freien Arztwahl ins Feld geführt.[421] Allenfalls könne der Arbeitgeber verlangen, dass sich der Arbeitnehmer einem zweiten Arzt, der nicht der Haus- oder Vertrauensarzt des Arbeitgeber sei, zwecks Überprüfung der Arbeitsunfähigkeit vorzustellen habe.[422]

---

[417] So auch *Foltyn*, S. 130; *Bezani*, S 65f.; siehe auch BAG (23.6.83) AP Nr. 10 zu § 1 KSchG 1969 Krankheit; (6.11.97) AP Nr. 142 zu § 626 BGB = NZA 1998, 326; einschränkend *Keller*, NZA 1988, 565: nur soweit an der Einsatzfähigkeit des Arbeitnehmers an seinem derzeitigen Arbeitsplatz Zweifel entstanden sind.

[418] So LAG Berlin (1.3.54) Berliner Entscheidungskalender Nr. 15/1954, S. 245; (25.10.55) AP Nr. 4 zu § 611 BGB Treuepflicht = WA 1956, S. 180 Nr. 361, mit zust. Anm. von *Napp;* LAG Bayern (26.1.54) ARSt Bd. XIII, S. 134 Nr. 382; ArbG Berlin (11.9.57) Berliner Entscheidungskalender Nr. 9/1958, S. 149f.; *Meissinger*, Anm. zu LAG Berlin (30.7.28) SAE 1929, S. 589 Nr. 401; *Napp*, Anm. zu LAG Bremen WA 1956, S. 122; *Rauschert*, BB 1960, 213; *Würdinger*, RGRK-HGB, § 63 Anm. unter I 2a.

[419] So LAG Bremen (28.3.56) DB 1956, 623; LAG Hamm (16.2.77) DB 1977, 828; ArbG Stuttgart (21.1.83) BB 1983, 1162; ArbG Frankfurt/M. (28.6.88) AiB 1989, 17, mit zust. Anm. von *Rothenburg; Brill*, Wege zur Sozialversicherung 1980, 69 (74); *Neumann*, Kündigung bei Krankheit, 3. Aufl., S. 15; *Frey*, BB 1960, 212, anders aber bei längerer Arbeitsunfähigkeit, wiederholten und schweren oder ansteckenden Krankheiten; *Prasse*, RdA 1959, 58, mit denselben Ausnahmen wie *Kittner*, S. 107–115; *Kehrmann/Pelikan*, LFG, § 3 Anm. 27; *Marienhagen*, LFG, § 3 Anm. 13; *Schaub/Linck*, S. 1056 Rdn. 145; *Kittner/Däubler/Zwanziger*, KSchR, § 1 KSchG Rdn. 217, 229; Kasseler Handbuch/*Striegan*, 2.10 Rz. 167; MünchArbR/*Boecken*, § 85 Rdn. 26; *Däubler*, Arbeitsrecht Ratgeber, S. 213 Rdn. 777; ErfK/*Preis*, § 611 BGB Rdn. 908; ErfK/*Dörner*, § 5 EFZG Rdn. 25; *Küchenhoff*, RdA 1972, 338, anders aber bei Verdacht, dass der Arbeitnehmer für die geschuldete Arbeit nicht mehr tauglich ist oder eine Gefahr für andere Arbeitnehmer bildet; ähnlich LAG Bremen DB 1956, 623; *Schlegelberger/Schröder*, HGB, § 63 Anm. 2; *Hunold*, S. 113; *Weiland*, BB 1979, 1100; *Vossen*, S. 120 Rdn. 284, S. 126 Rdn. 300; KR-*Etzel*, § 1 KSchG Rdn. 483; *Edenfeld*, DB 1997, 2277; *Geyer/Knorr/Krasney*, EFZG, § 3 Rdn. 247, § 5 Rdn. 46, 57; siehe auch *Gamillscheg*, S. 354; *Erman/Hanau*, BGB, 9. Aufl., § 616 Rdn. 66, anders jedoch bei Gefahr einer ansteckenden Krankheit oder bei Zweifeln an der körperlichen Tauglichkeit hinsichtlich der geschuldeten Arbeitsleistung; BGB-RGRK, § 616 Rdn. 137; *Kleinebrink*, S. 156, wenn der Arbeitnehmer Mitglied einer gesetzlichen Krankenkasse ist und ein Kassenarzt das Attest ausgestellt hat, ansonsten nur bei begründeten Zweifeln am Wahrheitsgehalt der Arbeitsunfähigkeitsbescheinigung.

[420] *Peter*, RdA 1999, 380.

[421] MünchArbR/*Boecken*, § 85 Rdn. 26; *U. Preis*, Arbeitsvertrag, S. 847.

[422] LAG Hamm DB 1977, 828.

399 Dass die ärztliche Schweigepflicht der Annahme einer aus Treu und Glauben folgenden entsprechenden arbeitsvertraglichen Nebenpflicht des Arbeitnehmers nicht schlechthin entgegensteht, sich auf Geheiß des Arbeitgebers unter den genannten Voraussetzungen ärztlich untersuchen zu lassen, ist bereits dargelegt worden. Der Zulässigkeit einer entsprechenden ärztlichen Untersuchung steht auch nicht höherrangiges Recht entgegen. Zwar berührt eine solche Maßnahme die Privatsphäre des Arbeitnehmers, die durch Art. 2 Abs. 1 i. V. mit Art. 1 Abs. 1 GG geschützt wird.[423] Jedoch wären auch Grundrechtspositionen des Arbeitgebers verletzt, Art. 12 und 14 GG, würde nicht sein berechtigtes und schutzwürdiges Interesse auf Informationen darüber erfüllt, ob in der Person des betreffenden Arbeitnehmers lediglich eine vorübergehende oder aber eine dauernde krankheitsbedingte Arbeitsunfähigkeit vorliegt. Eine solche Verpflichtung des Arbeitnehmers steht auch nicht im Widerspruch zur personenrechtlichen Ausgestaltung des Arbeitsverhältnisses. Unserer Rechtsordnung sind Pflichten im personalen Bereich gegenüber einem anderen keineswegs fremd, so etwa die Pflichten unter Eheleuten im Rahmen der ehelichen Lebensgemeinschaft, § 1353 BGB, oder die Leistung von Diensten aus einem Arbeits- und Dienstverhältnis, auf deren Erfüllung sogar ein klagbarer Anspruch besteht, was die Vorschrift der § 888 Abs. 3 ZPO als selbstverständlich voraussetzt.[424] Das Vollstreckungsverbot des § 888 Abs. 3 ZPO schließt die Zulässigkeit einer Klage nicht aus.

400 Überdies beinhaltet der Grundsatz der freien Arztwahl in erster Linie, dass der Versicherte unter den an der kassenärztlichen Versorgung teilnehmenden Ärzten die frei Wahl hat. Selbst im Rahmen sozialversicherungsrechtlicher Beziehungen gibt es Einschränkungen von diesem Grundsatz, etwa die, dass der Versicherte bei der Inanspruchnahme eines anderen als des nächsterreichbaren Arztes die hierdurch entstehenden Mehrkosten selbst zu tragen hat oder dass der Arzt innerhalb eines Kalenderquartals nicht ohne triftigen Grund gewechselt werden soll, § 76 Abs. 3 SGB V. Ob § 5 Abs. 1 EFZG das sog. Hausarztverfahren verbindlich übernommen hat, ohne die freie Arztwahl einzuschränken[425], braucht vorliegend nicht abschließend geklärt zu werden. Für kündigungsrechtliche Fragen können daraus jedenfalls keine durchgreifenden Argumente gegen die hier vertretene Auffassung hergeleitet werden.

401 Es bestehen deshalb keine rechtlichen Bedenken, in besonderen Fällen eine entsprechende vertragliche Verpflichtung des Arbeitnehmers als rechtlich zulässig zu bejahen.[426] So hat auch das Bundesarbeitsgericht[427] zu Recht die tarif- oder einzel-

---

[423] Dazu etwa BAG (6.11.97) NZA 1998, 326.
[424] Vgl. *Baumbach/Lauterbach/Hartmann*, ZPO, § 888 Rdn. 26; *Wieczorek/Schütze/Storz*, ZPO, § 888 Rdn. 32 m. w. N.; *Stein/Jonas/Brehm*, ZPO, § 888 Rdn. 41 m. w. N., 42; BAG (2.12.65) EzA Nr. 7 zu § 620 BGB.
[425] So LAG Hamm DB 1977, 828 m. N. zum alten Recht.
[426] Ebenso *Tschöpe*, MDR 1996, 1085; *Edenfeld*, DB 1997, 2277; *Bauer/Röder/Lingemann*, S. 76; ArbG Frankfurt/M. (28.6.88) AiB 1989, 17, aber einschränkend auslegen – **anders** MünchArbR/*Boecken*, § 85 Rdn. 26; *Hummel*, S. 101, ErfK/*Dörner*, § 5 EFZG Rdn. 25; *U. Preis*, Arbeitsvertrag, S. 847.
[427] (23.2.67) AP Nr. 1 zu § 7 BAT; (4.10.78) AP Nr. 3 zu § 3 LohnFG = NJW 1979, 1264; siehe auch BAG (6.11.97) BB 1998, 592 = NZA 1998, 326.

vertragliche Vereinbarung einer ärztlichen Untersuchungspflicht als zulässig anerkannt.[428] Für eine Regelung durch eine Betriebsvereinbarung kann im Grundsatz nichts anderes gelten.[429] Im konkreten Einzelfall kann freilich die Weigerung des Arbeitnehmers, sich auf Geheiß des Arbeitgebers von einem bestimmten Arzt begutachten zu lassen, begründet sein, so wenn er konkret befürchten muss, dass der betreffende Arzt nicht die erforderliche Unabhängigkeit und/oder Sachkunde besitzt, um nach den Regeln der ärztlichen Kunst die Untersuchung und Begutachtung vorzunehmen.[430] Eine in einem Tarifvertrag oder einer Betriebsvereinbarung normierte Pflicht, sich in regelmäßigen Abständen einer Gesundheitsuntersuchung zu unterziehen, etwa nach § 4 Nr. 4 TV AL II, begründet aber nicht automatisch eine Pflicht zur routinemäßigen Duldung von Drogentest (Drogenscreening).[431]

Allerdings steht es im Verhältnis zum Arbeitnehmer im Allgemeinen nicht in der Macht des Arbeitgebers, eine Untersuchung durch den Amtsarzt zu verlangen[432, 433] oder die Vorlage eines amtsärztlichen Attestes zu erzwingen. Der Amtsarzt erfüllt ausschließlich staatliche oder kommunale Aufgaben des öffentlichen Gesundheitsdienstes.[434] Auch der auf dem Gebiet der Sozialversicherung arbeitende Medizinische Dienst wird in der Regel nur auf Anordnung der Krankenkasse tätig, § 275 SGB V. Der Arbeitgeber kann lediglich durch die Krankenkasse eine entsprechende Untersuchung veranlassen[435], nicht jedoch arbeitsvertraglich verlangen. Unter arbeitsrechtlichen Gesichtspunkten gilt selbst dann nichts anderes, wenn die Krankenkasse nach § 275 Abs. 1 Nr. 3 b SGB V zur Einschaltung des Medizinischen Dienstes verpflichtet ist. Außerdem steht zu befürchten, dass bis zu einer etwaigen amtsärztlichen Begutachtung oder einer solchen durch den Me-

---

[428] Ebenso LAG Berlin DB 1970, 838; *Keller*, NZA 1988, 564; *Galahn*, S. 131, 133 ff.; siehe auch *Schmitt*, EFZG, § 5 Rdn. 74 – **anders** LAG Hamm DB 1977, 828; *Kehrmann/Pelikan*, LFG, § 3 Anm. 27; *Prasse*, RdA 1959, 58, betreffend vertragliche Abreden; *Kittner*, S. 123 ff. (128 f.), der möglichen Inhalt kollektiver Regelungen ausschließt, dass der Arbeitgeber die Person des den Arbeitnehmer untersuchenden Arzt bestimmt; *Kaiser/Dunkl*, LFG, § 3 Rdn. 44; *Bezani*, S. 66, 68; ErfK/*Dörner*, § 5 EFZG Rdn. 25 – **anders** BGB-RGRK, § 616 Rdn. 137: Vertragliche Vereinbarung sei nichtig; ebenso *Däubler*, Arbeitsrecht Ratgeber, S. 213 Rdn. 777; **kritisch** betr. tarifvertragliche Regelung: *Kittner/Däubler/Zwanziger*, KSchR, § 1 KSchG Rdn. 229.
[429] So auch *Edenfeld*, DB 1997, 2277; *Diller/Powietzka*, NZA 2001, 1230 – **anders** MünchArbR/*Boecken*, § 85 Rdn. 26.
[430] Vgl. auch BAG (4. 10. 78) AP Nr. 3 zu § 3 LohnFG.
[431] BAG (12. 8. 99) NZA 1999, 1209; Diller/Powietzka, NZA 2001, 1231.
[432] Ebenso *Aye*, BB 1956, 1033; *Frey*, AuR 1956, 298; *Gumpert*, BB 1962, 1261; *Lepke*, DB 1970, 495; *Küchenhoff*, RdA 1972, 339; *Kaiser/Dunkl*. LFG, § 3 Rdn. 81; *Kehrmann/Pelikan*, LFG, § 3 Anm. 27; *Kleinebrink*, S. 155; *von Hoyningen-Huene/Linck*, KSchG, § 1 Rdn. 223a; *Edenfeld*, DB 1997, 2277; LAG Hamm (8. 9. 66) AuR 1967, 25; LAG Düsseldorf (30. 10. 67) BB 1968, 333; LAG Berlin (30. 4. 79) EzA Nr. 67 zu § 626 BGB n. F.; (27. 11. 89) DB 1990, 1622.
[433] **Unrichtig** ArbG Mönchengladbach (2. 2. 51) BB 1951, 280; ArbG Hannover (12. 5. 50) ARSt Bd. VI Nr. 52; LAG Hannover (1. 11. 50) BB 1951, 280; LAG Bremen (28. 3. 56) DB 1956, 623.
[434] Siehe das Gesetz über die Vereinheitlichung des Gesundheitswesens vom 3. 7. 1934; RGBl. I S. 531, mit der 1. und 2. Durchführungsverordnung.
[435] BAG AP Nr. 17 zu § 626 BGB; *Aye*, BB 1956, 1033; *Küchenhoff*, RdA 1972, 339; *Weiland*, BB 179, 1067 (1100).

dizinischen Dienst die vermeintlichen oder tatsächlichen Beschwerden des Arbeitnehmers durch Zeitablauf abgeklungen sind und damit die Berechtigung einer erstärztlichen Krankschreibung kaum noch nachgeprüft werden kann. Dies gilt natürlich in gewisser Beziehung auch für eine ärztliche Untersuchung auf Geheiß des Arbeitgebers. Nur dürften in diesen Fällen der verwaltungsmäßige Aufwand und damit der Zeitverlust nicht so gravierend sein.

402   Soweit aufgrund tarifrechtlicher Normen, etwa §§ 7 Abs. 2 BAT, 10 Abs. 2 MT Arb, 10 Abs. 2 BMT-G, 4 Abs. 2 Satz 1 TVK, ausnahmsweise bei „gegebener Veranlassung" vom Arbeitgeber eine „vertrauensärztliche" Untersuchung, allerdings nicht durch einen „Vertrauensarzt" im Sinne der Sozialversicherung[436], verlangt erden kann[437], so, ob der Arbeitnehmer dienst- oder arbeitsunfähig sowie frei von ansteckenden oder ekelerregenden Krankheiten ist, müssen sachliche Gründe für ein solches Verlangen vorliegen.[438] Das ist beispielsweise der Fall, wenn begründete Zweifel darüber bestehen, ob der Arbeitnehmer nur vorübergehend durch Krankheit an der Erbringung seiner Arbeitsleistung verhindert, auf Dauer berufs- bzw. erwerbsunfähig ist[439] oder der Hausarzt die volle Arbeitsfähigkeit bzw. -unfähigkeit für die vertragsgemäß zu leistende Tätigkeit unterschiedlich beurteilt, aber auch wenn der Arbeitnehmer nach einer überstandenen Krankheit die Arbeit wieder aufnehmen möchte, jedoch begründete Zweifel bestehen, ob er schon wieder voll einsatzfähig ist, so wenn etwa ein Angestellter aufgrund einer fachärztlichen Empfehlung wegen der gesundheitlichen Folgen eines Verkehrsunfalles einen von ihm begonnenen Lehrgang hat abbrechen müssen, kurz darauf aber erneut seine Teilnahme begehrt.[440] Es genügt in diesen Fällen, dass der Arbeitgeber Veranlassung hat anzunehmen, der Arbeitnehmer sei arbeitsunfähig krank oder er leide an einer ansteckenden bzw. ekelerregenden Krankheit.[441] Hingegen läge beispielsweise ein willkürliches Verlangen vor, wenn der Arbeitgeber ohne besonderen Anlass auf einer regelmäßigen psychologischen Untersuchung von Kraftfahrern besteht.[442] Auf keinen Fall darf der Arbeitgeber die ärztliche Untersuchung zum Zwecke der Disziplinierung des Arbeitnehmers verlangen.[443] Da der Begriff „Dienstfähigkeit" im Sinne der genannten Tarifnormen ungeachtet seines aktuellen gesundheitlichen Bezuges zukunftsorientiert ist und eine Prognoseentscheidung beinhaltet, darf der öffentliche Arbeitgeber unter Hinweis auf diese Tarifbestim-

---

[436] LAG Berlin (17. 1. 83) AP Nr. 9 zu § 1 KSchG 1969 Krankheit; *Scheuring/Lang/Hoffmann*, BMT-G, § 10 Erl. I 1; *Uttlinger/Breier/Kiefer/Hoffmann/Dassau*, BAT, § 7 Erl. 3; *Scheuring/Steingen/Banse/Thivessen*, MTArb, § 10 Erl. 3e.
[437] Zur Frage, ob insoweit der Personalrat beteiligt werden muss, siehe *Kunze*, PersV 1983, 441 f.; verneinend BVerwG (23. 1. 86) DVBl. 1986, 893.
[438] Vgl. BAG (23. 2. 67) AP Nr. 1 zu § 7 BAT; (6. 11. 97) NZA 1998, 326; LAG Baden-Württ./Mannheim (18. 4. 78) AuR 1979, 27; *Bruse*, PK-BAT, § 7 Rdn. 39f.; siehe auch *Feichtinger*, ArbR-Blattei, Krankheit II, Rdn. 82.
[439] BAG (6. 11. 97) NZA 1998, 326.
[440] BAG (21. 6. 78) AP Nr. 3 zu § 25 BAT.
[441] BAG (25. 6. 92) AP Nr. 21 zu § 611 BGB Musiker = NZA 1993, 81.
[442] Vgl. *Scheuring/Steingen/Banse/Thivessen*, MTArb-Bund, § 10 Erl. 3 b, unter Hinweis auf LAG Düsseldorf (3. 2. 70) – 8 Sa 458/69 –; siehe auch BAG (12.8.99) NZA 1999, 1209: Drogenscreening.
[443] Ebenso *Keller*, NZA 1988, 564.

mung Zweifeln an der vom Arbeitnehmer behaupteten gegenwärtigen Arbeitsunfähigkeit nicht durch die Anordnung einer „vertrauensärztlichen" Untersuchung begegnen.[444]

Der Arbeitgeber kann in der Regel ebensowenig unter arbeitsrechtlichen Gesichtspunkten verlangen, dass sich der Arbeitnehmer einer Untersuchung durch den Betriebsarzt unterzieht.[445] Der Sinn und Zweck des betriebsärztlichen Dienstes besteht nämlich in erster Linie darin, die Belegschaftsangehörigen vor- und fürsorglich zu betreuen sowie den Arbeitgeber und den Betriebsrat zu beraten[446], was sich aus § 1 Satz 2 ASiG ergibt. Diese Zielvorstellung hat der Gesetzgeber in § 3 Abs. 1 und 2 ASiG deutlich gemacht und in Absatz 3 der genannten Norm ausdrücklich hervorgehoben, dass es nicht zu den Aufgaben des Betriebsarztes gehört, Krankmeldungen der Arbeitnehmer auf ihre Berechtigung nachzuprüfen.[447] Dieser Regelung liegt der Gedanke zugrunde, dass der Betriebsarzt uneingeschränkt das Vertrauen der Arbeitnehmerschaft haben muss[448] und nicht in die Rolle eines Kontrolleurs zugunsten des Arbeitgebers gedrängt werden darf. Diese Aufgabe darf dem Betriebsarzt auch nicht durch eine einzelvertragliche Vereinbarung mit dem betreffenden Arbeitnehmer übertragen werden[449], da sonst der vom Gesetzgeber verfolgte Zweck vereitelt werden würde. Dagegen wird der Arbeitnehmer im Allgemeinen gehalten sein, sich durch den Betriebsarzt auf seine weitere Arbeitsplatztauglichkeit untersuchen zu lassen.[450] Weder dem Wortlaut noch dem Sinn und Zweck des § 3 Abs. 3 ASiG kann das Gegenteil entnommen werden. Die Kosten einer solchen betriebsärztlichen Begutachtung bzw. die einer ärztlichen Unter-

403

---

[444] Zutreffend *Bruse*, PK-BAT, § 7 Rdn. 38 – **anderer Ans.** *Böhm/Spiertz/Sponer/Steinherr*, BAT, § 7 Rdn. 24; wohl auch *Pieper*, PK-BAT, § 18 Rdn. 16.
[445] So auch *Foltyn*, S. 128; *Küchenhoff*, RdA 1972, 339; *A. Hueck*, Anm. zu BAG AP Nr. 4 zu § 611 BGB Treuepflicht; *Feichtinger*, ArbR-Blattei, Krankheit II, Rdn. 78; *Hunold*, S. 112; *Kleinebrink*, S. 155; *Edenfeld*, DB 1997, 2277; *von Hoyningen-Huene/Linck*, KSchG, § 1 Rdn. 223a; ArbG Stuttgart (21. 1. 83) DB 1983, 2094; siehe auch *Wiese*, RdA 1986, 121 – **anderer Ans.** *Keller*, NZA 1988, 564; *Wank*, RdA 1993, 79 (87); *Bezani*, S. 68f.
[446] In diesem Sinne schon eine am 1. 3. 1953 abgeschlossene Vereinbarung zwischen der Bundesvereinigung Deutscher Arbeitgeberverbände, dem Deutschen Gewerkschaftsbund und der werkärztlichen Arbeitsgemeinschaft und die dazu ergangenen Richtlinien; vgl. BArbBl. 1953, S. 270f.; im Einzelnen dazu *Schal*, S. 74ff.; *Anzinger/Bieneck*, ASiG, § 3 Rdn. 6ff.; *Klöcker*, MedR 2001, 183ff.
[447] Siehe dazu *Kliesch/Nöthlichs/Wagner*, ASiG, § 3 Anm. 10; MünchArbR/*Wlotzke*, § 210 Rdn. 60; Kasseler Handbuch/*Lorenz*, 2.6 Rz. 507; *Anzinger/Bieneck*, ASiG, § 3 Rdn. 1, 121; für eine Aufgabenerweiterung insoweit de lege ferenda ArbG Elmshorn (9. 11. 82) BB 1983, 126; *Hunold*, BB 1989, 847 – **dagegen** *Lambeck*, NZA 1990, 90.
[448] Vgl. die Nachweise bei *Schal*, S. 77; siehe auch *Spinnarke/Schork*, ASiG, § 3 Rdn. 89; *Anzinger/Bieneck*, ASiG, § 3 Rdn. 121.
[449] Ebenso *Krebs*, RdA 1976, 155; *Bleistein*, Einstellung S. 241; BGB-RGRK, § 626 Rdn. 102 – **anderer Ans.** LAG Berlin (25. 10. 55) AP Nr. 4 zu § 611 Treuepflicht; (3. 6. 69) ARSt 1970, S. 102 Nr. 102.
[450] *Küchenhoff*, RdA 1972, 340; *Bezani*, S. 68ff.; *Anzinger/Bieneck*, ASiG, § 3 Rdn. 123; LAG Berlin (17. 1. 83) AP Nr. 9 zu § 1 KSchG 1969 Krankheit – **anderer Ans.** *Schal*, S. 79 m.w.N.; dazu auch *Däubler*, S. 267 Rdn. 411: Aus der „Betreuung" könne so eine bewusste Auslese zu Lasten der Schwächeren werden.

mung Zweifeln an der vom Arbeitnehmer behaupteten gegenwärtigen Arbeitsunfähigkeit nicht durch die Anordnung einer „vertrauensärztlichen" Untersuchung begegnen.[444]

Der Arbeitgeber kann in der Regel ebensowenig unter arbeitsrechtlichen Gesichtspunkten verlangen, dass sich der Arbeitnehmer einer Untersuchung durch den Betriebsarzt unterzieht.[445] Der Sinn und Zweck des betriebsärztlichen Dienstes besteht nämlich in erster Linie darin, die Belegschaftsangehörigen vor- und fürsorglich zu betreuen sowie den Arbeitgeber und den Betriebsrat zu beraten[446], was sich aus § 1 Satz 2 ASiG ergibt. Diese Zielvorstellung hat der Gesetzgeber in § 3 Abs. 1 und 2 ASiG deutlich gemacht und in Absatz 3 der genannten Norm ausdrücklich hervorgehoben, dass es nicht zu den Aufgaben des Betriebsarztes gehört, Krankmeldungen der Arbeitnehmer auf ihre Berechtigung nachzuprüfen.[447] Dieser Regelung liegt der Gedanke zugrunde, dass der Betriebsarzt uneingeschränkt das Vertrauen der Arbeitnehmerschaft haben muss[448] und nicht in die Rolle eines Kontrolleurs zugunsten des Arbeitgebers gedrängt werden darf. Diese Aufgabe darf dem Betriebsarzt auch nicht durch eine einzelvertragliche Vereinbarung mit dem betreffenden Arbeitnehmer übertragen werden[449], da sonst der vom Gesetzgeber verfolgte Zweck vereitelt werden würde. Dagegen wird der Arbeitnehmer im Allgemeinen gehalten sein, sich durch den Betriebsarzt auf seine weitere Arbeitsplatztauglichkeit untersuchen zu lassen.[450] Weder dem Wortlaut noch dem Sinn und Zweck des § 3 Abs. 3 ASiG kann das Gegenteil entnommen werden. Die Kosten einer solchen betriebsärztlichen Begutachtung bzw. die einer ärztlichen Unter-

403

---

[444] Zutreffend *Bruse*, PK-BAT, § 7 Rdn. 38 – **anderer Ans.** *Böhm/Spiertz/Sponer/Steinherr*, BAT, § 7 Rdn. 24; wohl auch *Pieper*, PK-BAT, § 18 Rdn. 16.
[445] So auch *Foltyn*, S. 128; *Küchenhoff*, RdA 1972, 339; *A. Hueck*, Anm. zu BAG AP Nr. 4 zu § 611 BGB Treuepflicht; *Feichtinger*, ArbR-Blattei, Krankheit II, Rdn. 78; *Hunold*, S. 112; *Kleinebrink*, S. 155; *Edenfeld*, DB 1997, 2277; *von Hoyningen-Huene/Linck*, KSchG, § 1 Rdn. 223a; ArbG Stuttgart (21.1.83) DB 1983, 2094; siehe auch *Wiese*, RdA 1986, 121 – **anderer Ans.** *Keller*, NZA 1988, 564; *Wank*, RdA 1993, 79 (87); *Bezani*, S. 68f.
[446] In diesem Sinne schon eine am 1.3.1953 abgeschlossene Vereinbarung zwischen der Bundesvereinigung Deutscher Arbeitgeberverbände, dem Deutschen Gewerkschaftsbund und der werkärztlichen Arbeitsgemeinschaft und die dazu ergangenen Richtlinien; vgl. BArbBl. 1953, S. 270f.; im Einzelnen dazu *Schal*, S. 74ff.; *Anzinger/Bieneck*, ASiG, § 3 Rdn. 6ff.; *Klöcker*, MedR 2001, 183ff.
[447] Siehe dazu *Kliesch/Nöthlichs/Wagner*, ASiG, § 3 Anm. 10; MünchArbR/*Wlotzke*, § 210 Rdn. 60; Kasseler Handbuch/*Lorenz*, 2.6 Rz. 507; *Anzinger/Bieneck*, ASiG, § 3 Rdn. 1, 121; für eine Aufgabenerweiterung insoweit de lege ferenda ArbG Elmshorn (9.11.82) BB 1983, 126; *Hunold*, BB 1989, 847 – **dagegen** *Lambeck*, NZA 1990, 90.
[448] Vgl. die Nachweise bei *Schal*, S. 77; siehe auch *Spinnarke/Schork*, ASiG, § 3 Rdn. 89; *Anzinger/Bieneck*, ASiG, § 3 Rdn. 121.
[449] Ebenso *Krebs*, RdA 1976, 155; *Bleistein*, Einstellung S. 241; BGB-RGRK, § 626 Rdn. 102 – **anderer Ans.** LAG Berlin (25.10.55) AP Nr. 4 zu § 611 Treuepflicht; (3.6.69) ARSt 1970, S. 102 Nr. 102.
[450] *Küchenhoff*, RdA 1972, 340; *Bezani*, S. 68ff.; *Anzinger/Bieneck*, ASiG, § 3 Rdn. 123; LAG Berlin (17.1.83) AP Nr. 9 zu § 1 KSchG 1969 Krankheit – **anderer Ans.** *Schal*, S. 79 m.w.N.; dazu auch *Däubler*, S. 267 Rdn. 411: Aus der „Betreuung" könne so eine bewusste Auslese zu Lasten der Schwächeren werden.

suchung durch einen Mediziner des beiderseitigen Vertrauens hat grundsätzlich der Arbeitgeber zu tragen.[451]

404 Ist es mit Einwilligung des Arbeitnehmers zu entsprechenden betriebsärztlichen Untersuchungen gekommen, auch wenn zwischen dem Betriebsarzt und dem begutachteten Arbeitnehmer weder ein Vertrag noch ein vertragsähnliches Rechtsverhältnis besteht[452], kann sich der Arbeitgeber im Kündigungsschutzprozess hinsichtlich der Frage, ob der Arbeitnehmer auch in Zukunft wiederholt nicht unwesentlich krankheitsbedingt der Arbeit fernbleiben wird, auf das Zeugnis des Betriebsarztes als sachverständigen Zeugen, § 414 ZPO, berufen.[453] Die Regelungen im Arbeitssicherheitsgesetz enthalten insoweit kein prozessrechtliches Verwertungsverbot.[454] Dass der Arbeitgeber auch dann, wenn er einen Betriebsarzt bestellt hat oder sich des überbetrieblichen Dienstes von Betriebsärzten bedient, mit dem Arbeitnehmer sog. Krankengespräche zu dessen Krankheitsbild und zum Verlauf der Krankheit führen darf, die in der betrieblichen Praxis als eine zulässige und wirksame Maßnahme zur Senkung unberechtigter Fehlzeiten angesehen wird[455], um zu prüfen, ob der betreffende Arbeitnehmer aus gesundheitlichen Gründen künftig in der Lage ist, seine arbeitsvertraglichen Hauptpflichten zu erfüllen – vier Fünftel der deutschen Unternehmen ergreifen solche oder ähnliche Maßnahmen[456] –, kann entgegen der Auffassung der ArbG Hamburg[457] nicht ernsthaft in Zweifel gezogen werden.[458, 459] Insoweit darf der Arbeitgeber entsprechende Gesprächsno-

---

[451] Vgl. BAG (22.3.78) AP Nr. 5 zu § 1 TVG Tarifverträge: Metallindustrie = SAE 1979, 94ff., mit **ablehnender** Anm. von *Thieler*; ablehend schon *Nikisch*, Bd. I S. 621; *Foltyn*, S. 135, falls sich herausstellt, dass Arbeitsunfähigkeit von Anfang an vorgelegen habe.

[452] Siehe LG Paderborn (15.5.01) BB 2001, 2168 = MDR 2001, 1304.

[453] Zur Abgrenzung zum Sachverständigen siehe *Schal*, S. 90; *Müller*, Der Sachverständige, S. 314ff. Rdn. 507ff.

[454] So auch LAG Berlin (17.1.83) DB 1983, 561f. = BB 1983, 699f.; zust. *Hunold*, S. 303; *Bezani*, S. 68f.; *Bobke*, S. 382; *Löwisch*, KSchG, § 1 Rdn. 404; *Spinnarke/Schork*, ASiG, § 8 Rdn. 16; *Anzinger/Bieneck*, ASiG, § 3 Rdn. 123 – **anderer Ans.** *Kittner/Däubler/Zwanziger*, KSchR, § 1 KSchG Rdn. 105; siehe auch *Stahlhacke/Preis/Vossen*, Rdn. 1228.

[455] Vgl. *Salowsky*, Fehlzeiten (1991), S. 89f.; *Dütz*, AuA 1993, 179; *Hunold*, S. 67ff.; *Galahn*, S. 145; *Derr*, S. 72, 105; *Bader/Bram/Dörner/Wenzel*, KSchG, § 1 Rdn. 126; *Gola*, BB 1995, 2323; *Edenfeld*, DB 1997, 2274; *ders.*, AG 1998, 82; *Stückmann*, AuA 1998, 86, 224; *Bitzer*, BB 1999, 2243; *Kador/Brock*, S. 54ff. – **anders** wohl *Herbst*, PersR 1994, 503; *Schneider/Zinke*, AiB 2000, 6f.; kritisch auch *Hummel*, S. 142ff.

[456] Siehe *Edenfeld*, DB 1997, 2274; Arbeitsberichte 17 der BDA (1997), S. 2; weitere Nachw. bei *Fischer/Kiesche*, AiB 1997, 639.

[457] (17.12.90) DB 1991, 1078 = AiB 1991, 92f.; wesentlich einschränkend LAG Hamburg (10.7.91) AiB 1992, 71 = LAGE Nr. 8 zu § 87 BetrVG Betriebliche Ordnung; siehe auch *Schneider/Zinke*, AiB 2000, 6: nur betr. die Ursachen der betrieblichen Gesundheitsgefährdung bzw. -schädigung.

[458] So auch LAG Hamm (2.2.95) LAGE Nr. 3 zu § 67 ArbGG 1979, S. 10.

[459] Zum Mitbestimmungsrecht des Betriebsrates nach § 87 Abs. 1 Nr. 1 BetrVG, wenn der Arbeitgeber in formalisierter Weise mit Arbeitnehmern mit überdurchschnittlichen Fehlzeiten Krankengespräche führt und diese auch der Aufklärung von Störfaktoren und Fehlentwicklungen, die in der fraglichen Abteilung erkennbar geworden sind, dienen, siehe BAG (8.11.1994) NZA 1995, 857 = BB 1995, 1188 mit **kritischer** Anm. von *Hunold*; zust. *Schaub/Koch*, S. 2394 Rdn. 8; *Bader/Bram/Dörner/Wenzel*, KSchG, § 1 Rdn. 126;

tizen auch zu den Personalakten des Arbeitnehmers nehmen[460], weil dadurch noch nicht das allgemeine Persönlichkeitsrecht verletzt wird. Eine solche Befugnis ergibt sich für den Arbeitgeber aus § 618 BGB. Hingegen sind die Aufgaben eines Betriebsarztes primär nur unterstützender Art, wie sich dies aus § 3 Abs. 1 ASiG unmissverständlich entnehmen lässt. Sie beziehen sich u. a. nur darauf, die Arbeitnehmer zu „untersuchen", arbeitsmedizinisch zu beurteilen und zu beraten sowie die Untersuchungsergebnisse zu erfassen und auszuwerten, § 3 Abs. 1 Nr. 2 ASiG. Wer allerdings das Führen solcher Krankengespräche, zu deren Teilnahme der Arbeitnehmer nach den §§ 241 Abs. 2, 242 BGB, in der Regel verpflichtet ist[461], als eine „in Betrieben weit verbreitete Unsitte", als „Aushorchen von Mitarbeitern", als „Verhöre", „Schnüffelei", als „unverschämte Aktion"[462], als „repressive Auswüchse der Arbeitgeberseite", als „Jagd auf Kranke"[463] oder als geeignetes „Disziplinierungsinstrument" des Vorgesetzten[464] bezeichnet, der diskreditiert sich selbst und leistet keinen anerkennenswerten Beitrag für eine sachliche Auseinandersetzung. Ziel solcher Kontrollen ist es nämlich nicht, wirklich kranke Arbeitnehmer unter Druck zu setzen, sondern im Zusammenhang mit einer Fehlzeitenanalyse Ursachen für Erkrankungen sowie eventuell unbegründete Abwesenheitszeiten zu erkennen und zu beseitigen.

Soweit das ArbG Münster[465] meint, aus dem allgemeinen Persönlichkeitsrecht bzw. dem Recht auf informationelle Selbstbestimmung ergebe sich für den Arbeitnehmer ein Anspruch einen Rechtsbeistand hinzuziehen zu können, kann dieser Ansicht nicht zugestimmt werden[466], weil sich aus diesem „Recht" eine solche Rechtsfolge nicht ableiten lässt. Überdies muss für den Vorgesetzten oder Personalleiter die Möglichkeit bestehen, im Rahmen eines Vieraugengespräches mit dem Arbeitnehmer die Umstände seiner Krankheit zu erörtern. Der personenbezogene

---

Wiese, GK-BetrVG, § 87 Rdn. 225; *Löwisch/Kaiser*, BetrVG, § 87 Rdn. 45; *Fitting/Kaiser/Heither/Engels/Schmidt*, BetrVG, § 87 Rdn. 71, § 94 Rdn. 12; *Feichtinger*, ArbR-Blattei, Krankheit II, Rdn. 85a; *Etzel*, Betriebsverfassungsrecht, S. 223 Rdn. 514; ErfK/*Hanau/Kania*, § 87 BetrVG Rdn. 21; MünchArbR/*Matthes*, § 333 Rdn. 715; *Däubler/Kittner/Klebe*, BetrVG, § 94 Rdn. 9 – **anderer Ans.** LAG Hamm (16. 4. 86) BB 1986, 1359; LAG Baden-Württ. (5. 3. 91) NZA 1992, 184; LAG Frankfurt/M. (24. 3. 92) BetrR 1993, 74; Hess. VGH (28. 3. 90) ZTR 1990, 446; *Hess/Schlochauer/Glaubitz*, BetrVG, § 87 Rdn. 114 m.w.N.; *Richardi*, BetrVG, § 87 Rdn. 192; *Stege/Weinspach/Schiefer*, BetrVG, § 87 Rdn. 47a.

460 Zutreffend ArbG Frankfurt/M. (2.7.97) AuA 1997, Heft 10, S. VI; siehe aber *Fischer/Kiesche*, AiB 1997, 640, 642: Aufzeichnungen sollten nicht stattfinden.
461 Vgl. BAG (8.11.94) NZA 1995, 857; LAG Hamm (23.5.01) MDR 2001, 1361; MünchArbR/*Blomeyer*, § 53 Rdn. 46 m.N., § 97 Rdn. 21; siehe auch *Stahlhacke/Preis/Vossen*, Rdn. 665 – **anders** ArbG München (12.12.00) AuR 2001, 154; *Hummel*, S. 147, anders aber nach einer Arbeitsunfähigkeit, S. 148.
462 So etwa *Schwanck*, BetrR 1992, 58ff.
463 So *Herbst*, PersR 1994, 503; *Schneider/Zinke*, AiB 2000, 4.
464 So *Fischer/Kiesche*, AiB 1997, 639 (641); *Fischer/Kiesche/Nahrmann*, PersR 1999, 263.
465 (6.7.88) DB 1988, 1756 = BB 1988, 1964 = AnwBl 1989, 349; im Ergebnis ebenso *Stahlhacke/Preis/Vossen*, Rdn. 665.
466 Ebenso *Hunold*, S. 302; wohl auch *Schaub*, S. 1164 Rdn. 54; siehe auch LAG Hamm (23.5.01) MDR 2001, 1361f.

Charakter des Arbeitsverhältnisses, der sich auch in der Vorschrift des § 613 BGB manifestiert, steht einer Pflicht des Arbeitgebers entgegen, zu dulden, dass der Arbeitnehmer zur Wahrung seiner Interessen betriebsfremde Personen, insbesondere eines Rechtsanwaltes hinzieht. Gegen die spätere Hinzuziehung eines Betriebsratsmitgliedes wird hingegen in der Regel nichts einzuwenden sein.[467]

III. Anzeige- und Nachweispflichten bei Erkrankungen im Ausland

1. Gesetzliche Regelung

405 § 5 Abs. 2 EFZG[1] enthält für erkrankte Arbeitnehmer betreffend ihre Anzeige- und Nachweispflichten während eines Auslandsaufenthaltes Sonderregelungen, die gegenüber dem bisherigen Recht erweitert worden sind. Die Vorschrift gilt sowohl für in der Bundesrepublik beschäftigte ausländische Arbeitnehmer, die in ihrem Heimatland arbeitsunfähig krank werden, als auch für Deutsche bei Erkrankungen im Ausland.[2]

Hält sich der Arbeitnehmer bei Beginn seiner Arbeitsunfähigkeit im Ausland auf, hat er dem Arbeitgeber die Arbeitsunfähigkeit, deren voraussichtliche Dauer und die Adresse am Aufenthaltsort in der schnellstmöglichen Art der Übermittlung mitzuteilen, § 5 Abs. 2 Satz 1 EFZG. Die Übermittlung muss in der Regel durch solche Medien erfolgen, bei denen dem Arbeitgeber die Nachricht zeitgleich zugeht, also nur per Telefon, Telefax, E-Mail oder Telegramm.[3] Ein einfacher Brief genügt diesem Erfordernis nicht.[3] Teilt der Arbeitnehmer seine Arbeitsunfähigkeit und deren voraussichtliche Dauer telefonisch mit, ist es Sache des Arbeitgebers, sich nach der derzeitigen Adresse des Arbeitnehmers zu erkundigen.[4] Die durch die Mitteilung entstandenen Kosten hat der Arbeitgeber zu tragen, § 5 Abs. 2 Satz 2 EFZG.[5] Unter Adresse am Aufenthaltsort ist die Anschrift zu verstehen, unter der der Arbeitnehmer während seines Urlaubs erreicht werden kann. Zu den notwen-

---

[467] So auch *Hunold*, S. 69, 302; LAG Hamm MDR 2001, 1362.
[1] Für den Bereich des öffentlichen Dienstes siehe die inhaltsgleichen Bestimmungen der §§ 37a Abs. 1 Unterabs. 2 BAT, 35 Abs. 1 Unterabs. 2 BMT-G, 42a Abs. 1 Unterabs. 2 MTArb; dazu LAG Köln (12.5.00) ZTR 2000 556: schnellstmögliche Art der Übermittlung.
[2] Etwa *Galahn*, S. 67 m.N.; *Bauer/Röder/Lingemann*, S. 68; *Schmitt*, EFZG, § 5 Rdn. 102; *Özcan*, S. 60ff.
[3] So auch *Diller*, NJW 1994, 1693; *Viethen*, EFZG, S. 45; *Helml*, EFZG, § 5 Rdn. 29; *Schaub/Linck*, S. 1058 Rdn. 158; *Özcan*, S. 99; *Kaiser/Dunkl/Hold/Kleinsorge*, EFZG, § 5 Rdn. 38; *Staudinger/Oetker*, BGB, § 616 Rdn. 303; siehe aber *Schmitt*, EFZG, § 5 Rdn. 107: ausnahmsweise (Eil-) Brief; so auch Kasseler Handbuch/*Vossen*, 2.2 Rz. 228; siehe auch *Bauer/Röder/Lingemann*, S. 68: einfacher Brief genügt; ferner LAG Köln, ZTR 2000, 556.
[4] BAG (19.2.97) NZA 1997, 705 = AP Nr. 3 zu Art. 18 EWG-Verordnung Nr. 574/72.
[5] Im Einzelnen dazu Kasseler Handbuch/*Vossen*, 2.2 Rz. 229; *Schmitt*, EFZG, § 5 Rdn. 109; *Kaiser/Dunkl/Hold/Kleinsorge*, EFZG, § 5 Rdn. 83; *Kunz/Wedde*, EFZR, § 5 EFZG Rdn. 77: alle, auch die Mehrkosten; ebenso *Angel*, S. 205f.; *Müller/Berenz*, EFZG, § 5 Rdn. 65: nur Mehrkosten – **kritisch**, MünchArbR/*Boecken*, § 85 Rdn. 17: nur anteilige Kosten.

digen Angaben gehören das Land, der Aufenthaltsort, die Straße und Hausnummer, der Name des Hotels bzw. des Vermieters sowie ggf. die Telefonnummer.[6] Die Erweiterung der Mitteilungspflichten eines im Ausland erkrankten Arbeitnehmers soll der Möglichkeit eines Leistungsmissbrauches entgegenwirken.[7] Dauert die Arbeitsunfähigkeit länger als zunächst angezeigt, ist der Arbeitnehmer gegenüber dem Arbeitgeber unter Beachtung von § 5 Abs. 2 Sätze 1 und 2 EFZG ebenfalls zur entsprechenden Mitteilung verpflichtet[8], obwohl eine diesbezügliche Anzeigepflicht vom Gesetzgeber nicht ausdrücklich normiert worden ist; sie ergibt sich jedoch aus dem Sinn und Zweck einer solchen Mitteilungspflicht.

Der Arbeitnehmer ist auch verpflichtet, dem Träger der gesetzlichen Krankenversicherung seine krankheitsbedingte Arbeitsunfähigkeit und deren voraussichtliche Dauer bzw. deren Verlängerung unverzüglich, § 121 Abs. 1 BGB, anzuzeigen, § 5 Abs. 2 Satz 3 EFZG. Der Fortdaueranzeige bedarf es nur dann nicht, wenn der Arbeitnehmer in den Geltungsbereich des EFZG zurückkehrt, weil die Mitteilung nicht mehr nachgeholt werden kann.[9] § 5 Abs. 2 EFZG geht nämlich von einer Unterrichtung aus dem Ausland aus. In diesem Falle muss allerdings die Rückkehr dem Arbeitgeber und dem Krankenversicherungsträger unverzüglich angezeigt werden, § 5 Abs. 2 Satz 7 EFZG. Nicht verpflichtet ist der Arbeitnehmer, der gesetzlichen Krankenkasse seine Adresse am Aufenthaltsort mitzuteilen, was sich aus einem Umkehrschluss aus § 5 Abs. 2 Satz 1 EFZG ergibt. 406

Ansonsten besteht bei einer Erkrankung im Ausland dieselbe Nachweispflicht wie bei einer Inlandserkrankung.[10] Zwar enthält das EFZG insoweit keine ausdrückliche Regelung. In der Gesetzesänderung zu § 5 Abs. 2[7] heißt es aber unmissverständlich, dass durch die Neufassung die Anzeigepflicht im Ausland erweitert worden ist. Dann aber muss angenommen werden, dass die Nachweispflicht nicht eingeschränkt werden sollte.[11] Folglich muss der Arbeitnehmer seinem Arbeitgeber eine ärztliche Bescheinigung über die Arbeitsunfähigkeit sowie deren voraussichtliche Dauer innerhalb der gesetzlichen oder der vom Arbeitgeber zulässigerweise verlangten Frist, § 5 Abs. 2 Satz 6 i.V. mit Abs. 1 Satz 2 EFZG, sowie 407

---

6 Kasseler Handbuch/*Vossen*, 2.2 Rz. 228 m.w.N.; *Geyer/Knorr/Krasney*, EFZG, § 5 Rdn. 60; *Tschöpe/Kappelhoff*, Teil 2 B, Rz. 182 – **anderer Ans.** ErfK/*Dörner*, § 5 EFZG Rdn. 51, betreffend Telefonnummer.
7 Bundestags-Drucks. 12/5798, S. 26; BAG (19. 2. 97) NZA 1997, 705.
8 *Bauer/Röder/Lingemann*, S. 69; *Vossen*, S. 132 Rdn. 315; *Schmitt*, EFZG, § 5 Rdn. 113f.; ErfK/*Dörner*, § 5 EFZG Rdn. 54; Kasseler Handbuch/*Vossen*, 2.2 Rz. 226; MünchArbR/ *Boecken*, § 85 Rdn. 18; *Angel*, S. 209.
9 Ebenso *Kaiser/Dunkl/Hold/Kleinsorge*, EFZG, § 5 Rdn. 44; *Schmitt*, LFZG, § 3 Rdn. 76; LAG Düsseldorf (12.10.89) DB 1990, 488; ArbG Kaiserslautern/Pirmasens (10.1.91) ARSt 1991, S. 83 Nr. 34.
10 Vgl. Berenz, DB 1995, 1462 m.N.; *Schmitt*, EFZG, § 5 Rdn. 116ff.; *Kaiser/Dunkl/Hold/ Kleinsorge*, EFZG, § 5 Rdn. 36; *Schaub/Linck*, S. 1059 Rdn. 160–161; *Geyer/Knorr/Krasney*, EFZG, § 5 Rdn. 5, 64; *Feichtinger*, ArbR – Blattei, Krankheit II, Rdn. 39; *Angel*, S. 221ff.; Kasseler Handbuch/*Vossen*, 2.2 Rz. 231; *Özcan*, S. 103.
11 So auch *Schmitt*, EFZG, § 5 Rdn. 116 m.w.N.; *Schaub* in: Müko-BGB, § 616 Rdn. 162; *Geyer/Knorr/Krasney*, EFZG, § 5 Rdn. 64; *Vossen*, S. 135 Rdn. 320; *Kaiser/Dunkl/Hold/ Kleinsorge*, EFZG, § 5 Rdn. 40; ErfK/*Dörner*, § 5 EFZG Rdn. 56.

ggf. eine Folgebescheinigung übersenden, wenn die Arbeitsunfähigkeit länger dauert als in der Erstbescheinigung angegeben worden ist. Die fragliche Bescheinigung muss aber keinen Vermerk enthalten, dass der ausländische Arzt die deutsche Krankenversicherung über die Arbeitsunfähigkeit, ihre voraussichtliche Dauer und den Befund unterrichtet hat. Der Arbeitgeber darf ein ihm vorgelegtes Attest eines ausländischen Arztes nicht mit dem Hinweis zurückweisen, dass diese Angaben fehlen, § 5 Abs. 2 Satz 6 EFZG. Ein im Ausland ausgestelltes Attest muss nicht notwendigerweise in deutscher Sprache abgefaßt sein[12], um seine Bestätigungs- und Nachweisfunktion zu erfüllen. Zudem wird es im Ausland nicht immer möglich sein, einen Arzt zu finden, der die deutsche Sprache und Schrift beherrscht.

2. Vereinfachtes Verfahren

408 § 5 Abs. 2 Satz 5 EFZG eröffnet den gesetzlichen Krankenkassen die Möglichkeit, festzulegen, dass die Anzeige- und Mitteilungspflichten nach den Sätzen 3 und 4 auch gegenüber einem ausländischen Sozialversicherungsträger erfüllt werden können. Weitere Modifikationen der diesbezüglichen Pflichten bei Auslandserkrankungen können sich aus der EWG-VO Nr. 1408/71 und 574/72 oder zwischenstaatlichen Sozialversicherungsabkommen ergeben.

Zunächst sei auf das von der Bundesvereinigung der Deutschen Arbeitgeberverbände mit der Deutschen Verbindungsstelle – Krankenversicherung Ausland – beim Bundesverband der Ortskrankenkassen vereinbarte vereinfachte Anzeige- und Nachweisverfahren beim Eintritt von Arbeitsunfähigkeit im Ausland vom 17.12.1969 und vom 22.4.1974[13] hingewiesen, das sich im Großen und Ganzen bewährt hat. Nach den entsprechenden zwischen- bzw. überstaatlichen Sozialversicherungsabkommen, die für Auslandsaufenthalte in den Staaten der EU, in Tunesien, Rumänien, Polen (eingeschränkt), Marokko, Bundesrepublik Jugoslawien, Bosnien-Herzegowina, Kroatien, Mazedonien, Slowenien, in der Türkei und der Schweiz gelten, braucht der Arbeitnehmer seinem Arbeitgeber keine besondere ärztliche Bescheinigung über seine Arbeitsunfähigkeit zu übersenden[14], wenn er die für den Anspruch auf Krankengeld beim Auslandsaufenthalt in Betracht kommenden Formalitäten erfüllt hat. Einer besonderen Anzeige an die deutsche Krankenkasse bedarf es nicht, jedoch hat der Arbeitnehmer dem Arbeitgeber sofort mitzuteilen, von wann ab die Arbeitsunfähigkeit besteht und wie lange sie voraussichtlich dauern wird.[15] Nach seiner Rückkehr in die Bundesrepublik muss

---

[12] So auch *Hunold*, S. 88; *Galahn*, S. 71; *Schmitt*, EFZG, § 5 Rdn. 63, 118; *Kleinebrink*, S. 11, 18; *Kaiser/Dunkl/Hold/Kleinsorge*, EFZG, § 5 Rdn. 28; *Geyer/Knorr/Krasney*, EFZG, § 5 Rdn. 30; ErfK/*Dörner*, § 5 EFZG Rdn. 57; MünchArbR/*Boecken*, § 85 Rdn. 28; *Angel*, S. 221; *Özcan*, S. 112; *Kunz/Wedde*, EFZR, § 5 EFZG Rdn. 40, aber unklar, ob auch im Inland ausgestellte Atteste gemeint sind – **anderer Ans.** *Berenz*, DB 1995, 1463; *Müller/Berenz*, EFZG, § 5 Rdn. 80.

[13] Siehe dazu Rundschreiben VI/163 und VI/31 der BDA vom 17.2.1969 bzw. vom 22.4.1974, auszugsweise abgedruckt bei *Müller/Berenz*, EFZG, Anh. 6, S. 303; ferner *Hunold*, S. 89f.; *Keil*, S. 52f.; *Kleinebrink*, S. 561ff.; Kasseler Handbuch/*Vossen*, 2.2 Rz. 234–238; *Geyer/Knorr/Krasney*, EFZG, § 5 Rdn. 68.

[14] LAG Köln (4.1.89) NZA 1989, 599; *Hunold*, S. 89; *Galahn*, S. 79.

[15] BAG (28.6.73) *Sabel*, EEK I/378.

der Versicherte davon sofort seine Krankenkasse in Kenntnis setzen. Beispielsweise sind spanische Arbeitnehmer, die während ihres Heimaturlaubes erkranken, verpflichtet, ihre krankheitsbedingte Arbeitunfähigkeit dem Instituto Nacional de Seguridad anzuzeigen[16], damit die Unterrichtung der deutschen Krankenkasse und des deutschen Arbeitgebers veranlasst wird. Auch im Falle einer Erkrankung im damaligen Jugoslawien haben die Mitteilungen der dortigen Krankenversicherung an die zuständige deutsche Krankenversicherung betreffend die krankheitsbedingte Arbeitsunfähigkeit des Arbeiters gemäß Artikel 4 Abs. 1 und Artikel 28 des deutsch-jugoslawischen Sozialversicherungsabkommens vom 12. Oktober 1968 in Verbindung mit dem Zustimmungsgesetz vom 29. Juli 1969[17] als ausländische öffentliche Urkunden im Sinne von § 418 ZPO denselben Beweiswert wie eine Arbeitsunfähigkeitsbescheinigung gemäß § 5 Abs. 1 Satz 2 EFZG. Türkische Arbeitnehmer, die in der Bundesrepublik Deutschland gegen Krankheit versichert sind, müssen sich bei einem Aufenthalt in ihrer Heimat, wenn sie dort erkranken, ebenfalls in bestimmter Weise aufgrund des „Abkommens zwischen der Bundesrepublik Deutschland und der Republik Türkei über Soziale Sicherheit" vom 30. 4. 1964[18] verhalten.[19] Der Versicherte hat der für den Aufenthalt zuständigen Zweigstelle der Sozialversicherungsanstalt (Sosyal Sigortaler Kurumu) unverzüglich die vom Ambulatorium oder die vom Vertragsarzt der Sosyal Sigortaler Kurumu ausgestellte Bescheinigung über die Arbeitsunfähigkeit vorzulegen. In Orten, in denen sich keine Zweigstelle der Sozialversicherungsanstalt befindet, ist die Arbeitsunfähigkeitsbescheinigung unmittelbar vom Vertragsarzt oder vom Ambulatorium an die nächste Zweigstelle zu senden. Sollte die Arbeitsunfähigkeit über zehn Tage hinausgehen, hat der Arzt eine weitere Bescheinigung auszustellen, die ebenfalls der Zweigstelle der Sozialversicherungsanstalt vorgelegt werden muss. Dabei kann Arbeitsunfähigkeit über zwanzig Tage nur anerkannt werden, wenn sie von einer Ärztekommission der Sozialversicherungsanstalt bestätigt worden ist. Bescheinigungen über Arbeitsunfähigkeit, die ein Privatarzt ausgestellt hat, werden dabei nur anerkannt, wenn sie von der Sozialversicherungsanstalt ausdrücklich bestätigt worden sind. Bei einer Arbeitsunfähigkeit über zehn Tage kommt eine Anerkennung nur in Betracht, wenn sie von der genannten Ärztekommission bestätigt wurde. Die Zweigstelle der Sozialversicherungsanstalt unterrichtet dann die zuständige deutsche Krankenkasse unverzüglich über den Beginn und ggf. über die Fortdauer der Arbeitsunfähigkeit anhand eines bestimmten Vordruckes.

---

[16] Dazu LAG Hamm (15. 6. 79) BB 1980, 1158; (19. 3. 81) DB 1981, 1680; *Becker/Braasch*, S. 106 Rdn. 230.
[17] BGBl. II S. 1437; siehe auch BAG (20. 2. 85) NZA 1985, 738 = AP Nr. 4 zu § 3 LohnFG.
[18] BGBl. II (1965), S. 1169; Änderungen: BGBl. II (1971) Nr. 1, S. 2; BGBl. II (1975) Nr. 20, S. 374; BGBl. II (1986) Nr. 38, S. 1040, 1055; abgedruckt bei *Plöger/Wortmann*, Deutsche Sozialversicherungsabkommen mit ausländischen Staaten, XX, Türkei (Stand: August 1993).
[19] Vgl. dazu *Feichtinger/Pohl*, DB 1984, Beilage Nr. 4, S. 4; *Feichtinger*, ArbR-Blattei, Krankheit II, Rdn. 42–47; Özcan, S. 67ff., 76ff., 156ff.; BAG (19. 2. 97) NZA 1997, 652; (1. 10. 97) NZA 1998, 372; LAG Hamm (12. 4. 89) DB 1989, 1473; LAG Köln (4. 1. 89) NZA 1989, 599; LAG Düsseldorf (12. 10. 89) DB 1990, 488; LAG Berlin (7. 7. 89) – 13 Sa 38/89 –; (14. 5. 90) – 9 Sa 10/90 –.

409 Wird vom Arbeitnehmer das gegenüber dem für seinen Aufenthaltsort zuständigen ausländischen Sozialversicherungsträger einzuhaltende Verfahren beachtet, gelten damit die Pflichten des Arbeiternehmers nach § 5 Abs. 1 und 2 EFZG im Verhältnis zum Arbeitgeber als erfüllt.[20] Dem Arbeitgeber steht es nicht frei, sich in derartigen Fällen gegen das vereinfachte Verfahren zu entscheiden und vom Arbeitnehmer die Beachtung der maßgeblichen Normen des EFZG zu verlangen[21], während dem Arbeitnehmer ein entsprechendes Wahlrecht zusteht.[22]

Das vereinfachte Verfahren gilt nur für Arbeitnehmer, die Mitglieder in der gesetzlichen Krankenversicherung sind und für im Inland tätige Arbeitnehmer, die während ihres Aufenthalts in einem der betroffenen Staaten erkranken, nicht hingegen für bei einem privaten Krankenversicherungsunternehmen versicherten Arbeitnehmer.[23] Das vereinfachte Verfahren betrifft nur die Mitteilungspflichten gegenüber den Krankenkassen sowie die entsprechenden Nachweispflichten.

IV. Pflicht des Arbeitnehmers zu gesundheits- und heilungsförderndem Verhalten?

410 Die ganz überwiegende Meinung in der arbeitsrechtlichen Literatur und Rechtsprechung geht davon aus, dass ein arbeitsunfähig krankgeschriebener Arbeitnehmer verpflichtet sei, alles zu unterlassen, was geeignet ist, seine Krankheit zu verlängern, den Heilungsprozess aufzuhalten oder zu verzögern.[1] Während diese Auffassung teilweise überhaupt nicht begründet wird[2], indem man eine entsprechende arbeitsvertragliche Verpflichtung offenbar als selbstverständlich voraussetzt, wird teilweise wenigstens von dem Bestehen einer (allgemeinen) Vertragspflicht[3] gesprochen.

---

[20] Statt vieler *Vossen*, S. 138, Rdn. 328 m.w.N.; *Ozcan*, S. 156ff.
[21] So auch LAG Köln (4.1.89) NZA 1989, 599; Spitzenverbände der gesetzlichen Krankenversicherung, Gemeinsames Rundschreiben vom 28.10.1985; *Worzalla/Süllwald*, EFZG, § 5 Rdn. 79 – anderer Ans. *Kleinebrink*, S. 67.
[22] BAG (18.9.85) EzA Nr. 11 zu § 3 LFZG; LAG Hamm (7.3.90) LAGE Nr. 3 zu § 5 LohnFG; *Worzalla/Süllwald*, EFZG, § 5 Rdn. 79; Kasseler Handbuch/*Vossen*, 2.2 Rz. 237; *Angel*, S. 212, 224; *Müller/Berenz*, EFZG, § 5 Rdn. 89; *Özcan*, S. 115.
[23] Ebenso *Özcan*, S. 115 m.N.
[1] Zur „Gesundhaltungspflicht" der Beamten siehe *Weiss*, ZBR 1982, 6ff.; *Fischer*, DÖD 1988, 174; *Conze*, ZTR 1989, 3; *Honsa*, S. 82ff. Rdn. 84ff.; BVerwG (6.7.83) E 76, 103; (1.6.99) ZBR 2000, 47f. = NJW 2000, 1485ff.; siehe auch ZBR 1986, 238; (4.7.90) ZBR 1991, 91; (10.7.91) ZBR 1992, 58; *Hertel*, ZBR 1993, 306.
[2] Vgl. die Nachw. bei *Lepke*, 10. Aufl., S. 423f. Fußn. 2; ferner LAG Rheinland-Pfalz (15.6.99) BB 2000, 155; LAG Schleswig-Holst. (10.8.99) ARSt 2000, 10ff.; *Erman/Belling*, BGB, § 626 Rdn. 76; *Hoefs*, 323f.; Haberkorn, Arbeitsrecht, S. 211; *Tschöpe/Nägele*, Teil 3 D, Rz. 184; *Tschöpe/Schmalenberg*, Teil 2 A, Rz. 221; Wertheimer/Krug, BB 2000, 1463; MünchArbR/*Boecken*, § 83 Rdn. 102; *Kittner/Däubler/Zwanziger*, KSchR, § 1 KSchG Rdn. 219; FA-ArbR/*Rühl*, S. 456 Rdn. 145; *Dörner/Luczak/Wildschütz*, D, Rdn. 1295; *Schaub/Linck*, S. 1039 Rdn. 44.
[3] Siehe die Nachw. bei *Lepke*, 10. Aufl., S. 424 Fußn. 3; ferner LAG Rheinland-Pfalz BB 2000, S. 155; LAG München (3.11.00) – 10 Sa 1037/99 – EzA SD Nr. 11/2001, S. 11; *Hako-Fiebig*, § 1 Rdn. 362; APS/*Dörner*, § 1 KSchG Rdn. 321 (siehe aber § 626 BGB Rdn. 244: Treuepflicht); *Berkowsky*, NZA – RR 2001, 59; KR-*Etzel*, § 1 KSchG Rdn. 481; *Schaub*, S. 1475 Rdn. 27: Nebenpflicht.

Pflicht des Arbeitnehmers zu gesundheits- und heilungsförderndem Verhalten?

Andere[4] führen aus, dass sich eine derartige Pflicht aus der jedem Arbeitsverhältnis immanenten Treuepflicht des Arbeitnehmers ergebe, wobei vereinzelt[5] aus der Treuepflicht die Obliegenheit des Arbeitnehmers abgeleitet wird, während der Krankheit alles zu unterlassen, was den Heilungsprozess hemmen oder gar aufheben würde. *Houben*[6] meint, für den Arbeitnehmer bestehe eine aus dem Arbeitsvertrag folgende leistungssichernde unselbständige Nebenpflicht[7] des Inhalts, eine Arbeitsunfähigkeit bei sich zu vermeiden. Deren schuldhafte Verletzung führe zum Verlust des Entgeltfortzahlungsanspruches, ohne Schadensersatzansprüche des Arbeitgebers auszulösen. Das LAG Niedersachsen[8] spricht in diesem Zusammenhang von der Verletzung von „Anstandspflichten", deren Auswirkung auf den Vertrauensbruch des Arbeitsverhältnisses zu berücksichtigen sei. Abweichend davon verneint die Gegenmeinung[9] des Bestehen einer arbeitsvertraglichen Pflicht des Arbeitnehmers zu gesundheitsförderndem Verhalten und bejaht teilweise lediglich eine Obliegenheit zur Schadensfernhaltung.

Aufgrund des Arbeitsvertrages schuldet der Arbeitnehmer dem Arbeitgeber die vereinbarte Arbeitsleistung, und zwar nur seine individuelle Normallei- 411

---

4   Nachw. bei *Lepke*, 10 Aufl., S. 424 Fußn. 4; des weiteren *Müller/Berenz*, EFZG, § 3 Rdn. 43; *Tschöpe/Kappelhoff*, Teil 3 H, Rz. 39; *Löwisch*, KSchG, § 1 Rdn. 163; *Hako-Fiebig*, § 1 Rdn. 408; *Kador/Brock*, S. 73; *Angel*, S. 183; *Kaiser/Dunkl/Hold/Kleinsorge*, EFZG, § 3 Rdn. 97; *Bauer/Röder*, Kündigung, S. 115; *Feichtinger*, ArbR-Blattei, Krankheit I, Rdn. 206, Krankheit II, Rdn. 126.
5   LAG Düsseldorf DB 1955, 1092.
6   NZA 2000, 128ff.
7   Ebenso LAG München (3.11.00) LAGE Nr. 131 zu § 626 BGB, S. 10; *Schaub*, S. 1475 Rdn. 27; *Walker*, Anm. zu BAG SAE 1994, 225; *Hako-Fiebig*, § 1 Rdn. 362; *Backmeister/Trittin*, KSchG, § 1 Rdn. 235; *KR-Etzel*, § 1 KSchG Rdn. 481.
8   (11.8.77) DB 1978, 759; ebenso *Pauly*, DB 1981, 1282 – **dagegen** zu Recht *Bopp*, a.a.O., S. 87; *Künzl/Weinmann*, AuR 1996, 256; Kasseler Handbuch/*Isenhardt*, 6.3 Rz. 493.
9   Vgl. ArbG Heilbronn BB 1969, 136; ArbG Berlin (9.10.74) DB 1974, 2212; *Lepke*, DB 1974, 432ff.; zust. *Blomeyer*, ZfA 1975, 243 (312); *Geyer/Knorr/Krasney*, EFZG, § 3 Rdn. 142; *Felderhoff*, S. 249; *Kittner/Pieper*, ArbSchR, Rdn. 9 zu § 15 ArbSchG; siehe auch *Herschel*, Anm. zu BAG AP Nr. 40 zu § 1 ArbKrankhG; *Marienhagen*, LFG, § 1 Anm. 26; *Gaul*, Bd. I, S. 682 Rdn. 9 (siehe aber Bd. II, S. 154 Rdn. 81); *Hessel/Marienhagen*, S. 36, 93; *Willemsen*, DB 1981, 2619; *Neumann*, NJW 1978, 1842, der jedoch weiterhin eine arbeitsvertragliche Nebenpflicht „zumindest eine Obliegenheitsverletzung" annimmt; siehe auch *Hueck/Hueck*, KSchG, § 1 Anm. 96d; *Mummenhoff*, Öffentl. Gesundheitswesen 1983, 67; *Hoffmann*, ZfA 1979, 275 (310); *Künzl*, NZA 1999, 745; ders. ZTR 1999, 536; *Marienhagen/Künzl*, EFZG, § 3 Rdn. 40a; *Künzl/Weinmann*, AuR 1996, 260; Kasseler Handbuch/*Künzl*, 2.1 Rz. 44; *Helml*, EFZG, § 3 Rdn. 44; *Wank*, Anm. zu BAG SAE 1998, 315; *Hanau/Adomeit*, S. 170 Rdn. 610; *Hummel*, S. 102; ErfK/*Preis*, § 611 BGB Rdn. 893; MünchArbR, *Blomeyer*, § 53 Rdn. 120 (anders aber § 55 Rdn. 6 betr. Nebentätigkeit); Stablhacke/Preis/Vossen, Rdn. 712; siehe aber auch *Schmitt*, EFZG, § 3 Rdn. 99; HK-KSchG/*Dorndorf*, § 1 Rdn. 760ff.; *Leinemann/Kiel*, GewO, § 105 Rdn. 4175; *Berkowsky*, Personenbedingte Kündigung, S. 176 Rdn. 84ff. (anders S. 129 Rdn. 10); MünchArbR/*Berkowsky*, § 137 Rdn. 210ff.; *Conze*, ZTR 1990,4, 8: Die Arbeitspflicht umfasst nicht die Lebensführungspflicht; BGB-RGRK, § 626 Rdn. 103; *Adam*, ZTR 1999, 296; *Schäfer*, NZA 1992, 529 (531): nicht einmal Obliegenheit; nicht eindeutig *Erman/Hanau*, BGB, 9. Aufl., § 626 Rdn. 69 – **ablehnend** *Brill*, DOK 1975, 819, jedoch ohne Begründung.

stung[10], was sich aus § 613 BGB herleiten lässt. Wird der Arbeitnehmer arbeitsunfähig krank, kann er die geschuldete Leistung nicht erbringen und muss die rechtlichen Folgen seiner Leistungsunfähigkeit tragen, die allerdings in Abweichung von der Regelung des § 323 Abs. 1 BGB – jetzt § 326 Abs. 1 BGB n.F. – durch die gesetzliche Verpflichtung des Arbeitgebers zur Vergütungsfortzahlung für die Dauer von sechs Wochen, § 3 Abs. 1 EFZG, stark abgeschwächt sind. Daraus folgt jedoch nicht, dass der Arbeitnehmer gegenüber dem Arbeitgeber auch verpflichtet wäre, seine Leistungsfähigkeit wieder herzustellen; denn eine Verpflichtung des Arbeitnehmers, sich arbeitsfähig zu halten, besteht in aller Regel nicht.[11] Im Allgemeinen wird vom Arbeitnehmer nicht erwartet, dass er sich außerhalb des Dienstes anders als jeder andere Mensch verhält.[12] Sowohl das allgemeine Persönlichkeitsrecht des Arbeitnehmers als auch sein Recht auf freie Entfaltung seiner Persönlichkeit stehen sachlich nicht gerechtfertigten Eingriffen des Arbeitgebers in die private Lebensführung des Arbeitnehmers in der Regel entgegen.[13] Die private Lebensgestaltung des Arbeitnehmers hat im Allgemeinen mit seinen arbeitsvertraglichen Pflichten nichts zu tun und berührt auch nicht die schutzwürdigen Interessen des Arbeitgebers.[14]

---

[10] Vgl. *von Hoyningen-Huene,* BB 1992, 2441 m.w.N.; *von Hoyningen-Huene/Linck,* KSchG, § 1 Rdn. 253a; dazu auch *Börgmann,* RdA 1993, 276 m.w.N.; HK-KSchG/*Dorndorf,* § 1 Rdn. 745 m.w.N.; *Lepke,* S. 205 Rdnr. 124.

[11] So auch LAG Niedersachsen (24.4.67) ARSt 1968, S. 79 Nr. 1150; LAG Hamm (22.10.70) BB 1971, 478; ArbG Heilbronn BB 1969, 136; ArbG Berlin DB 1974, 2212; ArbG Verden (12.5.76) ARSt 1977, S. 15 Nr. 1012; *Lepke,* DB 1974, 433; *Hanau/Adomeit,* S. 170 Rdn. 610; *Gaul,* Bd. I, S. 682 Rdn. 9; *Mummenhoff,* Öffentl. Gesundheitswesen 1983, 67; ders., Arbeitsrechtliche Problemkreise bei HIV-Infektionen, S. 163; *Löwisch,* Arbeitsrecht, S. 356 Rdn. 1306; siehe auch *Berkowsky,* Personenbedingte Kündigung, S. 176 Rdn. 84; *Künzl,* BB 1989, 66; *Grunsky,* JuS 1989, 598; *Birk,* GK-EFZG, § 1 LFZG Rdn. 277.

[12] So schon *Nikisch,* Bd. I, S. 614; siehe auch Kasseler Handbuch/*Künzl,* 2.1 Rz. 43.

[13] Vgl. *Mayer-Maly,* AuR 1968, 1 (6ff,); *Schäfer,* NZA 1992, 530.

[14] Siehe *Hueck/Nipperdey,* Bd. I, S. 159, 585; *von Hoyningen-Huene,* BB 1992, 2144; *Hako-Fiebig,* § 1 Rdn. 373; Volltrunkenheit eines U-Bahn-Zugführers im Straßenverkehr: BAG (4.6.97) AP Nr. 137 zu § 626 BGB = NZA 1997, 1281; **kritisch** dazu etwa *Ascheid,* Arbeitsrecht und Arbeitsgerichtsbarkeit, S. 665(677); *von Hoyningen-Huene,* ebenda, S. 215 (219); *Brox/Rüthers,* S. 147 Rdn. 192b; *Rüthers,* NJW 2002, 1607; *Bengelsdorf,* NZA – RR 2002, 58; Begehung eines vorsätzlichen Tötungsdeliktes eines im öffentlichen Dienst Beschäftigten: BAG (8.6.00) NZA 2000, 1282; Nichtteilnahme eines Alkoholikers an Selbsthilfegruppe: LAG Düsseldorf (25.2.97) NZA-RR 1997, 382; betreffend übermäßigen Alkoholgenuß: LAG Baden-Württ. (3.4.67) DB 1967, 1596; ArbG Ulm (12.12.67) DB 1968, 446; *Bengelsdorf,* NZA 2001, 994, 995; betreffend ehewidrige Beziehungen zu einer in demselben Betrieb beschäftigten verheirateten Frau: LAG Düsseldorf (24.2.69) DB 1969, 667; LAG Niedersachsen DB 1978, 749; LAG Berlin (15.12.89) DB 1990, 433 = BB 1990, 286: strafbare Körperverletzung eines Kindes durch Lehrer/Erzieher; LAG Hamm (1.3.90) DB 1990, 1671 = BB 1990, 1422: Intime Beziehung zu einem verheirateten Partner; BAG (24.9.87) DB 1988, 1757: Entgeltliche Einstellungsvermittlung; *Schaub/Linck,* S. 1421 Rdn. 76; *Schwedes,* S. 312 Rdn. 630; *Otto,* AuR 1980, 290ff.; *U Preis,* Prinzipien, S. 464; *von Hoyningen-Huene/Linck,* KSchG, § 1 Rdn. 321; siehe auch MünchArbR/*Berkowsky,* § 137 Rdn. 306; *Staudinger/Preis,* BGB, § 626 Rdn. 159 f.; *Stahlhacke/Preis/Vossen,* Rdn. 696ff.; KR-*Etzel,* § 1 Rdn. 450; *Künzl/Weinmann,* AuR 1996, 260; *Becker-Schaffner,* ZTR 1997, 8f.; *Löwisch,* KSchG, § 1 Rdn. 169, 170 (siehe aber Rdn. 163); *Hoß,* MDR 1998, 880; KR-*Fischermeier,* § 626 BGB Rdn. 414; *Scheuring,* ZTR 1999, 337ff.; *Kittner/Däubler/Zwanziger,* KSchR, § 1 KSchG Rdn. 204a.

Besteht aber keine Verpflichtung des Arbeitnehmers, sich arbeitsfähig zu halten, 412
kann dem Arbeitgeber auch kein Anspruch auf ein bestimmtes Verhalten des Arbeitnehmers außerhalb des durch den Arbeitsvertrag bestimmten Rahmens zustehen. Deshalb kann der Arbeitgeber dem Arbeitnehmer im Allgemeinen auch nicht eine krankheitsfördernde Betätigung unter Kündigungsdrohung untersagen. Ein arbeitsunfähig kranker Arbeitnehmer, der sich den ärztlichen Anordnungen zuwider, bei verordneter Bettruhe beispielsweise in einer Bar aufhält, ausgedehnte Spaziergänge unternimmt oder gar eine Reise antritt, missachtet in erster Linie seine eigenen Interessen, wenn sich durch sein Verhalten der Heilungsprozess verzögert oder die Krankheit gar verschlimmert. Gleichwohl darf nicht völlig unberücksichtigt bleiben, dass der Arbeitnehmer in rechtlichen Beziehungen zum Arbeitgeber steht. Es kann ihm nicht gleichgültig sein, wenn sich der Arbeitnehmer nicht seiner Krankheit gemäß verhält, da der Zweck des Arbeitsvertrages vor allem darin besteht, die Arbeitsleistung im Betrieb verwerten zu können. Wenn es auch keine Rechtspflicht zur Gefahrabwendung, -erhöhung und Schadensminderung in der eigenen Rechtssphäre gibt[15], so ist dennoch jeder Vertragspartner gehalten, vom anderen Schaden möglichst fernzuhalten, § 254 Abs. 2 Satz 1 BGB.[16] Insoweit trifft den Arbeitnehmer eine Obliegenheit zur Schadensfernhaltung[17], nicht jedoch eine Rechtspflicht zum Handeln oder Unterlassen.[18] Ob unabhängig von dieser rechtlichen Bewertung dem Arbeitnehmer in solchen Fällen der Vergütungsfortzahlungsanspruch nicht zusteht[19] ist eine andere, hier nicht interessierende Frage.[20]

V. Rückmeldepflicht

Eine ausdrückliche „Gesundschreibung"[1] durch den behandelnden Arzt erfolgt im 413
Allgemeinen nicht[2], zumal exakte Kriterien für die Messbarkeit der Gesundheit fehlen. Es gehört jedoch zu den Aufgaben des behandelnden Arztes, den Zeitpunkt zu bestimmen, zu dem die Arbeitsunfähigkeit endet.[3] Wird das Ende der Arbeitsunfähigkeit vom Arzt auf einen bestimmten Kalendertag festgelegt, wird damit in der Regel die Arbeitsunfähigkeit bis zum Ende der üblichen Arbeitszeit des betreffen-

---

15 Siehe *Schmid*, Obliegenheiten, S. 109; *Sieg*, VersR 1992, 1 ff.; *Esser/Schmidt*, § 25 III, S. 58 ff., § 33 II 2, S. 283 f.
16 Allgemein dazu etwa *Oetker*, in: Müko-BGB, § 254 Rdn. 68 ff.
17 Einzelheiten dazu bei *Lepke*, DB 1974, 430 ff.; ebenso *Künzl*, BB 1989, 66; *ders.*, NZA 1999, 745; HK-KSchG/*Dorndorf*, § 1 Rdn. 763.
18 Allgemein dazu *Hanau*, AcP, Bd. 165, 220 (239); *Henss*, S. 21, 79 ff.
19 Vgl. dazu *Lepke*, DB 1974, 481 f.; *Schäfer*, NZA 1992, 533.
20 Dieser Aspekt wird von *Pauly*, DB 1981, 1282 (1283), in bezug auf die Rechtfertigung einer Kündigung überbewertet.
1 **Unrichtig** *Besgen/Jüngst* in: Handbuch Betrieb und Personal, Fach 6 Rdn. 336; *Gamillscheg*, S. 622; siehe auch *Bauer/Röder/Lingemann*, S. 27, die von einer „Pflicht zur Gesundmeldung" sprechen; aber KR-*Fischermeier*, § 626 BGB Rdn. 409: „arbeitsfähig geschrieben".
2 Vgl. die Nachweise bei *Zapka*, Passivrauchen, S. 65; dazu auch LAG Berlin (10.5.01) NZA-RR 2002, 23 f.
3 BAG (14.9.83) AP Nr. 55 zu § 1 LohnFG; (12.7.89) AP Nr. 77 zu § 616 BGB = NZA 1989, 927; LAG Berlin (3.8.98) BB 1999, 422.

den Arbeitnehmers an diesem Kalendertag bescheinigt.[4] Ohne das Hinzutreten weiterer Umstände steht dann fest, dass der Arbeitnehmer am Folgetag wieder arbeitsfähig ist. Nach der Wiederherstellung seiner Arbeitsfähigkeit musste sich nach bisheriger Ansicht[5] der Arbeitnehmer beim Arbeitgeber zur Arbeitsaufnahme zurückmelden, und zwar im eigenen Interesse auch deshalb, um erforderlichenfalls den Arbeitgeber in Annahmeverzug zu setzen. Dies gelte selbst dann, wenn nach der Beendigung der krankheitsbedingten Arbeitsunfähigkeit Betriebsferien durchgeführt werden.[6] Vom Arbeitnehmer könne erwartet werden, dass er sich nach seiner Genesung dem Arbeitgeber zur Arbeitsleistung wieder zur Verfügung stellt, während der Arbeitgeber nicht verpflichtet sei, sich nach dem Stand der Dinge und nach dem Verlauf des Genesungsprozesses zu erkundigen und je nach den Umständen eine Arbeitsaufforderung auszusprechen. Selbst wenn der Arbeitnehmer eine ärztliche Bescheinigung über die Dauer der Arbeitsunfähigkeit vorgelegt habe und damit ihr Ende angezeigt werde, müsse sich der Arbeitnehmer gleichwohl zur Arbeitsaufnahme zurückmelden bzw. einfinden. Es sei nämlich möglich und komme in der betrieblichen Praxis immer wieder vor, dass die krankheitsbedingte Arbeitsunfähigkeit entgegen dieser Bescheinigung, die insoweit für die Zukunft ohnehin nur vorläufigen Charakter habe, länger als vorausgesehen andauere. Überdies könne der Arbeitnehmer auch vorzeitig wieder arbeitsfähig werden, so dass er nicht nur berechtigt, sondern auch verpflichtet sei, die Arbeit unverzüglich wieder aufzunehmen.

414 Teilweise abweichend davon wird nunmehr vom BAG die Auffassung vertreten[7], dass die Verzugsfolgen des § 615 BGB mit dem Eintritt der Arbeitsunfähigkeit bei

---

[4] BAG (2. 12. 81) AP Nr. 48 zu § 1 LohnFG; AP Nr. 55 zu § 1 LohnFG, mit zust. Anm. von *Trieschmann*; *Schaub*, in: Müko-BGB, § 616 Rdn. 143; *Staudinger/Oetker*, BGB, § 616 Rdn. 368; *Schmitt*, EFZG, § 5 Rdn. 69; *Kleinebrink*, S. 25 f.; *Kaiser/Dunkl/Hold/Kleinsorge*, EFZG, § 5 Rdn. 31; *Geyer/Knorr/Krasney*, EFZG, § 5 Rdn. 31; *Gola*, EFZG, § 5 Rdn. 4.3, S. 174; *Feichtinger*, ArbR-Blattei, Krankheit II, Rdn. 63; MünchArbR/*Boecken*, § 85 Rdn. 33 – **kritisch** ErfK/*Dörner*, § 5 EFZG Rdn. 29: Tagesende.

[5] Vgl. BAG (26. 8. 71) AP Nr. 26 zu § 615 BGB, mit **krit**. Anm. von *Blomeyer*; (27. 1. 75), (9. 8. 84) AP Nrn. 31 und 34 zu § 615 BGB; (21. 3. 85) NZA 1985, 778 = SAE 1986, 15, mit Anm. von *Winterfeld*; LAG Schleswig-Holst. (11. 4. 83) ARSt 1984, S. 9 Nr. 10; *Lepke*, 8. Aufl., S. 212; KR-*Becker*, 3. Aufl., § 1 KSchG Rdn. 275; *Staudinger/Richardi*, BGB, 12. Bearbeitung, § 615 Rdn. 69; *Erman/Hanau*, BGB, 9. Aufl., § 615 Rdn. 27; *Bauer/Hahn*, NZA 1991, 217; *Olderog*, S. 54; siehe auch ArbG Marburg (12. 10. 99) BB 1991, 1050.

[6] LAG Hamm (29. 8. 79) ARSt 1980, S. 27 Nr. 28; *Feichtinger*, ArbR-Blattei, Krankheit II, Rdn. 183.

[7] Vgl. BAG (19. 4. 90) AP Nr. 45 zu § 615 BGB = SAE 1992, 53, mit **teilw. krit**. Anm. von *Ramrath*; (29.11.94) AP Nr. 60 zu § 615 BGB; zust. *Bauer*, Aufhebungsverträge, S. 201 Rdn. 514; *Künzl*, EWiR, § 615 BGB 1/92, S. 249; *Knorr/Bichlmeier/Kremhelmer*, S. 723 Rdn. 174; *Lenz*, AiB 1991, 141; *Löwisch*, Anm. zu BAG EzA Nr. 66 zu § 615 BGB; *Wiedemann/Wonneburger*, Anm. zu BAG AP Nr. 45 zu § 615 BGB; BGB-RGRK, § 615 Rdn. 43; *Stahlhacke*, AuR 1992, 12; *Dütz*, Arbeitsrecht, S. 117 Rdn. 248; MünchArbR/ *Boewer*, § 78 Rdn. 28; *Schaub/Linck*, S. 433 Rdn. 11; ErfK/*Preis*, § 615 BGB Rdn. 54; *Däubler*, S. 633 Rdn. 1184; *Dörner/Luczak/Wildschütz*, C, Rdn. 1227–1228; HK-KSchG/ *Dorndorf/Weller/Hauck/Kriebel*, § 11 Rdn. 13; *Kittner/Trittin*, KSchR, § 615 BGB Rdn. 15; *Gitter/Michalski*, S. 131 f.; HK-KSchG/*Hauck*, § 4 Rdn. 179; *Söllner*, S. 279; LAG Baden-Württ. (15. 11. 90) LAGE Nr. 28 zu § 615 BGB; BAG (21. 1. 93) NZA 1993, 550; (24. 11. 94) NZA 1995, 263 = AP Nr. 60 zu § 615 BGB = SAE 1995, 185 mit Anm. von

einem Arbeitnehmer, der zum Kündigungstermin befristet, mehrfach befristet oder auf unbestimmte Zeit arbeitsunfähig krank war, unabhängig von der Mitteilung seiner Arbeitsfähigkeit jedenfalls dann eintreten, wenn der Arbeitnehmer dem Arbeitgeber durch Erhebung einer Kündigungsschutzklage oder durch sonstigen Widerspruch gegen die Kündigung seine weitere Leistungsbereitschaft deutlich gemacht habe. Dieser Meinung wird im Ergebnis weitgehend zugestimmt werden können. Nach der Beendigung einer befristeten Arbeitsunfähigkeit hat der Arbeitgeber wie im ungekündigten Arbeitsverhältnis dem Arbeitnehmer einen funktionsfähigen Arbeitsplatz zur Verfügung zu stellen, ohne dass es insoweit einer entsprechenden Mitwirkung des Arbeitnehmers bedarf.[8] Der Annahmeverzug des Arbeitgebers hängt nur davon ab, ob der Arbeitnehmer objektiv arbeitsfähig und -willig war oder nicht. Der für die Dauer der Arbeitsunfähigkeit unterbrochene Annahmeverzug setzt mit der Wiedergenesung des Arbeitnehmers automatisch wieder ein.[9] Die Arbeitsunfähigkeit allein indiziert noch nicht, dass der Arbeitnehmer nach der Wiederherstellung seiner Arbeitsfähigkeit leistungsunwillig ist. Anders wird man die Rechtslage jedoch bei einer unbefristeten Arbeitsunfähigkeit beurteilen müssen, deren Ende für den Arbeitgeber nicht erkennbar ist[10] oder wenn der Arbeitnehmer seine Anzeigepflicht nach § 5 Abs. 1 EFZG nicht erfüllt hat. Dann bedarf es einer entsprechenden Handlung des Arbeitnehmers gemäß § 295 Satz 2 BGB, einer Mitteilung der Wiederherstellung seiner Arbeitsfähigkeit, um den Vergütungsanspruch nach § 615 BGB aufrechtzuerhalten; denn der Arbeitnehmer muss den Arbeitgeber zunächst von einer Veränderung der relevanten Umstände in Kenntnis setzen, wenn er sich auf ein Unterlassen des Arbeitgebers berufen will.[11] § 297 BGB erschöpft sich lediglich darin, den entstehenden Annahmeverzug entfallen zu lassen, wenn und solange eine Unmöglichkeit der Leistung gegeben ist. Eine Aufforderung des Arbeitgebers zur Arbeitsaufnahme gleichsam ins „Blaue" entbehrt jeder rechtlichen Grundlage. Bei einer unbefristet bescheinigten Arbeitsunfähigkeit kann der Arbeitgeber weder den Krankheitsverlauf noch den Zeitpunkt der Genesung prognostizieren. Ungeachtet dessen verletzt jedoch der Arbeitnehmer seine Hauptleistungs-, die Arbeitspflicht, wenn er sich nach seiner Wiedergesundung

---

Misera; Hanau/Adomeit, S. 230 Rdn. 772; *Ernsthaler/Etzel*, GK-HGB, § 59 Rdn. 92; FA-ArbR/*Kümpel*, S. 130 Rdn. 542; *Lieb*, S. 53 Rdn. 157; *Gamillscheg*, S. 329 – teilweise **kritisch** *Staudinger/Löwisch*, BGB, § 297 Rdn. 16; *Soergel/Kraft*, BGB, § 615 Rdn. 25, 35; *Bauer/Hahn*, NZA 1991, 216ff.; *Kaiser*, Anm. zu BAG EzA Nr. 70 zu § 615 BGB; *Zöllner/Loritz*, S. 237; *Löwisch*, Arbeitsrecht, S. 266 Rdn. 977; siehe auch Thode, in: MükoBGB, § 295 Rdn. 2; *Boemke*, Arbeitsrecht, S. 127 Rdn. 146; *von Hoyningen-Huene/Linck*, KSchG, § 11 Rdn. 6b.

8 Dazu *Ramrath*, Anm. zu BAG SAE 1992, 56ff.; siehe aber *Stahlhacke*, AuR 1992, 8 (12).
9 MünchArbR/*Boewer*, § 78 Rdn. 28; *Hanau/Adomeit*, S. 230 Rdn. 772; siehe auch *Staudinger/Löwisch*, BGB, § 297 Rdn. 18.
10 So auch LAG Düsseldorf (11.12.90) LAGE Nr. 27 zu § 615 BGB; *Stahlhacke/Preis*, S. 504 Rdn. 1082; siehe auch *Waas*, NZA 1994, 156 m.w.N.; *Misera*, Anm. zu BAG (24.11.94) SAE 1995, 185ff.; *Staudinger/Richardi*, BGB, § 615 Rdn. 68; *Gitter/Michalski/Frotscher*, S. 85 – **anders** BAG (24.11.94) NZA 1995, 263; *Stahlhacke/Preis/Vossen*, Rdn. 1770 m.w.N.
11 Ähnlich *Kraft*, Anm. zu BAG EzA Nr. 43 zu § 615 BGB; *Ramrath*, Anm. zu BAG SAE 1992, 58 (60).

nicht beim Arbeitgeber zur Arbeitsaufnahme zurückmeldet[12], so dass auch weiterhin vom Bestehen einer Rückmeldpflicht ausgegangen werden muss, wenn auch entgegen der Auffassung von *Etzel*[12] nicht notwendigerweise unter dem Gesichtspunkt des § 615 BGB.

415   Bei einer vorzeitigen Arbeitsaufnahme kann sich für den Arbeitgeber unter dem Gesichtspunkt der Fürsorge allerdings die Verpflichtung ergeben, den Betriebsarzt einzuschalten oder sich anderweitig um nähere Aufklärung zu bemühen, falls erkennbar die naheliegende Vermutung besteht, der Arbeitnehmer sei noch gar nicht gesund und damit noch nicht arbeitsfähig.[13] Insoweit der Selbsteinschätzung des Arbeitnehmers mehr Bedeutung beizumessen, wie *Stückmann*[14] meint, oder dem Arbeitnehmer ein „Wahlrecht" zuzubilligen, erscheint nicht unbedenklich. Ebensowenig darf der Arbeitgeber aufgrund seiner Fürsorgepflicht, § 618 BGB, tatenlos zusehen[15], wenn der Arbeitnehmer unter Hintanstellung gesundheitlicher Bedenken weiterarbeitet, so dass möglicherweise eine wesentliche Verschlimmerung seines Krankenzustandes eintritt. Eine etwaige Fehlbeurteilung des Arbeitgebers unter dem Gesichtspunkt des Annahmeverzuges, § 615 BGB, geht allerdings zu seinen Lasten.[16] Ansonsten besteht aber bei der Rückmeldung grundsätzlich keine Rechtspflicht zur Vorlage einer ärztlichen Bescheinigung über die Arbeitsfähigkeit. Es genügt die Erklärung des Arbeitnehmers er sei wieder arbeitsfähig.[17] Eine entsprechende Nachweispflicht wird ausnahmsweise nach Treu und Glauben nur dann anzunehmen sein, wenn der Arbeitnehmer wegen einer ansteckenden Krankheit gefehlt hat.

VI. Kündigung durch den Arbeitgeber

1. bei Verletzung von Nebenpflichten

416   Erfüllt der Arbeitnehmer die ihm aus Anlass seiner Krankheit obliegenden Nebenpflichten nicht oder nicht ordnungsgemäß, dann begeht er eine Vertragsverletzung,

---

[12] Ebenso *Feichtinger*, ArbR-Blattei, Krankheit II, Rdn. 182; KR-*Etzel*, § 12 KSchG Rdn. 480; HK-KSchG/*Dorndorf*, § 1 Rdn. 755; *Schaub*, S. 1475 Rdn. 26: wegen § 615 BGB; so auch *Gamillscheg*, S. 329; siehe auch *Gola*, EFZG, § 5 Rdn. 7, S. 211; *Backmeister/Trittin*, KSchG, § 1 Rdn. 234; *Erman/Belling*, BGB, § 615 Rdn. 25; MünchArbR/*Boewer*, § 78 Rdn. 28; *von Hoyningen-Huene/Linck*, KSchG, § 11 Rdn. 6b – **anders** *Künzl*, Rechte und Pflichten, S. 150 Rdn. 566 im Hinblick auf § 615 BGB.
[13] Dazu auch *Gaul*, Bd. I, S. 696 Rdn. 49; *Soergel/Kraft*, BGB, § 618 Rdn. 17; LAG Hamm (10.11.88) NZA 1989, 218; zust. *Hunold*, S. 35; LAG Hamm (8.9.95) NZA-RR 1996, 282; siehe auch MünchArbR/*Boewer*, § 78 Rdn. 28: im ungekündigten Arbeitsverhältnis.
[14] AuA 1996, 199; einschränkend wohl AuA 1998, 225.
[15] BAG (28.2.90) NZA 1990, 727; siehe auch BAG (25.6.92) NZA 1993, 81; MünchArbR/*Boewer*, § 136 Rdn. 64 – **anders wohl** *Bezani*, S. 131: Es liege allein in der Entscheidungskompetenz des Arbeitnehmers, ob er sich durch die Erbringung seiner Arbeit gesundheitlich gefährden wolle oder nicht.
[16] LAG Düsseldorf (20.12.89) DB 1990, 844 = BB 1990, 426.
[17] BAG (5.3.57) AP Nr. 1 zu § 10 MuSchG; *Schwerdtner*, in: Müko-BGB, § 622 Anh. Rdn. 286; siehe auch LAG Frankfurt/M. (4.12.84) ARSt 1985, S. 82 Nr. 57 – **anderer Ans.** LAG Hamm (8.4.93) LAGE Nr. 39 zu § 615 BGB.

Kündigung durch den Arbeitgeber

ohne deshalb in der Regel den Vergütungsfortzahlungsanspruch zu verlieren.[1,2] Das vorzulegende Attest dient nur dem außer- und prozessualen Nachweis der Arbeitsunfähigkeit, ohne eine anspruchsbegründende Bedeutung zu haben.[3] Eine entsprechende Pflichtverletzung kann den Arbeitgeber je nach den konkreten Umständen des Einzelfalles freilich zum Ausspruch einer verhaltensbedingten fristgerechten, § 1 Abs. 2 KSchG, oder fristlosen Kündigung, § 626 Abs. 1 BGB, berechtigen[4,5], zumal anerkanntermaßen[6] einem Verstoß gegen Nebenpflichten aus dem Arbeitsverhältnis kündigungsrelevante Bedeutung zukommen kann. Für die Begründetheit einer solchen fristlosen Entlassung wird jedoch verlang werden müssen, dass es sich nicht nur um eine einmalige Pflichtverletzung handelt. Vielmehr muss sich der Arbeitnehmer trotz entsprechender, nicht mitbestimmungs-

---

1 Vgl. *Lepke*, BB 1967, 1173; *Schmitt*, EFZG, § 5 Rdn. 137; *Hunold*, S. 78, 91; BGB-RGRK, § 616 Rdn. 48; *Galahn*, S. 91 ff.; *Staudinger/Oetker*, BGB, § 616 Rdn. 304; *Feichtinger*, ArbR-Blattei, Krankheit II, Rdn. 198; Kasseler Handbuch/*Vossen*, 2.2 Rz. 160; LAG Berlin (18. 8. 80) DB 1980, 2196; LAG Düsseldorf (25.8.99) BB 1999, 2614 = NZA-RR 2000, 13.

2 Jedoch gewährt § 7 Abs. 1 Nr. 1 EFZG dem Arbeitgeber ein zeitweiliges Leistungsverweigerungsrecht, solange der Arbeitnehmer eine ärztliche Bescheinigung über seine Arbeitsunfähigkeit nicht vorlegt. Reicht der Arbeitnehmer das Attest nach, dann erlischt das Leistungsverweigerungsrecht, so auch BAG (27. 8. 71) AP Nr. 1 zu § 3 LohnFG; (5. 5. 72) AP Nr. 1 zu § 7 LohnFG: betreffend eine Kurbescheinigung; (23. 1. 85) NZA 1985, 427; (19. 2. 97) NZA 1997, 652; *Schmitt*, EFZG, § 7 Rdn. 26. Entgegen dem klaren Wortlaut des § 7 Abs. 1 Nr. 1 EFZG soll nach Auffassung des BAG (1. 10. 97) NZA 1998, 369, das Leistungsverweigerungsrecht auch dann enden, wenn der Arbeitnehmer anderweitig seine krankheitsbedingte Arbeitsunfähigkeit bewiesen hat; zust. *Schmitt*, EFZG, § 7 Rdn. 25; Kasseler Handbuch/*Vossen*, 2.2 Rz. 264 – **dagegen** zu Recht: *Geyer/Knorr/Krasney*, EFZG, § 7 Rdn. 14. Verletzt der Arbeitnehmer seine Anzeigepflicht, besteht kein Leistungsverweigerungsrecht, siehe die Nachweise bei *Lepke*, 9. Aufl., S. 235 Fußn. 2; ferner *Schmitt*, EFZG, § 7 Rdn. 14; *Schaub/Linck*, S. 1063 Rdn. 189; *Brecht*, EFZG, § 7 Rdn. 6; Kasseler Handbuch/*Vossen*, 2.2 Rz. 259; *Geyer/Knorr/Krasney*, EFZG, § 5 Rdn. 13; *Kaiser/Dunkl/Hold/Kleinsorge*, EFZG, § 5 Rdn. 5, 85, § 7 Rdn. 5, § 9 Rdn. 41; ErfK/*Dörner*, § 7 EFZG Rdn. 6 – **anderer Ans.** *Worzalla*, NZA 1996, 62; *Müller/Berenz*, EFZG, § 7 Rdn. 11, § 5 Rdn. 15; *Erman/Belling*, BGB, § 616 Rdn. 149: § 273 BGB; *Worzalla/Süllwald*, EFZG, § 7 Rdn. 14.

3 Siehe nur BAG (12. 6. 96) NZA 1997, 191 f.; (19. 2. 97) BB 1997, 1313 = NZA 1997, 652; Kasseler Handbuch/*Vossen*, 2.2 Rz. 160; – **unrichtig** *Edenfeld*, DB 1997, 2273, die Bescheinigung habe für das Entstehen des Anspruches ausschlaggebende Bedeutung.

4 Nachw. bei *Lepke*, 10. Aufl., S. 430 Fußn. 4; ferner: *Brox/Rüthers*, S. 124 Rdn. 167 f., S. 158 Rdn. 200; *Schmitt*, EFZG, § 5 Rdn. 139 ff.; *Schaub/Linck*, S. 1052 Rdn. 123; S. 1427 Rdn. 95; *Schaub*, S. 1474 Rdn. 23–24; *Feichtinger*, ArbR-Blattei, Krankheit II, Rdn. 209 ff.; *Berkowsky*, NZA-RR 2001, 58; *Erman/Belling*, BGB, § 626 Rdn. 75; MünchArbR/*Boekken*, § 85 Rdn. 66; KR-*Etzel*, § 1 KSchG Rdn. 475, 477, 479; *Kittner/Däubler/Zwanziger*, KSchR, § 1 KSchG Rdn. 214; ErfK/*Ascheid*, § 1 KSchG Rdn. 358; *Stahlhacke/Preis/Vossen*, Rdn. 668; *Dörner/Luczak/Wildschütz*, D, Rdn. 710 ff., 1633, 1293 ff.

5 **Unrichtig** ArbG Ludwigshafen (14. 6. 67) ARSt 1967, S. 175 Nr. 1275, das nur eine ordentliche Kündigung zulassen will; ArbG Solingen (2. 5. 78) AuR 1979, 155; *Marienhagen*, LFG, § 3 Anm. 1, der annimmt, dass der Arbeitgeber an die Nichtbeachtung der Verpflichtung allenfalls die Rechtsfolge des § 5 LFG – jetzt § 7 EFZG – knüpfen könne; unzutreffend auch *Hintz/Wolf*, 8.1.

6 Vgl. etwa BAG (16.8.91) AP Nr. 27 zu § 1 KSchG Verhaltensbedingte Kündigung; Hess. LAG (13.7.99) AuR 2000 75 f.; *von Hoyningen-Huene/Linck*, KSchG, § 1 Rdn. 271; *Berkowsky*, NZA-RR 2001, 3, 14; KR-*Etzel*, § 1 KSchG Rdn. 494; KR-*Fischermeier*, § 626 BGB Rdn. 145.

pflichtiger[7] Abmahnungen[8], die zu einer Gläubigerobliegenheit werden[9], wiederholt pflichtwidrig verhalten oder bei einem einmaligen Verstoß[10] unmissverständlich zu erkennen gegeben haben, seiner arbeitsvertraglichen Verpflichtung auf keinen Fall nachkommen zu wollen. Bei hartnäckiger und uneinsichtiger Pflichtverletzung erscheint eine Abmahnung ohnehin entbehrlich[11], was sich mittelbar auch aus den 314 Abs. 2, 323 Abs. 2 Nr. 1 BGB n.F. ergibt. Zugunsten spezieller Branchen, die auf eine rechtzeitige Unterrichtung besonders dringend angewiesen sein mögen, von diesen Grundsätzen abzuweichen, besteht keine Veranlassung.[12] Nach Ansicht des LAG Berlin[13] soll in aller Regel jedoch selbst ein wiederholter Verstoß die fristlose Kündigung nicht rechtfertigen, es sei denn, der Arbeitnehmer weigere sich erkennbar aus Prinzip, den Arbeitgeber im Krankheitsfalle zu benachrichtigen oder die anderen damit in Zusammenhang stehenden Nebenpflichten zu erfüllen. Noch bedenklicher erscheint ein Urteil des LAG Baden-Württ./Stuttgart vom 30. 6. 1966[14], nach dem die Verletzung der Mitteilungspflicht im Allgemeinen nicht einmal ein Grund für den Ausspruch einer ordentlichen fristgerechten Kündigung sein soll. Wenn im Einzelfall sogar eine sofortige Entlassung erklärt werden darf, dann kann der Arbeitgeber erst recht eine fristlose Kündigung aussprechen. Zutreffend hat deshalb das LAG Berlin[15] die fristgerechte Kündigung

---

[7] Vgl. BAG (30.8.95) NZA 1996, 218; OVG Münster (11.3.92) ZBR 1992, 387; *Hess/ Schlochauer/Glaubitz*, BetrVG, § 87 Rdn. 123 m.w.N.; *von Hoyningen-Huene/Linck*, KSchG, § 1 Rdn. 282a m.N.; *Beckerle/Schuster*, S. 107 Rdn. 139 m.N.; *Richardi*, BetrVG, § 87 Rdn. 182, 228 m.N.; *Fitting/Kaiser/Heither/Engels/Schmidt*, BetrVG, § 87 Rdn. 82; *Schaub/Linck*, S. 560 Rdn. 63; *Wiese*, GK-BetrVG, § 87 Rdn. 242; *Stege/Weinspach/ Schiefer*, BetrVG, § 87 Rdn. 53; *Kammerer*, S. 143 Rdn. 275f. aber kritisch.

[8] Zum Zweck und zu den Anforderungen an eine rechtserhebliche Abmahnung siehe etwa BAG (17.2.94) BB 1994, 1148 = SAE 1996, 165ff., mit zust. Anm. von *Hönsch*; (15.11.01) DB 2002, 689f.; KR-*Etzel*, § 1 KSchG Rdn. 402; *von Hoyningen-Huene/Linck*, KSchG, § 1 Rdn. 280ff.; HK-KSchG/*Dorndorf*, § 1 Rdn. 578ff.; *Berkowsky*, NZA-RR 2001, 70ff; *Kammerer*, S. 160 Rdn. 313ff.; einschränkend LAG Hamm (16.12.82) BB 1983, 1601, wenn der Arbeitnehmer annehmen muss, der Arbeitgeber werde sein diesbezügliches Verhalten nicht hinnehmen; für eine Einschränkung des Abmahnungserfordernisses *Kraft*, NZA 1994, 463 (467ff.); *Walker*, NZA 1995, 602ff.

[9] BAG (30.1.79) AP Nr. 2 zu § 87 BetrVG 1972 Betriebsbuße, Bl. 2, unter I 1b.

[10] Vgl. LAG Hamm, *Sabel*, EEK II/030; LAG Berlin DB 1980, 2196; (14.5.90) – 9 Sa 10/90 – unv.; *Schaub*, in: Müko-BGB, § 616 Rdn. 138; *Dörner/Luczak/Wildschütz*, 2. Aufl., D, Rdn. 1002; ErfK/*Ascheid*, § 1 KSchG Rdn. 358.

[11] BAG (18.5.94) AP Nr. 31 zu § 611 BGB Abmahnung = NZA 1995, 65 = BB 1994, 1857.

[12] LAG Berlin (18.8.80) DB 1980 2195; LAG Köln (12.11.93) LAGE Nr. 40 zu § 1 KSchG Verhaltensbedingte Kündigung; *Feichtinger*, ArbR-Blattei, Krankheit II, Rdn. 210.

[13] (12.1.65) BB 1965, 749 = AuR 1965, 283; (30.6.66) Berliner Entscheidungskalender Nr. 38/1966, S. 594; zust. ArbG Rheine BB 1966, 124; *Palme*, BlStSozArbR 1967, 123; *Foltyn*, S. 132; zust. auch *Schwerdtner* in: Müko-BGB, § 626 Rdn. 110; *Hummel*, S. 109.

[14] BB 1966, 1147; **kritisch** dazu *Palme*, BlStSozArbR 1967, 123 – **anderer Ans.** auch LAG Köln (12.11.93) LAGE Nr. 40 zu § 1 KSchG Verhaltensbedingte Kündigung; ArbG Celle (19.12.74) – 1 Ca 738/74 – unv.; *Feichtinger*, ArbR-Blattei, Krankheit II, Rdn. 211, *Hunold*, S. 79.

[15] (6.2.84) – 9 Sa 132/83 – unv.; siehe auch BAG (31.8.89) BB 1990, 559 = NZA 1990, 433; zust. *Hunold*, S. 79; *Wenzel*, Kündigungsschutz, S. 78 Rdn. 227a; *Ascheid*, Kündigungsschutz, S. 242 Rdn. 457; *Zetl*, PersV 1993, 442; *Kramer*, BB 1996, 1665; *Bader/Bram/Dörner/Wenzel*, KSchG, § 1 Rdn. 228; *Hoß*, MDR 1998, 875; *Kleinebrink*, Abmahnung, S. 51 Rdn. 158; *Kittner/Däubler/Zwanziger*, KSchR, § 1 KSchG Rdn. 215.

einer mehrjährig beschäftigten Stationshilfe in einer Klinik für chronisch Kranke bestätigt, weil die Arbeitnehmerin trotz wiederholter, gleichartiger schriftlicher Abmahnungen[16] die Anzeigepflicht des § 3 Abs. 1 LFG – jetzt § 5 Abs. 1 EFZG – erneut verletzt hatte. Nichts anderes gilt bei Verletzung der Informations- und Nachweispflicht gemäß § 9 Abs. 2 EFZG.[17] Das kann auch bei einer abgemahnten Verletzung der Anzeigepflicht und der späteren Weigerung des Arbeitnehmers der Fall sein, während der Arbeitszeit zu einem Gespräch mit seinem Vorgesetzten zu erscheinen.[18] Ob es durch das diesbezügliche Verhalten zu einer Störung der Arbeitsorganisation oder/und des Betriebsfriedens gekommen ist, kann nur im Rahmen der vorzunehmenden Interessenabwägung zu Lasten des Arbeitnehmers berücksichtigt werden.[19] Hat aber die Pflichtverletzung des Arbeitnehmers zu Betriebsablaufstörungen geführt, kommt eine verhaltensbedingte Kündigung eher in Betracht als wenn sich dessen vertragswidriges Verhalten nur in dem Gesetzesverstoß erschöpft. Dies gilt in gleicher Weise bei einer Auslandserkrankung eines Kraftfahrers[20], der erst 17 Tage nach der vorgesehenen Rückkehr aus dem Urlaub eine erste Arbeitsunfähigkeitsbescheinigung übersendet. Freilich tritt die Pflicht, die Arbeitsunfähigkeit durch ärztliches Attest nachzuweisen, hinter der Anzeigepflicht zurück. Wegen der Auswirkungen auf den Betriebsablauf hat der Arbeitgeber in der Regel ein größeres Interesse an einer Schnellinformation über die Arbeitsunfähigkeit als an einem ärztlichen Nachweis darüber, ob die Angaben des betreffenden Arbeitnehmers zutreffen.[21] Dies gilt auch für eine Kündigung nach § 1 Abs. 2 KSchG, falls der Arbeitnehmer die Fortdauer der Erkrankung dem Arbeitgeber nicht rechtzeitig mitgeteilt hat[22], wenngleich in derartigen Fällen die Verletzung der Mitteilungspflicht im Allgemeinen als nicht so schwerwiegend anzusehen

---

[16] Zum Erfordernis einer Abmahnung zutreffend *Beckerle/Schuster*, S. 44 Rdn. 49; BAG (31.8.89), (16.8.91) AP Nrn. 23 und 27 zu § 1 KSchG 1969 Verhaltensbedingte Kündigung; ausnahmsweise entbehrlich, falls ein allgemeiner Betriebsaushang klarstellt, dass ein solches Fehlverhalten nicht geduldet werde; dazu LAG Hamm (16.12.82) BB 1983, 1601; zust. *Lohmeyer*, S. 54; LAG Köln (6.8.99) ARSt 2000, 93.
[17] Ebenso MünchArbR/*Boecken*, § 86 Rdn. 34; *Kaiser/Dunkl/Hold/Kleinsorge*, EFZG, § 9 EFZG Rdn. 43 – **anders** *Kunz/Wedde*, EFZR, § 9 EFZG Rdn. 103.
[18] Siehe Hess. LAG (7.7.97) MDR 1998, 605f.
[19] BAG (16.8.91) NZA 1993, 17f. = BB 1992, 2078; *von Hoyningen-Huene/Linck*, KSchG, § 1 Rdn. 336d; BGB-RGRK, § 611 Rdn. 1534; *Löwisch*, KSchG, § 1 Rdn. 97; ErfK/ *Ascheid*, § 1 KSchG Rdn. 358; *Dörner/Luczak/Wildschütz*, D, Rdn. 1294; APS/*Dörner*, § 1 KSchG Rdn. 318; *Kittner/Zwanziger/Schoof*, § 58 Rdn. 264 – **anders** BAG (7.12.88) AP Nr. 26 zu § 1 KSchG 1969 Verhaltensbedingte Kündigung; *Kunz/Wedde*, EFZR, § 9 EFZG Rdn. 103, § 5 Rdn. 25.
[20] LAG Berlin (14.5.90) – 9 Sa 10/90 – unv.
[21] BAG (15.1.86) AP Nr. 93 zu § 626 BGB; (31.8.89) NZA 1990, 433; (17.11.00) NZA-RR 2001, 368; *Kramer*, BB 1996, 1665; HK-KSchG/*Dorndorf*, § 1 Rdn. 753; *Dörner/Luczak/ Wildschütz*, 2. Aufl., D, Rdn. 553, 1001; *Feichtinger*, ArbR-Blattei, Krankheit II, Rdn. 214; *Kammerer*, S. 216 Rdn. 431, S. 218 Rdn. 434; KPK-*Schiefer*, § 1 KSchG Rdn. 318; zurückhaltend wohl *Schaub*, S. 1474f. Rdn. 23–24.
[22] BAG (16.8.91) AP Nr. 27 zu § 1 KSchG 1969 Verhaltensbedingte Kündigung = NZA 1993, 17; LAG Köln (1.6.95) ZTR 1996, 131; (22.6.95) BB 1996, 596; *Bader/Bram/Dörner/Wenzel*, KSchG, § 1 Rdn. 228; KPK-*Schiefer*, § 1 KSchG Rdn. 321.

sein wird[23], weil das Fehlen des Arbeitnehmers den Arbeitgeber nicht unvorbereitet trifft. Dennoch kann eine derartige Pflichtverletzung beim Vorliegen besonderer Umstände sogar einen wichtigen Grund für eine außerordentliche Kündigung darstellen[24], so wenn der Arbeitnehmer überhaupt keine ärztliche Bescheinigung abgesandt, sein Fehlen lediglich am ersten Tag telefonisch angezeigt und er seinen Arbeitgeber darüber hinaus über die Dauer seines krankheitsbedingten Fehlens im Ungewissen gelassen hat. Enthält der Arbeitsvertrag den deutlichen Hinweis, dass ein solches pflichtwidriges Verhalten die fristlose Kündigung zur Folge hat, erscheint ausnahmsweise eine Abmahnung entbehrlich[25], da insoweit der Warn- und Androhungsfunktion bereits Genüge getan worden ist. Auch nur beim Vorliegen besonderer Umstände lässt sich eine fristlose Kündigung rechtfertigen, falls der Arbeitnehmer seine Anzeige- und/oder Nachweispflichten während der Wartezeit des § 3 Abs. 3 EFZG oder nach dem Ablauf der Sechs-Wochenfrist, § 3 Abs. 1 Satz 1 EFZG, nicht erfüllt.[26] Hingegen liegt ein verhaltensbedingter Kündigungsgrund, § 1 Abs. 2 KSchG, nicht vor, wenn der Arbeitnehmer bei einer unbefristet bescheinigten Arbeitsunfähigkeit trotz entsprechender Aufforderungen durch den Arbeitgeber allmonatlich kein neues Attest vorlegt.[27] Eine derartige vertragliche Nebenpflicht ergibt sich weder aus Treu und Glauben, §§ 241 Abs. 2, 242 BGB, noch etwa aus den §§ 37a Abs. 1 Satz 3 BAT, 35 Abs. 1 Satz 3 BMT-G, 42a Abs. 1 Satz 3 MTArb.

Auch ein mehrfacher Verstoß gegen die Pflicht, bereits am ersten Tag der Erkrankung ein ärztliches Attest vorzulegen, stellt noch nicht eo ipso einen fristlosen Entlassungsgrund dar, insbesondere dann nicht, wenn bereits eine ordentliche Kündigung vom Arbeitgeber erklärt worden ist und die erneute Pflichtverletzung während des Laufes der Kündigungsfrist erfolgt.[28]

416a Legt ein Arbeitnehmer seine Arbeitsunfähigkeitsbescheinigung jeweils verspätet und nur per Telefax dem Arbeitgeber vor, obwohl er vergeblich zur Vorlage des Originals aufgefordert worden ist, wird ein solches Verhalten die Voraussetzungen des § 626 Abs. 1 BGB erfüllen.[29] Etwas anderes kommt nur dann in Betracht, wenn

---

[23] So auch LAG Köln (12. 11. 93) LAGE Nr. 40 zu § 1 KSchG Verhaltensbedingte Kündigung; *Feichtinger*, ArbR-Blattei, Krankheit II, Rdn. 218.
[24] BAG (15. 1. 86) BB 1986, 2127 = NZA 1987, 93; zust. *Gola*, BB 1987, 540; KR-*Hillebrecht*, 4. Aufl., § 626 BGB Rdn. 1089; *Conze*, ZTR 1989, 8; *Schaub/Linck*, S. 1427 Rdn. 95; *von Hoyningen-Huene/Linck*, KSchG, § 1 Rdn. 337; *Worzalla*, NZA 1996, 67; *Hoß*, MDR 1998, 876; ErfK/*Müller-Glöge*, § 626 BGB Rdn. 141; *Erman/Belling*, BGB, § 626 Rdn. 75 LAG Köln (12. 11. 93) LAGE Nr. 40 zu § 1 KSchG Verhaltensbedingte Kündigung – **einschränkend** *Geyer/Knorr/Krasney*, EFZG, § 5 Rdn. 14; *Wedde/Gerntke/Kunz/Platow*, EFZG, § 5 Rdn. 38; *Kunz/Wedde*, EFZR, § 5 EFZG Rdn. 49; *Kittner/Däubler/Zwanziger*, KSchR, § 626 BGB Rdn. 103: erheblicher betrieblicher Schaden.
[25] LAG Köln (12. 11. 93) LAGE Nr. 40 zu § 1 KSchG Verhaltensbedingte Kündigung = ARSt 1994, S 57; *Becker-Schaffner*, ZTR 1997, 10.
[26] Vgl. LAG Sachsen-Anh. (24. 4. 96) BB 1996, 2307 = LAGE Nr. 99 zu § 626 BGB; *Kittner/Däubler/Zwanziger*, KSchR, § 626 BGB Rdn. 104.
[27] LAG Köln (9. 6. 95) LAGE Nr. 48 zu § 1 KSchG Verhaltensbedingte Kündigung.
[28] LAG Köln (17.11.00) NZA-RR 2001, 367f.
[29] Hess. LAG (13.7.99) AuR 2000, 76 mit zust. Anm. von *Dübbers*, KR-*Fischermeier*, § 626 BGB Rdn. 426.

der Arbeitgeber über einen längeren Zeitraum die Übermittlung von ärztlichen Attesten mittels Telefax geduldet hat, so dass eine betriebliche Übung entstanden ist[30], von der sich der Arbeitgeber nicht ohne weiteres einseitig lösen kann. Allerdings wird nunmehr die elektronische Form als Ersatz für die Schriftform ausdrücklich anerkannt, § 126 Abs. 3 BGB.[31] Sie kann die Schriftform aber nur ersetzen, wenn die Vertragsparteien ausdrücklich oder durch konkludentes Handeln ihre Anwendung billigen.

Bei Verstößen gegen die Beachtung der Anzeige- und Nachweispflichten im Krankheitsfall ist eine Weiterbeschäftigungsmöglichkeit auf einem anderen Arbeitsplatz im Allgemeinen nicht zu prüfen.[32] *416b*

Bei der Verletzung der Anzeige- und/oder Nachweispflicht des § 5 Abs. 1 EFZG handelt es sich um einen Dauertatbestand im Sinne von § 626 Abs. 2 BGB.[33] *416c*

Weigert sich der den Arbeitnehmer behandelnde Arzt grundlos, eine entsprechende Bescheinigung auszustellen, sind im Allgemeinen weder eine Abmahnung wegen der Nichtvorlage eines Attestes[34] noch die Entlassung des Arbeitnehmers gerechtfertigt. Grundsätzlich kommt es auch nicht, wie das LAG Baden-Württ./Stuttgart[14] meint, entscheidend darauf an, ob dem Arbeitgeber durch die Pflichtverletzung des Arbeitnehmers ein Schaden oder sonstiger Nachteil entstanden ist[35], wenngleich ein tatsächlich eingetretener Schaden die Vertragsverletzung als schwerwiegender erscheinen lässt, so wenn etwa infolge des unentschuldigten krankheitsbedingten Fehlens eines Heizers die Produktion zum Stillstand kommt[36] oder wenn ein Betriebsleiter für den vorgesehenen Probelauf einer von ihm entwickelten Maschine keine Vorkehrungen trifft.[37] Stets sind auch hier die gesamten Umstände des konkreten Einzelfalles zu berücksichtigen[38], wobei bei in besonders verantwortlicher Stellung tätigen Arbeitnehmern strengere Anforderungen zu stellen sind.[39] Gewiss kann aber von einer „beharrlichen" Pflichtverletzung dann nicht gesprochen werden, wenn der Arbeitnehmer beispielsweise wegen hohen Fiebers, Bettlägrigkeit o. ä. nicht in der Lage ist, seinen diesbezüglichen Ver- *417*

---

30 Allgemein dazu u. a. *Brox/Rüthers*, S. 49 Rdn. 49d; *Schaub*, S. 1202 ff. Rdn. 20ff.; Wollenschläger, Arbeitsrecht, S. 25 Rdn. 35. BAG (22.1.02) BB 2002, 2333 (2335).
31 Vgl. dazu *Lepke* S. 430 Rdn. 339.
32 Ebenso BAG (31.3.93) AP Nr. 32 zu § 626 BGB Ausschlußfrist; *von Hoyningen-Huene/Linck*, KSchG, § 1 Rdn. 276.
33 Hess. LAG (13.7.99) AuR 2000, 76.
34 LAG Köln (2. 11. 88) DB 1989, 1294.
35 Zutreffend *Hoß*, MDR 1998, 869 m. w. N.
36 LAG Niedersachsen (13. 3. 67) AuR 1967, 318; zust. KR-*Etzel*, § 1 KSchG Rdn. 477; siehe aber LAG Bremen (17. 5. 60) BB 1960, 1246.
37 BAG DB 1976, 1076: fristlose Kündigung; zust. *Schwedes*, S. 240 Rdn. 475; *Olderog*, BB 1989, 1691; *Feichtinger/Huep*, ArbR-Blattei, Kündigung VIII, Rdn. 254; *Schaub/Linck*, S. 1427 Rdn. 95; KR-*Etzel*, § 1 KSchG Rdn. 478.
38 Bedenklich ArbG Ludwigshafen (9. 9. 75) ARSt 1976, S. 71 Nr. 66, das die fristlose Kündigung eines angestellten Werbers bestätigt hat, weil dieser seine Erkrankung nicht sofort angezeigt hatte.
39 Siehe BAG (30. 1. 75) AP Nr. 2 zu § 626 BGB Krankheit; ArbG Essen (1. 4. 70) DB 1970, 1646; KR-*Becker*, 3. Aufl., § 1 KSchG Rdn. 273; KR-*Etzel*, § 1 KSchG Rdn. 478.

pflichtungen unverzüglich nachzukommen. Das gilt vor allem, wenn sofortige ärztliche Maßnahmen zur Feststellung und Behandlung der Krankheit notwendig waren.[40] Ein Arbeitnehmer, der eine ihm bewilligte mehrwöchige Maßnahme der medizinischen Vorsorge oder Rehabilitation nicht sofort, sondern erst nach drei Tagen dem Arbeitgeber mitteilt, kann deshalb nicht fristlos entlassen werden[41], weil es sich bei der Verletzung derartiger Nebenpflichten in der Regel um einen einmaligen Vorfall handeln wird. Auch ein Arbeitnehmer, der nach einer entsprechenden Aufforderung durch den Arbeitgeber nur deshalb ein ärztliches Attest nicht unverzüglich abgeschickt hat, weil er bei seiner rechtzeitigen Krankmeldung der Meinung gewesen ist und auch sein konnte, er werde nach drei bis vier Tagen die Arbeit wieder aufnehmen können, wird deshalb nicht fristlos entlassen werden dürfen.[42] Ebensowenig wurde eine Verzögerung der Krankmeldung als Kündigungsgrund nach § 626 Abs. 1 BGB anerkannt, wenn die Mitteilung erst am dritten Tage nach der Erkrankung und ihrer Feststellung durch einen Arzt, also nicht unverzüglich, erfolgt[43] und/oder dem Arbeitgeber die Tatsache eines erlittenen Arbeitsunfalles ohnehin bekannt war.[44] Beruht der verspätete Zugang des Attestes auf einem nicht vom Arbeitnehmer zu vertretenden Umstand, weil etwa die Postbeförderung ungewöhnlich lange gedauert hat, darf dies dem Arbeitnehmer kündigungsrechtlich nicht zum Nachteil gereichen.[45] Es fehlt schon an der erforderlichen Vorwerfbarkeit der Nebenpflichtverletzung. Anders verhält es sich dagegen, wenn der Arbeitnehmer trotz entsprechender erfolgloser Abmahnungen schon mehrfach unentschuldigt gefehlt und sich beispielsweise eine Woche lang nicht gemeldet hat.[46] Ansonsten kann auch ein Verstoß gegen die Nachweispflicht nach vorheriger Abmahnung eine ordentliche fristgerechte[47], unter besonderen Umständen ausnahmsweise aber auch eine fristlose Entlassung rechtfertigen.[48] Im Rahmen eines Berufsausbildungsverhältnisses wird aber die wiederholt verspätete Vorlage der

---

[40] LAG Bremen DB 1960, 1367.
[41] LAG Düsseldorf (6.5.55) DB 1955, 900; zust. KR-*Hillebrecht*, 4. Aufl., § 626 BGB Rdn. 320; dazu auch *Schmitt*, EFZG, § 9 Rdn. 87; *Kaiser/Dunkl/Hold/Kleinsorge*, EFZG, § 9 Rdn. 43; *Geyer/Knorr/Krasney*, EFZG, § 9 Rdn. 48f.
[42] Zutreffend LAG Düsseldorf (14.7.65) BB 1965, 1190; siehe auch ArbG Ludwigshafen (4.9.73) ARSt 1974, S. 26 Nr. 37; LAG Frankfurt/M. BB 1957, 966; BAG, *Sabel*, EEK I/050 – **anderer Ans.** ArbG Passau (26.9.74) ARSt 1975, S. 47 Nr. 1058; ArbG Emden (2.9.74) ARSt 1975, S. 46 Nr. 1056.
[43] LAG Düsseldorf DB 1955, 436; BB 1961, 132; (14.5.58) DB 1958, 1096; LAG Frankfurt/M. (24.4.57) AP Nr. 3 zu § 123 GewO; LAG Berlin BB 1965, 749; ArbG Wilhelmshaven (2.11.76) ARSt 1977, S. 95 Nr. 1109: zwei Tage; ArbG Solingen (11.5.76) ARSt 1977, S. 79 Nr. 1091: Die Nichtanzeige rechtfertige nicht die Anwendung von § 626 Abs. 1 BGB, da nur eine Nebenpflicht verletzt sei. Begründung aber bedenklich; ArbG Kaiserslautern/Pirmasens (5.11.80) ARSt 1981, S. 78 Nr. 1098: Verspätete Vorlage einer Folgebescheinigung.
[44] LAG Hamm (26.5.67) DB 1967, 1272.
[45] BAG (21.5.92) AP Nr. 29 zu § 1 KSchG 1969 Verhaltensbedingte Kündigung = NZA 1993, 115; *Kramer*, BB 1996, 1665.
[46] BAG (20.8.80) AP Nr. 13 zu § 6 LohnFG; ArbG Köln (8.3.55) BB 1955, 510.
[47] BAG (7.12.88) AP Nr. 26 zu § 1 KSchG 1969 Verhaltensbedingte Kündigung; HK-KSchG/*Dorndorf*, § 1 Rdn. 754.
[48] BAG (15.1.86) AP Nr. 93 zu § 626 BGB.

Arbeitsunfähigkeitsbescheinigung als wichtiger Kündigungsgrund jedenfalls dann nicht in Betracht kommen, wenn der Auszubildende den Beginn seiner krankheitsbedingten Abwesenheit dem Ausbilder mitgeteilt hat.[49] Gleiches soll auch im Falle der Verletzung der Anzeigepflicht gelten.[50]

Ferner darf der Arbeitgeber einen Arbeitnehmer nicht fristlos entlassen, der sich weigert, sich auf Geheiß des Arbeitgebers ärztlich untersuchen zu lassen, obwohl er arbeitsvertraglich dazu an sich verpflichtet wäre, sofern der Arbeitnehmer vertretbare Gründe für sein Verhalten vorbringt und diese vor oder während der Weigerung dem Arbeitgeber bekanntgibt.[51] Erst recht entfällt die Befugnis zum Ausspruch einer außerordentlichen fristlosen Kündigung, wenn es der Arbeitnehmer abgelehnt, sich auf Geheiß des Arbeitgebers einer amtsärztlichen Untersuchung zu unterziehen[52]; denn, wie ausgeführt, kann der Arbeitgeber grundsätzlich keine amtsärztliche Untersuchung verlangen. Nicht anders verhält es sich, wenn bei Zweifeln an seiner Arbeitsunfähigkeit der Arbeitnehmer nicht willens ist, sich betriebsärztlich begutachten zu lassen.[53] Gleiches gilt, falls der Arbeitnehmer anstelle eines geforderten amtsärztlichen Zeugnisses lediglich eine fachärztliche Bescheinigung beibringt.[54]

418

Weigert sich der Arbeitnehmer, sich einer im Rahmen von Unfallverhütungsvorschriften, insbesondere der GefahrstoffVO oder anderen gesetzlichen sowie tarifvertraglichen Regelungen vorgesehenen ärztlichen Vorsorge- oder Reguntersuchung zu unterziehen, kann nach entsprechender Abmahnung eine fristlose

---

[49] LAG Baden-Württ. (5.1.90) DB 1990, 588; zust. *Feichtinger*, ArbR-Blattei, Krankheit II, Rdn. 220; *Kittner/Däubler/Zwanziger* KSchR, § 15 BBiG Rdn. 21; Kasseler Handbuch/ *Taubert*, 5.1 Rz. 280; *Backmeister/Trittin*, KSchG, §§ 14–17 BBiG Rdn. 26.

[50] So *Tschöpe/Leuchten*, Teil 1 B, Rz. 143, unter Hinweis auf BAG (26.1.99) NZA 1999, 934 = BB 1999, 908.

[51] Ebenso KR-*Becker*, 3. Aufl., § 1 KSchG Rdn. 276; KR-*Etzel*, 4. Aufl., § 1 KSchG Rdn. 462; BGB-RGRK, § 626 Rdn. 67; *von Hoyningen-Huene/Linck*, KSchG, § 1 Rdn. 340a; *Feichtinger*, ArbR-Blattei, Krankheit II, Rdn. 82; BAG AP Nr. 1 zu § 7 BAT; ferner LAG Berlin (3.6.69) DB 1970, 838 = BB 1970, 579: Der Arbeitnehmer weigerte sich, sich betriebsärztlich untersuchen zu lassen, war aber ordnungsgemäß zur vertrauensärztlichen Nachuntersuchung erschienen; zutreffend dagegen LAG Frankfurt/M. (5.7.79) ARSt 1981, S. 31 Nr. 1034, betreffend eine fristgerechte Kündigung, wenn sich eine paranoid in Erscheinung tretende Krankenschwester weigert, sich einer ärztlichen Untersuchung zu unterziehen; auch *Bezani*, S. 73: allenfalls ordentliche fristgerechte Kündigung, der Arbeitnehmer müsse schuldhaft gehandelt haben, wobei ihm ein unverschuldeter Rechtsirrtum zugute komme; teilweise **anders** *Keller*, NZA 1988, 565: nicht einmal fristgerecht, es sei denn,der Arbeitgeber ist ohne ärztliche Untersuchung des Arbeitnehmers nicht in der Lage, ihn auf dem bisherigen Arbeitsplatz einzusetzen; *Bader/Bram/ Dörner/Wenzel*, KSchG, § 1 Rdn. 229 – **anderer Ans.** LAG Düsseldorf (8.4.93) LAGE Nr. 39 zu § 615 BGB.

[52] LAG Düsseldorf (25.7.52) DB 1952, 828, aber mit unzutreffender Begründung: Die fristlose Entlassung sei nur deshalb nicht gerechtfertigt, weil der Arbeitnehmer die Kosten der Nachuntersuchung habe selbst tragen sollen; **unrichtig** auch ArbG Mönchengladbach (2.2.51) BB 1951, 280; im Hinblick auf § 59 BAT siehe *Keller*, NZA 1988, 567.

[53] Ebenso *Feichtinger*, ArbR-Blattei, Krankheit II, Rdn. 80 m.w.N.

[54] LAG Hannover (1.11.50) BB 1951, 280.

Kündigung⁵⁵, aber auch eine Änderungskündigung in Betracht kommen. Solche, die Unfallverhütung betreffenden Bestimmungen dienen auch dem Schutz des einzelnen Arbeitnehmers und legen ihm entsprechende Vertragspflichten auf.

419 Lehnt es der Arbeitnehmer ab, sich einer ärztlichen Untersuchung zu unterziehen, obwohl dies eine entsprechende tarifvertragliche Regelung oder individualrechtliche Abmachung zulässigerweise vorsieht, kann sogar eine fristlose Kündigung nach erfolgloser Abmahnung rechtlichen Bestand haben⁵⁶, jedenfalls eine fristgerechte Entlassung⁵⁷ was auch gilt, wenn er schuldhaft eine ordnungsgemäße ärztliche Begutachtung seiner Berufs- oder Erwerbsunfähigkeit unmöglich macht⁵⁸, indem sich der Arbeitnehmer etwa weigert, die ihn behandelnden Ärzte von deren Schweigepflicht zu befreien und/oder die gebotene Begutachtung dadurch verhindert, dass er die Hinzuziehung der ärztlichen Vorbefunde ohne triftige Gründe ablehnt.

420 Ebenso kann die Weigerung eines Arbeitnehmers, der notwendigerweise während der betrieblichen Arbeitszeit einen Arzt aufsucht, ein Attest vorzulegen, wenn und soweit dies sein Arbeitgeber verlangt, zum Anlass für eine Kündigung genommen werden.⁵⁹ Wird für einen erforderlichen Arztbesuch keine Arbeitsbefreiung gewährt, obwohl diesem Verlangen dringende betriebliche Gründe nicht entgegenstehen, so stell das eigenmächtige Entfernen vom Arbeitsplatz im Allgemeinen noch keinen Grund zur sofortigen Entlassung dar.⁶⁰ Selbst zur fristgemäßen Kündigung reicht ein solches Verhalten regelmäßig nicht aus. Nur wenn wenigstens verständliche Gründe geltend gemacht werden, um die Freizeitgewährung abzulehnen, und der Arbeitnehmer gleichwohl die Arbeit verlässt, um einen Arzt auf-

---

⁵⁵ BAG (6.11.97) AP Nr. 142 zu § 626 BGB; (12.8.99) BB 1999, 2564 = DB 1999, 2369; LAG Brandenburg (21.3.94) LAGE Nr. 12 zu § 1 KSchG Personenbedingte Kündigung; LAG Düsseldorf (31.5.96) NZA-RR 1997, 88 = BB 1996, 2099; ArbG Kiel (17.9.80) DB 1981, 588; KR-*Becker*, 3. Aufl., § 1 KSchG Rdn. 276; KR-*Etzel*, § 1 KSchG Rdn. 494; *Schwerdtner*, in: Müko-BGB, § 622 Anh. Rdn. 344; HK-KSchG/*Weller/Dorndorf*, § 1 Rdn. 470; *Knorr/Bichlmeier/Kremhelmer*, S. 454 Rdn. 87, S. 512 Rdn. 94; APS/*Dörner* § 626 BGB Rdn. 246, 287; KR-*Fischermeier*, § 626 BGB Rdn. 428; KPK-*Schiefer*, § 1 KSchG Rdn. 428c; *Kleinbrink*, Abmahnung, S. 51 Rdn. 158 – **anderer Ans.** *Kittner/Däubler/Zwanziger*, KSchR, § 1 KSchG Rdn. 141, 229: allenfalls Änderungskündigung.

⁵⁶ BAG (25.6.92) AP Nr. 21 zu § 611 BGB Musiker; (15.7.93) NZA 1994, 851; (6.11.97) AP Nr. 142 zu § 626 BGB = NZA 1998, 326; LAG Düsseldorf (8.4.93) LAGE Nr. 39 zu § 615 BGB; LAG Rheinland-Pfalz (17.1.95) EzBAT Nr. 5 zu § 7 BAT; Hess. LAG (18.2.99) ZTR 1999, 525 (Ls) = BB 2000,467 (Ls) = ARSt 1999, S. 266: trotz psychischer Erkrankung (schizoaffektive Psychose); *Bezani*, S. 72f.; *Lepke*, NZA 1995, 1084; *Knorr/Bichlmeier/Kremhelmer*, S. 454 Rdn. 87; *Hummel*, S. 117; *U. Preis*, Arbeitsrecht, S. 690.

⁵⁷ Vgl. LAG Rheinland-Pfalz (7.6.93) EzBAT Nr. 3 zu § 7 BAT mit zust. Anm. von Beckerle; zust. auch APS/*Dörner*, § 1 KSchG Rdn. 359.

⁵⁸ Im Einzelnen BAG (6.11.97) NZA 1998, 326 = AP Nr. 142 zu § 626 BGB; zust. *Schaub/Linck*, S. 1426 Rdn. 91; *Kittner/Däubler/Zwanziger*, KSchR, § 626 BGB Rdn. 128; KR-*Fischermeier*, § 626 BGB Rdn. 428 – **kritisch** *Stahlhacke/Preis/Vossen*, Rdn. 626 Fußn. 73: zu weitgehend.

⁵⁹ LAG Düsseldorf/Köln (15.10.63) DB 1964, 628; *Schwerdtner*, in: Müko-BGB, § 626 Rdn. 110.

⁶⁰ LAG Baden-Württ./Stuttgart (4.6.64) DB 1964, 996; *Schaub/Linck*, S. 1421 Rdn. 75; siehe aber auch ArbG Verden (12.5.76) ARSt 1977, S. 59 Nr. 57: Krankheit der Ehefrau; LAG Hamm (7.4.72) BB 1973, 141.

zusuchen, obwohl dies auch nach der Arbeitszeit noch möglich wäre, kann im Einzelfall ein Kündigungsgrund gegeben sei. Im Übrigen ist der Arbeitnehmer grundsätzlich gehalten, gerichtlichen Rechtsschutz, ggf. im Wege einer einstweiligen Verfügung, in Anspruch zu nehmen. Die Rechtsverwirklichung durch „Selbsthilfe" steht im Allgemeinen im Widerspruch zur geltenden Rechtsordnung. Gleiches gilt für eine krankheitsbedingte Urlaubsüberschreitung. Erkrankt der Arbeitnehmer während des Erholungsurlaubes, werden die Tage der Arbeitsunfähigkeit zwar nicht auf den Urlaub angerechnet, § 9 BUrlG. Jedoch darf der Arbeitnehmer nach seiner Genesung den Erholungsurlaub nicht eigenmächtig um diese Tage verlängern.[61] Bei nachgewiesener Arbeitsunfähigkeit wird in derartigen Fällen eine verhaltensbedingte Kündigung aber nur dann gerechtfertigt sein, wenn es sich um eine längere Urlaubsüberschreitung handelt und insoweit eine uneinsichtige Haltung des Arbeitnehmers vorliegt, was bei wiederholten eigenmächtigen Urlaubsüberschreitungen eher in Betracht kommt.[62]

Entgegen der Auffassung von *Etzel*[63] liegt ein verhaltensbedingter Entlassungsgrund noch nicht vor, wenn der Arbeitnehmer bei einer langanhaltenden Krankheit auf Befragen des Arbeitgebers über seinen „Gesundheitszustand" ihm keine Auskünfte erteilt bzw. kein entsprechendes ärztliches Attest vorlegt; denn insoweit verletzt der Arbeitnehmer keine arbeitsvertragliche Nebenpflicht. Macht aber ein Arbeitnehmer auf mehrfaches ausdrückliches Befragen des Arbeitgebers über seinen Aufenthalt während seiner attestierten Arbeitsunfähigkeit unwahre Angaben, obwohl der dringende Verdacht einer erschlichenen Krankschreibung bestand, begeht er eine erhebliche Nebenpflichtverletzung[64], die als fristloser Entlassungsgrund in Frage kommen kann, weil durch ein solches Verhalten das Vertrauensverhältnis zwischen den Vertragsparteien in erheblicher Weise gestört ist. Hingegen erweist sich eine Kündigung als sozialwidrig, wenn der Arbeitnehmer die an ihn gerichtete Aufforderung nicht befolgt, dem Arbeitgeber verbindlich zu bestätigen, dass er bereit sei, sich einer Verhaltenstherapie zu unterziehen.[65] Eine Kündigung allein deswegen kann nicht als billigenswert und angemessen angesehen werden, jedenfalls dann nicht, wenn der Arbeitgeber das „Störverhalten" des Arbeitnehmers nicht zum Kündigungsgrund gemacht hat.

421

---

[61] Vgl. *Stahlhacke/Preis/Vossen*, 7. Aufl., Rdn. 575; *Schaub/Linck*, S. 1435 Rdn. 127; *Berkowsky*, Personenbedingte Kündigung, 1. Aufl., S. 76f. Rdn. 315–317; *Lepke*, Handbuch Betrieb und Personal, Fach 10 Rdn. 325; *ders.*, DB 1988, Beilage Nr. 10, S. 8 m.w.N.; KR-*Fischermeier*, § 626 BGB Rdn. 453; ErfK/*Müller-Glöge*, § 626 BGB Rdn. 177; *U. Preis*, Arbeitsrecht, S. 688; *Leinemann/Linck*, Urlaubsrecht, § 9 BUrlG Rdn. 16; *von Hoyningen-Huene/Linck*, KSchG, § 1 Rdn. 334a; BAG (20.1.94) AP Nr. 115 zu § 626 BGB = NZA 1994, 548; LAG Düsseldorf/Köln (10.10.67) DB 1967, 1992; LAG Baden-Württ./Mannheim (9.5.74) BB 1974, 130; LAG Düsseldorf (18.10.84) NZA 1985, 779; LAG Schleswig-Holst. (9.2.88) BB 1988, 1531.
[62] Siehe dazu *Stahlhacke/Preis/Vossen*, Rdn. 654; KR-*Fischermeier*, § 626 BGB Rdn. 453; KR-*Etzel*, § 1 KSchG Rdn. 443.
[63] KR, § 1 KSchG Rdn. 368; ihm zust. KPK-*Schiefer*, § 1 KSchG Rdn. 222a – **anders** zu Recht ErfK/*Ascheid*, § 1 KSchG Rdn. 201; APS/*Dörner*, § 1 KSchG Rdn. 143; Uhmann, AuA 2000, 118.
[64] ArbG Berlin (21.11.00) NZA-RR 2001, 529f.
[65] LAG Köln (20.12.00) ZTR 2001, 329 (Ls) = ARSt 2001, 164 (Ls).

Die Weigerung des Arbeitnehmers, zu einer vom Arbeitgeber verlangten Rücksprache zu erscheinen, kommt dann als verhaltensbedingter Entlassungsgrund in Betracht, wenn es sich um eine wichtige Unterredung handelt und sein Erscheinen dem Arbeitnehmer zumutbar erscheint.[66] Das ist in der Regel bei der hartnäckigen Weigerung des Arbeitnehmers anzunehmen, an einem Krankengespräch während der Arbeitszeit teilzunehmen.

422 Ein Arbeitnehmer, der mehrmaligen Aufforderungen zu einer Begutachtung durch den Medizinischen Dienst nicht Folge leistet, wird allein deswegen noch nicht entlassen werden dürfen[67, 68], weil dadurch allein Rechtsbeziehungen zur gesetzlichen Krankenkasse, nicht jedoch solche arbeitsvertraglicher Art verletzt werden. Kommen allerdings sonstige Umstände hinzu, die ernsthafte Zweifel an der Arbeitsunfähigkeit des Arbeitnehmers begründen, kann obiges Verhalten kündigungsrechtlich anders zu beurteilen sein, und zwar vor allem unter dem Aspekt einer Verdachtskündigung.[69]

423 Meldet sich ein Arbeitnehmer nach der Wiederherstellung seiner Arbeitsfähigkeit nicht rechtzeitig zur Arbeitsaufnahme zurück, obwohl er wegen eines gleichartigen Verhaltens bereits abgemahnt worden ist, ist eine deshalb ausgesprochene Kündigung im Allgemeinen sozial gerechtfertigt.[70] Kommt er seiner Arbeitspflicht sogar längere Zeit nicht nach, kann in diesem Verhalten eine beharrliche Arbeitsverweigerung liegen, die eine fristlose Kündigung als begründet erscheinen lassen kann.[71] Zwar können die Arbeitsvertragsparteien vereinbaren, dass eine Urlaubsüberschreitung die fristlose Kündigung nach sich zieht. Beruht sie jedoch auf Krankheit, dann kann eine solche Vereinbarung keinen rechtlichen Bestand haben, da durch sie der kündigungsrechtliche Bestandschutz umgangen werden und mithin ein Verstoß gegen die Vorschriften der §§ 134 BGB, 9, 13 Abs. 1 BUrlG vorliegen würde.[72] Eine trotzdem erklärte Kündigung wäre deshalb rechtsunwirksam.[73]

---

[66] KR-*Etzel*, § 1 KSchG Rdn. 498; KR-*Fischermeier*, § 626 BGB Rdn. 441; siehe auch *Stahlhacke/Preis/Vossen*, Rdn. 665.
[67] Zust. *Hummel*, S. 116; so im Ergebnis wohl auch LAG Hamm (26. 6. 84) BB 1985, 273 – **anders** LAG Hamm (7. 5. 81) BlStSozArbR 1982, 18; *Bauer/Röder/Lingemann*, S. 112.
[68] Siehe auch *Lepke*, S. 472ff. Rdnr. 383ff.
[69] Einzelheiten *Lepke*, S. 534ff. Rdnr. 443ff.
[70] BAG (16.3.00) BB 2000, 1678 = Nr. 179 zu § 626 BGB n.F.; LAG Düsseldorf (15.9.55) DB 1956, 164; *Foltyn*, S. 141; *von Hoyningen-Huene/Linck*, KSchG, § 1 Rdn. 338; HK-KSchG/*Dorndorf*, § 1 Rdn. 755; KR-*Etzel*, § 1 KSchG Rdn. 480, 475; APS/*Dörner*, § 1 KSchG Rdn. 314, 320; *Kammerer*, S. 214 Rdn. 426; Backmeister,/Trittin, KSchG, § 1 Rdn. 234; Kittner/Däubler/Zwanziger, KSchR, § 1 KSchG Rdn. 215; KR-*Fischermeier*, § 626 BGB Rdn. 409: sogar fristlos.
[71] LAG Baden-Württ./Stuttgart (28. 4. 66) DB 1966, 908; *Soergel/Kraft*, BGB, § 626 Rdn. 48; *Schwerdtner*, in: Müko-BGB, § 626 Rdn. 110.
[72] Zur Unwirksamkeit einer Vereinbarung über die Auflösung des Arbeitsverhältnisses im Falle einer krankheitsbedingten Urlaubsüberschreitung siehe BAG (19.12.74), (13.12.84), (25.6.87) AP Nrn. 3, 8 und 14 zu § 620 BGB Bedingung; *Schaub/Linck*, S. 1341 Rdn. 10; BGB-RGRK, vor § 620 Rdn. 16; *Soergel/Kraft*, BGB, vor § 620 Rdn. 6; Weber/Ehrich/Burmester, Aufhebungsverträge, S. 10 Rdn. 34; *Bauer*, Aufhebungsverträge, S. 9 Rdn. 23; KPK-Sowka, Teil F, Rdn. 60; *Erman/Belling*, BGB, § 620 Rdn. 140.
[73] Zutreffend ArbG Marburg (24. 2. 66) AuR 1966, 282.

Hält ein Arbeitnehmer notwendige, insbesondere hygienische Schutzvorkehrungen nicht ein, was vor allem für HIV-infizierte bzw. an AIDS erkrankte Arbeitnehmer gilt, die infektionsgefährdete Tätigkeiten verrichten, wird nach erfolgloser Abmahnung in der Regel jedenfalls eine fristgerechte Kündigung aus verhaltensbedingten Gründen in Betracht kommen.[74] 424

Schließlich erscheint es zulässig, durch Tarifvertrag, Betriebsvereinbarung oder Einzelarbeitsvertrag an die Verletzung der genannten Nebenpflichten ausdrücklich die Möglichkeit des Ausspruches einer außerordentlichen fristlosen Kündigung zu knüpfen.[75] Dass solche Klauseln rechtlich nicht unzulässig sind, wird allgemein angenommen.[76] Stets muss aber sorgfältig geprüft werden, ob es sich dabei um einen absoluten Kündigungsgrund mit der Konsequenz handelt, dass eine besondere Zumutbarkeitsprüfung, wie sie § 626 Abs. 1 BGB vorsieht, ausgeschlossen sein soll. Letzteres ist im Zweifel nicht anzunehmen, da eine solche Beschränkung rechtlich unzulässig wäre.[77] Das gilt auch für eine tarif- oder einzelvertragliche Regelung, nach der ein Arbeitnehmer, der nicht innerhalb von weniger als vier Tagen dem Arbeitgeber die Arbeitsunfähigkeitsbescheinigung vorlegt bzw. seine krankheitsbedingte Arbeitsunfähigkeit anzeigt, schlechthin fristlos entlassen werden kann.[78] Die Vorschrift des § 5 Abs. 1 Satz 2 EFZG kann nicht zu Lasten des Arbeitnehmers abgedungen werden, § 12 EFZG. 425

Ob die Pflichtverletzung schuldhaft begangen worden ist, darauf kommt es auch bei einer verhaltensbedingten Kündigung nur mittelbar an[79], da zunächst nur objektive Umstände maßgebend sind.

---

[74] So auch *Löwisch*, DB 1987, 942; *Hinrichs*, AiB 1988, 14; *Sedelies*, S. 165.
[75] Ebenso LAG Berlin, Berliner Entscheidungskalender Nr. 38/1966, S. 594; (3. 7. 73) ARSt 1974, S. 24 Nr. 34; LAG Düsseldorf (14. 4. 65) PrAr § 626 BGB Nr. 376; LAG Frankfurt/M. (9. 12. 74) ARSt 1975, S. 137 Nr. 138, aber zu allgemein; *Palme*, BlStSozArbR 1967, 124.
[76] Vgl. *Hueck/Nipperdey*, Bd. I, S. 597, 600; *Palandt/Putzo*, BGB, § 626 Rdn. 2; *Schaub/Linck*, S. 1407 Rdn. 18ff.; *Löwisch*, DB 1998, 877 (880); BAG (17. 4. 56) AP Nr. 8 zu § 626 BGB; (15. 1. 70) AP Nr. 7 zu § 1 KSchG Verhaltensbedingte Kündigung; (22. 11. 73) AP Nr. 67 zu § 626 BGB.
[77] Vgl. etwa BAG (22.11.73) AP Nr. 67 zu § 626 BGB; LAG Nürnberg (26.4.01) BB 2001, 1907; KR-*Fischermeier*, § 626 BGB Rdn. 68ff.; *Stahlhacke/Preis/Vossen*, Rdn. 833ff. m.w.N.
[78] LAG Berlin, *Sabel*, EEK II/065; (18. 8. 80) DB 1980, 2195; zust. *Stahlhacke/Preis/Vossen*, Rdn. 833; *Bleistein*, Einstellung, S. 234; *Däubler*, S. 617 Fußn. 544; *Hanau/Adomeit*, S. 227 Rdn. 903; *Staudinger/Preis*, BGB, § 626 Rdn. 43; *Feichtinger*, ArbR-Blattei, Krankheit II, Rdn. 213; *Löwisch*, KSchG, Vorbem. zu § 1 Rdn. 97 – **anders** noch LAG Düsseldorf (14. 4. 65) BB 1965, 1273.
[79] Vgl. die Nachw. bei *Lepke*, S. 344, Rdn. 240 Fußn. 184 – **anderer Ans.** *Däubler*, S. 598 Rdn. 1112; *U. Preis*, Prinzipien, S. 335; *Löwisch*, KSchG, § 1 Rdn. 94; *Bitter/Kiel*, RdA 1995, 33, unter Hinweis auf eine angebliche Rechtsprechung des BAG, Fußn. 442.

2. bei Verhinderung der Gesundheitsförderung?

a) Beispiele aus der Rechtsprechung

426 So hielten das LAG Düsseldorf[80], das LAG Niedersachsen[81], das ArbG Essen[82] und das ArbG Landau[83] eine fristlose Kündigung für begründet, wenn sich der Arbeitnehmer trotz vorgeschriebener Bettruhe in Restaurants, Bars, Kinos, Kaffeehäusern oder beim Friseur aufgehalten hatte, und zwar unabhängig davon, ob nachgewiesen worden ist, dass durch das „vertragswidrige" Verhalten die Genesung verzögert worden ist oder nicht.[84] Gleiches soll für einen krankgeschriebenen Taxifahrer gelten, der sich nachts bis gegen 3.25 Uhr in Tanzbars aufgehalten und größere Mengen Alkohol getrunken hatte, selbst wenn ihm vom Arzt Bettruhe nicht verordnet worden war[85]; für ein Betriebsratsmitglied, das während seiner Arbeitsunfähigkeit als Taxifahrer tätig war und dadurch seinen Heilungsprozess zumindest gefährdet hatte[86]; für einen Arbeitnehmer, der an einem praktischen Schweißerkursus teilgenommen hatte[87]; der trotz einer Bronchitis zu einer politischen Veranstaltung nach Ostberlin gereist war[88]; der mit einer Grippe das Haus verlassen hatte[89]; der bei einer Erkrankung der Luftwege nach 17.00 Uhr spazieren gegangen war[90] oder der für Dritte Arbeiten verrichtet hatte[91], die nach Art und Schwere denen vom Arbeitnehmer vertraglich geschuldeten ohne weiteres vergleichbar sind, so wenn ein Orchestermusiker während seiner Krankschreibung bei einem anderen Orchester mitgewirkt hat[92] oder für eine wegen Unterleibsschmerzen krankgeschriebene Sekretärin, die die ihr dadurch zur Verfügung stehende Freizeit für die Teilnahme am Geländereiten nutzte.[93] Werde durch solche Aktivi-

---

[80] (26. 8. 55) DB 1955, 1044; (22. 4. 58) BB 1958, 776; ähnlich ArbG Kaiserslautern (15. 2. 56) ARSt Bd. XVI, S. 52 Nr. 143; zust. *Hunold*, S. 169.
[81] (13. 3. 67) ARSt 1967, S. 175 Nr. 1272; zust. *Hunold*, S. 169.
[82] (10. 11. 65) DB 1966, 2035.
[83] (9. 11. 66) ARSt 1967, S. 78 Nr. 1087.
[84] So auch ArbG Ulm (28. 11. 56) DB 1957, 996; ArbG Ludwigshafen ARSt 1967, S. 6 Nr. 8; ArbG Stade (22. 7. 66) ARSt 1967, S. 31 Nr. 1024; vgl. ferner ArbG München (6. 11. 79) DB 1980, 888; LAG Frankfurt/M. (10. 9. 81) BB 1982, 1857; LAG Hamm (2. 2. 95) LAGE Nr. 3 zu § 67 ArbGG 1979, S. 10; siehe auch BAG (13. 11. 79) AP Nr. 5 zu § 1 KSchG 1969 Krankheit, mit Anm. von *Herschel* = NJW 1980, 1917; zust. *Hunold*, S. 164.
[85] ArbG Bayreuth (30. 6. 70) ARSt 1970, S. 147 Nr. 148 – **anders** ArbG Kaiserslautern/Pirmasens ARSt 1979, S. 15 Nr. 1008: einmaliger Besuch einer Nachtbar.
[86] LAG Hamburg (7. 11. 95) NZA-RR 1996, 226; siehe auch LAG Hamm (7. 11. 95) DB 1996, 278.
[87] LAG Baden-Württ./Mannheim (9. 10. 68) BB 1969, 1224; siehe auch ArbG Wuppertal (11. 6. 76) DB 1977, 121.
[88] LAG Düsseldorf (13. 9. 55) DB 1955, 1092; ArbG Ludwigshafen (14. 1. 74) ARSt 1974, S. 150 Nr. 167: einen Lohnfortzahlungsanspruch betreffend.
[89] LAG Niedersachsen (13. 3. 67) ARSt 1967, S. 175 Nr. 1272.
[90] ArbG Wilhelmshaven (22. 10. 57) WA 1958, S. 6.
[91] LAG München (9. 9. 82) DB 1983, 1931 = BB 1983, 1931; zust. KR-*Hillebrecht*, 4. Aufl., § 626 BGB Rdn. 320; siehe auch ArbG Kaiserslautern/Pirmasens (18. 12. 87) ARSt 1988, S. 145 Nr. 96; LAG München (21. 2. 79) Bayer. ABl. 1979 C 42: Verkäufer tritt als Tänzer im Ausland auf; LAG Hamm (2. 2. 95) LAGE Nr. 3 zu § 67 ArbGG 1979, S. 10.
[92] Vgl. BAG (3. 2. 82) NJW 1982, 2791 = AP Nr. 1 zu § 72 BPersVG; zust. *Hunold*, S. 181, aber nur unter dem Gesichtspunkt einer Verdachtskündigung.
[93] ArbG Husum (13. 11. 69) – 1 Ca 207/69 –; zust. *Hunold*, S. 177.

täten der Heilungsprozess gar verzögert oder sonstwie negativ beeinflusst, z.B. durch den Besuch eines Schwimmbades[94], sei die sofortige Entlassung erst recht begründet.

Strengere Anforderungen stellte dagegen das LAG Düsseldorf in einer Entscheidung vom 28. 1. 1970[95] in solchen Fällen. Die Pflichtverletzungen des an Kreislaufbeschwerden und nervlichen Störungen leidenden Klägers, der während seiner krankheitsbedingten Arbeitsunfähigkeit nachts Tanzbars aufgesucht hatte, seien nicht so schwerwiegend, dass die Weiterbeschäftigung dem Arbeitgeber unzumutbar wäre. Der Arbeitgeber hätte, so führt das Berufungsgericht weiter aus, den Arbeitnehmer abmahnen und ihn auf die Folgen eines weiteren Pflichtverstoßes hinweisen müssen. Auch die außerordentliche Kündigung einer Arbeitnehmerin, die während ihrer Krankschreibung einen Jahrmarkt besucht hatte, ist als unbegründet angesehen worden, weil die Erkrankung des rechten Armes nicht die Einschränkung ihrer Bewegungsfreiheit zur Folge gehabt hätte.[96] Hingegen sah das LAG Schleswig-Holstein[97] die fristlose Kündigung eines Müllwerkers als begründet an, der trotz häufiger Krankschreibungen, zuletzt wegen einer Cephalgie (Kopfschmerzen), in der Nacht vom 27. zum 28. 2. 1988 eine Diskothek aufgesucht hatte. Ein als Meister tätiger Arbeitnehmer erkrankte an einer Grippe und wurde nach zehn Tagen von einem anderen Arzt auch wegen eines Bandscheibenleidens arbeitsunfähig krankgeschrieben. Der Arbeitnehmer, dem Bettruhe auferlegt worden war, fuhr jedoch mit seinem Kraftfahrzeug in eine 85 km entfernte Stadt, um dort Einkäufe zu tätigen. Das ArbG Ludwigshafen[98] hielt die deswegen ausgesprochene fristlose Entlassung zwar für rechtsunwirksam, da es sich lediglich um einen einmaligen Verstoß gehandelt habe und das Arbeitsverhältnis ohnehin in etwa drei Wochen beendet worden wäre. Das Gericht hob jedoch hervor, dass der Meister auf jeden Fall seine Treuepflicht verletzt habe; denn wenn einem Erkrankten vom Arzt Bettruhe verordnet worden sei, dann habe er sie auch einzuhalten und müsse etwaige Ausgänge auf Arztbesuche und die Besorgung von Medikamenten beschränken, sofern er diese nicht von einer anderen Person besorgen lassen könne. Ein seit fünf-

427

---

[94] Vgl. ArbG Heide (14. 8. 69) ARSt 1969, S. 175 Nr. 1261, betreffend einen Auszubildenden.
[95] DB 1970, 936; zust. KR-*Hillebrecht*, 4. Aufl., § 626 BGB Rdn. 320; *Schwedes*, S. 248 Rdn. 495; *Hunold*, S. 169; ähnlich LAG Baden-Württ./Freiburg (11. 7. 73) AuR 1973, 315 ARSt 1973, S. 163 Nr. 191; LAG Düsseldorf (22. 4. 58) BB 1958, 776: Heilungsprozess nicht nachteilig beeinflusst; LAG Düsseldorf/Köln (22. 11. 60) DB 1961, 208: Kein Ausgehverbot und keine Verzögerung der Heilung; ArbG Heidelberg (27. 7. 57) ARSt Bd. XIX, S. 60 Nr. 172: Teilnahme an einer familiären Tanzveranstaltung in einem öffentlichen Lokal für zwei Stunden; zust. *Feichtinger*, S. 181.
[96] LAG Schleswig-Holst. (3. 9. 75), *Sabel*, EEK II/071; siehe aber ArbG Solingen (14. 1. 82) ARSt 1983, S. 24 Nr. 18: fristgerechte Kündigung; zust. *Hunold*, S. 172.
[97] (30. 9. 88) AiB 1990, 40; zust. *Hunold*, S. 169 – **ablehnend** *von Keyserlingk*, AiB 1990, 41 f.; siehe auch LAG Sachsen-Anhalt (1. 3. 95) – 8 Sa 1135/94 –: Ein 5 Tage krankgeschriebener Elektriker, dem Bettruhe nicht verordnet worden war, hatte am 4. Tag eine Spielhalle aufgesucht und dort gespielt. Die fristlose Kündigung wurde (zu Recht) nicht bestätigt.
[98] (22. 7. 66) ARSt 1967, S. 6 Nr. 8; ähnlich LAG Bremen (27. 7. 60) DB 1960, 1132; ArbG Gelsenkirchen (10. 4. 58) DB 1958, 988 – **anders** LAG Saarbrücken (11. 12. 63) DB 1964, 115; für eine fristlose Kündigung: ArbG Frankfurt/M. (14. 10. 54) BB 1954, 1062.

zehn Jahren beschäftigter Busfahrer, seit zwei Monaten arbeitsunfähig krank, führte bei einem Blutalkoholgehalt von 1,86 ‰ im Straßenverkehr seinen Personenkraftwagen, was die Verurteilung zu einer Geldstrafe und den Entzug der Fahrerlaubnis zur Folge hatte. Gleichwohl ist vom LAG Hamm[99] die fristlose Kündigung nicht bestätigt worden, da der Kläger zur fraglichen Zeit aufgrund eines vorher eingetretenen Leidens ohnehin als Busfahrer nicht mehr hätte eingesetzt werden können. Ebenfalls als nicht gerechtfertigt hat das LAG Hamm in einer Entscheidung vom 8.10.1970[100] die sofortige Entlassung eines krankgeschriebenen Chemiefacharbeiters angesehen, der zugleich Besitzer eines landwirtschaftlichen Anwesens mit ca. 40 Morgen Land war und der bekleidet mit einer Arbeitshose sowie einem bunten Hemd, schwitzend auf seinem Acker eine an einem Traktor befestigte Egge gereinigt hatte. Der Verstoß des Arbeitnehmers sei, so hat die Kammer ausgeführt, nicht so gravierend, zumal eine Abmahnung nicht erfolgt sei. Die hilfsweise ausgesprochene fristgerechte Kündigung ist indessen als sozial gerechtfertigt anerkannt worden. Verneint worden ist ferner ein Recht zur Kündigung nach § 626 Abs. 1 BGB gegenüber einem Arbeitnehmer, der nach dem Abklingen seiner Krankheit kurz vor der Wiederherstellung seiner vollen Arbeitsfähigkeit persönliche Angelegenheiten und Arbeiten zu Hause erledigt hatte.[101] Allein aus der Tatsache, dass sich der Arbeitnehmer trotz seiner Krankmeldung nicht zu Hause aufhalte, könne noch nicht gefolgert werden, eine krankheitsbedingte Arbeitsunfähigkeit liege nicht vor.[102] Betätige sich ein krankgeschriebener Arbeitnehmer im Haushalt, um seiner hochschwangeren Frau behilflich zu sein, dann stelle ein solches Verhalten, wie das ArbG Oldesloe[103] angenommen hat, keinen Grund zur Entlassung dar, nicht einmal einen zu einer fristgerechten Kündigung, wenn der Arbeitnehmer gegen ärztliche Verhaltensregeln nicht verstoßen habe.[104] Gleiches soll gelten, wenn der Arbeitnehmer trotz einer Gallenkolik im Geschäft seiner Ehefrau aushilft.[105] Das LAG Baden-Württ./Stuttgart[106] hat gemeint, ein Verhalten des Arbeitnehmers während der Genesungszeit, das auf seine Arbeitsfähigkeit schließen lasse, könne noch keinen Grund zur einseitigen fristlosen Beendigung des Arbeitsverhältnisses bilden. Ebensowenig hat das LAG Schleswig-Holst.[107] die sofor-

---

[99] (22.12.77) DB 1978, 750.
[100] DB 1970, 2379; zust. *Vossen*, S. 142 Rdn. 344; ähnlich LAG Düsseldorf/Köln (6.5.64) BB 1964, 884; siehe auch LAG Nürnberg BB 1980, 262, das in einem ähnlichen Fall dem Arbeitnehmer sogar den Lohnfortzahlungsanspruch zugesprochen hat.
[101] LAG Düsseldorf (22.4.58) BB 1958, 776; zust. LAG Hamm (2.2.95) LAGE Nr. 3 zu § 67 ArbGG 1979, S. 10.
[102] So LAG Saarland (29.4.74) EEK I/429; zust. *Feichtinger*, ArbR-Blattei, Krankheit II, Rdn. 138.
[103] (28.5.68) ARSt 1969, S. 24 Nr. 22.
[104] Siehe auch ArbG Heide (17.5.74) ARSt 1975, S. 46 Nr. 1057; ArbG Göttingen (22.12.50) ARSt Bd. V Nr. 806.
[105] LAG Düsseldorf (16.7.52) WA 1953, S. 51; siehe aber LAG Düsseldorf (17.5.78) BB 1978, 1264: Die fristgerechte Kündigung sei nicht zu beanstanden, wenn der Arbeitnehmer während seiner Krankschreibung zeitweise im Kiosk des Ehegatten aushelfe; siehe auch LAG Rheinland-Pfalz (15.6.99) BB 2000, 155 betr. einen Schadensersatzanspruch (Detektivkosten): Arbeiter hilft seiner Ehefrau im Obst- und Gemüsegeschäft.
[106] (28.2.69) DB 1969, 931.
[107] (21.8.69) DB 1969, 2091; siehe auch ArbG Celle (21.8.75) ARSt 1976, S. 127 Nr. 1180.

tige Entlassung einer nervenärztlich behandelten Redaktionsassistentin für gerechtfertigt gehalten, die während der Krankschreibung ohne ärztliche Erlaubnis ihren Wohnort verlassen hatte, um ihre Eltern zu besuchen. Sie sei nämlich weder bettlägerig gewesen noch sei ein Ausgehverbot ausgesprochen worden. Angesichts der Depressionszustände der Arbeitnehmerin sei es auch für jeden medizinischen Laien offenkundig, dass ein Besuch der Klägerin bei ihren Eltern besser geeignet gewesen sei, ihre Genesung zu fördern als der alleinige Aufenthalt in ihrem möblierten Zimmer. Die Tatsache, dass ein krankgeschriebener Arbeitnehmer Reitsport betreibe, schließe nicht aus, so hat das ArbG Celle[108] gemeint, gleichwohl arbeitsunfähig zu sein. Das ArbG Frankfurt/M.[109] verneinte ein arbeitsvertragswidriges Verhalten eines Kreditsachbearbeiters, der sich bei der Ausübung des Judosports eine Rippenfraktur sowie eine Schulterprellung zugezogen hatte und nur ambulant versorgt worden war. Obwohl er krankgeschrieben worden war, hatte er seine Wohnung in Aschaffenburg verlassen und war mit der Bahn zu Bekannten in Limburg gereist. Zweifel an der Arbeitsunfähigkeit des Klägers, so befand das Instanzgericht, seien unbegründet gewesen, weil der Ortswechsel „das einzig Richtige" gewesen sei, um seine Arbeitsfähigkeit wieder herzustellen. Allein auf sich angewiesen, hätte er für seine Sauberkeit, seinen Haushalt sorgen, allein einkaufen, kochen und abwaschen müssen. Der Kläger wäre insoweit, so meinte das ArbG wohlwollend, restlos überfordert gewesen. In diesem Zusammenhang darf ein Urteil des LAG Schleswig-Holst. vom 10. 8. 1999[110] nicht unerwähnt bleiben. Der an einem Bandscheibenvorfall erkrankte Arbeitnehmer wurde am 9. 6. 1998 bei Schweißerarbeiten außerhalb seines Hauses angetroffen. Die Instanzgerichte sahen weder die fristlose noch die fristgerechte Kündigung noch den Auflösungsantrag des Arbeitgebers nach den §§ 9, 10 KSchG als begründet an. Da der Arbeitnehmer nicht bettlägerig krank gewesen sei, habe er sich auch außerhalb seines Hauses in seiner Garage aufhalten dürfen. Das Vorbringen des Beklagten hinsichtlich der vom Kläger ausgeführten Schweißerarbeiten sei „nicht hinreichend konkret" gewesen, um abschätzen zu können, ob eine Erschütterung des Beweiswertes der Arbeitsunfähigkeitsbescheinigung überhaupt in Betracht komme.

Andere Gerichte haben dagegen entschieden: Auch wenn dem Arbeitnehmer ärztlicherseits keine besonderen Verhaltensregeln auferlegt worden seien, könne ein Arbeitnehmer, der während des Krankenstandes Arbeiten verrichte[111], insbesondere Kellnerdienste in einer Gastwirtschaft[112] oder im Kiosk seines Ehegatten 428

---

[108] (27. 11. 80) ARSt 1981, S. 95 Nr. 1119.
[109] (28. 6. 88) AiB 1989, 17, mit zust. Anm. von *Rothenburg*: Entfernung einer Abmahnung aus den Personalakten.
[110] ARSt 2000, S. 10f.
[111] LAG Baden-Württ./Stuttgart (20. 5. 66) DB 1966, 908; siehe auch LAG Düsseldorf/Köln BB 1964, 884; ArbG Solingen (13. 5. 82) ARSt 1983, S. 175 Nr. 1215: § 626 BGB; BAG (26. 8. 93) AP Nr. 112 zu § 626 BGB = NZA 1994, 63.
[112] ArbG Arnsberg (14. 7. 75) ARSt 1976, S. 39 Nr. 35; ferner ArbG Essen (24. 1. 74) ARSt 1974, S. 95 Nr. 1098, betreffend den Lohnfortzahlungsanspruch; LAG Niedersachsen (14. 6. 79) – 6 Sa 2/79 –; Hess. LAG (2. 6. 97) DB 1998, 82: Anfechtung eines Aufhebungsvertrages wegen Drohung mit einer Kündigung und/oder Strafanzeige.

aushelfe[113] und dadurch die Wiedererlangung der Arbeitsfähigkeit verzögere, fristgerecht entlassen werden. Gleiches gelte für einen krankgeschriebenen Arbeitnehmer, der eine größere Rasenfläche mähe[114] oder Bauarbeiten an seinem Neubau verrichte, ohne dass es des Nachweises einer tatsächlichen Verzögerung des Heilungsprozesses bedürfe.[115] Als ein arbeitsunfähig erkrankter Arbeitnehmer ohne Benachrichtigung des Arbeitgebers mit seinem Motorrad 100 km weit zur „Erholung" gefahren war und dort an einer Sportveranstaltung teilgenommen hatte, ist die fristgerechte Kündigung ebenfalls als sozial gerechtfertigt angesehen worden.[116] Ferner ist so entschieden worden im Falle eines Arbeitnehmers, der trotz eines Magenleidens und ihm nicht gewährten Urlaubs an den vorgesehenen Urlaubsort gereist war[117], der während seiner Krankschreibung den Fahrschulunterricht fortgesetzt[118] und/oder an einer Führerscheinprüfung teilgenommen hatte[119] oder der während seiner Krankschreibung bei einem Fußballspiel der Kreisklasse als Linienrichter tätig war, obwohl ihn sein Arzt angehalten hatte, sich wegen stenocardischer Beschwerden ruhig zu verhalten.[120]

Ersetzt hat das LAG Berlin[121] die vom Betriebsrat verweigerte Zustimmung zur fristlosen Entlassung eines Schichtleiters in einer Restaurantkette, der trotz seiner Krankschreibung als Spieler an einem Cricket-Match teilgenommen hatte. Verteile jedoch ein Arbeiter bei einer attestierten Arbeitsunfähigkeit beim Verdacht auf Nierensteine unentgeltlich vor dem Betrieb seines Arbeitgebers Zeitungen politischen Inhalts, dann sei, so hat das ArbG Berlin[122] befunden, die deswegen erklärte fristlose Kündigung nicht sozial gerechtfertigt, weil der Arbeitnehmer nicht bettlägerig krank gewesen sei und weil ihm der Arzt sogar Bewegung in frischer Luft empfohlen hatte. Zu demselben Ergebnis kam das LAG Rheinland-Pfalz in einem

---

[113] LAG Düsseldorf (17. 5. 78) BB 1978, 1264ff.; zust. *Bauer/Röder/Lingemann,* S. 114 – **anders** LAG Saarland (23. 3. 94) – 2 Sa 198/93 –: Trotz grippaler Infektion verrichtete ein Arbeiter über eine Stunde lang Aufbauarbeiten am Imbissstand seiner Ehefrau – **dagegen** zu Recht BAG (7. 12. 95) RzK I 6a Nr. 126; *Vossen,* S. 142 Rdn. 344.

[114] ArbG Kaiserslautern/Pirmasens (5. 8. 81) ARSt 1982, S. 47 Nr. 1046.

[115] LAG Hamm (28. 8. 91) DB 1992, 431ff. = BB 1992, 279; zust. *Hunold,* S. 170; *Bauer/Röder/Lingemann,* S. 114; siehe auch LAG Düsseldorf (16. 12. 80) DB 1981, 900; zust. *Hunold,* S. 168.

[116] ArbG Frankfurt/M. BB 1954, 1062; ebenso LAG Hamm (11. 5. 82) DB 1983, 235: Besuch eines Spielkasinos; zust. *Hunold,* S. 177; *von Hoyningen-Huene/Linck,* KSchG, § 1 Rdn. 340.

[117] LAG Bremen DB 1960, 1132.

[118] ArbG Stade (16. 10. 70) ARSt 1971, S. 31 Nr. 1034, betreffend einen Auszubildenden; zust. Kasseler Handbuch/*Taubert,* S. 1 Rz. 280; ErfK/*Schlachter,* § 15 BBiG Rdn. 5; siehe auch ArbG Iserlohn (23. 10. 80) ARSt 1981, S. 142 Nr. 1178.

[119] LAG Niedersachsen DB 1978, 749; zust. *Bauer/Röder/Lingemann,* S. 114; ArbG Iserlohn (23. 10. 80) ARSt 1981, S. 142 Nr. 1178; zust. *Vossen,* S 142 Rdn. 346.

[120] LAG Niedersachsen BB 1984, 1233; zust. *Besgen,* b + p 1984, S. 185; *Hunold,* S. 174; *Berkowsky,* Personenbedingte Kündigung, S. 177 Rdn. 85 m.N.; *von Hoyningen-Huene/Linck,* KSchG, § 1 Rdn. 340; *Däubler,* S. 598 Rdn. 1113; *Dörner/Luczak/Wildschütz,* D, Rdn. 1295.

[121] (3. 8. 98) LAGE Nr. 17 zu § 15 KSchG = BB 1999, 421.

[122] (9. 10. 74) DB 1974, 2212 = BB 1975, 93.

Urteil vom 9. 8. 1991[123]: Nach einer mehrwöchigen Erkrankung hatte die Arbeitnehmerin ihre Tätigkeit wieder aufgenommen, sich wegen eines Harnweginfekts aber erneut krankgemeldet und am Abend desselben Tages einen Polterabend besucht. Das BAG hat in einer Entscheidung vom 13. 11. 1979[124], die mehr als nur „Unbehagen" bereitet[125], die fristgerechte Kündigung eines Handlungsbevollmächtigten und Leiters der zentralen Verkaufssteuerung nicht bestätigt, der während einer attestierten Gelbsucht mit anderen Personen Gespräche mit dem Ziel geführt hatte, Bausparverträge oder Kapitalanlagen zu vermitteln oder Wein zu verkaufen. Voraussetzung für die Rechtswirksamkeit einer solchen Kündigung sei ein Verhalten, durch das der Heilungsprozess während der Behandlung verzögert werde, ein Verhalten des Arbeitnehmers, das eine Verlängerung der Krankheitszeit durch nicht krankheitsgemäßes Verhalten verursacht haben könnte. Unter ausdrücklicher Bezugnahme auf diese Entscheidung des BAG verneinte auch das LAG Baden-Württ.[126] das Vorliegen eines wichtigen Grundes im Zustimmungsersetzungsverfahren nach § 103 Abs. 2 BetrVG: Das Betriebsratsmitglied, das entlassen werden sollte, war 1993 an 48 Tagen arbeitsunfähig krankgeschrieben, hatte jedoch mit einer anderen Firma vereinbart, Brötchen gegen eine Vergütung von 0,08 DM pro Stück und Tag auszufahren. In der Zeit vom 1.–17. 12. 1993, 10.–28. 1. 1994 und ab. 14. 3. 1994 war er wegen Bandscheiben/Wirbelsäulenbeschwerden erneut krankgeschrieben. Ein Detektivbüro hatte festgestellt, dass der Arbeitnehmer an drei Tagen im März 1994 frühmorgens Brötchen ausgetragen hatte. Dennoch vertrat das LAG die Auffassung, es fehle jeglicher Anhaltspunkt dafür, dass der Arbeitnehmer seinem behandelnden Arzt eine Krankheit vorgetäuscht habe, um einer Nebentätigkeit nachgehen zu können. Zwar habe der Arbeitnehmer die Brötchen während der betrieblichen Arbeitszeit ausgefahren, jedoch mit dieser Tätigkeit am 25. und 29. 3. 1994 mehrere Stunden vor der betrieblichen Arbeitszeit begonnen. Überdies liege eine typologische Ungleichheit von Haupt- und Nebenbeschäftigung vor. Während er im Betrieb seines Arbeitgebers Gewichte bis zu 80 kg hätte heben müssen, hätten sich in einem Plastikgefäß (40 x 80 cm) jeweils nur 50–60 Brötchen befunden. Bei dieser Art der Nebentätigkeit habe es sich im Vergleich zu seiner Hauptbeschäftigung um eine solche von geringem Ausmaß und leichterer Art gehandelt, so dass bei fortbestehender Arbeitspflicht die vertraglich geschuldete Arbeitsleistung aus dem Hauptarbeitsverhältnis zweifellos nicht beeinträchtigt worden wäre. In einem anderen Fall hat hingegen das LAG Düsseldorf/Köln[127]

---

[123] – 6 Sa 282/91 – unv.
[124] AP Nr. 5 zu § 1 KSchG 1969 Krankheit = DB 1980, 741; zust. *Schwedes,* S. 243 Rdn. 485; KR-*Hillebrecht,* 4. Aufl., § 626 BGB Rdn. 320; KR-*Etzel,* § 1 KSchG Rdn. 491; *Berkowsky,* Personenbedingte Kündigung, S. 177 Rdn. 87; *Hako-Fiebig,* § 1 Rdn. 408; KR-*Fischermeier,* § 626 BGB Rdn. 434; *Kittner/Däubler/Zwanziger,* KSchR, § 626 BGB Rdn. 120 – **anderer Ans.** *Pauly,* DB 1981, 1282ff.; *Bauer/Röder/Lingemann,* S. 113; **kritisch** auch *U. Preis,* DB 1988, 1447; *Beckerle/Schuster,* S. 41 Rdn. 46a; *Olderog,* BB 1989, 1691; *Staudinger/Preis,* BGB, § 626 Rdn. 182.
[125] Dazu auch *Schiefer,* NZA 1994, 541; *Stahlhacke/Preis/Vossen,* Rdn. 725.
[126] (15. 5. 95) LAGE Nr. 12 zu § 103 BetrVG = b + p 1997, 249, mit zust. Anm. von *Bleistein.*
[127] (25. 6. 81) BB 1981, 1522f.; zust. *Hunold,* S. 167; *Feichtinger,* ArbR-Blattei, Krankheit II, Rdn. 127; siehe auch LAG Hamm (8.3.00) BB 2000, 1787 = MDR 2000, 1140.

eine fristgerechte Kündigung zu Recht bestätigt. Wenn die Arbeitnehmerin, so heißt es in den Entscheidungsgründen, für die Arbeiten als Küchenhilfe bei der Beklagten wegen Blutarmut und Kreislaufstörungen nicht in der Lage gewesen sei, dann hätte sie auch eine völlig gleichartige Tätigkeit als Putzfrau bei einem anderen Arbeitgeber während ihrer attestierten Arbeitsunfähigkeit nicht ausführen können. Nichts anderes gelte, so befand das BAG[128], wenn der Arbeitnehmer während seiner Krankschreibung private Tätigkeiten verrichte, die im Widerspruch zur attestierten Arbeitsunfähigkeit stünden. Mache ein arbeitsunfähig krankgeschriebener Arbeitnehmer seinem Arbeitgeber Konkurrenz, insbesondere wenn die dabei verrichteten Arbeiten nach der Art und der Schwere den vertraglich geschuldeten ohne weiteres vergleichbar seien, so rechtfertige dieses Verhalten in der Regel sogar eine fristlose Kündigung.[129] Die sofortige Entlassung hatte der Arbeitgeber in dem vom LAG Frankfurt/M.[129] entschiedenen Falle gegenüber einem Arbeitnehmer in „einem deutlich vorgerückten Alter" mit einer 15,5jährigen Betriebszugehörigkeit ausgesprochen. Das Interesse des Arbeitgebers an der sofortigen Beendigung des Arbeitsverhältnisses bewertete das Berufungsgericht höher als die lange Betriebszugehörigkeit und das Lebensalter des gekündigten Arbeitnehmers. Auch eine längere Arbeitslosigkeit fiel nicht zugunsten des Arbeitnehmers ins Gewicht. Das LAG München hat in einer Entscheidung vom 9. 9. 1982[130] ausgeführt: Es stelle für einen Arbeitgeber einen nicht mehr erträglichen Missbrauch der Krankschreibungsmöglichkeiten dar, wenn ein Arbeitnehmer solche Arbeitsleistungen nebenher erbringe, die durch die Krankschreibung erst ermöglicht würden. Einer Abmahnung bedürfe es nicht, da eine Störung im Vertrauensbereich vorliege.[131, 132]

---

[128] (27. 4. 94) NZA 1994, 683; zust. *Feichtinger,* ArbR-Blattei, Krankheit II, Rdn. 129.
[129] LAG Frankfurt/M. (15. 8. 85) BB 1986, 198 = LAGE Nr. 23 zu § 626 BGB; zust. *Hunold,* S. 173; MünchArbR/*Wank,* § 120 Rdn. 90; *Stahlhacke/Preis/Vossen,* Rdn. 712.
[130] DB 1983, 1931; zust. *Hunold,* S. 167; *Beckerle/Schuster,* S. 41 Rdn. 46 – **anderer Ans.** ArbG Köln (4. 7. 85) – 3 Ca 967/85 – unv.
[131] Zust. *Besgen,* b+p 1984, S. 67; *Beckerle/Schuster,* S. 42 Rdn. 47; *Hunold,* S. 167; BAG (26. 8. 93) NZA 1994, 63: auch Pflichtwidrigkeit im Leistungsbereich, die aber ausnahmsweise bei einer groben Pflichtverletzung keiner Abmahnung bedarf; gegen die Unterscheidung von Störungen im Leistungs- und Vertrauensbereich: *von Honyingen-Huene,* RdA 1990, 200 m.w.N.; *von Hoyningen-Huene/Linck,* KSchG, § 1 Rdn. 283 m.w.N.; MünchArbR/*Berkowsky,* § 137 Rdn. 363; *Berkowsky,* NZA-RR 2001, 72f.; *Walker,* NZA 1995, 604; *Staudinger/Preis,* BGB, § 626 Rdn. 116f.; *Stahlhakke/Preis/Vossen,* 7. Aufl., Rdn. 684; *Schaub,* NZA 1997, 1186; *U. Preis,* NZA 1997, 1077; *Däubler,* S. 597 Rdn. 1110; *Schwerdtner,* in: Müko-BGB, § 626 Rdn. 42; HK-KSchG/*Dorndorf,* § 1 Rdn. 601ff.; jetzt auch BAG (4. 6. 97) AP Nr. 137 zu § 626 BGB = NZA 1997, 1281, wenn steuerbares Verhalten des Arbeitnehmers in Betracht kommt; BAG (10. 2. 99) DB 1999, 1122; (11.3.99) AP Nr. 150 zu § 626 BGB, Bl. 1363; (8.6.00) NZA 2000, 1282f.; zust. HK-KSchG/*Dorndorf,* § 1 Rdn. 602; *Kammerer,* S. 185 Rdn. 368f.; für eine bedingte Abmahnung: *Dütz,* AuA 1993, 244.
[132] Die Unterscheidung zwischen Störungen im Leistungs- oder Vertrauensbereich dürfte nunmehr nicht mehr in Betracht kommen, da § 314 Abs. 2 BGB, Ausdruck eines allgemeinen zivilrechtlichen Grundsatzes, nur von Vertragspflichtverletzungen spricht, dazu etwa *Gotthardt,* S. 91 Rdn. 205; *Kleinebrink,* FA 2002, 226; *Stahlhacke/Preis/Vossen,* Rdn. 1172 – **anders** wohl *Berkowsky,* AuA 2002, 11 (14).

Auch das BAG[133] hielt je nach den Umständen des konkreten Einzelfalles eine
fristlose Entlassung ohne vorherige Abmahnung für gerechtfertigt, wenn ein
Schlosser während einer ärztlich bescheinigten Arbeitsunfähigkeit schichtweise bei
einem anderen Arbeitgeber einer Nebenbeschäftigung, einer nicht leichten Reini-
gungstätigkeit, nachgehe. Sei der Arbeitnehmer in der Lage, 8 Stunden täglich zu
arbeiten, habe er dies in seinem „Haupt-Arbeitsverhältnis" und nicht in einer Nebenbeschäftigung tun müssen. Zu demselben Ergebnis kam das LAG Hamm.[134]
Der Arbeitnehmer hatte schichtweise auf einem Wochenmarkt bei nasskaltem Wetter den Stand seiner Ehefrau auf- und abgebaut und dort für mehrere Stunden Waren verkauft. Wenn ein Arbeitnehmer trotz ärztlicher Krankschreibung seine bisherige Erwerbstätigkeit nahezu in gleichem Umfange fortsetze, entschied das OLG
Düsseldorf[135], spreche der Beweis des ersten Anscheins für die Arbeitsfähigkeit des
betreffenden Arbeitnehmers. Demgegenüber meinte das LAG Köln[136], ein Schadenssachbearbeiter, der als Betriebsratsvorsitzender „unkündbar" und nach seinem
Urlaubsende krankgeschrieben worden war, jedoch während dieser Zeit eine nicht
genehmigte Nebentätigkeit als geschäftsführender Gesellschafter einer ins Han-
delsregister eingetragenen Firma ausgeübt hatte, könne nicht fristlos entlassen werden. Weder habe dieser Arbeitnehmer eine unerlaubte Konkurrenztätigkeit ausgeübt noch durch seine Nebentätigkeit seine vertragliche Verpflichtung als
Schadenssachbearbeiter nicht mehr ordnungsgemäß erfüllt. Einen groben Verstoß
gegen die Pflicht zu gesundheitsförderndem Verhalten habe der Arbeitgeber nicht
nachgewiesen[137], wobei es allerdings ausreiche, dass die verrichtete Tätigkeit
grundsätzlich geeignet sei, die Genesung zu verzögern. Verrichte ein Arbeitnehmer
während seiner Krankschreibung eine vom Arbeitgeber hinzunehmende Nebentätigkeit, etwa als Karatetrainer, so soll nach Ansicht des ArbG Solingen[138] eine Kündigung nicht gerechtfertigt sein. Zu dem selben Ergebnis kam das LAG
München[139] hinsichtlich der fristlosen Entlassung einer tarifvertraglich nur noch
außerordentlich kündbaren, schwerbehinderten Sachbearbeiterin, die während ihrer Krankschreibung u.a. in einer Tankstelle und als Propagandistin in einem Supermarkt gearbeitet hatte. Nach dem Ergebnis der Beweisaufnahme sei nicht bewiesen, dass sich durch das Verhalten der Klägerin der Heilungsverlauf ihrer
Erkrankung verzögert habe. Ebenso befand das LAG Köln in einem Urteil vom

---

[133] (26. 8. 93) AP Nr. 112 zu § 626 BGB = NZA 1994, 63 = BB 1994, 142; zust. *Künzl/Weinmann*, AuR 1996, 261; KR-*Etzel*, § 1 KSchG Rdn. 491; *von Hoyningen-Huene/Linck*, KSchG, § 1 Rdn. 286a, 340, 347a; *Dörner/Luczak/Wildschütz*, D, Rdn. 1297; *Beckerle/Schuster*, S. 41 Rdn. 46b; *Hoß*, MDR 1998, 874; KPK-*Schiefer*, § 1 KSchG Rdn. 323; *Kammerer*, S. 213 Rdn. 425; *Kittner/Däubler/Zwanziger*, KSchR, § 626 BGB Rdn. 120; *Kleinebrink*, Abmahnung, S. 52 Rdn. 158, S. 53 Rdn. 161; HK-KSchG/*Dorndorf*, § 1 Rdn. 618.
[134] (2.2.95) LAGE Nr. 3 zu § 67 ArbGG 1979, S. 10.
[135] (18. 9. 98) NZA-RR 1999, 10f.; zust. *Kaiser/Dunkl/Hold/Kleinsorge*, EFZG, § 5 Rdn. 61.
[136] (7. 1. 93) LAGE Nr. 69 zu § 626 BGB; zust. *Kittner/Däubler/Zwanziger*, KSchR, § 1 KSchG Rdn. 220; *Erman/Belling*, BGB § 626 Rdn. 64 – **anderer Ans.** zu Recht *Hunold*, BB 1994, 144; **kritisch** auch *Beckerle/Schuster*, S. 43 Rdn. 48a.
[137] Siehe dazu auch LAG Köln (23. 8. 96) NZA-RR 1997, 338f.; *Hako-Fiebig*, § 1 Rdn. 408.
[138] (13. 5. 82) ARSt 1983, S. 175 Nr. 1215 – **kritisch** *Hunold*, S. 172.
[139] (3.11.00) LAGE Nr. 131 Nr. zu § 626 BGB.

9. 10. 1998[140]: Die körperliche Betätigung während der Krankschreibung eines an einem Rückenleiden erkrankten Maschinenführers, der einem Freund bei Wohnungsrenovierungsarbeiten geholfen hatte, stelle keinen fristgerechten Kündigungsgrund dar, weil im Falle einer vom Arbeitgeber behaupteten Gefährdung des Heilungsverlaufes grundsätzlich eine erfolglose Abmahnung erforderlich sei. Dies meinte auch das LAG Schleswig-Holstein[141], wenn sich der Abeitgeber auf gesundheitswidriges Verhalten des Arbeitnehmers als Entlassungsgrund berufe.

428a Im Rahmen des Bundesdisziplinarrechts war darüber zu befinden, ob einem Beamten, der wegen Krankheit längere Zeit keinen Dienst verrichtet, während dieser Zeit aber ohne Nebentätigkeitsgenehmigung einen eigenen Gewerbebetrieb aufgebaut und betrieben hatte, nach Eintritt in seinen Ruhestand das Ruhegehalt aberkannt werden dürfe. Dies bejahte das BVerwG in einer Entscheidung vom 1. 6. 1999.[142] Der Beamte habe seine ihm obliegende „Pflicht zur Gesunderhaltung" nach § 54 Satz 1 BBG vorsätzlich verletzt. Eines konkreten Nachweises, dass die Nebentätigkeit den Gesundungsprozess behindert oder verzögert habe, bedürfe es nicht. Es reiche aus, dass die Nebentätigkeit generell geeignet sei, die alsbaldige und nachhaltige Genesung zu beeinträchtigen.

b) Schrifttum

429 Ähnlich wie die arbeitsrechtliche Rechtsprechung steht die arbeitsrechtliche Literatur ganz überwiegend auf dem Standpunkt, dass bei grober bzw. nicht geringfügiger Verletzung der „Pflicht" zu gesundheitsförderndem Verhalten der Arbeitgeber zur fristlosen, jedenfalls zur fristgerechten Entlassung befugt sei. Das soll insbesondere dann gelten, wenn ein ohne Ausgeherlaubnis krankgeschriebener Arbeitnehmer einer anderweitigen Erwerbstätigkeit nachgehe[143], Gast- oder Vergnügungsstätten aufsuche[144] oder an Sportveranstaltungen teilnehme.[144] Ein solches Verhalten sei nämlich geeignet, den Heilungsprozess zu verzögern, was regelmäßig auch der Fall sei, allgemeiner formuliert, wenn der Arbeitnehmer ein gesundheitswidriges Verhalten zeige, das nach der Art und Schwere der Krankheit aus medizinischer Sicht nicht gebilligt werden könne[145], wenn der Arbeitnehmer durch Zuwiderhandlungen gegen ärztliche Anordnungen den Genesungsprozess aufs Spiel

---

[140] NZA-RR 1999, 188f. = ZTR 1999, 139 (Ls), zust. APS/*Dörner*, § 1 KSchG Rdn. 322; siehe dazu auch LAG Köln (7. 1. 93) AiB 1993, 471; *Kittner/Däubler/Zwanziger*, KSchR, § 626 BGB Rdn. 120; *Backmeister/Trittin*, KSchG, § 1 Rdn. 235 – **kritisch** KPK-*Schiefer*, § 1 KSchG Rdn. 323 a.
[141] (10.8.99) ARSt 2000, S. 10f.
[142] BVerwG E 113, 337ff. = NJW 2000, 1585ff. = ZBR 2000, 47ff.
[143] Vgl. *Palme*, BlStSozArbR 1967, 125; KR-*Hillebrecht*, 4. Aufl., § 626 BGB Rdn. 320; *Stahlhacke/Preis/Vossen*, 7. Aufl., Rdn. 553, die aber fordern, dass die Genesung verzögert bzw. beeinträchtigt (*U. Preis*, Arbeitsrecht, S. 714; *Gitter/Michalski*, S. 95) worden ist; ähnlich *Schaub/Linck*, S. 1427 Rdn. 93; BGB-RGRK, § 626 Rdn. 103; *Schwerdtner*, in: Müko-BGB, § 626 Rdn. 108 – **anders** *Trappe*, S. 215, 251: nur ordentliche Kündigung.
[144] *Palme*, BlStSozArbR 1967, 125.
[145] *Wallmeyer*, S. 45f.; ähnlich *Foltyn*, S. 139.

setze¹⁴⁶, wenn er in schwerwiegendem Maße oder wiederholt die Genesung verzögert oder gar die Krankheit verschlimmert¹⁴⁷ bzw. grobe Verstöße gegen seine Verpflichtung als Kranker begangen habe.¹⁴⁸ Vorwerfbar und deshalb kündigungsrelevant sei ein Verhalten, durch das nach der Lebenserfahrung die objektive Gefahr bestehe, dass die Genesung des Arbeitnehmers verzögert werde.¹⁴⁹ Der Nachweis einer tatsächlichen Verzögerung des Heilungsprozesses sei nicht notwendig.¹⁵⁰ Bei genesungswidrigem Verhalten sei regelmäßig eine Abmahnung erforderlich.¹⁵¹ Vereinzelt¹⁵² werden vorsätzlich begangene Verstöße gegen diese „außerdienstliche" Verhaltenspflicht verlangt. *Galahn*¹⁵³ zufolge ist eine ordentliche Kündigung nur gerechtfertigt, wenn der Verstoß zu einer Verzögerung oder nachteiligen Beeinflussung des Genesungsprozesses geführt habe. Die abstrakte Möglichkeit der Heilungsverzögerung reiche ebensowenig aus wie ein geringfügiger Verstoß. Demgegenüber vertritt *Schäfer*¹⁵⁴ die Auffassung, ein gesundheitsschädigendes Verhalten des Arbeitnehmers sei für eine verhaltensbedingte Kündigung in der Regel irrelevant, da den Arbeitnehmer weder eine Nebenpflicht noch eine Obliegenheit zu einem gesundheitsfördernden Verhalten treffe, es sei denn, dieses Verhalten gehöre zur Zielsetzung des Arbeitgebers und damit unmittelbar zum Betriebszweck.

c) Stellungnahme und eigene Lösung

aa) Der Arbeitnehmer verstößt nicht gegen ärztliche Anordnungen

Wie dargelegt, muss nicht jede Krankheit des Arbeitnehmers dessen Arbeitsunfähigkeit zur Folge haben. Entscheidend kommt es vielmehr darauf an, was für eine

430

---

[146] *Trappe*, S. 193, 250; ähnlich *Schleßmann*, Lösung von Arbeitsverhältnissen, S. 248, 260; *Brill*, DOK 1975, 819, aber nur ordentliche Kündigung, wenn das Fehlverhalten keine gewichtigen Folgen habe und das Verschulden des Arbeitnehmers nicht schwer wiege; ähnlich schon *Hessel*, S. 23 f.
[147] *Knorr/Bichlmeier/Kremhelmer*, S. 512 Rdn. 95; *Hunold*, BB 1994, 144; *Schwedes*, S. 307 Rdn. 620: Genesung und damit die Wiedererlangung der Arbeitsfähigkeit müsse sich verzögert haben; MünchArbR/*Berkowsky*, § 137 Rdn. 213; *Schwerdtner*, in: Müko-BGB, vor § 620 Rdn. 446, 489: bloße Möglichkeit der Gesundheitsgefährdung reicht aus.
[148] *Schelp/Trieschmann*, S. 252; *Hunold*, S. 165; *Däubler*, S. 598 Rdn. 1113: durch grob leichtfertiges Verhalten Krankheit erheblich verlängert.
[149] *Berkowsky*, Personenbedingte Kündigung, S. 177 Rdn. 86; ders., NZA-RR 2001, 59; ähnlich *Künzl/Weinmann*, AuR 1996, 261; *Knorr/Bichlmeier/Kremhelmer*, S. 512 f. Rdn. 95.
[150] *Feichtinger*, ArbR-Blattei, Krankheit I, Rdn. 209; *Hunold*, S. 178, unter Hinweis auf LAG Hamm (28. 8. 91) DB 1992, 431; *Staudinger/Preis*, BGB, § 626 Rdn. 183; *Löwisch*, KSchG, § 1 Rdn. 163; KR-*Etzel*, § 1 KSchG Rdn. 482; *Schwerdtner*, in: Müko-BGB, § 626 Rdn. 108, § 622 Anh. Rdn. 347; *von Hoyningen-Huene/Linck*, KSchG, § 1 Rdn. 339; *Hoefs*, S. 324; APS/*Dörner*, § 1 KSchG Rdn. 321; *Wertheimer/Krug*, BB 2000, 1463.
[151] *Künzl/Weinmann*, AuR 1996, 262; *Hako-Fiebig*, § 1 KSchG Rdn. 368; *Feichtinger*, ArbR-Blattei, Krankheit I, Rdn. 211; *Berkowsky*, NZA-RR 2001, 59 – **anders** wohl *Kammerer*, S. 246 Rdn. 487.
[152] *Kammerer*, S. 246 Rdn. 487.
[153] S. 139; so auch *Bobke*, S. 385; *Geyer/Knorr/Krasney*, EFZG, § 3 Rdn. 142; HK-KSchG/*Dorndorf*, § 1 Rdn. 763; *Kittner/Däubler/Zwanziger*, KSchR, § 1 KSchG Rdn. 219; siehe auch *Schaub*, S. 1466 Rdn. 30; *Kaiser/Dunkl/Hold/Kleinsorge*, EFZG, § 3 Rdn. 97; *Feichtinger/Huep*, ArbR-Blattei, Kündigung VIII, Rdn. 255; *Elsner*, S. 66; KR-*Fischermeier*, § 626 BGB Rdn. 429; wohl auch *Dörner/Luczak/Wildschütz*, D, Rdn. 1295.
[154] NZA 1992, 531 f.; siehe auch *Stahlhacke/Preis/Vossen*, Rdn. 712.

Arbeitsleistung der Arbeitnehmer zu erbringen hat. Zieht sich ein Arbeitnehmer eine Knöchelverstauchung oder -zerrung zu, dann wird dieser Zustand zum Beispiel bei einem Büroangestellten mit überwiegend sitzender Tätigkeit nicht zu dessen Arbeitsunfähigkeit führen[155], wohl aber bei einer Tätigkeit, die nur oder überwiegend stehend ausgeübt werden kann.

Ebensowenig wie jede Krankheit die Unmöglichkeit zur Folge hat, die geschuldete Leistung ganz oder teilweise zu erbringen, ergibt sich aus einer von einem Arzt bescheinigten Arbeitsunfähigkeit nicht zwangsläufig, dass sich der Arbeitnehmer außerhalb des Dienstes nicht anderweitig betätigen darf. So wird ein wegen eines vorübergehenden Augenleidens arbeitsunfähig krankgeschriebener Uhrmacher in der Regel keine arbeitsrechtlich relevante Obliegenheit verletzen, wenn er etwa in ein Konzert geht. Es erscheint auch unbedenklich, wenn sich der Arbeitnehmer während seiner Krankheit um seinen Haushalt kümmert, soweit er dadurch nicht gegen ärztliche Verhaltensregeln verstößt.[156] Liegt in diesen Fällen nicht einmal eine Obliegenheitsverletzung vor, dann ist für den Ausspruch einer Kündigung erst recht kaum Raum.[157] Darauf, ob ein solches Verhalten des Arbeitnehmers „einen ernsten Verstoß gegen die Anstandspflicht"[158] darstellt, kann es kündigungserheblich nicht ankommen.

bb) Der Arbeitnehmer verhält sich nicht krankheitsgemäß

431 Eine fristlose Kündigung kommt vor allem in Betracht, wenn der Vertragspartner eine sich aus dem Arbeitsverhältnis ergebende Pflicht schuldhaft verletzt.[159] Verneint man freilich eine entsprechende arbeitsvertragliche Nebenpflicht des Arbeitnehmers zu gesundheitsförderndem Verhalten und nimmt nur das Bestehen einer Obliegenheit an, deren Verletzung nicht einmal den Tatbestand der Rechtswidrigkeit erfüllt[160], wäre eine deswegen ausgesprochene Kündigung rechtsunwirksam. Es entspricht jedoch allgemeiner Auffassung[161], dass auch ohne eine schuldhafte Vertragsverletzung eine fristlose Kündigung gerechtfertigt sein kann, wenn nur die Fortsetzung des Arbeitsverhältnisses dem Vertragsgegner unter Berücksichtigung aller Umstände des Einzelfalles und unter Abwägung der Interessen beider Vertragsteile bis zum Ablauf der Kündigungsfrist oder bis zur vereinbarten Beendi-

---

[155] Vgl. auch ArbG Kaiserslautern (15. 2. 56) ARSt Bd. XVI, S. 53 Nr. 143: Wer während der Krankschreibung körperliche Arbeiten verrichten kann, sollte auch in der Lage sein, eine Tätigkeit als Lohnbuchhalter auszuüben.
[156] Zutreffend ArbG Bad Oldesloe ARSt 1969, S. 24 Nr. 22; ähnlich *Künzl/Weinmann*, AuR 1996, 261.
[157] Im Ergebnis ebenso; MünchArbR/*Berkowsky*, § 137 Rdn. 215 (siehe aber NZA-RR 2001, 59); *Kittner/Däubler/Zwanziger*, KSchG Rdn. 219.
[158] So aber *Pauly*, DB 1981, 1284.
[159] Statt vieler *Hueck/Nipperdey*, Bd. I, S. 582; BAG (20. 2. 75) JZ 1975, 737, mit Anm. von *Säcker*.
[160] *R. Schmidt*, Obliegenheiten, S. 318; *Hanau*, AcP Bd. 165, 239.
[161] Statt vieler *Hueck/Nipperdey*, Bd. I, S. 582; *Palandt/Putzo*, BGB, § 626 Rdn. 41; *Staudinger/Preis*, BGB, § 626 Rdn. 64, 79; BAG (3. 11. 55) AP Nr. 4 zu § 626 BGB, mit Anm. von *A. Hueck*; (14. 10. 65) AP Nr. 27 zu § 66 BetrVG, mit Anm. von *Wiedemann*; (10. 3. 77) AP Nr. 9 zu § 313 ZPO; (21.1.99) BB 1999, 1819 m. w. N. – **anders** *Berkowsky*, NZA-RR 2001, 4 m. w. N.

gung nicht mehr zugemutet werden kann. Deshalb bedarf es der Prüfung, ob und wann das außerdienstliche Verhalten des Arbeitnehmers überhaupt zur Rechtfertigung einer fristlosen Kündigung herangezogen werden kann.

Will der Arbeitgeber aus dem Privatleben des Arbeitnehmers Kündigungsgründe herleiten, dann muss Bedacht darauf genommen werden, dass die persönliche Unabhängigkeit des Arbeitnehmers gefährdet wäre, wollte man die Beurteilung der Frage, ob die Gefahr einer Schädigung eigener Interessen aus dem Privatleben des Arbeitnehmers besteht, dem Ermessen des Arbeitgebers überlassen.[162] Nur ausnahmsweise wird man deshalb die Voraussetzungen für das Vorliegen eines wichtigen Grundes im Sinne von § 626 Abs. 1 BGB als erfüllt ansehen können, wenn das außerdienstliche Verhalten direkt oder indirekt auf das Arbeitsverhältnis zurückwirkt[163] und dadurch schutzwürdige Interessen des Arbeitgebers verletzt werden, wobei bei nicht pflichtwidrigem, jedenfalls nicht rechtswidrigem Verhalten außerdienstlicher Art darauf abzustellen sein wird, ob aus dem Verhalten des Arbeitnehmers im Privatleben sichere Rückschlüsse darauf gezogen werden können, dass sich der Arbeitnehmer für die Erfüllung der vertraglich geschuldeten Arbeitsleistung nicht eignet.[164]

432

Wie ausgeführt, verschafft die sich aus § 611 BGB ergebende Arbeitspflicht dem Arbeitgeber lediglich einen Anspruch, über die geschuldeten Dienste zu verfügen, nicht aber ein Recht auf ein bestimmtes außerdienstliches Verhalten des Arbeitnehmers. Hält sich der Arbeitnehmer nicht leistungsfähig, hat er grundsätzlich die rechtlichen Folgen seiner Leistungsunfähigkeit zu tragen. Ein nicht der Krankheit gemäßes Verhalten wird in aller Regel noch nicht den Schluss zulassen, der Arbeitnehmer sei ungeeignet, die geschuldete Leistung zu erbringen. Anderenfalls müsste dann ein Recht zur fristlosen Kündigung anerkannt werden, wenn der Arbeitnehmer die krankheitsbedingte Arbeitsunfähigkeit schuldhaft verursacht hat. Dass davon im Allgemeinen keine Rede sein kann, bedarf keiner näheren Darlegung. Es kann insoweit im Wesentlichen nur darum gehen, ob in derartigen Fällen der Vergütungsfortzahlungsanspruch wegfällt.[165]

Obliegenheitsverletzungen führen, wenn – wie vorliegend – gesetzliche oder vertragliche Regelungen bezüglich der eintretenden Rechtsfolgen fehlen, lediglich dazu, dass der Vertragspartner von der Verpflichtung zur Leistung frei wird, ohne dass der rechtliche Bestand des Schuldverhältnisses davon betroffen wird.[166] Scha-

433

---

162 So auch *Wallmeyer*, S. 76.
163 Vgl. *Hueck/Nipperdey*, Bd. I, S. 586; KR-*Hillebrecht*, 4. Aufl., § 626 BGB Rdn. 91; *Stahlhacke/Preis/Vossen*, Rdn. 697; siehe auch *Künzl/Weinmann*, AuR 1996, 263: Bei genesungswidrigem Verhalten rechtfertige nur eine schwere Beeinträchtigung des Betriebes durch die länger dauernde Arbeitsunfähigkeit eine fristlose Kündigung.
164 Ebenso *Wallmeyer*, S. 79.
165 Einzelheiten dazu auch mit Nachweisen aus der Rechtsprechung bei *Lepke*, DB 1974, 481 f.; siehe auch *Schaub/Linck*, S. 1039 Rdn. 44; ErfK/*Dörner*, § 3 EFZG Rdn. 62.
166 *R. Schmidt*, S. 264, ausdrücklich aber nur für versicherungsrechtliche Obliegenheiten.

densersatz- oder Erfüllungsansprüche werden dadurch nicht ausgelöst.[167] Auf das einzelne Arbeitsverhältnis übertragen bedeutet das, dass sich die Ausübung eines Rechts als unzulässiger Rechtsmissbrauch darstellt, wenn das Recht zwar ohne pflichtwidriges Verhalten entstanden ist, die Geltendmachung jedoch mit dem früheren, nach der Entstehung liegenden Verhalten des Berechtigten nicht vereinbar erscheint.[168] Damit fügt sich die Obliegenheit – ein Ausdruck, der § 6 VVG entlehnt worden ist[169] – als Gebot des eigenen Interesses in das Prinzip ein, das jedes „venire contra factum proprium" verbietet.[170] Es werden also der Rechtsausübung des Rechts- oder Forderungsinhabers Schranken gesetzt, während dem Vertragspartner normalerweise ein Gestaltungsrecht, etwa in der Art einer fristlosen Kündigung nicht zusteht.[171]

434 Als maßgeblich für die Frage, ob beim Verstoß gegen ärztliche Verhaltensregeln ein Grund für den Ausspruch einer ordentlichen Kündigung vorliegt, ist allein darauf abzustellen, ob dadurch die Krankheit bzw. der Genesungsprozess verzögert oder nachteilig beeinflusst worden ist. Liegen diese Voraussetzungen vor, dann wird in aller Regel eine fristgerechte Kündigung nicht zu beanstanden sein[172], während die bloß abstrakte Möglichkeit einer Verzögerung des Heilungsverlaufes im Allgemeinen nicht ausreicht.[173] Steht objektiv fest, dass die Wiederherstellung der Gesundheit des Arbeitnehmers im Zeitpunkt der Zuwiderhandlung gar nicht möglich war, etwa bei behördlich attestierter Erwerbsunfähigkeit, kommt schon begrifflich eine „grobe Pflichtverletzung des gesundheitsfördernden Verhaltens" nicht in Betracht.[174] Anders verhält es sich, wenn der Arbeitnehmer während der

---

[167] Vgl. die Nachweise bei *Henss*, S. 95, 97; *Erman/Werner*, BGB Einl. § 241 Rdn. 32; *Fikentscher*, S. 56 Rdn. 56, S. 36 Rdn. 32; *Kramer*, in: Müko-BGB, Bd. 2, Einl. Rdn. 49; BGH (2.11.94) NJW 1995, 402.

[168] Vgl. *Soergel/Siebert/Knopp*, BGB, § 242 Anm. 229; zur Anwendung dieses Grundsatzes im Arbeitsrecht siehe insbesondere *Steudle*, Diss., S. 18.

[169] Siehe dazu *Henss*, S. 18 m.N.

[170] *R. Schmidt*, S. 111, 314; *Hanau*, AcP, Bd. 165, 239; allgemein dazu *U. Preis*, Prinzipien, S. 369f. – Bedenken bei *Staudinger/Weber*, BGB, 11. Aufl. 1967, Bd. II, Einl. Rdn. M 20.

[171] Im Ergebnis so auch Adam, AuR 2001, 44. Soweit ausnahmsweise ein Kündigungs- oder Rücktrittsrecht gesetzlich anerkannt wird, § 40 VVG, handelt es sich um eine nicht verallgemeinerungsfähige Besonderheit gegenüber der allgemeinen bürgerlich-rechtlichen Regelung, siehe dazu *R. Schmidt*, S. 264.

[172] Im Ergebnis ebenso *Neumann*, NJW 1978, 1842; *Palme*, BlStSozArbR 1967, 125; *Hunold*, S. 165; LAG Düsseldorf/Köln BB 1964, 884; LAG Baden-Württ./Stuttgart BB 1966, 821; siehe auch LAG Hamm DB 1970, 2380; zust. *von Hoyningen-Huene/Linck*, KSchG, § 1 Rdn. 339; *Feichtinger*, S. 181; *Feichtinger/Pohl*, DB 1984, Beilage Nr. 4, S. 10; *Hummel*, S. 107.

[173] Zutreffend LAG Niedersachsen BB 1984, 1233; LAG München (3.11.00) LAGE Nr. 131 zu § 626 BGB, S. 11; wohl auch *Erman/Belling*, BGB, § 626 Rdn. 64 – **anders** BAG (14.12.79) AP Nr. 71 zu § 626 BGB = BB 1980, 579; (26.8.93) AP Nr. 112 zu § 626 BGB = NZA 1994, 63; LAG Hamm (11.9.87) LAGE Nr. 14 zu § 1 KSchG Verhaltensbedingte Kündigung; (28.8.91) DB 1992, 431; LAG Köln (7.1.93) DB 1993, 941 = LAGE Nr. 69 zu § 626 BGB: Es reiche aus, dass die verrichtete Tätigkeit grundsätzlich geeignet ist, die Genesung zu verzögern; so auch *Schwedes*, S. 307 Rdn. 620; ErfK/*Müller-Glöge*, § 626 Rdn. 142 (anders wohl Rdn. 132); *Feichtinger*, ArbR-Blattei, Krankheit II, Rdn. 127.

[174] Zutreffend LAG Hamm (8.3.00) BB 2000, 1787; LAG München (3.11.00) LAGE Nr. 131 zu § 626 BGB, S. 11.

Krankschreibung nicht nur arbeitsrechtlich neutrale Hilfsleistungen erbringt, sondern seinem Arbeitgeber Konkurrenz macht und dabei Arbeiten verrichtet, die nach ihrer Art und Schwere denen vom Arbeitnehmer vertraglich geschuldeten ohne weiteres vergleich sind.[175] In derartigen Fällen muss davon ausgegangen werden, dass der Arbeitnehmer in Wahrheit nicht arbeitsunfähig krank ist und sich gegenüber seinem Arbeitgeber vertragswidrig verhält.

Inwieweit sich die Einführung des Sozialversicherungsausweises, § 95 SGB IV, am 1.7 1991, ein weiteres Kontrollinstrument, um die Schwarzarbeit zu bekämpfen und den Leistungsmissbrauch durch den Arbeitnehmer einzuschränken, insbesondere bei einer anderweitigen Verwertung seiner Arbeitskraft im Krankheitsfalle, als wirksames Mittel erweist, erscheint fraglich. Im Rahmen einer „Kann"-Bestimmung hat der Arbeitgeber allerdings die Möglichkeit, die Gewährung der krankheitsbedingten Vergütungsfortzahlung von der Hinterlegung des Sozialversicherungsausweises abhängig zu machen, § 100 Abs. 2 SGB IV. Das Vorlageverlangen muss billigem Ermessen, § 315 Abs. 1 BGB, entsprechen, wobei es darauf ankommt, ob im konkreten Einzelfall die Gefahr eines unberechtigten Leistungsbezuges entstehen könnte.[176] Streitig ist indessen, ob § 100 Abs. 2 SGB IV ein peremptorisches oder nur ein dilatorisches (zeitweises) Leistungsverweigerungsrecht des Arbeitgebers normiert hat. Soll der gesetzgeberische Zweck dieser Vorschrift erreicht werden, eine andere berufliche Tätigkeit des Arbeitnehmers während seiner Krankschreibung zu unterbinden, spricht vieles dafür, dass die unterbliebene Hinterlegung des Sozialversicherungsausweises zum endgültigen Verlust des Entgeltfortzahlungsanspruches führt[177], da anderenfalls der Zweck der gesetzlichen Regelung – die Hinterlegung soll sicherstellen, dass der Arbeitnehmer während der Entgeltfortzahlung zeitgleich nicht anderweitig Arbeitsentgelt erhält – vereitelt werden würde. Verletzt der Arbeitnehmer seine arbeitsvertragliche Hinterlegungspflicht, kann jedoch nach erfolgloser Abmahnung im Wiederholungsfall auch eine außerordentliche (verhaltensbedingte) Kündigung in Betracht kommen.[178]

435

---

[175] Ebenso LAG Düsseldorf/Köln BB 1981, 1522; LAG München DB 1983, 1931; LAG Frankfurt/M. LAGE Nr. 23 zu § 626 BGB; allgemein dazu BAG (16.8.90) NZA 1991, 141.
[176] Vgl. *Gola*, BB 1994, 1351 m.w.N.; *ders.*, BB 1995, 2322.
[177] Ebenso *Gola*, BB 1994, 1352; *ders.*, BB 1995, 2322; *Böhm*, NZA 1995, 1092f.; *Berenz*, DB 1995, 2167; *Bauer/Röder/Lingemann*, S. 71; *Brecht*, EFZG, § 7 Rdn. 14; ErfK/*Dörner*, § 7 EFZG Rdn. 25; LAG Hamm (7.9.93) BB 1994, 431; ArbG Ulm (16.6.93) BB 1993, 1877; ArbG Hannover (20.1.98) DB 1998, 2277 – **anderer Ans.** BAG (14.6.95) AP Nr. 1 zu § 100 SGB IV = NZA 1995, 1102 = SAE 1996, 62, mit zust. Anm. von *Misera*; (19.2.97) AP Nr. 4 zu § 3 EntgeltFG, mit Anm. von *Schmitt* = NZA 1997, 652 = SAE 1998, 81, mit Anm. von *Oetker*; *Schaub/Linck*, S. 1065 Rdn. 199; *Schmitt*, EFZG, § 7 Rdn. 22; *Staudinger/Oetker*, BGB, § 616 Rdn. 515; *Geyer/Knorr/Krasney*, EFZG, § 7 Rdn. 42; *Feichtinger*, ArbR-Blattei, Krankheit III, Rdn. 188; *Müller/Berenz*, EFZG, § 3 Rdn. 74f., § 7 Rdn. 29; *Erman/Belling*, BGB, § 616 Rdn. 150; *Kunz/Wedde*, EFZR, § 7 EFZG Rdn. 2; *Kittner/Zwanziger/Schoof*, § 58 Rdn. 308; BAG (21.8.97) AP Nr. 2 zu § 100 SGB IV = NZA 1998, 424, sogar für den Fall, dass der Ausweis erst nach der Beendigung des Arbeitsverhältnisses vorgelegt wird; so auch *Worzalla/Süllwald*, EFZG, § 7 Rdn. 29.
[178] So auch *Staudinger/Oetker*, BGB, § 616 Rdn. 339.

436 Problematischer sind die Fälle, in denen das außerdienstliche Verhalten des Arbeitnehmers nicht zu einer tatsächlichen Verzögerung des Heilungsprozesses geführt hat, obwohl der Arbeitnehmer den ärztlichen Anordnungen oder Verhaltensregeln zuwider gehandelt hat. Wenn man das Gebot, sich während der Krankschreibung dementsprechend zu verhalten und alles zu unterlassen, was die Wiederherstellung der Gesundheit verzögert oder gar verschlimmert, als Schadensfernhaltungsobliegenheit versteht, dann ist selbst für eine fristgerechte Kündigung kein Raum[179], da in der zurechenbaren Sphäre des Arbeitgebers kein relevanter vermögenswerter Nachteil entstanden ist. Allein darauf, ob der Arbeitnehmer die Gefährdung seiner Gesundheit fahrlässig in Kauf genommen hat[180], kann es nicht ankommen. Etwas anderes gilt nur dann, wenn der Arbeitnehmer aufgrund seiner Stellung im Betrieb, zum Beispiel in leitender Position, auch gegenüber den anderen Mitarbeitern durch sein außerdienstliches Verhalten im besonderen Maße auf die betrieblichen Belange Rücksicht nehmen muss. Nimmt jedoch ein Arbeitnehmer während seiner Krankschreibung an einer außerbetrieblichen Veranstaltung teil, die bei verständiger Betrachtung aus der Sicht des Arbeitgebers an die körperliche und/oder geistige Leistungsfähigkeit des Arbeitnehmers ähnliche oder vergleichbare Anforderungen wie seine vertragliche Arbeitspflicht stellt, dann liegt in einem solchen Verhalten regelmäßig eine Vertragsverletzung, die der Arbeitgeber je nach der Art, Schwere und Dauer zum Anlass für eine Kündigung nehmen kann.

3. bei fehlendem Arbeitswillen

437 Es sollte an sich selbstverständlich sein, dass ein Arbeitnehmer nur unter der Voraussetzung von seiner Arbeitspflicht befreit ist, wenn er diese infolge seiner krankheitsbedingten Arbeitsunfähigkeit nicht erfüllen kann. Folglich kann es keinem Zweifel unterliegen, dass ein Arbeitnehmer, der seine Krankheit vortäuscht, dadurch eine schwere Vertragsverletzung begeht und deshalb aus verhaltensbedingten Gründen fristlos[181], mindestens aber fristgerecht entlassen werden darf, und

---

[179] So im Ergebnis auch *Neumann*, Kündigung bei Krankheit, 3. Aufl., S. 19, obwohl er sogar vom Bestehen einer allgemeinen Vertragspflicht ausgeht; wohl auch LAG Düsseldorf/Köln BB 1958, 776; zust. *Schaub*, S. 1466 Rdn. 30; *Hunold*, S. 165.

[180] In diesem Sinne aber *Palme*, BlStSozArbR 1967, 125; *Willemsen*, DB 1981, 2619; wohl auch *Foltyn*, S. 139, der sogar einer fristlosen Entlassung das Wort redet, „wenn er (der Arbeitnehmer) den Gesundungsprozess aufs Spiel setzt"; vgl. auch LAG Baden-Württ./Stuttgart BB 1966, 821.

[181] Ebenso BAG (5.11.92) NZA 1993, 308 = BB 1993, 434; (26.8.93) NZA 1994, 63ff. = AP Nr. 112 zu § 626 BGB = BB 1994, 142, mit zust. Anm. von *Hunold*; (21.3.96) NZA 1996, 1030ff. = EWiR § 123 BGB 3/96, 965 *(Künzl)*; LAG Berlin (3.8.98) LAGE Nr. 17 zu § 15 KSchG = BB 1999, 421; LAG Köln (23.8.96) NZA-RR 1997, 339; (9.10.98) ZTR 1999, 139; (14.9.00) ZTR 2001, 138; (17.4.02) MDR 2002, 1130; LAG München (3.11.00) LAGE Nr. 131 zu § 626 BGB; *Schaub/Linck*, S. 1426 Rdn. 92; *Schaub*, S. 1476 Rdn. 29, S. 1483 Rdn. 48; *Lepke*, NZA 1995, 1091; *Löwisch*, KSchG, § 1 Rdn. 129, 164; *Kramer*, BB 1996, 1585; *Künzl/Weinmann*, AuR 1996, 257; *Schmitt*, EFZG, § 5 Rdn. 148; *Däubler*, S. 609 Rdn. 1135; *Edenfeld*, DB 1997, 2273; KR-*Etzel*, § 1 KSchG Rdn. 322, 485; HK-KSchG/*Dorndorf*, § 1 Rdn. 756, 757; *Bader/Bram/Dörner/Wenzel*, KSchG, § 1 Rdn. 253; *Dörner/Luczak/Wildschütz*, D, Rdn. 721; *Kittner/Däubler/Zwanziger*, KSchR, § 1 KSchG Rdn. 217: i.d.R. nur ordentliche Kündigung bei Ankündigung und Androhung des Krank-

zwar auch dann, wenn der Arbeitgeber nicht zu einem bestimmten Verhalten genötigt werden soll.[182] Dass durch eine solche rechtswidrige Verhaltensweise eines Arbeitnehmers auch die übrigen Mitarbeiter des Betriebes, die Versicherungsgemeinschaft und die Allgemeinheit nicht unerheblich belastet werden, erscheint evident. Auch im Rahmen eines Berufsausbildungsverhältnisses kann eine erschlichene Krankschreibung und die darin liegende Täuschung die Basis für die Fortsetzung dieses Arbeitsverhältnisses zerstören und als Kündigungsgrund im Sinne von § 15 Abs. 2 Nr. 1 BBiG geeignet sein.[183]

Wenn ein Arbeitnehmer das Bestehen einer Krankheit behauptet und sich wegen seiner „Erkrankung" entschuldigen lässt, sich aber herausstellt, dass er gar nicht arbeitsunfähig krank war, liegt stets eine beharrliche Arbeitsverweigerung vor, die einer Abmahnung durch den Arbeitgeber nicht bedarf[184], weil im Allgemeinen eine schwere Pflichtverletzung vorliegt und ein solches Verhalten eine überaus schwerwiegende Erschütterung des Vertrauensverhältnisses darstellt. Der Arbeitgeber muss in einem solchen Falle nämlich zunächst annehmen, dass der Arbeitnehmer arbeitsunfähig krank ist. Er würde sich sogar einer Vertragsverletzung schuldig machen, würde er einen solchen Arbeitnehmer zur Arbeitsaufnahme trotz erfolgter Krankmeldung und entsprechender Nachweise auffordern. Verhindert damit der Arbeitnehmer selbst den Ausspruch einer Abmahnung, dann kann er sich später nicht mit Erfolg darauf berufen, eine Abmahnung sei nicht erfolgt. *438*

Als einer jugendlichen Arbeitnehmerin ein bestimmter Arbeitsauftrag erteilt worden war, lehnte sie dessen Ausführung ab und äusserte sinngemäß, sie werde vom nächsten Tag an krank sein. Die Arbeitnehmerin weigerte sich auch, dem Arbeitgeber nähere Aufklärung über die Art und voraussichtliche Dauer der „Erkrankung" zu geben. Das LAG Bayern[185] bestätigte die vom Arbeitgeber ausgesprochene fristlose Entlassung mit überzeugenden Gründen. Die Klägerin habe, so führt die Kammer aus, unmissverständlich ihren Willen zum Ausdruck gebracht, krank zu feiern, und zwar im Bewusstsein, in Wahrheit gar nicht arbeitsunfähig krank zu *439*

---

feierns, Rdn. 218, § 626 BGB Rdn. 122; ErfK/*Müller-Glöge*, § 626 BGB Rdn. 132, 142; ErfK/*Ascheid*, § 1 KSchG Rdn. 355; *Palandt/Putzo*, BGB, § 626 BGB Rdn. 44; *Erman/Belling*, BGB, § 626 BGB Rdn. 75; KPK-*Schiefer*, § 1 KSchG Rdn. 303ff.; *Berkowsky*, NZA-RR 2001, 59; *Subatzus*, AuA 2002, 174; *von Hoyningen-Huene/Linck*, KSchG, § 1 Rdn. 341, 341a; *Kittner/Zwanziger/Appel*, § 94 Rdn. 24; *Stahlhacke/Preis/Vossen*, Rdn. 655.

[182] LAG Köln (14.9.00) ZTR 2001, 138 = MDR 2001, 398f. = NZA 2001, 246.
[183] So auch *Kittner/Däubler/Zwanziger*, KSchR, § 15 BBiG Rdn. 21.
[184] So auch BAG (26.8.93) AP Nr. 112 zu § 626 BGB = NZA 1994, 63ff.; LAG Berlin (1.11.00) NZA-RR 2001, 472; *Bauer/Röder/Lingemann*, S. 115; *Beckerle/Schuster*, S. 44, 46 Rdn. 50–51a; *Künzl/Weinmann*, AuR 1996, 257; *Stahlhacke/Preis/Vossen*, Rdn. 1179; *Becker-Schaffner*, ZTR 1999, 107; *Kleinebrink*, Abmahnung, S. 57 Rdn. 171; *Bauer/Röder*, Kündigung, S. 112, 134f. – **anders** *Knorr/Bichlmeier/Kremhelmer*, S. 51 Rdn. 81; dazu ArbG Wetzlar (9.5.88) BB 1988, 1608: jedenfalls zulässig; für bedingte Abmahnung: *Dütz*, Krankfeiern, S. 84; *ders.*, AuA 1993, 244; dazu auch Kasseler Handbuch/*Kleinebrink*, 6.2 Rz. 320–322.
[185] (11.12.70) Baye. ABl. 1971, Teil C 29 = ARSt 1972, S. 123 Nr. 147; siehe ferner LAG Düsseldorf/Köln (1.2.78) DB 1978, 750, das in einem gleichgelagerten Fall jedenfalls eine fristgerechte Kündigung für begründet hält.

sein. Dabei spiele es keine Rolle, ob die Arbeitnehmerin, wenn sie tatsächlich krank gewesen sein sollte, zur Einstellung der Arbeit berechtigt gewesen wäre; denn sie habe nicht wegen Krankheit mit der Arbeit aussetzen, sondern trotz der bestehenden Gesundheit eine Krankheit vortäuschen wollen. Auch das LAG Köln[186] sah bei einem vergleichbaren Sachverhalt eine fristlose Kündigung als begründet an: Einer seit 13 Jahren tätigen Packerin war für eine Reise nach Spanien Erholungsurlaub bewilligt worden, obwohl die von ihr dafür angegebenen Gründe teilweise nicht zugetroffen hatten. Die Arbeitnehmerin hatte nach außen die Absicht dokumentiert, nach der Beendigung des Urlaubs der Arbeit weiterhin fernzubleiben, durch die Vorlage ärztlicher Bescheinigungen ihre Arbeitsunfähigkeit vorzutäuschen und sich dann auch tatsächlich „krank" gemeldet. Gleiches soll gelten, wenn die Urlaubsgewährung[187] oder eine sonstige Arbeitsbefreiung vom Arbeitgeber abgelehnt worden ist, der Arbeitnehmer gleichwohl sein Ziel erreichen will und eine entsprechende Arbeitsunfähigkeitsbescheinigung vorlegt[188] oder wenn er seine Krankheit ankündigt, um auf diese Weise eine Schichtänderung[189], eine bestimmte Pausenregelung[190] oder eine Vergütungserhöhung[191] zu erreichen bzw. eine Versetzung zu verhindern.[192] Zu Recht hat das ArbG Wuppertal in einer Entscheidung vom

---

[186] (2. 3. 94) – 2 Sa 92/93 – unv.
[187] LAG Saarbrücken (11. 12. 63) DB 1964, 115; LAG Hamm (30. 9. 76) ARSt 1978, S. 11 Nr. 1023; (12. 11. 81) ARSt 1982, S. 158 Nr. 1197; ArbG Kiel (16. 7. 76) BB 1977, 997; ArbG Würzburg/Schweinfurt (27. 1. 81) ARSt 1982, S. 53 Nr. 40; *Schaub/Linck*, S. 1426 Rdn. 92; *Stahlhacke/Preis/Vossen*, Rdn. 686, 688; KR-*Etzel*, § 1 KSchG Rdn. 485, 487; *Hunold*, S. 193; *Weber/Hoß*, DB 1993, 2429 Fußn. 1; *Hönsch/Natzel*, S. 218 Rdn. 281a; siehe auch BAG (10. 8. 83) – 7 AZR 369/81 – unv.: Urlaubsverlängerung; BAG (5. 11. 92) NZA 1993, 308 = BB 1993, 434f.
[188] Siehe LAG Bremen (27. 7. 60) DB 1960, 1132: Wegen einer Inventur verweigerte der Arbeitgeber die Gewährung von Urlaub. Nach erfolgter Krankschreibung fuhr der Arbeitnehmer an den vorgesehenen Urlaubsort; LAG Berlin (30. 4. 79) EzA Nr. 67 zu § 626 BGB n. F.: Ein Angestellter verlangte für die Tage vor Ostern vergeblich Sonderurlaub. Nunmehr legte der Arbeitnehmer am 9. März eine ärztliche Bescheinigung vor, derzufolge er ab 13. März bis zum 23. März arbeitsunfähig krank sei. Noch am 9. März buchte er zusammen mit seiner Freundin eine vierzehntägige Flugreise nach Gran Canaria. Daraufhin erklärte der Arbeitgeber die fristlose Entlassung, die das ArbG Berlin bestätigte; zust. *Hunold*, S. 157.
[189] LAG Hamm (4. 12. 80) ARSt 1981, S. 143 Nr. 1179; (27. 5. 82) DB 1982, 2705; (23. 5. 84) DB 1985, 49; zust. *Hunold*, S. 188, 191; ArbG Düsseldorf (25. 9. 80) DB 1981, 365; *Schwerdtner*, in: Müko-BGB, § 622 Anh. Rdn. 345 – **anderer Ans.** ArbG Karlsruhe (17. 12. 81) BB 1982, 739; *Kittner/Däubler/Zwanziger*, KSchR, § 1 KSchG Rdn. 218: nur fristgerecht.
[190] ArbG Paderborn (11. 5. 94) EzA Nr. 46 zu § 1 KSchG Verhaltensbedingte Kündigung.
[191] ArbG Wuppertal (17. 4. 80) DB 1980, 1800; *Schaub*, S. 1466 Rdn. 30: fristgerechte Entlassung.
[192] Vgl. ArbG Kiel (31. 10. 74) DB 1975, 841; ArbG Wuppertal (1. 9. 75) BB 1976, 138, betreffend eine ordentliche Kündigung; ArbG Wuppertal (31. 10. 67) DB 1968, 624; ArbG Rheine (25. 4. 67) DB 1967, 998, betreffend einen Anspruch nach § 63 HGB; betreffend eine fristlose Kündigung: ArbG Düsseldorf (25. 9. 80) DB 1981, 588 = DB 1981, 365; LAG Düsseldorf (17. 12. 80) DB 1981, 1094; siehe auch LAG Berlin (30. 8. 77) DB 1977, 2384; LAG Köln (14. 6. 82) DB 1982, 2091; *Barwasser*, DB 1976, 1335; *Schaub/Linck*, S. 1426 Rdn. 92: fristlose Kündigung; *Hunold*, S. 194; BGB-RGRK, § 626 Rdn. 105.

25. 2. 1982[193] die fristlose Kündigung eines türkischen Arbeitnehmers bestätigt, der seine weitere Krankschreibung mit dem Hinweis eingereicht hatte, er müsse aus Anlass eines islamischen Opferfestes ein Lamm schlachten und könne deshalb nicht zur Arbeit erscheinen. Ebenso befand das LAG Düsseldorf/Köln.[194] Ein marokkanischer Arbeitnehmer hatte in seinem Heimatland den Arzt nur deshalb aufgesucht und sich „krank" schreiben lassen, um seinen Heimataufenthalt zu verlängern. Hingegen meinte das LAG Köln in einer Entscheidung vom 1. 4. 1998[195], die Erklärung eines Arbeitnehmers, er werde krank, sei als solche unklar. Schon deswegen mache sie die Fortsetzung des Arbeitsverhältnisses eines 1943 geborenen, seit 1973 beschäftigten Vorarbeiters nicht unzumutbar im Sinne von § 626 Abs. 1 BGB. Die Kündigung war deshalb ausgesprochen worden, weil der Arbeitnehmer gegenüber dem Disponenten erklärt haben soll, was von zwei Zeugen im wesentlichen bestätigt worden ist, wenn er nur eine Leistungszulage in Höhe von 7 % erhalte, werde er krank. Der Kläger ist noch am selben Tage von einem Arzt krankgeschrieben worden. Dennoch, so befand das LAG Köln, sei nicht bewiesen, dass der Vorarbeiter mit seiner Äußerung versucht habe, die Beklagte zu nötigen, ihm eine höhere Leistungszulage zu zahlen. Zu überzeugen vermag dieses Judikat in keiner Weise. Dies gilt auch für ein weiteres Urteil des LAG Köln vom 26. 2. 1999.[196] Äußere ein Arbeitnehmer in einem Kritikgespräch: „Ich mache krank", sei es denkbar, dass der betreffende Mitarbeiter Krankheitssymptome verspüre, von denen er aus Erfahrung wisse, dass ein Arzt sie als Grund für eine Arbeitsunfähigkeit werte. In einem solchen Fall habe die Ankündigung, sich krank schreiben zu lassen, überhaupt nichts Anrüchiges. Nicht bestätigt hat auch das LAG München[181] die fristlose Kündigung einer nur noch außerordentlich kündbaren Sachbearbeiterin, die während ihrer Krankschreibung u. a. in einem Supermarkt gearbeitet hatte. Der Arbeitgeber habe nicht den Beweis dafür erbracht, dass die Arbeitnehmerin tatsächlich arbeitsfähig gewesen sei. Deren Arbeitsunfähigkeit sei vielmehr durch objektive Befunde von drei Ärzten und dem MDK erwiesen. Dass ein Arbeitnehmer eine (anderweitige) Arbeitsleistung erbringe, stehe der Arbeitsunfähigkeit (noch) nicht entgegen.

Wie im Allgemeinen auch sonst[197] gibt es freilich einen absoluten Kündigungsgrund „Androhung des Krankfeierns" nicht.[198] Vielmehr muss im Einzelfall geprüft werden, ob das vom Arbeitnehmer gezeigte Verhalten einen ruhig und ver-

440

---

[193] BB 1982, 740; zust. *Hunold*, S. 183; siehe auch ArbG Passau/Deggendorf (16. 12. 87) ARSt 1988, S. 180 Nr. 1305: Der Arbeitnehmer sagte zu anderen Mitarbeitern, er werde sich „erst einmal krankschreiben lassen, da private Dinge zu erledigen seien"; zust. *Hunold*, S. 196; ebenso LAG Berlin (1.11.00) NZA-RR 2001, 470ff. – anders *Kittner/Däubler/Zwanziger*, KSchR, § 626 Rdn. 123.
[194] (3. 6. 81) DB 1981, 1731.
[195] NZA-RR 1998, 533 = BB 1999, 110.
[196] ZTR 1999, 382 = NZA-RR 2000, 26; zust. *Stahlhacke/Preis/Vossen*, Rdn. 686.
[197] Vgl. nur APS/*Dörner*, § 626 BGB Rdn. 56, 58; HK-KSchG/*Dorndorf*, § 1 Rdn. 512 m.N.
[198] Zust. LAG Frankfurt/M. (22. 9. 83) ARSt 1984, S. 54 Nr. 54; LAG Hamm (18. 1. 85) DB 1985, S. 928; *Hunold*, S. 190; *Stahlhacke/Preis/Vossen*, 7. Aufl., Rdn. 701; *Berkowsky*, NZA-RR 2001, 60. Die Androhung des Krankfeierns durch den Arbeitnehmer stellt sich nicht als Eigenkündigung dar; zutr. ArbG Kaiserslautern/Pirmasens (12. 6. 85) ARSt 1986, S. 183 Nr. 117.

ständig urteilenden Arbeitgeber zur Kündigung, sei es einer fristgerechten oder fristlosen, veranlassen würde. Verhältnismäßig unproblematisch sind die Fälle, in denen der Arbeitnehmer den Arbeitgeber auf eine bereits bestehende, ärztlich festgestellte Arbeitsunfähigkeit hingewiesen und trotzdem bisher weitergearbeitet hat. Verweigert der Arbeitgeber dennoch einen kurzzeitigen Urlaub und macht der Arbeitnehmer nunmehr von seiner Arbeitsunfähigkeit „Gebrauch", so kommt eine Kündigung gewiss nicht in Betracht, weil sich das Verhalten des Arbeitnehmers als rechtmäßig erweist.

Unter Berücksichtigung der gesamten Umstände des konkreten Einzelfalles erscheint die fristlose Entlassung jedoch dann gerechtfertigt, wenn für die Säumnis des Arbeitnehmers nicht dessen Erklärung, sondern sein fehlender Arbeitswille ursächlich ist.[199] Das gilt jedenfalls dann, wenn der Arbeitnehmer im Zeitpunkt der „Androhung" nicht krank war und sich aufgrund bestimmter Beschwerden auch nicht krank fühlen konnte[200], ohne dass es darauf ankommt, ob der Arbeitnehmer später tatsächlich arbeitsunfähig geworden ist. Es darf nicht im Belieben des einzelnen Arbeitnehmers stehen, sich durch die Ankündigung einer „krankheitsbedingten Arbeitsunfähigkeit" gegenüber vertragstreuen Arbeitnehmern ungerechtfertigte Vorteile zu verschaffen, nur weil ihm beispielsweise die Erledigung einer ihm übertragenen Arbeit nicht zusagt. Hätte ein solcher Arbeitnehmer mit einem derartigen Verhalten im Ergebnis Erfolg, könnten andere Arbeitnehmer dadurch zu einem ähnlichen Vorgehen ermutigt werden. Wer schon vorher an einem bestimmten Tag nicht oder nicht mehr arbeiten will, kann sich nachher nicht mit Erfolg darauf berufen, dass er auch wegen einer Erkrankung nicht hätte arbeiten können.[201] In einem solchen Falle kommt es maßgeblich auf die erste Ursache für das Arbeitsversäumnis an. Insoweit besteht eine gewisse Parallele zum Problem der sog. „überholenden Kausalität"[202] bzw. zum „Einwand des rechtmäßigen Alternativverhaltens"[203], das im Schadensersatzrecht grundsätzliche Bedeutung hat. Im Allgemeinen kann sich der Schädiger (auch) nicht darauf berufen, dass ein

---

[199] Zust. *Neumann*, NJW 1978, 1842; *Feichtinger*, S. 183, aber einschränkend; siehe auch LAG Frankfurt/M. (17.1.80) AuR 1980, 311; *U. Preis*, Arbeitsrecht, S. 689.

[200] Zutreffend BAG (5.11.92) NZA 1993, 308; zust. *Hunold*, S. 190; *Helml*, § 3 EFZG Rdn. 80; *Staudinger/Preis*, BGB, § 626 Rdn. 203, 220; *Schaub/Linck*, S. 1427 Rdn. 92; *Schwerdtner* in: Müko-BGB, § 622 Anh. Rdn. 346; KPK-*Schiefer*, § 1 KSchG Rdn. 305, 339; HK-KSchG/*Dorndorf*, § 1 Rdn. 620, 756; KR-*Fischermeier*, § 626 BGB Rdn. 428; *U. Preis*, Arbeitsrecht, S. 689; *Kittner/Däubler/Zwanziger*, KSchR, § 626 BGB Rdn. 122; *Busemann/Schäfer*, S. 125 Rdn. 148 – anders *Lenz*, AiB 1993, 327.

[201] Zust. *Feichtinger/Pohl*, DB 1984, Beilage Nr. 4, S. 7; *Feichtinger*, ArbR-Blattei, Krankheit II, Rdn. 123–124; *Hunold*, S. 190; siehe auch BGB-RGRK, § 626 Rdn. 105.

[202] Genau genommen handelt es sich nicht um eine Frage der Kausalität, sondern der Ermittlung des vom Schädiger zu ersetzenden Schadens, dazu u.a. *Fikentscher*, S. 343 ff. Rdn. 557 ff.; *Palandt/Heinrichs*, BGB, Vorbem. vor § 249 Rdn. 86; *Deutsch*, Medizinrecht, S. 183 f. Rdn. 270.; *Esser/Schmidt*, § 33 IV, S. 245.

[203] Vgl. dazu *Palandt/Heinrichs*, BGB, Vorbem. zu § 249 Rdn. 105; *Soergel/Mertens*, BGB, vor § 249 Rdn. 160; *Grunsky*, in: Müko-BGB, vor § 249 Anm. 87 m.N.; *Esser/Schmidt*, § 33 III 2, S. 243 f.; *Fikentscher*, S. 346 Rdn. 561; *Koziol*, S. 179 ff.; *Oetker*, in: Müko-BGB, § 249 Rdn. 130, 210 ff.; *Erman/Kuckuk*, BGB vor § 249 Rdn. 86 f.; BAG (14.11.75) AP Nr. 5 zu § 276 BGB Vertragsbruch; (22.5.80) NJW 1980, 2375; aber auch BAG (26.3.81) AP Nr. 7 zu § 276 BGB Vertragsbruch.

Kündigung durch den Arbeitgeber

zweites Ereignis (Reserveursache) den Schaden herbeigeführt hätte.[204] Allerdings soll es dem Arbeitnehmer unbenommen bleiben, den Beweis dafür zu erbringen, er sei gleichwohl arbeitsunfähig krank gewesen.[205] Bloßes Bestreiten des Arbeitnehmers reiche jedoch nicht aus.[206] Der zuletzt genannten Auffassung kann nicht zugestimmt werden[207]; denn kündigungsrelevant ist primär die nachhaltige und gewichtige Erschütterung des Vertrauensverhältnisses durch den Arbeitnehmer und damit ein Verstoß gegen die arbeitsvertragliche Rücksichtsnahmepflicht. In einem solchen Falle überlagert das Störverhalten des Arbeitnehmers seine möglicherweise bestehende krankheitsbedingte Arbeitsunfähigkeit nachhaltig. Es liegt eine schwere Pflichtverletzung vor. Deshalb bedarf es in derartigen Fällen auch nicht einer vorherigen Abmahnung.[208] Im Grundsatz nicht anders sind kündigungsrechtlich Sachverhalte zu beurteilen, in denen der Arbeitnehmer sein Fehlen am Arbeitsplatz mit einer bestimmten Krankheit entschuldigt und, nachdem er erkennen musste, dass der Arbeitgeber am Bestehen einer entsprechenden Krankheit ernsthafte Zweifel hat, ein anderes „Krankheitsbild" nachschiebt.[209]

Kann der Arbeitgeber dem Arbeitnehmer nachweisen, dass dieser seine Arbeitsunfähigkeit vorgetäuscht hat und hat der Arbeitgeber ihm die verlangte Entgeltfortzahlung gewährt, werden in aller Regel die Voraussetzungen eines vollendeten

441

---

[204] Umstritten, dazu im Einzelnen *Fikentscher*, S. 343 ff. Rdn. 557 ff.; BAG AP Nr. 5 zu § 276 BGB Vertragsbruch.
[205] So LAG Berlin (30. 4. 79) EzA Nr. 67 zu § 626 BGB n. F.; LAG Hamm (27. 5. 82) DB 1982, 2705 = BB 1982, 1921; (18. 1. 85) DB 1985, 928; LAG Frankfurt/M. (22. 9. 83) ARSt 1984, S. 54 Nr. 54; LAG Köln (17.4.02) MDR 2002, 1130; ArbG Würzburg/Schweinfurt BB 1982, 496 = ARSt 1982, S. 53 Nr. 40; ArbG Karlsruhe (17. 12. 81) BB 1982, 739 = NJW 1982, 1064; *Feichtinger/Pohl*, DB 1984 Beilage Nr. 4, S. 11; KR-*Becker*, 3. Aufl., § 1 KSchG Rdn. 277; *Haberkorn*, Arbeitsrecht, S. 204; *Kittner/Trittin*, KSchR, § 626 BGB Rdn. 175, 206; Kasseler Handbuch/*Isenhardt*, 6.3 Rz. 492; *Schaub/Linck*, S. 1427 Rdn. 92; *Backmeister/Trittin*, KSchG, § 1 Rdn. 236; *Busemann/Schäfer*, S. 283 Rdn. 522.
[206] *Feichtinger/Pohl*, DB 1984 Beilage Nr. 4, S. 11 – **anders** noch *Feichtinger*, Krankheit, S. 183.
[207] So schon *Lepke*, 5. Aufl., S. 82 f.; ferner *Hunold*, S. 190; *D. Gaul*, NZA 1993, 869; *Weber/Hoß*, DB 1993, 2429 Fußn. 1; *Schiefer*, NZA 1994, 541; *Bauer/Röder/Lingemann*, S. 115; *Schwerdtner*, in: Müko-BGB, § 622 Anh. Rdn. 346 (anders aber Rdn. 345, wenn nur gegenüber Mitarbeiter); *von Honyingen-Huene/Linck*, KSchG, § 1 Rdn. 341; *Tschöpe/Kappelhoff*, Teil 3 H, Rz. 38; *Stahlhacke/Preis/Vossen*, Rdn. 686; *Dörner/Luczak/Wildschütz*, D, Rdn. 722; KR-*Etzel*, § 1 KSchG Rdn. 485; MünchArbR/*Berkowsky*, § 137 Rdn. 220; APS/*Dörner*, § 626 BGB Rdn. 186; *Kittner/Zwanziger/Appel*, § 96 Rdn. 23; BAG (5. 11. 92) NZA 1993, 308; LAG Köln (21. 12. 82) EzA Nr. 64 zu § 1 LFG; (2. 3. 94) – 2 Sa 1192/93 – S. 17, unv.; (14.9.00) NZA 2001, 246: Verdachtskündigung; LAG Hamm DB 1985, 49; LAG Berlin (29. 10. 90) – 9 Sa 65/90 – unv.; ArbG Kiel DB 1975, 841; ArbG Wetzlar (9.5.88) BB 1988, 1608; ArbG Paderborn (11. 5. 94) RzK I 5i Nr. 92.
[208] Ebenso LAG Hamm (23. 5. 84) DB 1985, 49; LAG Köln (14.9.00) MDR 2001, 398; *Knorr/Bichlmeier/Kremhelmer*, S. 219 Rdn. 66; *Beckerle/Schuster*, S. 46 Rdn. 51a; *Hunold*, S. 191 ff.; *Broich/Ropertz*, in: *Rieder*, Krankheit im Arbeitsverhältnis, S. 248; *Staudinger/Preis*, BGB, § 626 Rdn. 220; KPK-*Schiefer*, § 1 KSchG Rdn. 305; APS/*Dörner*, § 1 KSchG Rdn. 386, 385; *Hoefs*, S. 330; *Subatzus*, AuA 2002, 174; *von Hoyningen-Huene/Linck*, KSchG, § 1 Rdn. 341; *Stahlhacke/Preis/Vossen*, Rdn. 686; siehe auch BAG (5. 11. 92) NZA 1993, 308; (26. 8. 93) NZA 1994, 63; ArbG Paderborn (11. 5. 94) EzA Nr. 46 zu § 1 KSchG Verhaltensbedingte Kündigung.
[209] Vgl. LAG Frankfurt/M. (27. 6. 91) BB 1992, 569 = NZA 1992, 458; zust. *Hunold*, S. 183.

Betruges, § 263 StGB, vorliegen.²¹⁰ Beruht die Nichtleistung der Arbeit auf fehlendem Arbeitswillen des „erkrankten" Arbeitnehmers, dann besteht auch kein Entgeltfortzahlungsanspruch nach § 3 Abs. 1 EFZG. Dass dem Arbeitgeber entsprechende Rückgewährungsansprüche zustehen²¹¹, steht der Strafbarkeit des Arbeitnehmers nicht entgegen.²¹² Ist es noch nicht zur Zahlung durch den Arbeitgeber gekommen, können durch das fragliche Verlangen des Arbeitnehmers die Voraussetzungen eines versuchten Betruges, §§ 263, 22 StGB, erfüllt sein.²¹³

442 Meistens liegen jedoch die zu beurteilenden Sachverhalte nicht so einfach. Vielmehr hält sich der Arbeitnehmer für arbeitsunfähig krank und kann ein ärztliches Attest beibringen. Nicht selten wird demgegenüber der Arbeitgeber einwenden, es handele sich in Wahrheit um ein sog. Gefälligkeitsattest, der Arbeitnehmer simuliere seine krankheitsbedingte Arbeitsunfähigkeit nur. Man sollte freilich mit der Aufstellung einer solchen Behauptung äußerst vorsichtig sein, selbst wenn das Verhalten des Arbeitnehmers dem Anschein nach auf ein „Krankfeiern" hindeutet. Die Gerichte für Arbeitssachen sind jedenfalls zu Recht nicht bereit, ärztliche Atteste der genannten Art ohne substantiiertes Vorbringen des Arbeitgebers als Gefälligkeitsbescheinigungen anzusehen. Überdies wird ein Arzt bei seiner zeugenschaftlichen Vernehmung – das lehrt die richterliche Erfahrung – nur ganz ausnahmsweise bekunden, er habe die Arbeitsunfähigkeit des betreffenden Arbeitnehmers attestiert, ohne von ihr überzeugt gewesen zu sein und ohne eigene Untersuchungen durchgeführt zu haben, zumal er sich darüber hinaus strafbar gemacht hätte, § 278 StGB, falls die Bescheinigung auch zur Vorlage bei einer Behörde oder Versicherungsgesellschaft bestimmt ist. Verfehlt erscheint auch die Ansicht²¹⁴, die Kündigung von ausländischen Arbeitnehmern wegen häufiger „Urlaubserkrankungen" sei (in der Regel) sozial gerechtfertigt, weil Ausländer anders als Deutsche im Urlaub häufig (erfahrungsgemäß?) angeblich erkrankten und der Arbeitgeber auf diese Weise in hohem Ausmaß betrügerisch geschädigt werde. Pauschale Werturteile oder im Einzelfall gemachte Erfahrungen dieser Art sind jedenfalls prozessrechtlich nicht geeignet, die gebotene Einzelprüfung zu ersetzen.²¹⁵ Ein abstrakter Verdacht vermag grundsätzlich noch nicht eine Kündigung zu rechtfertigen.²¹⁶

4. beim Verdacht, dass der Arbeitnehmer nicht krank ist

443 Vor allem im Zusammenhang mit dem nicht krankheitsgemäßen Verhalten des Arbeitnehmers drängt sich für den Arbeitgeber häufig der Verdacht auf, es liege gar keine Arbeitsunfähigkeit vor, der Arbeitnehmer vielmehr eine Erkrankung nur si-

---

²¹⁰ So auch *Dütz*, AuA 1993, 245; *Hunold*, BB 1994, 144; *Walker*, Anm. zu BAG SAE 1994, 223; *Broich/Ropertz*, a.a.O., S. 24; *Künzl/Weinmann*, AuR 1996, 256; *von Hoyningen-Huene/Linck*, KSchG, § 1 Rdn. 341a; MünchArbR/*Berkowsky*, § 137 Rdn. 217; BAG (26.8.93) NZA 1994, 63 ff.; LAG München (3.11.00) LAGE Nr. 131 zu § 626 BGB – **ungenau** *Feichtinger*, ArbR-Blattei, Krankheit I, Rdn. 148.
²¹¹ Dazu LAG Düsseldorf (16.12.80) DB 1981, 900; *Kramer*, BB 1996, 1665.
²¹² *Tröndle/Fischer*, StGB, § 263 Rdn. 36.
²¹³ Ebenso *Künzl/Weinmann*, AuR 1996, 257.
²¹⁴ LAG Schleswig-Holst. (21.4.83) ARSt 1984, S. 22 Nr. 25; ArbG Wuppertal BB 1981, 976.
²¹⁵ Ebenso *Graefe*, BB 1981, 1472.
²¹⁶ Zutr. LAG Düsseldorf (27.4.81) BB 1981, 1275.

muliere. Der dringende Verdacht einer unredlich erlangten Krankschreibung[217] oder des Krankfeierns[218] soll deshalb ggf. sogar eine außerordentliche Kündigung rechtfertigen.

a) Beispiele

Bei einer Arbeitnehmerin, die sich nach erfolgter Krankschreibung wiederholt in Kaffeehäusern aufgehalten hatte und beim Friseur gesehen worden war, bestehe, so führte das LAG Düsseldorf[219] aus, der begründete Verdacht, dass die Krankheit nur simuliert sei. Dieser Verdacht rechtfertige je nach der Schwere der Verfehlungen und unter Berücksichtigung der jeweiligen Umstände wegen unbefugter Arbeitsniederlegung die sofortige Entlassung.[220] Ein am 7. Januar wegen Bronchitis krankgeschriebenes Betriebsratsmitglied blieb der Arbeit bis zum 24. Januar fern. Der Arbeitnehmer hatte jedoch mit anderen Mitgliedern des Betriebsrates in der Zeit vom 15. bis zum 17. Januar 1955 in Ostberlin eine politische Veranstaltung besucht. Auch in diesem Falle wurde die fristlose Kündigung unter Berücksichtigung früheren Fehlverhaltens als gerechtfertigt angesehen.[221] Gleiches gelte, wenn ein Betriebsratmitglied zum zweiten Male während der Krankschreibung an einem elf Tage dauernden Lehrgang für Sicherheitstechniker teilnimmt und zu diesem Zweck täglich mit dem Kraftwagen von Witten nach Dortmund und zurück fährt.[222] Der dringende Verdacht, sich die ärztlichen Arbeitsunfähigkeitsbescheinigungen missbräuchlich zur Umgehung der Ablehnung der Arbeitsfreistellung für den laufenden Lehrgang verschafft und verwendet zu haben, reiche, so führte das erstinstanzliche Gericht aus, zur fristlosen Kündigung aus. Auch das LAG Baden-

444

---

[217] Vgl. *Feichtinger/Pohl,* DB 1984 Beilage Nr. 4, S. 11 ff.; *Gola,* BlStSozArbR 1984, 329; KR-*Hillebrecht,* 4. Aufl., § 626 BGB Rdn. 320; *Schwerdtner,* in: Müko-BGB, § 626 Rdn. 92; *Erman/Hanau,* BGB, 9. Aufl., § 626 Rdn. 68; *Stahlhacke/Preis/Vossen,* Rdn. 655, 687, 712; *Bauer/Röder/Lingemann,* S. 112; *D. Gaul,* NZA 1993, 870; *Hunold,* BB 1994, 144; *Busch,* MDR 1995, 218; *Staudinger/Preis,* BGB, § 626 Rdn. 220; KR-*Etzel,* § 1 KSchG Rdn. 486; KR-*Fischermeier,* § 626 BGB Rdn. 428; ErfK/*Müller-Glöge,* § 626 BGB Rdn. 142; *Hoefs,* S. 321 ff.; *Feichtinger,* ArbR-Blattei, Krankheit I, Rdn. 212, 216; BAG (26.8.93) NZA 1994, 63.
[218] *Feichtinger/Pohl,* DB 1984 Beilage Nr. 4, S. 12 m.N.; *Feichtinger,* ArbR-Blattei, Krankheit I, Rdn. 212; *Gola,* BlStSozArbR 1984, 329; *Kaiser/Dunkl/Hold/Kleinsorge,* EFZG, 4. Aufl., § 3 Rdn. 185; KR-*Becker,* 3. Aufl., § 1 KSchG Rdn. 277; *Schwerdtner,* in: Müko-BGB, § 626 Rdn. 111; *Erman/Hanau,* BGB, 9. Aufl., § 626 Rdn. 68; *Dütz,* Krankfeiern, S. 85; *ders.,* AuA 1993, 244; *Bezani,* S. 17; KR-*Etzel,* § 1 KSchG Rdn. 486; ErfK/*Müller-Glöge,* § 626 BGB Rdn. 142; LAG Baden-Württ. (27.11.67) BB 1968, 426; LAG Düsseldorf/Köln (3.6.81) DB 1981, 1731; LAG Schleswig-Host. (28.11.83) DB 1984, 1355.
[219] DB 1995, 1044.
[220] Ähnlich LAG Frankfurt/M. (13.10.72) DB 1972, 2359; ArbG Aalen (23.3.67) BB 1967, 674; in beiden Fällen wurde aber die jeweils fristlose Kündigung nicht bestätigt, da der Arbeitgeber für seine Behauptungen beweisfällig geblieben war; siehe auch ArbG Kaiserslautern (15.2.56) ARSt Bd. XVI, S. 53 Nr. 143.
[221] LAG Düsseldorf (13.9.55) DB 1955, 1092; zust. *Broich/Ropertz,* a.a.O., S. 234.
[222] ArbG Wuppertal (11.6.76) DB 1977, 121; zust. *Hunold,* S. 180; *Broich/Ropertz,* a.a.O., S. 234; siehe auch LAG Düsseldorf (17.2.80) DB 1981, 1094; zust. *Broich/Ropertz,* a.a.O.; S. 235.

Württ./Stuttgart[223] bestätigte eine allerdings fristgerecht ausgesprochene Kündigung. Es habe der dringende Verdacht bestanden, der Arbeitnehmer habe sich grundlos zum Arzt begeben, um sich deshalb krankschreiben zu lassen, weil ihm die im Betrieb für einen anderen erkrankten Arbeitnehmer zugewiesene Aushilfstätigkeit nicht gefallen habe. Wenn ein Arbeitnehmer neben häufigen und längeren Krankheitszeiträumen eine Vielzahl von unentschuldigten Fehlzeiten aufzuweisen habe, dann liege, so meint das LAG Schleswig-Holstein[224], der Verdacht sehr nahe, dass es sich zumindest bei einem Teil des behaupteten Krankseins um sog. Krankfeiern handele. Das LAG Hamm bestätigte in einer Entscheidung vom 7. 5. 1981[225] die fristgerechte Kündigung einer italienischen Arbeitnehmerin, die einer Aufforderung des italienischen Sozialversicherungsträgers, sich einer vertrauensärztlichen Untersuchung zu unterziehen, nicht nachgekommen war, u. a. wegen des Verdachts eines vertragswidrigen Verhaltens, zumal die Klägerin auch schon in der Vergangenheit wiederholt unentschuldigt der Arbeit ferngeblieben war. Hingegen sah das LAG Düsseldorf[226] eine ordentliche Kündigung auch unter dem Gesichtspunkt der Vortäuschung von Arbeitsunfähigkeit bei wiederholten Urlaubserkrankungen eines ausländischen Arbeitnehmers nicht als begründet an. Allein die Häufig- und Regelmäßigkeit von ordnungsgemäß attestierten und vom Arbeitgeber durch die Gewährung von Lohnfortzahlung anerkannten Urlaubserkrankungen ließen ohne eine Auswertung der den Attesten im Einzelnen zugrunde liegenden Befunde sowie der durchgeführten Behandlungsmaßnahmen noch keine zuverlässigen Rückschlüsse auf das Vortäuschen von Erkrankungen zu. In derartigen Fällen müsse verlangt werden, dass der Arbeitgeber schon bei früherer Gelegenheit auf Zweifel an der bescheinigten Arbeitsunfähigkeit hingewiesen und ggf. eine vertrauensärztliche Überprüfung veranlasst habe. Anderenfalls verhalte sich der Arbeitgeber widersprüchlich, wenn er die bisher durch Lohnfortzahlung anerkannten Arbeitsunfähigkeitszeiten nunmehr zum Anlass einer Kündigung nehme.

445 Ein Arbeiter hatte im Jahre 1929 wiederholt um Arbeitsbefreiung für den 1. Mai gebeten, jedoch erfolglos. Die für den 1. Mai vorgelegte ärztliche Krankmeldung erkannte der Arbeitgeber nicht an und kündigte den Arbeitsvertrag fristlos. Zwar meinte das LAG Berlin in einer Entscheidung vom 30. 7. 1929[227], es bedürfe keiner Erörterung, dass ein Arbeiter, der unter Simulierung einer Krankheit den Feiertag der Arbeit begehe, noch in viel stärkerem Maße entlassen werden könnte als derjenige Arbeitnehmer, der den Mut aufbringe, seiner Überzeugung gemäß die Maifeier auch gegen den Willen seines Arbeitgebers offen zu begehen. Dennoch sah das Berufungsgericht den Verdacht im konkreten Einzelfall nicht als erhärtet an.[228] In einem Urteil vom 28. 3. 1977 verneinte das LAG Düsseldorf[229] bei einem weniger als

---

[223] (27. 11. 67) DB 1968, 359 = BB 1968, 426; dazu LAG Hamm (27. 5. 82) DB 1982, 2705; (18. 1. 85) BB 1985, 1919 = LAGE Nr. 20 zu § 626 BGB.
[224] (19. 8. 81) BB 1981, 1642.
[225] BlStSozArbR 1982, 18.
[226] (15. 1. 86) DB 1986, 1180.
[227] SAE 1929, 589.
[228] In einem ähnlichen Fall ebenso LAG Bremen DB 1960, 1132.
[229] BB 1978, 662.

sechs Monate beschäftigten Monteur das Bestehen eines wichtigen Grundes im Sinne § 626 Abs. 1 BGB. Der Arbeitnehmer hatte sich am Montagmorgen arbeitsunfähig krank gemeldet und ein ärztliches Attest vorgelegt, nach dem er ab Sonntag vor der Krankmeldung vierzehn Tage arbeitsunfähig gewesen sei. Die Vermutung des Arbeitgebers, der Kläger habe sich nur einen „blauen" Montag machen wollen, sah das LAG durch nichts bestätigt. Ebenso entschied das LAG Köln[230], weil der Arbeitnehmer die Nebentätigkeit während seiner Arbeitsunfähigkeit nicht in „besonders intensivem Maße" ausgeübt habe und Zweifel spätestens durch die Vorlage eines ärztlichen Attestes im Prozess ausgeräumt worden seien. Eine tarifvertraglich nur noch fristlos kündbare, schwerbehinderte Sachbearbeiterin, seit 1984 bei einer öffentlich-rechtlichen Rundfunkanstalt beschäftigt, war in der letzten Zeit wiederholt nicht nur kurzfristig arbeitsunfähig krank geschrieben. Krankengespräche hatte sie zweimal abgelehnt und sich auch nicht zu dem Vorwurf geäußert, während ihrer Krankschreibung Tätigkeiten in einem Supermarkt ausgeübt zu haben, was allerdings von einer Detektei festgestellt worden war. Nach Zustimmung der Hauptfürsorgestelle kündigte die Beklagte den Arbeitsvertrag am 21.10.1998 fristlos. Nachdem die Klägerin rechtzeitig Kündigungsschutzklage erhoben hatte, bestätigte die Bundesversicherungsanstalt für Angestellte am 28.9.1999 der Arbeitnehmerin eine Erwebsunfähigkeit ab 26.8.1998. Aus der Sicht der Beklagten war die erste problematische Krankschreibung ab 26.8.1996 und die letzte für die Zeit vom 7.-30.9.1998 erfolgt. Anders als das Erstgericht sah das LAG München[231] die zulässige Feststellungsklage als begründet an. Die Voraussetzungen für eine Verdachtskündigung, so meinte das Berufungsgericht, hätte nicht vorgelegen, da während des Prozesses der dringende Verdacht einer simulierten Krankheit habe ausgeräumt werden können. Ebenso sah das ArbG Berlin[232] eine Verdachtskündigung gegenüber einem Arbeitnehmer als unbegründet an, der sich während seiner Krankschreibung in seinem Ferienhaus in Schweden aufgehalten und dort Gartenarbeiten verrichtet hatte, was von ihm zunächst in Abrede gestellt worden war, obwohl das Gericht in anderem Zusammenhang[233] von einem konkreten Tatverdacht ausging.

Hingegen bejahte das LAG Düsseldorf/Köln[234] einen wichtigen Kündigungsgrund, falls der dringende Verdacht der Krankschreibung mit unredlichen Mitteln besteht, wenn etwa ein ausländischer Arbeitnehmer auf diese Weise seinen Heimataufenthalt „verlängern" will. Im Ergebnis ebenso befand das BAG in einem Urteil vom 26.8.1993[235] im Falle eines Arbeitnehmers, der während seiner Krankschreibung eine lukrative, gleichartige Nebentätigkeit wie im Haupt-Arbeitsverhältnis ausgeübt hatte. Sei das Erschleichen der Arbeitsunfähigkeitsbescheinigung nicht

---

[230] (7.1.93) LAGE Nr. 69 zu § 626 BGB.
[231] (3.11.00) LAGE Nr. 131 zu § 626 BGB mit im Wesentlichen zust. Anm. von *Buchner*.
[232] (21.11.00) NZA-RR 2001, 527 ff.
[233] Siehe dazu *Lepke*, S. 458 Rdn. 366.
[234] (3.6.81) DB 1981, 1731 = BB 1981, 1219; siehe auch LAG Schleswig-Holst. (28.11.83) DB 1984, 1355; LAG Baden-Württ. (10.3.87) NZA 1987, 422.
[235] AP Nr. 112 zu § 626 BGB = NZA 1994, 63; zust. *Schiefer*, NZA 1994, 541; *Staudinger/ Preis*, BGB, § 626 Rdn. 219; KPK-*Schiefer*, § 1 KSchG Rdn. 323; ähnlich *Kammerer*, S. 246 Rdn. 487: ohne vorherige Abmahnung.

nachgewiesen, könne die Kündigung auf einen entsprechenden Verdacht gestützt werden. Auch das LAG Berlin bestätigte in einem Judikat vom 1.11.2000[236] eine außerordentliche Kündigung nach den §§ 626 Abs. 1 BGB, 54 Abs. 1 BAT – 0. Es habe mindestens der dringende Verdacht bestanden, dass der 1941 geborene Kläger, der seit 1972 bei der Beklagten als Sportlehrer tätig war, unter Verletzung seiner dienstvertraglichen Verpflichtungen in den Zeiträumen vom 21. – 29.1. 1999 sowie vom 19. – 21.5.1999 sich habe krank schreiben lassen, obwohl er nicht dienstunfähig gewesen sei. Er habe sich nämlich mehrfach gegenüber zwei Mitarbeitern dahingehend geäußert, bald krank zu sein, da er sich noch auf eine Dienstberatung vorbereiten bzw. Material gegen seine Vorgesetzte sammeln müsse. Einer Abmahnung, so führte das LAG aus, habe es nicht bedürft, da das Fernbleiben des Arbeitnehmers eine grobe Pflichtverletzung dargestellt habe und eine Wiederherstellung des Vertrauens nicht habe erwartet werden können.

446 Eine Arbeitnehmerin war arbeitsunfähig krankgeschrieben, hatte jedoch im Ausland während dieser Zeit eine Führerscheinprüfung abgelegt. Die Parteien schlossen einen Aufhebungsvertrag, den die Klägerin mit der Begründung angefochten hatte, der Arbeitgeber habe ihr rechtswidrig mit einer fristlosen Kündigung gedroht, falls sie die fragliche Abmachung nicht unterzeichne. Das BAG[237] meinte, zwar könne vorliegend eine Verdachtskündigung in Betracht kommen. Der Beweis des Attestes sei aber nicht erschüttert. Es habe lediglich ein gewisser Anfangsverdacht bestanden. Der Arbeitgeber wäre verpflichtet gewesen, die Verdachtsmomente näher aufzuklären, etwa durch Befragung der Arbeitnehmerin über die Art ihrer Erkrankung, ehe er mit einer fristlosen Kündigung drohe. Zahlreiche Krankheiten seien denkbar, bei denen durch eine weitere Sachaufklärung der beim Beklagten bestehende Anfangsverdacht ohne weiteres hätte entkräftet werden können.

b) Fristlose Entlassung

447 Die Frage nach der Berechtigung einer fristlosen Kündigung beim Verdacht von strafbaren Handlungen berührt Grenzbereiche der gegenseitigen arbeitsvertraglichen Beziehungen. Man muss sich vor Augen halten, dass insbesondere bei einer Verdachtskündigung die Gefahr besonders groß ist, dass ein unschuldiger Arbeitnehmer seinen Arbeitsplatz verliert, zumal – das beweist die Lebenserfahrung – jeder durch eine unglückliche Verkettung von Umständen in einen entsprechenden Verdacht geraten kann.[238]

448 Gleichwohl wird von der Rechtsprechung[239] und vom Schrifttum[240] unter bestimmten Voraussetzungen die Verdachtskündigung als Rechtsinstitut anerkannt,

---

[236] NZA-RR 2001, 470ff.; zust. KR-*Fischermeier*, § 626 BGB Rdn. 428.
[237] (21.3.96) AP Nr. 42 zu § 123 BGB = NZA 1996, 1030ff.
[238] Eingehend dazu *Hoefs*, S. 28, 115.
[239] Ältere Nachweise bei *Lepke*, , 10 Aufl. S. 460 Fußn. 207; ferner BAG (12.8.99) DB 2000, 48 = ZTR 2000, 135 = MDR 2000, 179 mit zust. Anm. von Adam; (18.11.99) BB 2000, 672 = SAE 2001, 177 mit Anm. von K. Gamillscheg; (5.4.01) BB 2001, 2062; (6.12.01) AuA 2002, 84f. = FA 2002, 61; LAG Köln (30.7.99) NZA-RR 2000, 189; LAG Mecklenburg-Vorp. (25.11.99) NZA-RR 2000, 187 – **anders** LAG Bremen (23.4.76) BB 1976, 1560; siehe auch LAG Köln (16.1.90) LAGE Nr. 31 zu § 1 KSchG Verhaltensbedingte Kündigung.

wenn nämlich ein besonders schwerwiegender und dringender Verdacht besteht, der Arbeitnehmer habe eine einschlägige strafbare Handlung begangen und dadurch das Vertrauen des Arbeitgebers derart erschüttert ist, dass ihm die Weiterbeschäftigung des Verdächtigten bis zum Ablauf der ordentlichen Kündigungsfrist oder bis zur vereinbarten Beendigung nicht zugemutet werden kann. Damit wird der Wegfall bzw. die Zerstörung des schutzwürdigen Vertrauens, das über das normative Grundvertrauen des Arbeitsverhältnisses hinausgehen muss, und zwar bezogen auf die konkret geschuldete und ausgeübte Tätigkeit des Arbeitnehmers, zum eigentlichen Entlassungsgrund[241], weshalb neuerdings präziser von einer „Kündigung wegen verdachtsbedingtem Vertrauenswegfalls" gesprochen wird.[242] Rein subjektiv begründete Vermutungen und Befürchtungen reichen jedoch nicht aus.[243] Vielmehr dürfen die zur Begründung der Kündigung angeführten Verdachtsgründe nur auf Wahrnehmungen in der Außenwelt auf objektiv nachweisbare Umstände gestützt werden.[244] Auch muss der Arbeitgeber alles in seinen Kräften Stehende versucht haben, um den Sachverhalt aufzuklären und dem Arbeitnehmer die Möglichkeit gegeben haben, den Verdacht zu entkräften.[245] Bei der Anhörung des Betriebsrates vor dem Ausspruch einer solchen Kündigung ist besondere Sorgfalt geboten, da nach der Rechtsprechung des BAG[246] der dringende Verdacht als

---

[240] Nachweise bei *Lepke*, 10. Aufl., S. 460 Fußn. 208; ferner *Schaub/Linck*, S. 1435 Rdn. 129; *Brox/Rüthers*, S. 145 Rdn. 192a; Kasseler Handbuch/*Isenhardt*, 6.3 Rz. 365; *Hanau/Adomeit*, S. 275 Rdn. 900, S. 289 Rdn. 950; KR-*Etzel*, § 1 KSchG Rdn. 505; *Löwisch*, KSchG, § 1 Rdn. 223; *Dütz*, Arbeitsrecht, S. 150f.; *Hromadka/Maschmann*, S. 372 Rdn. 120; ErfK/*Müller-Glöge*, § 626 BGB Rdn. 208ff.; *Hoefs*, S. 74–122; *U. Preis*, Arbeitsrecht, S. 680, 709; *Lieb*, S. 125 Rdn. 380; *Erman/Belling*, BGB, § 626 Rdn. 78; MünchArbR/ *Wank*, § 120 Rdn. 77; MünchArbR/*Berkowsky*, § 144 Rdn. 3ff., 7; *Schwerdtner*, Brennpunkte des Arbeitsrechts 2001, S. 1243 (250ff.); *Stahlhacke/Preis/Vossen*, Rdn. 755ff. – anderer Ans. *Däubler*, S. 608 Rdn. 1133; *Dörner/Luczak/Wildschütz*, D, Rdn. 852ff.; *Naujoks*, AuR 1998, 401; *Berkowsky*, Personenbedingte Kündigung, S. 220ff. Rdn. 17ff.: nur fristgerechte Kündigung; *Kittner/Däubler/Zwanziger*, KSchR, § 626 BGB Rdn. 152; *Backmeister/Trittin*, KSchG, § 1 Rdn. 257ff.; APS/*Dörner*, § 626 BGB Rdn. 374–377.

[241] Dazu im Einzelnen *Belling*, FS für Kissel, S. 24ff.; *ders.*, RdA 1996, 225; *C. Weber*, Anm. zu BAG SAE 1996, 57 (58); *von Hoyningen-Huene/Linck*, KSchG, § 1 Rdn. 261b; *Lükke*, BB 1997, 1844; *Schwerdtner*, Brennpunkte des Arbeitsrechts 2001, S. 243 (255) – LAG Berlin (29.1.96) NZA 1997, 319 – dagegen *Naujoks*, AuR 1998, 138.

[242] Vgl. *Belling*, RdA 1996, 226ff.; LAG Berlin (30.6.97) GmbHR 1997, 841 – kritisch Enderlein, RdA 2000, 326ff.: allenfalls Vertrauen in ein pflichtgemäßes Arbeitnehmerverhalten in der Zukunft; siehe auch *Hoefs*, S. 137ff.

[243] RAG (25.2.33) ARS Bd. 17, 474; BAG AP Nrn. 1, 9 und 13 zu § 626 BGB Verdacht strafbarer Handlung; (14.9.94) BB 1995, 1358; (13.9.95) NZA 1996, 81; *Belling*, RdA 1996, 225ff.; *Enderlein*, RdA 2000, 326ff.; *Berkowsky*, NZA-RR 20001, 454.

[244] LAG Berlin (3.8.98) LAGE Nr. 17 zu § 15 KSchG – anders *Wallmeyer*, S. 89: Die Kündigung könne auch mit Tatsachen begründet werden, die auf eine abstrakte Gefährdungsmöglichkeit des Arbeitnehmers hinweisen.

[245] Einzelheiten dazu bei *Heilmann*, S. 22ff., 29ff.; *Belling*, RdA 1996, 232; *Lücke*, BB 1998, 2259; BAG (11.4.85) DB 1986, 1726; (13.9.95) NZA 1996, 81; LAG Köln (31.10.97) NZA-RR 1998, 297.

[246] (3.4.86) NZA 1986, 677; siehe auch BAG (11.4.85) DB 1986, 1727; (26.3.92) NZA 1992, 1121; (13.9.95) NZA 1996, 81 = AP Nr. 25 zu § 626 BGB Verdacht strafbarer Handlung; (12.8.99) AP Nr. 28 zu § 626 BGB Verdacht strafbarer Handlung; ErfK/*Müller-Glöge*, § 626 BGB Rdn. 210.

selbständiger Kündigungsgrund angesehen wird. Zur Anhörung des Arbeitnehmers ist der Arbeitgeber nur dann nicht verpflichtet, wenn der Arbeitnehmer nicht bereit ist, sich zu den Verdachtsgründen substantiiert zu äußern oder sich aufgrund eines Haftbefehls, der den Schluss auf gegen den Arbeitgeber gerichtete strafbare Handlungen zuläßt, in Untersuchungshaft befindet.[247] Lehnt der Arbeitnehmer seine Anhörung ab, kann er sich später nicht auf die unterbliebene Anhörung berufen, § 162 Abs. 1 BGB.[248] Wenn die Anhörung des Arbeitnehmers der Sachaufklärung dienen soll, dann muss deren Ergebnis auch in den Entscheidungsprozess des Arbeitgebers einfließen.[249] Eine Verdachtkündigung ohne vorherige Anhörung des Arbeitnehmers ist grundsätzlich unwirksam.[250] Zwar soll der Arbeitgeber eine von ihm erklärte Kündigung noch nachträglich auf den Verdacht einer strafbaren Handlung stützen können.[251] In der Regel wird es aber insoweit an dem Erfordernis der vorherigen Anhörung des Arbeitnehmers und der nicht ordnungsgemäßen Anhörung der Arbeitnehmervertretung fehlen.

449 Da die Wirksamkeit einer Verdachtskündigung nicht von der strafrechtlichen Würdigung des Sachverhaltes abhängt, sondern allein von der Beeinträchtigung des für das Arbeitsverhältnis erforderlichen Vertrauens durch den Verdacht, kann entgegen der Auffassung des LAG Düsseldorf[252] nicht zu Gunsten des Arbeitnehmers berücksichtigt werden, ob ein gegen den Arbeitnehmer eingeleitetes staatsanwaltschaftliches Ermittlungsverfahren nach § 170 Abs. 2 StPO eingestellt worden ist.[253] Die Beurteilung eines Sachverhaltes in einem Strafverfahren entfaltet weder für den Zivilrichter, § 14 Abs. 2 Nr. 1 EG ZPO, noch für die Gerichte für Arbeitssachen Bindungswirkungen.[254] Deshalb kommt grundsätzlich auch nicht die Aussetzung

---

[247] LAG Düsseldorf (13. 8. 98) BB 1998, 2215.
[248] *Westermann*, in: Müko-BGB, § 162 Rdn. 9ff., 13; siehe auch BAG (30. 4. 87) NZA 1987, 699; (26. 8. 93) NZA 1994, 63; LAG Köln (15.4.97) NZA 1998, 203; LAG Rheinland-Pfalz (9. 10. 97) ZTR 1998, 278.
[249] Vgl. LAG Köln (30. 11. 92) BB 1993, 1289; *Busch*, MDR 1995, 218.
[250] Vgl. BAG (11.4.85) DB 1986, 1727 = BB 1987, 1316ff.; (30.4.87) NZA 1987, 699; (26. 8. 93) NZA 1993, 63 = SAE 1994, 217, mit zust. Anm. von *Wank*,; (14. 9. 94) AP Nr. 24 zu § 626 BGB Verdacht strafbarer Handlung; (13. 9. 95) NZA 1996, 81; (18. 9. 97) NZA 1998, 95; LAG Berlin (9. 7. 90) DB 1990, 2477; *Schwerdtner*, in: Müko-BGB, § 626 Rdn. 171; KR-*Etzel*, § 1 KSchG Rdn. 508; *Hoefs*, S. 185ff.; KPK-*Schiefer*, § 1 KSchG Rdn. 421; *Stahlhacke/Preis/Vossen*, Rdn. 314 - **kritisch** *U. Preis*, DB 1988, 1449; ErfK/*Ascheid*, 1. Aufl., § 1 KSchG Rdn. 303; *Dörner*, NZA 1992, 865 (870); siehe auch *Gentges*, S. 90f., S. 256 Fußn. 25; *Lücke*, BB 1998, 2262: nicht formelle Wirksamkeitsvoraussetzung, sondern Teil der dem Arbeitgeber obliegenden Aufklärungspflicht.
[251] BAG (3.4.86) NZA 1986, 677; *Gitter/Michalski/Frotscher*, Arbeitsrecht, S. 122; *Hoefs*, S. 143, aber gegen eine Umdeutung, S. 144; BAG (20.8.97) EzA Nr. 7 zu § 626 BGB Verdacht strafbarer Handlung; siehe auch BAG (6.12.01) DB 2002, 1779 = AuA 2002, 84f. für den umgekehrten Fall.
[252] (26.7.96) – 15 Sa 165/96 –.
[253] So auch BAG (20.8.97) NZA 1997, 1340 = AP Nr. 27 zu § 626 BGB Verdacht strafbarer Handlung = BB 1997, 2484; LAG Berlin (29. 1. 96) NZA 1997, 319; *Erman/Belling*, BGB, § 626 Rdn. 78; KR-*Fischermeier*, § 626 BGB Rdn. 213; *Hoefs*, S. 285.
[254] BAG (16.10.67) AP Nr. 11 zu § 394 BGB; (20.8.97) NZA 1997, 1340; (18.11.99) AP Nr. 160 zu § 626 BGB; *Hoefs*, S. 282 m.w.N.

des Kündigungsschutzprozesses, § 149 ZPO, in Betracht, was *Naujoks*[255] verkennt.

Die Beschränkung der Verdachtskündigung auf solche Arbeitnehmer, die bei ihrem Arbeitgeber eine besondere Vertrauensstellung innehaben, erscheint sachlich nicht gerechtfertigt[256], wenngleich bei dieser Arbeitnehmergruppe eine solche Kündigung eher begründet sein wird als bei einem anderen Mitarbeiter. *450*

Dass auch gegenüber fristgerecht unkündbaren Arbeitnehmern, etwa nach § 53 Abs. 3 BAT, eine außerordentliche fristlose Verdachtskündigung zulässig erscheint, wird zu Recht angenommen.[257] Nichts anderes gilt gegenüber Betriebs- oder Personalratsmitgliedern[258] oder für eine Verdachtskündigung im Rahmen eines Berufsausbildungsverhältnisses.[259] *451*

Bei Beachtung der eben dargestellten Grundsätze ergibt sich bezüglich des Verdachts der Simulation einer Krankheit, wenn sich das Erschleichen einer Arbeitsunfähigkeitsbescheinigung nicht nachweisen lässt, folgendes: Kann der Arbeitgeber trotz des dringenden Verdachts einer nur simulierten krankheitsbedingten Arbeitsunfähigkeit nicht nachweisen, dass der Arbeitnehmer in Wahrheit arbeitsfähig war, dann liegen im Allgemeinen die arbeitsrechtlichen Voraussetzungen einer Verdachtskündigung wegen strafbarer Handlungen jedenfalls nicht vor, solange der Arbeitnehmer gegenüber dem Arbeitgeber wegen der behaupteten Krankheit keine vermögenswerten Ansprüche, insbesondere den Vergütungsfortzahlungsanspruch geltend macht. Eine strafbare Handlung, und zwar ein versuchter oder vollendeter Betrug, §§ 263, 22, 23 StGB[260, 261], kommt vielmehr erst in Betracht, wenn der Arbeitnehmer in betrügerischer Absicht vom Arbeitgeber unberechtigterweise die *452*

---

[255] AuR 1998, 401 – **teilweise kritisch** *Hoefs*, S. 281, 287.
[256] So auch LAG Schleswig.-Holst. (12.4.84) BB 1986, 1017; LAG Berlin DB 1990, 2477; LAG Köln (16.1.90) DB 1990, 1337; *Belling*, FS für Kissel, S. 16, 26; *Busch*, MDR 1995, 218; *Gentges*, S. 258; *Appel/Gerken*, AuR 1995, 206; *Edenfeld*, JA 1996, 380; *Lücke*, BB 1997, 1846; Kasseler Handbuch/*Isenhardt*, 6.3 Rdn. 369; *Schwerdtner*, in: Müko-BGB, § 626 BGB Rdn. 171; BGB-RGRK, § 626 Rdn. 165; KR-*Fischermeier*, § 626 BGB Rdn. 228; *Knorr/Bichlmeier/Kremhelmer*, S. 230 Rdn. R; *Gamillscheg*, S. 578; *Hoefs*, S. 135f., 318; *Palandt/Putzo*, BGB, § 626 Rdn. 49 – **anderer Ans.** *Wallmeyer*, S. 88; *Moritz*, NJW 1978, 402ff.; *Fromm*, S. 510–538: Total- und Restvertrauensbeziehungen; schon RAG (6.5.39) ARS 36, 263f.; (30.9.41) ARS 43, 105; siehe auch *Däubler*, Das soziale Ideal des BAG, S. 482f.
[257] Vgl. LAG Hamm (27.6.96) ZTR 1996, 521; LAG Berlin (2.12.96) LAGE Nr. 5 zu § 626 BGB Verdacht strafbarer Handlung.
[258] LAG Berlin (3.8.98) LAGE Nr. 17 zu § 15 KSchG; OVG Nordrhein-Westf. (11.9.97) NWVBl. 1998, 123 (124); *Hoefs*, S. 315; *Etzel*, Betriebsverfassungsrecht, S. 420 Rdn. 1191.
[259] Vgl. *Hoefs*, S. 317ff.
[260] Dazu insbesondere *Franke*, JuS 1982, 679 (681); LAG Baden-Württ. (10.3.87) NZA 1987, 422; LAG Berlin (1.11.00) NZA-RR 2001, 471; *Hako-Fiebig*, § 1 Rdn. 364; *Hoefs*, S. 159f.; *Tröndle/Fischer*, StGB, § 263 Rdn. 6a.
[261] Betreffend Fälschung einer Arbeitsunfähigkeitsbescheinigung siehe LAG Bremen (15.2.85) BB 1985, 1129.

Erfüllung des Entgeltfortzahlungsanspruches verlangt.²⁶²,²⁶³ In einem solchen Falle kann eine Verdachtskündigung gerechtfertigt sein.²⁶⁴ Eine nur vage Vermutung, der Arbeitnehmer sei in Wahrheit nicht krank, etwa bei wiederholten Krankschreibungen während des Erholungsurlaubes²⁶⁵, vermag den dringenden Verdacht des Krankfeierns als Voraussetzung für die Rechtfertigung einer Verdachtskündigung noch nicht zu ersetzen. Gleiches gilt, wenn der Arbeitgeber lediglich behauptet, die Arbeitnehmerin habe gegenüber einer Mitarbeiterin zu Beginn des Monats erklärt, sie werde „krank machen", ohne nähere belastende Umstände vorzutragen und die Arbeitnehmerin dazu angehört zu haben.²⁶⁶ Soweit demgegenüber das LAG Köln in einem Urteil vom 16. 1. 1990²⁶⁷ eine Verdachtskündigung in solchen Fällen deshalb abgelehnt hat, weil kein kündigungsrelevanter Zusammenhang zwischen dem Verdacht und der vertraglich geschuldeten Tätigkeit bestehe, wird verkannt, dass eine Beeinträchtigung der notwendigen Vertrauensgrundlage nicht nur durch ein Verhalten bewirkt werden kann, das sich unmittelbar auf die Arbeitsleistung bezieht, sondern auch durch ein Verhalten des Arbeitnehmers, das nur in einem mittelbaren Zusammenhang mit der geschuldeten Leistung steht.

453 In einer Entscheidung vom 4. 6. 1964 hat das Bundesarbeitsgericht²⁶⁸ allerdings auch den Verdacht einer sonstigen schweren arbeitsvertraglichen Verfehlung des Arbeitnehmers genügen lassen²⁶⁹, ein Umstand, der erheblich wäre, wenn in der Simulation einer Krankheit strafrechtlich (noch) kein vollendeter oder versuchter

---

²⁶² So auch LAG Düsseldorf (16.12.80) DB 1981, 900; *Dütz*, Krankfeiern, S. 86; *Galahn*, S. 141; *Bauer/Röder/Lingemann*, S. 113; KR-*Etzel*, § 1 KSchG Rdn. 486; *Berkowsky*, Personenbedingte Kündigung, S. 178 Rdn. 87; *Knorr/Bichlmeier/Kremhelmer*, S. 514 Rdn. 98; *Hoefs*, S. 323; siehe auch LAG Düsseldorf (27. 4. 81) BB 1981, 1275; LAG Frankfurt/M. (4. 10. 83) – 3 Sa 1389/83 – zur Rückzahlungspflicht nach § 812 Abs. 1 BGB; ArbG Berlin (21.11.00) NZA-RR 2001, 528 – **anders** LAG Bremen (27.7.60) BB 1960, 1168.
²⁶³ Zur Kostenerstattung durch die Krankenkasse bei vorgetäuschter Krankheit siehe BSG (21. 8. 96) NZS 1997, 228ff.; *Muckel*, JuS 1998, 408ff.
²⁶⁴ So auch ErfK/*Müller-Glöge*, § 626 BGB Rdn. 142 m.N. – **anders** *Kittner/Däubler/Zwanziger*, KSchR, § 1 KSchG Rdn. 223; *Hummel*, S. 112.
²⁶⁵ Vgl. auch LAG Düsseldorf DB 1986 1180; LAG Schleswig-Holt. (24. 9. 86) RzK I 8c Nr. 12; *von Hoyningen-Huene/Linck*, KSchG, § 1 Rdn. 342.
²⁶⁶ ArbG Mannheim/Heidelberg (12. 3. 92) BB 1993, 864; zutreffend aber die Würdigung eines insoweit vergleichbaren Sachverhalts durch das LAG Berlin (1.11.00) NZA-RR 2001, 471ff.
²⁶⁷ LAGE Nr. 27 zu § 1 KSchG Verhaltensbedingte Kündigung, mit **ablehnender** Anm. von *Henssler*; **ablehnend** auch *Lücke*, BB 1997, 1847.
²⁶⁸ DB 1964, 1266; ferner BAG (11. 4. 85) DB 1986, 1727; (3. 4. 86) DB 1986, 2187; (14. 9. 94) AP Nr. 24 zu § 626 BGB Verdacht strafbarer Handlung = NZA 1995, 269 = SAE 1996, 52, mit Anm. von *Weber*; (13. 9. 95) NZA 1996, 81 = AP Nr. 25 zu § 626 BGB Verdacht strafbarer Handlung = EzA Nr. 6 zu § 626 BGB Verdacht strafbarer Handlung, mit Anm. von *Kraft*; (20. 8. 97) NZA 1997, 1340 = BB 1997, 2484; (6.12.01) AuA 2002, 84f.
²⁶⁹ So auch *Hueck/Nipperdey*, Bd. I, S. 585; *Stahlhacke/Preis/Vossen*, Rdn. 755; *von Hoyningen-Huene/Linck*, KSchG, § 1 Rdn. 260; *Schaub/Linck*, S. 1435 Rdn. 129; *Brox/Rüthers*, S. 145 Rdn. 192a; *Staudinger/Preis*, BGB, § 626 Rdn. 223; BGB-RGRK, § 626 Rdn. 164; KR-*Etzel*, § 1 KSchG Rdn. 508; ErfK/*Ascheid*, 1. Aufl., § 1 KSchG Rdn. 296; *Löwisch*, KSchG, § 1 Rdn. 223; *Hako-Gallner*, § 1 Rdn. 564; *Hako-Fiebig*, § 1 Rdn. 419; *Gitter/Michalski*, S. 78; HK-KSchG/*Dorndorf*, § 1 Rdn. 842; Kasseler Handbuch/*Isenhardt*, 6.3 Rz. 365; *Berkowsky*, NZA-RR 2001, 453, 454; *Gamillscheg*, S. 578; LAG München (3.11.00) LAGE Nr. 131 zu § 626 BGB; VGH Mannheim (28.11.00) NJW 2001, 1082f.

Betrug zum Nachteil des Arbeitgebers gesehen werden kann. Jedoch reicht der bloße Verdacht für eine fristlose Entlassung dann nicht aus, wenn der Arbeitnehmer selbst bei einer tatsächlich nachgewiesenen Verfehlung nicht fristlos gekündet werden könnte.[270] Freilich stellen sich der Tatverdacht einerseits und das tatsächliche Fehlverhalten andererseits als zwei von einander zu unterscheidende Kündigungssachverhalte dar.[271] Der Tatverdacht ist kein im Tatvorwurf notwendigerweise enthaltenes „minus"´, sondern ein „aliud". Wie dargelegt, begeht aber ein Arbeitnehmer, der sich nicht der Krankheit gemäß verhält, nur eine Obliegenheitsverletzung, die eine außerordentliche fristlose Kündigung regelmäßig nicht zu rechtfertigen vermag. Dann muss dies erst recht gelten, wenn nur der Verdacht einer Obliegenheitsverletzung besteht. Liegen dagegen konkrete Anhaltspunkte vor, die unter den genannten Voraussetzungen den dringenden Verdacht begründen, der Arbeitnehmer sei gar nicht arbeitsunfähig krank und bleibe folglich unberechtigt der Arbeit fern, indem er während der Krankschreibung etwa für eine Konkurrenzfirma arbeitet[272] und/oder eine Krankheit nur simuliert[273], dann erscheint der Ausspruch einer Verdachtskündigung wegen Verletzung der Hauptpflicht zur Arbeitsleistung rechtlich möglich[274], wobei jedoch berücksichtigt werden muss, dass die Ursache der möglichen Pflichtverletzung auf ein außerdienstliches Verhalten zurückgeht. Bei Verdachtshandlungen, die im außerdienstlichen Bereich wurzeln, wird jedoch die Erschütterung des Vertrauens in aller Regel nicht so leicht eintreten wie beim dringenden Verdacht einer arbeitsvertraglichen Verfehlung, die unmittelbar gegen den Arbeitgeber gerichtet ist.[275] Ein dringender Verdacht wird in der Regel aber schon dann anzunehmen sein, wenn der Arbeitnehmer während der Dauer der attestierten Arbeitsunfähigkeit eine andere, aber gleichartige Tätigkeit wie die im „Haupt"-Arbeitsverhältnis geschuldete ausübt.[276]

---

[270] BAG (23.1.61) DB 1961, 680; *Busch*, MDR 1995, 217f.; *Stahlhacke/Preis/Vossen*, Rdn. 760; *Boemke*, Arbeitsrecht, S. 89 m.w.N.; *Hoefs*, S. 145 m.N.; *Staudinger/Preis*, BGB, § 626 Rdn. 226; *Schwerdtner*, in: Müko-BGB, § 626 Rdn. 172.

[271] BAG (13.9.95) AP Nr. 25 zu § 626 BGB Verdacht strafbarer Handlung = NZA 1996, 81; *Staudinger/Preis*, BGB, § 626 Rdn. 226; ErfK/*Müller-Glöge*, § 626 Rdn. 216.

[272] Dazu insbesondere LAG Düsseldorf/Köln BB 1981, 1522; LAG Frankfurt/M. LAGE Nr. 23 zu § 626 BGB; LAG Schleswig-Holst. (21.3.86) RzK I 8c Nr. 7.

[273] Vgl. LAG Berlin (3.8.98) BB 1999, 422; LAG München (3.11.00) LAGE Nr. 131 zu § 626 BGB; *Schwerdtner*, Brennpunkte des Arbeitsrecht 2001, 243 (248).

[274] In diesem Sinne auch *Kalb*, S. 90ff.; *Palme*, BlStSozArbR, 1967, 125; *Heilmann*, S. 18; *Barwasser*, DB 1976, 1333; *Schaub/Linck*, S. 1427 Rdn. 93; *Feichtinger/Pohl*, DB 1984, Beilage Nr. 4, S. 11; *Dütz*, Krankfeiern, S. 85; *D. Gaul*, NZA 1993, 869ff.; *Künzl/Weinmann*, AuR 1996, 259; KR-*Hillebrecht*, 4. Aufl., § 626 BGB Rdn. 320; ErfK/*Ascheid*, 1. Aufl., § 1 KSchG Rdn. 299; *Knorr/Bichlmeier/Kremhelmer*, S. 218 Rdn. 66; Erman/*Belling*, BGB, § 626 Rdn. 75, 76; *Gamillscheg*, S. 579; APS/*Dörner*, § 626 BGB Rdn. 245; *Tschöpe/Kappelhoff*, Teil 3 E, Rz. 33a; FA-ArbR/*Rühl*, S. 456 Rdn. 146; *Subatzus*, AuA 2002, 174 (176); BAG (26.8.93) E 74, 127 = NZA 1994, 63; (21.3.96) NZA 1996, 1030f.; LAG Düsseldorf/Köln (3.6.81) DB 1981, 1731; ArbG Berlin (21.11.00) NZA-RR 2001, 528, mit im Ergebnis aber unzutreffender Würdigung des Sachverhalts – **anderer Ans.** *Berkowsky*, Personenbedingte Kündigung, S. 178 Rdn. 88; ders., NZA-RR 2001, 59; *Kittner/Däubler/Zwanziger*, KSchR, § 1 KSchG Rdn. 223.

[275] Siehe *Gumpert*, BB 1960, 366; auch *Heilmann*, S. 37, 42.

[276] Vgl. *Stahlhacke/Preis/Vossen*, Rdn. 712 m.w.N.; LAG München (3.11.00) LAGE Nr. 131 zu § 626 BGB – **anders** LAG Köln (23.8.96) NZA-RR 1997, 338.

454   Manche Instanzgerichte[277] werten ein gesundheitswidriges Verhalten des Arbeitnehmers als Verdacht der Simulation einer Krankheit, ohne den darin liegenden Widerspruch zu erkennen oder gar auszuräumen. Ein Gebot zu gesundheitsförderndem Verhalten kann logisch nur dann bestehen, wenn der Arbeitnehmer tatsächlich arbeitsunfähig krank ist, während der Verdacht der Simulation als Kündigungsgrund begriffsnotwendig die begründete Vermutung voraussetzt, der Arbeitnehmer sei in Wahrheit gar nicht arbeitsunfähig krank. Folgerichtig hätten diese Gerichte, wenn sie von einem dringenden Simulationsverdacht ausgehen, nicht das Bestehen einer Pflicht zu gesundheitsförderndem Verhalten prüfen und schon gar nicht bejahen müssen. Nicht zu leugnen ist allerdings, dass bei der Sachverhaltsfeststellung zwischen diesen beiden theoretisch abgrenzbaren Vorgängen mitunter nicht klar unterschieden werden kann. Nur müsste vom Standpunkt der überwiegenden Meinung, die von einer entsprechenden unselbständigen Nebenpflicht des Arbeitnehmers ausgeht, dann deutlich gesagt werden, ob die fristlose Entlassung deshalb gerechtfertigt sein soll, weil der Arbeitnehmer eine Nebenpflicht verletzt oder weil der dringende Verdacht einer Simulation bestanden habe, was nichts anderes bedeutet als den Verdacht der Nichterfüllung der Hauptpflicht zur Arbeitsleistung, obwohl er dazu verpflichtet wäre. Insoweit können auf den hier zu beurteilenden Sachverhalt die im Strafrecht entwickelten Grundsätze der Wahlfeststellung[278] durchaus übertragen werden.[279] Auch bei der Prüfung der arbeitsgerichtlichen Rechtswegzuständigkeit wird zulässigerweise der Begriff „Wahlfeststellung" verwendet.[280]

455   Angesichts dieser Überlegungen verdient vor allem eine Entscheidung des ArbG Aalen[281] Zustimmung. Nach dem Ergebnis der Beweisaufnahme musste die Kammer davon ausgehen, dass die Arbeitnehmerin für die gesamte Dauer ihres Fehlens ärztliche Atteste über ihre krankheitsbedingte Arbeitsunfähigkeit hat vorlegen können und auch der Aufforderung des Arbeitgebers, sich amtsärztlich untersuchen zu lassen, Folge geleistet hatte, ohne dass eine abweichende ärztliche Diagnose festgestellt worden war. Überdies hatte der Arbeitgeber auch nicht alles ihm Zu-

---

[277] Etwa LAG Düsseldorf DB 1955, 1044, 1092; LAG Hamm DB 1970, 2380: ordentliche Kündigung; ArbG Kaiserslautern ARSt Bd. XVI, S. 53 Nr. 143; ArbG Wuppertal DB 1977, 121; auch *Palme*, BlStSozArbR 1967, 125; siehe auch LAG Düsseldorf/Köln (25. 6. 81) BB 1981, 1522, das in Wahrheit – im Ergebnis zutreffend – die fristgerecht ausgesprochene Kündigung deshalb als begründet angesehen hat, weil schwerwiegende Zweifel an der attestierten Arbeitsunfähigkeit bestanden hatten.
[278] Dazu *Schönke/Schröder*, StGB § 1 Rdn. 58; *Tröndle/Fischer*, StGB, § 1 Rdn. 18 ff.; *Hoefs*, S. 325 f.; BGH (25. 9. 90) NJW 1991, 990; (15. 10. 91) NJW 1992, 702 = JR 1993, 245, mit Anm. von *Schmoller*; (28.6.00) NJW 2000, 3147 f.; OLG Celle (12. 8. 86) NJW 1988, 1225.
[279] Zust. *Neumann*, NJW 1978, 1842; *Staudinger/Neumann*, BGB, § 626 Rdn. 46; *Kröpil*, NJW 1988, 1188; *Hunold*, S. 175; KR-*Etzel*, § 1 KSchG Rdn. 486; ErfK/*Müller-Glöge*, § 626 Rdn. 142; *Hoefs*, S. 327 ff.; *Kittner/Däubler/Zwanziger*, KSchR, § 1 KSchG Rdn. 219; *Knorr/Bichlmeier/Kremhelmer*, S. 514 Rdn. 97; LAG Berlin (3. 8. 98) BB 1999, 422 = LAGE Nr. 17 zu § 15 KSchG – **kritisch** *Schwerdtner*, Brennpunkte des Arbeitsrechts 2001, S. 243 (249).
[280] Vgl. BAG (14. 1. 97) NJW 1997, 1724 = NZA 1997, 399 f.; (29. 12. 97) AP Nr. 40 zu § 5 ArbGG 1979.
[281] (23. 3. 67) BB 1967, 674.

mutbare zur Aufklärung des Sachverhalts getan, so dass schon aus diesem Grunde die Verdachtsmomente nicht lükkenlos und zwingend waren. Zu Recht hat ferner das LAG Frankfurt/M.[282] eine fristlose Entlassung nicht bestätigt, da der Arbeitgeber nicht einmal eindeutig behauptet hatte, dass sich die Arbeitnehmerin die nicht mehr angegriffene Arbeitsunfähigkeitsbescheinigung durch Simulation erschlichen oder auf sonstige unlautere Weise beschafft habe. Desgleichen verdient eine Entscheidung des LAG Hamm[283] Beachtung. Wer sich, so führt das Berufungsgericht zu Recht aus, nachdem seine Bitte um unbezahlte Arbeitsbefreiung im zeitlichen Zusammenhang mit Weihnachten und Neujahr abgelehnt worden sei, dem dringenden Verdacht aussetze, dass er sein Fernbleiben durch Vortäuschen oder Übertreiben eines Krankheitsbildes erreicht habe, um eine längst gebuchte Reise nach Tunesien anzutreten, und zwar ohne Genehmigung des behandelnden Arztes, der könne jedenfalls fristgerecht gekündigt werden. Entgegen der Meinung des LAG Bremen[284] wird man den dringenden Verdacht einer simulierten Krankheit auch annehmen können, wenn sich ein für einen leitenden Posten eingestellter Arbeitnehmer, dem die Gewährung von Erholungsurlaub zweimal aus betrieblichen Gründen, nämlich wegen der Durchführung einer Inventur verweigert worden war, wegen eines von ihm bis dahin verheimlichten Magenleidens für die Zeit der Inventur krankschreiben lässt und gleichwohl den Urlaubsort aufsucht, den er ursprünglich zum Zwecke eines Familientreffens hat besuchen wollen. Aus der Sicht des Arbeitgebers musste sich im Zeitpunkt des Kündigungsausspruches der dringende Verdacht einer simulierten Krankheit geradezu aufdrängen. Auch die Weigerung des Arbeitnehmers, eine zusätzliche Arbeit zu übernehmen, verbunden mit der Androhung des Krankfeierns, kann im Einzelfall nach den Grundsätzen der Verdachtskündigung beurteilt werden.[285] Ein Schichtleiter in einem Fast-Food-Restaurant hatte an einem Cricket-Spiel teilgenommen, obwohl er arbeitsunfähig krankgeschrieben war, nachdem er sich vorher vergeblich um einen Mitarbeitertausch bemüht hatte. Das LAG Berlin[286] bejahte mit zutreffender Begründung die Voraussetzungen für den Ausspruch einer Verdachtskündigung vor allem auch deshalb, weil der ausländische Arbeitnehmer, ein Mitglied des Betriebsrates, bei seiner Anhörung durch den Arbeitgeber zunächst jegliche Teilnahme an dem Spiel seiner Manschaft vehement in Abrede gestellt hatte. Überdies hätte jedenfalls ein gesundheitswidriges Verhalten des Arbeitnehmers vorgelegen, so dass insoweit eine Wahlfeststellung kündigungsrechtlich in Betracht komme.[287]

---

[282] (13.10.72) DB 1972, 2359.
[283] (30.9.76) ARSt 1978, S. 11 Nr. 1023; so auch LAG Berlin (30.4.79) EzA Nr. 67 zu § 626 BGB n.F.
[284] DB 1960, 1132.
[285] Zutreffend LAG Hamm (18.1.85) DB 1985, 928; siehe auch *Schaub*, S. 1483 Rdn. 48 – **kritisch** *Knorr/Bichlmeier/Kremhelmer*, S. 231 Rdn. 84.
[286] (3.8.98) LAGE Nr. 17 zu § 15 KSchG = BB 1999, 421f.; zust. KPK-*Schiefer*, § 1 KSchG Rdn. 428b; *Backmeister/Trittin*, KSchG, §§ 626–628 Rdn. 9. – **kritisch** *Schwerdtner*, Brennpunkte des Arbeitsrechts 2001, S. 243 (249) wegen der vom LAG angenommenen Wahlfeststellung.
[287] Siehe auch schon LAG Hamm (8.10.70) DB 1970, 2380, wo der Gedanke einer Wahlfeststellung anklingt; ferner *Lepke*, DB 1974, 478 (481) *Schwerdtner*, in: Müko-BGB, § 626 Rdn. 111; *Walker*, Anm. zu BAG SAE 1994, 225.

456 Bei näherer Betrachtung der veröffentlichten Gerichtsentscheidungen zeigt sich deutlich, dass die Schwierigkeiten der Verdachtskündigung mehr im tatsächlichen als im rechtlichen Bereich liegen, ohne damit sagen zu wollen, dass die arbeitsrechtlichen Probleme der Verdachtskündigung bisher auch juristisch völlig befriedigend gelöst werden konnten.

c) Ordentliche Kündigung

457 Besteht der begründete Verdacht, der Arbeitnehmer sei nicht arbeitsunfähig krank, er habe sich grundlos von seinem Arzt krankschreiben lassen, so vermag dieses Verhalten, wenn nicht schon die fristlose so doch auf jeden Fall eine fristgerechte Kündigung zu rechtfertigen.[288] Im Ergebnis nicht anders ist beispielsweise ein Sachverhalt zu beurteilen, falls der Arbeitnehmer, der vor dem Ausspruch der Kündigung längere Zeit arbeitsunfähig krank war, eine Lohnerhöhung dadurch zu erzwingen versucht, dass er ankündigt, anderenfalls wieder „krank" zu werden. Äußerungen der geschilderten Art sind geeignet, das Vertrauen des Arbeitgebers in die Arbeitswilligkeit des Arbeitnehmers so schwer zu erschüttern, dass sogar eine fristlose Kündigung in Betracht kommen kann. Entscheidend kommt es freilich darauf an, ob sich der Arbeitnehmer einer strafbaren, mindestens versuchten Erpressung, §§ 240, 253, 23 StGB, schuldig macht, indem er vom Arbeitgeber vermögensrechtliche Leistungen mit rechtlich unzulässigen Mitteln fordert, selbst wenn er darauf einen Anspruch hätte. Dass eine Verdachtskündigung nicht nur als außerordentliche fristlose, sondern auch als ordentliche fristgerechte rechtlich möglich ist, entspricht zu Recht der überwiegenden Auffassung in Literatur und Rechtsprechung.[289]

---

[288] Im Ergebnis ebenso LAG Bremen DB 1960, 1132; vgl. ferner LAG Baden-Württ./Stuttgart DB 1968, 359; LAG Hamm ARSt 1980, S. 11 Nr. 1023; LAG Berlin (30.4.79) EzA Nr. 67 zu § 626 BGB n.F.; LAG Frankfurt/M. (22.9.83) ARSt 1984, S. 54 Nr. 54; ArbG Frankfurt/M. BB 1954, 1062; siehe auch LAG Schleswig-Holst. (28.1.83) DB 1984, 1355 = b + p 1984, 162, jedoch mit nicht haltbarer Begründung; *Dütz*, Krankfeiern, S. 85 m.N.; *Broich/Ropertz*, a.a.O., S. 240; *Künzl/Weinmann*, AuR 1996, 257; *Hoefs*, S. 258 ff.; *Berkowsky*, NZA-RR 2001, 454: in der Regel nur ordentliche Kündigung.

[289] Vgl. *von Hoyningen-Huene/Linck*, KSchG, § 1 Rdn. 260, 263; *Schaub*, S. 1490 Rdn. 74; KR-*Becker,*, 3. Aufl., § 1 KSchG Rdn. 287; *Löwisch*, KSchG, § 1 Rdn. 226; *Berkowsky*, Personenbedingte Kündigung, S. 219 Rdn. 10, S. 220 ff. Rdn. 17 ff.; *Busch*, MDR 1995, 220; *Gentges*, S. 251 m.w.N.; KR-*Etzel*, § 1 KSchG Rdn. 505; *Belling*, RdA 1996, 234; *Weber*, Anm. zu BAG SAE 1996, 57 (60); *Tschöpe/Kappelhoff*, Teil 3 E, Rz. 33 b; *Hako-Gallner*, § 1 Rdn. 564; *Hako-Fiebig*, § 1 Rdn. 419; FA-ArbR/*Zirnbauer*, S. 584 Rdn. 660; *Müller*, Arbeitsrecht, S. 151 Rdn. 401; *Stahlhacke/Preis/Vossen*, Rdn. 760; BAG (4.11.57) AP Nr. 39 zu § 1 KSchG; (30.4.87) NZA 1987, 699; LAG Bremen (1.2.66) BB 1966, 581; (3.7.63) BB 1963, 938; LAG Baden-Württ. (3.10.67) DB 1968, 359; LAG Berlin (27.10.80) – 9 Sa 62/80 –; LAG Köln (16.1.90) DB 1990, 1337; (25.1.01) BB 2001, 1748 (Ls); Hess. LAG (24.11.94) LAGE Nr. 83 zu § 626 BGB – **anders** *Hueck/Hueck*, KSchG, § 1 Rdn. 98; *von Hoyningen-Huene*, Anm. zu BAG EzA Nr. 18 zu § 1 KSchG Krankheit, S. 166; *Schäfer, Jürgen*, S. 227; *Schütte*, NZA 1991, Beilage Nr. 2, S. 21 f.; *Kittner/Däubler/Zwanziger*, KSchR, § 1 KSchG Rdn. 152 b, 249; HK-KSchG/*Dorndorf*, § 1 KSchG Rdn. 844; *Dörner*, NZA 1993, 873 ff. *Hoefs*, S. 258 ff.; differenzierend *Schwerdtner*, Brennpunkte des Arbeitsrechts 2001, S. 243 (257): gleichzeitige Freistellung von der Arbeit.

5. Darlegungs und Beweislast

Beruf sich der Arbeitgeber zur Rechtfertigung seiner Kündigung auf die Verletzung von arbeitsvertraglichen Nebenpflichten, dann trägt er dafür im Prozess die Darlegungs- und Beweislast.[290] Gleiches gilt, falls der Arbeitgeber geltend macht, dass nicht die krankheitsbedingte Arbeitsunfähigkeit, sondern der fehlende Arbeitswille für das Fehlen am Arbeitsplatz ursächlich gewesen sei[291]; denn in der Regel muss bei einem arbeitsunfähig krankgeschriebenen Arbeitnehmer davon ausgegangen werden, dass allein – mindestens aber überwiegend – die Krankheit den objektiven und subjektiven Grund für die Säumnis von der Arbeit bildet.[292] Für einen fehlenden Arbeitswillen kann der Beweis des ersten Anscheins sprechen, so wenn beispielsweise der Arbeitnehmer vergeblich um Urlaub oder sonstige Arbeitsbefreiung gebeten und nach der Ablehnung erklärt hat, er werde sich nunmehr krankschreiben lassen, was dann auch geschieht. In einem solchen Falle hat der Arbeitnehmer substantiiert darzulegen und erforderlichenfalls zu beweisen, dass er seinen ursprünglichen Entschluss, der Arbeit unentschuldigt und unberechtigt fernzubleiben, vorher geändert hat und seine Arbeit, wie nach dem Arbeitsvertrag vorgesehen, an sich hätte aufnehmen wollen, daran aber allein durch seine Erkrankung gehindert worden sei.[293] Ebenso verhält es sich, wenn der Arbeitgeber behauptet, der Arbeitnehmer habe die Krankheit nur vorgetäuscht, um etwa unberechtigterweise seinen ihm gewährten Erholungsurlaub zu verlängern.[294]

458

Spricht der Arbeitgeber wegen des dringenden Verdachts einer simulierten Erkrankung eine Kündigung aus, hat er uneingeschränkt das Vorliegen aller Entlassungsvoraussetzungen darzulegen und zu beweisen.[295] Als maßgeblicher Zeitpunkt für die Beurteilung der Rechtmäßigkeit einer Verdachtskündigung kommt es allein auf die Sachlage im Zeitpunkt des Wirksamwerdens der Kündigung an[296], da anderenfalls die Verdachtskündigung im Ergebnis in eine Tatkündigung umgewan-

459

---

[290] *Lepke*, DB 1970, 495; *Stahlhacke/Preis*, S. 204 f. Rdn. 4621 ff., S. 328 Rdn. 696; siehe auch *Künzl/Weinmann*, AuR 1996, 262: Im Falle der Verzögerung der Wiederherstellung der Arbeitsfähigkeit durch schuldhaftes Verhalten, obwohl auf S. 261 nur von einer Obliegenheitsverletzung ausgegangen wird.

[291] *Lepke*, DB 1974, 435; *Kittner/Trittin*, KSchR, § 1 KSchG Rdn. 221.

[292] BAG (9.4.60) AP Nr. 12 zu § 63 HGB.

[293] ArbG Rheine BB 1967, 1484; siehe aber *Lepke*, S. 532 Rdnr. 440.

[294] So auch *Graefe*, BB 1981, 1472; LAG Köln (9.10.98) NZA-RR 1999, 188; LAG München (3.11.00) LAGE Nr. 131 zu § 626 BGB – **anderer Ans.** *Baumann*, BB 1982, 1308.

[295] Siehe nur KR-*Hillebrecht*, 4. Aufl., § 626 Rdn. 274 ff.; MünchArbR/*Berkowsky*, § 154 Rdn. 54; *Schaub/Linck*, S. 1436 Rdn. 131; ArbG Frankfurt/M. (9.12.98) NZA-RR 1999, 365.

[296] Dazu im Einzelnen *Belling*, RdA 1996, 236 ff., mit Nachweisen auch der gegenteiligen Rechtsprechung vor allem der des BAG, etwa BAG (14.9.94) AP Nr. 24 zu § 626 BGB Verdacht strafbarer Handlung = NZA 1995, 269; *Stahlhacke/Preis/Vossen*, Rdn. 766 m.N.; *Walker*, Anm. zu BAG SAE 1998, 98 (105); vom *Stein*, RdA 1991, 85 (86); *Boemke*, Arbeitsrecht, S. 298 Rdn. 91; *Hoefs*, S. 271 f., siehe aber S. 272 ff.: prozessual maßgebliche entlastende Umstände, die beim Kündigungszugang objektiv vorlagen – **anderer Ans.** weiterhin etwa *Schaub/Linck*, S. 1436 Rdn. 131; BAG (18.11.99) AP Nr. 32 zu § 626 BGB Verdacht strafbarer Handlung = BB 2000, 672; LAG München (3.11.00) LAGE Nr. 131 zu § 626 BGB.

delt werden würde. Folglich müssen tatsächliche Entwicklungen, die erst nach der Ausübung des Gestaltungsrechts eingetreten sind, grundsätzlich unberücksichtigt bleiben.

460   Kündigt der Arbeitgeber mit der Begründung, der Arbeitnehmer sei unberechtigt der Arbeit ferngeblieben und macht der Arbeitnehmer seinerseits geltend, er sei in der fraglichen Zeit arbeitsunfähig krank und allein deshalb nicht in der Lage gewesen, die geschuldete Leistung zu erbringen, muss der Arbeitgeber das unberechtigte Fernbleiben des Arbeitnehmers darlegen und beweisen[297], und zwar in der Weise, dass für die betreffenden Fehltage weder Urlaub noch sonstige Arbeitsbefreiung erteilt worden ist. Aus einer Arbeitssäumnis kann nicht ohne weiteres auf eine Arbeitspflichtverletzung durch den Arbeitnehmer geschlossen werden. Für die Rechtfertigung einer Kündigung nach § 626 Abs. 1 BGB gilt im Grundsatz insoweit nichts anderes.[298] Die Kündigung knüpft nämlich nicht (allein) an das Unterlassen der Arbeitsleistung an, sondern auch an subjektive Elemente. Anders als im Deliktsrecht, wo die Tatbestandsmäßigkeit die Rechtswidrigkeit indiziert[299], hat der Kündigende die Rechtswidrigkeit eines arbeitsvertraglich beanstandeten Verhaltens besonders zu begründen. Andererseits kann vom Arbeitgeber nicht verlangt werden, dass er von sich aus alle nur denkbaren Rechfertigungsgründe des Arbeitnehmers widerlegt.[300] Er kann sich nach den Grundsätzen der abgestuften Darlegungs- und Beweislast zunächst darauf beschränken, den objektiven Tatbestand einer vertraglichen Pflichtverletzung darzulegen. Nunmehr hat der Arbeitnehmer im Kündigungsschutzprozess den Vorwurf, unberechtigt am Arbeitsplatz gefehlt zu haben, unter genauer Angabe seiner Gründe, die ihn an der Erbringung

---

[297] BAG (13.11.79) AP Nr. 5 zu § 1 KSchG 1969 Krankheit; (6.8.87) AP Nr. 97 zu § 626 BGB, mit zust. Anm. von *Baumgärtel*; (21.5.92) NZA 1993, 115; LAG Hamm (15.1.99) NZA 1999, 1222; LAG Frankfurt/M. (17.1.80) AuR 1980, 411; ArbG Aalen (13.10.71) ARSt 1972, S. 99 Nr. 113; ArbG Bamberg (31.3.77) ARSt 1977, S. 175 Nr. 1202; *Stahlhacke/Preis/Vossen*, Rdn. 620; *Neumann*, NJW 1978, 1842; *Hueck/Hueck*, KSchG, § 1 Rdn. 149a; *Herschel/Löwisch*, KSchG, § 1 Rdn. 249; *Reinecke*, S. 177; KR-*Becker*, 3. Aufl., § 1 KSchG Rdn. 183; KR-*Hillebrecht*, 4. Aufl., § 626 BGB Rdn. 276; *Ascheid*, Beweislast, S. 125; MünchArbR/*Berkowsky*, § 154 Rdn. 49; KR-*Etzel*, § 1 KSchG Rdn. 262; *Berkowsky*, Personenbedingte Kündigung, S. 289 Rdn. 38, 39; *Kittner/Däubler/Zwanziger*, KSchR, § 1 KSchG Rdn. 221 - **anderer Ans.** *Löwisch*, KSchG, § 1 Rdn. 402; *Kittner*, Diss., S. 52: Es genügt, wenn der Arbeitgeber behauptet und beweist, dass der Arbeitnehmer der Arbeit ferngeblieben ist, da allein aufgrund dieser Tatsache eine hohe Wahrscheinlichkeit dafür spricht, dass ein unbefugtes Arbeitsversäumnis vorliege; vgl. auch *Staudinger/Nipperdey/Neumann*, BGB, 11. Aufl., § 611 Anm. 139, in Verbindung mit Anm. 141; LAG Düsseldorf/Köln (2.11.71) DB 1971, 2319; LAG Berlin (18.8.75) DB 1975, 2328.
[298] Vgl. BAG (24.11.83) AP Nr. 76 zu § 626 BGB; (6.8.87) NJW 1988, 438; *Schaub/Linck*, S. 1415 Rdn. 52.
[299] Deshalb trägt der Arbeitnehmer, wenn er vom Arbeitgeber auf Schadensersatz wegen unberechtigter Arbeitsverweigerung in Anspruch genommen wird, die Darlegungs- und Beweislast dafür, dass die tatsächlichen Voraussetzungen für den Wegfall der Arbeitspflicht gegeben sind, vgl. BAG (13.7.72) AP Nr. 4 zu § 276 BGB Vertragsbruch, mit zust. Anm. von *Schlosser* = SAE 1974, 84ff., mit zust. Anm. von *Mes*.
[300] *Sieg*, RdA 1962, 139; *Stahlhacke/Preis/Vossen*, Rdn. 622; BAG DB 1976, 2358; AP Nr. 16 zu § 626 BGB; (5.2.91) DB 1992, 2446; LAG Berlin (12.8.96) LAGE Nr. 55 zu § 1 KSchG Verhaltensbedingte Kündigung.

der Arbeitsleistung gehindert haben, zu bestreiten, § 138 Abs. 2 ZPO, da diese Umstände in seiner Sphäre liegen, indem er seinerseits Gegentatsachen anführt, die einen Rechtfertigungs- oder Entschuldigungsgrund darstellen sollen.[301] Dazu gehört auch die Darlegung, dass er arbeitsunfähig krank war. Kann der Arbeitnehmer nicht ein entsprechendes ärztliches Attest vorlegen, muss er substantiiert darlegen, weshalb er krank war und dass er deshalb seine Arbeitsleistung nicht erbringen konnte.[302] Auch durch einen Bescheid der Bundesversicherungsanstalt für Angestellte über das Vorliegen einer Erwerbsunfähigkeit kann der Beweis einer Arbeitsunfähigkeit geführt werden.[301] Erst dann hat der Arbeitgeber Umstände darzulegen und ggf. zu beweisen, die objektiv geeignet sind, die vom Arbeitnehmer behauptete Arbeitsunfähigkeit zu widerlegen.[303] Mit der Entkräftung des Beweiswertes einer vom Arbeitnehmer vorgelegten Arbeitsunfähigkeitsbescheinigung wird zugleich die Rechtfertigung, zulässigerweise der Arbeit ferngeblieben zu sein, als erschüttert angesehen werden können, so dass der Arbeitnehmer prima facie unentschuldigt der Arbeit ferngeblieben ist. So meint auch das BAG in einer Entscheidung vom 26. 8. 1993[304] zu Recht, die Erschütterung des Beweiswertes eines ärztlichen Attestes gelte gleichermaßen für die Kündigung wegen des vermuteten Krankfeierns. Bei einer derartigen Konstellation habe der Arbeitnehmer darzulegen, weshalb er krankheitsbedingt gefehlt habe und trotzdem beispielsweise einer Nebentätigkeit nachgegangen sei. Folglich ist es Sache des Arbeitnehmers, im Einzelnen darzulegen, dass der Eindruck eines solchen Widerspruches unzutreffend und er tatsächlich arbeitsunfähig krank war. Entgegen der Auffassung des LAG Baden-Württemberg[305] muss der Arbeitgeber nicht nachweisen, dass irgendeine Krankheit in der Person des Arbeitnehmers überhaupt nicht vorlegen haben kann.

Stützt der Arbeitgeber die von ihm ausgesprochene Kündigung auf das Vortäuschen einer krankheitsbedingten Arbeitsunfähigkeit, trägt er die Darlegungs- und Beweislast dafür, dass der Arbeitnehmer tatsächlich arbeitsfähig gewesen ist.[306]

---

[301] BAG (24. 11. 83) AP Nr. 76 zu § 626 BGB; (21. 5. 92) NZA 1993, 115 = AP Nr. 29 zu § 1 KSchG 1969 Verhaltensbedingte Kündigung; *Dudenbostel*, DB 1986, 1175 (1176); *Reinecke*, S. 177; *Bitter/Kiel*, RdA 1995, 35; *Schwerdtner*, in: Müko-BGB, § 626 Rdn. 101.
[302] BAG (23.09.92) EzA Nr. 44 zu § 1 KSchG Verhaltensbedingte Kündigung; (26.8.93) DB 1993, 2534 = NZA 1994, 63.
[303] RAG (11. 1. 33) ARS Bd. 17, 78; BAG DB 1976, 2357; *Neumann*, NJW 1978, 1842; siehe auch *Pauly*, DB 1981, 1282 (1287).
[304] AP Nr. 112 zu § 626 BGB, mit Anm. von *Berning* = NZA 1994, 63; siehe auch BAG (7. 12. 95) – 2 AZR 849/95 – unv.; zust. *Künzl/Weinmann*, AuR 1996, 257; LAG Berlin (3. 8. 98) LAGE Nr. 17 zu § 15 KSchG – **anders** LAG Frankfurt/M. (22. 1. 90) AuR 1991, 152; *Kaiser/Dunkl/Hold/Kleinsorge*, EFZG, § 5 Rdn. 52.
[305] (10. 11. 92) – 7 Sa 17/91 – unv.
[306] Vgl. LAG Köln (23.8.96) NZA-RR 1997, 338; LAG München (3.11.00) LAGE Nr. 131 zu § 626 BGB.

E. Gerichtliche Auflösung des Arbeitsverhältnisses und Wiedereinstellungsanspruch

I. Auflösungsantrag und Abfindungsanspruch

1. Auflösungsbegehren des Arbeitgebers

Stellt das Arbeitsgericht fest, dass in Arbeitsverhältnis durch eine vom Arbeitgeber ausgesprochene ordentliche Kündigung nicht aufgelöst, worden ist, hat es auf Antrag des. Arbeitgebers das Arbeitsverhältnis durch ein Gestaltungsurteil aufzulösen und ihn zur Zahlung einer angemessenen Abfindung an den Arbeitnehmer zu verurteilen. Voraussetzung dafür ist aber, dass Gründe vorliegen, die eine den Betriebszwecken dienliche weitere Zusammenarbeit zwischen den Vertragsparteien nicht erwarten lassen, § 9 Abs. 1 Satz 2 KSchG. Einen solchen Prozessantrag kann der Arbeitgeber noch bis zum Schluss der letzten mündlichen Verhandlung in der Berufungsinstanz stellen, § 9 Abs. 1 Satz 3 KSchG. Insoweit liegt eine Klageänderung im Sinne von § 263 ZPO vor. § 9 Abs. 1 Satz 3 KSchG ist als lex speciales gegenüber dem Novenrecht der der ZPO anzusehen[1], so dass die Bestimmungen der §§ 527, 528 ZPO auf den Auflösungsantrag keine Anwendung finden. Für das Vorliegen der Gründe, die einer künftigen gedeihlichen Zusammenarbeit entgegenstehen, trägt der Arbeitgeber die Darlegungs- und Beweislast.[2]

461

Der Arbeitgeber kann die Auflösung des Arbeitsverhältnisses nach § 9 KSchG nur verlangen, wenn der vorgetragene Kündigungssachverhalt lediglich nach § 1 Abs. 2 und 3 KSchG wegen Sozialwidrigkeit zur Rechtsunwirksamkeit der Kündigung führt.[3] Das Gesetz will dem Arbeitgeber die Vergünstigung des § 9 KSchG nicht zubilligen, wenn die Unwirksamkeit der Kündigung aus Normen außerhalb des KSchG hergeleitet wird. Es stellt für den Arbeitgeber, eine unerwartete Wohltat dar, dass er nach einem verlorenen Kündigungsschutzprozess gleichwohl die gerichtliche Auflösung des Arbeitsverhältnisses erwirken kann. Es erweist sich jedoch als unschädlich, falls der Arbeitgeber zusätzlich weitere Kündigungssachverhalte geltend macht, die aus anderen Gründen die Unwirksamkeit bedingen.[3]

462

Sieht das Gericht eine außerordentliche fristlose Kündigung als unbegründet an, kann der Arbeitgeber nicht die Vertragsauflösung, verlangen. Das folgt aus § 13

---

[1] Nur KR-*Spilger*, § 9 KSchG Rdn. 20 m.w.N.; *von Hoyningen-Huene/Linck*, KSchG, § 9 Rdn. 21 m.w.N.; LAG Berlin (5.5.97) LAGE Nr. 29 zu § 9 KSchG = NZA-RR 1998, 116 f.

[2] Etwa BAG (14.5.87) NZA 1988, 16; (14.1.93) NZA 1994, 311; LAG Berlin (5.5.97) LAGE Nr. 29 zu § 9 KSchG; KR-*Spilger*, § 9 KSchG Rdn. 60 m.N.; *von Hoyningen-Huene/Linck*, KSchG, § 9 Rdn. 44 m.N.; *Stahlhacke/Preis/Vossen*, Rdn. 1985.

[3] BAG (27.9.01) DB 2002, 1164 = BB 2002, 2131; (21.9.00) BB 2001, 103 = NZA 2001, 102; zust. *Schäfer*, BB 2001, 1102: *Schaub*, S. 1561 Rdn. 7; ErfK/*Ascheid*, § 9 KSchG Rdn. 18; *von Hoyningen-Huene/Linck*, KSchG, § 9 Rdn. 15–15c m.w.N. – **anderer Ans.** *Trappehl/Lambrich*, RdA 1999, 243 m.w.N.; KR-*Spilger*, § 9 KSchG Rdn. 27 ff.

Abs. 1 Satz 3 KSchG, der in einem solchen Fall nur für den Arbeitnehmer einen Auflösungsantrag als statthaft vorsieht. Beruft sich aber der Arbeitgeber mit Erfolg auf die Umdeutung der außerordentlichen in eine ordentliche Kündigung, § 140 BGB, und stellt das ArbG deren Sozialwidrigkeit fest, kann insoweit auch der Arbeitgeber einen Auflösungsantrag zulässigerweise stellen. Gleiches gilt, wenn der Arbeitgeber vorsorglich fristgerecht eine ordentliche Kündigung ausgesprochen hat.[4]

463   Als Gründe die eine den Betriebszwecken dienliche weitere Zusammenarbeit zwischen dem Arbeitgeber und dem Arbeitnehmer nicht erwarten lassen, kommen nur Umstände in Betracht, die das persönliche Verhältnis zum Arbeitgeber, die Wertung der Persönlichkeit des Arbeitnehmers, seiner Leistung oder Eignung für die ihm übertragenen Aufgaben sowie sein Verhältnis zu den übrigen Mitarbeitern betreffen.[5] Insoweit können aber auch solche Aspekte auflösungsrelevant sein, die die Kündigung selbst nicht sozial rechtfertigen.[6] Im Interesse eines effektiven Bestandsschutzes, aber auch um dem Schutzauftrag des Art. 12 Abs. 1 GG Rechnung zu tragen sind an den vom Arbeitgeber festgestellten Auflösungsantrag jedoch strenge Anforderungen zu stellen[7], ohne dass allerdings die Voraussetzungen des § 626 Abs. 1 BGB vorliegen müssen.

Da die der weiteren Zusammenarbeit entgegenstehenden Gründe in der Regel nur solche sind, die das persönliche Vertrauensverhältnis zwischen den Arbeitsvertragsparteien stören, während wirtschaftliche oder allein betriebliche Gesichtspunkte außer Betracht bleiben müssen[8], werden krankheitsbedingte Fehlzeiten einen Auflösungsantrags im Allgemeinen nicht rechtfertigen können. Zeigt aber der betreffende Arbeitnehmer keinerlei Einsicht und Bereitschaft, therapeutische und/oder psychisch-soziale Hilfestellungen anzunehmen, was insbesondere bei Suchterkrankungen der Fall sein wird, muss die Rechtslage anders beurteilt werden.[9]

2. Auflösungsverlangen des Arbeitnehmers

464   Der Arbeitnehmer kann gerichtlich die Auflösung seines Arbeitsverhältnisses gegen Zahlung einer Abfindung erwirken, und zwar im Fall der Unwirksamkeit einer

---

[4]   BAG (26. 10. 97) AP Nr. 5 zu § 9 KschG 1969; LAG Berlin LAGE Nr. 29 zu § 9 KSchG; ErfK/*Ascheid*, § 9 KSchG Rdn. 19; KR-*Spilger*, § 9 KSchG Rdn. 29; *von Hoyningen-Huene/Linck*, KSchG, § 13 Rdn. 17a; *Stahlhacke/Preis/Vossen*, Rdn. 1989 m.w.N.

[5]   Vgl. BAG (14. 10. 54) AP Nr. 6 zu § 3 KSchG; (7. 3. 02) EzA Nr. 45 zu § 9 KSchG n.F.; KR-*Spilger*, § 9 KSchG Rdn. 55; *von Hoyningen-Huene/Linck*, KSchG, § 9 Rdn. 39; siehe auch LAG Schleswig-Holst. (10. 8. 99) ARSt 2000, S. 10f.

[6]   BAG (16. 5. 84) EzA Nr. 16 zu § 9 KSchG n.F.; (14. 1. 93) NZA 1994, 309 (311); KR-*Spilger*, § 9 KSchG Rdn. 58 m.N.; *von Hoyningen-Huene/Linck*, KSchG, § 9 Rdn. 37a; *Stahlhacke/Preis/Vossen*, Rdn. 1983.

[7]   Vgl. KR-*Spilger*, § 9 KSchG Rdn. 52; *von Hoyningen-Huene/Linck*, KSchG, § 9 Rdn. 38; *Stahlhacke/Preis/Vossen*, Rdn. 1981 m.w.N.; BAG (7. 3. 02) EzA Nr. 45 zu § 9 KSchG n.F. m.w.N. = BB 2002, 2389.

[8]   Etwa BAG (14. 10. 54) AP Nr. 6 zu § 3 KSchG; ErfK/*Ascheid*, § 9 KSchG Rdn. 22; *Schaub*, S. 1563 Rdn. 14; KR-*Spilger*, § 9 KSchG Rdn. 55; *von Hoyningen-Huene/Linck*; KSchG, § 9 Rdn. 39.

[9]   Zutreffend LAG Berlin (27. 10. 97) – 9 Sa 25/97 –, S. 20 unv.; siehe auch LAG Köln (20. 12. 00) – 7 Sa 277/00 –, S. 5.

ordentlichen oder außerordentlich fristlosen Entlassung, wenn ihm die Fortsetzung der beiderseitigen Rechtsbeziehungen nicht zuzumuten ist, §§ 9 Abs. 1 Satz 1, 13 Abs. 1 Satz 3 KSchG. Für alle Tatsachen, die für die Auflösung des Arbeitsvertrages vom Arbeitnehmer geltend gemacht werden, trägt er die Darlegungs- und Beweislast.[10]

Der Begriff der Unzumutbarkeit ist nicht identisch mit dem des wichtigen Grundes im Sinne von § 626 Abs. 1 BGB.[11] Beide Normen verfolgen unterschiedliche Zwecke. Die in § 9 Abs. 1 Satz 1 KSchG vorgesehene Beendigungsmöglichkeit dient allein dem Schutz des Arbeitnehmers vor einer Weiterarbeit unter unzuträglichen Arbeitsbedingungen. Für den Auflösungsantrag des Arbeitnehmers reicht es deshalb auch aus, wenn die Kündigung nicht ausschließlich auf Sozialwidrigkeit gestützt wird.[12] Beim Vorliegen der übrigen Voraussetzungen des § 9 KSchG erweist es sich als unschädlich, wenn die Kündigung neben der Sozialwidrigkeit auch aus anderen Gründen keine Rechtswirkungen entfaltet. 465

Die Umstände, die – bezogen auf den Zeitpunkt der letzten mündlichen Verhandlung in der Tatsacheninstanz – die Fortsetzung des Arbeitsverhältnisses unzumutbar machen, müssen in einem inneren Zusammenhang mit der Entlassung oder dem Kündigungsschutzprozess stehen.[13] Entscheidungserheblich kommt es deshalb darauf an, ob der Arbeitnehmer nach der vom Arbeitgeber erklärten Kündigung sein Vertragsverhältnis noch in ihm zumutbarer Weise auf Dauer fortsetzen kann. Das ist beispielsweise nicht mehr der Fall, wenn als Entlassungsgründe unzutreffende ehrverletzende Behauptungen über die Person oder das Verhalten des Gekündigten leichtfertig aufgestellt worden sind oder das Vertrauensverhältnis durch das gerichtliche Verfahren zerrüttet worden ist. Ein Auflösungsgrund kann auch gegeben sein, wenn sich der Arbeitgeber während des Kündigungsschutzprozesses unberechtigt an den Arzt des Arbeitnehmers wendet und Zweifel an der Berechtigung der Krankschreibung äußert.[14] Ebenso kommen Umstände in Betracht, die den Schluss nahelegen, der Arbeitgeber werde den Arbeitnehmer nach seiner Rückkehr in den Betrieb gegenüber den anderen Mitarbeitern benachteiligen oder sonstwie unkorrekt behandeln.[15] Unter Zugrundelegung des angeführten Regelungsgehalts des § 9 KSchG sind folglich krankheitsbedingte Fehlzeiten des Arbeitnehmers allein, die der Arbeitgeber erfolglos zur sozialen Rechtfertigung der streitbefangenen Kündigung herangezogen hat, als Auflösungsgrund nicht geeignet. Das KSchG hat nach derzeit geltendem Recht immer noch die Bedeutung eines Be- 466

---

[10] Siehe nur KR-*Spilger*, § 9 KSchG Rdn. 47, 49 m.N.; *Stahlhacke/Preis/Vossen*, Rdn. 1978.
[11] BAG (26.11.81) NJW 1982, 2015; (24.9.92) NZA 1993, 362; *Schaub*, S. 1562 Rdn. 9; KR-*Spilger*, § 9 KSchG Rdn. 38a, 39; *von Hoyningen-Huene/Linck*, KSchG, § 9 Rdn. 32, 32a.
[12] BAG (29.1.81) AP Nr. 6 zu § 9 KSchG 1969; ErfK/*Ascheid*, § 9 KSchG Rdn. 5; *von Hoyningen-Huene/Linck*, KSchG, § 9 Rdn. 14.
[13] Etwa BAG (24.9.92) NZA 1963; 362; KP-*Spilger*, § 9 KSchG Rdn. 41 m.N.; *von Hoyningen-Huene/Linck*, KSchG § 9 Rdn. 36a.
[14] *von Hoyningen/Huene/Linck*, KSchG, § 9 Rdn. 33 m.w.N.; Schaub, S. 1563 Rdn. 11; BAG (20.11.97) RzK I 11c Nr. 13.
[15] Vgl. Neumann, ArbR-Blattei, Kündigungsschutz VI, Rdn. 17–18; KR-*Spilger*, § 9 KSchG Rdn. 41 m.w.N.

standsschutz- und nicht die eines Abfindungsgesetzes[16], selbst wenn die gerichtliche Praxis vielfach einen anderen Eindruck vermittelt. Auch allein der Umstand, dass zwischen den Parteien eine Kündigungsschutzprozess geführt worden ist, spricht noch nicht für die Unzumutbarkeit der Fortsetzung des fraglichen Arbeitsverhältnisses.[17] Ebensowenig stellt die Sozialwidrigkeit der Kündigung für sich betrachtet einen ausreichenden Auflösungsgrund dar.[18]

3. Auflösungsantrag beider Parteien

467 Ob bei beiderseitigem Antrag auf Auflösung des Arbeitsverhältnisses das Gericht diesem ohne nähere Sachprüfung stattzugeben hat oder ob nach festgestellter Sozialwidrigkeit der Kündigung die Prüfung der weiteren gesetzlichen Tatbestandsmerkmale des § 9 Abs. 1 Satz 1 bzw. 2 KSchG vorgenommen werden muss, darüber bestehen Meinungsverschiedenheiten. Die zuerst genannte Auffassung verdient Zustimmung.[19] Durch den beiderseitigen Antrag geben die Parteien unmissverständlich zu erkennen, dass aus ihrer Sicht ein Auflösungsgrund besteht. Sie können vernünftigerweise nicht gegen ihren Willen an ein Arbeitsverhältnis gebunden sein, das beide Parteien nicht mehr fortsetzen wollen. Auch spricht der Grundsatz der Vertragsautonomie, § 105 GewO, für diese Ansicht.

II. Wiedereinstellungsanspruch

1. Vorbemerkungen

468 Die Wirksamkeit einer aus krankheitsbedingten Gesichtspunkten dem Arbeitnehmer gegenüber ausgesprochenen Kündigung kann im Einzelfall fragwürdig erscheinen und dem Gerechtigkeitsgefühl widersprechen, wenn die auf den Zeitpunkt des Kündigungszuganges bezogenen Entlassungsgründe, auf die es für die Rechtfertigung einer solchen Kündigung allein ankommt[1], nachträglich entfallen sind, weil sich etwa der Gesundheitszustand des Arbeitnehmers so gebessert hat, dass die negative Gesundheitsprognose nicht mehr zutrifft. Noch gravierender sind

---

[16] Ebenso *Schaub*, S. 1559 Rdn. 1 m.N.; KR-*Spilger*, § 9 KSchG Rdn. 8; *Stahlhacke/Preis/Vossen*, Rdn. 1961; BAG (7. 3. 02) EzA Nr. 45 zu § 9 KSchG n.F. m.w.N.
[17] Ebenso ErfK/*Ascheid*, § 9 KSchG Rdn. 15; KR-*Spilger*, § 9 KSchG Rdn. 45; *Stahlhacke/Preis/Vossen*, Rdn. 1977.
[18] *von Hoyningen-Huene/Linck*, KSchG, § 9 Rdn. 33a; KR-*Spilger*, § 9 KSchG Rdn. 45 – **anderer Ans.** *Gamillscheg*, K., S. 51 unter Hinweis auf Art. 12 GG: dem Antrag sei grundsätzlich stattzugeben.
[19] So auch *Schaub*, S. 1561 Rdn. 8; ErfK/*Ascheid*, § 9 KSchG Rdn. 28; MünchArbR/*Berkowsky*, § 150 Rdn. 19; *von Hoyningen-Huene/Linck*, KSchG, § 9 Rdn. 47 m.N.; *Stahlhacke/Preis/Vossen*, Rdn. 1991 m.w.N.; *Busemann/Schäfer*, S. 370 Rdn. 702; BAG (29.3.60) AP Nr. 7 zu § 7 KSchG mit zust. Anm. von *Herschel*; offen gelassen BAG (23. 9. 93) NZA 1994, 264 – **anderer Ans.** *Neumann*, ArbR-Blattei, Kündigungsschutz VI Rdn. 31; Hako-*Fiebig*, § 9 KSchG Rdn. 74, 96; KR-*Spilger*, § 9 KSchG Rdn. 66; *Löwisch*, KSchG, § 9 Rdn. 86; *Dörner/Luczak/Wildschütz*, D, Rdn. 1888.
[1] Statt vieler BAG (29.4.99) BB 1999, 1768; eingehend *Kaiser*, ZfA 2000, 205 (211 ff.); weitere Nachw. bei *Lepke*, S. 162f. Rdn. 93 ff.

die Fälle, in denen sich die ärztliche Diagnose als von Anfang an unzutreffend erweist, was aber erst später bekannt wird.

Den Konflikt zwischen uneingeschränkter Beachtung des Zugangszeitpunktes der Kündigung und der Berücksichtigung unvorhergesehener nachträglicher Entwicklungen, zwischen Rechtssicherheit einerseits und Einzelfallgerechtigkeit andererseits[2], wird man sachgerecht wohl nur über die Zubilligung eines gesetzlich nicht geregelten Wiedereinstellungsanspruches, eines neuen Rechtsinstituts als Ergebnis richterlicher Rechtsfortbildung[3], lösen können.[4] Hinsichtlich des „Ob" und der inhaltlichen Ausgestaltung eines solchen Anspruches bestehen in der Literatur und der Rechtsprechung aber erhebliche Meinungsverschiedenheiten, ohne dass sich bisher grundlegende Übereinstimmungen feststellen lassen.

Eine gleichartige, bereits frühzeitig von der Judikatur und der arbeitsrechtlichen Literatur behandelte Problematik ergibt sich bei betriebsbedingten Entlassungen[5], wenn durch neue Umstände nach dem Zugang der Kündigung für den betreffenden Arbeitnehmer vor oder erst nach dem Ablauf der Kündigungsfrist anderweitige Beschäftigungsmöglichkeiten bestehen, so dass der ursprünglichen Prognoseentscheidung die Grundlage entzogen wird. Gleiches gilt erst recht für eine rechtmäßig ausgesprochene Verdachtskündigung[6], die entlassungsrelevanten dringenden Verdachtsmomente jedoch nachträglich beseitigt werden konnten, sich der Verdacht als unbegründet erweist und sich die Unschuld des gekündigten Arbeitnehmers herausgestellt hat. Letzteres trifft freilich noch nicht bei der Einstellung des Ermittlungsverfahrens nach § 170 Abs. 2 Satz 1 StPO zu.[7] Eine derartige Verfahrenseinstellung bindet weder den Arbeitgeber noch die Gerichte für Arbeitssachen.[8]

Aus Gründen der Rechtssicherheit und -klarheit gilt im deutschen Kündigungsrecht an sich die Maxime: „Einmal wirksam, immer wirksam".[9] Dennoch wird in den oben genannten Fällen unter bestimmten Voraussetzungen ein Wiedereinstellungsanspruch bzw. ein Anspruch auf Fortsetzung des gekündigten Arbeitsverhältnisses weitgehend anerkannt.[10] Die dogmatischen Begründungsversuche sind viel-

---

2 Vgl. nur *Meinel/Bauer*, NZA 1999, 576; *Raab*, RdA 2000, 147 (149, 165); schon *von Bar*, AcP Bd. 179 (1979), S. 452 (472).
3 *Nicolai/Noack*, ZfA 2000, 87 (89).
4 Zutreffend *Boewer*, NZA 1999, 1123; *Raab*, RdA 2000, 147 (152); *Bader/Bram/Dörner/Wenzel*, KschG, § 1 Rdn. 70, 70a.
5 Dazu etwa *von Hoyningen-Huene/Linck*, KSchG, § 1 Rdn. 407 m.w.N.; KR-*Etzel*, § 1 KSchG Rdn. 736–738 m.N.; *Stahlhacke/Preis/Vossen*, Rdn. 1026ff.; BAG (4.12.97) BB 1998, 1108; (28.6.00) BB 2001, 573 mit Anm. von *Kukat* = SAE 2001, 125ff. mit Anm. von *Kort* – siehe aber LAG Berlin (18.6.02) EzA SD Nr. 18/2002, S. 11: rechtliche Konstruktion sei nicht unproblematisch.
6 Siehe nur *Belling*, RdA 1996, 233f.; *Raab*, RdA 2000, 147 (148 m. N.); KR-*Etzel*, § 1 KSchG Rdn. 741; *von Hoyningen-Huene/Linck*, KSchG, § 1 Rdn. 156k; *Stahlhacke/Preis/Vossen*, Rdn. 766; BAG (20.8.97) BB 1997, 2485 = NZA 1997, 1340.
7 BAG BB 1997, 2485; MünchArbR/*Wank*, § 120 Rdn. 79 – anders *Berkowsky*, NZA-RR 2001, 449 (455).
8 BAG BB 1997, 2485 m.w.N.
9 *Gamillscheg*, Arbeitsrecht, S. 628f.; *Brox/Rüthers*, Rdn. 203a.
10 Eingehend dazu BAG (28.6.00) SAE 2001, 125 (128 m.w.N.)

fältig. Auch werden mitunter mehrere der nachfolgend anzuführenden Rechtsgrundlagen kumulativ als Argumentationskette verwendet.[11]

So wird ein solcher Wiedereinstellungs- bzw. Anspruch auf Fortsetzung des Arbeitsverhältnisses u. a. auf die §§ 611, 242 BGB[12], die allgemeine oder nachwirkende Fürsorgepflicht[13],das Verbot eines rechtsmissbräuchlichen und widersprüchlichen Verhaltens des Arbeitgebers (venire contra factum proprium)[14], das Rechtsinstitut des Wegfalls der Geschäftsgrundlage[15], den Vertrauensschutz[16], die Interessenwahrungspflicht des Arbeitgebers als arbeitsvertragliche Nebenpflicht[17], die Grundrechtspositionen der Arbeitsvertragsparteien, Art. 2 Abs. 1, 12 Abs. 1 GG[18], aber auch auf eine verdeckte Regelungslücke gestützt[19], die im Wege einer systemimmanenten Rechtsfortbildung geschlossen werden müsse.

471 Hingegen wird bei rechtswirksamen verhaltensbedingten Kündigungen ein Wiedereinstellungsanspruch zu Recht mit der Begründung verneint[20], die negative Prognose beruhe auf einem Verhalten des Arbeitnehmers, einer schuldhaften Verletzung vertraglicher Pflichten, das nicht rückgängig gemacht werden könne. Eine etwaige nachträgliche Verhaltensänderung liege auch nicht im Risikobereich des Arbeitgebers.

472 Ob im Rahmen eines befristeten Arbeitsvertrages, § 14 TzBfG, ein Wiedereinstellungsanspruch in Betracht kommt, falls sich entgegen der ursprünglichen Pro-

---

[11] Siehe nur BAG (27. 2. 97) SAE 1998, 98 ff.
[12] Etwa BAG (27. 2. 97) BB 1997, 1953 ff.; (28. 6. 00) SAE 2001, 125 ff.; weitere Nachw. bei *Raab*, RdA 2000, 147 (149 ff.); *Stahlhacke/Preis/Vossen*, Rdn. 1029 – **anders** *Ricken*, NZA 1998, 460 (461 ff.); *Adam*, ZTR 1999, 113 (114).
[13] Vgl. *Hambitzer*, NJW 1985, 2239 (2240 f.); *Mathern*, NJW 1996, 818 (820); *Brox/Rüthers*, Rdn. 203 a – **anders** *Ricken*, NZA 1998, 460 (463); *Adam*, ZTR 1999, 113 (114); *Raab*, RdA 2000, 147 (149); *Kaiser*, ZfA 2000, 205 (218 ff.); *Gitter/Michalski*, S. 172.
[14] BAG (27. 2. 97) SAE 1998, 98 ff.; *Boewer*, NZA 1999, 1121 (1128); *Dütz*, Arbeitsrecht, S. 167 Rdn. 340a – **anders** *Kort*, Anm. zu BAG SAE 2001, 125 (133 m. N.).
[15] BAG NZA 1993, 552; 1998, 701 – **anders** *Raab*, RdA 2000, 147 (150).
[16] BAG (29. 1. 87) NZA 1987, 627; *Boewer*, NZA 1999, 1177; *von Hoyningen-Huene/Linck*, KSchG, § 1 Rdn. 156b; *Stahlhacke/Preis/Vossen*, Rdn. 1029 – **anders** *Raab*, RdA 2000, 147 (151); *Kort*, Anm. zu BAG SAE 2001, 125 (133).
[17] BAG SAE 2001, 125 (128); *Oetker*, ZIP 2000, 643 (646, 648); *Bader/Bram/Dörner/Wenzel*, KSchG, § 1 Rdn. 70b – **anders** *Kort*, Anm. zu BAG SAE 2001, 125 (134).
[18] BAG SAE 2001, 125 (128) mit zust. Anm. von *Kort*, S. 135; (27. 2. 97) SAE 1998, 98 ff. – **anders** *Ricken*, NZA 1998, 460 (463); *Nicolai/Noack*, ZfA 2000, 87 (91); *Kaiser*, ZfA 2000, 205 (229 ff.); *Raab*, RdA 2001, 249.
[19] *Raab*, RdA 2000, 147 (152); ders., RdA 2001, 250; *Kort*, Anm. zu BAG SAE 2001, 125 (134); KR-*Etzel*, § 1 KSchG Rdn. 729; Berkowsky, Betriebsbedingte Kündigung, S. 463 Rdn. 11, S. 135 Rdn. 192: extensive Auslegung des § 1 KSchG – **anders** *Nicolai/Noack*, ZfA 2000, 87 (89 ff.).
[20] *Hambitzer*, NJW 1985, 2240; *U. Preis*, Anm. zu LAG Köln (10.1.89) LAGE Nr. 1 zu § 611 BGB Einstellungsanspruch, S. 24; *Stahlhacke/Preis/Vossen*, Rdn. 1198; *Wank*, Anm. zu BAG (15. 3. 84) AP Nr. 2 zu § 1 KSchG 1969 Soziale Auswahl; *Raab*, RdA 2000, 147 (153); *Bengelsdorf*, NZA 2001, 997; KR-*Etzel*, § 1 KSchG Rdn. 740 – **anders** *vom Stein*, RdA 1991, 85 (89); *Bader/Bram/Dörner/Wenzel*, KSchG, § 1 Rdn. 71; siehe auch BAG (13. 4. 00) EzA Nr. 180 zu §§ 626 BGB n. F., falls sich nach dem Kündigungsausspruch das Verhältnis mit dem betreffenden Vorgesetzten wider Erwarten günstig entwickelt.

gnose auf Grund neuer Umstände für den betreffenden Arbeitnehmer eine Weiterbeschäftigungsmöglichkeit eröffnet, erscheint fraglich, muss jedoch im Grundsatz in Abrede gestellt werden.[21] Während sich die Befristungskontrolle auf den Zeitpunkt des Vertragsabschlusses bezieht[22], kommt es für die soziale Rechtfertigung einer Kündigung bzw. deren Rechtmäßigkeit auf den Zeitpunkt des Kündigungszuganges an[1], mithin auf unterschiedliche Beurteilungsmaßstäbe, die verschiedenartigen Schutzzwecken entsprechen. Zudem ist bei einer wirksamen Befristungsabrede der gesetzliche Bestandsschutz von Anfang an zeitlich begrenzt. Die Vertragsparteien legen sich bereits beim Vertragsabschluss auf einen bestimmten Beendigungszeitpunkt fest, und zwar einvernehmlich, während eine Kündigung einseitig erfolgt.

Dass allerdings einige Autoren[23] einen allgemeinen Wiedereinstellungsanspruch 473 – teilweise sogar nach einer betriebsbedingten und/oder Verdachtskündigung – als zweifelhaft ansehen oder einem solchen grundsätzlich die Anerkennung versagen, sei der Vollständigkeit halber erwähnt. Später eintretende Umstände, so wird argumentiert, könnten die Wiederbegründung von Leistungspflichten nicht deswegen rechtfertigen, weil aus sozialen Gründen die Gestaltungswirkung einer Kündigung nicht sofort, sondern erst unter Beachtung der maßgeblichen Auslauffristen eintreten.[24] Die Beschränkung der Vertragsfreiheit durch das KSchG sei das Äußerste, was dem Arbeitgeber noch zugemutet werden könne.[25]

2. Judikatur
Mag auch die Problematik eines Wiedereinstellungsanspruches des Arbeitnehmers 474 beim nachträglichen Wegfall des Kündigungsgrundes nach einer durch krankheitsbedingte Fehlzeiten bedingten Entlassung in der Rechtsprechung bisher keine signifikante Rolle gespielt haben[26] – *Hambitzer*[27] nimmt als Grund dafür u. a. an, dass eine falsche Prognose im Hinblick auf die ärztliche Sorgfalt bei der Erstellung der Diagnose ein seltener Ausnahmefall sein dürfte –, zeigt doch ein Blick in die jüngere Rechtsprechung einen anderen forensischen Befund.

---

[21] Ebenso im Ergebnis BAG (20.2.02) DB 2002, 1448 = ZIP 2002, 1162 ff. = BB 2002, 1648 ff. mit zust. Anm. von *Maschmann*; LAG Düsseldorf (19.8.99) ARSt 2000, S. 97; (15.2.00) LAGE Nr. 63 zu § 620 BGB; *Meinel/Bauer*, NZA 1999, 575 (578); *Dörner*, ZTR 2001, 485 (490); *Bauer*, BB 2001, 2526 (2527); *Bader/Bram/Dörner/Wenzel*, KSchG, § 1 Rdn. 71c; *Raab*, Anm. zu BAG (6.12.00) SAE 2002, 184 (192); *Dörner/Luczak/Wildschütz*, D, Rdn. 2177.
[22] Nachweise bei *Lepke*, S. 80 Rdn. 14; *Däubler*, ZIP 2001, 217 (223).
[23] Vgl. *von Bar*, AcP 179, 453 (473); *vom Stein*, RdA 1991, 85 (91 ff.); *Ricken*, NZA 1998, 460 ff.; *Adam*, ZTR 1999, 113 ff.; *Langenbucher*, ZfA 1999, 303 ff.; *Kaiser*, ZfA 2000, 205 (217 ff.); *Nicolai/Noack*, ZfA 2000, 96; *Zöllner/Loritz*, § 16 II 2c; *Boemke*, Arbeitsrecht, S. 362 Rdn. 28.
[24] *Kaiser*, ZfA 2000, 205 (209).
[25] *Kaiser*, ZfA 2000, 205 (235).
[26] So *Schäfer, Jürgen*, S. 241.
[27] Diss., S. 14.

a) Bundesarbeitsgericht

475 Soweit ersichtlich, hat der 2. Senat des BAG erstmalig in einer Entscheidung vom 29. 4. 1999[28] auf den Aspekt eines Wiedereinstellungsanspruches nach einer krankheitsbedingt ausgesprochenen Kündigung als mögliches Instrument zur Prognosekorrektur andeutungsweise hingewiesen, wenn sich die Gesundheitsprognose noch während des Laufs der Kündigungsfrist (oder ggf. später) als falsch erweist. Dann sei an einen solchen Anspruch zu denken. Streitentscheidend war diese Rechtsfrage jedoch nicht. Sie blieb deshalb in casu zu Recht unbeantwortet.

476 Hingegen kommt einem Urteil desselben Senats vom 17. 6. 1999[29] größere Bedeutung zu. Zwar blieb auch insoweit die Frage ungeklärt, ob und unter welchen Voraussetzungen bei einer personenbedingten Kündigung der vorliegenden Art ein Wiedereinstellungsanspruch anzuerkennen sei. Das BAG hat jedoch richtungsweisend einen etwaigen Anspruch nicht unwesentlich eingeschränkt, so dass ein solcher wohl nur ausnahmsweise in Betracht kommt. Dem Judikat lag folgender Sachverhalt zugrunde: Der alkoholkranke, damals 37 Jahre alte Arbeitnehmer war seit 1990 als Maschinenführer in einer Kaffeerösterei tätig. Er fehlte in den Jahren 1993, 1994 und 1995 krankheitsbedingt an 42, 38 und 43 Arbeitstagen sowie im Jahre 1996 bis zum Ausspruch der ordentlichen fristgerechten Kündigung am 25.4. zum 30. 6. 1996 an weiteren 15 Arbeitstagen. In mehreren zwischen den Vertragsparteien geführten Gesprächen hatte der Arbeitnehmer seine Alkoholkrankheit nicht offenbart. Im Kündigungsschutzprozess machte der Kläger u. a. geltend, er habe nach dem Kündigungsausspruch eine Entziehungsbehandlung erfolgreich abgeschlossen und sei durch den Besuch von Selbsthilfegruppen „trockener Alkoholiker" geworden. Da die Änderung der Gesundheitsprognose noch vor dem Ablauf der Kündigungsfrist eingetreten sei, sei die Beklagte jedenfalls verpflichtet, ihn nieder einzustellen. Das BAG hat im Ergebnis einen etwaigen Wiedereinstellungsanspruch mit der Begründung abgelehnt, die Erschütterung der Negativprognose genüge nicht. Es bedürfe vielmehr einer positiven Gesundheitsprognose, für die eine dreiwöchige Entziehungstherapie nicht ausreiche, zumal der Kläger einen erheblichen Teil seiner krankheitsbedingten Fehlzeiten auf andere Ursachen als seine Alkoholabhängigkeit gestützt habe.

477 Auch der 7. Senat des BAG hat in einer Entscheidung vom 27. 6. 2001[30] zu der viel diskutierten Streitfrage nicht abschließend Stellung genommen, aber ausdrücklich betont, auch bei einer krankheitsbedingten Kündigung sei ein solcher Anspruch grundsätzlich in Betracht zu ziehen. Das gelte aber nur, wenn sich nachträg-

---

[28] BB 2000, 49 ff. = NZA 1999, 978 ff.
[29] BB 1999, 1437 = NZA 1999, 1328 ff. = AP Nr. 37 zu § 1 KSchG 1969 Krankheit = SAE 2000, 93 ff. mit zust. Anm. von *Nicolai*; zust. *Dütz*, S. 150 Rdn. 332; *Künzl*, Rechte und Pflichten, S. 306 Rdn. 1150; *Hanau/Adomeit*, S. 270 Rdn. 882; *Tschöpe/Nägele*, Teil 3 D, Rz. 271; *Tschöpe/Holthöwer*, Teil 5 A, Rz. 200a; *Kittner/Däubler/Zwanziger*, KSchR, Wiedereinstellungsanspruch Rdn. 390d; *Leinemann/Wagner/Worzalla/Kümpel*, S. 466 Rdn. 196; siehe auch *Stahlhacke/Preis/Vossen*, Rdn. 1205.
[30] BB 2001, 1586 (Ls) = DB 2001, 2201 = NZA 2001, 1135 f. = AP Nr. 10 zu § 1 KSchG 1969 Wiedereinstellung mit teilw. **krit.** Anm. von *Ricken* = EzA Nr. 6 zu § 1 KSchG Wiedereinstellungsanspruch.

lich herausstelle, dass die bei Ausspruch der Kündigung begründete Besorgnis langanhaltender oder dauerhafter Arbeitsunfähigkeit nicht mehr gerechtfertigt sei und der Wiedereinstellung berechtigte Interessen des Arbeitgebers insbesondere wegen zwischenzeitlicher anderweiter Dispositionen nicht entgegenstünden.

b) Instanzgerichte

Erwähnung muss in diesem Zusammenhang zunächst ein Judikat des LAG Hamm vom 28. 7. 1999[31] finden, das das BAG[30] ohne jede Einschränkungen bestätigt hat. Entfalle bei einer Kündigung wegen langanhaltender Erkrankung die Grundlage für die negative Gesundheitsprognose 14 Monate nach Zugang der Kündigung und 8 Monate nach dem Ablauf der Kündigungsfrist, bestehe in der Regel, so meint das LAG Hamm, kein Wiedereinstellungsanspruch des Arbeitnehmers, es sei denn, der Arbeitgeber habe einen besonderen Vertrauenstatbestand geschaffen, was vorliegend nicht der Fall gewesen sei.

478

In einer Entscheidung vom 24. 6. 1999 verurteilte das LAG Hamm[32] die Beklagte, das Vertragsangebot des Klägers, gerichtet auf die Fortsetzung des Arbeitsverhältnisses über den 30. 4. 1997 hinaus, anzunehmen. Der 1964 geborene, verheiratete Kläger ist seit 1985 als Betriebshandwerker in der Fleischwarenfabrik der Beklagten tätig. Da der Arbeitnehmer durchgehend seit dem 14. 3. 1996 arbeitsunfähig krank und aus der Sicht der Arbeitgeberin nicht mit der Wiederherstellung seiner Arbeitsfähigkeit zu rechnen war, erfolgte am 28. 1. 1997 die fristgerechte Entlassung zum 30. 4. 1997. Gegen diese Kündigung hatte sich der Kläger gerichtlich zur Wehr gesetzt und sich u. a. darauf berufen, er sei seit dem 5. 3. 1997 nicht mehr arbeitsunfähig krank gewesen. Die der zurückliegenden zehnmonatigen Fehlzeit zugrunde liegenden organischen Erkrankungen (Appendicitis, Gastritis, Arteriosklerose) seien erfolgreich behandelt worden und ausgeheilt. In der Berufungsinstanz ist von ihm hilfsweise ein Wiedereinstellungsanspruch geltend gemacht worden, dem die Rechtsmittelinstanz entsprochen hat. Ohne abschließend zu den Voraussetzungen und Grenzen eines solchen Anspruches Stellung zu nehmen, meint die Kammer 8 des LAG Hamm jedoch, wie bei einer Verdachtskündigung müsse eine Korrekturmöglichkeit geschaffen werden, um die Rechtsfolgen einer nachträglich als unrichtig erkannten ärztlichen Diagnose oder Behandlung zu beseitigen. Bei einer solchen Konstellation sei die Erschütterung der negativen Prognose ausreichend, die der Arbeitnehmer jedenfalls entkräftet habe.

479

Demgegenüber verneinte das LAG Schleswig-Holstein[33] bei einer wegen Alkoholismus am 25. 5. 2000 ausgesprochenen fristgerechten Kündigung zum 31. 12. 2000 einen Wiedereinstellungsanspruch. Abgesehen, dass die schwerbehinderte Arbeitnehmerin nicht überzeugend dargelegt habe, dass nunmehr tatsächlich eine Wiederholungsgefahr ausgeschlossen sei, müsse auch berücksichtigt werden, dass es sich bei einer Alkoholabhängigkeit um eine Dauerkrankheit handele. Selbst

480

---

[31] NJW-RR 2000, 134 f.
[32] NZA 2000, 320 (Ls) = LAGE Nr. 29 zu § 1 KSchG Krankheit; zust. *Feichtinger*, ArbR-Blattei, Krankheit I, Rdn. 146.
[33] (24. 7. 01) EzA SD Nr. 23/2001, S. 13 f.; siehe auch (22. 10. 02) EzA SD Nr. 24/2002, S. 14.

wenn es der Klägerin gelungen sein sollte, jetzt dauerhaft abstinent zu leben, begründe dies noch keinen Wiedereinstellungsanspruch. Dass die Beklagte zugunsten der Klägerin einen besonderen Vertrauenstatbestand geschaffen habe, dafür lägen nicht die geringsten Anhaltspunkte vor.

480a Das LAG Berlin[34] hält die Ausdehnung der Rechtssprechung des BAG zum Wiedereinstellungsansprüch nach einer betriebsbedingten Kündigung auf Personen bedingte Entlassungen für nicht angezeigt, weil bei letzteren der Grund in der Sphäre des Arbeitnehmers liege.

3. Auffassungen im Schrifttum

481 Dass nach einer aus krankheitsbedingten Gründen rechtswirksam ausgesprochenen ordentlichen Kündigung ein Wiedereinstellungsanspruch bestehen kann, wird nunmehr überwiegend von der arbeitsrechtlichen Literatur[35] angenommen. Voraussetzung sei aber, dass sich die Gesundheitsprognose, der Arbeitnehmer werde auf Grund seiner Erkrankungen auch in Zukunft nicht mehr arbeitsfähig bzw. wiederholt arbeitsunfähig krank sein, nachträglich als unzutreffend herausgestellt habe. Das gelte in der Regel jedoch nur bis zum Ablauf der maßgeblichen Kündigungsfrist.[36] Ferner müsse dem Arbeitgeber die „Fortsetzung" des Arbeitsverhältnisses zumutbar sein. Die juristischen Begründungsversuche für diese Ansicht sind, worauf bereits hingewiesen worden ist, höchst unterschiedlich, ohne dass der Methodenstreit in diesem Zusammenhang einer näheren kritischen Würdigung unterzogen werden kann und soll, wenngleich vieles dafür spricht, von einer verdeckten Regelungslücke zu sprechen, die unter Beachtung des Schutzzweckes des Art. 12, Abs. 1 GG zu schließen ist.[19]

Ansonsten hat sich die arbeitsrechtliche Literatur sowohl im Ergebnis als auch in der Begründung weitgehend der höchstrichterlichen Judikatur zum Wiedereinstellungsanspruch nach einer wirksam durch krankheitsbedingte Fehlzeiten veranlassten Kündigung angeschlossen.[37] *U. Preis*[38] billigte bisher dem Arbeitnehmer

---

[34] (18. 6. 02) EzA SD Nr. 18/2002, S. 11.
[35] Etwa *Bram/Rühl*, NZA 1990, 753 (754); *vom Stein*, RdA 1991, 85 (89); *Bezani*, S. 25; *Mathern*, NJW 1996, 818 (820); *Knorr/Bichlmeier/Kremhelmer*, S. 456 Rdn. 17; *Schäfer, Jürgen*, S. 242; *Löwisch*, KSchG, § 1 Rdn. 74; *Raab*, RdA 2000, 147 (153); *Brox/Rüthers*, Rdn. 203a; MünchArbR/*Wank*, § 121 Rdn. 118; *Gitter/Michalski*, S. 172; KR-*Etzel*, § 1 KSchG Rdn. 729, 739.
[36] Siehe nur *Boewer*, NZA 1999, 1121 (1130); *Gitter/Michalski*, S. 172; *Hromadka/Maschmann*, S. 456 Rdn. 361, S. 457 Rdn. 363; *Dörner/Luczak/Wildschütz*, D, Rdn. 1173.
[37] Hako-*Gallner*, KSchG, § 1 Rdn. 544; *Jüngst*, b + p 2000, 414 (418); *Künzl*, Rechte und Pflichten, S. 306 Rdn. 1150; *Dütz*, S. 158 Rdn. 332; *Helml*, Arbeitsrecht, S. 158; *Hummel*, S. 73 ff.; *Tschöpe/Nägele*, Teil 3 D, Rz. 271 ff.; *Tschöpe/Holthöwer*, Teil 5 A, Rz. 200a; *Tschöpe*, BB 2001, 2110 (2113); *K. Gamillscheg*, S. 129; *Richardi/Annuß*, Arbeitsrecht, S. 83 f.; *Kittner/Däubler/Zwanziger*, KSchR, Wiedereinstellungsanspruch Rdn. 390d, § 1 KSchG Rdn. 56a, 78; *Kittner/Däubler/Appel*, § 93 Rdn. 31; *Feichtinger*, ArbR-Blattei, Krankheit I, Rdn. 145; *Bader/Bram/Dörner/Wenzel*, KSchG, § 1 Rdn. 71; *von Hoyningen-Huene/Linck*, KSchG, § 1 Rdn. 156n; *Busemann/Schäfer*, S. 261 Rdn. 473; ErfK/*Ascheid*, § 1 KSchG Rdn. 195.
[38] Anm. zu LAG Köln LAGE Nr. 1 zu § 611 BGB Einstellungsanspruch, S. 35 f.

einen solchen Anspruch aber nur zu, wenn eine bisher unheilbar erscheinende oder normalerweise langwierige Erkrankung plötzlich geheilt wird oder der den Arbeitnehmer behandelnde Arzt eine objektiv falsche Prognose über den Krankheitsverlauf gestellt, und der „Vertrauensarzt" des Arbeitgebers die medizinische Fehlprognose abgegeben habe. Neuerdings lehnt er beim Wegfall der krankheitsbedingten Kündigungsgründe einen Wiedereinstellungsanspruch jedoch generell ab[39], weil die Entlassungsgründe in der Sphäre des Arbeitnehmers liegen. *Langer*[40] will de lege lata einen Wiedereinstellungsanspruch nur dann nicht (mehr) anerkennen, wenn die Kündigungsschutzklage rechtskräftig abgewiesen oder ein solcher Prozess gar nicht erst anhängig gemacht worden sei. In allen anderen Fällen erscheine die Versagung eines Wiedereinstellungsanspruches ungerecht.

Andere sehen einen solchen Anspruch als Korrektiv einer Fehlzeitenprognose bei jedweder personenbedingten Entlassung als bedenklich[41], generell als unzulässige Abänderung der gesetzlichen Regelungen[42] oder als „gesetzesübersteigende Rechtsfortbildung"[43] an, für die eine Rechtsgrundlage nicht ersichtlich sei, zumal der Kündigungsgrund nicht im Verantwortungsbereich des Arbeitgebers, sondern allein in dem des Arbeitnehmers liege.[44] Das Äquivalenzverhältnis und die Rechtssicherheit würden anderenfalls zu stark beeinträchtigt.[45] Mit der Zubilligung eines Wiedereinstellungsanspruches werde gegen den Grundsatz der Widerspruchsfreiheit im Recht verstoßen.[46] Da ein solcher Anspruch auf allgemeinen Billigkeitserwägungen beruhe, seien die dafür herangezogenen Argumente für eine Generalisierung ungeeignet. 482

4. Materiell-rechtliche Anspruchsvoraussetzungen
a) Individual- oder kollektiv-rechtliche Regelungen

Noch Mitte der sechziger Jahre entsprach es einhelliger Meinung[47], dass ein Wiedereinstellungsanspruch nach beendetem Arbeitsverhältnis stets eines besonderen Rechtsgrundes bedarf, etwa einer vertraglichen Zusage des Arbeitgebers oder einer tarifvertraglichen Wiedereinstellungsklausel. In allen anderen Fällen wurde das Bestehen eines solchen Anspruches im Grundsatz verneint. 483

Dass Grundlage eines Wiedereinstellungsanspruches eine diesbezügliche einzelvertragliche Abmachung zwischen dem Arbeitgeber und dem Arbeitnehmer sein 484

---

[39] *Stahlhacke/Preis/Vossen*, Rdn. 1197.
[40] NZA Beilage Nr. 3/1991, S. 27 ff.; ähnlich *Otto*, FS für *A. Kraft*, S. 451 (455).
[41] *Bengelsdorf*, NZA-RR 2002, 57 (67).
[42] *Zwanziger*, BB 1997, 42 (43); *Otto*, a.a.O., S. 455; *Adam*, ZTR 1999, 113 ff.; siehe auch *Lieb*, S. 116 Rdn. 351: Zurückhaltung sei geboten.
[43] *Nicolai*, Anm. zu BAG SAE 2000, 93 (101); *Nicolai/Noack*, ZfA 2000, 87 (101).
[44] *Hambitzer*, NJW 1985, 2240; ähnlich MünchArbR/*Buchner*, § 40 Rdn. 115.
[45] *Wank*, Anm. zu BAG (15.3.84) AP Nr. 2 zu § 1 KSchG 1969 Soziale Auswahl, Bl. 415; siehe auch *Meinel/Bauer*, NZA 1999, 575 (577): unbeachtliche Veränderungsprognose.
[46] *Ricken*, Anm. zu BAG (27.6.01) AP Nr. 10 zu § 1 KSchG 1969 Wiedereinstellung, Bl. 262 R.
[47] Vgl. nur *Hueck/Nipperdey*, Bd. I, S. 416 m. N.

kann[48], die auch stillschweigend oder konkludent zustande kommen kann, ergibt sich aus dem verfassungsrechtlich geschützten Grundsatz der Vertrags- und Abschlussfreiheit im Arbeitsrecht. So heißt es in § 105 GewO ausdrücklich: „Die Festsetzung der Verhältnisse zwischen den selbständigen Gewerbetreibenden und den gewerblichen Arbeitnehmern ist ... Gegenstand freier Übereinkunft." Mangels einer ausdrücklichen Regelung muss ggf. durch Auslegung der vertraglichen Vereinbarung, §§ 133, 157 BGB, ermittelt werden, ob durch eine solche Abmachung ein Wiedereinstellungsanspruch begründet werden soll, und zwar auch hinsichtlich dessen Grenzen. Ein solcher Anspruch kann freilich auch durch eine betriebliche Übung[49], durch eine Betriebsvereinbarung, insbesondere einen Sozialplan, § 112 Abs. 1 BetrVG, aber auch auf Grund tarifvertraglicher Normen[50] entstehen. Dies gilt vor allem für den Bereich des öffentlichen Dienstes, wie beispielsweise nach den §§ 59 Abs. 5 BAT, 62 Abs. 5 MTArb. Nach diesen Bestimmungen soll der Angestellte/Arbeiter, der bei Beendigung des Arbeitsverhältnisses nach § 59 Abs. 1 oder 2 BAT bzw. 62 Abs. 1 oder 2 MTArb bereits unkündbar[51] war, nach Wiederherstellung seiner Berufsfähigkeit auf Antrag bei seiner früheren Dienststelle wieder eingestellt werden, wenn dort ein für ihn geeigneter Arbeitsplatz frei ist. Die Normierung eines Soll-Anspruches bedeutet, dass der Arbeitgeber, der einen freien und geeigneten Arbeitsplatz zur Verfügung hat, die Wiedereinstellung nur verweigern darf, wenn ihr gewichtige Gründe entgegenstehen.[52]

b) Krankheitsbedingte Kündigung

485 Richtigerweise kann sich ein Wiedereinstellungsanspruch bei einer wegen krankheitsbedingten Fehlzeiten ausgesprochenen Kündigung, vorausgesetzt, das KSchG findet auf das fragliche Arbeitsverhältnis Anwendung[53], nur beim Wegfall des Entlassungsgrundes bis zum Ablauf der maßgeblichen Kündigungsfrist in Betracht

---

[48] Etwa BAG (10. 11. 77) EzA Nr. 1 zu § 611 BGB Einstellungsanspruch; Hess. LAG (18. 11. 96) NZA-RR 1997, 369; *Wank*, Anm. zu BAG AP Nr. 2 zu § 1 KSchG 1969 Soziale Auswahl, B. 414; *Bram/Rühl*, NZA 1990, 753 (754); *Ricken*, NZA 1998, 460 (464); *Raab*, RdA 2000, 147 (148 m.w.N.).
[49] BAG (29. 1. 87) NZA 1987, 627; *Wank*, Anm. zu BAG AP Nr. 2 zu § 1 KSchG 1969 Soziale Auswahl; *Eich*, Anm. zu BAG SAE 1988, 78 (80); *Bram/Rühl*, NZA 1990, 753 (754); *Langer*, NZA Beilage Nr. 3/1991, S. 24.
[50] Vgl. nur *Wank*, Anm. zu BAG AP Nr. 2 zu § 1 KSchG 1969 Soziale Auswahl, Bl. 413 R; *Boemke*, Arbeitsrecht, S. 361 Rdn. 20; *Bader/Bram/Dörner/Wenzel*, KSchG, § 1 Rdn. 73 c.
[51] Wegen eines Wiedereinstellungsanspruches fristgerecht unkündbarer Arbeitnehmer siehe *Böhm/Spiertz/Sponer/Steinherr*, BAT, § 59 Rdn. 112; BAG (23. 2. 00) EzA Nr. 1 zu § 4 TVG Wiedereinstellungsanspruch = NZA 2000, 894 ff.
[52] Vgl. *Böhm/Spiertz/Sponer/Steinherr*, BAT, § 59 Rdn. 115; *Uttlinger/Breier/Kiefer/Hoffmann/Dassau*, BAT, § 59 Anm. 14; siehe auch BAG (24. 1. 96) ZTR 1996, 415; *Scheuring/Steingen/Banse/Thivessen*, MTArb, § 62 Erl. 12.
[53] BAG (27. 2. 97) SAE 1998, 98 ff.; *Bram/Rühl*, NZA 1990, 753 (756); *Beckschulze*, DB 1998, 417 (418); *Oetker*, ZIP 2000, 643 (647); *Boewer*, NZA 1999, 1121 (1130); *Kittner/Zwanziger/Appel*, § 107 Rdn. 3; *Lepke*, NZA-RR 2002, 621.

kommen.⁵⁴ Die zeitliche Begrenzung eines solchen Anspruches ist deckungsgleich mit dem in § 1 Abs. 2 KSchG normierten Bestandsschutz. Ist die Kündigungsfrist verstrichen, endet das Arbeitsverhältnis automatisch, so dass es auch nicht fortgesetzt werden kann, sondern neu begründet werden müsste. Nach diesem Zeitpunkt bestehen zwischen den Arbeitsvertragsparteien keine Rechtsbeziehungen mehr, selbst wenn der Arbeitnehmer Kündigungsschutzklage erhoben hat und das gerichtliche Verfahren noch andauert. Die nachwirkende Fürsorgepflicht überdauert zwar die Beendigung des Arbeitsverhältnisses, bezieht sich aber nur auf das Weiterbestehen bestimmter Nebenpflichten. Aus ihr kann deshalb ein Anspruch auf Wiederbegründung des Arbeitsverhältnisses nicht hergeleitet werden.⁵⁵ Mit der rechtswirksamen Beendigung des Arbeitsverhältnisses enden auch die vertraglichen Interessenwahrungspflichten.⁵⁶ Es widerspräche dem Sinn und Zweck des KSchG⁵⁷, müsste der Arbeitgeber seine Kündigungsentscheidung immer dann einer Korrektur unterziehen, wenn der Kündigungsgrund nachträglich, vor allem nach dem Ablauf der Kündigungsfrist weggefallen ist. Insoweit gilt der Grundsatz der negativen Vertragsfreiheit.

Überdies muss im Einklang mit der Rechtsprechung des BAG die Ausgangsprognose widerlegt sein und eine positive Gesundheitsprognose feststehen⁵⁸, sich die ex-ante-Betrachtung auf Grund geänderter Umstände, die erst nach dem Kündi-

486

---

54 So auch *U. Preis*, Anm. zu LAG Köln LAGE Nr. 1 zu § 611 BGB Einstellungsanspruch, S. 25 f.; *Stahlhacke/Preis/Vossen*, Rdn. 1197; *vom Stein*, RdA 1991, 85 (90 ff.); *Ricken*, NZA 1998, 460 (464); *Kania*, Anm. zu BAG (27. 2. 97) EzA Nr. 1 zu § 1 KSchG Wiedereinstellungsanspruch, S. 18; *Boewer*, NZA 1999, 1121 (1128, 1130, 1132, 1178); *Schiefer*, DB 2000, 669 (673); *Oetker*, ZIP 2000, 643 (646, 649); *Dütz*, Arbeitsrecht, S. 167 Rdn. 340a; *Gitter/Michalski*, S. 172; *Hromadka/Maschmann*, S. 456 Rdn. 361, S. 457 Rdn. 363; *Bengelsdorf*, NZA-RR 2002, 57 (67); KR-*Etzel*, § 1 KSchG Rdn. 733; *von Hoyningen-Huene/Linck*, KSchG, § 1 Rdn. 156e; *Busemann/Schäfer*, S. 261 Rdn. 473, S. 314 Rdn. 584; BAG (27. 6. 01) NJW 2001, 3430; LAG Hamm (28. 7. 99) NZA-RR 2000, 134; LAG Schleswig-Holst. (22. 10. 2002) EzA SD Nr. 24/2002, S. 14; siehe auch BAG (28. 6. 00) SAE 2001, 125 ff. mit zust. Anm. von *Kort* – teilw. anders *Raab*, RdA 2000, 147 (154 f.); siehe auch *Bram/Rühl*, NZA 1990, 753 (756 f.); *Meinel/Bauer*, NZA 1999, 575 (579); *Nicolai/Noack*, ZfA 2000, 87 (102 ff.); *Kittner/Zwanziger/Appel*, § 107 Rdn. 6; *Bader/Bram/Dörner/Wenzel*, KSchG, § 1 Rdn. 72g; *Tschöpe/Nägele*, Teil 3 D, Rz. 272.
55 Ebenso BAG (6. 8. 97) BB 1998, 539 = NZA 1998, 255; LAG Hamm (28. 7. 99) NZA-RR 2000, 135; *Kaiser*, ZfA 2000, 205 (218 ff.); *von Hoyningen-Huene/Linck*, KSchG, § 1 Rdn. 156f; schon *Wank*, Anm. zu BAG AP Nr. 2 zu § 1 KSchG 1969 Soziale Auswahl, Bl. 414 m. w. N.; *von Bar*, AcP 179, 452 ff. mit eingehender Begründung; siehe auch LAG Berlin (18. 6. 02) EzA SD Nr. 18/2002, S. 11.
56 BAG (28. 6. 00) SAE 2001, 125 (128) mit zust. Anm. von *Kort*, S. 132 m. w. N.; (27. 6. 01) NJW 2001, 3430 = AP Nr. 10 zu § 1 KSchG 1969 Wiedereinstellung.
57 Dazu insbesondere *Kaiser*, ZfA 2000, 205 (225); *Nicolai/Noack*, ZfA 2000, 87 (90).
58 So auch *Mathern*, NJW 1996, 820; *Boewer*; NZA 1999, 1121 (1130); *Raab*, RdA 2000, 147 (153); *Hummel*, S. 75; *Tschöpe/Nägele*, Teil 3 D, Rdn. 271; *Kittner/Däubler/Zwanziger*, KSchR, Wiedereinstellungsanspruch Rdn. 390 d; KR-*Etzel*, § 1 KSchG Rdn. 739; *von Hoyningen-Huene/Linck*, KSchG, § 1 Rdn. 156; *Schaub*, S. 1460 Rdn. 14; ErfK/*Ascheid*, § 1 KSchG Rdn. 195; BAG (17. 6. 99) BB 1999, 1437 = ZBVR 2000, 106 mit zust. Anm. von *Ilbertz* = SAE 2000, 93 mit zust. Anm. von *Nicolai*; (27.6.01) NJW 2001, 3430; LAG Hamm (28. 7. 99) NZA-RR 2000, 135; LAG Schleswig-Holst. (22. 10. 2002) EzA SD Nr. 24/2002, S. 15; siehe auch *Meinel/Bauer*, NZA 1999, 575 (578).

gungszugang entstanden sind, als unrichtig, als objektiv falsch erwiesen haben. Die bloße Erschütterung der Prognose erscheint nicht ausreichend. Anderenfalls würde man den maßgeblichen Beurteilungszeitpunkt entgegen den allgemeinen rechtsgeschäftlichen Prinzipien unter Missachtung des Gebots der Rechtssicherheit unzulässigerweise nach hinten verschieben.[59]

487   Schließlich kann ein Wiedereinstellungsanspruch nur anerkannt werden, wenn und soweit ein freier Arbeitsplatz im Sinne der vertraglich geschuldeten Arbeitsleistung vorhanden ist und dem Arbeitgeber die Fortsetzung bzw. der Neubeginn des konkreten Arbeitsverhältnisses zumutbar erscheint[54], was unter Abwägung der beiderseitigen Interessen und unter Berücksichtigung der Umstände des Einzelfalles widerspruchsfrei gewürdigt werden muss.[60] Überwiegt das schutzwürdige Interesse des Arbeitnehmers an der „Fortsetzung" des Arbeitsverhältnisses das des Arbeitgebers an der rechtmäßigen Beendigung, wird man einen solchen Anspruch dem Arbeitnehmer nicht versagen können. Allerdings kann dem Arbeitgeber die „Fortsetzung" des Arbeitsverhältnisses nur zugemutet werden, wenn ihm jegliches berechtigte Interesse an der Beendigung der beiderseitigen Rechtsbeziehungen fehlt. So wird ein Wiedereinstellungsanspruch etwa zu verneinen sein, falls der Arbeitgeber im Hinblick auf die Beendigung des Arbeitsverhältnisses bereits anderweitige Dispositionen getroffen[61], indem er beispielsweise eine Neueinstellung für den Arbeitsplatz des gekündigten Arbeitnehmers vorgenommen hat. Maßgeblich dafür kommt es auf den guten Glauben des Arbeitgebers an die Wirksamkeit der Kündigung an.[62] In Anlehnung an § 892 BGB entfällt die Gutgläubigkeit nur bei positiver Kenntnis davon, dass die die Kündigung bedingende Prognose nachträglich widerlegt wurde.[63] Auf eine zwischenzeitlich erfolgte Wiederbesetzung des fraglichen Arbeitsplatzes vermag sich der Arbeitgeber freilich dann nicht mit Erfolg zu berufen, wenn er damit die Wiedereinstellung des Arbeitnehmers treuwidrig verhindert hat.[64] Das ergibt sich aus dem Rechtsgedanken des § 162 Abs. 2 BGB. Erklärt sich der Arbeitgeber bereit, den Arbeitnehmer während der Dauer des Kündigungsschutzprozesses vorläufig weiterzubeschäftigen, schafft er dadurch aber noch keinen besonderen Vertrauenstatbestand, der die Zubilligung eines Wiedereinstellungsanspruches sachlich rechtfertigen könnte.[65]

---

[59] Zutreffend *Raab*, RdA 2000, 147 (153); *Lepke*, NZA-RR 2002, 621; siehe auch *U. Preis*, Anm. zu LAG Köln LAGE Nr. 1 zu § 611 BGB Einstellungsanspruch, S. 23.
[60] Siehe nur BAG NJW 1997, 2257; *Hromadka/Maschmann*, S. 456 Rdn. 360.
[61] Vgl. BAG NJW 1997, 2257; SAE 2001, 125 (129); *Bram/Rühl*, NZA 1990, 775; *Boewer*, NZA 1999, 1121 (1131); *Raab*, RdA 2000, 147 (155,157); *Gitter/Michalski*, S. 172; *Hromadka/Maschmann*, S. 456 Rdn. 361; *von Hoyningen-Huene/Linck*, KSchG, § 1 Rdn. 156c; siehe auch Berkowsky, Betriebsbedingte Kündigung, S. 465 Rdn. 17.
[62] BAG NZA 1997, 757; dazu auch *Ricken*, NZA 1998, 460 (465); *Meinel/Bauer*, NZA 1999, 575 (578); *von Hoyningen-Huene/Linck*, KSchG, § 1 Rdn. 156d.
[63] *Meinel/Bauer*, NZA 1999, 575 (578).
[64] *Bader/Bram/Dörner/Wenzel*, KSchG, § 1 Rdn. 72 a; *Lepke*, NZA-RR 2002, 621; BAG (10.11.94) EzA Nr. 77 zu § 1 KSchG 1969 Betriebsbedingte Kündigung; (28.6.00) SAE 2001, 125 ff.; LAG Hamm (28.1.00) – 2 Sa 541/99 -.
[65] BAG (27.6.01) NJW 2001, 3430; LAG Hamm (28.7.99) NZA-RR 2000, 135.

c) *Verdachtskündigung*

Hat eine vom Arbeitgeber erklärte Kündigung, etwa wegen des dringenden Ver- 488
dachts, der Arbeitnehmer sei gar nicht arbeitsunfähig krank, er simuliere die
Krankheit nur⁶⁶, rechtlichen Bestand, kann jedoch nach dem Zugang der Kündigung dieser dringende Verdacht beseitigt werden oder gelingt dem Arbeitnehmer sogar der Beweis seiner Unschuld, erscheint es zum Zwecke der Wiedergutmachung und Rehabilitation geboten, dem Arbeitnehmer einen Wiedereinstellungsanspruch zuzubilligen. Der Verdachtskündigung ist wesenseigen, dass sie auf einer unsicheren Tatsachengrundlage und damit letztlich auf einem subjektiv determinierten Verdacht des Kündigenden beruht, wenngleich die Kündigung auf objektiv nachweisbare Verdachtsumstände gestützt werden muss. Angesichts einer vielfach objektiv ungewissen Gesundheitsprognose erscheint es vertretbar und hinnehmbar, insoweit dem Arbeitgeber in gewissem Umfang das Prognoserisiko aufzuerlegen. Bei einer Verdachtskündigung, die im Allgemeinen fristlos ausgesprochen wird, kann jedoch der Ablauf der vereinbarten oder gesetzlichen Kündigungsfrist kein relevantes Kriterium für die zeitliche Begrenzung eines solchen Anspruches sein.⁶⁷ Die mit einem letztlich ungerechtfertigten Verdacht begründete Entlassung führt zu einer nicht unerheblichen Verletzung des allgemeinen Persönlichkeitsrechts und kann nur auf diese weise wenigstens teilweise zur Wiedergutmachung führen.

d) *Abfindungsvergleich*

Aus dem Grundsatz der Vertragsfreiheit, Art. 2 Abs. 1 GG, § 105 GewO, folgt, 489
dass die Parteien eines Abfindungsvergleiches oder eines Aufhebungsvertrages einen etwaigen Wiedereinstellungsanspruch rechtswirksam ausschließen können.⁶⁸
Mangels einer anderweitigen eindeutigen vertraglichen Regelung muss in der Regel davon ausgegangen werden, dass die Vertragsparteien das Arbeitsverhältnis nach dessen Beendigung nicht fortsetzen wollen.⁶⁹ Die Rechtslage soll allerdings dann anders zu beurteilen sein⁷⁰, wenn der Abfindungsvergleich nach § 779 BGB un-

---

66 Im Einzelnen dazu *Lepke*, S. 534 ff. Rdn. 443 ff.
67 Ebenso *U. Preis*, Anm. zu LAG Köln LAGE Nr. 1 zu § 611 BGB Einstellungsanspruch, S. 27; *Meinel/Bauer*, NZA 1999, 575 (581); KR-*Etzel*, § 1 KSchG Rdn. 741; *von Hoyningen-Huene/Linck*, KSchG, § 1 Rdn. 156 l; siehe auch *Bram/Rühl*, NZA 1990, 753 (756 f.); *Ricken*, NZA 1998, 460 (464); *Nicolai/Noack*, ZfA 2000, 87 (101 f.); *Oetker*, ZIP 2000, 643 (649); *Kittner/Däubler/Zwanziger*, KSchR, Wiedereinstellungsanspruch Rdn. 390g.
68 BAG (28.6.00) SAE 2001, 125 (129) mit Anm. von *Kort* = BB 2001, 573 ff. = RdA 2001, 243 ff. mit Anm. von *Raab*.
69 BAG SAE 2001, 125 (129); *Hromadka/Maschmann*, S. 457 Rdn. 364; *Kittner/Däubler/Zwanziger*, KSchR, Wiedereinstellungsanspruch Rdn. 390 m.
70 BAG (4.12.97) BB 1998, 1108 ff. = EzA Nr. 3 zu § 1 KSchG Wiedereinstellungsanspruch mit zust. Anm. von *Hergenröder*, S. 17, 19; (28.6.00) SAE 2001, 125 (129) mit zust. Anm. von *Kort*; LAG Köln (21.10.98) ARSt 1999, S. 141; *Schiefer*, DB 2000, 669 (673); *Hromadka/Maschmann*, S. 457 Rdn. 364 – **anders** *Nicolai/Noack*, ZfA 2000, 87 (109 ff.); *Raab*, Anm. zu BAG RdA 2001, 248 (252); *Bader/Bram/Dörner/Wenzel*, KSchG; § 1 Rdn. 72d; *von Hoyningen-Huene/Linck*, KSchG, § 1 Rdn. 156o; nur im Falle des Wegfalls der Geschäftsgrundlage: *Kittner/Däubler/Zwanziger*, KSchR, Wiedereinstellungsanspruch Rdn. 390 m.

wirksam ist oder nach den zum Wegfall der Geschäftsgrundlage von der Rechtsprechung und Literatur entwickelten Grundsätzen beseitigt bzw. verändert wird. § 313 BGB n.F., in dem erstmalig die Störung der Geschäftsgrundlage zum Gegenstand gesetzlicher Regelung gemacht wird, gilt für alle schuldrechtlichen Verträge und trotz § 779 BGB auch für Vergleiche.[71] In welchen Fällen diese Voraussetzungen erfüllt sind, ist jedoch nicht ohne weiteres erkennbar.[72] Allein die Tatsache, dass sich nachträglich eine anderweitige Beschäftigungsmöglichkeit für den Arbeitnehmer ergibt, führt jedenfalls noch nicht zum Wegfall der Geschäftsgrundlage[73], weil die Ungewissheit über solche Entwicklungen gerade nach dem Ausspruch einer krankheitsbedingten Kündigung in einen solchen Vergleich mit einfließt. Der Arbeitgeber zahlt dem Arbeitnehmer eine Abfindung nicht zuletzt deswegen, um die Zustimmung des Arbeitnehmers zur Beendigung der arbeitsvertraglichen Beziehungen zu erreichen. Auf diese Weise soll ein „Schlussstrich" unter das betreffende Arbeitsverhältnis gezogen werden.[74]

5. Ausgewählte prozessuale Fragen

a) Allgemeines

490 Bei der gerichtlichen Durchsetzung eines solchen Anspruches ergeben sich mannigfaltige Probleme auch verfahrensrechtlicher Art.[75] Ob ein etwaiger Anspruch auf die Fortsetzung des rechtswirksam beendeten Arbeitsverhältnisses[76] oder auf die Begründung eines neuen Rechtsverhältnisses zu den bisherigen oder angepassten Arbeitsbedingungen gerichtet ist[77], darüber konnte bisher noch keine Einigkeit erzielt werden. Auch das BAG[78] verwendet die genannten Begriffe nicht immer mit der notwendigen Differenzierung, oft sogar beide Begriffe unreflektiert nebeneinander, wenngleich tendenziell der Begriff Wiedereinstellungsanspruch – jedenfalls der Sache nach – favorisiert wird. Beim sog. Fortsetzungsanspruch kann es sich begrifflich wohl nur um einen Anspruch auf Rücknahme der vom Arbeitgeber wirksam ausgesprochenen Kündigung handeln[79], die Streitgegenstand des Kündigungsschutzprozesses ist oder war.

---

[71] Vgl. *Palandt/Heinrichs*, BGB, § 313 Rdn. 10.
[72] So auch *Raab*, Anm. zu BAG RdA 2001, 248 (252).
[73] BAG SAE 2001, 125 (129); siehe auch *Boewer*, NZA 1999, 1121 (1127).
[74] *Zwanziger*, BB 1997, 42 (45); *Beckschulze*, DB 1998, 418; *Nicolai/Noack*, ZfA 2000, 87 (111); *von Hoyningen-Huene/Linck*, KSchG, § 1 Rdn. 156o.
[75] Eingehend dazu *Ziemann*, MDR 1999, 716 (718 ff.); *Boewer*, NZA 1999, 1177 (1182 ff.); *Oetker*, ZIP 2000, 643 (652).
[76] So etwa *Mathern*, NJW 1996, 818 (819 f.); *Zwanziger*, BB 1997, 42.
[77] Zutreffend *Walker*, Anm. zu BAG SAE 1998, 98 (107); *Boewer*, NZA 1999, 1177 (1178).
[78] Etwa BAG (27.2.97) SAE 1998, 98 ff.; (13.11.97) BB 1998, 319 (320); (4.12.97) BB 1998, 1108 ff.; (12.11.98) BB 1999, 589 f.; LAG Köln (10.1.89) LAGE Nr. 1 zu § 611 BGB Einstellungsanspruch, S. 6; siehe auch *Meyer*, BB 2000, 1032 ff. – **kritisch** *Boewer*, NZA 1999, 1177; *Düwell/Lipke/Ziemann*, Arbeitsgerichtsverfahren, S. 398 Rdn. 263.
[79] Eingehend dazu *Raab*, RdA 2000, 147 (157) – **anders** *vom Stein*, RdA 1991, 85 (88).

Der Wiedereinstellungsanspruch muss vom Arbeitnehmer gegenüber seinem 491
bisherigen Arbeitgeber geltend gemacht werden[80], was auch noch nach dem Ablauf
der Kündigungsfrist möglich erscheint, soweit dem Arbeitnehmer die entscheidungserheblichen Umstände erst später bekannt werden.[81] Da diese in der Einflusssphäre des Gekündigten liegen und ihm eher als dem Arbeitgeber bekannt sein
werden, rechtfertigt sich eine solche Initiativlast.

Besteht ein Wiedereinstellungsanspruch, trifft den Arbeitgeber nicht etwa die 492
Pflicht, dem Arbeitnehmer den Abschluss eines neuen Arbeitsvertrages anzubieten[82], sondern ein entsprechendes Angebot des Arbeitnehmers anzunehmen[83], das
spätestens in der Klageerhebung, im Zweifel in der Erhebung der Kündigungsschutzklage liegt.[84] Weigert sich der Arbeitgeber, dieser seiner arbeitsrechtlichen
Mitwirkungspflicht nachzukommen, muss der Arbeitnehmer den Rechtsweg vor
den Gerichten für Arbeitssachen im Urteilsverfahren beschreiten, §§ 2 Abs. 1
Nr. 3, 46 Abs. 2 ArbGG, falls die Wiedereinstellung des Arbeitnehmers noch möglich erscheint.[85]

b) Klageart

Der Wiedereinstellungsanspruch ist grundsätzlich im Wege einer Leistungsklage, 493
gerichtet auf die Abgabe einer Willenerklärung gegenüber dem Arbeitnehmer[86],
den Neuabschluss eines Arbeitsvertrages, gerichtlich zu verfolgen. Zum Abschluss
eines Arbeitsvertrages, der in der Vergangenheit liegt, kann der Arbeitgeber nicht
verurteilt werden, weil ein solcher eine unmögliche Leistung, § 275 Abs. 1 BGB,
zum Gegenstand hätte.[87] Allerdings kann dieses Ergebnis nicht mehr auf § 306
BGB a. F. gestützt werden. Nach § 311a BGB n. F. bleiben Verträge, die auf eine anfängliche unmögliche Leistung gerichtet sind zwar wirksam, werden aber zu Verträgen ohne primäre Leistungspflichten.[88]

---

[80] Siehe nur BAG (28. 6. 00) SAE 2001, 125 (129); *Hromadka/Maschmann*, S. 457 Rdn. 363a.
[81] Etwa *Kort*, Anm. zu BAG SAE 2001, 125 (131); LAG Schleswig-Holst. (22. 10. 02) EzA SD Nr. 24/2002, S. 14.
[82] **Anders** BAG (27. 6. 01) AP Nr. 10 zu § 1 KSchG 1969 Wiedereinstellung.
[83] Zutreffend *Ricken*, Anm. zu BAG AP Nr. 10 zu § 1 KSchG 1969 Wiedereinstellung, Bl. 260 R; *Lepke*, NZA-RR 2002, 622.
[84] BAG (27. 2. 97) SAE 1998, 98 (101); (23. 2. 00) NZA 2000, 895; (28. 6. 00) SAE 2001, 125 (126 m. w. N.); *Gitter/Michalski*, S. 173 – **anders** *U. Preis*, Anm. zu LAG Köln LAGE Nr. 1 zu § 611 BGB Einstellungsanspruch, S. 32 ff.; *vom Stein*, RdA 1991, 85 (88).
[85] Dazu insbesondere *Raab*, RdA 2000, 156.
[86] BAG (6. 8. 97) NZA 1998, 254 (255); (2. 12. 99) ZIP 2000, 676; (19. 9. 01) EzA Nr. 7 zu § 1 BeschFG 85; (27. 6. 01) NJW 2001, 3429; (20. 2. 02) ZIP 2002, 1162 ff. = DB 2002, 1448; LAG Hamm (24. 6. 99) LAGE Nr. 29 zu § 1 KSchG Krankheit; *Oetker*, ZIP 2000, 643 (652); *Düwell/Lipke/Ziemann*, S. 398 Rdn. 263; *Ostrowicz/Künzl/Schäfer*, S. 494 Rdn. 437; im Ergebnis ebenso *Meinel/Bauer*, NZA 1999, 575 (581).
[87] BAG (23. 2. 00) NZA 2000, 895; (28. 6. 00) SAE 2001, 125 (126 m. w. N.) mit zust. Anm. von *Kort*; (14. 11. 01) NZA 2002, 393; (27. 6. 01) NJW 2001, 3429; *Boewer*, NZA 1999, 1121, 1177, 1182 m. N.; *Meinel/Bauer*, NZA 1999, 575 (581); *Bader/Bram/Dörner/Wenzel*, KSchG, § 1 Rdn. 73 – **anders** LAG Hamm (24. 6. 99) LAGE Nr. 29 zu § 1 KSchG Krankheit; *Oetker*, ZIP 2000, 643 (653); *Raab*, RdA 2000, 147; ders. Anm. zu BAG RdA 2001, 248 (249).
[88] *Palandt/Heinrichs*, BGB, § 311a Rdn. 5 m. w. N.

494 Nach Ansicht des 2. Senats des BAG[89] könne der Arbeitnehmer aber auch sofort auf Erfüllung der Hauptpflichten aus dem Arbeitsvertrag, insbesondere auf Weiterbeschäftigung und/oder Zahlung der vereinbarten Vergütung klagen. Dem Arbeitgeber sei es, so meint das BAG, nach Treu und Glauben verwehrt, sich auf sein eigenes pflichtwidriges Verhalten zu berufen und den Arbeitnehmer auf den Umweg über die Verurteilung zur Abgabe einer Willenserklärung zu verweisen. Bei dieser prozessualen Betrachtungsweise überrascht es nicht, dass das BAG[90] auf dem Standpunkt steht, das Klageziel habe in concreto auch durch eine Feststellungsklage, § 256 Abs. 1 ZPO, erreicht werden können. Es sei zu erwarten, dass schon auf Grund eines Feststellungsurteils der Streit zwischen den Parteien über die Wirksamkeit einer Kündigung und/oder einen etwaigen Wiedereinstellungsanspruch endgültig erledigt sei. Diese Argumentation, die nicht hinreichend zwischen der Neubegründung und der Fortsetzung eines wirksam beendeten Arbeitsverhältnisses differenziert, vermag nicht zu überzeugen. Ein Wiedereinstellungsanspruch des Arbeitnehmers führt allein noch nicht zur Entstehung eines neuen Arbeitsverhältnisses. Ansprüche aus einem neu zu begründenden Arbeitsverhältnis setzen stets entsprechende Vereinbarungen zwischen den Arbeitsvertragsparteien voraus, die notfalls gerichtlich erstritten werden müssen. Mit einer Feststellungsklage und einem damit korrespondierenden Feststellungsurteil kann die klagende Partei ihr Rechtsschutzbegehren in der Regel gerichtlich noch nicht durchsetzen.[91] Es fehlt nämlich an einem zur Zwangsvollstreckung geeigneten Titel, § 704 Abs. 1 ZPO. Deshalb kann in solchen Fällen nur eine Leistungsklage in Betracht kommen[92], die die Abgabe einer Willenserklärung zum Prozessziel hat.

c) Klageantrag

495 Jeder Klageantrag muss dem Bestimmtheitserfordernis, § 253 Abs. 2 Nr. 2 ZPO, genügen. Bei der Klage auf Abgabe einer Willenserklärung ist der maßgebliche Inhalt der erstrebten Willenserklärung notwendiger Bestandteil des Antrages, so dass bei seiner unveränderten Übernahme in den Urteilstenor dessen Inhalt unzweideutig feststeht.[93] Notfalls muss ein solcher Klageantrag dahingehend ausgelegt werden, dass die beklagte Partei zur Annahme des ggf. in der Klage enthaltenen Angebots des Arbeitnehmers zum Abschluss eines Arbeitsvertrages verurteilt werden

---

[89] BAG (27.2.97) BB 1997, 1953 ff.; (4.12.97) DB 1998, 85; offen gelassen BAG (6.8.97) NZA 1998, 255; zust. *Oetker*, ZIP 2000, 643 (652); *Kittner/Zwanziger/Appel*, § 107 Rdn. 5; *Gitter/Michalski*, S. 173; *Hromadka/Maschmann*, S. 458 Rdn. 365; *Dorndorf/ Weller/Hauck/Kriebel/Höland/Neef*, KSchG, § 1 Rdn. 947a; im Ergebnis ebenso *Meinel/ Bauer*, NZA 1999, 575 (581) – **kritisch** *Boewer*, NZA 1999, 1177 (1182); *Ziemann*, MDR 1999, 716 (719); *Raab*, RdA 2000, 147 (158); *Ostrowicz/Künzl/Schäfer*, S. 494 Rdn. 437.
[90] (27.2.97) SAE 1998, 98 (99); so auch HK-KSchG/*Hauck*, § 4 Rdn. 168.
[91] Siehe auch *Walker*, Anm. zu BAG SAE 1998, 98 (103); abratend *Kittner/Däubler/Zwanziger*, KSchR, Wiedereinstellungsanspruch Rdn. 390 s.
[92] Zutreffend BAG (19.9.01) – 7 AZR 514/00 – unv.; wohl auch BAG (27.6.01) AP Nr. 10 zu § 1 KSchG 1969 Wiedereinstellung mit zust. Anm. von *Ricken*.
[93] Vgl. BGH WoM 1994, 71.

soll[94,95], und zwar im Zweifel zu den bisherigen Vertragsbedingungen unter Anrechnung der bisherigen Dauer der Betriebszugehörigkeit.[96]

d) Frist zur Geltendmachung?

Mangels einer gesetzlichen Grundlage braucht der Arbeitnehmer hinsichtlich der Geltendmachung des Wiedereinstellungsanspruches keine besondere Frist, sei sie gerichtlicher oder außergerichtlicher Art, zu beachten.[97] Anders als bei einer Kündigung besteht in der Person des Arbeitgebers kein vergleichbares schutzwürdiges Bedürfnis, nach einer bestimmten, zeitlich befristeten Klärung etwaiger diesbezüglicher Ansprüche des Arbeitnehmers. Prozessrechtlich maßgeblich sind allein die von der Rechtsprechung und Literatur entwickelten allgemeinen Verwirkungsgrundsätze[98], so dass die analoge Anwendung der Klagefrist des § 4 Abs. 1 Satz 1 KSchG außer Betracht bleiben muss.

496

e) Darlegungs- und Beweislast

Die Darlegungs- und Beweislast für des Vorliegen der Voraussetzungen des Wiedereinstellungsanspruches, den nachträglichen Wegfall des Entlassungsgrundes hinsichtlich der Prognoseentscheidung, trägt der Arbeitnehmer[99], da es sich um anspruchsbegründende Tatsachen handelt. Insoweit muss der Arbeitnehmer substantiiert darlegen und ggf. beweisen, dass eine positive Gesundheitsprognose (nunmehr) vorliegt[100], die ursprüngliche Prognose des Arbeitgebers erwiesenermaßen nicht zutraf. Tatsachen, die die negative Gesundheitsprognose lediglich erschüttern, werden dem prozessualen Erfordernis nicht gerecht. Dieselben Anforderungen hat der Arbeitnehmer auch im Falle seiner Alkoholabhängigkeit zu erfüllen, wenn er sich nunmehr darauf beruft, er habe sich während der Kündigungsfrist er-

497

---

[94] BAG (28. 6. 00) SAE 2001, 125 (126 m. N.).
[95] Zum möglichen Antragsinhalt siehe BAG (27. 6. 01) NJW 2001, 3429; *Boewer*, NZA 1999, 1177 (1182); *Ziemann*, MDR 1999, 716 (719 f.); *Ricken*, Anm. zu BAG AP Nr. 10 zu § 1 KSchG 1969 Wiedereinstellung, Bl. 260.
[96] *Beckschulze*, DB 1998, 419 f.; *Kittner/Däubler/Zwanziger*, KSchR, Wiedereinstellungsanspruch Rdn. 390 o.
[97] Ebenso *Bram/Rühl*, NZA 1990, 753 (757); *Schäfer, Jürgen*, S. 243; *Zwanziger*, BB 1997, 45; *Beckschulze*, DB 1998, 417 (418); *Boewer*, NZA 1999, 1121 (1183); *Oetker*, ZIP 2000, 643 (651); *Raab*, RdA 2000, 147 (154); *Hoefs*, S. 302; *Kort*, Anm. zu BAG SAE 2001, 125 (131); KR-*Etzel*, § 1 KSchG Rdn. 742; LAG Hamburg (26.4.90) DB 1991, 1180 – **anders** *Hambitzer*, NJW 1985, 2241; *Meinel/Bauer*, NZA 1999, 575 (580); *Kleinebrink*, FA 1999, 138 (140 f.); *Kukat*, BB 2001, 576: *Tschöpe/Nägele*, Teil 3 D, Rz. 273; ArbG Frankfurt/M. (20. 7. 99) NZA-RR 1999, 580: unverzüglich, spätestens innerhalb von drei Wochen; siehe auch *Hummel*, S. 75; APS/*Kiel*, § 1 KSchG Rz. 801.
[98] Siehe nur *Raab*, RdA 2000, 147 (154 m. w. N.); *Bader/Bram/Dörner/Wenzel*, KSchG, § 1 Rdn. 73 a; KR-*Etzel*, § 1 KSchG Rdn. 742 m. N.
[99] BAG (27. 6. 01) NJW 2001, 3430; *Boewer*, NZA 1999, 1177 (1183); *Bader/Bram/Dörner/ Wenzel*, KSchG, § 1 Rdn. 73 b m. w. N.; *von Hoyningen-Huene/Linck*, KSchG, § 1 Rdn. 156 p m. w. N.
[100] *Ziemann*, MDR 1999, 716 (721); *Boewer*, NZA 1999, 1177 (1183); *Bader/Bram/Dörner/ Wenzel*, KSchG, § 1 Rdn. 71 a; *Bengelsdorf*, NZA-RR 2002, 57 (67).

folgreich einer Entziehungstherapie unterzogen.[101] Die Besorgnis weiterer alkoholbedingter Erkrankungen und damit verbundener Fehlzeiten am Arbeitsplatz in der Zukunft muss völlig ausgeräumt werden; denn die Rückfallquote ist nach dem derzeitigen medizinischen Erkenntnisstand[102] immer noch sehr hoch. Nur eine bedingungslose und völlige Alkoholabstinenz bringt die Krankheitserscheinungen anhaltend zum Verschwinden, ohne allerdings die Krankheit selbst jemals zu beseitigen.[103]

498 Für die Korrektur einer zu Unrecht angenommenen Fehlzeitenprognose, die etwa auf einem Erkenntnisdefizit des behandelnden Arztes, einer ärztlichen Fehldiagnose oder der unzureichenden Ausschöpfung bekannter und anerkannter Heilmethoden beruht, kann im Grundsatz entgegen der Auffassung des LAG Hamm[104] nichts anderes gelten. Auch insoweit reichen bloße Zweifel an der ursprünglichen Prognose nicht aus. Derartige Umstände liegen in der dem Arbeitnehmer zurechenbaren Sphäre. Das Risiko einer Fehlprognose des den Arbeitnehmer behandelnden Arztes trägt grundsätzlich der Arbeitnehmer.[105] Eine Ausnahme kommt nur dann in Betracht, wenn schon im Kündigungszeitpunkt entgegen der Ansicht des behandelnden Arztes objektive Umstände dafür sprechen, dass die Wiederherstellung der Arbeitsfähigkeit in absehbarer Zeit sicher oder zumindest möglich erscheint.[103]

499 Soweit Tatsachen im Risikobereich des Arbeitgebers liegen, also anspruchsvernichtender Art sind, hat sie der Arbeitgeber im Prozess vorzutragen, trifft ihn damit auch die Beweis- bzw. Beweisführungslast.[106] Das ist beispielsweise der Fall, wenn der Arbeitgeber geltend macht, ihm sei die Neubegründung eines Arbeitsverhältnisses unzumutbar, weil er hinsichtlich des fraglichen Arbeitsplatzes bereits anderweitige Dispositionen getroffen, ihn bereits neu besetzt habe.

Behauptet der Arbeitnehmer, der Arbeitgeber habe ihre gegenüber nach einer wirksam ausgesprochenen Kündigung eine vertraglich bindende Wiedereinstellungszusage abgegeben, die er auch angenommen habe, trifft ihn dafür die uneingeschränkte Darlegungs- und Beweislast.[107]

---

[101] BAG (17.6.99) BB 1999, 1437 = NZA 1999, 1328 ff. = SAE 2000, 93 ff.; *Bengelsdorf*, NZA-RR 2002, 57 (67).
[102] Im Einzelnen dazu *Lepke*, S. 349 Rdn. 242a m.N.; *Renz-Polster/Braun*, Innere Medizin, S. 1145.
[103] Siehe *Lepke*, S. 319 Rdn. 225, S. 332 Rdn. 233 m.N.
[104] (24.6.99) NZA 2000, 320 = LAGE Nr. 29 zu § 1 KSchG Krankheit; zust. *Feichtinger*, ArbR-Blattei, Krankheit I, Rdn. 146 unter Hinweis auf BAG (19.9.91) RzK II/3 Nr. 20, die Grundsätze der Verdachtskündigung insoweit anwendend.
[105] BAG (21.2.01) NZA 2001, 1071 ff.
[106] Ebenso *vom Stein*, RdA 1991, 85 (88); *Ziemann*, MDR 1999, 716 (721); *Boewer*, NZA 1999, 1177 (1183); *Oetker*, ZIP 2000, 643 (653).
[107] LAG Hamm (18.11.96) NZA-RR 1997, 370.

f) Urteil und Zwangsvollstreckung

Ist der Arbeitgeber zur Abgabe einer Willenserklärung verurteilt worden, und zwar zur Annahme des Vertragsangebotes des Arbeitnehmers[108], liegt nach seinem materiellen Gehalt ein Verurteilungs- oder Leistungsurteil, hingegen nicht ein Gestaltungsurteil vor[109]; denn nicht das Urteil gestaltet, sondern die unterstellte Willenserklärung. Aus dem Urteilstenor muss sich eindeutig ergeben, welche Willenserklärung der Schuldner mit welchem Inhalt abzugeben hat. Notfalls sind insoweit die Entscheidungsgründe zur Auslegung heranzuziehen. Die Fiktion umfasst sämtliche Rechtsfolgen, die eine wirksame Willenserklärung des Schuldners mit entsprechendem Inhalt im maßgeblichen Zeitpunkt hätte.[110]

500

Die Zwangsvollstreckung eines solchen Urteils erfolgt nach den §§ 62 Abs. 2 ArbGG, 894 Abs. 1 ZPO.[111] Sobald das Urteil formelle Rechtskraft, § 705 ZPO, erlangt hat, gilt die Willenserklärung gegenüber dem Gläubiger als abgegeben. Erst zu diesem Zeitpunkt kommt der neue Arbeitsvertrag mit Wirkung für die Zukunft zustande[112], ohne dass der Arbeitnehmer noch eine Vertragsannahmeerklärung abgeben muss.[113]

501

Im Verfahren vor dem ArbG und dem LAG sind zwar Urteile ohne besondere gerichtliche Entscheidung kraft Gesetzes vorläufig vollstreckbar, § 62 Abs. 1 Satz 1 ArbGG. § 894 Abs. 1 ZPO setzt jedoch einen rechtskräftigen zur Vollstreckung geeigneten Titel voraus.[114] Folglich ist die vorläufige Vollstreckbarkeit eines solchen Urteils nicht möglich. Die Ausnahmeregelungen des § 895 ZPO sind im Arbeitsrecht ohne praktische Bedeutung. Einem nur vorläufig vollstreckbaren Urteil auf Abgabe einer Willenserklärung käme jedenfalls eine Vollstreckungswirkung im engeren Sinne nicht zu.

502

Da § 894 ZPO bei einstweiligen Verfügungen nur gilt, wenn sich die Willenserklärung auf eine vorläufige Regelung und Sicherung des Verfügungsanspruches bezieht[115], erweist sich bei der Durchsetzung eines Wiedereinstellungsanspruches

503

---

[108] Eingehend dazu *Ricken*, Anm. zu BAG (27.6.01) AP Nr. 10 zu § 1 KSchG 1969 Wiedereinstellung, Bl. 260, 260 R.
[109] Vgl. nur *Rosenberg/Schwab/Gottwald*, § 94 II 1, S. 527; *Baumbach/Lauterbach/Hartmann*, ZPO, § 894 Rdn. 5 m.w.N. – anders *Larenz*, NJW 1951, 499.
[110] *Boewer*, NZA 1999, 1177 (1184); *Ostrowicz/Künzl/Schäfer*, S. 494 Rdn. 437.
[111] Siehe nur *Hoefs*, S. 303; *Ostrowicz/Künzl/Schäfer*, S. 494 Rdn. 437; *Bader/Bram/Dörner/Wenzel*, KSchG, § 1 Rdn. 73 m. N.
[112] BAG (6.8.97) BB 1998, 538; (23.2.00) NZA 2000, 894 (895); (28.6.00) SAE 2001, 125 (126); *Boewer*, NZA 1999, 1177 (1182); *Kittner/Däubler/Zwanziger*, KSchR, Wiedereinstellungsanspruch Rdn. 390t; *von Hoyningen-Huene/Linck*, KSchG, § 1 Rdn. 156p.
[113] *Ricken*, Anm. zu BAG AP Nr. 10 zu § 1 KSchG 1969 Wiedereinstellung, Bl. 260, 260 R; siehe auch LAG Hamm (24.6.99) LAGE Nr. 29 zu § 1 KSchG Krankheit – **anders** wohl BAG AP Nr. 10 zu § 1 KSchG 1969 Wiedereinstellung.
[114] Statt vieler *Baumbach/Lauterbach/Hartmann*, ZPO, § 894 Rdn. 7, § 895 Rdn. 2; *Brox/Walker*, S. 619 Rdn. 1112; *Ostrowicz/Künzl/Schäfer*, S. 494 Rdn. 437.
[115] Etwa *Baumbach/Lauterbach/Hartmann*, ZPO, § 940 Rdn. 46 m. N.; *Brox/Walker*, S. 880 Rdn. 1594; *Thomas/Putzo*, ZPO, § 894 Rdn. 4; *Zöller/Stöber*, ZPO, § 894 Rdn. 3.

eine einstweilige Verfügung in der Regel als ungeeignet.[116] An einem bestehenden Arbeitsverhältnis als, Grundlage einstweiligen Rechtsschutzes fehlt es. Dieses muss erst durch ein rechtskräftiges Urteil im Hauptverfahren begründet werden.

---

[116] Ebenso *Hoefs*, S. 303.

F. Folgen einer Kündigung wegen Krankheit

I. Fortzahlung der Vergütung

Als Regel gilt, dass ein Anspruch des Arbeitnehmers gegen den Arbeitgeber auf Vergütungsfortzahlung im Krankheitsfalle nur solange besteht, wie das Arbeitsverhältnis rechtlichen Bestand hat. Ausnahmsweise wird der Anspruch auf Fortzahlung des Arbeitsentgelts nicht dadurch berührt, dass der Arbeitgeber das Arbeitsverhältnis aus Anlass der krankheitsbedingten Arbeitsunfähigkeit oder einer Maßnahme der medizinischen Vorsorge oder Rehabilitation gekündigt[1] hat, §§ 8 Abs. 1, 9 Abs. 1 EFZG, wobei es keine Rolle spielt, ob es sich um eine außerordentliche fristlose oder um eine ordentliche fristgerechte rechtswirksame Kündigung handelt[2] und ob das KSchG Anwendung findet oder nicht.[3] Tritt die Beendigungswirkung der Kündigung noch während der Wartezeit des § 3 Abs. 3 EFZG ein, entfällt auch ein Anspruch nach § 8 Abs. 1 EFZG[4]; denn zum maßgeblichen Zeitpunkt ent- bzw. bestand noch kein Entgeltfortzahlungsanspruch, der hätte aufrecht erhalten werden können. Erstreckt sich die krankheitsbedingte Arbeitsunfähigkeit über den vierwöchigen Zeitraum hinaus, soll aber nach Ansicht des BAG[5] ein Anspruch nach dem Ablauf der Wartefrist ggf. für die volle Dauer von sechs Wochen bestehen, und zwar unter systematischen sowie teleologischen Aspekten dieser Norm. Dem kann nicht zugestimmt werden, weil anderenfalls die ratio legis des § 3 Abs. 3 EFZG nicht hinreichend Berücksichtigung fände. Der Sinn und Zweck dieser Regelung besteht darin, den Arbeitgeber kostenmäßig zu entlasten und das Prinzip von Leistung und Gegenleistung stärker zu betonen.[6] Es wäre auch unbillig, den

504

---

[1] Anders, wenn der Arbeitnehmer die Kündigung „annimmt" und die Parteien das Arbeitsverhältnis einverständlich auflösen, LAG Berlin (22. 8. 77) BB 1977, 1726; siehe auch BAG (28. 7. 76) AP Nr. 4 zu § 6 LohnFG: Auflösung vor Eintritt der Arbeitsunfähigkeit – **anders** BAG (28. 11. 79) AP Nr. 8 zu § 6 LohnFG = DB 1980, 1448, für den Fall der einvernehmlichen Vertragsaufhebung zum Zeitpunkt der Kündigung aus Anlass der Arbeitsunfähigkeit.

[2] Vgl. *Landmann/Rohmer*, GewO, § 133c Rdn. 7–10; *Schmitt*, EFZG, § 8 Rdn. 11; *Staudinger/Oetker*, BGB, § 616 Rdn. 375; *Kaiser/Dunkl/Hold/Kleinsorge*, EFZG, § 8 Rdn. 6; *Geyer/Knorr/Krasney*, EFZG, § 8 Rdn. 20.

[3] Zutreffend ArbG Passau (12. 3. 90) BB 1990, 855; *Helml*, EFZG, § 8 Rdn. 16; *Staudinger/Oetker*, BGB, § 616 Rdn. 376.

[4] Zutreffend *Boemke*, Anm. zu BAG JuS 2000, 509ff.; *Gaumann/Schafft*, NZA 2000, 812ff.; *Peters-Lange*, Anm. zu BAG SAE 2000, 275 ff.

[5] (26. 5. 99) DB 1999, 2268 = BB 1999, 1329 = SAE 2000, 271 mit abl. Anm. von *Peters-Lange* = EzA Nr. 7 zu § 3 EFZG mit zust. Anm. von *Raab*; LAG Niedersachsen (19. 1. 98) DB 1998, 1328; Kasseler Handbuch/*Vossen*, 2.2 Rz. 38; 280; *Kaiser/Dunkl/Hold/Kleinsorge*, EFZG, § 8 Rdn. 5; ErfK/*Dörner*, § 3 EFZG Rdn. 68, § 8 EFZG Rdn. 17; *Müller/Berenz*, EFZG, § 8 Rdn. 5; *Hanau/Adomeit*, S. 240 Rdn. 794; *Kunz/Wedde*, EFZR, § 8 EFZG Rdn. 8; *Kittner/Däubler/Zwanziger*, KSchR, § 8 EFZG Rdn. 18; *Tschöpe/Kappelhoff*, Teil 2 B, Rz. 208; *Staudinger/Oetker*, BGB, § 616 Rdn. 373; *Dörner/Luczak/Wildschütz*, C, Rdn. 1548 – **anders** *Schliemann*, AuR 1994, 319; *Gaumann/Schafft*, NZA 2000, 813 f; wohl auch *Sieg*, BB 1996, Beil. Nr. 17, S. 18; *Geyer/Knorr/Krasney*, EFZG, § 8 Rdn. 20.

[6] Bundestags-Drucks. 13/4612, S. 11.

Arbeitgeber mit den Kosten der Entgeltfortzahlung zu belasten, wenn ein erst gerade eingestellter Arbeitnehmer krankheitsbedingt der Arbeit fernbleibt. Dann erscheint es nur folgerichtig, insoweit § 8 Abs. 1 Satz 1 EFZG nicht anzuwenden.

Da § 8 EFZG eine Ausnahme vom Grundsatz der Entgeltfortzahlung bis zur Beendigung des Arbeitsverhältnisses darstellt, gelten die §§ 8 Abs. 1, 9 Abs. 1 EFZG nur bei einer Beendigungs-, nicht hingegen bei einer Änderungskündigung.[7] Ein Anspruch aus § 8 Abs. 1 EFZG besteht auch, wenn der Reeder das Heuerverhältnis aus Anlass der krankheitsbedingten Arbeitsunfähigkeit des Besatzungsmitgliedes kündigt, § 48 Abs. 1 Satz 2 SeemG. Kündigt der Arbeitnehmer das Arbeitsverhältnis aus einem vom Arbeitgeber zu vertretenden wichtigen Grunde berechtigt ohne Einhaltung einer Kündigungsfrist, gilt nichts anderes.

505 Beim Vergütungsfortzahlungsanspruch handelt es sich um einen (im voraus) nicht abdingbaren, den vertraglichen Vergütungsanspruch aufrecht erhaltenden Anspruch[8], § 12 EFZG, auf den allerdings, soweit der entstandene Anspruch fällig ist, bei oder nach der Beendigung des Arbeitsverhältnisses rechtswirksam verzichtet werden kann.[9] Freilich kann in der Hinnahme einer vom Arbeitgeber ausgesprochenen Kündigung im Allgemeinen noch kein Verzicht des Arbeitnehmers auf den Anspruch nach § 8 Abs. 1 EFZG gesehen werden.[10]

506 Der Begriff „aus Anlass" der Arbeitsunfähigkeit ist weit auszulegen. Die Arbeitsunfähigkeit braucht nicht der zur Kündigung bewegende Grund zu sein. Es genügt vielmehr, wenn die Kündigung ihre objektive Ursache in der krankheitsbedingten Arbeitsunfähigkeit hat, diese sich innerhalb der Ursachenkette als eine die Kündigung wesentlich mitbestimmende Bedingung darstellt und den entscheidenden Anstoß für den Entschluss zum Ausspruch der Kündigung gegeben hat.[11] Das ist beispielsweise der Fall, wenn die Kündigung ausgesprochen wird, um durch eine anderweitige Besetzung des Arbeitsplatzes Störungen im Betriebsablauf zu vermei-

---

[7] Ebenso *Staudinger/Oetker*, BGB, § 616 Rdn. 375; ErfK/*Dörner*, § 8 EFZG Rdn. 5 – **anderer Ans.** *Wedde/Gerntke/Kunz/Platow*, EFZG, § 8 Rdn. 17.
[8] Statt vieler *Hueck/Nipperdey*, Bd. I, S. 337 An. 32; *Nikisch*, Bd. I, S. 620; *Feichtinger*, ArbR-Blattei, Krankheit III, Rdn. 554 ff.; *Staudinger/Oetker*, BGB, § 616 Rdn. 468; *Gruber*, S. 23 f. m.N.; *Kaiser/Dunkl/Hold/Kleinsorge*, EFZG, § 12 Rdn. 20 ff.; BAG (11. 6. 76) NJW 1977, 1213; (7. 11. 84) AP Nr. 38 zu § 63 HGB; (16. 1. 02) BB 2002, 1103.
[9] Vgl. *Lepke*, BB 1971, 1512 ff., mit Nachw. auch der gegenteiligen Ansicht; *Geyer/Knorr/Krasney*, EFZG, § 12 Rdn. 18, 23 m.w.N.; *Doetsch/Schnabel/Paulsdorff*, LFG, § 9 Anm. 2; *Kaiser/Dunkl/Hold/Kleinsorge*, EFZG, § 12 Rdn. 22; *Schmitt*, EFZG, § 12 Rdn. 19, 21 m.w.N.; *Staudinger/Oetker*, BGB, § 616 Rdn. 469; *Erman/Belling*, BGB, § 616 Rdn. 98; BAG (20. 8. 80) AP Nr. 12 zu § 6 LohnFG = SAE 1981, 136, mit zust. Anm. von *Gamp*; *Feichtinger*, DB 1983, 1204 – **anderer Ans.** *Trieschmann*, RdA 1976, 68; MünchArbR/*Schulin*, 1. Aufl., § 83 Rdn. 26; *Wedde/Gerntke/Kunz/Platow*, EFZG, § 12 Rdn. 15 ff.; *Boecken*, NZA 1999, 681; MünchArbR/*Boecken*, § 85 Rdn. 17; *Kunz/Wedde*, EFZR, § 12 EFZG Rdn. 27 f.
[10] BAG (28. 11. 79) AP Nr. 9 zu § 6 LohnFG = SAE 1981, 96, mit Anm. von *Schreiber*.
[11] BAG AP Nr. 2 zu § 6 LohnFG; (5. 2. 98) NZA 1998, 646; *Staudinger/Oetker*, BGB, § 616 Rdn. 377; *Schmitt*, EFZG, § 8 Rdn. 23; *Geyer/Knorr/Krasney*, EFZG, § 8 Rdn. 26 m.w.N.

den.¹² Gleiches gilt bei Arbeitnehmern, in deren Person eine volle Erwerbsminderung vorliegt und die deshalb ihre Arbeit nicht wieder aufnehmen können.¹³ Nicht anders verhält es sich, falls der Arbeitgeber wegen eines Beschäftigungsverbotes, etwa nach § 42 IfSG, kündigt, das sich als unmittelbare Folge dieser Erkrankung darstellt.¹⁴ Nach dem Wortlaut des § 8 Abs. 1 Satz 1 EFZG muss die Arbeitsunfähigkeit beim Kündigungsausspruch nicht objektiv vorliegen. Auch die Kündigung wegen einer bevorstehenden Arbeitsunfähigkeit, löst die genannte Rechtsfolge aus¹⁵, wenn und soweit der Arbeitgeber davon Kenntnis hat bzw. sicher damit rechnen musste.

Dagegen kann im Grundsatz von einer Kündigung „aus Anlass" der Arbeitsunfähigkeit nicht gesprochen werden, wenn der Arbeitgeber im Zeitpunkt des Kündigungsausspruches von der krankheitsbedingten Arbeitsunfähigkeit des Arbeitnehmers keine Kenntnis gehabt hat.¹⁶ Bloßes Kennenmüssen reicht nicht aus. Der Arbeitgeber muss sich freilich die Kenntnis solcher Personen zurechnen lassen, die seine gesetzlichen oder rechtsgeschäftlichen Vertreter und zum Ausspruch einer Kündigung berechtigt sind sowie die Kenntnis der dienstlichen Vorgesetzten des Arbeitnehmers, wenn und soweit sie den Arbeitgeber (personell) repräsentieren.¹⁷ In einer Entscheidung vom 26. 4. 1978 vertritt das Bundesarbeitsgericht¹⁸ in Ergänzung zu seiner bisherigen Rechtsprechung die Auffassung, dass sich der Arbeitgeber in den Fällen, in denen er sofort nach dem Bekanntwerden der Fehlzeit des Arbeitnehmers kündigt, ohne die Anzeige- und Nachweisfrist des § 3 Abs. 1 Satz 1 LFG – jetzt § 5 Abs. 1 EFZG – abzuwarten, nicht mit Erfolg darauf berufen könne, er habe von der krankheitsbedingten Arbeitsunfähigkeit des Arbeiters im Zeitpunkt des Kündigungsausspruches keine Kenntnis gehabt. Zur Begründung wird darauf hingewiesen, dass in derartigen Fällen der rasch handelnde Arbeitgeber im

507

---

12 BAG (26.10.71) AP Nr. 1 zu § 6 LohnFG; *Becher*, Lohnfortzahlung, S. 55; zust. *Schmitt*, EFZG, § 8 Rdn. 24; *Staudinger/Oetker*, BGB, § 616 Rdn. 379; *Kaiser/Dunkl/Hold/Kleinsorge*, EFZG, § 8 Rdn. 10.
13 BAG (22.12.71) AP Nr. 2 zu § 6 LohnFG; *Neumann*, NJW 1978, 1842; KR-M. *Wolf*, 3. Aufl. Grunds., Rdn. 503; *Feichtinger*, S. 186; *Becher*, Lohnfortzahlung, S. 55; *Schmitt*, EFZG, § 8 Rdn. 25; *Kaiser/Dunkl/Hold/Kleinsorge*, EFZG, § 8 Rdn. 10; *Staudinger/Oetker*, BGB, § 616 Rdn. 377.
14 BAG (26.4.78) BB 1978, 1780; zust. *Hunold*, S. 265; *Kaiser/Dunkl/Hold/Kleinsorge*, EFZG, § 8 Rdn. 10.
15 BAG (17.4.02) EzA Nr. 3 zu § 8 EFZG = BB 2002, 1371 f. = DB 2002, 1330.
16 Ebenso BAG (15.8.74) AP Nr. 3 zu § 6 LohnFG; LAG Berlin (18.3.71) DB 1971, 2167; LAG Frankfurt/M. (12.7.76) DB 1977, 501; *Neumann*, NJW 1978, 1842; *Schmitt*, EFZG, § 8 Rdn. 29; *Hunold*, S. 264; *Staudinger/Oetker*, BGB, § 616 Rdn. 380; *Kaiser/Dunkl/Hold/Kleinsorge*, EFZG§ 8 Rdn. 12; *Müller/Berenz*, EFZG, § 8 Rdn. 12 – **anderer Ans.** *Kehrmann/Pelikan*, LFG, § 6 Anm. 6.
17 So auch LAG Berlin (6.6.77) BB 1978, 206; zust. *Doetsch/Schnabel/Paulsdorff*, LFG, § 6 Rdn. 2; *Bauer/Röder/Lingemann*, S. 52; Steckhan, GK-EFZR, § 6 LFZG Rdn. 30; *Geyer/Knorr/Krasney*, EFZG, § 8 Rdn. 28; *Müller/Berenz*, EFZG, § 8 Rdn. 12 – **teilweise anders** LAG Berlin (25.8.76) BB 1977, 295.
18 DB 1978, 2131 ff. = SAE 1979, 101 ff., mit zust. Anm. von *Ottow* = AP Nr. 5 zu § 6 LohnFG, mit zust. Anm. von *Küchenhoff*; BAG (20.8.80) AP Nr. 14 zu § 6 LohnFG; zust. *Schmitt*, EFZG, § 8 Rdn. 31 f.; *Geyer/Knorr/Krasney*, EFZG, § 8 Rdn. 29; *Kaiser/Dunkl/Hold/Kleinsorge*, EFZG, § 8 Rdn. 14; schon ArbG München (30.3.76) DB 1976, 924.

Vorteil gegenüber dem Arbeitgeber wäre, der erst nach angezeigter und nachgewiesener Arbeitsunfähigkeit die Kündigung erkläre. Ein solcher Arbeitgeber müsse jedenfalls in Betracht ziehen, dass der Arbeiter durch Krankheit an der Arbeitsleistung verhindert sei. Dann aber sei es gerechtfertigt, ihn so zu behandeln, als ob er bei einer vor dem Ablauf dieser Fristen ausgesprochenen Kündigung Kenntnis von der krankheitsbedingten Arbeitsunfähigkeit seines Arbeitnehmers gehabt hätte. Diese höchstrichterliche Rechtsprechung, die allerdings in ihrer praktischen Anwendung zu manchen Schwierigkeiten führt, verdient wegen des sozialen Schutzbedürfnisses des Arbeitnehmers Zustimmung, zumal es angebracht erscheint, den in § 162 BGB zum Ausdruck gekommenen Rechtsgedanken der „Verhinderung oder Herbeiführung des Bedingungseintritts" entsprechend auf derartige Sachverhalte anzuwenden. Ein Arbeitgeber, der bis zum Betriebsschluss des vierten Kalendertages wartet, ohne dass bis zu diesem Zeitpunkt eine Arbeitsunfähigkeitsfolgebescheinigung bei ihm eingegangen ist, kann jedoch kündigen, ohne sich später so behandeln lassen zu müssen, als hätte er die Entlassung in Kenntnis der fortdauernden Arbeitsunfähigkeit erklärt[19], wobei die Nachweisfrist mit dem Fehlen und nicht erst mit der Arbeitsunfähigkeit des Arbeitnehmers in Lauf gesetzt wird.[20] Nichts anderes gilt, wenn sich der Arbeitgeber noch vor dem Ablauf der Nachweisfrist des § 5 Abs. 1 Satz 2 EFZG beim Arbeitnehmer nach dem Grund für sein bisher nicht entschuldigtes Fernbleiben von der Arbeit erkundigt, der Arbeitnehmer jedoch keinen Hinweis auf seine mögliche Arbeitsunfähigkeit oder einen beabsichtigten Arztbesuch gibt.[21] Dass bei einer solchen vorzeitigen Kündigung der Entgeltfortzahlungsanspruch nach § 8 Abs. 1 EFZG auch dann entfällt, wenn andere Gründe als das krankheitsbedingte Fehlen des Arbeitnehmers für den Kündigungsentschluss ursächlich gewesen sind, zum Beispiel Gründe im Verhalten des Arbeitnehmers, sollte außer Frage stehen. Das gilt vor allem, wenn der Arbeitgeber wegen der Verletzung arbeitsvertraglicher Nebenpflichten im Zusammenhang mit der nicht rechtzeitigen und ordnungsgemäßen Krankmeldung oder dem Nachweis kündigt[22], da Anlass im Sinne der genannten Normen nur die unmittelbare äußere Ursache für die Kündigung, also die Erkrankung selbst sein kann.[23] Nicht anders wird man die Rechtslage zu beurteilen haben, wenn der Arbeitgeber einen unentschuldigt fehlenden Arbeitnehmer zwar vor dem Ablauf des vierten Kalendertages kündigt, der Arbeitnehmer jedoch erst nach dem Ausspruch der Kündigung innerhalb der gesetzlichen Nachweisfrist arbeitsunfähig erkrankt ist.[24]

---

[19] Zutreffend LAG Berlin DB 1980, 115f., wenn auch zum bisherigen Recht; *Staudinger/Oetker*, BGB, § 616 Rdn. 382; *Kaiser/Dunkl/Hold/Kleinsorge*, EFZG, § 8 Rdn. 26.
[20] BAG (20.8.80) AP Nr. 13 zu § 6 LohnFG; zust. *Hunold*, S. 264; *Müller/Berenz*, EFZG, § 8 Rdn. 14; *Vossen*, S. 167 Rdn. 404.
[21] LAG Nürnberg (30.1.89) – 7 Sa 76/87 – unv.; *Feichtinger*, ArbR-Blattei, Krankheit III Rdn. 261.
[22] So auch *Heither*, ZIP 1984, 403 (404); *Schmitt*, EFZG, § 8 Rdn. 28.
[23] So auch LAG Hamm (13.11.70), *Sabel*, EEK II/027 – zweifelnd *Hintz/Wolf*, S. 37.
[24] BAG (20.8.80) BB 1981, 238 = AP Nr. 14 zu § 6 LohnFG.

Fortzahlung der Vergütung

Nach der Rechtsprechung des BAG[25] sollte § 6 Abs. 1 LFG – Entsprechendes hätte dann auch für die inhaltsgleichen gesetzlichen Vergütungsfortzahlungsregelungen für die sonstigen Arbeitnehmer gelten müssen – analog anwendbar gewesen sein, falls der betreffende Arbeitgeber zwar nicht kündigt, die krankheitsbedingte Arbeitsunfähigkeit des Arbeiters aber zum Anlass nimmt, eine einverständliche Beendigung des Arbeitsverhältnisses herbeizuführen, ohne dass zu einer solchen vertraglichen Regelung der Arbeitnehmer die Initiative ergriffen hat. Es komme nicht, so meint das BAG, auf die „formelle" Seite, sondern auf den materiellen Auflösungsgrund an. Der Vergütungsfortzahlungsanspruch werde auch nicht dadurch berührt, dass das Arbeitsverhältnis im gegenseitigen Einvernehmen später durch einen Prozessvergleich beendet werde.[26] Nichts anderes gelte, wenn durch den Aufhebungsvertrag das Arbeitsverhältnis nicht zum ursprünglichen Kündigungstermin, sondern zu einem früheren oder späteren Zeitpunkt beendet werde.[27] Diese Rechtsprechung erschien schon nach bisherigem Recht bedenklich. Gegen die analoge Anwendung der §§ 6 Abs. 1 Satz 1 LFG, 63 Abs. 1 Satz 3 HGB sprach vor allem der eindeutige Wortlaut der maßgeblichen Normen[28], der sich ausdrücklich nur auf die Beendigungsform der Kündigung, also durch einseitige Willenserklärung beschränkte. Insoweit eine Änderung herbeizuführen, muss dem Gesetzgeber vorbehalten bleiben, der trotz der Kenntnis der unterschiedlichen Auffassungen zu dieser Streitfrage aber auch bei der Kodifizierung des § 8 Abs. 2 EFZG davon keinen Gebrauch gemacht hat. Deshalb muss die analoge Anwendung dieser Norm abgelehnt werden.[29]

508

Die entsprechende Anwendung der §§ 616 Abs. 2 Satz 4 BGB, 63 Satz 3 HGB, 133c Satz 1 GewO, 6 Abs. 1 Satz 1 LFG – jetzt § 8 Abs. 1 EFZG – sollte aber in Betracht kommen, wenn der Arbeitgeber die tatsächliche Beschäftigung eines Ar-

509

---

[25] Siehe BAG (20. 8. 80) AP Nr. 3 zu § 9 LohnFG; zust. *Feichtinger*, DB 1983, 1202; ders. ArbR-Blattei, Krankheit III Rdn. 249, 271; BAG AP Nr. 15 zu § 6 LohnFG, mit zust. Anm. von *Herschel*; KR-M. *Wolf*, 3. Aufl., Grunds. Rdn. 507; *Hunold*, S. 265; *Staudinger/Oetker*, BGB, 12. Aufl., § 616 Rdn. 270; *Bengelsdorf*, Aufhebungsvertrag, S. 47; *Kaiser/Dunkl/Hold/Kleinsorge*, EFZG, § 8 Rdn. 9, 31; *Schmitt*, EFZG, § 8 Rdn. 17; *Dörner/Luczak/Wildschütz*, C, Rdn. 1549 – **anderer Ans.** *Marburger*, S. 63.

[26] BAG (20. 8. 80) – 5 AZR 944/79 – unv.; LAG Berlin (30. 1. 79) ARSt 1979, S. 152 Nr. 150; siehe aber BAG (20. 8. 80) AP Nr. 14 zu § 6 LohnFG.

[27] BAG (20. 8. 80) – 5 AZR 567/78 – unv.; zust. *Schmitt*, EFZG, § 8 Rdn. 19; *Schneider*, ZfS 1994, 265.

[28] So auch LAG Berlin (19. 12. 75), DB 1976, 1114; (22. 8. 77) *Sabel*, EEK II/081; *Geyer/Knorr/Krasney*, EFZG, § 8 Rdn. 21; *Brecht*, LFG, § 6 Rdn. 3; MünchArbR/*Schulin*, 1. Aufl., § 82 Rdn. 52 ; ErfK/*Dörner*, § 8 EFZG Rdn. 31 – **anders** *Steckhan*, GK-EFZR, § 6 LFZG Rdn. 37 ff.; *Staudinger/Oetker*, BGB, 12. Bearb. § 616 Rdn. 273.

[29] Im Ergebnis ebenso *Geyer/Knorr/Krasney*, EFZG, § 8 Rdn. 21; ErfK/*Dörner*, § 8 EFZG Rdn. 31; MünchArbR/*Boecken*, § 84 Rdn. 66 – **anderer Ans.** *Viethen*, EFZG, S. 22; *Schaub/Linck*, S. 1045 Rdn. 80; *Bauer*, Aufhebungsverträge, S. 195 Rdn. 491; *Bauer/Röder/Lingemann*, S. 52f. Rdn. 269, 290; *Gruber*, S. 35; *Brecht*, EFZG, § 8 Rdn. 3; *Schmitt*, EFZG, § 8 Rdn. 17, 45; Kasseler Handbuch/*Vossen*, 2.2 Rz. 269; *Kittner/Däubler/Zwanziger*, KSchR, § 8 EFZG Rdn. 4; *Wedde/Gerntke/Kunz/Platow*, EFZG, § 8 Rdn. 15; *Kaiser/Dunkl/Hold/Kleinsorge*, EFZG, § 8 Rdn. 9, 31; *Gamillscheg*, S. 358; *Kunz/Wedde*, EFZG, § 8 Rdn. 17; *Erman/Belling*, BGB, § 616 Rdn. 139; *Staudinger/Oetker*, BGB, § 616 Rdn. 386; siehe auch *Müller/Berenz*, EFZG, § 8 Rdn. 30–31.

beitnehmers, ohne dass ein wirksamer Arbeitsvertrag zustande gekommen ist, also ein faktisches Arbeitsverhältnis[30] vorliegt, aus Anlass krankheitsbedingter Arbeitsunfähigkeit ablehnt[31]; denn die jederzeit zulässige, einseitige Beendigungserklärung[32] löst im Wesentlichen dieselben Rechtsfolgen wie eine Kündigung aus. Gleiches gilt, falls der Arbeitgeber ein ohne die erforderliche Arbeitsgenehmigung, § 284 Abs. 1 SGB III, tatsächlich durchgeführtes Arbeitsverhältnis aus Anlass einer krankheitsbedingten Arbeitsunfähigkeit des ausländischen Arbeitnehmers beendet.[33] Das Fehlen der Genehmigung berührt nämlich nicht den rechtlichen Bestand des Arbeitsverhältnisses, sondern verbietet nur die tatsächliche Beschäftigung des betreffenden Arbeitnehmers.[34] Der Arbeitsvertrag muss folglich durch eine Kündigung beendet werden. Ob das Fehlen der Arbeitsgenehmigung eine der Entgeltfortzahlung entgegenstehende weitere Ursache dafür darstellt, dass keine Arbeitsleistung erbracht wird, richtet sich nach den Umständen des Einzelfalles anhand des hypothetischen Kausalverlaufs.[35] Ein Anspruch nach § 3 Abs. 1 EFZG und damit auch ein solcher gemäß § 8 Abs. 1 EFZG besteht jedenfalls dann, wenn die Genehmigung antragsgemäß sofort erteilt worden wäre.[35] In einem solchen Falle stellt sich die krankheitsbedingte Arbeitsunfähigkeit als die alleine Ursache für den Arbeitsausfall dar.

Der höchstrichterlichen Rechtsprechung[36] zufolge soll aber auch eine Kündigung wegen dringender betrieblicher Erfordernisse den Lohnfortzahlungsanspruch nach § 6 Abs. 1 LFG – jetzt § 8 Abs. 1 EFZG – auslösen, wenn der Arbeitgeber ohne Rücksicht auf die soziale Auswahl, § 1 Abs. 3 KSchG, das Arbeitsverhältnis gerade des erkrankten Arbeitnehmers gekündigt hat. Die Tatsa-

---

[30] Allgemein dazu *Gruber*, S. 35 m.N.; MünchArbR/*Boecken*, § 83 Rdn. 12; *Feichtinger*, ArbR-Blattei, Krankheit III Rdn. 24; *Kramer*, in: MüKo-BGB, Bd. 2, Einl. Rdn. 73 ff.

[31] So auch *Becker-Schaffner*, AuR 1977, 76, 79; *Kehrmann/Pelikan*, LFG, § 1 Rdn. 29; *Hanau*, Anm. zu BAG, ArbR-Blattei, Ausländische Arbeitnehmer, Entscheidungen Nrn. 19, 21, 22; Kasseler Handbuch/*Braasch*, 1.2 Rz. 246; *Kaiser/Dunkl/Hold/Kleinsorge*, EFZG, § 3 Rdn. 17, § 8 Rdn. 1, 9; *Kaiser/Dunkl/Hold/Kleinsorge*, EFZG, § 8 Rdn. 3, 10; *Vossen*, S. 23 Rdn. 50; *Wedde/Gerntke/Kunz/Platow*, EFZG, § 8 Rdn. 15, 61; *Geyer/Knorr/Krasney*, EFZG, § 8 Rdn. 2; *Schaub/Linck*, S. 1044 Rdn. 76; siehe auch BAG (15.11.57) AP Nr. 2 zu § 125 BGB; (19.6.59) AP Nr. 1 zu § 611 BGB Doppelarbeitsverhältnis; (10.3.60) AP Nr. 2 zu § 138 BGB; (19.12.66) AP Nr. 3 zu § 12 MuSchG; *Worzalla/Süllwald*, EFZG, § 3 Rdn. 3; § 8 Rdn. 4 – anders *Erman/Belling*, BGB, § 616 Rdn. 139; *Marienhagen/Künzl*, EFZG, § 8 Rdn. 16.

[32] Statt vieler *Schaub/Linck*, S. 1349 Rdn. 2; ErfK/*Müller-Glöge*, § 620 BGB Rdn. 16; *Boemke*, Arbeitsrecht, S. 62 Rdn. 107 m.w.N.; BAG (7.12.61) DB 1962, 242.

[33] Vgl. *Hanau*, FS BAG, S. 169, 186; *Becker/Braasch*, S. 110 Rdn. 237; Kasseler Handbuch/*Braasch*, 1.2 Rz. 246 – anderer Ans. *Heldmann*, BB 1975, 1306.

[34] Siehe nur BAG (7.2.90) DB 1990, 2373; weitere Nachw. bei *Lepke*, Handbuch Betrieb und Personal, Fach 10 Rdn. 285; Kasseler Handbuch/*Braasch*, 1.2 Rz. 109, 111; *Erman/Palm*, BGB, § 134 Rdn. 25b; *Berkowsky*, NZA-RR 2001, 456 – anderer Ans. *McHardy*, RdA 1994, 98; *Wollenschläger*, RdA 1994, 205.

[35] BAG (26.6.96) AP Nr. 2 zu § 3 EntgeltFG = NZA 1996, 1087; *Lepke*, Handbuch Betrieb und Personal, Fach 10 Rdn. 300.1; Kasseler Handbuch/*Braasch*, 1.2 Rz. 112; *Schmitt*, EFZG, § 3 Rdn. 70, 72; *Vossen*, S. 42 Rdn. 102.

[36] BAG (28.11.79) AP Nr. 8 zu § 6 LohnFG; zust. *Feichtinger*, ArbR-Blattei, Krankheit III Rdn. 265; *Schmitt*, EFZG, § 8 Rdn. 27 m.N.; *Bauer/Röder/Lingemann*, S. 52; *Kaiser/Dunkl/Hold/Kleinsorge*, EFZG, § 8 Rdn. 12; ErfK/*Dörner*, § 8 EFZG Rdn. 14.

che der Kündigung „aus Anlass der Arbeitsunfähigkeit" könne auch nicht, so meint das Revisionsgericht, durch einen Vergleich, in dem von einer „betriebsbedingten Kündigung" die Rede sei, aus der Welt geschaffen werden. Diese sich schon seit längerer Zeit abzeichnende Tendenz der höchstrichterlichen Rechtsprechung, die Dispositionsfreiheit der Parteien zum Vorteil der Sozialversicherungsträger immer mehr einzuschränken, erscheint sehr problematisch, weil sie im Ergebnis zu einer nicht gerechtfertigten Gleichbehandlung von Fällen betriebs- und personenbedingten Kündigungen mit der Rechtsfolge u.a. des § 8 Abs. 1 EFZG führt.

Die Darlegungs- und Beweislast dafür, dass aus Anlass der Arbeitsunfähigkeit gekündigt worden ist, trifft als anspruchsbegründende Tatsache den Arbeitnehmer[37] bzw. dessen Rechtsnachfolger. Erfolgt allerdings die Kündigung in unmittelbarem zeitlichen Zusammenhang mit dem Eintritt der Arbeitsunfähigkeit oder der Mitteilung, dass die Arbeitsunfähigkeit fortdauert, spricht der Beweis des ersten Anscheins[38] dafür, dass die Kündigung aus Anlass der Arbeitsunfähigkeit ausgesprochen worden ist. Das gilt auch dann, wenn tarifvertraglich bestimmt ist, dass aus Anlass einer Arbeitsunterbrechung wegen Krankheit nicht gekündigt werden darf und der Arbeitgeber im unmittelbaren Anschluss an vorhergehende Arbeitsunfähigkeitszeiten gekündigt hat.[39] In derartigen Fällen ist es Sache des Arbeitgebers, diesen Anschein durch substantiiertes Vorbringen zu erschüttern, insbesondere darzulegen, dass andere Gründe seinen Kündigungsentschluss bestimmt haben.[40] Letzteres wäre etwa der Fall, wenn im Kündigungszeitpunkt Massenentlassungen durchgeführt worden sind[41] oder wenn verhaltensbedingte Gründe für den Kündigungsentschluss ursächlich waren.

510

Nach § 617 Abs. 1 Satz 4 BGB bleibt auch der Anspruch auf Verpflegung und ärztliche Behandlung trotz Kündigung unberührt, wenn der Arbeitnehmer in die häusliche Gemeinschaft des Arbeitgebers aufgenommen worden war.[42] In die häusliche Gemeinschaft ist ein Arbeitnehmer aufgenommen, der Verpflegung und Wohnung im Hause des Arbeitgebers erhält. Entscheidend kommt es darauf an, dass der Arbeitnehmer keinen eigenen Hausstand unterhält und sich an die Ordnung im

511

---

[37] Statt vieler *Schmitt*, EFZG, § 8 Rdn. 36; Kasseler Handbuch/*Vossen*, 2.2 Rz. 289 m.w.N.; *Kaiser/Dunkl/Hold/Kleinsorge*, EFZG, § 8 Rdn. 24; ErfK/*Dörner*, § 8 EFZG Rdn. 18; siehe auch BAG (5.2.98) NZA 1998, 646.
[38] *Schmitt*, EFZG, § 8 Rdn. 37; *Staudinger/Oetker*, BGB, § 616 Rdn. 378; *Kaiser/Dunkl/Hold/Kleinsorge*, EFZG, § 8 Rdn. 25, 27; *Geyer/Knorr/Krasney*, EFZG, § 8 Rdn. 34 m.w.N.; BAG (5.2.98) NZA 1998, 644; LAG Berlin (1.9.75) DB 1976, 924 = BB 1976, 74 - **anders** ErfK/*Dörner*, § 8 EFZG Rdn. 18: Indizienbeweis.
[39] BAG (5.2.98) NZA 1998, 646.
[40] BAG (20.8.80) AP Nr. 11 zu § 6 LohnFG; LAG München (8.12.76) Baye. ABl. 1978, C 19; *Schmitt*, EFZG, § 8 Rdn. 38.
[41] Vgl. LAG München (12.3.74) Baye. ABl. 1975, C 9.
[42] *Staudinger/Nipperdey/Mohnen*, BGB, § 617 Anm. 22; *Schelp/Trieschmann*, S. 184; BGB-RGRK, § 617 Rdn. 31; *Staudinger/Oetker*, BGB, § 617 Rdn. 24.

Haushalt des Arbeitgebers anpassen muss.[43] Obwohl § 617 BGB im Unterschied zu § 8 Abs. 1 EFZG und den inhaltsgleichen, nunmehr aufgehobenen Vorschriften der §§ 6 Abs. 1 LFG, 63 Abs. 1 HGB, 133 c Satz 1 GewO und 616 Abs. 2 Satz 4 BGB nur die fristlose Kündigung im Sinne von § 626 BGB erwähnt, muss diese Norm im Wege der ergänzenden Gesetzesauslegung auch auf eine zulässige ordentliche Kündigung des Arbeitgebers erstreckt werden[44], da sonst ein sachlich nicht gerechtfertigter Wertungsbruch vorläge.

II. Krankheit durch Kündigung

512 Mitunter fehlen Arbeitnehmer während der Dauer der Kündigungsfrist. Abgesehen von den nur schwer nachzuweisenden Fällen, in denen sich der Arbeitnehmer während dieser Zeit krank meldet, ohne tatsächlich arbeitsunfähig zu sein, entspricht es durchaus modernen Erkenntnissen der Psychosomatik, dass durch Kündigungen, die einen tiefen Einschnitt in die Lebensführung und -gestaltung des Arbeitnehmers bedeuten können, vegetative Dystonie, nervöse Schlagstörungen, Hyperazidität des Magens und schwere Verdauungsstörungen ausgelöst oder doch so verstärkt werden können, dass sie die Arbeitsunfähigkeit des Gekündigten zur Folge haben.[1] Eindeutige Zusammenhänge zwischen dem Gesundheitszustand und drohendem oder tatsächlichem Arbeitsplatzverlust hat eine Studie des Dresdener Instituts „life-test" für den Raum Sachsen für die Jahre von 1992 bis 1994 nachgewiesen[2], wobei Frauen mit dem Problem Arbeitslosigkeit besser als Männer umgehen können. Nach einer im Mai 1997 im Bezirk Berlin-Hohenschönhausen durchgeführten Befragung[3] litten mehr als die Hälfte der Arbeitslosen dieses Neubaubezirkes seit Beginn ihrer Arbeitslosigkeit unter psychischen Beschwerden. Depressive Stimmungen, Schlafstörungen und Stress traten bei jedem zweiten Betroffenen auf. Etwa 20 % gaben Selbstmordgedanken, Atembeschwerden und Allergieschübe an. Auch das Institut für Gesundheitswissenschaften an der Technischen Universität Berlin kommt in einer neuen Studie[4] zu dem Ergebnis, dass Arbeitslosigkeit krank mache, wobei es maßgeblich auf das psychosoziale Umfeld ankomme. In einem Urteil vom 8. 5. 1996 sah das LAG Hamm[5] aufgrund eingehender medizinischer Sachverständigengutachten als erwiesen an, dass die spätere Erkran-

---

[43] Siehe *Schaub*, S. 1155 Rdn. 19; *Soergel/Kraft*, BGB, § 617 Rdn. 4; *Staudinger/Oetker*, BGB § 617 Rdn. 24; weitergehend BAG (8.6.65) AP Nr. 1 zu § 618 BGB: Unterbringung im betrieblichen Wohnheim genügt; so auch *Palandt/Putzo*, BGB, § 617 Rdn. 2 – **anders** *Erman/Belling*, BGB, § 616 Rdn. 6; zum Begriff „Wohnraum" siehe BVerwG (12.3.93) E 92, 207 ff.
[44] Ebenso *Schaub*, in: Müko-BGB, § 617 Anm. 20; *Feichtinger*, S. 185; BGB-RGRK, § 617 Rdn. 31 – **anderer Ans.** *Planck*, BGB, 4. Aufl. 1913–1930, § 617 Anm. 4c; *Schmitt*, EFZG, § 617 BGB Rdn. 29; *Staudinger/Oetker*, BGB, § 617 Rdn. 60; *Soergel/Kraft*, BGB, § 617 Rdn. 13; ErfK/*Dörner*, § 617 BGB Rdn. 14; *Erman/Belling*, BGB, § 616 Rdn. 14.
[1] Siehe auch LAG Frankfurt/M. (15.1.79) ARSt 1980, S. 24 Nr. 24.
[2] Vgl. „Der Tagesspiegel" Nr. 15540 vom 17.2.1996, S. 2.
[3] Siehe „Der Tagesspiegel" Nr. 16112 vom 25.9.1997, S. 16.
[4] Vgl. AuR 2002, 264.
[5] NZA-RR 1997, 50 = LAGE Nr. 25 zu § 1 KSchG Krankheit, S. 8.

kung des Arbeitnehmers durch die Kündigung des Arbeitgebers ausgelöst worden ist.

In Ausnahmefällen kann dem Arbeitnehmer durch die Kündigung ein besonderer Schaden an der Gesundheit entstehen. Dass ein solcher auch durch Einwirkungen auf die Psyche in rechtlich zurechenbarer Weise herbeigeführt werden kann, ist allgemein anerkannt.[6] Der Fall, dass ein Arbeitnehmer wegen des Ausspruches einer Kündigung einen Gesundheitsschaden erleidet, der über das Übliche hinausgeht, so dass ihm gegen den Arbeitgeber ein Schadensersatzanspruch zustehen kann, dürfte freilich relativ selten sein. Im Allgemeinen wird dafür nicht die Kündigung, die als rechtmäßig vorausgesetzt wird, ursächlich sein, sondern allenfalls den Anstoß – beispielsweise zu einem Nervenzusammenbruch bei ohnehin schwacher Konstitution – geben.[7] Ein solcher Fall wäre aber denkbar, wenn der Arbeitgeber in Kenntnis einer bereits bestehenden derartigen Erkrankung ohne Notwendigkeit eine Kündigung dem Arbeitnehmer zugehen lässt, obwohl er damit rechnen musste, dass dadurch eine Verschlimmerung des Zustandes oder ein Rückfall eintreten kann und die fragliche Kündigung diese Folgen auch nach sich gezogen hat. Dann haftet der Arbeitgeber unter dem Gesichtspunkt der positiven Forderungsverletzung – jetzt kodifiziert in den §§ 280–282 BGB n.F. – für etwaige Einkommensverluste, weitere und zusätzliche Behandlungskosten und muss ggf. an den Arbeitnehmer Schmerzensgeld[8] zahlen. Neben einem Verschulden des Arbeitgebers muss freilich die Kündigung auch rechtswidrig sein, was bei einer gesetz- oder sozialwidrigen Kündigung der Fall ist[9], da ein rechtmäßiges Verhalten grundsätzlich keine Schadensersatzpflicht auslöst.

513

Ansonsten kam nach bisherigem Recht bei der unberechtigten Ausübung eines Gestaltungsrechts ein Schadenersatzanspruch nur bei deliktischem Verhalten in Betracht. In der grundlosen Kündigung eines Arbeitsvertrages lag noch keine positive Forderungsverletzung.[10] Soweit es das ArbG Köln[11] als ausreichend ansah, dass der Arbeitgeber die Mängel der Kündigung hätte erkennen können, kann dieser Ansicht nicht gefolgt werden.[12] Ein Anspruch auf Schmerzensgeld wegen Verletzung des allgemeinen Persönlichkeitsrechts bestand nur dann, wenn es sich um einen schweren rechtswidrigen und schuldhaften Eingriff handelte, die Schwere des Eingriffs nach dem Grad des Verschuldens, der Art und Schwere der Beeinträchtigung sowie der Anlass und Beweggrund des Handelns eine Genugtuung durch die Zubilligung des Schmerzensgeldes erforderte und die Rechtsverletzung nicht in an-

---

[6] Vgl. BGH (6.6.89) Z 107, 359; LAG Köln (25.8.96) NZA-RR 1996, 249 = LAGE Nr. 30 zu § 4 KSchG; *Lipp,* JuS 1991, 810; *Erman/Ehmann,* BGB, Anh. § 12 Rdn. 792.
[7] Dazu auch LAG Baden-Württ./Stuttgart (30.9.53) DB 1953, 1016.
[8] *Hessel,* S. 55; siehe aber zu Recht ArbG Kaiserslautern/Pirmasens (28.11.95) ARSt 1996, S. 104, für den Fall einer ungerechtfertigten Änderungskündigung.
[9] Etwa *Gamillscheg,* S. 546.
[10] Vgl. *Staudinger/Löwisch,* BGB, Vorbem. zu §§ 275–283 Rdn. 38 m.w.N. – **anders** BGH (11.1.84) Z 89, 296 (302) betreffend die grundlose Kündigung eines Mietvertrages.
[11] (3.2.00) AuR 2000, 398, 473.
[12] Ebenso *Klempt,* Anm. b + p 2001, 70 f.

derer Weise befriedigend ausgeglichen werden konnte.[13] Von einem rechtserheblichen Eingriff in das geschützte Rechtsgut kann aber nur gesprochen werden, wenn die fragliche Kündigung offenkundig an so schweren Mängeln leidet, dass sie für jeden erkennbar von vornherein unwirksam ist und darüber hinaus der Arbeitnehmer herabgesetzt oder diskriminiert worden ist.

Nach dem Zweiten Schadensersatzrechtsänderunggesetz vom 19. 7. 2002, das in seinen wesentlichen Teilen am 1. 8. 2002 in Kraft getreten ist[14], kann jetzt eine billige Entschädigung in Geld auch dann gefordert werden, wenn nur eine Vertragsverletzung vorliegt, § 253 Abs. 2 BGB. Das Schmerzensgeld wegen immaterieller Schäden ist nicht mehr auf deliktische Ansprüche beschränkt. Voraussetzung ist allerdings, dass u. a. die Körper- oder Gesundheitsverletzung vorsätzliche herbeigeführt worden oder der Schaden unter Berücksichtigung seiner Art und Dauer nicht unerheblich ist. Trotz der Streichung des § 847 BGB bleibt auch weiterhin ein Schmerzensgeldanspruch wegen Verletzung des allgemeinen Persönlichkeitsrechts bestehen. Die Gesetzesverfasser sahen keinen Anlass zu einer ausdrücklichen Einbeziehung des allgemeinen Persönlichkeitsrechts in § 253 Abs. 2 BGB, weil der Geldanspruch bei dessen Verletzung seine Grundlage ohnehin nicht in § 847 BGB a. F. habe, sondern ein auf Art. 1 Abs. 1, 2 Abs. 1 GG gestützter Rechtsbehelf eigener Art sei.[15]

514   Auch die wahrheitswidrige Behauptung, der Arbeitnehmer sei nicht arbeitsunfähig krank, kann unter dem rechtlichen Aspekt der Verletzung des allgemeinen Persönlichkeitsrechts einen Schmerzensgeldanspruch zur Folge haben. In einem Urteil vom 5. 3. 1997 sprach das LAG Berlin[16] einer Anzeigenvertreterin, die für eine Regionalzeitung mit ca. 135.000 Lesern arbeitete, ein Schmerzensgeld in Höhe von 10.000,– DM zu. Der fett gedruckte Text im Anzeigenblatt der Beklagten lautete auszugsweise: „Winterzeit ist Krankheitszeit ... Plötzlich und unerwartet erkrankte Manuela ... an astraler Hypertrophie." Dadurch, so führt das LAG zutreffend aus, hätten die Beklagten in nicht zu billigender Weise zum Ausdruck gebracht, dass die Klägerin unter einer „eingebildeten" Krankheit leide und nicht ernsthaft erkrankt sei, was einen schwerwiegenden Eingriff in ihr Persönlichkeitsrecht darstelle. Ein ähnlicher Sachverhalt lag einer Entscheidung des LAG Hamm vom 3. 9. 1997[17] zugrunde, die vom BAG[18] bestätigt worden ist. Nachdem der Arbeitgeber gegenüber einer kaufmännischen Angestellten eine fristlose Kündigung ausgesprochen hatte, war kurze Zeit nach dem Beginn des Kündigungsrechtsstreites in einem wöchentlich erscheinenden Anzeigenblatt ein Artikel mit der Schlag

---

[13] Dazu nur BAG (21. 2. 79) EzA Nr. 3 zu § 847 BGB; (18. 2. 99) BB 1999, 478; MünchArbR/*Blomeyer*, § 97 Rdn. 46 m. w. N.
[14] BGBl. I S. 2674.
[15] Begründung des Gesetzentwurfes der Bundesregierung, Bundestags-Drucks. 14/7752, S. 25; im Einzelnen dazu etwa *Wagner*, NJW 2002, 2049 (2056 m. N.).
[16] NZA-RR 1998, 488; *Gamillscheg*, S. 95; *Tschöpe/Schmalenberg*, Teil 2 A, Rz. 737.
[17] LAGE Nr. 3 zu § 847 BGB.
[18] (18. 2. 99) BB 1999, 1119 f. = NZA 1999, 645 = DB 1999, 1506; MünchArbR/*Blomeyer*, § 98 Rdn. 46.

zeile erschienen: „Die faulste Mitarbeiterin Deutschlands." Die rot und schwarz gedruckte Unterzeile lautete: „Sie könnte die Königin der Tagediebe sein. Ihr Verhalten ist schräg und unehrlich: In drei Monaten arbeitete sie ganze drei Tage. Jetzt ruft sie das Arbeitsgericht an, es soll ihr zu allem Unrecht noch helfen, ihre Faulheit zu unterstützen. Arbeitsrecht in Deutschland ... im Jahre 1995!" Das LAG meinte, in der maßlosen Brandmarkung der Klägerin stecke eine schwere Persönlichkeitsrechtsverletzung, und zwar unabhängig davon, ob gewisse Fakten, wie zum Beispiel das Ausreiten während des „Krankfeierns" zuträfen. Deshalb wurde der Klägerin ein Schmerzensgeld in Höhe von 4000,- DM zuerkannt. Hingegen verneinte das LAG Baden-Württ.[19] einen Schmerzensgeldanspruch wegen Mobbing, wenn der Arbeitgeber den suchtkranken Vorgesetzten des klagenden Arbeitnehmers nicht ausreichend bezüglich seines Verhaltens gegenüber dem Mitarbeiter überwacht, darauf beruhende Gesundheitsstörungen oder schwere Verletzungen des Persönlichkeitsrechts aber nicht dargetan worden sind.

Schließlich hat das BAG[20] Schadensersatz- und Schmerzensgeldansprüche einer Verkäuferin/Kassiererin in einem Supermarkt nicht zuerkannt, die behauptet hatte, die ihr übertragenen Aufräumarbeiten hätten bei ihr Schmerzen im linken Arm und gesundheitliche Schädigungen zur Folge gehabt. Es wäre Sache der Klägerin gewesen, so führte das BAG aus, einen Arzt aufzusuchen und den Arbeitgeber durch die Vorlage entsprechender ärztlicher Atteste auf eine drohende Erkrankung bei der Ausführung von Aufräumarbeiten hinzuweisen.

III. Urlaubsanspruch oder -abgeltung

1. Allgemeines

Erfolgt eine Kündigung aus krankheitsbedingten Gründen, kann in den meisten Fällen dem Arbeitnehmer ein ihm noch zustehender Anspruch auf Erholungsurlaub nicht mehr in Natur gewährt werden, wenn und soweit er während der Kündigungsfrist arbeitsunfähig krank ist. Die Freizeitgewährung zum Zwecke der Erfüllung des Urlaubsanspruches während der Dauer der Kündigungsfrist erscheint jedenfalls grundsätzlich zulässig[1], weil ihr absoluter Vorrang gegenüber einer Abgeltung zukommt. Der Arbeitgeber muss dem Arbeitnehmer aber erkennbar machen, dass er ihn von der Arbeitspflicht befreie, um den Urlaubsanspruch des Arbeitnehmers zu erfüllen.[2] In allen anderen Fällen hat die Abgeltung des

515

---

[19] (5.3.01) AP Nr. 2 zu § 611 BGB Mobbing.
[20] (13.12.01) DB 2002, 1508.
[1] *Dersch/Neumann*, BUrlG, § 7 Rdn. 45 m.N.; *Bachmann*, GK-BUrlG, § 7 Rdn. 26 m.N.; *Weiler/Rath*, NZA 1987, 337; *Lepke*, DB 1988 Beilage Nr. 10, S. 7 m.w.N.; *Nägele*, DB 1998, 518; *Schaub/Linck*, S. 1103 Rdn. 64; ErfK/*Dörner*, § 7 BUrlG Rdn. 20; Kasseler Handbuch/*Schütz*„ 2.4 Rz. 544; BAG (18.12.86) NZA 1987, 628; (22.9.92) NZA 1993, 407; LAG Hamm (10.1.79) DB 1979, 1023; LAG Köln (3.3.82) BB 1982, 1364; (20.11.96) NZA-RR 1997, 249.
[2] BAG (9.6.98) AP Nr. 23 zu § 7 BUrlG = BB 1999, 159; Kasseler Handbuch/*Schütz*, 2.4 Rz. 226, 549; siehe aber LAG Düsseldorf (20.2.02) BB 2002, 1428.

Urlaubsanspruches zu erfolgen, § 7 Abs. 4 BUrlG, damit der Arbeitnehmer in die Lage versetzt wird, sich nach seiner Wiedergenesung mit Hilfe der Urlaubsvergütung entsprechende Freizeit mit urlaubsmäßigem Zuschnitt zu verschaffen. Die mögliche, teilweise Urlaubsgewährung hat jedoch Vorrang vor der -abgeltung, da der Gesetzgeber dem Erholungszweck des Urlaubs grundsätzliche Bedeutung beimisst.

In diesem Zusammenhang muss freilich beachtet werden, dass der Abgeltungsanspruch nur an die Stelle des dem Arbeitnehmer zustehenden Anspruches auf Freizeitgewährung verbunden mit der Fortzahlung der dem Arbeitnehmer zustehenden Vergütung tritt, also Surrogatcharakter hat[3], wenn auch nicht im strengen zivilrechtlichen Sinne des BGB.[4] Die Umwandlung des noch nicht erfüllten Urlaubsanspruchs in einen Abgeltungsanspruch erfolgt mit der Beendigung des Arbeitsverhältnisses, ohne dass weitere Handlungen der Arbeitsvertragsparteien erforderlich sind.[5] Steht ihm kein Urlaubsanspruch mehr zu, kann er auch einen Urlaubsabgeltungsanspruch nicht mit Erfolg geltend machen.[6]

2. Rechtsmissbräuchliches Urlaubsverlangen

516 Diese Voraussetzungen können erfüllt sein, wenn der Arbeitnehmer schon zu Beginn des Urlaubsjahres als dem maßgeblichen Stichtag arbeitsunfähig krank war und während des Urlaubsjahres nicht mehr arbeitsfähig wird. Die Geltendmachung eines Urlaubsanspruches erscheint unter Würdigung der Umstände des konkreten Einzelfalles auch dann rechtsmissbräuchlich, wenn die tatsächlich erbrachten Arbeitsleistungen im betreffenden Kalenderjahr in keinem vernünftigen Verhältnis zum geforderten Urlaub stehen, der Arbeitnehmer insbesondere mehr Urlaubstage gewährt und vergütet verlangt als er überhaupt tätig gewesen ist oder wenn er im Urlaubsjahr eine nur ganz geringfügige Arbeitsleistung erbracht hat. Einem solchen Urlaubsverlangen fehlt jede sinnvolle Beziehung zur Arbeitsleistung.[7]

Obwohl zu dieser Problematik spezielle gesetzliche Regelungen fehlen, entsprachen diese Grundsätze, wenn auch mit teilweise unterschiedlicher Begründung,

---

[3] Nachw. auch der gegenteiligen Ansicht bei *Lepke*, 10. Aufl., S. 479f. Fußn. 3; ferner *Brox/Rüthers*, S. 124 Rdn. 173 g; *Schaub/Linck*, S. 1114 Rdn. 104; Kasseler Handbuch/*Schütz*, 2.4 Rz. 409; *Staudinger/Richardi*, BGB, § 611 Rdn. 907; *Löwisch*, Arbeitsrecht, S. 275 Rdn. 1011; BAG (21. 9. 99) DB 2000, 2611.
[4] So jetzt auch BAG (20. 4. 89) NZA 1989, 763; *Bachmann*, GK-BUrlG, § 7 Rdn. 153.
[5] BAG (17. 1. 95) BB 1995, 1039, 1485; (21. 9. 99) BB 2000, 881 = DB 2000, 2612.
[6] RAG ARS Bd. 9, 14; 9, 38; 15, 229; 35, 44; BAG (22. 6. 56) AP Nrn. 9, 10 und 13 zu § 611 BGB Urlaubsrecht; (20. 4. 89) NZA 1989, 763; (3. 5. 94) NZA 1995, 72; (16. 9. 97) NZA 1998, 555; (21. 9. 99) DB 2000, 2612; *Dersch/Neumann*, BUrlG, § 7 Rdn. 98; *Oetker*, Anm. zu BAG SAE 1987, 75 (78).
[7] So auch LAG Düsseldorf (24. 9. 81) DB 1982, 858 = BB 1982, 555; *Palme*, BlStSozArbR 1982, 49f.; weitere Nachw. bei *Berscheid*, HzA, Gruppe 4, Rdn. 213–216.

bisher allgemeiner Überzeugung in der arbeitsrechtlichen Literatur[8] und Rechtsprechung.[9]

Nach einer von *Leinemann*[10] erläuterten Entscheidung des 6. Senats des BAG vom 28. 1. 1982[11], die vom BAG in der Folgezeit wiederholt bestätigt worden ist[12], soll nicht mehr davon ausgegangen werden können, dass die Geltendmachung eines Urlaubsanspruches wegen Rechtsmissbrauch grundsätzlich ausgeschlossen sei, wenn der Arbeitnehmer krankheitsbedingt im Urlaubsjahr nur eine geringe oder gar keine Arbeitsleistung erbracht habe. Der Urlaubsanspruch entstehe, so führt das BAG aus, unabhängig vom Umfang der tatsächlichen Arbeitsleistung, was auch für einen tariflichen Urlaubsanspruch gelte.[13] Er sei lediglich vom Bestehen des Arbeitsverhältnisses und von der Erfüllung der Wartezeit des § 4 BUrlG abhängig. Auch knüpfe das BUrlG die Entstehung des Anspruches nicht an ein abstraktes oder individuelles Erholungsbedürfnis des betreffenden Arbeitnehmers. Mit der Forderung, Urlaub und geleistete Arbeit dürften zueinander nicht in einem Missverhältnis stehen, werde das Bestehen und die Erfüllung des Urlaubsanspruches unzulässig miteinander „vermengt", zumal es weder eine Pflicht zur Erholung gebe noch der Anspruch davon abhängig sei, ob der Arbeitnehmer sich vorher die Freizeit „verdient" habe. Das BUrlG enthalte keine Anhaltspunkte für einen Anspruchsausschluss wegen eines Rechtsmissbrauches.

517

Diese Rechtsprechung des BAG hat Zustimmung[14] gefunden, ist jedoch zu Recht auch auf Kritik und Ablehnung gestoßen.[15] Auch die Verfasser des ArbVG 92

518

---

[8] Vgl. *Dersch/Neumann*, BUrlG, 6. Aufl. 1981, § 9 Anm. 19 ff. m. N.; *Stahlhacke*, BUrlG, § 3 Anm. 44; *Bobrowski/Gaul*, Bd. I, S. 459 m. N.; *Schaub*, 4. Aufl., S. 547; *Hessel/Marienhagen*, S. 104; *Buchner*, DB 1982, 1982 ff.; *Bleistein*, GK-BUrlG, § 1 Rdn. 113 ff.; *Berscheid*, HzA, Gruppe 4, Rdn. 211, 229 – **teilweise kritisch** *Palme*, BlStSozArbR 1973, 193 ff.; *ders.*, BlStSozArbR 1982, 50 m. N.; *Giese*, BB 1975, 1347.

[9] Siehe BAG (6.6.68), (22.4.72), (24.8.72), (29.11.73), (16.8.77) AP Nrn. 5–10 zu § 3 BUrlG Rechtsmissbrauch; LAG Hamm (7.3.75) BB 1975, 1304; ARSt 1980, S. 27 Nr. 28; LAG Schleswig-Holst. (21.11.80) DB 1981, 533; LAG Frankfurt/M. (8.5.80) ARSt 1980, S. 188 Nr. 178; LAG Düsseldorf (24.9.81) DB 1982, 858 = BB 1982, 555; weitere Nachweise bei *Streblow*, S. 67 ff.

[10] DB 1983, 989 ff.; siehe auch AuR 1987, 193 ff.

[11] DB 1982, 1065 = BB 1982, 862 = SAE 1983, 77 ff., mit Anm. von *Buchner* = AP Nr. 11 zu § 3 BUrlG Rechtsmissbrauch, mit Anm. von *Boldt*.

[12] BAG (8.3.84) DB 1984, 1883 = NZA 1984, 160; (7.11.85) BB 1986, 135; (7.3.85) SAE 1986, 262; (14.5.86) BB 1986, 2338 = AP Nr. 26 zu § 7 BUrlG Abgeltung = SAE 1987, 75; (25.8.87) DB 1988, 762 = NZA 1988, 51; (24.11.87) DB 1988, 447 = NZA 1988, 244; (26.5.88) DB 1989, 182; (26.1.89) NZA 1989, 757; (26.5.92) NZA 1993, 29.

[13] BAG (7.11.85) NZA 1986, 393 = AP Nr. 8 zu § 7 BUrlG Übertragung.

[14] Vgl. etwa MünchArbR/*Leinemann*, § 89 Rdn. 23 ff.; *Brox/Rüthers*, S. 130 Rdn. 173 a; *Heckelmann/Franzen*, S. 85; FA-ArbR/*Leinemann*, S. 194 Rdn. 877 ff.; *Hanau/Adomeit*, S. 226 Rdn. 757; *Löwisch*, Arbeitsrecht, S. 273 Rdn. 999; *U. Preis*, Arbeitsrecht, S. 486; *Richardi/Annuß*, S. 123 f.; *Kittner/Zwanziger/Litzig*, § 68 Rdn. 224; *Schaub/Linck*, S. 1093 Rdn. 32; ältere Nachw. bei *Lepke*, 10. Aufl., S. 481 Fußn. 13.

[15] *Buchner*, Anm. zu BAG SAE 1983, 77 ff.; *Franke*, BB 1983, 1037 ff.; *Peterek*, Anm. zu BAG EzA Nr. 13 zu § 3 BUrlG; *Bleistein*, GK-BUrlG, § 1 Rdn. 130–136; *Lepke*, bereits 6. Aufl. 1984, S. 125; *Baunscheidt*, BlStSozArbR 1984, 145 ff.; *Boldt*, Anm. zu BAG AP Nr. 11 zu § 3 BUrlG Rechtsmissbrauch; *Gröninger*, Anm. zu BAG AP Nr. 3 zu § 44 SchwbG; *Ha-*
Fortsetzung siehe nächste Seite

möchten in den §§ 63 ff. zu den Grundgedanken der Rechtsprechung vor der Entscheidung des 6. Senats des BAG vom 28. 1. 1982 zurückkehren.[16] Gleiches gilt für den Entwurf eines ArbVG des Freistaates Sachsen von 1994.[17]

519   Zwar wird man bei der Prüfung, ob das Urlaubsverlangen eines dauernd oder überwiegend krank gewesenen Arbeitnehmers rechtsmissbräuchlich erscheint, nicht ohne weiteres auf sein Erholungsbedürfnis oder gar eine Pflicht zur Erholung abstellen können[18], da das BUrlG auch sonst keinen Unterschied zwischen Arbeitnehmern mit einer größeren oder geringeren arbeitsmäßigen Beanspruchung im Betrieb macht[19] und mithin nicht von einem abgestuften Erholungsbedürfnis ausgeht, zumal eine Pflicht des Arbeitnehmers zur Erholung nicht besteht[20], wenngleich § 8 BUrlG die Ausübung einer dem Erholungszweck widersprechenden Erwerbstätigkeit verbietet. Überdies wäre in derartigen Fällen das Erholungsbedürfnis des Arbeitnehmers wohl nicht primär durch die Arbeitsleistung, sondern ganz oder doch teilweise durch seine Erkrankung bedingt. Gleichwohl kann nicht jedweder Zusammenhang zwischen der Arbeitsleistung und dem Urlaubsanspruch in Abrede gestellt werden, da § 1 BUrlG selbst das Wort „Erholungsurlaub" verwendet. Immerhin heißt es in der amtlichen Begründung zum BUrlG[21], dass sich das weitere sozialpolitische Anliegen des Gesetzentwurfes aus der Zweckbestimmung der Urlaubsgewährung ergebe, nämlich der Erhaltung und Wiederauffrischung der Arbeitskraft. An dieser Zweckrichtung müsse die Urlaubsdauer gemessen werden. Mangels eines rechtserheblichen Bezuges auf das Arbeitsverhältnis und somit auf die Arbeitsleistung erweisen sich in der Regel auch die Art und die Auswirkungen der Erkrankung als unbrauchbare Abgrenzungskriterien. Die Rekonvaleszenz nach einer überstandenen Krankheit ist Gegenstand von Erho-

---

nau, ZfA 1984, 453 (547f.); *Trieschmann*, AuR 1984, 374f.; *Weber*, ZfA 1984, 197 (252); *Beitzke*, Anm. zu BAG SAE 1985, 108; *Beckerle*, RdA 1985, 352 ff.; ausführlich *Streblow*, S. 73–118 (dazu *Lipke*, AuR 1987, 272); *Birk*, Anm. zu BAG SAE 1986, 167; *Gaul*, Bd. I, S. 453 Rdn. 28; *Meisel*, S. 350 Rdn. 580; *Glaubitz*, Anm. zu BAG AP Nr. 14 zu § 3 BUrlG Rechtsmissbrauch; *Staudinger/Richardi*, BGB, § 611 Rdn. 991; *Rzadkowski*, PK-BAT, Vorb. zu § 47 Rdn. 14; *Zöllner/Loritz*, S. 213; *Berscheid*, HzA, Gruppe 4, Rdn. 220; *Kraft*, ZfA 1994, 463 (479f.); *Hromadka/Maschmann*, S. 305 Rdn. 133; LAG Köln (21.2.85) LAGE Nr. 1 zu § 3 BUrlG; LAG Düsseldorf (24.6.83) DB 1984, 251 = BB 1983, 1793f.; LAG Berlin (28.11.83) AuR 1984, 285; LAG Frankfurt/M. (3.5.84) ARSt 1984, S. 190 Nr. 1274; ArbG Kassel (24.11.82) DB 1983, 178 ff.; ArbG Reutlingen (15.3.83) BB 1984, 341; wohl auch *Dersch/Neumann*, BUrlG, § 9 Rdn. 23; *Söllner*, S. 282; *Bezani*, S. 116.
16 Dazu *Leinemann*, BB 1956, 1956.
17 Vgl. Bundesrats-Drucks. 293/95, S. 115.
18 So auch *Palme* BlStSozArbR 1982, 50; *Thiele*, DÖD 1986, 56; *Berscheid*, HzA Gruppe 4, Rdn. 231; *Richardi/Annuß*, S. 124; LAG Düsseldorf, DB 1982, 858; zum Urlaubszweck *Kothe*, BB 1984, 610 ff.; *Streblow*, S. 83 ff.; *Dersch/Neumann*, BUrlG, § 7 Rdn. 110; *Natzel*, BUrlG, § 7 Rdn. 161; *Winderlich*, AuR 1989, 303; BB 1989, 2036; *Brox/Rüthers*, S. 131 Rdn. 173e; *Schütz*, HzA Gruppe 4, Rdn. 41; ErfK/*Dörner*, § 1 BUrlG Rdn. 10; *Dörner/Luczak/Wildschütz*, C, Rdn. 1709 – **anderer Ans.** *Beckerle*, RdA 1985, 352 ff.; LAG Schleswig-Holst. (9.1.86) DB 1986, 810.
19 Siehe *Lepke*, DB 1988, Beilage Nr. 10, S. 4; *Bleistein*, GK-BUrlG, § 1 Rdn. 3; – **anderer Ans.** *Beckerle*, RdA 1985, 352 ff.
20 So auch Kasseler Handbuch/*Schütz*, 2.4 Rz. 40; *Brox/Rüthers*, S. 123 Rdn. 173e.
21 Bundestags-Drucks. 4/207, S. 3.

lungskuren oder sonstigen Rehabilitationsmaßnahmen. Ebensowenig leuchtet es ein, wieso die Frage, ob das Arbeitverhältnis fortbesteht oder aus welchem Grunde es beendet worden ist, für das Vorliegen eines rechtsmissbräuchlichen Urlaubsverlangens von entscheidungserheblicher Bedeutung sein soll. Wenn freilich das BAG darauf hinweist, das BUrlG enthalte für den Anspruchsausschluss wegen Rechtsmissbrauchs keinerlei Hinweise, ist dies zwar zutreffend. Indessen wird nicht hinreichend berücksichtigt, dass der Einwand der unzulässigen Rechtsausübung[22] ein anerkanntes, allgemeines und damit auch im Urlaubsrecht anzuwendendes Rechtsprinzip ist[23], das zu dem wohl wichtigsten Anwendungsbereich des § 242 BGB gehört.[24] Der Grundsatz von Treu und Glauben bildet eine allen Rechten, Rechtslagen und Rechtsnormen immanente Inhaltsbegrenzung, worauf der 2. Senat des BAG in einer Entscheidung vom 23. 6. 1994 zutreffend hingewiesen hat.[25] Die gegenteilige höchstrichterliche Rechtsprechung lässt nicht nur die rechtsgeschichtliche Entwicklung des deutschen Urlaubsrechts außer Betracht, sondern steht auch im Widerspruch zum Wesen und Zweck des Erholungsurlaubs. Liegt eine unzulässige Rechtsausübung vor, dann versagt unsere Rechtsordnung nicht lediglich die Anspruchsausübung, sondern auch den Anspruch als solchen. Eine gegen diesen Grundsatz verstoßende Rechtsausübung oder Ausnutzung einer Rechtslage ist wegen der darin liegenden Rechtsüberschreitung als unzulässig anzusehen, was auch der 5. Senat des BAG in einer Entscheidung vom 25. 4. 2001[26] zu Recht betont hat. Wie den Erläuterungen von *Leinemann*[10] entnommen werden kann, soll die neuere Rechtsprechung des BAG keineswegs bedeuten, dass etwa jeder Arbeitnehmer, der im Kalenderjahr und im Übertragungszeitraum wegen Krankheit wenig oder gar nicht gearbeitet habe, die Gewährung von Urlaub oder auch einer Urlaubsabgeltung immer mit Erfolg verlangen könnte. Also: Viel Lärm um nichts? Wohl nicht; denn in einer weiteren Entscheidung des 6. Senats des BAG vom 7. 11. 1986[27] heißt es wörtlich: „Damit ist ein solcher Anspruch auch nicht wegen Rechtsmissbrauches ausgeschlossen, wenn ein Arbeitnehmer im Urlaubsjahr oder im Übertragungszeitraum wegen Krankheit nicht gearbeitet hat".

Dass der Einwand der unzulässigen, weil rechtsmissbräuchlichen Rechtsausübung hinsichtlich eines Urlaubsverlangens bei langanhaltender krankheitsbedingter Arbeitsunfähigkeit nur in besonderen Ausnahmesituationen Platz greifen kann, sollte selbstverständlich sein, zumal in Abweichung von der bisherigen Regelung in

---

[22] Die Darlegungs- und Beweislast dafür trifft den Arbeitgeber, siehe etwa *Dersch/Neumann*, BUrlG, § 7 Rdn. 122; *Bleistein*, GK-BUrlG, § 1 Rdn. 123.
[23] Im Einzelnen dazu *Baunscheidt*, BlStSozArbR 1984, 145 (148); *Streblow*, S. 74 ff.; *Roth*, in: Müko-BGB, § 242 Rdn. 532; *Berscheid*, HzA, Gruppe 4, Rdn. 212, 220 ff.; *Staudinger/Richardi*, BGB, § 611 Rdn. 900.
[24] Statt vieler *Palandt/Heinrichs*, BGB, § 242 Rdn. 38; *Staudinger/Schmidt*, BGB, § 242 Anm. 640, 728 ff.; insbesondere *Streblow*, S. 74 ff.
[25] AP Nr. 9 zu § 242 BGB Kündigung = NZA 1994, 1080 = EzA Nr. 39 zu § 242 BGB, mit **ablehnender** Anm. von *von Hoyningen-Huene*; zust. *Boemke*, Arbeitsrecht, S. 284 Rdn. 40; BAG (27.2.97) SAE 1998, 98 (101).
[26] NZA 2002, 87 (89).
[27] BB 1986, 735; siehe auch BAG (14. 5. 86) NZA 1986, 834; (26. 5. 88) NZA 1989, 362; (20. 4. 89) NZA 1989, 761; dazu auch *Klischan/Schlebusch*, DB 1986, 1017 (1021).

§ 7 Abs. 4 Satz 2 BUrlG a.F. dem nunmehr geltenden Urlaubsrecht besondere Rechtsmissbrauchs- und Verwirkungstatbestände im Falle der fristlosen Beendigung des Arbeitsverhältnisses fremd sind. Gleichwohl wird verschiedentlich die Auffassung[28] vertreten, der Urlaubsabgeltungsanspruch entfalle unter denselben Voraussetzungen wie bisher, da die aufgehobene Vorschrift des § 7 Abs. 4 Satz 2 BUrlG a.F. Ausdruck von Treu und Glauben gewesen sei. Dieser Meinung kann jedoch nicht zugestimmt werden[29], weil anderenfalls der eindeutige Wille des Gesetzgebers negiert werden würde.

Wann der Geltendmachung eines Urlaubs- oder -abgeltungsanspruches, falls der Arbeitnehmer im Urlaubsjahr krankheitsbedingt nur eine geringe oder gar keine Arbeitsleistung erbracht hat, der Einwand des Rechtsmissbrauchs entgegensteht, lässt sich allgemein nicht sagen, da es jeweils auf die gesamten Umstände des konkreten Einzelfalles ankommt.[30] Sehr wohl kann auch wie bisher der anteilige Wegfall des Urlaubsanspruches, gestaffelt nach der Dauer der krankheitsbedingten Fehlzeiten, in Betracht kommen.[31] So erscheint es auch sachlich gerechtfertigt, zu Gunsten bzw. zu Lasten des Arbeitnehmers etwa die Dauer seiner Betriebszugehörigkeit[32], sein Lebensalter oder sein besonderes Schutzbedürfnis als Schwerbehinderter zu berücksichtigen. In diesem Zusammenhang sei auf die nach § 13 Abs. 1 BUrlG zulässige Regelungskompetenz der Tarifvertragsparteien[33] hingewiesen, den Einfluss von Krankheitszeiten auf die Dauer des Erholungsurlaubes unabhängig vom konkreten Einzelfall tarifrechtlich zu konkretisieren. Allerdings soll nach der Auffassung des BAG[34] der Anspruch auf den gesetzlichen Mindesturlaub auch tarifvertraglich nicht von der Erbringung tatsächlicher Arbeitsleistungen abhängig gemacht werden dürfen, was rechtlich auf Bedenken stößt. Vielmehr ist auch insoweit eine tarifliche Regelungskompetenz anzuerkennen[35], da die Problematik im BUrlG keine Regelung gefunden hat, jedenfalls nicht mit zwingender Wirkung, so

---

[28] Nachweise bei *Schaub*, 5. Aufl., S. 630.
[29] Dazu auch BAG (3.5.84) AP Nr. 17 zu § 7 BUrlG Abgeltung = NZA 1985, 157; ArbG Kaiserslautern/Pirmasens (20.3.85) ARSt 1987, S. 27 Nr. 20; *Schäfer, Horst,* S. 91 Rdn. 115; *Meisel,* S. 363 Rdn. 602.
[30] Im Einzelnen dazu *Dersch/Neumann,* BUrlG, 6. Aufl., § 9 Anm. 20 m.w.N.; siehe auch Kasseler Handbuch/*Schütz,* 2.4 Rz. 65, wonach im Einzelfall der Gesichtspunkt des individuellen Rechtsmissbrauchs dem Urlaubsverlangen entgegenstehen könne; *Schütz,* HzA, Gruppe 4, Rdn. 65; LAG Düsseldorf (24.6.83) BB 1983, 1793.
[31] Ebenso *Palme,* BlStSozArbR 1982, 49 (50) m.w.N.; siehe auch *Berscheid,* HzA, Gruppe 4, Rdn. 229.
[32] LAG Düsseldorf DB 1982, 859 – **anderer Ans.** *Palme,* BlStSozArbR 1982, 59 (50).
[33] Vgl. BAG (26.5.83) AP Nr. 12 zu § 7 BUrlG Abgeltung = NJW 1984, 1835; (7.3.85) AP Nr. 21 zu § 7 BUrlG Abgeltung = NZA 1986, 132; (9.6.88) AP Nr. 10 zu § 9 BUrlG = NZA 1989, 137; *Dersch/Neumann,* BUrlG, § 7 Rdn. 75; *Palme,* BlStSozArbR 1982, 49 (50); siehe auch LAG Düsseldorf (4.1.84) DB 1984, 2100.
[34] BAG (8.3.84) AP Nr. 15 zu § 13 BUrlG; zust. *Bachmann,* BlStSozArbR 1985, 210; BAG (25.8.87) DB 1988, 763; *Leinemann,* NZA 1985, 144; *ders.,* AuR 1987, 197f.; *Wiesner,* BB 1985, 1135; BAG (7.11.85) NZA 1986, 393; dazu auch LAG Berlin (28.11.83) AuR 1984, 285 = ARSt 1984, S. 74 Nr. 70 – **anders** für tariflichen Urlaubsanspruch BAG (10.2.87) AP Nr. 12 zu § 13 BUrlG Unabdingbarkeit = NZA 1987, 675.
[35] Ebenso *Streblow,* S. 123f. m.w.N.; *Birk,* Anm. zu BAG SAE 1986, 168 – **anderer Ans.** *Winderlich,* BB 1989, 2028.

dass die Tarifvertragsparteien nach § 13 Abs. 1 BUrlG diesen Sachverhalt selbst zu Lasten des Arbeitnehmers mit normativer Wirkung urlaubsrechtlich konkretisieren können.[36]

3. Erlöschen des Anspruches

Der gesetzliche Anspruch des Arbeitnehmers auf Gewährung von Erholungsurlaub besteht nur während des jeweiligen Kalenderjahres bzw. beim Vorliegen der gesetzlichen Voraussetzungen bis zum Ende des sog. Übertragungszeitraumes, dem 31. März des folgenden Jahres, § 7 Abs. 3 BUrlG.[37] Der Urlaub muss bis zum Ende des Übergangszeitraumes nur angetreten, nicht aber schon abgewickelt sein.[38, 39] Danach erlischt der Urlaubs- bzw. -abgeltungsanspruch endgültig.[40] Das gilt selbst dann, wenn der Arbeitnehmer den Urlaubsanspruch gegenüber dem Arbeitgeber rechtzeitig geltend gemacht, dieser jedoch die Anspruchserfüllung trotz möglicher Urlaubsgewährung abgelehnt hat, während das Urlaubsverlangen eines Arbeitnehmers während seiner krankheitsbedingten Arbeitsunfähigkeit den Arbeitgeber hinsichtlich seiner Verpflichtung zur Urlaubsgewährung nicht in Verzug setzt.[41] In derartigen Fällen soll aber dem Arbeitneh-

520

---

[36] Zum Wegfall des Anspruches auf tarifliches Urlaubsgeld bei Arbeitsunfähigkeit im Urlaubsjahr und im Übertragungszeitraum siehe LAG Rheinland-Pfalz (6.12.95) BB 1996, 1840.

[37] Anders im Falle der Gewährung von Elternzeit. § 17 Abs. 2 BErzGG ist ebenso wie § 4 Abs. 2 ArbPlSchG lex specialis zu § 7 Abs. 3 BUrlG, so auch *Meisel/Sowka*, BErzGG, § 17 Rdn. 25; *Zmarzlik/Zipperer/Viethen*, BErzGG, § 17 Rdn. 21; *Buchner/Becker*, BErzGG, § 17 Rdn. 21; BAG (21.10.97) DB 1998, 1290; (23.4.96) AP Nr. 6 zu § 17 BErzGG = NZA 1997, 44; (9.8.94) AP Nr. 19 zu § 7 BUrlG = NZA 1995, 174; siehe auch *Sowka*, NZA 1989, 498; MünchArbR/*Heenen*, Erg. Bd., § 229 Rdn. 41; neuerdings auch § 17 Satz 2 MuSchG.

[38] Ebenso LAG Bremen (17.1.84) EzA Nr. 29 zu § 7 BUrlG; *Siara*, BUrlG, § 7 Anm. 18; *Berscheid*, HzA, Gruppe 4 Rdn. 417 – anderer Ans. *Natzel*, BUrlG, § 7 Rdn. 105; *Sowka*, NZA 1989, 497; *Bachmann*, GK-BUrlG, § 7 Rdn. 105 m.w.N.; *Schütz*, HzA, Gruppe 4, Rdn. 221; *Leinemann/Förschner*, GewO, § 105 Rdn. 8149; ; *Leinemann/Linck*, § 7 BUrlG Rdn. 115 m.w.N.; *Hromadka/Maschmann*, S. 311 Rdn. 159; Kasseler Handbuch/*Schütz*, 2.4 Rz. 321; BAG (26.6.69) AP Nr. 1 zu § 7 BUrlG Urlaubsjahr; (17.1.95) DB 1995, 1289 = BB 1995, 1040.

[39] Zur Frage, ob ein übertragener Urlaubsanspruch verfällt, wenn der Arbeitnehmer nach dem Ablauf des Übertragungszeitraumes während des Urlaubs krank wird, siehe BAG (19.3.96) AP Nr. 13 zu § 9 BUrlG = NZA 1996, 942.

[40] Etwa BAG (21.9.99) DB 2000, 2612; *Brox/Rüthers*, S. 132 Rdn. 173f.; *Schaub/Linck*, S. 1106 Rdn. 73; Kasseler Handbuch/*Schütz*, 2.4 Rz. 322, 339, 349; *Löwisch*, Arbeitsrecht, S. 275 Rdn. 1008; *Müller*, Arbeitsrecht, S. 266 Rdn. 743; *U. Preis*, Arbeitsrecht, S. 492; *Hanau/Adomeit*, S. 227 Rdn. 761; weitere Nachw. bei *Lepke*, 10. Aufl., S. 485 Fußn. 37 – **anders** *Künzl*, BB 1991, 1632; *Weber*, RdA 1995, 234; *Bachmann*, GK-BUrlG, § 7 Rdn. 120; LAG Düsseldorf (20.9.89) AuR 1990, 96; (13.6.90) AuR 1990, 387; (21.3.91) ZTR 1991, 301; (5.9.91) DB 1992, 224 = BB 1992, 143 = NZA 1992, 312; (16.9.93) DB 1994, 232; LAG Rheinland-Pfalz (5.7.93) DB 1993, 2492 = BB 1993, 2533 = NZA 1993, 994, betreffend Abgeltungsanspruch; wohl auch *Plüm*, NZA 1988, 718.

[41] Vgl. Hess. LAG (28.10.96) BB 1997, 947; LAG Köln (1.10.98) NZA-RR 1999, 404: Anzeige der „Urlaubsfähigkeit".

mer dem BAG⁴² zufolge ein Schadensersatzanspruch in Höhe des Urlaubsvergütungsanspruches zustehen, § 249 Satz 1 BGB, falls der als Schadensersatz geschuldete Urlaub wegen der Beendigung des Arbeitsverhältnisses nicht mehr gewähr werden kann. Die Gewährung einer Abgeltung nach § 7 Abs. 4 BUrlG komme indessen nicht in Betracht, weil der Abgeltungsanspruch an den ursprünglichen Urlaubsanspruch anknüpfe. Voraussetzung für eine Entschädigung in Geld, § 251 BGB, sei jedoch, dass der Arbeitnehmer den Arbeitgeber vor dem Ablauf des Urlaubsjahres bzw. des Übertragungszeitraumes vergeblich zur Urlaubsgewährung aufgefordert habe, während die Erhebung einer Kündigungsschutzklage nicht ausreiche.⁴³

521   Soweit demgegenüber vor allem das LAG Düsseldorf⁴⁴ unter Hinweis auf Art. 9 des Übereinkommens Nr. 132 der Internationalen Arbeitsorganisation in der Fassung vom 25. 6. 1970, wonach der Urlaub spätestens ein Jahr bzw. achtzehn Monate nach Ablauf des Urlaubsjahres gewährt und genommen werden muss, ein Erlöschen des Anspruches nach dem 31. 3. des folgendes Jahres verneint, kann dieser Ansicht nicht gefolgt werden.⁴⁵ Art. 9 des genannten Übereinkommens begründet keine unmittelbaren privatrechtlichen Rechte, obwohl es durch die deutsche Ratifizierung Bestandteil des innerstaatlichen Rechts der Bundesrepublik geworden ist.⁴⁶ Statuiert wird nur eine Pflicht des nationalen Gesetzgebers, die innerstaatliche Rechtsordnung entsprechend den Regelungen des Übereinkommens auszugestalten, was der deutsche Gesetzgeber im BUrlG getan hat. Ungeachtet dessen enthält diese Bestimmung nur einen zeitlichen Rahmen, der auch den kürzeren Zeitraum des § 7 Abs. 3 BUrlG zulässt.⁴⁷

522   Welche Rechtsfolgen bei der Nichteinhaltung der in § 7 Abs. 3 BUrlG genannten Fristen eintreten, hat der Gesetzgeber nicht ausdrücklich geregelt. In anderen durchaus vergleichbaren Fällen, etwa die der §§ 562b Abs. 2, 801 Abs. 1 Satz 1, 864,

---

⁴² Etwa BAG (5. 9. 85) AP Nr. 1 zu § 1 BUrlG Treuepflicht = NZA 1986, 394; 1988, 716, mit Anm. von *Plüm* = SAE 1987, 118, mit zust. Anm. von *E. Wolf;* (25. 8. 87) NZA 1988, 246; (25. 6. 96) NZA 1996, 1153; (20. 1. 98) AP Nr. 45 zu § 13 BUrlG = BB 1998, 1744 (1746); (16. 3. 99) BB 1999, 2087; (21.9.99) BB 2000, 881 = DB 2000, 2611; siehe auch *Bachmann*, BlStSozArbR 1985, 210; *Leinemann*, AuR 1987, 196f.; BGB-RGRK, § 611 Rdn. 1656; ErfK/*Dörner*, § 7 BUrlG Rdn. 61; *Brox/Rüthers*, S. 132 Rdn. 173f.; Kasseler Handbuch/ *Schütz*, 2.4 Rz. 331 ff. – **anderer Ans.** LAG Niedersachsen (6. 11. 85) NZA 1985, 431; **jritisch** auch *Kothe*, BB 1984, 616; *Plüm*, NZA 1988, 716ff.; *Künzl*, BB 1991, 1632; *Bachmann*, GK-BUrlG, § 7 Rdn. 122ff.
⁴³ BAG (17. 1. 95) AP Nr. 66 zu § 7 BUrlG Abgeltung = NZA 1995, 531; (21. 9. 99) DB 2000, 2611f.; (18.9.01) EzA Nr. 109 zu § 7 BUrlG; Kasseler Handbuch/*Schütz*, 2.4 Rz. 557.
⁴⁴ (5. 9. 91) DB 1992, 224; zust. *Lörcher*, AuR 1991, 101f.; *Künzl*, BB 1991, 1630; *Berscheid*, GK-BUrlG, § 15 Rdn. 16; *Dörner/Luczak/Wildschütz*, C, Rdn. 1727; *Ende*, AuR 1998, 270 ff.; unverändert LAG Düsseldorf (15. 9. 94) – 12 Sa 1064/94 – unv.
⁴⁵ Ebenso BAG (28. 11. 90) NZA 1991, 423; (7. 12. 93) NZA 1994, 802 = AP Nr. 15 zu § 7 BUrlG; (5. 12. 95) AP Nr. 70 zu § 7 BUrlG Abgeltung = NZA 1996, 584; (24. 9. 96) AP Nr. 22 zu § 7 BUrlG = NZA 1997, 507; *Heckelmann/Franzen*, S. 83f.; Kasseler Handbuch/ *Schütz*, 2.4 Rz. 12, 338; *Brox/Rüthers*, S. 31f. Rdn. 38.
⁴⁶ Im Einzelnen dazu *Ostrop*, NZA 1993, 208 (210f.); *Leinemann/Schütz*, ZfA 1994, 1 ff. – **anderer Ans.** *Däubler*, in: Die Arbeitsgerichtsbarkeit, S. 631 m.w.N.
⁴⁷ BAG (28. 11. 90) BB 1991, 764 = AP Nr. 18 zu § 7 BUrlG Übertragung; dazu auch BAG (7. 12. 93) BB 1995, 310 = NZA 1993, 802; LAG Düsseldorf (9. 11. 93) DB 1994, 941.

977 und 1002 BGB, ist vom Erlöschen des Rechts die Rede. Wie an anderer Stelle[48] im Einzelnen dargelegt, muss nach dem Wortlaut des § 7 Abs. 3 BUrlG, vor allem auch nach der normativen Zweckbestimmung vom Vorliegen einer gesetzlichen Ausschlussfrist[49] ausgegangen werden mit der Rechtsfolge, dass der Urlaubsanspruch untergeht[50], falls eine Übertragung[51] auf das nächste Kalenderjahr bis zum 31. März, etwa wegen krankheitsbedingter Arbeitsunfähigkeit, einem in der Person des Arbeitnehmers liegenden Grund im Sinne von § 7 Abs. 3 Satz 2 BUrlG[52], oder mutterschaftsrechtlicher Beschäftigungsverbote, zulässigerweise nicht erfolgt ist. Das muss um so eher angenommen werden, weil die zeitliche Begrenzung bis zum 31. März des Folgejahres im Falle der Urlaubsübertragung eine Ausnahme von § 7 Abs. 3 Satz 1 BUrlG darstellt. Für die hier vertretene Ansicht spricht wie bei Satz 1 der Wortlaut des Gesetzes, dass der Urlaub „gewährt und genommen werden muss". Dieser Wille des Gesetzgebers wird auch in § 7 Abs. 3 Satz 4 BUrlG verdeutlicht, wonach der nach § 5 Abs. 1 Buchstabe a BUrlG entstandene Teilanspruch auf Verlangen des Arbeitnehmers auf das nächste Kalenderjahr zu übertragen ist, ohne dass in diesem Falle eine Bindung bis zum 31. März des nachfolgenden Jahres eintritt. Diese ausdrückliche unterschiedliche Behandlung der Übertragungstatbestände hinsichtlich der Zulässigkeit ihrer zeitlichen Ausdehnung im Gesetz wäre unverständlich, wenn der Gesetzgeber in Satz 3 für die dort geregelten Übertragungsgründe nicht eine absolute Zeitschranke hätte normieren wollen. Vor allem fällt aber der mit der Urlaubsgewährung beabsichtigte Zweck ins Gewicht. Der Sinn der Gewährung von Erholungsurlaub innerhalb des Kalenderjahres besteht darin, dem Arbeitnehmer im eigenen wie im Interesse der Volksgesundheit und der -wirtschaft eine bestmögliche Erholung zur Erhaltung und Erneuerung seiner Arbeitskraft zu verschaffen. Es entspricht allgemeiner medizinischer Erkenntnis, dass dazu eine etwa dem natürlichen Jahresrhythmus entsprechende Einschiebung von Erholungsintervallen in den Gesamtablauf notwendig erscheint. Der Arbeitnehmer soll eine gewisse Zeit als Erholungsurlaub auch tatsächlich er-

---

[48] *Lepke*, BB 1968, 632 ff.
[49] Ebenso LAG Berlin (18.2.85) LAGE Nr. 8 zu § 7 BUrlG; LAG Schleswig-Holst. (9.1.86) DB 1986, 810; *Widera*, DB 1988, 756; *Hönsch/Natzel*, S. 104 Rdn. 158; weitere Nachweise bei *Streblow*, S. 134f. Anm. 17 – **anderer Ans.** *Kothe*, BB 1984, 609 (615 ff.); *Bachmann*, GK-BUrlG, § 7 Rdn. 120 m.w.N.; *Streblow*, S. 137–156: bloße Ordnungsvorschrift; siehe auch *Gaul*, Bd. I, S. 474 Rdn. 70: modifizierte Ausschlussfrist.
[50] Siehe auch *Dersch/Neumann*, BUrlG, § 7 Rdn. 65, die vom „Entfallen" sowie *Bachmann*, GK-BUrlG, 4. Aufl. 1984, § 7 Rdn. 112, bzw. vom „Verfall" des Urlaubsanspruches sprechen.
[51] Streitig ist, ob die Übertragung des Urlaubes gemäß § 7 Abs. 3 Sätze 2 und 3 BUrlG automatisch erfolgt, so etwa *Dersch/Neumann*, BUrlG, § 7 Rdn. 87; *Widera*, DB 1988, 757; *Sowka*, NZA 1989, 497; *Natzel*, BUrlG, § 7 Rdn. 124 m.w.N. (anders Rdn. 125: Ausschlussfrist); *Brox/Rüthers*, S. 131 Rdn. 173 c; *Gamillscheg*, S. 410; etwa BAG (25.8.87) NZA 1988, 245 = AP Nr. 15 zu § 7 BUrlG Übertragung; (20.4.89) NZA 1989, 761 = AP Nr. 47 zu § 7 BUrlG Abgeltung, oder ob es einer entsprechenden rechtsgeschäftlichen Vereinbarung bedarf, so LAG Schleswig-Holst. (2.3.82) – 1 Sa 532/81 –; (15.1.86) DB 1986, 1630 = NZA 1986, 477; LAG Niedersachsen (10.12.86) BB 1987, 968 = NZA 1987, 427; *Bachmann*, GK-BUrlG, § 7 Rdn. 126 m.N.
[52] BAG (24.11.92) AP Nr. 61 zu § 7 BUrlG Abgeltung = NZA 1993, 604.

halten.[53] Soweit *Leinemann*[54] im Anschluss an die nunmehr ständige Rechtsprechung des BAG meint, beim Urlaubsanspruch handele es sich um einen befristeten Anspruch, so dass es einer Ausschlussfrist für die in § 1 und § 7 Abs.3 Satz 1 BUrlG normierte befristete Dauer des Urlaubsanspruches nicht bedürfe[55], muss klarstellend bemerkt werden: Die meisten Gestaltungsrechte, aber nicht nur diese, können nur innerhalb einer bestimmten Frist ausgeübt werden. Nach dem Ablauf der Frist wird der Anspruchsberechtigte mit seinem Recht oder Anspruch ausgeschlossen. Grundsätzlich erlischt ein solcher Anspruch. Diese Art der Befristung wird im Allgemeinen als Präklusiv- oder Ausschlussfrist bezeichnet[56], und zwar gleichgültig, ob sie auf einem Gesetz, einem Tarifvertrag oder einer einzelvertraglichen Vereinbarung beruht. Mit einer Ausschlussfrist wird in der Regel eine kürzere als die Verjährungsfrist bestimmt. Wenn ein „befristeter" Anspruch nach dem Fristablauf untergeht, kann es sich rechtsdogmatisch in der Regel nur um eine Ausschlussfrist handeln, was auch im Verhältnis zum Rechtsinstitut der Verjährung deutlich wird, die sich allerdings als Unterfall einer Befristung darstellt.[57] Wie bei zeitlichen Inhaltsbegrenzungen führt auch der Ablauf einer Ausschlussfrist ohne vorherige Ausübung des Rechts grundsätzlich zu dessen Erlöschen.[58] Bereits das RAG[59] sah in der Ausschlussfrist rechtsdogmatisch eine Befristung hinsichtlich der Geltendmachung eines Anspruches, ohne dass es in diesem Zusammenhang darauf ankommt, ob Ausschlussfristen zum Anspruchsinhalt gehören oder nicht.[60]

---

[53] BAG AP Nr. 1 zu § 7 BUrlG Urlaubsjahr, mit zust. Anm. von *Richardi*; *Bachmann*, GK-BUrlG, § 7 Rdn. 105 m.w.N.; dazu auch *Leinemann*, AuR 1987, 195.

[54] NZA 1985, 137 (141); MünchArbR/*Leinemann*, § 89 Rdn. 6, 45 ff.; BB 1995, 1954; *Leinemann/Linck*, Urlaubsrecht, § 7 BUrlG Rdn. 109 ff.; *Leinemann/Förschner*, GewO, § 105 Rdn. 8143; auch *Wandt*, SAE 1986, 266; *Natzel*, BUrlG, § 7 Rdn. 105; *Widera*, DB 1988, 756; *Sowka*, NZA 1989, 497; Kasseler Handbuch/*Schütz*, 2.4 Rz. 44, 212, 319 ff., 412; *Dörner/Luczak/Wildschütz*, C, Rdn. 1714; *Weber*, RdA 1995, 229 (anders aber für den Urlaubsentgeltanspruch, S. 234); ErfK/*Dörner*, § 1 BUrlG Rdn. 32, § 7 Rdn. 56; *U. Preis*, Arbeitsrecht, S. 491; *Gamillscheg*, S. 410; FA-ArbR/*Leinemann*, S. 194 Rdn. 894 ff.; BAG (14. 5. 86) NZA 1986, 788; (25. 8. 87) NZA 1988, 245; (3. 11. 88) NZA 1989, 391; (28. 11. 90) NZA 1991, 423; (19. 1. 93) AP Nr. 63 zu § 7 BUrlG Abgeltung = NZA 1993, 798; (19. 1. 93) NZA 1993, 1129: Urlaubsanspruch für Seeleute; (7. 12. 93) BB 1995, 309; (17. 1. 95) NZA 1995, 531; (15. 12. 95) DB 1996, 1088 = BB 1996, 1560; (23. 1. 96) BB 1996, 964, betreffend einen Anspruch nach § 47 Abs. 7 BAT; (24. 9. 96) AP Nr. 22 zu § 7 BUrlG = NZA 1997, 507 – dagegen *Bachmann*, GK-BUrlG, § 7 Rdn. 120.

[55] **Anderer Ans.** insoweit zu Recht *Kothe*, BB 1984, 609 (615); *Heither*, AuR 1968, 165; *Ende*, AuR 1998, 270, 271, jedoch ohne Begründung; LAG Bremen (17. 1. 84) EzA Nr. 29 zu § 7 BUrlG, aber widersprüchlich.

[56] Statt vieler *von Feldmann*, in: Müko-BGB, § 194 Rdn. 7; *Soergel/Walter*, BGB, vor § 194 Rdn. 10; *Larenz/Wolf*, S. 330 Rdn. 47 ff.; *Palandt/Heinrichs*, BGB, Überblick vor § 194 Rdn. 13; *Kittner/Zwanziger*, § 21 Rdn. 1; siehe auch die Nachweise bei *Natzel*, Anm. zu BAG (22. 10. 85) SAE 1986, 193; schon RG (17. 3. 30) Z 128, 47.

[57] So auch *Wiedemann/Wank*, TVG, § 4 Rdn. 719.

[58] Vgl. *Larenz/Wolf*, S. 331 Rdn. 52; *Erman/Hefermehl*, BGB, vor § 194 Rdn. 6.

[59] (5. 9. 36) ARS 28, 261 (264) mit insoweit zust. Anm. von *Nipperdey*.

[60] Siehe zu dieser Streitfrage einerseits Wiedemann/Wank, TVG, § 4 Rdn. 715 ff. m.w.N. und andererseits MünchArbR/*Hanau*, § 75 Rdn. 14; BAG (24. 3. 88) AP Nr. 1 zu § 241 BGB; (16. 1. 02) BB 2002, 1108.

Der Urlaubs- bzw. -abgeltungsanspruch geht auch dann unter, wenn der Arbeitnehmer infolge langanhaltender Krankheit gehindert war, seinen Erholungsurlaub während des jeweiligen Kalenderjahres bzw. des gesetzlichen Übertragungszeitraumes zu nehmen[61], es sei denn, der Arbeitgeber hat die krankheitsbedingte Arbeitsunfähigkeit des Arbeitnehmers zu vertreten.[62] In einem solchen Falle kann die Berufung auf den Fristablauf rechtsmissbräuchlich sein. Das wird auch dann zu gelten haben, wenn der Arbeitgeber dem Arbeitnehmer aus betrieblichen Gründen nahegelegt hat, den Erholungsurlaub im ersten Vierteljahr des Folgejahres zu nehmen, der Arbeitnehmer den Urlaub dann wegen einer langanhaltenden Krankheit jedoch nicht mehr antreten kann. Im Übrigen können tarifvertragliche Normen die Übertragbarkeit von Urlaubsansprüchen auf das nächste Kalenderjahr auch außerhalb der Frist des § 7 Abs. 3 Satz 3 BUrlG zulässigerweise vorsehen, wenn der Erholungsurlaub bis dahin wegen krankheitsbedingter Arbeitsunfähigkeit nicht gewährt und genommen werden konnte.[63, 64] Die Bindung des gesetzlichen Urlaubs-

523

---

[61] BAG (13. 5. 82) AP Nr. 4 zu § 7 BUrlG Übertragung = SAE 1983, 78, mit **kritischer** Anm. von *Buchner;* (13.11.86) AP Nr. 26 zu § 13 BUrlG = NZA 1987, 390; (20.4.89) NZA 1989, 763; (24.11.92) NZA 1993, 605; (15.12.95) DB 1996, 1088 = BB 1996, 1560; (16. 9. 97) NZA 1998, 555; (20.1.98) AP Nr. 45 zu § 13 BUrlG; (27. 2. 02) EzA SD Nr. 6/2002, S. 3 = AuA 2002, 181; *Brox/Rüthers,* S. 132 Rdn. 173f.; *Schaub/Linck,* S. 1106 Rdn. 73; Kasseler Handbuch/*Schütz,* 2.4 Rz. 324; *Richardi/Annuß,* S. 124; *U. Preis,* Arbeitsrecht, S. 493; *Kittner/Zwanziger/Litzig,* § 68 Rdn. 223; weitere Nachw. bei *Lepke,* 10. Aufl., S. 488 Fußn. 55 – **anderer Ans.** LAG Frankfurt/M. (29.6.81) – 11 Sa 1204/80 –; LAG Düsseldorf (4. 9. 81) DB 1982, 285 ff.; (15. 9. 94) – 12 Sa 1064/94 – m.w.N.; LAG Hamburg (28. 2. 86) AuR 1987, 147; ArbG Gelsenkirchen (22. 5. 80) DB 1981, 116; *Palme,* BlStSozArbR 1982, 49 (51); *Rummel,* NZA 1986, 383f.; *Streblow,* S. 151; *Gola,* BB 1987, 541; *Däubler,* S. 212.
[62] BAG (13. 5. 82) AP Nr. 4 zu § 7 BUrlG Übertragung; (1.12. 83) AP Nr. 15 zu § 7 BUrlG Abgeltung; LAG Niedersachsen (10.12. 86) BB 1987, 968 = NZA 1987, 427; *Bachmann,* BlStSozArbR 1985, 210f.; *Müller,* Arbeitsrecht, S. 266 Rdn. 743.
[63] Ebenso BAG (20. 8. 96) NZA 1997, 839; (26. 5. 83) AP Nr. 12 zu § 7 BUrlG Abgeltung; (7.11. 85) NZA 1986, 392, 393; (13.11. 86) AP Nr. 26 zu § 13 BUrlG = NZA 1987, 390; (25. 8. 87) NZA 1988, 283; siehe dazu auch BAG (26. 4. 90) NZA 1990, 940; (1. 10. 91) NZA 1992, 419; (16. 3. 99) BB 1999, 2087 = DB 1999, 2167f.; LAG Köln (31. 3. 83) DB 1983, 947f.; (18. 1. 84) DB 1984, 1199; *Natzel,* BUrlG, § 7 Rdn. 145; *Bachmann,* GK-BUrlG, § 7 Rdn. 134; *Leinemann,* NZA 1985, 137 (144); *ders.,* AuR 1987, 197; *Thiele,* DÖD 1986, 57; *Gaul,* Bd. I, S. 475 Rdn. 70; *Widera,* DB 1988, 757f.; *Schäfer, Horst,* S. 87 Rdn. 108; siehe auch LAG Hamburg (21. 5. 84) DB 1984, 2201, falls bei Nichtarbeit die Urlaubsübertragung ausscheidet; LAG Köln (18. 9. 86) BB 1986, 2336: Es genügt, wenn der Arbeitnehmer seinen Urlaubsanspruch bis zum 31. 3. des Folgejahres geltend macht. Nicht erforderlich sei, dass er den Urlaub angetreten oder bis zu diesem Zeitpunkt vollständig genommen habe – **anderer Ans.** LAG Nürnberg (25. 1. 83) – 2 Sa 17/82 – unv.
[64] Zur Frage, ob § 12 Abs. 1 Nr. 10 Manteltarifvertrag für gewerbliche Arbeitnehmer und Angestellte in der chemischen Industrie vom 24. 3. 1979 eine Übertragungsmöglichkeit auf das nächste Urlaubsjahr enthielt, siehe BAG (31.10. 86) AP Nr. 25 zu § 13 BUrlG. Auch nach § 12 I Nr. 11 MTV vom 24. 6. 1992 i.d.F. vom 15. 5. 2000 hat sich die Rechtslage nicht geändert; betreffend § 16 Abs. 1 Nr. 9 Satz 2 MTV für die Arbeitnehmer der Hohlglasindustrie vom 18. 9. 1974 verneinend bei lang anhaltender krankheitsbedingter Arbeitsunfähigkeit: BAG (9. 5. 95) AP Nr. 22 zu § 7 BUrlG Übertragung = NZA 1996, 149f. Nach § 12 Nr. 7 MTV Metallindustrie Nordrhein-Westfalen erlischt der Urlaubsanspruch nicht, wenn er „wegen Krankheit" nicht genommen werden konnte, dazu BAG (20. 8. 96) DB 1997, 830, jedoch keine Gleichstellung von Vorsorge- bzw. Rehabilitationskur mit Krankheit.

anspruches an das jeweilige Kalenderjahr ändert nichts an der Tarifdisposität des § 7 Abs. 3 BUrlG. Tarifvertraglich kann sogar rechtswirksam normiert werden, dass ein Urlaubsanspruch, der wegen Krankheit im Urlaubsjahr und im Übertragungszeitraum nicht erfüllt werden konnte, auch in einem fortbestehenden Arbeitsverhältnis abzugelten ist.[65] Hingegen erweist sich eine einzelvertragliche Urlaubsübertragung über den 31. März hinaus bezüglich des gesetzlichen Urlaubs als unzulässig[66], weil insoweit ein Verstoß gegen das Abgeltungsverbot, §§ 1, 13 Abs. 1 BUrlG vorläge, was ebenso für eine entsprechende Regelung in einer Betriebsvereinbarung angenommen werden muss. Gleiches gilt hinsichtlich einer einzelvertraglichen Abmachung, nach der ein wegen Zeitablaufs am Ende des Jahres erloschener Tarifurlaub im nachfolgenden Jahr in einem bestimmten Zeitabschnitt zu gewähren sei.[67]

524   Nach einer Entscheidung des BAG vom 23.6.1983[68, 69] soll einem wegen Krankheit gekündigten Arbeitnehmer, der seinen Erholungsurlaub ganz oder teilweise noch nicht genommen hat, ein Abgeltungsanspruch dann nicht zustehen, wenn er im Zeitpunkt seines Ausscheidens aus dem Arbeitsverhältnis wegen seiner Erkrankung nicht in der Lage gewesen ist, den Erholungsurlaub anzutreten und seine krankheitsbedingte Arbeitsunfähigkeit fortdauert. Der gesetzliche Urlaubsabgeltungsanspruch setzt als Ersatz für die wegen der Beendigung des Arbeitsverhältnisses nicht mehr mögliche Befreiung von der Arbeitspflicht also voraus, dass der Urlaubsanspruch noch erfüllt werden könnte, wenn das Arbeitsverhältnis weiterbestünde. Da bei dauernder Erkrankung der Urlaubsanspruch im Urlaubsjahr und im Übertragungszeitraum nicht verwirklicht werden kann, soll der Arbeitnehmer beim Ausscheiden aus dem Arbeitsverhältnis nicht besser gestellt werden. In

---

[65] BAG (20.4.89) NZA 1989, 761; (31.5.90) NZA 1990, 942; (24.11.92) NZA 1993, 604; (3.5.94) NZA 1995, 476; (9.8.94) NZA 1995, 240 = SAE 1996, 18 ff., mit zust. Anm. von *Schmitt*; (27.2.02) AuA 2002, 181 = EzA SD Nr. 6/2002, S. 3; Kasseler Handbuch/*Schütz*, 2.4 Rz. 359.
[66] LAG München (17.2.87) NZA 1988, 162; *Berscheid*, HzA, Gruppe 4 Rdn. 421f. – **anderer Ans.** *Widera*, DB 1988, 758; *Bachmann*, GK-BUrlG, § 7 Rdn. 138 m.w.N.; Hess. LAG (8.5.95) NZA-RR 1996, 83.
[67] BAG (25.8.87) AP Nr. 36 zu § 7 BUrlG Abgeltung = NZA 1988, 283.
[68] AP Nr. 14 zu § 7 BUrlG Abgeltung; (26.5.92) NZA 1993, 29; (3.5.94) NZA 1995, 72; (9.8.94) NZA 1995, 230; (5.12.95) BB 1996, 804; (27.5.97) AP Nr. 74 zu § 7 BUrlG Abgeltung = NZA 1998, 106; (20.1.98) AP Nr. 45 zu § 13 BUrlG; (9.11.99) DB 2000, 523; LAG Hamm (4.10.83) BB 1984, 784; LAG Schleswig-Holst. (9.4.84) BB 1985, 734; ArbG Stade (26.8.85) BB 1985, 2113; *Färber*, DB 1984, 1829; *Gaul*, Bd. I, S. 481 Rdn. 85, S. 483 Rdn. 90; *Künzl*, BB 1987, 688; *Schaub/Linck*, S. 1115 Rdn. 105; *Brox/Rüthers*, S. 132 Rdn. 173g; Kasseler Handbuch/*Schütz*, 2.4 Rz. 413 – **anderer Ans.** LAG Düsseldorf (22.2.84) NZA 1984, 258; (15.9.94) – 12 Sa 1064/94 – m.w.N.; LAG Frankfurt/M. DB 1985, 2107; LAG Niedersachsen (27.5.87) BB 1987, 2444 = LAGE Nr. 18 zu § 7 BUrlG; ArbG Siegen (14.10.83) AuR 1984, 285; ArbG Iserlohn, BB 1984, 2065; *Rummel*, NZA 1986, 384; *Kothe*, BB 1984, 609 (610f.); *Bachmann*, GK-BUrlG, 4. Aufl. 1984, § 7 Rdn. 142; *Streblow*, S. 169ff.; *Birk*, Anm. zu BAG SAE 1986, 168; *Schäfer*, NZA 1993, 207f.; *Däubler*, S. 228 Rdn. 328.
[69] Ähnlich schon *Nikisch*, S. 540; *Kammann*, Anm. zu BAG SAE 1963, 145 (146); *Kraft*, Anm. zu BAG SAE 1967, 129 (130); *Lieb*, Anm. zu BAG SAE 1969, 129.

späteren Urteilen hat das BAG[70] seine Ansicht dahingehend modifiziert, dass dem Arbeitnehmer, der bis zur Beendigung des Arbeitsverhältnisses arbeitsunfähig krank gewesen sei und deshalb seinen Urlaub nicht habe nehmen können, ein Urlaubsabgeltungsanspruch dann jedoch zustehe, wenn nach seinem Ausscheiden aus dem Arbeitsverhältnis seine Arbeitsunfähigkeit im Urlaubsjahr ende, für das der Urlaubsanspruch entstanden sei. Deshalb komme es für den Abgeltungsanspruch nicht darauf an, ob der Arbeitnehmer vor dem Ablauf der Kündigungsfrist oder am Tage seines Ausscheidens aus dem Arbeitsverhältnis noch arbeitsunfähig krank, sondern allein darauf, ob er weiter dauernd krank sei, und zwar bis zum Ablauf des Urlaubsjahres und des gesetzlichen Übertragungszeitraumes. Dem beim Ausscheiden aus dem Arbeitsverhältnis arbeitsunfähig kranken Arbeitnehmer stehe folglich ein Abgeltungsanspruch nur dann zu, wenn er im Laufe des Urlaubsjahres oder bis zum 31. März des Folgejahres wieder arbeitsfähig werde. Die Darlegungs- und Beweislast für die Arbeitsfähigkeit und damit die Erfüllbarkeit des Abgeltungsanspruches trage im Allgemeinen der Arbeitnehmer.[71] Allerdings mussten Missverständnisse entstehen, wenn der 6. Senat des BAG[70] einen Abgeltungsanspruch verneint hat, falls der Arbeitnehmer nach dauernder Arbeitsunfähigkeit aus dem Arbeitsverhältnis ausscheidet, ohne die Arbeitsfähigkeit wiedererlangt zu haben, er „erwerbsunfähig" bleibe. Offenbar verwendete der Senat den Begriff der Erwerbsunfähigkeit, den der Gesetzgeber in § 1247 Abs. 2 Satz 1 RVO (§ 24 Abs. 2 Satz 1 AVG) § 44 Abs. 2 SGB VI definiert hatte[72], als einen Unterfall der Arbeitsunfähigkeit, was eher Verwirrung gestiftet hat als der Klarstellung diente.[73] Eine Erkrankung, die zur Arbeitsunfähigkeit führt, ist mit dem rentenversicherungsrechtlichen Begriff der Erwerbsunfähigkeit – jetzt der der vollen Erwerbsminderung, § 43 Abs. 2 SGB VI, – nicht identisch.[74] So vertrat der seinerzeit für das Urlaubsrecht zuständige 8. Senat des BAG die Auffassung[75], Erwerbsunfähigkeit schließe nicht ohne weiteres aus, dass der Arbeitnehmer, hätte das Arbeitsverhältnis fortbestan-

---

[70] (28. 6. 84) NZA 1985, 186; (7. 11. 85) NZA 1986, 393; (29. 10. 98) NZA 1999, 377; LAG Düsseldorf DB 1984, 2100; zust. KR-M. *Wolf,* 3. Aufl., Grunds. Rdn. 499; *Kittner/Däubler/Zwanziger,* KSchR, Einl. Rdn. 784 – **anderer Ans.** *Klischan/Schlebusch,* DB 1986, 1017 (1022); *Wandt,* Anm. zu BAG SAE 1986, 266 f.; *Berscheid,* HzA, Gruppe 4 Rdn. 457–460; dazu auch *Däubler,* S. 228 Rdn. 328.

[71] BAG (27. 5. 97) NZA 1998, 106; (20. 1. 98) AP Nr. 45 zu § 13 BUrlG.

[72] Dazu *Bley/Kreikebohm/Marschner,* S: 188 ff. Rdn. 537 ff.; zur Abgrenzung der Begriffe Erwerbs- und Arbeitsunfähigkeit siehe auch LAG Berlin (20. 1. 86) LAGE Nr. 5 zu § 63 HGB; Kasseler Komm-*Niesel,* SGB V, § 44 Rdn. 22; *Meisel,* S. 303 Rdn. 483; *Gruber,* S. 54.

[73] Zutreffend ArbG Stade BB 1985, 2114 = ARSt 1986, S. 140 Nr. 94; siehe auch *Schaub/Linck,* S. 1115 Rdn. 105.

[74] So jetzt auch BAG (7. 6. 90) NZA 1990, 943; (3. 12. 98) BB 1999, 690; *Schmitt,* EFZG, § 3 Rdn. 56; *Staudinger/Oetker,* BGB, § 616 Rdn. 214; *Vossen,* S. 38 Rdn. 93; ErfK/*Dörner,* § 3 EZFG Rdn. 18; Hako-*Gallner,* § 1 Rdn. 478 – **anders wohl** *Geyer/Knorr/Krasney,* EFZG, § 3 Rdn. 53.

[75] (14. 5. 86) NZA 1986, 834 = AP Nr. 26 zu § 7 BUrlG Abgeltung = SAE 1987, 75 ff., mit zust. Anm. von *Oetker;* siehe auch BAG (10. 2. 87) DB 1987, 1693; (26. 5. 88) NZA 1989, 362; (31. 5. 90) NZA 1990, 942; zust. LAG Rheinland-Pfalz (28. 11. 97) BB 1998, 1953 – **anders** noch BAG (28. 6. 84) NZA 1985, 156; (17. 1. 85) AP Nr. 20 zu § 7 BUrlG Abgeltung.

den, in der Lage gewesen wäre, eine vertraglich geschuldete Arbeitsleistung zu erbringen. Aus dem Bezug einer Rente wegen Erwerbsunfähigkeit kann jedenfalls noch nicht auf das Vorliegen einer bis zum Ende des Übertragungszeitraumes fortdauernden Arbeitsunfähigkeit geschlossen werden.[76] Insoweit verdient das genannte Urteil des BAG Zustimmung.

525 Der Abgeltungsanspruch nach § 51 Abs. 1 BAT a.F. hing jedenfalls nicht davon ab, dass der Arbeitnehmer beim Ausscheiden aus dem Arbeitsverhältnis arbeitsfähig war[77], weil insoweit – ähnlich wie nach anderen inhaltsgleichen Tarifnormen[78] – eine von § 7 Abs. 4 BUrlG abweichende tarifvertragliche Regelung zugunsten des Arbeitnehmers vorlag. Nach § 1 Nr. 10 des 55. Änderungstarifvertrages zum BAT vom 9.1.1987 ist jedoch mit Wirkung vom 1.1.1987 die Formulierung in § 51 Abs. 1 BAT „oder wenn der Urlaub wegen Arbeitsunfähigkeit bis zur Beendigung des Arbeitsverhältnisses nicht mehr genommen werden kann" ersatzlos gestrichen worden. Folglich entfällt eine Abgeltung in derartigen Fällen nunmehr.[79] Nach § 13 Abs. 1 BUrlG sind die Tarifvertragsparteien freilich nicht gehindert, Urlaubsabgeltungsregelungen rechtswirksam zu treffen, denen zufolge nach der Beendigung eines Arbeitsverhältnisses einem Arbeitnehmer bisher nicht gewährter Erholungsurlaub unabhängig vom Bestehen seiner Arbeitsfähigkeit abzugelten ist.[80] Ein solcher abweichender Regelungswille muss im Wortlaut des betreffenden Tarifvertrages aber eindeutig zum Ausdruck gebracht worden sein.[81]

---

[76] Im Einzelnen dazu *Oetker*, Anm. zu BAG SAE 1987, 79; BAG (8.2.94) NZA 1994, 853 = AP Nr. 17 zu § 47 BAT; siehe auch *Schmitt*, EFZG, § 3 Rdn. 52 ; Kasseler Handbuch/*Schütz*, 2.4 Rz. 415 – **anderer Ans.** *Künzl*, BB 1987, 688, der meint, bei bestehender Erwerbsunfähigkeit liege immer Arbeitsunfähigkeit vor; wohl auch *Geyer/Knorr/Krasney*, EFZG, § 3 Rdn. 53: bei dauernder Erwerbsunfähigkeit. Allerdings setzt der Bezug einer Erwerbsunfähigkeitsrente nach § 44 SGB V eine noch weitergehende Einschränkung der Erwerbsfähigkeit als beim Bezug einer Berufsunfähigkeitsrente voraus. Das Leistungsvermögen des Erwerbsunfähigen muss in einem Maße gesunken sein, das auf absehbare Zeit eine Arbeitsleistung von nennenswertem wirtschaftlichen Wert nicht mehr zulässt, vgl. etwa LAG Hamm (11.7.96) ARSt 1997, S. 69.

[77] BAG (8.3.84) NZA 1984, 195; siehe auch ArbG Iserlohn BB 1984, 2065, betreffend eine tarifvertragliche Regelung in der Metallindustrie, falls der Arbeitnehmer wegen des Erwerbs einer gesetzlichen Rente aus dem Betrieb ausscheidet.

[78] Vgl. LAG Schleswig-Holst. (18.1.89) DB 1989, 1930; BAG (22.6.89) NZA 1990, 239: § 33 Nr. 7c TVAL-II; LAG Köln (15.8.90) BB 1991, 350; § 9 Abs. 1 Buchst. b Urlaubs-TV Bühnen vom 13.5.1975 i.d.F. vom 1.2.2001: Berufs- oder Erwerbsunfähigkeit bzw. Berufswechsel.

[79] Ebenso BAG (15.8.89) NZA 1990, 139; (22.10.91) NZA 1992, 2092; 1993, 28; (8.2.94) NZA 1994, 853; *Uttlinger/Breier/Kiefer/Hoffmann/Dassau*, BAT, § 51 Erl. 2; *Crisolli/Tiedtke/Ramdohr*, BAT, § 51 Erl. zu Abs. 1 Rdn. 2; *Böhm/Spiertz/Sponer/Steinherr*, BAT, § 51 Rdn. 23ff.; zur Abgeltung bei befristeten Arbeitsverträgen siehe einerseits LAG Berlin (9.1.89) ZTR 1989, 485, und andererseits LAG Berlin (22.8.89) ZTR 1989, 487; BAG (18.10.90) AP Nr. 56 zu § 7 BUrlG Abgeltung = NZA 1991, 466.

[80] BAG (26.5.92) NZA 1993, 29; (9.8.94) BB 1995, 49 = NZA 1995, 230f.; (27.5.97) NZA 1998, 106; (9.11.99) DB 2000, 523 f. = BB 2000, 671.

[81] BAG (9.11.99) DB 2000, 524.

Auch die neuere Rechtsprechung des BAG zum Verlust des Urlaubsabgeltungs- 526
anspruches, wenn der Arbeitnehmer im Zeitpunkt seines Ausscheidens aus dem
Arbeitsverhältnis dauernd arbeitsunfähig ist, erweist sich für die betriebliche Praxis
und für die Rechtsanwendung durch die Instanzgerichte als nur schwer handhabbar. Diese höchstrichterliche Rechtsprechung ist „ein Produkt schlechter – weil
wertinkonsistenter – Dogmatik"[82] und kann „nicht als überzeugende Jurisprudenz
gelten".[82] Noch schwerwiegender sind die rechtsdogmatischen Einwendungen
gegen diese Rechtsprechung.[83] Wenn der Urlaubsanspruch nicht von tatsächlich
erbrachten Arbeitsleistungen abhängig sein soll, dann stellt es einen Wertungswiderspruch dar, wenn der Urlaubsabgeltungsanspruch als Surrogat des Urlaubsanspruches von der Urlaubsfähigkeit des Arbeitnehmers beim Ausscheiden aus dem
Arbeitsverhältnis abhängig gemacht wird. Die Urlaubsabgeltung als reiner Geldanspruch soll es dem Arbeitnehmer ermöglichen, sich entsprechende Freizeit zu verschaffen, ohne freilich verpflichtet zu sein, davon auch Gebrauch zu machen. Weder nach dem Wortlaut noch nach dem Sinn und Zweck des § 7 Abs. 4 BUrlG muss
der Arbeitnehmer in der Lage sein, den „Urlaubsanspruch" zu realisieren.

IV. Rückzahlung sog. freiwilliger Leistungen des Arbeitgebers

Vielfach gewährt der Arbeitgeber dem Arbeitnehmer Leistungen, auf die er nicht 527
notwendigerweise einen Rechtsanspruch hat. Dazu gehören etwa Weihnachtsgratifikationen, Jahresabschlussvergütungen, Gewinnbeteiligungen oder Treueprämien.
Durch solche Zahlungen wird im Allgemeinen der Zweck[1] verfolgt, dem Arbeitnehmer auf diese Weise für die in der zurückliegenden Zeit erbrachten Arbeitsleistungen Dank zu sagen und ihn darüber hinaus zu motivieren, auch in Zukunft die
beiderseitigen arbeitsvertraglichen Beziehungen aufrechtzuerhalten und entsprechende Leistungen zu erbringen. Um ein vorzeitiges Ausscheiden des Arbeitnehmers zu verhindern oder wenigstens zu erschweren, werden solche Zahlungen häufig mit Rückzahlungsklauseln etwa des Inhalts verbunden, dass der Arbeitnehmer,
falls er innerhalb eines bestimmten Zeitraumes[2] aus dem Arbeitsverhältnis ausscheidet, den fraglichen Betrag ganz oder teilweise zurückzahlen müsse.

Ob solche Klauseln im Zusammenhang mit Kündigungen wegen krankheitsbedingter Fehlzeiten zulässig sind, erscheint problematisch. Grundsätzlich wird man
sagen müssen, dass bei Kündigungen, seien es solche des Arbeitgebers oder des Arbeitnehmers, die vor dem Ablauf einer vereinbarten Zeitklausel wegen krankheitsbedingter Fehlzeiten oder gar wegen Berufs- oder Erwerbsunfähigkeit erklärt wer-

---

[82] So zu Recht *Birk,* Anm. zu BAG SAE 1986, 168; **ablehnend** auch *Klischan/Schlebusch,* DB 1986, 1017 (1022).
[83] Insbesondere *Birk,* Anm. zu BAG SAE 1986, 169.
[1] Dazu insbesondere *B. Gaul,* BB 1994, 494 ff.; *Schaub,* S. 693 Rdn. 1–3; *Beckers,* NZA 1997, 134 ff.; *Weinrich/Weinrich,* S. 18; Kasseler Handbuch/*Lipke,* 2.3 Rz. 7–12.
[2] Zur zeitlich zulässigen Begrenzung siehe insbesondere *Blomeyer/Buchner,* S. 27 ff., mit Rechtsprechungsnachweisen; *Schaub/Linck,* S. 707 f. Rdn. 46–47; *Henssler,* Anm. zu BAG EzA Nrn. 84 und 85 zu § 611 BGB Gratifikation, Prämie, S. 11, 13; *B. Gaul,* BB 1994, 572.

den, eine Rückzahlungspflicht trotz entsprechender Vereinbarungen nicht besteht.³ Die zur Kündigung führenden Gründe liegen nämlich in aller Regel außerhalb der beherrschbaren Einflusssphäre des Arbeitnehmers. Die Erstattungspflicht muss dem Arbeitnehmer nach Treu und Glauben, § 242 BGB, zumutbar sein. Das ist nicht der Fall, wenn es der Arbeitnehmer nicht in der Hand hat, der Rückzahlungspflicht durch eigene Betriebstreue zu entgehen. Ähnliche Gesichtspunkte lagen auch der zu billigenden Auffassung⁴ zugrunde, dass die Berufung auf Rückzahlungsklauseln im Falle betriebsbedingter Entlassungen widersprüchlich und rechtsmissbräuchlich, §§ 162, 242 BGB, sei. Fehlt es gar an einer abschließenden Kürzungs- oder Wegfallvereinbarung, führt eine betriebsbedingte Kündigung erst recht nicht zum Wegfall der Sonderzuwendung.⁵ Allerdings wird neuerdings angenommen, durch Tarifverträge⁶, Betriebsvereinbarungen⁷ oder einzelvertragliche Regelungen⁸ könnten auch bei einer betriebsbedingten Kündigung rechtswirksam entsprechende Rückzahlungsklauseln vereinbart werden, was aus den oben genannten Gründen nicht unbedenklich erscheint. Freilich wird es auch insoweit auf den Zweck der Sonderleistung ankommen.⁹ Wird die Leistung allein von der Dauer der Betriebszugehörigkeit abhängig gemacht, ist eine entsprechende Rückzahlungsregelung im Zweifel dahin auszulegen, dass eine Rückzahlung nicht erfolgen solle. Konsequenterweise dürfte dann für eine personenbedingte Kündigung dasselbe gelten. Anders verhält es sich dagegen beim Vorliegen einer entsprechenden Rückzahlungsklausel im Falle der vorzeitigen Kündigung einer Arbeitnehmerin zum Ende der Mutterschutzfrist gemäß § 10 Abs. 1 MuSchG¹⁰ bzw. § 19 BErzGG. Die Verpflichtungen des Arbeitgebers gegenüber einer schwangeren Arbeitnehmerin erschöpfen sich in den im MuSchG bzw. BErzGG vorgesehenen Regelungen.

---

3 Ebenso *Blomeyer/Buchner*, S. 98; LAG Hamm (20.7.72) ARSt 1975, S. 30 Nr. 1031; ArbG Herne (22.6.82) ARSt 1983, S. 5 Nr. 5; wohl auch *Feichtinger*, S. 191; siehe auch *Däubler*, S. 505, Rdn. 903; *Kittner/Däubler/Zwanziger*, KSchR, Einl. Rdn. 797; *Hummel*, S. 138 – **anderer Ans.** *Peter*, BlStSozArbR 1979, 81 (85).
4 Vgl. BAG (13.9.74), (26.6.75) AP Nrn. 84 und 86 zu § 611 BGB Gratifikation; (27.10.78) AP Nrn. 96 und 98 zu § 611 BGB Gratifikation; *Reichold*, DB 1988, 498; MünchArbR/*Hanau*, § 69 Rdn. 54; *Kittner/Däubler/Zwanziger*, KSchR, Einl. Rdn. 796; Kasseler Handbuch/*Lipke*, 2.3 Rz. 285; ArbG Frankfurt/M. (31.3.99) NZA-RR 2000, 22; siehe neuerdings BAG (6.5.98) AP Nr. 28 zu § 611 BGB Ausbildungsbeihilfe, mit Anm. von *Becker-Schaffner*.
5 Siehe BAG (25.4.91) NZA 1991, 763 = AP Nr. 137 zu § 611 BGB Gratifikation; *B. Gaul*, BB 1994, 567; MünchArbR/*Hanau*, § 69 Rdn. 25 ff., 69.
6 BAG (4.9.85) AP Nr. 123 zu § 611 BGB Gratifikation; Kasseler Handbuch/*Lipke*, 2.3 Rz. 192–193, 284.
7 BAG (25.4.91) AP Nr. 138 zu § 611 BGB Gratifikation = EWiR 1991, S. 1179, mit **ablehnender** Anm. von *Plander*; siehe auch *Knevels/Wagner*, S. 38 ff.; Kasseler Handbuch/*Lipke*, 2.3 Rz. 194, 284; *Weinrich/Weinrich*, S. 50 ff.
8 BAG (19.11.92) NZA 1993, 353; (25.4.91) BB 1991, 911; *Reiserer*, NZA 1992, 436 (440); *Knevels/Wagner*, S. 63; Kasseler Handbuch/*Lipke*, 2.3 Rz. 196, 284; *Weinrich/Weinrich*, S. 91.
9 Dazu auch BAG (24.3.93) AP Nr. 152 zu § 611 BGB Gratifikation = NZA 1993, 1043; *Beckers*, NZA 1997, 134f.
10 So auch BAG (17.7.69) AP Nr. 67 zu § 611 BGB Gratifikation; LAG Hamm (9.7.76) DB 1976, 1918 – **anderer Ans.** LAG Baden-Württ./Stuttgart (14.9.67) ARSt 1968, S. 87 Nr. 98.

Ein Anhalt dafür, dass eine Kündigung nach § 10 MuSchG oder § 19 BErzGG allgemein zu einer gesonderten rechtlichen Beurteilung zwingt, kann weder den betreffenden Normen noch dem Zweck der gesetzlichen Bestimmung entnommen werden.

Nur andeutungsweise sei auf die Frage hingewiesen, ob bei der Gewährung sog. freiwilliger Leistungen des Arbeitgebers, insbesondere bei laufend gezahlten Anwesenheitsprämien[11] krankheitsbedingte Fehlzeiten anspruchsmindernd berücksichtigt werden dürfen.[12] Die damit im Zusammenhang stehenden Probleme waren höchst umstritten.[13] Abgesehen davon wird von den meisten Betriebspraktikern der Einsatz von Anwesenheitsprämien zur Bekämpfung überhöhter krankheitsbedingter Fehlzeiten mangels Effektivität negativ beurteilt.[14]

528

Die Berücksichtigung derartiger Fehlzeiten kraft ausdrücklicher Vereinbarung oder Auslegung der Abrede, §§ 133, 157 BGB, wurde allgemein als gerechtfertigt angesehen, es sei denn, die Sonderzahlung hatte ganz oder überwiegend[15] Entgeltcharakter, wobei es sich im Zweifel um eine Sonderzahlung mit reinem Entgeltcharakter[16], um eine arbeitsleistungsbezogene Zuwendung[17] handelte, sofern in der Zusage keine besonderen Anspruchsvoraussetzungen genannt worden seien. In einem solchen Falle verstoße die Nichtgewährung gegen den Grundsatz der Unabdingbarkeit des Entgeltfortzahlungsanspruches, § 12 EFZG.[18] Für eine jährlich oder im Mehrmonatsrhythmus gezahlte Anwesenheitsprämie oder sonstige gleich-

---

[11] Zum Begriff etwa BAG (25.7.01) BB 2001, 2587 = DB 2001, 2608; *B. Gaul*, BB 1994, 495 m.N.; *Kaiser/Dunkl/Hold/Kleinsorge*, EFZG, § 4 Rdn. 19; *Geyer/Knorr/Krasney*, EFZG, § 4 Rdn. 15; *Weinrich/Weinrich*, S. 52; *Adam*, ZTR 1998, 438; auch *Derr*, S. 109f., der deren fehlzeitensenkende Wirkung bezweifelt; *Schaub*, 9. Aufl., S. 667 Rdn. 1: sozialpolitisch bedenklich.

[12] Zum Mitbestimmungsrecht des Betriebsrates bei der Gewährung fehlzeitenorientierter Sonderleistungen siehe *B. Gaul*, DB 1994, 1137ff.; *Däubler/Kittner/Klebe*, BetrVG, § 87 Rdn. 242, 243; *Weinrich/Weinrich*, S. 100f.; Kasseler Handbuch/*Lipke*, 2.3 Rz. 329, *Fitting/Kaiser/Heither/Engels/Schmidt*, BetrVG, § 87 Rdn. 430.

[13] Dazu *Hanau/Vossen*, DB 1992, 213ff.; *Knevels/Wagner*, S. 41ff.; *B. Gaul*, BB 1994, 494ff.; *Lipke,/Vogt/Steinmeyer*, S. 90ff. Rdn. 137ff.; *Weinrich/Weinrich*, S. 65.

[14] Vgl. etwa Arbeitsberichte 17 der BDA (1997), S. 8.

[15] Siehe *B. Gaul*, BB 1994, 570; *Schaub*, S. 694 Rdn. 9; *Geyer/Knorr/Krasney*, EFZG, § 4 Rdn. 15; ArbG Oldenburg (16.7.97) NZA-RR 1998, 110, betreffend die Kürzung einer Weihnachtsgratifikation.

[16] Ebenso BAG (8.11.78) AP Nr. 100 zu § 611 BGB Gratifikation; (6.9.90) NZA 1991, 316; *Dörner*, RdA 1993, 28; *Sowka*, NZA 1993, 783; *Schwarz*, NZA 1996, 573; wohl auch *B. Gaul*, BB 1994, 497f., 574.

[17] BAG (16.3.94) AP Nr. 162 zu § 611 BGB Gratifikation = NZA 1994, 747; (19.4.95) AP Nr. 173 zu § 611 BGB Gratifikation = NZA 1995, 1098; dazu auch *B. Gaul*, BB 1994, 496; *Schwarz*, NZA 1996, 573.

[18] Ebenso BAG (30.4.70), (29.1.71) AP Nrn. 1 und 2 zu § 611 BGB Anwesenheitsprämie; (7.6.72) AP Nr. 73 zu § 611 BGB Gratifikation, anders aber, wenn der Arbeitnehmer die Fehlzeiten nicht unverzüglich dem Arbeitgeber angezeigt hat; (25.1.84) NZA 1984, 323; LAG Bremen (10.10.80) BB 1981, 51f.; LAG Düsseldorf (18.8.80) AuR 1981, 249; LAG Köln (21.10.81) *Sabel*, EEK I/40; *Hanau/Vossen*, DB 1992, 216; *Schaub*, S. 713 Rdn. 6; *Bauer/Röder/Lingemann*, S. 55 – **anderer Ans.** LAG Berlin (28.8.91) NZA 1992, 220 = DB 1992, 280; *Dörner*, RdA 1993, 26; *Sowka*, NZA 1993, 783; *Schwarz*, NZA 1996, 574f.; **kritisch** auch *von Hoyningen-Huene*, BB 1992, 2143.

artige Leistung konnte im Grundsatz nichts anderes gelten.[19] Es konnte nicht darauf ankommen, ob die Leistung wöchentlich, monatlich[20] oder aufgespart zum Jahresende fällig wurde und zur Auszahlung kam, wenn und soweit der Arbeitgeber mit der Zuwendung ganz oder überwiegend die Arbeitsleistung vergütete. Der Schutzzweck des EFZG würde unterlaufen werden, wenn der erkrankte Arbeitnehmer wegen seiner Krankheit finanzielle Einbußen hinnehmen müsste. Demgegenüber meinte das BAG in einer Entscheidung vom 15. 6. 1990[21], dass eine vertragliche Vereinbarung, nach der eine vom Arbeitgeber freiwillig gewährte Jahresleistung durch krankheitsbedingte Fehltage gemindert werden könne, nicht rechtsunwirksam sei. Eine solche Vereinbarung unterliege lediglich der richterlichen Inhaltskontrolle nach § 315 Abs. 1 BGB. Sie wahre im Regelfall die Interessen der Vertragsparteien, wenn die Kürzungsrate 1/60 der versprochenen Gratifikation nicht übersteige. Kleingratifikationen dürften im Allgemeinen aber nicht gekürzt werden. In diesem Zusammenhang hat vor allem *Hanau*[22] zu Recht darauf hingewiesen, dass die überproportionale Kürzung einer solchen Jahresleistung jedenfalls eine Benachteiligung des Arbeitnehmers wegen der Geltendmachung eines Rechts, § 612a BGB, darstelle. Das BAG[23] vertrat sogar die Ansicht, die Regelung in einer Betriebsvereinbarung, die eine Kürzung des 13. Monatseinkommens, einer zusätzlichen Entgeltleistung für krankheitsbedingte Fehlzeiten vorsehe, sei zulässig. Die Kürzung einer solchen Sonderzahlung um eine halbe bis zu zwei Stunden je Fehltag liege im Beurteilungsspielraum der Betriebspartner. Eine Regelung, nach der erst 88 Fehltage zum gänzlichen Wegfall des Anspruches auf das 13. Monatseinkommen führe, lasse eine unvertretbare Wertung der Interessenlage nicht erkennen.

529 Die neuere Rechtsprechung des BAG zur Kürzung von Sonderleistungen wegen krankheitsbedingter Fehlzeiten hat der Gesetzgeber im Wesentlichen nunmehr in

---

[19] So noch BAG (19.5.82) AP Nr. 12 zu § 611 BGB Anwesenheitsprämie; ebenso LAG Düsseldorf (23.7.80) BB 1980, 1857; LAG Bremen (10.10.80) DB 1980, 2530 = BB 1981, 52; LAG Hamm (17.12.80) DB 1981, 849; LAG Berlin (2.4.80) ARSt 1981, S. 9 Nr. 9; LAG Düsseldorf/Köln (21.10.81) DB 1982, 1279; *Blanke/Diederich*, AuR 1991, 321 (327); *Hanau/Vossen*, DB 1992, 218; zur Beschränkung auf proportionale Kürzungen siehe *Buchner*, in: FS für Hilger und Stumpf, S. 61 (72 ff.); *B. Gaul*, BB 1994, 496 – **anderer Ans.** *Meisel*, Anm. zu BAG SAE 1983, 181; *Hunold*, DB 1984, Beilage Nr. 5 zu Heft 7, S. 8; *Lipke/Vogt/Steinmeyer*, S. 40 Rdn. 18, S. 90 ff. Rdn. 137 ff.; *Vossen*, S. 217 Rdn. 537; *Tschöpe/Schmalenberg*, Teil 2 A, Rz. 528.
[20] Insoweit zutreffend *Lipke/Vogt/Steinmeyer*, S. 40 Rdn. 18, betreffend eine alle 2 Monate gezahlte Prämie; Kasseler Handbuch/*Lipke*, 2.3 Rz. 23; *Adam*, ZTR 1998, 438 – **anders** LAG Berlin (28.8.91) DB 1992, 280.
[21] DB 1990, 1416 = AP Nr. 15 zu § 611 BGB Anwesenheitsprämie = SAE 1991, 267 ff., mit im Ergebnis zust. Anm. von *Heise* = EzA Nr. 90 zu § 611 BGB Gratifikation, Prämie, mit zust. Anm. von *Henssler*; *Schaub*, S. 712 Rdn. 5; *Schwarz*, NZA 1996, 575; *Bauer/Röder/Lingemann*, S. 56; siehe auch *Schmitt*, EFZG, § 4a Rdn. 2; MünchArbR/*Hanau*, § 69 Rdn. 15 ff.; *von Hoyningen-Huene*, BB 1992, 2143; *Knevels/Wagner*, S. 43; *Lipke,/Vogt/Steinmeyer*, S. 93 Rdn. 142; zust. BAG (26.10.94) BB 1995, 312 = DB 1995, 830 = SAE 1995, 316, mit überwiegend in der Begründung zust. Anm. von *Meisel;* BAG (19.4.95) NZA 1996, 133; *Edenfeld*, DB 1997, 2275.
[22] MünchArbR, § 69 Rdn. 22; zust. *U. Preis*, Grundlagen der Vertragsgestaltung, S. 175 – **anders** *B. Gaul*, AuA 1994, 309 (311); *Schiefer*, NZA 1993, 1021.
[23] (6.12.95) AP Nr. 186 zu § 611 BGB Gratifikation = NZA 1996, 531.

§ 4a EFZG für geltendes Recht erklärt.[24] Nach dieser Norm sind Vereinbarungen, seien es Tarifverträge, Betriebsvereinbarungen[25] oder einzelvertragliche Abreden[26], über die Kürzung von Leistungen, die der Arbeitgeber zusätzlich zum laufenden Arbeitsentgelt erbringt (Sondervergütungen), zu denen in der Regel auch quartalsweise gezahlte Anwesenheitsprämien gehören[27], auch für Zeiten der Arbeitsunfähigkeit infolge Krankheit zulässig, und zwar auch dann, wenn sie auf einem Arbeitsunfall beruhen.[25] Die Kürzung darf für jeden Tag der krankheitsbedingten Arbeitsunfähigkeit aber nicht ein Viertel des Arbeitsentgelts überschreiten, das im Jahresdurchschnitt anfällt. Die Grenze nach § 4a Satz 2 EFZG gilt auch, wenn ein Arbeitgeber die Sondervergütung freiwillig und ohne Bindung für die Zukunft zählt.[28] Gewährt der Arbeitgeber eine quartalsbezogene Anwesenheitsprämie nur dann, wenn in diesem Zeitraum kein krankheitsbedingter Fehltag liegt, enthält eine solche Zusage die Kürzung einer Sondervergütung im Sinne von § 4a EFZG.[29] Gekürzt werden kann aber nur für die Zukunft. Von § 4a EFZG werden aber nur Einmalzahlungen, nicht hingegen laufende Zusatzzahlungen zum Arbeitsentgelt erfasst.[30]

War jedoch der Arbeitnehmer dauernd arbeitsunfähig krank, steht ihm im Zweifel mangels einer eindeutigen Vereinbarung, sei sie einzel-, tarifvertraglicher[31] oder betrieblicher[32] Art, ein Anspruch auf betriebliche Sonderzahlungen nicht zu.[33, 34] In solchen Fällen wird dem Verlangen des Arbeitnehmers in der Regel der

530

---

[24] im Einzelnen dazu etwa *Schmitt*, EFZG, § 4a Rdn. 3, 12 ff.; Kasseler Handbuch/*Lipke*, 2.3 Rz. 210; *Weinrich/Weinrich*, S. 68; *Geyer/Knorr/Krasney*, EFZG, § 4a Rdn. 10 ff.; *Adam*, ZTR 1998, 440; ErfK/*Dörner*, § 4a EFZG Rdn. 4; *Schaub/Linck*, S. 713 Rdn. 6.
[25] BAG (15.12.99) BB 2000, 1144 = DB 2000, 1181; LAG Düsseldorf (18.3.98) BB 1999, 59; *Geyer/Knorr/Krasney*; EFZG, § 4a Rdn. 5
[26] Siehe nur *Bauer/Lingemann*, BB 1996, Beilage Nr. 17, S. 14; *Müller/Berenz*, EFZG, § 4a Rdn. 2; *Kaiser/Dunkl/Hold/Kleinsorge*, EFZG, § 4a Rdn. 7; BAG BB 2000, 1145.
[27] BAG (25.7.01) DB 2001, 2608; LAG Düsseldorf (29.6.00) BB 2000, 2316.
[28] BAG (7.8.02) BB 2002, 2288, 2552 mit Anm. von *Windt/Kinner* = DB 2002, 2384.
[29] BAG DB 2001, 2608.
[30] So auch *Schmitt*, EFZG, § 4a Rdn. 13; *Kaiser/Dunkl/Hold/Kleinsorge*, EFZG, § 4a Rdn. 8, 10; *Müller/Berenz*, EFZG, § 4b Rdn. 2; ErfK/*Dörner*, § 4a Rdn. 10–11; *Feichtinger*, ArbR-Blattei, Krankheit III Rdn. 382–383; BAG DB 2001, 2608 – **anderer Ans.** *Adam*, ZTR 1998, 438; *Wedde/Gerntke/Kunz/Platow*, EFZG, § 4b Rdn. 10; *Worzalla/Süllwald*, EFZG, § 4b (alt) Rdn. 2.
[31] Vgl. insbesondere BAG (23.8.90) NZA 1991, 69; (10.1.91) NZA 1991, 689; (5.8.92) NZA 1993, 132; (17.2.93) NZA 1993, 464; (24.3.93) NZA 1993, 1042; *Klischan*, NZA 1985, 653 (655); *Lipke/Vogt/Steinmeyer*, S. 91 f. Rdn. 139 ff.
[32] Dazu nur *B. Gaul*, AuA 1994, 309 ff.
[33] BAG (8.3.78), (7.9.89) AP Nrn. 95 und 129 zu § 611 BGB Gratifikation; LAG Hamm (5.7.78) DB 1978, 1600 – **anderer Ans.** ArbG Karlsruhe (20.3.75) BB 1976, 185; BAG (11.10.95) DB 1996, 1041 = NZA 1996, 542, betreffend § 2 Abs. 1 des Tarifvertrages über Sonderzahlungen in der niedersächsischen Metallindustrie vom 27.5.1992.
[34] Zur Frage, ob sich mutterschafts- und elternzeitbedingte Fehlzeiten gratifikationsmindernd auswirken, siehe EuGH (21.10.99) NZA 1999, 1325; BAG (25.11.98) NZA 1999, 766; BAG (12.5.93) DB 1993, 2339; LAG Berlin (27.10.99) NZA-RR 2000, 124 f.; *Sowka*, NZA 1993, 783; *B. Gaul*, BB 1994, 568 m.w.N.; Kasseler Handbuch/*Lipke*, 2.3 Rz. 232–244; *Schliemann*, NZA-RR 2000, 113 (117) – **anders** BAG (12.7.95) NZA 1995, 1165 = BB 1995, 2273, wonach mutterschaftsbedingte Betriebsfehlzeiten, §§ 3 Abs. 2, 6 Abs. 1
Fortsetzung siehe nächste Seite

Einwand einer unzulässigen Rechtsausübung entgegenstehen. Hinsichtlich der Kürzung von Gratifikationen/Sonderzahlungen wegen krankheitsbedingter Fehlzeiten gelten in gleicher Weise die eben dargestellten Grundsätze, jedenfalls dann, wenn mit solchen Zahlungen der mit einer Anwesenheitsprämie übliche Zweck verfolgt wird.[35] Nach einer Entscheidung des BAG vom 24. 3. 1993[36] sei zwar der Zweck einer betrieblichen oder tarifvertraglichen Regelung bei der Auslegung der konkreten Vereinbarung zu berücksichtigen, er könne aber nicht weitere Ausschluss- und Kürzungstatbestände begründen.

531 Die Kürzung einer Gratifikationszahlung ist jedoch im Hinblick auf Zeiten andauernder Arbeitsunfähigkeit insoweit zulässig, als sie auf Zeiten beschränkt wird, für die dem Arbeitnehmer kein Anspruch auf Vergütungszahlung mehr zusteht.[37] Das gilt auch für ein 13. Gehalt, das als arbeitsleistungsbezogene Sonderzahlung vereinbart worden ist[38], ohne dass es einer gesonderten Kürzungsvereinbarung bedarf. Soll mit der freiwilligen Sonderzahlung ausschließlich oder ganz überwiegend die Betriebszugehörigkeit bzw. -treue belohnt werden[39], kommt die Kürzung einer solchen freiwilligen Leistung wegen krankheitsbedingter Fehlzeiten im Allgemeinen nicht in Betracht[40], weil es insoweit nur auf den rechtlichen Bestand des Arbeitsverhältnisses ankommt.[41] Das kann etwa der Fall sein, wenn nach dem Inhalt der Zusage die Gratifikation auch dann gezahlt werden soll, wenn der Arbeitnehmer während des gesamten Bezugszeitraumes infolge seiner Erkrankung nicht gearbeitet hat.[42] Macht eine tarifvertragliche Regelung die Zahlung einer Sonderzahlung/Weihnachtsgratifikation nur vom rechtlichen Bestand des ungekündigten Arbeitsverhältnisses abhängig, ohne bei krankheitsbedingten Fehlzeiten eine Kürzungsmöglichkeit vorzusehen, entfällt ein solcher Anspruch in der Regel auch nicht bei einer langandauernden Arbeitsunfähigkeit des Arbeitnehmers.[43] Das gilt jedoch dann nicht, wenn ein rechtlich an sich fortbestehendes Arbeitsverhältnis tatsächlich nur noch formaler Natur ist und nach dem Willen und den Vorstellungen

---

MuSchG, zu Recht nicht wie tatsächliche Arbeitsleistungen behandelt werden; zust. *Schwarz*, NZA 1996, 572, 575; siehe auch *Buchner/Becker*, MuSchG, vor §§ 3–8 Rdn. 37; *Zmarzlik/Zipperer/Viethen*, MuSchG, vor § 3 Rdn. 10a.

[35] BAG (23.5.84) NZA 1985, 89; (27.7.83) AP Nr. 116 zu § 611 BGB Gratifikation; LAG Köln (21.10.81) DB 1982, 1279; siehe auch BAG (8.10.86) AP Nr. 7 zu § 8a MuSchG 1968 = BB 1987, 405.
[36] NZA 1993, 1043; siehe auch *Schwarz*, NZA 1996, 573.
[37] Vgl. BAG (23.5.84) AP Nr. 14 zu § 611 BGB Anwesenheitsprämie; (27.7.94) DB 1994, 2506 = BB 1994, 2418; (14.9.94) NZA 1995, 429; LAG Berlin (14.2.83) AuR 1984, 118; LAG Hamm (30.4.93) BB 1993, 2236; zust. *Hunold*, S. 282; *Lipke/Vogt/Steinmeyer*, S. 90 Rdn. 138.
[38] BAG (21.3.01) BB 2001, 1363 f.
[39] Siehe BAG (7.12.89) NZA 1990, 490; *Beckers*, NZA 1997, 129.
[40] Zutreffend *Hanau/Vossen*, DB 1992, 216; *Sowka*, NZA 1993, 784; *Dütz*, Arbeitsrecht, S. 79 Rdn. 166a; BAG (5.8.92) NZA 1993, 130 = AP Nr. 143 zu § 611 BGB Gratifikation.
[41] Dazu BAG (7.12.89) NZA 1990, 490; (25.4.91) NZA 1991, 763; (28.9.94) NZA 1995, 899; *Klischan*, NZA 1985, 654; *B. Gaul*, BB 1994, 566; ders., AuA 1994, 311.
[42] BAG (23.8.90) NZA 1991, 69; (20.12.95) NZA 1996, 491.
[43] BAG (11.2.98) BB 1998, 2367 f., mit Anm. von *Kukat*; siehe auch BAG (7.8.02) EzA Nr. 30 zu § 4 TVG Druckindustrie.

beider Parteien keine rechtliche Bindung im Hinblick auf eine Wiederaufnahme des bisherigen Arbeitsverhältnisses angenommen werden muss.⁴⁴

Bei der Verrechnung einer Tariflohnerhöhung mit übertariflichen Zulagen hat das BAG⁴⁵ krankheitsbedingte Fehlzeiten des Arbeitnehmers unter Hinweis auf den Gleichbehandlungsgrundsatz als unzulässige Differenzierung angesehen, falls höhere Löhne deshalb gezahlt werden, um die Verteuerung der Lebenshaltungskosten in dem tariflich vereinbarten Ausmaß auszugleichen. 532

V. Weitere Beendigungsfolgen

1. Zeugnisanspruch

Gemäß §§ 630 BGB, 73 HGB, 109 GewO, 8 BBiIG hat der Arbeitgeber dem Arbeitnehmer bei Beendigung des Arbeitsverhältnisses ein Zeugnis über die Art und Dauer der Beschäftigung auszustellen, das auf Verlangen des Arbeitnehmers auf die Leistung und Führung auszudehnen ist. Was die Angabe krankheitsbedingter Fehlzeiten in einem Zeugnis betrifft, stoßen auch hier unterschiedliche Interessen aufeinander. Einerseits wird ein Stellenbewerber mit einem Zeugnis, in dem hohe Krankheitszeiten vermerkt sind, kaum Aussichten haben, ein neues Arbeitsverhältnis begründen zu können. Andererseits hat der künftige Arbeitgeber ein verständliches Interesse, vorrangig solche Arbeitnehmer einzustellen, die dem Betrieb möglichst uneingeschränkt zur Verfügung stehen, und zwar auch deshalb, weil krankheitsbedingte Kündigungen nur unter erschwerten Voraussetzungen zulässig sind. Dennoch: Einmalige Vorfälle oder Umstände, die für die Leistung oder die Führung des Arbeitnehmers nicht charakteristisch sind, gehören im Allgemeinen nicht in ein Zeugnis.¹ Das bedeutet, dass durchschnittliche kürzere krankheitsbedingte Fehlzeiten oder vorübergehende, durch Krankheit bedingte Leistungsschwankungen an sich, selbst wenn sie den Kündigungsgrund bilden, weder in einem einfachen² noch in einem qualifizierten Zeugnis Erwähnung fin- 533

---

⁴⁴ Vgl. BAG (28. 9. 94) NZA 1995, 899; (10. 4. 96) AP Nr. 3 zu § 1 TVG Tarifverträge: Bergbau; (11. 2. 98) BB 1998, 2368.
⁴⁵ (9. 6. 82) AP Nr. 51 zu § 242 BGB Gleichbehandlung, mit Anm. von *Mayer-Maly* = NJW 1982, 2838; siehe auch BAG (22. 9. 92) AP Nr. 60 zu § 87 BetrVG Lohngestaltung; zust. *Hunold*, DB 1984, Beilage Nr. 5, S. 8; *ders.*, Krankheit, S. 277f. – **anderer Ans.** ArbG Wuppertal (29. 8. 79) BB 1980, 887.
¹ Ebenso *Schlegelberger/Schröder*, HGB, § 73 Anm. 8; *Landmann/Rohmer*, GewO, § 113 Rdn. 20; *Schmidt*, DB 1986, 1334; *Schwedes*, S. 415 Rdn. 845; *Huber*, S. 22, 23; *Ernsthaler/ Etzel*, GK-HGB, § 73 Rdn. 15; BAG (23. 6. 60) AP Nr. 1 zu § 73 HGB, mit Anm. von *A. Hueck*; LAG Baden-Württ./Stuttgart (6. 2. 68) ARSt 1968, S. 124 Nr. 149; LAG München (14. 9. 76) Baye. ABl. 1977, Teil C 22.
² So auch *Stahlhacke/Bleistein*, GewO, § 113, S. 8; *Huber*, S. 16, 21; *Schaub/Linck*, S. 1604 Rdn. 12; BGB-RGRK, § 630 Rdn. 31; *Felderhoff*, S. 258; *Soergel/Kraft*, BGB, § 630 Rdn. 14; Kasseler Handbuch/*Haupt*, 6.1 Rz. 270; *Leinemann/Pfeiffer*, GewO, § 113 Rdn. 73; ErfK/*Müller-Glöge*, § 630 BGB Rdn. 67; *U. Preis*, Arbeitsrecht, S. 802; *Feichtinger*, ArbR-Blattei, Krankheit I Rdn. 110; *Kittner/Däubler/Zwanziger*, KSchR, § 630 BGB Rdn. 46: kürzere krankheitsbedingte Urlaubsunterbrechungen.

den dürfen³, freilich nicht deshalb, weil derartige Fehlzeiten keine Unterbrechung des Arbeitsverhältnisses bedeuten.⁴ Darauf kommt es entscheidungserheblich nicht an. Ebensowenig überzeugt der Hinweis⁵ auf die gesetzliche Vergütungsfortzahlungspflicht des Arbeitgebers im Krankheitsfalle des Arbeitnehmers. Damit steht nämlich keineswegs fest, dass das Arbeitsverhältnis während dieses Zeitraumes so zu behandeln ist, als würden die beiderseitigen Rechte und Pflichten auf der Grundlage des Arbeitsvertrages voll abgewickelt, zumal bei einer über sechs Wochen hinausgehenden gleichartigen langanhaltenden Erkrankung die Entgeltfortzahlung unter bestimmten Voraussetzungen entfällt.

534   Ebensowenig darf der Arbeitgeber in der Regel im Zeugnis erwähnen, dass die Krankheit des Arbeitnehmers oder seine häufigen Kurzerkrankungen der Grund für die Beendigung des Arbeitsverhältnisses gewesen ist.⁶ Die Art des Ausscheidens des Arbeitnehmers und die Gründe, die zur Beendigung des Arbeitsverhältnisses geführt haben, sind in einem Zeugnis im Allgemeinen nicht zu erwähnen.⁷ Wenn aber die Kündigung, insbesondere eine außerordentliche fristlose, allein wegen krankheitsbedingter Umstände des Arbeitnehmers erklärt worden ist und diese die Leistungen und/oder das Verhalten des Arbeitnehmers erheblich beeinflusst haben, dann kann es für den Arbeitnehmer bedeutsam sein, dass der Kündigungsgrund im Zeugnis angegeben wird, da sonst bei einem unbeteiligten Dritten der Eindruck entstehen kann, die fristlose Entlassung beruhe möglicherweise auf einem schuld-

---

3   Ebenso Sächs. LAG (30. 1. 96) AuA 1996, 429 = NZA-RR 1997, 47; *Palme*, BlStSozArbR 1979, 263; *Haas/Müller*, S. 32, 39; *van Venrooy*, S. 47 ff.; *Schaub/Linck*, S. 1606 Rdn 17; *Schwerdtner*, in: Müko-BGB, § 630 Rdn. 8, 13, 22; Kasseler Handbuch/*Haupt*, 6.1 Rz. 297; *Leinemann/Pfeiffer*, GewO, § 113 Rdn. 91; ErfK/*Müller-Glöge*, § 630 Rdn. 91; *Baumbach/Hopt*, HGB, § 73 Rdn. 5; *Hunold*, DB 1993, 226; *Stahlhacke/Bleistein*, GewO, § 113, S. 11; *Feichtinger*, ArbR-Blattei, Krankheit I, Rdn. 110; BGB-RGRK, § 630 Rdn. 41; MünchArbR/*Wank*, § 128 Rdn. 18, 29; *Gitter/Michalski*, S. 191; *Bengelsdorf*, Alkohol, S. 14; *Boemke*, Arbeitsrecht, S. 364 Rdn. 35; *Kittner/Däubler/Zwanziger*, KSchR, § 630 BGB Rdn. 71: auch nicht länger dauernde Erkrankungen; *Schleßmann*, Arbeitszeugnis, S. 77, 98, *ders.*, aber BB 1988, 1323: ungewöhnliche, länger dauernde krankheitsbedingte Unterbrechungen, wenn sie außer Verhältnis zur tatsächlichen Arbeitsleistung stehen, etwa die Hälfte der gesamten Beschäftigungszeit ausmachen; so auch *Leinemann/Pfeiffer*, GewO, § 113 Rdn. 74; *Dörner/Luczak/Wildschütz*, F, Rdn. 19; FA-ArbR/*Haupt*, S. 700 Rdn. 1385; *Kittner/Zwanziger/Appel*, § 106 Rdn. 11: mehr als die Hälfte der Beschäftigungszeit; Sächs. LAG (30. 1. 96) NZA-RR 1997, 47 = MDR 1996, 829; dazu auch *Göldner*, ZfA 1991, 225 (248): „überdurchschnittliche" Erkrankungszeiten.
4   Dazu *van Venrooy*, S. 47 m. N. (Anm. 77); der gegenteiligen Meinung wohl auch *Schwedes*, S. 412 Rdn. 837.
5   So aber *van Venrooy*, S. 48.
6   *Schelp/Trieschmann*, S. 264 f.; *Haas/Müller*, S. 33; *Schmidt*, DB 1988, 2254; LAG Düsseldorf (22. 1. 88) NZA 1988, 399 = BB 1988, 1463; Sächs. LAG NZA-RR 1997, 47.
7   BAG (12. 8. 76) AP Nr. 11 zu § 630 BGB; LAG Hamm (24. 9. 85) LAGE Nr. 1 zu § 630 BGB; LAG Düsseldorf BB 1988, 1463 m. w. N.; LAG Köln (29. 11. 90) LAGE Nr. 11 zu § 630 BGB; *Schwedes*, S. 417 Rdn. 849; *Schleßmann*, Arbeitszeugnis, S. 79; *van Venrooy*, S. 68, es sei denn, der Arbeitnehmer verlangt dies oder wenn für ihn eine entsprechende Klarstellung nur positiv wäre; BGB-RGRK, § 630 Rdn. 30 m. N.; *Staudinger/Preis*, BGB, § 630 Rdn. 35; *Schwerdtner*, in: Müko-BGB, § 630 Rdn. 10, 13, 20; *Popp*, NZA 1997, 588; ErfK/*Müller-Glöge*, § 630 BGB Rdn. 59; *Erman/Belling*, BGB, § 630 Rdn. 9, 13.

haften Verhalten des Arbeitnehmers. Deshalb ist anerkannt[8], dass in solchen besonders gelagerten Fällen auf Wunsch des Arbeitnehmers der Grund für die Beendigung des Arbeitsverhältnisses angegeben werden muss. In diesem Zusammenhang weist *Alfred Hueck*[9] überzeugend darauf hin, dass so der Anschein einer verschuldeten Entlassung am ehesten ausgeräumt wird.

Darüber hinaus wird auch ohne Einverständnis des Arbeitnehmers die Erwähnung dieser Umstände in einem qualifizierten Zeugnis dem Arbeitgeber dann nicht verwehrt sein, wenn durch deren Verschweigen das Zeugnis einen unrichtigen Inhalt erhalten oder doch zumindest über die Person und die Leistungsfähigkeit des Arbeitnehmers einen unzutreffenden Gesamteindruck vermitteln würde.[10] Das ist der Fall, wenn durch die krankheitsbedingte Arbeitsunfähigkeit des Arbeitnehmers die Erfüllung des Arbeitsverhältnisses grundlegend beeinträchtigt, das Arbeitsverhältnis, insbesondere durch Alkohol- oder Drogenabhängigkeit geprägt worden ist[11], zumal ein Zeugnis der Wahrheit entsprechen muss[12] und bei einem Dritten auch unter haftungsrechtlichen Gesichtspunkten[13] keinen falschen Eindruck auch

535

---

[8] Vgl. *Staudinger/Neumann*, BGB, 13. Bearbeitung 1995, § 630 Rdn. 16; *Schaub/Linck*, S. 1604 Rdn. 12; *Schwedes*, S. 416 Rdn. 846; *Schwerdtner*, in: Müko-BGB, § 630 Rdn. 21, 22; MünchArbR/*Wank*, § 128 Rdn. 18, wenn sie etwa die Hälfte der Beschäftigungszeit ausmachte; zust. Sächs. LAG NZA-RR 1997, 47; *Schleßmann*, Arbeitszeugnis, S. 80, oder innerhalb der letzten 12 Monate erfolgte; BAG AP Nr. 1 zu § 73 HGB; LAG Baden-Württ. (9. 5. 68) DB 1968, 1319; LAG Hamm (24. 9. 85) LAGE Nr. 1 zu § 630 BGB; siehe auch *van Venrooy*, S. 68; *Götz*, S. 237 Rdn. 345: einfaches Zeugnis; *Bobke*, S. 399, wenn die Krankheiten die Leistungen des Arbeitnehmers erheblich beeinträchtigt haben; *Popp*, NZA 1997, 589.

[9] Anm. zu BAG AP Nr. 3 zu § 133c GewO.

[10] Im Ergebnis ebenso *Landmann/Rohmer*, GewO, § 113 Rdn. 20; *Stahlhacke/Bleistein*, GewO, § 113 S. 11; *Feichtinger*, ArbR-Blattei, Krankheit I, Rdn. 112; *Schleßmann*, Arbeitszeugnis, S. 99; *Staudinger/Preis*, BGB, 630 Rdn. 48; *Schwerdtner*, in: Müko-BGB, § 630 Rdn. 17; *Popp*, NZA 1997, 589; *Leinemann/Pfeiffer*, GewO, § 113 Rdn. 73, 91; ErfK/*Müller-Glöge*, § 630 Rdn. 91; Kasseler Handbuch/*Haupt*, 6.1 Rz. 270–271; *Felderhoff*, S. 258, bei akuten Erkrankungen, die sich über das bisherige Arbeitsverhältnis hinaus beim Neu-Arbeitgeber auf Leistung und Führung auswirken werden; *Rohlfing/Kiskalt/Wolff*, GewO, § 113 Anm. 5b: für ein einfaches Zeugnis; *Schaub/Linck*, S. 1606 Rdn. 17; ArbG Hagen (17. 4. 69) DB 1969, 886 = BB 1969, 676, mit **kritischer** Anm. von *Wolff*; *Schwedes*, S. 416 Rdn. 846, anders S. 412 Rdn. 839; zweifelhaft *van Venrooy*, S. 50 – **anders** *Schulz*, S. 95f. – unrichtig ArbG Frankfurt/M. (19. 3. 91) DB 1991, 2448, wonach eine 19 Monate dauernde ununterbrochene krankheitsbedingte Arbeitsunfähigkeit nicht erwähnt werden dürfe.

[11] *Schwerdtner*, in: Müko-BGB, § 630 Rdn. 22; BGB-RGRK, § 630 Rdn. 41; *Kittner/Däubler/Zwanziger*, KSchR, § 630 BGB Rdn. 71; *Bengelsdorf*, Alkohol, S. 14; ErfK/*Müller-Glöge*, § 630 BGB Rdn. 91; *Spiecker*, AuA 2001, 259, aber stark einschränkend.

[12] Statt vieler BAG AP Nr. 1 zu § 73 HGB; LAG Frankfurt/M. (14. 9. 84) DB 1985, 820 = BB 1985, 1397; LAG Düsseldorf (22. 1. 88) NZA 1988, 399; LAG Baden-Württ. (19. 6. 92) NZA 1993, 127; *Becker-Schaffner*, BB 1989, 2105; *Schaub/Linck*, S. 1606 Rdn. 17; BGB-RGRK, § 630 Rdn. 39; *Huber*, S. 23; MünchArbR/*Wank*, § 128 Rdn. 25.

[13] BGH (26. 11. 63) SAE 1964, 169ff.; (22. 9. 70) DB 1970, 2224; (15. 5. 79) DB 1979, 2378f. = BGHZ 74, 281; KR-M. *Wolf*, 3. Aufl., Grunds. Rdn. 564ff.; *Schleßmann*, Arbeitszeugnis, S. 133ff.; MünchArbR/*Wank*, § 128 Rdn. 54; *van Venrooy*, S. 203ff.; *Staudinger/Preis*, BGB, § 630 Rdn. 81f.; ErfK/*Müller-Glöge*, § 630 BGB Rdn. 129.

über die Einsatz- und Leistungsfähigkeit des Arbeitnehmers erwecken darf. Man denke insbesondere an epileptische oder ansteckende Krankheiten[14], die auch Auswirkungen auf die Beschäftigung anderer Personen im Betrieb haben können. Für HIV-Infizierte gilt dies aber nicht[15], da im Allgemeinen eine Ansteckungsgefahr nicht besteht. Auch in einem einfachen Zeugnis sind krankheitsbedingte Fehlzeiten freilich dann zu erwähnen, wenn sie im Verhältnis zur gesamten Beschäftigungsdauer nicht mehr unerheblich sind, was auch bei langfristigen Erkrankungen gilt[16], auch wenn sie Suchtcharakter haben[17], damit ein künftiger Arbeitgeber mit der angegebenen Beschäftigungsdauer keine falschen Vorstellungen verbindet. Dass bei nicht ordnungsgemäßer Zeugniserteilung der Arbeitgeber auch gegenüber dem Arbeitnehmer für den dadurch eingetretenen Schaden unter dem Gesichtspunkt einer positiven Forderungsverletzung haftet, jetzt kodifiziert in den §§ 280–282 BGB n. F., bedarf keiner weiteren Darlegungen.

2. Auskunft über den Arbeitnehmer

536 Dieselben Grundsätze wie bei der Erteilung eines qualifizierten Zeugnisses müssen für die aus der nachwirkenden Fürsorgepflicht[18] ableitbare Auskunftspflicht des Arbeitgebers gegenüber Dritten Beachtung finden. In der Regel dürfen die Auskünfte eines früheren Arbeitgebers nicht weitergehen als der Inhalt eines entsprechenden Zeugnisses.[19] Jedenfalls auf Wunsch des ausgeschiedenen Arbeitnehmers ist der bisherige Arbeitgeber verpflichtet, dem möglichen neuen solche Informatio-

---

14 Zust. *Hunold,* S. 289; *Schwedes,* S. 416 Rdn. 846; *Schleßmann,* a.a.O., S. 99.
15 Ebenso *Wollenschläger/Kressel,* AuR 1988, 201; *Schwedes,* S. 416 Rdn. 846; *Schleßmann,* Arbeitszeugnis, S. 100; ErfK/*Müller-Glöge,* § 630 BGB Rdn. 91; *Hummel,* S. 136.
16 Sächs. LAG (30. 1. 96) NZA 1997, 47; *Schaub/Linck,* S. 1606, Rdn. 15 – **anders** ArbG Frankfurt/M. (19. 3. 91) DB 1991, 2448; *Schaub,* 9. Aufl., S. 1515 Rdn. 15.
17 BGB-RGRK, § 630 Rdn. 41.
18 Ebenso KR-M. *Wolf,* 3. Aufl., Grunds. Rdn. 571; *Schaub/Linck,* S. 1611 Rdn. 5; LAG Berlin (8. 5. 89) BB 1989, 1825; MünchArbR/*Wank,* § 128 Rdn. 57; *Palandt/Putzo,* BGB, § 630 Rdn. 11; *Staudinger/Preis,* BGB, § 630 Rdn. 83; *Soergel/Kraft,* BGB, § 630 Rdn. 26; *Brox/Rüthers,* S. 186 Rdn. 227; Kasseler Handbuch/*Haupt,* 6.1 Rz. 374; *Kittner/Trittin,* KSchR, § 630 BGB Rdn. 45; *Tschöpe/Wisskirchen,* Teil 1 C Rz. 144; *Erman/Belling,* BGB, § 630 Rdn. 27; *Gamillscheg,* S. 460; *Löwisch,* Arbeitsrecht, S. 347 Rdn. 1247; *Dütz,* Arbeitsrecht, S. 188; Rdn. 416: Nebenpflicht; *Schwerdtner,* in: Müko-BGB, § 630 Rdn. 67: nachwirkende Vertragspflicht; ebenso *U. Preis,* Arbeitsrecht, S. 804; MünchArbR/*Richardi,* § 45 Rdn. 50: notwendige Ergänzung der Zeugnispflicht; **kritisch** *Birk,* S. 28ff., entsprechende Abwicklungs-(Neben-)pflichten.
19 BAG (25. 10. 57), (5. 8. 76) AP Nrn. 1 und 10 zu § 630 BGB; LAG Berlin (8. 5. 89) BB 1989, 1825; *Feichtinger,* ArbR-Blattei, Krankheit I, Rdn. 113; MünchArbR/*Richardi,* § 45 Rdn. 51; *Schaub/Linck,* S. 1611 Rdn. 6; *Schleßmann,* a.a.O., S. 185; *Kittner/Däubler/Zwanziger,* KSchR, § 630 BGB Rdn. 101.

nen zu übermitteln.[20] Nach überwiegender Meinung[21, 22] wird der Arbeitgeber als berechtigt angesehen, auch ohne Zustimmung und selbst gegen den Willen des ehemaligen Mitarbeiters wahrheitsgemäße Auskünfte über die Person und das Verhalten des Arbeitnehmers während des Arbeitsverhältnisses zu erteilen[23], wenn und soweit ein berechtigtes Interesse des Dritten an einer entsprechenden Auskunft vorliegt. Ein solches berechtigtes Interesse muss bejaht werden, wenn beabsichtigt ist, den betroffenen Arbeitnehmer einzustellen. Der Auskunft verlangende, mögliche neue Arbeitgeber ist bei seiner Informationserhebung aber an die Grenzen des Fragerechts gebunden[24], weil anderenfalls der durch eine Direktbefragung des Arbeitnehmers gewährte Schutz umgangen werden könnte. Deshalb müssen die gewünschten Angaben aus objektiver Sicht für die Einstellungsentscheidung erheblich sein. Jeder Arbeitgeber hat insoweit ein berechtigtes Interesse an Informationen über den Gesundheitszustand eines Bewerbers insbesondere dann, wenn aus gesundheitlichen Gründen gesetzliche Beschäftigungsverbote existieren. So hat beispielsweise ein potentieller Arbeitgeber aus dem Baunebengewerbe, der seine Arbeitnehmer auch auf Baustellen und damit unter Umständen auf Gerüsten einsetzt, ein anerkennenswertes Interesse an entsprechenden Informationen, ob der Bewerber beim Vorarbeitgeber durch epileptische Anfälle in Erscheinung getreten ist.[25] In derartigen Fällen darf der bisherige Arbeitgeber dem Dritten solche krankheitsbedingten Umstände mitteilen, soweit sie für den in Aussicht genommenen

---

[20] Vgl. BAG AP Nr. 10 zu § 630 BGB; LAG Berlin BB 1989, 1825; *Schwedes*, S. 421 Rdn. 857; KR-M. *Wolf*, 3. Aufl., Grunds. Rdn. 571; weitere Nachw. bei *Birk*, S. 7 Anm. 7, S. 9ff., zu den Grenzen, S. 68ff.; BGB-RGRK, § 630 Rdn. 67; MünchArbR/*Buchner*, § 41 Rdn. 260; MünchArbR/*Richardi*, § 45 Rdn. 50; *Schleßmann*, Arbeitszeugnis, S. 185; ErfK/*Müller-Glöge*, § 630 BGB Rdn. 116; FA-ArbR/*Haupt*, S. 714 Rdn. 1457.

[21] BAG (8. 12. 84) DB 1985, 2307 = NJW 1986, 341; LAG Hamburg (16. 8. 84) DB 1985, 285; LAG Köln (27. 6. 97) NZA-RR 1998, 533; Literaturnachweise bei *Birk*, S. 127; *Schleßmann*, Arbeitszeugnis, S. 186; KR-M. *Wolf*, 3. Aufl., Grunds. Rdn. 573; *Schwedes*, S. 421 Rdn. 857; *Schulz*, NZA 1990, 717 (719); *Soergel/Kraft*, BGB, § 630 Rdn. 26; *Schaub*, 9. Aufl., S. 1519 Rdn. 3; *Brox/Rüthers*, S. 186 Rdn. 227; MünchArbR/*Richardi*, § 45 Rdn. 54; *Hönsch/Natzel*, S. 139 Rdn. 310; *Ernsthaler/Etzel*, GK-HGB, § 73 Rdn. 30; *Erman/Werner*, BGB, § 242 Rdn. 66; MünchArbR/*Buchner*, § 41 Rdn. 261; *Erman/Belling*, BGB, § 630 Rdn. 27; *Tschöpe/Wisskirchen*, Teil 1 C, Rz. 143; *Boemke*, Arbeitsrecht, S. 366 Rdn. 41 – **anderer Ans.** etwa *van Venrooy*, S. 27 Anm. 29, unter Hinweis auf *Dieckhoff*, BB 1961, 573; *Schwerdtner*, in: Müko-BGB, § 630 Rdn. 69; ErfK/*Dieterich*, GG, Art. 2 Rdn. 105; ErfK/*Müller-Glöge*, § 630 BGB Rdn. 118; *Schaub/Linck*, S. 1610, Rdn. 3; weitere Nachw. bei *Birk*, S. 129 Anm. 10; *ders.*, S. 130ff.: nur im Umfange eines einfachen Zeugnisses, vor allem auch im Hinblick auf das BDSG, S. 148ff.; *Felderhoff*, S. 242; siehe auch *Däubler*, S. 666 Rdn. 1250: Das im Zeugnis Gesagte darf nur weiter konkretisiert und umschrieben werden; siehe auch *Gola*, DÖD 1986, 267, 269; BGB-RGRK, § 630 Rdn. 68ff.; *Staudinger/Preis*, BGB, § 630 Rdn. 85; *U. Preis*, Arbeitsrecht, S. 804.

[22] Zur Arbeitgeberauskunft im öffentlichen Dienst siehe *Geulen*, Die Personalakte in Recht und Praxis (1984), S. 119ff.; *Gola*, DÖD 1986, 266ff.; *Staudinger/Preis*, BGB, § 630 Rdn. 84, 85; ErfK/*Müller-Glöge*, § 630 BGB Rdn. 120; *Schaub/Linck*, S. 1610 Rdn. 2.

[23] BAG (25. 10. 57) AP Nr. 1 zu § 630 BGB, mit Anm. von *A. Hueck*; siehe auch BAG (5. 8. 76) AP Nr. 10 zu § 630 BGB; KR-M. *Wolf*, 3. Aufl., Grunds. Rdn. 573; MünchArbR/*Buchner*, § 41 Rdn. 255ff.; Kasseler Handbuch/*Künzl*, 2.1 Rz. 65; Kasseler Handbuch/*Leinemann*, 1.1 Rz. 443; *Palandt/Putzo*, BGB, § 630 Rdn. 11.

[24] Vgl. MünchArbR/*Buchner*, § 41 Rdn. 210, 254; *Staudinger/Preis*, BGB, § 630 Rdn. 85.

[25] Vgl. LAG Köln (27. 6. 97) NZA-RR 1998, 533; zweifelnd *Schaub/Linck*, S. 1611 Rdn. 3.

Arbeitsplatz von erheblicher Bedeutung sind.[26] Auskünfte über frühere, die jetzige Arbeitsleistung nicht mehr beeinträchtigende Erkrankungen des Arbeitnehmers sind jedoch im Allgemeinen unstatthaft. Je nach den Umständen sind gegenüber den Nachfragenden also genaue, auch für den Arbeitnehmer ungünstige Angaben zu machen[27], zumal für den früheren Arbeitgeber bei falschen oder unvollständigen Auskünften eine Verpflichtung zum Schadensersatz[28] entstehen kann, und zwar gegenüber dem Arbeitnehmer aus positiver Forderungsverletzung, §§ 280–282 BGB n.F., und unerlaubter Handlung, §§ 824, 826 BGB, während gegenüber einem Dritten nur eine Haftung unter den Voraussetzungen des § 826 BGB in Betracht kommt. Ein solcher Fall wäre beispielsweise gegeben, wenn die Angaben über ansteckende Krankheiten des ausgeschiedenen Arbeitnehmers unvollständig oder falsch sind und dadurch ein Schaden beim Anfragenden verursacht worden ist, wobei schon die grob fahrlässige Erteilung unzutreffender Auskünfte unter bestimmten Umständen als sittenwidrig betrachtet werden kann. Abweichend von § 675 Abs. 2 BGB kommt ausnahmsweise gegenüber dem Dritten beim Vorliegen eines Auskunftserteilungsauftrages auch eine vertragliche Haftung für falsche Auskünfte in Betracht. Ein solches Vertragsverhältnis kann durchaus durch konkludentes Verhalten begründet werden, so wenn die betreffende Auskunft für den Empfänger erkennbar von erheblicher Bedeutung ist und er sie zur Grundlage wesentlicher Entschlüsse machen will[29], vorausgesetzt die Auskunft wird von dem Betreffenden gerade wegen seiner beruflichen Tätigkeit oder Fachkunde verlangt. Die besonderen Voraussetzungen für eine vertragliche Haftung werden in der Person des Arbeitgebers jedoch in aller Regel nicht gegeben sein.

537 Der Arbeitgeber ist im Allgemeinen verpflichtet, dem Arbeitnehmer vor der zu erteilenden Auskunft deren Inhalt zur Kenntnis zu bringen[30], damit er sich darauf einrichten und eine unrichtige Auskunft, gegebenenfalls im Klagewege[31] richtigstellen kann. Nach ihrem Inhalt muss die Auskunft wie ein Zeugnis wahr und vollständig sein. Sie kann freilich mehr ins Detail gehen und lässt sich freier als der Zeugnisinhalt gestalten.

---

26 Dazu im Einzelnen *Birk*, S. 107f.; MünchArbR/*Buchner*, § 41 Rdn. 225ff.
27 Vgl. *Staudinger/Nipperdey/Neumann*,BGB, 11. Aufl., § 611 Anm. 294.
28 Dazu *Schulze* JuS 1983, 81ff.; *Schaub/Linck*, S. 1611 Rdn. 7; Kasseler Handbuch/*Haupt*, 6.1 Rz. 383ff.; LAG Frankfurt/M. (20.2.79) DB 1980, 1224; LAG Hamburg (16.8.84) DB 1985, 284 = BB 1985, 804; LAG Berlin BB 1989, 1825; *Gola*, DÖD 1986, 268; BGB-RGRK, § 630 Rdn. 84, 103; MünchArbR/*Richardi*, § 45 Rdn. 52; MünchArbR/*Wank*, § 128 Rdn. 60–62; *Schleßmann*, a.a.O., S. 189f.; allgemein dazu *Strauch*, JuS 1992, 897ff.
29 Siehe *Palandt/Sprau*, BGB, § 675 Rdn. 31; *Erman/Ehmann*, BGB, § 675 Rdn. 135; BGH (16.10.90) BB 1990, 2292; *Zugehör*, NJW 2000, 1605f.
30 Ebenso BAG (10.7.59) AP Nr. 2 zu § 630 BGB; KR-M. *Wolf*, 3. Aufl., Grunds. Rdn. 574; *Birk*, S. 109ff.; *Schwedes*, S. 421 Rdn. 857; *Staudinger/Preis*, BGB, § 630 Rdn. 85; MünchArbR/*Wank*, § 128 Rdn. 57: auf Verlangen; ebenso *Soergel/Kraft*, BGB, § 630 Rdn. 26; *Schaub/Linck*, S. 1611 Rdn. 4; *Baumbach/Hopt*, HGB, § 73 Rdn. 8; *Schleßmann*, a.a.O., S. 187; FA-ArbR/*Haupt*, S. 715 Rdn. 1462; *Boemke*, Arbeitsrecht, S. 366 Rdn. 41; BGH (10.7.59) ArbR-Blattei (D) – Auskunftspflicht des Arbeitgebers, Entsch. Nr. 2 – **anderer Ans.** *Staudinger/Neumann*, BGB, § 611 Rdn. 294.
31 Im Einzelnen dazu *Birk*, S. 175ff.

Sachverzeichnis
(Die Zahlen verweisen auf die Randnummern)

Abfindungsanspruch 461, 464
Abfindungsvergleich 123, 230, 271, 489
Abgeltung von Urlaub 515, 524 f.
Abgrenzung
– zur Anfechtung 23 ff.
– zur Bedingung 17 ff.
– zur Befristung 13 ff.
Abmahnung 117, 124, 230, 231, 233, 236, 251, 298, 416, 417, 424, 427, 428, 438, 440, 445
Abschreckende Krankheit 195, 198, 285
Abwägung der Interessen
– bei anhaltender Krankheit 110, 146, 147 f., 156 f.
– bei Wiedereinstellungsanspruch 487
– Zeitpunkt 92 ff.
AIDS
– als Anfechtungsgrund 287 ff.
– Begriff 260, 269, 273
– als Kündigungsgrund 271 ff., 284
– besonderer Kündigungsschutz 75, 282
– Einstellungstest 271, 275
– Fragerecht des Arbeitgebers 290, 291
– und Schwerbehinderung 75, 273
– Statistik 263 ff., 276
– Verschulden 273
Alkoholsucht 25, 45, 61 f., 202, 224 ff., 232 ff., 242, 535
Alkoholtest 243 a
Alkoholverbot, betriebliches 232, 234
Allergie
– Kündigung bei 46, 116, 125, 297
Alter 16, 110, 118, 126 ff., 145, 155, 196, 304
Alternativverhalten
– rechtmäßiges 440
Altersgrenze 16, 56, 126, 128 ff.
Altersschwäche 71, 126
Altersteilzeitarbeit 129
Altersstruktur
– gesunde 16, 131
Amphetamine 246, 247, 248
Amtsarzt
– Attest vom 381
– Untersuchung durch 401, 418, 455

Änderungskündigung 125, 136, 157, 204, 230, 231, 279, 316, 418, 504
Anderweitige Beschäftigungsmöglichkeit 125, 157, 195, 416 b
Anfechtung
– wegen AIDS 287 ff.
– wegen arglistiger Täuschung 28 ff., 287 ff.
– wegen Irrtums 24 ff., 289
– wegen Krankheit 25, 31 ff.
– und Kündigung 23, 88, 292
– und Schwangerschaft 25, 39 ff.
– und Schwerbehinderteneigenschaft 26, 34 ff.
Anfechtungsklage 302, 309, 313
Angaben
– wahrheitsgemäße 28 ff., 289 ff.
Anhaltende Krankheit 87, 103, 104 ff., 194, 232
Anhörung des
– Arbeitnehmers 85, 280, 448
– Betriebrates 86, 92, 97, 128 ff., 212 ff.
– Personalrates 212, 218, 218 a
Anhörungsbogen und Mitbestimmung 179
Annahmeverzug 230, 413 ff.
Anscheinsbeweis (prima facie)
– bei Anfechtung 49
– bei Arbeitsunfähigkeitsbescheinigungen 362 ff.
– bei Kündigung 79, 139, 180, 188, 217, 218, 233, 239, 458
– bei Kündigung aus Anlass der Krankheit 510
Anstandspflicht 410
Ansteckende Krankheit 31 f., 45, 70, 109, 121, 195, 202, 278, 333, 492
Ansteckungsgefahr
– bei AIDS 261, 268, 270, 271, 274 ff., 282, 284 f., 288, 535
– und Anfechtung 25, 288
– Angabe von Krankheitsgründen 333
– fristgerechte Kündigung 109, 121, 271 ff.
– fristlose Entlassung 198, 200, 202, 285

609

- anderer Arbeitnehmer 121, 202, 271 ff.
- Kündigung durch Arbeitnehmer 293 ff.
- und Widerholungsgefahr 121

Anwesenheitsprämie 485

Anzeigepflicht
- bei Auslandserkrankungen 405 ff.
- bei Inlandserkrankungen 329 ff.
- im ruhenden Arbeitsverhältnis 331a
- bei Teilzeitbeschäftigung 331a
- Verletzung der 416 ff.

Äquivalenzstörung 114, 133, 151, 152

Arbeit
- während der Krankheit 366, 426 ff., 430, 434

Arbeitsgenehmigung 509

Arbeitslosengeld 136

Arbeitslosigkeit 82, 163, 232, 239, 299, 428, 512

Arbeitsplatz
- leidensgerechter 112, 159
- neuer 82, 120, 159, 160, 204

Arbeitsreserve 1, 148 f.

Arbeitsunfähigkeit
- Begriff 55 ff., 136, 481
- dauernde 57, 103, 112, 136, 144, 150, 156, 157, 194, 198, 204, 296, 303, 481
- krankheitsbedingte 55 ff., 296, 362, 429 f., 504
- teilweise 56, 125, 130, 158, 296, 353
- am Stichtag 516
- und freiwillige Sonderleistungen 527 ff.
- und Urlaubsabgeltung 519 ff.
- vorübergehende 87, 296

Arbeitsunfähigkeits-Richtlinien 57, 59, 71, 360, 377 ff.

Arbeitsunfall
- Begriff 54
- Kündigung wegen 78, 85, 86, 110, 116, 122, 125, 142 f., 159, 160, 169, 189, 197, 233

Arbeitsverhältnis
- faktisches 509
- Rechtsnatur 50, 87, 90, 111, 114, 136, 155, 259, 399
- ruhendes 107, 149

Arbeitsverweigerung
- beharrliche 158, 417, 423, 438

Arbeitswille
- fehlender 437 ff.
- Beweiswert des Attestes 366 f.

Arglistige Täuschung

- Anfechtung wegen 28 ff., 49, 287 ff.

argumentum
- a maiore ad minus 117
- e contrario 15a, 347, 406

Arzt
- vom Arbeitgeber benannter 396 ff.
- Attest beim Besuch des 349
- Entbindung von der Schweigepflicht 100, 185, 230, 239, 389 ff., 398
- Strafbarkeit des 380, 391, 442
- Verstoß gegen Anordnungen des 430 ff.
- als Zeuge 185, 239, 360, 389 ff., 404

Arztbesuch
- während der Arbeitszeit 59, 349, 420

Arztwahl
- freie 372, 394, 400

Arztwechsel 367, 398, 400

Asthma 32, 112, 116

Attest
- durch Amtsarzt 381, 401
- ausländisches 368 ff., 407
- Angaben im 352 f.
- beim Arztbesuch während Arbeitszeit 349
- beim Arztwechsel 367
- ärztliches 339
- Bedeutung des 369 ff.
- Beibringung von 337 ff.
- Beweiswert von 360 ff.
- Erschütterung 365 ff., 384 ff.
- Folgebescheinigung 350 f., 407
- Frist zur Vorlage 341 ff.
- frühere Vorlage 246 ff.
- aus Gefälligkeit 360, 383, 396, 442
- von Kapitänen 357
- Kosten des 355
- Missbrauch des 360 ff., 428
- Kündigung bei Nichtvorlage 416 ff.
- für kürzere Erkrankung 342
- als Parteierklärung im Prozess 382
- Rückdatierung 366, 378, 379
- bei Rückmeldung 413
- bei Schwangerschaft 48, 362
- auf Verlangen 346 ff.
- bei Verletzung des Bundesmantelvertrages 379
- widersprüchliches 381, 402

Aufhebungsvertrag 16, 18 ff., 258, 259, 305, 320, 504, 508

Auflösungsantrag des
- Arbeitgebers 461 ff.
- Arbeitnehmers 464 ff.
- beiderseitiger 467

Auflösungsgründe 463, 464 ff.
Ausfallzeiten
- durch Alkoholismus 226, 232
- durch Arbeitsunfall 122, 142 f.
- häufige 113 ff., 122 f.
- durch Kuren 71, 106, 120
- durch Menstruationsbeschwerden 116
- durch Schwangerschaft 122, 322
- durch Schutzfristen 122
- infolge Organtransplantation 116
- durch Urlaub 121, 181
Ausforschungsbeweis 185, 365
Ausgehzeit
- Nichteinhaltung der 387, 428, 429, 430
Aushilfe 14, 110, 111, 147, 149, 198
Auskunft
- über den Arbeitnehmer 493 f.
Auskunftspflicht
- im bestehenden Arbeitsverhältnis 291
- über Krankheit 28 ff., 100 ff., 239, 288, 333, 387, 393
- über Schwangerschaft 39 ff.
- über Schwerbehinderteneigenschaft 34 ff.
Ausländer 3, 9, 86, 160, 314, 442, 509
Ausländisches Recht 73, 82, 90, 171
Auslauffrist bei Kündigung 206, 206a, 218, 231, 286, 416c
Ausschlussfrist 27, 207 f., 522 f.
Außerbetriebliches Verhalten 232, 411
Aussetzung des Verfahrens 315, 321, 323, 449
Auswahl
- soziale bei Krankheit 164 ff.
- für Versetzung 160
Auszubildender
- Anzeige- und Nachweispflicht bei Krankheit 356
- Kündigung 199, 251, 297, 416, 426, 428, 437, 451

Bandscheibenleiden 187, 202, 242, 366, 427
Bazillenträger und -ausscheider 70, 109, 200, 202
Beamter
- Gesunderhaltungspflicht 410, 428a
Bedingung
- auflösende 16, 17 ff., 22, 128, 423
- Krankheit als 18 f., 78 ff., 258
- Schwangerschaft als 22
Beendigungskündigung 125, 162, 504
Beförderungsanspruch 159

Befristeter Arbeitsvertrag 13 ff., 17, 128, 147, 202, 258, 293, 305
und Vergleich 15 a
Beharrlichkeit
- der Arbeitsverweigerung 423, 438
- der Verletzung von Nebenpflichten 416 ff.
Benachrichtigungspflicht
- über Erkrankung 329 ff.
- bei Kur und Heilverfahren 335
- Rechtsfolgen bei Verletzung 416
Benachteiligungsverbot 34, 39, 40 ff., 154, 528
Bergbau 38, 83, 112, 147, 195, 294, 304
Berliner Kündigungsschutzgesetz 110
Berufskrankheit 52, 54, 78, 125, 159, 165, 232, 233
Berufsunfähigkeit
- Begriff 58, 58a, 136
- dauernde 20, 136
- Kündigung wegen 202, 204, 297, 305, 506
Beschäftigungsanspruch 223, 307
Beschäftigungsverbote 25, 39, 41, 44, 48, 60, 70, 109, 122, 202, 234, 277, 362, 506, 522
Beschwerden
- psychosomatische 55, 512
Betriebsarzt 99, 282, 391, 403, 415
Betriebsgröße 147, 155
Betriebliche Auswirkungen 86, 110, 133, 147 ff., 153, 196
Betriebliche Übung 337, 338, 416a, 484
Betriebsunfall
- siehe Arbeitsunfall
Betriebsausfallversicherung 114
Betriebsvereinbarung
- Pflicht zur Krankmeldung 333
- Pflicht zur Vorlage eines Attestes 342, 348
- Rechtsfolgen bei Verletzung von Nebenpflichten 425
- über Suchtkrankungen 68, 232, 243a, 258
Betriebszugehörigkeit
- Dauer der 77, 104, 110, 120, 144, 155, 196, 202, 428, 476, 484
- und Wartepflicht nach dem KSchG 84
Betrug 441, 452
Bettruhe 387, 412, 417, 426, 427
Beurteilungs-
- spielraum 92, 119, 132, 183, 192, 307
- zeitpunkt 92 ff., 196
Beweisanzeichen 363

Sachverzeichnis

Beweislast
- Alkoholismus 239
- Arbeitsunfähigkeit und Urlaubsabgeltung 524
- Auflösungsbegehren 461
- und Verschulden 139, 239, 319
- Anhörung des Betriebsrates 220
- Anwendung des KSchG 174
- Arbeitgeberverschulden 139
- fristlose Kündigung 210 f.
- gegenüber Attest 365
- Interessenabwägung 189, 192
- bei Kündigung aus Anlass der Krankheit 510
- Kündigungsgrund 97, 101, 174 ff., 190, 441, 458 f.
- Rechtfertigungsgrund 210, 460
- Sittenwidrigkeit 85
- soziale Auswahl 169
- unzulässige Rechtsausübung 476
- bei Verletzung von Nebenpflichten 458 ff.
- Wiedereinstellungsanspruch 497 ff.

Beweismittel
- Attest 362 ff., 368 ff.
- ärztliche Dokumentation 365
- zur Feststellung von
  - Alkoholgenuss 243 a
  - Drogenmissbrauch 254
  - Krankheit 178 a
- Tonbandaufnahme 387
- Zeuge 243 a, 360, 389 f.

Beweisvereitelung 185, 387, 393
Beweisverwertungsverbot 178 a, 388
Bindung an EuGH-Entscheidungen 41, 44, 370 ff.
Blinddarmentzündung 116
Blindheit 59, 302
Blutalkoholkonzentration 233
Blutkonserven 268, 270
Blutprobe, Entnahme 243 a, 254
Bluttransfusion 268
Branntwein 234
Bronchitis 66 f., 112, 116, 118, 119, 426, 444
Bruchleiden 31
Bühnenschauspielerin 48
Bundes-Angestelltentarifvertrag 22, 78, 99, 193, 204, 230, 305, 330, 347, 402, 484, 525
Bundesmantelvertrag-Ärzte 377 ff.

Cannabis 252
Computerfax 339
Cricket-Spiel trotz Krankschreibung 205, 366, 428, 455

Darlegungslast 85, 97, 101, 139, 169, 174 ff., 190, 210 f., 220, 222, 239, 319, 365, 441, 458 ff., 461, 497
Darmverschluss 116
Datenschutz 29, 179, 390, 391, 396, 536
Datenschutz-Richtlinie 29
Dauer der Krankheit 110 f.
Dauernde Leistungsunfähigkeit 112, 205
delirium tremens 230, 240
Depression 104, 239, 427, 512
Detektiv 232, 388, 427
Determination, subjektive 215
Dialysebehandlung 59
Dienstentfernung
- und Zustimmung des Integrationsamtes 310

Dienstordnungsangestellter
- Kündigung 302, 310

Dienstunfähigkeit
- dauernde 20 f., 22, 99, 136, 302, 305, 402

Direktionsrecht 136, 147, 158, 160, 279
Diskothek
- Besuch während Krankheit 427

Diskriminierungsverbot 34, 41, 42, 122, 154, 283
DNA-Analyse 178 a
Drittwirkung von Grundrechten 29, 34
Drogensucht 25, 61, 63, 245 ff., 492
Druckkündigung 271, 280 ff.
Dystonie, vegetative 512

Ecstasy 247, 248
EDV-Ausdruck 214, 215
Einführung 1 ff.
Einstellungsuntersuchung 20, 31, 275
Eishockeyspieler 202
Ekelerregende Krankheit 109, 195, 198
Ekzeme 46, 195
E-Mail 13, 73, 330, 332, 339
Elternzeit
- siehe Erziehungsurlaub

Entbindung von der Schweigepflicht 100, 185, 230, 239, 391 ff., 398

Entgeltfortzahlung
- bei Krankheit 1, 78, 80, 82, 103, 114, 116, 228, 251, 504 ff.
- Missbrauch der 331, 340 f., 347, 360, 373 f., 406, 435
- bei Verletzung von Nebenpflichten 328, 412, 416, 432

Entgeltfortzahlung als Kündigungsgrund 114 f., 152 ff.
Entziehungskur 23, 32, 45, 202, 230, 231, 237, 242, 242 a, 243, 255

Sachverzeichnis

Entwurf eines Arbeitsgesetzbuches 39, 44, 47, 75 ff., 146, 187, 282, 397
Epilepsie
– Anfechtung wegen 25, 45 f.
– Auskunft über 493
– Kündigung wegen 119, 202, 293
Erkundigungspflicht des Arbeitgebers 96 ff., 241, 296
Ersatzdrogen 248, 249
Erwerbsfähigkeit, verminderte
– siehe Berufsunfähigkeit
Erwerbsminderung
– teilweise 58a
– volle 58a
Erwerbsunfähigkeit
– Begriff 58, 136, 481
– Kündigung wegen 104, 107, 296 f., 303, 445, 506
Erziehungsurlaub
– Erlöschen des Anspruchs 477
– und Kündigungsschutz 325 ff.
Europäisches Recht 29, 40, 44, 61, 108, 122, 323, 370 f., 397, 408
Europäische Sozialcharta 74a, 193a

Faktisches Arbeitsverhältnis
– Entgeltfortzahlung bei Krankheit 509
Familiäre Verhältnisse 146
Fehlquote 1 ff., 18, 116, 148, 187 f., 189 384
Fehlzeiten
– nicht anrechenbare 94, 116, 119, 122, 142
– und Lebensalter 142
– Statistik 1 ff., 179, 188
Fettleibigkeit 53
Fieber 269, 417
Flechten 59, 195
Forderungsverletzung 279, positive 513, 535
Fortbildungsmaßnahmen 157
Fortsetzungskrankheit 101 f., 103, 116, 181, 289, 333, 392
Fragerecht des Arbeitgebers
– bei AIDS 287 ff.
– bei Alkoholismus 31
– bei Krankheit 31 ff.
– nach Rauchverhalten 33
– bei Schwangerschaft 39 ff., 44a
– bei Schwerbehinderung 34 ff.
Frauenleiden 116, 202
Freikündigung 160
Freizeit für Arztbesuch 349, 420
Friseur

– Aufsuchen trotz Krankschreibung 426, 444
Frist
– zur Attestvorlage 341 ff.
– für fristlose Entlassung 207 f.
– zur Krankmeldung und -nachweis 330, 341 ff.
– Überschreitung der 302, 319
– Wiedereinstellungsanspruch 496
Fristlose Kündigung
– wegen AIDS 284 ff.
– wegen Alkoholismus 202, 230, 244
– wegen außerbetrieblichen Verhaltens 232, 412, 430 ff.
– im Berufsausbildungsverhältnis 80, 193b, 199, 244, 251, 417, 451
– wegen Drogensucht 250 ff.
– wegen Krankheit, abschreckender 195, 198, 285
– wegen Krankheit, ansteckender 195, 198, 285
– Angaben im Zeugnis 534
– durch den Arbeitnehmer 293
– und Entgeltfortzahlungsanspruch 504
– bei fehlendem Arbeitswillen 437 ff.
– im Heuerverhältnis 200
– bei anhaltender Krankheit 194, 197
– bei häufigen Krankheiten 195, 198
– Frist für 207 f.
– und Gesundheitsförderung 426 ff., 429
– gewerbliche Arbeitnehmer 195, 285
– Nichtbeachtung der Hinterlegungspflicht 435
– Konkurrenztätigkeit 428, 434, 453
– Nichtbefolgung ärztlicher Vorsorgeuntersuchung 418
– Nichtvorlage eines Attestes 416 f., 464
– unkündbarer Arbeitnehmer 193b, 203 ff., 244
– Urlaub trotz Krankschreibung 438 ff.
– Verdacht der Simulation 444 ff.
– bei Verletzung der Benachrichtigungspflicht 416 ff., 507
– bei Verletzung des Nachweises beim Arztbesuch 416 f., 507
– beim Verstoß gegen ärztliche Anordnungen 426 ff., 429, 430 f.
– bei der Weigerung, sich ärztlich untersuchen zu lassen 387, 418, 444
– und Wiederholungsgefahr 194 f.

Sachverzeichnis

- und wichtiger Grund 83, 193, 193 a, 193 b, 204 ff., 425
Führerscheinprüfung
- während der Krankschreibung 366, 428, 444
Fürsorgepflicht 105, 114, 138, 157
- und Alter 126
- bei Ansteckungsgefahr 275, 279, 281, 282
- bei vorfristiger Arbeitsaufnahme 89, 415
- und Arbeitsunfall 125, 142, 234
- und Betriebszugehörigkeit 120, 144, 155
- und Entziehungskur 242, 255
- und Kündigung 89, 157, 238, 281
- im öffentlichen Dienst 99
- gegenüber Schwerbehinderten 35, 307, 476
- bei Trunkenheit 234, 238, 242
- Überspannung 118, 119
- und Wiedereinstellungsanspruch 470, 485
Fußballspielen 116, 152, 428
Fußpilz 93

Gefälligkeitsattest
- im Arbeitsleben 360, 373, 383, 396, 443
- Strafbarkeit 380, 442
Gegenbeweis 365, 375
Gehalt
- Fortzahlung im Krankheitsfalle 1, 78 f., 80, 82, 103, 228, 416, 432, 504 ff.
Geisteskrankheit 46, 59, 239
Geistesschwäche 202
Genesung
- Verzögerung der 410 f., 426 ff.
Genomanalyse 29, 45, 396
Gerontologie 126
Geschlechtskrankheit 195
Geschlechtsumwandlung 46, 60
Gesundheitsförderung
- und außerdienstliches Verhalten 410 ff.
- im Beamtenrecht 410, 428 a
- Kündigung beim Verstoß gegen 426 ff., 429 ff.
- als Nebenfplicht 410, 430 ff.
- als Obliegenheit 411 ff., 430 ff.
- Therapiebereitschaft Alkoholabhängiger 235, 242 a, 243
Gesundheitsschutz
- unzureichender 138, 197
Gesundheitszustand
- älterer Arbeitnehmer 142

Gleichbehandlungsgrundsatz 40, 42, 122, 155, 302, 307, 323, 348, 489
Gleitende Arbeitszeit 349
Glücksspielsucht 69 a, 257 a
Grippe 116, 202, 275, 427
Großbetrieb 6, 147, 152, 231
Grubenuntauglichkeit 107
Grundleiden
- chronisches und Kündigung 105, 118, 121, 181, 188
Grundsatz der
- subjektiven Determination 215
- Verhältnismäßigkeit 20, 132, 134, 157, 176, 242, 372
Gutachten, medizinisches 20, 21, 112, 175 f., 180, 199, 278, 368

Hämotherapie
- extrakorporale 59
Haschisch 246, 247, 251 f.
Hauptfürsorgestelle
- siehe Integrationsamt
Häusliche Gemeinschaft
- Kündigung 468
- Verpflegung 468
Heilverfahren
- bei Alkoholismus 241 f.
- Benachrichtigungspflicht bei 46, 335
- bei Drogensucht 255
- als kündigungsrelevante Fehlzeit 71, 116, 182
Heimfahrt
- trotz Krankheit 427
Hepatitis 104, 202, 262, 275, 277
Heroin 246, 247, 251
Heuerverhältnis 104, 112 a, 200, 461
Herzinfarkt 67, 112, 152
Hirnverletzung 312
HIV-Antikörpertest 271, 275
HIV-Virus 260 ff.
Hodenkarzinom 122

Indiz 155, 175, 181 f., 189, 232, 239, 243 a, 375
Integrationsamt
- Zustimmung zur Kündigung 209, 299 ff.
- Zustimmung und behördliches Ermessen 307 ff., 312
Interessenabwägung bei
- Kündigung 85, 90, 95, 110 f., 114, 132 ff., 138, 144 ff., 147, 153, 155 f., 163, 189, 193 b, 196, 200, 231 f., 236, 239 f., 240 a, 252, 314, 416, 431

614

Sachverzeichnis

- und Wiedereinstellungsanspruch 487
Intimsphäre
- bei Angabe von Krankheiten 29 ff., 46, 352
- bei Entbindung von der Schweigepflicht 398
- bei ärztlicher Untersuchung 398
Irrtum
- Anfechtung wegen 24 ff., 289

Jahrmarkt
- Besuch während der Krankschreibung 427
Judo trotz Krankschreibung 427

Kaffeehaus
- Besuch während der Krankschreibung 426, 444
Karatetraining
- während Krankschreibung 428
Kausalität
- und Anfechtung 49
- und Krankheit 53, 56, 59, 95, 139, 232, 239, 249, 251, 312, 506
- überholende 440
Kettenarbeitsvertrag 14
Kino
- Besuch während der Krankschreibung 426
Kniehülse 202
Kolik 427
Komorbidität 232
Konkurrenztätigkeit 428, 434, 453
Kontrahierungszwang 43
Körperfehler, angeborene 52, 71
Korrekturgesetz 131, 142, 166, 173
Kosten für
- Anzeige der Arbeitsunfähigkeit 336, 405
- ärztliches Attest 355, 394, 407
- betriebsärztliche Untersuchung 403
Kraftfahrer 25, 31, 108, 147, 236, 244, 288, 402, 416
Krampfadern
- Kündigung wegen 119
Krankenbesucher 387, 388
Krankengespräch 242, 242a, 404
Krankenkontrolle 388, 403
Krankenkosten 1 f., 3, 6, 66, 228
Krankenstand
- statistischer 2, 4 ff.
Krankfeiern 360, 444
- Androhen 366, 437 ff., 443, 457
Krankheit
- abschreckende 32, 195, 198, 285
- AIDS 52, 260 ff., 273, 284 f.
- akute 31, 45, 202, 289
- Alkoholismus 31, 61, 62, 225 ff., 232
- Anfechtung wegen 25, 31 f.
- Angaben über 31 f.
- anhaltende 87, 104 ff., 194, 232
- ansteckende 25, 31, 45, 109, 121, 195, 200, 202, 273 ff., 333, 535
- Anzeigepflicht 329 ff., 405 f.
- Arthrose 112
- Auskunftspflicht über 31 f., 100 f.
- als Bedingung der Vertragsbeendigung 18 f., 423
- Befruchtung im Reagenzglas 52
- Begriff 24, 51 ff.
- chronische 31 f., 45, 118, 121, 188, 230, 273
- Diabetes 56, 262, 273
- Drogensucht 31, 61, 63, 252
- ekelerregende 109, 195, 198
- Epilepsie 25, 46, 119, 202, 240, 242, 535
- Fettleibigkeit 53
- Geschlechtskrankheit 195
- Glücksspielsucht 69a, 257a
- häufiger Ausfall 87, 103, 113 ff., 121
- Hepatitis 104, 202, 262, 275, 277
- Internetabhängigkeit 69b
- Irrtum über 25
- durch Kündigung 512
- Karies 56
- Katarrh 56
- Körper(Geburts-)fehler 52, 71
- Krebs 52, 66, 67, 122
- Kündigung trotz 73
- kürzere und Attest 341 f., 346 f.,
- Kurzsichtigkeit 56
- und Mutterschutzfristen 122
- Neurose 56
- Organspender 71, 116
- psychische 35, 60, 104, 107, 116, 119, 147, 362, 396, 419
- Rauchen (Nikotinabhängigkeit) 33, 64 ff., 252, 257
- Schnupfen 56
- Schuppenflechte 59
- und Schwangerschaft 25, 48, 71
- seelische 52, 116, 119, 147, 396
- simulierte 360 ff., 366 f., 444 ff., 455
- Sterilität 52, 71
- und soziale Auswahl bei der Kündigung 86, 129, 164 ff.
- Transsexualismus 46, 60, 108

615

Sachverzeichnis

- Trunksucht 31, 232
- unheilbare 25, 52, 60, 107, 197, 199, 204, 225, 233, 242
- Vortäuschen einer 360 ff., 437 ff.
- Wiederholungsgefahr 94, 113 ff., 119 f., 168, 187
- Erwähnung im Zeugnis 534
- und Prognose 119, 133, 188, 214, 215, 233, 237, 242 ff.
- Zeugungsunfähigkeit 52

Kränklichkeit 118, 195
Krankmeldung
- Angestellte 329 ff.
- gewerbliche Arbeitnehmer 329 ff.
- bei Auslandserkrankung 405 ff.
- Form 332
- Frist für die 330, 405
- Inhalt der 333
- als Nebenpflicht 336

Krätze 195
Kündigung
- wegen AIDS 273 ff., 292
- altersbedingte 104, 118, 126 ff., 144
- anderer Arbeitnehmer 160, 271, 280 f.
- und Anfechtung 23, 27, 88, 292
- aus Anlass der Krankheit 73 ff., 504 ff.
- aus Fürsorge 157, 415
- und Anscheinsbeweis 139, 180, 187 ff.
- durch den Arbeitnehmer 293 ff.
- wegen beharrlicher Arbeitsverweigerung 158, 417, 423, 438
- bei außerdienstlichem Verhalten 232, 426 ff.
- außerordentliche
  - siehe fristlose Kündigung
- bei Berufskrankheit 78, 86, 125, 159
- wegen Drogensucht 245 ff.
- wegen Glücksspielsucht 257 a
- wegen häufiger Krankheiten 103, 113 ff., 150
- bei häuslicher Gemeinschaft 511
- trotz Krankheit 73
- vor Kurantritt 106, 120
- wegen langanhaltender Krankheit 104 ff., 150
- wegen Minderung der Leistungsfähigkeit 124 ff., 151
- bei Mischtatbeständen 230, 234
- bei Nichtvorlage eines Attestes 416.
- wegen Pflichtverletzungen bei Krankheit 328, 416 ff.
- wegen Rauchverhaltens 257
- wegen unterlassener Rückmeldung 423
- sittenwidrige 85, 125, 271, 283
- treuwidrige 85 a
- wegen Trunksucht 233 ff.
- und Unmöglichkeit 20, 107, 136
- beim Verdacht der Simulation 444 ff., 447 ff., 457
- bei der Verletzung von Nebenpflichten 416 ff., 465
- Versetzung vor der 157 ff.
- Verstoß gegen Gesundheitsförderungspflicht 426 ff., 430 ff.
- wegen wirtschaftlicher Belastung durch Vergütungsfortzahlungskosten 114, 152 ff.
- ohne behördliche Zustimmung 23, 209, 304 f.

Kündigungserklärungsfrist
- siehe Ausschlussfrist

Kündigungsfrist, fiktive 204
Kündigungsschutz
- findet noch keine Anwendung 85, 147
- und Elternzeit 325 ff.
- Krankheit als Kündigungsgrund 82 ff.
- bei Schwangerschaft 316 ff.
- Schwerbehinderter 299 ff.
- soziale Auswahl 86, 129, 164 ff.
- Umgehung des 14, 15, 18 f., 22, 258
- Erfüllung der Wartezeit und Krankheit 84

Kunstdünger
- Empfindlichkeit gegen 125

Kur
- Benachrichtigung bei 335, 358
- als kündigungsrelevante Fehlzeit 72, 116, 202
- Genesung durch 106
- und Krankheit 72, 106
- und Wiederholungsgefahr 106, 120, 182

Langanhaltende Krankheit
- Begriff 104, 110 f.

Lebensalter 16, 77, 110, 126 ff., 145, 155, 196, 304, 428, 519
Leiharbeitnehmer 160, 189, 332
Leistenbruch 119
Leistungen, freiwillige
- und Rückzahlung bei krankheitsbedingten Fehlzeiten 527
- bei Kündigung wegen Krankheit 528 ff.

Leistungsfähigkeit
- geminderte 25, 103, 124 ff., 158, 203, 230, 233, 273
Leistungsverweigerungsrecht 387, 416, 435
Luftwechsel bei Krankheit 366, 427, 439
Lumbago 366
Lumboischialgie 119, 375

Magenleiden 66, 104, 116, 428, 455, 512
Manngequin 25, 41, 48
Marihuana 246, 251
Maßregelungsverbot 85b, 154, 283
Medikamentenmissbrauch bzw. -abhängigkeit 245, 247, 248, 251, 255
Medizinischer Dienst 347, 367, 383 f., 401, 422
Medizinische Vorsorge 71, 335, 358, 391, 417, 418, 504
Migräne 116
Mischtatbestand
- als Kündigungsgrund 230, 234
Mitbestimmungsrecht des Betriebsrates
- Abmahnung 416
- Alkoholverbot, betriebliches 232
- Anhörungsbogen 179
- Anzeige- und Nachweispflicht nach § 5 Abs. 1 Satz 3 EFZG 347
- Attestvorlage
  - wegen Fortsetzungskrankheit 102
  - frühere 347, 348
- Arztbesuch während der Arbeitszeit 349
- Attestverzicht 342
- Einsatz von Detektiven 232, 388
- Fehlzeitenstatistik 179
- Krankenbericht 179
- Krankenbesuch 388
- Krankengespräch 404
- Krankmeldung 332
- Personalfragebogen 29
- Sonderleistungen, fehlzeitenorientierte 528
Mitteilung
- der Erkrankung 45 f., 100 ff., 333
- Kündigung wegen unterlassener 416
- der Schwangerschaft 317 ff.
Mitwirkungspflicht, prozessuale 100 f., 174 ff., 393 f.
Missglückter Arbeitsversuch 59
Mobbing 514
Mutterschafts- bzw. elternzeitbedingte Fehlzeiten
- und Sonderleistungen 530

Mutterschutz
- und Kündigung 316 ff.
- Frage nach Schwangerschaft 39 ff.
- und Elternzeit 325 ff.

Nachschieben von Kündigungsgründen 92, 97, 220
Nachtarbeitsverbot 60
Nachuntersuchung
- durch einen Arzt des Arbeitgebers 370, 394 ff.
- und Verdachtskündigung 455
Nachweispflicht der Krankheit
- bei Arbeitern 337
- bei den übrigen Arbeitnehmern 337
- und Arztbesuch 349
- bei Auslandsaufenthalten 407
- bei kurzfristiger Erkrankung 346 ff.
- fristlose Kündigung bei Verletzung der 416 f.
- als Nebenpflicht 354
- durch Telefax 339, 416
Nebenpflichten
- ärztliche Untersuchung als 395 f., 399, 403
- Gesundheitsförderung als 410
- Krankmeldung als 336
- Vorlage eines Attestes als 354
Nebentätigkeiten 141, 387, 428, 429, 434
Negativattest 306
Nervenerschöpfung 202, 427, 512
Neurose 56
Nichtraucherschutz 68
Nierensteine 368, 428
Nikotinabhängigkeit 33, 64 ff., 252, 257

Obiter dictum 219
Obliegenheit 31, 386, 387, 396, 397, 416
- Abmahnung 416
- Begriff 412, 433
- unterlassene Erkundigung des Arbeitgebers
- fehlende Therapiebereitschaft 235
- Gesundheitsförderung als 410, 411 ff., 430 ff.
- Kündigung bei Verletzung von 430 ff., 453
- Mitteilung der Schwerbehinderteneigenschaft 302
- Untersuchung durch anderen Arzt 396, 397
- Untersuchungs- 31
- Ver- bzw. Umsetzung als 162
Offenbarungs(Mitteilungs-)pflicht

- über AIDS 231, 290
- über Alkohol- und Drogensucht 45
- über Krankheit 45 ff., 231
- über Schwangerschaft 39, 48
- über Schwerbehinderteneigenschaft 48

Öffentlicher Dienst
- Beendigung des Arbeitsverhältnisses bei Dienstunfähigkeit 20 ff., 99, 305
- Krankenstand 3, 228
- unkündbare Arbeitnehmer 193b, 203, 230, 231

Organtransplantation 71, 116, 268

Passivrauchen 65, 67 ff.
Patientenkartei 365, 389
Personalakten
- und Anhörung des Betriebsrates 219
- und betriebliche Beeinträchtigungen 189
- Vermerk über Gesundheitszustand 179, 404, 427

Personalfragebogen 29
Personalnebenkosten 1, 114
Personalreserve 1, 148 f., 153, 156
Persönlichkeitsrecht
- allgemeines 29, 30, 243a, 387, 388, 390, 404

Personenbedingte Kündigung
- bei Krankheit 86, 103 ff., 273

Polytoxikomanie 225, 251
prima facie
- siehe Anscheinsbeweis

Probearbeitsverhältnis 15, 75, 85b, 258
Prognose 18, 92 ff., 95, 104, 112, 119, 122, 124, 133, 155 f., 163, 175, 176 ff., 180 f., 188, 200, 214, 215, 233, 237, 242, 253, 255, 271, 273, 391, 402

Prognosekorrektur 468, 469, 475, 478, 479, 482, 485, 486, 497

Prothese 71
Prozessrisiko 12, 91, 95, 101, 110
Prozessvergleich 15, 15a, 105, 116, 123, 230, 258, 271, 465
Psychose 240, 419
psychosomatisch
- Auskunftspflicht 30f
- Krankheit 55, 62, 255, 469
- Kündigungsgrund 512

Rauchen 33, 64 ff., 257
Recht auf informationelle Selbstbestimmung 29, 404
Rechtfertigungsgrund

- Beweislast 210, 460
Rechtsfortbildung 468, 470, 482
Rechtsmissbrauch
- allgemein 85, 154, 433
- Entgeltfortzahlung 347, 373, 374, 432
- freiwillige Leistungen des Arbeitgebers 527, 530
- und Urlaubsverlangen 516 ff., 523

Rechtssicherheit 12, 22, 27, 95, 110, 163, 166, 302, 305, 468, 470, 486
Rechtsstaatsprinzip 110
Regelungslücke 128, 470, 481
Rehabilitation, medizinische 22, 258, 335, 358, 417
Reisen trotz Krankschreibung 366, 427, 428
Reitsport trotz Krankschreibung 426, 427, 471
Restarbeitsfähigkeit
- siehe Teilarbeitsunfähigkeit

Restaurant
- Besuch trotz Krankschreibung 366, 387, 426

Rheumatismus 116, 120, 202
Richtlinien der EU
- Bindung an 44
- Nr. 76/207 40, 61, 108, 122, 323
- Nr. 92/85 122
- Nr. 95/46 29
- 2000/78 128a

Rückfallgefahr bei
- Alkoholismus 31, 225, 242, 242a, 242b, 258
- Drogensucht 31, 255, 258
- bei Nikotinabhängigkeit 257

Rückmeldung des Arbeitnehmers
- und Annahmeverzug 413 ff.
- bei Betriebsferien 413
- Verletzung der 423

Rückzahlungsklauseln
- und krankheitsbedingte Fehlzeiten 527 ff.

Sachverständigengutachten 95, 175, 176, 188, 278, 512
Salmonellen 109, 202
Sanktion
- Kündigung wegen Fehlzeiten durch Krankheit 154

Schadensersatz
- Bruch der Schweigepflicht 391
- Detektivkosten als 388, 427, Fußn. 105
- bei Fürsorgepflichtverletzung 279

– bei Krankheit durch Kündigung 470
– bei unwirksamer Kündigung 97, 470
– wegen falscher Angaben im Zeugnis 492
– wegen falscher Auskunft 536
– wegen unterlassener Urlaubsgewährung 520
– wegen unrichtigen Attests 380
Schadensfernhaltungsobliegenheit 410, 436
Schielen 52
Schilddrüsenoperation 202
Schlafstörungen 512
Schmerzensgeld
– Anspruch auf 513 f.
Schönheitsfehler
– nicht entstellender 71
Schonungszeit 72, 476
Schuldrechtsmodernisierungsgesetz 87a, 117, 124, 411, 416, 493, 513, 535
Schuppenflechte 59
Schwangerschaft 25, 39 ff., 71
Schwangerschaftsabbruch 39, 71, 121, 212
Schwarzarbeit 435
Schwarzes Brett
– Fehlzeiten am 179
– frühere Attestvorlage 348, 416
Schweigepflicht, ärztliche
– Entbindung von der 100, 185, 230, 239, 389 ff., 392
– Umfang der 389, 391
– Verweigerung der Entbindung von der 393
Schweißerarbeiten
– trotz Krankschreibung 422
Schweißerkursus
– Besuch trotz Krankschreibung 426
Schwerbehinderte
– und AIDS 75, 273
– Arbeitsplätze für 160, 204
– Auflösung des Arbeitsverhältnisses bei Dienstunfähigkeit 22, 303
– Aussetzung des Kündigungsschutzprozesses 315
– Frage nach Schwerbehinderteneigenschaft 34 ff.
– Kündigung wegen Krankheit 299 ff., 308, 312
– Kündigungsschutz 26, 299 ff.
– Minderleistungsfähigkeit 130, 307
– Zustimmung des Integrationsamtes 299 ff.
Seetauglichkeit 112a

Selbsthilfe 420
Selbsthilfegruppe 242
Selbstmordversuch 59, 271, 460
Sehnenscheidenentzündung 31
Senioritätsprinzip 78, 80
Seuchenschutz 70, 109, 202, 267, 277, 396, 506
Simulation einer Krankheit
– und Kündigung 360, 365 ff., 383 ff.
Sittenwidrigkeit
– einer Kündigung 85, 125, 271, 283
– Darlegungs- und Beweislast 85
Soziale Auswahl bei Kündigung
– und Krankheit 86, 147, 160, 164 ff., 509
Sozialstaatsprinzip 22, 34, 114
Sozialversicherungsausweis
– Hinterlegung des 435
Sozialversicherungsverhältnis 387
Sozialwidrigkeit der Kündigung als unbestimmter Rechtsbegriff 91, 163
Spielcasino
– Besuch während Krankschreibung 428
Sportlehrerin 48
Sportunfall
– als Fehlzeit 113, 122, 152
Sprechstörungen 59
Sprecherausschuss leitender Angestellter 212, 221
Sterilisierung 71, 122
Stewardess 48, 231
Strafbarkeit
– des Arbeitnehmers 252, 279, 441, 457
– falscher Atteste 380, 442, 452
– Verletzung der Schweigepflicht durch Arzt 391
Streitgegenstand 92
Suchterkrankungsstatistik 226, 245 ff.
Suchtpräventionsprogramme 258
Synallagma 114, 115, 124, 147, 151

Tabaksucht
– Begriff 33
Tänzerin 25, 41, 48
Tätowierung 71
Tanzlokal
– Besuch trotz Krankschreibung 366, 426, 427
Tarifvertrag
– Altersregelung 126, 128
– ärztliche Untersuchung 99, 401, 402
– Attestvorlage 329, 337, 347

- Bestimmung der Berufsunfähigkeit 21 f.
- Krankmeldung 329
- Kündigungseinschränkung durch 22, 78 ff., 126, 193, 203
- Minderung freiwilliger Leistungen 529, 531
- Urlaubsanspruch bei Krankheit 519, 523, 525
- Rechtsfolgen bei Verletzung von Nebenpflichten 425
- Rückzahlungsklauseln 527
- Urlaubsregelung 523 ff.
- Wiedereinstellungsanspruch 483, 484

Tatsachenvermutung
- Richtigkeit eines Attestes 363 ff.
- häufige krankheitsbedingte Fehlzeiten 188 ff., 384
- Alter und Leistungsfähigkeit 126

Taubheit 59

Tauglichkeit
- Untersuchung des Betriebsarztes auf 403

Täuschung
- arglistige und Anfechtung 28 ff., 287 f.
- über Krankheit 31 ff.

Teilarbeitsunfähigkeit 56, 125, 130, 158, 296, 353

Teilzeitarbeitsverhältnis
- Anzeige- und Nachweispflicht bei Krankheit 331 a, 345 a
- Beschäftigung im 125, 158, 349
- Kündigung im 115, 158, 325

Telefax 301, 330, 332, 339, 404, 416, 416 a

Therapiebereitschaft
- bei Alkoholabhängigkeit 237, 242 b

Thoraxprellung 56

Transsexualität
- als Anfechtungsgrund 46
- als Krankheit 60
- als Kündigungsgrund 108

Transfusionsgesetz 270

Treu und Glauben 60, 71, 85, 128, 138, 186, 243, 283, 392, 396, 399, 415, 416, 470, 519, 527

Treuepflicht des Arbeitnehmers 101, 235, 328, 333, 410, 427

Trunksucht 31, 61, 62, 224 ff.

Tuberkulose 25, 46, 121, 297

Typhus 200

Überbrückungsmaßnahmen 147
Überobligation 58, 204
Überschreitung
- der Frist zur Anzeige 235 ff., 319
- der Frist zur Attestvorlage 416
- der Frist zum Kündigungsausspruch 207 ff.
- des Urlaubs bei Krankheit 420

Übung, betriebliche 337, 340, 416 a

Ultima ratio 112, 132, 251, 259

Umgehung
- des Kündigungsschutzes 14, 18 f., 22, 207, 258, 423

Umkehrschluss 75, 130, 347

Umschulung 157, 159, 223

Umsetzung 157, 159 f., 279

Umstände des Einzelfalles 56, 57, 85, 90, 110, 122, 124, 150, 163, 196, 219, 239, 243, 253, 259, 281, 297, 308, 319, 365, 367, 401, 416, 417, 435, 440, 442, 487, 509, 516, 519

Unabdingbarkeit 14, 329, 330, 348, 425

Unbestimmter Rechtsbegriff 27, 83, 91, 163, 196, 285, 322

Unfallgefahr
- und Alkoholismus 230, 233
- und Lebensalter 142

Unfallverhütungsvorschriften 234

Unkündbare Arbeitnehmer 111, 193 b, 202, 203 ff., 206, 218, 244, 286, 451

Unmöglichkeit
- der Arbeitsleistung 20, 87, 107, 136
- und Kündigung 87, 107

Unterhaltspflicht
- bei Alkohol- und Drogenmissbrauch 258
- bei Interessenabwägung 146

Unternehmerische Entscheidungsfreiheit 148

Untersuchung
- durch vom Arbeitgeber benannten Arzt 372, 396 f.
- durch Amtsarzt 381, 401, 455
- durch den Medizinischen Dienst 383 ff.
- vertrauensärztliche 99, 402, 444
- durch Betriebsarzt 99, 403

Urkundenbeweis 362, 365, 408

Urlaub
- für Arztbesuch 420
- trotz Krankheit 121, 366, 428, 473 ff.
- rechtsmissbräuchliches Verlangen 516 ff.

Urlaubsabgeltung
- Anspruch auf 515, 519 ff., 525

Urlaubsanspruch
- Erlöschen 520 ff.

Urlaubserzwingung 208, 366, 455

Urlaubsgeld 519
Urlaubsüberschreitung 230, 420, 423, 439, 445

venire contra factum proprium 34, 105, 122, 157, 433, 470
Verdacht
- Kündigung beim 97, 207, 213, 366, 443 ff.
- bei Nichtentbindung von der ärztlichen Schweigepflicht 393
- bei Verweigerung ärztlicher Untersuchung 422
Vergleich 15, 18, 105, 123, 489, 509
Verkrüppelung 59
Vermutung 107, 129, 139, 187 f., 323, 362 f., 384, 415
Verschlimmerungsattest 89
Verschulden
- des Arbeitgebers an Krankheit 138
- des Arbeitnehmers 52, 138, 142, 169, 193, 240
- Alkoholismus 230, 236, 239, 244, 252
- Drogensucht 251, 252, 253
- Krankheit 52, 138, 142, 169, 193b, 197, 236, 273, 281
- Pflichtverletzung 236, 240, 253, 431, 513
- und Schadensersatzpflicht 513, 520
Versetzung
- Auswahl bei 160
- vor Kündigung 157, 159, 161 f., 188, 279
Versicherungsrechtliche Lösung 114, 153
Vertrag
- Pflicht zur Auskunftserteilung 100 f.
- Pflicht zur Krankmeldung 330
- Pflicht zum Krankheitsnachweis 342, 348
- Pflicht zur ärztlichen Untersuchung 401
- Rechtsfolgen bei Verletzung von Nebenpflichten 416, 423, 425
- Rückzahlung von Sonderleistungen 527
- Untersuchung durch den Betriebsarzt 403
Vertragsfreiheit 13, 467, 473, 484, 489
Vertrauensarzt 99, 147, 180, 387, 402, 444
Verwaltungsakt 302, 306, 309, 323, 362
Verwirkung 98, 302, 496
Verzicht
- auf den Kündigungsgrund 105, 184, 222

- auf den Nachweis der Krankheit 359
- auf Vergütungsfortzahlung 505
Vorabentscheidungsverfahren 371
Vorrang der Änderungskündigung 125, 279
Vortäuschen einer Krankheit 360 ff., 437 ff.

Wahlfeststellung 454 f.
Warenhaus
- Besuch trotz Krankschreibung 427
Wartefrist
- nach dem EFZG 461
- nach dem KSchG und krankheitsbedingte Fehlzeiten 84, 111, 147, 222
Wegeunfall 54, 143, 233
Wegezeit 143
Wegfall der Geschäftsgrundlage 87, 136, 470, 489
Weihnachtsgratifikation 527
Weiterbeschäftigung auf anderem Arbeitsplatz 125, 126, 147, 191
Weiterbeschäftigungspflicht 223
Werksarzt
- siehe Betriebsarzt
Widersprüchliches Verhalten 34, 105, 122, 433, 444
Wiedereingliederungsverhältnis 56, 161a
Wiedereinstellungsanspruch 22, 468 ff.
- nach Abfindungsvergleich 489
- bei Alkoholabhängigkeit 476, 480, 497
- Anspruchsgrundlagen 470, 485
- nach Befristung 472
- nach betriebsbedingter Kündigung 469, 473
- Darlegungs- und Beweislast 486, 497 ff.
- einstweilige Verfügung 503
- Frist zur Geltendmachung 496
- Gutgläubigkeit 487
- Inhalt des Anspruches 485 ff., 488, 490
- Interessenabwägung 487
- Klage
  - Antrag 495
  - Art 493
- nach krankheitsbedingter Kündigung 474 ff., 485 ff.
- Prognosekorrektur 468, 469, 475, 478, 482, 485
- Urteil
  - Leistungs- 500
  - Vollstreckbarkeit, vorläufige 502

- Zwangsvollstreckung 502
- nach Verdachtskündigung 469, 473, 479, 488
- nach verhaltensbedingter Kündigung 469, 473, 479, 488
- Zumutbarkeit 487
- Zusage
  - kollektiv-rechtliche 483, 484
  - vertragliche 483, 484

Wiederholungsgefahr
- und ansteckende Krankheit 121
- fristlose Kündigung 197 ff.
- fristgerechte Kündigung 93, 94, 113 ff., 117 ff., 121, 147, 168, 175, 187, 271
- und Kur oder Heilverfahren 120

Wirbelsäulenleiden 107, 116, 125, 181, 368, 382

Zeitpunkt
- für Beurteilung der Kündigungsgründe 92 ff., 196
- maßgeblicher bei Anfechtung 23

Zeitungen
- Verteilen trotz Krankschreibung 428

Zeuge
- Arzt als 175, 239, 360, 389 ff., 442
- Betriebsarzt als 404

Zeugnis
- und Krankheit als Kündigungsgrund 534 f.

Zeugnisverweigerungsrecht 389

„Zukunftsprognose" 94

Zumutbarkeit
- der Fortsetzung des Arbeitsverhältnisses 90, 118, 133 f., 147, 152 ff.
- und wichtiger Grund 150, 193 b, 196 f., 200, 202, 203, 204
- Überbrückungsmaßnahmen 132, 147, 150

Zurückbehaltungsrecht 138, 279, 435

Zusammenhang von Gesundheitsbeschädigung und Kündigung 139, 197, 312

Zustimmung
- des Integrationsamtes bei Dienstentfernung 310
- des Integrationsamtes bei Kündigung Schwerbehinderter 97, 209, 299 f.
- bei der Kündigung von Arbeitnehmerinnen nach dem MuSchG 97, 209, 321 f.

Zustimmungsersetzungsverfahren 205

Zwangsvollstreckung eines
- Beschäftigungsanspruches 223
- Wiedereinstellungsanspruches 502

Zweckbefristung 15, 22, 46, 147

Zyklothymie 25, 204